民国时期法律解释的理论与实践

Theory and Practice of Legal Interpretation
During the Republic of China

方 乐 著

图书在版编目(CIP)数据

民国时期法律解释的理论与实践/方乐著. —北京:北京大学出版社,2016.7
（国家社科基金后期资助项目）
ISBN 978 – 7 – 301 – 27322 – 7

Ⅰ.①民… Ⅱ.①方… Ⅲ.①法律解释—研究—中国—民国 Ⅳ.①D920.5

中国版本图书馆 CIP 数据核字(2016)第 178552 号

书　　　名	民国时期法律解释的理论与实践 Minguo Shiqi Falü Jieshi de Lilun yu Shijian
著作责任者	方　乐　著
责 任 编 辑	李　铎
标 准 书 号	ISBN 978 – 7 – 301 – 27322 – 7
出 版 发 行	北京大学出版社
地　　　址	北京市海淀区成府路 205 号　100871
网　　　址	http://www.pup.cn
电 子 信 箱	law@pup.pku.edu.cn
新 浪 微 博	@北京大学出版社　@北大出版社法律图书
电　　　话	邮购部 62752015　发行部 62750672　编辑部 62752027
印 刷 者	北京宏伟双华印刷有限公司
经 销 者	新华书店
	730 毫米×1020 毫米　16 开本　47.25 印张　871 千字 2016 年 7 月第 1 版　2016 年 7 月第 1 次印刷
定　　　价	99.00 元

未经许可，不得以任何方式复制或抄袭本书之部分或全部内容。
版权所有，侵权必究
举报电话: 010 – 62752024　电子信箱: fd@pup.pku.edu.cn
图书如有印装质量问题，请与出版部联系，电话: 010 – 62756370

国家社科基金后期资助项目
出版说明

　　后期资助项目是国家社科基金设立的一类重要项目,旨在鼓励广大社科研究者潜心治学,支持基础研究多出优秀成果。它是经过严格评审,从接近完成的科研成果中遴选立项的。为扩大后期资助项目的影响,更好地推动学术发展,促进成果转化,全国哲学社会科学规划办公室按照"统一设计、统一标识、统一版式、形成系列"的总体要求,组织出版国家社科基金后期资助项目成果。

全国哲学社会科学规划办公室

目录 | Contents

引言　走进民国法律解释的世界 / 1

第一章　民国时期的法律解释、解释例与判决例 / 12

12　第一节　法律解释与解释例

16　第二节　解释例与判例

29　第三节　判例、判决例与判例要旨

第二章　民国时期的法律解释权 / 34

34　第一节　法律解释权的权力属性

80　第二节　法律解释权运行的社会空间

94　第三节　法律解释权运行的社会资源

第三章　民国时期的法律解释理论 / 144

145　第一节　法律解释理论的学者表述

191　第二节　法律解释理论之补证和印证

204　第三节　法律解释理论的学者争论

213　第四节　法律解释理论的学者共识

第四章　民国时期法律解释的主体、内容及其程序的变换 / 221

222　第一节　大理院时期的法律解释

274　第二节　最高法院时期的法律解释

282 | 第三节　司法院时期的法律解释
318 | 第四节　"大法官会议"的法律解释

第五章　民国时期法律解释的原则 / 322

322 | 第一节　民国学者表述之概括
324 | 第二节　解释法定
356 | 第三节　解释适度
380 | 第四节　解释恒定

第六章　民国时期法律解释的方法 / 397

397 | 第一节　解释方法上的难题
399 | 第二节　文理解释
406 | 第三节　论理解释
444 | 第四节　类推解释与类比适用

第七章　民国时期法律解释的规范功能 / 455

455 | 第一节　说明
490 | 第二节　确证
551 | 第三节　补正
555 | 第四节　更正

第八章　民国时期法律解释的社会功能 / 567

567 | 第一节　法制（治）功能
606 | 第二节　社会功能

第九章　民国时期法律解释的风格与思维 / 647

647 | 第一节　法律解释的整体风格
657 | 第二节　法律解释的知识思维

第十章　民国时期法律解释制度的不良运作 / 693

693 ｜ 第一节　法律解释制度不良运作的主要表现
708 ｜ 第二节　法律解释制度不良运作的原因分析

结语 / 738

主要参考文献 / 740

后记 / 747

引言　走进民国法律解释的世界

　　近代中国的法律发展,主要在三个层面上同时生动展开:一是在制度领域,通过渐次开展的立法活动来创设和完善法律的制度规范与部门体系,建立起一整套社会生活与主体行动的法律规则和制度;二是在实践领域,通过常态化、大规模的执法、司法和普法活动来推行法制度法规则、践行法价值法精神、孕育法意识法观念、营造法环境法氛围,贯彻落实法律规范对社会生活的全面改造;三是在制度与实践相关联的第三方领域,通过对来自现实生活中的法权要求所进行的规则设置与制度设计,以及同时又对这些制度和规则的实施效果所进行的反思,逐渐厘清法领域里的东方与西方、传统与现代、新与旧等诸多复杂的结构性关系,日益理解近代中国法律发展的整体图景与局部构成,日渐深切地体会到个体的法感受与族群的法命运之间的内在关联,逐步尝试着开始探索近代中国法律发展的方向道路,规划制定近代中国法律发展的时间表和路线图。由于法律解释活动依赖于已经制定出的法规范,既面向社会生动变化的法需求,更关注鲜活的社会法需求和已经制定出的法规范之间的相互关系,因此在大变革时代的近代中国,它既是关照和连接法律制度与社会生活的重要纽带,也是法律制度与社会生活相作用时的催化剂、相冲突时的软化剂、相龃龉时的润滑剂和相断裂时的弥合剂,进而成为推动近代中国法律发展的一股重要力量。

　　这一点,在民国时期表现得尤为突出。因为从1912年到1948年,在将近37年的整个民国时期里,整个社会一直都处在结构动荡与政权更迭,传统与现代观念相互纠葛碰撞,东西方思想文化相互冲击——回应并逐步融合,新旧力量往复激烈交锋的情境之中。与此同时,由于缺乏丰富的整合资源、包容性的整合空间和强大的整合力量,这一时期里的传统与现代之间的起承转合、西方与中国的直接对抗、新与旧的鲜明对比,对于当时的社会来说,所表现出的破坏性又是远远大于建设性的。换言之,囿于社会结构的松散、社会话语资源的混乱以及社会生活的动荡多舛,这些复杂性因素所形成的对立、对抗或者对比,以及由此所形成的观念性力量,虽然"加速了旧秩序的瓦解,却没有提供替代它的新秩序,这给中国人留下了在旧秩序废墟上构建新秩序的艰巨任务"[①]。当然也正是因为此,我们看到,社会制度的不断变革、社会

---

① 李鸿谷:《国家的中国开始:一场革命》,生活·读书·新知三联书店2012年版,第19页。

观念的反复回流、社会规范的往复实践以及社会生活的颠沛流离,都在这一时期不断地出现。然而也正是在这样一个动荡且压抑、松散且变革的整体社会环境之中,特别是当政治建构、制度建设与社会现实之间往往又会出现或近或远的偏离时,有关法律活动的制度表达与话语实践就会呈现出程度不等的紧张状态。这种紧张感不断地累积就会凝聚成一股巨大的张力,强烈地作用于整个法律世界并反作用于其所置身于其中的整个社会,从而使得民国时期的法律制度与社会现实生活之间很容易就出现因角力撕扯而造成的断裂。而这种断裂的存在,一方面又会不断激化社会矛盾,激发社会的反思性力量,进而质疑制度建构与实践的正当性、合理性乃至合法性;另一方面也会不断推动制度的继续变革与不断修正,从而增强制度回应社会现实及其合法性需求的能力。

这一现象在民国时期法律解释的制度与实践中表现得更加突出和复杂。因为作为一种旨在弥补法律规范与社会现实生活之裂痕的制度性存在和实践性机制,民国时期法律解释的制度建设和实践运行不仅要充分回应来自西方的法律解释学理论与话语的全方面挑战,而且也要切实面对来自当时社会的观念认知与规范需求。但是,一方面东西方法律文化的差异性以及西方法律中国化或者中西法律会通融合的复杂性与艰巨性,另一方面民国社会的变革性以及社会结构的多样性和社会生活需求的现实性,都会加剧民国时期法律解释制度与社会现实生活之间的紧张与断裂。与此同时,如果我们再考虑法律解释活动自身的规律性,那么民国时期法律解释制度与实践的复杂性,就不仅表现在法律解释制度的目的与法律解释的话语之间,而且也表现在法律解释的话语与法律解释的具体实践之间。当然,所有这些情状或者因素的客观存在,都会加剧民国时期法律解释领域中表达与实践的背离。

的确,"表达"与"实践"的背离或者矛盾(paradox)常常被看成是理解传统中国法律制度的一种视角。① 这一视角重点关注的"议题即是法律实践与成文法典的背离之处"②。它所依靠的则主要是那些来自于司法实践的信息和材料,这些来自法庭的记录"不仅告诉我们法典与习俗间的冲突,也告诉我们法庭如何在二者之间斡旋;它们甚至可以成为我们了解一些在法律条文上不承认而实际存在的社会习惯和法庭实践的主要信息来源"③。从立场上来看,这一视角的运用首先意味着,无论是法律的话语表达还是制度实践,它们都不仅会与传统中国法律的**整体**话语表达与制度实践密不可分,而且也会

---

① 参见黄宗智:《民事审判与民间调解:清代的表达与实践》,中国社会科学出版社1998年版,第1—2页;黄宗智:《清代的法律、社会与文化:民法的表达与实践》,上海书店出版社2007年版。
② 黄宗智:《法典、习俗与司法实践:清代与民国的比较》,上海书店出版社2003年版,第6页。
③ 同上书,第6—7页。

共同推动着传统中国法律**集体**迈向现代的创造性转换。① 其次,这一视角的运用也意味着,要全面理解传统中国的法律制度发展,掌握传统中国法律制度的实践逻辑,我们就必须深切地意识到,传统中国法律制度的话语表达是一回事,法律制度的实践是一回事,而两者相结合起来则又是另一回事,并且"是一种不同于任何单一方面的逻辑"②。最后,当然也是最重要的,从表达与实践相背离或者矛盾的角度出发来分析传统中国的法律制度,显然完全不同于从任何单一方面切入进去予以分析的孤立视角和片面展示,而是建立在两者相互关联的基础上的、一种关系性视角的整体分析和全面展示。

将这种关系性的视角引入对民国时期法律解释活动的全面考察,我们就必须要意识到,对于民国时期的法律解释而言,它同样在应然性的制度设计层面上说的是一回事,在实然性的运行层面上做的却是另一回事,而将两者联系起来则又会是第三番法律景象。但这并不意味着法律解释的制度性表达不重要,恰恰相反,它意味着较之于法律解释的官方正式话语及其制度的规范性表达,我们必须要认识到民国法律解释的客观实践具有相当大的现实性或者真实性,也因此更富有时代特性和历史意义。与此同时,这也只是民国法律解释"嵌套性结构"的一个外在结构层。因为在这一层结构之中,还包含了一个更加紧张的内在性结构关系。这一关系乃是由法律规范与社会需求之间所构成。换言之,在民国时期的法律解释活动中,除了法律解释制度与法律解释实践之间存在着背离或者矛盾的现象外,法律解释所援引的法律规范与来自社会生活的法需求之间也存在着相互背离或者矛盾的现象。而这其实也就意味着我们在考察民国时期法律解释时,既要了解当时颁施的法规范法制度,也要了解当时社会的法观念法需求,更要将这两者紧密联系起来予以细致地整体考察。当然,如果我们把视野放得再宽一些,那么为了更好地考察和理解法律解释制度在民国时期的运行及其实效,了解民国时期的法律世界,我们就不仅需要关注这一时期法律解释的制度实践,也需要结合相关的判例以及法思潮、法知识和法观念,还需要了解更大范围里的民国社会与生活,进而更加综合完整地观察民国时期法律解释制度在表达与实践之间的巨大距离,以便清楚地看到这一时期法官个人化的智性努力是如何来弥补其中的断裂,以及法律解释是如何来调和法律制度与现实生活的法律需求之间矛盾的。

当然,在运用这一视角进行分析时我们同样要避免走向一个极端,即认为法律的制度与实践之间只存在着对抗或者对立,法律话语的表达与实践只可能是矛盾或者背离的。恰恰相反,我们不仅不能忽视这两者之间内在的一

---

① 参见张晋藩:《中国法律的传统与近代转型》,法律出版社 2009 年版,第 43 页。粗体为本书作者所加。

② 黄宗智:《连接经验与理论:建立中国的现代学术》,载《开放时代》2007 年第 4 期。

致性,更要正视这两者之间外在的统一性。我们要承认,法律制度与实践的一致性或者统一性往往构成了传统中国法律发展进程中的一种普遍状态,或者是说常态①;法律制度与实践的背离或者矛盾只是在非常有限的领域或者空间里才得以存在,它们只是近代中国法律发展领域中一个极为偶然的现象,只是个别情况。我们要清醒地认识到,强调这两者之间的对立,认为法律的制度与实践之间存在不可调和的矛盾,并非要就此否认两者之间的统一性,而是要通过此,既看到两者之间的联系,也看到两者之间的区别,并努力通过这种联系与区别的全面揭示来深入展现民国法律解释制度的整体面貌。而这其实也就意味着,我们在推进有关民国法律解释制度的研究时,既要关注这两者间相互关联与统一的构成要素,也要分析其矛盾的形成原因。与此同时,我们在分析民国法律解释的制度与实践中,也不仅要看到法律解释活动中的制度角色与规范性力量,而且还要看到其中的生活化因素和经验性判断。

本书有关民国法律解释制度研究的主要材料,是大理院时期所颁布的2012个解释例、最高法院时期所颁行的245个解释例和司法院时期所制作的4097个解释文。这些解释例的全文来自郭卫所编辑的《大理院解释例全文》(上海会文堂新记书局1932年版;台北成文1972年重印)②和《最高法院解释例全文》(上海会文堂新记书局1946年版)以及台湾"司法院"秘书处所编辑印行的《"司法院"解释汇编(1—5册)》(台湾1989年版)。与此同时,为了使有关民国法律解释的研究更加的完整和丰富,笔者还注意使用与这些解释例相匹配的判决例文或者判例要旨,以便佐证法律解释活动的运作逻辑。这些判决例文或者判例要旨来自郭卫编辑的《大理院判决例全书》(上海会文堂新记书局1932年版)③和台湾"最高法院"判例编辑委员会编辑的《最高法院判例要旨(民国16年—民国83年)》(台湾"最高法院"1997年版)中涉及民国16年至民国37年中最高法院所做判例的要旨。黄源盛教授最近整理出版的《影印大理院民事判例百选》(台湾五南图书出版公司2012年版)、《大理院民事判例辑存—总则编》(台湾元照图书出版公司2013年版)、《大理院民事判例辑存—亲属编》(台湾犁斋社2013年版)、《大理院民事判例辑存—承继编》(台湾犁斋社2013年版)、《大理院民事判例辑存—物权编》(台湾犁斋社2013年版)、《大理院民事判例辑存—债权编》(台湾犁斋社2013年版)和他所编辑的《大理院刑事判例全文汇编》(未刊稿),自然也是本书研

---

① 参见梁治平:《清代习惯法:社会与国家》,中国政法大学出版社1996年版,第37页。
② 参见郭卫编著:《民国大理院解释例全文》,吴宏耀、郭恒点校,中国政法大学出版社2014年版。
③ 参见郭卫编:《大理院判决例全书》,吴宏耀、郭恒、李娜点校,中国政法大学出版社2013年版。

究时的重要参考材料。除此之外，笔者参与整理并在九州出版社2012年出版的《辛亥前后南京司法判案实录》(1—10卷)、在法律出版社2013年出版的《民国时期江苏高等法院(审判厅)裁判文书实录》(1—10卷)和本人多年查阅并积累下的中国第二历史档案馆、江苏省档案局所藏的最高法院时期的判决书等司法档案，也构成了本书研究的辅助性材料。

  面对这些史料或者文本，该如何进行阅读或者诠释，很显然不仅决定了本书研究的结论，而且也制约着这一论题研究的可能意义。因为在一定意义上来说，"方法决定结论"，而"眼界又决定境界"。"方法是研究者向研究对象所提出的要求，及研究对象向研究者所呈现出的答复，综合在一起的一种处理过程。所以真正的方法，是与被研究的对象不可分的。"①这样，为了能够更加客观而真实地展现民国时期的法律解释活动，本书的研究主要采取文本分析的方法。所谓文本分析的方法，指的主要是一种"探索、调查和检验文本中出现的态度、思想、模式和观点的分析方法的集合"②。因而，虽然这一方法依赖于历史文本，但这并不意味着对历史文本的分析只是一种单一性的方法；恰恰相反，它是同时容纳了多种方法于一体的方法论集合，是一种融合了符号学、叙述学、文本社会学、互文—对话理论、结构主义、新批评法等多种方法论资源在内的、力图从文本及其符号的表层进入到文本及其意义的内部世界的综合性进路。③ 笔者期望通过对民国时期法律解释例文文本进行全面而系统的解读，通过对这些解释例文的内容予以综合性的方法诠释和多样性的社会关照，并借助于民国时期的法律解释理论以及法律解释制度的运行机理，将相类似的条文予以统计整理，并将其中的主要信息以表格的方式清晰地表现出来，进而在展示民国法律解释活动全景的基础上，提炼和归纳民国时期法律解释活动的规律。

  当然，不仅由于任何有关历史文本的阅读都需要置身于其所处的特定时空和社会背景之中，而且又因为历史文本看似客观，但其从本质上来说也是经由诸多主—客观因素相混合而共同建构起来的，因此，任何有关历史本文的诠释性理解从本质上来说就都会是一种视域及方法论的融合，并且这种视域以及方法论的融合也有助于对历史文本意涵进行完整阐释。

  一方面，任何一种法律制度都是一定社会关系的反映，而社会关系又往往总是存在于一定的历史条件下。这样，在研究民国时期的法律解释制度之

---

  ① 徐复观：《研究中国思想史的方法与态度》，载韦政通编：《中国思想史方法论文集》，上海人民出版社2009年版，第117页。

  ② H. C. Andersont, "From unstructured Text to Valuable in Sight Leveraging Text Analytics to Meet Competitive Intelligence Needs", *Competitive Intelligence Magazine*, Vol.11(1), 2008.

  ③ Antonin, Scalia, "Textualism and the Constitution", In Bruce Miroff, Raymond Seidelman, Todd Swanstrom, *Debating Democracy: A Reader in American Politics* (Seventh Edition ed.), Boston, MA: Wadsworth Cengage Learning, 2010, pp.288—294.

时,无疑也就离不开对民国时期的政治经济、思想文化和社会心态等历时性因素的考察,并且只有将民国时期的法律解释制度与这些因素紧密结合起来进行关照,才能够对民国时期的法律解释制度不仅知其然,而且知其所以然。而这其实也就意味着我们在诠释民国时期法律解释的例文时,要适度地将法律文本(即"法律解释例文")与法律事件(即"法律解释活动")诉诸于此一时期的社会情境与话语系统之中,要采用语境论的进路,既要尽可能充分地"还原",将法律解释制度与解释文本放置在当时生产力和生产关系制约下的社会条件上来看;毕竟,任何一种制度都不能超越时空或者一切社会条件,也不是一种抽象的价值选择或者精神现象的产物。① 也要充分地"移情"或者予以同情式的理解,将自己尽可能地安置在当时的社会情境之中来进行认识。

另一方面,历史事实尽管俱在,且数量无穷,但仍有相当一部分事实是"照例沉默不语的,而即使一旦开口又往往相互矛盾,甚至无法理解"②。因此,要想客观而完整地描述历史,除依靠历史档案外,还需要对历史有一定的想象力。"所谓**历史想象**,是史学家将自己放入历史之中,进入历史的情况,进入历史的时间,进入历史的空间,然后由此想象当时可能发生的一切。"③ 换言之,要理解历史文本,虽然必须要在视域的互融之中达致历史文本与当下读者、文本的历史性符号记载与当下社会里的知识信息之间的相互交流与沟通,然而即便如此,历史文本的完整意涵仍然无法全部被挖掘和揭示出来,还需要借助于诠释者对历史的想象来完成历史文本的信息补充与信息甄别。因为相较于法律解释活动——事件发生时所处的社会场景以及其所蕴含的丰富信息,法律解释文本所记载的历史信息,仍是有限,毕竟历史留给后人的线索不仅太过稀少,而且质量参差不齐。这样,如果不借助于一定的历史想象力,就不能将有关历史的蛛丝马迹串联起来,形成历史的大致轮廓。④ 而这其实也就意味着,面对民国时期的法律解释文本,要对其展开更具广泛意义也更具完整性的理解,就必须要将其与民国时期的社会观念、社会意识、社会思潮、社会文化等因素紧密关联起来,同时也要将其与其他法律制度以及政治—经济制度、社会—文化制度等因素紧密关联起来,以便能够在一个更加完整而真实的民国社会场域中来对其展开全方位的理解,进而使得经由这种理解所产生的知识信息能够更具客观性、普遍性和真实性。

进一步,面对历史文本或者历史事件,如果我们的阅读行为或者诠释性

---

① 参见苏力:《语境论——一种法律制度研究的进路和方法》,载苏力:《也许正在发生:转型中国的法学》,法律出版社2004年版,第233—266页。
② 〔美〕柯文:《在中国发现历史——中国中心观在美国的兴起》,林同奇译,中华书局2002年版,"前沿",第41页。
③ 杜维运:《史学方法论》,台湾三民书局2001年版,第471页。
④ 参见盛洪:《中国与西方是如何分道扬镳的?》,载《读书》2014年第5期。

活动要得以顺利地进行，按照德国学者哈贝马斯的说法，我们就必须要"把自己安置在其他的情境之中，（因为）我们要理解他人，（首先）我们将认识他人"，毕竟"安置自己不是以我们自己的判准应用在他人身上，而是尽力以他人的眼光来审视他人"。而这其实也就意味着，面对历史文本或者历史事件，我们要从中获得意义，就必须要先理解；而要理解，就必须要通过阅读者身份的转换性解读来实现。这样，面对民国时期的法律解释活动或者法律解释例文，我们就不能生硬地以今论古或者以此概彼，也不能以一种简单的化约主义（reductionism）来剪割。我们需要将有关法律解释的规则与活动历史化，同时也需要将有关法律解释的历史生活化，以期在这种历史化和生活化的交融中达到文本在"互视"中"求通"、在"转换"中"求解"的状态。与此同时，我们还需要将历史文本适度地去历史化，尝试着将历史拉回现实，将"历史"与"今天"更紧密地勾连起来，让"以今论古"的情况更多且更深入地发生，让"历史"与"今天"产生激烈的碰撞，以期让这种文本在"历史"与"今天"的紧凑型对话中产生时代的意义。

当然，在对法律的历史性文本进行意义阐释之时，我们还要充分地意识到，尽管在理解这些法律解释的历史文本时，即便我们努力做到充分的移情，尽可能达致视域的交融，还是难免会受限于自身现有视域或者知识储备，也可能会无法彻底摆脱因由认知主体的身份多元以及角色跨跃所带来的认同上的尴尬，然而这些矛盾性因素的存在对于我们的认识而言，并非都只是消极的，它们也可能会带来积极性的作用。① 因为，我们若是能够对过去认识得更多以及对自身了解得更清晰，那么透过这种身份的兼职与视域的融合，我们所能得到的对历史文本的理解也必定会更加的真实。② 更重要的是，它们的存在也意在提醒我们，在有关法律解释历史文本的理解活动中，如何做到视域的融合，又如何处理好"时代意见"和"历史意见"之间的关系，③以及

---

① 德国诠释学家施莱尔马赫主张理解活动应当采取"心理移情"之法，要求在舍弃主体自身的主体性的同时，以文本为中心进行视域的转换，以此达到理解的客观性及其知识目的。然而伽达默尔却强调各视域间实际上是不可通约的，相反，读者的前见是知识生成的合法性来源，是无法摒弃和卸载的知识行李。因而在他看来，理解活动中最为务实性的做法，乃是适时导入对读者诠释时自身独特情境的反思，从而做到文本本位的诠释视域与读者本位的诠释视域的两相融合，以促使文本的意义再造。正因为此，在伽达默尔看来，"前见"不会成为理解的负担，反而会促成文本再生的必要条件。参见洪汉鼎：《理解与解释——诠释学经典文选》，东方出版社2001年版，第35—56页。

② 〔英〕伊恩·沃德：《法律评判理论导引》，李诚予、岳林译，上海三联书店2011年版，第226—229页。

③ 参见钱穆：《中国历史研究法》，三联书店2001年版，"前沿"、第6—7页。"历史意见，指的是在那制度实施时代的人们所切身感受而发出的意见。这些意见，比较真实而客观。待时代隔久了，该项制度早已消失不存在，而后代人单凭后代人自己所处的环境和需要来批判历史上以往的各项制度，那只能说是一种时代意见。时代意见并非是全不合真理，但我们不该单凭时代意见来抹杀以往的历史意见。"钱穆：《中国历代政治得失》，生活·读书·新知三联书店2001年版，第6—7页。

如何处理对历史文本的知识敬意和批判反思之间所形成的巨大张力①。以上无不应当成为本书在方法论上要始终关照并谨慎处理的问题。

更进一步,事实上,任何有关历史文本的文化研究,其中的一个重要特点就是承认阅读实践以及思维制造或者"知识生产方式的位置性(positionality)。承认此点就意味着打破知识的普遍性,而强调历史和文化的特殊环境造就了话语的叙述和知识的形成"②。因为阅读者所处的时空背景、话语情境以及所受的知识训练,都将构成他们在考察任何知识对象时的前在理解。③ 而这种前在性的理解在方法论上还可能造成的问题,主要表现在以下两个方面:一是我们一定只能将因由前在理解所造成的那些零散性的表述,置放于某种事先已预设好的规范机制和话语模式当中来加以建构;二是我们也会不自觉地预设当下甚至以西方为论述核心的某种规范机制作为思考的出发点,甚至将其作为言说的终结点。但是,这并不意味着这种跨时空域的阅读及其结果是缺乏普遍性意义的。因为一方面,为了尽可能地避免因由视域转换所带来的普遍性减弱的问题,我们可以采取的一个可行做法,便是将传统中国法律发展的主体性尽可能地凸显出来,将传统中国社会中的法规范经由自我而"概念化""符号化",力求以不失真的角度来还原传统中国法规范机制的实象,而不须依附于预设的当下甚至是在西方的规范架构下来检视。④ 而这其实也就意味着,当我们在面对这些法律解释的民国文本时,我们既要尽力以当时之法律解释理论和话语表述逻辑来对其进行基础性的诠释,以便还原其本来之面目,进而提升叙事言说以及结论归纳的客观性与可信度;同时也要适度地以当下之法律理论对其进行补正、印证或者再诠释,以展现这一分析及其结论在当下的可能意义。而另一方面,虽然经由时空的累积,文本的语词意义与文本的精神意义有着不同的命运⑤,但是作为视域及其方法的"历史意见"却要在理解的活动中努力开启具有开放性的"时代意见"。而这其实也意味着,如果我们把法律的本质看成是人类生活本身⑥,把法律制度看成是人类生存与发展的规范理性,那么经由这一制度的传承及其

---

① 参见郭晓东:《对历史的温情与敬意》,载《读书》2003 年第 10 期。

② Ien Ang, "Can One Say No to Chineseness?" in Rey Chow (ed.) , *Modern Chinese Literary and Cultural Studies in the Age of Theory:Reimagining a Field*, Durham: Duke University Press, 2000, p. 283.

③ 参见〔德〕伽达默尔:《真理与方法:哲学诠释学的基本特征》,洪汉鼎译,上海译文出版社 2004 年版,第 35 页。

④ 参见颜厥安:《法史学的传承、方法与趋势——戴炎辉先生九五冥诞纪念国际学术研讨会》,转引自张永鋐:《法律继受与转型期司法机制——以大理院民事判决对身分差等的变革为重心》,台湾政治大学 2004 年法律学系硕士学位论文,第 12 页。

⑤ 参见〔法〕利科尔:《诠释学与意识形态批判》,载洪汉鼎主编:《理解与解释——诠释学经典文选》,东方出版社 2001 年版,第 464 页。

⑥ 参见〔德〕萨维尼:《论立法与法学的当代使命》,许章润译,中国法制出版社 2001 年版,第 24 页。

实践的累积所形成的传统,便是"一个社会的文化遗产,是人类过去所创造的种种制度、信仰、价值观念和行为方式等构成的表意象征;它使代与代之间、一个历史阶段与另一个历史阶段之间保持了某种连续性和同一性"①。

"历史在照亮着昔日的同时也照亮了今天,而在照亮了今天之际又照亮了未来。"②这样,所谓的历史,其实既是过去史,也是当代史,更是未来史。因此,对于仍然处于现代化进途中的当代,当我们回顾民国时期的法律解释理论与实践,尝试着对民国时期法律解释的历史文本进行理解、对法律解释活动提供知识诠释之时,欲得宽阔性的意义世界,显然就必须要抛弃知识的对立立场,尝试着去与法律解释的知识史和解。唯有此,我们才能在历史的言说中发现现在,也能在以现在的话语言说过去的文本的过程中发现历史,进而接续法律解释的知识传统与实践的历史脉象。与此同时,尽管"如果不克制现代思想之影响而进入历史现场,难以接近并理解历史真相究竟如何",但是,视域之融合与知识之穿越的"幸运之处则是,在足够长的时间线索里,有条件将当事人彼时彼刻信息碎片拼集成形,并以历史演变的结果而重新审视曾经事实的价值"③。而这或许便是对民国法律解释的理论与实践进行研究的知识意义所在。

从研究的结构与内容上来看,本书包括引言和结语,共十二个部分:

引言部分交代本书研究的问题意识、研究方法与内容结构。

第一章首先是对民国时期的法律解释、解释例与判决例的概念予以界定。在有关法律解释与解释例,解释例与判决例,判决、判决例与判例要旨这三对关系的清理中,重点对民国时期的法律解释活动予以初步的勾勒并对解释例与判决例之间的关系予以详尽的说明,这便于我们在限定研究对象的同时,确保对民国时期法律解释问题研究的深入推进。

第二章关注民国时期的法律解释权。在民国政治权力结构与法律运行环境中,我们对法律解释权的性质予以讨论,着力分析民国时期法律解释权的权力属性以及法律解释权运行的社会空间与社会资源,以期通过此来揭示民国时期法律解释权运行的社会机理,展示民国时期法律解释权运行的理论逻辑。

第三章研究民国时期的法律解释理论。通过对民国时期法律解释理论的梳理与提炼,尤其是着重对十二种在笔者看来具有代表性理论表达背后的争议予以争点整理以及对其共识予以展示,力求充分展现民国时期法律解释理论的表述逻辑。与此同时,为了更好地观察并把握民国时期的法律解释理论,笔者还扼要的引介了三位生活经历与教育背景都经历了民国的法学家们

---

① 〔美〕希尔斯:《论传统》,傅铿、吕乐译,上海人民出版社 1991 年版,第 3 页。
② 〔美〕卡多佐:《司法过程的性质》,苏力译,商务印书馆 2002 年版,第 31 页。
③ 李鸿谷:《国家的中国开始:一场革命》,生活·读书·新知三联书店 2012 年版,第 197 页。

(林纪东、郑玉波和管欧)有关法律解释理论的表述,以期通过他们的理论言说来确证我们有关民国时期法律解释理论的梳理是具有代表性的同时,进一步厘清民国时期法律解释理论发展的脉象。

第四章探讨民国时期法律解释的主体、内容及其程序的变换。在这一章中,笔者将主要围绕着民国时期法律解释的四个阶段(大理院时期、最高法院时期、司法院时期以及大法官会议解释时期),对有关法律解释的主体、内容及其程序从制度规范的角度予以展开。与此同时,笔者还将参酌不同时期的法律解释实践,来初步揭示各自时期有关法律解释制度的运行机理与实践逻辑。

第五章研究民国时期法律解释的原则。主要围绕着解释法定、解释适度与解释恒定这三个原则,并结合法律解释之实践来展开。在笔者看来,解释法定之原则包括了四个方面的内容:依法解释、法不禁止即自由、法无明文规定不为罪以及法不溯及既往。而解释适度则包括解释态度上的适度(即"不绝对"与"不擅断")、解释方法上的适度以及解释内容上的适度。解释恒定则既包括横向上的恒定性解释,也包括纵向性的恒定解释。最后指出这三个原则之间相辅相成,各自都以彼此为存在之前提与基础。

第六章关注民国时期法律解释的方法。从民国时期法律解释的方法论实践出发,本书将民国时期的法律解释方法首先划分为"文理解释"与"论理解释";其次是将论理解释之方法予以进一步的细分,认为其包括目的解释、体系解释、当然解释、扩张解释、狭义解释、反向解释等在内。最后对类推解释解释与类比适用在民国时期法律解释实践中的体现予以说明,并就民国时期法律解释方法之整体所需补充之内容予以六点说明。

第七章讨论民国时期法律解释的规范功能。主要围绕着民国时期法律解释的实践中,法律解释如何发挥说明、确证、补正与更正这四项功能来展开。就说明功能之发挥,又主要包括法律解释发挥说明法条之内容的功能、说明以往法律解释之内容的功能、说明判决(例)之内容的功能、说明判(决)例和解释例之内容与关系的功能、说明解释例与解释例的内容与关系的功能、说明解释例与法条之间关系的功能,等等。就确证功能之发挥,主要包括法律解释对法律解释例的内容与效力的确证、对判(决)例之效力与内容的确证等。就补正功能之发挥,主要是法律解释补正法规范之不足以及对先前法律解释的再解释。而更正功能之发挥,则主要是法律解释更正与撤销先前的法律解释,或者更正先前的判决例、判例或者先例的适用,以及时更正解释例与判决例的适用。

第八章讨论民国时期法律解释的社会功能。主要围绕着民国时期法律解释的法制功能与社会功能来展开。就法制功能之发挥而言,主要包括统一法令之行使、确立法源、形成法规则、践行法原则以及提请修法动议这五个方面。而就社会功能之发挥来看,则主要包括"移风易俗,改造社会秩序""尊重社会习惯,整合社会秩序"和"兼顾新与旧,弥合社会之急遽断裂"这三个方面。

第九章研究民国时期法律解释的整体风格与思维。通过对法律解释例文内容表述的形式分析与实质考究,笔者认为尽管民国时期的法律解释例文严格地来说属于公文之一种,有着基本固定的格式和话语的表述逻辑,但从形式上看,民国时期的法律解释例文,其整体风格呈现简约与繁复相并存的格局;而从内容上来说,则尽管其所涉之法部门众多,并且前后解释例文在内容上也存在着一定的修正、补充、调整、甚至更替的现象,但是在这些多样化的解释例文背后,我们同样也能够看到隐藏在其中的较为一贯性的逻辑。与此同时,就民国时期法律解释的知识思维而言,笔者的研究将表明,从效仿日德法系统到逐渐重视本土法需求、推进社会本位法之建构,从效法泰西到重视本土,民国时期的法律解释同样走过了一条由外到内、从模仿到自主的过程。

第十章讨论民国时期法律解释制度的不良运作。通过描述民国时期法律解释制度在运行的过程中是如何被悬置起来以及在实践中所表现出的解释偏差、解释矛盾和解释错误等现象,进而从内而外地看到民国时期法律解释制度的不良运作。与此同时,对民国时期法律解释制度的不良运作进行原因分析,以期更好地揭示民国时期法律解释制度的运行逻辑。

最后是结语。

第一章　民国时期的法律解释、解释例与判决例

民国时期的法律解释指的是什么？解释例与判决例的关系又是如何？以及在宽泛的意义上，判决例或者判例可否被看成是一种法律解释？这些都是开启整个论题研究与话语叙述之前所必须要阐明并界定清楚的，因为这关系着民国法律解释制度的研究对象。

第一节　法律解释与解释例

一、何谓法律解释

中国近现代法制在走向大陆法系法典主义的轨道之后，对法律的解释就显得非常之重要。而伴随着有关法律解释的规范建设与制度实践的日趋发达，民国法学界也曾对法律解释的本质、对象、作用和方法等问题展开过深入的探讨和激烈的争议。①

比如，就法律解释之本质而言，朱显祯和蔡枢衡就有较为不同的看法。朱显祯认为，法律解释不是一种技术，而是一种科学。② 在朱显祯看来，法律解释不仅只是一种对法规范意涵的简单诠释，而是一种对法规范意义的正确理解。他的这一看法显然突破了以往将法律解释仅仅视为一种技术的简单观念。蔡枢衡则走得更远。在他看来，法律解释既不是一种技术，也不是一种科学，而是一种创造。也就是说，在蔡枢衡看来，"技术"二字还无法很好地说明解释法律这一活动的本质，而"科学"二字又不是关于这个活动性质的最好说明。因为成文法或者判例法都是不完全、不确定的东西，而法律解释的过程是使它们变成为完全和确定的过程。使不确定的成为确定的，尤其是使不完全的成为完全的，显然这是一种创造的过程，一种创造普遍、具体并且又是妥当的国家规范的过程。因此，解释法律便是创造法律。当然，也正是在此意义上，普遍、具体而又妥当的法律实际上是由立法者或者司法官和解释家分工合作创造出来的。③

---

① 有关民国时期法律解释的理论及其论争，详见本书"民国时期的法律解释理论"一章。
② 参见朱显祯：《法律解释论》，载《社会科学论丛》第2卷（1930年）第8—9期合刊。
③ 参见蔡枢衡：《中国法理自觉的发展》，清华大学出版社2005年版，第122—125页。

又比如,就法律解释之对象而言,在民国时期大体上有三种看法:第一种看法是"立法者意思说",该说认为"法律解释的对象是立法者的主观意思"①。大多数民国法律学者都持这一观点。第二种看法是"法律意思说",认为法律解释的对象不应该是立法者的主观意思,而应该是法律自身所包含的意思。持这种观点的主要代表人物,是蔡枢衡。在他看来,法律本身是一个完整的有机体,充满了类似生命的活力。法律解释就是寻找法律条文和客观实在之间的统一,就是要使通过对条文推论而得出的意思和社会现实相适应。蔡枢衡指出,这种经过对条文本身推论后得出的意思是客观的而非主观的,是具体的而非抽象的,是发展的而非不变的。法律解释的作用就是要发现与社会现实相适合的法律,法律解释的目的就是要使法律和社会之间的矛盾或者不一致缩小到最小的程度。② 第三种看法是"修正法律意思说",持这种看法的主要是朱显祯。他认为,以蔡枢衡为代表的"法律意思学说"的观点尽管有可取之处,但同时也包含着主观性和随意性等欠缺。因而,在蔡枢衡观点的基础上,朱显祯进一步提出了修正法律意思说。他认为,法律解释的对象,应当仅仅是指法律自身所包含的规范意思,不能将此随意扩大。与此同时,他还认为,这种规范思想是任何人在对法律条文本身进行合理判断之后都会得出的客观存在。③

如果我们把视野放得宽一些,那么客观的来说,饱受社会学法学思潮影响的民国法律人,在面对成文法典和法规范之时,还是普遍地认为"法律原为规律社会的事实。但有时事实问题虽已明确,而法律本身(文字及其意义)在适用上反或发生某种的疑义,为要确悉法律的真意何在,而乃有法律解释的问题。"④换言之,在他们看来,"法律并非完美,即使是设计再精良的法律体系,也必然有漏洞,而有漏洞就需要法的续造来加以填补,有时甚至需要赋予法院创造法规范的功能"⑤。而这就使得法律解释既有存在的必要也有存在的空间。

> 法律为社会状态之反应。社会状态,复杂而多变迁;法律条文,贵在简洁,势不能一一列举,包括无遗。适用之际,或不免发生疑义。此有待解释者一也。各种法律之制订,时期有先后,目的有异同,偶一不慎,即不免彼此分歧,轻重参差,予此之际,何所适从,此有待于解释者二也。解释法律之权,各国多付诸最高司法机关,盖司法官职司裁判,地位超

---

① 吴经熊、华懋生主编:《法学文选》,上海会文堂新记书局1937年版,第167—196页。
② 参见蔡枢衡:《中国法理自觉的发展》,清华大学出版社2005年版,第125—127页。
③ 参见朱显祯:《法律解释论》,载《社会科学论丛》第2卷(1930年)第8—9期合刊。
④ 楼桐孙:《法学通论》,台湾1941年自版,第177页。
⑤ 〔德〕卡尔·拉伦茨:《法学方法论》,陈爱娥译,台湾五南图书出版公司1997年版,第227页。

然,运用法律,经验最多,使之统一解释,自较适当。①

而这其实也就意味着,不仅对于法律进行解释是必要的,而且赋予最高司法机关以统一之法律解释权,既能够体现法律解释的权威性,也能够确保法律解释的规范性。

因此,民国时期不仅设有统一的法律解释权,而且还将这种统一解释法令的权限悉数归于最高司法机关。比如根据《法院编制法》和《大理院办事章程》,大理院有统一解释法令之权限,且"此种权限颇为广大,迨为当时各国最高法院所未有"②。又比如依据《最高法院组织法》,最高法院在司法院未成立之前,继大理院而暂行行使统一之法律解释权。还比如根据《司法院组织法》和《国民政府司法院统一解释法令及变更判例规则》,司法院拥有统一解释法律之权限。与此同时,民国时期有关法律解释之活动,不仅设有较为完备之制度,而且也有较为完善之程序。据此,民国时期的法律解释活动才得以在国家法规范的层面上展开,从而对民国时期的法律发展产生重要的影响。

二、何谓解释例

民国初年,大法未立,法制待兴,而此时又恰逢整个社会处于新旧急剧转型之关口,固有之法制,虽《大清现行刑律》之一部分仍可援用,但终究不免有削足适履之感,法律亟需改良。③ 与此同时,整个社会已然伴随着新时代的开展而不断前进,公共生活日益丰富,私人间的生活事务日趋复杂化,许多纷争应势而起,各地法院,对于民、刑事法律规范之需求,极为强烈。④ 大理院虽编辑判决例或者判例要旨,以为各地法院审判时之参考,但仍不足以因应社会对于法律之需要。因此,大理院"依据宪法第七十八条解释宪法并统一解释法律及命令,则具有法律上之拘束力"之规定,在"审判案件适用法律时,依其见解释明法律之疑义"。又考查法令解释权之"'统一'二字,当然有拘束一切之效力,纵事实上或有反对之见解,而法律上不能认反对为有效,盖不如是,不足以达统一之目的"。⑤ 在大理院和最高法院时期,"最高审判机关汇编之解释,对于同类案件之审判,具有相当之影响力"⑥,因此将其称为"解释例"。

自国民政府成立以来,解释法令之权即属之于司法院。然尽管司法院秘

---

① 汪楫宝:《民国司法志》,台湾正中书局1960年版,第32页。
② 黄源盛:《民初大理院与裁判》,台湾元照图书出版公司2011年版,第45页。
③ 参见黄源盛:《民初暂行新刑律的历史与理论》,载《刑事法杂志》第41期,第56—89页。
④ 参见杨幼炯:《近代中国立法史》(增订本),台湾商务印书馆1936年版,第101页。
⑤ 刘恩荣:《论大理院之解释与其判例》,载《法律评论》1924年第37期。
⑥ "国史馆"编印:《中华民国史法律志(初稿)》,台湾"国史馆"1983年版,第45页。

书处将其所为之法律解释在汇编时并未继续沿用"解释例"之概念,而是统称为"司法院解释",但考证这一时期法律解释之效力,实与大理院和最高法院时期无异,因而也将其统称为"解释例"。

解释例通常产生于法官审理案件遭遇到法规范难题之时,但如果我们把视野放得再宽一些,并进一步深入到民国时期的法律解释世界之中,那么我们就会看到,民国时期的法律解释其实并不仅仅只是发生在法官审理案件遭遇到法律适用上的疑难问题之时。其时的法律解释还包括大量的、所谓的"质疑解释"。"各政府机关或人们对法律发生疑义,声请司法机关所为之解释。它的特点是:并不经由审判方式,而解释的对象则包括宪法及法律。(从民国法律解释的实践来看)凡遇下列各种情形,为全国最高司法机关的司法员即须基于解释的申请,予以解答:(1)中央或地方机关于其行使职权适用宪法发生疑义,或因行使职权与其他机关之职权发生适用宪法之争议,或适用法律与命令发生有无抵触宪法之疑义者,得申请解释;(2)人民于其宪法上所保障之权利,遭受不法侵害,经依法定程序提起诉讼,对于确定之终局判决所适用之法律或命令,发生有无抵触宪法之疑义者,得申请解释;(3)中央或地方机关就其职权上适用法律或命令所持见解,与本机关或他机关适用同一法律或命令时所已表示之见解有异者,得声请统一解释,但该机关依法应受本机关或他机关见解之拘束或得变更其见解者,不在此限。"①

因此,本书研究所及之法律解释,就是指民国时期最高司法机关所为之一切解释法规范之行为与活动。就其载体或文本而言,则主要包括大理院时期所作的、2012个解释例②和最高法院时期的245个解释例③,以及国民政府时期司法院所作的4097个有关解释法律的文件④。当然,为了全面展现民国时期法律解释制度的运行图景与实践逻辑,尤其是为了尽可能还原民国时期法律实践的场域情景,本书的研究还会涉及与解释例相关联或者相匹配的判例。也就是说,本书有关民国时期法律解释制度的研究文本,除上述所列之解释例文外,还可能会包括一些这一时期由最高司法机关,尤其是大理院所做的判例。由此所带来的另一个严肃问题便是,民国时期,尤其是大理院所做的判例,其性质是什么?它属于司法解释,还是属于法理或者条理?抑或就是一种类型特殊的判例法?很显然,要很好地回答这一问题,就必须要了解大理院时期的判决例,进而厘清解释例与判例的关系。

---

① 韩忠谟:《法学绪论》,台湾1982年自版,第85页。
② 参见郭卫编:《大理院解释例全文》,上海会文堂新记书局1932年版。
③ 参见郭卫编:《最高法院解释例全文》,上海会文堂新记书局1946年版。
④ 参见台湾"司法院"秘书处印行:《司法院解释汇编》(1—5),台湾1989年自版。

第二节　解释例与判例

在民国法律世界中,与法律解释例紧密相关联的,便是判例。由于判例在民国时期,尤其是在大理院时期的法律发展中所发挥的重要作用,以致人们将解释例淹没在有关判例的知识关注之中,甚至将解释例等同于司法解释或者判例。界定判例的基本意涵,厘清解释例与判例的关系,无疑将有助于我们客观描述民国时期的法律实践,进而得以正确对待解释例本身。

一、有关判例效力与性质的争议

民国时期的判例,尤其是民初大理院之判例,其性质为何?是否属于法律之渊源(即"法源"),也即能否成为裁判之依据?如可能,那么其效力又如何?较之于其他之法源,它居何种位置?以及这一时期的判例是否与普通法系之判例法相等同?更重要的,它与解释例之关系如何?应当说,有关这些问题的争论,自民初以来便未休止。

(一) 有关判例性质的争论

自民国始并一直延续至今,有关民国时期判例之性质,不同的人有不同的认识。综观起来,主要有以下八种不同的看法:

第一,认为大理院时期的判例属于"判例法"。这是对民国时期判例性质认定较为普遍的一种看法。比如民国时期民事法学家戴修瓒即持此观点,他认为:"前大理院……权衡折中以为判决,日积月累,编成判例,各法原则,略具其中,一般国人亦视若法规,遵行已久。论其性质,实同判例法矣。"①民法学者胡长清也认为:"纵谓我国自民元迄今,系采判例法制度,亦无不可。"②同样,当代法律史学者武树臣亦持此看法。③

第二,与上述看法接近,但又不完全相同的,是台湾学者黄圣棻的观点。他认为,大理院判例的法源性质,应定位为"判例"或"判决先例",而非习惯、条理等其他东西;但其性质,与普通法系之"判例法",尽管有些许类似的地方,然亦有不同之处。④

第三,认为大理院判例为习惯法。民国时期民法学者俞戟门认为:"判例法乃广义习惯法之一,其所以与一般之习惯法异者,盖一般之习惯法渊源

---

① 戴修瓒"序言"部分,载郭卫编:《大理院判决例全书》,上海会文堂新记书局1932年版。
② 胡长清:《民法总论》,中国政法大学出版社1998年版,第36页。
③ 参见武树臣:《中国传统法律文化》,北京大学出版社1994年版,第9、16章。
④ 参见黄圣棻:《大理院民事判决法源之研究(1912—1928)》,台湾政治大学法律学系2003年硕士学位论文,第152—155页。

於一般人們自己所為之慣行,而判決法乃淵源於法院之判決。"①

第四,认为大理院之判例,在理论上属于条理,而实际上判例则如同立法,应属立法解释之范畴。黄源盛即持此种看法。在他看来,由于大理院时期的民事判例,大部分为创设性判例,因而它们与仅仅只是宣言成文法或习惯法内容以明法意的所谓"宣示性的判例"(declaratory precedents)有所不同。而又由于晚清《大清民律草案》第 1 条,关于民事法律适用的顺序,于"法律""习惯法""条理"之外,并未明列"判例"一项,所以"判例"在理论上实无拘束下级法院之根据,"要仅如德、法各国法院的判决,可作为'条理'以资参考而已"。当然,"判例"是不是,或者应不应该成为"条理"的一种,往往又要视"条理"涵义的宽狭来定。② 此为其一。其二,民国初年,法制未备,民商法多未颁行,大理院之民事判例形式上试图创造一种新的法律基础,它所始终抱有的是一种"民法法典化"的理想,它所力求的是将判例、解释例营造成法典的形式。其本质,乃是以"司法"行"立法"之职。换言之,在民事判例与解释例文的生产与再生产的过程中,大理院确有一种"司法兼营立法"的准立法机能倾向。③

与此同时,在黄源盛看来,大理院的判例仍不可与英美法系的判例法体制相提并论,其理由有三:其一,大理院的判例是成文法典的补充形式,仅为法院裁判时所表示的法律上见解,并非法规的本体。它一般不能与成文法典的原则和规定相违背,否则无效。它并非大理院裁判的唯一法源。而英美的判例法,"判例"是主要的法源,而与其他的法源处于"平行"而不是"上下等级"的关系,具有不受限制和制约的法律效力。其二,由于成文法体系的存在以及法院赋予审判官较大的自由裁量权和类推适用的权力,因而大理院在判例的适用上并不一味地遵从"先例拘束原则",判例虽然被下级法院广泛援用,但并未严格受制于既判力的拘束。而英美法系国家法院对于先前判例的运用,常将个别判例的内容区分为不具拘束力的内容及具有拘束力且有关法律原则的内容,而且在汇编判例时,也会将各该判例内法律原则的阐述撮出摘要,作为重要的参考。其三,民国初期的判例,只有大理院可以颁布,所颁布的判例汇编仅录"判例要旨",并非登刊判决全文。此仍系抽象的结论,与条文、解释所差无几。而判例法系国家的判例编辑与制作则与此大不同。④

总之,在黄源盛看来:

> 大理院的判例,从理论上言,宜属欧陆法成文体系下的'条理'性

---

① 余榮昌:《民法要论总则》,朝阳学院 1933 年印,第 28 页。
② 参见黄源盛:《民初大理院(1912—1928)》,载《政大法律评论》1998 年第 60 期。
③ 参见黄源盛:《民初大理院与裁判》,台湾元照图书出版公司 2011 年版,第 171—172 页。
④ 参见同上书,第 173—174 页。

质;虽从实际面看,它具有创新规范、阐释法律及漏洞补充等准立法机能,或者可以说,有'司法兼营立法'的'准立法功能'倾向,但这是特殊环境下所形塑而成的反射作用,并不能说它就是等同于英美法系的判例法。①

第五,认为大理院民事判例不具有法源性,而认为判例要旨才具有法源性,同时认为把民事判例及其要旨定性为判例法、条理或习惯法均不妥当,认为大理院民事判例要旨为"司法解释"。张生即持此观点。其理由是:其一,民初三权分立,大理院能行司法解释权,而无法行使立法权;其二,大理院之解释例为司法解释,其刊行之判例要旨,亦为司法解释;其三,判例要旨具有系统的汇编方式,并公开发行,为公众所知悉。②

第六,认为大理院民事判例属于判例法、条理或者习惯法之一。在《略论民国初年法人制度的萌芽——以大理院寺庙判决为中心》一文中,黄章一在梳理有关大理院判例性质的各种主张后,认为"各家各从不同角度立论,但都肯定大理院民事判例能作为审判上的法源依据"③。与此同时,在分析大理院有关寺庙案件所创设之判例后,他对大理院民事判例要旨的性质则持一种综合性的态度。

第七,认为大理院民事判例并非是判例法,而仅仅是成文法的特殊形式。王云霞即持这一观点。在《近代中日法律之比较》一文中,她认为:"大理院的判例是特定时期的产物,判例不是判例法而仅仅是成文法的特殊形式。"④

第八,笼统地在性质上将大理院的司法判例和解释例都看成是置于条理之中的一种事物。在《民初女性权利变化研究》一书中,徐静莉指出:

> 之所以将大理院司法判解置于条理中,基于以下两方面的理由:其一,根据大理院判解的推理。大理院在判例中明确承认的法源有且只有三种:作为制定法的现行刑律民律部分、习惯及条理。大理院的判解既不属于制定法,将其归入习惯法也不恰当,显然,我们只能将其视为条理。其二,将大理院司法判解归入条理比较符合大理院在民初司法裁判中的地位。因为作为民初的最高审判机关,大理院需要面对来自两方面的挑战:一方面是纷繁无序、不敷适用的法律规范,另一方面则是新观念冲击影响之下而层出不穷的新民事案件。进退维谷使大理院扮演着法

---

① 参见黄源盛:《民初大理院与裁判》,台湾元照图书出版公司2011年版,第174页。
② 参见张生:《民国初期民法的近代化:以固有法与继有法的整合为中心》,中国政法大学出版社2002年版,第66—73页。
③ 黄章一:《略论民国初年法人制度的萌芽——以大理院寺庙判决为中心》,载《中外法学》2005年第6期。
④ 王云霞:《近代中日法律之比较》,载何勤华主编:《法的移植与法的本土化》,法律出版社2001年版,第417—418页。

律规范主要创制者的角色。前面业已指出,条理属民初大理院司法裁判中一个具有独特功能的语言范畴,其性质的不确定性、内容的广泛性及适用的灵活性恰恰适应了大理院创设法律的客观需求。事实上,大理院的绝大多数民事判解为大理院对《现行律民事有效部分》的解释或援引条理做出的。所以,将大理院自身的司法判解归入条理与大理院在法律创设中的权威地位正相吻合。①

虽然不同学者所持之观点从形式上看差异很大,但很显然,从有关大理院民事判例性质争议的梳理中我们却可以看到,有关大理院时期民事判例的性质界定或者争议,往往又都是与判例的效力如何这一问题紧密关联在一起的。也就是说,判例的效力影响着判例的性质认定与形态塑造。因此,为了更好地界定清楚大理院民事判例的性质,我们无疑也就有必要同时对民事判例的效力予以清理。

(二) 有关判例效力上的争论

有关大理院时期民事判例的效力问题,自民国时期开始便同样一直存有争议,并且这种争议也一直延续至今。当然,尽管争论的表象较为复杂,但从大的方面来看,可以分为肯定说与否定说两种。

否定说者认为,作为最高司法机关的大理院并不具有立法的权限,因而大理院的民事判例只能为立法之参考而不具有法律之效力。民初学者刘恩荣即持这一观点。他认为,作为大理院发表之法令,抽象意见的解释例具有法律上的拘束力,而作为具体意见的判例,"除既判力外,别无拘束力之可言,或者并非能够拘束一切"②。当代学者中,武乾也认为:"判例仅具事实上的效力而不具法律上的效力。"③

肯定说者,比如胡长清认为,若是从法典主义或者成文法中心主义的角度来看,那么认为大理院民事判例不具有法律效力的观点无疑是有一定道理的。但这种看法显然又是"忽于我国固有之状态"④,也即没有考虑民初法制的整体环境。因此在他看来,一旦大理院"著为判例,以隐示各级法院以取法之矩矱,各级法院遇有同样事件发生,如无特别反对理由,多下同样之判决,于是于无形中形成大理院之判决而有实质的拘束力之权威,以至于承法之士无不人手一编,每遇讼争,则律师与审判官皆不约而同,而以'查大理院某年某字某号判决如何如何'为讼争定谳之根据"⑤。很显然,他是持肯定之

---

① 徐静莉:《民初女性权利变化研究——以大理院婚姻、继承司法判解为中心》,法律出版社2010年版,第38页。
② 刘恩荣:《论大理院之解释与其判例》,载《法律评论》1924年第37期。
③ 武乾:《中国近代判例制度及其特征》,载《现代法学》2001年第2期。
④ 胡长清:《中国民法总论》,中国政法大学出版社1997年版,第36页,"注文"。
⑤ 同上书,第35—36页。

态度的。与胡长清看法相同的,还有曾任大理院推事、后任民国调查法权委员会主席的郑天锡。他也认为:"我国法律,尚未完备,裁判时,常赖判例为之补充。大理院为我国最高法院,其判例在实际上与法律有同一效力。外国法院,如上海英美法院,每逢适用中国法律而无明文可引用时,亦采用我国判例。我国大理院判例,在中国法律上占有之地位,其重要亦可想见。"① 曾任大理院推事的郁华同样也认为:"所谓判例者,即最高法院之判决,可以为先例,足资下级法院只援引者是。"并且判例与成文法之关系,乃"是体与用的关系":它们都具有法律效力,但成文法是本而判例是用。②

那么,为何对同一个事物,却有如此之多且矛盾的见解呢? 其中的分歧究竟何在? 民初大理院之判例,其性质究竟为何? 其效力又该是如何?

二、判例性质之认定

在论证判例之性质与效力之前,我们首先对以下问题进行说明。

其一,民国3年3月5日,在覆总检察厅的统字第105号解释例文中,大理院指出:"……且诉讼通例,惟最高法院判决之可以为先例者,始得称为判决例。该厅前次来呈云,某判决例,以为系指本院而言,因查核无着,始令详覆,既据称系高等审判厅判决,本院自无庸代为解释。"从这一解释例的内容我们可以得出,判决例的生产与制作主体必须是最高之法院,民初即为大理院。但与此同时我们也要清楚的知道,民初大理院之判决例,并非大理院所为之所有判决,而是指大理院的裁判当中,"以具有创新意义,或为补充法律之不足,或为阐明法律之真意,其见解具有抽象规范价值者,始予选辑"③。

其二,尽管早在民国3年大理院的判决文书之中便有"判例"文字的出现④;与此同时,民国初年所刊行的《法政杂志》中,设有关于当时司法新闻的报道专栏,当中便也出现了"大理院关于报律之判例"以及"大理院关于妾之判例"等文字⑤;但是我们也要清楚的知道,这两处之"判例"并非大理院时期"判决例"之简称。因为从严格之意义上来说,大理院时期的"判决例",乃是指大理院于民国8年及13年发行的《大理院判例要旨汇览》"正集"和"续集"的判例,以及郭卫所编《大理院判决例全书》当中的判例而言的。因此,如果说民国8年之前大理院判决文书中所称之"判例"乃为"判决例"的话,

---

① 郑天锡:《大理院判例研究》,载《法律评论》1924年第36期。
② 参见郁华:《判例与批判》,载《法律判例》1927年第190期。
③ 黄源盛:《民初大理院司法档案的典藏整理与研究》,载《政大法律评论》1998年第59期。
④ 参见黄圣棻:《大理院民事判决法源之研究(1912—1928)》,台湾政治大学法律学系2003年硕士学位论文,第148页。
⑤ 参见《法政杂志》1912年第2卷第8号,第99、101页。

那么后者则主要是指"判决先例"。①

其三,对判例之性质的不同认定,受学者所援用的不同知识参照系的影响。比如,尽管民初学者俞戟门认为"判决例"乃是"广义习惯法之一种",但这一看法显然是受到了当时社会学法学思潮的影响。同样受社会学法学思潮影响的还有日本学者美浓部达吉。他所著之《法之本质》一书于1935年在中国颁行,此书即同样持"判例法为惯习法之一种"的观点。② 甚至在这些受社会学法学思潮所影响的学者看来,"法律都不过是依据习惯而规定的条文"③,是"一种广义上的习惯法"④。

与此同时,对于大理院之民事判决例,亦有学者认为此判例即为英美法系的判例法。除前述所举之人物外,还有民初学者龙守荣。他即认为:"大理院之判例,有拘束下级审之效力,且就自身得以变更之点,与英国贵族院相异,而与美国联邦法院相似。而民国法典未备,虽曰法律无明文者可依习惯,无习惯者可依条理。然习惯常暧昧不确定,条理则原为主观的,因人而异。非有大理院之判例示其准则,则判决必涉多歧,人民将不知何所适从。而大理院之判例,名实上其权威几与英美之判例法无异。"⑤同样,郑天锡也还曾就此明确指出:"在过去几年里,有一个法律的实体正在逐渐成长,这个实体,可以说建构了一套民国的普通法。"⑥民国法学者陈霆锐也认为:"今日中国民法尚未颁布,所谓现行律者,承胜法之遗锐,极为残缺而不全。而人事纷繁,再有新法律问题发生,于是大理院或依习惯或遵条理著为判例,下级审判衙门亦奉之为金科玉律。故以此点言,中国亦属于英美法系。"⑦

客观地来说,这些看法确系误解,并且这种误解的产生,除法律心理上经由"落后挨打"观念所催生而成的全盘西化或者西方中心主义的法律知识观外,⑧很大程度上又与民初法制未备这一大前提紧密相关联的。换言之,一

---

① 民国8年,大理院始将先前裁判重要者,收集编辑成判例,发行判例要旨汇览。《大理院判例要旨汇览正集》"例言"中对此作了交待:"本汇览系节取大理院自民国元年改组至七年十二月底止裁判文先例。经曾与评议之事再三审定认为确符原意。"由此可见,民国8年之后,始有"判例要旨"出现。但必须特别注意的是,民国8年之后,大理院对民国8年之前所做之判例,仅以汇览正集中所收纳的为准。换言之,大理院之判决,在未刊行判例要旨汇览集之前,都具有一般所谓判决先例之性质,但是当判例要旨汇览集刊行之后,在刊行前的判决,如要称做判例,便应以判例要旨汇览集为准。这是一项非常特殊的制度。参见黄圣棻:《大理院民事判决法源之研究(1912—1928)》,台湾政治大学法律学系2003年硕士学位论文,第147页,注[81][82][83][86]。
② 参见[日]美浓部达吉:《法之本质》,林纪东译,中国政法大学出版社2006年版,第257页。
③ 胡汉民:《胡汉民先生文集》第4册,中国国民党中央委员会党史委员会1978年印,第848页。
④ 吴学义:《习惯法论》,载《武汉大学社会科学季刊》1934年第4卷第4号。
⑤ 龙守荣:《英美之判例法》,载《法律评论》1923年第13期。
⑥ 转引自黄圣棻:《大理院民事判决法源之研究(1912—1928)》,台湾政治大学法律学系2003年硕士学位论文,第152页。
⑦ 陈霆锐:《论例案》,载《法学季刊》1924年第1卷第8期。
⑧ 参见赵立彬:《民族立场与现代追求:20世纪20—40年代的全盘西化思潮》,生活·读书·新知三联书店2005年版,第17页。

方面,由于受西方法律文化的冲击,以及废除"治外法权"、恢复司法主权的现实渴望,使得民初法制建设与实践的对话者主要为遥远的西方而非中国社会。因而不仅将民初大理院之民事判例比附等同于英美法系之判例法者有之,而且认为"西方法律的最新思想恰好与中国的民族性适相吻合"的也有之。① 另一方面,由于大法未立,因而民初之司法的确兼有了"立法"之功能。"吾人就必须承认,判例一方演述已有法律,而一方创造新的法律。"②这样,我们也就能够理解,为什么翻译庞德《社会法理学论略》一书的陆鼎揆③会认为:"十余年来,民法立法之枢纽,乃遂寄之于司法机关,大理院判例,实为现行私法之唯一根据。"④而也正是基于此,我们同样也就能够理解,为什么民初学者何任清同样会认为:"司法解释之最高机关,通常属于一国之最高法院,故其所为解释例及判决例,有拘束下级法院之效力。吾国法制,……凡关于现行法令有疑义者,均得依法请求解答,其效力等于法律也。"⑤

实际上,大理院之民事判例,其无论如何都不能简单地等同于英美法系的判例法。因为从效力上来看,大理院时期的民事判例尚无法从形式上予以清楚地界定:它究竟属于法律,还是习惯,亦或者是条理? 换言之,依据民国初期"判断民事案件,应先依法律所规定,法律无明文者,依习惯;无习惯者,依条理"⑥这一法源适用规则,若我们承认大理院的民事判例具备法源效力的话,则它应该处在什么位置呢? 将其遽然等同于法律或者成文法,显然是最为不妥的。⑦ 民国学者一般认为它应该处在"习惯"之后,而这也是很多学者将大理院民事判例等同于条理的原因所在。但是这一看法不仅遭到了持"判例效力否定说"之学者的反对,而且也遭到了部分持肯定说之学者的质疑。比如民初所版之《法学绪论》在论及"判决例"之效力时,就将其法源之效力位置安排在了"学说"之后。换言之,在此版《法学绪论》的作者楼桐孙看来,民事裁判时的法源适用,其效力顺序应当为:法律(宪法、法律、自治法规、条约)、习惯、法理、学说、判决例。⑧ 与此同时,民国 21 年最高法院上字第 1013 号判例也认为:"判例之内容,须属于解释法规者,始能优先于习惯而适用;否则,仅为一种条理,其适用顺序在习惯之后。"——虽然这一判例之

---

① 参见吴经熊:《法律哲学研究》,上海法学编译社 1933 年版,第 28 页。
② 傅文凯:《法律之渊源》,载《法学季刊》1926 年第 3 卷第 1—2 期。
③ 陆鼎揆所译的《社会法理学论略》(即《社会法学的范围和目的》)一书,由商务印书馆于 1926 年 11 月出版;此外他还翻译了卡多佐的《法律的意义》(即《法律的成长》)一文,刊载于《法学季刊》1926 年 10 月。
④ 陆鼎揆:《判例与大陆法系》,载《法学季刊》1929 年第 4 卷第 1 期。
⑤ 何任清:《法学通论》,台湾 1945 年自版,第 119 页。
⑥ 大理院民事判决 2 年上字第 64 号。
⑦ 参见王伯琦:《判例与学说》,载《近代法律思潮与中国固有文化》,清华大学出版社 2005 年版,第 317 页。
⑧ 参见楼桐孙:《法学通论》,台湾 1940 年自版,第 55—63 页。

内容并非专门针对大理院时期的民事判例而言,但从此之中我们可以推测,大理院时期民事判例之法源效力或许并非是固定的,而很有可能是流动的。除此之外,大理院时期判例的适用也并非遵守"遵循先例"这一判例法适用原则,而是采取"本院判例解释有歧异者,应以最近之判例或解释为准"(统字第460号)的原则。① 这样,若是将其简单地等同于英美法系的判例法,显然是欠周全之考察。

的确,如果把视野放得稍微宽一些,那么可知:民初大理院之民事判例,一方面并不固守于对现行法律规范进行补充,具有一定的创设法规范的积极功能;另一方面由最高审判机关所制作,同时也对下级法院同类事项之审判具有一定的约束力。因此,就整体而言,大理院时期的民事判决例具备多重之属性,拥有多面之角色,是属一**多类型法源的综合体**。我们不能仅仅只是从其表现形式或者法源效力上来对其予以化约性的简单概括界定,而要同时参酌其内容并依据其形式、效力等多方面因素予以具体且综合的考量。为此,有关大理院民事判例性质之认定,最佳之方案还是将其归入**一种广义的法律解释**之范畴内,可将其看成是一种"**司法解释**"。其理由有四:

第一,尽管在学术上有争议,但大理院之民事判例被划入到司法解释范畴之内,是符合很多民国学者有关司法解释之理论认识的。对于何谓司法解释,民国学者一般认为其是司法机关对法律规范适用所作的认识。例如在《法学通论》中,楼桐孙即认为:"(司法解释是)法院对于法律所下的解释。例如下级法院所为的判决,被上级法院撤销时,上级法院的解释,在一定限度内,应为有权的解释。又人民对法律文义有疑义时,向法院询问,法院予以解答,此种解答,法院本身自应受其拘束。"②此外,何任清之《法学通论》亦认为:"司法解释者,即司法官当适用法律时所为之解释也。不问解释例或判决例,皆可谓之司法解释。"③

与此同时,对于大理院判例之效力,在司法实践中,大理院的态度亦是相当明确的。因为不仅在大理院的判决文书中,我们时常可以看到"此经本院历来判例所认许""按本院历来之判例""此本院以著为判例也"等表述;而且从大理院各时期的判决中,我们亦能感受到这种强硬的肯定态度。具体表现为:一方面,在大理院的刑事判决(裁决)书中强调判例的效力。比如民国14年非字第13号:"……及呈送覆判安徽第一高等审判分厅,以初判未依本院四年上字第一七七号判例,依再犯律加重为失出,依修正覆判章程第四条第

---

① 在《大理院判例要旨汇览续集例言》中,大理院重申了"适用最新之判决例"原则:"本编所载,有与前编抵触者,无论有无变更先例字样,概以本编为准。"郭卫编:《大理院判决例全书》,上海会文堂新记书局1932年版,第857页。
② 楼桐孙:《法学通论》,台湾1940年自版,第179页。
③ 何任清:《法学通论》,台湾1945年自版,第119页。

三款,第七条第一款,发回覆审。……"12年声字第7号:"查宣告缓刑,依照本院成例,应与判决同时谕知……"13年抗字第143号:"……无论案件尚在审理中,时效不能进行(参照本院三年上字第九五号判例)……"另一方面,在民事判决方面,"判决例"的效力以为法院判决案件时之参考、援引的作用更加明显。例如民国3年上字第97号:"本院按买卖关系依债权法则,无论口头或书状具得成立……此皆至当之条理,而本院已采为判例者也。"3年上字第375号:"故凡因契约而移转所有权者,必须所有权人使得为之,此一定不易之法则,而亦本院历来判例所认许者也。"4年上字第32号:"本院按现行法例凡确定不动产所有权归属之诉……此至当之条理,而本院判例所屡经说明者……"4年上字第203号:"本院按我国法律,除关于公法方面及商法公司等外,别无规定……此本院判例已屡经采用者也。"4年上字第2191号:"按之本院历来判例,即应视为已有舍弃之意思……"5年上字第949号:"惟因我国现时登记制度尚未施行,为保护善意无过失之第三人起见,……此经本院著为判例者也。"8年上字第775号:"……故本院历来判决均认为施主对于寺庙及其财产于相当范围内当然可以监督。"9年上字第726号:"……亦自可对于该债权人主张按额分配。(参照4年上字第1505号判例)"等。

第二,从民初大理院民事判例自身的情况来看,它也是非常符合司法解释之认定标准的。换言之,无论是解释之主体(最高司法机关),还是解释之内容(法律适用过程中有关法律规范之疑义),亦或者其适用之准则或者法源效力,从根本上说,"它都是司法机关在审理案件中对有关法律的含义所作的理解和阐释;它包括对所审理的具体案件具有约束力的个别性解释,及对下级司法机关具有普遍约束力的规范性解释。"①

第三,从大理院判例的内容上来看,它也是符合司法解释之范畴的。比如民国14年上字第959号判例。在提炼并制作完此一判例要旨后,大理院进一步写到:"此本院认为至当之解释,业经民庭总会决议而变更先例。"此判例要旨中所出现的"解释"概念,显然是从广义上而言的,指的乃是一种广义的法律解释,因而也就可以看成是一种司法解释。②

第四,大理院时期有关民事之判例之所以为司法解释,这也是时代的因缘际会。民国初年,因法典未备,时任临时大总统之袁世凯便下令:"现在民国法律未经议定颁布,所有从前施行之法律及新刑律,除与民国国体抵触各条应失效力外,余均暂行援用,以资遵守。此令。"③然而就当时所立之法律来看,不仅仓促且制度杂乱无章,而且规范之间也多有冲突。典型的比如在

---

① 孙国华主编:《法理学教程》,中国人民大学出版社1994年版,第400—401页。
② 参见周子良:《近代中国所有权制度的形成——以民初大理院的民事判例为中心(1912—1927年)》,法律出版社2012年版,第98页。
③ 杨幼炯:《近代中国立法史》(增订本),台湾商务印书馆1935年版,第101页。

刑事部分,适用《大清新刑律》修改而来的《暂行新刑律》;而在民事部分,由于《大清民律草案》并非清朝有效颁布施行的法律,清代有效实行的民事规范是《大清现行刑律》民事部分的条文及其它民事个别法规,并且从民国元年直到民国 18 年国民政府颁布民法典的这段时间,《大清民律草案》及《民国民律草案》一直还都停留在"草案"的阶段。退一步,尽管清代之法律,"不与国民国体和时代精神相冲突的部分会得以继续应用,其余部分则将被取消或者加以修改"。然而,"决定其中哪些法律是可以继续应用的,则是大理院的任务"①。因而,大理院审慎地面对中国社会之纠纷,在有限的法律规定之下,或酌采西方之法理与制度,或参照惯习,充分考量社会实情,权衡折中,以为判决,日积月累,编为判例。② 而也正是靠着这种"面对各式各样不同的案件,在审判过程中积累了足够的案例,点点滴滴地架构起民初法制的体系与概念。"③

尽管大理院之判例在实践中确实发挥着一定的立法功能,但并不能就此认为它们属于立法解释。因为,一方面,司法解释与立法解释的主体有着根本性的区别。换言之,尽管"立法解释的解释方式,有在法律中示明法文之意义的;有在施行中加以解释的。"④但无论如何,立法解释都是由立法机关所为的法律解释。比如,根据中国近代史上出版最早(1902 年)的一本《法学通论》的作者矶谷幸次郎的看法,所谓"司法解释,一言以蔽之,非立法者之解释也"⑤。因此,虽然司法解释也可能"非必谓司法官之所解释也",但经由大理院所作之判例,无论如何都不可能属于立法机关所为之解释。另一方面,大理院判例的效力也与立法解释之效力不同。因为,立法解释所形成的乃是立法,其具有法规范之效力;然而,尽管大理院的判例对当时的审判实务的确产生了极为深远的影响,但实质上,该判例还是以司法之名行法律规范发展之实的,它在效力上并非可等同于法规范;因此,"它仅仅只可*视为*立法解释"⑥,而实应为一种广义的司法解释,是一种具有法规范创立功能的、广义上的司法解释。

三、判例与法律解释的关系

虽然从广义上来说,大理院时期的民事判决例可以被看成是司法解释之一种,但若是从狭义之角度来看,大理院时期的司法解释仅仅指的是其法律解释例(文)。而这也反映出在民国时期,尤其是在大理院时期,判决例与解

---

① 白凯:《中国的妇女与财产:960—1949》,上海书店出版社 2007 年版,第 61 页。
② 郭卫编:《大理院判决例全书》,上海会文堂新记书局 1932 年版。
③ 黄源盛:《民初大理院与裁判》,台湾元照图书出版公司 2011 年版,第 178 页。
④ 楼桐孙:《法学通论》,台湾 1940 年自版,第 178 页。
⑤ 〔日〕矶谷幸次郎:《法学通论》,王国维译,中国政法大学出版社 2006 年版,第 109 页。
⑥ 黄源盛:《民初大理院(1912—1928)》,载《政大法律评论》1998 年第 60 期。

释例的关系其实是十分复杂的。当然,这两者之间关系的复杂性还体现在有的时候判决例与解释例在司法实践中往往很难被清楚地界分开来。① 这其中最为典型的,便是运用法律解释例所作出的判决例。②

要清晰地理解大理院时期的判决例与法律解释的关系,总得来说一定要审慎地处理好以下几个方面的内容:

第一,有些判例的内容或者其所发挥的功能与法律解释(例)实际上是相同的。比如4年上字第637号判例指出:"查刑律第二百二十四条第二项之立法本质,乃指该条第一项行为之程度有聚众为强暴胁迫情形,即应依骚扰罪之例,分别科罚。其同盟罢工之行为,当然吸收于该条第二项之中,不能更对于同盟罢工罪,独立宣告罪行。"很显然,该判决例之内容实为是对法条所为之目的解释。又比如4年上字第185号判例认为:

> 刑律第二百六十条之发掘坟墓罪,原不必以损坏遗弃盗取尸体或遗骨等为目的,即单纯之发掘行为亦应成立本罪。然本罪立法之本旨,原为保护社会重视坟墓之习惯而设,故其犯罪之成立,亦应以是否违背法律上保护之本旨为断,苟于法律上保护之本旨,并无不合,则虽实施该条法定要件之行为,亦不应成立本罪,不然则因迁葬或其他正当原因而发掘坟墓者,将无往而不构成本条之罪,揆诸立法本旨,有是理乎。

还比如7年上字第710号判例指出:"刑律第二百九十一条规定,为限制一夫多妻而设,固不待言。其一妻多夫亦应包含在内,观于上半段有配偶而重为婚姻之文义自明,其下半段所称明知有配偶之人而与为婚姻者,系指明知故娶或故嫁者而言,犯罪之主体初无男女之别。"很显然,这是一条标准化的解释例式的判例要旨。再比如4年上字第625号判例,其内容为:

> 刑律第二百九十四条第二项后段之规定,其立法本意,凡和奸一罪,本夫既事前纵容,法律即不加以制裁。虽经本夫告诉,亦属无效,为法律上之一种放任行为而不成立犯罪。至刑律补充条例第七条之解释,凡因奸而酿成他罪者,不过其诉追权归之于国家,虽无本夫告诉亦应论罪。而刑律上于纵奸者既斥除其告诉权,当然不论奸罪,故刑律第二百九十四条第二项后段之情形,自不能适用刑律补充条例第七条之规定,其理至为明显。

很显然,这也是一条以立法本意为方法来对法条之意涵及其适用所为之法律解释。除此之外,还有最高法院1930年上字第364号和第1174号判例。从

---

① 有研究指出:"解释例与判例,同为民国时期成文法的重要补充,在性质与功能上无大悬隔。但判例均依实际发生的案件而产生,最高司法机关依托案件主动发布判例,而解释例是就下级法院或行政、军事机关的呈请予以答复,是依被动的方式进行。……就刑事特别法来说,解释例和判例与特别法的关系也很相似。"张道强:《民国刑事特别法研究》,法律出版社2013年版,第148页。

② 刘恩荣:《论大理院之解释与其判例》,载《法律评论》1924年第37期。

内容上看,它们是对旧刑法第 36 条"正当防卫"的要件予以解释说明的。而从功能上来说,该判决例不仅是通过判决例的形式来补充法律的例证,而且也是解释法律的例证。①

第二,有些判例的内容实质上是对法律解释例文之内容的再解释。比如大理院刑事判决 11 年上字第 107 号判例指出:

> 查本院统字第五百二十六号解释,系就收藏鸦片烟土专供一人吸食者,立言既曰专供则吸食鸦片烟人之吸食及收藏鸦片烟人之供给,均非一次,极为显然。于人连续吸食之中为连续供给之事故,解释上以该情形为限,认为实施中帮助之准正犯。本案被告之为姐买烟,确因其姐患病而其姐向日并不吸烟,则即使其姐于该被告人买送烟土后因而吸食,该被告人之帮助,既在其姐实施吸食以前,亦仅成立吸食鸦片烟之从犯,上告意旨不察统字第五百二十六号解释之真义,漫然指为本案情形恰与相同,殊属误会。

第三,有些判例也是对相应法律解释例的内容与效力予以确证与说明的。典型的比如 9 年上字第 71 号,该判例的内容为:"互殴不得主张防卫权,应以彼此均有伤人故意而下手先后又无从证明者为限,如果一方初无伤人故意,防卫情形复极明显,仍应以正当防卫论。(参照该院统字第 995 号解释文)"又比如 10 年上字第 674 号,该判例指出:

> 上告人侵入甲家行窃,因脱免逮捕,临时行强,用砖掷伤事主后,因他案被处徒刑,期满释放又持枪侵入乙家行劫,系犯刑律第三百七十三条之俱发罪,依本院统字第 1060 号解释,应依惩治盗匪法第三条第五款论,为一罪。虽其犯罪涉及初犯、再犯两时期,然既于再犯时期完成,自应依再犯例办理,原判依刑律第三百七十三条分别论为初犯再犯各一罪,自有未合。

再比如 10 年上字第 714 号,该判例认为:"将尸抬往他人家内,如果意在泄怒,则应成立无故侵入人第宅罪。(参照该院统字第 1399 号解释文)若意在诬告或诈财,则无故侵入人第宅,虽不能独立论罪,亦不应置之不问。"还比如 7 年上字第 747 号,该判例指出:

> 被告人既自认烟瘾未除,以梅花参片代烟,系故意服食含有鸦片烟质之物,为吸食之代用,即有吸烟之故意,当负刑律第二百七十一条之责

---

① 从大理院的实践来看,这些判例主要是围绕着当时已有之法令/法规范所展开的。当然,上述情形除所举之判例外,还包括:2 年上字第 6 号、3 年抗字第 93 号、3 年上字第 145 号、3 年上字第 217 号、4 年声字第 176 号、4 年上字第 486 号、4 年上字第 343 号、4 年上字第 1005 号、4 年上字第 1147 号、5 年非字第 52 号、5 年上字第 204 号、5 年上字第 405 号、5 年上字第 410 号、6 年上字第 801 号、6 年上字第 894 号、7 年上字第 914 号、9 年上字第 85 号、10 年上字第 125 号、14 年抗字第 88 号、15 年抗字第 154 号,等等。

任。(参照该院统字第 205 号解释)上告意旨援用本院统字第一三二号及第一三六号解释,主张无罪,不知该项解释乃指引戒烟而服食含有鸦片烟质之丸药者,只为戒烟之服饵,并无吸食之故意,故其服食不能视为吸食之代用,应不成立犯罪,与本案情形不同。①

第四,大理院有时会在其判决之文书中,对判例进行如同其对法条之解释一般的阐释或者解释。典型的比如大理院民事判决 5 年上字第 1089 号判例文中便有:"查钧院三年上字二三一号及一二七二号判决立意之解释,业经捐助之财产不得归还原主。"此外,11 年上字第 956 号:"本院六年上字第九三五号判例,实就额实相差之兑换纸币为消费借贷之标的时而言,与期票之性质不可相提并论。"还比如,14 年上字第 598 号:"本院按不动产买卖之预约当事人一造如有反悔,负担相当责任即可许其解除,在本院固已著为先例。惟习惯上所谓草契不能盖认为预约,如以将买卖标的物及其数量价额等已一一订明,即与预约之仅生缔结正式预约之债务者显有不同。"显然,通过对判例之解释,大理院在此回避了判例中关于预约之规定,说明在此案中并不能适用此号判例。而这类判决例,无疑也就构成了法律解释之广义范畴。因此,它们自然也就成为本书有关民国法律解释制度与实践问题研究的对象。

第五,大理院之判例与解释例也有发生冲突之情形。例如,在大理院民事判决 9 年上字第 757 号判例文中,上诉人以"原判舍弃适宜之解释反援用前项判例……"为由进行主张,希望大理院撤销原判。但是大理院却予以驳斥,其理由为:"虽上告人引用本院统字第九二零号之解释文件,谓银行兑现时所发出之债券不得因停兑落价拒绝债务人之依额面价格清偿债务等情以为争执,然查上海殖边银行所发行之钞票……(参看该院 4 年上字 646 号判例)"这意味着对于解释例之研究,不能仅仅关注法律解释之文本,而要兼顾法律解释的实践,要以动态且宽广的眼光,来全面审视这一时期的法律解释制度及其运作逻辑。

第六,大理院之判例对法律解释的发展其实也会起着相当大的作用。例如,大理院民事判决 8 年上字第 560 号判例便称:"殊不知现行律禁止重覆典卖田宅之规定并不适用于租借关系。"大理院在此通过判例对于现行律予以统一解释,认为其并不适用于租借关系,这种透过判例或司法解释对于法律的解释,有时具有调控法律内涵的功能,甚至还可以适度修正法律的不足或不良。在大理院的司法实务中,更可以发现以"例"来破"律"的实例。如大

---

① 除上开所举之情形外,还包括以下这些判例:4 年上字第 905 号、8 年非字第 44 号、8 年上字第 858 号、9 年上字第 61 号、9 年上字第 71 号、9 年上字第 189 号、9 年上字第 300 号、9 年上字第 650 号、9 年上字第 675 号、9 年上字第 707 号、9 年上字第 841 号、9 年上字第 874 号、10 年上字第 403 号、10 年上字第 520 号、10 年上字第 635 号、10 年上字第 789 号、10 年上字第 1176 号、10 年上字第 1447 号、11 年上字第 1488 号,等等。

理院民事判决 7 年上字第 387 号云:"且大理院二年十八号判例有许自夫兄不能据认为婚姻撤销之原因等语,此项判例当然优于现行律,自可援用。"这也就意味着,有关民国时期法律解释的研究,不能仅仅只关注解释例,而要充分留意判决例的解释空间与实践功能,进而看到通过判决来推动法律解释这一现象的存在。

大理院时期解释例与判例之间关系的这种复杂性,其实从另一个角度也反映出它们对于司法官之裁判所具有的重要作用。"民国初期,由于政治大环境的纷扰,以及立法程序和立法技术上的困难,致使一部统一的民法典始终无法产生,而部分零散的特别民事法令也缺乏统一性,如此一来,民事审判的法源依据自是困境重重。"①因此,大理院适时颁行了大量的民事判例与解释例,以解决法规范适用上的不足。但即便如此,我们也要意识到,判例之性质与效力之所以富有争议,判例与解释例之间的关系之所以如此复杂,与当时的法制环境有关,与其自身的复杂性也不无关联。比如,所谓判例,究系指判例文书或者判例全文,还是指判决例,亦或者仅指判例要旨?这种"词"与"物"之间关系的非一致对应性,无疑加剧了有关判例性质认定的复杂性。因此,为进一步展示判例自身的复杂构成及其对于民国时期法律解释之实践所可能具有的辅助性作用,无疑还有必要进一步厘清判例、判决例和判例要旨之间的关系。

第三节 判例、判决例与判例要旨

郭卫在《大理院判决例全书》一书的编辑缘起中写道:

> 余前编辑大理院解释例全文,于出版后,法学界均认为便利,纷纷来函以编辑前大理院判例相属。惟判例之编辑较解释为难,盖解释有号数可循,循号而辑,网罗可无遗。若判例则自元二年以来,积十余年之久,不下若千万篇。既不能全数刊出,亦未便任意取舍。虽元年至八年及八年至十二年,大理院曾自行发表判例要旨汇览正续两集,而十二年以后,即未续行发表,如仅从要旨中采取,仍不完备。且要旨中复有前判因后判而变更者,更难统一。现因求副法学界来函诸公之雅意起见,黾勉从事瞬逾半载,除取材于大理院判例要旨汇览正续两集外,并搜集十二年以后之大理院判例,予以补充。庶自开院时起至闭院时所有历年判例均获完全。……②

与此同时,细查该书之编辑凡例:

一、本书将大理院自民国元年改组时起至民国十六年闭院时止之

---

① 黄源盛:《民初大理院与裁判》,台湾元照图书出版公司 2011 年版,第 159 页。
② 郭卫编:《大理院判决例全书》,上海会文堂新记书局 1932 年版,"编辑缘起"。

判决已著为例者,悉数集入,完全无缺。二、本书因大理院裁判时系引用当时之法令,故仍就当时之法令以为分类之标准,该项法令虽多有现已废止者,然于引用法理以为判断之处,与现行法令之条文仍多相合,应足资参考。三、本书取材于大理院判例要旨汇览正集者,均于该条之上加以'正'字,取材于续集者,均于该条之上加以'续'字,其自行收集十二年以后者,则均加以'补'字,以资识别,而明来源。……六、本书仿大理院判例要旨汇览之例,于每条判例之上,另提要旨,列于上端,以便检阅时,不必细阅全文,即能明晓。七、依大理院迭次判解,其认为有效之判例,以列入要旨汇览者为限。本书之列有'正''续'两字者,均系取材于汇览,已特别指出。其由编辑时自行采入者,亦以大理院公报所公布者为准,其未经该院正式公布者,皆不阑入,以示区别。……①

从此之中我们可以得出:第一,大理院自行编辑的《判例要旨汇览》正续两集,从内容上来看,不仅并非大理院所为之全部判解,也并非判解例之判决书全文,而是"略去个案的具体事实,只摘录具有普遍规则效力的'判决理由'部分"②,即所谓的**判例要旨**。第二,大理院自行编辑的《判例要旨汇览》正续两集,从时间的跨度上来看,只从民国元年至 8 年及 8 年至 12 年;12 年后的判例,大理院只在其公报上发布其判解例文,而并未自行制作判例要旨。第三,郭卫所编辑之《大理院判决例全书》中所搜集的同样并非是大理院所为之全部判解,而是部分判例。从内容上来看,主要由两部分构成:一部分是民国元年至民国 12 年的、来自于大理院自行编辑的《判例要旨汇览》正续两集中的大理院判例要旨,另一部分是民国 12 年至民国 16 年的、来自于经由郭卫自己对在大理院公报上所公布的每个判解所进行的要旨提炼进而加工而成的判例要旨。第四,郭卫在编辑《大理院判决例全书》时,主要是根据法令及其体例进行了编排。③ 比如民法,其依据《大清民律草案》的编排体系,

---

① 郭卫编:《大理院判决例全书》,上海会文堂新记书局 1932 年版,第 1—2 页,"凡例"。
② 《大理院编辑规则》。
③ 从《大理院判决例全书》目录来看,其所及之法令,根据顺序之前后,包括:约法、修正参议院议员选举法、修正参议院议员选举法施行细则、修正众议院议员选举法、修正众议院议员选举法施行细则、省议会议员选举法、省议会议员选举法施行细则、国籍法(附国籍法施行细则)、法律适用条例、民法、清理不动产典当办法、契税条例(附契税条例施行细则)、管理寺庙条例、著作权法、出版法、特许法、邮政条例、矿业条例、森林法、直隶旗圈地售租章程、直隶蠡县查办升科章程、奉天清赋章程及续订章程、奉天丈放王公庄地章程、奉天丈放内务府庄地章程、奉省旗民各地及三圆税契试办章程、奉天永佃地亩规则、吉林放荒章程、黑龙江清丈海伦地亩简章、汉口理债办法、商法、商人通例施行细则、商标法、证券交易所法、商事公断处章程、京师商民债务案件得由法院委托商会调处办法、暂行刑律、暂行刑律补充条例、惩治盗匪法、修正吗啡治罪法、私盐治罪法、禁革买卖人口条例、陆军刑事条例、海军审判条例、治安警察法、违警罚法、民事诉讼条例、民事诉讼执行规则、刑事诉讼条例、破产法、不动产登记条例、华洋诉讼办法、法院编制法、行政诉讼法、诉愿法、覆判章程、县知事审理诉讼暂行章程、京师被灾债户减成偿还结案办法。其中,判例要旨主要集中于民法、商法、暂行刑律、民事诉讼条例、民事诉讼执行规则、刑事诉讼条例、不动产登记条例、法院编制法。

以条为单位,依编、章、节的结构编排,其编制体例几与《大清民律草案》相同。①

这样,大理院时期有关判例与判例要旨的关系由此即得以解决:从大理院自行所编之《判例要旨汇览》与郭卫所编之《大理院判决例全书》的内容来看,判例即判例要旨。与此同时,大理院时期判例与判决例的关系也逐渐可以明晰:如果将判决例严格限定在经由对大理院所为之判决而制作的判决书的提炼,进而形成的具有抽象规范之价值的例文的话②,那么判例的范围显然就要比判决例广。因为除判决之外,大理院还拥有裁定之职权。换言之,尽管大理院时期绝大多数的判例都是经由大理院之判决而形成的,——比如大部分都是诸如8年上字第273号、8年上字第1451号等之类判例;但也有一些判例是经由大理院之裁定而形成的。比如3年抗字第26号、3年抗字第46号、3年声字第47号、3年抗字第50号、3年抗字第64号、3年抗字第140号、4年抗字第17号、4年抗字第28号、4年抗字第35号、4年抗字第49号、4年声字第62号、4年声字第170号、4年声字第176号、4年声字第179号、4年抗字第189号、4年抗字第361号、4年抗字第369号、4年抗字第371号、4年抗字第438号、4年抗字第468号、4年抗字第1138号、4年抗字第163号、4年抗字第194号、5年抗字第2号、5年抗字第35号、5年抗字第58号、5年抗字第69号、5年抗字第189号、6年抗字第2号、6年抗字第18号、6年抗字第26号、6年抗字第45号、6年声字第125号、6年抗字第165号、6年抗字第176号、6年抗字第228号、6年抗字第272号、6年抗字第1229号、7年抗字第1号、7年声字第3号、7年抗字第48号、7年抗字第57号、7年抗字第116号、7年声字第135号、7年抗字第141号、7年抗字第211号、7年抗字第271号、7年抗字第375号、8年抗字第9号、8年抗字第15号、8年抗字第35号、8年抗字第385号、8年抗字第453号、8年抗字第459号、8年抗字第564号、9年抗字第67号、9年抗字第69号、9年声字第170号、10年抗字第6号、10年抗字第10号、10年抗字第17号、10年抗字第58号、11年声字第67号、11年声字第68号、11年声字第91号、12年声字第14号、12年抗字第48号、12年抗字第118号、12年声字第253号、12年抗字第364号、12年抗字第382号、14年抗字第89号、14年抗字第191号、15年抗字第

---

① 对此做法,黄源盛教授认为,郭卫定是"想象上,大理院法曹很有可能恒将民律草案备置案头,遇有案情及争点相当的讼案,即援引草案的相当条文,以制作判决"。黄源盛:《民初大理院与裁判》,台湾元照图书出版公司2011年版,第178页。

② 正是在此意义上,民国3年3月5日大理院覆总检察厅的统字第105号解释文指出:"查本院虽有统一解释法律之权,而对于特定案件之质问,向不答复;且诉讼通例,*惟最高法院判决之可以为先例者,始得称为判决例*,该厅前次来呈云,某判决例,以为系指本院言,因查核无着,始令详覆。既称系高等厅判决,本院自无庸代为解释,相应函请贵厅转饬该厅,嗣后毋得再以此等问题渎陈可也。"

118号、15年声字第121号、15年抗字第156号、15年抗字第216号,等等。① 除此之外,判解或者判决书全文与判例之间的关系也可就此厘定:判解(或者判决书全文)乃是大理院就案件所为之判决或裁定(并据此而制作的判决文书),其并非当然具有判例之效力。

尽管如此,也遗留下了两个在笔者看来仍值得继续讨论的问题:第一,郭卫所制作的、民国12年至16年间的判例要旨,是否必然具有法源效力?这在目前看来还无法遽然下断,需要参酌相关的判决文书来予以具体的考察。因为根据大理院在民国12年4月12日覆四川第一高等审判分厅的统字第1809号解释例文之内容,"……又院判在判例要旨汇览刊行前未经采入汇览者,即不成为例",换言之,由于在大理院看来,其判解在判例要旨汇览刊行前未经采入汇览者,即不成为例。那么只在大理院公报上予以公布而未经大理院自行提炼的判解文书,其法源效力如何,显然就值得斟酌。第二,未集入大理院判例要旨汇览正续两集中的判解文书,是否必然就不具备法源效力呢?这同样也需要参酌相关之判例文书来予以具体分析。

到了国民政府时期,"鉴于学科日新月异,社会进化迅速,与夫法学思潮之推陈出新,有限之成文法典,诚不足以因应裁判之需要,为保持法律秩序之安定与统一,端赖法律审之最高法院,组比推阐,抉其深微,供全国各级法院遵循,始足以适应时代要求,因而明定'本院判决例每六个月编纂一次印行',对于判例之选编,自始极为重视"②。当然,在最高法院看来,所谓"判例系本院受理诸多具体案件所为之裁判中,择其内容有创新意义,在补充法律之未备,及阐明法律之真意,并有抽象规范之价值者,著为判例,以为嗣后裁

---

① 除此之外,还需要注意下述这些特殊的判例:2年非字第9号、2年非字第23号、2年非字第29号、2年非字第37号、2年非字第39号、2年非字第41号、2年非字第51号、2年非字第53号、2年非字第60号、3年非字第56号、3年非字第78号、4年非字第5号、4年非字第10号、4年非字第15号、4年非字第26号、4年非字第31号、4年非字第41号、4年非字第44号、4年非字第48号、5年非字第3号、5年非字第5号、5年非字第7号、5年非字第15号、5年非字第23号、5年非字第39号、5年非字第48号、5年非字第58号、5年非字第65号、5年非字第72号、5年非字第84号、6年非字第1号、6年非字第2号、6年非字第3号、6年非字第27号、6年非字第42号、6年非字第54号、6年非字第57号、6年非字第58号、6年非字第60号、6年非字第67号、6年非字第72号、6年非字第69号、6年非字第95号、6年非字第98号、6年非字第122号、6年非字第135号、6年非字第154号、6年非字第157号、6年非字第161号、7年非字第10号、7年非字第33号、7年非字第38号、7年非字第68号、7年非字第88号、7年非字第116号、7年非字第127号、7年非字第134号、7年非字第139号、7年非字第531号、8年非字第1号、8年非字第2号、8年非字第18号、8年非字第20号、8年非字第44号、8年非字第54号、9年非字第37号、9年非字第39号、9年非字第48号、9年非字第51号、9年非字第53号、9年非字第80号、9年非字第85号、10年非字第6号、10年非字第12号、10年非字第16号、10年非字第26号、10年非字第60号、10年非字第68号、10年非字第126号、10年非字第127号、10年非字第128号、11年非字第20号,等等。同样需要引起我们足够注意的特殊判例,还包括:2年呈字第119号、3年特字第2号、3年特字第973号、4年特字第1号、4年特字第2号、14年再字第14号,等等。

② 台湾"最高法院"判例编辑委员会编辑:《最高法院判例要旨(民国16年—民国83年)》,台湾"最高法院"1997年自版,第1页,"序"。

判之准则。"①因此,参酌最高法院时期的判例实践,其有关判例、判决例与判例要旨这三者之间的关系,实与大理院时期相同。

需要特别列举并予以说明的,比如解字第 207 号。在这份于民国 17 年 10 月 6 日复湖南高等法院的解释文中,最高法院指出:"查**十七年上字第九十二号决定**,既系终审裁判,该案诉讼,仍应依照所示旨趣办理。其他民事诉讼,应以本院最近江电解释为准。至修正民事诉讼律第五百六十九条第四款,无论何种民事诉讼,均应适用。"②又比如院字第 957 号。在民国 22 年 8 月 18 日指令安徽高等法院的解释文中,司法院指出:"初级管辖事件之诉讼及执行程序,依现行法制,均应依高等法院或分院为终审。**最高法院抗字第一二四号判例**(民国 22 年),即本此旨。如当事人或利害关系人,对于地方法院就初级管辖事件之执行命令声明抗告,自应由该管高等法院或分院受理,因该命令系以院长名义行之,故不得由原法院合议庭裁定。(参照院字第 86 号、第 931 号解释)。"很显然,从这两项解释例文中我们可以清楚地看到,不只是判决例,连同裁定与决定都属于判例之范畴,因而这也就确证了我们有关判例之范围要宽于判决例的判断。

基于上面的这些考虑,同时也是为了全面展现民国时期的法律解释活动,本书研究所及之素材,除对法律解释例之制度予以详细之列举以及对法律解释例文之内容予以详细之解读外③,必要之处,还会充分援引相当之判例,尤其是大理院时期的判例,以便有理有据,与解释例相互呼应并佐证,进而使得有关法律解释之论述更为丰富详实、可信可靠。

---

① 台湾"最高法院"判例编辑委员会编辑:《最高法院判例要旨(民国 16 年—民国 83 年)》,台湾"最高法院"1997 年自版,第 3 页,"后记"。

② 为更好的理解此解释例外,我们另附湖南高等法院请求法律解释原函:
案查前准贵院江电内开,寄代电悉,所述情形,该诉讼案件依法定管辖本属地方法院,迨县署判决后,当事人一造向地方法院控告他造当事人不抗辩无管辖权而为言辞辩论;又经第二审判决者,除无诉讼能力所为之合意不生效力外,即可认定在第一审已有合意变更,作为初级案件,就修正民事诉讼律第四十条法意解释,则上告审自应属于该管之高等法院等因,词意明晰,本应遵照办理。惟查贵院十七年上字第九一号(刘穉青与罗莲荪债务涉讼一案)决定理由内开(上略),其第二审应属湖南高等法院管辖,前长沙地方审判厅所为第二审判决,显于法定审级不无违误,原审法院未予废弃原判(中略),核与现行法制不合等语,显与上开解释抵触。究竟贵院关于决定之法律上裁断,是否著为判决例(前大理院判例要旨汇览亦录有此项决定例),有无拘束下级法院效力? 又修正民事诉讼律第五百六十九条第四款,除人事诉讼及专属管辖外,其他事件,有无适用,事关法律疑问,蔽院不敢自专,用特函请贵院迅赐解释,以资遵循,此致。

③ 需要说明的是,尽管本书的研究以解释例的正文为主要的文本,但必要时也会参酌提请法律解释的函文内容。因为一方面,法律解释例的正文不仅是法律解释的权威机关所做出的正式文本,而且也是具有法律效力的;另一方面,不仅提请法律解释的主体繁杂多样,而且其函文的内容及其表述也较为随意。但是,这些提请法律解释的函文,不仅能够反映出当时社会及其人们对于法律问题的各样认识,而且也能够从中看到社会的普遍焦虑。为此,适当参考其内容,对于丰富我们有关法律解释活动的研究,无疑是非常有必要的。

第二章 民国时期的法律解释权

从效力上来看,民国时期的法律解释例与判例的效力近乎是相同的,它们也都是由民国时期的最高司法机关所制定,这就容易导致二者之间难以区分。但如果我们把视野放得宽一些,那么上一章中有关判决例或者判例性质的争议,尤其是有关解释例与判决例之间的关系界定,从根本上来说,其实都与民国时期法律解释权的权力属性有关。换言之,如果民国时期的法律解释权与生产制造判例的司法审判权一样,都属于一种造法性的权力,属于一种规则创设型的权力,那么法律解释例与判决例在性质上就会是相同的;而如果法律解释权的基本任务仅仅只是发现法律规范的真意,并无任何造法的可能空间与实际倾向,那么法律解释例与判决例在性质上就存有明显的不同。因此,民国时期的法律解释权究竟属于一种什么样的权力形态,乃是本章所要集中关注的问题。与此同时,围绕着在民国政治权力结构与法律运行环境中对法律解释权性质的讨论,本章也将着力关注民国时期法律解释权运行的社会空间与社会资源,以期揭示民国时期法律解释权运行的社会机理及其理论逻辑。

第一节 法律解释权的权力属性

从民国时期权力结构的宪法设计与政治框架来看,法律解释权无疑属于司法权力结构中的一项权力形态。因此,要厘清法律解释权的权力属性,就必须要首先清楚权力分立模式下的民国司法权究竟是一种什么样的权力形态。

一、"权力分立"与司法权

从民国时期法律实践的具体情况来看,有关司法权权力属性的规范化表述,主要有两种方式:一是进行确立的宪法性规范,二是予以再次说明和不断强调的法律解释例文。

（一）司法权力属性的宪法性规定

"中华民国建设伊始,宜首重法律。"[1]重法律,即中华民国"以养成法治

---

[1] 《孙中山全集》（第2卷），中华书局1982年版,第14页。

国为要图"①。因而不仅要及时地制定出一部符合民主共和精神的宪法,而且也要尽快地建立一套具有现代意义的法律体系和司法机构。②然政局混乱,社会动荡,军阀割据,各省自立③,不仅使得一个单一的宪法秩序没有从根本上建立起来④,而且也加剧了为了建立一个新的共和政府体制而参酌西方先进国家模式建设现代法律体系和司法机构所可能面临的诸多困难。⑤与此同时,由于此一时期政治法律思想也恰好处在一个新旧交替、相互激荡的阶段,因而共和制度下的权力分立⑥,以及在此基础之上所形成的、作为三权抑或五权之一的司法权该采取何种模式,司法制度该如何铺陈设建,司法机构又该如何建立健全,同样也引起了社会的广泛关注与讨论。而这无疑进一步增加了民初建立具有现代意义的法律体系与司法机构的难度。

南京临时政府原本期望"仿照美国的政治制度,实行总统制,建立民主共和国,实行三权分立政权体制和法治原则"⑦,然而这种希图按照三权分立原则组建政府机构的政治理想,却囿于当时的形势,并未能够真正实现。不

---

① 梁启超:《政府大政方针宣言书》,载《饮冰室合集·文集之二十九》,中华书局1989年版,第121页。国务总理熊希龄也认为:"中华民国为法治国是也。……欲使中华民国巩固,非造成法治国不可。"熊希龄:《在参众两院议员暨各党代表茶话会上演说》,载林增平、周秋光编:《熊希龄集》(上),湖南人民出版社1985年版,第502—503页。
② 参见张德美:《从公堂走向法庭:清末民初诉讼制度改革研究》,中国政法大学出版社2009年版,第10—11页。
③ 就此时的地方而言,"各省拥有完整的国家权力,俨然具一独立国家之形象"。《裁汰冗员论》,载《亚细亚报》,转引自严泉:《失败的遗产:中华首届国会制宪:1913—1923》,广西师范大学出版社2007年版,第7页。与此同时,在联省自治的运动中,"省宪运动的潮流,可谓激荡全国"。李剑农:《中国近百年政治史》,复旦大学出版社2002年版,第491页。
④ 参见曹全来:《中国近代法制史教程(1901—1949)》,商务印书馆2012年版,第89页。
⑤ 参见吴永明:《理念、制度与实践:中国司法现代化变革研究(1912—1928)》,法律出版社2005年版,第1页。
⑥ 当然,有论者指出:"孙中山、黄兴北上与袁世凯商谈国是之后,民国元年八月,双方达成的'八点共识',即《协定内政大纲八条》。针对中央政府的资源筹措,其中第六条即称:军事、外交、财政、司法、交通,皆取中央集权主义,其余斟酌各省情况,兼采地方分权主义。"李鸿谷:《国家的中国开始:一场革命》,三联书店2012年版,第147、172页。与此同时,临时政府成立之后,原本获得普通赞同的联邦制却"因形势的变化被中央集权的思想所淹没。孙中山在就任临时大总统所发布的宣言书中也再没有清楚表明在中国要实行联邦制。《中华民国临时约法》和'天坛宪草'最终也没有规定省制和地方制度"。不仅如此,民初所出现的若干私人宪草,如梁启超的"进步党拟中华民国宪法草案""汪荣宝宪草""李超宪草""何震彝宪草"以及"席聘臣宪草"等,大多也并不主张联邦制。参见李秀清:《所谓宪政:清末民初立宪理论论集》,上海人民出版社2012年版,第132页。究其中之原因,客观来说,对于共和制下的分权,以及"共和制度所取的'内政大纲'八条共识,当然美好,但实际的政治运作,……经过一年运转,共和是否适应当年中国,是袁的疑问,也是当年众人的疑问。很简单,国家之运转需要'集权'来保障,而共和制度本身却是分权,偏偏此刻的制度,更为苛刻,是广泛限权的内阁制而非总统制,冲突无时不在。中央集权与个人独裁之间界限模糊,至少从结果上看,袁根本没有在乎所谓界限问题,他的权谋能力很迅速让他以再造制度的方式破坏制度——1914年12月29日参政院修正通过《修正大总统选举法》,根据这个选举法,袁世凯不特享有终身职务,死后传妻传子,悉听尊便"。李鸿谷:《国家的中国开始:一场革命》,生活·读书·新知三联书店2012年版,第147—148页。
⑦ 曹全来:《中国近代法制史教程(1901—1949)》,商务印书馆2012年版,第5页。

仅《中华民国临时政府组织大纲》"没有确立三权分立原则"①,而且确保司法权得以行使的司法机构也未能完全建立起来②。《大纲》第6条规定:"临时大总统得临时参议院同意,有设立临时中央审判所之权。"然而实际情况是,作为最高司法审判机关的临时中央裁判所始终没能够成立。与此同时,"临时政府曾提出在地方设立高等、地方审判厅与检察厅的初步方案,但没有完全建立"③。更重要的是,根据《大纲》的规定,"临时中央审判所的地位只相当于政府各部。司法权从属于立法与行政权"④。

1912年3月,《中华民国临时约法》颁布。新政府并未继续采纳总统制,而是实行了责任内阁制。⑤《中华民国临时约法》规定:"中华民国以参议院、临时大总统、国务员、法院行使其统治权。"(第4条)"中华民国之立法权,以参议院行之。"(第16条)"临时大总统代表临时政府,总揽政务,公布法律。"(第30条)"国务员辅佐临时大总统负其责任。"(第44条)"法官独立审判,不受上级官厅之干涉。"(第51条)这些规定充分地反映出,不仅西方宪政国家所奉行的立法、行政、司法三权分立的原则,在民初国家建设的过程中终于得以贯彻⑥;而且有关司法权运行的机理以及司法独立的表述,也从观念变成了宪法性的原则。因此,尽管较之于原初的政治理想,此一时期有关司法权的政治设计与模式选择从宪法上来看发生了一定的转换。虽然在《约法》所设的三权体系中,最受忽略的还是司法权⑦,但是伴随着司法权的宪法确立以及随之而来的新式司法机构的建立与司法权实践的渐次展开,有关司法

---

① 严泉:《失败的遗产:中华首届国会制宪:1913—1923》,广西师范大学出版社2007年版,第47页。

② 尽管从指导思想上来看,《大纲》在很大程度上受美国宪法的影响,但对于司法权以及司法制度,却未有详细之规定。这无疑与《大纲》制定过于仓促进而导致内容非常不完善有关。可参见吴经熊、黄公觉:《中国制宪史》,上海书店1989年影印版,第37—38页;亦可参见李学智:《民国初年的法治思潮与法制建设:以国会立法活动为中心的研究》,中国社会科学出版社2004年版,第48—54页。

③ 曹全来:《中国近代法制史教程(1901—1949)》,商务印书馆2012年版,第341页。

④ 殷啸虎:《近代中国宪政史》,上海人民出版社1997年版,第125页。

⑤ 从孙中山所设想的总统制到随后的内阁制,其中的政治考量与力量角逐,详细的心路历程,可参阅李鸿谷:《国家的中国开始:一场革命》,生活·读书·新知三联书店2012年版,第164—165页。

⑥ 有学者指出:"南京临时政府成立之初,立法机关(参议院)并没有领会孙中山先生的宪政精神,所以原先由宋教仁草拟的体现了'五权宪法'要求的《中华民国临时政府组织法草案》的有关内容未被采纳,而是依照三权分立的政体模式,将分权制衡、司法独立,这些否定君主专制与保障公民基本权利和自由的根本宪政原则,写进《中华民国临时约法》。直到1928年10月,南京国民政府制定《中华民国国民政府组织法》,才将孙中山的五权宪法学说贯彻其中。"方立新:《传统与超越——中国司法变革源流》,法律出版社2006年版,第112页。

⑦ 有学者指出:"《临时约法》没有划定完备的独立司法体系,仅仅授予司法机关民事诉讼和刑事诉讼的审判权,而有关行政诉讼,重要的司法审查权都一字未提。司法权力体系不完备,就意味着它对立法、行政权力的制衡作用失效。约法赋予参议院极大的立法与行政监督权力,更是使制衡机制无从谈起,权力失衡现象相当严重。"严泉:《失败的遗产:中华首届国会制宪:1913—1923》,广西师范大学出版社2007年版,第48—49页。

以及司法权的讨论自然也就会在一个更为广泛的层面上进行。不仅人们对于司法的社会期望越来越高,而且对司法权的权力形态和知识属性的认知也越发清晰了起来。

比如,时任南京临时政府司法总长的伍廷芳在1912年时指出,司法独立的关键在于"审判官之独扼法权,神圣不可侵犯,其权之重,殆莫与京(大)也!……审判官为法律之代表,其司法之权,君主总统莫能干预。裁判之后,铁案如山,除上控于合格衙门,若再由合格法官判结,无可再反矣。"1915年,在《中华民国图治刍议》一文中,伍廷芳再次强调:"司法者,全国治体命脉所系,非从表面皮相者也","中国政治,欲有所进步,须先从司法入手","盖内政外交均系于此"。① 而欲振兴司法,则必先保持司法独立。② 又比如王宠惠,不仅在《中华民国宪法刍议》(1913年3月)一文所附之"宪法草案"提出"中华民国之司法权,以法院行之"(第76条),而且对于司法权以及司法独立,他也曾有详细之论述:

"实行司法独立,是为宪法之精义。三权鼎峙,司法一端,故为人民之保障,绝对不受行政之干涉;而司法行政之别于普通行政者,所以维持司法之独立。故司法官之任用,虽属司法行政,惟既经任命之后,非依据法律不得干涉之。诚以司法权之行使,寄之于司法官,欲令其保障人民不可不先予以法律之保障;夫然后司法官独立审判,非惟不受行政官之干涉,并不受上级司法官之干涉,始为真正独立之精神。特欲免行政干涉之弊,要不可不使其与行政截然分离,故司法官亦应绝对不与闻行政之事。此关于司法官任免所以宜慎重者也。……欲求司法独立,必须有独立之司法官;使司法官无高尚之道德,完全之学识,裁判之经验,则人民之自由生命财产,将受无穷之危险,虽武断作弊,而莫敢谁何,吾恐未受司法独立之利,而先蒙司法独立之害。我国之倾向固已趋重于近今世界文明之制度,然对内对外,犹不能有绝大之信用者,即患无合格之司法官,而滥竽充数者比比皆是。"③

还比如许世英,在1912年召开的首届中央司法会议的开幕词中,身为司法总长的他指出:"法制紊淆,京省自为风气,命令干涉,奉行无所遵从,实为司法上一大阻力。"④换言之,在许世英看来,司法领域如果不能实现上下一统,那么不仅各项司法制度的推行势必受阻,而且藉司法以实现新政权统一治理的

---

① 《中华民国图治刍议》,载《伍廷芳集》(下册),中华书局1993年版,第593—595页。
② 同上书,第594页。
③ 《国务总理唐绍仪及各国务员在参议院宣布政见》(1912年5月13日),载《中华民国史事纪要(初稿)》(1912年1月至6月),台湾史料研究中心1971年印,第511页。
④ 《许总长中央司法会议开会演说词》,载《中央司法会议报告录》,司法部1913年印,第1页。

目标也会落空。因为,"民国肇始,政体更新,潮流所趋,万方同轨,国民心理,渐次改观,将欲挈中外而纳于大同,其必自改良司法始"①。然要改良司法,首先便是要实行三权分立以及在此基础上的司法独立。"司法为三权之总束,故法治国之强弱,皆视乎司法界之良否。"而由于"吾国于三权分立之义,初未揭明。自前清筹备宪政以来,司法独立之声始喧腾于士大夫之口"②。因此,在其主持制定的改良司法的《司法计划书》中,许世英进一步指出:"司法独立,为立宪国之要素,亦即法治国之精神;然必具完全无缺之机构,而后可立司法之基础;必审缓急后先之程序,而后可策司法之进行;尤必有一定不易之方针,而后可谋司法行政之统一。"③从伍廷芳、王宠惠与许世英的不同表述中,我们显然可以清楚地看到他们对司法共同的关注:对于民国社会而言,第一,司法对于新政权至关重要;第二,司法权应当由法院来统一行使;第三,欲确保司法权的顺利行使,必须坚持司法独立;第四,要确保司法独立,就必须要实行权力分立,使司法权与其他权力形态相分立,确保司法权的行使不受其他权力的干涉。

如果我们把视野放得再宽一些,那么这些有关司法的理论探讨与制度设想,其实也可以看成是清末法制变革之中有关西方三权分立制度的理论引进与知识讨论在民国时期的一种深化。自西方三权分立之制传入近代中国以来,人们在构想与设计新的政治制度时就已经充分地注意到了司法权与行政权分属不同权力系统,是两种属性完全不同的权力形态。④ 其中,比较早的注意到西方国家三权分立和司法独立的思想家,可能要属留法博士马建忠。⑤ 在1887年给李鸿章的信中,马建忠就曾谈到:

> 窃念忠此次来欧一载有余,初到之时,以为欧洲各国富强专在制造之精、兵纪之严。及披其律例,考其文事,而知其讲富者,以护商会为本;

---

① 《司法总长致各省都督、民政长规定任用法官资格暨拟订旧法官特别考试法,期于新旧人才一体登用,希饬司转行现任厅员勿兹误会函》,载《政府公报》第142号,1912年9月19日,第15—16页。

② 许世英:《许总长中央司法会议开会演说词》,载《中央司法会议报告录》,司法部1913年发行,第56—61页。

③ 许世英:《司法计划书》(1912年11月29日),载《中华民国史事纪要(初稿)》(1912年7月至12月),台湾史料研究中心1971年印行,第640页。当然,也正是因为此,我们也就能够理解,为什么北洋时期所召开的两次全国性的司法会议,均有谋求司法统一之宗旨。换言之,两次中央司法会议"所斤斤致意者尤在司法之独立与统一两端,凡通过之议案十之七八均与此两者息息相关。"参见《会员呈报文》,载《中央司法会议报告录》,司法部1913年印行,第1—2页。

④ 有学者甚至指出:"在认知层面,基层权力结构中司法权从县知事的众多职能中独立出来了,不再属于行政权,而是从属于另外一套权力系统,出现司法专属化的倾向。县知事本身应该行使的权力属于行政权力系统,县知事处理诉讼事务并不是在行使行政权,而是兼理司法权。如果司法仍属于行政权范围之内,何来'兼理'一说? 司法权从行政权中分离出来开启了司法专业化之路。县知事的角色认定已经不同于传统旧制,其兼理司法折射出司法专业化的色彩。"唐仕春:《北洋时期的基层司法》,社会科学文献出版社2013年版,第77页。

⑤ 参见曹全来:《中国近代法制史教程(1901—1949)》,商务印书馆2012年版,第336页。

求强者,以得民心为要。……其定法、执法、审法之权,分而任之,不责一身,权不相侵,故其政事纲举目张,灿然可观。①

而由于这种三权分立的制度行之有效,以致"人人有自立之权,即人人有自爱之意"②。

当然,比较早且系统地对三权分立进行理论介绍的,要属严复。他认为,司法与行政的不分是造成清朝司法腐败的主要原因,也是造成整个社会矛盾的主要根源。因此,他主张将司法与行政严格划分开来,将审判权交由专门的机关来行使。他说:"所谓三权分立,而刑权之法庭无上者,法官裁判曲直时,非国中他权所得侵害而已。然刑权所有事者,论断曲直,其罪于国家法典,所当何科,如是而止。"③此外,在《读新译甄克思〈社会通诠〉》中,严复又进一步指出:

> 今泰西文明之国,其治柄概分三权:曰刑法,曰议制,曰行政。譬如一法之立,其始则国会议而著之;其行政之权,自国君以至于百执事,皆行政而责其法之必行者也。虽然,民有犯法,非议制、行政二者之所断论也,审是非,谳情伪,其权操于法官。法官无大小,方治职时,其权非议制、行政者所得过问也。谳成奏当,而后行政施罚,责其法之必行。④

从严复的这些论述中我们可以看出,三权分立之关键,在于树立司法权不容侵犯之地位;唯有此,方能确保令行禁止,法之必行。

与此同时,康有为与梁启超也对西方的三权分立理论进行过较为详细的阐述。例如,在《上清帝第六书》中,康有为指出:"近泰西政论,皆言三权:有议政之官,有行政之官,有司法之官。三权立,然后政体备。"⑤在《请讲明国是正定方针折》里,康有为进一步详细的指出:"泰西论政,有三权鼎立之义。三权者,有议政之官,有行政之官,有司法之官。……夫国之政体,犹人之身体也。议政者譬若心思,行政者譬若手足,司法者譬若耳目,各守其官,而后体立事成"⑥,"今欲行新法,非立三权未可行也","三官立而政体立,三官

---

① 马建忠:《适可斋记言记行》,载朱玉泉主编:《李鸿章全集》(中卷),吉林人民出版社1999年版,第1644页。
② 同上书,第1645页。
③ 〔法〕孟德斯鸠:《法意》(上册),严复译,商务印书馆1981年版,第419页。
④ 严复:《读新译甄克思〈社会通诠〉》,载王拭编:《严复集》第1册,中华书局1986年版,第147页。
⑤ 康有为:《上清帝第六书》,载汤志钧编:《康有为政论集》(上册),中华书局1981年版,第214页。
⑥ 康有为:《请讲明国是正定方针折》,载同上书,第262页。

不相侵而政事举"①。而在《请定立宪开国会折》中,康有为指出:"盖自三权鼎立之说出,以国会立法,以法官司法,以政府行政,而人主总之,立定宪法,同受治焉。……行三权鼎立之制,则中国之治强,可计日待也。"②

梁启超在《各国宪法异同论》中就曾对行政、立法、司法三权做了专门论述:

> 行政、立法、司法三权鼎立,不相侵轶,以防政府之专恣,以保人民之自由。此说也,自法国硕学孟德斯鸠始倡之。孟氏外察英国政治之情形,内参以学治之公理,故其说遂为后人所莫易。今日凡立宪之国,必分立三大权。行政权则政府大臣辅佐君主而掌之,立法权则君主与国会(即议院也)同掌之,司法权则法院承君主之命而掌之,而三权皆统一于君主焉。③

在《法理学大家孟德斯鸠之学说》一文中,梁启超又对孟德斯鸠三权分立思想的核心——权力制衡理论进行了深刻剖析:

> 孟氏谓立法、行政二权,若同归于一人,或同归于一部,则国人必不能保其自由权,何也?两权相合,则或藉立法之权以设苛法,又藉其行法之权而施此苛法,其弊何可胜言。如政府中一部有行法之权者,而欲夺国人之财产,乃先赖立法之权,豫定法律,命各人财产皆可归之政府,再藉其行法之权以夺之。则为国人者虽起而与之争论,而力不能敌,亦无可奈何。故国人当选举官吏之际,而以立法行政二权归于一部,是犹自缚其手足而举起身以纳之政府也。又谓司法之权,若与立法权或行政权同归于一人或同归于一部,则亦有害于国人之自由权。盖司法权与立法权合,则国人之性命及自由权必至危害,盖司法官吏得自定法律故也,司法权与行法权合,则司法官吏将藉其行法之权以恣苛虐故也。若司法立法行政三权合而为一,则其害更甚,自不待言。……尚自由之国,必设司法之制,使司法官吏无罢黜之患者,何也?盖司法官独立不羁,惟法律是依,故不听行法各官之指挥也。④

相比学者们的表述,出使各国考察政治大臣对于三权分立的理论介绍与经验诠释,显然要主动和务实得多,因而这也使得他们所提出的观点更贴合

---

① 康有为:《日本变政考》,载黄健彰:《康有为戊戌真奏议》,台湾"中央研究院"历史语言研究所史料丛刊 1974 年版,第 118—119 页。
② 康有为:《请定立宪开国会折》,载汤志钧编:《康有为政论集》(上册),中华书局 1981 年版,第 338—339 页。
③ 梁启超:《各国宪法异同论》,载范忠信选编:《梁启超法学文集》,中国政法大学出版社 2004 年版,第 2—3 页。
④ 梁启超:《法理学大家孟德斯鸠之学说》,载同上书,第 23 页。

中国的实际。① 例如,在1906年(光绪三十二年)7月6日的一份奏折中,戴鸿慈就专门论及司法与行政的分立问题。他认为:

> 刑部掌司法行政,亦旧制所固有,然司法实兼民事、刑事二者,其职在保人民之权利,正国家之纲纪,不以肃杀为功,而以宽仁为用,徒命日刑,于义尚多偏激。臣等以为宜改名曰法部,一国司法行政皆统焉。司法之权,各国本皆独立,中国急应取法。所有各省执法司、各级裁判所及监狱之监管,皆为本部分支,必须层层独立,然后始为实行。②

与此同时,在这份奏折中,戴鸿慈还认为,地方司法与行政也应该分立:

> 司法与行政两权分峙独立,不容相混,此世界近百余年来之公理,而各国奉为准则者也。盖行政官与地方交接较多,迁就瞻徇,势所难免,且政教愈修明,法律愈繁密,条文隐晦,非专门学者不能深知其意。行政官既已瘁心民事,岂能专精律文,故两职之不能相兼,非惟理所宜然,抑亦势所当尔。中国州县向以听讼为重要之图,往往案牍劳形,不暇究心利病,而庶政之不举,固其宜矣。臣等谓宜采各国公例,将全国司法事务离开独立,不与行政官相丽,取各国各县划为日区,区设一裁判所,名曰区裁判所。其上则为一县之县裁判所,又其上则为一省之省裁判所,又其上则为全国之都裁判厅,级级相统,而并隶于法部。……其官制不与行政各官同,其升转事权分析两无牵涉,在上者既能各行其事,小民自食其赐。③

同年7月28日,出使德国大臣杨晟在一份奏折中同样也指出:

> 考各立宪国制度,莫不本立法、司法、行政三权鼎立之说为原则,而执行机关权在行政,其立法、司法两种性质纯一,故机关组织不如行政之复杂。……司法之权,义当独立,则司法之官,必别置于行政官厅之外。……今之论者,莫不知司法、行政两权混合之非,推究百弊,胥源于此。……中国历代以来,刑名皆有专职,然皆隶属于行政官节制之下,惟于京师设卿贰以领天下刑名,则地方广万里,案积如山,一凭纸上案情以决轻重,案难合例,情已失真。加以士大夫不习律学,一切案牍皆出于幕书之手,虽刑官失出失入,处分极严,而规避亦极巧。其有意缘法为奸者

---

① 参见李鼎楚:《事实与逻辑:清末司法独立解读》,法律出版社2010年版,第24页。
② 《出使各国考察政治大臣戴鸿慈等奏请改定全国官制以为立宪预备折》(光绪三十二年七月初六),载故宫博物院明清档案部编:《清末筹备立宪档案史料》(上册),中华书局1979年版,第372页。
③ 同上书,第379—380页。

勿论矣,其关于司法之行政事件为法所未规定者,又勿论矣。①

出使日本考察的达寿将有关三权分立放置在一个更为复杂的理论关联与知识系统中进行阐释,因而他对于三权分立的理论把握和知识讲解,就显得较为详尽也较为精准:

> 所谓权利、自由、平等诸说,次第而兴,当时之君固亦视同妖言,斥为邪说,其后大势所趋,终难箝塞矣。英国首采其说,叠次改正宪法,如臣民权利自由之保障也,裁判官之独立也,国会参与立法议决预算,征收租税必依法律也,国务大臣负责任也,君主无责任也,凡此荦荦大端,莫非创始于英国,而实以学者之议论,为之先河。其后法人孟德斯鸠,考究英国政治,著法意一书,创三权分立之论。而卢梭又著民约论继之。三权分立者,谓行政、立法、司法三权,宜各由特别之机关,独立对峙,互相节制之谓也。而民约论之大旨,则主张天赋人权,谓人本生而自由,不受压制,惟当共结社会契约,以社会之总意,分配权利于人民,人民对于总意,受其拘束,此外悉可自由。②

受这些言说以及当时社会思潮之影响,其他官员对于三权分立之认知,也体现出对于这套西方宪政话语一定的理解和把握。比如,在《修订法律办法折》中,奕劻指出:"立宪之精义,在以国家统治之权,分配于立法、行政、司法之机关。"③又比如,邮政部主事陈宗蕃认为:"窃维宪政之本,首重三权分立。"④再比如,御史徐定超曾指出:"窃立宪之要,以三权分立为先。"⑤还比如,浙江巡抚增韫认为:"盖立宪之精神,司法与立法、行政三权并重。"⑥很明显,这些来自于官员们的各色表达,在一定程度上充分反映出,此时的官方主流思想对于三权分立已不再陌生。

当然,在这些有关西方三权分立的理论介绍中,不仅对近代中国引入三权分立制度的必要性进行了最初的阐明,而且也对近代中国权力分立的政治架构进行了初步的设想。这对清末法制变革无疑产生了重要的影响。例如,在清末官制改革之中,庆亲王奕劻等编制大臣在起草中央官制改革方案时就曾指出:

---

① 参见《出使德国大臣杨晟条陈官制大纲折》(光绪三十二年七月二十八日),载《清末筹备立宪档案史料》(上册),中华书局1979年版,第389—392页。
② 《考察宪政大臣达寿奏考察日本宪政情形折》,载同上书,第28页。
③ 《宪政编查馆大臣奕劻等奏议覆修订法律办法折》,载《清末筹备立宪档案史料》(下册),中华书局1979年版,第850页。
④ 《邮传部主事陈宗蕃陈司法独立之始亟宜豫防流弊以重宪政呈》,载同上书,第883页。
⑤ 《御史徐定超奏司法官制关系宪法始基应加厘正统一折》,载同上书,第862页。
⑥ 《浙江巡抚增韫奏浙江筹办各级审判厅情形折》,载同上书,第876页。

立宪国官制,不外立法、行政、司法三权并峙,各有专属,相辅而行,其意美法良。……盖今日积弊之难清,实由于责成之不定,推究厥故,殆有三端:一则权限之不分。以行政官而兼有立法权,则必有藉行政之名义,创为不平之法律,而未协舆情。以行政官而兼有立法权,则必有徇平时之爱憎,变更一定之法律,以意为出入。以司法官而兼有立法权,则必有谋听断之便利,制为严峻之法律,以肆行武健。而法律浸失其本意,举人民之权利生命,遂妨害于无形。此权限不分,责成之不能定者一也。……首分权以定限,立法、行政、司法三者,除立法当属议院,今日尚难实行,拟暂设资政院以为预备外,行政之事则专属之内阁各部大臣。……司法之权则专属之法部,以大理院任审判,而法部监督之。①

又比如,在大理院所呈奏的《大理院奏审判权限厘定办法折》中,亦明确指出:"中国行政、司法二权向合为一,今者仰承明诏,以臣院专司审判,与法部截然分离,自应将裁判之权限、等级区划分明,次第建设,方合各国宪政之制度。"②与此同时,清廷也将推行司法与行政的有限分立作为官制改革的主要目标和具体措施之一。③ 比如在其颁发的厘定官制谕旨中,就明确规定:"刑部著改为法部,责任司法;大理寺著改为大理院,专掌审判。"当然,也正是因为此次改革所造成的司法与审判的权限不明,引发了"部院之争"④,进而促使以司法独立为特征的政治权力分立化的格局开始出现在近代中国法律与司法体系之中。

如果说清末法制变革更多关注司法权与行政权的关系的话,那么由于理论讨论的深入以及实践经验的不断累积,民国时期有关三权分立与司法独立的社会关注,不仅更多围绕着司法权与立法权的相互分立问题来展开,而且也由理论的引进与诠释逐渐走向宪政的制度设计与宪法规范的实践。例如,在"天坛宪草"起草的过程中,围绕着有关司法权与立法权之间的关系问题,宪法起草委员会就展开了有关"宪法解释权归属于何种机构""法院有无审查法律的权限"的激烈争论。因为"审查法律,其结果足以废止法律,如法院滥用此权,于立法权限将大有侵害",而这其实意味着,"法院倘若有审查法律权,会导致司法机关之作用侵害立法权"。⑤ 最后,1913年所完成的"天坛

---

① 故宫博物院明清档案部编:《清末筹备立宪档案史料》(上册),中华书局1979年版,第463—465页。
② 《大理院奏审判权限厘定办法折》,载《大清新法令(1901—1911)》(第1卷),李秀清、孟祥沛、汪世荣点校,商务印书馆2010年版,第377—379页。
③ 参见公丕祥主编:《近代中国的司法发展》,法律出版社2014年版,第127—140页。
④ 有关部院之争的详细分析,可参见张从容:《部院之争:晚清司法改革的交叉路口》,北京大学出版社2007年版。
⑤ 李秀清:《所谓宪政:清末民初立宪理论集》,上海人民出版社2012年版,第186—187页。

宪草"第 84 条规定:"中华民国之司法权,由法院行之。"①

当然,如果再仔细爬梳民国初期所颁行的其他宪法性文件——如《临时约法》《中华民国约法》《中华民国宪法》以及其他各种政治势力所拟定的各种宪法草案,便会更加清楚地看到,不仅此时国家政体的架构均是以三权分立为基础的,而且有关司法权的模式选择所坚持的也都是司法独立的宪政设计。换言之,这期间,"虽然历次宪法起草与研修的过程中,对于行政与立法权的组织形态及权力运作方式,曾出现许多不同甚至对立的主张,但对于新宪法秩序下,应有一个独立存在的司法系统,显然并未出现任何不同的认知"②。

民初有关司法的宪法性规定与内容

名称	有关司法的条文内容
《中华民国临时约法》 (参议院,1912 年 3 月 11 日)	第 48 条:法院以临时大总统及司法总长分别任命之法官组织之。 　　　　　法院之编制及法官之资格,以法律定之。 第 49 条:法院依法律审判民事诉讼及刑事诉讼,但关于行政诉讼及其他特别诉讼,别以法律定之。 …… 第 51 条:法官独立审判,不受上级官厅之干涉。
《中华民国约法》 (约法会议,1914 年 5 月 1 日)	第 44 条:司法以大总统任命之法官组织法院行之。 　　　　　法院编制及法官之资格,以法律定之。 第 45 条:法院依法律独立审判民事诉讼、刑事诉讼,但关于行政诉讼及其他特别诉讼,各依其本法之规定行之。
《中华民国宪法》 (国会第三期常会,1923 年 10 月 10 日)	第 97 条:中华民国之司法权,由法院行之。 第 98 条:法院之编制及法官之资格,以法律定之。 　　　　　最高法院院长之任命,须经参议院之同意。 第 99 条:法院以法律受理民事、刑事、行政及其他一切诉讼,但宪法及法律有特别规定者,不在此限。

---

① 有学者把"天坛宪草"所确立的那种"具备责任内阁制度的一些特征但是在权力的分立与制衡关系上明显违反宪法原则的内阁制度",称之为"超议会内阁制度"。在他看来,这"实际上是一种畸形的、存在严重结构性缺陷的政治制度,并不符合宪政制度原理"。因为这种政治制度的"核心是立法(国会)至上,而不是三权分立与制衡。权力之间缺少互相制约的关系,行政权对立法权不能发挥平衡作用,司法权对立法权也不存在制约作用,立法权却可以过度侵占行政权与司法权,凌驾在两权之上,形成立法对行政、司法权力单项的制约关系。不言而喻,这种宪政制度如果实施,将会给国会议员带来巨大的政治权力"。参见严泉:《失败的遗产:中华首届国会制宪:1913—1923》,广西师范大学出版社 2007 年版,第 97—98 页。

② 欧阳正:《民国初年司法制改革》,载台湾《社会科学学报》2000 年第 8 期。

(续表)

名称	有关司法的条文内容
《中华民国宪法草案》（梁启超）	第 79 条：法院以中华民国之名行司法权。 法院之组织以法律定之。
《中华民国宪法草案》（康有为）	第 62 条：中华民国之司法权，以法院行之，与国务院国会鼎峙。 第 63 条：司法长官有正副总裁，正总裁以副总裁统领之，不列国务员而独立。 第 64 条：法院各级之编制与受讼之案，与法官之资格任命，以法律定之。其司法长官及最高法官，由国询院于法官中公推之。 第 65 条：凡海陆军除特别军事归军事裁判所外，皆归法院办理。其海上裁判与国外之讼同。 第 66 条：凡讼事例规，由法官会议决定后，得议院同意，即为法律施行。
《中华民国宪法草案》（吴贵英）	第 66 条：司法权以法定之法院行之。 法院编制及法官资格，以法律定之。 …… 第 70 条：总统及国务员受弹劾时，于国务裁判所裁判之。
《中华民国宪法草案》（王宠惠）	第 76 条：中华民国之司法权，以法院行之。 第 77 条：法院之法官，由大总统及司法总长，依法律之规定，分别任之。 但任命最高法院法官，须按照第 61 条办理。（第 61 条规定大总统任命最高法院法官须得参议院之同意。） 法院之编制，法官之资格，及法官之俸给，以法律定之。 第 78 条：法律有解释本宪法之职权。 第 79 条：法院依法律之规定，受理诉讼案件，及非诉讼事件。但关于特别诉讼，法律另有规定者，不在此例。

从民初这些宪法/宪草有关司法权的规范设计来看，不仅三权分立的理念与司法独立的原则获致普遍的坚持与推行，而且将司法权作为统治权的一个有机组成部分，并行于参议院（立法）和大总统及国务员（行政）之间，已为当时之社会共识。① 很显然，这一规定超越了清末法律变革中有关司法机关的定位，进而与当时西方诸国取同一体制。② 然而，这些有关司法的宪法性规定虽然有助于厘清司法权的权力属性以及新型司法制度与司法机构的建

---

① 《中华民国临时约法》规定："中华民国之主权，属于国民全体。"（第 2 条）"中华民国以参议院、临时大总统、国务员、法院，行使其统治权。"（第 4 条）
② 参见方立新：《传统与超越——中国司法变革源流》，法律出版社 2006 年版，第 112—113 页。

设,但却并未将孙中山的"五权宪法"思想付诸于政治实践。① 更重要的是,由于当时的革命党人以为宪法即为"共和政体之保障","而将其主要精力投入议会斗争,终导致《临时约法》被毁弃,《天坛宪草》遭流产,建立共和政体的努力归于失败"。②

1916年6月,随着袁世凯的去世,帝制氛围灰飞烟灭,共和思潮重现,宪政运动开始回潮,③司法独立论调再起。外在情势的这些变化自然而然地都转化为了民初司法制度再次改革与发展的内在动力。④ 也就是在这一年,全国司法会议召开。议长徐谦在此次会议的开幕辞中分析了司法与共和的关系,主张:"有共和而日后有司法,若无共和则无司法可断言也。立宪之精神在,司法独立固矣。"换言之,在徐谦看来,司法与共和是密不可分的,共和是司法独立的前提与保障。对此,他谈论到:"前清创办司法,未必出于真诚,然以人民希望立宪,故司法遂为时势所要求。无论如何顽固者,率亦不能反对司法,以无司法则非宪政也。抚今追昔,吾人所可执以为盾者,厥惟共和,故共和回复时代即司法昌明时代,若反对司法是反对共和也。"⑤持同样看法的还有时任司法总长的张耀曾。在"县知事兼理司法应否废止咨询案"中,张耀曾指出:"司法独立为宪政不易之经,乃比年以来,国家多故,司法制度迄未确立,际兹共和再造之会,自应为完全宏大之谋。"⑥换言之,在张耀曾看来,社会情势的变化使得"今日则情形大异。社会要求司法独立之热度已继长增高,而在上者对于司法制度亦甚望其所有改良,从此为积极之进行,前途之障碍已完全减去","现在中央就有障碍业已完全消灭,地方有无阻滞,虽尚不可知,但由中央政府主持改良于上,各省长官积极进行于下,较前总易为力而成效或有可期。"⑦很显然,徐谦和张耀曾都谈到了司法独立与共和制度之间的关系问题,也都注意到了司法独立的实现对于宪政以及新政权的重要意

---

① 孙中山有关五权宪法的思想,也经历了怀疑、赞同并付诸实践的过程。在1913年出版的《中华民国宪法刍议》中,王宠惠把国家权力分成行政、立法、司法、会计四项。对此,孙中山指出:"1904年我、王宠惠在纽约曾谈到五权宪法,他很赞成。后来他到耶鲁大学专攻法律,反疑惑起来,说这五权分立,各国的法律都没有这样办法,恐怕不行。这也奇怪,中国固有的法制,他倒抛荒。他起初很赞成,学了法律反不赞成,足见他的思想为一方面所锢蔽,能融通了悟的实在难得。"参见《王宠惠先生百年诞辰口述历史座谈纪实》,载《王宠惠先生文集》,中国国民党"中央委员会"党史委员会1981年版,第683页。
② 李学智:《民国初年的法治思潮与法制建设:以国会立法活动为中心的研究》,中国社会科学出版社2004年版,第5页。对此,有学者认为,民初"那段中国宪政历史,那固然是宪政的失败,但那却是国家实施宪政必经的过程,倘以那段宪政过程中之波折,即断定宪政在中国永无成功可能,那是缺乏历史的眼光。"罗隆基:《期成宪政的我见》,载《今日评论》1939年第2卷第22期。
③ 参见严泉:《失败的遗产:中华首届国会制宪:1913—1923》,广西师范大学出版社2007年版,第45页。
④ 参见唐仕春:《北洋时期的基层司法》,社会科学文献出版社2013年版,第115页。
⑤ 《司法会议决案附司法会议纪实》(1916年),第101—103页。
⑥ 《答复县知事兼理司法应否废止咨询案意见书》,载同上书,第1—4页。
⑦ 同上书,第99—101页。

义。与此同时,从他们的言论中也可以看出,虽然司法权在宪法层面上予以了规范设计和明晰确立,也尽管中央司法机关已经建立了起来,但是就全面的司法建设情况来看,显然还是不容乐观的。也就是说,经过近5年多的时间,司法全国一统的局面还并未形成。①

1916年10月24日,司法部公布了全国司法会议的"会议章程"。其中第1条便规定全国司法会议的宗旨乃是为了谋求司法统一及进步。对此,国务院在答复众参院的咨文中称:"本年独立各省将原有司法机关破坏另组,在当时原属不得已之举,现在政府正谋统一,业由司法部致电各省高等审检长来京定期来月10日开司法会议讨论此事,并改良司法一切事宜。"②很明显,这一咨文表明因由各省独立所造成的地方司法机关被破坏的问题亟待解决。而对于这一问题,张耀曾无疑有着清醒地认识。他对此曾进行过调研并指出:

> 自云南首义,川黔湘粤浙等省相继独立,其司法机关亦多改组,名目纷岐,省自为制,在独立期间原属不得已之办法而终非划一之道。耀曾莅任以来以为欲求改良须先统一,故首从恢复原状入手,于机关组织之不合法者更变之,于人员任用之不合现章者调换之。数月以来,渐行就绪,从此可循规蹈矩,徐图进步。③

这意味着,召开司法会议,制定会议章程,从根本上来说都是为了解决司法"省自为制"的问题,谋求全面范围内的司法统一。然而遗憾的是,政权的频繁更迭,社会的激烈动荡,使得司法一统的局面直到南京国民政府成立以前,都未能很好地解决。

此时,尽管在制度与实践的层面上司法之一统并未实现,但对于司法权的权力属性以及司法权的宪法定位,经由清末民初的多番理论讨论以及多年实践经验的累积,民初社会各界则已然达成了初步的共识。有关这一点,充分反映在民国6年所重启的制宪会议上。在此次会议上,尽管委员们提出了各种完善有关司法权宪法设置的修正案,但最后的表决结果却几乎都呈现压倒性多数的一致。而这无疑反映出此时的人们对于司法权的宪法认识、司法权力的制度配置与司法人员的制度要求都已较为成熟,而这又会影响到南京国民政府时期有关司法的宪法表述。

---

① 更多论述,可参见唐仕春:《北洋时期的基层司法》,社会科学文献出版社2013年版,第115—117页。
② 《答复司法腐败有无整顿计划咨》,载《司法公报》1916年第68期,第50—57页。
③ 《整理各省司法机关并追认以前所设各种机关呈并指令》,载《司法公报》1917年第70期,第61—62页。

1917 年 1 月 26 日国会制宪会议"法院"议题表决情况表①

议题名称	修正案	赞成修正者	维持原案者	表决结果
第八章　法院				以594人之出席,456人之赞成,可决。
第84条:中华民国司法权由法院行之。				以594人之出席,569人之赞成,可决。
第85条:法院之编制及法官之资格以法律定之。	马君武修正加一项文曰:"但最高法院院长须由参议院选举,非经弹劾不得免职"。 程莹度修正加一项文曰:"但最高法院法官之任用,须经参议院之同意"。 曹玉德修正加一项文为:"最高法院院长之任命,须经参议院之同意"。 秦广礼修正加第三项文为:"参审员之资格及选举,以法律定之"。			原案以581人之出席,562人之赞成,可决。 马、程二人加一项修正案,均否决。 曹玉德修正案加一项以581人之出席,469人之赞成,可决。 秦广礼修正加一项,否决。
第86条:法院依法律受理民事、刑事、行政及其他一切诉讼;但宪法及法律有特别规定者不在此限。	黄云鹏修正为:"法院依法律受理民事及刑事诉讼,但关于行政并其他特别诉讼以法律定之。" 陶保晋修正为:"法院依法律受理民事、刑事及其他诉讼;但行政及特别诉讼别以法律定之"。 范熙壬修正为:"法院依法律受理民事、刑事及其他诉讼;但行政诉讼及法定特别审判事项不再此限。" 骆继汉、耿臻显修正为删除"行政"二字。 苏毓芳修正为:"法院依法律受理民事、刑事各诉讼;但行政诉讼及其他特别诉讼以法律定之"。 贾庸熙、骆继汉、李克明修正为删去"行政"二字,并加一条文为行政诉讼,由平政院审理之,平政院之编制及其官吏资格别以法律定之。	郑江灏、刘恩格、王谢家	陈家鼎、何雯、马骧	各修正案均否决,原案以582人之出席,492人之赞成,可决。
第87条:法院之审判公开之,但认为妨害公安或有关风化者,得秘密之。	褚辅成修正为删"防害公安或"五字。	吕复	陈铭鉴	修正案否决。 原案以582人之出席,535人之赞成,可决。

---

① 吴宗慈:《中华民国宪法史》,于明等点校,法律出版社2013年版,第274—276页。

(续表)

议题名称	修正案	赞成修正者	维持原案者	表决结果
第88条：法官独立审判，无论何人不得干涉之。	王谢家修正为："法官独立审判，无论何项权力不得干涉之"。 王葆真修正加但书，文为："但关于参审员之职权，依参审法之，职权依参审法之所定"。 王谢家又修正本条，后加一条为："最高法院有解释宪法及各法律之权"。		唐宝锷	修正案均否决。原案以582人之出席，537人之赞成，可决。又以王谢家加一条之修正案付表决，起立10人，否决。
第89条：法官在任中，非依法律不得减俸停职或转职。 法官在任中，非受刑法宣告或惩戒处分，不得免职；但改定法院编制及法官资格时，不在此限。 法官之惩戒处分以法律定之。				原案第一、第二、第三项合并表决，以584人之出席，568人之赞成，可决。

1927年，南京国民政府成立，孙中山的"五权宪法"理论成为了政治指导。根据孙中山"军政""训政"和"宪政"的三阶段发展模式，国民政府开始了全面的司法复建与发展之路。首先就制度层面而言，南京国民政府先后颁布了《中华民国训政时期约法》(1931年)《中华民国国民政府组织法》(1928年)《司法院组织法》(1928年)《最高法院组织法》(1929年)《法院组织法》(1932年)《诉愿法》(1930年)《行政法院组织法》(1932年)《行政诉讼法》(1933年)《民事诉讼法》(1930、1935年)《刑事诉讼法》(1928、1935年)等一系列规范性文件，逐步构筑起了现代司法制度，形成了较为稳定的司法体制。其次从权力结构与权力形态上来看，南京国民政府则主要是根据孙中山权能分治的"五权制"政府体制学说、权力分立的理论要求与司法独立的理念原则，来构建以司法院为核心的相对独立且自成一体的国家司法体系。① 例

---

① 对此，有学者指出："南京国民政府统治时期，在司法权能的划分与司法组织的构筑上，最具特色的地方莫过于司法院的设置和大法官会议的设立。这样一种制度构设，在国家机构的序列上，出现了一个集司法审判与司法行政组织于一身的司法院，使其在位阶上，取得与行政、立法并列的宪法地位。同时，在职权上，因其握有宪法与法律解释权而显尊贵，突破了司法仅限于个案审判的权能解读。从而从历来以行政权为主导的专制集权政治体制中，如何搭建相对独立，但又不致分离，而且能够继续保证和贯彻中央集权的司法组织作出了制度上的尝试。这样一种制度安排，其紧要之处在于为司法权能的扩展留下了一定程度的空间，不至于被限缩在审判权——这一最基本的司法权能的范围之内。然而，这确实是清末司法改革留下的隐忧。属于行政序列的法部与属于司法的大理院两部门权职的含混区分，以及大理院仅仅作为最高审判机构的地位界定，使司法机关在实际的权力运作中，其个性和自主性不断地被弱化和淡化，以致重新沦为专制主义的附庸。事实一再证明，把司法权限缩在审判权的范围之内，在一个长期行政司法不分，司法习惯于依附于行政的集权体制之下，脆弱的司法权和弱小的司法组织，随时都会被强大而又不断处于扩张中的行政权所淹没，所吞噬。"方立新：《传统与超越——中国司法变革源流》，法律出版社2006年版，第122页。

如,根据《中华民国政府组织法》和《司法院组织法》的规定,司法院为最高司法机关,掌理民事、刑事和行政诉讼案件以及公务员惩戒之权,负责统一解释国家法律、命令。当然,有关孙中山五权宪法思想的完整的制度体现,是1946年12月通过的《中华民国宪法》。这部宪法有关司法权的配置,主要是第77、78、80、81条。其中第77条规定:"司法院为国家最高司法机关,掌理民事、刑事、行政诉讼之审判及公务员之惩戒。"第78条规定:"司法院解释宪法,并有统一解释法律及命令之权。"第80条规定:"法官依法独立审判,法官必须超出党派以外,依据法律独立审判,不受任何干涉。"第81条规定:"法官为终身职,非受刑事或惩戒处分,或禁治产之宣告,不得免职。非依法律,不得停职、转任或减俸。"

客观地来说,"五权宪法体制下的司法权并不是严格意义上的独立的司法权,而只是'治权'的一种,是政府为了人民充分实现民权而行使的一种权力"①。因为在孙中山看来,包括司法权在内的五权,从本质上来说都属于"政府替人民做事的五个权",是把政府的工作"分成五个门径去做"的权力形式。② 这样,司法权就与其他的四个权力一样,都不是相互分立、相互制约的,而仅仅只是政府在实现某种职能上的分工而已。由此所造成的,便是司法权与司法行政权之间的关系难以被界分。因为根据《司法院组织法》,司法院的职责包括了司法行政部的职责。③ 所以我们看到,一方面,在1931年所编撰的《中国法律大辞典》中,对于司法权,其解释就有狭义和广义之分。狭义的司法权,即法院的审判权;广义的司法权,是"五权分立之一权或三权分立之一权,五权分立中的司法权比较三权分立中司法权,意义和范围广大得多。因为五权分立制下的司法院,其职权包括司法行政权、民刑案件审判权、行政诉讼事项审判权,以及文官法官惩戒事项审判权,所以在形式上和事实上司法权的意义已经扩大很多。"而对于司法行政权,其解释为"对于审判权的实施而为必要或便宜行为之权",包括分配推事的应办事项,关于法院职员的任用、转任、罢免、停职等事务的处理。④ 另一方面,关于司法行政部的隶属问题,也一直存在着争论,进而导致其在行政院和司法院之间往

---

① 韩秀桃:《司法独立与近代中国》,清华大学出版社2003年版,第366—367页。
② 参见孙中山:《三民主义》,岳麓书社2000年版,第166页。
③ 根据《司法院组织法》(1928年)的规定,司法院的职责主要包括以下四个方面:一是关于主管事项有向立法院提出议案之权,例如关于全国大赦之提案,经立法院议决后实行;二是关于特赦、减刑及复权事项不需经立法院议决,而由司法院院长提请国民政府主席宣布实行;三是行使统一解释法令及变更判例之权,各院对于一切法令发生疑义或政府机构之间对法令的理解发生争执时,由司法院对法令做统一的最具权威的解释;四是对政府机构的违法行为以及政府机关的工作人员的渎职行为,进行纠正和处罚。参见《司法院组织法》(1928年10月20日国民政府公布施行,1928年11月17日修正),载《中华民国法规大全》(第1册),商务印书馆1936年版。
④ 朱采真编:《中国法律大辞典》,吴经熊等校阅,上海世界书局1931年版,第97—98页。

返改变多次。① 然而即便如此,"南京国民政府在司法制度上的这一创设,破解了我国自近代以来,在国家职权的划分上,历来将司法权与审判权相等同,将西方宽泛的司法权能限缩为审判权,进而限制法院司法权能的积极扩展的思路与惯常做法。更重要的是,大法官会议的设置,在制度上沟通了从司法审判权到司法的法律解释权、司法对行政的审查权、进而到违宪审查权这一涉及国家核心权力层面的管道,完善和强化了司法职能,在制度架构上为走向法治提供了某种可能。"②

(二) 司法权力属性的法律解释确证

除了在宪法规范层面上对司法权的权力属性予以确立之外,在民国时期的法律解释实践中,亦可以看到有关司法权内部构造及其与其他权力之间关系的强调。通过法律解释例文的制作与表达,民国时期的最高司法机关不仅期望能够借此进一步说明司法权力的职能范围与运行机理,而且也期望在与其他权力相区分的过程中进一步建立起司法权的权力边界与行使逻辑。

从法律解释的实践来看,比如在民国 2 年 7 月 27 日覆司法部的统字第 47 号解释例文中,大理院指出:

>……三、戒严令第九条第十条所称司法事务,专指审判以外之行政事务,而在戒严司令官有预闻之必要者而言,盖依现行法律,约法上审判独立之条,初不因戒严令宣告而中止。且戒严法第十三条,因约法第十五条而认为有限制约法第九条人民自由之必要,特将该特定之审判事务移归军政执法处办理,即因司法衙门之审判无从干涉,而当时情形,实不能不令司法衙门以外之机关执行审判事务,故特规定如此。况法文于此,仅称司法事务,于彼则称民刑事案件,其真意所在,已显然矣。至于该法第九条所谓与军事有关系者,凡直接间接侵损军事利益或将侵损之者皆是,至称有关军事之司法事务,究竟范围如何,本属因案解释,不能预为限定。然概略言之,民事意义当从广义,其民商事件之与军事有关系者,均应包括在内。刑事则如暂行新刑律第二编第二章至第七章、第九章至第十九章、第二十四章至第二十六章、第二十九章第三十一章至第三十六章各罪中,恒有关系军事者,不过第二章至第四章之罪,属于大理院职权者,依戒严法不应受司法官之指挥。若大理院总检察厅任意通知其情形于司令官,事实上固多便利,然不能即谓为受其指挥也。且在

---

① 1928 年 11 月 16 日,司法院成立,司法行政部为其下属机关,这是司法行政部最初之设。1931 年 12 月,根据《国民政府组织法》,司法行政部改归行政院。1934 年 10 月,司法行政部又改归于司法院。1942 年 12 月,国民党五届五中全会决定再次将司法行政部改归于行政院。1947 年国民政府改组,司法行政部最后确定作为行政院的一个固定机构。参见韩秀桃:《司法独立与近代中国》,清华大学出版社 2003 年版,第 370—371 页。

② 方立新:《传统与超越——中国司法变革源流》,法律出版社 2006 年版,第 127 页。

特别法(如报律)上之犯罪,亦常有与军事有关系者,即在上开以外普通刑法上之犯罪,亦不能谓其与军事皆毫无关系,是又不可不注意者也。……

又比如,民国3年2月19日,大理院覆广东高等审判厅的统字第103号解释例指出:"本院细阅原呈,乃系具体案件之应起诉与否,自属于检察之职权。该高等检察厅理应呈请总检察厅示遵。如总检察厅认为法律之点有疑义者,始向本院请求解释,庶不致有逾越权限,淆乱统系之嫌。现该厅函请贵厅转请本院解释,本院未便遽予答覆。相应函覆查照可也。"

还比如,民国3年7月24日,在致广东高等审判厅的统字第144号解释例中,大理院指出:

> 迳启者,前接贵厅本年二月十一日来电称,据广州地审厅呈称据商民陈允燉诉称,民父启猷,承办堤岸工程,前粤督周馥谓偷工减料,将陈联泰店等产机查封,请查案平反,给还前封产业及垫款等情,查法院编制法第二条,审判衙门审理民刑事诉讼,但关于行政诉讼等,另有法令规定者,不在此限,现行政诉讼,尚无规定,应否受理,请示等语,应如何办理,请钧院核示等因到院,本院当以问涉具体案件,与本院所定解答范围,不能符合,未便答复。现在想该案早经解决,本院为划清行政与司法权限,免滋误会起见,兹特补行声明,嗣后凡系国家关于私经济事情,与人民发生权义关系之件,均应查照行政法条理,一律适用司法法规,在普通司法衙门予以解决。贵厅前电所述情形,自系国家于私法上行使私人自卫权之一例,此项争讼,仍应适用民事法规办理。民法草案,虽未颁行,其中与国情及法理适合之条文,本可认为条理,斟酌采用,即希贵厅查阅该草案第三百十五条以下规定可也。此致。

除此之外,在民国时期法律解释的实践中,涉及司法权权力属性及其与其他权力形态之间关系的法律解释例文,还包括:

时间	解释例号	内容
民国3年12月24	统字第192号[1]	"查刑律第四十四条之易科罚金,应由审厅于判决时或判决后,因检察官之请求,别以决定谕知。此系法院职权,非检察职权,不能迳由检厅处分。"
民国7年2月9日	统字第753号[2]	"来电所称情形,自系立法缺陷,分厅并无另庭,又不能依编制法五一条代理者,自可依照该法五二条由本厅代理审判,惟未经部定有案者,仍应经部核准,报院备案。"

---

[1] 此系大理院覆浙江高等审判厅的解释例文。
[2] 同上。

(续表)

时间	解释例号	内容
民国 31 年 7 月 21 日	院字第 2364 号①	"民法仅于第 1225 条规定应得特留分之人,如因被继承人所为之遗赠致其应得之数不足者,得按其不足之数由遗赠财产扣减之,并未如他国立法例认其有于保全特留分必要限度内,扣减被继承人所为赠与之权;解释上自无从认其有此权利,院字第 743 号解释未便予以变更。"

二、司法权与法律解释权

"由于法律解释权属于司法权的组成部分,二者在本质上是一样的,因而要对它们作出区别是比较困难的。但是,法律解释权毕竟是一个独立的概念,自然有其自身的相对独立性。"②而要把握法律解释权的独特性,则既需要在司法权的权力形态与逻辑机理之中来进行理解,也需要将其与司法权中的另一项权力——司法审判权进行对比。只有经由这种外部性的全景观照与内在性的比对审视,才能够更好地把握法律解释权的权力属性与运行逻辑。换言之,尽管司法审判权与法律解释权都同属于司法权之下,都隶属于民国时期的最高司法机关,都各自遵循着司法权运行的部分逻辑,而且司法审判权与法律解释权的权力主体都是法官,都是由民国时期的司法官员来行使的,但是民国时期的司法审判权与法律解释权的关系究竟是什么?利用司法审判权裁判案件并据此提炼、制造判例与利用法律解释权进行法规范意义的诠释进而形成解释例,这两种活动之间又有着怎样的差异和关联?这不仅直接决定着法律解释例的属性与效力,而且也决定着判决例与法律解释例之间的关系。

民国时期有关法律解释权的讨论,最先出现在宪法领域之中,即民初围绕着"天坛宪草"的制定所发生的、有关宪法解释权归属问题的激烈讨论。这一问题看似是一个司法权与立法权之间的关系问题,但正是伴随着这种有关宪法解释权问题讨论的深入以及议题的不断漫延,不仅法律解释活动与立法活动之间的边界日益清晰,人们对于法律解释权的理解也随之逐渐丰富,有关法律解释的概念意涵与方法类型的认识亦逐渐清楚。这些无疑都影响着现实法律生活中法律解释权的运行机理与实践逻辑。

(一) 宪法解释权争议中的司法权与法律解释权问题

"宪法之最高解释权,属于何机关",此乃宪法之重要问题。"宪法有疑义,或起立法、行政两部之争议,必赖有最高解释权。在君主国多属于君主,

---

① 此系司法院致中央执行委员会秘书处的解释文。
② 魏胜强:《法律解释权研究》,法律出版社 2009 年版,第 210 页。

在共和国有以属诸最高法院者,有议别置机关者。"①这意味着,宪法解释权归属于何种机构,涉及的其实是对国家政体的未来规划。因此,基于不同的宪政模型而设计出的不同宪法草案,基于不同的宪法知识立场所表达出的不同宪法理论,有关宪法解释权的设置与诠释都不相同。

1. 不同宪草有关宪法解释权的设计

"今日唯一之主义,在行民主立宪政体,以建设共和政府而谋统一。此出于全国国民之同意者也。"②然而即便是共和政体,亦有不同的宪政设计与规范配置。综合此一时期各种版本的宪法草案,在有关宪法解释权的设置上,主要呈现以下几种模式:

一是主张由司法机关行使宪法解释权。比如王宠惠,他所设计的宪法草案就明确规定法院拥有包括宪法解释权在内的一切法律解释权。在他所撰写的《中华民国宪法刍议》(1913年3月)一文所附之"宪法草案"③中,第4条规定:"凡与宪法抵触之法律命令均无效力。"第78条规定:"法院有解释本宪法之职权。"第79条规定:"法院依法律之规定,受理诉讼案件,及非诉讼事件。但关于特别诉讼,法律另有规定者,不在此例。"④在王宠惠有关司法制度的宪法设计中,其实是将司法审判权与法律解释权相区分开来的。又比如彭世躬,他所设计的宪法草案也涉及了宪法解释权的问题。该草案第63条规定:"法官的职权如下:一、解释宪法;二、以法律之规定,受理诉讼案件及非诉讼案件。但行政诉讼,或以法律另行规定之特别诉讼,不在此例。"第80条规定:"凡与宪法抵触之法律命令均无效。"⑤从彭世躬宪草的内容来看,他不仅同样将宪法解释权归置于法院,而且也是将法律解释权与司法审判权相区分开来。还比如毕葛德,他所设计的宪法草案也将宪法的解释权赋予司法机关。其草案第34条规定:"凡问题发生关于宪法之解释或关于法律之解释者,须由法庭判决。"为此,毕葛德给出的理由是:

> 宪法之解释亟须规定。各种成文法律之解释亦复如是。以解释宪

---

① 梁启超:《进步党政务部特设宪法问题讨论会通告书》,载胡春惠编:《民国宪政运动》,台湾正中书局1978年版,第147页。

② 鸡鸣:《论君主立宪政体万不可行于今日无待于解决》,载同上书,第16页。

③ 王宠惠:《中华民国宪法草案》,载缪全吉编:《中国制宪史资料汇编》,台湾"国史馆"1989年版,第177—188页。

④ 王宠惠的这一设想,期望的是通过"委解释宪法权于法院,以增多拥护宪法之机关也。"参见王宠惠:"中华民国宪法刍议",载胡春惠编:《民国宪政运动》,台湾正中书局1978年版,第54页。这显然是受到美国相应制度的影响,实乃"美国司法审查制思想之第一次表现。"参见罗志渊:《中国宪法史》,台湾商务印书馆1967年版,第371页。对此,王宠惠也毫不讳言。他说:"然则吾国宜宗美派,以解释宪法权委之于法院。且以明文规定于宪法,以为宪法之保障,明矣。"与同时,他指出,由法院解释宪法,"固无从凌轹立法权也",并且强调"委解释宪法权于法院者,乃所以增多拥护宪法之机关也。"参见王宠惠:《中华民国宪法刍议》,"第四节 宪之解释",载《王宠惠法学文集》,张仁善编,法律出版社2008年版。

⑤ 彭世躬:《彭世躬拟民国宪法草案》,载《宪法新闻》1913年第21期,第168、171页。

法之权属之法庭较合事理,举凡问题发生关于宪法之解释者或关于法律之是否合于宪法者,法庭皆将以法律之眼光规定之。盖司法机关独立,行政机关不得左右其间耳。设行政机关发布之命令,有违宪法,则人民不服从之者,应否定罪,此乃在法官判决权制下,自然之理也。夫违法举动,为法律所不许者,与违法举动,与宪法所禁止者,虽不易辨别,而属于后者之违法问题,亦不能不经低级法庭之审问也。……议院所通过之法律,是否有违宪法,何人可以判决,此更难解决之问题也。因此种疑问必有时发生而何人可以判决必须规定,试举例以证之,则读者亦觉了然矣。……设有一法律规定,凡刑事诉讼预审时,可以研讯。虽本宪法第五十五节制定凡预审章程得以法律定之。然第五十七条制定凡无论何人不得强迫而证明己罪,则与之相刺谬矣……夫议院固为民国之最高立法机关,然为国会所造。故国会所公布之法律,视议院订之法律为高。议院规定之法律是否有效,胥以是否服从国会制定之法律为依归,且最高之法律,法院必须遵守而执行之,故法庭(用戴雪论英藩法庭语)有两方面之命令加诸其前,即国会法律与议院法律是也。法庭须对于最高者(即国会法律)而服从之。戴雪氏论美国宪法于此层最能撷其要。特述之如下:美国宪法之制作者,对于制裁议院及各州议会越权立法,并不注意。其所注意者,乃设法取消违宪之法律,使归于无效耳。其结果也,使全国之法管以取消违宪之法律为己任,故法庭执行之法律,胥以宪法所裁制者为依归也,以法官为法律之保障,乃为一之善制。此美国之所以裁制违法之议案,以迄于今兹者也。①

除王宠惠、彭世躬和毕葛德所设计的宪草将宪法解释权归于司法机关外,在1921年的省宪运动中,浙江、湖南两省所制定的宪法都将宪法解释权归于司法机关,进而增强司法权的权力能力。例如,《湖南省宪法》第127条规定:"因本法所发生之争议,由高等审判厅解释之。"②"与《天坛宪法草案》不同的是,两省省宪均赋予司法机关宪法解释权,司法权力的独立性得到极大的增强。在司法实践中,司法机关通过行使宪法解释权,可以判定议会通过的法律违宪,发挥司法机关对立法权力的制衡作用。"③

针对当时一些宪法草案和学者主张将宪法解释权归于国会来行使的设想,潘树藩认为宪法解释权应当由司法机关来行使而不应当由国会来行使。他提醒说:

---

① 毕葛德:《毕葛德拟中华民国宪法草案》,载《宪法新闻》1913年第10期,第128—130页。
② 《湖南省宪法》,载胡春惠编:《民国宪政运动》,台湾正中书局1978年版,第406页。
③ 严泉:《失败的遗产:中华首届国会制宪:1913—1923》,广西师范大学出版社2007年版,第78页。

> 须知国会乃立法机关，一切寻常法律须经两院出席人数过半数通过，乃能成立，若现在说国会过半数通过的某种法律与宪法某项抵触，乃将原案再交同一国会，要得到四分之三大多数的同意，来自行取消其从前已经得过半数议员同意的法律，事实上似难实现，恐怕到了那个时候，议员们不自甘蒙违宪的羞耻，就此曲解宪法，作为辩护，虽真有与宪法抵触的法律，亦不能取消了。

为避免这一问题的出现，他主张将宪法解释权归于司法机关来行使。因为司法机关超越党派，法官们又是精通法律、德高望重的人，他们可以保证以公平的立场来解释宪法。①

将宪法解释权归于司法机关的宪法方案与理论设想，也受到了当时人们的一些质疑。比如，针对王宠惠《中华民国宪法刍议》一文中的论述，张东荪即持否定性意见，反对将宪法解释权归于司法机关。他认为：

> ……然司法之解释宪法，其重要在法律抵触宪法，司法者得以宪法之解释，而判决法律为无效之一点。若夫私人控诉、机关争执，固与普通解释法律无异也。此吾人之论点，由此吾之三种理由，乃得而出焉。第一，法律抵触宪法之问题出，司法者得解释宪法，而判决法律为无效或有效者，非绝对三权分立之国不能行也。美利坚绝对三权分立之国也，故此制以美为独占。夫司法者得宣告立法者所立之法律，则司法者之地位，必不为立法者所支配而后可，尤必有高权足与立法者对峙，否则不能也。（吾国事实所不可能也）……第二，此制唯非议院政治始能行之，若为议院政治则绝不能行也。勃兰斯之言曰，两部（指美国行政与立法）之间，不能无权限之争，然司法机关有解释宪法之权，立于其间，以为调和，其争执虽不由此而尽解，然大抵平和解决。此保护宪法之道，为英之所未曾有，亦英之所不能有也，以英之国会为万能故耳。观乎此，可知此制与议院政治绝不相容。王氏一方主张议院政治，及任命法官需参议院同意，一方乃主张此制。……第三，欲行此制，则司法必有宪法上之保障始可。易言之，即非采刚性宪法中之较刚者不可也。若法国两院合并，即可修改宪法，苟有法律抵触宪法，则国会可以并宪法而改之。况法官之职权不载之于宪法耶。德英更勿论矣。是故欲司法者有此权，以抗立法，则修改宪法之事，必不可操诸立法者之手也明矣。②

二是主张由所谓的"国务裁判所"来解释宪法。比如吴贯因，他所草拟的《宪法草案》第 82 条规定："现行法令，凡与宪法不抵触者，保有其效力。"

---

① 参见潘树藩：《中华民国宪法史》，上海商务印书馆 1935 年版，第 48 页。
② 张东荪：《王氏宪法刍议之商榷》，载胡春惠编：《民国宪政运动》，台湾正中书局 1978 年版，第 124—125 页。

第 84 条规定:"本宪法有疑义之处,由国务裁判所解释之。"而所谓之国务裁判所:"总统及国务员受弹劾时,于国务所裁判之。国务裁判所,应行职务时,由最高法院及平政院选出九名之法官组织之。其选举法官,及裁判方法,别以法律定之。"(第 83 条)①很显然,吴贯因有关宪法解释权的这种设置,从表面上来看,是对宪法解释权归属于司法机关这一方案的一种变通,但从本质上来说,仍然是将宪法解释权归属于司法机关。

三是主张由所谓的"宪法会议"来解释宪法。比如"天坛宪草"(1913 年 10 月 31 日)第 86 条规定:"法院依法律受理民事、行政及其他一切诉讼。但宪法及法律有特别规定者,不在此限。"第 112 条规定:"宪法有疑义时,由宪法会议解释之。"第 113 条规定:"宪法会议由国会议员组织之。前项会议,非总员三分二以上之列席,不得开议;非列席员四分三以上之同意,不得议决。"②又比如 1923 年 10 月 10 日公布的《中华民国宪法》第 108 条规定:"法律与宪法抵触者无效。"第 139 条规定:"宪法有疑义时由宪法会议解释之。"第 140 条规定:"宪法会议由国会议员组织之。前项会议非总员三分二以上之列席,不得开议;非列席员四分三以上之同意,不得议决。但关于疑义之解释,得以列席员三分二以上之同意决之。"

四是主张由所谓的"国家顾问院"来解释宪法。比如梁启超,他所拟的《宪法草案》第 70 条规定:"宪法有疑义,由国家顾问院解释之。宪法上之权限争议,由国家顾问院裁判之。"按其所谓之"国家顾问院",乃是"以国会两院各选举四人,大总统兼任五人之顾问员组织之"(第 68 条)。与此同时,"国家顾问院的任期与总统相同,且不得兼为两院议员或国务员"。③

五是主张由"特别会议"来行使宪法解释权。比如 1919 年的《中华民国宪法草案》。与天坛宪草相比,这份草案取消了国会宪法解释权。"将《天坛宪法草案》规定的宪法会议(国会)解释权改为'宪法有疑义时,由左列委员组织特别会议解释之:参议院议长、众议院议长、大理院院长、平政院院长、审计院院长'。人员完全容纳国会、法院与独立机构,以保持一种权力的平衡。"④

需要特别注意的是张东荪。这位毕业于日本东京帝国大学的知识分子,

---

① 吴贯因:《中华民国宪法草案》,载缪全吉编:《中国制宪史资料汇编》,台湾"国史馆"1989 年版,第 154—174 页。
② 对于"天坛宪草"有关宪法解释权的规定,袁世凯认为:"宪法之提案修正及解释,统纳入国会权力范围之中,行政机关无复裁量之余地。"袁世凯:《对于宪法第二次通告》,转引自胡春惠编:《民国宪政运动》,台湾正中书局 1978 年版,第 194 页。
③ 梁启超:《中华民国宪法草案》,载缪全吉编:《中国制宪史资料汇编》,台湾"国史馆"1989 年印行,第 191—200 页。应当说,梁启超对"宪法解释"之设计,与当时的法国第五共和国宪法之架构非常类似。
④ 严泉:《失败的遗产:中华首届国会制宪:1913—1923》,广西师范大学出版社 2007 年版,第 68 页。

对于宪法解释权的设置,有着变动性的看法。而在这种立场变化的背后,实际上不仅充分体现出有关宪法解释权配置问题的复杂性,而且也反映出此时部分学者对于这一问题的重要性意识仍然不足。例如,一开始,张东荪是反对将宪法解释条款写入宪法文本的。而针对"天坛宪草"关于宪法解释问题的制度安排,张东荪则指出:"按此四条亦平常,末条宪法有疑义时,由宪法会议解释之。系指宪法上争执之时,至为鲜见,故不妨特开宪法会议也。"①这反映出张东荪对国会宪法解释权并没有表示异议。然而,他随之又察觉到"天坛宪草"有关宪法解释权配置的这种权力设计存在缺陷。为此,在1916年所写的《宪法草案修正案商榷书》中,张东荪提出:"宪法由大理院解释之,有争执时由宪法会议决定之。"②因为在他看来,"夫宪法问题之起,多因行政与立法两方之争执,若以解释权付之国会,是无异于原告裁判被告。非独不平,且将宪法永无确当之解释。"③这意味着在张东荪看来,为确保解释的确当,作为宪法制定机关的国会显然是不能行使宪法解释权的,这一权力应当分由大理院和宪法会议来行使。

2. 制宪会议中有关宪法解释权的争议

民国时期有关宪法解释权的讨论高潮,是在制宪会议期间。民国2年,第一届国会产生。国会所组织的宪法起草委员会,负责宪法条文的起草工作,以求尽快制定正式宪法。④ 其中,前两次制宪会议,都涉及宪法解释权的配置,由此也引发了激烈的争议,形成关于宪法解释权的话语大生产以及知识高潮。

1913年国会开启之时,在宪法解释权应该赋予何种机关的问题上,当时委员会内的意见可以分为四派:(1)汪彭年主张大总统及国会均有解释权,而当解释相歧时,得由最高法院决之;在汪彭年看来,法院(司法机关)、国会、大总统(行政机关)都可以行使解释宪法的权力。他认为,唯有这样做才符合三权分立的宗旨。(2)何雯建议组织特别的机关——参事会来解释宪法,而参事会可以由众议院推出5人,参议院推出5人,法院推出4人,大总统派出5人共同组成。(3)汪荣宝、朱兆莘、伍朝枢则主张由最高法院独执此权。汪荣宝认为,宪法是国家的根本大法,关系重大,不可随议会党派而变更;为维护宪法的稳定性考虑,由法院行使宪法解释权比由议会行使妥当。

---

① 张东荪:《中华民国宪法草案略评》,载胡春惠编:《民国宪政运动》,台湾正中书局1978年版,第204页。
② 张东荪:《宪法草案修正案商榷书》,上海泰东图书局1916年版,第32页。
③ 转引自陈茹玄:《中国宪法史》,上海世界书局1933年版,第110页。
④ 第一届国会召开共分三个阶段,其中"1913年人们关注的焦点是未来民国政体的制度规划,1916年8月国会重开后,除了继续争论政体制度中国会与总统权力外,又触发了关于省制(地方制度)的冲突。而在1922年底至1923年上半年,体现联邦制度精神的省宪遂成为国会制宪斗争中新的热点。"严泉:《失败的遗产:中华首届国会制宪:1913—1923》,广西师范大学出版社2007年版,第120页。

朱兆莘认为:"宪法条文虽简而含义甚富,故往往有事件发生,按之宪法有无抵触或是否根据宪法,实为最难解决之问题。"因此,他主张宪法解释权应当归于最高法院。(4) 孙润宇、龚政、张耀会、卢天游则主张仍以制定宪法机关为解释宪法机关。在孙润宇看来,宪法由什么机关制定,就应该由什么机关来解释,因为"诚以制定宪法者对于其所制定之法用意必能明了,不至生出意外疑窦"。同样,龚政认为立法机关拥有宪法解释权与其拥有宪法修正权一样,都是对宪法的有力保障。他不同意由最高法院行使宪法解释权。因为在他看来,法官虽然是终身制的,但在任期内难免会去职或调任,所以与议员一样,法官有不稳定的特点。与此同时,法院解释虽然是一种判决,但是议会解释也可以作为一种定例。此外,针对当时有学者提出立法机关不可以自行解释的观点,龚政反驳说:

> 然就宪法之效力而论,法律抵触宪法,法律当然无效,必不能执法律之疑义以变更宪法之疑义者。否则必先变更宪法效力之规定而后明乎? 此即由立法机关解释又何虑?"卢天游认为法院享有法律审查权是没有必要的,因为"民主国主权在民,议会为全国人民意思机关,以议会制定之法律而犹斤斤质疑其形式之未备,必使其他机关干涉,殊不可解。"因此,这意味着赋予法院审查法律权,是纯属多余的。换言之,在卢天游看来,"以议会数百人之意思,经若干时日,再三讨论之法律,犹未足为确定。而法院竟得以少数人持其后,殊侵害立法部之尊严。①
>
> 解释宪法一如修改宪法,具有发展宪法意义之作用。且解释宪法之能发展宪法意义,较之修改宪法之方式,更为方便而自然。诚以修改宪法须经特别严格而繁冗之程序,施行相当困难,且常引起严重局势。解释宪法固然亦须遵循法定程序,但其施行较为容易,亦不因解释而引发严重之纷争,是以解释宪法较之修改宪法,对于宪法之发展,更具有重大影响作用。②

因此,对于司法机关有无宪法解释权的问题,委员们都表现得极为谨慎。"此项问题关系于立法权至重且险,因审查权内含有解释宪法之权。质而言之,苟认某法与宪法抵触,即可断定某法不得适用。是使立法机关之定法,全不足恃。虽经总统公布,亦不能确定也。认为议题错误所引美制,亦非美制之本意。"所以,在宪法起草委员会于 9 月 9 日表决时,委员们最后认定"法院无解释法律之权,以制定宪法机关为解释宪法机关"。③

---

① 代表们的相关发言和表述,参见《宪法起草委员会纪事》(1913 年),第 59—60 页。转引自严泉:《失败的遗产:中华首届国会制宪:1913—1923》,广西师范大学出版社 2007 年版,第 155—157 页;李秀清:《所谓宪政:清末民初立宪理论论集》,上海人民出版社 2012 年版,第 187—189 页。
② 罗志渊:《中国宪法史》,台湾商务印书馆 1967 年版,第 370 页。
③ 《宪法起草委员会纪事》(1913 年),第 59 页。此项决议系由 36 人决议通过。

1913 年国会制宪会议重要议题表决情况表①

议题名称	表决时各种意见	表决结果
第 9 条:法律审查权	赞成法院有审查法律权	未表决
	反对法院有审查法律权	36 人多数通过
第 10 条:解释宪法权	另组参事会解释宪法	9 人少数
	行政、立法、司法机关都有权解释宪法	11 人少数
	最高法院解释宪法	15 人少数
	制定宪法机关解释宪法	30 人多数通过

对于宪法起草委员会将宪法解释权归于制宪机关的最终决定,宪法起草委员会委员长汤漪于"审议会及二读会时代"给予了详细说明:

> 命令抵触法律,则命令当然无效;法律抵触宪法,则法律当然无效。此立宪国家之通例也。虽然凡此种问题之解决,于一方面见为当然者必于他一方面证明其所以然而后可则解释宪法之事尚俟其解释之权,应以属于何种机关为宜。各国宪法上以明文规定者,盖寡惟智利宪法第一百五十五条、土耳其宪法第一百十七条、澳洲联邦宪法第七十六条,皆以解释宪法之权属诸议会,且于明文规定之,其无明文规定者,可析为二系一曰英美,系二曰大陆系。英美系委解释宪法之权于法院,而大陆系则否认法院有解释宪法之权。本草案所规定与大陆系之主张略同,而较智利各国所规定者为严重,一言以蔽之,则以解释宪法之权属诸制定宪法之机关而已。此中要以约举有三,一制定宪法既为纯粹造法机关之作用,则宪法制定后,与众法所发生之冲突,自非由造法机关自为之解决不可,假令于造法机关以外而任其他机关之意思得以侵入于其间,则宪法之根本上时虞其动摇,固与其法院有解释宪法之权,毋宁以解释宪法之权属诸制定宪法之机关,为愈也,此其一。一制定宪法者为一机关而解释宪法者为别一机关,则于当时立法者之本意自不能无所出入,其结果乃至统系不明自乱其例,否则望文生义,流于附会,而宪法之精神必将蒙其损害,此其二。一宪法权与立法权自严格之法理而言,固属两事。其在先进诸国制定宪法之际,有以特设机关行之者;而在吾国,则以两院组成之宪法会议行使其职权,是则宪法会议实别于国会,而成为一种特设之造法机关,无可疑也。宪法会议者,大多数人民所委托之代表所组织也。法院者,政府所委任少数之法官所构成也,使法院而握解释宪法之权,则是以少数法官之意思,而审定大多数人民代表之意思,揆诸定宪法之原则未免背驰。此其三。凡此所云,皆就法理一方面而讨论其得失也,衡

---

① 严泉:《失败的遗产:中华首届国会制宪:1913—1923》,广西师范大学出版社 2007 年版,第 315 页。

之于事实,则吾国政治上之现象,固已予吾人以明确佐证矣,当国体问题发生之际,论者或以为临时约法未尝有国体不得变更之规定,则变更国体是否违宪,应由最高法院决之,顾大理院提起公诉之举,卒不可得是,则法院受政府之支配,虽授以解释宪法之权,而莫能举也。安在其能用乎宪法哉。此证诸吾国最近经过之事实,可知解释宪法之权,当属诸制定宪法之机关更无所用其置疑矣。①

应当说,民初宪法解释权的这种配置,基本上是将宪法的解释与宪法的制定等而视之。这在某种程度上反映出,"当时宪法起草委员会的委员们对于立法权至上的观念仍抱持相当强烈的信念。因此,对于任何使国会权力削减的行为,丝毫不肯让步。"②而这或许与当时的国会欲建立起足够强大的力量的政治情势和权力任务有关③,但也显现出司法权在当时不被重视。换言之,制宪会议的表决结果,表面上反映出的是制宪会议多数委员赞成将宪法解释权归于制宪机关。而实际上,由于"此时的制宪机关就是全部由国会议员组成的宪法会议,这样国会拥有宪法解释权,也即司法审查权,随之而来的就是国会在三权分立制度框架中占据重要的支配地位,既便于解释行政、司法的权力是否违宪,也可以借助宪法解释权,为自己侵犯两权机关的行为寻找借口,形成一种一权独大、三权失衡的畸形政治现象"④。

1916年至1917年,国会第一次复会。在1916年9月至1917年5月的制宪会议上,关于宪法解释权的问题,原案主张由宪法会议解释之,而修正案提出由大理院解释之。对此,存在着三种意见:一种是主张借鉴美国模式,由最高法院行使宪法解释权;另一种意见则是主张采用欧洲大陆模式,由国会行使宪法解释权;第三种为调和性的看法,主张由大理院行使最初解释权,宪法会议享有最终裁定权。⑤

主张由最高法院行使宪法解释权的,有众议员曹玉德、参议员王正廷和汪荣宝。曹玉德指出:

解释宪法机关世界各国本分二派,一为英美派,一为大陆派。大陆派以解释权属于造法或立法机关,英美派乃委之法院,盖大陆派不认为宪法为法律,故解释宪法机关亦与普通法律有别,而英美认宪法与法律同一轻重,故解释法律机关亦与普通法律无异。独美利坚视宪法与普通法律略有不同而解释宪法权乃授予法院学者,于是称美之制度为独

---

① 吴宗慈编:《中华民国宪法史前编》,台湾文海出版社1988年版,第75—76页。
② 潘大逵:《中国宪法史纲要》,上海法学编译社1933年版,第48—49页。
③ 汪煌辉:《中国宪法史》,上海世界书局1931年版,第75页。
④ 严泉:《失败的遗产:中华首届国会制宪:1913—1923》,广西师范大学出版社2007年版,第156—157页。
⑤ 参见同上书,第176—180页。

优焉。

民国宪法草案从大陆派多数国先例以解释宪法权规定于宪法会议,其强健理由约有三端:(一)宪法制定既为造法机关,此后发生法律上之冲突自应由造法机关解释之,若委之于其他机关则宪法根本或有动摇;(二)制定宪法为一机关而解释宪法又为别一机关,统系不明法例紊乱而宪法精神乃蒙其影响;(三)制定宪法属之多数人民代表而解释宪法乃委之于少数任命法官,揆诸定宪原则未免不合。以上三种理由为本条起草之根据亦即大陆派有力之学说,然详细寻绎容有不尽然者请辞而辟之。夫制定宪法与解释宪法不同,解释宪法乃就既定之宪法遇有事实发生以原有之意思而判断之,判断原有之意思正不必属于原造法机关,盖普通法律均为立法机关所制定,而解释权既可委之司法机关,宪法虽为最高法律究系法律一种,又何不可解释之,有根本动摇无乃过虑,此第一理由之不充分也。

宪法之制定与解释虽为同一机关,而机关之分子究不能始终不变,依宪法会议之组织二年之后分子即易,后人之意思岂必尽同于前人?稍涉歧异已非原意,统一之说将谓之何?若云解释意义无非就原有意思为判断,然则既就原意为判断又安见其他机关之分子其见解必背于原意乎?且解释裁判本有相联之因果,以理论言之宪法颁布后造法机关之职务即告终了,此后解释之事当然属之司法机关,三权分立各不相侵,以云统系自应如此,如谓统系不明未免适得其反耳,此第二理由之不充分也。由是言之,解释宪法属于最高法院,不惟无以上诸弊且有利益存焉。何以言之?夫宪法死物也,必有人监护之而后效力始伸法院,苟无权解释宪法,纵发现有抵触宪法之法律法院必熟视而无睹,而宪法效力之发展乃受影响,何若授权法院,在法律既有补救余地,在宪法又有拥护机关,一举两得,允称至当。且法院为常设机关,遇有疑义立可判决,非宪法会议之手续繁重者可比,然此犹指国会开会而言,若夫闭会期间适有疑义发生则国土辽远交通不便,召集国会动需时日而宪法之解释又属刻不容缓,迟滞误事夫何待言。即此一端则解释权属于法院已较属于宪法会议为优,矧法院法官任期终身前后解释无虞歧异,以独立之精神作宪法之保障,英国学者谓美国法院为宪法之监护者盖以此也。①

显然,在曹玉德看来,一方面,解释宪法与修正宪法是不相同的;另一方面,由于解释宪法是依据宪法原有的意思进行判断,因而进行此意思判断的主体就不必为原造法机关。更重要的是,宪法虽是最高法源,但毕竟也是法律的一种,因而由司法机关进行解释,并不会对宪法产生根本性的动摇。

---

① 吴宗慈:《中华民国宪法史》,于明等点校,法律出版社 2013 年版,第 591—592 页。

王正廷认为:"解释宪法应属于何种机关之问题其关系宪法之处既重且大,以法理言之解释宪法应为最高上最重大之机关解释之,若由其他机关解释恐失去宪法上重要之效力。"①针对草案有关"会议非总员三分之二以上列席不得开议,非列席员四分之三以上之同意不得议决"的规定,王正廷指出:

> 倘表决对于解释问题无四分三以上之同意,则此问题即无法解释矣。如以过半数同意为可决而法律上又未规定,如以四分三之同意为可决,而同意数又不足,且对于解释问题更应即时决定,断不能延宕至二三年之久成为无期之解释也。况宪法之解释与普通修正案不同,倘修正案提出,经修正之手续如不得同意时,其原案尚在不过修正案不成立而已,而宪法上发生解释问题,人民控告之事件,均须急待解决以便施行,倘同意数不足四分之三则应行解释问题即不能确定,势必至人民无所依据,于宪法之适用颇得妨碍也。②

可见,在王正廷看来,四分之三的表决标准太高,碍于解释权之行使。与此同时,王正廷认为,原案之规定也不便处理普通法律与宪法相抵触之问题。因为宪法会议是由国会议员所组成,"将来对于国会内一般议员过半数通过案件,发生抵触宪法之问题,在国会议决时已经过半数议决为不违背宪法者",宪法会议就很难判决其抵触宪法。此外,在王正廷看来,受到国会内政党政治因素的影响,宪法会议开会表决是非常困难的。

> 议员在第二期常会内,如果甲党为多数党则所定之法律当然均系甲党之主张,迨至第四期常会时乙党复一变为多数党,本员现在系讨论第一百十二条不过因与第一百十三条有关联之处,故涉及之甲党多数党,至第四期常会亦即一变为少数党矣。倘将来解释法律时如不得四分三以上之同意恐无结果,盖依第一百十二条"宪法有疑义时由宪法会议解释之"之规定,将来实行之际必多困难。……且宪法会议议员即为国会议员,以国会议员自身制定之宪法而易一名义如宪法会议者,使解释宪法上之疑义,此即为一最大之困难,况国会中均有党派之分界,以两院合组之宪法会议解释宪法上之疑义而又受总员数及列席员数之制限,恐虽有解释之形式,终难得解释之结果。③

因此,王正廷同意曹玉德的看法,建议由最高法院来行使宪法解释权。④

---

① 吴宗慈:《中华民国宪法史》,于明等点校,法律出版社2013年版,第596页。
② 同上书,第596页。
③ 同上书,第597页。
④ 同上书,第597—598页。

汪荣宝认为：

> 法律上生出问题时无正当机关解决之，恐致行政与司法有权限之冲突。本员主张归之法院审查甚为妥当，此非本员私见，在美国即有此例，更有声明者本员主张法院有审查法律权并非审查议会议决之种种法律，系适用于法律上发生问题时则以法院审查之。①

主张由国会行使宪法解释权的，有秦广礼、汤漪、孙润宇、龚政。针对曹玉德和王正廷的发言，秦广礼指出：

> 本员对于第一百十二条系反对修正案赞成原案者。如曹议员之说纯系宪法学理上之研究，本员亦颇表示赞同，惟以之制定条文，其势终难适用且并无优点之可言，盖宪法条文之制定在求适合本国之国情。若谓最高法院之司法官系终身职，可以调和行政部与立法部之冲突，使得其平，要知此为学理上之解释，在事实上终不可通。况宪法为一国之母法，位于各种法律之上，质言之，即为一国诸般法律之根本法，所谓法源是也。大理院之司法官对于各种法理虽甚精通，而于当时宪法制定之精神实恐未必尽悉。且从解释论，当注重在大理院机关能否胜任一层上，不能偏重于大理院之司法官个人学术上，何以言之大理院究竟能否超脱立于行政以外，能否克尽人职？再就我国国情方面着想，将来司法果能独立，是否有实在势力不能使生偏颇之象，此为一种问题，试以已往之事实言之。当民国二年时，大理院果能依据法理解释约法，则国会必不至于解散，设国会不至解散，则袁世凯必不敢甘冒不韪帝制自为。最近如同意案之咨询案，设在大理院为之解释，恐尚不能如今日之有结果。总之近一二十年以内殊难断决大理院必能超脱立于行政部之外，既不能超脱立于行政部之外即无实力可以依法解释。如谓大理院院长在宪法上系经参议院同意者，则解释宪法之权即毋妨委之于大理院，且必不致有违法之事实，然试问今日之财政总长是否当日曾经国会同意者，何以今日竟有受贿之事发生？故仅凭学理上之研究而制定条文，终必不能适用。宪法关系何等重大，何等尊严，设没有最强固且有势力之机关实不足以解释宪法，此一定不易之理。两院议员为人民代表，又为拥护国民福利唯一无二之机关，自足当解释宪法之任，原案之所以如此规定者，其优点即在使制宪之精神始终贯彻总不失其真像，并不因他种势力致宪法因解释而失其意味。又王议员谓表决之人数限制过高，将来即难免不因双方意见之抵触而终无结果，本员以为宪法会议议员即国会之议员，当制宪时之取义若何，必能深悉底蕴，绝不致有抵触之发生，使宪法条文因解释

---

① 吴宗慈：《中华民国宪法史》，于明等点校，法律出版社2013年版，第600页。

而失其效用也。抑又有谓交由宪法会议解决有最高人数之限制,恐即不易解决,譬之今日宪法会议所有不能解决之问题,往往既交审议会审议,以后又复提交大会,将来国会会期仅只数月,如此之大问题倘有迁延不决之弊影响,所及殊为可虑。本员以为此并不然,盖不得以宪法之产出为如何之手续,即断定将来关于疑义之解释说当经如何之手续也。且关于疑义之解释亦非能预有发见,至国会制定其他各种之法律亦必时防其与宪法或有抵触,所以本员一再研索,以为原案已甚妥当,固不必予以修正也。①

很显然,在秦广礼看来,尽管在学理上法院拥有宪法解释权是成立的,但在事实上却并不可行。因为一方面大理院的法官不一定能够胜任,另一方面大理院也并不一定有实力去行使这种解释权力。

针对曹玉德的发言以及王宠惠的论述,汤漪认为:

以为美国解释宪法所以让之于大理院者,乃因于历史上之关系而来,若谓此种制度即为极良好之制度,则未免有根本错误之处。……其误会之点在以美国最高法院可以监督议会之立法权,可以限制议会之立法权。其实美国之解释宪法范围仅以前述之联邦宪法为限,且其终结亦只以解释为止,并不能加以丝毫之判断,盖大理院仍以议会之旨趣为归,并以议会最后所表示之意思为意思者也。②

与此同时,针对王正廷在发言中所提及的"国会有党争之臭味,导致宪法解释畸重畸轻之弊",汤漪指出:

夫国会之所争者在真理而不在党派,设使国会以党争为前捷,因而国会所议决之法律亦含有党争之臭味,并因宪法会议系由国会议员组织之,因亦推定宪法会议亦有党争,既宪法会议亦有党争,则解释宪法其必有党争也,更可知矣。就此以言,则美国之大理院解释宪法信为不误,而王议员即可实行。但一按之实际,美国之大理院对于国会之意思实仍不能有丝毫之制止。按美国宪法虽有一条规定大理院对于违反宪法之法律可以宣告无效,可见宪法与其他法律并不发生疑义,其发生疑义者乃在宪法之自身。中国法律只一统系与美国情形大不相侔,夫又何必定以大理院为解释宪法之机关乎? 要之无论制度之存在皆有其历史上之关系,固不必以他国法律强而行之于我国,试观欧洲学者虽甚赞成美国之制度而欧洲各国不见采用者,即因有历史之关系在也。关于本条当初读开始时起草委员会虽经提出说明书为专章之说明,今日之讨论乃对于诸

---

① 吴宗慈:《中华民国宪法史》,于明等点校,法律出版社2013年版,第592—593页。
② 同上书,第598页。

君之误会而发,总之中国法律纯粹为单一的统系,与美国区分为四统系者绝异,尚请诸君格外注意。①

孙润宇主张宪法由何机关制定仍由何机关解释之。在他看来,

> 宪法既经多数之议定,经若干之手续,其慎重可知,故不能以少数人之意思而轻易变更之。虽解释宪法并非即变更宪法,其实际上实具于变更宪法之作用,非可归之他机关者。至本席之主张由制定宪法机关解释者,诚以制定宪法者对于其所制定之法用意必能明了,不至生出意外疑窦,如虑其分子时有变更,则须知制定宪法时乃宪法会议机关之名义而制定,非以两院议员分子之资格而制定,即分子时有变更,而所以表示其机关之意思则决无变更之理,故本员主张由制定宪法机关解释宪法。②

很显然,在孙润宇看来,由于解释宪法本质上属于变更宪法,因而应当由制定宪法的机关来行使这项权力。

针对汪荣宝的言论,龚政指出:

> 汪君主张解释宪法权属于法院之说,本于王宠惠君宪法刍议,本席考王宠惠君主张又本于英儒戴雪,其立论之要义有三:议员数年一易,对于宪法恐难有划一之解释,一也;法律一经议决公布后,若果与宪法抵触而法院无权以判决之,恐无补救之余地,二也;立法机关不宜自行解决其所定之法律是否抵触宪法,三也。此等论调未敢附和。③

龚政认为,首先,与议员一样,法院的法官也存在着变动性。"若谓法院解释成为一种判决例,法官虽更换而其判决例则不能更动,是法院之解释所以愈于议院也,殊不知经议院一次解释后又何尝不认为定例者。"其次,主张救济之说者是明其利而昧其弊也,因为"惟是解释也,当固足以收救济之效,使其解释也谬又何救济之足云?况牵拘附会之解释、断章取义之解释,往往背立法者之意思耶?"第三,就宪法效力而言,"法律抵触宪法法律当然无效,必不能执法律之疑义以变更宪法之疑义者,否则必先变更宪法效力之规定而后可明乎?此即由立法机关解释又何虑焉?立法机关对于宪法修正尚且有之况解释乎?"④

主张由大理院行使最初解释权,而由宪法会议享有最终裁定权的,有参议员蒋义明、陈家鼎、杨永泰。比如蒋义明,他指出:

---

① 吴宗慈:《中华民国宪法史》,于明等点校,法律出版社2013年版,第599页。
② 同上书,第600页。
③ 同上书,第600页。
④ 同上书,第600—601页。

由宪法会议解释之),是否有当,当请公决。①

很显然,在蒋义明看来,不仅赞成原案之看法有失偏颇,而且由宪法会议解释宪法其实困难很多,如议员出于党见而很难公正处理,如宪法会议无法保障常年开会导致宪法疑义无法及时处理,因此他主张应当将最初解释权给予大理院,而将最终解释权保留于宪法会议。

陈家鼎认为,关于宪法解释问题上的争论,主要有大陆派和英美派之分,并且都言之成理。"由宪法会议解释之,或由最高法院解释之,此即大陆派与英美派不同之点。""吾人审度抉择要非格外慎重不可。"陈家鼎指出:

> 本席以为大理院为全国最高法院,关于判决人民诉讼违宪事件,如不给以解释宪法之权责,究竟人民是否违宪彼可自由主张判决,其判决主义是否与宪法抵触,均不得而知也。故欲求判断公允不致抵触宪法,即非予大理院以解释宪法之权不可,此本席之所以主张宪法发生疑义应归大理院解释之理由也。抑更有进者,吾国宪法草案系采刚性制,其第十一章第一百十三条第二项之规定须有总员三分二之列席,列席员四分三之议决,限制既非常之高则其结果必不易获,若是则以全数四分一之不同意即不可通过,其难孰甚? 再证以今日制宪所受痛苦即可为先例,盖今日现像,每因一二人之意见分歧致令重大问题而不得其解决者,固比比也。果如原案规定,恐虽有解释之名终无解释之实,且大理院终日裁判人民与人民关系及人民与国家关系之事项,设宪法发生疑义而必待宪法会议开会解释,以我国幅员之广究竟是否可行? 此非可托诸空言者,况解释时复加以特别之慎重乎? 本席意思以为当由大理院解释之。如人民不服或其解释尚欠公平,在人民方面并不违宪而大理院强谓违宪,于此场合本员以为解释此处争议仍应归于宪法会议。因大理院解释时既发生重大问题,自非由宪法会议解其纷争不可,此与绝对主张大陆派如本草案之所规定者,与绝对主张英美派应由大理院解释者,于此二者之间求其折衷至当之办法,故本席特为修正如此。②

杨永泰认为,原案关于宪法会议行使解释权在表决人数上限制太大,但如果改为人数过半,"恐宪法会议中有意图修正案者,必且避重就轻提出修正案而用解释名义,反将宪法根本上意味变更,则非常危险。"因为这样一来,经由解释累积之后,"恐不出十年宪法条文之意义与制宪时已为大不相同,……势必宪法上根本之意味长此不能确定"。③ 与此同时,杨永泰指出:"惟本员对于主张由大理院解释之修正案亦属相对的赞成,顷汤议员谓宪法

---

① 吴宗慈:《中华民国宪法史》,于明等点校,法律出版社 2013 年版,第 593—594 页。
② 同上书,第 598 页。
③ 同上书,第 599 页。

本员系反对原案者,以为赞成原案者之观察其误有三:(一)误以为解释为修正,恐因此使宪法有动摇之虞,其意以为此项解释可以变更宪法根本上之意味而失制宪时之精神,殊不知解释云者断不能出乎法理法意以外,纵有扩充解释、类推解释,总以适合法理贯彻精神为原则,焉得因解释而有变更之效果,此其错误者一;(二)低视大理院,以为现时大理院权力微弱不足以解释宪法,要知宪法原则即在立法、司法、行政三权之分离独立,本草案已规定大理院为最高法院行使国家司法权,国会为最高立法机关行使国家立法权,是在宪法上机关实为平等权力即不微弱,此其错误者二;(三)误以人数多寡为比较,以为大理院仅六七人,宪法会议则有数百人之众,由六七人解释宪法上之疑义恐不及数百人较为清晰,不知解释疑义在有法律之专门知识不在人数多寡,人数少而有专门知识则解释易于的确,人数多而鲜专门知识则解释反难精详,此其错误者三。此外尚有不限于此三种者即政党作用说是也,但此已经汪王两议员详为说明,本员不必赘言,本员以为宪法发生疑义如由宪法会议解释之甚困难,一则难脱政党之感情,宪法会议议员即为国会议员,国会议员常立于政党旗帜之下,政党之与政治有密切之关系,如原案由宪法会议解释凡因政治上发生疑义,难免不因政党关系而有偏袒之解释;二则不能常年开会,宪法发生疑义,非为政权对等之关系,即属于政府与人民权利之关系,随时可以发生,倘发生非在国会开会期中,依原案规定尚须召集临时会解释,以我国幅员之广召集诚非易事,设发生问题有须解释迫不能待,将用何法以善其后?三则解释在真理上若有错误,实无救济方法,宪法发生疑义时其法定解释在法律,纵称有效,在真理上不能必其全无错误,倘将解释权付与大理院,大理院如有所错误尚可由宪法会议为最终之救济,若解释权不付于大理院,则解释一经错误绝无救济方法,因此本员反对原案。至于本员所主张亦如杨议员所言,以最初之解释付之与大理院,最终之解释仍保留于宪法会议,诚以如此则随时发生之疑义可期随时为之解释,大理院既无党派之关系自无偏袒之意见,其解释亦可归于正确,即令有所错误又有宪法会议为之救济,本员以为如此规定极为妥善。此外尚有一种最大之优点,即可以得几分助长司法独立之力是也。在共和国家司法独立保障人权乃为最重要之问题,兹以此权付之于大理院,则司法独立即可增加几分助长力,其有利于司法实非浅鲜。至于宪法是否为法律问题学说甚多,有谓宪法草案非取英美派主义则宪法即非法律,亦即不能由大理院为之解释,本员以为此事应从利害上著想,并当求实际上之利益,此等学说殊无关系。本员本此理由特提出修正案,其文为(宪法有疑义时大理院解释之,但国会认为不合时有疑义时由大理院解释本属美国法制,以为美国法系原与各国不同,中国国情既与美异,自不能完全抄袭。虽然宪法不能无疑义时,此国与国所尽同者,今如完全让之于大理院之解释,复亦委决不下。既系如此,本员以为或者以最初解释权委之于大理院,议会有三分二以上之人数认为解释不正当时,可以再加解释。"①

1917 年 1 月 26 日,宪法会议对宪法草案进行了二读会后的表决。有关宪法解释权的草案设置,其表决结果如下:

1917 年国会制宪会议"宪法解释权"议题表决情况表②

议题名称	修正案	赞成修正者	维持原案者	表决结果
第一百十二条:宪法有疑义时,由宪法会议解释之。	曹玉德修正为:"宪法有疑义时,由大理院解释之。"	王正廷、杨永泰、蒋义明	吕复、田桐、秦广礼	修正案否决原案,以 596 人之出席,544 人之赞成,可决。
第一百十三条:宪法会议由会议员组织之。前项会议非总员三分二以上之列席,不得开议,非列席员四分三以上之同意,不得议决。汤漪等第二项加但书之修正案,可决。	罗家衡、邹鲁修正第二项,加但书文为:"但关于宪法之解释以过半数之同意决之"。汤漪、王玉树、丁象谦修正为:"但关于疑义之解释,得以列席员三分二以上之同意决之"。	陈铭鉴	张嘉谋、邓毓怡	原案第一百以 596 人之出席,575 人之赞成,可决。罗、邹二人第二项修正案否决,原案可决。汤漪等加但书修正案以 600 人之出席,536 人之赞成,可决。

从民初制宪会议有关宪法解释权的争论来看,在有关司法权与法律解释权的问题上,当时人们的认识主要表现在以下几个方面:

第一,宪法解释是否等同于宪法的修正。这其中,尽管有不同的看法,但无论是支持宪法解释等同于宪法修正的主张,还是认为两者之间存有差异的看法,其实都在一定程度上反映出,宪法解释与宪法修正之间的差异是需要被认真对待的。与此同时,人们普遍认为,宪法解释往往发生在宪法规范适用的过程中,而宪法修正其实就等同于立法。除此之外,由宪法的制定机关来解释宪法,有法律解释立法化的倾向,会模糊掉宪法解释与宪法修正之间的边界,进而不利于宪法解释权的合理行使。当然,如果进一步结合两次制宪会议对于此一问题的表决,那么我们可以得出,在人们看来,宪法修正往往是对宪法规范的一种新发展,是一种立法活动;而宪法解释显然不是,它是基于法律规范的适用,立足于立宪的原旨,追求立法的原意,揭示立法真意的一

---

① 吴宗慈:《中华民国宪法史》,于明等点校,法律出版社 2013 年版,第 600 页。
② 同上书,第 281 页。

种法律活动。

第二，宪法解释问题具有即时性的要求，由司法机关来处理法律适用中所遭遇的疑义问题能够确保这种即时性的需求得以落实，而由立法机关来行使此项权力可能无法很好保证。这充分反映出，法律解释权在运行的过程中，不仅要考虑解释结果是否符合法规范之真意，而且也要考虑效率。

第三，尽管依据三权分立的原则在政治结构上设置了行政权、立法权和司法权，但民国时期的大理院能否真正做到独立，进而制衡于立法权和行政权，值得怀疑。（秦广礼对此就持怀疑态度。）而这或许意味着，相对于立法权和行政权而言，民国时期的司法权在实践中往往表现为一种较为弱势的权力。

第四，对于法律解释的原则进行了初步的阐述，认为"解释云者断不能出乎法理法意以外，纵有扩充解释类推解释总以适合法理贯彻精神为原则。"（蒋义明）

第五，对于某些具体的法律解释方法，在概念上进行了初步的界定。例如，"盖解释原有扩张解释之一种，所谓扩张解释者即将原条文之范围扩张使之较广是也。"（杨永泰）

第六，从基本的立场上来看，无论是法律解释制度，还是其他的司法制度，其设置都需要考虑具体的国情，不能一味照搬西方国家，也不能一味以理论制；既要"顺乎世界政治之趋势"，也要"斟酌乎吾民国现实之国情"。①

（二）解释例文中有关法律解释权的表述

当然，除宪法或"宪草"对于法律解释权和司法权、尤其是司法审判权作出相应之区分外，在民国时期法律解释的实践中，也有少量法律解释例文涉及有关法律解释权及其与相关权力之间的区分。

例如，1913年5月29日，针对京师警察厅要求大理院在解释之余"通饬审检各厅"的要求，大理院以统字第30号解释例覆："……再本院虽为统一解

---

① 空海：《中华民国制定新宪法之先决问题》，载《民立报》1912年1月25日。有关这一点，吴经熊在评价《中华民国宪法草案》(1936年）的特色时，针对"宪法之解释"，也曾有相同的看法。他说："宪法的解释权，应属何种机关，各国立法例颇不一致。有属于君主的，例如日本是。这是表示君主专制的特点，非共和国家所宜模仿，无待赘言。有属国会的，如比利时、意大利是。国会原属立法机关，非解释法律之机关，故恐难胜任。有属特别机关的，如奥地利特设宪法法院以裁决普通法律是否违宪是。又有属最高法院的，如美国是。中南美诸联邦，均模仿美制。英国之自治殖民地亦多如是。所以我们可说以最高法院去解释宪法，乃是一个最普通的制度。我们的《宪草》也采取这种制度，赋予司法院亦解释宪法之权。但是我们的制度和美国有一点不同，因为《宪草》第140条有如是之规定：'法律与宪法有无抵触，由监察院于该法律施行后六个月内提请司法院解释。'在美国的办法，可由人民或各级政府起诉于最高法院，最高法院即能行其解释权。我们若是只规定由司法院解释，则司法院将变成一个最高的立法机关。这与五权制度不免冲突。所以加上一点限制，假设监察院不提请解释，则司法院便不能解释，而且政府与人民不能直接提请解释，所以比较美国制度较有限制。"吴经熊：《中华民国宪法草案的特色》，载吴经熊：《法律哲学研究》，清华大学出版社2005年版，第135—136页。

释法令之机关,但无通饬下级审判衙门之权限,至检察厅皆受司法总长检察长之指挥监督,本院尤不能干涉所请通饬审检各厅一节,碍难照办。"从该解释例我们可以看出,不仅法律解释权之机关"并无通饬下级审判衙门之权限",而且司法权也应当保有独立、谨慎、中立之品性,"尤不能干涉所请通饬审检各厅"。

除此之外,1913年7月4日《大理院咨司法部关于解释法令及上告程序设为问答分晰驳覆文》,所回覆的第二个问题是:"司法部以适用法律之权归司法部,而限制法院仅能解释法律,何以不能称为正当?"其回覆的内容为:

> 查三权鼎立乃□法之精神,司法权□与关于司法之行政权意义不同□由法院行使之,所谓司法权者,即就特定事件适用法律而处断之之谓也,据□法明文以民刑事等司法之权归于法院,则法院遇有民刑等事件,当然适用法律以处断之,是法令是否有效□对于无明文废止者言□,或法令意义有疑义时,则应用学理上各种解释方法以解释之,解释既明则更适用之以处断事件,此为不易之理。若谓仅能解释法律,不能适用法律,则所谓法院行使司法权者,其义断不可通。且法律除有明文废止者外,当新律颁行旧律是否因抵触失效,法院审判案件若不先行解释,何以能知其为有效而适用或无效而不适用之。司法部欲强分适用法律与解释法律为二事,谓适用法律之权,惟属于司法部,法院仅能解释法律,其法文应适用与否,仍须听司法部之指令,此其说何与法理相去之太远也,夫司法部为行政机关,所得适用之法规,亦惟关于行政事项之部分耳,若行政法规当适用时有须用解释者,司法部固有解释之权。至审判民刑事等案件,究竟法律应如何适用,或应否适用,抑应如何解释,其义乃法院独立之职权,断非行政衙门如司法部者所能干涉。司法部以命令指称无明文废止之法令为无效,谓对于此等事项亦有监督权,而强制法院必受其拘□,致法院适用法律审判案件时不能独立行使职权,此犹得谓非干涉审判,非违背□法第五十一条及法院编制法第一百十三条侵犯司法之独立耶,司法部即自解,恐亦有所不能,本院所以一再驳正,不能轻于赞同并望全国法院毋为违法之部分,所虑致侵损独立之司法权者,职是故也。①

很显然,在此一问题的回覆之中,有关法律解释权与法律适用权之间的边界被进一步厘清,而由此便使得法律解释权的权力属性也被进一步明晰。除此之外,该回覆文所欲回答的第三个问题是:"三、司法部对于关于系行政事项以外之民刑事法规是否有解释之权?其解释又是否有拘□法院之权?若谓司法部有解释权不与现行法院编制法第三十五条大理院长统一法律解释之

---

① 《大理院咨司法部关于解释法令及上告程序设为问答分晰驳覆文》,1913年7月4日。

特权相抵触否,若谓司法部解释法律之部令有拘□院之效力,不与□法及编制法法院独立之规定相抵触否?"其答覆之内容为:

> 查现行法规,司法部对于关系行政事项以外之民刑事法规并无准其有解释权之明文,而自消极一方面言之,法院编制法第三十五条以统一解释法律之权专属于大理院长,则司法部不能有此权,彰然甚明。司法部既不能有解释此类法律之权,则对于审检厅之质疑者,应以编制法之规定相告,令其迳向大理院长呈请解释,不应侵犯法定之特权。即或事实上偶予回答,亦应分别审检机关;对于检察厅之质疑,以有关检察官职权内之事务者为限,得以命令行之;至对于审判厅之质疑,万不可滥用部令,诚以司法部本无解释权,故所为之解释,只能供审判厅之参考,若滥用部令,徒自贬损而已。至法院审判特定案件,究竟应适用何种法律,法律应否有效,或其文义应如何解释,均有独立职权,除依法得由上级法院取消其裁判外,虽大理院长依法所为之统一解释亦不能豫为拘□,此一定不易之理也。不意司法部屡欲以法律上无权限之命令拘□,法院非特于法院编制法之特别规定,不复记忆,并谓各国最高司法行政衙门均以命令解释法律,拘束法院真不知其根据安在,所称日本实例,本院已于致奉天高等审判厅文中,见六月七日政府公报,详正其误曰本裁判所构成法施行即现行裁判制度划一之初,即已废止其所为内训条例,嗣后对于法院审判民刑事案件时适用之法律,断无以训令解释并拘束法院之事,日本刑事先例类纂一书,其第一次出版时名民刑局刑事先例类纂中关于解释法令之训令,回答是否对于法院审判特定案件时适用之法律予以指导并除对于检事局及执行局法行政之官吏外,是否有可以拘□法院解释法律之训令,回答凡知日文者一经检阅真相自明断不容断章取义,见标目有训令二字,遂谓此项训令即系对于法院而发可以拘□法院也。又谓日本现制实师法语德法二国,德国关于解释法令常以司法部令拘□,法院恐不无误会,凡论各国之制度,必以各国之成书为证,断不能以耳闻目见之空言□人盲信。本院长论事案尚虚心,对于上列问题亦曾博访德法学者,均于司法部之主张持有反对之见解,但本院藏书甚少,仍恐失之速断,不意经本院咨取成书,司法部竟不能以原文或外人著述之译本相□岂误于无□之谈,不惜以国家之机关为此无责任之言,欺于本国编制法明文,既不能记忆即并此外国实例而亦终无实证,如之何其可也。①

应当说,在此两项回覆中,有关法律解释之权和法律适用之权、法律解释权与司法权之间的关系逐渐被明晰起来。

---

① 《大理院咨司法部关于解释法令及上告程序设为问答分晰驳覆文》,1913年7月4日。

当然,无论是民国制宪会议中有关宪法解释权的争论,还是法律解释实践中对于法律解释权的反复强调,都充分反映出:一方面,司法权是一项特殊性的权力形态,其运行的逻辑不同于立法权和行政权;这其中,尤其是司法权与立法权的关系,在理论的讨论和法律解释权的实践中被进一步正视并区分开来。另一方面,法律解释活动不能简单等同于立法活动,法律解释权也不能简单等同于法律的修正权,法律解释更注重法规范原意的揭示,解决的是法律规范的适用问题;而法律的修正更注重的是法规范意涵的新发展,属于一种立法活动的范畴。那么,是否能够据此合理地推断出:民国时期的法律解释权是一种释法性的权力,而非一种造法性的权力?

三、法律解释权:一种释法而非造法性的权力

的确,在有关宪法解释权的争议中,我们可以看到法律解释与法律修正之间的差异,并就此确认法律解释并非是一种立法活动。与此同时,我们从中也能够初步掌握,法律解释活动主要发生在法律规范的适用过程中,追寻的乃是法律规范的真意。那么,这种权力的行使是否会导致造法功能的出现?是否会推动法规范的新发展?换言之,对于民国时期的司法官员来说,在司法裁判的过程中,是否能够通过对于法律规范的解释与适用,进而产生"造法"的现象或者"创法"的结果?客观来说,民国法学界与实务界对此是有疑义的。

例如,周鲠生就认为法律解释属于一种造法活动。他说:

> 法庭之职务,原属司法,而非立法。法庭何以能为法律的渊源?换一句话说,法庭何以能自造法律?此层很令人怀疑。所以有些法律家,绝对否认法庭判决例案,有产生新法律的能力。然若细察法庭之所以行使职权的方式,就不难明其所以能创造法律的理由,与其造法的程序。法庭判案,当面的问题,不仅是法律问题,同时且有事实问题,都要下解决的。法庭之所以能产生新法律,就在判决事实问题的时候,法律的条文势不能不求简单,立法部欲立一法,包括一切发生可能的事实,亦是做不到的。条文意义的解释,全在裁判官,而遇有新事实发生,既存在法律之适用问题,亦待裁判官解决。依这类解释适用的程序,把法律的意义扩充,自然产生许多补足的规则,这些规则,经援用而构成法律的一部。且有时法律之待解释,并不是因为条文规定之不明,而是因为条文中含有某项通用语,需待特别说明。法律有些通用语的意义,广漠无定,须下特殊的解释。比方民律中说'行使权利,履行义务,应依诚实及信用方法'。究竟如何才是诚实信用方法?这是一个事实问题,裁判官遇有特殊的案件,要对于这些用语,下个解释。这类的解释,就是一个产生新法

则的程序。①

当然也正是基于此些判断，周鲠生认为："我国旧式司法向重旧例，近今改用新式司法制度，上级法庭，尤其是大理院的解释和判决例亦似很有权威，将来或构成一项在英美法系中的判例法，亦未可知。"②

很显然，对于民初司法而言，周鲠生的这种想法，既是一种合理的期待，也是一种具有可能性的转化。但是，夏勤对于法律解释能否造法，则持一种否定态度。他不支持司法官通过法律解释来行使"立法权"，反对法律解释的立法化或者造法倾向。例如，在《刑事诉讼法要论》一书中有关"刑事诉讼法之解释"的部分，夏勤指出："解释刑事诉讼法，既须以法律本文为依据。如有比附援引，用类推解释之法，施行刑事程序者，自不能以合法论。学者之中，如俾克迈幽 Birkmeyer（德人），如丰岛直通（日人），均谓民事诉讼法之规定当然准用于刑事诉讼法。法院及原告、被告，得依民事诉讼法条文施行刑事程序。按解释之原则求之，则大误矣。"③对夏勤的这一论述，朝阳大学法律科所编辑的《刑事诉讼法》讲义的条下"疏"指出："俾克迈幽（Birkmeyer），德之刑事学家也。俾氏与丰氏主张民诉法规定可准用于刑诉法中，实属不当。盖刑诉法虽有时感缺漏之苦，只得认为立法上之遗憾，决不可用民诉法之规定。如可准用，岂非以司法官而兼有立法之权？坏法侵权，莫此为甚，是乌乎可？"④从此表述之中我们可以看出，在夏勤看来，以法律解释弥补立法上之遗憾乃为侵权，以司法官兼有立法之权必然会坏法。

如果我们把视野放得宽一些，那么我们可以看到，此时学者们对于法律解释究竟属于释法还是属于造法的不同看法，显然受到了他们所选择的理论知识体系与法律事物参照系的影响。周鲠生从英美判例法生成的角度来观察民初大理院的法律解释活动，将法律解释的制作纳入到大理院司法判例的形成活动之中，将法律解释权等同于司法权，因而他自然也就会将其视为一种造法活动。夏勤选择的则是从大陆法系的知识谱系来对其予以观察，将大理院的法律解释活动与制作判例的活动相区分开来，认识到法律解释权与司法权之间的些微区别，这样他就自然而然地认为法律解释不属于造法的范畴。当然，如果我们进一步在知识的理论根源上予以追问，那么是否允许司法官在裁判的过程中通过法律解释来创造法律规则，同样也受到他们所持知识的脉象机理与理论立场有关。有关这一点，欧阳谿在归纳法学于最近综合统一之研究倾向时，就曾结合非自由法学与自由法学的不同立场，对裁判官

---

① 周鲠生：《法律》，载程波点校：《法意发凡——清末民国法理学著述九种》，清华大学出版社2013年版，第66—67页。
② 同上书，第66页。
③ 夏勤：《刑事诉讼法要论》，郭恒点校，中国政法大学出版社2012年版，第3页。
④ 朝阳大学编辑：《刑事诉讼法》，吴宏耀、种松志点校，中国政法大学2012年版，第8页。

可否行使立法之权能以及法律解释可否造法进行了分析和评述。他说：

> 法学于最近综合统一之研究，约有二倾向：其一，否认从来推行法律学之种种研究方法，仅以注释方法之自足态度，为社会学重要方法之说明。其他，攻击法律学自身之自足态度，而以法律学为社会学之一部。从来之法律学，仅于法律生活之诸现象中，为一种法规之采取。故此种意味之法律学，实不足以说明独立法律之现行，其结果非第法律学之不幸。而法律不追溯社会目的，审判官不了解社会目的，遂不能轻于容许。于是法律生活与事实生活恒不一致，而社会亦受无形之损害。故将来之法律学，不可不以社会学之方法为主要。于社会学自身之一方面，离却概念法学、论理法学而为目的法学、利益法学焉，法律者乃由上部之孔插入事实、由下部之孔抽出判决之自动机械而为实际生活法则活法律也。对此活法律加以研究，以期适用，是即此种情形之大旨，称之为'社会法学'。盖以社会生活与法规之关系，为法律学之研究也。因此倾向，对于从来之立法及裁判之实际，表示不满。而所谓自由法运动，遂相伴而起。
>
> 自由法说，具打破从来政治学法律学墨守孟德斯鸠氏三权分立主义为金科玉律之卓见。以法律对现在及将来之生活需要，不能网罗规定，即所谓'法规之无缺陷'，其势难能也。而裁判官不能以无规定之故，拒绝裁判，故裁判官具有法律补充之权能，实为当然之事理。从来之法律学虽均为法律无缺陷之假定，或援用立法者之意思，或许扩张解释类推解释等，毕竟不外默认裁判官之立法行为。然法律无缺陷之假定，究属空论。依一般宪法上之手续，未明定立法者之意思非法律，而扩张解释、类推解释，其根据及范围殊欠明确，究不如承认裁判官之法律补充能力为之正当也。但极端之自由法说，以裁判官无变更法律之权能，认法规仅属裁判官之指南针及教科书，特重视个个事件之衡平裁断，而忘却一般法律安定之更为重要，遂不免发生蔑视法律关于社会目的之大谬见云。①

很显然，在欧阳谿看来，法律关于社会之目的以及法规范不能网罗社会生活需要之现实，都使得裁判官在司法的过程中拥有法律补充之权能，实为正当。但是，这种补充法律之权能是否应当通过法律解释的方法来行使，则得慎重推敲。因为具有造法功能之扩张解释、类推解释，"其根据及范围殊欠明确"。据此，我们可以大致推测出欧阳谿的态度：对于通过法律解释来发展法规范的做法，他显然持一种谨慎的态度，但对于通过形成判决例的方式来补充法律之情状，他无疑会赞同。

---

① 欧阳谿：《法学通论》，陈颐勘校，中国方正出版社2004年版，第32—33页。

当然，如果我们把视野放得再宽一些，那么造成学者们对于法律解释是否属于造法活动的不同看法，也与他们如何看待法律的"解释"这项活动有关。如果他们是在最一般的意义上来理解法律的解释活动，把凡是人们对于法律的认识都看成是一种对于法律的解释的话，那么司法实践中法官对于法律规范的发现以及对于法律事实的裁定或者认定，自然也就可以被看成是一种法律的解释活动。① 换言之，从最广泛的意义而言，包括法律规范的发现、法律事实的认定以及法律判决的制作，都可以被看成是法律解释的活动。而当然也正是基于此，不仅法律解释权与司法权之间就不存在着任何的区别，而且法律解释与判例制作都可以被看成是一项广义的法律解释活动。这样，法律解释具有造法的功能，自无疑义。"从历史上观之，由裁判官制作法律，原不是一件奇事，此即所谓'裁判官法'是也。"②但如果我们只是在狭义上理解法律解释的活动，将法律解释仅仅限于法规范之发现，尤其是在遭遇疑难案件时的法规范适用，那么法律解释是否可以造法，尚待仔细地考究。

的确，法律解释究竟是对于法律规范的一种意义说明，还是对于法律规范的一种经由意义说明而来的规范创造，也即是一种"释法"活动还是"造法"活动，民国时期的理论界一直是存有争论的。③ 有学者认为，不仅创造是司法的本质，而且解释者无论是有意还是无意，只要他在解释就不可避免地会具有创造性。因而法律解释就不仅是对法规范真意的一种诠释，而且也是对于法规范本身的一种新创造，属于法规范发展的序列与造法的范畴。选择以判例法规则为知识的参照系或者受英美法系理论影响的民国学者，大多持此看法。例如，吴经熊引用罗朗氏（Laureut）有关法律解释的看法：

  解释法律者是没有创造的权能的，他们不能修正或补充法典的。这是不是说他们的地位就此降低了吗？这是不是说那成了法典的法律

---

  ① 这种将一般意义上的、对于法律的认识也看成是一种法律解释的观点，在现代法律方法的研究中也时常出现。比如拉伦茨对于法律解释的看法，就明显带有这样一种倾向。他认为，"假使认为，只有在法律文字特别'模糊''不明确'或'相互矛盾'时，才需要解释，那就是一种误解，全部的法律文字原则上都可以，并且也需要解释。需要解释本身并不是一种——最后应借助尽可能精确的措词来排除的——'缺陷'，只要法律、法院的判决、议决或契约不能全然以象征性的符号语言来表达，解释就始终必要。"〔德〕拉伦茨：《法学方法论》，陈爱娥译，商务印书馆2003年版，第201页。这显然是受到了现代哲学诠释学的理论影响，因为在它们看来，只要是一种理解或者认识，就是一种解释，因而也就需要被认真的对待。参见〔德〕伽达默尔：《哲学解释学》，夏镇平等译，上海译文出版社2004年版。因此，考夫曼对此进行了反思，指出："若干年前大部分分析学者单纯地转入诠释学中，而产生巨大的变动。有关法律解释之著作如雪崩般地扩充，并且非局限于德文国家境内。当然人们已知即非分析学亦非诠释学得以绝对地贯彻其理念：两者皆有不足。"〔德〕考夫曼：《法律哲学》，刘幸义等译，台湾五南图书出版公司2001年版，第38页。
  ② 张知本：《社会法律学》，载程波点校：《法意发凡——清末民国法理学著述九种》，清华大学出版社2013年版，第137页。
  ③ 这种争论可以说是一直持续到现在的。参见陈金钊等：《法律方法论研究》，山东人民出版社2010年版，第293—294页。

就此不得进步了吗？非也！解释法律能够并且应该把一切的罅隙、缺点和过失指点出来以备立法者的参考和采择。

并对这一看法评价说:"讲来讲去,一切法律的渊源还仍在立法机关,而司法者仍然不得创造法律。不过,理论是一件事,实际是另一件事。书面上的法律是一件事,事实上的法律是另一件事。"①从此之中可见吴经熊并不赞成罗朗氏所主张的、法律解释不得创造法律这一看法的。又比如居正,在《司法党化问题》一文中,梳理奥国派凯尔森和美国派格雷(Gray)、弗兰克(Frank)等人的观点,指出:"从任何一个抽象的法规到一个实在的判决或解释,其思想过程至少也有一部分义理是创造的,非演绎的。"②换言之,法律解释,尤其是论理解释之实践,"无疑是一种创造法律,而不是仅仅演绎义理"③。还比如端木恺,他也引述格雷的观点,并指出：

> 法典乃是立法者的形式概念。司法的责任,固然是解释和引用法典,但解释的范围很广的。解释,平常都认为是确定立法者的意志。果真如此,司法未免太容易了。格雷(Gray)说:'事实是如此的,所谓解释的困难,起因在于立法没有意义表现的时候；在于发生的问题律文没有规定的时候；在于法官所要推测的不是立法对于已经想到的问题的意志,而是要对于立法没有想到的问题,推测其假如想到了,意志便将怎样的时候。'(see Nature and Sources of the Law, p.165.)裁判的程序,生生不息,法律便也进化无穷。④

从此论述之中我们同样可以看出,端木恺是支持司法通过解释来创造新法规范的。也有学者认为,法律解释乃是对于法规范真意的揭示,其目的是要将处于意义模糊状态之中的法规范说明清楚⑤,其表现方式可能会是解释者在多个法规范意义中进行自由选择,但其本质仍是对于法规范的一种意义诠释,并非发展法规范本身,因而法律解释属于释法的范畴。受大陆法系知识理论影响的民国学者,则大多持此观点。

从民国时期法律解释的实践来看,法律解释权的运行,始终恪守的是释法而非造法的运行逻辑。例如,1914年7月8日,在致直隶高等审判厅的统字第140号解释例中,大理院指出:"查现行法令,除奉天有特别章规外,凡典

---

① 吴经熊:《关于现今法学的几个观察》,载吴经熊:《法律哲学研究》,清华大学出版社2005年版,第206页。
② 居正:《司法党化问题》,载居正:《法律哲学导论》,商务印书馆2012年版,第34页。
③ 同上书,第38页。
④ 端木恺:《中国新分析派法学简述》,载吴经熊、华懋生编:《法学文选》,中国政法大学出版社2003年版,第234—235页。
⑤ 正如拉伦茨所言:"解释乃是一种媒介行为,借此,解释者将他认为有疑义文字的意义,变得可以理解。"〔德〕拉伦茨:《法学方法论》,陈爱娥译,商务印书馆2003年版,第193页。

当(习惯每称为活卖)房地,逾期虽久,仍应听其回赎;盖时效制度,非法有明文,碍难以判例创设,惟本院为释明立法本意,调和利益起见,曾于**二年上字二百零二号判决中详示理由**及其限制,即屡次发送贵厅,各案判决中亦尝说及。"很显然,该解释例文的内容反映出,大理院实际上是将法律解释例文与司法判例的制造相区分开来的。而这其实也就意味着,法律解释权与司法判例的制造并非是同一事物。又比如,1919 年 12 月 10 日,在覆吉林高等审判厅的统字第 1154 号解释例文中,大理院指出:"查犯强盗罪故意杀人者,刑律及惩治盗匪法各有专条,虽因惩治盗匪法漏定未遂论罪条文,仍应按照刑律处断,与惩治盗匪法上强盗伤害人之罪刑,不免轻重失平,然强盗杀人与强盗伤害人,本应根究事实,不得率意牵混,其未遂应否减等,审判官尚可自由裁量,亦非不能得公平之裁判,至有无上诉权,固系程序问题,与处刑轻重无关。"很显然,从这条法律解释例的内容中可以看出,面对法规范之漏洞,法律解释机关并未以"解释"来替代"立法",而是寻找相近之法规范适用,同时提醒审判官通过自由裁量以便获得公平之裁判。这无疑真实而生动地反映出司法官员在行使法律解释权时并未履行造法的功能,而是通过发现法规范以及诠释法规范之真实意涵,来完成法规范的妥恰适用。还比如,1928 年 2 月 27 日,在复江苏高等法院的解字第 23 号解释例文中,最高法院指出:"……第二条第二款浑称前条各款未予除外,自属一时疏漏,故只能认为立法用意重在减等,故如此规定,若因其疏漏曲为解释,殊非正当。……"这一解释例文也非常明确地表明,不仅对于某些法规范之疏漏,应当归属于立法之用意;而且规范疏漏所为的曲解,殊非正当。

当然,除上述所举之情形外,以下四条法律解释例文,也都从不同的角度反映出,民国时期法律解释权的运作,其对于法律规范之解释,仅仅视为一种对于规范的认识或者法规范意涵的诠释,而非是一种"造法"活动。例如院字第 2751 号。在这份于 1944 年 9 月 14 日到国民政府军事委员会的解释文中,司法院指出:

> 惩治盗匪条例第三条第一项第一款系就强劫罪之物体而为规定,与同条例第二条第一项第五款就强劫之地点规定者不同,其列举之犯罪物体,既仅为水陆空公众运输之舟车航空器三种,则本罪之构成,当然以劫取者为上列之物为限,若在该物体上强劫旅客财物者,自不包括在内,只应适用同条例第五条第一项第一款处断。至其法定刑罚是否适当,事属立法问题,不属解释范围。殊难于法文所未规定之事项,而以解释创造之。

很显然,该法律解释例文明确表达了"对于法文未规定之事项,难以解释创造之"这一法律解释权运行的基本立场。同样的还比如 1920 年 8 月 5 日,在覆总检察厅的统字第 1373 号解释例文中,大理院认为:"查声明再议期间内及再议中,得按其情形,停止撤销,押票扣押,及保管处分,固可不待明文规定,参用刑事诉讼律草案第二百八十七条法理办理。至声明再议期间,**本系立法问题**,按照现时情形,似以分别厅县准用上诉期间为宜。"再比如,统字第 1175 号。在这份于 1919 年 12 月 21 日覆浙江高等审判厅的解释文中,大理院指出:"查第三百三十七条,不仅为第三百三十三、四条加重规定,并应认为第三百三十五条所列之人犯第三百三十三、四条罪者之加重规定,虽第三百三十七条第一项规定,较三百三十五条第一项所定之刑,并不加重。但**此系法文缺点,应待修正,若不依此解释,窒碍转多**。"还比如,1922 年 4 月 1 日覆东省特别区域高等审判厅的统字第 1704 号解释指出:"查民诉条例第一八三条公示送达,非依当事人之声请不得为之,如原告人所在不明,不能将言辞辩论日期之传票送达,而被告人又不声请公示送达,诉讼程序即属无从进行,在解释上本无变通办法;……"①

应当说,这些解释例文都充分反映出,面对属于立法活动的法规范漏洞,民国时期法律解释权的行使,始终都保持着应有的谨慎与足够的克制,始终坚持释法而不造法,坚持解法意而不立法规。而也正是基于此,我们可以初步得出,在民国时期,尽管都属于司法权,但法律解释权与司法权、尤其是司法审判权不同的地方在于:司法审判权可以通过形成司法判决例的形式来创造法律规范,发展出新的法律规范,也即允许"法官造法"。换言之,司法审判权通过制作判例的方式,它不仅可以在法律的规则漏洞之处通过确立新判例来进行规则的填补,进而形成新的法规则;而且也可以在法律的规则空白之处通过形成新判例来建立新的法规则;这样,司法审判权制作司法判例的活动,它在本质上实际上就是一种具有立法化倾向的活动。因而,它属于一种造法性权力的范畴。但是法律解释权的行使和实质却与此并不相同:它在行使的态度上不仅应当尽可能的审慎,而且在目标与任务的限定上也是要尽可能地追寻"法律规范之真意"②,而不能轻易就"创造法律",改变甚至是发展出新的法规范。换言之,面对法律规范的漏洞,法律解释主要是通过发现法规范的多元化意义或者被遮蔽掉的法规范意涵来弥补法规范意义上的模糊或者丰富法规范意义的单调,而不是通过解释来创造出新的规则来弥补法规范的规则漏洞,更不能通过法律解释在法律规范空白之处建立新的法规范。③

---

① 民国时期的法律解释活动,对于系属立法问题,法律解释一般不予以解答。相关解释例文的内容以及说明,可详参第四章的相关内容。
② 正如拉伦茨所言,"解释的标的是'承载'意义的法律文字,解释就是要探求这项意义。"〔德〕拉伦茨:《法学方法论》,陈爱娥译,商务印书馆 2003 年版,第 194 页。
③ 需要特别说明的一点是:正因为民国时期的法律解释权是建立在司法权基础之上的,而同时考虑到司法权的属性,因而我们将这一时期的法律解释界定为是一种"释法"而非"造法"的活动。相反,建立在立法基础上的"立法解释"和建立在行政权基础上的"行政解释",因由立法权和行政权本身所具有的扩张性与能动性,因而立法解释和行政解释都带有一定的规则创设作用,具有一定的"造法"功能,这是应当承认的。而这其实也就意味着,我们不能笼统的认为法律解释都具有"造法"功能,而应当对其中的不同类型予以细致地区分。

进一步,当然也是从更一般性的意义上来看,法律解释权在行使的过程中对法规范意涵所进行的多样性开发或者多元化阐释,从本质上来说,也并不是主观性的意义编造或者人为、刻意的意义制造的结果,而是对社会变迁所带来的意义的自然添附或者概念所指范围的扩充的客观展现或者自然叙述。换言之,伴随着社会的变迁以及由此所带来的新的生活方式和新的事物的不断涌现,法规范或者法概念在"所指"与"能指"的关系上也会发生一定的改变。它们会从原来的一致性关系逐渐发展成为分离性命题,进而使得概念"能指"的范围要么不断扩大,要么发生改变。这其中,概念意涵的组成因素,一些意义因素的变量消失了,一些变量被修改,一些新的变量被加入进来,使得概念意涵在此之中不断丰富和发展。这是社会变迁与法律概念发展的正常现象。通过法律解释,揭示伴随社会变迁所带来的意义流变,赋予新增或新变意义因素及其变量以合法性,构造起新语境以及新社会情境系统中"所指"与"能指"的统一,弥合因由社会变迁所可能带来的意义断裂,以此来重新强化法规范与社会事实之间的匹配,确保法规范的正确适用,这既是法律解释权运行的一种社会逻辑,也是法律解释活动在变革时代的一项重要任务。

也正是基于此,从本质上来说,法律解释权它属于一种释法性的权力范畴,而非是一种造法性的权力形态。从民国时期法律解释的实践来看,即便在法律解释的活动中,利用法律解释权进行规范意义的创造,也是一件非常审慎的事情。①

第二节　法律解释权运行的社会空间

任何一项权力的运作,都需要一定的社会结构空间,也需要相应的社会观念基础。因为社会结构空间的存在,能够为权力的设置与运行提供合法性的支撑;而与权力相匹配的社会观念的存在,则可以为权力的运行提供正当性与合理性的支持。法律解释权的运行则更是如此。因为对于民国社会而言,这项权力从本源上来说是"舶来品",而且从类型上来看也更偏新型化。因此,要确保这样一项权力在民国社会的顺利运行,就必须具备一定的社会

---

① 这在某种程度上印证了德沃金的判断。即"法官面对一个难办案件时,其任务是要理解什么样的裁判,才是现有法律整个学说结构所要求的。即便按照实证主义的方式理解,规则似乎也没有给法官什么指引,但如果考虑那些在法律制度中逐渐发展起来,并表达在规则和原则统一体中的价值,对其模式更为宽泛的理解,其实提供了这种指引。法官必须在这个宽泛的意义上理解法律制度的内容,并在其裁判中充分利用这种理解能力。他们的工作毫无疑问是创造性的,但这不是立法。一个合适的理解,是法官角色并不是像立法者那样不断的立法,也不是纯粹消极的'发现'法律。法官必须通过对现有法律资源创造性的阐释,使得法律成为其所能够达到的最好方式。"〔英〕罗杰·科特瑞尔:《法理学的政治分析:法律哲学批判导论》,张笑宇译,北京大学出版社 2013 年版,第 174 页。

空间或者社会土壤；否则的话，法律解释权的运行在民国社会就会遭遇各种现实的障碍，甚至有可能被悬置。

民国时期法律解释权运行的社会空间，从社会观念上来说，主要是司法独立；从社会结构上来看，则是由于法律规范与社会事实之间出现了不匹配或者相分离。如果说司法独立之观念使得法律解释权成为一种正当与可能，那么因由法律规范与社会事实之间的不匹配或相分离所带来的法律规范的意义模糊或者意义疏漏，则使得法律解释权成为一种必要和现实。

一、"司法独立"：法律解释运作的想象空间

从外在方面来看，一方面，司法独立观念及其裹挟着的权力分立原则促使和推动传统意义上的司法行政机关转变为现代型的最高司法机关——比如从大理寺到大理院，进而为法律解释权的运行寻找到了合适的权力主体；另一方面，司法独立观念以及其所伴随着的司法专业化、职业化意识所推进的现代意义上的司法机构、司法人员在清末民初社会里的形成与发展，又为法律解释权的运作奠定了基础以及提供了其所必需要的机制体制与人力资源。就内在方面而言，司法独立观念之于法律解释权的运行意味着，作为法律解释权行使主体的司法机关拥有独立且宽广的运行空间，其在法规范意涵的诠释以及法律解释方法的选择上也拥有相对较大的自由裁量权。与此同时，司法独立观念所营造起的这个相对自由而宽松的权力运行空间，不仅有助于法律解释权在民国社会里的运行，而且也有助于通过法律解释来解决法规范现实适用上所表现出的诸多不足，进而应对急剧转型的民国社会对于法律规范的需求。

的确，从清末修律到民国立宪，司法独立无论是作为一种思想学说还是原则制度，可谓是几经沉浮。① 即便如此，也不得不承认，这一与权力分立或者立宪相关联、与收回治外法权之需求相伴随、与社会的现代性转型相契合的观念，极大地推动了近代中国的司法发展。伴随着人们对于西方司法独立观念的接触与理解，人们不仅认识到，"司法独立，为立宪国唯一之主义"；②"东西各国宪政之萌芽，俱本于司法之独立"③；而且也意识到，"司法独立专指审判官之独抱法权，神圣不可侵犯"，"视一国之文明与否，须视其司法能否独立于否"④。例如，考察宪政大臣李家驹就曾指出："司法独立之制，创始

---

① 参见夏锦文：《世纪沉浮：司法独立的思想与制度变迁——以司法现代化为视角的考察》，载《政法论坛》2004 年第 1 期，第 46—55 页。
② 《宪政编查馆会奏覆核各衙门九年筹备未尽事宜折》（宣统元年八月十四日），载故宫博物院明清档案部编：《清末筹备立宪档案史料》（上册），中华书局 1979 年版，第 75 页。
③ 沈家本：《裁判访问录序》，转引自李光灿：《评〈寄簃文存〉》，群众出版社 1985 年版，第 377 页。
④ 伍廷芳：《中华民国图治刍议》，载丁贤俊、喻作风编：《伍廷芳集》（下册），中华书局 1993 年版，第 334 页。

于法兰西。……厥后欧洲大陆诸国迭相仿效,司法独立制度遂为各国通行不易之规。其所以必须独立者,盖立宪制度之精义,在防官吏专断之弊,保人民自主之权。"①

与此同时,伴随着西方司法独立观念的传入,人们一方面意识到:"司法独立非尊重法官乃尊重法律,无论政体如何,而尊重国法之宗旨实为万国所同,其能行不能行皆以司法机关之独立与否为断。"②另一方面,人们也意识到:"司法之权,各国本皆独立,中国急应取法。"③"司法有独立之权,斯宪政有观成之日。"④换言之,"司法分立关乎时局安危者甚大,而有万不可以再迟者"⑤。因此,"司法独立为及刻不可缓之要图"⑥。更重要的是,伴随着司法独立观念在东方的实践,人们意识到:"西国司法独立,无论何人皆不能干涉裁判之事。虽以君主之命、总统之权,但有赦免而无改正。中国则由州县而道府、而司、而督抚、而部,层层辖制,不能自由。"⑦例如,冈田朝太郎在《刑事诉讼法》讲义中曾指出:"现今欧美日各国裁判所所为裁判,皆为实决。与中国法衙裁判官止有具案拟律权,全然不同。余确信中国之制度,有百害而无一利。"而汪庚年对此段话的详细评述更是揭示了问题的现实性与复杂性。他说:

> 按具案拟律权云者,如中国法衙审问案件,只能依律拟一意见,请上级长官断定。是裁判官有审问之职,而无断定之权;上官有断定之权,而无审问之职;上下交相牵制。故往往行一事,裁判官必仰上官之意见为根据,而不受责任;上官必以裁判官之意见为定评,而亦不受责任。此种制度,穷其弊,势必举全国而无一有责任之人。今中国京师已设有审判厅,将来审案,必臻美备。若各直省之州县官,尚只知拟律而已,并无有任断案之责者,即如审问一案,由下级官厅依律拟稿,申详上级官厅。若关于人命重大之案,上级审官厅,准则准,驳则驳;下级官厅,除具案拟律外,无复有审判之权。此种制度,非全局改良,虽修律亦无济也。⑧

"司法之权,义当独立,则司法之官,必别置于行政官厅之外。"⑨而且也认识

---

① 《政治官报》(第 684 号),(1909 年)宣统元年八月初九,"奏折类",第 4—10 页。
② 《附编纂官制大臣泽公等原拟行政司法分立办法说帖》,载《东方杂志》1907 年第 8 期。
③ 《出使各国考察政治大臣戴鸿慈等奏请改定全国官制以为立宪预备折》(光绪三十二年七月初六),载故宫博物院明清档案部编:《清末筹备立宪档案史料》(上册),中华书局 1979 年版,第 370—371 页。
④ 《御史徐定超奏司法官制关系宪法始基应加厘正统一折》,载《清末筹备立宪档案史料》(下册),中华书局 1979 年版,第 863—864 页。
⑤ 《御史吴钫奏厘定外省官制请将司法严定区别折》,载同上书,第 821—822 页。
⑥ 《大理院正卿沈家本奏陈日本裁判狱讼情形折》,载《申报》1907 年 6 月 6 日。
⑦ 沈家本:《裁判访问录序》,转引自李光灿:《评〈寄簃文存〉》,群众出版社 1985 年版,第 377—379 页。
⑧ 〔日〕冈田朝太郎口授,汪庚年整理:《刑事诉讼法》,吴宏耀点校,中国政法大学出版社 2012 年版,第 24—24 页。
⑨ 故宫博物院明清档案部编:《清末筹备立宪档案史料》(上册),中华书局 1979 年版,第 390 页。

到,"大理寺之职颇似各国大审院,中国今日实行变法,则行政与司法两权亟应分立,而一国最高之大审院必不可无。"①"务期使司法权专属于法部,以大理院任审判,而法部监督之,均与行政官相对峙,而不为所节制。"②换言之,经由西法东渐和西制东践,人们认识到司法及其独立的重要性,意识到:"司法为国家法治所系,内谋全国之治安,外增法权之巩固,使版图之内无论何国人民胥受治于法律之下,其关系甚重,其条理至颐,非细为分析,立之准则不足以昭一代之法治。"③例如,御史黄瑞麒就曾指出:

> 法治国任法不任人,人失而法不失,故其国能长治久安。非法治国任人而不任法,人失则法亦失,故常朝治而夕乱。……故司法为独立机关,而行政官吏但能奉法而行,一有诡失,国家执法以绳其后,人民据法以发起私。④

另一方面人们也意识到中国司法的弊端,其主要原因就在于司法权与行政权未相分离,也即司法不独立,以及就此意识到中国实行司法独立的必要性和紧迫性。例如,载泽对于司法不用专官、司法权与行政权不分之弊病,就曾有过详细分析。他说:

> 司法之权寄之行政官徒以长行政官之威福,贾人民之怨望。盖官之于民,惟听讼最足以施恩威;民之于官,亦惟讼狱最足以觇向背。官而贤固不至滥用职权,不贤则擅作威福。民受其累始而积怨于官长,终且迁怨于朝廷。弱者饮恨,强者激变矣。各国革命风潮莫不源于讼狱之失平。
> ……
> 吾国地方审判之事,向兼之于州县而总之于臬司,其他司道之过堂固为形式,督抚之勘转亦属具文。然州县为地方行政之官,一州县之政务总于一人,何能兼理词讼,冲繁之区莫不另派发审委会,平时不亲讼狱,有时因行政之事而滥用其司法权。例如,里正催科稍迟因而擅责笞杖矣;上司限期交犯因而血比差役矣;诸如此类,向非司法兼之行政,则彼无辜之里正、差役何至枉受非刑?彼里正、差役之惧受非刑也,于是严催小民,横逮无辜,其弊不可胜问矣。⑤

因此,尽管"中国行政、司法二权向合为一,(但)今者仰承明诏,以臣院专司审判,与法部截然分离,自应将裁判之权限等级区划分明,次第建设,方合各

---

① 故宫博物院明清档案部编:《清末筹备立宪档案史料》(上册),中华书局1979年版,第375—376页。
② 《庆亲王奕劻等奏厘定中央各衙门管制缮单进呈折》(附清单二),载同上书,第467页。
③ 《法部奏酌拟司法权限折》(附清单),载《大清法规大全·法律部》(第7卷),"司法权限",台湾高雄考证出版社1972年版,第1809—1810页。
④ 《御史黄瑞麒奏筹备立宪应统筹全局分年确定办法折》,载故宫博物院明清档案部编:《清末筹备立宪档案史料》(下册),中华书局1979年版,第317页。
⑤ 《附编纂官制大臣泽公等原拟行政司法分立办法说帖》,载《东方杂志》1907年第8期。

国宪政之制度"①。

当然,也正是基于社会对司法独立观念所达成的这些共识,在 1906 年所颁布的《大理院审判编制法》第 6 条中,就明确表达了司法独立之原则。该条规定:"自大理院以下及本院直辖各审判厅局,关于司法裁判,全不受行政衙门干涉,以重国家司法独立大权,而保人民身体财产。"在 1907 年法部所拟《各级审判厅试办章程》的第 33 条中,也规定了审判官独立的原则:"凡审判方法,由审判官相机为之,不加限制,但不得非法凌辱。"1910 年所颁布的《法院编制法》虽然没有明确规定审判官之独立,但从相关的条文中,我们亦可以看到其有关司法独立原则之贯彻。

1910 年《法院编制法》有关司法独立原则之贯彻的条文

第 94 条	检察厅对于审判衙门应独立行其职务。
第 95 条	检察官不问情形如何,不得干涉推事之审判或掌理审判事务。
第 125 条	法部对于推事及检察官,不得有勒令调任、借补、停职、免职及减俸等事。其有下列情事者,不在此限:……
第 163 条	本章(即第十六章 司法行政之职务及监督权)所载各条,不得限制审判上所执事务及审判官之审判权。

与此同时,在奏进该《法院编制法》当天的上谕中,清廷也明确表示:

> 立宪政体必使司法行政各官权限分明,责任乃无萎卸,亦不得互越范围,自此颁布《法院编制法》后,所有司法之行政事务,著法部认真督理,审判事务著大理院以下审判各衙门,各按国家法律审理,以前部院权限未清之处,即著遵照此次奏定各节,切实划分。其应钦遵逐年筹备事宜清单,筹办审判厅。并责成法部会同各省督抚,督率提法司切实筹设。应需司法经费,著该部会同支部随时妥筹规划,以期早日观成。至考用法官,尤关重要,该部堂官务须破除情面,振刷精神,钦遵定举办。嗣后各审判衙门,朝廷既予以独立执法之权,行政各官即不准违法干涉。该审判官吏等遇有民刑诉讼案件,尤当恪守国法,听断公平。设或不知检束,或犯有赃私各款,一经察觉,必当按律治罪,以示惩儆而维法纪。其有关宗室案件,著另订细则办法奏明请旨。②

---

① 《大理院奏审判权限厘定办法折》,载《大清法规大全·法律部》(第 7 卷),"审判",台湾高雄考证出版社 1972 年版,第 1849 页。

② 《大清宣统政纪》(卷 28);奕劻编:《钦定法院编制法》,中国国家图书馆藏书 1909 年铅印本。与此同时,《核定法院编制法并另拟各项暂行章程》也指出:"凡以前法部、大理院权限未清之处,自此次《法院编制法》颁行以后,即应各专责成,拟请嗣后属于全国司法之行政事务,如任用法官、划分区域,以及一切行政上调查、执行各项,暨应钦遵筹备事宜清单筹办者,统由法部总理主持,毋庸会同大理院办理。其属于最高审判暨统一解释法令事务,即由大理院钦遵国家法律办理。所有该院现审死刑案件,毋庸咨送法部复核,以重审判独立之权。"参见《宪政编查馆奏核订法院编制法并另拟各项暂行章程摺》(并单),载《政治官报》(第 30 册),台湾文海出版社 1965 年影印,第 48—49 页。

由此可知,经由《法院编制法》,司法权限之划分不仅存有了法定的依据,而且在制度的规范设计与政治权力设置的实践中也已然成为了事实。

司法独立观念的传播及其在法律规范中的初步体现,有力地推动了清末的司法改革运动。① 而也正是在这场改革之中,不仅具有现代雏形的司法制度被建立了起来,而且具有现代意义的司法机关也被逐步地建立起来。其中,不仅作为司法独立之象征且又为"中外之观瞻所系"的全国最高之裁判所大理院于 1906 年开始筹设,而且各省各级审判厅的筹建工作亦先后展开。② 这种新型司法制度与司法机关的创立,伴随着民初社会中司法改革运动的更深入推进和更广泛开展③,奠定了民国时期法律解释权的运行基础。

的确,民国初年,民主共和思潮高涨,政体新建与司法改良乃人心之所向,司法独立之声已然成为社会之普遍舆论和主流音符。④ "自辛亥革命至民国之年时,司法已由行政分出,设立法院,……知司法当独立。鼎革后,各省代表在南京议定临时约法,……已明言司法独立。……司法改良与司法独立早成一般舆论。"⑤ 与此同时,对于司法独立观念之于民初新法制建设过程之中所可能发挥的作用,此时的人们无疑有着更为清醒的认识。⑥ 例如,1913 年底,北京政府颁发了"整顿司法事宜"的大总统令,指出:

> 司法独立,为万国共由之大业,欲进国家于法治,宜悬此鹄以期成。本大总统昔任疆圻,首为提倡,绳勉迄今,不渝此志。顾尝深维司法独立之本意,在使法官当审判之际,准据法律,返循良心,以行判决,而干预与请托,无所得施,期明恕之实克举,而治理之效乃彰。然必法官之品格学识经验,确堪胜任,人才既足以分配,财力尤足以因应,然后措施裕如,基础巩固。⑦

又比如,1916 年 10 月 30 日,司法部在加强司法监督的训令中也指出:"司法独立之主义,谓司法官独立审判,不受行政上之干涉,并不受监督长官之指挥,其微旨无非使司法官执法不阿,以保审判之公平,而尽听断之能事。"⑧除此之外,对于实现司法独立观念所可能遭遇到的种种现实问题,人们亦有深

---

① 参见李鼎楚:《事实与逻辑:清末司法独立解读》,法律出版社 2010 年版。
② 有关晚清司法组织体系的改革变动与建设发展,详细的论述,可参见韩秀桃:《司法独立与近代中国》,清华大学出版社 2003 年版,第 113—118 页;公丕祥主编:《近代中国的司法发展》,法律出版社 2014 年版,第 160—178 页。
③ 参见居正:《司法改造之三时期与最近司法之兴革》,载《中华法学杂志》1936 年第 1 期。
④ 参见程维城:《如何改进司法机关》,载《法政半月刊》1934 年第 6 期。
⑤ 张一鹏:《中国司法制度改进之沿革》,载《法学季刊》(第 1 卷)1922 年第 1 期。
⑥ 关于民国早期司法独立的研究,可参见郭志祥:《清末和民国时期的司法独立研究》(下),载《环球法律评论》2002 年夏季号。
⑦ 《令整顿司法事宜》(1913 年 12 月 28 日),载《东方杂志》第 10 卷第 8 号,1914 年 2 月 1 日,中国大事记 16 页。
⑧ 《司法部训令》(1916 年 10 月 30 日),载《政府公报》第 297 号,1916 年 11 月 1 日。

刻之体会。① 比如,时任司法总长的许世英在其《司法计划书》(1912年12月)中对此就曾有详细的分析:

> 司法独立,为立宪国之要素,亦即法治国之精神;然必具完全无缺之机构,而后可立司法之基础;必审缓急后先之程序,而后可策司法之进行;尤必有一定不易之方针,而后可谋司法行政之统一。前清筹备宪政,亦既有年。司法一端,区划甚详,而言之或不能遽行,行之未必其遽效者,匪惟制度之缺略,障碍之丛生,人民信仰之未坚,京省情形之互异也,人才之消乏,财力之困难,实为一重大原因。而督抚之牵掣,州县之破坏,士夫之疑议,幕胥之阻挠,犹不与焉。非造车而合辙,乃求剑而刻舟。此而欲司法之独立,譬航行绝流断港,而觊至于海,盖必无之事矣。民国肇始,政体更新,潮流所趋,万方同轨,国民心理,渐次改观,将欲挈中外而纳于大同,其必自改良司法始。……(改良司法)事关于约法、关于国体、关于外交、关于全国人民之生命财产,而又有百利无一害,则当殚精竭虑,赓续励行,图之以渐,持之以恒,出之以至诚公正之心,深之以坚固不拔之气,通力合作,期于必成,已有者力与维持,未有者急图建设,对于旧日积习,贵有螫手断腕之谋。对于改良前途,贵有破釜沉舟之概,庶司法独立,可实现诸施行,而领事裁判权,终有拒回之一日。②

但是,因由司法独立与权力分立的紧密关系,与民主共和的宪政体制所内在性的关联,因而新政府在贯彻司法独立观念的态度上表现得相当坚定。更重要的是,这些有关司法独立观念的官方表述,无疑也有利于更好地推动司法独立观念在民初社会的传播与实践。

学者们对于司法独立的理论探讨,此时也更多是在权力分立的语境之中展开。换言之,民初有关司法独立观念的讨论,更多已集中于如何妥恰地设计分权以确保司法独立观念的落实上,集中于如何通过专业化或者职业化的司法官队伍来实现司法独立以及司法权的社会功能上。例如,1915年7月4日,大总统令曰:"法官职司审判,应人民生命财产之重寄,自非精通法律,周知民隐之才,不足以胜阙职。"③又比如1925年,朱广文曾发文指出:

> 夫司法机关,为人民生命财产及一切权利义务保证之所,与国家之盛衰荣枯息息攸关,故法官之责任,殊为重大,法官能胜其任者,则诚国之利,民之福,否则,虽遍国设有法院,亦仍惟坐视邦家杌陧而已,何取于法院为耶? 职是之故,吾侪法官,所负使命之严重,殆为国家各种官吏之

---

① 民初有学者就曾对司法独立所存在的问题进行过分析,详见雪堂:《司法独立之缺点》,载《法政杂志》1911年第6期。
② 许世英:《司法计划书》(1912年11月29日),载《中华民国史事纪要(初稿)》(1912年7月至12月),中华民国史料研究中心1971年印,第640页。
③ 《令慎选法官》(1915年7月4日),载《东方杂志》第12卷第8号,1915年8月10日,"中国大事记"4页。

冠,国家与法官关系之密切,即亦非他种官吏所可比拟,……方今魑魅魍魉,横行于世,而能主持正义,不屈不挠者,首赖法官,法官依法为依归,法之外,绝无顾忌,是故法也者,正义之结晶,而法官之身,正义之所寄也。①

当然,也正是由于理论言说上的这种倾向,民初学者对司法独立观念的关注,更多表现在如何将其实现于政治制度的设计上。因此,在民初学者们所拟的各种宪法草案中,我们可以看到有关司法独立的不同宪法设计。观之此种社会态度与行动模式,可以说,有关司法独立或者法官独立之内容,已然成为此时社会各界的一种共识。②

民初各"宪草"(宪法)中有关法官独立之规定③

序号	宪草名称	条文及内容	备注("法官保障"类条款)
1	王宠惠宪草	第80条:法官独立审判,不得干涉之。	第82条:法官非依法律之规定,受刑罚宣告,或应罢职之惩戒处分,不得罢其职。但法律规定改组法院,及改定法官资格时,不在此列。法官之惩戒处分,以法律定之。
			第83条:法官在任中不得减俸,或转任非法官之职。
2	何震彝宪草	第53条:法官审判独立,不受上级官厅及行政长官之干涉。	第56条:法官非受刑法宣告,及惩戒处分,不得免职。
3	席聘臣宪草	第54条:法官独立审判,不受上级官厅及行政官吏之干涉。	第56条:法官非受刑法之宣告,及惩罚处分,不得免职。惩戒条规,以法律定之。
4	康有为宪草	第68条:法官独立,不得干涉之。	第69条:法官宜久任,非依法律之受刑事宣告者,或应惩戒者,不得罢其职,及不得减俸、转任。其法官惩戒法,于法官之罪过定义,以法律定之。审法官时,许其自辩。
5	李庆芳宪草	第62条:法官独立审判,不受上级官厅之干涉。	第64条:法官在任中,不得减俸或转秩。非依法律受刑罚宣告或应免职惩戒之处分,不得解职。惩戒条规,以法律定之。
6	彭世躬宪草	第64条:法官独立审判,不受何人干涉。	第62条:法院法官非受刑罚宣告,及惩戒处分,不得免其职。其惩戒条规,以法律定之。
			第66条:法官在职中,不得减俸或转任非法官之职。

---

① 朱广文:《法官之生活》,载《法律评论》第105期,1925年7月5日,第3页。
② 这种共识其实在另一方面也反映出,民初宪草(宪法)有关法官独立之规定,乃是对清末有关司法独立之理念探讨与制度设计的一种综合与推陈出新。因而,它们"在制度方面的价值主要表现为确认而非构建,在观念方面的价值主要表现为宣示而非启蒙"。参见吴泽勇:《清末修订〈法院编制法〉考略——兼论转型期的法典编纂》,载《法商研究》2006年第4期。
③ 参见李秀清:《所谓宪政:清末民初立宪理论论集》,上海人民出版社2012年版,第168—172页。有关民初宪法草案的总体性研究,可参见夏新华、刘鄂:《民初私拟宪草研究》,载《中外法学》2007年第3期。

（续表）

序号	宪草名称	条文及内容	备注（"法官保障"类条款）
7	李超宪草	第70条：司法权独立不羁，以审判院依法律行之。审判院制，别以法律定之。	第71条：司法官以具有法律资格者任之，非依法律受刑罚或惩戒之宣告，不得反于本人意思而免职。惩戒条规，以法律定之。
8	姜廷荣宪草	第88条：法官独立审判，不受上级官厅之干涉。	第89条：法官在任中，不得减俸或转职。非依法律受刑罚宣告者，或应免职惩戒处分，不得解职。惩戒条规，别以法律定之。
9	《中华民国浙江省约法》	第42条：法官独立审判，不受上级官厅之干涉。	第43条：法官非依法律受刑罚宣告，及应免职之惩戒宣告，不得免职，并不得任意更调之。
10	《中华民国临时约法》①	第51条：法官独立审判，不受上级官厅之干涉。	第52条：法官在任中不得减俸或转职，非依法律受刑罚宣告，或应免职之惩戒处分，不得解职。惩戒条规，以法律定之。
11	"天坛宪草"	第88条：法官独立审判，无论何人，不得干涉之。	第89条：法官在任中，非依法律不得减俸、停职或转职。 法官在任中，非受刑罚宣告或惩戒处分，不得免职。但改定法院编制及法官资格时，不在此限。 法官之惩戒处分，以法律定之。
12	《中华民国约法》（1914年5月1日）	第45条：法院依法律独立审判民事诉讼、刑事诉讼，但关于行政诉讼及其他特别诉讼，各依其本法之规定行之。	

在上所列举的各类宪草之外，吴贯因在其所拟"中华民国宪法草案"第67条中，也规定："法官非受刑事处分，或其他法律所定惩戒处分之宣告者，不能罢免之。"

更为重要的是，司法独立观念在民初社会从理论上的言说、制度规范中的设计走向了初步的法律实践，并日渐开始发挥其塑造生活、改造生活的作用。比如，南京临时政府时期，司法总长伍廷芳坚持法治原则，对沪军都督陈其美以军政干涉司法的行为积极抵制，在很大程度上阻止了陈的逾权行为，便是司法独立观念在民初社会实践时所引发的重要公共事件之一。② 又比如，1912年，北京民国大学控告工商总长刘揆一侵占校产案，工商次长控告民主报、亚东新闻社损害名誉案，国会议员郭同、丁世峄、李国珍等控告国光

---

① 由于《临时约法》第48条规定："法院以临时大总统及司法总长分别任命之法官组织之。"因而有学者认为，这"片面强调了法官的独立性，但又在约法中规定了行政长官对于法官选任的权力"，这样，"希望法院和法官能够独立审判而不受行政官厅的干涉，这本身的现实性是值得怀疑的"。参见韩秀桃：《司法独立与近代中国》，清华大学出版社2003年版，第190页。

② 关于此案件的详细描述，可参见李学智：《民国初年的法治思潮与法制建设：以国会立法活动为中心的研究》，中国社会科学出版社2004年版，第35—41页；韩秀桃：《司法独立与近代中国》，清华大学出版社2003年版，第148—179页。

新闻社妨害公务案,"无论是非曲何如。要之无上下贵贱,而能一以法律为保障,则真共和国之现象"①。更重要的是,其间面对行政权,司法权的表现令人称道。② 比如1913年,在宋教仁案审理的过程中,上海地方检察厅公开传讯在位的国务总理赵秉钧。"一个地方法院传讯总理和地方官员,公布政府最高官员与杀人犯密切往来的证据,实乃20世纪中国司法史上空前绝后的大事。"③还比如,在1918年2月23日的《批内务部呈令》中,孙中山指出:"内务部呈请明令撤销地方行政长官监督司法,以维司法独立。查三权分立,约法具有明文。以行政长官监督司法,实为司法独立之障碍。军政府以护法为职志,自宜遵守约法上之规定。所请撤销地方行政长官监督司法,应即照准。至司法行政及筹备司法事务,应暂由内务部管理。"④从此之中可以看出孙中山维护司法独立的一贯主张和切实行动。

法律解释例中第一次出现"司法独立"概念的解释例文,是统字第28号。在这份于1913年5月28日覆济南地方审判厅的解释中,大理院指出:"迳复者,准贵厅五月二十一日呈请解释买卖人口罪应适用何种法律,并引司法部令,谓与本院先后复广东上海各审判厅电函相抵触等因到院,查买卖人口新律既无专条,则前清禁革买卖人口条款当然有效,至该条款所定罪刑,固欠完备,然法律不完全及不当者,司法官除正当解释适用外,不能因其不完不当二牵强附会,或舍之而曲解他法以适用也。*司法独立载在约法,司法部解释法律,以部令命审判官适用,显系违背约法,不问何级审判衙门,当然皆不受其约束。*……"很显然,从该解释例的内容上来看,引入"司法独立"的观念,其目的乃是要求司法官适用法律规则,而不应当受司法部命令之约束。因为司法部之命令,主要遵循的是行政化的逻辑,强调的主要是上行下效与服从,而这无疑与司法权运行的机理不相符合。

司法独立观念不仅支持司法权与行政权、立法权相互分离,而且还支持法官在司法裁判过程中的自由心证。民国时期法律解释的实践中便有很好的例子。比如,在1920年3月2日覆总检察厅的统字第1242号解释中,大理院指出:"查诉讼成例,系采用心证主义,取舍证据,一任审判官之判断,凡调查证据,合于法则(或补充法则之条理)者,均可以为裁判资料;惟认定犯罪事实所取证据,须有确切之证明力,并无特种合法资料,可以动摇,及有他种可信资料,足供佐证者,始得据为肯定之断定;所称乙之指供以外,尚应调查甲之素行,以及犯行时甲之所在动作及其他关系各项,藉资佐证。……"又比如,在1921年5月3日覆山东高等审判厅的统字第1721号解释中,大理院指出:"……唯*审判官取舍证据,本不受何项拘束*,当就案件情形审查

---

① 远生:《中央司法界之现象》,载《远生遗著·卷一》,中国科学公司1938年版,第73页。
② 参见《司法总长章宗祥呈称》,载《东方杂志》第10卷第12号,1914年4月30日,"中国大事记"。
③ 袁伟时:《政治策略与民初宪政的历史经验》,载《战略与管理》2000年第6期。
④ 孙中山:《批内务部呈令》,载《孙中山全集》(第4卷),中华书局1982年版,第352页。

认定。"

可见,在司法独立观念的支持下,尤其是与这一观念紧密相关的权力分立理论付诸民国社会的政治实践和日常社会行动之后,有关司法的理论、制度和实践都给予司法机关和司法官员以相当大之职权。这使得在那样一个变革的时代,他们能够在相当自由的裁量空间里,通过对法律规范的发现与解释,有效地弥补法律规范与社会现实之间所可能出现的脱节或者分离,进而在妥恰解决掉问题的同时满足社会的法律需求。

二、"规范"与"事实"的分离:法律解释运作的结构空间

从一般意义上来说,法律解释活动存在的主要前提,便是法律规范在适用的过程中出现了所谓意义模糊或者意义疏漏的现象。而所谓规范的意义模糊或者意义疏漏,则主要是指制定法因由社会变迁所导致的、在遇到案件时所显现出的法规范语意模糊、漏洞、彼此相抵触甚至错误或者相互矛盾等缺陷。因受案件处理的及时性要求以及法不溯及既往原则的限制和法官不得拒绝裁判的义务规制,都使得这些缺陷在短时间内不可能通过立法活动来予以消除,因而只有通过法律解释活动来予以解决。

"法律者,国家施政之信条,社会生活之秩序,个人行动之准则。"①"凡为人类,即有社会,亦即有法律,故法律与人类及社会可谓有相互之关系。"②"细究法律之趣旨,固在适于社会之要求,合与于正义之观念也。"③换言之,由于"法律是社会生活上所需要的,……所以往往要应付社会的要求,订出法律,因为有这种法律,社会上就有更新的要求。法律与社会生活,互为因果发生密切的关系"④。因而在此意义上,"法律者社会生活之规范","人类社会之产物而为社会生活之法则也"。那么这其实也就意味着,不仅"法律者系人类现象,国家现象,而更为社会现象者也"⑤,而且"就法律而言,从本质上讲,就是人类生活本身"⑥。"凡所谓法律,至少含有两个条件:(一)法者,全社会共同生活之条规。……"⑦但是伴随着社会的发展,社会生活与制定法规范之间必然会出现某种程度上的龃龉。因为法律条文可以循着理想来

---

① 居正:《法治前途之展望》,载范忠信编:《为什么要重建中国法系:居正法政文选》,中国政法大学出版社2009年版,第24页。
② 陈瑾昆:《刑法总则讲义》,吴允锋勘校,中国方正出版社2004年版,第1页。
③ 青年协会书报部:《各国法庭制度》,青年协会书报部1926年版,第3页。
④ 何世桢:《近代法律哲学之派别和趋势》,载吴经熊、华懋生编:《法学文选》,中国政法大学出版社2003年版,第57页。
⑤ 欧阳谿:《法学通论》,陈颐勘校,中国方正出版社2004年版,第53—54页。
⑥ "不同的生活形成了不同的法律,不同的法律构成了不同的秩序与意义,不同的秩序与意义构成了不同的生活。因而,法律既是生活本身的结果,又是生活秩序与意义的载体,社会生活自内部塑造和制约着法律,法律则从外部承载和维持着社会生活的结构和价值。"孔庆平:《改造与适应:中西二元景观中法律的理论之思(1911—1949)》,上海三联书店2009年版,第4页。
⑦ 张君劢:《政法上的唯心主义》,载吴经熊、华懋生编:《法学文选》,中国政法大学出版社2003年版,第182页。

创造和制定,而社会却不仅具有变化性,也是有惰性的,还更具复杂性。这样,法律条文与社会事实之间就会脱节。①"殊不知法律是一个应付社会生活的科学。"一方面,"法律好比一条鱼,社会生活好比养鱼之水,法律脱离社会生活,这条鱼就要僵了。"另一方面,"社会生活上的需要是无时不在变化和扩张当中,所以裁判之大前提也有随时修正的必要"。② 当然,这种修正,既可以通过立法活动来予以完成,也可以借助于法律解释活动。

进一步,"法律的对象,是人类日常生活,其所规律的,系社会实际的事实,即人类彼此间的相互关系,其抽象的原则,实为应用于实际而存在"③。与此同时,正是由于"法律既为社会之内,人人相与之际,一种共守的秩序,既与社会为不可分离,则社会无时不变,法律亦无时不变"④。因而在此意义上,"法不是写出来的,一成而不变的,是必以自由意志为本,随社会变迁而改良的"⑤。换言之,既缘由于社会生活又面向社会生活,使得"法律自含有社会性,故其发达乃因社会及时代而有不同。……及社会更形进步,法律更呈一转化"⑥。这即意味着,

> 法律既是治国利民的良器,社会生活的规范,当然含有时间性和空间性,随时代环境的递变,而演成社会的反映物。社会生活既日趋复杂,法律亦因之由简而繁,因为在某时某地所制定的法律,只能适用于该时该地的社会生活,而某时某地的社会生活,又须遵守当时当地的法律,不能'居乎今之世而反古之道'。所以有人以法律能否适合于社会生活,为立法的良否之判断标准。⑦

"时代是进步的,社会事物不断地发生变迁,成文法以有限的条文,在立法当时,已难网罗一切,将来的变迁更难预料。至于习惯法之形成,更非一朝一夕之事,新事物不断发生,无法等待习惯法形成再谋解决。"⑧而这其实也就意味着,法规范意义模糊或者意义疏漏现象的形成,除立法技术上的原因之外,主要还是因由社会变迁和生活变化所导致的,是制定法规范相较于社会而言

---

① 参见王伯琦:《近代法律思潮与中国固有文化》,清华大学出版社2005年版,第72页。
② 吴经熊:《六十年来西洋法学的花花絮絮》,载吴经熊:《法律哲学研究》,清华大学出版社2005年版,第225页。
③ 居正:《法律与人生》,载范忠信编:《为什么要重建中国法系:居正法政文选》,中国政法大学出版社2009年版,第7页。
④ 孙渠:《续中国新分析派法学简述》,载吴经熊、华懋生编:《法学文选》,中国政法大学出版社2003年版,第248页。
⑤ 张君劢:《政法上的唯心主义》,载吴经熊、华懋生编:《法学文选》,中国政法大学出版社2003年版,第184页。
⑥ 陈瑾昆:《刑法总则讲义》,吴允锋勘校,中国方正出版社2004年版,第11—12页。
⑦ 居正:《法律与人生》,载范忠信编:《为什么要重建中国法系:居正法政文选》,中国政法大学出版社2009年版,第6—7页。
⑧ 王伯琦:《近代法律思潮与中国固有文化》,清华大学出版社2005年版,第174—175页。

的相对滞后性和有限性。尽管"法律既须稳定,同时又进化不止",①但是在这一静一动之间,尤其是在法律规范适用的过程中,法规范意义模糊或者意义疏漏的产生,主要还是因为社会发展所导致的法律文本与社会事实之间发生了一定程度的分离,进而造成法律的"规范内涵"与社会的"事实结构"②之间无法很好地相互匹配,从而导致案件的司法裁判难以进行。

更进一步,在法律解释活动中,"传统解释,无有不归宿到立法的意思,他们认为法条的规定,可以解决一切,而实则立法者所能见到的,最多不过是立法者当时的现状,在法典完成之初,纵或可以大致适应,但社会的现实,总有一天会超出立法者预见之外的"③。"社会事务纷纭,变化剧烈,欲制定完全适合社会进步之法律,其势难能,苟使审判官得以法文不明不备为理由,拒绝审判,则人民遇有事变发生,审判官均可托词拒绝,不予裁判,殊与国家保护人民权利之本旨相违。"④因此,当司法裁判遭遇规则漏洞或者规则空白时,当这种于法无据之状况又无法及时经由立法程序来予以解决而司法官此时也无拒绝裁判之权利时,那么通过法律解释来为司法裁判找到规则的依据,弥补规则的意义漏洞或者意义空白,乃是必要之手段。而也正是因为此,当立法活动颇显乏力,民国社会急剧转型以及由此所导致的规范与事实的分离,无疑为其时法律解释的运作提供了足够的社会结构空间。

就法律规范与社会事实之间的复杂关系,特别是由法律规范与社会事实之间的紧张关系所导致的法规范意涵的模糊以及规则疏漏,张知本曾有过详细的论述:

>在司法方面,如果只许裁判官机械地适用法律,而无补充法律之权能,则遇有法律全无规定,或规定不全之时,即将感受莫大之困难。盖以社会情形,千差万别,法律万不能一一包罗之,人事变化,无时或息,法律亦不能预为规定之,所谓'法规无缺陷'者,原属不可期之事。裁判官于此,既无法规可资引用,复不能因无规定而拒绝判决,然则将如之何口后可? 此多数社会法律学者,所以有'自由法说'之主张也。……所谓自由法说者,即主张裁判官不依向来之论理的定型以解释法律,而立于自由的见解以解释法律之学说也。换言之,即主张裁判官于法律不能应用时,有立法的补充法律能力之学说也。在向来裁判官之职权,于机械地适用法律之中,对于法律不明白时,亦可加以一种解释。然其解释之范围,仅在探求立法者之意旨,以析明其疑义而止,绝非按照社会进化之情形,而为适合实际人类生活之补充法律的解释,此与自由法学者之所谓

---

① 端木恺:《中国新分析派法学简述》,载吴经熊、华懋生编:《法学文选》,中国政法大学出版社2003年版,第241页。
② 参见〔德〕拉伦茨:《法学方法论》,陈爱娥译,商务印书馆2003年版,第12—17页。
③ 王伯琦:《近代法律思潮与中国固有文化》,清华大学出版社2005年版,第190页。
④ 欧阳谿:《法学通论》,陈颐勘校,中国方正出版社2004年版,第120页。

自由解释法律,其意义各不相侔,前者裁判官不能违背法律原有之真义,此则裁判官可以自由[解释]法律,以适用于裁判□之社会生活状况也。①

  总之社会关系,变化万端,既有新的社会关系,即有新的利益对立,既有新的利益对立,即有新的讼争发生,而此种新的讼争,其要求有一种新的判决或新的法规也必矣。然而依立法机关之制定法,以适应此种要求,不但因立法手续较繁,于临时发生之讼争,不能立刻有制定法以适应之,并且往往有非过几次激烈之要求,亦不能有此项法律之制定者。惟有允许裁官有随时补充法律之权能,则遇有新的讼争发生,可以随时解决,可以随时适应其要求,以吾人所以认裁判上之立法为正当也。②

很显然,张知本不仅看到了社会变迁的急剧性与法律规范的稳定性之间的矛盾,进而指出法律解释存在的必要性;而且还赋予了法律解释以颇大的社会空间与法律功能。比如,他期望通过法律解释与司法裁判建立起补充法律之权能,以实现立法之目的,完成造法之任务。如果联系当时法律与社会的现实情状,那么张知本对于法律解释的功能期望,无疑是可以理解的。

除了张知本外,居正对于法律规范与社会生活之间的关系以及法律所应持有的态度,也曾有过详细的论述:

  过去一般人每每认为,法律是有守旧性的,应该跟着社会已经发生和存在的事实,亦步亦趋,不应该站在社会和时代的前面去,使法律与事实相去太远。这种说法,当然含有一部分真理,但是不免过中历史法学派学说之弊,非所以语于我们这一革命建国的时代。因为法律也是应该有进化性的,不宜使之停滞不前,而不寻求光明的途径,致使人民整个的社会生活也因之而受到不良的影响。③

因此,"司法人员无论在解释法律、制作判例、运用法律或执行法律的时候,也应该时刻不忘这一鹄的,才能无忝于其职责"④。而基于此,也就能够理解,

---

 ① 张知本:《社会法律学》,载程波点校:《法意发凡——清末民国法理学著述九种》,清华大学出版社 2013 年版,第 136 页。
 ② 同上书,第 137 页。
 ③ 为更好地说明自己的上述观点,居正还引用了霍金、斯塔姆勒的看法来加以佐证。他说:"美国法律学者霍金氏,在他所著的《法律哲学现状》一书序文里曾说:'尤其是在现时的极速的社会进步中,法律除了顾到历史和先例,更须顾到现实的,更须顾到可能的和正常的。'霍金又说:'我们不能不顾历史,但也不能完全靠历史。'德国法律学者斯丹姆勒也说:'法律实质是为社会生活的法律规范,和适合人类社会的需要,及发挥人类的本能,不啻是社会革命的方法。'"居正:《为什么要重建中国法系》,载居正:《法律哲学导论》,商务印书馆 2012 年版,第 75—76 页。
 ④ 同上书,第 75 页。

为什么居正会认为"除依赖司法官之立法外,决不能使法律生活得到圆满。"①

如果结合这一时期的主流社会思潮,把法律也当成是一种社会现象的话②,那么不仅法律规范与社会事实之间的关系会变得越发的复杂,而且法律解释活动所可以吸收的社会资源也会变得丰富。换言之,如果法律和其他社会规则都同属于社会现象的话,那么在法律解释的活动中,不仅法规范意涵的模糊化,需要借助相应的社会规则及其意涵来予以参照以明晰;而且法规则意涵的疏漏,也需要借助于其他社会性规则及其意义资源来弥补完整。与此同时,为了确保法律解释活动的质量,夯实法律解释结论的合法性,在吸收其他社会资源进行法规范意义再造的过程中,就必须要防止法规范意涵在解释的过程中过度社会化,避免法规范意涵因其他社会资源的加入而被稀释的风险。而要防止法规范意涵在解释过程中过度社会化,就必须要相应的主体与机制来保障,否则法规范意涵的诠释,就会流于日常化与社会化,最终游离于法规范的射程之外,偏离合法性的基本要求。

第三节 法律解释权运行的社会资源

如果我们把法律解释权界定为一种释法而非造法的权力的话,那么就意味着,在法律解释权运行的过程中:"法官并没有创造法律,因为所有他们用于适合裁判的资源,都是由正确理解了的现有法律所提供。一个法官在法律没有规定时不会裁判一个案件,而只会基于现有规则,同时也是潜在法律原则所揭示出来的规则来表达裁判。"③那么,民国时期的法律解释权运作,其依赖于哪些机制性的社会资源,同时又吸纳进了哪些制度性的社会资源呢?

一、法律解释的组织—机制性资源

从一般意义上来说,任何一项制度的良好运作,都首先要依赖于参与者的认同和配套性组织机制的建立。"制度乃是一种人类在其中发生相互交往的框架。……它们由正式的成文规则以及那些作为正式规则之基础与补

---

① 居正:《司法党化问题》,载居正:《法律哲学导论》,商务印书馆2012年版,第39页。"为增进司法效能,期司法作用适合于人民实际生活起见,必须使司法官认识一国之根本法理,法律全系统之中心原则,实无疑义。"居正:《司法党化问题》,载居正:《法律哲学导论》,商务印书馆2012年版,第41页。

② 有关法律社会化及其民国法律中的表现的阐述,可参阅郑保华:《法律社会化论》,载吴经熊、华懋生编:《法学文选》,中国政法大学出版社2003年版,第314—345页。对民国"法律社会化"思潮或者"社会本位法律观"的概括,可参阅夏锦文主编:《冲突与转型:近现代中国的法律变革》,中国人民大学出版社2012年版,第734—753页。

③ 〔英〕罗杰·科特瑞尔:《法理学的政治分析:法律哲学批判导论》,张笑宇译,北京大学出版社2013年版,第174页。

充的典型的非成文行为准则所组成。"①为此,参与者(players)的积极参与以及非正式规则的必要性存在,这些都既是确保制度得以形成的重要基础,也是保障制度得以有效施行的重要条件。② 而作为一项近乎全新的(主要移植于欧陆法系国家尤其是日本而陌生于彼时之中国)的法律制度,民国时期的法律解释活动如果缺乏相关的组织机构、技术人员和制度机制,那么其正常运转显然是无法想象的。③ 当然,考虑到民国时期的法律一般都将统一法律解释权配置给最高审判机关,而有权提请法律解释的主体则主要包括各级司法机构及其行政军务部门,这也就意味着,要确保法律解释制度在民国社会中的正常运行,其中最主要的制度性资源,一是现代司法机构与审级制度的初步建立,二是职业化的司法人员及其群体的初步形成。前者可以为民国时期法律解释制度的实践配备适格的主体并同时奠定内在的运行机制,而后者则可以为法律解释制度的运作提供必要的人力资源。

(一) 现代司法机构与审级制度的初步建立

自清末法制变革以来,现代意义上的司法便开始在近代中国得以确立和发展。在清末预备立宪中,根据裁定中央官制改革方案,原来执掌参审重案的大理寺被改成为大理院,专职司法审判事务,其下开设各级审判厅④;而原来执掌刑罚的刑部则改为法部,职司司法行政事务。至此,司法与行政逐步开始分离,现代意义上的司法体制开始孕育。⑤ 1906年,《大理院审判编制法》颁行。该法案不仅再次明确了司法审判机构的权限职责,而且也规定了建立以大理院、京师高等审判厅、京师城内外地方审判厅和京师分区城狱局等四级审判机构为基础的诉讼体系。⑥ 应当说,这一法案的颁行,不仅促使司法与行政进一步分离,而且也为现代司法审级制度的形成奠定了初步的框架。而自此之后,特别是伴随着《各级审判厅试办章程》《法官考试任用章程》《司法区域分划暂行章程》《初级暨地方审判厅管辖案件暂行章程》等一系列相关法律的相继颁行,有关现代司法机关与审级制度的改建在近代中国

---

① 〔美〕道格拉斯·C.诺思:《制度、制度变迁与经济绩效》,杭行译,上海人民出版社2008年版,第4—5页。
② 参见〔美〕奥尔森:《集体行动的逻辑》,陈郁等译,上海人民出版社1995年版,第73—74页。
③ 黄仁宇在分析海瑞的司法经验时指出:"这一段有关司法的建议恰恰暴露了我们这个帝国在制度上长期存在的困难:以熟读诗书的文人治理农民,他们不可能改进这个制度,更谈不上保障人权。法律的解释和执行离不开传统的伦理,组织上也没有对付复杂的因素和多元关系的能力。海瑞的一生经历,就是这种制度的产物。其结果是,个人道德之长,仍不能补救组织和技术之短。"黄仁宇:《万历十五年》,中华书局1982年版,第135页。
④ 参见《各级审判厅试办章程》(光绪三十三年十月二十九日奉旨依议),载怀效锋主编:《清末法制变革史料》(上卷),中国政法大学出版社2010年版,第458页。
⑤ 参见公丕祥主编:《近代中国的司法发展》,法律出版社2014年版,第135页。
⑥ 参见《大理院审判编制法》(光绪三十二年十月二十七日奉旨依议),载怀效锋主编:《清末法制变革史料》(上卷),中国政法大学出版社2010年版,第455—457页。

也就全面展开了。① 当然其中最为重要的便是1910年《法院编制法》的颁行。因为该法案不仅明确了大理院为全国最高司法审判机关,并拥有统一解释法律之权限;而且规定地方司法机关为初级审判厅、地方审判厅和高等审判厅。至此,不仅司法审判权和法律解释权的权限职责获致明确,而且四级诉讼体系也得以初步确立。与此同时,在审判厅之外,《法院编制法》还设置了相应的检察机关,以便与各审判衙门相对应,即:"各审判衙门分别配置检察厅如下:一、初级检察厅;二、地方检察厅;三、高等检察厅;四、总检察厅。地方及高等审判各分厅、大理院分院,分别配置地方及高等检察分厅、总检察分厅。"(第85条)这一规定,与《大理院审判编制法》所采用的、在审判厅内设置检察部门的模式显然是完全不同的。② 而为了配合《法院编制法》规定的大理院之官制,1907年,总检察厅也随之开始设置。③ 由此,近代中国的司法发展,走上了一条日趋成熟的道路。

南京临时政府成立后,按照《中华民国临时政府组织大纲》的规定,其最高审判机关为临时中央审判所。④ 然而实际情况是,作为最高司法审判机关的临时中央裁判所始终没能成立。与此同时,按照《中华民国临时约法》的规定,司法审判权和法律解释权皆统一由法院来行使,而"法院,以临时大总统及司法总长分别任命之法官组织之"(第48条)。此时作为国家最高审判机关的,乃是由清末延至民初的大理院,而地方司法机关的筹设议程则一再延长。⑤ 根据1912年3月公布的《暂行法院编制法》,各县应当设初级审判厅作为基层司法审判组织,但是囿于各种原因,初级审判厅一直未能普遍设立起来。1914年,袁世凯下令改革审级制度,将初级厅归并于地方厅,并裁

---

① 需要指出的是,《各级审判厅试办章程》虽沿袭《大理院审判编制法》而采四级三审,但将"城狱局"改为"初级审判厅"。

② 有学者评价《法院编制法》,认为"作为近代中国历史上第一部法院编制法或组织法,该法以恪守司法独立原则为基点,对司法组织体系(包括审判组织和检察组织)、司法权力的运作方式(包括审判权和检察权)这些司法活动中的基础性、根本性事项作了较为详尽完备的设定,从而成为司法权力行使的基本准则,在中国司法制度现代化的历史进程中产生了深远的影响。"公丕祥主编:《近代中国的司法发展》,法律出版社2014年版,第178页。应当说,这一评价是非常精当的。

③ 参见刘方:《检察制度史纲要》,法律出版社2007年版,第147—148页。有关此时审判权与检察权之间关系的论述,可参阅张德美:《从公堂走向法庭:清末民初诉讼制度改革研究》,中国政法大学出版社2009年版,第21—30页。

④ 《中华民国临时政府组织大纲》和《修正中华民国临时政府组织大纲》都明确规定:"临时大总统得参议院之同意,有设立临时中央审判所之权。"就地方司法机构的设置来看,这一时期各省情况则多有不同。如在湖北,依据《江夏临时审判所暂行条例》以及《临时上诉审判所暂行条例》的规定,与《临时政府组织大纲》对应,审判机关是临时审判所;而在上海,按照其《民刑诉讼章程》的规定,则与晚清的体制相对应,审判机关是初级审判厅、地方审判厅和高等审判厅。详细的论述,可参阅李龙、朱兵强:《论辛亥革命中的司法变革》,载《湖北社会科学》2011年第9期;汪楫宝:《民国司法志》,台湾正中书局1954年版,第6—9页。

⑤ 参见唐仕春:《北洋时期的基层司法》,社会科学文献出版社2013年版,第43页。

撤大部分地方厅;原初级审判厅事务交由县知事兼理,实行三级三审。① 因而1915年6月颁行的《暂行法院编制法》,便将原有关初级审判厅的条文内容与规定删除了。1917年4月,《暂行各县级地方分庭组织法》颁行,该法案则规定:在审判机关设置上,除保留大理院、高等审判厅、地方审判厅之外,在县或设立地方审判分厅,或成立县司法公署,管理当地民刑案件,从而使四级三审制从名义上得以恢复。② 1917年,《县司法公署组织章程》颁行。③ 该法案第2条规定:"司法公署即设在县行政公署内,以审判官及县知事组织之。"第6条:"关于审判事务概由审判官完全负责,县知事不得干涉。"第7条:"关于检举、缉捕、勘验、递解、刑事执行等事项,概归县知事办理,并由县知事完全负责。"④除此之外,民初还增设平政院,为受理诉愿与行政诉讼之最高机关。⑤ 而在审判厅与检察厅的设置上,北洋政府采用的分立制度,两厅之经费、行政各自独立,但共同隶属于掌管司法行政监督事务的司法部。这其实意味着,北洋政府大体沿袭了晚清的司法机构体系,只是在1913年对原来的《各级审判厅试办章程》作了局部的修改。

综观民初十余年间的司法发展:

> 司法建设堪称曲折而多难,终北洋政府时期,司法机关大致可分为三种:一为普通法院,二为兼理司法法院,三为特别法院。普通法院依《法院编制法》,仿自日本,采四级三审制,设初级审判厅、地方审判厅、高等审判厅、大理院。……嗣因经费、人才两缺,乃将初级审判厅裁撤,改设分庭,管辖初级案件,变为虚四级制矣。
>
> 依《法院编制法》的规定,离京较远或交通不便地方,得设大理分院,然迄至民国十一年,并未有一省设立。高等审判厅除新疆外,各省均已设立。距京较远或交通不便地方,并设立分厅。地方审判厅及初级审判厅,因中国幅员辽阔,财政艰难,除省城及各商埠外,多未设立,地方初级管辖案件,则暂由县知事兼理。实际上,兼理司法屡经更易,民国二年,于未设普通法院的各县地方,设审检所;民国三年废止,另订《县知事兼理司法事务暂行条例》,以各县司法事务,委由县知事处理;民国五

---

① 朱勇主编:《中国法制通史》(第9卷),法律出版社1999年版,第524页。应当说,1913年,北洋政府拟在未设普通法院的各县设审检所,由县知事专执检察事务,而审判则由帮审员负责,采取审检二分的模式;但是到了1914年,《县知事兼理司法事务暂行条例》颁行,该法案规定各县司法事务全部由县知事处理,这意味着县知事兼有检察及审判两种职权。参见杨鸿烈:《中国法律发达史》,上海商务印书馆1933年版,第1096—1098页。

② 参见蔡鸿源主编:《民国法规集成》(第31册),黄山书社1999年版,第415—421页。

③ 《县司法公署组织章程》大总统令,教令第6号,1917年5月1日。

④ 相关分析,还可参见杨鸿烈:《中国法律发达史》,上海商务印书馆1933年版,第1094—1095页。当然,也有学者指出,虽然法律规定需设置"县司法公署",但实际上该制度并未获得很好的推行,北洋政府时期,县知事兼理司法,仍是主要的模式。有关这一方面的详细研究,可参阅唐仕春:《北洋时期的基层司法》,社会科学文献出版社2013年版,第75—84页。

⑤ 参见黄源盛:《民初大理院与裁判》,台湾元照图书出版公司2011年版,第361—374页。

年,改设县司法公署,并未实行,后仍归县知事兼理。

各级司法机关的审判机关和检察机关是平行设置的,职权则完全分开。其系统是:

大理院　　分院　高等审判厅　分厅　地方审判厅　分厅　初级审判厅
总检察厅　分厅　高等检察厅　分厅　地方检察厅　分厅　初级检察厅

特别法院:(1)东省特别区域法院五所,即高等审判厅一所、地方审判厅一所、地方审判分庭三所;(2)特别会审公廨三所,设于上海、汉口、厦门。①

进一步,如果我们以大理院时期所颁行的法律解释例文为基础,对解释例文内容中所提及到的提请法律解释的主体信息进行初步地统计,那么从中我们更能清楚地看到民国初年十余年间参与法律解释活动的司法机构设置及其运行情况。②

直接向大理院提请法律解释的主要司法机关

地域	提请法律解释的司法机关	地域	提请法律解释的司法机关
江苏	江苏高等审判厅	浙江	浙江高等审判厅
	江苏淮安第一高等审判分厅		浙江永嘉第一高等审判分厅
	江苏高等检察厅		浙江金华第二高等审判分厅
	江宁高等审判厅		浙江省法院检事厅
	江宁高等检察分厅		浙江都督暨高等审检厅
	淮安高等检察分厅		浙江高等审检厅
	上海地方审判厅		浙江高等检察厅
山东	山东高等审判厅		浙江湖州第三地方审判厅
	山东高等检察厅		金华地方审判厅
	济南地方审判厅		浙江衢州地方检察厅
广东	广东高等审判厅	黑龙江	黑龙江高等审判厅
	广东高等检察厅		黑龙江第一高等审判分厅
	广州地方审判厅		黑龙江高等检察厅
河南	河南高等审判厅		黑龙江高等审检厅
	河南第一高等审判分厅	吉林	吉林高等审判厅
	河南汝宁地方检察厅		吉林高等审检厅
湖北	湖北高等审判厅		吉林地方审判厅
	湖北宜昌第一高等审判分厅		吉林地方检察厅
	湖北高等审检厅		吉林高等审判厅长特派员
	湖北第二高等审判分厅		吉林珲春地方审判分厅

---

① 黄源盛:《民初大理院与裁判》,台湾元照图书出版公司2011年版,第40—41页。
② 对于大理院时期提请法律解释的主体信息及更为详细的情况展示与分析,请参阅本书第五章的相关表格与数据统计分析。

(续表)

地域	提请法律解释的司法机关	地域	提请法律解释的司法机关
北京	京师高等审判厅	奉天	奉天高等审判厅
	京师地方审判厅		奉天高等检察厅
	京师地方检察厅		辽阳地方检察厅
	京师第四初级检察厅		辽阳地方审判厅
	京师第四初级审判厅		安东地方检察厅
	京师第一初级检察厅	湖南	湖南高等审判厅
	京师第三初级检察厅		湖南沅陵第一高等审判分厅
	京师警察厅		湖南高等检察厅
	司法部		湖南高等审检厅
	司法官惩戒委员会		长沙地方检察厅
	修订法律馆	四川	四川高等审判厅
	总检察厅		四川高等审检厅
安徽	安徽高等审判厅		四川高等审判分厅
	安徽凤阳第一高等审判分厅		重庆地方检察厅
	芜湖地方审判厅		成都地方检察厅
甘肃	凤阳高等审判分厅	陕西	陕西高等审判厅
	甘肃高等审判厅		陕西第一高等审判分厅
	甘肃高等审判分厅		陕西高等检察厅
	甘肃平凉第一高等审判分厅		西安地方检察厅
	甘肃司法筹备处	福建	福建高等审判厅
直隶	直隶高等审判厅		福州地方检察厅
	直隶高等检察厅		闽清县初级审判厅
	直隶雄县审检所	江西	江西高等审判厅
	天津高等审判分厅		江西高等检察厅
山西	山西高等审判厅		景德镇地方审判厅
	山西高等检察厅		景德镇地方检察厅
	山西安邑第一高等审判分厅		江西赣州高等审判分厅
	山西大同第二高等审判分厅		赣州地方审检厅
云南	云南高等审判厅	广西	广西高等审判厅
	云南高等审检厅		广西高等审判分厅
	松江府地方检察长		广西第一高等审判分厅
察哈尔	察哈尔都统署审判处		广西高等检察厅
	察哈尔审判处	新疆	新疆司法筹备处
绥远	绥远审判处		新疆司法处
	绥远都统署审判处	热河	热河审判处
贵州	贵州高等审判厅		热河都统署审判处
青海	青海办事长官	东省特别区域	哈尔滨东省特别区域高等审判厅
	喀喇沁左旗扎萨克衙门		东省特别区域高等审判厅

从上述表格之中我们可以看出,大理院时期,各省高等审判机构(高等审判厅或者审判分厅)的建制已较为完整齐备。① 这无疑是确保民初法律解释活动得以顺利展开的重要基础之一。当然,尽管该表也反映出了一些地方检察机构的设置情况,但要获取更多此一时期检察机构、尤其是高等检察厅的设置情况,则可以对经由总检察厅向大理院提请法律解释的主体情况作进一步细化的统计。

经由总检察厅向大理院提请法律解释的主体情况

(→)	向高等检察厅提请的主体(→)	向总检察厅提请的主体(→)	(→)	(→)
		总检察厅	总检察厅	大理院
		广东高等检察厅		
		山东高等检察厅		
	济南地方检察厅			
		广西高等检察厅		
	桂林地方检察厅			
		山西高等检察厅		
	太原地方检察厅			
		山西第一高等检察分厅		
		京师高等检察厅		
		甘肃高等检察厅		
	皋兰地方检察厅			
	浙江第一高等检察分厅	浙江高等检察厅		
	鄞县地方检察厅			
	临海地方分厅			
		浙江第一高等检察分厅		
		浙江第二高等检察分厅		
		黑龙江高等检察厅		
	龙江地方检察厅			
	保定地方检察厅	直隶高等检察厅		
	天津地方检察厅			
		四川高等检察厅		
		四川第一高等检察分厅		
		陕西高等检察厅		

---

① 从法律解释的提请主体来看,不仅新疆设立的是司法筹备处或司法处,未设置高等审判厅;而且青海也未设置高等审判厅,甚至连司法处或司法筹备处也未曾设置。

(续表)

(→)	向高等检察厅提请的主体(→)	向总检察厅提请的主体(→)	(→)	
涟水县管狱员①	江宁地方检察厅	江苏高等检察厅	总检察厅	大理院
	江苏第一高等检察分厅			
	吴县地方检察厅			
	上海地方检察厅			
		江苏第一高等检察分厅		
	长春地方检察厅	吉林高等检察厅		
	滨江地方检察厅			
	吉林地方审检两厅			
	延吉地方检察厅			
	吉林地方检察厅			
		上海地方检察厅		
	江西高等检察分厅	江西高等检察厅		
	九江地方检察厅			
	芜湖地方检察厅	安徽高等检察厅		
	怀宁地方检察厅			
		安徽第一高等检察分厅		
		安徽高等检察分厅		
		湖南高等检察厅		
		湖南第一高等检察分厅		
	夏口地方检察厅	湖北高等检察厅		
	沈阳地方检察厅	奉天高等检察厅		
	安东地方检察厅			
	铁岭地方检察厅			
	洛阳地方检察厅	河南高等检察厅		
	开封地方检察厅			

---

① 统字第1240号法律解释例,起初是由涟水县管狱员向江苏第一高等检察分厅提请法律适用之疑义,后经由江苏省高等检察厅向总检察厅提出,最后再由总检察厅向大理院提请法律解释。如此详细地在解释例文中反映法律解释的参与主体信息,在经由总检察厅向大理院提请的法律解释例文中,较为少见。

(→)	向高等检察厅提请的主体(→)	向总检察厅提请的主体(→)	(→)	
		贵州高等检察厅	总检察厅	大理院
	郎岱地方检察厅			
		任邱县知事①		
		福建高等检察厅		
	闽侯地方检察厅			
		东省特别高检所/东省特别区域高等审判厅检察所		

应当说,上述关于"经由总检察厅向大理院提请法律解释的主体情况"统计表格,既充分地反映了各地高等检察厅以及检察分厅的设置情况,也反映出部分地方检察厅的设置情况。这样,综合"直接向大理院提请法律解释的主要司法机关"的统计表格和"经由总检察厅向大理院提请法律解释的主体情况"的统计表格以及各自的分析,据此可以作出以下三个方面的推断:第一,大理院时期,高等审判厅(包括分厅)与高等检察厅(包括分厅)的设置情况是完整齐备的。第二,地方审判厅和地方检察厅的建制则是较为完备的。换言之,虽然在表格之中有关地方审判厅与地方检察厅的设置情况只得到部分性的反映,但借助关联性信息进一步统计分析②,也还是能够推演出其整体的情况,即地方审判厅和地方检察厅的建制还是较为齐备的。第三,初级审判厅和初级检察厅的设置情况较为特殊,其在大理院时期法律解释活动中的出现不仅频率非常低,只有7次;而且时间上也集中在1913、1914年。其具体信息如下表:

由初级审判厅/检察厅向大理院提请法律解释的情形

序号	机构名称	解释例号	时间	备注
1	京师第一初级检察厅	统字第16号	1913年5月2日	由总检察厅提起
2	京师第三初级检察厅	统字第22号	1913年5月15日	
3	京师第四初级检察厅	统字第10号	1913年3月26日	由总检察厅提起
		统字第29号	1913年5月28日	由总检察厅提起
4	京师第四初级审判厅	统字第19号	1913年5月13日	
		统字第122号	1914年4月18日	覆至京师高等审判厅
5	福建闽清县初级审判厅	统字第59号	1913年11月13日	覆至福建高等审判厅

---

① 统字第1242号解释例,是由任邱县知事直接向总检察厅提起法律适用之疑义,后由总检察厅向大理院提请法律解释的。此类情形,确实较为特殊。

② 对于大理院时期提请法律解释的主体信息更为详细的情况统计与结构分析,请参阅本书第五章的表格与说明。

与此同时,当对法律解释例文中出现"地方分庭"①的情况进行统计时,发现其出现的频率同样非常低,只有一项。其信息如下表格:

地方分庭经由高等检察厅向总检察厅再向大理院提请法律解释的情形

序号	机构名称	解释例号	时间	备注
1	临海地方分庭	统字第1930号	1925年6月13日	经浙江高等检察厅再由总检察厅提起

这或许意味着,在大理院时期,初级审判厅、初级检察厅以及地方分庭不仅数量不多②,而且存在的时间可能主要集中在民国初期,且时间的跨度可能也相对较短。进一步考虑到大理院时期大量的法律解释实际上都是由兼任司法的县知事所提起的③,那么是否可以据此推断:大理院时期,发挥案件初级管辖与审理职能、参与法律解释活动的机构,主要还是县知事,而非所谓的初级审判厅、初级检察厅或者地方分庭。④ 当然,如果这一判断成立的话,那么也就意味着在大理院时期,原本期望普遍建立与设置的初级审判厅、初级检察厅在推行的过程中其实效果并不好,甚至在很多地方都并未能够真正

---

① 之所以进行如此统计,是因为根据1917年4月22日所颁行的《暂行各县地方分庭组织法》的规定,"凡是已设立地方审判厅的,可于附近各县设立地方分庭。各县地方分庭的管辖区域与所在县区域相同,凡属于初级或地方厅第一审管辖的民刑事案件,都归地方分庭受理。"参见公丕祥主编:《近代中国的司法发展》,法律出版社2014年版,第274页。需要说明的是,除所列之情形外,大理院时期的法律解释例文中出现"高等分庭"的有两处,情况如下:

由高等分庭向大理院提请法律解释的情形

序号	机构名称	解释例号	时间	备注
1	山西第二高等分庭	统字第454号	1916年6月14日	覆至山西高等审判厅
2	河南第一高等分庭	统字第793号	1917年5月21日	覆至河南高等审判厅

很显然,这里的"山西第二高等分庭"和"河南第一高等分庭",并非地方性的、拥有案件初级管辖权和审判权的机构。

② 1912年2月,司法部对全国审判厅进行调查。很快,《政府公报》和《司法公报》公布了调查结果,并列出了各省196个初级审判厅的名称。参见《各直省已(拟)设各级审判检察厅一览表》,载《司法公报》第1年第3期,1912年12月,第63—65页。当然,对于此一时期初级审判厅的建制情况,实际上还有另外两个不同的版本:179所和207所。参见唐仕春:《北洋时期的基层司法》,社会科学文献出版社2013年版,第155—157页。那么,这些不同数字的背后,其实反映出,一方面在进行统计的时候,其数字可能包含了拟设的机构,因而导致数字上的出入。这些拟设置机构在此后是否真正建立起来,初级审判厅的实际数量,还需进一步考证。

③ 有关这一问题的详细统计与分析,请参阅本书第五章的表格与说明。

④ 当然,这里还需要进一步考证的问题有二:一是民初级审判厅和初级检察厅的建立情况;二是已经建立起来的初级审判厅和初级检察厅,在随后的运行情况,是继续保留,还是都被裁撤了?

建立起来。与此同时,地方分庭的建制也未能普遍设置。① 这一时期司法的运作机制,主要还是从兼理司法的县知事始,经由地方审判厅或地方检察厅,再到高等审判厅或高等检察厅,最终至大理院或总检察厅。

南京国民政府成立后,为了整合司法体系,提高司法运作的效率,再次对已经运行了二十余年的审级制度进行裁减。1927年,大理院改为最高法院,高等厅改称高等法院,地方厅改称地方法院,裁撤自1907年以来即有的检察厅,将检察官配置于各级法院之内,除最高法院检察署之外,高等、地方两级检察官不设独立机构。② 此一时期,四级三审制仍暂获沿用。1928年,因试行"五权分治",司法独立,设司法院,其下分置最高法院与最高检察署、行政法院及公务员惩戒委员会,另设司法行政部。③ 至此,统一法律解释权归于司法院。1930年,国民党中央政治会议正式确立了《法院组织法》的立法原则,采行最高、高等、地方等三级法院制,以三审为原则,二审为例外(第3项)。与此同时,在县(市)设立地方法院,在省设立高等法院,在南京设立最高法院;最高法院不设分院,(第6项)地方法院也不设分院,亦不采取巡回法院制度,但高等及地方法院得于其所在地外适当之地点,定期开庭(第12项及其说明)。依此原则制定的《法院组织法》于1932年公布,1935年正式施行。自此,四级三审制度最终实际上也就被三级二审制度所替代。④ 这是普通法院。除此之外,在南京国民政府时期,1927年又曾设立特种刑事法庭;1948年,又颁行了《特种刑事法庭组织条例》和《特种刑事法庭审判条例》。依其规定,在南京设立中央特种刑事法庭,在司法行政部指定地点设立高等特种刑事法庭,负责审理《戡乱时期危害国家紧急治罪法》所规定的案件。

综观民国的司法发展进程,司法机构的设置以及名称的变化与审级制度

---

① 有学者对1910—1926年全国地方分庭的设置情况进行了研究。指出:

1910—1926年全国地方分庭的设置情况

年份	地方分庭的数量	年份	地方分庭的数量	年份	地方分庭的数量
1914	7	1919	5	1924	17
1915	6	1920	5	1925	21
1916	5	1921	11	1926	21
1917	5	1922	18		
1918	5	1923	15		

参阅唐仕春:《北洋时期的基层司法》,社会科学文献出版社2013年版,第179页。

② 参见台湾"国史馆"编:《中华民国史法律志(初稿)》,台湾1994年自刊,第46页。

③ 参见林咏荣:《中国法制史》,台湾中兴大学法律研究所1976年印,第187页。

④ 有学者指出,1936年,《高等法院及地方法院处务规程》颁布,由于该法案不仅出现了"检察处"之名称,而且还将一部分行政事务划归于首席检察官办理,对外也以"某某法院检察处"名义行文,结果造成同一法院内有两位行政首长,因而经常出现因权限发生纠纷。直到1947年之后,检察机关之经费预算从法院中划出,这一现象才得以改变。参见俞叔平:《检察制度新论》,台湾三民书局1952年版,第64页。

的变化这两者之间,在很大程度上无疑是相互影响的。若采三级三审制,那么"所有第二审案件,萃集于高等法院,其辖境较广者,势必多设高等分院,以期便利民众"①。与此同时,民国时期的审级制度从原初的四级三审制调整为三级三审,甚至在一段时间里采用三级二审,其背后所关联着的不仅有理论上的知识争论②,还有诸如人力、财力等现实因素的多方考量。③ 审级制度之改革,还与法律解释活动紧密相关,对法律解释活动产生重要影响。比如谢振民认为:

  采三级三审之理由有二:(1) 为完全保护权利,该法官亦人也,欲其判断案件,百无一失,殊不可能,设无救济之方,则一旦误判,平反未由,冤抑滋多,故对于不服判决者,许其一再上诉,庶几几经研讯,廉得其平,人民权利,可以确保;(2) 为统一全国法律之解释,各法院适用法规,解释法规,见解难免互异,国家为谋审判之审慎缜密计,对于法院,一方承认其有独立解释适用法规之特权,他方又许不服判决者,上诉达于最高法院而后已,盖以求法规适用上解释之统一。④

  对于法律解释活动而言,审级制度的选择与变更,意味着参与解释活动的主体(主要是司法审判机关)、范围(侧重于法律适用上的问题)以及程序(经由下级司法机构转呈至上级司法机构最后至最高法院)会随之变换。最高审级即为解释活动的统一权限所在之处。

  以大理院时期的法律解释活动为例,对参与其中的司法机构与程序进行概览性的列举,同时也联系"直接向大理院提请法律解释的主要司法机关"和"经由总检察厅向大理院提请法律解释的主体情况"的统计表格等相关内容,便能更加清楚地看到司法机构的设置与审级制度对法律解释活动运行机理的塑造。这种塑造在大理院时期主要分为以下四种情形⑤:一是地方审判厅机关经由高等审判机关向最高审判机关(大理院)转呈提请法律解释;二是兼理司法事务的县知事经由高等审判厅机关向最高审判机关(大理院)转呈提请法律解释。应当说,这两种情形在民国时期法律解释活动中是较为常见的。其具体运行的程序如下表所示:

---

 ① 参见谢振民:《中华民国立法史》(下册),中国政法大学出版社2000年版,第1047页。
 ② 有关民国审级制度的理论论争,可参见左德敏:《诉讼法上诸主义》,载《北京大学月刊》第1卷第3期,引自何勤华、李秀清主编:《民国法学论文精粹》(第5卷),法律出版社2004年版,第117—118页;张德美:《从公堂走向法庭:清末民初诉讼制度改革研究》,中国政法大学出版社2009年版,第225—240页;李光灿、张国华主编:《中国法律思想通史》(卷四),山西人民出版社1996年版,第581—582页。
 ③ 有关审级制度背后的人力、财力因素分析,可参见方善征:《巡回裁判制议》,载《法律评论》第157期,引自何勤华、李秀清主编:《民国法学论文精粹》(第5卷),法律出版社2004年版,第167—168页;法权讨论委员会编:《考查司法记》,中国科学院法学研究所藏书,1924年版。
 ④ 谢振民:《中华民国立法史》(下册),中国政法大学出版社2000年版,第1048页。
 ⑤ 有关这一问题更为详细的统计与分析,请参阅本书第五章的表格与说明。

解释例号	地方	高等	最高
59	闽清县初级审判厅	福建高等审判厅	大理院
67	浙江第一地方审判厅	浙江高等审判厅	
179、401、575、1607、1932	杭县地方审判厅	浙江高等审判厅	
97、177	济南地方审判厅	山东高等审判厅	
173、178、1017、1085、1169	长沙地方审判厅	湖南高等审判厅	
195	怀德县知事	奉天高等审判厅	
282	长寿县知事	四川高等审判厅	
286、470、476	宜城县知事	湖北高等审判厅	
372、974、1041	新昌县知事	浙江高等审判厅	
654、1158	宿迁县知事	江苏高等审判厅	

除此之外,还有两种较为特殊的情况,其具体表现为:一是地方检察厅经由高等检察厅转呈总检察厅向大理院提请法律解释之情形;二是地方司法机关经由高等司法机关转呈司法部向大理院提请法律解释之情形。这两种情形的运行列示如下:

解释例号	地方	高等	最高	
782	怀宁地方检察厅	安徽高等检察厅	总检察厅	大理院
742	九江地方检察厅	江西高等检察		
1330	桂林地方检察厅	广西高等检察厅		
1355、1431	龙江地方检察厅	黑龙江高等检察		
680、965、966、1830	芜湖地方检察厅	安徽高等检察厅		
1179、1381、1477、1498、1823	济南地方检察厅	山东高等检察厅		
1841	夏口地方检察厅	湖北高等检察厅		
831	芜湖地方审判厅	安徽高等审判厅	司法部	
1320	吉林地方审判厅	吉林高等审判厅		
1455、1467	滨江地方审判厅	吉林高等审判厅		
1686、1966、1990	天津地方审判厅	直隶高等审判厅		
1862	夏口地方审判厅	湖北高等审判厅		
1867、1943	上海地方审判厅	江苏高等审判厅		
1905、1946、1951、1986	青岛地方审判厅	山东高等审判厅		

可见,在近代中国司法制度形成的过程中,司法机构的设置以及审级制度的确立,对于民国时期法律解释活动而言无疑具有十分重要的意义。因为对于法律解释活动而言,司法机构的设置意在为法律解释权的实践配置适格的主体,而审级制度的确立则为解释权的实践提供内在性的运作机制。这样,伴随着司法机构的设置与审级制度的确立,不仅法律解释权行使的范围与程序在此之中就得以明确,而且法律解释活动的效果也由此获得重要保障。

(二) 现代司法人员及其职业群体的初步形成

在讨论审级制度时,民国时期的学者就曾指出:"查现行法院编制法,直接取之日本,而间接来自欧陆,所谓'四级三审制度',限制紧严,揆诸衿慎之义,用意良美。然欲见诸实行,综计法官人才,当在一万五千人以上,司法经费,年需五千万元之多,征诸国情,云胡能致?"①与此同时,司法总长梁启超在1914年去职时,曾上书大总统《司法计划书十端》,指出若要依据当时《法院编制法》的规定实行四级三审制,则所需"略计法官人才须在万五千人以上,司法经费须在四五千万元以上"②。应当说,方善征与梁启超对民国初期司法制度的设置与运行所需的人力资源和财力成本的估算,数值上并无差异。但是,若要根据司法总长许世英在1912年9月下旬所编制的改良司法计划书,即便乡镇不单设初级审判厅而于每县只设一地方审判厅——将初级审判厅合设于地方审判厅之内,那么全国应设审判厅等司法机构就已达致2000多所,所需司法官人数也远超过4万余人。③"夫以现时国家财政困难,人才缺乏,欲行普设,谈何容易。"④很显然,尽管对民初司法制度运行所需人力、财力的估算并不一致,但这些论断都反映出对制度实施背后所受的人力、财力资源制约的一种现实担忧。

的确,对于司法制度的建置与运行而言,人力资源与财力资本,都是非常重要的现实性条件和制约性因素。这其中尤其是人的问题,更是十分的重要。"凡百事业,非有适当之人才不克举办,司法为专门而责任重大之事业,非尽人所能胜任,其有赖于适当之人才也明甚。"⑤而这其实也就意味着,"司法制度建设首先应当着眼于制度操作者本身。司法官员素质的优劣,直接决定着制度效用的发挥"⑥。这对于民国时期法律解释制度的实践与运行而言,同样也是如此。因为,尽管在民国社会,统一法律解释权的行使主体和法律解释例文的最终生产者都是最高司法机关及其司法官员,但是各级司法机

---

① 方善征:《巡回裁判制议》,载《法律评论》第157期。引自何勤华、李秀清主编:《民国法学论文精粹》(第5卷),法律出版社2004年版,第167页。
② 《梁前司法总长呈大总统司法计划书十端留备采择文》,载《司法公报》第8期,1914年5月,"杂录"第1—4页。
③ 参见《许总长司法计划书》,载《司法公报》第3期,1912年12月。
④ "吾国一千七百余县,纵实际上欲得普设之益,最少每县设地方审判厅、检察厅各一所,另设简易庭两所。以现行法院编制核算,每一县地方厅推事、检察官人数,约共十人以上。全国一千七百余县,则需一万七千余人。简易庭两所,最少法官五六人,则全国应需八千余人。""观于民国二年许总长任内,议分期筹设既未成事。至民国八年朱总长任内,又议分九年筹设,卒亦毫无影响,职此故也。"罗文幹:《法院编制改良刍议》,载《法学丛刊》第1卷第3号,1930年5月。1922年,就普设法院所面临的问题,长期就职于司法界的罗文幹撰此文以析之,从中能更清楚地看到人力资源与财力资本对民初法院普设的制约作用。
⑤ 杨兆龙:《杨兆龙法学文选》,中国政法大学出版社2000年版,第336页。
⑥ 方立新:《传统与超越——中国司法变革源流》,法律出版社2006年版,第184页。

关及其司法官员都是参与和推动法律解释制度运行的主要力量,他们自然也就构成了民国时期法律解释制度实践的有机组成部分。因此,民国时期司法官的整体素质、修养以及精神,不仅在很大程度上影响着民国时期法律解释活动的质量与效率,决定着法律解释权运行的司法水平,也会直接影响到民国时期法律解释权的职能发挥,决定着法律解释制度能否顺利开展。对于从西方(主要是从日本)借鉴移植而来的法律解释制度来说,正是有与此制度相匹配的、现代司法人员及其职业群体的存在,民国时期法律解释制度的运行与实践才能得以在质量和效率上获致重要的保障。

传统中国既缺乏现代意义上的法学教育,也没有职业化的司法人员。①自清末法制变革以来,不仅法科留学获致蓬勃的发展,而且近代西方法学教育也来到了中国。② 在这两股力量的共同作用下,不仅近代司法人员的知识结构日渐法律化并日趋专业化,而且现代意义上的司法职业群体也日渐形成。一方面,在某种程度上,一定规模的法政教育及其培养的法政人才,为专业化司法官的选拔提供了可能。"司法人员要专业化,应从学法政专业的留学生、国内大学法政专业毕业生、法政学堂毕业生以及审判研究所、法官养成所的毕业生等法政人中选拔。"③而另一方面,法科教育所带来的共同的学习经历、知识背景、思维方式、甚至精神气度以及从事司法工作所带来的职业归属、行为准则和身份认同,又为职业化的司法官群体的形成奠定了必要的基础。毕竟,法律要素既是形塑其司法官职业身份的前提,也是这一群体获致社会识别的重要标志或区别性符号。④ 当然,也正是因为此,民国司法部在强调法官任职资格的同时,还一直"不断宣扬司法官应有服务公众的精神,并要求各级法官和司法人员提供一个诚实有效的司法系统"⑤。而这其实同样也是现代司法职业群体得以形成的一项重要的社会性标识。⑥

从民国法政教育的情况来看,据《教育部行政纪要》记载,截至1917年,由教育部认可备案的法政学校,公立22所,私立学校则有21所。⑦ 而从法科毕业生的整体情况来看,自1912年到1947年间,法政学堂共计毕业法科学生人数远远超过了9万余人,这其中还不包括从大学法律科毕业的学生和

---

① 参见徐忠明、杜金:《传播与阅读:明清法律知识史》,北京大学出版社2012年版,第272—308页。
② 对此内容较为详细的分析,可参见陈燎原:《清末法政人的世界》,法律出版社2003年版;裴艳:《留学生与中国法学》,南开大学出版社2009年版。
③ 唐仕春:《北洋时期的基层司法》,社会科学文献出版社2013年版,第264—265页。
④ 参见张静主编:《身份认同研究》,上海人民出版社2005年版,第200—201页。
⑤ 徐小群:《民国时期的国家与社会:自由职业团体在上海的兴起,1912—1937》,新星出版社2007年版,第117页。
⑥ 参见李学尧:《法律职业主义》,中国政法大学出版社2007年版,第119页。
⑦ 参见李贵连:《近代中国法制与法学》,北京大学出版社2002年版,第222页。

留学归来的法科学生人数。

清末民国法政学堂法科学生及毕业生人数①　　　　　单位：人

年份	在堂学生人数	毕业人数	年份	在堂学生人数	毕业人数
1907	4953	508	1933	12913	3175
1908	9239	1401	1934	11209	3478
1909	12652	1068	1935	8794	2596
1910—1911	/	约10166	1936	8253	2677
1912	30808	5090	1937	7125	1059
1913	27848	5326	1938	7024	1182
1914	23007	6630	1939	8777	1312
1915	15405	6695	1940	11172	1685
1916	8803	3634	1941	12085	1831
1917—1927	/	约10000②	1942	12598	1913
1928	9466	1420	1943	15377	2511
1929	11434	1681	1944	15990	2579
1930	15898	1898	1945	17774	3403
1931	16487	2560	1946	28276	4769
1932	14523	2713	1947	37780	6350

与此同时，从民国法学教育的课程设置来看，根据1912年教育部所公布的大学令，法政专门学校的法律科必修课程为：宪法、行政法、罗马法、刑法、民法、商法、破产法、刑事诉讼法、民事诉讼法、国际公法、国际私法、外国语。选修课设：刑事政策、法制史、比较法制史、财政学、法理学。③"法律专门学生必须修完宪法、行政法、刑法、民法、商法、破产法、刑事诉讼法、民事诉讼法、国际公法、国际私法、罗马法、法制史、法理学、经济学、外国法（从英吉利法、德意志法、法兰西法中任选一门）等十五门课程。选修课设比较法制史、刑事政策、国法学、财政学四门，以扩充知识。"④这样，如果我们仅仅只是从法政教育的课程设置与法政毕业生的绝对数量上来看，那么民国时期司法人才的供需大体上还是较为平衡的。但实际的情况可能却是，一方面，并不是每个法政专业毕业的人都适合当司法官，也不是每个法政毕业生都会选择到

---

① 数据统计，来自唐仕春：《北洋时期的基层司法》，社会科学文献出版社2013年版，第268—273页。
② 1917—1927年法政学堂法科毕业生人数目前仍无确切的数据统计。根据王伯琦在《中国法律教育的出路》一文中所提及的，1912年至1927年间，国内法政专门学堂及大学毕业的法律学生，每年大约有1000人。那么由此计算，1917—1927年，国内法政专门学堂及大学毕业的法律学生，人数估算大约在1万人左右。王伯琦：《中国法律教育的出路》，载《新法学》1948年第1卷第2期。
③ 参见李贵连：《近代中国法制与法学》，北京大学出版社2002年版，第221页。
④ 参见同上书，第216页。

司法部门去工作;另一方面,司法部门也不会无条件地接纳所有的法政毕业生,只有符合司法官选任条件的法政毕业生才有可能进入司法部门。这在一定程度上就会造成司法人才供需上的紧张关系。换言之,尽管民国法政教育确实为民国司法官选任储备了大批人才资源,但由于当时的"司法官甄拔考试采设极端的严格主义"①,于"千百人中录取百七十一人"②,因而这在一定程度上导致通过选拔的司法官人数较低,进而造成司法人才供需上的矛盾与紧张。③ 然而即便如此,一方面,由于从法政毕业生中选拔的司法官大体上还是比其他人多掌握一些法政方面的专门知识,因而只要民国社会调节好司法官选拔的条件或者司法官准入考试的标准,那么选拔数量相当的司法官还是可能的。④ 另一方面,经由严格选拔而组成的司法官队伍,对于司法职业群体的整体品格塑造以及法律解释活动的质量,都将发挥重要的作用。

的确,从民国时期司法官的选拔和任用条件上来看,修法律之学,得法律之知,有法律经验,乃是受甄拔之人员的基本资格。而这种有关司法官选任上的专业性要求和职业性条件,在民国各个时期的法令、法规中一直都有着充分的体现。例如,在1912年3月《咨请参议院审议法制局拟定法官考试委员会官职令草案等文》中,孙中山便强调:"所以司法人员,必须应司法官考试,合格人员方能任用。"⑤然而民国元年至2年,由于法官考试章程尚未制定,因此司法官的任用"惟依审级之分以定标准的宽严,作为过渡办法。""具体标准如下:1. 即凡在国内外修法政一年半以上,曾任法官或教授法律满一年半以上者,得任为地方、初级各厅的法官。2. 凡在国内外修习法律三年以上者,得任为高等厅的法官。3. 凡在国内外修习法律三年以上且有经验者,得任为大理院法官及总检察厅检察官。"⑥1913年,《甄拔司法人员准则》颁行。该法第1条规定,受甄拔人员必须具备下列资格之一:"一、在外国大学

---

① 《法官甄试后之司法思潮》,载《申报》1914年3月12日。
② 《关于法官任免奖惩事项》,载《司法公报》1915年第34期。
③ 以民初司法官选任为例,共正式举行司法官考试五次,非正式甄拔考验一次(1914年),六次共录取司法官人数为719人。具体情况如下:

民初六次司法官录取人数情况

时间	录取人数	备注	时间	录取人数	备注
1914	171	司法官甄拔考验	1919	189	第二届司法官考试
1916	38	与文官考试合并举行	1921	113	第三届司法官考试
1918	143	第一届司法官考试	1926	135	第四届司法官考试

数据统计,来自毕连芳:《北京民国政府司法官制度研究》,中国社会科学出版社2009年版,第89页。
④ 参见唐仕春:《北洋时期的基层司法》,社会科学文献出版社2013年版,第275—276页。
⑤ 《孙中山全集》(第2卷),中华书局1982年版,第281页。
⑥ 黄源盛:《民初大理院与裁判》,台湾元照图书出版公司2011年版,第48页。

或专门学校修习法律或法政之学 3 年以上得有毕业文凭者;二、在国立或经司法总长、教育总长认可之公立大学或专门学校修习法律之学 3 年以上得有毕业文凭者;三、在国立或经司法总长、教育总长认可之公立、私立大学或专门学校充司法官考试法内主要科目之教授 3 年以上者;四、在外国专门学校学习速成法政 1 年半以上得有毕业文凭,并曾充推事、检察官或在国立、公立大学、专门学校充司法官考试法内主要科目之教授 1 年以上者。"①同年 3 月颁行的《各县地方帮审员考试暂行章程》第 5 条规定:"凡年满二十一岁以上有下列资格之一者得应帮审员考试:一、在法政学堂或法政讲习所一年以上领有修业文凭者;二、曾充推事检察官未满一年者;三、曾充暂时行使司法权各官;四、历办司法行政事务或行政事务满一年以上有承继者。"第 6 条规定:"除依帮审员办事章程第七条第二款规定得免考试外有下列资格之一者,不经考试得为帮审员:一、在法政、法律学堂一年半以上得有毕业文凭者;二、曾经法司考取为帮审员者。"第 10 条规定:"考试科目如下:一、中华民国临时约法;二、暂行新刑律;三、法院编制法;四、诉讼法大意;五、各级审判厅试办章程;六、民法大意;七、商法大意;八、法学通论。上列各款以第二至第五为主要科,分数不及格者,余科分数虽多,不得录取。"②1914 年颁行的《县知事兼理司法事务暂行条例》第 3 条规定:"承审员由下列人员充任之:① 在高等审判厅所管区域内之候补和学习法官;② 在民政长所管区域内之候补县知事;③ 曾充推事或检察官半年以上者;④ 经承审员考试合格者。"③1915 年 7 月 25 日,《司法部拟订荐任法官资格》和《司法部拟订简任法官资格》同时颁行。④ 其内容分别为:

---

① 《甄拔司法人员准则》(1913 年 11 月 18 日),载《司法公报》第 2 年第 3 号,1913 年 12 月 15 日。根据该法,1914 年 1 月北洋政府举行了第一次司法官选拔考试,其中 1100 多人参加,合格者为 171 人;1914 年 4 月,这些考试合格者被分配到各厅实习,由所属长官通过进一步考核以便升擢。参见钱实甫:《北洋政府时期的政治制度》,中华书局 1984 年版,第 374 页。
② 《各县地方帮审员考试暂行章程》,司法部部令第 24 号,1913 年 3 月 3 日。
③ 《县知事兼理司法事务暂行条例》,载《政府公报》1914 年 4 月 6 日。
④ 《荐任法官资格》(1917 年 7 月 22 日),载《政府公报》第 1154 号,1915 年 7 月 25 日;《简任法官资格》(1917 年 7 月 22 日),载《政府公报》第 1154 号,1915 年 7 月 25 日。由于此时《司法官官等条例》尚未颁行,司法官的官等比照文官官等拟订,除书记官为委任职外,所有推检的任用等级分为特任、简任、荐任三种,其中大理院院长为特任官,由大总统就简任司法官任职满 5 年以上者特任之;总检察厅检察长和首席检察官、大理院院长、高等审判厅厅长、高等检察厅检察长、京师地方审判厅厅长、京师地方检察厅检察长属于简任官;京外各地方审判厅厅长、地方检察厅检察长以及大理院推事、总检察厅检察官、各高等地方审判检察厅推事检察官均属于荐任官。"毕连芳:《北京民国政府司法官制度研究》,中国社会科学出版社 2009 年版,第 150—151 页。

《司法部拟订荐任法官资格》	《司法部拟订简任法官资格》
一、依司法部甄拔司法人员规则甄拔合格人员曾署补高等以上审检厅司法官而裁缺或回避开缺或辞职者。 二、经司法官甄录考试第一次考试、第二次考试合格者。 凡具有下列资格之一者,得应司法官甄录考试: 一、在国立大学或专门学校修法律之学三年以上得有毕业文凭者; 二、在外国大学或专门学校修法律法政之学三年以上者,得有毕业文凭者; 三、在国内经司法部、教育部认可之公私立大学或专门学校修法律之学三年以上得有毕业文凭者; 四、在国立或经司法部、教育部认可之公私立大学或专门学校教授法律之学三年以上经报告教育部有案者; 五、在外国专门学校学习速成政法一年半以上,得有毕业文凭,曾充推事检察官办理审判检察事务三年以上或在国立大学或专门学校教授法律之学三年以上经报告教育部有案者; 六、曾充推事或检察官继续办理审判或检察事务三年以上者; 七、曾充法部秋审要差确有成绩者; 八、曾充督抚、臬司等署刑幕五年以上、品学凤著经该官署长或同乡荐任以上京官证明者;凡应甄录试合格者,方得应第一次考试合格者,依法定学习年限期满后,得应第二次考试合格者,作为候补推事、候补检察官,遇有地方审检厅司法官缺出,准予荐任。	一、现任大理院推事、总检察厅检察官三年以上者; 二、现任高等审判厅庭长、高等检察厅首席检察官三年以上者; 三、现任各省地方审判厅长、地方检察厅检察长三年以上者; 四、现任司法部参事、司长三年以上者; 五、现任简任文官一年以上而有应司法官考试资格者; 六、曾任提法使、司法筹备处长一年以上而有应司法官考试资格者; 七、曾任法部、大理院简任实官一年以上而有应司法官考试资格者; 八、曾任简任法官一年以上现经裁缺回避、开缺辞职或调任荐任职而有应司法官考试资格者。

1915年9月,《司法官考试令》和《关于司法官考试令第三条甄录规则》颁行。① 其有关司法官选任条件的规定,情况如下:

---

① 根据这些规定,"北洋政府于1916年,举行了第一次司法官考试,及格者38人,依例分发。1917年10月18日,北洋政府司法部在前次司法官考试的基础上再次颁布《司法官考试令》,其内容较前已有较大改观,……对司法官考试作了较为详尽的规定。这一法令成为北洋政府时期主要的司法官考试的法律依据。1918年1月,举行了第二次司法官考试,及格143名,2月组织司法官考试再试委员会,通饬各省送考学习期满人员,举行再试,录88名,10月,又录58名。这两年初试及格者均送司法讲习所学习。1919年5月15日,修正了《司法官考试令》,7月北京、江苏、湖北3处同时举行考试,共及格189名。1921年11月,举行第四次司法考试,及格102名,外国文法律班11名,由于司法讲习所的停办,所以依旧分发。1923年再次修改了《司法官考试令》。1926年10月,公布了司法储材馆章程,12月改入学考试为第五次司法考试,及格135名,全部送入该馆训练。综上所述,整个北洋政府时期,共举行正式的司法官考试5次,甄拔试1次,共录取法官789名。"参见冷霞:《近代中国司法考试制度》,载刘勤华主编:《20世纪外国司法制度的变革》,法律出版社2003年版。

《司法官考试令》①	《关于司法官考试令第三条甄录规则》②
第3条： 得应司法官考试者,除文官高等考试令第三条第一项第一二三各款毕业学生之修习法律专科者外,其经司法部甄录实验任务与法律专科三年毕业生有同等之学历堪应司法官之考试者,由司法总长咨送,亦得一体考试。 **第5条：** 司法官考试分为第一试、第二试、第三试、第四试,四试平均合取者为及格。 **第6条：** 第一试之科目如下：一、经义；二、史论；三、法学通论。 **第7条：** 第二试之科目如下：一、宪法；二、刑法；三、民法；四、商法。 **第8条：** 第三试之科目如下：一、刑事诉讼法；二、民事诉讼法；三、法院编制法；四、行政法规；五、国际公法；六、国际私法；七、监狱学；八、历代法制大要。 前项第四款至第八款各科目由应试人自择一科。 **第9条：** 第四试,就第一二三试曾经考试各科目另设问题口试之。	**第1条：** 有下列各款资格之一者,得与司法官考试之甄录试验： 一、在国立或经司法教育总长认可之私立大学或高等专门学校教授法律之学三年以上、经报告教育部有案者； 二、在外国专门学校学习速成法政一年半以上得有毕业文凭曾充推事、检察官办理审判、检察事务一年以上或在国立大学或高等专门学校教授法律之学一年以上经报告教育部有案者； 三、曾充推事或检察官继续办理审判或检察事务三年以上者； 四、曾充法部秋审要差确有成绩者； 五、曾充督抚臬司等署刑幕五年以上品学夙著经该署官长或荐任以上京官证明者。

同年,《法院编制法》也获致颁行。该法第十二章对于"推事及检察官之任用"予以了详细的规定。其主要内容如下：

  推事、检察官(推检)须经两次考试合格,方得任用。凡在法政、法律学堂肄业三年以上得有毕业文凭者,得应第一次考试。凡在京师法科大学毕业、外国法政大学或法政专门学堂毕业,经特定考试合格者,作为取得第一次考试合格的资格。第一次考试合格者,分发地方厅或其下级法院学习,即学习推事、学习检察官,两年满期。学习期间,受厅长或检察长的监督,期满出具考语报部；如有不堪造就者,随时免职。学习满一年后,可酌派办理实际工作,但不得审判诉讼或代理检察官职务(由司法部派充代理的例外)。学习期满后应受第二次考试,合格者方才能作为候补推事、候补检察官,分发地方厅待补。凡有合于第一次考试资格,充任法政学堂教授或律师三年以上者,得免受第二次考试,即作为候补分发。③

---

① 《司法官考试令》(教令第51号),1915年10月1日,载《东方杂志》第12卷第11号。
② 《关于司法官考试令第三条甄录规则》(教令第53号),1915年10月1日。
③ 转引自黄源盛：《民初大理院与裁判》,台湾元照图书出版公司2011年版,第49页。

1916 年 5 月 3 日,《司法部呈准司法行政官与司法官互相任用办法》获准。该办法规定:

一、现任本部荐任职者;二、现任本部委任职中之具有荐任职资格者;三、现任大理院、总检察厅书记官长及荐任书记官者;四、现任京师高等地方各审判厅、检察厅荐任书记官长者;五、现任各省高等审判、检察厅荐任书记官长者;以上各职,如系现任而又具有司法官考试令第三条所载资格者,遇有京外法官缺出,得予遴请得用。

与此同时,1917 年颁行的《县司法公署审判员考试任用章程》、1921 年颁行的《修正县知事兼理司法事务暂行条例》和 1922 年颁行的《修正京外地方审检厅法官员缺序补办法》,对司法官选拔和任用条件的规定,具体情况如下:

《县司法公署审判员考试任用章程》 (1917 年 5 月 1 日颁行)①	《修正县知事兼理司法事务暂行条例》 (1921 年 7 月颁行)②	《修正京外地方审检厅法官员缺序补办法》 (1922 年 9 月 14 日颁行)③
第 6 条: 凡年满三十岁以上有下列资格之一者得应审判官考试: 一、在外国公私立大学或专门学校修法律之学三年以上得有凭证者; 二、在国立大学及教育部认可之公私立法政专门学校修法律之学三年以上得有凭证者; 三、曾充帮审员或承审员一年以上经正式委任者; 四、曾任各法院书记官长、民刑事记录书记官满一年以上,曾经司法部任命者; 五、曾于前清充各官署刑幕五年以上,品学夙著,经原官或现任本省荐任以上官证明者。	第 3 条: 候补县知事充任承审员需经高等文官或县知事考试及格在各省区所管区域内候补而在国内外法律法政学校一年半以上毕业得有文凭者。	第 1 条: 序补人员分为三类如下: 第一类: 历届司法讲习所毕业,其分数在八十分以上者; 第二类: 一、经甄拔司法人员会考试及格者; 二、历届司法讲习所毕业,其分数不在八十分以上者; 三、民国五年六月间司法官考试及格而在各级厅学习期满者; 四、经司法官再试委员会再试及格者; 五、遵照六年十二月真电送考及格者; 六、民国五年六月间文官高等考试法律科及格分部学习经部呈准归入司法官任用者;
第 10 条: 考试科目如下: 一、中华民国宪法; 二、暂行新刑律; 三、民法; 四、商法; 五、诉讼法、强制执行律、破产法; 六、法院编制法; 七、关于司法部分各项现行法令; 八、设案判断。		

① 《县司法公署审判官考试任用章程》,教令第 7 号,载《司法公报》1917 年 5 月 1 日。
② 《修正县知事兼理司法事务暂行条例第 3 条》,教令第 24 号,载《东方杂志》第 18 卷第 20 号,1921 年 7 月 19 日。
③ 《修正京外地方审检厅法官员缺序补办法》,司法部令第 695 号,载《司法公报》1918 年 9 月 14 日。

(续表)

《县司法公署审判员考试任用章程》 (1917年5月1日颁行)	《修正县知事兼理司法事务暂行条例》 (1921年7月颁行)	《修正京外地方审检厅法官员缺序补办法》 (1922年9月14日颁行)
第15条： 有下列资格之一者愿充审判官者得以凭证呈请各该省高等审判厅验明注册与考试及格人员一体任用： 一、在司法部司法讲习所毕业者； 二、在外国公私立大学或专门学校及国立大学或教育部认可之公私立法政专门学校修法律之学三年以上毕业得有凭证，曾任推事检察官一年以上者； 三、本省候补县知事，曾在教育部认可之公私立法政学校修法律之学三年以上得有凭证者；前项注册人数过多时，高等审判厅长得停止其注册。		**第三类：** 一、在民国三年以前曾经荐补荐署之京外法官因裁缺或回避开缺或辞职者； 二、在民国二年以前充当法官报部有案及在边远省分充当法官于民国三年三月以前呈报到部者； 三、与司法行政官互相调用办法规定资格相符者； 四、经甄拔司法人员会审查合格者； 五、经司法官再试典试委员会审议准免初试及再试者。

1928年8月，《司法官任用考试暂行条例》颁行。① 该法第2条规定："凡年满二十岁以上之本国人，有下列各款资格之一者，得应司法官考试：一、在国内外大学或专门学校修法律政治学科三年以上，得有毕业证凭者；二、在国立或经最高教育机关认可之公立、私立大学或专门学校教授司法官考试主要科目二年以上者；三、在国内外大学或专门学校修法律学一年以上，得有毕业证凭并曾办审判事务一年以上者；四、办理审判或法院记录事务三年以上者。"与此同时，司法官任用考试分为甄录试、初试和再试(第4条)。"甄录试以笔试行之，其科目如下：一、三民主义；二、法学通论。"(第19条)初试分为笔试和口试两种，初试"笔试之科目如下：一、宪法原理；二、民法；三、商法；四、刑法；五、民事诉讼法；六、刑事诉讼法；七、行政法；八、国际公法；九、国际私法。"(第21条)初试"口试之科目如下：一、民法；二、商法；三、刑法；四、民事诉讼法；五、刑事诉讼法。"(第22条)"初试及格者授以司法官初试及格证书，依学习规则之所定，分发各省高等以下法院或司法研究所学习。"(第6条)"再试以考验学校成绩为主，分笔试、口试两种；笔试及格者得应口试。"(第25条)再试"笔试以二件以上诉讼案件为题，令应试人详叙事实及理由，拟具判词；作答口试方法由典试委员会临时定之。"(第26条)1935年8月，《修正高等考试司法官考试条例》颁行。② "凡司法官考试，除法律别有规定外，依本条例之规定行之。"(第1条)该法第2条规定："中华民国国民有下列各款资格之一者，得应司法官考试：一、公立或经立案之私立大学、独立学院或专科学校法律政治学科毕业，得有证书者；二、教育部

---

① 《司法官任用考试暂行条例》，中华民国民政府令，1928年8月6日。
② 《修正高等考试司法官考试条例》，国民政府考试院令第14号，1935年8月5日。

承认之国外大学、独立学院或专科学校法律政治各学科毕业,得有证书者;三、有大学或专科学校法律政治各学科毕业之同等学力,经高等检定考试及格者;四、有法律专门著作经审查及格者;五、经同类之普通考试及格满四年者;六、曾任司法或司法行政机关委任官及与委任官相当职务三年以上有证明文件者;七、在国内外专科以上学校修法律政治各学科一年以上得有毕业证书并曾在专科以上学校教授本条例第六条必试科目二年以上或曾任审判事务二年以上或法院记录事务三年以上有证明文件者。"考试分为初试和再试,其中初试又分为第一试、第二试和第三试(第4条)。"初试之第一试科目如下:一、国文,论文及公文;二、总理遗教、建国方略建国大纲三民主义及中国国民党第一次全国代表大会宣言;三、中国历史;四、中国地理;五、宪法(宪法未公布前考中华民国训政时期约法)六、法院组织法。"(第5条)"初试之第二试科目如下:甲、必试科目:一、民法;二、刑法;三、民事诉讼法;四、刑事诉讼法;五、商事法规;乙、选试科目:一、行政法;二、土地法;三、劳工法规;四、国际公法;五、国际私法;六、犯罪学;七、监狱学。以上选试科目任选二种。"(第6条)"初试之第三试,就应考人第二试之必试科目及其经验而试之。"(第7条)。当然,除上述之规定外,1932年、1936年和1943年又分别制颁和修订了《法院组织法》,对有关司法官选拔与任职条件进行了系统性的规定。其具体内容如下:

《法院组织法》 (1932年10月28日颁布)①	《法院组织法》 (1936年1月4日修订颁布)②	《法院组织法》 (1943年7月1日修正公布)③
第33条: 推事及检察官非有下列资格之一者,不得任用: 一、经司法官考试及格并实习期满者; 二、曾在公立或经立案之大学、独立学院、专门学校教授主要法律科目二年以上,经审查合格者; 三、曾任推事或检察官一年以上,经审查合格者; 四、执行律师职务三年以上,经审查合格者; 五、曾在教育部认可之国内外大学、独立学院、专门学校毕业而有法学上之专门著作,经审查合格并实习期满者。	第46条: 审判官及检察官就有下列资格之一者任用之: 一、作为学习法官在法院及检察厅修习实务一年六个月以上而考试及格者; 二、作为教授或助教授在司法部法学校担任讲授法律学三年以上者; 三、执行律师实务五年以上者; 四、在外国有为审判官或检察官之资格者。"	第37条: 推事及检察官非有下列资格之一者,不得任用: 一、经司法官考试及格并实习期满者; 二、曾在公立或经立案之大学、独立学院、专门学校教授主要法律科目二年以上经审查合格者; 三、曾任推事或检察官一年以上,经审查合格者; 四、在公立或经立案之大学、独立学院、专门学校修习法律学科三年以上,得有毕业证书并曾任荐任司法行政官办理民刑事件二年以上者; 五、执行律师职务三年以上,经审查合格者; 六、曾在教育部认可之国内外大学、独立学院、专门学校毕业而有法学上专门著作,经审查合格并实习期满者。

---

① 国民政府令:《法院组织法》,载《政府公报》1932年10月28日。
② 国民政府令:《法院组织法》,载《政府公报》1937年1月4日。
③ 国民政府令:《法院组织法》,载《政府公报》1945年7月1日。

从上述这些有关对司法官的选拔与任职要求的规定中,可以看到,尽管在民国各个时期,对司法官任职资格的要求不尽相同,但对司法官的法律专业知识、法律工作经验和法学教育背景的要求以及这种要求的日渐务实与不断提高,却是民国社会的一种普遍共识。而也正是这种共识,不仅能够确保司法官知识结构的法律化以及司法活动的专业化,而且也能够保证司法群体职业化的逐步形成以及司法制度运行所需基础环境的逐渐营造。毫无疑问,这些都将在一定程度上有力地推动着近代中国法律解释活动的顺利展开。

当然,有关司法官群体的职业化再造与身份打磨,民国的司法官准入机制在考察其知识技能的基础上,还加强了对经验素养的培育。因为根据民国司法官的选任程序与机制,具备甄拔资格的人员,除了需要通过司法官考选机制①,还要经司法讲习所、司法储才馆、法官训练所等职业化培训,积累以及增强其司法工作经验后,方才允准进入司法官队伍。比如,1914年成立、1915年1月18日正式开课的司法讲习所要求入所"修习年限为一年半,修习的课程有司法制度比较研究、民商法比较研究、刑法比较研究、特别刑法研究、民事诉讼法比较研究、人事及非讼事件程序法研究、民事审判实务讲述、强制执行法规及实务讲述、破产法规及实务讲述、刑事诉讼法比较研究、刑事审判实务讲述、刑事政策、指纹法、监狱法及实务讲述、司法警察学及实务讲述、法医学、证据法规比较研究、中外判决例评读、法院内部行政、心理学、司法及监狱统计学。同时规定必须在法院修习民事审判、刑事审判和检察事务之实务。"②而进入司法讲习所的修习人员包括:

> 一、司法官甄拔合格未经署缺或补缺人员;二、有受司法官甄拔资格曾在民国高等以下审判厅或检察厅习办司法官事务历半年以上者;三、有受司法官甄拔资格曾署补高等以下审判厅或检察厅司法官而辞职或裁缺或因回避开缺者;四、司法官甄拔合格人员曾署补高等以下审判厅或检察厅司法官而辞职或裁缺或因回避开缺经本人声请或受司法总长之指定者;五、高等以下审判厅或检察厅现任署缺实缺司法官经本人声请或受司法总长之指定者;六、法院书记官有受司法官甄拔资格经本人声请或受司法总长之制定者;七、司法部佥事主事有受司法官甄拔资格经本人声请或司法总长之指定者。③

"司法讲习所原为养成司法人员而设,其在第三第四各班系以司法官初

---

① 司法官考选机制在民国时期先后出现过以下几种方式:甄拔司法人员考试、司法官甄录考试、司法官考试和文官高等考试法律科选拔。参见吴永明:《理念、制度与实践:中国司法现代化变革研究(1912—1928)》,法律出版社2005年版,第167—171页。
② 同上书,第177—178页。
③ 同上书,第177页。

试及格人员派往学习,定期两年毕业,各科教员多系高级法院法官并聘请外国高级法院法官,本其所有学识经验,与学员日相讲习,法良意美莫过于斯。故开设以来,成绩昭著,人才辈出,以京厅而论,凡司法讲习所毕业人员奉派到司者,办案成绩俱斐然可观,即其一证也。"① 司法讲习所于1921年停办,期间共毕业四班学员。② 此后,有关司法人员之培训,依据的是1921年12月6日所颁行的《司法官初试合格人员学习规则》③。该法案对初试合格司法官的进一步职业化培训问题予以了详细的规定。其具体内容如下:

第1条	初试合格人员,依法院编制法第一百八条司法官考试令第七条,分发地方审检厅学习。
第4条	学习人员到厅后,由监督长官分别制定该厅推事、检察官负指导之责。
第5条	指定指导之推事、检察官得将其所办之事件,交与学习人员先行拟办。
第6条	学习人员拟办之文件,有所不合,指定指导之推事、检察官,应就原稿改正指示之,并于原稿内载明指示方法后送监督长官核阅。
第7条	前条改正及记载指示方法之原稿,应由指定指导之推事、检察官署名盖章。
第8条	学习人员每月拟办文件应在十件以上。
第9条	监督长官依法院编制法第一百八条,于学习期满出具切实考语,详报时应将学习人员拟办文件之原稿一并呈部。
第10条	学习人员在法定学习期间内,应在检察厅及审判厅之民事庭、刑事庭三处分期学习。
第11条	前条分期学习之期间,由监督长官定之,但每处学习期间不得逾八个月;在检察厅学习期满后,应在审判厅刑事庭学习。

1926年,经法界人士的不断呼吁,特别是伴随着法权调查活动结束后各国代表向中国提出司法改良一事,司法储才馆旋即设立,"其性质大致与前司法讲习所相同"。④ 同年10月12日,《司法储才馆章程》颁行。该法案第8条规定,以下三种人员具备进入储才馆学习的资格:"一、应司法官考试初试合格者;二、经司法官再试、典试委员会审议,免初试者;三、有司法官资格人员,而自愿入学者。"⑤第9条则规定了司法储才馆开设课程,包括:"民事审判实务(附强制执行)、刑事审判实务、破产法规及实务、检察及司法警察实务、监狱学及实务、法院行政及实务(附登记、公证)、民事拟判说明、刑事拟判说明、检察拟稿说明、比较民商法概要、比较刑法概要、刑事政策、民事法规

---

① 邵修文:《改良司法意见书》,载《法律评论》第86期。
② 有关四期学员的情况,详细的分析可参见毕连芳:《北京民国政府司法官制度研究》,中国社会科学出版社2009年版,第99—101页。
③ 《司法官初试合格人员学习规则》,司法部令第1193号,1921年12月6日。
④ 《法部将设储才馆》,载《法律评论》第170期,1926年10月20日,第6页。
⑤ 《司法官储才馆章程》,载《法律评论》第173期,1926年10月20日,第6—7页。

及判例、商事法规及判例、现行刑律及判例、刑事特别法规及判例、民事诉讼法规及判例、刑事诉讼法规及判例、证据法学、法医学、华洋诉讼、英法日文、中外成案、法制史、审判心理学、犯罪心理学、公牍。"①司法储才馆成立之时，拟招收学员 300 人，然至 1929 年 1 月，却只毕业了一届共计 135 人。② 而伴随着司法储才馆于 1929 年的解散，国民政府成立了法官训练所，以专门培养国民党党员法官。根据 1932 年 9 月颁布的《修正法官训练所章程》③第 2 条的规定："司法行政部设法官训练所，以就法官初试及格人员训练司法实务为宗旨。"第 3 条规定："法官训练所必须科目如下：(一) 党纲党义；(二) 民事审判及强制执行实务；(三) 刑事审判及检察实务；(四) 民法实用；(五) 民事特别法实用；(六) 刑法实用；(七) 刑事特别法实用；(八) 民事诉讼法及强制执行法实用；(九) 刑事诉讼法实用；(十) 证据法；(十一) 外国文；(十二) 公牍。"第 4 条规定："法官训练所选修科目如下：(一) 比较民法；(二) 比较刑法；(三) 国际私法；(四) 非讼事件法；(五) 法医学；(六) 审判心理学。司法行政部认为必要时，得增设其他选修科目或以其他科目代前项之科目。"第 5 条规定："司法官训练所训练期间定为十八个月，分三学期，扣除暑假及试验期间，每满六个月为一学期。"第 6 条规定："法官训练所于每学期满就该期所修科目举行学期试验训练，期所修一切科目举行毕业试验。"第 7 条规定："试验成绩平均分数在七十分以上者为及格；学期试验二次不及格者除名；依前项规定，除名者应由法官训练所函报司法行政部。"

"至 1935 年 8 月，司法训练所共办有四届法官班，一届狱务班，一届书记官班，一届承审员班，已毕业法官班 438 人，监狱官班 56 人，书记官班 61 人。"④与此同时，1939 年 4 月 19 日颁布的《司法人员养成所章程》⑤和 1940 年 2 月 6 日颁布的《修正司法人员养成所章程》，都对司法人员之养成予以规定。其具体内容如下：

---

① 《司法储才馆章程》，载《法律评论》第 173 期，1926 年 10 月 20 日，第 6—7 页，转引自毕连芳：《北京民国政府司法官制度研究》，中国社会科学出版社 2009 年版，第 114 页；《司法储才馆季刊》，"特载"，第 114 页；转引自俞江：《司法储才馆初考》，载《清华法学》(第四辑)，清华大学出版社 2004 年版，第 167 页。

② 有关司法储才馆更多的内容分析，可参见俞江：《司法储才馆初考》，载《清华法学》(第四辑)，清华大学出版社 2004 年版，第 162—175 页；毕连芳：《北京民国政府司法官制度研究》，中国社会科学出版社 2009 年版，第 111—121 页。

③ 《修正法官训练所章程》，行政院令 16 号，1932 年 9 月 24 日。

④ 汤能松等：《探索的轨迹——中国法学教育发展史略》，法律出版社 1995 年版，第 281—282 页。

⑤ 《司法人员养成所章程》，司法行政部部令公布，1939 年 4 月 19 日。

《司法人员养成所章程》	《修正司法人员养成所章程》
第1条:司法行政部为确立法治基础、培养司法人才、注重司法实务起见,设立司法人员养成所。 **第2条**:司法人员养成所分为三班修习:一、司法官班;二、书记官班;三、监狱官班。 **第3条**:凡志愿入司法人员养成所修习者,须经司法行政考试及格方准入习。前条司法人员应试资格及考试科目,由司法行政部另拟规则分别定之。 **第4条**:司法人员养成修习期限,法官班定为一年,书记官班、监狱官班,各定为六个月。 **第5条**:司法人员养成所修习期满,应就所修一切科目举行毕业试验。 **第6条**:凡试验成绩平均在七十分以上者,为及格;前项试验不及格者,应予留班补行修习。 **第7条**:司法人员养成所各班修习科目,由所长拟定商,由司法行政部长定之。	**第2条**:司法人员养成所分为三班修习:一、司法官班;二、书记官班;三、监狱官班。 **第3条**:凡志愿入司法人员养成所修习者,须经司法行政部考试及格,方准入所修习;前条司法人员应试资格及考试科目,由司法行政部另拟以规则分别定之。 **第4条**:司法人员养成所修习期限,法官班定为一年;书记官班、监狱官班修习期限,各定为六个月,但认为必要时得延长为一年。

再比如,1942年5月2日公布的《司法行政部法官训练所暂行组织条例》第1条规定:"司法行政部为确立法治基础,培养健全人才,主张司法实务,锻炼思想精神,设置法官训练所。"第2条:"本所受训人员依下列之规定:一、招考有高等考试司法官或普通考试法院书记官、监狱官、统计人员之应考资格者如所受训,于毕业时分别送请主管机关补行高等及普通考试,其应开班数,由司法行政部审酌情形定之;二、调训现任司法人员其办法,由司法行政部另定之。"

很显然,上述这些关于司法官培训的法律规定与机制措施,在一定程度上反映出民国司法官培训机制不仅是健全的,而且对民国司法官职业素养的培育或提升都起到了非常大的作用。这不仅有力地确保了现代司法职业群体在民国社会的形成,而且也坚实地保障了包括法律解释制度在内的民国司法制度的顺利运转。也正是在此意义上,甚至有学者指出,民国司法官考试,"即使降低录取标准,更多地录取报考者,他们进入司法机关后通过职业培训,也可以提高素质"[①]。

我们暂且以大理院司法官的人员构成和法学教育背景为例,来检视民国司法官选拔机制和培训措施的运行效果。1912年9月,经改组和调整,大理院司法官确定。其人员的具体信息如下:

[①] 唐仕春:《北洋时期的基层司法》,社会科学文献出版社2013年版,第276页。

1912年大理院司法官姓名、职务及其法政教育背景①

职务	姓名	法政教育背景
院长	章宗祥	日本东京帝国大学法科毕业
庭长	姚 震	日本早稻田大学毕业,法学学士
庭长	汪羲之	日本早稻田大学毕业
推事	廉 隅	日本中央大学暨西京帝国大学法科
推事	胡詒毅	美国芝加哥大学毕业,法学学士
推事	沈家彝	日本帝国大学法科选科(英吉利兼修)
推事	朱献文	日本帝国大学法科
推事	林行规	英国伦敦大学法学学士
推事	高 种	日本中央大学法科
推事	潘昌煦	日本中央大学法科
推事	张孝栘	日本早稻田大学法科
推事	徐维震	上海南洋大学毕业,获印第安纳大学法学学士
推事	黄德章	日本帝国大学法科

1919年,大理院"合庭长推事二十八人,除大多数系在东西各国大学获有法学文凭者外,余亦在本国大学专门学校毕业,无一非法学专业之人;……民国十年,大理院推事(含院长、各庭长)共三十二人,其中毕业于本国官立专门法律学校者有十一人,毕业于日本法政类院校者十八人,又一人毕业于德国柏林大学,二人毕业于美国法学院。据查悉,毕业于国内官立专门法律学校者,依照法科教学章程,在校必须修习:大清律例、唐明律、现行法制及历代法制沿革、民法、罗马法、民事诉讼法等科目。而毕业于日本法律专业学校的十八人,大多系由国内已仕人员,遴派赴国外留学或游学,学成后再回任大理院。再据民国十一年间的调查所得,大理院当时共有推事四十三人,此辈法界人员,其中四十人曾留学于日本,二人曾留学于欧美,仅有一人系专研中国法律者。"②应当说,尽管大理院的人事变迁频繁,但从此之中可以获知,不仅司法官的人员配备相当齐整,其专业性也是相当值得信赖的。③

当然,如果把视野放得再宽一些,对民初大理院历任院长及推事的法学教育背景进行统计,那么就已查证的76位司法官的情况来看,大理院可谓人才济济。④ 具体信息如下:

---

① 毕连芳:《北京民国政府司法官制度研究》,中国社会科学出版社2009年版,第124页。
② 黄源盛:《民初大理院与裁判》,台湾元照图书出版公司2011年版,第50页。
③ "自民国元年,改组法院,用人即有一定标准,习非法律毕业者,不界以法官资格。……故吾人对于司法,实未尝悲观,并抱有改良之希望。"江庸:《发刊词》,载《法律评论》1923年7月1日,第3页。
④ 除此之外,大理院时期,"各级审检两长及推检,亦多馆(中)附设法律学堂之毕业生,人才一时称盛。"董康:《民国十三年司法之回顾》,载《法学季刊》第2卷第3期,1925年1月。

大理院历任院长及推事教育背景一览表①

姓名	教育背景	姓名	教育背景	姓名	教育背景
王士洲	东吴大学	王宠惠	美国、法国、德国、英国	王义检	京师法律学堂
王凤瀛	东吴大学	石志泉	日本东京帝国大学法学部	左德敏	日本大学法律科
江庸	日本,早稻田大学	朱学曾	日本,中央法政大学	朱得森	京师法律学堂
朱献文	日本,东京帝国大学	吕世芳	日本	李栋	日本,明治大学法科
李祖虞	日本,早稻田大学	李怀亮	日本,中央大学法科	李景圻	日本,早稻田大学
汪有龄	日本,法政大学	汪燨芝	日本,早稻田大学	何鸿基	日本、德国
沈家彝	日本,东京帝国大学	余荣昌	日本,东京帝国大学法科	祁耀川	日本,中央大学法科
林棨	日本,早稻田大学	林行规	英国,伦敦大学法科	林志钧	日本,中央大学
林鼎章	京师法律学堂	胡诒榖	美国,芝加哥大学法科	胡锡安	日本,法政大学
郁华	日本,法政、早稻田	姚震	日本,早稻田大学法科	洪文澜	浙江法政学校
夏勤	日本,法科	徐彭龄	日本,法科	徐维震	美国
徐焕	京师大学堂	徐观	日本,明治大学	高种	日本,中央大学法科
庄景珂	日本,早稻田大学	孙巩圻	日本,明治大学	孙观圻	日本,中央大学法科
曹祖蕃	日本,政法大学	章宗祥	日本,东京帝国大学法科	郭云观	美国
殷汝熊	日本,早稻田大学	陆鸿仪	日本,中央大学法科	张康培	日本,早稻田大学
张式彝	直隶法律专门学校	张孝琳	不详	张孝杉	日本,早稻田大学法科
张志让	美国、德国	陈渐贤	日本,明治大学法科	陈彰寿	不详
陈瑾昆	日本,东京帝国大学	陈鸿仪	不详	陈尔锡	日,京都帝国大学法科
陈懋咸	京师法律学堂	许卓然	日本,中央、早稻田法科	许泽新	京师法律学堂
梁敬錞	英国,伦敦大学	单毓华	日本,法政大学	冯毓德	日本,法政大学
许世英	日本,法科	黄德章	日本,帝国大学法科	廉隅	日本,中央、东京法科
董康	日本,法科	叶在均	京师法政学堂	潘恩培	京师法律学堂
潘昌煦	日本,中央大学法科	钱承鉽	日本,东京帝国大学法科	钱鸿业	监生
刘志敫	日本,帝国大学法科	刘含章	京师法律学堂	刘钟英	北京法政学堂
郑天赐	英国,伦敦大学法科	魏大同	朝阳大学法科	罗文干	英国,牛津大学
鄞更	日本,早稻田法科				

也正是因为此,民初"十年来国家机关之举措,无一不令人气尽。稍足以系中外之望者,司法界而已。"②换言之,"民国肇始,十有六年,政治则委靡窳败,教育则摧残停顿,军政则纪律荡然,言及国是,几无一不令人悲观,其差强中意,稍足系中外之望者,其惟我司法界乎"③?

---

① 统计的基础性信息和数据,来自黄源盛:《民初大理院与裁判》,台湾元照图书出版公司2011年版,第64—82页。
② 梁启超:《发刊词》,载《法律评论》第1期,1923年7月1日,第2页。
③ 直夫:《司法前途之曙光》,载《法律评论》第188期,1927年2月6日,第1页。

虽然京外司法官的整体水平不及大理院等最高司法机关的司法官员,但客观地来说,"与其他各界相比较,无论是学历水平、专业水准、道德操守还是从事风格,都略胜一筹。……尤其是1920年代后,司法官群体获得了良好的社会声誉"①。毕竟从整体上来看,"司法界人物,大半为法律学校出身,平心而论,均为中国官僚中之较贤明者,……各级法院之推事检察官咸受有相当之法律教育,其中毕业于外国专门大学者甚多"②。与此同时,民国时期也建立了针对地方司法官的选任、考试机制和培训制度。例如,1936年6月颁行的《县司法处审判官考试暂行条例》③,就对县司法处司法官的选拔考试采用了与高等审判厅司法官较为不同的规定。其具体内容如下:

第2条	中华民国国民有下列各款资格之一者,得应县司法处审判官考试:一、有高等考试司法官考试应考资格者;二、公立或经教育部立案或承认之国内外专科以上学校法律政治各学科一年半以上毕业得有证书者。
第3条	第一试之科目如下:一、国文、论文及公文;二、总理遗教、建国方略建国大纲三民主义及中国国民党第一次全国代表大会宣言;三、中国历史及地理;四、宪法(宪法未公布前考中华民国训政时期约法);五、法院组织法及县司法处关系法规。
第4条	第二试之科目如下:一、民法;二、刑法;三、民事诉讼法;四、刑事诉讼法;五、商事法规;六、土地法。
第5条	第三试就应考人第二试之科目及其经验面试之。
第6条	考试及格者依县司法处审判官学习规则所定分发学习。

又比如,1938年12月23日所颁行的《司法官任用暂行办法》,④则对"得派暂代地方法院及其分院之推事或检察官"之情事予以规定。其内容包括:

第1条	司法官之任用,除依暂行适用之法院组织法规定外,依本办法之规定。
第2条	具有下列资格之一者,得派暂代地方法院及其分院之推事或检察官: 一、经司法官考试初试及格,未受再试者; 二、在国立或经最高教育行政机关立案或认可之国内外大学、独立学院、专门学校修习法律学科三年以上,得有毕业证书,曾任各司法机关审判官或承审员二年以上著有成绩,经审查合格者; 三、得有第二款证书,曾任高等以下法院书记官办理记录事务五年以上,著有成绩,经审查合格者; 四、得有第二款证书,曾任委任司法行政官办理民刑事件五年以上,著有成绩,经审查合格者; 五、得有第二款证书,现在在政府管辖下之各省临时司法机关充司法官六个月以上,著有成绩,经审查合格者。

---

① 毕连芳:《北京民国政府司法官制度研究》,中国社会科学出版社2009年版,第246页。
② 孙祖基:《各国来华考察司法之缘起与我国应有之准备》,载《东方杂志》第21卷第10号,1924年5月25日,第129页。
③ 《县司法处审判官考试暂行条例》,国民政府考试院令第4号,1936年6月9日。
④ 《司法官任用暂行办法》,司法行政部部字第18号命令公布,1938年12月23日。

(续表)

第3条	前条暂代期间为一年,暂代期满由该管长官出具切实考语,连同办案成绩,送由各该高等法院院长或首席检察官,覆该呈部交付甄用委员会审查。经前项审查认为成绩优良者,改为试署劣者罢免。
第4条	派暂代推事、检察官时,应将其资格或连同成绩提交甄用委员会审查决议后定之。

还比如,根据1942年1月20日所颁行的《县司法处组织暂行条例》第5条规定:"具有下列资格之一者,得由高等法院院长呈请司法行政部核派为审判官,以荐任待遇:一、依法有司法官资格者;二、经审判官考试及格并训练期满者;三、曾经承审员考试及格或各省司法委员承审员考试及格,领有覆核及格证书者;四、修习法律学科三年以上领有毕业证书,经高等考试及格者;五、修习法律学科三年以上,领有毕业证书,并办理法院记录事务或司法行政事务三年以上,曾经报部有案,成绩优良者;六、修习法律学科三年以上,领有毕业证书,曾任承审人员职务二年以上或连同办理法院记录事务、司法行政事务合计在三年以上,成绩优良者;依前项第二款至第六款资格,核派之审判官,任职满二年成绩优良者,由高等法院院长胪列成绩,呈报司法行政部,得以推事或检察官任用。""一些地方还组织了本地区选拔司法人才的考试,如1916年8月浙江为筹设审检所,举行专审员、书记官招考,录取42人。江苏省高院在1929年、1931年两次招考承审员。另外,山西、云南、湖南等省份也举行过地方司法官考试。尽管这些地方举办的司法官考试主要是为了选拔县级承审员、专审员、审判官等,但考试资格、内容、形式都模仿中央考试,考试合格后也要先实习再任职,但主要采取分发各地审检厅锻炼的形式。另外,从录取比率来看,地方考试竞争也十分激烈,甚至有时超过中央司法官考试。"①应当说,这些针对地方司法官选拔的制度设计与实际举措,无疑有利于确保地方司法官的整体素养,进而在一定程度上保障包括法律解释制度在内的民国司法制度的顺利运转。

就参与法律解释活动而言,民国时期的司法职业群体,从人员的构成上来看,除了法官和检察官外,还有律师。"律师制度与司法独立相辅为用,夙为文明各国所通行。"②因此,中华民国建立不久,《律师暂行章程》和《律师登录暂行章程》(1912年9月)便旋即颁行。③ 而此后,《律师惩戒会暂行规则》(1913年12月)《律师甄别章程》(1914年3月)《律师考试令》(1917年

---

① 胡震:《民国前期(1912—1936)司法官考试的模型设计》,载《法学》2005年第12期,第39页。

② "现各处既纷纷设立律师公会,尤应亟定法律,俾资依据。"孙中山:《大总统令法制局审核呈复律师法草案文》,载《临时政府公报》第3辑第45号,1912年3月22日,第4页。

③ 《政府公报》1912年9月19日,第142号;《中华民国法令大全》(1915年),第8部分,第122—126页。

10月)《甄拔律师委员会章程》(1926年9月)《律师章程》和《律师登录章程》(1927年7月)《甄拔律师委员会章程》(1928年12月)《律师惩戒委员会规则》(1929年5月)《律师公会标准会则》(1936年2月)《律师法》(1941年1月)等一系列有关律师制度的法令、法规相继颁布施行或修改完善①，近代中国的律师制度由此奠定，近代中国的律师群体和律师职业也由此生成。②

对于民国时期的法律解释活动而言，律师群体的出现，同样具有非常重要的意义。以大理院时期的法律解释活动为例，律师公会参与法律解释活动，从法律解释例文所反映出的信息来看，主要有三种情形：一是律师公会直接向大理院提请法律解释；二是律师公会经由高等审判厅转呈向大理院函请法律解释；三是律师公会经由两重司法机构转呈向大理院提请法律解释。前两者情况较为普遍，而第三种情况则较为特殊。当然，由律师公会直接向大理院提请法律解释的情况，具体列示如下：

律师公会直接向大理院提请法律解释的情况统计

直接向大理院提请法律解释的律师公会	解释号	备注
上海律师公会	1560、1657	所覆由江苏高等审判厅转上海律师公会
江宁律师公会	1746	所覆由江苏高等审判厅转江宁律师公会
杭县律师公会	1042、1104、1770	统字第1770号，所覆由浙江高等审判厅转杭县律师公会
鄞县律师公会	1707	所覆由浙江高等审判厅转鄞县律师公会
河南律师公会	6	所覆由河南高等审判厅转开封律师公会
北京律师公会	896、1658、1730、1771、1794	
吉林滨江律师公会	1585	所覆由吉林高等审判厅转滨江律师公会
成都律师公会	1672、1778	第1672号，覆至四川高等审判厅；第1778号，所覆由四川高等审判厅转成都律师公会
安徽律师惩戒会	1462	
安徽怀宁律师公会	1571、1588、1654	所覆由安徽高等审判厅转怀宁律师公会
甘肃皋兰律师公会	1090③	
东省特别区域律师公会	1555	所覆由东省特别区域高等审判厅转律师公会

由律师公会经由高等审判厅转呈向大理院函请法律解释的情况具体列示如下：

---

① 参见邱志红：《现代律师的生成与境遇——以民国时期北京律师群体为中心的研究》，社会科学文献出版社2012年版，第30—31页。
② 参见张志铭、张志越：《20世纪的中国律师业》，载苏力、贺卫方主编：《20世纪的中国：学术与社会》(法学卷)，山东人民出版社2001年版，第396—398页；徐小群：《民国时期的国家与社会：自由职业团体在上海的兴起，1912—1937》，新星出版社2007年版，第106—127页，"第四章：民国政府与律师业"。
③ 统字1090号解释例文，为"大理院致甘肃高等审判厅转皋兰律师公会"。

律师公会经由高等审判厅转呈向大理院函请法律解释的情况统计

解释例号	律师公会	高等审判厅	
976	开封律师公会	河南高等审判	
1036、1120、1204、1254、1496、1798	济南律师公会	山东高等审判厅	
1203、1229、1281、1374、1426、1471、1795、1953、2004	天津律师公会	直隶高等审判厅	
1255、1401、1472、1534	南昌律师公会	江西高等审判厅	
1342	长安律师公会	陕西高等审判厅	
1404	潘阳律师公会	奉天高等审判厅	
1508	南宁律师公会	广西高等审判厅	
1526	成都律师公会	四川高等审判厅	
945、1432	武昌律师公会	湖北高等审判厅	
1580	夏口律师公会		
1416、1538	淮阴律师公会	江苏第一高等审判分厅	
1192、1422、1531、1533、1700、1886、1945、1995	江宁律师公会	江苏高等审判厅	大理院
1548、1768、1957	上海律师公会		
1683	赣县律师公会		
1852	上海美国律师公会		
1749	怀宁律师公会	安徽高等审判厅	
1864	芜湖律师公会		
1748、1792	金华律师公会	浙江第二高等审判分厅	
1122、1797、1804、1895、1940	杭县律师公会	浙江高等审判厅	
1202、1870	永嘉律师公会		
1885	金华律师公会		
198	福建律师公会	福建高等审判厅	
1317、1625	福建闽侯律师公会		
1954	思明律师公会		
1997	北京律师公会	京师高等审判厅	

除此之外，由律师公会经由两重司法机构转呈向大理院提请法律解释的情况，具体列示如下：

律师公会经由两重司法机构转呈向大理院提请法律解释的情况统计

解释例号	律师公会	→	→	
1793	金华律师公会	浙江第二高等审判分厅	浙江高等审判厅	大理院
1936	北京律师公会	京师地方检察厅	司法部	

客观地说，在最高法院时期，律师公会或者律师职业群体参与法律解释活动的现象仍然十分普遍。这其中，比如解字第 1 号，即为 1927 年 12 月 15 日浙江绍兴律师协会直接向最高法院提起法律解释之情形。除此之外，这一时期律师公会参与法律解释活动的，还包括以下诸类情状：

最高法院时期律师公会提请法律解释情况统计

序号	机构名称	解释例号
1	浙江绍兴律师协会	解字第 1 号
2	云南昆明律师公会	解字第 10 号
3	上海律师公会(筹备委员会)	解字第 36、67 号
4	淮阴律师公会	解字第 41、86、96 号
5	福建厦门思明律师公会	解字第 53 号
6	吴县律师公会	解字第 69 号
7	江宁律师公会	解字第 70、90 号
8	广东澄海律师公会	解字第 80 号
9	丹徒律师公会	解字第 98 号

当然,与大理院时期不同的地方在于,最高法院时期律师公会或协会参与法律解释活动的情形,主要分为两种:一是律师公会或协会直接向最高法院提请法律解释的,如解字第 1、36、41、53、67、69、70、80、86、90、96、98 号,很显然,这是绝大多数的情况;二是律师公会或协会经由高等法院转呈向最高法院提请法律解释的,如解字第 10 号,这无疑是占较少数的情形。另外,最高法院所作的法律解释例文,也直接回覆至律师公会或协会,而不再如大理院时期,回覆至律师公会或协会所在的高等审判厅,由其转达。毫无疑问,这种变化反映出最高法院时期律师公会在法律解释活动中主体地位的上升以及职能的强化。

可见,现代司法机构的设置以及审级制度的确立,既为民国时期法律解释制度的实践配备了适格的主体,也为法律解释权的运行奠定了内在性的运行机制,进而确保民国时期法律解释权运行的合法性。与此同时,现代司法官及其职业群体的初步形成,为民国时期法律解释制度的运作提供了必要的人力资源,进而在保障法律解释权运行合理性的同时确保法律解释实践的质量与效率。

从整体上来看,要确保民国时期法律解释活动的顺利开展,保障法律解释权运作的水平,除需依赖合理的机制与人力资源外,还要取决于法律解释例文的生产者对制度性资源的合理而有效的吸收、采纳、加工与再造。"观乎一国法律制度发展的良窳,半赖于立法者、法学家的努力,而半恃于法庭能否善于运用其资源。"①那么,在民国时期法律解释制度运行的过程中,哪些资源(制度性与非制度性)是其所依赖和吸收的? 哪些资源又是其所采纳和改造的?

二、法律解释的规则——制度性资源

就一般意义而言,法律解释的对象乃是法律或者说法律规范,法律解释

---

① 黄源盛:《民初大理院与裁判》,台湾元照图书出版公司 2011 年版,第 48 页。

的基本任务则是要发现法律或者法律规范的真意,因而法律解释的过程从本质上来说往往又可以被看成是一个法律或者法律规范真意发现及其合法性论证的过程。① 一个有效的合法性论证,既需要选择妥恰的论证方法,也需要采纳合理的论证资源。② 因此,法律解释就必须要在遵循既有法律制度与法律规范的基础上,灵活有效地选择包括正式规则/制度与非正式规则/制度在内的一切资源,以期在特定法律解释方法的有效组织下,完善与夯实法律解释的合法性。然而民国时期,在法律解释的实践中,赖何齐备之法律,又于何处寻得有效之规则资源,才能得以确保法律解释权运作所需的制度性资源获致满足?

"中华民国建设伊始,宜首重法律。"③"国会开幕后,辟头第一事须研究一部好宪法。中华民国必有好宪法,始能使国家前途发展,否则将陷国家于危险之域。"④因为一部好的宪法乃"为立国之根本"⑤。然民国初年,政局浑沌,兵马倥偬,法制未备。针对此一时期法律几乎一片空白的现实,时任司法总长的伍廷芳于1912年3月呈文临时大总统孙中山,指出:

> 窃自光复以来,前清政府之法规既失效力,中华民国之法律尚未颁行,而各省暂行规约,尤不一致。当此新旧递嬗之际,必有补救办法,始足以昭划一而示标准。本部现拟就前清制定之民律草案、第一次刑律草案、刑事民事诉讼法、法院编制法、商律、破产律、违警律中,除第一次刑律草案关于帝室之罪全章及关于内乱罪之死刑,碍难适用外,余皆由民国政府声明继续有效,以为临时适用法律,俾司法者有所根据。谨将所拟呈请大总统咨由参议院承认,然后以命令公布,通饬全国,一体遵行,俟中华民国法律颁布,即行废止。⑥

事实上,孙中山也意识到:"编纂法典,事体重大,非聚中外硕学,积多年之调查研究,不易告成。而现在民国统一,司法机关将次第成立,民刑各律及诉讼法,均关紧要。"⑦因此面对伍廷芳的呈文,他在3月12日就将此文批转咨请参议院议决并指出:"该部长所请,自是切要之图,合咨贵院,请烦查照前情议决见复。"1912年4月3日,南京临时参议院就此项法律案作出决议并

---

① 参见谢晖:《中国古典法律解释的哲学向度》,中国政法大学出版社2005年版,第102页。
② 参见[德]卡尔·拉伦茨:《法学方法论》,陈爱娥译,商务印书馆2003年版,第31—32页。
③ 《孙中山全集》(第2卷),中华书局1982年版,第14页。
④ 《孙中山全集》(第3卷),中华书局1982年版,第5页。
⑤ 同上书,第2页。在《中华民国宪法刍议》一书中,王宠惠也认为:"宪法者立国之大本也。……必其宪法良好,国本稳定,乃足以自存。"王宠惠:《中华民国宪法刍议》,上海南华书局1913年版。
⑥ 《司法总长伍廷芳呈请适用民刑法律草案及民刑诉讼法咨参议院议决文》,载《临时政府公报》1912年3月24日。
⑦ 《孙中山全集》(第2卷),中华书局1982年版,第276页。

咨复政府：

　　本院于四月三日开会议决，佥以现在国体即更，所有前清之各种法规，已归无效。但中华民国之法律未能仓猝一时规定颁行。而当此新旧递嬗之交，又不可不设补救之法，以为临时适用之资。此次政府交议当新法律未经规定颁行以前，暂酌用旧有法律，自属可行。所有前清时规定之法院编制法、商律、违警律及宣统三年颁布之新刑律、刑事民事诉讼律草案，并先后颁布之禁烟条例、国籍条例等，除与民主国体抵触之外应行废止外，其余均准暂时适用。惟民律草案，前清时并未宣布，无从援用，嗣后凡关民事案件，应仍照前清现行刑律中规定各条办理，惟一面仍须由政府饬下法制局，将各种法律中与民主国体抵触各条签注或签改后，交由本院议决分布施行。①

　　可见，政权的新旧更替、政治大环境的诸多纷扰以及立法程序与立法技术上的现实困难②，都使得民初政府预设新法制的规划暂时延后，因而也就不得不继续沿用以清末修律为基础的六法体系，并使这一体系在此一时期得以进一步确立和发展。③ 如果把视野放得再宽一些，那么在面对如何处理晚清变法修律的法律遗产这一问题时，早在辛亥革命时期人们便已经意识到："各省光复，各省知旧刑律不能再用，江苏省议会，首先就资政院法典股之修正案（即《大清新刑律》），去其与共和国体抵触各条外，即用为暂行刑律。湘浙各省陆续仿之。"④袁世凯就任临时大总统之后，亦即以大总统之名义于1912年3月11日发布《暂准援用新刑律令》，指出："现在民国法律未经议定颁布，所有从前施行之法律及新刑律，除与民国国体抵触各条应失效力外，余均暂行援用，以资遵守。"⑤同月21日，针对各地"扰乱治安"的事件，袁世凯又重申："前经通令在民国刑法未公布以前，治罪之法，除与国体抵触各条外，暂行适用新刑律。嗣后各地方遇有此等犯罪行为，即按照新刑律各本条，分别审断。"同年4月3日，临时政府发布《法部通行京外司法衙门文》，正式公布新刑律删修各节，并要求京外各司法衙门遵照执行。⑥

---

①《参议院议决案汇编》（法制案），北京大学出版社1989年复印本，第119页；又可参见谢振民编著：《中华民国立法史》（上册），张知本校订，中国政法大学出版社2000年版，第55—56页。

② 例如，当时就有学者以宪法的制定为例指出，"其修正与变更需烦重之手续，用特别之机关，与一般法律迥然大殊"。吴灼昭：《宪法内容之商榷》，载《宪法新闻》第3期。

③ 参见曹全来：《中国近代法制史教程（1901—1949）》，商务印书馆2012年版，第90页。也有学者指出："在此新旧递嬗之际，亟需用法律来维护社会秩序。在各地民刑事件频繁发生，陆续新建立的司法机关无法可依、无章可循的情况下，有条件地援用清末立法中合乎时宜的内容，填补民国法制建设的空白不失为一时权宜之策。"周少元：《中国近代刑法的肇端》，商务印书馆2012年版，第219—220页。

④ 阙庵：《十年来中国政治通览·司法篇》，载《东方杂志》第9卷第7号。

⑤《临时政府公报》第1辑，北京临时政府出版，1912年3月11日。

⑥《临时政府公报》第2辑，北京临时政府出版，1912年4月3日。

"民国以来,虽因政体之变更,泰西法律思想之输入,法律演进程序中,稍稍起若干变化,然以政治之未能固定,朝野多沧桑之变,此起彼落,无暇计及法律之改进。故只草草危局,未见一宪法以昭入国人之目,未见一统一法典传布国人之耳。民法若亲属、继承等法规,且尚袭大清现行律而适用之。故民国之国体虽变,而法制未能焕然一新。"①因而这一时期法律解释所依赖的正式制度性资源,刑事法部分主要是由《大清新刑律》改造而来的《暂行新刑律》,民商事法规则主要援用的是现行律民事有效部分。对于此一局面,大理院在 1914 年上字第 304 号判例中还予以提醒和说明。该判例指出:"民国民法典尚未颁布,前清之现行律除制裁部分及与国体有抵触者外,当继续有效。至前清现行律虽名为《现行刑律》,而除刑律部分外,关于民商事之规定仍属不少,自不能以名称为刑律之故,即误会其为已废。"然而,新旧观念的更迭所造成的法规范应对社会生活的局促性,又迫使民初司法机关不得不以开放性的心态来处理其他的社会规则。这一现象在民事法领域表现的尤为突出。根据大理院 1913 年上字第 64 号判例的内容,"判断民事案件,应先以法律所规定,法律无明文者,依习惯法,无习惯法者,依法理",可以得出,除现行法规范之外,习惯法与法理都可以成为民初法律解释在实践中所可以采纳的制度性资源。与此同时,由于受当时社会本位思潮的浸泡与洗礼②,以及清末民初所开展的两次全国性民商事习惯调查运动的影响③,人们对于"习惯法"这一法源的认知,又往往将其直接等同于社会风俗或者社会习惯④,甚至直接认为"礼式及其他之风习规范等,于必要之际,亦均为法律之内容"⑤。因而在这一时期社会风俗习惯经常被纳入法律解释机制,成为其所需要考虑的重要因素或者制度性资源。

南京国民政府成立后,"所成之法,已有公法私法全部,追袭旧法之处固多,而若亲属、继承、行政以及最近在起草中之宪法,已几全越旧蹊径,皇然巨

---

① 吴经熊:《十年来之中国法律》,载吴经熊:《法律哲学研究》,清华大学出版社 2005 年版,第 88 页。
② 有关这一思潮的内容及其对民初法律生活的影响的细致论述,可参阅孔庆平:《改造与适应:中西二元景观中法律的理论之思(1911—1949)》,上海三联书店 2009 年版。
③ 清末民初开展的民商事习惯调查,其中的目的之一,就是为了解决司法审判中法律缺损而社会习惯又不能尽知的局面。例如,奉天省高等审判厅厅长沈家彝在 1917 年给北洋政府司法部关于民商事习惯调查的咨文中就曾指出:"奉省司法衙门受理诉讼案件以民事为最多,而民商法规尚未完备,裁判此项案件,于法规无依据者多以地方习惯为准据,职司审判者苟于本地各种之习惯不能尽知,则断案即难期允偿。习惯又各地不同,非平日详加调查不足以期明确,厅长有鉴于此,爰立奉省民商事习惯调查会。"参见《民商事习惯调查录》,载《司法公报》第 242 期,第 2 页。
④ 有学者对民初大理院在不同年份的判例中关于"习惯"和"习惯法"的用法进行比较后认为,从大理院在民国初年制定民法前的用语来看,"习惯法"与"习惯"是互通的。参见公丕祥主编:《民俗习惯司法运用的理论与实践》,法律出版社 2011 年版,第 53 页。
⑤ 欧阳溪:《法学通论》,陈颐勘校,中国方正出版社 2004 年版,第 70 页。

帙,不可谓非我国法律史中一重大演变之革命时期。"①然法制状况虽大为改善,但国民政府仍然在其《民法》总则的第 1 条规定:"民事本法所未规定者,依习惯,无习惯者,依法理。"那么,何谓"习惯",又怎样来理解这里所说的"法理"呢?

就"习惯"而言,尽管当时人们在理论上就法律与习惯的关系持不同的态度②,但一般来说都将其等同于社会风俗或者社会习惯。③ 例如,根据朝阳大学法律科所编《刑事诉讼法》讲义中的内容表述可知,该书编者有关"习惯"的理解无疑是将其与社会风俗习惯相等同的。该讲义指出:"解释刑事诉讼法,须与刑事诉讼法之立法意旨相同:……(2) 法律认有行为而无手段时,其手段应不背公之秩序、善良风俗;(3) 如不背公序良俗而又不违背法律时,宜从简捷方面解释之。"④与此同时,这一时期法律解释的实践中同样也是将其等同于社会风俗习惯的。比如,1939 年 7 月 17 日司法院指令湖南高等法院的院字第 1897 号解释文指出:"解释意思表示,应探求当事人之真意,不得拘泥于所用之辞句,民法第九十八条定有明文。地方习惯,自足为探求当事人真意之一种资料,如果该地习惯,出典不动产多书立卖契,仅于契尾载有原价到日归赎,或十年、二十年期满听赎等字样,则除有特别情形,可认为当事人之真意。别有所在外,自应认为典权之设定,不能拘泥于所用卖契之辞句,解为保留买回权之买卖契约。"又比如,在 1941 年 1 月 24 日训令浙江高等法院的院字第 2117 号解释文中,司法院认为:"民法第一条规定,民事法律所未规定者依习惯,是法律已有规定者,除有如民法第七百八十四条第三项等特则外,自无依习惯之余地。出典人于典期届满后,经过两年不以原典价回赎者,典权人即取得典物所有权,既于民法第九百二十三条第二项设有规定,同条文又未定有先从习惯之特则,虽有三十年内得回赎之习惯,出典人亦不得依以回赎,至民法第九百十三条,不过禁止典期不满十五年之典权,附以到期不赎,即作绝卖之条款,违者仍得于典期届满后二年内回赎,不能据此即为民法第九百二十三条第二项之规定,限于典期满十五年者始得适用。"

尽管从相关的理论表述与法律解释的实践来看,此时习惯与社会风俗乃是相等同的,但需注意的是,这里所称之风俗习惯,无疑应当符合社会公序良

---

① 吴经熊:《十年来之中国法律》,载吴经熊:《法律哲学研究》,清华大学出版社 2005 年版,第 89 页。
② 例如,胡汉民认为,"我国的习惯坏的多,好的少。如果扩大了习惯的适用,国民法治精神更将提不起来,而一切政治社会的进步,更将迁缓了。"因此他认为,根据立法的情况,应当把习惯看成是法律的补充,而不能使习惯与法律具有同等的地位。更多论述参见胡汉民:《胡汉民先生文集》第 4 册,"中国国民党中央委员会"党史委员会 1978 年出版,第 848 页。彭时则认为:"习惯于社会组成期则有利,于社会发展期则有害。我国新民法定于革命政府之下,含有不因袭古代成规的改造性,正应该将数千年来封建社会所残留的万恶思想习惯一举廓清。"参见彭时:《新民法与民生主义》,载《法律评论》1930 年第 374 期,第 18—22 页。
③ 刘志敫:《论习惯法上的习惯之效力》,载《法律评论》1933 年第 521 期。
④ 朝阳大学编辑:《刑事诉讼法》,吴宏耀、种松志点校,中国政法大学出版社 2012 年版,第 9 页。

俗的基本要求。有关这一点,《民法》第 2 条即明确示之:"民事所适用之习惯以不悖于公共秩序或善良风俗者为限。"与此同时,吴经熊对此也曾有论述。他说:"习惯为民间自然之产物,民间共同生活意志之所趋,其果无背于善良风俗公共秩序,亦何由而不予采用。盖法规之条文有限,规定或有所未尽,援民间已成之习惯而为适用,不特法律趋社会化,抑足与事实经验上有丝丝入扣之妙。"①除此之外,在 1928 年 12 月所拟定的"民法总则编立法原则草案"中有关"习惯"的说明里更是有完整之体现。换言之,这份由胡汉民、林森、孙科等委员所起草的立法草案,对于民法总则的立法理由,在说明书中一共列举了四点,其中的第一点便阐述了"习惯的地位及习惯适用的范围",指出:"习惯之效力,欧美各国立法例本自不同。我国幅员辽阔,礼俗互殊,各地习惯,错综不齐,适合国情者固多,而不合党义违背潮流者亦复不少,若不严其取舍,则偏颇窦败,不独阻碍新事业之发展,亦将摧残新社会之生机,殊失国民革命之本旨。"故而,"此编根据法治精神之原则,定为凡民事一切须依法律之规定,其未经规定者,始得援用习惯,并以不背公共秩序或善良风俗者为限"②。

的确。"究竟所谓习惯者当为何等习惯?其内容应为何?应如何构成方'不悖于公共秩序或善良风俗?'而'公共秩序或善良风俗'之标准与出入,又不能因时因地而无异。凡此皆为法学上习惯法问题之各方面,而向为各学派所孜孜论辩者也。兹以言之冗长,姑不具述。要之'习惯'者固莫不先于当地之'风教礼俗',逐渐形成,而为社会共同信守之规范。及其既为规范,法律乃因事势之要求,认许其有法律的效力,于是习惯遂成为法律中习化的成因焉。"③当然,也正是因为此,民国法律解释实践大量吸收习惯这一社会法资源,以夯实法律解释的合理性。

就"法理"而言,其所谓何,则有不同的认识。例如有学者指出:当"有些问题,其起因并不在法律之不明不定,而实在法律之不完备,于是法庭所要应付的问题,不是解释现行的法律,而是适用一种公道的原则,换句话说,就是在斟酌情理和事势,下一公平的判决。……法庭适用法理判案的时候,也就是一个产生新法则的程序。"④很显然,这种有关"法理"的理解,是将其等同于"情理和事势",其适用的目标乃是获致一个"公道"或者"公平"的判决。也有学者认为:"我国民法第一条所谓'法理',也就是指自然的法律原理而言,审判官有予以援用之义务。在实证法的文义晦涩,解释发生疑义时,亦不

---

① 吴经熊:《十年来之中国法律》,载吴经熊:《法律哲学研究》,清华大学出版社 2005 年版,第 90—91 页。
② 谢振民:《中华民国立法史》(下册),中国政法大学出版社 2000 年版,第 755—756 页。
③ 赵之远:《法律观念之演进及其诠释》,载吴经熊、华懋生编:《法学文选》,中国政法大学出版社 2003 年版,第 267 页。
④ 周鲠生:《法律》,载程波点校:《法意发凡——清末民国法理学著述九种》,清华大学出版社 2013 年版,第 67 页。

能不以自然的法律原理,为其解释之准据。"①那么这意味着,所谓的"法理"乃是一种"自然的法律原理"。在《法律观念之演进及其诠释》一文中,对于何所谓之"法理",赵之远同样也有分析:

> 虽法理二字,解释之者不一其辞。惟既称法理,不固仅指所已规定之法律之原因而已,盖已规定之法律之原理,有时纵有待于解释而阐明之,要不外为其所内在,所固有。若仅指此,则又何必更进一步而规定之曰"……无习惯者依法理",或如《瑞士民法》《土耳其民法》而又各有第三项类似之规定耶?从可知"法理"与"学说"似当另有所指,而"法理""学说"之研讨与记载不外乎关于法律学说与法律思想之重要著述。……法学上之重要著述,对于各时代法律之形成与推进,其贡献实非浅少。而此种法学著述又必有所自来,举凡其时其地之风教礼俗、法律制度、法院判例、法律学说等皆足以为其参考之对象。于是抉择考较,析疑明微,而终于推陈出新以成某一部分之权威的名著,而渐成为法律上习化的成因也。②

也正是有关"法理"的认识具有多样性,因而造成法律解释实践中,法源规则资源的多元性。例如,统字第 794 号解释文,就将"法理"开放性的理解为"条理"或者"条例"。该解释文指出:

> 本院按绝产应归国有,律有明文;而继承人未确定之遗产,应归何人管理,则毫无规定,自应依律无明文适用习惯,无习惯适用条例之原则,以为解决。查中国家族主义发达之结果,此种遗产,自有其家长家族或亲戚为之管理,实际上不生争论,自乏习惯可资依据,而以条理言,此等财产,本暂时所有人不明之财产,除法律有明文外,亦无当然应认其为法人之理,惟若任其散失,不独有害其应继人及厉害关系人之利益,而且影响于国家之经济,司法部认为应照内务部来文比照处置敌国人民条规,由该管地方官厅保管,虽于解释条文,有未尽尤洽之处,而县知事本于其保护人民之职责,此项遗产,自应依利害关系人之声请,或迳以职权自行保管,或以自己责任派人管理;又此项财产,既未便即认为法人,则在此保管期间内,保管人只能为一切保存行为,若迳予处分及起诉受诉,自属无权。

从民国时期法律解释的实践来看,有关法律解释的制度性资源及其结构状况,除上述所举之情形外,还包括以下这些解释例文:

---

① 梅仲协:《法律论》,载程波点校:《法意发凡——清末民国法理学著述九种》,清华大学出版社 2013 年版,第 589 页。
② 赵之远:《法律观念之演进及其诠释》,载吴经熊、华懋生编:《法学文选》,中国政法大学出版社 2003 年版,第 267—268 页。

民国法律解释中有关规则—制度性资源的引用情况统计

质料	解释号	解释内容
习惯	统字第101号	"本院细察番地情形并详核该条款,其中自不无应行修改之处,惟在未经修改以前,番地民情风俗,迥异内地,自不能一律绳以新律。……"
	统字第129号	"查各级审判厅试办章程第七十七条规定,原告被告之亲属,不得为证人或鉴定人,浑言之曰亲属,并未缕举,殊涉疑义,依诉讼法通例关于拒绝证言之亲属,其范围自不能与刑律总则文例之亲属范围相同。查该章程颁行在新刑律施行以前,此条立法原意,实本旧律亲属相为容隐条推阐而出,旧律此条虽因新刑律施行已失效力,然在诉讼法未经颁行以前,凡旧律斟酌习惯之规定,为现行法所未备者,仍可以资参考,兹据旧律定亲属之范围如左。凡同居若大功以上亲及外祖父母外孙、妻之父母、女婿、若孙之妇、夫之兄弟及兄弟妻,有罪相为容隐,雇工人为家长隐者,皆勿论。(亲属相为容隐条)……"
	统字第147号	"查国家在私法上之地位,与个人同。故凡公款存放商号生息,如遇商号因亏倒闭,自应受破产法规(前清破产律,已于前清光绪三十三年十月二十七日废止,故现遇破产事件,均依破产条例及习惯法则以为判断,所谓破产法规者,即指破产条例及习惯法则而言)之限制,不能较其他债权人有优先权。……"
	统字第623号	"查亲族会之组织,现行法上并无规定,自应根据习惯办理,无选定指定之可言。"
	统字第919号	"……倘甲本非业主,系由丁与之串通,侵害戊之权利时,按照本院判例,得本于不法行为指原则,对甲及丁请求交房及赔偿,如该地方有铺底习惯,而丁之营业亦有铺底时,则其营业移转,与租房之关系,仍应查照习惯办理。"
	统字第1302号	"……第三问题,使用租借,主若未依法(习惯法在内)解约,自不得妨害租户之使用,故改建房屋,碍及使用时,应得租户同意,经同意改建后,租约是否可认为已有变更或原约未改,只应否增租及增加若干,发生争议,则应解释当事人立约及其后同意时意思为断。碍难为抽象之解答。惟如果增租数额,当事人间意思无可解释,自可斟酌因改建增加之利益,由审判衙门判断适当之租款。……"
	统字第1354号	"……惟子婿对岳父有无赡养保护之义务,现行法尚无明文,如果查明该地方习惯法则,认有此项义务,则丙不将丁告甲,自系不作为犯,应即分别处断;否则按照刑律第十三条第一项前段及第十条,尚不为罪。"
	统字第1380号	"查乙既出立凭单交甲,代为借款,如不能证明甲无收受借款之权限,自不能以甲携款潜逃而对抗债权人拒绝偿还之理由,至当地照票之习惯,是否与此凭票借款之情形相符,本院无凭臆断。"
	统字第1781号	"查商人破产,如该地方有特别习惯法,自应先于一切条理适用;其前清已废止之破产律,仅有时得作为条理;至本院现行判例,虽不认有反对之条理存在,惟已有习惯者,仍应先适用该习惯法。"
	院字第536号	"按在他人土地上建筑房屋,其所生法律上之效果,当视契约之内容分别认定,如为不定期之租赁关系,在所有人自可随时终止契约,若该地有利于承租人之习惯,固可继续租赁。但依民法第四百四十九条之规定,其续租期亦不得民法施行后更逾二十年。至建筑房屋存在与否,只为解约时应否偿还有益费用之问题,与租赁期间无涉。惟在存续期间之内,若因经济状况发达,所有人得以请求增加地租,自不待言。如为地上权,则其撤销原因,以有民法第八百三十六条之情形为限。不因工作物之灭失而消灭。但地上权人亦不得藉口该地习惯,对于使用之土地而主张所有。"

（续表）

质料	解释号	解释内容
习惯	院字第1216号	"……（三）轮船中舱饭业两部船员，因习惯关系，不给薪金者，倘有死亡，亦应依习惯办理。如习惯系以其按月所得之利益作为其薪金，则得依海商法第六十七条，按其每月所可得之利益，自死亡之日起比例加给，否则不得适用该条例之规定。"
	院字第1222号	"（一）该省习惯，对期借约，届期付清利息，双方当事人既均认为继续借贷，则于届期付清利息之时，新契约即成立，自不发生时效问题。……"
	院字第1259号	"（一）商人通例施行前，旧已行用之商号，依商人通例施行细则第九条第一项规定，原不适用商人通例第十九条之规定，故在商人通例施行前，习俗相沿，互相仿用他人创设之商号，其牌号上既添附有某记字样，以示区别，数家共同呈请创设注册时，应视为不同一之商号。……"
	院字第1348号	"支票限于见票即付，有为相反之记载者，依法固属无效但不因此记载，即失其支票性质，况商习惯上所谓验根付款，并非为相反之记载，不得因此而即谓非见票即付之支票。"
	院字第1410号	"依民法第一条之规定，须法律无规定者，始适用习惯。……"
	院字第1588号	"（一）依照田地绝卖留赎之习惯，互订契约，既于出卖之外，载明留赎字样，并酌留价金，仍许加找，则推究其立约真意，自应认为典权之设定。……"
	院字第1658号	"合资营业互相订立之合同，系以出资之股东为主体，经理并未出资，又非以劳务代资本，自不能认为订立合同之合伙人，纵习惯上有将经理分红事项载明于合同之内，由经理签名另执一纸为据，亦与合伙之本质无关，不适用印花税法第七条之规定。"
	院字第1819号	"（一）普通商业，按照习惯于年中三节清账，即系以节期到来，为债权人得请求给付之时，债务人如经催告未为给付，应自受催告时起，负迟延责任。……"
	院字第1950号	"……（五）租赁之房屋，因天灾或其他事变致全部灭失者，依民法第二百二十五条第一项、第二百六十六条第一项，出租人免其以该房租与承租人使用之义务，承租人亦免其支付租金之义务，租赁关系，当然从此消灭。惟当事人间订有出租人应重盖房屋租与承租人使用之特约者，从其特约，该地方有此特别习惯，可认当事人作为契约内容之意思者，即为有此特约。……"
	院字第2205号	"……（三）民法物权编施行法第十五条所谓旧法规系指清理不动产典当办法而言，依同办法第九条应从各省单行章程或习惯办理者，即指该章程或习惯而言。"
	院字第2238号	"……如该地方有许承租人出顶其利益或优先承租之习惯，可认当事人有以此为契约内容之意思者，即应按照习惯办理。"
	院字第2479号	"租赁房屋未定期限者，不问承租人支付租金有无迟延，出租人皆得依民法第四百五十条第二项之规定，随时终止契约，但有利于承租人之习惯者，除有反于习惯之特约外，出租人须依民法第四百四十条或其他之规定有契约终止权时，始得终止契约。……"
	院解字第3743号	"来文所称之田面权，如系支付佃租永久在他人土地上为耕作或牧畜之权，自应认为永佃权而为该项权利之登记，田面权人得不经田底权人同意而将田面权出租之习惯，虽与民法第八百四十五条之规定不合，亦仅不得依以排除同条之适用，其田面权仍不因此而失其永佃权之性质。……"

(续表)

质料	解释号	解释内容
惯例	统字第607号	"使用官山如无特别章程**惯例**,乙葬距甲祖墓果有丈余,刑事自不为罪,民事亦非侵权。"
	统字第1041号	"查继子如合于兼祧条件,亦许兼祧;亲属会议,虽无择贤择爱之可言,而体察死者之意思,根据从前之事实,如承继最先顺位,本因其先代之关系确系与之素有嫌怨,则立次顺位者,亦无不可;至亲族会议,有利害关系参与争讼之人,固应回避,惟系族长房个人应回避时,可令根据**惯例**,另行公选代表与议,若应行回避情形一方或两方,均涉及全房之族众,即系会议不能成立,自可由审判衙门依上开例,秉公酌定。案经判决确定,发交执行者,执行衙门亦可亲自召集会议,或亲临监场,以完程序。"
条理	统字第52号	"……本院查贵司令官所开戒严法疑义二则,皆得于现行法规或**条理**上求其根据……"
	统字第67号	"本院查高等审判厅以下试办章程所称及时判决,自应认为缺席判决,其对于此种救济之法,本无明文规定,自应斟酌**条理**,便利诉讼之进行。本院判例,认为应准声明窒碍,庶于审级之利益,及当事人之利便,得以维持,至声明窒碍,亦为一种之不服声明,故期间即准用上诉期间,所有详情概于本院民事判决二年上字第九十九号及决定第十二号、第十三号及本院覆湖北高等审判厅呈文内叙及。"
	统字第68号	"查现行法律关于缺席判决之程序,并未详晰规定,自应斟酌**条理**,以便诉讼之进行。……"
	统字第77号	"民事上告案件,应照本院第十二号通告办理,惟此项通告,转指对于本院上告者而言,高等以下上诉事件,民诉法尚未颁行,仍依试办章程,至民事抗告,试办章程有规定者,自可适用,否则斟酌条理,采用民诉法意亦可。"
	统字第171号	"查本院判决例,凡参与辩论人,若以审判长所发指挥诉讼之命令,或审判长及陪席推事之发问为违法,有所不服者,应自向该审判衙门声述异议,即由该审判衙门以绝对裁判之,不许遽行声明抗告,至于审判衙门,因指挥诉讼所为分离合限制,或终止辩论之决定,如有不服,亦只能径向审判衙门声请其自行依法撤销,又证据决定,审判衙门得自行撤销或变更,而当事人亦可声请其撤销,并本于新辩论声请其变更,惟均不许遽行抗告,凡此诸端,皆本院依据**条理**,对于诉讼法则之解释,意在限制抗告,以图诉讼进行之迅速。此外依诉讼法条理,苟有可以认为绝对不许有抗告程序之件,即限制之亦无不可。惟现在尚乏其例,至来咨第一款所述抗告程序,正合现在办法,惟抗告审衙门,直接收受抗告状办法,仍应参照本院二年咨送各省上告注意事项中第八条之说明。……"
	统字第206号	"现行法无死亡宣告制度,然失多年,不知下落之人,**条理**上自应斟酌办理,故如甲走失无纵,又无子嗣,则其妻因生活必要处分财产之行为,自系有效,但对手人若知其下落,即系恶意,某甲归来,可主张撤销。"
	统字第416号	"本院按再审条件,现在虽无明文规定,但民事诉讼律草案中,关于再审各条,应认为**条理**援用,屡经本院判例说明并解释在案,上告案件,未经将上告状送达被上告人取其答辩,以办程序论,诚属疏漏,然以此即作为再审原因,则恐诉讼当事人转藉为拖延诉讼之计,于审理中延不答辩,判决后又复藉口请求再审,实于诉讼进行大有阻碍,似不应认此为再审原因为宜。"
	统字第423号	"当事人亡故,若本无代人,诉讼程序即行中断,上诉期间至继承人或其妻等继受诉讼时止,暂停进行,民诉草案详定,可参照其**条例**办理。……"

第二章　民国时期的法律解释权　137

(续表)

质料	解释号	解释内容
条理	统字第1301号	"查预立卖契,为期满不赎,即行作绝之准备,显反于普通民事条理不许流质之原则,自非有效。"
	统字第1589号	"查俄国旧国家现已消灭,新国家尚未经我国承认,其所制定之法律,自均难认有法之效力,凡关于俄国人之诉讼,除其住所或居所地在中国或他国领域内,应依法律适用条例第二条第二项办理外,其依法律适用条例,原应适用俄国法律者,应斟酌各该地方新旧法令,作为**条理**采用。"
	统字第1864号	"查普通审判,籍依民事诉讼条例第十五条,应依住址定之,住址之意义为何,在现行法令尚无明文规定,按**条理**言之,应以有永居之意思而住于一定之处所者,认为住址。……"
	统字第1887号	"……至养子女婿亲女酌分标准,在现行律无可依据,而依条理言,自应较少于应分人数均分之额,又妻(即守志之妇)于夫死后,得就其自己生活情形及遗产状况,请求养赡财产。"
	统字第1945号	"查条件系以制限法律行为之效力,按诸**条理**,自应以未来不确定之事实为其要素;如代电所述,既系确定的不能成就之解除条件,自应视为无条件,但不影响于契约之效力。"
法理	统字第8号	"……四、按**诉讼法理**,亲告罪若无代行告诉人时,管辖检察厅检察官得因利害关系人之声请,指定代行告诉人,若无利害关系人声请,检察官亦得以职权指定之,故此等情形,只须由检察官指定一人(例如发觉该儿童之巡警)为告诉人,即可受理。……"
	统字第17号	"查抢夺路行妇女,即为强暴胁迫略取妇女之行为,按诸暂行新刑律应构成第三百四十九条之略诱罪,至被抢妇女以外之人,因惊致病身死,**在法理上**不得认为与抢夺行为有相当之因果关系,……"
	统字第35号	"刑律二一四条第二项之业务人,**依诉讼法理**,不能用诉讼代理人。"
	统字第44号	"试办章程五八条三项早经编入编制法,为第十九、二七、三六各条,至各该条所称按照法令抗告,现行法上尚无限制明文,故凡依明文或法理所为之决定命令,除如指挥诉讼等,依据法理惯例,碍难准其抗告者外,余均应受理。……"
	统字第97条	"查华买办如系提起反诉,查明**合于反诉法理**,专就我国法律言之,自应一并由该厅受理。"
	统字第1049号	"……该案僧人甲系公庙之主持,当然为该庙之代表,因学董呈请将庙产改变用法,以其未为合法,请县**谕理**,自系民事诉讼性质,无论有无理由,均应受理其诉讼及上诉,依法审判,如认为权利不为侵害,固应驳回请求,反是法律上侵害事实,时亦应判令该学董设法声请更正行政处分,或迳行回复原状,赔偿损害,要与直接撤销行政处分不同,至行政法规,不特其中关于私权之规定,司法衙门应予适用,其为解决讼端前提之事项,引用尤属数见不鲜,该案改变庙产一部为学校,固属行政处分司法衙门毋庸过问,而呈请人之行为,是否侵害庙之权利,自应调查事实,**审按法理**,依管理寺庙条例第十条及第十一条,予以判断。"

(续表)

质料	解释号	解释内容
法理	统字第1050号	"查甲因妻乙常住母家,气愤将乙强卖于丙为婚,既非图利,自应按照刑律补充条例第九条第一项,依刑律第三百四十九条第一项处断,至刑律第三百五十五条第二项,固谓被和略诱人与犯人为婚姻者,非离婚后其告诉为无效,显指被诱拐后与犯人为婚者而言,其被诱拐以前之婚姻,并不受该项之限制,乙对于甲,亦可告诉;又**依民事法理**,凡买卖为婚,并无婚书或财礼,亦与以妾为妻不同者,均不生婚姻效力,本案自不能论乙以重婚罪,不过甲卖乙后,乙当然可与离异。"
	统字第1168号	"查就法理言之,银行经国家许可发行之兑换券,原为一种无记名债权,对于持有该券人,应有按照券面支付现款之责,纵今后因停止兑现,该券在市场价有涨落,视同货物,而该银行对于持券之人,要无由免除责任;至发行兑换券,如果系在券价低落之后,亦应按照发行当时价格,负支付现款之责。总之银行无论何时,皆为其发行兑换券之债务人,不能自视为货物,此不易之原理也。……"
	统字第1285号	"查因当事人过失不许提起再审之**法理**,本院早经酌予变通,送上油印判词一份,希查照办理可也。"
	统字第1286号	"乙如于受托后起意吞没卖价,系帮助贩烟及侵占,应论俱发,如以吞没意思,担任代卖,系帮助贩烟及诈财,应从一重处断,均与民法不当利得**法理**尚无抵触。"
	统字第1373号	"查声明再议期间内及再议中,得按其情形,停止撤销,押票扣押,及保管处分,固可不待明文规定,参用刑事诉讼律草案第二百八十七条法理办理。……"
	统字第1404号	"查现在关于破产,虽无法规,然依照一般破产法理,诉讼费用,应就破产财团优先受偿。……"
	统字第1706号	"查所称情形,如果属实,应由第二审衙门依法院编制法第四五条受理后,参照刑事诉讼律草案第三八七条、第三三八条第二款、第三三九条第一项第二款、第三四六条第二款**法理**,以裁判确定为理由,判决免诉。……"
	院字第780号	"……(六)共同财产制,依民法1039条之规定,即系夫妻共同财产因一方之死亡而分割,就共同财产中除其半数归属于生存之地方,方为死亡者之遗产,按此遗产依法继承,在亲属、继承两编法理上,本属一贯,适用上并无差异。"
	院字第1174号	"(一)民法亲属编施行后所发生之废继事件,既无法律可资援引,即应依民法总则第一条以终止养子女收养关系之法条,作为法理采用。……"
	院字第2235号	"抵押权人依民法第八百七十三条之规定,声请法院拍卖抵押物,系属非讼事件,业经院字第1556号解释在案。关于此项声请之裁定,是否得为抗告,现在非讼事件程序法未经颁行,尚无明文可据,惟按诸法理应许准用民事诉讼法之规定提起抗告。此项裁定,仅依非讼事件程序之法理审查强制执行之许可与否,抗告法院之裁定,亦仅从程序上审查原裁定之当否,均无确定实体上法律关系存否之性质,故此项裁定,于债权及抵押权之存否无既判力,当事人仍得起诉请求确认。"

(续表)

质料	解释号	解释内容
法例	统字第12号	"……三、选举诉讼既准用民诉程序,如依现行民诉法例,应为缺席判决时,自可照办。……"
	统字第13号	"试办章程被告人有上诉权之规定,因与其后颁布法院编制法第九十条第一款规定相抵触,依后法胜于前法之例,当然失其效力,被害人应无上诉权,但得向检察厅申诉。……"
	统字第619号	"……引律错误或解释异例之裁判,不能请求再审,在刑事对于违法判决,虽得提起非常上告,民事通常案件则不之许,此各国立法例所通同也。"
	院字第412号	"被继承人死亡之日,在全国第二次代表大会关于妇女运动决议案发生效力以前,既无亲子又未立嗣,依当时法例如无同宗应继之人,其财产应归亲女承受。"
	院字第421号	"……(二)现行法例,赘婿不得承继宗祧。……"
	院字第1484号	"户籍法第三十一条第一项所规定之声请登记义务人,如为未成年人或禁治产人者,若无法定代理人,或其他法定代理人不能行使代理权,而并无从产生合法之法定代理人时,自可依民事诉讼选任特别代理人之法例,由户籍机关依职权或声请为之制定声请代理人。"
规例	统字第671号	"……第九问题,刑诉草案未经颁行部分,其与现行法无抵触者,不能禁当事人不主张,至于援用与否,仍由审判官斟酌现行规例办理。"
通例	统字第174号	"诉讼通例,亲告罪被害人亡故,得由亲属告诉,但不得与被害人之意思相反。希参照刑诉草案。"
	统字第619号	"……引律错误或解释异例之裁判,不能请求再审,在刑事对于违法判决,虽得提起非常上告,民事通常案件则不之许,此各国立法例所通同也。"
判例	统字第252号	"依本院判例,应以窃盗著手未遂论。"
学理	统字第50号	"……况施打行为,三百零七条中并无明文,尤不能强谓之包括刑律三百零七条,乃对于一般贩卖违禁药品之普通规定,而该条例乃对于药品中之吗啡,专设禁止并处罪之特别规定,且其行为又不仅限于贩卖也。贩卖吗啡,谓之一行为触犯二法条,即学者所谓想象上之俱发罪,则可谓为专触犯刑律三百零七条,而置前清现行刑律条例于不顾,则不可。故此项犯罪,仍应适用前清现行刑律条例及暂行新刑律施行细则办理。"
事例	统字第51号	"查本院现行事例,凡共同被告人中有一人经上告审认为原审判衙门对于该上告人之判决,限于适用法律错误或公诉不应受理之两条,不能不撤销时,则凡未上告之共同被告人,亦受利益之影响,对于各该被告人之判决部分,当然可以一并撤销。……"

很显然,从以上梳理的情况来看,习惯、条理与法理,这三者在民国法律解释的实践中,是论证法律解释合法性、合理性、正当性的主要制度性资源。究其原因,自然与"民事法所未规定者,依习惯,无习惯者,依法理"这样的规范性表述有着密切的关系,同时也与人们对于何谓法理、何谓条理的多元化、

开放性理解有关。①

理论上对于"法理"和"条理"以及两者之间关系的不同认识,不仅使得人们对于民国时期法律解释实践中的法理因素和条理资源难以清晰地区分开来,而且也使得民国时期的法律解释实践在有的时候也往往将这两种制度性资源不加区分地加以运用,从而进一步加剧这两者之间的模糊性以及再次加重对这两者予以区分开来的难度。但无论如何,作为一种制度性资源的"条理",它在民国法律解释实践中的重要地位,则是毋庸置疑的。有关这一点,居正在"司法党化问题"一文中有类似之看法:

> 民国后,在十八年(1929年)民法未颁布以前,除一二部分外,支配人民法律生活的,几乎全赖判例。而判例所依据的,在北洋政府时代,除极小部分沿用大清律外,大部分均系依据条理。国民政府成立后,大清律与北洋时代判例一律推翻,法官裁判所依据的,除条理和学说外,更无他物,可知中国之司法,向来已经取得创造法律之权威。即在近来民刑各法制定以后,法律虽较前大备,而《破产法》尚未制定,《土地法》亦未施行,其他虽有法典而因制定程序匆促多有草率而不完备之处,百孔千疮,除依赖司法官之立法外,决不能使法律生活得到圆满。②

与此同时,从民国时期法律解释的实践来看,论证法律解释合法性、合理性、正当性所采纳的制度性资源有的时候也不仅仅只是单一性的,而往往会是综合性的。也就是说,在同一个法律解释例文中,法律解释机关会同时采纳"法理"与"事例""习惯"与"条理""判例"与"惯例"等制度性资源,来共同强化法律解释的合法性、合理性与正当性。这些解释例包括:

民国法律解释例文中有关制度性资源混合采纳的情况统计

序号	解释号	内容
1	统字第710号	"查本院历来成例,凡主张审判上和解系有无效或可以撤销之原因者,得迳向原销案衙门声请继续审判,该衙门于审判本案之先,并应就其主张之无效或可以撤销之原因,予以调查;如认所称不实,即可判决驳回,毋庸再就本案审判,当事人对于此项判决,亦当然可照常例上诉,至审判上和解之成立,并无必须裁判之明文,私权处分,本应尊重当事人意思之自由,亦无应经裁判之法理,该项批谕,当系代替记明笔录之意,自可驳斥抗告,并指令按照上开事例办理。"

---

① 关于"条理"与"法理"之间的关系,有学者认为两者意义不同:"法理"是"客观的正当法理",而"条理"则是"主观的自然道理"。参见黄右昌:《民法总则诠解》,台湾1960年自版,第64页。那么,何谓法理? 何谓条理? 不同的表述,可详见胡长清:《中国民法总论》,商务印书馆1934年版,第32—33页。也有认为两者的意义相同:"条理,有称之为'法理'者,系指自法的根本精神演绎而得的普遍理则。"黄源盛:《民初大理院与裁判》,台湾元照图书出版公司2011年版,第154页。

② 居正:《司法党化问题》,载居正:《法律哲学导论》,商务印书馆2012年版,第39页。

(续表)

序号	解释号	内容
2	统字第912号	"查本院统字第228号解释所称审判衙门,可酌用准禁治产条理予以立案等语,系指各该地方关于保护心神耗弱人等或浪费子弟,向有呈请司法衙门立案之惯例者,亦可由该地方审判厅为之布告立案,此项布告,不过公示证明该声请人所述被保护人有应受保护及由何人为保护之事实,审厅接受此项声请,自应讯明声请人保护人被保护人及其他利害关系人,足认所请均属实情,并查核保护人及应受保护之事项,是否合于法律或习惯法则所认,然后为之公证,而以布告形式表示意思,究其效力,不过一种公之证明,并非以确定裁判可以执行,即与各国良法准禁治产之制不能盡合,关系人如以所证为不合事实法理,自得依照常例以诉讼(确认之诉)或抗辩主张自己应有完全处分财产之能力,或不认自称保护者,有合法之资格,或取得资格之事实,审判衙门查明所属实,则依公证书得举反证之例,仍应判归胜诉,检察官固有维持公益之责,惟在准禁治产制度有明文采用之先,对于此等证明方法,似尚毋须参与此种办法,系因法无明文,参酌旧惯,权宜处置;如果实际并无此等惯例,则但认事实上之保护人为合法,被保护人未得同意,其担负义务之行为,仍准撤销,即足贯彻保护上开人等之本旨,至于精神病人,须由其保护人代为法律行为,否则全然无效,如有惯例,亦准立案,其理与上述各节正同。"
3	统字第1044号	"……来文又谓过户即我国现行土地所有权移转之制,亦属错误;据本院判例,除关于赠与行为有特别例外外,移转不动产所有权,依我国一般惯例,应以双方正式立据为已足,其是否过户及移转占有,本可不问,故以处分行为为方法,窃盗他人土地者,一经正式立据出卖,即应成立犯罪者。……"
4	统字第1532号	"查商人破产,除先依地方特别倒užíva办理外,亦可适用破产条理,至破产程序之裁判,在审判衙门认为有必要时,自得经言辞辩论为之。"
5	统字第1983号	"查本院历来判例,认合伙债务,除由各合伙员按股分担外,合伙员中有资力不足清偿其分担部分,尚应由他合伙员代为分担者,盖以合伙为公同业务,合伙债务非单纯合伙员各人之债务可比,原应由合伙员公同负责,苟合伙员有不能清偿其应摊债务,即属合伙之损失,依公同分配损益之原则,自应责令他合伙员,代为分担,唯此项条理,并无强行性质,如有特别习惯,而合伙与债权人又无反对该习惯之意思表示者,得依习惯办理。"
6	解字第190号	"按甲乙间之赁贷借系债权契约,甲丙间之移转所有权系物权契约,甲对乙固有遵守期限之义务,而乙如未登记,要不得以期限对抗于丙,只能向甲要求因不能遵守期限所生之损害赔偿,是为至当之条理。来函所称习惯,适与此项条理相合,自可认为有法之效力。"

当然,这一状况的出现,一方面自然与所需解释的对象较为复杂且又在制度规范上多数又空白这一现实情状有关,另一方面也与此时人们对于这些制度性资源相互之间的区分较为模糊有着莫大的关系。

除上述所举之情形外,在民国法律解释的实践中,值得注意的是院字第56号。在这份1913年9月25日覆金华地方审判厅的解释例文中,大理院指出:"……(二) 同律第六百零八条所谓当事人之过失,不以法院曾经命其提出者为限。来函所列两说,应以乙说为是。"而查原函:

乙说,谓六零八条之原案理由,明白指定当事人因其过失不于前诉讼程序主张再审理由者,不必保护该当事人之利益,并不以曾经法院具体命其呈出,而当事人因过失未经呈出为限,应依立法理由为准。不应引与立法理由抵触之失效判例,以未曾经法院具体命其提出为免除当事人过失责任条件。

这反映出在法律解释的实践中,"立法理由"也会成为法律解释合法性论证的制度性资源。

同样值得予以特别关注的还有院字第1175号。在这份于1934年12月29日指令湖南高等法院的解释例文中,司法院指出:

> 宣告破产事件,因中国尚无破产法之制定,依照民法总则第一条,自应适用破产法理;惟关于诈欺破产拟有刑名者,属于刑罚性质,要不在民事适用法理范围之列,又对于破产者或其继承人如虑其有逃匿情事,依照管收民事被告人规则原得管收,不生适用法理问题。

虽然从该解释例文的内容上来看,是否认民法总则第一条作为法理被适用的,但是这也从反向的角度证明,法理作为一种依据成为法律解释的社会资源。

当然,除了上述这些制度性的社会资源之外,如果把视野放得再宽一些,那么民国时期的法律解释权运作,也存在着一个如何对待传统性社会资源的问题。换言之,尽管民国时期的法律解释活动在某种程度上属于一种现代意义上的法律活动,但是不能就此否认传统性的社会力量与社会因素在此其中所可能发挥的作用;也尽管民国时期的法律解释与传统中国的法律解释这两者之间存有相当大的差异,但也不能就此否认传统中国的法律解释对于民国时期法律解释所可能产生的影响。毕竟,此时的法律解释活动所置身于其中的,便正是一个经由传统向现代逐步转型的社会。

对于传统中国的法律解释,孟森曾有过如此之评述:

> 专制之世,以君主之意立法,以官吏执行之。律文为原则,间有例外,则设专例。其就律文为解释者,不过顺文敷衍,添帮贴之字于行间,缀浅显之语于条下,以水济水,绝非有所主张。其间官吏或有研求解释之事,人民则并无申请解释之权。盖人民为法律之客体,止有犯法、不犯法之名词,并无守法、不守法之能力。官吏亦非矫矫大异于流俗者,不能于法律置一审量之语。于是律文无论其便不便,且无论其有此事实与无此事实,一切以威赫人民之意出之。虽甚不便,虽久为事实所无,但于威赫之旨无背,即解释之当否,俱不足深论。①

---

① 孟森:《新编法学通论》,载程波点校:《法意发凡——清末民国法理学著述九种》,清华大学出版社2013年版,第314页。

客观地来说,这一看法虽指陈其要害,但也遮蔽其成就。传统中国法律解释在权力结构与精神气度上所呈现出的"形散而神不散"的形态与格局,法律解释致力于说明立法之合法性、追求法律之实用性、关注解释之合法性的功能,法律解释以"天理、国法、人情"之相融为目标追求等,无疑都值得民国法律解释在实践中认真对待和总结。与此同时,传统中国法律解释在运行的过程中所表现出的形式上的非职业性、内容上的泛刑事化、方法上的泛道德化、功能上的弥散化等,这些同样也值得民国法律解释在实践中认真反思与整理。[①] 而要认真对待传统中国的法律解释,特别是要更好地理解传统中国法律解释对于民国时期法律解释的影响,对民国时期法律解释理论进行了解就显得非常之必要。因为正是在有关法解释理论的复杂性言说中,法律解释的传统资源被创造性地转换了。

[①] 有关传统中国法律解释问题的初步研究,可参阅谢晖:《中国古典法律解释的哲学向度》,中国政法大学出版社2005年版;管伟:《中国古代法律解释的学理诠释》,山东大学出版社2009年版。

第三章　民国时期的法律解释理论

"20世纪10年代以后,大批中国法学留学生开始陆续回国,他们随即展开了比较自由的法学研究,而且时常表现出了初生牛犊不怕虎的精神。"①在随后的一二十年里,大量的中国法学著作出版,"尽管大多是西方法学理论的翻版"②,大批西方法学权威及其理论思潮也随之进入当时的中国法学界与中国社会。然而,西方法学各派间的理论抵牾、西法东渐过程所带来的强烈冲击以及西学中国化之法学转换的不易,这些对于刚刚接触产自于西方的法学知识的中国人来说,无疑都造成了相当大的困惑。因而这一时期有关法学理论的观念态度与知识风气,"用一句总括的话来表明,我们可以说是怀疑和中心思想的缺乏"。换言之,面对法学理论上的权威以及如潮水般从西方涌来的法律知识与法学思潮:"到处是怀疑,到处是推翻绝对性、永久性和神圣不可侵犯性。这实在是一个打倒偶像的时代。"③

民国时期有关法律解释的理论也同样是如此。当时的人们已然意识到,"当法文不备之时,应用解释之法"④。"法律有待于解释,既若是重要,然若无相当原则以为准绳,亦必流于滥用。此解释法律之方法所由生也。"⑤然而,基于不同的法学理论与法律知识所生发出来的法律解释理论,对于如何进行法律解释,该采用何种解释之方法,遵循怎样的解释原则,依照什么样的解释规则,等等,观点各不相同且互有抵牾。因此,梳理这些不同的理论言说,概括相互间的理论争议并提炼它们间的共通之处,对理解民国时期法律解释的理论和诠释民国时期法律解释的制度与实践,都是极为重要的。

---

① 刘星:《一种历史实践——近现代中西法概念理论比较研究》,法律出版社2007年版,第337页。
② 郝铁川:《中国近代法学留学生与法制近代化》,载《法学研究》1997年第6期。
③ 吴经熊:《关于现今法学的几个观察》,载《东方杂志》1934年第31卷第1期。
④ 程波点校:《法意发凡——清末民国法理学著述九种》,清华大学出版社2013年版,第9页。
⑤ 丘汉平:《法学通论》,载程波点校:《法意发凡——清末民国法理学著述九种》,清华大学出版社2013年版,第501页。

第一节 法律解释理论的学者表述

一、矶谷幸次郎《法学通论》中的"法律解释"

近代以来,冠以"法学通论"名号的著作共约 139 种之多。① 而散见于其中有关法律解释的理论论述自然也极为庞杂。在如此众多的"法学通论"类书籍中,日本矶谷幸次郎所著的《法学通论》,无疑是最具特色的一本。从时间上来看,这是"中国近代最早出版(上海商务印书馆 1902 年)的冠名《法学通论》的著作"。② 从其有关法律解释之理论表述上来看,这本书的内容也是非常体系化的。

首先选择对其进行梳理,不仅仅因为矶谷这本《法学通论》中关于法律解释理论的阐释是最早最体系化的论述,更重要的是因为它的理论影响力也比较大。一方面,这本《法学通论》实际上是矶谷"教授生徒时所讲演"的讲义。"在讲授《法学通论》之时,正值中国'新思想之输入,如火如荼'(梁启超语),其主讲的《法学通论》自然受到了吸收新思想如饥似渴的一些中国学者和中国留日学术的注意。到 1911 年,晚清中国先后出现了近 30 种日本《法学通论》教科书、讲义的中译本,从而形成了近代中日法律文化交流史上罕见的一幕。而矶谷幸次郎这本《法学通论》教科书,也藉中国学界的译介、宣传和随后的法政课堂的采用而流传开来。"③1904 年,顾燮光在其所编的《译书经眼录·政法第二》中,对该书作了非常高的评价。④ 而另一方面,由于"中国法学近代化受到了西方法学的强烈冲击,是在西方法学的逐步渗透、影响下进行的。中国近代法学无论在世界观,还是在框架结构、基本制度、主要原则和重要概念术语等方面,都曾广泛地、大量地吸收、借鉴了西方法学的成果。"⑤矶谷在这本《法学通论》中有关法律解释理论的叙述,同样也为后来

---

① 参见何勤华:《中国近代法理学的诞生与成长》,载《中国法学》2005 年第 3 期,第 4 页;程波:《中国近代法理学(1895—1949)》,商务印书馆 2012 年版,第 17—20 页。
② 何勤华:《中国法学史》(第 3 卷),法律出版社 2006 年版,第 145 页。
③ 程波:《中国近代法理学(1895—1949)》,商务印书馆 2012 年版,第 53—54 页。
④ 顾燮光指出:"本书分绪论、本论 2 卷,各为章目,盖矶谷幸次郎教授生徒时所讲演也。按法律为人群进化之原,国家、文物之要,故凡刑法之分,公法、私法之别,莫不具有纲领,使国有独立之精神、人有完全之权利。日本步武泰西,法律竞尚西制,迁者多病之,然其能保于国粹之中寓采撷欧化之旨,读书中各篇知日本之强由于法律之改良,而本书所述英国衡平法者可以鉴拘泥顽固之失矣。"顾燮光编:《译书经眼录·政法第二》,载熊月之编:《晚清新学书目提要》,上海书店出版社 2007 年版,第 268—269 页。
⑤ 何勤华:《中国古代法学的死亡与再生》,载何勤华:《法律文化史谭》,商务印书馆 2004 年版,第 314 页。有学者还分析指出:从中国法理学之学科诞生的意义上看,构成法理学学科体系的众多法律名词、法律术语,正是借由矶谷幸次郎所著《法学通论》中的表述以及对这种表述的再解释和解说而来。因此,该书在中国的翻译出版,可以说,"直接影响了中国法理学这一学科的学术广度和深度"。参见程波:《中国近代法理学(1895—1949)》,商务印书馆 2012 年版,第 12 页。

的民国本土法学家如孟森、夏勤等在建构有关法律解释的理论时所充分吸纳。

(一) 法律解释之目的与必要性

矶谷幸次郎认为:"法律之解释者,谓释明法律而表发其真意。谛而论之,即法律之解释,非必于成文法也,而不文法亦不可不解释其意。然常言法律之解释,又皆指释明法文之意义而言,或有著名之法学家,犹往往倡此说。顾自实际言之,解释之极要者,为成文法。故以注解释明法文意义之事当之,无不可也。"①很显然,从这段论述中我们可以看出,在矶谷看来,不仅法律解释之目的在于阐明法文之真意,而且虽然"不文法"也需要解释,但相比而言,对于成文法来说,法律解释乃是"极要"的。

为什么对于成文法来说,法律解释是极为重要的呢? 其因有三:

一是法文疑义的存在。矶谷幸次郎指出:"文字为表发思想之器具,故解释法律,亦不可不依立法者所用之法文,究讨其真义。大凡以文章传一己之思想于他人者,其事至为不易,矧法律以简单之字句,表发深远之意,不论如何熟练之判法家,不能期其无漏义。故当用法律时,疑义或至百出,此解释法律所以为必要者一也。"②

二是法文意的流动性和变化性。矶谷幸次郎指出:"且不独制法之困难而已,言语之意义,与时代共其变迁。法律制定既久,其字句之意义,亦受种种之变化。当立法者所制定时,有单纯之意义者,或变而为复杂,或全变而成别种之意义者,甚不少矣。"③为了更形象地说明这一问题,矶谷幸次郎列举了日本立法上的实例以及阿穆斯的经典论述,来对此加以佐证。"例如明治初年之立法者,用财产及不动产等字,与今日所谓财产不动产,其间意义之变,大异其界限。此不难征之事实也。"④而阿穆斯氏亦曰:

> 试使一立法者居判事之位,当诉讼事件之来,使彼自当解释所制法律之任,欲彼当日使用之文字意义,无丝毫之差,犹不可得。故文字之意义,随时改变,势不能免。而解释之法律,不可不就其文字之各种字义,考究立法者之果何所采而用此字。此解释法律所以为必要者二也。⑤

三是新事物的产生所造成的法文不备。矶谷幸次郎认为:"且社会变迁之速,今日为珍奇,明日即为腐朽,日进月进,不知所止。任何致密之法律,经过数年,不但有种种缺点,且生当立法时梦想不及之新事物。然遇此事,又

---

① 〔日〕矶谷幸次郎:《法学通论》,王国维译,何佳馨点校,中国政法大学出版社 2006 年版,第 105 页。
② 同上。
③ 同上。
④ 同上。
⑤ 同上书,第 105—106 页。

不可以法律之不备而拒绝之也。故必用解释之法,以推立法者之意,以活用其法律,此解释法律所以为必要者三也。"①

客观地说,法律解释之所以必要,其原因无疑是相当复杂的,它可能会是基于其中的某一种原因,也更可能会同时包含这三种原因中的任意两种甚至是全部。因而矶谷幸次郎进一步指出:"惟历年愈久,不但法律之疑义愈多,且立法者之意,亦无由知。进而论之,于其法律发布之时,已存之疑义,立法者之意果何在乎,是更不能知矣。是以近世立法之事,虽经无限之人,与无限之时日,论难讨究。然所制定者,就皮相言之,虽可视为立法者之意见相同,至其精神所在,人人意见,必不能同也。阿穆斯氏云:法律发布之时,果有一定意义之说,此不能无疑也。"②很显然,这一论断,尤其是所引阿穆斯之言论,确实有些怀疑主义的成分在里面,但也指出了法规范疑义的存在以及立法者之意的不可获知性。

更重要的是,面对如此之多不可知性或者不确定性,法律该如何适用,法律解释又该何为? 矶谷幸次郎认为:"然则用法律,而欲收其果效,必不可不用绵密之解释法,释明其法意,以求活用之。然解释法律,其事颇难,况于绵密。何则? 自其外言之,似解明法律毫不游移,然就实际言之,则当适用法律之时,不独解释其意义,不能明也,更有因社会变迁所生新事物,无可适用之法律,不免生种种缺点。而司法家文学者,又无随时改订法律之权限。故推其例以扩张其法文之意,或傍用以成他义者亦不少。"③换言之:"盖谓法律所揭,不过示其一例,假使当时之立法者犹在今日,则其立此法,自当包含此等事物,故适用此法律于此等事物,非戾法律之本意也。"④"而强名为解释,其实与当初立法之旨趣全然相反者,亦不少也。例如明治六年十一月所发布之出诉期限规则,其未载过期限出诉者,可不处裁。故当时之立法者,不问被告申明与否,于经过出诉期限之事,一切不处裁。三尺童子,无不知之。"⑤"然至今日,以判决例言此规则,即今日之所谓时效。被告若不抗辩其期限之已过,裁判者当受理之,被告可不得直也。然此又非司法官变更规则,其致如此者,全自解释上来者。故法律之解释,颇有微妙之力。"⑥很显然,在矶谷幸次郎看来,解释法律往往会产生与立法时法规范之本意不相同之旨趣,全然相反者亦不在少数,但却与已然变迁的社会及其所生之新事物相符。而这意味着,通过解释变更规则者,亦是法律解释中之有趣现象。

---

① 〔日〕矶谷幸次郎:《法学通论》,王国维译,何佳馨点校,中国政法大学出版社2006年版,第106页。
② 同上。
③ 同上。
④ 同上。
⑤ 同上书,第106—107页。
⑥ 同上书,第107页。

既然对法律之解释会造成法律之变更,那么由此所带来的问题便是:如何理解与处理法律解释之"变"与成文法之"不变"?对此,矶谷幸次郎指出:"立法者所定之法律,终有受破坏之危险,是以古来立法者,颇多不喜解释。罗马若斯的尼安帝之编罗马法典也,紧一切法律之解释。至于近世,则普鲁士之斐迭礼克大王、法国之拿破仑一世,当其制定法律发布之时,亦禁解释。若于法律有不明不备之点,不必解释,当以新法改定之。"①"然此诸帝王之希望,尽为水泡幻影。发布未久,而诸种注释之书,已出版矣。拿破仑见注释其法律者之多,至发'朕之法典已失'之叹,此实为当然之结果也。"②但与此同时,"盖法律苟有不明不备,欲尽以新法改正之,如此,不但法律不可不朝令暮改,将通社会一切之行为,亦必一一为之规定,必至法律山积,人不堪其烦扰。是法律解释亦有不可已者存也"③。很显然,在矶谷幸次郎看来,尽管成文法之传统"禁止"法律之解释,但是法令不备之现实无疑会使得法律之修改与订立变得频繁,进而造成"法律山积"之情状,这亦是人们不想见之结果。因而要处理好成文法之"不变"与"变",重要的还是要解决好法律解释之问题。对此,矶谷幸次郎强调:"然解释究非立法,若以解释之明,而更便成文法,不独乱立法、司法之别,且法律之威信,必至坠地,反不若无法律矣。故解释法律,又不可不设谨严之原则也。"④换言之,由于解释法律并非"立法",因此若是不别"立法"与"司法"之别而通过法律解释最终造成法律之威信尽失,反而不如不要赋予其解释法律之权。这其实意味着,既要确保法律之稳定及其威信,又要允许法律之解释及其正能量,就要对解释法律设定严谨之原则,以使其释法不乱法。

尽管解释原则之设置需谨慎斟酌,但其核心都是要确保法律解释始终围绕着法律之疑义来展开,而勿逾越此议题。因此,矶谷幸次郎指出:"法律之疑义有二种,一现于外界之疑义,一隐于内部之疑义。前者,其疑义在法文之上,即谓法文之字句,文章之意义,可疑者也。后者,谓法文之字句、文中无可疑之点,而起法律之本意不明,当用法律之时,不免有疑义者。"⑤而为了更好地说明这两种疑义,矶谷幸次郎还结合日本立法之规范予以了举例阐释:

> 例如刑法第三百九十条云:骗取财物者,当以诈伪取财论。夫财物二字之意,独指有形物乎?抑无形之权利亦包含其中乎?又商法第二十六条关商号则云:营同业于一地域内,则有专有其权利者,而他人不得用

---

① 〔日〕矶谷幸次郎:《法学通论》,王国维译,何佳馨点校,中国政法大学出版社2006年版,第107页。
② 同上。
③ 同上。
④ 同上。
⑤ 同上。

之。其一地域三字,似无疑义,然指一町村乎? 指一町以内乎? 实含隐匿之疑义,故法律解释者,释明此二种疑义,而表发其真意者也。①

(二) 法律解释之方法

矶谷幸次郎认为:"法律终不免有疑义。故不但司法官及法学者当解释之,即立法者于思力可及之处,亦多附以解释,使无疑义。故解释可别之为二,一为立法者之解释,一为司法者之解释。但此所谓司法上解释,为对于立法上解释之称,而学者之解释,亦包括其内矣。"②这意味着在在矶谷幸次郎看来,一方面,法律解释从大的方面来说应当区分为"立法者解释"与"司法者解释"两种类型;另一方面,为了与"立法者解释"这一概念相对称,矶谷幸次郎将所有非立法者之解释统称为"司法者解释"。而也正是因为此,"学者之解释"是包含在"司法者解释"之内的。

1. 立法者解释

矶谷幸次郎认为:"立法解释者,谓立法者自解释其法律之意义也。"当然,"立法者解释之效力,又有轻重之别,故再别之为与法律有同一之效力者,与法律无同一之效力者。"③这意味着在他看来,根据是否与法律具有相同之效力这一标准,还可将立法者之解释进一步划分为两种:一是有相同效力之情形,一是不具有相同效力之情形。

为进一步说明立法者解释在不同情形下的效力表现,矶谷幸次郎具体结合"插入法文中之解释文""发布法律时刊行之理由书""法律编纂委员之报告书及所刊行之议事录等(我国议会之速记录亦其类也)"和"如法律有疑义立法者当对法律而下指令或发训令等事"这四种情形,分别予以详细说明。

第一,"插入法文中之解释文"。矶谷幸次郎指出:

立法上解释中之重大者,乃插入法文中之解释文是也。如英国所发布之条例,皆冠以解释篇,至就其文中所用之文字,释明其意义。如一千八百六十九年发布之《破产法》,于其卷首,就财产、商人、负债等文字,释其意义。此法用于我国者,如《特许条例》,如《商业会议条例》,皆就其中之文字,附以解释。又如民法财产编之总则。大半如此解释也。""此与寻常所谓解释者,性质不同,其解释实包含法文中,为一法律之发见者,故其效力亦与法律之正文无异也。反是,则属第二种,虽亦立法者所为,然不过表明法律与其本意,不能与法律有同一之效力,故无必服从之义务。其重要者,尤在第一种。""法律中所插入之适合之例,此

---

① 〔日〕矶谷幸次郎:《法学通论》,王国维译,何佳馨点校,中国政法大学出版社2006年版,第107—108页。
② 同上书,第108页。
③ 同上。

法我国无之,英国法律大家之立案,如印度刑法、契约法等。每条示其通例,然此不过为参考之具,遇同一之事件,亦不能使人必从之也。①

第二,"发布法律时刊行之理由书"。"例如我国发布市町村制时,载于官报之理由书,为知法律精神之最便利者也。"②

第三,"法律编纂委员之报告书及所刊行之议事录等(我国议会之速记录亦其类也)"。矶谷幸次郎指出:"此虽为解释法律之简便方法,然绝无羁束人民之效力。盖法律之解释,非必解释立法者之意,乃解释其所制定之法文。故立法者之讨论笔记,表发立法者之意,不过供解释法律者所取材而已。"③

第四,"如法律有疑义立法者当对法律而下指令或发训令等事"。矶谷幸次郎认为:"此法向为外国所盛行者。然指令不过表发指令人之意思,固不能直视为与法律有同一之效力。且其人之指令,又不知其有误解与否,故指令绝无羁束力。在今日立法、司法,判然区别,各守权限,断无可以指令掣肘判事动作之理也。故此法近年来愈无效力,自《裁判所构成法》实施以来,此事全废止矣。然至行政官,则性质与司法官异,为奉上官之命而执行法律者,故今日尚仍此法也。"④

很显然,在矶谷幸次郎看来,前两种情形是具有与法律同等之效力的,而后两种则不具有与法律同等之效力。当然,前两者之所以具有与法律同等之效力,在于它们与法律之意涵相契合;而后者之所以不具有与法律相同等之效力,则在于它们或许仅仅只是立法者之意思或者指令人之意思,而不是法律之意思。而这也就意味着,所谓立法者之解释,是就法律之意义所为之解释,而非就立法者之意思所为之解释。尽管矶谷幸次郎对立法者解释作了较为详细的阐发,但谁是立法者;仅仅只是立法机关还是包括了其他,他似乎并未给予明确交代。这在某种程度上也降低了他有关立法者解释理论的清晰度,进而限制其理论的意义。

2. 司法者解释(或者学理上解释)

矶谷幸次郎指出:"司法者解释,一言以蔽之,非立法者之解释也,然亦非必谓司法官之所解释也,或称之为学理上解释,较为妥恰。"⑤如果联系他有关"司法者解释"之概念的上述说明,那么在他看来,"司法者解释"仅仅只是为了与"立法者解释"这一概念相对称而设置的,实际上也可以被称为是

---

① 〔日〕矶谷幸次郎:《法学通论》,王国维译,何佳馨点校,中国政法大学出版社2006年版,第108—109页。
② 同上书,第109页。
③ 同上。
④ 同上。
⑤ 同上。

"学理上解释"。

司法者解释或者学理上解释,"此解释亦分二种,一为文理解释,一为论理(逻辑)解释,其区别亦不甚妥。然既为普通所用,今暂依此以为说。"①从矶谷幸次郎这段表述中可以看到,尽管他认为将司法者解释或者学理上解释区分为"文理解释"与"论理解释"似乎有些不妥,但是由于这种划分方法已为普遍承认,因而他也权宜用之。这其实也反映出,这二种划分妥恰与否,仍有讨论之空间。

(1) 文理解释与论理解释的概念

矶谷幸次郎认为:"文理解释者,谓就表发法律之言语文章,而解释其法意,即以文法解释法文之字句也。故文理解释,以其法文之言语、文章为基础,而用之为解释者也。""论理解释者,就其法令发布之原因,及其沿革等事,以讨究法律之真意。不以法文之字句为基础,而以法律制定时之社会政治历史事实为材料,以表发其法律之真意者也。"矶谷幸次郎指出,文理解释与论理解释,"二者之性质虽异,然亦取途异耳,其宗旨固无殊也"②。

矶谷幸次郎有关"文理解释"与"论理解释"的概念界定,词句虽然简洁但却非常精辟——当然这里也有译者王国维的力量在其中,对比今天法律解释理论对于"文理解释"与"论理解释"之概念界定,实无太大之差别。与此同时,就文理解释与论理解释之关系,矶谷幸次郎也认为,二者虽然看似有异,但对法规范真意之获得这一宗旨而言,实为殊途同归。这种看法显然也是相当精确的。可以说,正是由于矶谷幸次郎对于法律解释的这种精当界定与准确判断,使得其对民国时期法律解释理论的建构与发展,产生了相当大的影响力。

(2) 司法者解释或者学理上解释的原则

矶谷幸次郎指出:

> 司法上解释,有重大之数原则。有适用文理解释者,有适用论理解释者,又有兼用二法以解释者。今一一区别,颇嫌烦碎,故总括之,以示为解释之重要规则。
>
> 一、法律不必解释者,不可强解释之。盖法文本无一毫疑义,强解释之,反失其法律之真意,不可不注意也。
>
> 二、法文之用语,当根据制定法律时之意义以解释之。凡言语之意,常与时世变迁,故解释法文者,不可不依其制定时之意义也。
>
> 三、法文中之言辞,当参考法律全体之通例,及他法令,而后解释

---

① 〔日〕矶谷幸次郎:《法学通论》,王国维译,何佳馨点校,中国政法大学出版社2006年版,第109页。

② 同上书,第110页。

之。假如单就一条解释其文字，颇易致误，必依前后之法文，相似之法令，参酌其文字之用法，统观全体，乃可徐施解释也。

四、法文中之字句，当以普通平易之意义解释之。若法律上之意义，与通俗之意义异者，当从法律意义。盖用艰涩意义，固非解释所宜。然法律之文字意义，异于普通意义者不少。例如，义务、利益、自由等字，法律用之，均与普通意义有别，于此等处，亦不可不从特别之意义也。

五、解释法文之言辞，须使于法律有效。有甲、乙两种意义，若从甲而法律之本意全失者，不可不从乙也。

以上皆解释法文用言辞时适用之原则，文理解释之重要规矩也。

六、解释法律，当先依文理解释。若法文特就本文解释，而疑义已明，必欲转据法律之意义，与其外之事情，强欲以论理解释变更之者，非合法之解释者也。唯依文理解释，而尚有疑义不能者，始可用论理解释。不然，解释与立法之界限混矣。

七、解释法律之意义，当参照相类之法令。故法文有不明不备者，须参考类似之法律，以讨究其真意也。

八、解释法律，须参照判决例。此为解释法律最有益之方法。判决例虽无为法律之效力，然果关其一事件，不但有不可动之效力，亦解释法律时最不可缺之材料也。

九、解释子法之法律，当参照母法。

十、例外法，当严谨解释之。不可援用他律。若援引他法以比附，则仍为原则，倒其位置矣。

十一、惩罚之规则，或负义务之法律，亦须谨密以解释之，不可扩张范围。文致其罪，是为保护人民权利之重要规则。若于法文有未明定者，而以解释扩张其范围，遂不免损人民之权利，甚非正理公道也。然亦非可狭隘其解释者，不过文字有疑义时，宁偏于有利益，所谓罪疑惟轻耳。

十二、凡法律上既许其效果，必并许其方法。故许信教之自由如许耶稣者，即不可不许其设置教会，而行其礼拜之方法。不然，其法为空文而已。

十三、有大权利者，既并有小权利者也。故与以所有权者，不可仅与以为其权利之一部之赁贷权也。

十四、文理解释、论理解释相抵牾时，当从论理解释。文理解释者，用于法文之字句不明时，论理解释则用于法文欠缺不备之时。此二者，实际上互相矛盾之处虽少，然因制度不完，往往有抵牾之处，此时当从何解释乎？

世有二说，甲说，凡立法者之意，不外据其法文所现之字句，以推测之。当依文理解释,以明法律之真意,假令与论理解释有相抵牾,尤不可不从文理解释。不然,恐将以解释者变法律也。

乙说,凡制法律所困穷者,在不能以言语文字充满表发以裕其法律之真意,故就文理解释法律,固为必要之事。然必须对照于法律制度之原因,始得推定立法者之意,如拘泥文字章句,不能运用,恐将以解释而失其宗旨。故此等处,宁舍文理解释,而从论理解释。

余颇然乙说,且此说亦较有势力,惟当适用之时,不可不慎重注意,毋使解释与立法混也。①

通观以上十四项原则,矶谷幸次郎认为:"以上自第六至第十四之原则,于论理解释,及兼二法解释时,皆适用之。"②

(3) 论理解释方法的进一步细分

在上述十四项之解释原则的提炼过程中,矶谷幸次郎也意识到:"然用以上之原则,以解释法意,不免有扩张或收缩或更正其意义之结果也。以其能生此等结果,故又可区论理解释为三种,第一匡正解释,第二扩张解释,第三收缩解释是也。"③详言之:

"匡正解释者,谓立法者因不熟习或不经心,而用意背于法律,或与法律有相反意之文字,致不能表发其真确之情。于此等处,当变更其法文所现之意义。"④

"扩张解释者,谓立法者因不经意,于法文所用文字之意义,失之狭隘,不能将其应包含之意义,包含周到。于此等处,当用扩张其法文之意义。"⑤

"收缩解释者,谓法文所用文字之意义,失之广阔,致混于立法者意外之事。于此等处,当收缩其法文之意义。"⑥

可以说,矶谷幸次郎对法律解释之方法,尤其是对论理解释之方法所进行的划分,虽然还仅仅只是最初步的,但却为民国时期法律解释之理论的深入与方法的进一步细分奠定了良好的理论基础与类型框架,而且也为民国初期法律解释之制度建构与方法论实践提供了初步的理论支持。

综合予以观察,矶谷幸次郎在《法学通论》一书中有关法律解释的理论阐述,不仅相当明晰,而且非常体系化。对于后来民国法律解释理论的发展,它所提出的有关法律解释的一系列概念,无疑有奠基之功。该书之中有关法律解释之专业术语与概念表述,基本上都被汪荣宝、叶澜所编辑之《新尔雅》

---

① 〔日〕矶谷幸次郎:《法学通论》,王国维译,何佳馨点校,中国政法大学出版社2006年版,第110—112页。
② 同上书,第112页。
③ 同上。
④ 同上。
⑤ 同上。
⑥ 同上。

(海明权社1903年版)辞书所收录。① 这无疑从另一个角度确证了其在民国法律解释理论中的影响力和地位。

为更好地展现矶谷幸次郎有关法律解释的理论对民初法解释理论形成上的影响力,以下将《新尔雅》与《法学通论》这两个文本中有关法律解释的理论术语予以比照,以求显示这两个文本之间的内在关联。

《法学通论》(1902年)与《新尔雅》(1903年)中关于法律解释术语的对比②

《通论》法律术语	《新》法律术语	《通论》法律术语释义	《新》法律术语释义
法律之解释	法之解释	法律之解释者,谓释明法意而发表其真意。	凡适用法律,必先判明确定其意义者,谓之法之解释。
立法者解释	有权的解释	立法者解释,谓立法者自释其法律之意义也。	解释之意义公认为有效力者,谓之有权的解释。
司法者解释//学理上解释	无权的解释//学理解释	司法上解释,一言以蔽之,非立法者之解释也,然非必谓司法官之所解释也,或称之为学理上解释。	解释之意义由学者一己之私见,谓之无权的解释,亦谓之学理解释。
文理解释	文理解释	文理解释者,谓就发表法律之言语文章,而解释其法意,即以文法释明法文之字句也。故文理解释,以其法文之言语、文章为基础,而用之为解释者也。	由法律之语句解释法律之精神者,谓之文理解释。
论理解释	论理解释	论理解释者,就其法令发布之原因及其沿革等事,以讨究法律之真意。不以法文之字句为基础,而以法律制定时社会政治历史事实为材料,以发表其法律真意者也。	参酌法律全体之旨趣及制定之目的而解释者,谓之论理解释。
匡正解释	补正解释	谓立法者因不熟习或不经心,而用意背于法律,或法律有相反意之文字,致不能表发其真确之情。	因法文之用语不能明达法律之目的,须更正者,谓之补正解释。
扩张解释	补充解释	谓立法者因不经意,于法文所用文字之意义,失之狭隘,不能将其应包含之意义,包含周到。于此等处,当用扩张其法文之意义。	因法文之用语狭隘,不适法之真义,须扩张其意义者,谓之补充解释。

---

① "《新尔雅》是清末民初时期由留日中国学生所编写的新语词典,主要收录西洋的人文、自然科学新概念、术语,当时这些新词汇大多数来自日语借词,因此这部词典是研究日语借词在中国的容受选择普及过程的重要文献资料。"沈国威:《新尔雅:附解题索引》,上海辞书出版社2011年版,第4页,"内容简介"。

② 参见程波:《中国近代法理学(1895—1949)》,商务印书馆2012年版,第72—73页。

(续表)

《通论》法律术语	《新》法律术语	《通论》法律术语释义	《新》法律术语释义
缩小解释	补缩解释	谓法文所用文字之意义,失之广阔,致混于立法者意外之事。于此等处,当收缩其法文之意义。	因法文之用语广阔须缩小其意义者,谓之补缩解释。

从这两者之间的比较中可以看出,《新尔雅》中有关法律解释的词条,较之于《法学通论》要更加地简练和规范化。同时,它将学理化的"匡正解释""扩张解释"和"缩小解释"工整化地处理为"补正解释""补充解释"和"补缩解释",显然更易于识别与传播。①《新尔雅》对《法学通论》的这种表述的吸纳与概念的重视,都足以证明矶谷幸次郎《法学通论》中有关法律解释的理论表达,是非常有影响力的。

二、冈田朝太郎《法学通论》中的"法之解释"

1912 年,由冈田朝太郎在京师法律学堂口述、熊元翰编辑的《法学通论》一书在上海商务印书馆出版。尽管该书在国内的出版比矶谷幸次郎所著的《法学通论》迟了 10 年,也比织田万的《法学通论》迟了 5 年,还比孟森所著的《新编法学通论》晚了 1 年,但在这些书中,"影响比较大的是本书"。② 为此,尽管该书出版时间较晚,但考虑其影响,我们提前对其进行理论梳理,以期能够更加清晰地展示日本法解释理论对近代中国法律解释理论的影响。

在该书第九章"法之解释与其比附援引"的前两个部分,冈田朝太郎详细地阐述了"立法解释"与"学理解释"。他指出:"解释云者,谓断定法令之意义也,成文法令之解释,可分为二:曰立法解释,曰学理解释。"③熊元翰在笔记中解释:"法之解释,专就成文法令而言,凡成文法令,必藉文字为表示,而文辞为传达人心思想之标准,无论如何明了,均属不能详尽,而不免有丝毫尺寸之歧异,故必当加以解释。解释者,为成文法令所必需者也,若惯习法只专用论理解释足矣。"④

---

① 法律概念的工整化处理,不仅会强化概念的识别性,而且也会促进概念的传播。更多分析还可参见徐忠明、杜金:《传播与阅读:明清法律知识史》,北京大学出版社 2012 年版,第 62—99 页。
② 何勤华:"点校者序",载〔日〕冈田朝太郎口述、熊元翰编:《法学通论》,何勤华点校,上海人民出版社 2013 年版,第 7 页。点校者指出,尽管受梅谦次郎的影响,但孟森《新编法学通论》一书的内容,也与冈田朝太郎的《法学通论》非常相似。因此,虽然不能肯定孟森曾经听过京师法律学堂的法学通论课程,但孟森在写作自己的专著时接触过京师法律学堂的笔记,则是非常有可能的。
③ 同上书,第 51 页。
④ 同上书,第 51 页。需要说明的是,由于冈田朝太郎的《法学通论》乃为口述的讲义,因此,熊元翰在编辑时,"以讲堂笔记,补其所无,发挥其所未尽,简附己见"于其中,"原著顶格,笔记皆低一格,以醒阅者之目"。本书征引时若内容采自"笔记",则会特意注明,未注明者皆来自"讲义"。

(一) 立法解释

立法解释者,即以法令断定法令意义之谓,亦分为二种如下。(笔记注:立法解释何? 不据论理解释以为解释,以法令解释法令之谓也。大清律之小注,即是立法解释。如谋反一条,小注云,谋反者,倾覆社稷之意,倾覆社稷,即所以表示谋反之意义。)

(1) 有据同一法令中之一条,以断定别条之意义者,如日本民法第八十五条之规定曰,本法中所称为物者,指有体物而言。又如改正刑法第七条之规定曰,本法中所称为公务员者,指官吏公吏,及因法令而从事于公务之议员委员,以及其他之职员而言。据此二例,则凡民法条文中所称为物之意义,皆得以民法八十五条之规定断定之;凡刑法条文中所称为公务员之意义,皆得以刑法第七条之规定断定之。①

(2) 有据其他之法令以断定法令之意义者,如日本民法施行法第二条之规定是也。其条文曰,于民法称为破产者,关于民事,谓曰家资分散。此种规定,不过断定既制法令之意义而已,非以之改废之也。故其效力,当然可溯及于被解释之法令之成立时期焉。②

当然,也正是基于此,冈田朝太郎进一步指出:"立法解释,即所谓解释法令也,其目的虽在断定法令之意义,然其性质,则纯然若成一法令,同有一般之拘束力。行法机关(笔记注,行政官及司法官)所不得拒其应用者也。"③ 熊元翰笔记解释:

立法解释之性质,与学理解释不同。学理解释,可据自己之意思断定,立法解释,乃一种有解释性质之法令,须从法令所解释者以为断定,不能以自己之意思断定。例如民法之所谓物,指有体物而言,使行法官遇有物权之诉讼时,以自己意思解释,谓有体物不得谓之物,是不遵民法八十五条之规定,而拒其应用也,可乎。④

(二) 学理解释

冈田朝太郎认为:"学理解释者,除立法解释(笔记注:即因法令以解释法令者)外其他解释之总称也。可分文理解释、论理解释二种。"⑤

(1) 文理解释者,据法令之文章及其用语为根据以解释之之谓也。盖文章及用语,为直接表示其思想之符号,故于解释法令时,其足为有力

---

① 〔日〕冈田朝太郎口述、熊元翰编:《法学通论》,何勤华点校,上海人民出版社2013年版,第51—52页。
② 同上书,第52页。
③ 同上。
④ 同上。
⑤ 同上书,第53页。

之根据也明矣。①

（2）论理解释者，以论理之定则为其根据以解释之之谓也。据此种解释时，凡一切法案理由书、议会议事录、委员会之讨论笔记、母法之精神沿革及习惯上之事实结果之利害以及与其他法令条文之调和或不调和之关系等，皆足为有力之论理根据者也。（笔记注：论理定则，以论理所规定之规则也。）②

就"文理解释"与"论理解释"的关系以及论理解释之内在构成而言，冈田朝太郎进一步指出：

> 文理解释，与论理解释，若其断定有不相合时，其孰取孰舍，学说亦莫衷一是。按文理上法令之意义，既确定其内容与其范围矣，于毫无可疑之处，除后节所述之比附援引外，更无可为论理解释之余地。以意义既确定之条文，而适用于他义，非解释，直枉断耳，虽然自其实际论之，不藉论理之定则，而能确定其意义之法令，殆亦鲜矣。苟从论理之定则，或扩张其文章，及用语之意义（笔记注：是谓扩张解释），或制限之（笔记注：是谓缩小解释），或发挥其真意（笔记注：是谓见真解释），而后合于法令之精神。故自多数之事例察之，文理解释与论理解释，必互为倚依，其间固无轻重前后之别者也。③（笔记注：文理解释，与论理解释，自来学者，各趋重其一端。不知无文字之根据，何由为论理之发明，无论理之发明，不能达文字之意思，二者盖不可偏废也。主张论理解释者，不外扩张解释、缩小解释、见真解释三种。扩张解释云者，文字上指定一事件，而以论理断定其指定之一事件中，包含其他事件之意义之谓，例如刑法规定，毁损人之名誉或信用者，照律治罪，此等规定，就文理论似专指自然人而言，不知名誉信用不徒自然人有之，法人亦有之，以论理之解释，须扩张人字之意义，直断为兼自然人、法人而言也。缩小解释云者，文字之范围甚广，而以论理制限之之谓也，例如刑法上杀人、伤人者，应处以杀人、伤人之罪，若以文字为同一之解释，则本条之所谓人，似亦兼自然人、法人而言，而自论理上观之，则法人本出于法律之拟制，与自然人之有身体生命者不同，故法人从无杀人、伤人之事，亦无被人杀伤之事，须缩小人字之意义，直断为专指自然人而言也。见真解释云者，文字之意义不明了时，须以论理阐明之之谓也，例如大清律所谓大逆罪，指犯乘舆车驾，然皇帝称乘舆车驾，皇太后、皇后、皇太子，亦称乘舆车驾，所指乘

---

① 〔日〕冈田朝太郎口述、熊元翰编：《法学通论》，何勤华点校，上海人民出版社2013年版，第52页。
② 同上书，第53页。
③ 同上。

舆车驾者,果属何人,必须有见真之解释,始能确定。又如日本内乱罪,指紊乱朝宪,然紊乱朝宪之范围甚广,非有见真之解释,亦无由确定。)①

很显然,从冈田朝太郎的论述中我们可以看出,他不仅对立法解释和论理解释的各自意涵与效力适用予以说明,而且对立法解释和论理解释的内在构成,尤其论理解释所包含的具体解释方法予以初步划分。

立法解释	据同一之法令解释		
	据其他之法令解释		
学理解释 →	文理解释		
	论理解释→	扩张解释	
		限缩解释	
		见真解释	

如果将冈田朝太郎有关法律解释,尤其是法律解释方法的这些论述与民国法解释理论相联系起来,那么可以说,冈田朝太郎的法解释理论,尽管同样也只是初步的,但确实对民国时期法律解释理论的形成与实践的展开产生了重要的影响。

三、朱显祯的《法律解释论》

朱显祯的《法律解释论》一文原载中山大学《社会科学论丛》法律专号第2卷(第8、9号合刊),后收录于《法学文选》一书之中,并于1935年5月由上海会文堂书局印刷所刊印。这是目前可见的民国时期就法律解释议题发表的专文,因而其对民国法律解释理论的发展,影响力自然不可小觑。

(一) 法律之所以需要解释

在《法律解释论》一文中,朱显祯指出:"不仅法律上的专门用语,需要法律学的知识解释,即其他一般的普通用语在法律中,法律有时亦依其目的及其价值的判断附以特别的意义的。"②因此,这也是在他看来法律解释之所以必要的原因所在。

(二) 法律解释的目的

有关法律解释的目的,朱显祯认为,存在两种学说,一是"立法者意思探究说",二是"法律意思探究说"。第一,"立法者究系何人,此为最有纷争之问题。"第二,"立法者立法当时之意思,可以成立,然如以如斯的具体的意思之探究为法律解释之目的,与诉讼的搜索证据何异,此不免将法律解释之问

---

① 〔日〕冈田朝太郎口述、熊元翰编:《法学通论》,何勤华点校,上海人民出版社2013年版,第54页。

② 朱显祯:《法律解释论》,载吴经熊、华懋生编:《法学文选》,中国政法大学出版社2003年版,第59—60页。

题与事实证明之问题,混为一谈,殊非合理"。第三,"万一不幸,不能探得立法者立法当时之具体的意思之证据时,则法官不得不以法律之解释为不可能而拒绝裁判,否则只有宣言法律之无效。如是,又何以达制定法律之目的"①。第四,"况且人类之生活现象,日新月异,各人之智识,决不能正确的预定将来发生之各种生活现象。然如依立法者意思探究说,则立法当时之立法者具体的意思,在法律之有效期间,自然为法律之固定内容,如是则法律不能随时势而进展,怎能应付进步的人类社会生活之要求呢"?"消耗许多年月之光阴与莫大的劳力,而始完成之一大法典,不出数年,即须废弃,那么,朝令夕改,又何能举法治之实效呢?"②因此,他认为,"立法者意思探究说……受上述之种种攻击非难,则其说之无价值,当可想见。近来关于法律解释之目的,除少数学者而外,一般皆以唾弃此说而不顾了"③。

关于法律解释的目的乃在于探究法律意思,在朱显祯看来:"此说以法律的规范之表现的法文,虽为一意思表现,然其为意思表现也,非意欲之表现,乃表现自体为意思。以规范的思想为内容之法文,离开了立法者之手,为法律而成立时即为有永续的生活力之思想体或有机的生活体与立法者之意思,了无关系,而法律自体,自具有一定之思想。……法律解释之目的,端在探究法律之思想即法律之意思。"④对此,朱显祯认为,"以为法律之内容,不可求之于立法者之意思,必须就法律自体探究之,于此意义,吾人虽可表示满腔赞成之意。然如以法律为有意思,有思想之有机体,以法律解释之目的在究明此有机体之意思又思想,则吾人实不敢赞同。"因为"法律既非自然人,当然不能思想,不能构成意思"⑤。而也正是基于此,朱显祯指出:"由此看来,法律意思探究说,到底亦不免第一谬见。现代著名之学者,虽尚多有坚持此说者,然而吾人熟考之余,终以未能左袒斯说为恨。"⑥

既然"立法者意思探究说"和"法律意思探究说"都存在问题,朱显祯转而认为:

> 法律解释之目的为何之问题,须由法律之内容为如何之思想明确之后,始能决定,然而为法律之内容之规范的思想,非立法之意思,……而以依合理的判断所推论之规范思想为其内容。法律内容之规范的思想,乃依法文自体合理的判断所推论之思想。非立法者之具体的意思,故为抽象的,客观的而非具体的,主观的。而且此思想,从一定时代一定

---

① 朱显祯:《法律解释论》,载吴经熊、华懋生编:《法学文选》,中国政法大学出版社2003年版,第66页。
② 同上书,第67页。
③ 同上。
④ 同上。
⑤ 同上书,第68页。
⑥ 同上。

国民之思想上的要求,合理的判断法文,可以得到普遍一致之结论,所以一定时代,一定国民之程度,为确定的普遍的。于此意义,吾人以法律之内容为法律自体所包含之规范的思想。①

换言之,在朱显祯看来:"法律内容之规范思想,乃国民以法文为法律的规范之表现而合理的判断,当然可推论而得之思想。此思想即为法律之内容,换言之,即法律所包含之思想。法律之内容的规范思想,实为依法文之合理的判断而生存于国民一般之脑里之思想。"②而这其实也就意味着:"法律解释之目的,在研究国民以法文为法律规范之表现,而合理的判断所得之规范的思想。……Binding 主张依照国民精神立合理的判断,由法文推论而得之意思,为法律之内容,以探究此意思为法律解释之目的之说,洵属至当之见解,吾人对此毫无异议。又 Kraus 主张以国民对于法文所认识之意义为标准而解释法律之说,与吾人之根本观念,亦无甚出入。"③

(三) 法律解释之要件

朱显祯认为:"法律之解释者有三种要件。……第一,法律之解释,不可不以既成之法律为出发点。第二,法律之解释,不可不妥当地处理现在之法律关系。第三,法律之解释,不可不予将来以适当之保障。"④

"法律之解释不可不以既成之法律为出发",乃是指:"法律之解释,当然非以法文为基础不可。这是法律解释拘墟局位之点,同时也是法律的社会使命所在之点。"⑤但这并不意味着法律解释要严格受限于法文,相反它"又不可过于受法律之拘束"。"法律为规范思想之表现,规范思想乃以合理性为基准,故法律可说是合理性之表现,合理性是普遍的,普遍是不受任何物之束缚的。于此意义,法律一面虽为过去成立之物,然对于现在之吾人,仍有权威,对于将来之社会,仍能保持其效力。"⑥

而"法律之解释,不可不妥当地处理现在之法律关系",则意味着法律的存在,不仅对于我们来说不能是一种障碍,而且对于我们来说还要是为了我们的利益而存在的。换言之,"法律既视为合理性的存在,则法律上之解释,不可不与现在之吾人以合理的满足"⑦。

当然,"法律之解释,不可不与将来以适当之保障",指的是:"法律之使命在法律之确实。这是为法律的规范思想之客观化而所以有社会的意义之

---

① 朱显祯:《法律解释论》,载吴经熊、华懋生编:《法学文选》,中国政法大学出版社 2003 年版,第 69—70 页。
② 同上书,第 70 页。
③ 同上。
④ 同上书,第 70—71 页。
⑤ 同上书,第 71 页。
⑥ 同上。
⑦ 同上。

原因。客观化的规范思想,对于任何人皆可使其知所依据,安其所依据。在此意义上,法律之解释对于将来不可不与以适当之保障。法律若果对于将来没有何等之保障,则吾人即不能一日安心事事,吾人之社会生活,将不能继续繁荣。"①

(四) 法律解释之方法

朱显祯虽然与一般法律学者一样将法律解释之方法划分为"文字解释"和"论理解释"二种,但在他看来,这两种方法其实并非各自为独立之解释方法,相反,"二者相合而为一个之解释方法"。

> 他指出:"文字解释,又有称文理解释或文典解释者。文字解释即依法律所用之文字之意义而确定法律之内容。就解释方法而言,解释法律,自然最先要用文字解释之方法。"②"所谓论理解释,实含有种种杂多之方法。……属于论理解释之解释方法中,其最主要者为组织解释与目的解释。前者形式地依据法规之互相关系而解释法律,后者实质地观察法律之目的与实际生活之关系而解释法律;前者依论理方法,后者依价值判断。"③

关于两种解释方法之关系,朱显祯指出:

> 吾人此处应当注意者,即不可以文字解释与论理解释为相对的独立的解释之方法是。文字解释与论理解释,实于合而形成的一个解释方法,非各自独立地为一个解释方法。故文字的解释,不得谓为完全的解释,不过仅为解释之入手,文字解释与论理解释并用,然后始得为完全之解释。④

换言之,在朱显祯看来:

> 文字之解释,不能有独立的解释方法之价值,故不得以文字解释为完全的解释。本来法律之解释,不仅只在说明文字之意义并在阐明法律之内容。文字解释虽可说明文字之意义,但不能阐明法律之内容。文字仅为了解思想之手段,解释之目的,不在说明文字之意义,而在知道由文字所表现之规范思想。所以欲知法律之内容,虽必以文字为媒介,然仅

---

① 朱显祯:《法律解释论》,载吴经熊、华懋生编:《法学文选》,中国政法大学出版社2003年版,第71—72页。
② 同上书,第72页。
③ 根据学者们的论述,朱显祯将这些方法概括为以下七种:(1) 解释法律必须参考立法材料,即草案、理由书、委员会纪录、议会之笔记等;(2) 解释法律必须探究其历史的沿革;(3) 法律全部成为一体,故须从法律全体而定各条规之意义,此之谓组织的解释;(4) 须依法律理由,解释法律;(5) 须依法的理由或法律上之原则解释法律;(6) 须依制定法律之原因解释法律;(7) 须观察实际之结果而解释法律。他指出,这些方法中,"多半实无何等之价值而言。且所谓论理解释者,其使用论理方法之范围,极其狭小"。同上书,第76—81页。
④ 同上书,第72—73页。

仅探悉文字之意义,不能决定法律之内容。更从法律带有规范的性质之点观之,则仅依文字解释,不能获得法律之内容,固不待辩而自明。"①

而这其实也就意味着:

> 只依文字解释,不能获得法律上内容,所以文字解释,没有多大的价值,又文字解释,不得为独立的解释方法,所以文字解释,不得谓完全的解释。故其法规在文字解释上虽甚明了,但却不能以其意义为法律之意义,必须更用论理解释,如得同一之结果时,始得称为法律之意义。②

进一步,朱显祯指出:

> 文字解释与论理解释,既非各为独立之解释方法,二者相合而为一个之解释方法。因而文字解释与论理解释须同时并用,不能以为文字解释不能究明其内容时,始用论理解释。即使依文字解释法律之内容,已属明了,亦不能不更依论理解释,从内容的理由以观察其当否。文字解释与真伦理解释双方观察,其结果相同时,该解释始得称得完全。③

当然,也正是由于"文字解释"与"论理解释"这种关系,朱显祯认为,当"文字有数义存在时,须依论理解释之所示而决定其意义"。这其中如果文字仅有一义,"此种解释,成为宣告解释"。"而数义之中,从狭义解释者,称为狭义解释,从广义的解释者,称为广义解释。"④而如果文字解释之结果与论理解释之结果相互矛盾时:"从原则上,须以依从论理解释为当。此二种解释矛盾之时,从来常分为扩张解释,缩小解释,变更解释三种。"⑤朱显祯指出:

> 所谓扩张解释(interpretatio extensiva),就是扩张文字之意义而解释之之意。即论理解释之结果,将法规适用于文字所表示以外之场合之谓。法律于某种类事项中,特只规定其一事项之时而发生之解释。……扩张解释,非反对法律之规定而适用,那不过补充规定而扩张其适用之范围而已。⑥

> 所谓缩小解释(interpretatio restrictiva),就是缩小文字之意义而解释之之意。即论理解释之结果,须对于文字之意,加以限制之意。⑦

> 所谓变更解释(interpretatio abrogens),就是与文字之意义相异之解

---

① 朱显祯:《法律解释论》,载吴经熊、华懋生编:《法学文选》,中国政法大学出版社2003年版,第73页。
② 同上书,第74—75页。
③ 同上书,第81—82页。
④ 同上书,第82页。
⑤ 同上。
⑥ 同上书,第82—83页。
⑦ 同上书,第83页。

释。即文字之意义,虽甚明了,然与论理解释之结果不同之时,从论理解释之意。①

尽管如此,仍需要说明的是,在朱显祯看来:"在如何之情形而始依论理解释之点,则仍非依各个情形,从法律之目的,社会之实际,定之不可。"②与此同时,以往学者所论及的所谓解释活动中的"反对论法"③,朱显祯指出:"吾人否认前述之各见解,而单以反对论法为论理解释,即组织解释,目的解释等之适用之一场合。依历来之见解,以反对论法为依论理方法之解释。"④除此之外,关于类推,朱显祯认为:"所谓类推者,即规定某事项之法规,如有同一之立法理存在时,可以扩张解释而适用于类似事项之意。"因为"有同一立法理由之事项,须受同一法规之支配,乃吾人理性之所要求,类推即系应此理性上之要求而发生。"⑤基于此,朱显祯指出:

> 以类推为法治解释,则类推与扩张解释之间,在本质上,实无何等差为。从来多数之学者,以扩张解释,为法律之文字之意义之超越,而类推为法律之意义或内容之超越,故两者之性质,完全不同。然而类推既非创设法规之行为,故不得解为法律之意义或内容之超越。⑥

四、孟森《新编法学通论》中的"法律之解释"

1901年至1904年,孟森在日本东京法政大学学习法政。尽管其思想更多受梅谦次郎的影响⑦,但毫无疑问,他对"本国切用"的立宪法治的问题意识,对中国问题的体己关切、法理思考与体系表述,都足以确保其作为"中国法理学开启的最重要的代表人物"⑧的地位。他所编纂之《新编法学通论》于1911年由商务印书馆推出。这部法学通论"是清末宪政高潮时期写的讲

---

① 朱显祯:《法律解释论》,载吴经熊、华懋生编:《法学文选》,中国政法大学出版社2003年版,第83页。
② 同上。
③ 这种方法"是关于某特定事项有规定之时,则推论凡此以外之一切事项,皆适用反对之原则是。"同上书,第83页。
④ 同上书,第84页。
⑤ 同上。
⑥ 同上书,第85页。
⑦ 有关孟森与梅谦次郎两者在法律思想上的关联,详尽之分析,可参见程波:《中国近代法理学(1895—1949)》,商务印书馆2012年版,第88—119页,"第三章 思想脉络的考察:梅谦次郎与孟森"。
⑧ 有学者分析指出,孟森在其编撰的《新编法学通论》教科书中,对中国问题开始表达关切,这种倾向意味着"从孟森开始,中国人有了自己编撰的《法学通论》教科书,开始有条理地向中国知识界介绍宣传西方一些基础的法学理论,且有针对性地剖析中国传统的旧的法学弊病,推动了中国法学理论的发展"。程波:《中国近代法理学(1895—1949)》,商务印书馆2012年版,第12页。而有关孟森在《新编法学通论》中所表达出的对于中国问题的关切,详细的研究亦可参见同上书,第100—118页。

义"。"该书内容简明扼要、文字典雅,可说是中国法律学人编撰的第一本《法学通论》教科书,也是第一部比较系统的法理学著作。"①而也正是在该书的第十一章,孟森专门讨论了"法律之解释"。

(一) 法律解释权的合理配置

就法律解释权的配置上,孟森反对法律解释权由"政府委员"掌握,反对这种以立法来替代司法的权力运行模式。他说:

> 吾国今日,不屑保存专制,亦未至完全立宪。于是有宪政编查馆,以政府委员之地位,权代立法者,并自立法而自解释之。外国所谓深求立法者之意,正是法学专门之人,俾合国民之心理以为解释。若以少数之政府委员,本系起草之任,遂握解释之权,则是上移专制时代君主定法之权,下夺立宪时代国民立法之权。而于是国家法律,当其颁行时,尚需君主之裁可;迨其解释时,则直以政府委员为法之所从出,此必非预备立宪之本意也。②

可见,在孟森看来,由政府委员掌握法律解释权,首先不仅有以立法代替法律解释或者司法之嫌疑,而且更重要的还可能重返专制。

其次,考虑到当时社会的知识观念以及对制度的认知水平,孟森也不赞成由政府委员掌握法律解释之模式。他说:

> 顾吾国人民,今日狃于官吏专擅之积习,不思政府委员本无解释之权,反欲事事推之政府委员,以为盲从之准,此亦岂政府委员之本意?……就今日而言法律,则必行奉旨颁行之正文,与宪政编查馆私自解释之意见,分而为二。夫人民以分共意思,解释法律,尚为立宪国渊源之所从出。至政府委员,本代政府起草,遂代国民解释,则按之专制、立宪各政体,皆有不合。乃又以少数人之私见,转挟一官字名义,与私字对举,反谓人民之解释为私家之解释,而一切抹杀之。不知人民以国会未成立而无立法之效,政府委员既起草而取决于谕旨,则不奉谕旨之解释,安足生坚强之效力乎?人民不知此,而自命为无解释之能力,政府委员不如此,而自命为有解释之强权,彼此皆为程度不及而已。③

再次,为避免政府委员揽法律解释职权,孟森反复强调应该建立一种法律制定与法律解释、执行相分离的机制。他说:

> 吾国今日,真能求法律之解释者,以奉旨之法文为准。人民固为立

---

① 程波:《点校前言》,载程波点校:《法意发凡——清末民国法理学著述九种》,清华大学出版社2013年版,第256页。
② 孟森:《新编法学通论》,载同上书,第314—315页。
③ 同上书,第315页。

法者,而国会尚待将来。政府委员断非立法者,即受命起草,何得谓已即法律所从出。国民不善读法文,而欲仰成于政府起草委员之意,此法学之大患。凡法律皆有起草之人,即小至一公司之章程亦然,一经通过,则执行与解释皆与起草人无涉。若公司章程,而永远听命于起草人,则总理至股东,其有幸乎?乃至其超人并排斥总理、股东,曰吾之意本如是,固不必讲命于总理,亦不许股东参一解,苟参一解即曰私人之见,此岂非稍明公司性质者所必斥乎?要之,皆不遽开国会之迁流所极也。①

的确,法律解释权的配置在法律解释领域处于至关重要的地位,因为它是法律解释体制的决定性因素。毕竟,法律解释活动最终要落脚到由谁来解释法律、如何解释法律的问题上。② 从孟森有关法律解释权配置的论述来看,为避免立法代替法律解释以及由此所可能带来的专制,他倡导一种立法权与法律解释权相分离的权力配置模式。这种考虑,不仅是针对当时的社会现实以及政治生活的氛围而提出的,而且在当时的政治—权力架构下也是可行的。

(二) 法律解释的方法划分

孟森将法律解释的方法从大的方面分为"文理解释"与"论理解释"两种,并对这两种法律解释方法进行了详细的阐述。他说:

> (一)文理之解释。就法律之字句,为之解释。泛泛言之,不过咀嚼字句而已,其实不然。盖又有四法:(甲)法文有惯用之文字。……(乙)合观本法全文,以前后文字之例推定之。(丙)本法文无可资为解释。以他法文可证之语证之。(丁)法律之文无可证,用法学家授受之语证之。……有起草者根据某国法文,即从该国法印证吾法,此皆以法学之语解释法文者也。以上四法,渐推渐远。其次序先甲后乙,递推至丁,苟非本法无可证,不遽证以他法,苟非颁定之法文无可证,不遽证以法学之语,而尤以通晓惯用文字为根本。③

> (二)论理之解释。论理者,不据文字而据事理。就旧时法学而论,习刑名者为文理解释,而儒者引经决狱,则为论理解释。现时法学,虽不当泛引他文,仍不能专泥文字。盖先文理,后论理,必如此解释之效乃全。其法亦有四:(甲)比较本法文中所规定者而释之。(乙)比较他法文中所规定者释之。(丙)视所以设立此法之本旨而释之,不当泥文字

---

① 孟森:《新编法学通论》,载程波点校:《法意发凡——清末民国法理学著述九种》,清华大学出版社2013年版,第315页。
② 魏胜强:《法律解释权的配置研究》,北京大学出版社2013年版,"前言"。
③ 孟森:《新编法学通论》,载程波点校:《法意发凡——清末民国法理学著述九种》,清华大学出版社2013年版,第316页。

而违本旨。(丁)视法文之通例而释之,不当泥一条之文而乖通例。①

就文理解释与论理解释的关系而言,孟森指出:

> 以论理解释济文理解释之穷,其用有三。(一)能限制。就文字言,合乎此文字者已入某罪,而论理解之,有可原者,则论理能收缩文字之范围。此限制之说也。(二)能扩充。拘于文字用法已穷,济之以论理,尚有可纳之于法者。昔吾旧法有断罪无正条,得比照他条之例,今虽不如是之漫无界限,然止地承受刑罚,及负担义务,不许作推定之词。民法即不然,往往条文虽备,而意义未尽赅括,赖有论理以毕宣之。此扩充之说也。(三)能变更。法文有本不甚当之处,则必以论理变更之。昔日本旧民法,凡禁治产者有取消诉讼权,其意实谓禁治产者,于诉讼皆可主张其无效。盖已不能诉讼他人,人亦不得与此人为何等行为,而以诉讼持其后也,止可谓之诉讼自然无效,何尝别有取消诉讼之权?若有取消诉讼之权,岂不当先有诉讼之权,然后可言及取消乎?似此解释,直应改法文为诉讼无效,不得曰取消诉讼之权。凡法律思想简浅之社会,此等语病尤多,必有此变更之解释,乃合本旨。至此类变更渐少,则法学渐进矣。②

较之于朱显祯将法律解释之方法分为"文字解释"与"论理解释",孟森则将法律解释之方法划分为"文理解释"与"论理解释",而这种看法也一直是后来民国时期法律解释理论的主流。与此同时,如果我们将孟森有关法律解释的理论,尤其是他有关文理解释与论理解释的划分及其相互间关系的阐述,与矶谷幸次郎《法学通论》中有关法律解释的理论表达相比照,那么我们从中显然便可发现这两者之间的关联之处:"匡正"之于"变更","扩张"之于"扩充","缩小"之于"限制",这三组概念之间无疑都是紧密相对应、知识逻辑相契合的。

五、夏勤《法学通论》中的"法律之解释"

1912年至1917年,夏勤在日本东京中央大学和东京帝国大学法科研究室留学。③ 留学期间,同学称其"学行优美,常冠其曹,毕业首选,誉闻海外"④。

---

① 孟森:《新编法学通论》,载程波点校:《法意发凡——清末民国法理学著述九种》,清华大学出版社2013年版,第316—317页。
② 同上书,第317页。
③ 参见裴艳:《留学生与中国法学》,南开大学出版社2009年版,第125页。
④ 夏勤、郁嶷:《法学通论》,朝阳大学出版部1919年版,第1页,"万宗乾序"。李大钊也曾赞扬夏勤曰:"吾友夏子竞氏,青年锐志,奋学不懈。"李大钊:《自然律与衡平律识》,载《李大钊文集》(上),人民出版社1984年版,第88页。

1917 年归国,担任大理院推事。①《法学通论》是夏勤从日本留学回来后纂著并于 1919 年 9 月 10 日印刷、10 月 10 日初版发行的。它是朝阳大学法律科的讲义②,次年再版,到 1927 年该书已经出了第 6 版,③由此可见此书的影响力之大。该书的第八章专门讨论法律解释的问题。

(一) 解释法律之必要

"解释法律者,探考法律真意之谓也。凡一法律之制定,无论如何详审周密,然欲网罗万有,于其适用之时毫无疑义,实不可得,此解释法律所以尚矣。"④很显然,在夏勤看来,"说明法律之疑义,为法律解释之目的"。

> 法律之疑义有二,一为明显疑义,一为隐匿疑义,明显疑义者,仅其法律之字义不明,隐匿疑义者,法文之字义虽甚明了,而其所规定之事物不明是也。如'财产'二字,就其文字之自身,虽一见了然,惟财产含有有形财产和无形财产,两种意义,究其所指之范围若何,不无疑问,是即隐匿疑义。有由时代之变迁而生者,如在往昔制定法律时,仅有手车马车,而汽车电车尚未发明,日后发明时,则以前法律中所称之车,应否包括汽车电车在内,亦不可不加以解释也。⑤

与此同时,在他与郁嶷所写的《法学通论》中,对于法律解释之目的,则有更为详细的论述:

> 解释法律者,探考法律真意之法也。凡法律之制定,无论如何详审周密,条分缕悉,以规定之。然欲纲绳万有,至精且详,当其适用之时,毫无疑实。其谁征托,此解释法律所不容已也。罗马乞力斯担利安编纂法典,禁止解释,终不奏效。法帝拿破仑于民法制定之后,见解释书籍接踵而出,深为叹息,而卒无如之何,是法律不能不有待于解释者,势使然也。⑥

除此之外,在他所写之《刑事诉讼法要论》(1921 年)一书的第三章有关"刑事诉讼法之解释"的内容里,夏勤则再次强调了其上述有关法律解释之必要性的主张,表达了他有关法律解释目的的一贯认识:"夫解释法律,其主

---

① 与此同时,夏勤"以其学诏后进,所成就甚众,凡京师各法政学校无不有夏子讲席焉"。夏勤、郁嶷:《法学通论》,朝阳大学出版部发行、北京东西制版所印刷 1919 年版,第 1 页,"万宗乾序"。
② 江庸兼任朝阳大学校长(1927 年)期间,聘夏勤为朝阳大学教务长。夏勤于任职期间,通过撰述"朝大讲义",慎重选聘教师,鼓励学生参加法科讲义疏注等方式,提高了朝阳大学的教学质量。参见程波:《中国近代法理学(1895—1949)》,商务印书馆 2012 年版,第 170 页。
③ 参见程波点校:《法意发凡——清末民国法理学著述九种》,清华大学出版社 2013 年版,第 324 页。
④ 夏勤:《法学通论》,载程波点校:《法意发凡——清末民国法理学著述九种》,清华大学出版社 2013 年版,第 388 页。
⑤ 同上。
⑥ 夏勤、郁嶷:《法学通论》,朝阳大学出版部发行、北京东西制版所印刷 1919 年版,第 47 页。

旨在阐明法律之意义,不能离法律本文而别有主张。""解释一般法律为然,解释刑事诉讼法亦无不然。故解释刑事诉讼法,阐发刑事诉讼法条文之意义,不可不依据刑事诉讼法本文中所有之字句也。"换言之,"解释刑事诉讼法,以发见刑事诉讼法条文之意义为目的。欲发见刑事诉讼法条文之意义,必须以刑事诉讼法本文之用语为基础"①。

(二)法律解释之原则

尽管在《法学通论》一书中,夏勤并未就"法律解释之原则"议题展开专门论述,但是在《刑事诉讼法要论》一书中有关"刑事诉讼法之解释"的内容里,夏勤指出:

> 解释刑事诉讼法,既须以法律本文为依据。如有比附援引,用类推解释之法,施行刑事程序者,自不能以合法论。学者之中,如俾克迈幽 Birkmeyer(德人),如丰岛直通(日人),均谓民事诉讼法之规定当然准用于刑事诉讼法。法院及原告、被告,得依民事诉讼法条文施行刑事程序。按解释之原则求之,则大误矣。②

从此可以看到,在夏勤看来,法律解释必须严格遵循合法性原则,"以法律文本为依据"。他不仅不赞同在刑事法的解释中采用诸如比附援引或者类推解释之法,而且指出民事法律解释之原则不可适用与刑事法律解释活动之中,否则"大误矣"。

(三)解释法律之种类

在夏勤看来,解释法律之种类,在大的类别上可分为"公式解释"和"学理解释"两种。

"公式解释者,其解释之意义,即视为法律之真正意义,有一定效力,因其对于人民及执法者能发生强制之效力,又称曰强制解释。"③细别之,公式解释又可分为"立法解释"、"司法解释"及"行政解释"三种。

> (甲)立法解释。立法解释者,立法者以法文所下解释也。其方法有种种:(1)将解释文列入法律中者。……(2)因欲解释一法律,而新公布他种法律者,即以新法解释旧法之方法。……(3)立法机关颁布文件以解释法律者。……(4)以附属法解释主体法者。此因主体法有易生疑义之点,而特制定附属法加以解释,如我国为解释刑法上疑义起见,而于刑法施行法中规定解释之条文,即其实例。此外尚有两种解释方

---

① 夏勤:《刑事诉讼法要论》,郭恒点校,中国政法大学出版社2012年版,第3页。
② 同上。
③ 夏勤:《法学通论》,载程波点校:《法意发凡——清末民国法理学著述九种》,清华大学出版社2013年版,第388页。

法,虽足供吾人之参考,惟其解释之理由,并无强制之效力。兹因与立法有关,特附录之。

其一于法律中列入比例者。此方法即立法机关加诠释于法文之下,且备举足以说明其条文之比例,附于其后以解释之,如前清律例及印度编纂之印度契约法印度刑法,均用此方法者也。

其二由立法机关颁发法律理由书而解释之者。如德日民法在条文后均附有理由,以解释之,即用此方法者。①

(乙) 司法解释。司法解释者,法官当适用法律时所下之解释也。此方法本不能生强制之效力,盖法院皆能自为解释,不但无服从他法院解释之必要,即同一法院所为解释,后之解释亦不必与前之解释相同,决无遵守从前解释之责任,但最高法院,以判决解释法律时对于本案,可拘束下级法院,如此司法解释,显有强制之效力,不可不知。②

(丙) 行政解释。行政解释者,行政机关当执行法令时所为之解释也。此解释于执行法令时为之,如上级机关为解释法令起见而发布训令及指令是。③

所谓"学理解释",是指:"学者当论定法文时所为之解释也。此解释往往为立法者或司法机关公式解释时之根据。"④详细来看,"学理解释"又可分为"文理解释"和"论理解释"两种。

(甲) 文理解释　文理解释者,诠释法律之文字,使知法律之意义也。其应遵守之原则有三：(1) 解释法律不可不先着手于文理解释。盖法律之文章用语,即立法者意思之符号,欲知法律之真意,不可先从文理解释。(2) 法律之用语,宜以平易通常之意义解释之,盖法律乃使一般人民遵守者,故立法者编订法律之时,大都用平易可解之文字,若为解释,自宜用该文字普通应有之意义,不可用其特别意义为解释法律之标准。……至法律上用语,非用特别意义解释不可者,应从其特别意义,以为解释,如学艺技术或商业上之用语,各有其学问上固有之意义,则不能以普通意义解释之。(3) 法律中之语辞,宜从其公布法律时代之用例解

---

① 夏勤:《法学通论》,载程波点校:《法意发凡——清末民国法理学著述九种》,清华大学出版社2013年版,第388—389页。

② 同上书,第389页。在他与郁嶷所写的《法学通论》中,夏勤认为:司法解释"此方法虽亦能生强制之效力,然颇有限制。凡法院皆能自为解释,不但无服从他法院解释之必要,即同一法院所下之解释,其后亦无遵守之责。但大理院以判决解释对本条有拘束下级法院之力。"夏勤、郁嶷:《法学通论》,朝阳大学出版部1919年版,第49页。显然,从两段论述间的不同之处来看,夏勤对于大理院或最高法院法律解释的效力,还是持相当的肯定的。

③ 夏勤:《法学通论》,载程波点校:《法意发凡——清末民国法理学著述九种》,清华大学出版社2013年版,第389页。

④ 同上。

释之。但法律语辞之解释,亦有因社会之进步而随之变迁,如民法上所谓有悖于善良风俗之法律行为无效,此所谓风俗,系随时代而变迁,所谓善良,有因人类道德之提高而异其标准,故解释法律语辞,亦不得不随之而有改变也。①

(乙) 论理解释　论理解释者,斟酌法律制定之理由及其他一切情事,用以发现法律真意之谓也。此种解释,略可别为补正解释,扩充解释及限制解释三种。

(1) 补正解释。补正解释者,因立法者之未注意,或立法技术之不熟练,当制定法律时致发生违其真意之法文,乃变更其文面上意义,使合于立法者真意之法也。此种解释法,颇属危险,甚或陷于曲解,故非立法者之错误极明时不能用之。

(2) 扩充解释。扩充解释者,法律中所规定之文字,失之狭隘,或不能发表立法者之真意时,乃扩张其意义,使合于立法者意思之法也。

(3) 限制解释。限制解释者,法律中规定文字之意义失之广泛,致超越立法者之意思时,乃限制之使其合于立法者真意之法也。

以上三种解释法,皆因法律之文字用语,不能符合立法者之真意而变更或伸缩其意义之法也。其变更伸缩之标准,不可不推究立法者制定法律之用意何在而论定之。②

可以说,夏勤有关法律解释之方法及其划分的论述,既十分的详实,也非常的体系化。而为了更清楚地了解其分类的思路,我们对他有关法律解释方法之划分予以进一步的表格化梳理和展示。

公式解释 →	立法解释	
	司法解释	
	行政解释	
学理解释 →	文理解释	
	论理解释 →	补正解释
		扩充解释
		限制解释

从夏勤有关法律解释方法之分类的论述来看,它与孟森以及矶谷幸次郎之间最大的不同,就是将"匡正"("变更")"扩张"("扩充")"缩小"("限制")这三种法律解释之功能,进一步提炼成为三种更加细致的法律解释方法:补正解释、扩充解释和限制解释。很显然,这对于法律解释的方法论实

---

① 夏勤:《法学通论》,载程波点校:《法意发凡——清末民国法理学著述九种》,清华大学出版社2013年版,第390页。
② 同上。

践,无疑具有非常重大的意义。

(四) 解释法律之通则

夏勤认为,欲使解释法律合理合法,其必要遵循一定的、通行性的规则。细究起来,应当包括以下五个方面:第一,论理解释之结果,与文理解释之结果相冲突时,宜从论理解释。……第二,对于法律中所用语之范围有疑义时,宁从其广泛者解释之。……第三,变则宜从严正解释。变则者,即因有特别理由,不能适用通则而设之变例也。变则之范围扩张,则通则之范围必因之缩小,是以此种变则,不能不严为解释。如租税法,凡学校所用之地不课租税,何为学校,宜严为解释之,此种解释方法曰严正解释,乃罗马以来之所承认者。第四,凡关于特权之规则,亦严正解释。特权者,一般人民所无之权利,因主权者之特许或法律之规定,仅限于特定之人民,始能享有之权利也。如出版权,著作权,专卖权,皆宜严正解释之。第五,加惩罚或使负义务负责任之法律,亦从严正解释。加惩罚或使负义务负责任之法律,如刑法公务员惩戒法,租税法,必须严正解释。苟宽其解释,必致义务负担不公,驯至不犯罪而受惩罚,无义务而任负担之责,均非保护人民权利之道也。①

当然,对于上述所列法律解释之规则的第二条,夏勤在"刑事诉讼法之解释"中还进一步指出:"解释法律,固须尊重法律条文之用语。然同一用语,有因文章之结构而其意义彼此互异者。即以'管辖'二字而论,或则指土地管辖,或则指事物管辖,或则兼指此两种管辖。神而明之,存乎其人。若徒拘泥于字句,不惟文义之是求,亦不可也。"②

可以说,夏勤的这些论述,不仅确立起了法律解释之规则,而且也为法律解释方法间的关系处理提供了基本性的通则,进而确保了法律解释方法的正确使用以及通过合理之方法来达致发现法规范真意的可能。

六、丘汉平《法学通论》中的"法律之解释"

与孟森、夏勤都拥有日本法科教育背景不同,丘汉平所受的基本上是英美法传统的教育。他1927年毕业于上海东吴大学法律学院后,于1928年至1929年在美国乔治·华盛顿大学法学院留学并获法学博士学位。③ 回国后,他将其上课所用之讲义编纂为《法学通论》,于1933年12月出版发行。在该书的第六章,丘汉平专门讨论了法律解释的问题。

---

① 参见夏勤:《法学通论》,载程波点校:《法意发凡——清末民国法理学著述九种》,清华大学出版社2013年版,第391页。
② 夏勤:《刑事诉讼法要论》,郭恒点校,中国政法大学出版社2012年版,第3页。
③ 参见程波点校:《法意发凡——清末民国法理学著述九种》,清华大学出版社2013年版,第460页;裴艳:《留学生与中国法学》,南开大学出版社2009年版,第110页。

(一) 法律解释的必要性

丘汉平指出,法律解释之所以必要,原因在于:法律即用条文概括其义,故文字方面不得不力求简洁。否则,法典之数量,势必卷帙浩繁,人民反无所适从,惟法律条文日趋于简单,则晦涩之病,终难避免。盖以昔日条文有未便适用于今而其效力仍继续存在之故,司法之吏,遇此情形,欲求其斟酌的情理,援引得当,舍解释莫由。此法律之解释所由起也。[①]

(二) 法律解释之方法

丘汉平认为,法律解释之方法,约言之有二:一是法定解释,二是学理解释。

法定解释者,即法律明文规定解释法律之方法也。依其性质,又可分为立法解释、司法解释、行政解释三种。

(1) 立法解释,由立法机关解释法律也。其解释方法不一。有在法令中示其解释者……有以特别法律解释者。……有法律文中揭其实例而示解释之标准者,此在法律中屡见之。因立法者不能详举事例,只举最普通事项以为表率。……由此观之,立法解释实则以法律解释法律也。吾人所以服从之故,以其解释法律之法令自身,亦具有法律之效力。至若立法之议事录,草案之理由书,仅有阐明条文之价值,故无约束法律之解释也。[②]

(2) 司法解释者,由司法机关依其职权解释法律也。此项解释,亦可分为两种:一曰审判解释,一曰质疑解释。审判解释者,法院因其审理案情,对于所依据之法律而加以阐明解释也。例如《刑法》上之公务员是否包括县立学校校长而言,法院在审理此种案件时,自可斟酌解释。[③] 故此种审判解释,仅得在判决案情援引法律时行使之,平时固不得为也。至于质疑解释,其作用与前迥异。凡法律条文有疑义时,法院得因人民或各机关之询问予以答复。此种答复,则成为法律,法院自身亦受其拘束。吾国现行法制,以南京之最高法院为统一解释法令之最高机关,故凡关于现行法令有疑义者,均得依法请求解答,其效力等于法律也。[④]

(3) 行政解释者,行政官署对于法令,因下级机关之呈请而加以解释也。行政官署原无解释法律之权,惟关于本级机关公布之法令章程有疑义时,行政官署亦有权解释之。然若因其公布之法令有与法规或根本法冲突而较疑问者,行政官署仍不得自己解释,应由上级机关或转由法院解释,所以杜行政

---

① 参见丘汉平:《法学通论》,载程波点校:《法意发凡——清末民国法理学著述九种》,清华大学出版社 2013 年版,第 500 页。
② 参见丘汉平:《法学通论》,载同上书,第 501 页。
③ 司法院解释例已解释独立学校校长是公务员。
④ 丘汉平:《法学通论》,载程波点校:《法意发凡——清末民国法理学著述九种》,清华大学出版社 2013 年版,第 502 页。

官吏之专断也。我国现行官制,凡法律有质疑时,统由司法院召集之统一解释法令会议解释。行政官署仅得于其命令范围之内,操有解释权而已。①

关于"学理解释",丘汉平认为:"学理解释者,即以事理之见解解释法律也。学理解释,虽非有绝对权威,而其主要则难否认。且遇法律条文晦涩或前后矛盾不能辨识时,其有赖于学理解释者,更无待言。"②

丘汉平指出,"学理解释"又可分为"文理解释"与"论理解释"二种:

文理解释者,依据法文上之字义或文义而为之解释也。法律之进化由不成文法至成文法,更由成文法至近代之有系统法典法,于是法律之文字遂日趋简洁。然文字之意义,则不尽一致:三字含数义者有之。毫厘之差,失之千里,且《刑法》上之一字一句,于被告之利益更甚重要。苟不设定原则以解释法文,全听法吏自由审断,难冀实现立法之原意。故文理解释(或称文义解释)甚为重要,兹述其普通原则于下:(1) 法律之文字文句必须依照通常之意义解释之。社会之所以有法律,因其为共信之规则。其内容既为社会生活,故其关系个人利益甚大。法律非对于法律学者而设,亦非对于特定之人而设,乃对于社会一般人而立也。故法文中除专门意义外,概应以通常意义解释之。(2) 法律之文字文句以当时立法者之意思解释之为原则,在通常解释法律之文义,应注意立法者之意思。有因文法失于检点致启疑义者,倘不查考当时立法之意思,势必颠倒是非,背乎本旨。而编辑法典之主旨,要不外明示法文之简洁。故甚注重文字文句,更无待言。司法之吏,仅得就文义之可能范围内寻其意义。所谓采求立法意思,即此意也。(3) 解释法文必须注意其用字例。现今各国重要法规,对于条文之用字,其较重要者恒在篇首或篇末注明文例,以杜争议。……(4) 解释法文须注意法律之全文意义。断章取义,人所诟病,解释法律尤不可效法。故解释法律之文字文句必须注意全文之意思所在也。……(5) 解释法律必须注意其稳定性及适应性。今古法律虽异,而其同为维持治安之具则一。故法律之最要企求,厥为社会稳定。(既可拟例请求解释,不得以系争之案件呈请解释,所以杜干涉宪判之嫌也——此为原作者脚下注。)然欲达社会稳定,舍求法律稳定未由。物极必反,社会亦然。法律对于社会之稳定性保持甚,每使法律趋于僵化。法律为社会而设,并非社会为法律而设。故法律文字文句之解释,不可不随时代之观念而转移。(如前大理院对于《大清律例》民事有效部分之解释——此为原作者脚下注。)法国民法颁布已百余年矣,然其所以适应于二十世纪之

---

① 丘汉平:《法学通论》,载程波点校:《法意发凡——清末民国法理学著述九种》,清华大学出版社2013年版,第502页。

② 同上。

社会者,端赖解释之力耳。①

论理解释与文理解释,并非对峙而立。观上文所述文理解释之原则,当可知其关系矣。若以论理解释为不依法文之文字文句,而徒从论理上之法则以求法意者,则为误解。夫法文者,法律意义之表现也。法律之为绳墨规矩,以其有可绳墨规矩之具也。

文字者,即成方法之具也。准此言之,凡词不达意之条文,不能不谓其文字表现之不足。此际当酌(论)理解释,以获法意之所在。然亦仅能在法文中求之而已,固非得自由曲解也。

故论理解释云云,并非谓离法律文字而他求也。通常之法律解释,均依文理之解释方法为之。简言之,即平易之字句,应以平易之意义解之。然以有时依此方法解释,仍未获法文字原意者,乃不得不更求一步之探讨,此即论理解释也。故论理解释者,乃依论理学上之原则以求文字文句所示之关系,而探求法意之所在也。

法文之论理缺点,约有三种。一为文字之表现含有数种意义者。此际法院应探求法文之合理意义,以与立法之原意相符。故如法文之字义不能作平易解释时,则应雇用专门解释。但此亦以立法者制定法律时,曾用比较不自然之意义为限。例如《刑法》第二百五十七条规定:"和诱略诱未满二十岁之男女,脱离享有亲权之人监护人或保佐人者,处六月以上五年以下有期徒刑。"本条文字聚观之,似以被和诱略诱之人须皆为未满二十岁之男女。其实不然,设有某甲之妻,年仅十八岁,甲妻虽未成年,但依《民法》第十三条"未成年人已结婚者有行为能力"之规定,则因其结婚而成年。《刑法》所谓略诱和诱罪,对于甲妻自不成立。故未满二十岁并非为和诱罪之绝对要素。今易前例言之,如甲妻之夫,于次年死殁,甲妻归回娘家,被某乙和诱而去。经人告发查获到案,究竟某乙是否成立和诱罪,不无疑问。盖甲女虽已结婚,但其夫已死,且回转母家后,受行使亲权人之监护;某乙对之有和诱行为,殊应照上举条文处罪。然若吾人进一步以探求立法之原意,所谓未成年人因结婚而成年,究作何解? 依照普通解释。法律所以有此规定者,无非为使未成年人可取得成年人之资格也。故一经取得,自不因夫之死亡而随同丧失。其有和诱之者,亦不能成立《刑法》第二百五十七条之罪。此种解释,是为论理解释,以其不拘泥文字也。

其次,法律文字时全无意义者。此际应从法律之可能意思解释之。盖有时法律条文因前后矛盾,而致不能寻其真意。此在近代法典中发生者较少。法官遇此情形时,不可不别求解释蹊径也。

复次,法文中有时因意思之表示不全者,此际应依法意补充之。如前举

---

① 丘汉平:《法学通论》,载程波点校:《法意发凡——清末民国法理学著述九种》,清华大学出版社2013年版,第503—504页。

《刑法》第二百五十七条条文,仅规定和诱罪成立之原则,其特殊情形之一项并未规定。故若只就该条文解释,必有法意不全之弊。

以上为论理解释之原则。历来学者之间,亦有将论理解释分为补正解释、类推解释、沿革解释三种者。补正解释即本节所述法文表示不全之瑕疵者。类推解释即比附援引之谓,详言之,因某事项而推定他一事项,亦必相同也。沿革解释者,即依其历史原因而为之解释也。①

从上述可以看出,丘汉平不仅对法律解释之理论予以了阐述,而且还对法律解释之方法及其运行规则进行了较为详细的说明。与此同时,他在有关法律解释理论的论述过程中频繁引用当时所颁行的解释例文以为佐证,无疑使得其理论更具说明力。但总的来说,他对于法律解释方法之分类,尽管与夏勤虽有细微之差别(夏勤称之为"公式解释"而丘汉平称之为"法定解释"),然而基本上是相同的。这无疑反映出民国时期的法律解释理论,尤其是对法律解释方法的划分,已经逐步走向成熟。

七、欧阳谿《法学通论》中的"法律之解释"

曾翻译日本法学家穗积重远《法理学大纲》一书的欧阳谿②,其所著之《法学通论》(上海法学编译社1933年版),"是这三本比较著名的《法学通论》书中最晚出版的一本(另两本是织田万著、刘崇佑译的《法学通论》和大石定吉著、贺学海译的《法学通论》),但由于这本书的体例完善精神,论述清晰,持论通达,所以也具有非常广泛的影响"③。在该书的第八章,欧阳谿重点讨论了法律解释之种类和准则的问题。

(一) 法律解释之意义

在欧阳谿看来,"法律之解释者,探考法律真意之方法也"④。"凡法律之制定,无论如何审慎周详,条分缕析,然欲网罗万有,纤细无遗,于适用之时,毫无疑问,绝对难能,此解释法律所以最为重要也。"⑤与此同时,他还对法律疑义的情况给予详细的说明,指出:

> 法律之疑义有二,一为明显疑义,一为隐匿疑义。明显疑义者,仅属法律字义之不明,如文字欠妥、意义含混等属之。隐匿疑义者,法文字之字义,本甚明了,而其所规定之事物,则范围不易确定,不能不加以解

---

① 丘汉平:《法学通论》,载程波点校:《法意发凡——清末民国法理学著述九种》,清华大学出版社2013年版,第505—506页。
② 该书译本时由上海会文堂新记书局于1930年初版,1937年第三版。穗积重远的父亲为穗积陈重,其晚年所著之《法律进化论》,对近代中国法学的发展产生相当大之影响。
③ 参见〔日〕矶谷幸次郎:《法学通论》,王国维译,何佳馨点校,中国政法大学出版社2006年版,第11页,"点校者序"。
④ 欧阳谿:《法学通论》,陈颐勘校,中国方正出版社2004年版,第113页。
⑤ 同上书,第113页。

释者也。如公务员三字,是否包括职官吏员及其他依法令从事于公务之议员及职员等而言;财物二字,是否包括有形财物及无形财物而言,皆属隐匿疑义之范围。盖此种疑义,文字虽甚明显,而范围殊难确定,不能不借重解释以探考立法当局之真意也。①

(二) 法律解释之种类

从大的方面来看,欧阳谿将法律解释分为"强制解释"和"学理解释"二种。

所谓"强制解释","即官厅本其职权以解释法文。其所解释之意义,视为法律之真义,有一定之效力,对于人民及法律之执行者,均应生遵守之效果者也"②。而所谓"学理解释","即以学理上之见解解释法律之谓也。""此种解释,虽属学者间之主张,无强制之效力,然往往有精密周详,供国家机关之参考,而为强有力之根据者。故虽私人之学说,亦能左右立法上及司法上之见解,而成为法律之渊源。"③

1. 强制解释

对于"强制解释",欧阳谿还将其细分为立法解释、司法解释和行政解释三种。

第一,立法解释。

> 立法解释者,立法机关所为之解释也。其方法有以下之二种。(1) 将解释规定于本法中者。如《刑法》第二章之文例,即其明证。其不设文例专章者,则于条文中散见之,如民法总则第六十六条至第六十九条,物权编第八百三十二条、第八百六十条、第八百八十四条及《刑事诉讼法》第一百四十九条第三项等属之。盖所以解释用语之意义,规定其范围之限制也。(2) 明定解释之法律者。如《刑法施行法》、民法各编《施行法》《民刑诉讼法施行法》等均属之。又如《已嫁女子追溯继承财产施行细则》,亦即为立法解释之一种,盖即以法律解释法律也。④

> 此等解释,与法律同视,故亦有法律之效力,一切人民官署,均应受其拘束。⑤

> 但于此有应予注意者,凡参与立法人员,在立法会议之际,其所发言论,与对于法律所为之见解,均系个人之意见,与寻常学者之意见相同,不能发生拘束力,必成为正式法令,乃有强制之效力。盖在未经成为法令之前,其所发表之意见,仅为立法者个人之意见,而非国家之意见,

---

① 欧阳谿:《法学通论》,陈颐勘校,中国方正出版社2004年版,第113页。
② 同上书,第114页。
③ 同上书,第115页。
④ 同上书,第114页。
⑤ 同上。

故不能与既成法令之效力相比拟。①

第二,司法解释。

> 司法解释者,即司法官当适用法律时所为之解释也。不问解释例或判决例,皆可谓之司法解释。此种解释,由司法官独立行使其主张,不必顾及立法者之意思,更不必顾及上级官之意思,纯基于自己之学识经验,对于法律所为之见解。其最有拘束力者,为最高法院之判解。以最高法院为全国最高司法机关,有统一解释法律之权,故其所为解释例及判决例,有拘束下级司法机关及人民之效力。②

第三,行政解释。"行政解释者,即行政官署关于法律施行事项对下级机关所为之解释也。此种解释,下级机关对于执行事项,有绝对遵守之义务,其执行以外之事项,则不受拘束。"③

2. 学理解释

对于"学理解释",欧阳谿也将其细分成文理解释、论理解释以及类推解释三种。

第一,文理解释。"文理解释者,诠释法律之文字俾知法律之意义也。"④欧阳谿认为,文理解释应当遵守的解释原则有以下四个方面:(1) 解释法律,不可不先着手于文理解释。盖法律之文句,即立法者意思之符号。欲知法律之真意,必先于法律上之文理求之。(2) 法律之文句,须以平易通常之意义解释之,并宜留意其惯用字例。(3) 解释法文,须注意法律之全体,以求贯通,不可拘泥于字句。(4) 解释法文,须兼顾法律之安定性与社会之生化状况。

以上四项,均为文理解释之原则,不可不一一遵守之。否则,解释既误,精义转失,反致疑议横生矣。⑤

第二,论理解释。"论理解释者,斟酌制定法律之理由及其他一切情事,用以发现法律之真意也。但法律上文字之意义,仍须兼顾及之。故论理解释,与文字解释,恒相辅而行,未可偏废。"⑥欧阳谿指出,论理解释的种类或者具体方法较为繁多,就通常论及的有七种。

(甲) 扩充解释。扩充解释者,法律中所规定之字义失之狭隘,或不足以表现立法者之真意时,乃扩张其意义,使合于立法者意思之法也。此种解释,在刑法上不许采用,其他法律,则不加禁止。盖宇宙事物纷纭,法文势难赅

---

① 欧阳谿:《法学通论》,陈颐勘校,中国方正出版社2004年版,第114页。
② 同上书,第114—115页。
③ 同上书,第115页。
④ 同上。
⑤ 同上书,第115页。
⑥ 同上。

括,为应用便利计,不能不加以扩张也。如国家之领土,以字义言,仅属国家所有之土地,然从实际考察,则领海、领空、地表、地体均包含之,是即扩充解释之适用。①

(乙)限制解释。限制解释与扩充解释相反,即将法文之字义加以限制,使其范围缩小以全法律之真义也。如刑法上之妨害秩序,必须严格解释,适合法文限制之条件(参照《刑法》第156条至第168条),乃能加以制裁。若仅因个人不守纪律,即以刑罚相加,则人人自危,将至一举一动,无不触犯刑章矣。②

(丙)变更解释。变更解释者,即变易法文上通常之意义,而以特殊之意义解释之也。如民法中之所谓善意第三者、善意相对人等,此善意二字,乃指不知情之第三者或相对人言,与通常所谓慈善良善等意义不同,是则变更解释之通例也。③

(丁)反对解释。反对解释者,即对于法文所规定之结果,而以反对之结果相推论,以明法律之真义者也。如《民法》第17条第2项'自由之限制,以不背于公共秩序或善良风俗为限',由反对之结果推论之,凡不背公共秩序善良风俗之自由,决不能加以限制,是即反对解释之适例也。④

(戊)当然解释。当然解释者,法文虽未明白规定,而可由当然之理论以解释法律之真义也。如禁止垂钓,则打网虽未规定,当然必在禁止之列;又如禁止人力车通行,则货车、马车、汽车等,虽未明白列举,当然不能通行,是又当然解释之适例也。⑤

(己)补正解释。补正解释者,因立法者之疏略,致法文显有不完,而设法以为之补正是也。如我国当适用《暂行新刑律》之际,袁项城当国,姬妾众多,因无明文规定,乃设《刑律补充条例》以补正之,如所谓'称妻者,妾准用之'之类,即其例也。⑥

(庚)沿革解释。沿革解释者,即搜集法律成立前历史上之材料,以解释现行法规之真义也。如关于刑法上之规定,其意义有不明确之际,可搜集刑法草案意见书、审查刑法报告书等,借作历史上之材料以解释之,即其例也。⑦

第三,类推解释。

类推解释与当然解释略同,而其性质有异,即所谓比附援引是也。此种

---

① 欧阳谿:《法学通论》,陈颐勘校,中国方正出版社2004年版,第115—116页。
② 同上书,第116页。
③ 同上。
④ 同上。
⑤ 参见欧阳谿:《法学通论》,陈颐勘校,中国方正出版社2004年版,第116页。
⑥ 参见同上书,第116—117页。
⑦ 参见同上书,第117页。

解释,在刑法上绝对禁止,以其于罪刑出入关系甚巨故也。若在《民法》,则开宗明义第一条,即揭明民事法律所未规定者,依习惯;无习惯者,依法理。习惯与法理,均可为裁判上之根据,则其许为类推解释可知矣。①

可以说,欧阳谿对于法律解释方法之划分,较之于孟森、夏勤和丘汉平来说,都更加细致。为更好地了解其有关法律解释方法的划分图谱,以下将其论述予以表格化梳理。

强制解释 →	立法解释	
	司法解释	
	行政解释	
学理解释 →	文理解释	
	论理解释 →	扩充解释
		限缩解释
		变更解释
		反对解释
		当然解释
		补正解释
		沿革解释
	类推解释	

很显然,他将论理解释之方法再次细化,由原来的三种方法扩充为现在的七种。同时,他还根据法律解释之效力是否具有强制性,将法律解释方法分为强制解释(解释结果具有法律强制性)与学理解释(解释结果不具有法律强制性)。这对于丰富有关法律解释方法之认识,无疑大有帮助。

(三) 法律解释之准则

欧阳谿认为,所谓"法律解释之准则",是指"各种解释之适用,须有先后缓急之次序,即所谓法律解释之准则是也"②。在他看来,有关法律解释之准则,其具体内容,共有七个方面。

第一,"法律解释之顺序,先文理解释,后论理解释。"③因为"文理解释,系本于法律之文气字义所为之解释。论理解释,则斟酌法律制定之目的及其他一切事项所为之解释。二者虽同为解释法律之方法,然文字为思想之标记,故法律发生疑义时,宜先就文字观察,以详究法律之精神。故解释法律之顺序,宜先文理,后论理。"④

第二,"论理解释之结果,与文理解释之结果相冲突时,宜从论理解释。"

---

① 参见欧阳谿:《法学通论》,陈颐勘校,中国方正出版社2004年版,第117页。
② 同上。
③ 同上。
④ 同上。

因为:文理解释与论理解释之结果相冲突时,其解决之学说,约分两派。主张从文理解释者,则谓法文为立法者意思之符号,解释法律,不可不依照文理,且人民之所准据者,即法律表现之文字,若采论理解释,则人民之行为,将有据文字为合法,据理论为不合法者矣。反之,主张从论理解释之学者,则谓法律所贵乎解释者,由于法律之不明不悉,欲期法律之明确详悉,非文理解释所能为功,必借论理解释以补救之,故当二者之结果相冲突时,宜从论理解释。此两派之主张,虽各具理由,然比较观察,应以第二说为允当。①

第三,"法律之文字,当从其制定时代之用例而解释之。"因为:"文字之意义,每随时代为转移。如古代以贝壳为货币,而财字货字皆从贝;后世以金属为货币,而钱字银字皆从金,即其例也。法律之用语亦然。故解释法律之文字,当从其制定时代之用例,否则,转失法律之真精神矣。"②

第四,"解释法律,宜着眼法律相关联之全文。"因为:"凡解释法律,必注意法律相关时之全文,不可断章取义。如普通所称直系尊亲属,父母翁姑,均包含之,若细考《刑法》第16条第2项之规定,则翁姑非媳之直系尊亲属,乃为旁系尊亲属。苟不注意全文,则真义既失,贻误滋多矣。"③

第五,"法律之文字,应于通常之意义解释之。"因为:"凡学术、技艺及一切工商业上之用语,固应以其专门术语解释之。若属普通事件,则对于法文之解释,应于通常意义中求之。如国民二字,不能仅作男子解,乃包括男妇老弱言,即其例也。"④

第六,"凡变更解释,当从严正着眼,不可敷衍出之。"⑤因为:"变更解释,既因特别理由,须变更通常之意义,则采用此种解释。务宜特别郑重。否则,疑义滋多,莫知所指矣。盖变更解释之设,原以不能适用通则而起,若不从严格解释,则仍与通则无异。故罗马学者,称此种解释,曰严正解释,非无因也。"⑥

第七,"凡加惩罚或负义务与负责任之法律,宜从严正解释。"因为:"加惩罚或使负义务负责任之法律,如《刑法》《官吏惩戒法》《租税法》《征兵法》等皆是。凡遇此等法律,必须严正解释,否则,非第负担不公,且致无辜受罚,殊非所以保护人民权利之道也。"⑦

从中可以看到,欧阳谿不仅建构了一整套法律解释之规则,同时也为法律解释方法间的关系处理提供了一系列的处理准则。这也深刻地反映出,无

---

① 参见欧阳谿:《法学通论》,陈颐勘校,中国方正出版社2004年版,第118页。
② 同上。
③ 同上。
④ 同上。
⑤ 同上书,第118—119页。
⑥ 同上书,第119页。
⑦ 同上。

论是对于法律解释之规则,还是对于法律解释之方法,欧阳谿都有非常细致的看法。因此可以说,他在民国法律解释理论中的地位,是值得认真予以对待的。这也从另一个方面反映出,至此,民国时期有关法律解释的理论无论是法律解释之方法还是法律解释之规则,其认识都已然相当成熟,理论共识越来越多。

八、张知本《宪法论》中的"宪法之解释"

曾在日本法政大学留学的张知本,应上海会文堂之约撰写《宪法论》。在该书(上海法学编译社1933年版)之中,张知本指出:"关于宪法之解释,自与一般法律之解释同。可分为学理解释与有权解释两种。惟就此项情形之详细论述,应让之于法学通论。"①因而,宪法之解释,"系专就最高解释权(有解释权)之所属者而言"②。

张知本认为:

> 宪法最高解释权,应属何种机关,各国立法例原不一致。有属君主者,如日本是。有属国会者,如比利时、意大利等是。有属特别机关者,如普鲁士有裁决宪法争议之国务法院(或名政治法院),奥大利有裁决普通法律是否违宪之宪法法院是。又有属于制宪机关者,如吾国天坛宪法草案规定宪法有疑义时,由宪法会议解释之是。
>
> 此外《南京约法》第八十五条,本约法之解释权,由中国国民党中央执行委员会行使之,此又系以宪法之最高解释权,属之于政党之特例。又北平扩大会议约法草案,则为特设机关以解释宪法,其方法系以九委员组织约法解释委员会,中央监察院互选四人,最高法院互选三人,此外中央监察院院长、最高法院院长,则皆为当然委员,且任正副主席。此种规定,与捷克斯拉夫之特设宪法法院之组织相似,惟员数仅为七人,系由总统任命院长一人、法官二人,行政院、最高法院各任命二人组织之。③

在张知本看来:

> 至于宪法中关于宪法之解释机关,如无明文规定时(吾国临时约法,即无此项规定),将如之何?关于此点,有以之应属于国会者,有以之应属于行政元首者,有以之应属于最高法院者,据吾人意见,宪法之解释,系对全国一切机关均有拘束力者,在未有明文规定时,应以有修正宪法权限之最高机关为宜。④

---

① 张知本:《宪法论》,李莉、殷啸虎勘校,中国方正出版社2004年版,第37页。
② 同上书,第38页。
③ 同上。
④ 同上。

除在《宪法论》一书中就"宪法解释"议题所作较为集中之阐述外,张知本还在《社会法律学》(上海会文堂新记书局1930年版)一书中,对法律解释之范围予以了扼要之附带性说明。在他看来:

> 解释之范围,仅在探求立法者之意旨,以析明其疑义而止,绝非按照社会进化之情形,而为适合实际人类生活之补充法律的解释,此与自由法学者之所谓自由解释法律,其意义各不相侔,前者裁判官不能违背法律原有之真义,此则裁判官可以自由"解释"法律,以适用于裁判□之社会生活状况也。①

由于并未集中论述法律解释的问题,因而张知本有关"宪法解释理论"以及"法律解释范围"的论述,所提供的只是他有关法律解释理论的零散观点:第一,在张知本看来,法律解释一般可分为"有权解释"和"学理解释"两种。第二,在考察不同的有关宪法解释权配置方案后,张知本参酌当时社会之具体情形,建议以修正宪法权限之最高机关为宪法解释权之机关。这反映出他对于包括宪法解释权等在内的有关法律解释权配置问题的思考,是相当审慎的。第三,法律解释之范围,在于探求立法者之意旨,以析明法规范疑义的同时,契合并适用于裁判所在之社会生活状况。

九、陈瑾昆《刑法总则讲义》中的"刑法之解释"

1908年至1917年,陈瑾昆留学日本,就读于日本东京大学法律系,专攻刑法,获法学学士学位。② 在其所撰写的《刑法总则讲义》(北京好望书店1934年版)一书的第六章,陈瑾昆专门讨论了刑法解释的问题。

(一) 解释之意义

在陈瑾昆看来:"刑法之解释云者,确定刑法之意义也。盖法律之意义,未能确定,则无由适用,而适用之当否,一视其解释如何。故解释之重要与困难,实与立法无异。故从来学者,多以法律学为法律解释学。"③基于此,陈瑾昆认为,《刑法总则讲义》一书"所负使命,为解释刑法学,故其重要任务,亦惟正确阐明刑法之意义而已"④。

解释刑法,亦只在就刑法法条探求立法者之真意,即国家之意思。盖法律原为国家之意思表示,解释者惟应求表示上之意思,不得求表示外之意思。所谓理想论,目的论,均为立法者之事,非解释者之事。国家意思,固应与时

---

① 张知本:《社会法律学》,载程波点校:《法意发凡——清末民国法理学著述九种》,清华大学出版社2013年版,第136页。
② 参见黄源盛:《民初大理院与裁判》,台湾元照图书出版公司2011年版,第76页。
③ 陈瑾昆:《刑法总则讲义》,吴允锋勘校,中国方正出版社2004年版,第47页。
④ 同上。

代思潮及社会现状相适用,解释法律时,固应不背国家意思之范围内,而注意此二者。但逾此范围,即非正当之解释,所谓恶法亦为法律。故在刑法,如变更解释,如自由法说,要当力避之。又应注意者,立法者之意思,与起草者之意思无与,故如立法会议之记事录,立法机关之理由书,虽亦为解释时之重要参考,要不能直认为立法者之意思也。①

可见,在陈瑾昆看来,法律解释之意义在于发现法规范之真意,而此真意尽管从表面上看是立法者之意思表示,但实质上却是国家之意思。与此同时,陈瑾昆还区分了立法者之意思与起草者之意思。在他看来,法规范应体现的是立法者之意思而不是起草者之意思。因此,解释法律时,既不应违背立法者之意思,更应当尊重国家之意思。

(二) 解释之种类

陈瑾昆根据解释效力、解释方法和解释标准,将法律解释作了三种分类。第一,根据解释之效力,分为法律解释、裁判解释和学说解释三种。

甲,法律解释。此即以法律解释法律,亦称有权解释。详言之,即为阐明一法规之意义,更立一法规也。法律之意义,经此解释,即为确定,不能更解为他义;故又称曰强制解释。此虽称曰解释,实即立法。②

乙,裁判解释。此即谓法院本于其权限就法律所为之解释也。严格言之,法院原仅限于裁判案件时,始得为解释。申言之,必于此时就法律所为之意见,对外始有相当效力;且关于其效力,立法例亦不一致,如欧洲大陆诸国及日本,下级法院之解释,仅有为裁判(即主文)根据之效力,别无其他拘束力,惟第三审发交下级法院之案件,下级法院对于该案,始不得违背其法律上之意见,我国现行法例亦与此同(参照法院编制法四五条三二条)。惟我国尚有二特例:即1. 最高法院判决,如成为例者,即所谓判例,下级法院就一般案件亦不得违背,此自前大理院以来,即已为成例。2. 依国民政府司法院组织法第三条,司法院有统一解释法令及变更判例之权,故现时司法解释,亦有一般拘束力,此亦系沿前大理院成例而来(参照法院编制法三五条),故在我国现时之裁判解释,有上述种种之不同,虽不及法律解释,而与学说解释,固大不相同也。③

丙,学说解释。此即学者研究法律所为之解释也。严格言之,真正意义之解释,只为裁判解释,盖惟法院始有适用法律之权,亦始有解释法律之权。法律解释,乃为法律,非为解释;学说解释,亦只为学说,非为解释。盖学说解释,非如裁判解释,有何等拘束力也。惟有权威之学说解

---

① 陈瑾昆:《刑法总则讲义》,吴允锋勘校,中国方正出版社2004年版,第47页。
② 同上书,第47—48页。
③ 同上书,第48页。

释,亦大足为裁判解释之助,并为立法之助,故通常所称法律解释,均包裁判解释与学说解释二者,统称曰学理解释,或法理解释。盖以二者均系自学理以探求法理,其任务相同故也。①

第二,根据解释之方法,分为文理解释和论理解释。

甲,文理解释。此即依据文字之意义与文典之法则,以阐明法律之内容也。故又称文字解释或文典解释。②

解释法律之际,应先用文理解释,固无待论;然究不可侧重,一派学者谓当以文理解释为主,以论理解释为辅,实难首肯之说也。③

乙,论理解释。此即由推理作用以阐明法律之意义也。④

至此种解释,究用何标准,则学说尚不一致;要之,解释法律,除依文字法则就法条以获得观念外,更须依推理法则,就法理以获得观念。就中尤应注意于立法精神及法条与法律全体之关系。此后二种方法,又一称曰目的解释;一称曰组织解释。⑤

其所用方法,不仅专凭理论,故近时学者,多谓其名称为不当。⑥

第三,根据解释标准,分为三组:狭义解释与广义解释,扩张解释、缩小解释和变更解释,当然解释与类推解释。"此即因文理解释与论理解释结果不相一致,应用如何标准而生之区别。"⑦

甲,狭义解释与广义解释。此即因文字有数义,而依论理以择取一义。解之于狭义者,称曰狭义解释。解之于广义者,称曰广义解释。学者多谓刑法应严格解释,故只应狭义解释。然文字既有数义,自仍应依论理解决,不必专以狭义解释为限也。⑧

乙,扩张解释,缩小解释,变更解释。此即因文理与论理相反,依论理而为下述结果之解释也。因法律所规定之范围较其所应适用之范围为小,而扩允文字之意义以解释之者,曰扩张解释,因法律所规定之范围较其所应适用之范围为大,而缩小文字之意义以解释之者,曰缩小解释。依论理而为与文理相反之解释者,曰变更解释。解释刑法,可用前二种方法,学说上无争执;主张可用后一种方法者,尚仅少数说。余谓最后方法,通常实不可用,惟刑法内规定如已因后出法律而应变更时,自亦用此

---

① 陈瑾昆:《刑法总则讲义》,吴允锋勘校,中国方正出版社2004年版,第48页。
② 同上。
③ 同上。
④ 同上书,第48—49页。
⑤ 同上书,第49页。
⑥ 同上。
⑦ 同上。
⑧ 同上。

方法也。①

丙，当然解释与类推解释。此二者均为论理解释之一种，法律虽只就某种情形规定，但他种情形，更有应行适用之理由，而依论理解释，断定其应适用者，曰当然解释。其中又有两种：(1) 有以大例小者，即大者犹如何，小者亦应如何是也。(2) 有以小例大者，即小者犹如何，大者亦应如何是也。刑法得用当然解释，学说上无异说。我国前大理院就此已著有判例。② 又因法律关于某种事项无直接规定，而择取关于类似事项之规定以适用之者，曰类推解释，此即与我国所称之比附援引相当。欧洲以前因严守罪刑法定主义之原则，学说上固无有主张得用类推解释者。然至晚近新派刑法学者出，高倡刑法之目的主义与主观主义，遂有主张亦得用类推解释者。余如前述，谓在我国刑法，类推解释，乃不可许。③

可以说，陈瑾昆对于法律解释之方法的划分，较之于上述其他民国法学家的看法，无疑又更细致了一些。因此，为更好地了解其有关法律解释方法的划分图谱，对其论述也予以进一步的表格化梳理。

划分标准	划分类型
根据解释之效力	法律解释
	裁判解释
	学说解释
根据解释之方法	文理解释
	论理解释
根据解释之标准	狭义解释与广义解释
	扩张解释、缩小解释和变更解释
	当然解释与类推解释

从中可以看出，他不仅将有关法律解释方法的划分标准进一步予以细化，而且还将相应的法律解释方法根据其对比性/对应性予以排列组合，以此来进一步揭示不同法律解释方法间的差异性以及法律解释方法整体的复杂性，进而在形塑法律解释方法论的实践逻辑的同时，展示法律解释实践的丰富性。而这对于我们完整地理解民国时期的法律解释制度，同样具有相当之作用。

十、王觐《中华刑法论》中的"刑法之解释"

1914 年，王觐毕业于上海中国公学，随即留学日本明治大学法科，师从

---

① 陈瑾昆：《刑法总则讲义》，吴允锋勘校，中国方正出版社 2004 年版，第 49 页。
② 同上。
③ 同上书，第 49—50 页。

主观主义和目的刑论的大师牧野英一博士,专修刑法。1919年,王觐学成回国,撰写《中华刑法论》(1926年初版)。① 在该书的第八章,王觐就"刑法之解释"议题展开了论述。

(一) 解释的目的

王觐指出:"法律贵乎明了,否则实解释之是赖。""欲明法律解释之基础,须先知立法者之意思与法律有别,以一定形式所表示之意思,有公的性质,有拘束国民之力者,曰法律;而不然者,曰立法者之意思;兹所谓解释法律,系指推考法律内容与法律范围而言,不包括解释立法者私人的意思也。"②很显然,这意味着在王觐看来,法律解释之目的,乃是追寻法律之真意。而法律之真意,并非立法者全部之意思表示,而是由立法者之意思中具有"公的性质"的那部分意思表示,而"不包括解释立法者私人的意思也"。

(二) 解释的原则

王觐认为,"刑法亦法律之一,其有待乎解释,自不让于他法,解释而不慎,则有背罪刑法定主义之本旨"③。很显然,在他看来,刑法解释首先当然也是最重要的,乃是应当遵循法定性原则,否则解释不慎即会违背罪刑法定主义之本旨。而这对于一般性的法律解释来说,则意味着合法性原则应当成为法律解释的首要原则。

---

① 参见王觐:《中华刑法论》,姚建龙勘校,中国方正出版社2005年版,第3页,"前言:近代刑法典的沿革与《中华刑法论》"。对于这本《中华刑法论》,时人"喜其可为明刑弼教之助",并因此称许王觐"于古今中外刑法学说论述,以及沿革,博习淹通,精微洞见"。参见王觐:《中华刑法论》,姚建龙勘校,中国方正出版社2005年版,第7—8页,王文豹"《中华刑律论》序"和吕复"《中华刑律论》叙言"。

② 王觐:《中华刑法论》,姚建龙勘校,中国方正出版社2005年版,第40页。为进一步确证这一观点,王觐还引用了当时一些颇具影响力的观点来对此加以证明。"方藜斯托曰:'法律者,以一定形式所表示之一般的意思也。未经表示之意思,以及不欲表示之意思,均不得谓之为法。表示方法,以帝国议会及联邦议会之决议,皇帝之裁可公布而成立。'(方藜斯托著:《德国刑法教科书》,第88页,第89页)""方毕尔克玛曰:'法律解释云云,非立法者意思之解释,乃法律意思之解释。'(方毕尔克玛著:《刑法》,第1144页)""斯托斯曰:'解释物体,即已行公布之法律,已行公布之法律,是即立法者之意思表示。'(斯托斯著:《奥国刑法教科书》,第64页)""洼夫曰:'解释法律云者,释明法文之内容,而非释明法文之渊源也。'(洼夫氏著:《德意志民事诉讼法》第255页)""泉二新熊曰:'立法者之意思表示,是为成文法之要素,此法律之解释,所以限于推考立法者之意思表示,若立法者之意思,未曾表示,则非吾人之所考究者也。'(泉二新熊著:《日本刑法论》第40版,第191页、第192页)""大场茂马曰:'法律解释云者,推考立法者所表示意思之内容与范围之谓,至若解释制定法律之个人意思者,非兹所谓法律之解释。'(大场茂马著:《刑法总论》上卷第四版,第277页、第278页)""山岗万之助曰:'成文刑法之解释,与一般成文法之解释,同其原则。法律,系立法者所表示意思,立法者之意思自体,非法律。解释法律,以探究法律自体之真意确定法律之内容及范围为职志,所以不许以明文以外之事项(立法者之意思自体)为法律之内容。要之,解释法律,非探究法律之渊源,乃穿鉴法律自体之内容。'(山岗万之助著:《刑法原理》第15版,第86页)"参见王觐:《中华刑法论》,姚建龙勘校,中国方正出版社2005年版,第40页,注1。

③ 王觐:《中华刑法论》,姚建龙勘校,中国方正出版社2005年版,第40页。

(三) 解释的方法

王觐提出:

> 分解释而为二:其一,文理解释;其二,论理解释。是也。文理解释云者,从法文中文章字句之意义,而为解释者也。论理解释云者,不拘泥于文字,而究立法之真意,依据论理,以阐明法律之意义者也。文理解释之结果,过于狭隘,不适于立法者之真意,以论理解释扩张其范围者,曰扩张解释。例如《刑法》第三十九条曰:'已着手于犯罪之实行而不遂者,为未遂罪',观其文义,似专为实行犯罪者设此规定,实则本条效力,应使之扩张至于不有直接关系之教唆犯从犯是。文理解释之结果,失于广泛,以论理解释缩小之,以图适合立法之本旨者,曰限制解释。例如解释《刑法》第三百十九条,该条所谓'以加害生命、身体、自由、名誉、财产之事恐吓他人'云云,必其加害通告,系不法行为,系组成犯罪之行为,夫而后构成本条之恐吓罪,简言之,以不法行为与夫组成犯罪之行为,为第三百十九条'加害'二字之限制。是也。①

从中可以看出,结合刑法解释之实践,王觐不仅将刑法解释之方法划分为文理解释与论理解释,而且还根据解释结果与立法之本旨之间的关系,将对文理解释之结果予以矫正的论理解释又细分为"扩张解释"和"限制解释"两种。可以说,尽管其有关法律解释之方法的划分并非如其他一些学者那般细致与多样化,但他这种审慎的处理刑法解释方法的划分态度,值得思考民国时期法律解释方法划分问题时借鉴。

十一、《刑事诉讼法》讲义中的法律解释

除夏勤曾对刑事诉讼法之解释予以扼要论述外,朝阳大学法律科所编之《刑事诉讼法》(朝阳大学校1920年版)讲义中,也对刑事诉讼法之解释予以特别要求:解释刑事诉讼法与解释其他法律同,本无说明之必要。但须注意者有二:第一,解释刑事诉讼法,须合于刑法之主义、刑法之精神。第二,解释刑事诉讼法,须与刑事诉讼法之立法意旨相同:(1)抑压或制限人权之法规,宜严格解释;(2)法律认有行为而无手段时,其手段应不背公之秩序、善良风俗;(3)如不背公序良俗而又不违背法律时,宜从简捷方面解释之。②

虽然是刑事诉讼法解释所需遵循之规则,但这些对于一般意义上的法律解释而言,也多有参考价值。

---

① 王觐:《中华刑法论》,姚建龙勘校,中国方正出版社2005年版,第40—41页。
② 参见朝阳大学编辑:《刑事诉讼法》,吴宏耀、种松志点校,中国政法大学出版社2012年版,第9页。

十二、李宜琛《民法总则》中的"民法之解释适用"

李宜琛早年留学日本,专攻民事法研究。其所撰之《民法总则》系当时国民政府教育部部定大学用书,由国立编译馆 1944 年出版。初版发行后,备受关注,并于 1947 年出版第 8 版。三四年间该书再版 7 次,可见在当时的受欢迎程度。① 在该书的第五章,李宜琛专门讨论了民法之解释适用问题。在他看来,"法律之适用,首为认定事实,然后就所应适用之法律规范,研讨解释,以明了确定其内容,从而获一解决问题之结论"。也就是说,"事实认定之后,即应为民法之解释,以确定其意义"。② 而这其实也就意味着,在李宜琛看来,法律解释活动是内在于法律规范的适用活动之中的。

(一) 解释之必要

李宜琛认为:

> 解释之必要,殆以成文法为最著。盖成文民法所规定者原为抽象的原则依文字而表现。在立法者固应适用通俗之文字,俾为法律所规律之国民,易于了解。然我国现行民法,多为外国法之继受,法律之特殊用语例,法典之中随处皆是,其意若何,自非解释,无从确定。且文字之本身,若不完全,于适用之际,非病其欠缺明了,即失于不甚详尽,过有疑义,自非努力阐明,无从应用于具体的社会现象,此法律解释之所以尚也。③

> 唯有应注意者,法律之编纂固系出于立法者之制定,然法律一经成立,即脱离立法者之意思而有独立的存在,故吾人解释之对象,原在法律之自身而非立法者之意思。善哉德儒柯拉(Kohler)氏之言曰:'解释之探究意思,然所探究之意义,非在何人欲言何事,而系所言者究为何事也。'柯氏所云,盖谓立法者于立法之际欲言何事系别一问题,而法律自身所言者,究为何事,始为吾人探究之目的。是以于阐明立法目的之际,立法者之意思,固不失为重要之参考,然绝非确定不移之论也。④

很显然在李宜琛看来,法律解释之所以必要,在于适用法规范之际需确定法规范之真实涵义。与此同时,法律解释之对象,并非立法者之意思而在于法律自身。换言之,由法规范意涵之疑义所导致其无法应用于具体的社会现象,此法律解释之所存也。而又由于立法者之意思并非完全等同于法律之意思,因而在追寻法律自身意涵的解释活动中,立法者之意思仅为重要之参

---

① 李宜琛:《民法总则》,胡骏勘校,中国方正出版社 2004 年版,第 4 页,"勘校者前言"。
② 同上书,第 19 页,"勘校者前言"。
③ 同上书,第 19 页。
④ 同上书,第 19—20 页。

考而并非确定不移之论。这一论述对于理解民国时期法律解释之必要性以及法律解释之目的,都具有相当大的启示意义。

(二) 解释之方法

李宜琛指出:

> 学者通常恒分解释为立法解释与学理解释之二种,立法解释亦曰公权解释,即以同一法律或其后之法律确定法律中用语之意义者也。是则谓为解释,毋宁谓为立法,故于此所谓解释,当专就学理解释而言。学理解释亦曰学说解释,即依个人之学理的探究确定法律之意义者也。①

他还对学理解释予以进一步细化的论述。在他看来:

> 解释之以法典之文词用语为之者,谓之文字解释。成文法之特色,即在以文字为表现之工具,以文字解释,究明法律之意义,自属必要。故文义之确定,自属解释之初步工作。然若纯恃单纯之文字解释,究不能确定法典之真意,审查一法律之规定,与他规定之关系若何,此一规定于法典中,占有如何地位于法律全体中又占若何之地位,立法目的何在,由于何种社会生活之必要……就此种各方面以论理的方法为思考,然后法典之真义,始能确定,是为论理解释。如反对解释、当然解释之类,皆不外论理解释之一种方法;即所谓扩张解释、缩小解释、变更解释之类,亦不过以论理解释,补正文字解释之结果。要言之,学理解释即在以论理的方法阐明法律文字之意义,所谓文字解释与论理解释,皆不过为学理解释之一部,并非两种不同之方法。以此二者为一种对立法之解释,固属不当;若于二者之间,复为设有先后顺序之别,谓必于文字解释不能确定法律意思之际,始用论理解释之方法,益失民法解释之正鹄矣。②

从中可以看到,李宜琛不仅从大的方面将法律解释划分为立法解释与学理解释两种,而且也就学理解释之方法作进一步之细分,认为应当以"文字解释"与"论理解释"两种之划分为宜。与此同时,他还指出,不仅"反对解释、当然解释之类皆不外论理解释之一种方法",而且"扩张解释、缩小解释、变更解释之类亦不过以论理解释补正文字解释之结果"。除此之外,在李宜琛看来,所谓"文字解释"与"文理解释"并非两种不同之方法,它们都是学理解释之有机组成部分。李宜琛有关法律解释方法之划分的这种独特观点以及他对于"文字解释"与"文理解释"之间的关系的特殊界定,无疑丰富了对于民国时期法律解释理论的认识。

---

① 李宜琛:《民法总则》,胡骏勘校,中国方正出版社2004年版,第20页,"勘校者前言"。
② 同上。

(三) 类推适用

因与"比附援引"具有方法论上的相似,类推解释与类推适用,不仅一直以来都是理解传统中国法律难以回避的问题①,而且也是民国时期法律解释制度与实践需要小心处理的问题。然而在民国法律解释的理论中对此予以专门讨论的,就目前所搜集的文献来看,并不多见。李宜琛则是个例外。他在第五章的第四部分,专门讨论了类推适用的问题。在他看来:

> 与法律解释似同而实异者,为所谓类推适用。类推适用者,就法律所未规定之事项,适用类似事项之规定者也。法典有明文规定得为类推适用者,谓之准用。即在类似情形,因立法之便宜,避免法律规定之重复繁杂,故即使其准用类似之规定,如买卖契约为有偿契约之典型,故买卖之规定,得准用于其它有偿契约(三四七条参照)。②

很显然,在李宜琛看来,类推适用是在法有明文规定之情形下,基于事项的相似性或者情形的类似性而进行的、有关法规则的类推性适用。

尽管类推适用有利于避免法律规定的重复与繁杂,但是当法无明文规定的情况下,可否继续准予类推适用呢? 这无疑更是一个需要谨慎处理的问题。对此,李宜琛进一步指出:

> 然准用与适用究有不同,必限于性质许可者,始能类推适用之耳。第于法无明文可以准用他种规定之际,司法官亦得为类推适用,以类似之规定,适用于法律所未规定之事项。盖因民法为抽象之原则规定,立法者之思虑,纵极缜密,欲网罗现有之社会现象无所遗漏,固不可能;加之,社会生活,日新月异,他日发生之事实,不免为法律所未规定。司法官既不能拒绝不理,则适用类似之规定,以为裁判,自为社会生活所必要。唯类推适用之根据,果何在乎? 学者所见,尚不一致。一为立法说,以为类推适用,即为制定新法。然类推适用原非设定何等原则,不过仅尽于具体事件适用法律上之原则而已,谓为立法自有未当。二为解释说,即以类推适用为解释方法之一种者。所谓扩张解释,固与类推适用不无近似,然扩张解释,究不能超出一定之程度,而类推适用则无一定之界限,自不得仅以解释目之。三为法理说,即依民法第一条规定,法无规定者,得依法理而为裁判,类推适用,即为本于法理而为者也。予亦云然。盖法理云者,即法律之原理,自法律全体之精神演绎而生者,则法律之本身,必有其统一性,就甲事项之规定若如此,则对于类似之乙事项,

---

① 参见陈新宇:《从比附援引到罪刑法定——以规则的分析与案例的论证为中心》,北京大学出版社2007年版。
② 李宜琛:《民法总则》,胡骏勘校,中国方正出版社2004年版,第20页,"勘校者前言"。

若有明文，亦必适用同一原则，为同一之规定，始适合社会之通念。是以类推适用即系就法律所未规定之事项援引类似事项之规定，以为法理而为裁判者也。例如，"民法第一千零五十条第四款，固仅规定妻对于夫之直系尊亲属为虐待，或受夫之直系尊亲属之虐待致不堪为共同生活者，夫妻之一方，得向法院请求离婚。惟此系就以妻以夫之住所为住所之普通情形而为规定。其以妻之住所之赘夫，对于妻之尊亲属如虐待或受妻之直系尊亲属之虐待，致不堪为共同生活者，按诸民法采用男女平等原则之本旨，实与该条款规定有同一之法律理由，自应类推解释，许其请求离婚"（最高法院二八年上字二一一六号判例参考；同院二九年上字二〇四三号判例亦同趣旨）。即其适例。①

很显然，通过梳理不同的学说，李宜琛认为，"就法律所未规定之事项援引类似事项之规定，以为法理而为裁判者"，此系类推适用于法无明文规定之情形下得以运行之基础。

考虑到本书有关民国时期法律解释理论的梳理，尤其是在理论文本的选择上，确实具有基于一定的信息搜集上的便利性考虑②，因而可能会被认为带有某些随意性，进而又很有可能会削弱这些理论表述的典型性或者代表性。但如果从民国后期、尤其是近代学者有关法律解释理论的系列表述来看，那么从中又会发现，其实以上所列举与梳理的这些有关民国时期的法律解释理论的表述，仍然是极具代表性的。与此同时，通过民国后期相关的理论梳理，尤其是从他们有关法律解释的理论争议与共识性表述中，反过来还可以更加准确地把握民国时期法律解释理论的争议之处，以及看到这些争议最终又达成了怎样的共识。

第二节　法律解释理论之补证和印证

以知识之延续性为标准，同时也考虑到时间上的距离，本书选择林纪东、郑玉波与管欧这三位学者有关法律解释理论之表述，来考证其与民国时期法律解释理论的相互印证性。这三位学者，从其人生与思想经历、教育和生活背景来看，都可以说是经由民国时期而到现代的。他们都近距离地接触过民国时期的法律解释理论，并就法律解释理论在时间和空间的维度上作了最接近于民国时期的个体性表达。

---

① 李宜琛：《民法总则》，胡骏勘校，中国方正出版社2004年版，第20—21页，"勘校者前言"。
② 这其实是任何有关历史问题的研究都无法摆脱的困境。对此更为详尽的说明，可参见刘亚丛：《事实与解释：在历史与法律之间》，法律出版社2010年版，第15—21页。

一、林纪东《法学通论》中的"法之解释"

1915年出生的林纪东于北平朝阳大学法科毕业后,赴日本民治大学留学。在日本留学期间(1935年),他翻译了美浓部达吉的《法之本质》一书,并于1936年在上海商务印书馆出版。① 他随后所著之《法学通论》(该书属于国民基本知识丛书系列,初版于1953年)一书的第八章,对"法之解释"议题进行了系统的论述。

(一)法律解释的必要性

林纪东认为:

> 法律是不能自己说话的,他所包含的意思,有赖文字为其表现,然文字不过是表现人们意思的标记,未必能织细无误,恰如分际,在发生疑问的时候,究应如何适用,势不能不待于解释的确定,此法律所以需要解释者一;其次,法律是欲以极少数的条文,网罗极复杂的社会事实,为便于适用和遵守起见,条文固应力求其少,文字尤应力求其短,以免卷帙浩繁,人民有无所适从之叹,但因力求简短的结果,不免发生晦涩不明的缺点,而有待于解释的确定,此法律所以需要解释者二;而且社会现象,不但在横的方面复杂多歧,在纵的方面,又复变化靡常,白云苍狗,日新月异,今日法律所规定者,未必能适用于明日的社会现象,而法律又未便朝令夕改,时时变更,欲期固定法律,能够适应变动的事实,亦有待于法律的解释,此法律所以需要解释者三。综此三义,可知所谓法的解释,即不外探求法律真意的方法,而为法的适用底前提。②

(二)法律解释之方法

从大的方面上,林纪东将法的解释分为有权解释和学理解释两种。

1. 有权解释

所谓有权解释:"是官署基于其职权以解释法文,他所解释的意义,认为法律的真义,具有一定的效力,对于人民及执行法律的人,均发生遵守效果的解释。又可分为立法解释、司法解释和行政解释三种。"③

第一,立法解释。

立法解释,是立法机关所为的解释,其解释的主要方法有三:(1)为将解释条文,列入法律之中,例如《民法》第66条规定:'称不动产者,谓土地及其定着物,不动产之出产物尚未分离者,为该不动产之部分。'第67条规定:'称

---

① 〔日〕美浓部达吉:《法之本质》,林纪东译,孟红校,中国政法大学出版社2006年版,"勘校者序"。
② 林纪东:《法学通论》,台湾远东图书公司1953年版,第89页。
③ 同上书,第89—90页。

动产者,为前条所称不动产以外之物。'……等皆是。(2) 为在施行法或其他法律条文中,为解释法律意义的规定,如《民法总则施行法》第 10 条,规定民法上法人登记的主管官署,'为该法人事务所所在地的法院。'……的规定皆是。(3) 为在法律中揭其实例,以为解释之标准,如《宪法》第 7 条规定:'中华民国人民,无男女宗教种族阶级党派,在法律上一律平等。'条文中所举'男女''宗教''种族''阶级''党派',不过揭其实例而已自不能因为这五个标准以外,如'职业''籍贯'等的区别,而使国民在法律上的地位,不能平等。除了这三种主要的解释方法之外,他如立法机关所颁发的立法理由书,或其他解释文件,亦属这里所说的立法解释。这些立法解释,事实上和法律一样,所以和法律具有同一的效力,一切人民和官署,均应受其拘束。①

第二,司法解释。

司法解释是法院所为的解释,亦可分为两种:一为审判解释,一为质疑解释。审判解释,是法院在审理案件的时候,对于所依据的法律,加以阐明的解释,例如刑法上所谓公务员,是否包括县立学校校长而言,法院在其审判此种案件时,自可酌情解释;质疑解释,是人民或各机关,对于法律条文有疑义时,向法院询问,法院据此而予以答复的解释。此种解释,理论上原仅对于该一案件,有拘束人民和机关的效力,但因我国现制,以司法院为统一法令解释的机关,行使统一解释法令之权(参看《宪法》第 78 条)。所以司法院对于法令的解释,和最高法院的判决,事实上恒为各级官署和人民所遵守。其具有拘束官署和人民的效力。和立法解释相差无几。②

第三,行政解释。

行政解释,是上级行政机关,关于法律的执行,对于下级行政机关,所为的指示。这种解释,仅限于执行法令的时候,且只在同一系统的行政机关间,发生效力,并无拘束各级官署和人民的效力,故其效力较上述两种解释为差,惟就其系基于行政机关职权所为的解释,且有拘束同一系统的行政机关的效力而言,自亦不失为一种有权解释。③

2. 学理解释

"学理解释,即依照学理上见解而为的解释。"④学理解释又可分为文理解释与论理解释两种。

第一,文理解释。

文理解释,是依照法文的文义或字义,而为的解释,一般认为这种解释,有下列几个应该遵守的原则。(1) 解释法律应先从文理解释着手。因为法

---

① 参见林纪东:《法学通论》,台湾远东图书公司 1953 年版,第 90—91 页。
② 参见同上书,第 91 页。
③ 同上。
④ 参见同上。

律的文句,是立法者意思的符号,要知道法律的真意,自应先寻究法律的文义或字义,即应先从文理解释着手。(2) 除法律明定的用语例外,解释法律,应以平易通常的意义为主。所谓明定的用语例,亦即上述解释法律的条文,列入法律之中的情形,如《刑法》第 10 条:'称公务员者,谓依法令从专于公务的人员;称公文书者,谓公务员职务上制作的文书……'的规定是。除了此类法定的专门术语外,解释法文,应以平易通常的意义为主,不可拘泥于某一专门的术语,因为法律是社会生活的规律,是为全体社会构成分子而设的,而非为某些专门学者而设的,故解释其文义字义时,应照通常的意思解释,不可照专门的意思解释。(3) 解释法律,须注意法律的全体意义,恰和一篇文章有整个的组织,不能断章取义一样,法律条文亦是整个的,各部分互相关联,所以在解释法律的时候,亦应注意其全体的意义,不可断章取义,专注意于其中的一条一句或一字。例如《民法》第 75 条第 1 项规定:'无行为能力人之意思表示无效。'如拘泥于这一个条文,将谓无行为能力人别无表示意思的方法,故必须注意同法第 76 条:'无行为能力人,由法定代理人,代为意思表示,或代受意思表示'的规定,始知无行为能力人,尚有其意思表示的方法,举此一例,可见解释法律,不可拘于一义。(4) 解释法律,必须注意其稳定性及适应性。法律为社会生活规则,所以维持社会生活的安定,凡有破坏社会生活的安定者,法律必加以或大或小的制裁,但欲求社会生活安定,必须做完社会规范的法律自身,稳定不变,假如朝令夕改,变动靡常,则社会失其轨道,人民无所适从,有法不如无法,这不特立法如此,即在解释法律的时候,亦须尊重法律的稳定性,不可舞文弄法,轻易变动其所包含的意义,但是由另一方面说,法律既是社会规范,是为社会而存在,应社会需要而产生的,如社会的需要变迁,法律独一成不变,则社会自社会,法律自法律,法律即不成其为社会规范,故在这种时候,非以立法的手段,废止或修正旧法,另定新法,即以解释的手段扩张或变更法文的含义,以适用社会的需要,法国民法颁布垂百数十年之久,但不必废止,仍能适应于 20 世纪的社会者,即系得力于敏活的解释,所以我们在解释法律的时候,固应尊重其稳定性,亦须注意其社会适应性,俾法律不至和社会分离。①

第二,论理解释。

论理解释,是参酌法律发生的原因、理由或沿革,及其他和法律有关一切情事,而阐明法律真意的解释,因为解释法律,固然应该先注意法律的文义字义,但有时法律的文辞章句,完全不能明了,或前后条规自相矛盾,仅依文理解释,殊难达到解释法律的目的,故于法律发生的原因理由沿革,及其他有关的一切情事,亦应参酌注意,以求法律真意的所在,所以在文理解释之外,又

---

① 林纪东:《法学通论》,台湾远东图书公司 1953 年版,第 92—93 页。

有论理解释的必要。①

林纪东又将论理解释细分为七种：

(1) 扩充解释。这是法律所规定的文字，失于狭隘，或不足以表示法律真意时，乃扩张其意义，使其合于法律真意的解释。如法律上所称的国家领土，由字面上说，仅属国家所有的土地，但由实际上观察，则应包括领海领空而言，以法律上所规定的领土，为包括领海领空而言，即为扩充解释。(2) 限制解释。这是法律所规定的文字，失于宽泛，故将法文的字义加以限制，使其合于法律真意的解释。如宪法上谓"人民有依法律服兵役的义务"，这所谓人民，应仅指男子而言，不包括女子在。这种把女子除外的解释，即为限制解释。(3) 变更解释。这是把法文上所用的字句，不以通常的意义解释，而以特殊的意义解释底解释。例如民法上常有"善意第三人"云云，其善意二字，并非通常的良善慈善之意，而是指不知情的第三人而言，依照后一意义的解释，即为变更解释。(4) 反对解释。这是依照法文规定的结果，而推论其反对的结果，藉以阐明法律真意的解释，例如《民法》第12条规定："满20岁者为成年。"则凡未满20岁者，原则上均可解释其为未成年人。(5) 当然解释。这是法文并未规定，而由当然的道理，以阐明法律真意的解释。例如公园中立有禁折花木的告示，竹虽非花木，自亦不许任意攀折，这就是当然解释的结果。(6) 补正解释。这是因立法者的疏忽，以致法律文字发生错误时，统观法律全文，加以补正，以阐明法律真意的解释。如宪法只规定，行政院考试院有向立法院提出法案之权，没有规定监察院也有这种权力，司法院大法官会议认为这是法文的缺漏，监察院也有这种权力，即是补正解释。(7) 历史解释。这是搜集法律成立以前的历史材料，以阐明法律真意的解释。例如关于刑法上规定有疑义时，可搜集刑法草案理由书，审查刑法草案报告书等有关的历史材料，以解释法律的真意。②

第三，文理解释与论理解释的通则。林纪东指出：

关于这两个解释，还有若干共通的准则，兹为析述于次：(1) 法律解释的顺序，应先文理解释而后论理解释。因为文字是思想的标记，法律的文句是法律真意直接的表现，故在法律有疑问时，应先从其文义字句上寻究，而后再及于其他方面。(2) 文理解释的结果，和论理解释的结果相抵触时，应从论理解释的结果。关于这一点，原有两种学说，主张文理解释说者，注重于法律的形式，谓文字为法律真意的符号，亦即人民所据以遵循的标准，故应依照文理解释的结果；主张论理解释说者，则注意于法律的精神，谓所贵于解释法律，不在于阐明其表面的含义，而应把握其基本的精神，故应依照论理解释的结果。二说以后说为当。(3) 通则外的变则，特权的规则，以及加惩罚，负义

---

① 林纪东：《法学通论》，台湾远东图书公司1953年版，第93—94页。
② 同上书，第94—95页。

务,与使负责任的法律规定,均应从严解释,以维护法律的确实性,和人民的权利。①

林纪东有关法律解释论理的表述中,矶谷幸次郎理论表述的影子和欧阳谿的理论框架清晰可见,他也对民国时期法律解释理论予以了综合概括与细分提炼。特别是他对于法律解释方法之划分以及对文理解释与论理解释两者关系的综括,实际上与民国时期法律解释方法的理论类型与识别准则基本一致。而这其实也反映出,本书之前所展示的民国时期那十二种有关法律解释的理论,尤其是有关法律解释方法之图谱,可基本概括民国时期法律解释理论的整体面貌。

二、郑玉波《法学绪论》中的"法律之解释"

1916年出生的郑玉波,毕业于日本京都帝国大学法科。在其所著的《法学绪论》(该书为大学用书,初版于1956年10月)一书的第六章中,专门就"法律之解释"议题展开论述。

(一) 解释之必要

郑玉波指出:"法律之解释者,乃澄清法律之疑义,以期适用正确之谓。换言之,法律之解释乃法律适用之前提也。盖立法必期适用,适用不能无疑,疑而不加解释,则欲期适用之正确也难矣。故解释者实不可或缺之工作也。"②这意味着在郑玉波看来,法律解释的必要性在于确保法律规范的正确适用。

(二) 解释之主体

根据主体之不同,郑玉波将法律解释之方法划分为机关解释(又称法定解释或有权解释)与个人解释(亦称学理解释)两种,而机关解释又可继续再分为立法解释、司法解释和行政解释三种。郑玉波指出:

> 立法解释者即由立法机关所为之法律解释,此项解释,情形有二:一为事前解释,一为事后解释。事前解释乃指预防法律适用时发生疑义,而是先以法律解释者而言,亦有数种情形:(1) 同一法规中对于所用之名词或语句,自加解释以确定其涵义者。……(2) 另行制定法律,以解释既存之法律者。至于事后解释系指法律适用发生疑义时而由立法机关加以解释者而言,实行内阁制之国家多采此制,台湾之立法院有无解释法律之权,既无明文可据,亦无实例可寻,故尚在争议之中。③

> 司法者解释即由司法机关对于法律所为之解释也。此项解释亦有

---

① 参见林纪东:《法学通论》,台湾远东图书公司1953年版,第95—96页。
② 郑玉波:《法学绪论》,台湾三民书局1956年版,第53页。
③ 同上书,第55—66页。

两种情形,一为判例,一为解释例。前者系法官于审判案件时,对于法律之疑义,依其自己之正确意见,加以解释。……后者乃指于审判案件外由司法机关对于宪法及法令等所为之解释。……①

"行政解释云者,即行政机关对于法令所为之解释也。此种解释以适用法令时对该法令本身发生疑义之解释为限,而对于宪法之疑义,或法令与宪法有无抵触之疑义则无权解释。至所谓法令乃包括法律与命令两者,命令乃行政机关所颁布,如有疑义,自当自行解释,法律虽由立法机关所制订,行政机关乃其执行者,对其疑义,自得负责解释清楚,然后始能适用,故行政机关当然有法令之解释权。②

郑玉波不同意将学理解释分为文理解释与论理解释。他说:

学理解释有人复分为文理解释与论理解释两种,以与法定解释之立法、司法、行政等解释相对称,其实文理解释与论理解释乃解释之技术问题,并非解释之主体问题,上述之立法、司法、行政解释既系以解释之主体为标准而分,则不应与以解释之技术为标准而分之文理、论理等解释相并列。同时学理解释固应以文理解释与论理解释为其技术,而立法、司法、行政之解释,亦何可不以文理解释与论理解释为其技术耶?故本节虽亦分机关解释(法定解释)与个人解释(学理解释)二者,但未从一般之见解。③

(三) 解释之技术

郑玉波将解释之技术区分为"文理解释"与"论理解释"两种。

第一,文理解释。所谓"文理解释者,依据法律条文之字义或文义而为之解释也,故亦称文字解释"④。郑玉波指出:

盖成文法既藉文字而表现,则文字之意义,即为法规之意义,故解释文字即所以解释法规也。惟此种解释应注意者如下:(一) 解释法文应注意其专门性:法律条文当用专门术语,此种用语既有其特殊之意义,自不可依通常之意义以为解释。……(二) 解释法文应注意其通常性:法律上专门用语,固应依其专有之意义以为解释,然除此之外,自应以通常平易之意义为主。盖法律非法学家专有之物,乃一般国民共有之行为准绳也,故其解释必须平民化、通俗化,换言之,即须依社会上一般观念解释之。……(三) 解释法文应注意其进化性:从时间着眼,法文之解释应注意其进化性,因文字之涵义每随时代之进化而变迁,一律虽不能万

---

① 郑玉波:《法学绪论》,台湾三民书局1956年版,第55—58页。
② 同上书,第58—59页。
③ 同上书,第59页。
④ 同上书,第60页。

古长存,然亦不可朝令夕改,因此法文之意义,自亦应与时代而俱新,否则不足以应社会之需要。①……(四) 解释法文应注意其固定性:从空间上着眼,则法文之解释又应注意其固定性,亦即所谓客观性,因法律既为一般人行为之尺度,尺度自不可因人因事因地而自由伸缩,否则有失尺度之价值,故法文之意义虽应随时代之进化而进化,然同一时代却不可因空间之不同而不同。(五) 解释法文应注意其连贯性:任何法典其条文必不可能完全孤立,势必前后关联,一如文中之有整个组织然,故解释时必须彼此照应,方能得其真髓,否则断章取义,则有时难免不通。……②

第二,论理解释。郑玉波认为,所谓"论理解释者,乃不拘泥于法文之字句,而以法秩序之全体精神为基础,依一般推理作用,以阐明法律之真意也"③。与此同时,他又将论理解释细分为扩张解释、限缩解释、当然解释、补正解释、反对解释、类推解释六种。详言之:

(1) 扩张解释:亦称扩充解释,即法律意义,如仅依文存解释则失之过窄,而不足以表示立法之真义时,乃扩张法文之意义,以为解释之谓。……(2) 限缩解释:亦称缩小解释,即法文字义失之过宽而与社会实情不符,不得不缩小其意义,以为解释者也。……(3) 当然解释:当然解释者,法文虽无明白规定,但揆诸事理,认为某种事项当然包括在内者之解释法也。……(4) 补正解释:补正解释者,对于法文之疏漏或错误予以补充或修正之解释也。……(5) 反对解释:反对解释之情形有二:① 对于法文所规定之事项,就其反面而为之解释,谓之反对解释。……② 法文对于类似之甲乙两事项初则同为规定,继则仅对甲有规定,对乙无规定,此时吾人对乙人认为应与甲

---

① 郑玉波也指出:"此点在学说上颇有争执。有谓法文之意义,应以立法当时之意义为准,纵时代进步亦应溯及立法当时之历史的意义以为解释,换言之,解释时不过使立法当时之意义再构成而已,此即所谓沿革的解释说是也;有谓法文之意义,应不拘泥立法当时之意义,而应以现在社会之需要为基础以解释之,亦即解释工作须适应社会之进化过程,例如'善良风俗'四字其内容应随时代而不同是此即所谓进化的解释说也。依据后说则解释之功用始者,故吾人从之。"郑玉波:《法学绪论》,台湾三民书局1956年版,第60—61页。

② 同上书,第60—61页。

③ 同上书,第61页。不过郑玉波也指出,"此种真意究应向何处寻求,换言之,法律如有疑义,应探求立法者之意思乎?抑探求法律本身之意思乎?此亦颇有争议。主张前者谓法令之解释,乃立法者意思之再现,即将立法者之认识,重加认识之谓,因而对于法案理由书,立法委员之会议记录等特别重视。主张后者谓法律一旦成立,即与立法者分离,而独立存在,成为国家之意思,不受以前立法者意思之拘束,亦即法规有其独立意思,此种意思之重点为何?即公平合理性是也,从而解释法律,即应探求其公平合理性,以上二说以后者为当。盖从前者则因法律之成立,虽采主权者之命令形式,然实际上若不经相当复杂之手续,则无由制成,然则立法者之意思,究竟谁属,实无法判明,况参加立法者,每因党派主义之不同,其意思亦不一致,因此法律之成立,当成于互相妥协之时为多,故立法者之真意,亦无由探得,从而解释法律实不可汲汲于立法者个人之意思也。然立法者意思,究为法规意思之来源,若绝对不予理会,则难免损及法律本来之面目,而反失其客观性矣,故立法者之意思,又不能不采为解释法律之重要资料。"同上书,第61—62页。

得相反之结果者,亦谓之反对解释。……(6) 类推解释:类推解释者,即对于法律无直接规定之事项,而择其关于类似事项之规定,以为适用者是也,故亦称类推适用,相当于我国旧律之比附援引。申言之,甲乙两个类似事项,法律仅对甲有规定,对乙无规定,而吾人对于乙入认为应与甲得相同之结果时,即应用类推解释。……又法文中每有"准用"字样,其性质当如何? 曰此亦上述类推适用之一种,所不同者类推适用未必法有明文,而准用则为法律所明定耳。盖立法者为避免法文之重复而谋立法之便宜起见,特将某种事项明定准用其类似事项已有之规定者,所在多有,此即所谓"准用"是也。①

郑玉波指出:

论理解释虽分以上六种,但概括言之,实不外为扩张(广义的)与限缩二种而已,盖扩张(广义的)解释之功用,在乎增大法文适用之分野,而前述之扩张(狭义的)、当然、反对、类推四种解释,在方法上确有不同,然以增大法文适用分野之功用绳之则无殊也,故此四者可合并而称之为扩张(广义的)解释。其次限缩解释之功用,在乎削弱法文适用之领域,自不待言。至于补正解释,其功用或补充疏漏或修正错误,要亦不离乎扩张(增)与限缩(减)之两途也。②

第三,文理解释与论理解释的通则。郑玉波指出:

法律解释之技术有文理与论理二者,已如上述,惟斯二者尚有若干共通之准则,兹附述如左:(1) 解释之顺序,应先之以文理解释,而后论理解释。(2) 解释之结果,如文理解释与论理解释有冲突时,应以论理解释为准。(3) 解释之态度,对于抽象文字应从广义解释,盖法谚有"法律无所区别者,不可加以区别"之说。……但对于处罚或课人民以义务,或限制人民自由之法律,则应从狭义解释,亦即所谓严格解释。又例外法亦应从严格解释。③

除将法律解释区分为机关解释与个体解释以及将文理解释与论理解释不纳入学理解释之范畴中外,郑玉波有关法律解释之理论与林纪东基本相同,尤其是他有关文理解释与论理解释的共通规则的阐释,与林纪东在此点上的说明几乎是一模一样的。因此,郑玉波的法律解释理论不仅说明了伴随着法律解释理论与实践的深入发展,有关法律解释的理论共识越来越多;而且也确证了本书有关民国时期法律解释理论的列举与梳理,是具有相当之典型性与说服力的。

---

① 郑玉波:《法学绪论》,台湾三民书局1956年版,第62—65页。
② 同上书,第65页。
③ 同上书,第66页。

三、管欧《法学绪论》中的"法律的解释"

1904年出生的管欧,26岁毕业于朝阳大学法科。其所撰之《法学绪论》于1955年自我发行初版之后,至2011年已再版多达72次①,足见此本作为"大专学校教材以及考试阅读书籍"的理论影响力。在该书的第十五章,管欧就"法律的解释"议题予以了专门的论述。

(一) 法律解释的必要性

管欧认为:

> 法律的解释,乃法律于适用时发生疑义,探求其真义,以使其正确适用之谓。因法律规定的事态有限,而社会的事态万殊,且变动不居,无论法律规定如何详尽,决难织细靡遗,以有固定性质的法律,决难适应千变万化的社会事态,因之,法律有时而穷,法律的解释,可藉以补救法律规定的不同,法律所以需要解释者,此其一;不特此也,法律所规定的文字,其本身亦有时疑窦丛生,无所适从,立法的真意何在?文字的涵义如何?适用的范围及界限如何确定?均须予以解释,始得正确适用,以符合法律制定的意旨及贯彻真正作用,法律需要解释者,此其二。②

(二) 法律解释之方法

从大的方面来说,管欧将法律解释之方法区分为法定解释与学理解释。

第一,法定解释。"法定解释,亦称有权解释,或强制解释,乃指由国家本身对于法律所为的解释,且恒以法令明文规定解释法律的方法,此中解释,其效力最强。又可分为立法解释、行政解释及司法解释。"③

需要说明的是,管欧认为立法解释,其方法有三:一是"有将解释规定于本法中者",二是"于施行法中规定条文以解释本法者",三是"法律规定某种事件的意义,以间接解释其他事件的意义者"。④

第二,学理解释。管欧认为,"以学理解释法令,谓之学理解释。系就法令的文字,根据学理上的见解,以解释法令。"⑤与此同时,他还将学理解释进一步细分为"文理解释"与"论理解释"。

"文理解释,又称文字解释,系依据法律条文上的字义或文义所为的解释。"⑥管欧指出:

---

① 参见"管欧"(维基百科条目),http://zh.wikipedia.org/zh-cn/%E7%AE%A1%E6%AD%90。2013年8月28日最后访问。
② 管欧:《法学绪论》,1955年自版,第203页。
③ 同上书,第204页。
④ 同上书,第204—205页。
⑤ 同上书,第213页。
⑥ 同上书,第214页。

法律的文字,向主简洁,在制定法律的当时,不论如何斟酌损益,但既经公布之后,仍不免见仁见智,莫衷一是,且社会情势,时有变迁,人民意识,亦常有改进,对于法律的文义,有见解正确的,亦有不得其真义的,亦有故意曲解的,所以文理解释,应当注意以下各点:(1) 法令的字句应以通常平易的意义解释之。……但是法律上有许多术语,每与普通字义有别,则应依照专门的意义以为解释,……。(2) 法律条文的意义应适应于社会生活实际状况以解释之。……(3) 法律的文义应注意全文的意义而解释。①

"论理解释乃斟酌制定法律的理由,及其他一切情事,依推理的作用,而阐明法律的本义,亦谓为理论解释。换言之,不拘于法律各个的文字,依一般推理的原则,而确定法律的意义,是为论理解释。"②而就论理解释所应当要注意的地方,管欧指出,主要包括以下三个方面:一是应研究其所继受的法律及其所参考的资料,以探求或发现该项被解释的法律的真义所在;二是应研究与其他法律互相关联之处,以求贯通其意义,因全部法律中的一种法律,并非孤立存在,必与其他法律相适应,然后成为一整个法律的体系,因之,法律的系统,各个法律的相互关系,及立法的理由,与立法当时的状况,凡与被解释的法律有关系的规定,均应彼此参照,以为解释的借镜。三是应研究适合于社会意识,因为法律系为适应社会的情况而制订,故不适合于社会意识者,不得谓为立法者的意思,解释法律,自应参酌习俗,体察人情,以求与社会意识相吻合,勿徒拘泥于文字,而望文生义,致转失制订法律的真义。③

就"文理解释"与"论理解释"的关系,管欧认为:

论理解释是依论理的原则,以研求法律的精神;文理解释是依文字的法则,以阐明法文的字句,是为二者不同之点。但是论理解释与文理解释,彼此关系密切,若完全不顾法条的文字,仅为抽象的推理的方法以为解释,固属不可;然完全舍弃推理方法,仅依法条的文字以为解释,亦有未当。因之,此两种解释方法,不过为解释方法抽象的区别,至于实际上解释法律的时候,两种方法相辅为用,并行不悖,始得达到解释的目的。④

与此同时,管欧也指出:

文理解释的结果与论理解释的结果彼此不同时,究竟何处何从,以

---

① 管欧:《法学绪论》,1956 年自版,第 214—215 页。
② 同上书,第 215 页。
③ 同上。
④ 同上书,第 215—216 页。此外管欧也指出:"有谓论理解释,乃在以文理解释尚不能明了法律的意义时,而始应用之者,殊非确论。"前书,第 216 页。

依据何种结果以确定法律的意义？文理解释的结果，比论理解释的结果，广泛者有之，狭小者有之，彼此互相抵触者，亦不免有之，此时究竟以何种结果为立法者的真义？一般学者多主张应依据论理解释的结果。因为法律的文字仅为立法者表示其意思的符号及方法，不得以符号方法，而左右表示意思的本体，故法律的解释，确定立法者的意思，不得仅依文字以为断，不得不从一般论理的法则当然所生的结果，以为立法者的真正意思。①

对于文理解释，管欧将其细分为七种方法：

第一，扩张解释。此又谓为扩充解释，即法律中规定的文字失之狭隘，或不足以表示立法者的意义时，乃扩张法律文字的意义以为解释。因文理解释结果，比论理解释结果狭小时，不得不从论理解释的结果，以附加法文所不及包括的意义。……第二，限制解释。此亦成为限缩解释或缩小解释，与上述之扩张解释，适立于相反地位，即将法律文字的意义予以限制，缩小其范围，以为法律的意义。因文理解释的结果，比论理解释结果广泛时，不得不从论理解释，即限制法文所包含的意义。……第三，当然解释。法律文字，虽未明白或列举的规定，然"举一反三"，可以当然的事理，以解释法律的真义，是为当然解释。……第四，反对解释。此系以法律条文所定的结果，以推论其反面的结果。换言之，对于法律所规定之事项，就其相反方面而为反对意义的解释。……第五，补正解释。法律文字，规定有欠完备，或发生错误时，则统观法律的全文，而以解释补正之，是为补正解释。补正解释，不啻为新的立法，故应用时从严，非法律文字显欠完备或显有错误时，不得为之。第六，历史解释。此又称为沿革解释，即就法规的制订经过及其沿革，以为解释法文的真义。……第七，类推解释。法律对于某种事项，虽无明文直接规定，惟对于其他类似事件则已有规定，则应用其规定类似事项的法律，以为解释，是为类推解释。此种解释，学者有谓为并非法律解释，而实为类推适用，与法律解释似是而实非。因关于特定事项，法律并无直接规定，而择取关于类似事项的规定，以适用之，此于法律无规定时，始有必要，故类推适用，不得谓之法律解释。②

对于类推解释与类推适用的问题，管欧进一步指出：

惟对于法律无直接规定的事项，而择其关于类似事项的规定，以为适用，其与解释法律之作用无殊，所谓类推解释者，即于法律规定之不完备时，而比附援引以应用之。……德国民法第一草案第 1 条规定，凡法

---

① 管欧：《法学绪论》，1956 年自版，第 215—216 页。此外管欧也指出："有谓论理解释，乃在以文理解释尚不能明了法律的意义时，而始应用之者，殊非确论。"前书，第 216 页。

② 管欧：《法学绪论》，1956 年自版，第 217—219 页。

律未规定的关系,可应用规定与之相似的法律,即所以明示得为类推解释。台湾民法虽无如此规定,惟一般学者则几一致主张得为类推解释。至于在刑事法律,则采严格主义,不得比附援引,即不得采用类推解释。①

与此同时:

> 台湾民法条文屡用'准用'字样,乃系明示类推适用,有时虽不用"准用"二字,然用其他语句,亦可表示与"准用"有同样的意义者亦有之。……惟准用与适用不同,准用并非完全适用所引用的条文,须依事项的性质而为变通适用,亦有谓为扩张解释者,但超过其程度的类推,已不得谓为解释,故类推解释固不得为类推适用,亦与扩张解释有别。②

从整体上来看,管欧的法律解释理论与林纪东、郑玉波的相差并不大,他有关法律解释之必要性以及法律解释方法之划分几乎可以看成是林纪东与郑玉波两者表述的综合,他关于类推解释的很多论述也与郑玉波近似。这三位学者理论表达之间最大的不同,无疑就在于有关法律解释的方法划分上。它们的共通之处在某种程度上其实反映出,后民国时期的法律解释理论至此已然在这些地方达成了共识,而它们间的差异之处则也反映出,从民国时期至此,这些争议性的问题依然还是存有争议。

如果把视野放得宽一些,从理论话语的表述风格以及知识传统的延续性上来看,林纪东、郑玉波与管欧有关法律解释的理论表述,无疑都可以看成是民国时期法律解释理论的一种继承与发展。当然,从他们有关法律解释的理论表述与民国时期法律学者的理论表述之间的共通之处中,可以断定,这些理论在民国时期已经伴随着对外来理论的话语转换、不同理论间的相互争议以及学者们的不断探讨而走向了成熟。而他们的表述中关于法律解释的不同之处则表明,这些争议不仅早在民国时期就已经产生,而且伴随着有关这些争议的个体化解决方案的出现,有关这些争议的讨论实际上悄然推动着有关法律解释的理论发展。而这其实又意味着,民国时期法律解释理论的发展,其动力不仅来自于学者们自我的努力与个体性的理论建构,也来自于他们相互间的理论争议以及基于这种争议所达成的共识。

如果把视野再放得宽一些,尽管法律解释理论产自西方,特别是受日本法解释理论的影响,但是民国法学家在处理这些来自外来的理论话语与制度观念时,已然自觉地结合了当时社会的现实以及法律解释的实践,进而初步建立起了一个对外来话语的"选择性吸收的机制",从而在此基础上对其予

---

① 管欧:《法学绪论》,1956 年自版,第 219 页。
② 同上。

以适度的在地化处理与创造性转换。① 尽管他们有关法律解释理论的言说框架与话语形式都是西方的,但不仅理论间所达成的共识是符合中国实践的,而且理论间所产生的争议同样也是基于中国的;也尽管法律解释理论从西方来到中国时间并不长,但却在争议之中,这些理论在很短的时间内就达成了以允许差异性认识存在为前提的基础性共识。

第三节 法律解释理论的学者争论

通过梳理民国时期的法律解释理论,同时适度比照三位学者有关法律解释的理论表述,便可发现,其中有些问题在民国时期就已经达成了共识,而有些问题则一直从民国争议到现在,也有一些问题过去存有争议而现在争议已然消除。

一、法律解释的目的之争

法律解释的目的,究竟是追寻法律规范之真意,还是寻找立法之本旨或意图,亦或者发现立法者之真意? 这在民国时期法律解释理论之中,不同的学者有不同的看法。

矶谷幸次郎认为:"法律之解释者,谓释明法律而表发其真意。"很显然,这里的"真意",在矶谷幸次郎看来,指的是法文之真意,而非立法者之真意。因而基于此,对于"插入法文中之解释文""发布法律时刊行之理由书""法律编纂委员之报告书及所刊行之议事录等(我国议会之速记录亦其类也)"和"如法律有疑义立法者当对法律而下指令或发训令等事"这四种与立法活动相关之材料,他认为前两种具有与法律同等之效力,而后两种则不具有与法律同等之效力。当然,前两者之所以具有与法律同等之效力,其原因在于它们与法律之意涵相契合;而后者之所以不具有与法律相同等之效力,其原因则在于他们或许仅仅只是立法者之意思或者指令人之意思,而不是法律之意思。与矶谷幸次郎的这一看法相似的,还有夏勤、欧阳谿、陈瑾昆、王觐和李宜琛。在夏勤看来,"说明法律之疑义,为法律解释之目的。"欧阳谿则认为:"法律之解释者,探考法律真意之方法也。"与此同时,陈瑾昆也认为:"刑法之解释云者,确定刑法之意义也。"王觐也指出,法律解释之目的,乃是追寻法律之真意。而法律之真意,并非立法者全部之意思表示,而是由立法者之意思中具有"公的性质"的那部分意思表示,而"不包括解释立法者私人的意思也"。除此之外,在李宜琛看来,法律解释之所以必要,在于适用法规范之际需确定法规范之真实涵义。与此同时,在他看来,法律解释之对象,并非立法

---

① 参见金观涛、刘青峰:《观念史研究:中国现代重要政治术语的形成》,法律出版社2009年版,第9—11页。

者之意思,而在于法律自身。

与他们看法略有不同的是朱显祯。他将有关法律解释目的的争议归纳为两种不同的学说:一种是"立法者意思探究说",一种则是"法律意思探究说"。朱显祯指出,由于立法者意思探究说一直以来都受到各种非难,因而"其说之无价值,当可想见"。"近来关于法律解释之目的,除少数学者而外,一般皆持法律意思探究说。"但朱显祯却认为:"法律意思探究说,到底亦不免第一谬见。现代著名之学者,虽尚多有坚持此说者,然而吾人熟考之余,终以未能左袒斯说为恨。"在他看来,既然"立法者意思探究说"和"法律意思探究说"都存在问题:法律解释之目的为何之问题,须由法律之内容为如何之思想明确之后,始能决定。……而且此思想,从一定时代一定国民之思想上的要求,合理地判断法文,可以得到普遍一致之结论,所以一定时代,一定国民之程度,为确定的普遍的。于此意义,吾人以法律之内容为法律自体所包含之规范的思想。

换言之,在朱显祯看来:"法律解释之目的,在研究国民以法文为法律规范之表现,而合理的判断所得之规范的思想。"

很显然,在民国法律解释理论中,有关法律解释之目的,以矶谷幸次郎为代表的法意说无疑占主导之地位。与此同时,尽管朱显祯有关法律解释之目的在于探求符合国民心理与社会生活之需求的法思想的看法,尽管深受社会学法学思潮的影响,但同样值得谨慎处理。因为如果追问法意的构成的话,那么在当时的语境下,其中的一个答案,可能就会走到朱显祯的看法中来。

二、关于法律解释的方法划分之争

矶谷幸次郎首先将法律解释方法区分为立法者解释与司法者解释。在他看来,不仅司法者解释亦可称为学理上解释,而且又可分为文理解释和论理(逻辑)解释。与此同时,矶谷幸次郎还将论理解释进一步细分为三种类型:匡正解释、扩张解释和收缩解释。

冈田朝太郎将法律解释区分为立法解释和学理解释,同时指出,学理解释又可区分为扩张解释、限缩解释和见真解释。

朱显祯则将法律解释之方法划分为文字解释(又称文理解释或文典解释)和论理解释二种。朱显祯指出,属于论理解释之解释方法中,最主要的是组织解释与目的解释。与此同时,宣告解释、狭义解释、广义解释、扩张解释,缩小解释、变更解释等,都是处理文理解释与论理解释之间关系的矫正方法。除此之外,他还特别提醒,要谨慎地处理类推(类推解释和类推适用)与法治之间的关系。

孟森将法律解释的方法从大的方面分为文理解释与论理解释两种。在说明论理解释与文理解释之间的关系时,孟森指出:"以论理解释济文理解释之穷,其用有三:一是能限制,二是能扩充,三是能变更。"即所谓限制解释、扩充解释与变更解释。

夏勤有关法律解释方法之划分较为体系化。从大的方面来说,他将法律解释划分为公式解释与学理解释,其中公式解释包括立法解释、司法解释与行政解释,而学理解释则包括文理解释与论理解释。当然,夏勤还对论理解释予以细分,指出论理解释还应当包括补正解释、扩充解释和限制解释。

丘汉平将法律解释之方法划分为法定解释与学理解释。其中,法定解释包括立法解释、司法解释和行政解释,而学理解释则包括文理解释与论理解释两种。有意思的是,尽管丘汉平指出:"历来学者之间,亦有将论理解释分为补正解释、类推解释、沿革解释三种者。"但是他却并未明确使用这三个法律解释方法之概念,而是在其有关法律解释的实践说明中,对这三种法律解释方法的运行特征予以解释。他指出:"补正解释即本节所述法文表示不全之瑕疵者。类推解释即比附援引之谓,详言之,因某事项而推定他一事项,亦必相同也。沿革解释者,即依其历史原因而为之解释也。"

欧阳谿有关法律解释方法的划分最为系统。他从大的方面将法律解释分为强制解释与学理解释,其中强制解释包括立法解释、司法解释与行政解释,而学理解释则包括文理解释、论理解释与类推解释。当然,欧阳谿还对论理解释予以方法上的细化,指出其所涵盖的具体方法有:扩充解释、限缩解释、变更解释、反对解释、当然解释、补正解释、沿革解释。

陈瑾昆有关法律解释方法的划分是最独特的。他首先根据法律解释之效力,将法律解释划分为法律解释、裁判解释和学说解释三种。其次,他又根据解释之方法,分为文理解释和论理解释。最后,他还根据解释的标准,将法律解释划分为三组:狭义解释与广义解释,扩张解释、缩小解释和变更解释,当然解释与类推解释。

王觐对法律解释方法的划分较为简单。他认为,法律解释包括文理解释和论理解释两种。其中,当文理解释之结果出现偏差时,论理解释可适用扩张解释与限缩解释这两种方法对其予以矫正。与此同时,王觐还对类推解释在刑法中是否得以适用的问题进行了较为系统性的论述。

李宜琛不仅从大的方面将法律解释划分为立法解释与学理解释,而且还将学理解释细分为文字解释与论理解释。与此同时,他还指出,不仅"反对解释、当然解释之类皆不外论理解释之一种方法",而且"扩张解释、缩小解释、变更解释之类亦不过以论理解释补正文字解释之结果"。除此之外,他和朱显祯、王觐一样,还对类推适用/类推解释进行了较为详细的说明。

客观来说,有关法律解释方法之划分,不仅是民国时期法律解释理论的争议焦点,而且直到后民国时期的论述中,还可以看到这种有关解释方法上的划分差异。这一方面表明法律解释方法划分的复杂性,另一方面表明要对法律解释实践予以方法论上的精确提炼或者类型化处理,其实是件相当困难的事情。

三、关于论理解释的名称之争

在有关民国时期法律解释的方法论之争中可以看到,除矶谷幸次郎认为论理解释还可称为逻辑解释之外,大部分的法律解释理论都接受论理解释这个名称。但是,如果深入到民国法律解释理论的概念演进过程之中,那么有关论理解释的名称之争,实际上也还是或隐或显地存在着。对此,朱显祯指出:

> 论理解释之名称,普通为对于文字解释而用,不过论理解释之名称,其意义极不明了。盖所设论理解释者,似乎就像说依论理方法来解释法律的样子。其实……所设论理解释,不尽只是依论理方法来解释,所以论理解释之名称,甚不适当。而且就是文字解释,也须从论理方法,因之,文字解释亦得称为论理解释。凡一切的学问,未有不以论理者为基础的,法律解释学即是学问,自当依论理方法,论理为一切学问共通之方法,岂必一定要法律然后才依论理方法么?所以论理解释这个名称,实不妥当。似此。论理解释既不是只依论理方法来解释,那么欲决定它的意义,吾人只有从消极的方面说论理解释就是文字解释方法以外一切解释方法罢了。①

很显然,从朱显祯的这段描述中可以看到,由于论理解释概念的模糊性以及论理解释自身所涵盖的方法因子的复杂性,因而使得有关论理解释之概念似乎难以涵摄其复杂性的现实实践。

朱显祯强调:

> 论理解释之名称,既不适当,所以有些人又称它为法律学的解释。然而法律学的解释这个名称,已包含一切之解释方法,文字解释,既亦为法律学的解释,故只论理解释,称为法律学的解释,殊不适当。且法律学的解释一语,既不能表示解释方法之特质,所以非适当之名称。有些人又有称之为法律的解释者此种名称,亦与法律学的解释,有同样之缺点。有些人又有称之为目的的解释者。然而目的的解释一语,不过仅能表示属于论理解释方法中之一方法,而不能包含一切方法。②

基于此,朱显祯认为:

---

① 朱显祯:《法律解释论》,载吴经熊、华懋主编:《法学文选》,中国政法大学出版社2003年版,第75页。
② 同上书,第75—76页。

> 论理解释之名称,既不适当,而且亦不能包含种种之解释方法,故不如避去论理解释之名称而就论理解释所包含之各个解释方法附以特别名称之为愈。加之文字解释与论理解释互相对立,更容易惹起两个独立的解释方法之误解,吾人所以欲避免论理解释之名称者,正为此故。①

四、关于文理解释与论理解释的关系之争

当文理解释之结果与论理解释之结果相冲突时,如何解决?是采文理解释之结果,还是用论理解释之结果?

关于这一问题解决之学说,在民国法律解释理论中其实是分有两派的。

> 其主张从文理解释之学者曰,法文者,立法者意思之符合也。故解释法律,不可不从其文理,乃自然之势也。且人民之所依据者,即法律文面上所表示之文章用语,若采论理解释,则人民之行为,将有据文字之表面为合法而其理论反为不合法者,非使其无所适从耶?反之主张从论理解释学者之说曰:法律之所贵乎解释者,盖由法律之不明不备而起,而论理解释比之文理解释,较能使法律明且悉也。况一法律大都因用文理解释不明,始用论理解释以济其穷,则二者之结果若有冲突,自不可不采用论理解释。彼第一派之所主张,徒重文字,不务立法者制定法律之真意,未为得也。

对此,夏勤指出:"两说虽各有理由,然比较观之,宜以第二说为当。"②

欧阳谿也持与夏勤同样的看法。他说:

> 文理解释与论理解释之结果相冲突时,其解决之学说,约分二派。主张从文理解释者,则谓法文为立法者意思之符号,解释法律,不可不依照文理,且人民之所准据者,即法律表现之文字,若采论理解释,则人民之行为,将有据文字为合法,据理论为不合法者矣。反之,主张从论理解释之学者,则谓法律所贵乎解释者,由于法律之不明不悉,欲期法律之明确详悉,非文理解释所能为功,必借论理解释以补救之,故当二者之结果相冲突时,宜从论理解释。此两派之主张,虽各具理由,然比较观察,应以第二说为允当。③

有关这一问题,如果把目光暂时从民国转移到现代三位学者的论述中,那么在林纪东与郑玉波有关文理解释与论理解释近乎相同的观点中,其实这

---

① 朱显祯:《法律解释论》,载吴经熊、华懋主编:《法学文选》,中国政法大学出版社2003年版,第76页。
② 夏勤:《法学通论》,载程波点校:《法意发凡——清末民国法理学著述九种》,清华大学出版社2013年版,第391页。
③ 欧阳谿:《法学通论》,陈颐勘校,中国方正出版社2004年版,第118页。

一问题已经部分解决了。但是这并不意味着有关这一问题的系列发问,就此失去了意义。换言之,还是要深入思考:文理解释的结果与论理解释的结果彼此不同时,究竟何处何从,以依据何种结果以确定法律的意义?文理解释的结果,比论理解释的结果,广泛者有之,狭小者有之,彼此互相抵触者,亦不免有之,此时究竟以何种结果为立法者的真义?而这从另一个方面其实意味着,这一问题自民国开始一直到近代(甚至到现在)①,都仍然值得讨论。

五、刑法解释是否允许扩张

由于近代中国刑法已然接受了罪刑法定之原则②,因而在刑事法律的解释上,不仅坚持一种严格解释之立场,而且禁止类推。刑法解释不允许扩张,似乎乃是题中之义。③ 但从民国法律解释的理论发展与实践推进来看,显然又并不是那么一回事。有关刑法解释是否允许扩张,确实也是一个值得深入探讨的问题。

的确,除冈田朝太郎认为在刑法解释中允许适用扩张解释外④,王觐也指出:

> 至谓刑法应本解释从严原则(penal statutes are to be strictly construed),除文理解释、限制解释外,不许用扩张解释,实则大谬,何则,解释刑法,以探究立法者之真意为目的,欲求立法者之真意,非并文理论而用之,则难期乎无缺,同是论理解释,而谓限制解释可用,独怀疑于扩张解释,有是理乎?⑤

为进一步论证此观点,王觐还对贝卡里亚之所以大肆攻击论理解释中的扩张解释的理由进行说明,并指出伴随着社会的变迁,应当允许刑法进行扩张解释。他说:

> 毕叶克藜阿(Beccaria)氏,对于论理解释中之扩张解释,大事攻击。其说曰:"人之见解不同,有如其而,若许扩张解释,则是裁判官有左右法律真意之权,罪之轻重有无,必至委诸裁判官之擅断,其危险孰甚焉。依文义而为解释,固难保不有错误,然较之扩张解释,则又略胜一等"云

---

① 有关这一问题在当下的继续讨论,可参见陈金钊:《法律解释学》,中国人民大学出版社2011年版,第115—119页。
② 有关此一过程的详细描述,可参见孟红:《罪刑法定原则在近代中国:以法律文本为研究对象》,法律出版社2011年版;彭凤莲:《中国罪刑法定原则的百年变迁研究》,中国人民公安大学出版社2007年版。
③ 参见周少元:《中国近代刑法的肇端——〈钦定大清刑律〉》,商务印书馆2012年版,第108—123页。
④ 参见〔日〕冈田朝太郎口述、熊元翰编:《法学通论》,何勤华点校,上海人民出版社2013年版,第53—55页。
⑤ 王觐:《中华刑法论》,姚建龙勘校,中国方正出版社2005年版,第41页。

云。毕氏之言,为矫正当时审判专横之弊而发,以故风靡一时,然自今观之,咸知解释刑法,拘泥文字,终不能尽立法者所表示之真意,是则称此言为时弊救济论则可,准之学理,则毫无根据也。迩年以来,德意志学者,盛唱法规自由发见论。谓解释法规,不必拘泥形式,须应社会之要求而为适用,于是逾越解释范围之举,层见迭出。民法受此解释影响,因之一日千里,刑法则以有罪刑法定主义之限制,故唱此论者鲜。惟是解释法规,无非顺时应变,社会变迁,法律解释,自亦随之而有异,慎重固其所宜,严加限制,则未见其可也。①

从社会学法学的立场来看,同时结合民国时期社会的急剧变迁、社会秩序的松散动荡以及刑事立法活动的相对滞后等诸多现实之情况来说,王觐有关刑法解释允许适度扩张,尤其是对于那些已然十分不合社会之需求却又无法及时予以修改的刑事法规范予以谨慎的扩张解释,的确有其一定的合理之处。因为它确实能够促使刑事法律社会治理功能的发挥,从而整合社会秩序,恢复社会行为。② 但若是脱离了这一特定的社会语境,是否仍然可运行刑法解释的适度扩张,无疑尚需更为谨慎的对待。

六、刑法可否适用类推解释

传统中国刑事法律之适用,深受比附援引之影响,以类推为刑法规范适用的主要方法。然近代刑法自从接受罪刑法定原则改造后,首当其冲的就是要解决好刑法中的类推解释问题。"罪刑法定主义原则,本质上是类推的对立面。"③而这其实也就意味着,如果从整体上来看,当民国时期法律解释理论也面临着一个从传统性法律解释理论迈向现代性法律解释理论的转变,如何处理类推解释以及与其所关联着的类推适用,无疑就显得非常重要了。

冈田朝太郎指出:"比附援引者,如一定事件,为法令所未规定,准用相似之规定之谓也,故普通又称为类推解释。"④基于此,他强调:

> 苟法令不明时,则从其解释,以究明其意义而应用之可也。又或有不完备及缺乏时,其属于私法之问题,则比附其相似之规定而援引之,以为适宜之裁判焉。其属于刑法之问题,则据律无正条之理由,宣告其无罪可耳,皆不得拒绝其裁判也。如与此原则相背,则与以法律上一定之制裁焉。日本现行刑法二八三条、法国刑法一八二条、中国断狱律等。⑤

---

① 王觐:《中华刑法论》,姚建龙勘校,中国方正出版社2005年版,第41页,注释1。
② 参见〔美〕齐锡生:《中国的军阀政治(1916—1928)》,杨云若、肖延中译,中国人民大学出版社2010年版,第162页;〔美〕步德茂:《过失杀人、市场与道德经济——18世纪中国财产权的暴力纠纷》,张世明等译,社会科学文献出版社2008年版,第78页。
③ 周少元:《中国近代刑法的肇端——〈钦定大清刑律〉》,商务印书馆2012年版,第109页。
④ 〔日〕冈田朝太郎口述、熊元翰编:《法学通论》,何勤华点校,上海人民出版社2013年版,第54页。
⑤ 同上书,第49页。

换言之，司法机关或者裁判官在进行法律解释之时，"其解释方法，分为两种：(1) 民法许类似解释；(2) 刑法不许类似解释，可以律无正条，宣告无罪，不可以律无正条，拒绝裁判。"①由此可以看出，在刑法可否适用比附援引或者类推解释的问题上，冈田朝太郎显然是持否定意见的。

与冈田朝太郎的看法相反，王觐认为：

> 类推解释云者，法律无所规定，依其他类似事项之法文类推之，而超越法律解释之范围者也。此种解释，是否可用之于刑法上，颇成问题？一般主张绝对法定主义之学者，谓解释刑法，须特别从严，刑罚为对于人民自由权利例外之规定，解释而不取狭义，将有滥用之虞，类推解释，等于创设刑罚法规，与"不依成文法则不能处罚"之本旨不相容，除为被告利益(如免责除刑事由)得用类推解释外，悉所不许。殊不知绝对法定主义，乃擅断主义之反动，刑法解释从严，乃法定主义之遗物，是则舍去历史上之理由，别不见有深意存在，余以为刑罚法规之目的，求社会与犯人双方得其平，民事法规之适用，为原告被告昭大公，民事法规，可用类推解释，而独于刑罚法规，严加限制，诚令人百思不得其解。况类推解释，有时与扩张解释，徒有形式上之区别，苟不逸出论理所许容之范围，善为运用，确能随犯罪进步，社会发展，收措置得宜之效，又何必狙于十九世纪之旧思想而不能理解法律之进化乎。②

为了进一步说明"扩张解释"与"类推解释"之间的关系，王觐进一步予以阐释并举例指出：

> 法律所定文义，过于狭隘，不能尽立法者之意义，扩张其范围，探索法规中所包容之事项者，曰扩张解释。就法律无所规定之事项，准用其他类似事项之法文者，曰类推解释。前者，如刑法第二百八十二条所规定"杀人"二字，系指故意杀人于死而言，杀人方法，不仅以刀枪为限，所有作为不作为一切可以死人之手段，均包括在内。第三百八十条之"毁弃文书"，系包括涂抹之行为在内是。后者，如有妻子男子，与人通奸，比之有夫之妇，与人通奸，相去无几，准用刑法第二百五十六条之罚则是。③惟是此种区别，仅属形式上之差异，同一事项，得认为扩张解释，

---

① 〔日〕冈田朝太郎口述，熊元翰编：《法学通论》，何勤华点校，上海人民出版社2013年版，第50页。
② 王觐：《中华刑法论》，姚建龙勘校，中国方正出版社2005年版，第41—42页。
③ 在《中华刑法论·附编》中，王觐指出："此段，应以'狎妓饮酒，伤身失业，比之吸食鸦片之伤身失业，相去无几，准用新刑法第二百六十二条之罚则'之例易之。因新刑法第二百三十九条，改为'有配偶而与人通奸'，与旧刑法第二百五十六条，规定'有夫之妇与人通奸'，其意义完全不同，在新刑法之下，有夫之妇，与人通奸，有妻之男子，与人通奸，同是犯罪，故不能以此例说明类推解释之意义也。"王觐：《中华刑法论》，姚建龙勘校，中国方正出版社2005年版，第42—43页。

同时认为类推解释,亦无不可者,不乏其例。如有乳母于兹,故意不向婴儿哺乳,致婴儿于死,若认此不哺乳为杀人之手段,谓刑法二百八十二条,不以作为为限,应处乳母以杀人罪时,是为扩张解释,若谓婴儿由于饥饿而死,不能认为乳母杀人,因其价值与杀人行为相类似,故准用刑法第二百八十二条之规定,乳母应得杀人罪者,是为类推解释。为避除类推解释之禁止,而用扩张解释之形式,刑法亦无可如何,然而所谓刑法严禁类推解释云云,亦不过形式的禁止而已,吾故曰,类推解释,亦可用诸刑法之上,惟以不逸出论理所许容之范围为限耳。①

与此同时,为进一步论证"类推解释"在刑法中得以适用的合理性,王觐还指出:

不逸出论理所许容之范围,得以类推解释方法解决法律关系,此点,为多数学者所公认。平丁克(Binding)曰:"按德意志刑法第二条之规定,行为非经法律以明文规定处刑者,不得用类推解释,加人以罚。除此而外,刑法上有用类推论断必要时,亦所不禁。例如中止犯之规定,从犯得援用之,非亲属加担于亲属相盗,不适用免刑之规定,凡非亲属加担于亲属间之诈欺取财,均得类推援用"云云。是与本书采同一之见解。

或曰,吸食鸦片,伤身失业,故刑法设正条以罚之,狎妓饮酒,同一伤身失业,依类推解释,谓狎妓饮酒者,亦须论罪处罚,可乎?曰否,此种解释,即余辈所谓逸出论理所许容之范围者也。此论理上所不许之类推解释,用诸刑法之上,则入人于罪,何患无词,曲笔深文,动成冤狱,其流弊何可胜言。②

与王觐的看法不同,欧阳谿认为,类推解释"在刑法上绝对禁止,以其于罪刑出入关系甚巨故也"③。而在民法上,欧阳谿则认为是可以适用类推解释的。除此之外,李宜琛和朱显祯主张应当区分"类推解释"与"类推适用",认为类推解释无疑当禁止,但类推适用则可以视具体之情形而为现实之考察。

客观地说,从民国法律解释的理论上来看,人们对类推解释与类推适用或者类比适用的看法截然有别。然而,作为一种法律解释方法的类推解释,与作为一种法律思维方式甚至一种法律适用方式的类推适用/类比适用,尽管从理论上可以对其作出明确之区分,但在法律解释以及法规范适用的实践中,特别是在民国初期大法未立、法制未备的环境中,这两者之间的差别之处会变得远要比想象的要模糊得多。因此,在某种意义上可以说,民国时期的

---

① 王觐:《中华刑法论》,姚建龙勘校,中国方正出版社2005年版,第42页,注释2。
② 同上书,注释3、注释4。
③ 欧阳谿:《法学通论》,陈颐勘校,中国方正出版社2004年版,第117页。

法律解释理论,无论是对类推解释持一种肯定的态度还是一种否定的态度,都可以看成是一种对新法治和新社会的学术表态与理论欢迎。① 有关类推解释的问题,仍然值得结合法律解释的实践以及法律的发展来继续深入探讨。

第四节　法律解释理论的学者共识

作为一种主要从西方输入进来的知识传统与话语体系,民国时期法律解释理论在其发展的过程中必然会存在争议。法律移植,理论知识输入,其理论的内化与知识的本土化同样也伴随着知识观念的"接受—排斥"、理论话语的"沟通—争议"、制度形态的"控制—反抗"等过程。② 然而这些争议的存在并非否认共识达成的可能性,恰恰相反,在争议中追求共识,不仅是民国时期法律解释制度的建构与实践所追求的,而且也是理解民国时期法律解释的制度与实践所要依赖的。毕竟,"任何缺乏共识的理解都是虚幻的"③。

一、法律解释的目标乃是追寻法规范之真意

在民国时期有关法律解释之目的的争议中,大部分的学者都在其法律解释的理论中主张法律解释的目标乃是追寻法规范之真意。也就是说,在民国时期的法学家们看来,法律解释乃是:"推考法律内容与法律范围而言,不包括解释立法者私人的意思也。此点,未闻学者有异论。"④参酌后代法学家有关法律解释目的的论述,林纪东认为"所谓法的解释,即不外探求法律真意的方法"⑤,郑玉波认为"法律之解释者,乃澄清法律之疑义,以期适用正确之谓"⑥,管欧认为"法律的解释,乃法律于适用时发生疑义,探求其真义,以使其正确适用之谓"⑦,可以就此进一步确认,民国时期的法律解释理论在有关法律解释之目的上已然达成了共识:法律解释之目标乃是为了追寻法规范之真意。

的确,无论是采用何种法律解释方法,或者援用何种解释资源,都需要明确,"法律解释的最终目标只能是:探求法律在今日法秩序的标准意义(其今日的规范性意义),而只有同时考虑历史上的立法者的规定意向及其具体的

---

① 参见孔庆平:《改造与适应:中西二元景观中法律的理论之思(1911—1949)》,上海三联书店 2009 年版,第 49—52 页。
② 参见高鸿钧:《法律移植:隐喻、范式及全球化时代的新趋势》,载《中国社会科学》2007 年第 4 期。
③ 〔德〕恩吉施:《法律思维导论》,郑永流译,法律出版社 2004 年版,第 25 页。
④ 王觐:《中华刑法论》,姚建龙勘校,中国方正出版社 2005 年版,第 40 页。
⑤ 林纪东:《法学通论》,台湾远东图书公司 1953 年版,第 89 页。
⑥ 郑玉波:《法学绪论》,台湾三民书局 1956 年版,第 53 页。
⑦ 管欧:《法学绪论》,1955 年自版,第 203 页。

规范想法,而不是完全忽视它,如此才能确定法律在法秩序上的标准意义"①。

需要说明的是,尽管朱显祯将法律解释之目的界定为探寻与国民和社会相契合之法意,因而从表面上来看似乎他并不赞同法律解释之目标乃是追寻法规范之真意这一看法,但实际并非如此,只不过是他已然开始在"法本质"的层面上来深入探讨法规范之真意。换言之,法律解释的目的乃是追求法规范之真意,但法规范之真意是什么? 很显然,这是一个有关法本质的理论追究,而有关法本质的不同理论对此也会有不同的回答。② 由于朱显祯坚持的是社会学法学的解释理论,因而他将法规范之本质限定在国民与社会之间。

二、作为法律解释方法的文理解释与论理解释

尽管在本章所呈现的论述中,学者们对于法律解释之方法的划分方案各不相同,对于文理解释或者论理解释的名称使用可能也略有不同,但是承认文理解释与论理解释这两种解释类型的存在,显然是他们的共识。参酌后代法学者有关论述,不难得出如下结论:法律解释理论中有关文理解释与论理解释之方法及其划分,实际上在民国时期已然成熟。

民国与近代学者对法律解释方法之划分

时间	作者	方法	定义
民国时期	矶谷幸次郎	文理解释	文理解释者,谓就表发法律之言语文章,而解释其法意,即以文法解释法之字句也。故文理解释,以其法文之言语、文章为基础,而用之为解释者也。
		论理解释(逻辑解释)	论理解释者,就其法令发布之原因,及其沿革等事,以讨究法律之真意。不以法文之字句为基础,而以法律制定时之社会政治历史事实为材料,以表发其法律之真意者也。
	冈田朝太郎	文理解释	据法令之文章及其用语为根据以解释之之谓也。盖文章及用语,为直接表示其思想之符号,故于解释法令时,其足为有力之根据也明矣。
		论理解释	以论理之定则为其根据以解释之之谓也。据此种解释时,凡一切法案理由书、议会议事录、委员会之讨论笔记、母法之精神沿革及习惯上之事实结果之利害以及与其他法令条文之调和或不调和之关系等,皆为有力之论理根据者也。

---

① 〔德〕拉伦茨:《法学方法论》,陈爱娥译,商务印书馆2003年版,第199页。
② 参见〔日〕美浓部达吉:《法之本质》,林纪东译,孟红校,中国政法大学出版社2006年版,第150—163页。

(续表)

时间	作者	方法	定义
民国时期	朱显祯	文字解释（文理解释、文典解释）	文字解释，又有称文理解释或文典解释者。文字解释即依法律所用之文字之意义而确定法律之内容。就解释方法而言，解释法律，自然最先要用文字解释之方法。
		论理解释	所谓论理解释，实含有种种杂多之方法。……属于论理解释之解释方法中，其最主要者为组织解释与目的解释。前者形式的依据法规之互相关系而解释法律，后者实质的观察法律之目的与实际生活之关系而解释法律；前者依论理方法，后者依价值判断。
	孟森	文理解释	文义之解释。就法律之字句，为之解释。
		论理解释	论理之解释。论理者，不据文字而据事理。
	夏勤	文理解释	文理解释者，诠释法律之文字，使知法律之意义也。
		论理解释	论理解释者，斟酌法律制定之理由及其他一切情事，用以发现法律真意之谓也。
	丘汉平	文理解释	文理解释者，依据法文上之字义或文义而为之解释也。
		论理解释	论理解释者，乃依论理学上之原则以求文字文句所示之关系，而探求法意之所在也。
	欧阳谿	文理解释	文理解释者，诠释法律之文字俾知法律之意义也。
		论理解释	论理解释者，斟酌制定法律之理由及其他一切情事，用以发现法律之真意也。
		类推解释	
	陈瑾昆	文理解释	文理解释，此即依据文字之意义与文典之法则，以阐明法律之内容也。故又称文字解释或文典解释。
		论理解释	论理解释。此即由推理作用以阐明法律之意义也。
	王觐	文理解释	文理解释云者，从法文中文章字句之意义，而为解释者也。
		论理解释	论理解释云者，不拘泥于文字，而究立法之真意，依据论理，以阐明法律之意义者也。
	李宜琛	文字解释	解释之以法典之文词用语为之者，谓之文字解释。
		论理解释	若纯恃单纯之文字解释，究不能确定法典之真意，审查一法律之规定，与他规定之关系若何，此一规定于法典中，占有如何地位于法律全体中又占若何之地位，立法目的何在，由于何种社会生活之必要……就此种各方面以论理的方法为思考，然后法典之真义，始能确定，是为论理解释。
当代	林纪东	文理解释	文理解释，是依照法文的文义或字义，而为的解释。
		论理解释	论理解释，是参酌法律发生的原因、理由或沿革，及其他和法律有关一切情事，而阐明法律真意的解释。
	郑玉波	文理解释	文理解释者，依据法律条文之字义或文义而为之解释也，故亦称文字解释。
		论理解释	论理解释者，乃不拘泥于法文之字句，而以法秩序之全体精神为基础，依一般推理作用，以阐明法律之真意也。
	管欧	文理解释	文理解释，又称文字解释，系依据法律条文上之字义或文义所为的解释。
		论理解释	论理解释乃斟酌制定法律的理由，及其他一切情事，依推理的作用，而阐明法律的本义，亦谓为理论解释。

除此之外，如果参酌并对比不同学者有关文理解释与论理解释的定义，便会发现，尽管表述上略有差异，但是他们有关文理解释与论理解释的概念界定，从本质上来看几乎都是一样的。换言之，在有关文理解释的概念界定上，可以说，从矶谷幸次郎开始就确定了下来，一直都未曾有多大的改变；而在有关文理解释的概念意涵上，由于学者对于文理之"理"的不同认识以及有关"理"的认识的逐渐丰富——比如从单一的法本旨发展为"法律发生的原因、理由或沿革，及其他和法律有关一切情事"等，因而有关文理解释的概念意涵也在不断地发展。

三、法律解释要关注社会生活

在《法律解释论》一文中，朱显祯指出：

> 从来之解释家，多偏于形式的论理。其研究法典，完全用研究古典的方法来研究，对于现实之生活状况，全然不顾，因之与实际生活最有关系之法律学，竟成为论理之游戏场，概念之陈列馆，而法学遂日与社会的实际生活隔离背驰了，补救之道，端在研究社会各种实际生活之状况，以为法律解释之基础，而达法律最终之目的。实际法律解释家，不悉社会实际生活之情形，不能为社会实际生活建树立法之意见，即不能为真正善良之解释家。换言之，即非在立法的见地解释法律，必不能顾全之法律目的，社会实际生活之要求，而为实质的解释。同一社会现象，社会生活，可从论理学上、经济学上、社会学上、法律学上及其他种种方面观察。从来之法律学及法律之解释，则全然只从法律方面观察，而与其他之观察，完全分离，毫不相干。岂知法律乃为应伦理上经济上社会生活及其他实际上生活上之种种要求而作成之法则，故仅依法律的方面而观察法律，殊未免失之过狭。法律不过一种形式而已，没有实质的观察，又怎能决定其内容，所以法律学必须与其他之社会学问，互相联络，以防止其孤立。如是则立法律与实际生活，始能互相调和，而不发生隔离背驰之弊，法治之精神，始可发挥尽致！①

从朱显祯的这段论述中可以得出，法律解释若是无法充分回应社会之需求，无法为社会生活提供切实而优质的法规范供给，无法引领人们的社会生活，那么这样的法律解释未免过于狭隘了。如果联系朱显祯有关法律解释之目的的理论，即并不仅仅只是为了发现法规范之真意，而是要找到适合于国民与社会的法规范之真意的话，那么要求法律解释关注社会生活，无疑是他有关法律解释理论的主旨。

---

① 朱显祯：《法律解释论》，载吴经熊、华懋生编：《法学文选》，中国政法大学出版社2003年版，第86页。

不仅朱显祯持这一看法,丘汉平同样也坚持这样一种法律解释的社会立场。他指出:"今以此一百年前之法律适用于今日,势非借解释之力,必不能适应今日之社会也。"①与此同时,王觐也认为:"法令以社会现象为对象,是则解释法文,必须考察制定法律当时之社会状态,尤不可不与解释当时之思想相合,此点,为一般学者所公认。"②除此之外,陈瑾昆亦指出:

> 解释刑法,亦只在就刑法法条探求立法者之真意,即国家之意思。……国家意思,固应与时代思潮及社会现状相适用,解释法律时,固应不背国家意思之范围内,而注意此二者。但逾此范围,即非正当之解释,所谓恶法亦为法律。故在刑法,如变更解释,如自由法说,要当力避之。③

如果把视野放得再宽一些,那么其实早在"京师法律学堂笔记"中,冈田朝太郎就曾论及到法律解释与社会生活之间的关系,并强调当法无明文规定时司法官应具有法律解释之责任。他说:

> 社会进化,则事实日益复杂,断不能以法令条文,一一列举,为事势之当然,裁判官若藉口于法令不明,不为审理,则人民权利之受损害而无所申诉者多矣。关于此问题,从前各国法律,均无明文之规定,惟拿破仑法典有之。其文曰裁判官不得以法令不明,而拒绝其裁判。此等规定,实为司法机关所当共守之原则。夫裁判官之职务,不仅在适用法律已也,必有解释法律之知识,而后可为裁判官,是裁判官有解释法律之责任,不得以不能解释法律而不用。④

从冈田朝太郎的这段论述中可以看出,当法律规范与社会生活相脱节且这种脱节又造成了人民权益受损而无法寻求司法救济之时,司法机关或者裁判官有义务面向社会生活来进行法律解释,以呵护人民受损之权利。

深受日本法理论和社会学法学思潮影响的民国法律人,在其法律解释理论中都纷纷强调法律解释要坚持社会之立场,但关于这里的"社会"究竟是什么,是社会生活还是社会结构,是社会情势还是社会秩序,是社会政策还是社会心理的问题,以及与这种"社会"概念相关联着的又是一幅什么样的社会图景,是个体化的社会还是集体化的社会,是自由主义支持的社会还是社会主义支持的社会,是农业经济基础上的社会还是工商业经济基础上的社会

---

① 丘汉平:《法学通论》,载程波点校:《法意发凡——清末民国法理学著述九种》,清华大学出版社2013年版,第501页。
② 王觐:《中华刑法论》,姚建龙勘校,中国方正出版社2005年版,第41页。
③ 陈瑾昆:《刑法总则讲义》,吴允锋勘校,中国方正出版社2004年版,第47页。
④ 〔日〕冈田朝太郎口述、熊元翰编:《法学通论》,何勤华点校,上海人民出版社2013年版,第49—50页。

的问题,可能每位学者的看法都各不相同,而且同一个学者在不同的论述甚至是在同一论述之中也可能会在多种意义上来使用这一概念。在他们的法律世界中,确实或多或少地掺杂着对社会的想象。

即便如此,这并不妨碍民国学者阐述其有关法律解释之社会立场。例如,何世桢在论述中就采用了一个更为宽泛与模糊的概念:社会化。他说:

> 照社会化的解释,各种新发生的问题,都可拿已成的法律用解释的方法律救济。如果不用社会化的解释,一定有许多法律不能通行。所以解释的方法,应该极端提倡社会化。……这样看来,社会化的解释,无论什么新环境,都可以适用,而法律也不至于成为死的了。①

当然,为了进一步说明"法律用社会化的解释"这一观点,何世桢还引用了庞德所举出的两个例子。一个例子:

> 譬如美国的宪法,是在美国革命结束后所制定,到现在已经有许多年了,内容并没有变更。但是在事实上,我们不能不承认在那个制定该部宪法的时代,所有的环境,所有的政治现象,所有民众生活的要求,一定和现在的环境,政治现象以及民众生活的要求不同。可是这种成文法的宪法,要去修改,一定有许多困难,而且社会是天天在那里发生新的环境新的经济状况,如都要用修改的方法去应付。事实上也做不到的。所以惟一的救济方法,就是就已成的法律,逐渐用社会化的解释来发展它这种把已成的法律应用到新环境,就是社会化解释的作用。②

另一个例子:

> 比如瑞士在从前,许多的工厂,都用水蒸气的机器,政府方面欲使工人安全,不至于受到危险,就用法律规定,用水蒸气的工厂,应如何设备,应如何保护工人不至受伤害。但是自电汽发明以后,有些工厂,即用电汽的机器,这种工厂在法律上既无规定,似可不必依照旧法律的设备。但是如果照社会化的法律解释,就可以知道从前立法的人,为什么指定关于水蒸气工厂的法律,都是因为水蒸气有危险许多工人时受伤害,才有这种法律的规定,目的完全是为工人的安全。明白了这一层意思,那么电汽的工厂,当然也包括在内,不必另外订出一种新法律来规定电汽的工厂了。③

而也正是基于此,何世桢认为,大概所谓的社会化解释,与黄梨洲所提倡的解

---

① 何世桢:《近代法律哲学之派别和趋势》,载吴经熊、华懋生编:《法学文选》,中国政法大学出版社 2003 年版,第 58 页。
② 同上书,第 57 页。
③ 同上书,第 57—58 页。

释法律时要紧密关注"法外意",其实是相同的。①

与此同时,从民国时期的法律解释实践来看,基于"社会"立场之出发,比如要求法律解释活动要尽可能多地考虑社会之现情或者国情现状。典型的有统字第729号解释。在这份于1917年12月26日覆浙江高等审判厅的解释文中,大理院指出:

查执行财产,如系嗣母赡产,有据可查,嗣母自可主张异议,即非赡产,而已家产净绝,别无可供养赡者,亦应酌留产业或卖价,俾于相当期内可资度日,此与嗣子负债,已未得母同意无关,均可一律办理,现在民诉法律尚未颁行,以上条理,揆之国情,尚可予以采用。

基于社会立场,还比如要求其在解释时要关注情事之变更。典型的有院解字第2897号。在这份于1945年9月26日指令湖南高等法院的解释文中,司法院认为:

债务人依民国三十一年之确定判决应给付借款而未给付,其后因受战事影响致生争议者,债权人仍得声请法院依非常时期民事诉讼补充条例之规定调解之,其具备同条例第二十条第二项之适用要件者,法院自得为增加给付之判决,惟在前次判决之事实审言词辩论终结前所发生之情势剧变,不得斟酌之。(参照院字第2759号解释)

基于"社会"之立场,还要求法律解释法律解释之内容要尽可能照顾到"社会法益"。比如1919年3月22日在复总检察厅的统字第965号解释中,大理院指出:

第三问题,开设馆舍供人吸食鸦片烟,本为吸食鸦片烟之帮助行为,惟刑律第二百六十九条,既定作独立罪名,且其刑较第二百七十一条为重,可知该条纯为保护社会法益而设,故同时在甲乙两地开设馆舍供人吸烟,与同时在甲乙两地栽种罂粟,情形相同,应认为一罪,酌量科刑。

这似乎意味着民国时期有关法律解释的实践,可以被看成是一种有关社会观念与社会生活的知识实践。但实际上,如果把视野放得宽一些,那么在某种程度上,不仅"法律发展史是政治发展史的一部分",而且法律制度的实践史也是社会政治制度实践史的一个有机组成部分。因而在社会变革之中,无论是法律的制度建构还是法律工作者的思想实践,它们其实都无法单纯地、仅仅只是"被动地在一个由外来事件搭建起来的框架中思考问题"并在此其中自如地进行话语的实践,也无法完全脱离于社会生活而埋首书斋或者悬置于理想类型,无法"理直气壮地遵循自己臻于完美的发展轨迹"。相反,

---

① 何世桢:《近代法律哲学之派别和趋势》,载吴经熊、华懋生编:《法学文选》,中国政法大学出版社2003年版,第58页。

任何一个"法律概念的产生、提炼和日臻精纯"既是一个不断在地化地处理(on ground)的过程,也是一个充满着摸索与反复、前进与回流并存的过程。① 这样,为了更好地观察和体验民国法律解释理论的实践情形,无疑就有必要从理论的表述,走向民国时期的法律解释实践。

---

① 参见〔比〕R.C.范·卡内冈:《法官、立法者与法学教授——欧洲法律史篇》,薛张敏敏译,北京大学出版社2006年版,第105—106页。

第四章　民国时期法律解释的主体、内容及其程序的变换

传统中国的法律解释,首先在解释的主体上,一方面呈现出分散性的特征;拥有法律解释权的主体具有一种正式与非正式同在并同时又有一种由制度化向非制度化弥散的倾向①;从官方到学子、从宫廷到民间,似乎每个人都可以成为法律的解释主体,都可以主张各自对于法律之理解及其合法性。但是另一方面,却又表现为一种高度制度化与资源集中化的特征。这其中,不仅法律解释之效力位阶以及权威性俱仰赖于行政阶层之高低——下阶位的必须要服从于上阶位的,所谓官大一级压死人,说的就是这个道理;而且法律解释权之最终权威,当然还是要归结于帝王。其次,传统中国法律解释之内容亦相当之广泛:凡是有关法律之疑问,无论巨细,不分公私,都可纳入解释之范畴。但是,这又并不妨碍法律解释之精意,最终都皈依于儒法之家的哲学,契合于"天理—国法—人情"。② 再次,在法律解释之程序上,囿于司法程序的建制结构以及司法又依附于行政这一现实情状,传统中国法律解释之程序,在大多依循官僚体制之办事程序同时又有"颠覆"正常程序的非正常状况的存在。然而,这些看似"形散"的传统中国法律解释,但其"神"却并不"散"。

清末民初的法制变革,对于司法领域而言,其中一个很重大的变化,便是司法机构的建立以及其与行政机构的界限逐渐明晰起来,从而迈向了从公堂到法庭转变的步伐。③ 与此同时,随着司法改革之深入,不仅司法独立之思想传入并开始在中国司法领域中展开深度的实践④,而且伴随着五权宪法的宪政实践及其在政治权力结构中的制度建构,司法机关与其他行政机关已然发生彻底的分离,成为一个独立且专门化的机构。因而整个民国时期,从形式上看,不仅司法机关作为一个独立的机构开始运转,而且包括法律解释活动在内的整个法律活动亦开始作为一项专门化的活动初次展现在人们的面

---

① 参见赵法生:《内圣外王之道的重构与儒家的现代转型》,载《开放时代》2011年第6期。
② 参见谢晖:《中国古典法律解释的哲学向度》,中国政法大学出版社2005年版。
③ 参见张德美:《从公堂走向法庭:清末民初诉讼制度改革研究》,中国政法大学出版社2009年版。
④ 有关司法独立观念在近代中国的传播与实践的研究,可参见韩秀桃:《司法独立与近代中国》,清华大学出版社2003年版;李鼎楚:《事实与逻辑:清末司法独立解读》,法律出版社2010年版。

前。这一时期的法律解释,不仅其主体自然仅归属于其最高司法/审判机关,而且法律解释的内容与程序亦有专门的规定。当然,随着民国时期各阶段政权更迭与制度转换,这里所谓的最高司法/审判机关,也即法律解释的主体也是不断变换着的,一同变换着的还有法律的解释内容与解释程序。

第一节 大理院时期的法律解释

一、大理院法律解释的制度表达

光绪三十二年九月二十日(1906年11月6日),清廷颁布裁定官制改革方案的上谕,宣布:"刑部著改为法部,专任司法;大理寺著改为大理院,专掌审判。"① 自此开始,作为近代中国专门意义上的全国最高审判机关,大理院由此筹设。② 而有关大理院统一法律解释权的规定,最早则可追溯到《大理院审判编制法》(光绪三十二年十月奏准)。该法第19条规定:"大理院之审判,于律例紧要处表示意见,得拘束全国审判衙门(按之中国情形,须请旨办理)。"③据此规定,这种隐含着法律解释权在内的司法审判权之行使须得到皇帝之批准,此时的大理院并无自主之权限。宣统元年十二月二十八日(1910年1月9日),《宪政编查馆奏核订法院编制法并另拟各项暂行章程摺(并单)》获奏准。在此之中明确规定:"其属于最高审判及统一解释法令事务,即由大理院钦遵国家法律办理。"④这是有关大理院统一解释法令之权最早且最明确的规定,其后所附的《法院编制法》中还对大理院统一法律解释权的内容予以详细界定。⑤然而社会之动荡以及政权之更迭,使得这些规定大部分都流于纸面而未能付诸于司法实践。

---

① 故宫博物院明清档案部编:《清末筹备立宪档案史料》(上册),中华书局1979年版,第471页。

② 大理院筹设及其完善之过程,详细的分析,可参见韩涛:《晚清大理院——中国最早的最高法院》,法律出版社2012年版,第33—139页。

③ 《大理院审判编制法》,《大清法规大全·法律部·卷七·审判》(第3册),政学社1972年影印版,第2页。

④ 《宪政编查馆奏核订法院编制法并另拟各项暂行章程摺(并单)》,载《政治官报》(第30册),台湾文海出版社1965年影印版,第49页。

⑤ 《法院编制法》虽已于光绪三十三年八月提出制定,但直至宣统元年年底才真正颁布。与此同时,光绪三十二年四月,沈家本、伍廷芳上奏《刑事民事诉讼法草案》,却因其吸收了不少西方近代诉讼法原则和制度,而遭到张之洞等人的反对,故被搁置。这样,在宣统朝初年,实际上有着法院组织法和诉讼法功用的是《各级审判厅试办章程》(光绪三十三年十月二十九日)。参见李秀清:《所谓宪政:清末民初立宪理论论集》,上海人民出版社2012年版,第77页。

民国初建,前清法院编制法继续援用。① 南京临时政府司法部曾根据《临时政府组织大纲》规定"临时大总统得参议院之同意,有设立临时中央裁判所之权"的原则,拟定《临时中央裁判所管制令草案》,呈送大总统。该呈文指出:"本部经已成立,所有全国裁判所各官职令,自应陆续编定,以重法权,而便执行。"②然该草案经由孙中山发送法制局审定呈复,但在南京临时政府存续期间并未完成立法程序,因而审判机构的组织建设并未实施。③ 1912 年 5 月,袁世凯发布大总统令,内称:

> 司法总长王宠惠呈称,大理院正卿刘若曾等辞职,已蒙批准。审判不可中断,即法官不可虚悬。惟大理院正卿、少卿等官名不适于民国制度,现在《法院编制法》修正颁布尚需时日,新法未施行以前,应先更正其名称,而宜暂仍其组织,以便继续执行等语。大理院正卿可改为大理院长,少卿一席著裁撤,余暂如旧。俟《法院编制法》修改后,一律更正。④

这意味着民初大理院的组织建设,实际上是在北京政府时期才得以逐步完成。

然大理院虽为全国最高审判机关,但其统一解释法令之权限,却并未明文规定于《中华民国临时约法》之中。客观地说,民国初年宪法起草之时,就有论者强烈主张:

> 民国成立,司法制度一如前清之旧,复以袁氏野心,虑其不便于己,权力摧残,至今不绝如缕;今当制定宪法之时,倘不谋根本规定,绝对独立,则司法基础仍显不固,大理院为民国最高法院,一切法律统归解释,若以愚意主张,即将来解释宪法之权,亦可以于宪法规定授之该院,盖比如是而后始符三权分立之意义。⑤

然而,政治戮力之激烈,权力斗争之强烈,使得在大理院存续期间,其有关统一解释宪法与法律的权限,始终都未能写入宪法甚至宪法性的文件之中。这就造成大理院统一解释法令之权,其法律上之依据仍是清宣统元年十二月二十八日(1910 年 1 月 9 日)奏准、1915 年 6 月 20 日所公布的《法院编制法》的

---

① 虽然民初(1912 年 12 月)中央司法会议曾公布《法院编制法草案》,但与前清法院编制法相比,该草案只是作了一些称谓上的改变,如推事改称判事官、检察厅改为检事局、检察官改称检事官、承发吏改称执达吏等,其内容并无实质上的改变。这意味着民国前期实际施行的仍为前清之法院编制法。参见《司法例规》(上册),司法部 1914 年刊印,第 16—30 页。
② 《大总统令法制局审定临时中央裁判所草案文》,载《民立报》1912 年 3 月 12 日。
③ 参见吴永明:《理念、制度与实践:中国司法现代化变革研究(1912—1928)》,法律出版社 2005 年版,第 89 页。
④ 《临时大总统令》,载《政府公报》1912 年 5 月 18 日。
⑤ 《宪法起草委员会委员曹玉德审议宪法草案第八十五条时发言记录》,转引自吴宗慈编:《中华民国宪法史前编》,台湾文海出版社 1988 年版,"附编:论坛异同集萃",第 144 页。

有趣局面。①

依据《法院编制法》第35条之规定:"大理院长有统一解释法令及作出必应处置之权,但不得指挥审判官所掌理各案件之审判。"同法第37条亦规定:"大理院各庭审理上告案件,如解释法令之意见与本庭或他庭成案有异,由大理院长依法令之义类开民事科或刑事科或民、刑两科之总会审判之。"这两处法文,即大理院于审判之外,有统一法令解释之权的法律根据。与此同时,该法的第44条规定:"大理分院各庭审理上告案件,如解释法令之意见与本庭或他庭成案有异,应函请大理院开总会审判之。其分院各该推事应送意见书于大理院。"该法的第45条还规定:"大理院及分院答复下级审判厅之案件,下级审判厅对于该案不得违背该院法令上之意见。"②从中可以看出,大理院所享有的统一解释法令之权限,对于各级审判厅均有一定的约束力。

至于大理院统一解释法令权的行使方法及其具体的效力问题,《法院编制法》并未规定,而在《大理院办事章程》之中予以了相应说明。根据1919年5月29日颁行、6月1日施行的《大理院办事章程》第202条之规定,大理院统一解释法令权的行使方法为:"(1)解答质疑;(2)因维持国家公益,迳行纠正第二零四条公署及人员关于法令之误解。"换言之,"解释法令以法令无明文规定的事项或关于法令中有疑义者为限,具体问题不在解释的范围之内"。"关于具体问题,依本院九年第一号希告应不予解答。"③很显然,《大理院办事章程》中有关统一解释法令权的行使方法的规定无疑还较为扼要,还不足资法律解释的制度之需。因而为了进一步规范大理院统一解释法令权的行使,《大理院办事章程》还就法律解释之程序予以较为详细之规定。

的确,就法律解释之程序而言,根据大理院的要求,各级审判厅有关解释法令的函件,除有紧急待决者外,一律转由总检察厅及高等厅送大理院核办。例如,1913年9月27日,在致总检察厅及各高等厅《法令质疑文件应转送核办函》中,大理院就曾明确指出:

---

① 1915年6月20日,司法部呈准将《法院编制法》分别修正刊行。1916年2月,该法又再次得以修正。其修正要点,大略有四:第一,删除关于初级审判厅、初级检察厅的规定,改设分庭,管辖初级案件,变为虚四级制;第二,删去"各省提法使监督本省各级审判厅及检察厅";第三,大理院废置正卿、少卿,及民事科、刑事科,改置院长、民事庭,及刑事庭;第四,高等审判厅厅丞、京师地方审判厅厅丞,均改为厅长,总检察厅厅丞改为检察长,各审判衙门、各检察厅分置的典簿、主簿、录事,分别改为书记官长、书记官。可以说,此次法院编制法的修订,确保了该法与新式民主共和国相契合。参见罗志渊:《近代中国法制演变研究》,台湾正中书局1986年版,第405—406页。

② 《宪政编查馆奏核订法院编制法并另拟各项暂行章程摺(并单)》,载《政治官报》(第30册),台湾文海出版社1965年影印,第54—55页。

③ 例如,统字第98号文即指出:"……查阅该电内容,虽有干支等代名词,而实则一具体案件,本院向例,关于具体案件,概不答覆,该厅纵依一定程序请求解释前来,亦不在本院答覆之列,应请贵厅(即总检察厅)将此节一并转饬该院遵照……""请求解释具体案件概不答复"之情形,亦可详见,大理院解释例1749号:"关于具体问题,依本院九年第一号希告应不予解答。"

本院依照法院编制法有统一解释法令之权,所有各级审、检厅关于法令质疑文件,本院均各解释答复、登载政府公报在案。惟查向来京外各级审检厅于此项文件,或由上级审检厅转送,或由各该审检厅,迳达本院,殊不足以昭划。兹特酌定办法,嗣后京外各级高等以上检察厅或地方以下审判厅,如有关于解释法令各函电,除系紧急待决之件外,均应转由贵厅送院核办,相应函请贵厅查照,希转知京外各级检察厅与该管各级审判厅,依照办理。①

然而除上诉之规定外,就大理院内部而言,为求行动之齐整划一,也为了进一步规范大理院统一解释法令权之行使,就法律解释的程序,《大理院办事章程》亦有专门之规定。这些规定分布于《章程》的第206—210条。②

具体来看,根据《大理院办事章程》第206条的规定:

　　请求解释文件,由大理院院长分别民刑事类,分配民事或刑事庭庭长审查主稿。请求解释文件及其复稿,应经刑事或民事庭各庭长及推事之阅视;其与大理院裁判或解释成例有抵触或系创设新例者,应由各庭长及推事陈述意见;若有二说以上,经主张者之提议时,得开民事或刑事推事全员会议。③

　　民事请求解释文件与刑事法令有关涉或刑事与民事有关涉者,应准用前项规定行之。

而该《章程》的第207条则规定:"请求解释文件之办结时,限由大理院院长定之。"第208条要求:"请求解释文件,应由民刑事第一科随时登记,民刑事解释法令文件,便览本记名统字,历年总进顺号,种类来见处所,及来见人到庭送阅及发送月日时分、建由、发送处所、收受人书稿月日,归档月日及其他必要事项。"与此同时,该《章程》的第209条指出:"民刑事第一科应置备解释法令文件备查本,于办理发件时登记之。""解释法令文件备查本应依卷牍总本该类所定,分别编章节目,将收发文件分别性质,照录简由,并登记其他必要事项。"第210条规定:"请求解释文件及解答应登载政府公报公示之。"

除《大理院办事章程》对法律解释之程序有上述这5条规定之外,请求法令解释者,大理院亦于1912年4月16日颁布的《解释法律权限通告》④中

---

① 《法令质疑文件应转送核办函》,载《司法例规》(上册),司法部1914年刊印,第221页。
② 以上各条详见《大理院办事章程》;又见黄源盛:《民初大理院(1912—1928)》,载《政大法律评论》第60期。
③ 但是要注意,根据《大理院处务规则》第14条之规定:"关于司法行政事务,院长得开推事全员会或书记官全员会,但院长不受多数意见之拘束。"这样,尽管解释法令时,若有两种意见且并不相上下,则需要征求所有推事之意见,然大理院院长之意思才是最重要的。
④ 大理院特字15号《解释法律权限通告》(1913年4月16日),载《司法例规》(上册),司法部1914年刊印,第221页。

明确指出:"查法院编制法,本院有统一解释法令之权,惟请求解释者,自系以各级审、检厅及其他公署为限。其有以私人资格或团体函电质疑者,概置不覆。"①换言之,请求解释之主体,即:"以审判衙门、或其他国家级地方之公机关之质问而为解答。至于私人或其他非国家之公机关,自不得擅行请求,即有请求,亦未便予以答复。"因而从大理院法律解释的实践来看,自民国成立以来,除司法机关外,请求解释者共有"国务院、陆军部、司法部及其他中央行政各部,各地方军务及行政长官"等。②

从内容上来看,各级司法机构及其他行政军务部门请求大理院解释的几种情形,主要可分为两大类:一是法无明文规定,二是对于法令有疑义的。其中,从大理院时期法律解释的实践来看,这两类又可以被进一步细分为以下的六种情形:(1)提出适用法律(中某一罪名)的设想,询问是否得当,如统字第86号解释例。(2)有的提出是否可适用某一条文的,如统字第3号解释例。(3)有的对法律理解不够明确,请求解释的,如统字第15、16号解释例。(4)关于刑法典与单行法或特别法之间的关系的,如统字第18号、第29号解释例。(5)大理院的解释与其他命令或判例之间发生冲突的,如统字第23号解释例。(6)法律不完备的,如统字第28号解释例。③

从形式上来看,各级机关所提请大理院法律解释之函件,文字长短不一,表述风格各异,内容也繁杂多样。但是对于各级机关所提请法律解释之文件,大理院在接收到后亦会进行规范化的公文处理:它会根据时间,将针对刑事法领域所提请的法律解释函文编辑成"X年刑字第XX号函",而将属于民事法领域的编辑成为"X年民字第XX号函"。比如1915年6月1日,在覆吉林高等审判厅的统字第260号解释例中,大理院指出:"**四年刑字第三八号函悉**,掳人既遂,虽未得财,以掳人勒赎既遂论,如有应减情形,仍用刑律第九条、第五四条处断。"又比如1916年3月16日,在覆山东高等审判厅的统字第417号解释中,大理院指出:"**刑字三七四号函悉**,丙如知情代运,即系与甲共同为侵权行为,对乙应连带任赔偿损害之责。"从这两条解释例的内容来看,"四年刑字第三八号函"和"刑字三七四号函"无疑是大理院对于提请法律解释函的公文规范编辑。这在微小的方面,反映出了大理院法律解释活动的规范化。再比如1920年5月1日,在覆江西高等审判厅的统字第1272号解释中,大理院指出:"**民字二三八号函悉**,所称情形,乙戊之转典,既经甲事

---

① 例如,大理院复总检察厅统字第98号"请求解释具体案件概不答复函"即指出:"……成都地方检察厅于十二月铣电陈请解释行贿罪等因到本院。查照本院向例,高等以下各级检察厅,非经由贵厅,不得直接向本院请求解释,其直接以函电请求者,概置不复,已通行在案。乃该厅一月文电又催复铣电,本应仍置不复,惟恐或有误会之处,相应函请贵厅转饬遵照。"

② 黄源盛:《民初大理院(1912—1928)》,载《政大法律评论》第60期。

③ 音正权:《北洋大理院刑事解释例初探》,载张生主编:《中国法律近代化论集》,中国政法大学出版社2002年版,第392页。

前明白否认并已提议取赎,戊自无对甲主张转典权,拒绝交房之理。"还比如同一天覆浙江高等审判厅的统字第 1273 号解释,在此函文之中大理院指出:"**民字一六七号函悉**,所询情形,甲家如确系家产净绝,其子年稚,本无履行能力,即甲生前未曾羁押,亦应缓其执行。"而也是同一天同样是覆浙江高等厅的统字第 1274 号解释文中,大理院回复道:"**民字第一七五号函悉**,查立继行为,须经择继人及承继人与其父母之同意,惟其父母不同意,确无正当理由时,审判衙门以裁判代替亦属有效。本院对于人事法上,为当事人利益存在之同意权,向均采用此项见解。"很显然,从所列解释例文的这些细节之处反映出,大理院时期有关法律解释的制度建设与日常实践都已然逐步走向了规范化。

就大理院统一解释法令权的具体效力而言,由于整个北洋政府时期,法律解释活动均是以大理院为中心而展开的,因而大理院的法律解释例,全国各级法院都应将之奉为判案之准绳。关于这一点,《大理院试办章程》的第 203 条即有明确之表示:"大理院关于法令之解释,除法院编制法第 35 条但书情形外,就同一事类均有拘束之效力。"而且大理院解释例第 95 号亦再次强调:"本院解释,除法院编制法第三十五条但书情形外,自有拘束力。"与此同时,不仅《法院编制法》第 45 条规定,"大理院及分院发交下级审判厅之案件,下级审判厅对于该案,不得违背该院法令上之意见",而且大理院在其解释例中亦称,"下级审判厅对于最高法院发交之案件,不得违背该院法令上之意见"。① ——尽管并未明确宣告,但大理院可以凭借其所拥有的最高审判权之势,来强化其解释之拘束力。除此之外,对于大理院所作前后解释例之效力,若是有抵牾,大理院亦明确规定:"凡解释法文,……依照院例,以最近之解释为准。"②当然,也正是通过这三个方面的综合性规定,无疑也就为大理院解释例之效力,建立起了一个立体的结构与全方位的依据支撑,进而促使全国各级法院均视大理院之解释例为圭臬,用作裁判之准绳。换言之:"各级法院遇有同样的事件发生,如无特别反对理由,多下同样的判决;于是无形中形成大理院之判决与解释有实质的拘束力之权威。"甚至对于大理院之解释例,"承法之人无不人手一编,每遇讼争,则律师与审判官皆不约而同,而以'查大理院某年某字某号判决或者解释如何如何'为讼争定谳之根据"。③

当然,就大理院时期法律解释的主体与程序而言,基本法的解释主体与程序和普通刑、民事法令之解释,两者之间差别较大。换言之,较之于一般性的刑、民事法令之法律解释,基本法的解释主体与程序则要复杂地多。例如,

---

① 大理院解释例,统字第 1378 号。
② 朱鸿达:《大理院解释例大全》,世界书局 1923 年版,第 13 页,"编辑大意"。
③ 胡长清:《中国民法总论》,中国政法大学出版社 1997 年影印本,第 35—36 页。

北洋政府时期关于基本大法《中华民国临时约法》的解释,或由大理院来进行,如冯国璋、徐世昌、黎元洪等各任总统时期疑义之解释;或由参政院为之,如袁世凯专政时期,就是由参政院议决约法及附属法规疑义之解释,由参政过半数之出席,出席参政过半数之决议行之;或由宪法会议为之,如曹锟任总统时期公布之宪法,即明确规定宪法有疑义时,由宪法会议解释之。宪法会议由国会议员组织之,非议员之三分之二以上之出席,不得开议;疑义之解释,以出席议员三分之二以上之统一决之。① 与此同时,经由司法机关之释宪者,其前提乃是必须发生在司法活动中对宪法条文之适用有疑义的,方属法律解释之范畴;否则,一如其他行政机关对宪法疑义之解释,当属立法解释。而事实上,整个北洋政府时期,较之于立法解释,对宪法适用所展开的法律解释少之又少。②

然而这一时期,对民、刑事法令解释之请求则频繁得多。民国刚刚建立,大法未立,民商法典还没有颁行,《大清现行刑律》之一部分虽然仍可援用,但终究不免有"削足适履"之感③,法制待兴。而与此同时,又恰逢整个社会处于新旧急剧转型的关口,法律亟需改良,且各地法院对于民、刑事件的疑义较多。

因于法律解释之声请限制较宽,不以发生法律岐见为必要;自民国二年一月十五日起,至十六年十月二十二日止,共解释法令2012则,冠以统字,亦即自统字第1号至第2012号。④ 其中,统字第151号解释因事关国家机密,未予公布。"⑤从法律解释的实践来看,大理院之法律解释,博采大陆法系的法理与法例,同时兼顾当时的具体情况,权衡折衷,论述学理,引证事实,不厌长篇累牍,极尽详细。⑥ 这不仅对于当时的司法实务大有裨益,而且对于当时之法学理论研究,也贡献很多。因此国民政府成立后,除与新颁布的法律有抵触者外,仍予援用。

二、大理院法律解释的制度实践

与法律解释的制度表达相比,大理院法律解释的制度实践其信息与内容

---

① 参见"司法院"编印:《司法院史实纪要》(第1册),台湾司法周刊杂志社1982年版,第1172页。
② 参见杨幼炯:《近代中国立法史》(增订本),台湾商务印书馆1935年版,第109页。
③ 参见黄源盛:《民初暂行新刑律的历史与理论》,载《刑事法杂志》第41期。
④ 需要予以特别说明的是,尽管统字第1号是1913年1月15日大理院覆江宁高等审判厅的解释例文,但1912年11月15日至1913年1月14日之间,大理院共制作了6条解释例文,郭卫在《大理院解释例文全书》中将其补录,并编号为统字第72号(1912年11月15日,大理院复松江府地方检察厅)、第73号(1912年12月3日,大理院复四川高等审检厅)、第74号(1912年12月12日,大理院复天津高等审判分厅)、第75号(1912年12月21日,大理院复湖南高等审判厅)、第76号(1913年1月11日,大理院复广西高等审判厅)、第77号(1913年1月14日,大理院复湖北高等审判厅)。
⑤ 台湾"国史馆"编印:《中华民国史法律志(初稿)》,台湾自刊1994年版,第45—46页。
⑥ 台湾"司法院"编印:《司法院史实纪要》(第1册),台湾司法周刊杂志社1982年版,第2页。

无疑更为丰富；大理院时期有关法律解释的制度规定，在法律解释的实践中都得到了进一步明确与发展，甚至在某种程度上可以说，大理院时期有关法律解释的各项制度，都是在法律解释的实践中逐步完善与建立起来的。当对大理院所作之2012条法律解释的内容予以进一步的分析时，不仅能够更进一步地理解并掌握大理院法律解释的制度与法理，而且也将因此开启一个丰富的解释例世界。

对于大理院时期法律解释的制度实践，本书将从四个方面来予以展示其中的丰富性：一是从年度生产法律解释例文的数量上，对大理院时期的法律解释实践予以初步统计；二是从形式上，尤其侧重于从提请法律解释的主体和程序上对大理院时期的法律解释例进行初步的分类统计，以期展现其中的分布格局以及在此之中有关提请法律解释之程序所发生的细微变化；三是从内容上对大理院时期的法律解释例文进行初步的梳理与归纳，以期展现法律解释制度在此其中所呈现的主要特点和所发挥的主要功能与实践意涵；四是从解释例文所及之法律规则的部门法性质与范围上来对法律解释例文进行归纳和总结，以期通过此来把握大理院时期法律制度的发展与变化。

（一）法律解释实践的整体格局

从1912年11月15日至1917年10月22日，大理院共生产法律解释例文2012条。那么，大理院每年生产解释例文的情况如何呢？以下是数据统计：

大理院年度生产法律解释例文的情况统计

序号	时间段	解释例文号	解释例文数量	备注
1	1912.11.15—12.21	72、73、74、75	4	
2	1913.1.11—12.24	1—91	87	除去1912年所制的4条解释例文。
3	1914.1.23—12.24	92—194	103	
4	1915.1.6—12.31	195—383	189	
5	1916.1.29—12.29	384—559	176	
6	1917.1.16—12.31	560—735	176	1917年12月31号，大理院所制之解释例文为统字第731号；统字第732号至统字第735号，为补录1917年6月29日大理院所作的4项解释例文。
7	1918.1.26—12.31	736—919	184	
8	1919.1.17—12.31	920—1185、1187	267	统字第1187号为1919年12月29日，大理院复吉林高等审判厅解释文，后补录。
9	1920.1.6—12.28	1186、1188—1464	278	
10	1921.1.21—12.31	1465—1667	203	
11	1922.2.21—12.3	1668—1790	123	
12	1923.1.17—12.14	1791—1858	68	

(续表)

序号	时间段	解释例文号	解释例文数量	备注
13	1924.1.29—10.18	1859—1904	46	
14	1925.1.15—12.31	1905—1959	55	
15	1926.1.21—12.18	1960—1996	37	
16	1927.2.23—10.22	1997—2012	16	

应当说，从1914年至1922年，大理院生产法律解释例文的产量较为稳定，而1912年至1913年以及1923年至1927年，大理院生产法律解释例文的产量则波动较大。抛开政局动荡这一因素不虑，这或许反映出：在大理院法律解释制度设置初期，制度的社会知悉度和主体参与的积极性都相对较低，提请法律解释的情况较少，制度的社会影响力较为缺乏；制度运行至中期后逐渐呈现稳定状态，法律解释例文的年度产量稳定，法律解释活动的社会影响力缓慢上升；而在大理院后期，由于法律解释制度的运用日趋减少，因而法律解释制度的影响力同样也逐渐式微。

根据大理院所定之程序，提请法律解释，除有紧急待决者外，一律由各高等厅及总检察厅转送核办；请求解释之主体，又以各级审、检厅及其他公署为限。那么，实际情况是怎样的呢？本书根据法律解释例文中所反映出的提请法律解释的主体情况，对大理院时期的2012条解释例文进行了初步的梳理和归纳。以下是数据统计与分析：

大理院时期提请法律解释的主体情况统计

地域	提请法律解释的主体	解释号
江苏	江苏高等审判厅	38、41、106、127、160、252、290、325、343、349、358、455、467、472、484、490、501、512、521、524、547、601、617、654、670、674、733、739①、740、745、752、799、872、919、1051、1073、1150、1158、1192、1230、1260、1309、1332、1422、1480、1488、1507、1510、1511、1529、1531、1533、1544、1548、1556、1558、1565、1624、1630、1632、1643、1691、1700、1711、1740、1743、1755、1768、1781、1783、1799、1802、1824、1831、1850、1852、1854、1863、1868、1886、1897、1899、1903、1910、1931、1945、1947、1957、1963、1971、1995
	江苏第一高等审判分厅	952、995、1006、1037、1095、1161、1261、1340、1344②、1416、1460、1476、1487、1522、1538、1568、1605、1620、1640、1641、1660、1662、1703

---

① 统字第739号解释例文出现"江北高等分厅"之内容。"江北高等分厅"为何，有待进一步考证。

② 统字第1344号，为大理院复江苏第一高等审判分厅解释例文，该解释例文的题头为"淮安第一分厅"；与此同时，参照统字第1460号、第1568号、第1620号，可推知"江苏第一高等审判分厅"即"江苏淮安第一高等审判分厅"。

(续表)

地域	提请法律解释的主体	解释号
江苏	江苏淮安高等审判分厅	884
	江苏淮安第一高等审判分厅	1081
	江苏高等检察厅	26、88、112①
	江宁高等审判厅	1
	江宁高等检察分厅	2②
	淮安高等检察分厅	129③
	松江府地方检察长	72
	上海地方审判厅	8、20、136、183④、264、418、815
	上海律师公会	1560、1657⑤
	江苏铜山县农会	1250
	江苏省长公署	1503、1839、1882、1937
	江苏省长	1856
	江宁律师公会	1746⑥
浙江	浙江高等审判厅	31、67⑦、85、114、179、192、208、232、274、344、372、401、536、563、575、576、588、628、657、661、669、671、676、678、679、686、695、728、729、735、741、753、758、759、761、766⑧、767、768、769、775、797、798、802、806、807、830、835、848、851、878、901、902、908、913、917、922、937、948、949、974、1039、1041、1044、1066、1109、1112、1119、1122、1126、1136、1164、1175、1183、1202、1206、1207、1213、1232、1273、1274、1294、1308、1322、1353、1389、1402、1427、1427、1491、1493、1500、1501、1525、1569、1576、1586、1607、1638、1668、1682、1694、1697、1715、1758、1762、1792、1793、1797、1804、1815、1816、1817、1829、1845、1846、1866、1870、1885、1895、1932、1940、1968、1982、1987、1992
	浙江第一高等审判分厅	599、723、756、796、803、879、898、918、929、932、947、984、1251⑨、1285、1380、1442、1527、1692、1733、1751、1757、1776

① 统字第88号、第112号解释例文,由大理院复至总检察厅。
② 此解释例文为大理院复浙江江宁两省审检厅。
③ 此解释例文,由大理院复至总检察厅。
④ 统字第136号、第183号解释例文,由大理院复至江苏高等审判厅。
⑤ 此两项解释例文,皆由大理院所复至江苏高等审判厅再转上海律师公会。
⑥ 此解释例文,由大理院复至江苏高等审判厅再转江宁律师公会。
⑦ 统字第67号解释例文,由浙江第一地方审判厅提起,经浙江高等审判厅函至大理院,请求法律解释。
⑧ 统字第766号,由怀宁地方审判厅函请高等审判厅,提起法律解释;解释例文由大理院复至浙江高等审判厅。疑编辑有误。
⑨ 统字第1251号,为大理院复浙江第一高等审判分厅解释例文,该解释例文的题头为"浙江永嘉第一高审分厅"。与此同时,参照统字第1527号,可知,"浙江第一高等审判分厅"即为"浙江永嘉第一高等审判分厅"。

(续表)

地域	提请法律解释的主体	解释号
浙江	浙江永嘉第一高等审判分厅	1084、1102、1105、1718
	浙江第二高等审判分厅	623、859、911[①]、954、959、1048、1050、1115、1173、1184、1252、1259、1358、1461、1478、1520、1639、1685、1696、1698、1748、1754、1775
	浙江金华第二高等审判分厅	871、1099、1290
	浙江省法院检事厅	2
	浙江都督暨高等审检厅	57
	浙江高等审检厅	79、81、84
	浙江高等检察厅	109、102、161[②]
	浙江湖州第三地方审判厅	25
	金华地方审判厅	56
	浙江衢州地方检察厅	116[③]
	浙江汤溪县知事	124[④]
	浙江省议会	881、905、975
	浙江省长	1875
	浙江实业厅	1901
	杭县律师公会	1042、1104、1770[⑤]
	嘉善县知事	1378[⑥]
	江山县农会	1645[⑦]
	鄞县律师公会	1707[⑧]
山东	山东高等审判厅	3、150、158、159、176、182、213、228、246、293、303、308、315、339、376、378、385、387、395、399、417、421、422、438、474、485、486、581、586、631、632、634、705、748、771、784、787、795、805、811、814、827、853、864、868、877、981、1031、1032、1034、1036、1043、1074、1087、1107、1120、1125、1140、1153、1155、1156、1172、1199、1204、1205、1254、1263、1275、1282、1347、1364、1382、1390、1392、1407、1474、1496、1514、1530、1535、1554、1557、1577、1578、1583、1594、1595、1622、1633、1661、1663、1671、1706、1721、1767、1798、1814、1828、1833、1857、1865、1869、1896、1927、1944、1980、1985、2009

---

① 统字第911号解释例文，大理院所复为"浙江第二高等审判分厅"，解释例文题头则为"金华第二高等审判分厅"。与此同时，统字第1099号，大理院所覆为"浙江第二高等审判分厅"，其解释例文的题头为"浙江金华第二高等审判分厅"。除之外，参照统字第1358号、第1461号、第1520号，由此可推断，"浙江第二高等审判分厅"即为"浙江金华第二高等审判分厅"。

② 此三项解释例文，由大理院复至总检察厅。

③ 此项解释例文，由大理院复至总检察厅。

④ 此项解释例文，由大理院复至总检察厅。

⑤ 统字第1770号解释例文，由大理院复至浙江高等审判厅再转杭县律师公会。

⑥ 此解释例文，由大理院咨浙江督军省长公署。

⑦ 此解释例文，由大理院复至浙江第二高等审分厅再转江山县农会。

⑧ 此解释例文，由大理院所复至浙江高等审判厅再转鄞县律师公会。

第四章 民国时期法律解释的主体、内容及其程序的变换 233

(续表)

地域	提请法律解释的主体	解释号
山东	山东高等检察厅	165、199①
	济南地方审判厅	28、97、177②
	山东省长	935
广东	广东高等审判厅	11、13、45、102、103、126、130、132、139、141、144、304、309、318、327、355、513、585、597、611、656
	广东高等检察厅	113、175、188③
	广州地方审判厅	4
河南	河南高等审判厅	134、153、154、196、207、219、249、295、360、371、375、389、411、433、436、449、480、541、546、658、666、726、781、793、804、839、870、888、893、914、946、976、1003、1004、1022、1060、1076、1110、1111、1141、1147、1188、1196、1208、1236、1248、1256、1265、1283、1296、1325、1328、1333、1341、1609、1634
	河南第一高等审判分厅	1103④、1219
	河南律师公会	6⑤
	河南汝宁地方检察厅	17
	河南省长公署	889
湖北	湖北高等审判厅	7、12、39、68、77、87、174、181、186、215、227、259、261、286、294、296、316、357、369、374、402、409、444、452、456、461、470、473、476、487、502、518、530、569、573、580、629、642、655、696、707、720、777、785、788、931、945、994、1012、1024、1108、1116、1117、1138、1144、1191、1258、1278、1297、1313、1338、1361、1425、1432、1433、1457、1481、1580、1684、1745、1784、1787、1800、1853、1873、1902、1919、1925、1961
	湖北第一高等审判分厅	829、936、943、1038⑥
	湖北宜昌第一高等审判分厅	1226
	湖北高等审检厅	9
	宜昌高等审判分厅	562、734、1059
	湖北第二高等审判分厅	993、1759⑦、1763
	襄阳高等审判分厅	544

① 此两项解释例文,由大理院复至总检察厅。
② 统字第97号、第177号解释例文,由大理院复至山东高等审判厅。
③ 此三项解释例文,由大理院复至总检察厅。
④ 统字第1103号解释例文,大理院所复为"河南第一高等审判分厅",而解释例文的题头为"河南信阳第一高审分厅"。同样情况还有统字第1219号。由此可知,"河南第一高等审判分厅"即为"河南信阳第一高等审判分厅"。
⑤ 此解释例文,由大理院复至河南高等审判厅再转开封律师公会。
⑥ 大理院复湖北第一高等审判分厅的统字第1038号解释例文的题头为"湖北宜昌第一高等审判分厅",因而可以据此推测,"宜昌高等审判分厅",即为"湖北第一高等审判分厅"。
⑦ 统字第1759号为大理院复湖北第二高等审判分厅的解释例文,该解释文的题头为"湖北襄阳第二高等审判分厅",由此可知,"湖北第二高等审判分厅"即为"湖北襄阳第二高等审判分厅"。

(续表)

地域	提请法律解释的主体	解释号
	京师高等审判厅	89、255、334、345、453、603、614、677、722、738、794、857、858、970、971、997、1049、1057、1113、1114、1124、1300、1316、1399、1438、1473、1482、1545、1559、1782、1848、1878、1939、1984、1993、1997
	京师地方审判厅	162、229、335、1516、1688、1803、1972、2011
	京师地方检察厅	15、1941、1956
	京师第四初级检察厅	10、29①
	京师第四初级审判厅	19、122②
	京师第一初级检察厅	16③
	京师第三初级检察厅	22
	京师警察厅	30、640、1351
	北京警备司令处	52
	北京律师公会	896、1658、1730、1771、1794
	宛平县知事	1822④
	司法部	**具体情况见下一表**
	交通部	86、1727、1964
	陆军部	133、1133、1348
	农商部	145、1761
	财政部	147、633、702、1045、1131、1466、1766、1779、1855⑤
	京兆尹	272
	海军部	531、1047
	司法官惩戒委员会	605
	修订法律馆	845⑥
	筹备国会事务局	944、1517
	内务总长	1611
	内务部	1786
	全国商会联合会	1892
	总检察厅	**具体情况见下述相关表格**

---

① 此两项解释例文,由大理院复至总检察厅。
② 统字第 122 号解释例文,由大理院复至京师高等审判厅。
③ 此解释例文,由大理院复至总检察厅。
④ 此解释例文,由大理院复至京兆尹。
⑤ 统字第 1855 号解释例文,为大理院咨司法部及财政部。
⑥ 该解释例文作出的时间为"1918 年 8 月 29 日"。

第四章 民国时期法律解释的主体、内容及其程序的变换 235

(续表)

地域	提请法律解释的主体	解释号
黑龙江	黑龙江高等审判厅	32、108、128、187、193、210、284、515、535、725、762、915、1053、1058、1437、1499、1539、1791、1979
	黑龙江第一高等审判分厅	1959
	黑龙江高等检察厅	14
	黑龙江高等审检厅	168①
天津	天津高等审判分厅	18、74
吉林	吉林高等审判厅	115、184、254、258、260、332、348、406、424、427、431、439、462、508、514、566、571、619、639、732、746、750、808、823、854、1097、1121、1137、1154、1187、1198、1301、1321、1335、1356、1359、1365、1502、1540、1541、1547、1561、1566、1570、1629、1653、1665、1670、1739、1769、1788、1880、1884、1890、1967、1998
	吉林高等审检厅	40、83
	吉林地方审判厅	33
	吉林地方检察厅	21
	吉林高等审判厅长特派员	423
	吉林总商会	727
	吉林珲春地方审判分厅	1349
	吉林省公署	1371
	吉林省议会	1537
	吉林滨江律师公会	1585②
奉天	奉天高等审判厅	5、23、46、61、66、82、93、120、155、195、201、257、285、302、306、336、351、446、672、1028、1079、1162、1225、1271、1346、1386、1404、1614、1621、1669、1702、1705、1716、1737、1796、1827、1835、1877、1894、1907、1926、1988
	奉天高等检察厅	34
	辽阳地方检察厅	60③
	辽阳地方审判厅	62④
	安东地方检察厅	65⑤
	奉天张巡阅使	1189、1238
	东三省清乡总局督办	1270⑥

① 此解释例文,由大理院复至黑龙江高等审判厅。
② 此解释例文,由大理院复至吉林高等审判厅再转滨江律师公会。
③ 此解释例文,由大理院复至总检察厅。
④ 此解释例文,由大理院复至奉天高等审判厅。
⑤ 此解释例文,由大理院复至总检察厅。
⑥ 此解释例文,由大理院复至奉天省长。

(续表)

地域	提请法律解释的主体	解释号
湖南	湖南高等审判厅	64、75、78、99、149①、157、164、166、169、173、178、190、233、244、276、314、321、340、379、380、391、392、492、543、608、624、664、855、860、863、890、910、920、923、924、938、968、988、990、991、1008、1009、1010、1017、1018、1055、1077、1085、1089、1123、1132、1169、1170、1190、1233、1279、1286、1334
	湖南辰州第一高等分厅②	688
	湖南第一高等审判分厅	789、883、885、1011、1253③
	湖南沅陵第一高等审判分厅	1237
	湖南高等检察厅	55、92、96、121④
	湖南高等审检厅	172⑤
	长沙地方检察厅	24
	湖南巡按使	370
	湖南财政厅厅长	1168⑥
四川	四川高等审判厅	27、119⑦、167、224、230、231、236、267、282、291、323、324、333、338、341、381、420、496、505、510、570、630、643、648、715、737、764、809、826、833、1526、1962
	四川高等审检厅	73、163⑧
	四川高等审判分厅	394、428、537、559、577、579、590⑨、606、625、659、660、838、846、856、882、1579、1679

---

① 统字第149号提请法律解释原函落款为"湘高等审厅",大理院直复"长沙高等审判厅",郭卫标注为"长沙高等审判厅",此处应为"湖南高等审判厅"。统字第157号情况与此相同。
② "沅陵"的别名又称"辰州"。
③ 统字第1253号,为大理院复湖南第一高等审判分厅解释例文,该解释文的题头为"沅陵第一审判分厅",可知,湖南第一高等审判分厅即为湖南沅陵第一高等审判分厅。
④ 统字第92号、第96号、第121号解释例文,由大理院复至总检察厅。
⑤ 此解释例文,由大理院复至湖南高等审判厅。
⑥ 此解释例文,为大理院咨湖南省长。
⑦ 统字第119号解释例文,提请法律解释原函落款为"高等审判厅",大理院直复"成都高等审判厅",郭卫标注为"成都高等审判厅",此处应为"四川高等审判厅"。
⑧ 统字第163号解释例文,由大理院复至总检察厅。
⑨ 在覆"四川高等审判分厅"的统字第590号解释例文中,大理院解释文题头为"重庆四川高等审判分厅"。在复四川高等审判分厅的统字第606号解释例文中,大理院直覆"重庆四川高等审判分厅"。此外,统字第1579号,为大理院复"四川重庆高等审判分厅"解释例文,该解释例文的题头为"重庆高等分厅"。由此可推知,"重庆高等审判分厅"即为四川高等审判分厅。

第四章　民国时期法律解释的主体、内容及其程序的变换　　237

(续表)

地域	提请法律解释的主体	解释号
四川	四川第一高等审判分厅	1809、1842①、1891、1952、1960、2000
	重庆地方检察厅	239②
	重庆高等审判分厅	373、426
	成都地方检察厅	98③
	成都律师公会	1672、1778④
安徽	安徽高等审判厅	185、203、226、331、361、386、415、429、457、458、463、475、483、488、491、494、495、497、511、522、528、551、565、567、568、574、584、598、609、618、627、683、690、692、697、703、710、721、724、730、755、757、765、780、783、822、836、874、895、899、903、921、926、930、940、958、1001、1015、1016、1033、1035、1065、1101、1106、1134、1135、1151、1177、1209、1210、1267、1277、1280、1287、1288、1295、1298、1306、1319、1331、1339、1350、1423、1430、1528、1543、1591、1593、1600、1601、1602、1616、1631、1637、1642、1649、1736、1741、1742、1749、1773、1825、1837、1840、1859、1864、1908、1922、1933、1938、1948、1994
	安徽第一高等审判分厅	818、821、1069、1088、1157⑤、1167、1222、1293、1304、1379、1446、1659
	安徽凤阳第一高等审判分厅	1218
	芜湖地方审判厅	35、36、37
	凤阳高等审判分厅	637
	安徽律师惩戒会	1462
	安徽怀宁律师公会	1571、1588、1654⑥
	安徽省议会	1690、1738
陕西	陕西高等审判厅	43、48、91、143、180、206、223、262、273、301、307、352、366、396、400、443、558、825、979、1342、1449、1484、1546、1598、1709、1813、1847、1900、1934

---

①　统字第1842号,为大理院复四川第一高等审判分厅解释例文,该解释例文题头为"四川巴县第一高等审判分厅",可知,"四川第一高等审判分厅"即为"四川巴县第一高等审判分厅"。

②　此解释例文,由大理院复至重庆高等检察分厅。

③　此解释例文,由大理院复至总检察厅。

④　统字第1672号解释例文,由大理院复至四川高等审判厅;统字第1778号解释例文,由大理院复至四川高等审判厅转成都律师公会。

⑤　统字第1157号,为大理院复安徽第一高等审判分厅解释例文,该解释例文的题头为"安徽凤阳第一高等审判分厅"。与此同时,参照统字第1218号、第1293号、第1304号解释例文,可知,"安徽第一高等审判分厅"即为"安徽凤阳第一高等审判分厅"。

⑥　此三处解释例文,由大理院复至安徽高等审判厅再转怀宁律师公会。

(续表)

地域	提请法律解释的主体	解释号
陕西	陕西第一高等审判分厅	1163、1409①、1470
	陕西高等检察厅	1914
	西安地方审判厅	42
福建	福建高等审判厅	44、51、58、71、80、198、214、250、350、397、412、430、509、538、561、596、612、744、897、909、941、1061、1078、1093、1159、1317、1448、1492、1532、1625、1651、1652、1656、1678、1720、1729、1834、1913、1954
	福州地方检察厅	53
	闽清县初级审判厅	59②
甘肃	甘肃高等审判厅	137、305、342、367、479、506、549、553、572、622、925、1019、1020、1030、1098、1139、1143、1145、1224、1307、1363、1377、1419、1567、1844、1874、1977
	甘肃高等审判分厅	876
	甘肃第一高等审判分厅	961、1023、1118
	甘肃平凉第一高等审判分厅	1075
	甘肃司法筹备处	49
	甘肃皋兰律师公会	1090③
直隶	直隶高等审判厅	50、100、123、135、140、148、209、212、217、234、256、299、384、440、460、466、523、653、801、951、1096、1178、1203、1229、1281、1302、1310、1360、1374、1384、1395、1408、1426、1459、1463、1471、1524、1644、1728、1735、1752、1760、1795、1879、1889、1953、2003、2004
	直隶高等检察厅	105④
	直隶雄县审检所	125⑤
江西	江西高等审判厅	107、194、221、245、251、253、266、268、281、320、337、363、425、435、437、448、468、489、557、591、592、604、616、646、667、668、709、713、714、717、718、736、773、779、791、800、819、842、847、849、852、862、865、906、907、916、939、1029、1127、1128、1185、1220、1255、1257、1272、1289、1292、1398、1401、1406、1420、1451、1472、1509、1534、1553、1683、1722、1725、1753、1765、1801、1812、1917、1942、1978

---

① 统字第 1409 号，为大理院复陕西第一高等审判分厅解释例文，该解释例文的题头为"陕西南郑第一高等审判分厅"，由此可知，"陕西第一高等审判分厅"即为"陕西南郑第一高等审判分厅"。
② 此解释例文，由大理院复至福建高等审判厅。
③ 统字 1090 号解释例文，为大理院致甘肃高等审判厅转皋兰律师公会。
④ 此解释例文，由大理院复至总检察厅。
⑤ 此解释例文，由大理院复至总检察厅。

(续表)

地域	提请法律解释的主体	解释号
江西	江西高等检察厅	94、95[①]
	景德镇地方审判厅	69[②]
	景德镇地方检察厅	54
	江西赣州高等审判分厅	1388
	赣州地方审检厅	118[③]
广西	广西高等审判厅	63、76、104、146、189、279、313、330、353、383、498、548、550、554、564、578、594、607、613、662、681、682、711、810、813、828、834、843、900、973、1002、1007、1027、1052、1080、1083、1086、1100、1142、1152、1214、1227、1235、1244、1247、1314、1415、1424、1490、1494、1508、1832、1849、1871、1912、1976
	广西高等审判分厅	1436、1893、1918
	广西第一高等审判分厅	1973
	广西高等审检厅	503、600
云南	云南高等审判厅	70、90、138、191、225、237、240、265、288、326、365、534、555、556、593、621
	云南高等审检厅	542
青海	青海办事长官	101
贵州	贵州高等审判厅	111、329、582[④]、684、685、701、708、743、967、989、1181、1195、1329、1397、1439、1521、1989
新疆	新疆司法筹备处	117、131、247、311、317、447、927、1780
	新疆司法处	644
山西	山西高等审判厅	142、278、287、368、405、413、454、464、465、507、520、533、540、693、751、790、792、934、950、953、983、986、987、1000、1054、1064、1091、1094、1160、1165、1193、1228、1231、1234、1243、1246、1249、1264、1266、1299、1305、1318、1337、1362、1368、1391、1403、1405、1412、1468、1469、1551、1572、1597、1599、1675、1744、1764、1805、1836、1860、1872、1881、1916、1928、1970、1981、2001、2006、2010

[①] 统字第 94 号解释例文,由大理院复至总检察厅;统字第 95 号解释例文,由大理院复至江西高等审判厅。

[②] 此解释例文,由大理院复至江西高等审判厅。

[③] 此解释例文,由大理院复至江西高等审判厅。

[④] 从形式上看,此法律解释例文值得关注,原函为"贵州高等审判厅咨司法部",请求法律解释;大理院在回复时,直接"致贵州高等审判厅函咨司法部文"。

(续表)

地域	提请法律解释的主体	解释号
山西	山西高等审检厅	532
	山西第一高等审判分厅	1268①、1311、1312、1345、1375、1505、1613
	山西安邑第一高等审判分厅	763
	山西第二高等审判分厅	1441②、1456、1584、1606
	山西大同高等审判分厅	1506
	晋南镇守使	820
察哈尔	察哈尔都统署审判处	235、243、270、271、377、390、403、404、408、434、469、477、478、504、610、635、691、776、812、816、850、869、891、904、928、996、1082、1174、1223、1336、1343、1372、1452、1485、1789
	察哈尔审判处	459、519、526、527、638、774
	察哈尔都统署	297
绥远	绥远审判处	414、516、786
	绥远都统署审判处	442、493、499、840、861、963、972、1239、1245、1303、1410、1519、1592、1747
热河	热河审判处	419、471
	热河都统署审判处	620、649、673、749、770、841、894、977、985、1067、1092、1291、1323、1326、1396、1563、1710、1821
	热河都统公署	641、665、712、778
东省特别区域	哈尔滨东省特别区域高等审判厅	1465
	东省特别区域高等审判厅	1497、1504、1589、1590、1617、1626、1627、1650、1676、1677、1693、1701、1704、1708、1712、1713、1714、1726、1750、1772、1790、1806、1807、1808、1843、1851、1861、1883、1909、1935、1996、2008
	东省特别区域律师公会	1555③
	喀喇沁左旗扎萨克衙门	626
	吉隆坡琼州会馆	1887④

从上述表格的统计情况来看,大理院时期,提请法律解释的主体,除各级司法机关和行政机构外,还包括各类律师公会、农会和商会等。与此同时,大理院所作法律解释例文,除直接复至各高等审判厅、总检察厅和司法部外,还

---

① 统字第 1268 号为大理院复山西第一高等审判分厅的解释例文,该解释文的题头为"山西安邑第一高等审判分厅"。与此同时,参照统字 1311 号、第 1312 号、第 1345 号、第 1505 号解释例文,可以推知,"山西第一高等审判分厅"即"山西安邑第一高等审判分厅"。

② 统字第 1441 号为大理院复山西第二高等审判分厅的解释例文,该解释文的题头为"山西大同第二高等审判分厅";与此同时,参照统字第 1456 号、第 1606 号,可推知,"山西第二高等审判分厅"即"山西大同第二高等审判分厅"。

③ 此解释例文,由大理院复至东省特别区域高等审判厅再转律师公会。

④ 此解释例文,由大理院复至吉隆坡中国领事馆。

会复至各类提请法律解释的主体处。当然,从提请法律解释之主体以及大理院解释例文所复至主体的情况来看,需要提请注意的是统字第200号和统字第731号。统字第200号解释例文是由湖南高等审检厅和总检察厅共同函至大理院请求法律解释的,而大理院所作之法律解释则复至于总检察厅和湖南高等审判厅;而统字第731号解释例文的起因则是由于大理院同时函接四处高等审判厅提请了关于"通常及缺席判决"问题的法律解释,因而大理院所作之解释共同复至于"江苏浙江安徽黑龙江高等审判厅"。而这也就意味着,要更加清楚地了解大理院时期法律解释程序运作的实际情况,还有必要对提请法律解释主体情状作进一步的细化统计。

首先来看经由司法部函请大理院法律解释之情形。具体如下表所列:

经由司法部函请大理院法律解释之情况统计

解释例号	→	→	→	
47、171、298、346、416、1014、1025、1026、1479、1536、1552、1574、1623、1655、1855、1929、1965、1975、1999、2007、2012		司法部		
156		广东高等审判厅		
197、211		察哈尔都统署审判处		
220		内务部		
844		交通部		
942	日本使馆			
1777	哈尔滨交涉员	外交部	司法部	大理院
1991	厦门交涉员			
1785	滨江道尹			
1906、1974				
1950	国际联合会代表办事处			
1911		驻比利时公使馆		
1819	山东省长	财政部		
202	江宁地方检察厅	江苏高等检察厅		
218、347		江西巡按使		
263		福建高等检察厅		
275		四川高等审判厅		
310		陕西高等审判厅		
364		贵州高等检察厅		
481		广东司法厅		
754		安徽高等审判厅		
831	芜湖地方审判厅			
1357	朝鲜京城地方法院	驻朝鲜总领事		

(续表)

解释例号	→	→	→	
170	沈阳地方审判厅	奉天高等审判厅	司法部	大理院
1421				
362、1523		山西高等审判厅		
687、1587		京师地方审判厅		
1186		直隶高等检察厅		
482、587		直隶高等审判厅		
1686、1966、1990	天津地方审判厅			
1667		东省特别区域清理俄人旧案处		
1811		奉天高等审判检察厅(会呈)		
1862	夏口地方审判厅	湖北高等审判厅		
1904		江西高等审判厅		
1921		京师地方检察厅		
1920		江西高等检察厅		
1936	北京律师公会	京师地方检察厅		
1166、1867、1943	上海地方审判厅			
1949	丹徒地方审判厅	江苏高等审判厅		
1581				
1905、1946、1951、1986	青岛地方审判厅	山东高等审判厅		
1320	吉林地方审判厅			
1455、1467	滨江地方审判厅	吉林高等审判厅		
451、1858、1955				
1369		滨江地方审判厅		
1983		上海总商会		

从上述表格的统计情况来看,大理院时期,各机关经由司法部函请大理院或者司法部直接呈请大理院进行法律解释的情形,共计82例,占这一时期解释例文总数的4.1%。应当说,经由司法部函请大理院进行法律解释的情形在此一时期显然并不普遍。当然,如果把视野放得宽一些,那么在民国初期,有关"司法部对于关于系行政事项以外之民刑事法规是否有解释之权,其解释又是否有拘束法院之权"的问题,其实一开始是存在不同看法的。因此,1913年7月4日,在《大理院咨司法部关于解释法令及上告程序设为问答分晰驳复文》中,就"……三、司法部对于关于系行政事项以外之民刑事法规是否有解释之权?其解释又是否有拘□法院之权?若谓司法部有解释权不与现行法院编制法第三十五条大理院长统一法律解释之特权相抵触否,若谓司法部解释法律之部令有拘□院之效力,不与□法及编制法法院独立之规定相抵触否"的问题,大理院的答复是:

    查现行法规,司法部对于关系行政事项以外之民刑事法规并无准其有解释权之明文,而自消极一方面言之,法院编制法第三十五条以统一解释法律之权专属于大理院长,则司法部不能有此权,彰然甚明。司法部既不能有解释此类法律之权，则对于审检厅之质疑者，应以编制法之规定相告，令其迳向大理院长呈请解释，不应侵犯法定之特权。即或事实上偶予回答，亦应分别审检机关：对于检察厅之质疑，以有关检察官职权内之事务者为限，得以命令行之；至对于审判厅之质疑，万不可滥用部令，诚以司法部本无解释权，故所为之解释，只能供审判厅之参考，若滥用部令，徒自贬损而已。至法院审判特定案件，究竟应适用何种法律，法律应否有效，或其文义应如何解释，均有独立职权，除依法得由上级法院取消其裁判外，虽大理院长依法所为之统一解释亦不能豫为拘□，此一定不易之理也。不意司法部屡欲以法律上无权限之命令拘□，法院非特于法院编制法之特别规定，不复记忆，并谓各国最高司法行政衙门均以命令解释法律，拘束法院真不知其根据安在。所称日本实例，本院已于致奉天高等审判厅文中，见六月七日政府公报，详正其误日本裁判所构成法施行即现行裁判制度划一之初，即已废止其所为内训条例，嗣后对于法院审判民刑事案件时适用之法律，断无以训令解释并拘束法院之事。日本刑事先例类纂一书，其第一次出版时名民刑局刑事先例类纂中关于解释法令之训令，回答是否对于法院审判特定案件时适用之法律予以指导并除对于检事局及执行局法行政之官吏外，是否有可以拘□法院解释法律之训令，回答凡知日文者一经检阅真相自明断不容断章取义，见标目有训令二字，遂谓此项训令即系对于法院而发可以拘□法院也。又谓日本现制实师法于德法二国，德国关于解释法令常以司法部令拘□，法院恐不无误会，凡论各国之制度，必以各国之成书为证，断不能以耳闻目见之空言□，人盲信本院长论事案尚虚心，对于上列问题亦曾博访德法学者，均于司法部之主张持有反对之见解，但本院藏书甚少，仍恐失之速断，不意经本院咨取成书，司法部竟不能以原文或外人著述之译本相□岂误于无□之谈，不惜以国家之机关为此无责任之言，欺于本国编制法明文，既不能记忆即并此外国实例而亦终无实证，如之何其可也。①

很显然，通过此答复，法律解释权的最终归属无疑也就得到了进一步的厘清。而也或许正是因为这种权限的划清，导致了大理院时期经由司法部函请大理院进行法律解释的情况较少这一现象的出现。

其次来看经由总检察厅向大理院提请法律解释的情况。具体如下表所列：

---

① 《大理院咨司法部关于解释法令及上告程序设为问答分晰驳复文》，1913 年 7 月 4 日。

经由总检察厅向大理院提请法律解释的主体情况

解释例号	→	→	→	→
152、204、289、292、354、356、388、393、407、441、445、589、645、650、652、698、706、747、760、969、1486、1604、1810、1924		总检察厅	总检察厅	大理院
241、539		广东高等检察厅		
242、319、525、1612、1619、1820、1888		山东高等检察厅		
1179、1381、1477、1498、1823	济南地方检察厅			
1046、1376	阳信县知事			
248		广西高等检察厅		
1330	桂林地方检察厅			
269、277、615、933、1062、1176、1434、1450、1549、1719		山西高等检察厅		
1367、1756、1818	太原地方检察厅			
1417	沁县知事			
1443、1475	方山县知事			
1562	夏县知事			
955、956、1447		山西第一高等检察分厅		
1732	稷山县知事			
280、283、1673、1717		京师高等检察厅		
16		京师第一初级检察厅		
222、300、887、1647		甘肃高等检察厅		
1366	皋兰地方检察厅			
322、382、398、432、529、583、719、837、978、980、1149		浙江高等检察厅		
1221	浙江第一高等检察分厅			
866、912、1241、1564、1573、1582、1635、1674、1687、1699、1723、1731、1876、2006	鄞县地方检察厅			
1930	临海地方分庭			
1040	丽水县知事			
1071	诸暨县知事			
1130	吴兴县知事			
1215	临安县知事			
1489		浙江第一高等检察分厅		
689、700、982、992、998、1072、1171、1182、1200、1269、1387、1393、1453、1550、1636		浙江第二高等检察分厅		
1284、1435、1440	建德县知事			

第四章　民国时期法律解释的主体、内容及其程序的变换　245

（续表）

解释例号	→	→	→	→
116			浙江衢州地方检察厅	
328、1603、1610、1615、1666、1724、1826			黑龙江高等检察厅	
1355、1431		龙江地方检察厅		
359、450、636、716、817、873、1056、1575			直隶高等检察厅	总检察厅
1774		保定地方检察厅		
1515		天津地方检察厅		
1180		蔚县知事		
1352		饶阳县知事		
1354		平山县知事		
125			直隶雄县审检所/直隶雄县县知事	
410			四川高等检察厅	
1838、1915			四川第一高等检察分厅	大理院
517、602、651			陕西高等检察厅	
500		陕西高等分厅		
545、552、647、663、772、824、832、880、886、892、957、1212、1216、1370、1400、1414、1445、1454、1969				
1681		江宁地方检察厅		
1240	涟水县管狱员①	江苏第一高等检察分厅	江苏高等检察厅	
1958		吴县地方检察厅		
2002		上海地方检察厅		
962		崇明县知事		
1070		溧阳县知事		
1262		海门县知事	江苏高等审判厅	
205、595、960			上海地方检察厅	
1695			江苏第一高等检察分厅	

---

① 统字第1240号法律解释例，起初是由涟水县管狱员向江苏第一高等检察分厅提请法律适用之疑义，后经由江苏省高等检察厅向总检察厅提出，最后再由总检察厅向大理院提请法律解释。如此详细地在解释例文中反映法律解释的参与主体信息，在经由总检察厅向大理院提请的法律解释例文中，较为少见。

（续表）

解释例号	→	→	→	→	
560、1444、1648			吉林高等检察厅	总检察厅	大理院
1680		长春地方检察厅			
1464		滨江地方检察厅			
1518		吉林地方审检两厅			
1146、1315、1483		延吉地方检察厅			
1596、1689		吉林地方检察厅			
675、1068			江西高等检察厅		
1411、1664		江西高等检察分厅			
742		九江地方检察厅			
1211			安徽高等检察厅		
680、965、966、1830		芜湖地方检察厅			
782		怀宁地方检察厅			
1013		铜陵县知事			
1429、1495、1513、1646			安徽第一高等检察分厅		
1217		天长县知事			
1512			安徽高等检察分厅		
694、699、867、875、1063			湖南高等检察厅		
1276		衡山县知事			
1324			湖南第一高等检察分厅		
216、704、1194、1413、1458、1628、1898			湖北高等检察厅		
1841		夏口地方检察厅			
1924			湖北夏口地方检察厅		
1148、1327			奉天高等检察厅		
1608		沈阳地方检察厅			
964		安东地方检察厅			
1197、1201		铁岭地方检察厅			
1005		兴城县知事			
1542			河南高等检察厅		
1394		洛阳地方检察厅			
999、1021		开封地方检察厅			
1129			贵州高等检察厅		
1418		郎岱地方检察厅			
1242			任邱县知事①		
238、1373、1385			福建高等检察厅		
1383		闽侯地方检察厅			
1618、1734、1923			东省特别高检所/东省特别区域高等审判厅检察所		

---

① 统字第1242号解释例，是由任邱县知事直接向总检察厅提起法律适用之疑义，后由总检察厅向大理院提请法律解释的。此类情形确实较为特殊。

从统计的情况来看,大理院时期,经由总检察厅向大理院或由总检察厅直接向大理院函请法律解释的情形,共计250例,占此一时期法律解释例文总数的12.4%。可以说,这一情形在此一时期法律解释的制度实践中是较为普遍的。提请主体的结构比例也反映出,大理院时期,经由总检察厅向大理院提请法律解释的主要情形,一般又可细分为以下三种具体的情况:一是由地方检察厅或县知事提出,转而由高等检察厅函请至总检察厅,进而向大理院请求法律解释;二是直接由高等检察厅向总检察厅函请,进而向大理院请求法律解释;三是直接由总检察厅向大理院提请法律解释。当然除此之外,由地方检察厅或高等检察分厅直接向总检察厅提出进而由其再向大理院函请法律解释的情形,在此一时期也较为普遍地存在着。例如统字第116号,即为浙江衢州地方检察厅直接电至总检察厅,由总检察厅向大理院函请法律解释的解释例文;统字第1924号,即为湖北夏口地方检察厅直接电至总检察厅,由总检察厅向大理院函请法律解释的解释例文;统字第1695号,即为江苏第一高等检察分厅直接向总检察厅提出向大理院函请法律解释之例文。①

客观地说,大理院时期,经由高等审判厅向大理院函请法律解释的情形,无疑是法律解释制度实践中最为普遍的一种现象。依据解释例文所反映出的信息,本书对此予以表格化的呈现并进一步细化其内容。具体如下:

经由地方司法机关、高等审判厅向大理院提请法律解释的主要情况统计

解释号	地方	高等	最高
59	闽清县初级审判厅	福建高等审判厅	大理院
1078、1656	思明地方审判厅		
897	浦城县知事		
1061	晋江县知事		
1093	惠安县知事		
1532、1678	政和县知事		
1729	邵武县知事		

---

① 尽管地方检察厅或高等检察分厅会直接向总检察厅提出向大理院要求进行法律解释的请求,但大理院所作之法律解释例文,却往往直接复至总检察厅,而并非复至地方检察厅。

(续表)

解释号	地方	高等	最高
671、758、769	浙江第一高等审判分厅		
767、1815、1817、1987	浙江第二高等审判分厅		
67	浙江第一地方审判厅		
179、401、575、1607、1932	杭县地方审判厅		
797、902、948	金华地方审判厅		
798、1694	永嘉地方审判厅		
563、628、657、678、761、1066、1274、1389、1427、1491、1715	浙江鄞县地方审判厅		
661、908	浦江县知事		
372、974、1041	新昌县知事		
676、835	长兴县知事		
679、848	桐庐县知事		
695	景宁县知事		
729、851	新昌县知事		
735、937、1109	吴兴县知事		
768、1126	江山县知事	浙江高等审判厅	大理院
878、949	临海县知事		
913	汤溪县知事		
917	衢县知事		
922	宣平县知事		
1112、1525	云和县知事		
1164	黄岩县知事		
1175	嘉善县知事		
1207	新登县知事		
1213	海宁县知事		
1308、1353	仙居县知事		
1402、1428	嘉兴县知事		
1668	象山县知事		
1829、1992	平湖县知事		
1846	定海县知事		
1845	临海县县议会议长		
97、177、213、246、303、339	济南地方审判厅		
1034、1557、1828	福山地方审判厅		
1833、1857、1980、1985、2009	青岛地方审判厅		
293、376	寿张县知事		
787	新泰县知事	山东高等审判厅	
795、805	临沂县知事		
853	沾化县知事		
981	长清县知事		
1031	蒲台县知事		
1032、1125、1474	临淄县知事		

(续表)

解释号	地方	高等	最高
1140	莱阳县知事	山东高等审判厅	大理院
1153	胶县知事		
1155	观城县知事		
1199	泗水县知事		
1275	齐东县知事		
1282	曲阜县知事		
1382	桓台县知事		
1390	益都县知事		
1514	峄县知事		
1663	济阳县知事		
1927	掖县知事		
173、178、1017、1085、1169	长沙地方审判厅	湖南高等审判厅	
1132、1190	常德地方审判厅		
321	宁乡县知事		
340	芷江县知事		
664	浏阳县知事		
855、1018	慈利县知事		
890、920	湘阴县知事		
923	华容县知事		
938、1123	宝庆县知事		
968、1279	益阳县知事		
990	大庸县知事		
991	安仁县知事		
1077	南县知事		
1089	耒阳县知事		
1233	汉寿县知事		
1705	营口地方审判厅	奉天高等审判厅	
1737	辽源地方审判厅		
1894	锦县地方审判厅		
1926	洮南地方审判厅		
195	怀德县知事		
210、915	龙江地方审判厅	黑龙江高等审判厅	
1053	呼兰县知事		
1437	通北县知事		
1979	木兰县知事		
1459	直隶第一高等审判分厅	直隶高等审判厅	
1302、1310、1360、1395、1752、1760、1889	天津地方审判厅		
299、653	保定地方审判厅		
1463	万全地方审判厅		
256	涞水县知事		
466、2003	宁津县知事		

(续表)

解释号	地方	高等	最高
523	玉田县知事	直隶高等审判厅	大理院
1096	迁安县知事		
1178	涿鹿县知事		
1384	怀安县知事		
1524	抚宁县知事		
1644	广宗县知事		
1735	曲周县知事		
1860、2005	山西第一高等审判分厅	山西高等审判厅	
790、1231、1299	山西第二高等审判分厅		
454	山西第二高等分庭		
278、986、1193、1468、1469、1872、1928	太原地方审判厅		
464	右玉县知事		
465	交城县知事		
507	夏县知事		
792	潞城县知事		
953、1234、1362、1368	曲沃县知事		
983	荣河县知事		
987、1836	平顺县知事		
1054	孝义县知事		
1064	沁水县知事		
1091	大同县知事		
1094	孟县知事		
1228、1249、1305	稷山县知事		
1264	沁源县知事		
1391	朔县知事		
1403、1744	霍县知事		
1405	离石县知事		
1412、1572	盂县知事		
2010	武乡县知事		
604、616、668、714、842、916、1220、1257、1292、1406、1451、1722、1725、1753、1801	江西高等审判分厅	江西高等审判厅	
281、667、852、1978	南昌地方审判厅		
337、592、713、865、1398、1917	九江地方审判厅		
468	永修县知事		
489、1420	进贤县知事		
646	戈阳县知事		
717	南康县知事		
791	星子县知事		
847	东乡县知事		
849	安福县知事		
906、939	临川县知事		

(续表)

解释号	地方	高等	最高
1029	乐安县知	江西高等审判厅	大理院
1272	都昌县知事		
333	成都地方审判厅	四川高等审判厅	
282	长寿县知事		
764	中江县知事		
374、402、409、452、456、487、502、1116	湖北第一高等审判分厅	湖北高等审判厅	
357、518、777、1800	湖北第二高等审判分厅		
294、369、720、788、1338、1873	武昌地方审判厅		
1457、1902	夏口地方审判厅		
286、470、476	宜城县知事		
316	荆门县知事		
530	嘉鱼县知事		
994、1481	黄冈县知事		
1138	蒲圻县知事		
1191	光化县知事		
1258	郧县知事		
1278	大冶县知事		
1313	应山县知事		
288	洱源县知事	云南高等审判厅	
555	武定县知事		
556	维西县知事		
307	绥德县知事	陕西高等审判厅	
443	石泉县知事		
1449	渭南县知事		
309	广州地方审判厅	广东高等审判厅	
355	广东岭南道道尹		
1083	广西高等审判分厅	广西高等审判厅	
1871	桂林高等审判分厅		
1100、1415	桂林地方审判厅		
353、813	中渡县知事		
548	宜北县知事		
578	博白县知事		
810、828、1052、1086	河池县知事		
834	上思县知事		
1002	平乐县知事		
1007	宾阳县知事		
1080	隆山县知事		
1142	宜山县知事		
1490	灵川县知事		
1832	准容县知事		
1912	兴业县知事		

(续表)

解释号	地方	高等	最高
839、1022	河南第一高等审判分厅	河南高等审判厅	大理院
793	河南第一高等分庭		
480	开封地方审判厅		
1283、1325、1333	洛阳地方审判厅		
375	汜水县知事		
433	宁陵县知事		
449	确山县知事		
546	嵩县知事		
666	沘源县知事		
726	正阳县知事		
870	温县知事		
888	济源县知事		
893	沁阳县知事		
914	襄城县知事		
946	鹿邑县知事		
971、1057	永清县知事		
1003、1004、1248、1265	邓县知事		
1110	武安县知事		
1111	新蔡县知事		
1147、1341	南阳县知事		
1188、1196、1328	鄢陵县知事		
1208	新乡县知事		
1236	郑县知事		
930	安徽第一高等审判分厅	安徽高等审判厅	
457、475、551、565、568、574、690、697、703、724、783、836、874、1065、1151、1280、1306、1602、1631、1742、1825、1859、1948	芜湖地方审判厅		
488、495、683、755、899、1288、1430、1933	怀宁地方审判厅		
483	霍山县知事		
511	太平县知事		
458、491、522、528	英山县知事		
757	繁昌县知事		
780	宁国县知事		
895	旌德县知事		
958	蒙城县知事		
1210、1649	凤阳县知事		
1331	无为县知事		
1799、1824、1868、1903	江苏第一高等审判分厅	江苏高等审判厅	
484、521、674、752、919、1309、1480、1510	上海地方审判厅		
1150、1511、1740	江宁地方审判厅		
1854	丹徒地方审判厅		

(续表)

解释号	地方	高等	最高
1897、1931	吴县地方审判厅	江苏高等审判厅	大理院
467	淮阴县知事		
472、501、524、617	溧阳县知事		
654、1158	宿迁县知事		
733、1899	泰兴县知事		
1051、1260、1488	丹徒县知事		
1161	沛县知事		
1230	武进县知事		
1507	松江县知事		
1529、1565	川沙县知事		
1643	宜兴县知事		
1691	奉贤县知事		
1711	上海县知事		
1963	太仓县知事		
1145、1224	甘肃第一高等审判分厅	甘肃高等审判厅	
506	会宁县知事		
1030	山丹县知事		
1098	陇西县知事		
1307	隆德县知事		
619、1321、1653	吉林地方审判厅	吉林高等审判厅	
1540、1769	吉林滨江地方审判厅		
260、750、823、1154	吉林长春地方审判厅		
566	榆树县知事		
1301、1365	富锦县知事		
1629	滨江县知事		
406	吉林巡按使公署		
255、603、677	京师地方审判厅	京师高等审判厅	
794、1049	宛平县知事		
857、970、1399	香河县知事		
997、1113、1124	昌平县知事		
1300	宝坻县知事		
1438、1473	安次县知事		
1993	京兆三河县承审官		
684	镇远地方审判厅	贵州高等审判厅	
701	郎岱地方审判厅		
743、1439	贵阳地方审判厅		
1181	织金县知事		
1195	下江县知事		

很显然，从统计的情况来看，由地方县知事和地方审判厅或初级审判厅向高等审判厅提出，转而再由高等审判厅向大理院提请法律解释的情形，在大理院时期法律解释制度的实践中无疑是最为普遍的一种现象。这在一定程度上反映出解释制度在实践中的良好运作。当然，除上述之主要情形外，以下四种类型同样也值得予以特别关注：一是经县知事或地方审判厅提请高等审判厅分厅，再由高等审判分厅转而函请大理院予以解释的类型。在大理院法律解释制度的实践中，其具体情况如下：

地方司法机关经高等审判厅分厅向大理院函请解释之情形

解释例号	→	→	
723	乐清县知事	浙江第一高等审判分厅	大理院
1048、1115、1685	金华地方审判厅	浙江第二高等审判分厅	
936	兴山县知事	湖北第一高等审判分厅	
995	赣榆县知事	江苏第一高等审判分厅	
1037	东海县知事		
1340	沛县知事		
1522	盐城县知事		
1605	宝应县知事		
1088、1222、1293	泗县知事	安徽第一高等审判分厅	
1379	天长县知事		
1118	静宁县知事	甘肃第一高等审判分厅	
1441	宁武县知事	山西第二高等审判分厅	
1584	神池县知事		

二是经县知事提请高等审判厅分厅，由高等审判分厅再呈请高等厅，最后由高等厅函请大理院予以解释的类型。这在大理院法律解释制度的实践中，主要表现为以下的情况：

解释例号	→	→	→	
718	于都县知事	江西高等审判分厅	江西高等审判厅	大理院
1139	泾川县知事	甘肃第一高等审判分厅	甘肃高等审判厅	
1377、1419	庆阳县知事			
1318	偏关县知事	山西第二高等审判分厅	山西高等审判厅	
1408	清丰县知事	直隶第一高等审判分厅	直隶高等审判厅	

三是由律师公会发起，要么直接向大理院提请法律解释，要么经高等审判厅转呈进而向大理院提起，要么经司法部或高等分厅转呈进而向大理院提起。本书第二章中的相关统计表格内容，已充分地反映了这一点。

四是由商会/农会/教育会提请，经高等厅向大理院函请法律解释之情形。这在大理院法律解释制度的实践中，主要有以下的情状：

第四章　民国时期法律解释的主体、内容及其程序的变换　255

解释例号	商会/农会/教育会	高等厅	
1127	江西南昌总商会	江西高等审判厅	大理院
1235	南宁总商会	广西高等审判厅	
1492	福州总商会	福建高等审判厅	
1493	浙江新昌县商会	浙江高等审判厅	
1781、1802、1947	上海总商会	江苏高等审判厅	
1884、1998	滨江县商会	吉林高等审判厅	
1892	庆元县商会	全国商会联合会	
1232	浙江金华县农会	浙江高等审判厅	
1736	东流县农会	安徽高等审判厅	
1850	江苏砀山县农会	江苏高等审判厅	
1630	铜山县大彭市教育会	江苏高等审判厅	

除此之外，大理院法律解释制度的实践中还存在着一些极为特殊的情形，需要予以注意：一是初级司法机关直接向大理院函请法律解释。这一情况主要有：

解释例号	→		说明
62	辽阳地方审判厅	大理院	解释例文复至奉天高等审判厅
69	景德镇地方审判厅	大理院	解释例文复至江西高等审判厅
118	江西赣州地方审检厅	大理院	解释例文复至江西高等审判厅
122	京师第四初级审判厅	大理院	解释例文复至京师高等审判厅

这种情形的特殊之处在于虽然初级司法机关直接向大理院提请法律解释，但是大理院所作之解释却直接复至该初级司法机关所属的高等审判厅。在大理院时期的法律解释实践中，与此相类似之情形却也有例外的情况。比如，在由初级或地方审判厅直接向大理院提请法律解释之时，大理院所作解释例文也直接复至该提请机关。这一情形主要包括：

解释例号	→		说明
19	京师第四初级审判厅	大理院	解释例文复至京师第四初级审判厅
229、335	京师地方审判厅	大理院	解释例文复至京师地方审判厅
815	上海地方审判厅	大理院	解释例文复至上海地方审判厅

二是高等审判分厅直接向大理院函请法律解释之情形。这在大理院时期法律解释制度的实践中，主要有以下的几种情况：

解释例号	→		说明
394、577、579	四川高等审判分厅	大理院	解释例文复至四川高等审判分厅
544	襄阳高等审判分厅	大理院	解释例文复至襄阳高等审判分厅

(续表)

解释例号	→		说明
562	宜昌高等审判分厅	大理院	解释例文复至宜昌高等审判分厅
599	浙江第一高等审判分厅	大理院	解释例文复至浙江第一高等审判分厅
623	浙江第二高等审判分厅	大理院	解释例文复至浙江第二高等审判分厅
637	凤阳高等审判分厅	大理院	解释例文复至凤阳高等审判分厅

很显然,由高等审判分厅直接向大理院函请法律解释,大理院所作法律解释例文也直接复至该高等审判分厅。进一步结合相关表格中的统计情形,这或许在一定程度上反映出对于法律解释的程序而言,高等审判厅分厅与高等审判厅的地位大致上是相当的。

三是一些较为特殊的情形。比如统字第95号,由江西高等检察厅直接函请大理院进行法律解释,而大理院则将所作法律解释复至江西高等审判厅。再比如统字第239号,由重庆地方检察厅直接函请大理院进行法律解释,而大理院将其所作法律解释直接复至重庆高等检察分厅。还比如统字第1914号,经陕西南郑地方检察厅向陕西高等检察厅提请,再由陕西高等检察厅向大理院函请法律解释,而大理院将其所作之法律解释也直接复至陕西高等检察厅。①

尽管对大理院所作法律解释例文的上述统计,能够较为清楚地显示提请法律解释的主体情况及其格局分布,并从此之中了解法律解释制度在实践中的运行机理,但要更加直观地把握大理院时期法律解释在程序上的变化,显然就需要转换视角,尝试着从纵向的角度来对法律解释例文进行梳理与总结。以统字第19号和统字第122号为例,从此之中便能看到大理院在回复解释例文程序上的变化。统字第19号和统字第122号皆为京师第四初级审判厅直接向大理院提请法律解释之例文,但前者大理院将所作解释例文直接复至京师第四初级审判厅,而后者则复至京师高等审判厅。这意味着从程序上来看,大理院对其所作之解释例文,逐渐由直接回复至提请机关(提请机关非高等审判厅、总检察厅或者司法部)转向主要回复至高等审判厅、总检察厅或者司法部。这是其一。其二,法律解释的提请程序也越来越规范。从上述系列表格中所反映的情况来看,法律解释制度运行初期,包括地方审判厅或检察厅、县知事等各类司法机关和行政机构都直接向大理院提请法律解释,而伴随着制度运行的深入,地方审判机关和县知事一般会经由高等审判厅转呈再向大理院函请法律解释,而地方检察机关则会经由高等检察厅转呈

---

① 统字第1914号的情形极为特殊,一般情形下,要么陕西高等检察厅会经由总检察厅转呈再向大理院提请法律解释,要么大理院所作法律解释例文会直接覆至陕西高等审判厅。但陕西高等检察厅却直接向大理院函请法律解释,而大理院所作解释例文也直接复至陕西高等检察厅。

总检察厅再向大理院函请法律解释。而这其实意味着,法律解释程序的实践运行较为普遍地遵循着此一时期审级制度的规定。其三,尽管法律解释在程序上日益规范,但程序运行中的特殊情形还是存在着的。比如统字第418号、第815号为上海地方审判厅直接函请大理院法律解释的情形①;统字第1250号为江苏铜山县农会直接函请大理院法律解释的情形;统字第1378号为嘉善县知事直接函请大理院法律解释的情形;统字第1516号、第1688号、第1803号、第1972号、第2011号为京师地方审判厅直接函请大理院法律解释的情形;统字第1645号为江山县农会直接函请大理院法律解释的情形;统字第1746号,即为江宁律师公会直接函请大理院法律解释的情形;统字第1822号为宛平县知事直接函请大理院法律解释的情形;统字第1956号为京师地方检察厅直接函请大理院法律解释的情形,等等。② 这或许意味着,身处动荡之社会,各地制度规范的遵守情况并不一致,大理院为了维护解释权的统一性则不遗余力。

当然,要对大理院时期法律解释制度予以更加细致的考察,显然还需要对解释例文的内容进行梳理与归纳,以期了解其中的实践意涵与功能机理。

(二) 法律解释制度的实践机理

从法律解释例文的内容上来看,大理院时期法律解释的制度实践,主要通过以下几个方面的内容来体现其功能意涵进而形塑其实践机理:

第一,通过法律解释对大理院"统一法律解释权"予以维护。虽然在民初的宪法性文件中并未直接规定大理院统一解释法律之权力,但是在法律解释的实践中,大理院则通过法律解释及其实践来维护《法院编制法》所赋予的统一法律解释权。例如,对于司法部所作的法律解释是否具有效力,大理院在1913年统字第23号("*司法部解释法律之命令,不问何级审判衙门皆不受其约束*")和1913年统字第28号("*司法独立载在约法,司法部解释法律以部令命审判官适用,显系违背约法,不问何级审判衙门,当然皆不受其约束*")解释例中都予以了否认。又比如,针对贵州高等审判厅所提请解释的"纠匪杀人既掳人勒赎重案,省内军民长官在统一或独立期间,可否以命令

---

① 需要特别提请注意的是,根据"大理院时期提请法律解释的主体情况统计"表和表大理院时期"经由地方司法机关、高等审判厅向大理院提前法律解释的主要情况统计"表的统计可知,有关上海地方审判厅函请大理院解释之例文,统字第484号、第521号、第674号、第752号、第919号、第1309号、第1480号、第1510号皆为上海地方审判厅经江苏高等审判厅向大理院函请法律解释之例文,大理院所之解释例文也直接复至江苏高等审判厅。而统字第8号、第20号、第136号、第183号、第264号、第418号、第815号则为上海地方审判厅直接函请大理院法律解释之例文,但大理院所作解释例文的回复情况不同:其中统字第136号、第183号,大理院所作之解释例文复至江苏高等审判厅;而统字第8号、第20号、第264号、第418号、第815号,大理院所作之解释例文,则直接复至上海地方审判厅。

② 当然,可以理解为这些皆为情急之状况,但考究相关解释例文的内容,却并未发现其中的紧急之处,因而暂且将其归为程序外的特殊情况。

准其和解？此项命令,司法衙门是否受其拘束",大理院于 1921 年在统字第 1521 号回复解释道:"司法衙门不受拘束,仍应依法办理。"应当说,正是通过这种以解释例文的形式对其统一法律解释权进行维护,强化了大理院的法律职能与权力地位,而且也有利于法律规范以及大理院所为之解释例的统一及其实践,进而在一定程度上确保民初法制的制度化实践。

与此同时,在 1919 年 3 月 12 日复筹备国会事务局的统字第 944 号解释文中,大理院指出:"查本院审判案件适用法律,依法有最高解释之权,不受他种机关解释之拘束,曾经于国会复选举诉讼应否许其上诉案咨复国务院转咨国会在案……"很显然,从这份解释例并结合其他法律解释的实践可以看到,大理院通过其法律解释活动,不仅对其"**统一解释法令之权**"予以了维护,而且还借此强化其"**最高解释权**",强调其有关法律规范之解释"不受他种机关解释之拘束"。这种通过解释实践将其解释权力的形式("统一")与实质("最高")相统一的做法,无疑是一种非常有效的强化并扩张自身权力的方式。

第二,通过法律解释对提请大理院法律解释的主体资格与要求予以细致的规定。尽管《大理院办事章程》对于提请法律解释的主体、内容和程序作了规定,但在实践中运行起来仍较为混乱。因此,大理院在其法律解释的实践中,不仅对提请法律解释的主体资格重新予以规定,而且对于提请法律解释之事由与程序,亦作了相当之规范。

大理院法律解释例文有关提请法律解释之主体资格与要求的情况统计

时间	解释号	解释内容
1913 年	统字第 59 号	……至原判关于私诉之当否,系对于具体案件之批评,本院例不答复。
1914 年 2 月 7 日	统字第 98 号	本院查照向例,高等以下各级检察厅,非经由贵厅,不得直接向本院请求解释。其直接以函电请求者,概置不复,已通行在案,因置不复。乃该厅一月文电,又催复铣电,本厅仍置不覆。惟恐或有误会之处,相应函请贵厅转饬遵照,再查阅该电内容,虽有干支等代名词,而实则一具体之案件,本院向例关于具体案件,概不答复。该厅纵依一定程序请求解释前来,亦不在本院答复之列,请贵厅将此节一并转饬该厅遵照,并由贵厅径自令行饬遵可也。
1914 年 2 月 7 日	统字第 100 号	……再本院解释法令,以答复国家机关询问者为限,其以私人或团体名义来问,概置不复。曾经通告并累经办理在案,来函称系据天津律师工会呈请转呈云云。按照本院通例,本不能答复。惟原函附陈意见,甚为详明,故认为贵厅所询问,自应函复贵厅,至律师工会,可毋庸转饬。以符本院定例。此复。
1914 年 2 月 19 日	统字第 103 号	本院细阅原呈,乃系具体案件之应起诉与否,自属于检察之职权。该高等检察厅理应呈请总检察厅示遵。如总检察厅认为法律之点有疑义者,始向本院请求解释,庶不致有逾越权限,淆乱统系之嫌。现该厅函请贵厅转请本院解释,本院未便遽予答复。相应函复查照可也。

(续表)

时间	解释号	解释内容
1914年3月5日	统字第105号	查本院虽有统一解释法律之权,而对于特定案件之质问,向不答复。
1914年7月	统字第144号	……本院当以问涉具体案件,与本院所定解答范围,不能符合,未便答复。
1914年10月	统字第167号	……再各地方审判厅对于本院请求解释文电,应经由该高等厅转行,业经本院去年通行在案,以后仍应遵照办理,以保持法院之统系。
1914年11月4日	统字第179号	……又本院上年曾经通行各级审检厅凡下级审判厅请求本院解释法令,应经由该管高等审判厅,否则概置不复在案。嗣后该厅对于本院请求解释,仍应遵照办理。详由贵厅转送来院,以免越级之嫌,并希贵厅一并转饬遵照。
1916年10月	统字第528号	本院解释法令,以关系法令中疑义为限,该县呈为,系条陈办法,请贵厅指示之件,并无法令上疑义,自应有贵厅核办,不在本院解释权限以内。
1917年2月	统字第582号	查盗匪案件适用法律划一办法施行在本院解释之后,自应依该办法送覆判,至部饬第1118号,尤与本院解释无涉。
1918年6月	统字第803号	第四,《刑法》第406条,无准用第381条之规定,或为立法上之缺陷,不成解释问题。
1918年11月27日	统字第896号	查本院依法院编制法所有统一解释之权,系以关于法令之质疑者为限,至私人契约之解释,应由审判衙门调查,斟酌立约当时之情形(契约及其以外之事实),期得立约人之真意,自不能仅拘泥于语言文字,来呈转据律师赵立动请求解释契约等情,实属无由答复。
1918年12月	统字第905号	电悉省议会暂行法未规定之事项,应查照该法第三十六条办理。再以后议员请求解释,请由贵会代转,以符定章。
1919年3月	统字第966号	……至原文涉及证据说明之处,轶出解释范围,碍难解答。
1920年6月	统字第1349号	……再嗣后请求解释,希由高厅转院。
1921年1月	统字第1475号	……至当事人提出证据,法庭应如何采用,不再解释范围之内,应毋庸议。

例如,统字第59号明确指出,大理院对于"具体案件"是"例不答复"的,大理院法律解释权的行使只针对具有普遍性的法律问题而言。又比如从统字第98号的内容来看,高等以下的检察厅,不仅同样不得以具体案件请求大理院予以解释,而且它本身也不得直接请求法律解释,需要经由总检察厅才得以向大理院请求解释。还比如从统字第100号解释例的内容来看,大理院明确规定法律解释以答复国家机关询问者为限,不答复私人或者团体名义的来函。应当说,这三条法律解释例,不仅重申了提请大理院法律解释仅只涉及法律规范的适用问题,不涉及具体案件;而且也对提请法律解释之主体,作了进一步明确的规定。也正是基于此,在统字第905号解释文中可以看到,大理院强调:"以后议员请求解释应由浙江省议会代转的要求,避免议员以

个人的名义提请法律解释,以符定章。"再比如统字第 528 号和统字第 582 号,它规定提请法律解释之法令,"条陈办法"和司法部所发之部饬不在其内,从而进一步明确了法律解释之对象。此外,比如统字第 179 号之内容规定,各地方审判厅提请法律解释,其文电都应当经由高等审判厅转呈,而不得迳直呈递大理院。更重要的是统字第 803 号解释之内容,它明确表明了大理院法律解释只及于法律之疑义,而不涉及立法之问题。很显然,这些法律解释例文之内容,无疑都对提请法律解释之程序作了细化与丰富,从而有利于"保持法院之统系"。也正是通过这些解释例,大理院对法律解释的抽象性规定予以细化和具体化,不仅完善了大理院法律解释的制度,而且也强化了大理院的法律解释职权。①

第三,通过法律解释,重申提请大理院法律解释,以关系法律之疑义者为限,不涉及事实问题。尽管明确规定法律解释以关系法律疑义者为限,法律解释仅仅针对法律适用上的问题,对于案件事实的认定则不涉及。但在实践中,究竟什么是"法律疑义",是否包括"具体事实问题"或者"具体案件"所关涉的法律适用的疑义,并无定论。因此,一旦函请大理院法律解释的内容涉及事实问题,大理院并不是简单地直接驳回,而一般都会提醒"从事实上解决",或者提醒对事实问题予以"详慎查明"并按具体情形具体对待。例如,1914 年统字第 116 号:"本院查此问题,甲之推乙入石灰堆,如系预知其为石灰堆而故意推入者,自应以故意论;若并未预知石灰堆而推者,自不为罪。有重大之不注意者,以过失论。此系事实问题,有无故意,在于调查事实。"又比如,1917 年统字第 639 号:"……惟据来函所述情形,似与刑律第十四条第三段行为相合,应否依该条不为罪,乃事实问题。"再比如,1920 年统字第 1244 号:"查于人犯罪时当场助势,本为帮助实施之一种,应准正犯论;除在伤害罪已有明文定为以从犯论,自当按照科处外,其他犯罪之当场助势者,仍应依刑律第二十九条第二项处断,惟来函所称声援是否可认为助势,系属事实问题,自应详慎查明办理。"还比如,1920 年统字第 1434 号:"甲之行为是否放火,应查明事实核断;若据来文所称甲系燃烟熏乙,尚难认为放火;至是否意图伤人,抑竟有杀人之间接故意,或仅妨害行使权利,过失致人死,亦须从事实上解决。"

除此之外,在大理院法律解释的实践中,涉及"具体事实"或者"具体问题"或者"事实问题"等的解释例,还包括以下的这些:

---

① 然而,虽然大理院一再强调对于具体案件不予评说,但实际上也有例外。1914 年 3 月 30 日大理院覆新疆司法筹备处的统字第 117 号:"……本案阿希木本有伤害人之意思,惟其结果,致非其所预期之早都受伤身死,自应依刑律第三百十三条第一款科断,不能适用因过失致人死伤律。"这一解释例中大理院对具体案件的法律适用问题予以指导和介入。

时间	解释号	解释内容
1919年4月30日	统字第976号	查无权代理,本人对于该代理人表示追认,虽非全然无效,惟追认须有使其行为发生效力之意思,若无此意思,即不能谓为追认,甲允乙立据之情形,究竟如何,系属事实问题,无由悬揣,希即查照上开说明,应用判断。再关于事实疑难,不应请求解释,并请转知,嗣后注意可也。
1919年11月	统字第1135号	告争填墓,系请判认与尸体之身份上关系,院例应问检察官意见。
1920年2月	统字第1221号	……所询瑞安县民郑镜水等一案情形,事涉具体案件,不在本院解释范围之内。
1920年2月18日	统字第1229号	查契约,如果查系约明所佃之地,限于种植某种特定之物,则除经两造同意,变更特约,自不得由佃户一造任意改种。惟所称情形,系属事实及证据问题,应由该管法院调查办理,不得请求解释。
1920年3月	统字第1238号	……惟来电情形,甲仅令乙丙行劫,是否同意其上盗具体计划,并约推乙丙担任实施及所议定分赃是否分配赃物,抑仅应兼论受赠,系事实问题,仍希查照寒电核实,分别办理。
1920年3月	统字第1244号	……惟来函所称声援,是否可认为助势,系属事实问题,自应详慎查明办理。
1920年5月	统字第1302号	……至其改种是否为有害土地之用法,系事实问题,自应查明实际情形,公平审断。
1921年2月	统字第1483号	查治安警察法第9条第3款,系规定第1条第2款以外之不正当秘密结社,来函所举情形,涉及具体事实,本院未便答复。
1921年7月	统字第1563号	……第二问题,涉及具体案件,应不答复。
1922年4月	统字第1719号	……除原呈涉及具体部分,未便解答外,相应函复贵厅转令查照可也。
1922年6月	统字第1749号	……来函第二项所述,既仅关于事实,自与法定情形不合,至来函第一项叙述事实既欠明了,且系具体问题,依本院民国九年第一号布告,应不予解答。①
1924年2月	统字第1864号	……如来电所述,夫自身既在丙省开设医院,似在丙省已有永居之意思,惟此系事实问题,尚应由法院依法审认之。
1924年6月	统字第1873号	……至来函第四点,系属事实认定问题,未便解答。
1926年8月	统字第1983号	……至有无此种习惯,属于事实范围,应由法院审认。

从统字第976号解释例中可以看出,大理院在面对事实问题时,一方面

---

① 虽说"应不予解答",但实际上在这一解释例文中,大理院还是进行了解答,指出:"查请求追加判决,须法院所为裁判,于当事人之请求或诉讼费用有所脱漏,始得为之。"

提醒提请法律解释之机关要注意事实的复杂性进而审慎处理其中的可能存在的情况,另一方面也再次强调"关于事实疑难,不应请求解释",要求"嗣后注意"。而从统字第 1135 号可以看到,大理院直接通过解释告之函请解释之机关有关具体事实的认定问题"应询检察官意见"。

当然,如果进一步对何谓"具体的事实"问题,何谓"法律适用"问题作深入追问的话,比对不同法律解释例之内容便会发现,大理院所谓法律适用之问题,尽管也是从具体的案件或者事实中而来,但并不仅仅只是针对具体的个案及其裁判,而是要针对"普遍化"的问题而设。例如,在函请法律解释文中,原本案件中的"张三"要被符号化为"甲","用棍棒殴打李四致死"要被提炼成"故意伤害致死"或者"故意杀人"之内容,"张三该如何处罚"要规范化地表述为"刑法故意杀人或故意伤害之条文该如何适用",等等。而这其实也就意味着,大理院期望通过法律解释所要达致的,其实是一种"规则之治",而并不是被人们所广泛诟病的、干涉具体案件之审理。

也有例外。比如 1914 年 5 月 15 日,在复总检察厅的统字第 125 号解释例中,大理院指出:

> 本院查原呈所称谢占元吸食鸦片一案,情形既系具体案件,业经判决,自不能予以解答;惟该县知事又称嗣后遇有此种案件,应如何审判云云,查吗啡治罪条例,业经公布,关于施打吗啡,自应适用该条例,至服食含有鸦片烟丸药,仍应查照本院二年统字五十八号解释,依刑律第二百六十六条处断。至虑烟犯戒断以后,上诉证据消灭,则系证据问题,第一审苟能合法证明其犯罪,上诉审自不能因上诉时犯人已无烟瘾而即置第一审证据于不问,遽行认为无罪。

从这一解释例来看,即便遇有具体案例,大理院也可能因某种原因而作出解释;与此同时,大理院的解释也很有可能对案件的事实予以假设,进而在此假设的事实的基础上来展开其法律问题的铺陈与法规范适用的推演。

同属于例外的还有 1916 年 10 月 6 日大理院复吉林高等审判厅的统字第 514 号解释。在该解释文中,大理院指出:

> 查来函所述,事涉具体,未便答复,故久置弗议。惟进来诉讼人于补充判决,每有误解之处,特为补行声明。按补充判决,系指当事人以诉或反诉提出之请求,有遗漏未经判决,依一定程序为之追加裁判者而言。草案第四百七十九条举示甚详,足备参考。至裁判主文,如不明瞭,应就其理由详加玩味,以资释明,如文字上显有错误,则当事人应依更正程序办理。来函情形,是否主文及理由有脱漏之处,不可得知,若绝不能认为有所脱漏,即由执行衙门就判决全文适当解释办理可也。

有意思的是统字第 217 号解释例。在这份 1915 年 2 月 26 日复直隶高

等审判厅的函文中,大理院认为:

> 本院查请求再审必须具备一定条件始得许可,法例所关,岂得以事涉外人,稍存迁就,惟查阅前案诉讼记录,捷成洋行对于李静轩系主张合伙,即以合伙债权人而为履行合伙债务之请求,至此此所递之禀,则除主张李静轩系太成股东外,并称该行所交定金,系向太成购货之用,太成对于大有,纵有负债,李静轩亦不应擅行扣留而请求判令赔偿定金,并其他之损害,此禀如系合法成讼,则两案性质显有不同,依前案判决,李静轩既非合伙员,固不能与吴绍先同负合伙之债务,而关于捷成洋行所交吴绍先等之购货定金,据称系汇交李静轩,由其收受,如果讯明属实,依照法理,李静轩亦当然无领收之权责,更无擅行扣留之理由。至于李静轩如讯明系冒为太成号合伙员,诈取该行购货定金,以遂其扣抵债款之私图,对于该行即不能不任侵权行为之责,抑或并非诈取而于该行误为交付时,径行受领,以抵吴绍先之欠款,其对于该行亦应偿还不当利得之义务,该行为对于前案判决,欲徒以空言请求再审,依律解释,固属绝对不能准许,而以此部分请求为限,自可由其提出确实证凭,另行起诉,该管法院亦可依法使该案两造,各尽其攻击防卫之能事,至其与前案诉讼原因,既各不同,即与前案判断两不相妨,无所谓一事再理,此种法理,为各国诉讼律例所通同,该行不自深究,辄以贵厅原判为不公,言出非礼,殊属非是。

很显然,从这份解释例中,其中虽然隐藏着需要解释的、有关法律适用上的"普遍性"问题,但同时也包含有"具体性"的案件事实问题。大理院却对此函请作出了回复,其原因如何不得全知,但有一点无疑是可以肯定的,那就是该案实为一起"洋商控诉华商"的案件,卷宗所附文件仍可见德领事居高临下的、严厉而蛮横的措辞并由此所造成的司法—政治压力。①

---

① 附随该提请解释函中的"德领事原函"中所提到的"……本领事见于此,是以于去年十二月三日函请再审,意以为重新澈底根究,可将以前审判之弊窦一为廓清,至于谓再审或谓重新起诉,此不过名词上之运用,其实毫无关系,高等厅此次具复,故为牵混其词,然本领事暨该行所请求者最为明显,想贵特派员精明练达,定能洞悉靡遗,故再特转致该该官重新判断,该行虽谓重新起诉,而所索定银赔款利息等项之数,与初起诉时所禀无异,而得谓之新请求耶。所谓再审者,系将此案徒首逐节研究,绝非继续审理,该行此次所禀,既与前禀无殊,且亦不能不如此禀陈,以免与前禀或有参差之虑,该管官当照原禀详慎追求,万不得任意拒驳,此案乃德商控诉华商,其办理之法,按照中德约章,应由本领事与贵特派员和衷商办,其司法官如何判断,暂不具论。如司法不肯尽力追办,且不能使欠债人即速还债,本领事固难承担,而在贵特派员不得以司法官之判断相对待,无论何时何地,遇有洋商控诉华商案件,贵特派员有应尽之责,故于此案,惟贵特派员是赖,倘司法官不能秉公察理,即为不能得司法之辅助,自有另行设法,必期达到目的而后已。以司法官而论,凡于洋商控诉华商案件,果能秉公从速了结,固能尽其职守,若偏袒支延,自必酿成交涉,一经查出司法官办理之不善,嗣后凡有案件,本领事决不承认归其办理,试问司法前途有无障碍耶?本领事现于此案,尚未便照此而行,只愿司法官能顾全名誉,该行不致重受亏累,仍望贵特派员一秉大公,转行该管官严速判结,倘有窒碍,不能秉公速结之处,惟有在津或北京严重交涉,仍将该行原禀附函,送请查照,望切施行迅复,是为至荷"。

同样有意思的还有统字第 1369 号解释例。在这份于 1920 年 8 月 3 日覆司法部的函文中，大理院指出："查本案既系福鲁布列夫斯基起诉，即令其新领杨光辅名义之砍木票照，谓为已回复其砍木权，或有出于误会而依据诉讼法则，自无不许当事人撤销诉讼之理，惟杨光辅对之如有争执，应由其另行起诉。"这显然也是一项涉外诉讼，而大理院同样以具体指示之方式来解答了司法部所提之具体请求。

除此之外，统字第 1905 号解释例也值得予以特别关注，因为在这份于 1925 年 1 月 14 日复司法部的函文中，大理院指出：

> 查哈哪庆仙系共同原告之一人，既年甫十岁，依民事诉讼条例第五十四条自无上诉能力，其起诉及其他诉讼行为，应认为不合法；又林来喜亦系原告之一，其诉之声明（即判令被告悦航米拉交付李浩生遗产之请求）似系请求判令被告将该遗产之占有移转于原告由其代哈哪庆仙管理，究竟此项请求是否正当，除养亲身份属于事实问题应另由受诉法院依法解决外，自应以李浩生两次遗嘱为准，若其遗嘱实均已合法成立，且各不相抵触，则依前之遗嘱，林来喜虽有权为哈哪庆仙利益管理遗产而依后之遗嘱，李浩生又已选定遗嘱执行之二人，现据被告悦航米拉称，伊管理遗产不但系由德领委任，且曾受遗产执行人之委托，如果属实，则德领有无选任管财人之权，固应为之审究，而在该遗产执行人职务尚未终了以前，该遗产之占有及管理权，本尚在遗嘱执行人，现时林来喜是否即得向被告请求移转占有，亦应依法予以调查解决，本件本属具体事实，依本院向例，应在不予解释之列，唯既据称系属外人事件，情形不同，用特仍予解答。

不能仅据上述三例便认为大理院在进行法律解释时，只有遇到华洋诉讼才会不顾所提法律解释为具体事实而作回复。实际上在大理院时期的法律解释实践中，非华洋诉讼中涉及具体问题的函请，大理院也可能会予以答复。典型的比如统字第 1378 号解释例。在这份于 1920 年 8 月 10 日覆浙江督军省长公署的函文中，大理院认为："查夏国勋因捐产涉讼，既经本院九年非字第三七号决定，认为民事案件，应予受理，则依法院编制法第四条规定，高等厅自应受其拘束，该县知事即应代表国家应诉，无拒绝到案之理。"解释文中的"夏国勋"显然是具体所指，而未经符号化和抽象化，这意味着大理院实际上对于具体事实或具体问题之请求并非一概都拒绝答复的。

统字第 1446 号解释文似乎能够部分回答上述问题。在这份于 1920 年 11 月 12 日复安徽第一高等审判分厅的函文中，大理院认为："……再来文虽似叙述一具体案件，唯在九年十月四日本院部告以前，故仍行解答。"在一天后（1920 年 11 月 13 日）复福建高等审判厅的统字第 1448 号解释例中，大理院也指出："……至原问虽似以具体案件，请求解释，惟在本院九年十月四日第一号布告登报到达以前,故仍行解答。"而在 1920 年 11 月 16 日复陕西高等审判厅的统字第 1449 号解释文中,大理院亦指出:"……再原呈虽似叙述一具体案件,唯在九年十月四日本院布告以前,故仍行解答。"除此之外,统字第 1451 号解释(17 日)文也指出:"……再原呈虽似叙述一具体案件,唯在九年十月四日本院布告以前,故仍行解答。"民国 10 年 1 月 22 日的统字第 1470 号解释文亦指出:"……再原函虽似叙述一具体案件,惟在九年十月四日本院第一号布告到达以前,故仍行解答。"

然而即便如此强调,大理院出于各种因素的考量,还是会在后来的法律解释实践中对具体事实问题进行解释。统字第 1462 号解释文即反映了这一现象。在这份于 1920 年 12 月 18 日复安徽律师惩戒会的函文中,大理院指出:

> 查所询关涉具体案件,查照本院九年十月四日布告,本可无庸解答;惟检查覆审查律师惩戒会,关于律师张益芳被付惩戒一案卷宗,本年五月二十日司法部来咨,对于仅受训诫处分之律师,在决议未确定以前,丧失资格(指撤销登录言)者,定有变通办法,然仍严加制限,原咨足供参考,相应照抄一份,函请贵会查照可也。

与此同时,统字第 1464 号解释文也能反映这一现象。在这份于 1920 年 12 月 28 日复总检察厅的函文中,大理院指出:

> 查原电系叙述具体案件,查照本年十月四日本院布告,固可无庸解答,且所称系由滨江道尹,吉黑江防司令,向商家担保给予云云,语意不明,亦复无从置答,惟所应注意者,办赈犯罪惩治暂行条例第四条称,本条例于办理赈务完竣之日废止,与办赈惩奖暂行条例第十三条相同,而赈务处暂行章程第一条又称为统一赈务行政起见,特设赈务处,综理直隶豫秦晋各灾区赈济及善后事宜,则教令第十九号以下公布各条例内,各所指之赈务或办赈,自有相当范围,又受委任办赈,通常应有委任文件,然不得谓舍此别无委任方法。

除此之外,1921 年 2 月 22 日复察哈尔都统署审判处的统字第 1485 号解释例也同样反映了这一问题。因为在这份解释例中,大理院指出:

> 本院查甲伤害乙腕膝,果验明乙确已骨折,自与刑律第八十八条第一项第四款后段相当,惟腕膝骨似不易打折,既折矣,亦不易接续,则来函所称骨折是否指骨碎骨损或脱节而言,均难悬揣;如仅伤至骨碎骨损或脱节,则其初不能动移,医治数月后能动移,仍应以致废论。再原呈虽似叙述一具体案件,惟请求解释在本院九年十月四日第一号布告以前,故仍行解答。

还有统字第 1859 号解释。在这份于 1924 年 1 月 29 日覆安徽高等审判厅的函文中,大理院指出:"……再本件依本院限制解释办法,本可毋庸答复,惟既据催请前来,仍合予以解答,嗣后务希查照办理。"

第四,对于函请之法律解释,大理院也有无法满足解释请求的时候。尽管大理院期望通过法律解释解决法律适用的问题,进而达致规则之统一适用,但囿于提请法律解释之内容模糊或者法律问题提炼的质量参差不齐,大理院有时也无法作出解释。比如,1924 年统字第 130 号:"查该省贩卖黏贴印花烟土是否根据法令,有无一定区域,原呈词意未尽明晰,碍难答解。"再比如,1917 年统字第 647 号:"查前一例,甲系刑律第二百七十一条之从犯,后一例所谓私撒烟子,意图破坏烟禁,何以与刑律第二百七十条不同,原呈意不明。希转饬详复。"又比如,1920 年统字第 1229 号:"……天津县议事会之议决,并无民事法令之效力,审判衙门调查习惯法则时,得备参考而已,所询各点,本院自未便予以解答。"还比如 1920 年统字第 1236 号:"查原呈于士的年含有何种毒质及制造白丸如何应用,未据声明,无从解答。"1920 年统字第 1334 号:"本院统字第 1117 号解释,系脚夫或船户等关于码头运送权之争执,与修筑桥路无干,来文所谓修筑桥路,系何种争执,未据说明,无由答复。"这五例法律解释,前三例都是因法律问题表述之不明晰,第四例则是请求不明而无法回答,第五例则是因法律问题产生之依据不明确,结果都造成了法律解释制度的运作不良。这也从侧面反映出,面对法律这一新兴事物,民国的法律人、尤其是地方审判机关,仍多少有些不适应。

第五,对于函请之法律解释,大理院亦会作出相应之评价。在提请法律解释函中,关于法律适用之疑义,或有"甲、乙二说",且"甲、乙两说均事关法律解释",因而请求大理院予以裁量或解释。大理院则又会根据法律之规定,选择其中一说或者予以重新解释。例如,1915 年 3 月 9 日,在复司法部的统字第 220 号中,大理院指出:"查刑律收藏鸦片烟罪、吗啡治罪法、收藏吗啡罪,俱以意图贩卖为犯罪之条件,贵部解释甚为正当。"又比如 1916 年 6 月 30 日,在复吉林高等审判厅的统字第 462 号解释中,大理院认为:"所引律文,均无错误。"还比如 1916 年 9 月 18 日,在复四川高等审判厅的统字第 496 号解释中,大理院亦指出:"微电解释,并无错误。"再比如 1918 年 7 月 15 日,在复察哈尔都统署审判处的统字第 812 号解释中,大理院指出:"查搜烟栽赃,既经向有权接受报告之官署首告,则栽赃者应构成诬告罪,惟必须与报告人意思联络,始有共同正犯,否则利用不知情之报告人实施犯罪,系属间接正犯,来函所举两说,均未妥洽。"

对于提请解释函中所述之"正当"的意见,大理院亦会表示其支持之态度。典型的是 1916 年 3 月 6 日,在复吉林高等审判厅的统字第 406 号解释中,大理院简要指出:"本院查本案情形,贵厅解释甚为正当。"与此相同的,比如1913年7月26日,在复奉天高等审判厅的统字第46号解释例中,大理院指出:"来呈于刑律加重减轻之例,解释已甚明晰,立论更为精详,洵合乎立法者之本意,本院认贵厅解释为正当,故不复赘。"又比如1914年大理院咨司法部的统字第171号:

  ……其余来咨第一款中所述意见,本院均表示赞同,不另叙复。……来咨第三款大致同意,惟所称前清法部奏定,各省城商埠各级审判厅筹办事宜第四管辖一节,似惟本院始可援用,至于审判厅不满三百元之民事案件,将来修正法令时,如并予限制,不许其上告于大理院,则亦本院所可赞同。

还比如,1915年6月26日,在复总检察厅的统字第283号解释例中,大理院指出:

  查刑律第一百五十五条妨害公务罪,官员自系被害人,该条刑罚与法院编制法审判长维持法庭秩序之罚,其性质自不可混而为一。县知事为被害人时,依县知事审理诉讼暂行章程第五条,准用各级审判厅试办章程第十条及第十一条,自应声请回避,由该管长官核夺。原厅解释甚为正当。相应函复贵厅转行查照。

再比如1915年10月27日,在复湖北高等审判厅的统字第357号解释中,大理院指出:"查覆判章程乃一般案件之普通程序法,惩治盗匪法中关于盗匪之程序规定乃对于盗匪案件之特别程序法,两法中规定有异者,依特别法胜于普通法之原则,自应依盗匪法办理。原判纵有错误,亦只能依盗匪法所定救济方法救济。贵厅解释意见,甚属正当。"

除此之外,以下法律解释例文也反映了大理院对函请解释文的相应评价。

大理院对函请法律解释文予以相应评价的情况统计

时间	解释号	解释内容
1914年8月	统字第158号	……贵厅长之见解,系属正确。
1916年10月	统字第518号	查本案情形,贵厅解释甚属正当,相应函复贵厅转行查照。
1916年10月	统字第530号	……其余各问题,贵厅解释,均属正当。
1916年12月	统字第556号	查本案情形,贵厅解释意见,尚属正当。
1917年3月	统字第597号	……至再审条件,本院先例认草案六零五条所定大致合于条理,参酌现时诉讼法则,予以采用。与司法部见解相同。
1917年6月	统字第633号	……贵部解释,并无错误。相应咨复贵部查照,此咨。
1917年8月	统字第667号	查原呈所举三端,于现行法及本院解释判例,诸多误解,贵厅所释明者,甚属正当。

(续表)

时间	解释号	解释内容
1917 年 10 月	统字第 684 号	查原呈疑问,贵厅解释甚为明了。
1917 年 11 月	统字第 701 号	……原呈所举两说,均欠妥协。
1917 年 11 月	统字第 704 号	查本件该厅解释尚属正当。
1918 年 2 月	统字第 764 号	查本案情形,贵厅解释甚属正当。
1918 年 8 月	统字第 834 号	查此项问题,贵厅见解甚是。
1919 年 7 月	统字第 1028 号	……前请解释原文所列办法,碍难认为正当。
1922 年 2 月	统字第 1669 号	……来函混为一谈,不免误会。
1922 年 8 月	统字第 1772 号	来电所述贵厅解释,尚属正当。
1923 年 6 月	统字第 1821 号	本院查贵处见解尚属正当。
1923 年 7 月	统字第 1831 号	……来函甲说不以证人鉴定人通译等未请求上诉费用,为无上诉费用,其见解尚无不当。
1924 年 10 月	统字第 1903 号	……贵厅所持见解,极为正当。

有意思的是统字第 1920 号。在这份于 1925 年 5 月 9 日复司法部的解释文中,大理院指出:"……原呈所称权限未能划清云云,似属过虑。"还有统字第 1999 号,在这份于 1927 年 3 月 23 日复司法部的解释文中,大理院指出:"……原函匪惟二句,文字上颇欠允当,原以无甚关系,故未及改正,并非有所遗漏。"

同样有意思的是统字第 1208 号。在这份 1920 年 1 月 21 日复河南高等审判厅的解释例文中,大理院指出:"所询情形,如果乙女经依法鉴定,确系无法可治,自以丑说为是。① 惟此种案件,似以设法调处,较为妥协。"从此之中可以看出,由于案件所涉乃家庭事宜,因而大理院尽管支持依法处理,但也建议采取更温和的处理方式,以便维系家庭秩序。当然,与此情状相类似的,还有统字第 1278 号。在这份 1920 年 5 月 5 日复湖北高等审判厅的解释例文中,大理院指出:

> 查甲丙之婚姻,果系被乙强迫,未曾表示情愿,其后与丙同居,亦系屈于势力,不得自由,未能认为追认,自应许甲请求撤销,并向乙索还财礼,是否困难,即可无庸议及,反是甲曾经自愿,事后反悔,别无离异原因,则为法所不许,但此种婚姻事件,依例亦不能强制执行,仍以说谕丙调处息事为妥。

由此可见,大理院在法律解释的实践中,对于家庭问题的法律处理,始终

---

① 此处之丑说,乃是指:"……丑说,谓男女婚姻,首重嗣续,定律无子,即犯七出之一,乙病虽不在表面,与残废疾病情形不同,而甲乙分属父女,谓其平日毫无所闻,未免欺人之谈。若论知有疾病,而并不明白通知,与妄冒何异。查报载浙江高等审判厅电有男系天阉,女不知,与之结婚后发见,得请离异否,于四年四月二十日,蒙大理院统字第二三二号解释,天阉系属残疾,其初若未通知,自应准其离异。今甲女情形,与前例相同,似不得饰言无从得悉,强令其合,任丙绝嗣之理。"

当然,大理院也会对于提请法律解释之内容上的认识错误,予以恰当指出。例如1914年,在复广西高等审判厅的统字第189号中,大理院认为:"刑诉草案三七九条之相对人,系指诉讼相对人而言;例如被告人上诉,其相对人为检察官。微电情形,与该条不符。"又比如1915年11月23日,在复司法部的统字第364号解释中,大理院指出:"……至原详所称尊亲属以外之亲属关系者,亦许有告诉权,则未免过于广泛,施行必不免有流弊,且与补偿条例第六条及刑律他项条文告诉权之例,不能一律,应毋庸置议。"

有意思的是统字第316号。1915年8月18日,针对湖北高等审判厅提请解释函中所言:"……但既明知为盗而仍为执炊,若竟不加惩做,似乎不免失出。大理院以此解释例复:"……又失出一语,指律应重而失之轻者言,为盗执炊,律无罚条,更何能妄议为失出,司法衙门公牍,于此等用语,似宜审慎出之,相应函复贵厅转饬查照。"从此之中可以看出,因"出入人罪"乃是传统中国法文化中饱受诟病的一种现象,大理院批评提请解释机关用词不严肃的同时意在表明其治下的法律实践乃是一种有别于传统的新的法律实践。①

同样有意思的还有统字第1276号。在这份于1920年5月4日复总检察厅的解释文中,大理院指出:

> 查乙妻,既知甲气愤曾经寻死,犹用言语举动激促,如于甲被救之后,有使其再行决意自杀情形,应以教唆自杀论;若甲死意本尚未息,乙妻仅以上项方法,坚其自杀之意,则属帮助犯,此在一般情形均可适用,即如前清现行律人命门,威逼人致死,律条所载(新刑律未经规定)之情形,经查明其确有预见及决意,并不合于刑律第十四条规定时,亦可分别以教唆帮助自杀论(注意此系对于教唆帮助自杀之新例)。所询如并无上述事实,依刑律第十条,自不成立犯罪,应审核事实办理。

从中看到,大理院通过法律解释来提醒解释例之内容为新例,以便引起法律适用机关之必要注意。

第六,对于函请之法律解释,大理院难免也会有疏漏讹误之处。在1919

---

① 尽管在此处大理院反对提请法律解释之机关使用"失出"的概念,但是在1916年3月20日复四川高等审判厅的统字第420号解释中,大理院自己却使用了"失出"的概念:"元电情形,系初判失出,应为复审之决定。"在1918年9月2日复河南高等审判厅的统字第839号解释中,大理院也使用了"失出"概念:"查复判案中应复审与应更正之部分互见时,除徒刑失出仍予更正外,应参照该章程第一条第二项之法意,依第四条第二项第三款为复审之决定。"此外统字第1043号解释例中也出现了"失出"概念:"……惟原县既经另予宣告缓刑,如果缓刑尚无不合,在判处罪行判决内,亦未载明不应准许,则复判审固得以更判决,纠正其程序之违法,即将两次判决撤销,更为判决,若其缓刑亦系违反法定条例,或复判审认为毋庸宣告缓刑,应予撤销,是初判实有实施不明或引律错误,致罪失出之情形,自应为复审决定。"统字第1217号解释例也适用了"失出"概念:"查李甲既系共同强盗伤害二人,则其所犯并非刑律第三百七十三条之罪,初判援据该条处断,似属失出。"

年8月7日复财政部的统字第1045号解释中,大理院指出:

> 查本年四月十二日本院复绥远都统署审判处文电所云没收私盐及其余各物,应分别按照六年十二月十日公报登财政部呈准办法,并三年四月司法部没收物处分规则办理者①,原以贵部呈准办法及司法部没收物处分规则,分别规定甚明,毋庸再事解释,故仅指示应适用之法令而止。兹准前因,贵部以私盐案内,连带所获之没收物品,应改归盐务收入,此节既为前项呈准办法内所未叙,似非仅由解释所能补充,应否照改之处,仍请贵部咨商司法部办理。

这份解释例反映出大理院在作统字第972号解释时,由于未查明法规范之详情而冒然下断,以致于所作之法律解释无法施行。与此同时,它自身也反映出法律解释的限度("似非仅由解释所能补充"),进而使得规范之适用仍需求助于其他部分之配合("请贵部咨商司法部办理")。

(三)法律解释的"法律社会学"

为进一步展示大理院时期法律解释制度之运作,本书根据法律解释所及之法律范围,对大理院的2012条法律解释例文进行了初步的分类。

大理院解释例情况分布概图

序列	目录		解释例数量	总计
1	宪政	中华民国临时约法	5	49
		参议员议员选举法	1	
		众议院议员选举法	16	
		省议会议员选举法	17	
		省议会暂行法	4	
		县议会议员选举规则	2	
		诉愿法行政诉讼法	4	
2	司法	法院编制法	46	159
		各级审判厅试办章程	2	
		县知事兼理司法事务暂行条例	2	
		修正县知事审理诉讼暂行章程	48	
		覆判章程	50	
		修正律师暂行章程	9	
		补订律师停止职务办法	2	
3	民律	总则、债权、物权(编)	183	378
		亲属、继承(编)	195	
4	商律		23	23

---

① 即统字第972号。该解释文的内容是:"没收私盐及其余各物,应分别按照六年十二月十日公报登财政部呈准办法,并三年四月司法部没收物品处分规则办理。"

(续表)

序列	目录		解释例数量	总计
5	刑律	913		913
6	民事诉讼律	民事诉讼律	430	469
		民事诉讼执行规则	39	
	刑事诉讼律	刑事诉讼律	444	449
		刑事诉讼审限规则	2	
		刑事诉讼律草案	2	
		刑事简易程序暂行条例	1	
7	其他主要法规法律解释例	印花税法	3	56
		印花税法罚金执行规则	3	
		出版法	1	
		森林法	2	
		矿业条例	3	
		税契条例	2	
		番例条款	1	
		理藩院则例	1	
		商会法	2	
		违警罚法	8	
		违令罚法	1	
		禁革买卖人口条款	1	
		治安警察法	4	
		管理寺庙条例	1	
		管理官产规则	1	
		治安警察法	4	
		科刑标准条例	7	
		没收物品处分规则	2	
		私盐治罪法	2	
		国有荒地承垦条例	1	
		山东省禁止贩运制钱出境章程	2	
		县官制	1	
		前清现行律	1	
		查禁销毁前清制钱罪刑办法	1	
		烟酒公卖栈暂行简章	1	

注：1. 本表有关大理院解释例的归类统计，分别参照：朱鸿达编：《大理院解释例大全》，世界书局1923年版；郭卫编：《大理院解释例全文检查表》，上海法学编译社、会文堂新记书局1931年版；郭卫编：《大理院解释例全文》，台湾成文出版社有限公司1972年版。2. 大理院解释例从统字第1号至统字第2012号，共计2012条。但由于函请大理院法律解释的问题往往会涉及多个部门法的内容，而大理院也会分门别类进行逐项复还。因此，在数据统计时对这类解释例进行了拆分。

从数据统计中我们可以看出:

第一,有关宪法问题的法律解释例,从数量上看虽然比较少,甚至也无法构成那个时代的"最强音符";但如果将其放置在民初这一特定的历史情境下来考察,同时考虑到"宪政"及其相关联的概念与话语系统输入中国的时间还不是很长①,那么就会发现,不仅宪法问题已然成为近代中国备受关注的一个问题,而且宪政实践也已在中国社会里初步展开。换言之,这一时期,无论是有关民初"宪法解释权"的理论之争②以及宪草设计上的变革,还是大理院有关"选举诉讼"的判决例和解释例,都表明自清末宪政运动以来,宪法及其所关联着的公共生活模式已经开始进入中国人的生活,并从日常生活进入法律生活,进而逐步型塑中国人的政治世界与法律生活。

第二,民事法律规范逐步建立。传统中国法制的特征之一,便是"重刑轻民",体现在立法上,则为"诸法合体,刑民不分"。然而,伴随着清末修律过程中《大清民律草案》的制定,民事法律规范逐渐从刑事法规范中脱离出来,成为一个独立的法律部门,那些吸收并借鉴了德、日现代民法的理论、制度和原则的民事法律规范也逐渐进入中国人的日常生活,开始了重塑中国人日常生活世界的漫长历程。③ 从大理院时期的法律解释例中不仅能够看到传统中国典权制度的法律化继承,而且也能够看到新的民事法律关系(比如"禁治产""死亡宣告""时效制度")的创制。

第三,在民事法律规范中,有关婚姻、家庭、继承类法律解释例在数量上大约占到了民事法律规范解释例总数的51.6%。这意味着婚姻家庭关系的法律规范在这一时期受到了重大的冲击并发生了重大的变革。究其原因,自然在于民初社会风云变幻之际,新旧观念杂陈碰撞,中西法文化交融互构,而"家庭又始终是传统和现代性之间斗争的场所"④,因此在传统与现代之间的力量的角力和撕扯下,婚姻家庭关系出现紧张,进而也就需要通过判决与解释来确立新的有关婚姻家庭生活的规则。

第四,商事法律不发达。从大理院时期有关商事法规范的解释例的数量和内容上看,尽管帝制的解体以及外来商业文化的冲击都对民初商行为的发

---

① 目前通用的宪法教科书一般都把在现代意义上首次使用"宪法"一词的人归于郑观应。参见张千帆:《宪法学导论——原理与应用》,法律出版社 2004 年版,第 59 页。但如果从宪法概念的跨语际实践来看,那么汉语的宪法二字,是近代日本用来翻译西方概念的一个词汇,而这个翻译后于民初又传入中国为中国人所沿用。参见王人博等:《中国近代宪政史上的关键词》,法律出版社 2009 年版,第 22—23 页。

② 有关民初"宪法解释"之争,可参见胡春惠编:《民国宪政运动》,台湾正中书局 1978 年版;缪全吉编:《中国制宪史资料汇编》,台湾"国史馆"1989 年版;吴宗慈编:《中华民国宪法史前编》,台湾文海出版社 1988 年版。

③ 参见范雪飞:《一种思维范式的最初继受:清末民初民事法律关系理论继受研究》,法律出版社 2012 年版,第 123—165 页。

④ 郑曦原、李方惠:《通向未来之路:与吉登斯对话》,四川人民出版社 2002 年版,第 147 页。

展起到了相当大的刺激作用,有关商业之立法也已经开始,但无论是商业交往行为的广度,还是行为的深度,都还停留在初始之阶段。与此同时,有关商行为之法律规范,还不够完善。对于商行为之调整,仍依赖于传统中国的交易习惯。

第五,刑事法规范异常的发达。如果把有关刑事诉讼的法律解释例也包括在内,那么大理院时期刑事法的解释例总共有1362条,占大理院法律解释例总数的54.6%。这不仅意味着因政权更迭与社会结构以及社会治理的松散所导致的人们社会行为的越轨与失范程度日益加重①,使得刑事法规范大规模地调整人们的社会生活,而且也意味着刑事法规范在适用中日益僵化,进而需要通过法律解释来达致"规范"与"事实"之间的有机关联,完成刑事法领域的规则之治。

尽管从形式上看,刑事法解释例与民事法解释例的数量比为3∶1,但不能就此认为民初法制依然是以刑事法为主导而大理院时期的法律解释依然重刑轻民,从而断定民初社会民法尚未获致充分之发展。实际上,如果充分考虑到民初刑事法规范相对比较完备,而民事法规范却尚未建立起来的现实,那么在有关刑事法解释例与民事法解释例的比对中可能得出如下结论:大理院时期,有关刑事法的发展,主要同时借助于解释例和判决例,而有关民事法的建立与发展,则主要依赖于判决例。②

第六,程序法治初建。传统中国司法活动,不仅重实体、轻程序,而且由于行政化的制度逻辑牢固地支配着司法体系的运作,原本孱弱的司法的程序功能与价值被进一步消解。③然伴随着民初《民事诉讼律》《民事诉讼执行规则》和《刑事诉讼律》《刑事诉讼审限规则》《刑事诉讼律草案》以及《刑事简易程序暂行条例》的颁行,"程序"观念日益进入近代中国的诉讼活动,"程序合法性"的要求与"程序公正"的观念,也日渐成为人们衡量司法活动是否公正合法的标准之一。因此在大理院有关程序法规范之解释例中,既能够看到现代程序规则对于近代中国司法的型塑,也能够切实地感受到程序法制对于近代中国人的法律生活所造成的深刻影响。

第七,新的司法制度与司法理念初步建立。除"司法独立"外,"法治""宪政""人权"等新观念以及"审级""回避""辩护""律师"等新制度,一齐涌向近代中国的司法领域,不断重构近代中国的司法,进而影响近代中国人的法律生活。例如1913年统字第28号解释例认为:"司法独立载在约法,司

---

① 参见〔美〕步德茂:《过失杀人、市场与道德经济——18世纪中国财产权的暴力纠纷》,张世明等译,社会科学文献出版社2008年版,第73—75页。

② 这一点在黄源盛教授的有关论述中也得到了印证。参见黄源盛:《法律继受与近代中国法》,台湾元照图书出版公司2007年版,第30—36页。

③ 参见郑秦:《清代法律制度研究》,中国政法大学出版社2000年版,第90—101页。

部解释法律以部令命审判官适用,显系违背约法,不问何级审判衙门,当然皆不受其约束。"这一解释例不仅确证了司法权的专属性,而且重申司法独立观念对于司法活动的重要性。又比如1913年统字第80号解释例认为:"依法院编制法第九十条,被害人当然无上诉权;凡在该法颁布以后之被害人上诉,自不应受理;但被害人自可向检察厅请检察官提起上诉。"这一解释例明确规定了被害人上诉权的行使、尤其是通过检察厅来维护提起上诉的问题,而这对于传统中国的司法文化来说,无疑是个新鲜事物。

法律既是社会的产物,受社会变迁之影响,也是"人类生活本身"。①"不同的生活形成了不同的法律,而不同的法律又构成了不同的秩序和意义。"②为此,当社会因素与生活观念发生变化时,法律规范也需要随之变化;但由于法律规范具有相对的稳定性和滞后性,因而也就需要法律解释。因此,法律解释所发挥的作用就是双重性的:一方面它既要传达法律规范之意涵,以便引导社会与生活之发展;另一方面又要反映社会与生活之变化或诉求,以丰富法律规范之意涵。民初大理院时期的法律解释制度及其实践,无疑构成了这种沟通法律世界与社会生活世界的纽带,进而通过解释连接并塑造了人们的法律生活与日常生活。

第二节　最高法院时期的法律解释

一、最高法院的法律解释制度

1927年国民政府定都南京后,大理院改称最高法院。但是,由于当时尚未实行五院制,因此在司法院成立之前,最高法院实际上乃为全国之最高审判机关。因此,尽管《最高法院组织法》并未明文规定最高法院拥有法律解释权,但凭借"最高法院乃终审审判机关"(第1条)之规定,这一时期的最高法院,除了为民、刑事案件之终审法院之外,还"理所当然"地行使着统一解释法律之职权。因此,自民国"十六年十二月十五日起,至十七年十一月二日止,最高法院共解释法令245则,冠以解字,亦即解字第1号至第245号"。③ 随后之法律解释,改由司法院发表。

---

① 〔德〕萨维尼:《论立法与法学的当代使命》,许章润译,中国法制出版社2001年版,第24页。
② 参见孔庆平:《改造与适应:中西二元景观中法律的理论之思(1911—1949)》,上海三联书店2009年版,第4页。
③ 台湾"司法院"编印:《司法院史实纪要》(第2册),台湾司法周刊杂志社1982年版,第1180页。

二、最高法院的法律解释实践

(一) 法律解释的制度实践

国民政府成立后,最高法院继大理院而为统一之法律解释权。虽然最高法院法律解释制度的实践,不仅时间较短,而且生产解释例的数量也相对较少,但是它正处在一个承上启下的阶段,因而就整体来看,这一时期的法律解释制度的实践,不仅内容丰富,而且地位重要。

第一,进一步确证了提请最高法院进行法律解释的主体和程序。最高法院时期的法律解释,对提请法律解释的主体作了细分:一方面,它明确规定中央机关可直接提请最高法院进行法律解释。另一方面,对于地方机关来说,则经历了一个由可以到不可以的过程。一开始,地方高等法院和地方政府、律师公会等都可以提请最高法院进行法律解释;直到最高法院颁布第1717号公函,提出凡地方机关提请法律解释者,须经由地方高等法院转送后,地方机关提请最高法院进行法律解释的主体,此时便只能是地方高等法院。

当然,在最高法院法律解释活动的实践中,我们亦可以清楚地看到这一变化。比如在1928年7月10日复江苏高等法院的解字第119号解释例文中,最高法院指出:"……再以后请求解释文件,应经由贵院转送本院核办,以维统系。"而随后,在1928年7月14日复浙江高等法院的解字第123号中,最高法院则开始对1717号函的规定予以了再次声明,指出"……再以后凡请解释文件,须依本院第1717号公函,经由高等法院转送核办,以维统系。"此外,在1928年7月31日复安徽高等法院的解字第140号解释例文中,最高法院也还指出:"……再嗣后请求解释法律文件,应经由贵院转送。"1928年8月2日复四川高等法院的解字第141号解释例文亦再次强调:"……再以后凡请解释文件,须依本院第1717号公函,经由高等法院转送核办。"到了1928年10月6日,在复安徽高等法院的解字第206号解释例文中,最高法院依然强调:"……再嗣后请求解释文件,须依本院第1717号公函,经由高等法院转送核办。"很显然,解释例反复强调,意在通过此不断夯实提请最高法院进行法律解释的主体资格与程序要求,以便维护统系。

第二,再次明确提请最高法院法律解释内容。最高法院继承了大理院时期对于提请法律解释内容之规定,强调凡提请法律解释者,应以关系法律适用之疑义为限,不涉及事实问题。因此,对于提请法律解释之请求,凡涉及具体事实与案件或者无关法律适用上的疑义,最高法院一般都会声称不属于解释之范围而不予以答复。比如解字第42号,在这份于1928年3月14日复河南高等法院的解释例文中,最高法院指出:"……第二点北京大理院既对于被告人送达判决,如该判决系在该省归属国民政府领域以前,自可查照司法部天字第10号指令(见司法公报创刊号)办理,倘因卷宗迄未发还,无从核办,应由部另定救济办法,**不属解释范围**。"又比如解字第 81 号,在这份于 1928 年 5 月 9 日复国民政府秘书处的解释例文中,最高法院指出:"……(丙)原裁决主文与理由有无冲突,**既系属于特定案件之质问,本院自未便予以解答**。"还比如 1928 年 10 月 5 日最高法院的解字第 202 号就认为:"查刑事诉讼法告诉、告发无不许委人代行之规定,自应仍许委代。其律师经人委代,于侦查时出庭,究与出庭辩护之性质不同,但应否特为设席,**不属解释范围**。"再比如,1928 年 10 月 19 日的解字第 223 号认为:"……若买之者于契约上虽书养女字样,事实上使其为奴隶,则应依刑法第三百十三条处断,在被卖人应如何处置,**不属解释范围**。"很显然,从以上所举之四项解释例文的内容来看,凡是无关法律规范适用上之疑义(解字第 42、202 和 223 号),或者涉及具体事实或者具体案件(解字第 81 号),最高法院一律都会认定其不属于法律解释的范围,进而不予答复。而这其实也就意味着,唯有提请之法律解释涉及法律适用或者法律疑义上的问题,最高法院才会予以答复。

有意思的是解字第 98 号。在这份于 1928 年 6 月 4 日复丹徒律师公会的解释例文中,最高法院指出:"查来函所询甲点,凡职官滥用职权构成犯罪时,应依刑律处断,不包括于土豪劣绅治罪条例之内。至乙、丙、丁三点,刑事责任问题,应就事实上审核认定。"从此之中我们可以看到,最高法院之所以只对甲点进行了解释而对乙丙丁三点未予详绎说明,显然因为在它看来唯有甲点事关法律规范适用上的疑义而乙丙丁则只是属于事实问题。而这其实也就意味着,所谓"事实问题",不仅指案件事实或者具体案件,而且也可能会包括不属于抽象法规范范畴的具体事项。

除上述所列之情形外,在民国法律解释的实践中,最高法院声明不属法律解释之范围或者未便予以解释之情形的,还包括以下的这些解释例文:

时间	解释号	解释内容
1928 年 7 月	解字第 129 号	……至于该支处之上级机关长官,如请停止传讯,有无正当理由则属事实问题,不在解释范围。
1928 年 9 月	解字第 162 号	查所述情形,概系录陈具体案件,依本院第 1717 号通函,非上告到院,未便予以解释。

尽管最高法院反复强调函请法律解释若涉及具体案件和具体事项,则不属解释之范围,不予答复;但是此一规定一样也会有例外。比如 1928 年 2 月 29 日,最高法院在复最高法院广东分院的解字第 38 号解释例文中指出:"查桂林地方法院原呈似指具体案件,**本不应解释**。**惟关新旧法律交替,姑予以答复**。该案既系告诉在前,应由该法院受理,毋庸再送侦查,惟审判时应请检察官莅庭。"很显然,在这条解释例中,最高法院出于对"新旧法律交替"这一背景的考虑,同时也是为了规范法律之适用,才对原呈之具体案件所涉之法律问题给予答复。

如果进一步深入到最高法院时期的法律解释实践之中,那么又会发现,最高法院其实并不仅仅只在对提请法律解释之请求涉及具体事实或案件时才不予以答复。以下三种情况,最高法院也会将其归为无法解释之范围而不予答复:一是事关立法问题,比如,1928年5月12日复江苏高等法院的解字第87号("查第二次全国代表大会妇女运动决议案规定,女子有财产承继权,并经本院解字第34号及第47号解释各在案。至女子能否承继宗祧,事关立法问题,国民政府现尚未颁此项法令,本院无从解释")和1928年6月27日复浙江高等法院的解字第109号("所列二疑问第一问,即未出嫁之女子招夫生子应从何姓,事关宗祧承继,属于立法范围,现在国民政府尚无此项法令,本院无从解释")。二是既无关法律适用之问题,也无关立法之问题的。比如1928年6月11日复福建高等法院的解字第104号("……至误送军事机关之卷宗,应如何设法索回,不属解释范围")。三是函请解释内容不明确的。比如1928年2月29日复最高法院广东分院的解字第37号("查原呈一、二两点,所谓暂行规则,系属何项法规,未据指明,无从解释")

第三,明确大理院时期的判决例与解释例的效力。最高法院于1928年5月19日所作的解字第90号法律解释规定:"就国民政府命令而言,凡在十六年三月以后,北廷大理院判决之案,一概无效。"换言之,最高法院对于大理院1927年3月所作的解释例和判决例,俱不承认其法律效力。

最后,却是极为重要的,最高法院在进行法律解释时,开始强调以党纲党义为主旨进行解释。比如1928年1月19日,在复司法部的解字第16号解释例中,最高法院认为:

> ……第三点,依上年八月十一日国民政府令,凡从前一切法令不相抵触者,均可暂行援用;并无指定何种范围。至上年二月九日武汉联席会议公布之反革命罪之条例,按之上列国民政府令中所谓从前一切法令一语,是在上年八月十一日以前,虽北京政府颁布之法令亦可援用,该反革命条例由从前联席会议颁布后,既未经明令废止,按之党纲主义及现行法令亦无抵触,在新法未颁布以前,自无不可暂资援用之处,况各省关于此项案件,发生颇多,因无法律足据,纷纷请示,而新法颁布,尚无日期,若令悬案以待,殊非所以催促进行之道,可否即由贵部(即司法部)提出国民政府会议,将该条例暂行援用,一面迅速制定新法公布,以资遵照。

又比如,1928年2月3日,在复司法部的解字第20号解释例文中,最高法院指出:"查惩治盗匪暂行条例与从前惩治盗匪法性质既属相同,从前盗匪案件适用法律划一办法,**与党纲主义及国民政府法令又无抵触**,自可援用。"再比如解字第35号,在此解释例文中最高法院指出:"……至函列四、五、六各点,依国民政府令,在未颁布新法以前,从前法例与党纲、党义及现行法令不相抵触者,均得暂行援用。"

强调法律解释以党纲党义为主旨,是国民党"一党专制"和"司法党化"的体现。所谓"一党专制",强调的是"国民党的惟一性",即"惟国民党为领导被压迫民众革命之先锋,惟三民主义为适合于中国之革命主义"①,也即胡汉民之"一个主义、一个党"的论点。而所谓"司法党化",即是要在"适用法律之际必须注意于党义之运用",要求每一个法官都能熟知党的纲领和主义,要"对于三民主义法律哲学都有充分的认识,然后可以拿党义充分地运用到裁判上"。② 因此,不仅法官任用规则必须以与国民党党纲主义无抵触为前提③,而且在法律未规定之处、法律规定太抽象空洞而不能解决实际的具体问题时、法律已经僵化之处、法律与实际社会生活明显地表现矛盾而又没有别的法律可据用时,活用党义。④ 当然,也正是在此意义上,强调法律解释以党纲党义为主旨,自然也就是这种法律实践逻辑的题中之意。

(二) 法律解释的"政治经济学"

尽管在上文对最高法院时期法律解释的制度实践作了相当细化之分析,但对于整体把握最高法院时期法律解释的制度实践来说,显然还不够。以下将尝试以函请最高法院解释的单位为依据,对最高法院时期的法律解释情况作进一步的细致分类和数据统计。正是通过这一简单的数据统计和分类操作,本书发现了一个法律解释的"政治经济学"奥秘。

最高法院解释例情况统计

序号	地域	函请最高法院解释的单位		解释函号
1	江苏(40)	江苏高等法院(31例)	江苏高等法院	3、8、11、12、19、29、32、60、64、75、77、78、87、119、120、121、122、129、162、166、179、180、181、182、193、199、215、234
			江苏高等法院首席检察官	170、221、237
		江苏特种刑事地方临时法庭(1例)		50
		江苏省政府(2例)		51、97
		淮阴律师公会(3例)		41、86、96
		江宁律师公会(2例)		70、90
		吴县律师公会(1例)		69

---

① 朱汉国主编:《南京国民政府纪实》,安徽人民出版社1993年版,第3—4页。
② 居正:《司法党化问题》,载《东方杂志》第32卷第10号(1935年5月16日)。
③ 参见《现实法官任用标准》,载《中华法学杂志》第1卷第3号。
④ 参见韩秀桃:《司法独立与近代中国》,清华大学出版社2003年版,第389页;江照信:《中国法律"看不见中国"——居正司法时期(1932—1948)研究》,清华大学出版社2010年版,第91页。

第四章 民国时期法律解释的主体、内容及其程序的变换 279

(续表)

序号	地域	函请最高法院解释的单位		解释函号
2	浙江(39)	浙江高等法院(32例)	浙江高等法院	13、17、35、47、54、62、63、71、73、89、92、101、106、109、110、113、123、138、146、159、168、169、183、190、191、192、195、203、222、229、241
			浙江高等法院首席检察官	238
		浙江省政府(2例)		18、24
		浙江高等法院第一分院(2例)		52、172
		浙江永嘉地方法院(2例)		107、137
		浙江绍兴律师协会(1例)		1
3	广西(23)	广西高等法院(15例)		83、131、133、134、142、147、150、151、177、198、211、212、213、232、244
		广西高等法院第一分院(5例)		45、56、116、204、220
		广西司法厅(1例)		34
		桂林高等法院分院(2例)		173、189
4	湖南(20)	湖南高等法院(19例)	湖南高等法院	59、61、82、99、103、108、114、115、117、127、144、145、187、207、208、231、235
			湖南高等法院首席检察官	214、219
		湖南清乡督办(1例)		112
5	安徽(18)	安徽高等法院(14例)	安徽高等法院	5、22、26、33、46、140、149、184、200、206、209、218、227
			安徽高等法院首席检察官	201
		安徽高等法院第一分院(2例)		74、196
		安徽省政府(1例)		72
		安徽特种刑事地方临时法庭(1例)		178
6	中央机关(14)	司法部(9例)		2、4、9、16、20、21、164、165、194
		国民政府秘书处(4例)		6、55、81、136
		国民政府秘书处淞沪警备司令(1例)		216
7	广东(13)	广东高等法院(6例)		79、176、186、188、217、225
		最高法院广东分院(6例)		25、27、37、38、39、85
		广东澄海律师公会(1例)		80
8	上海(12)	上海租界临时法院(4例)		15、23、111、132
		上海租界上诉法院(3例)		125、230、243
		上海临时法院(3例)		156、174、205
		上海律师公会(筹备委员会)(2例)		36、67
9	四川(12)	四川高等法院(9例)		76、100、118、128、141、153、155、163、240
		四川第三高等法院分院(1例)		40
		四川巴县地方审判厅(法院)(2例)		7、66
10	湖北(11)	湖北高等法院(8例)		28、31、49、58、65、68、84、94
		湖北高等法院首席检察官(3例)		160、171、236

(续表)

序号	地域	函请最高法院解释的单位		解释函号
11	福建(11)	福建高等法院(7例)		43、44、48、102、104、126、239
		福建高等法院首席检察官(3例)		175、202、223
		福建厦门思明律师公会(1例)		53
12	江西(9)	江西高等法院(7例)	江西高等法院	14、57、139、143
			江西高等法院首席检察官	210、226、242
		江西高等法院第一分院(1例)		95
		江西赣州高等分院(1例)		135
13	河南(9)	河南高等法院(7例)		42、91、93、105、158、161、245
		河南特种刑事地方临时法庭(1例)		30
		河南高等法院首席检察官(1例)		167
14	山东(4)	山东高等法院(4例)		124、148、157、185
15	陕西(3)	陕西高等法院(3例)		88、154、228
16	甘肃(2)	甘肃高等法院(2例)		130、233
17	河北(1)	河北高等法院(1例)		197
18	太原(1)	太原高等法院(1例)		224
19	丹徒(1)	丹徒律师公会(1例)		98
20	云南(1)	云南昆明律师公会(1例)		10
21	丰镇(1)	丰镇第三集团军骑兵第十一师张师长(1例)		152

对上述之数据统计予以进一步的图形化：

数据统计初步展示了最高法院时期提请法律解释之主体的情况。这些主体既包括各地高等法院及其分院,而且也包括一些律师公会;既包括中央的行政机关,也包括地方的一些行政机关。但如果就这些主体进行进一步分析的话,可以看到,最高法院时期决定提请法律解释之频率的,显然主要取决于两个方面的因素:一是政治,二是经济。前者主要是指提请法律解释之主体与法律解释机关所在的政治中心的距离,后者主要是指提请法律解释机关所在之地方的经济发展水平。一方面,离法律解释机关所在的政治中心越近,提请法律解释的频率就会越高;而离政治中心越远,则提请法律解释的频率就会相应较低。例如,江苏、安徽两地提请法律解释的频率就远要比陕西、甘肃、云南要高。另一方面,地方经济发展水平较高,提请法律解释的频率相应也就较高;相反,地方经济发展水平不高,则提请法律解释的频率也就较

第四章 民国时期法律解释的主体、内容及其程序的变换 281

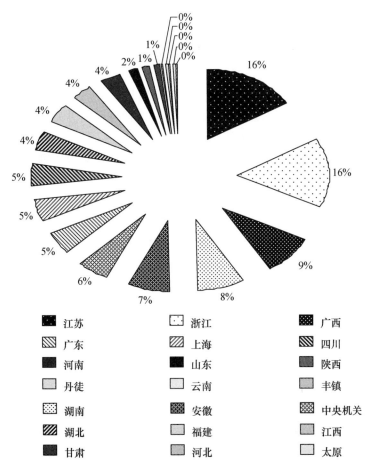

最高法院时期函请法律解释之主体所在区域情况分布统计表

注:本表有关最高法院解释例的归类统计,数据来自郭卫编辑:《最高法院解释例全文》,上海会文堂新记书局1946年版。

低。例如,江苏、浙江两地提请法律解释的频率就远要比山东、河北要高。①

靠近政治中心,不仅国家的权力渗透与控制相对较强,社会的规则治理也相对较好,法律规范的贯彻程度也相对较高;而且提请法律解释的成本又相对较低,因而当发生法律疑义时,它们就会倾向于提请最高法院法律解释,以强化规则治理。与此相反,离政治中心较远,不仅国家的权力控制相对较为薄弱,社会治理也相对松散;而且提请法律解释的成本则相对较高,因而提请法律解释的频率就相对较低。这是其一。其二,地方经济发展水平较高,社会发展较快,社会秩序变动较快,法律规范与社会生活之间相脱离的可能

---

① 有关各地经济发展之相应数据统计,可参见张宪文等:《中华民国史》(第3卷),南京大学出版社2006年版,第245—313页。

性就会越大,因而提请法律解释以弥补"事实"与"规范"之间的断裂的必要性就越高;相反,地方经济发展水平较低,社会发展较为缓慢,社会秩序相对静止,法律规范与社会生活之间的紧张关系较弱,因而提请法律解释的必要性就小。

当然这都不绝对。例如,它无法很好地解释"为什么广西高于安徽"以及"山东落后于河南"等现象。客观来说,制约地方审判机关提请法律解释的因素是极为复杂的,这其中不仅有法律规范之冲突,还可能与人口数量、地方社会文化、传统等息息相关;是否提请法律解释对于地方审判机关来说也还存在着一个机会成本的问题。更重要的是,地方社会的政治秩序是否平稳、有无剧烈的动荡或者是否在一定程度上摆脱了中央而实行自治,等等,也都会直接影响地方社会对于中央性的法律解释制度设置及其运作的内在需求。因为一般来说,在一个外部环境整体上仍然较为动荡的时代里,地方社会的适度稳定才是确保中央性的制度设置与权力运作在地方得以获致稳定需求的重要保障之一。① 而在民初:中国没有一省能免予匪患、未遂的叛乱、游兵散勇的骚乱和地方性暴动。湖北、河南两省由于白狼匪帮的活动,情况最为严重。……甘肃不断发生回教徒暴动,这同西藏和蒙古公开叛乱不无关系。山西、陕西、四川(还发生兵变)、安徽、江西、湖南、福建、贵州、云南和广东等省也都有盗匪活动。只有浙江、广西、山东和直隶算是骚扰最少的地方。②

这在一定程度上能够解释,为什么江苏、浙江、广西等所提请的法律解释例数量较高而其他地方相对较低。然而无论如何,通过揭示最高法院时期法律解释实践背后的政治—经济因素,这不仅有利于从整体上把握这一时期法律解释制度实践的状况与逻辑,也有利于通过法律解释及其制度实践观察其背后的社会生活世界,不仅仅只是看到法律解释得以运作的"法律—社会"力量,还看到"政治—经济"的力量,从而丰富对于这一时期法律解释制度及其实践的理解。

第三节 司法院时期的法律解释

一、司法院时期法律解释的制度表达

1928 年全国统一。10 月公布中华民国《国民政府组织法》,采五权分立

---

① 参见〔美〕齐锡生:《中国的军阀政治?(1916—1928)》,杨云若、萧延中译,中国人民大学出版社 2010 年版,第 155—160 页。
② 〔美〕芮恩施:《一个美国外交官使华记》,李抱宏、盛震溯译,文化艺术出版社 2010 年版,第 65 页。

制。11月,司法院成立。① 依据同月17日修正公布之《司法院组织法》第3条的规定:"司法院院长经最高法院院长及所属各庭庭长会议议决后,行使统一解释法令及变更判例之权。前项会议,以司法院院长为主席。"② 自此,这一时期法律解释之权限,统归司法院所属;最高法院只有最高审判权,不再拥有法律解释之权。

的确,国家一统,"宪法及依法公布之法令,全国均应切实遵行,此为法治国家不易之规范;惟法令文义偶涉晦略,则于推行之际障碍丛生,此种障碍之扫除,端赖于解释。溯自国民政府成立以来,解释法令之权即属之于司法院"③。而为了规范法律解释之活动,司法院于1929年1月4日公布并于同日施行了《国民政府司法院统一解释法令及变更判例规则》。④ 该规则的第3条规定:"凡公署、公务员及法令所认许之公法人,关于其职权,就法令条文,得请求解释。请求解释以抽象之疑问为限,不得胪列具体事实。""请求解释法令,须具备下列要件:(1)声请解释法令,限于公署或公务员或法令认许之公法人;(2)须与其职权有关之事项;(3)须为法令条文之疑义;(4)须为抽象之疑问。"⑤

然而,行之既久,请求解释者日繁;而于此当中,往往推卸其自身研究之职责,或藉以延宕案件之进行,不无流弊。⑥ 因此1931年2月21日,司法院复以训字第96号训令其直辖各机关:近来各处请求解释法令,往往以个人资格或详列具体事实,其为不合,固属显然;其以个人资格请求,而经由公署照转者,仍不得认为公署之请求解释,即使无此情形,而所请解释者,或与其职权无关,或并非法令条文上之疑义,亦均与规定不符。嗣后各处请求解释之案,应先审查是否具备法令条件,再行核办,以符规制。⑦

事实上,依据《国民政府司法院统一解释法令及变更判例规则》所规定

---

① 关于南京国民政府时期司法院的设立、角色定位的前后变化等详尽内容,可参见聂鑫:《民国司法院:近代最高司法机关的新范式》,载《中国社会科学》2007年第6期。
② 根据《中华民国宪法》(1946年)第78条规定:"司法院解释宪法,并有统一解释法律及命令之权。"很显然,这一规定是对司法院时期法律解释活动的一种制度再确认。
③ 《"司法院"解释汇编》(第1册),台湾"司法院"秘书处1989年编辑印行,"王宠惠·序"。
④ 1940年11月1日,国民政府又以府文一指字第254号指令(准予备案)颁行了《司法院统一解释法令及变更判例规则》,其条文内容与此相同。
⑤ 展恒举:《中国法制史》,台湾商务印书馆1973年版,第217页。当然,尽管《司法院统一解释法令及变更判例规则》第3条第2项强调司法解释之呈请要以"抽象之疑问为限",然考虑到具体情况,司法院也会作出相应之变通;比如,1929年4月17日,院字第51号就载:"请求解释以抽象之疑问为限,不得胪列具体事实等语:本案原电内胪列事实,核与该条项规定不合,惟念川省道远,前项规则,彼时尚未奉到,姑准变通,作为抽象问题,予以解释。嗣后务须依照该规则办理。"
⑥ 张永鋐:《法律继受与转型期司法机制——以大理院民事判决对身分差等的变革为重心》,台湾政治大学法律学系2004年硕士论文,第31页。
⑦ 台湾"司法院"编印:《司法院史实纪要》(第2册),台湾司法周刊杂志社1982年版,第1181页。

的解释法令的程序,除关于司法行政上之请求解释,不适用外(第2条),凡向司法院请求解释法令者,先由司法院院长发交最高法院院长,分别民刑事类,分配民事庭或刑事庭庭长拟具解答案;其向最高法院请求者,最高法院院长亦得按照前项程序办理(第4条)。最高法院受分配之庭长,所拟具解答案后,应征取各庭庭长之意见(第5条);解答案经最高法院各庭庭长签注意见后,复经最高法院院长赞同者,由最高法院院长呈司法院院长核阅,司法院院长亦赞同时,该解答案即作为统一法令会议议决案(第6条)。最高法院院长或过半数以上庭长对于解答案有疑义时,由最高法院院长呈请司法院院长召集统一解释法令会议议决之;最高法院院长及庭长对于解答案虽无疑义,而司法院院长认为有疑义时,由司法院院长召集前项之会议。(第7条)

统一解释法令会议由司法院院长、最高法院院长及各庭庭长组成。由司法院院长任主席,司法院院长有事故时,由司法院副院长代行之;司法院副院长亦有事故时,由最高法院院长代行之。会议应有成员三分之二以上之列席过半数议决之可否同数,取决于主席。(第8条)司法院院长对决议案尚有疑义时,得召集最高法院全院推事加入会议覆议之;以司法院院长、最高法院院长、庭长及推事全员三分之二以上之出席,出席人员三分之二以上议决之。(第9条)①

司法院于"行宪"前所为之统一法令解释,自1929年2月16日至1948年6月23日止——也即至大法官会议之前,共解释法令4097则,自第1号至第2875号冠以"院字",自第2876号(民国34年5月)起则冠以"院解字"。其中,"惟第993号解释,因事关机密,未经公布。"②

总之,国民政府训政时期之法律解释,"虽请求解释时仅设抽象之疑问,然除不合规定未予解释者外,任何一项,无不普遍适用于具体之事实"。"亦有因解释而间接影响有关法令之损益及其施行者。"③与此同时,"溯自国民政府成立以来,解释法令之权,即属之于司法院。中华民国宪法并于司法院内特设大法官会议,慎选专家,使负解释宪法及统一解释法令之责任。"④"每一解释,莫不旁征博引,积牍盈尺"。⑤

---

① 基于最高法院在司法院法律解释活动中的重要作用,有学者认为,"当国民政府设立南京之初,以最高法院为解释机关。其后司法院独立一院,乃政归司法辩理,以司法院名义操解释法律之权,惟实权上仍是最高法院主持其事也。"邱汉平:《法学通论》,载程波点校:《法意发凡——清末民国法理学著述九种》,清华大学出版社2013年版,第502页。
② 《"司法院"解释汇编》第1册,"四版序言"。
③ 《"司法院"解释汇编》(第1册),台湾"司法院"秘书处1989年编辑印行,"谢冠生·序"。
④ 《"司法院"解释汇编》(第1册),台湾"司法院"秘书处1989年编辑印行,"王宠惠·序"。
⑤ 台湾"司法院"编印:《司法院史实纪要》(第1册),台湾司法院周刊杂志社1982年发行,第2页。

二、司法院时期法律解释的制度实践

相较于大理院的筚路蓝缕与最高法院的短暂存在,司法院行法律解释之权有20余年。这期间,不仅民初新旧观念与东西方思维的碰撞已初步达成共识,社会相对稳定,制度诉求大规模增长,而且法律建制也日益完善,"六法体系"初步形成,进而为法律解释之展开提供了良好前提。因而这一时期的法律解释,在实践中越发更加注重制度化与规则治理。

就形式而言,从1929年2月16日至1948年6月23日,司法院共生产法律解释例文4097条,而每年生产法律解释例文的数量情况如下:

序号	时间段	解释例文号	解释例文数量
1	1929年2月16日—12月23日	1—195	195
2	1930年1月8日—12月30日	196—392	197
3	1931年1月6日—12月25	393—647	255
4	1932年1月25日—12月30日	648—838	191
5	1933年1月13日—12月25日	839—1013	175
6	1934年1月12日—12月31日	1014—1185	172
7	1935年1月4日—12月31日	1186—1385	200
8	1936年1月10日—12月26日	1386—1608	223
9	1937年1月6日—12月29日	1609—1713	105
10	1938年4月19日—12月31日	1714—1831	118
11	1939年1月18日—12月16日	1832—1950	119
12	1940年1月3日—12月31日	1951—2108	158
13	1941年1月3日—12月30日	2109—2271	163
14	1942年1月10日—12月31日	2272—2450	179
15	1943年1月6日—12月31日	2451—2627	177
16	1944年1月8日—12月30日	2628—2802	175
17	1945年1月8日—12月31日	2803—3061	259
18	1946年1月4日—12月31日	3062—3324	263
19	1947年1月1月10日—12月31日	3325—3778	454
20	1948年1月3日—6月23日	3779—4097	319

为了更好地展示司法院时期法律解释例文年度生产数量的变化,本书对上述的数据统计形式做了适当的改变。

从此之中能够明显的感受到,司法院时期法律解释例文的制作或者生产的数量一直处于高度波动状态,这反映出法律解释例文的生产活动极其不稳定的。尤其是1947年,法律解释例文的制作达到了最高峰,而如果就此联系到这一时期民国政府的政治情态与社会境况,那么这显然是极其不正常的。

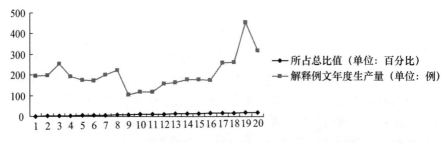

司法院年度法律解释例文生产情况统计表

从内容上来看，司法院时期的法律解释活动，以下趋势值得特别留意。

第一，通过法律解释对司法院统一法律解释权再次予以维护。 典型的比如院字第 2757 号解释。在这份于 1944 年 10 月 3 日致行政院的函文中，司法院指出：

> 县参议员选举条例第三十七条虽有本条例之解释权属于选举监督之规定，然其规定之本旨，不过就同条例未经本院统一解释之疑义，认选举监督有解释权，各省选举监督所为之解释，并非统一之解释，统一之解释，自应仍由本院行之。故就原呈所举同条例各疑义，予以解答。

很显然，从中可以看到，对于县参议员选举条例所规定的选举监督时拥有解释权的情状，司法院认为，各省选举监督所为之解释并非统一之解释，统一之解释应由司法院行使。而这无疑确证了司法院所拥有的统一法律解释权。

第二，解释文的格式日益完善。 与大理院、最高法院时期不同，司法院时期的法律解释文，其格式相对比较固定且规范。一方面，在解释文的开头部分，从院字第 1 号至院字第 510 号，一般都附有"兹据最高法院拟具解答案呈核前来""业经发交最高法院拟具解答案呈核前来"等字样；部分解释例（院字第 6、7、8、9、64、65、66、67、69、70、71 等号）的开头部分为"兹据最高法院拟具解答案，呈核前来，并由本院长召集统一解释法令会议议决……"而自院字第 511 号开始，则统一改为"业经本院统一解释法令会议决议"。例如 1929 年 2 月 16 日司法院训令山西高等法院的院字第 1 号解释例的全文内容为：

> 为令遵事，该法院上年第 1197 号公函致最高法院请解释履行债务疑点一案，兹据最高法院拟具解答案呈核前来内开。查来函所述典契既载明典到钱数，除当事人有约定给付标的外，自应就所收钱额比照当时市价计算取赎等语。本院长审核无异。合行令仰遵照。此令。

而 1931 年 7 月 22 日司法院复浙江省政府的院字第 511 号解释例的全文内容则为：

> 杭州浙江省政府勋鉴。统密虞电悉。所请解释一案，业经本院统

一解释法令会议议决，反动嫌疑犯多人在监密相结合，组织军事等委员会，图谋冲监暴动者，除系单纯聚众图脱尚未着手实行，应不为罪外，若就中有从事勾结之人，且以危害国民扰乱治安为目的，而被其勾结者，又确属反动之叛徒，则勾结之人自系触犯危害民国紧急治罪法第一条第三款之罪。其被勾结而附和加入各集会者，仅应成立同法第六条之罪。究竟是否意图冲监脱逃及有无危害民国之目的，应讯明事实核办。特电查照。司法院印。

从这一变化之中虽然可以看出司法院承继最高法院之法律解释权作业的痕迹，但也反映出司法院法律解释活动的制度性变化与规范性程度。另一方面，司法院所公布的解释文的文后又都会附"本院长审核无异"字样，以示严肃与慎重。但到了1931年7月22日，自院字第511号法律解释开始，该内容就被删除掉了，取而代之的是"合电知照"或"合行令仰转饬知照"等类似之内容。其间，从院字第2637号（1944年一月二十一日）至院字第2832号（1945年三月二十一日），解释文的最后，又开始陆续统一附加"院长居正"字样。而自院字第2833号（1945年3月22日）开始，则又无固定之格式，要么以"司法院印"为结束，要么以"此令"收尾。

第三，通过解释文之文字表述，来强化司法院解释权之权威。 司法院在回复请求解释的文件时，一改最高法院时期回复所用之"复"，而在"复"的基础上也更多采用"训令""指令"。例如，院字第1号解释文，即为"司法院训令山西高等法院"；院字第216号解释文，为"司法院指令江苏高等法院"。这种解释文语气的细微变化，无疑是凸显司法院法律解释权的权威性。

除此之外，有意思的是，综览司法院时期的法律解释例文，当司法院的法律解释在形式上采用"司法院指令某某法院"时，该解释例也有可能被司法院概称为"院字第××号指令"。比如1931年2月25日的院字第446号解释，其在形式上就为"司法院指令浙江高等法院"，因此该解释文又可被称为"院字第446号指令"。① 又比如1931年2月28日司法院指令江苏高等法院的院字第450号解释，也可被称为"院字第450号指令"。② 那么以此类推，当司法院采用"训令"时，相应的解释例文则可被称为"院字第××号训令"。比如民国18年5月11日司法院训令广东高等法院的院字第87号解释，可被称为"院字第87号训令"；而民国18年5月25日司法院训令江苏高等法

---

① 《司法院解释汇编》（第2册），台湾"司法院"秘书处1990年编辑印行，第374页。

② 除此之外，院解字第3054号解释文中所出现的"院字第2845号指令解释"，也可成为此判断之佐证。因为在这份于1945年12月20日复安徽高等法院的解释文中，司法院认为："因特种刑事犯罪而受损害之人，对于被告及依民法负赔偿责任之人，请求回复其损害，仅得另向法院提起民事诉讼，不得于特种刑事诉讼程序中附带提起，业经本院以院字第2845号指令解释有案。"而查院字第2845号，其为司法院于1945年4月17日指令四川高等法院第一分院所为之解释。因此，这里的"院字第2845号指令"显然就是指"院字第2845号解释"。

院的院字第 97 号解释,也可被称为"院字第 97 号训令"。①

第四,进一步细化不属于法律解释之范围。尽管从大理院到最高法院,提请法律解释都要求是仅针对法律适用之问题,或者关涉法律之疑义,而不得就具体事实或者案情提请法律解释。但是,"何为法律适用问题",以及"何又为具体事实或者案情",这些在实践中其实并不那么容易区分开来。因此,从大理院到最高法院,都通过法律解释之实践,对不属于解释之范围予以进一步的细分。

司法院时期的法律解释实践同样也是如此。因而当深入到司法院的法律解释中便会看到,司法院对不属于法律解释之范围,作了较之于大理院和最高法院更为细致的划分。总的来说,司法院时期不属于法律解释之范围的,共分为四类:第一类还是事实问题,第二类是立法问题,第三类则属行政或者与法律无关之问题,第四类则是因提请法律解释之主体不适格所导致的不予解答之情况。

司法院解释例文涉及不属法律解释之范围的情况统计

事由	时间	解释号	解释内容
具体案件或事实问题	1929 年 8 月	院字第 126 号	……(二)胪列具体事实请求解释,依统一解释法令及变更判例规则第三条,应不解答。
	1929 年 8 月	院字第 153 号	……(二)就具体事实请求解释,不拟予以答复。
	1929 年 10 月	院字第 164 号	来函所称第一点纯系事实问题,未便解答。……
	1930 年 2 月	院字第 229 号	……至来文其余问题,系胪列具体事实,依统一解释法令及变更判例规则第三条,应不解答。
	1930 年 2 月	院字第 237 号	……(六)具体案件依照司法院统一解释法令及变更判例规则,不在解释范围之内。
	1931 年 3 月 11 日	院字第 457 号	古人之著作权久已流传数世,兹由书馆重插彩色图式,并加说明,制印成帙,究竟是否符合著作权法第九十条所规定,就他人之著作物以与原著作物不同之技术制成美术品,纯属事实问题。倘能合于该规定,自得视为著作人。
	1931 年 12 月	院字第 640 号	……至其余胪列具体事实之部分,与统一解释法令及变更判例规则第三条第二项不合,应不予解释。
	1932 年 11 月	院字第 824 号	……至各坊有无合格之人,乃事实问题,不在解释范围之内。
	1933 年 1 月	院字第 849 号	除西互地方法院原呈内,第二问题及第三问题胪列具体事实请求解释,核与司法院统一解释法令及变更判例规则第三条之规定不合,应不予解答外,……

---

① 但需要提醒注意的是,在司法院法律解释中,还会出现"司法院指令指字第××号"和"司法院训令训字第××号"。比如院字第 445 号解释中出现的"司法院指令指字第 394 号、395 号"。这类的规范性文件并非对应性的指司法院法律解释的"院字第 394 号"和"院字第 395 号",而确实是专指司法院所作出的其他规范性文件。

(续表)

事由	时间	解释号	解释内容
具体案件或事实问题	1935年1月	院字第1199号	本件除第一问系属具体事实,按照司法院统一解释法令及变更判例规则第三条第二项规定,应不解答外。
	1935年11月	院字第1352号	……(四)民事部分系具体事实,不解答。
	1937年2月	院字第1627号	……至来文所称停业已有数月,究系暂停或无复业意思,则属事实问题。
	1937年5月	院字第1662号	……至其数额是否相当,则属于事实问题。
	1942年5月	院字第2339号	……至原呈所举第二至第四各点,均系胪列具体事实,请求解释法令,依司法院统一解释法令及变更判例规则第三条第二项规定,应不予解答。
	1942年8月	院字第2380号	非常时期民事诉讼补充条例第二条所谓战区,系指作战或沦陷之区域,或谓此种区域所围绕之区域而言,其余胪列具体事实,请求解释法令,依司法院统一解释法令及变更判例规则第三条第二项,应不予解答。
	1942年12月	院字第2446号	……至原呈所举第二问题,系胪列具体事实请求解释法令,依司法院统一解释法令及变更判例规则第三条第二项之规定,应不予解答。
	1943年4月	院字第2503号	(一)原代电第一点,系胪列具体事实请求解释法令,核与司法院统一解释法令及变更判例规则第三条第二项规定不合,应不予解答。
	1943年5月	院字第2524号	……其余系胪列具体事实,请求解释法令,与司法院统一解释法令及变更判例规则第三条第二项规定不合,应不予解答。
	1945年11月	院解字第3015号	……至来文所述检察官经收保证金,既未填给收据,亦未记明卷宗,起诉时,复不随卷附送,是否即故意图利,系事实问题,不属解释之范围。
	1948年6月	院解字第4062号	……(二)请愿人或提案人有无犯罪嫌疑,系事实问题,不属解释范围。
	1948年6月	院解字第4067号	……(三)系事实问题,不属解释范围。
立法问题	1932年11月	院字第817号	……(十)关于第十条、第十一条之规定是否适当,系属立法问题,不属解释范围。
	1933年11月	院字第1128号	原呈第一点为立法问题,不属解释范围。
	1933年12月	院字第1150号	……(十)陆海空军审判法第三十九条有无脱漏文字,不属解释范围,应不解答。
	1937年6月	院字第1687号	……(二)刑法第一百二十四条未如第一百二十五条有第二项之规定,不属解释问题。①
	1943年5月	院字第2509号	……至调服之手续如何,系立法问题,未便予以解答。

---

① 查原函,该请求为:"……又刑法第一百二十四条何以不如第一百二十五条有第二项之规定。"从此可断定,该函请应归立法问题的范畴。

(续表)

事由	时间	解释号	解释内容
立法问题	1944年9月	院字第2751号	……至其法定刑罚是否适当,事属立法问题,不属解释范围。殊难于法文所未规定之事项,而以解释创造之。
	1948年1月	院解字第3812号	公务员之父兄经营商业,如系以自己之名义为自己之计算而为之者,虽公务员与之同居或共财亦非公务员经营商业,(参照院字第二五零四号解释);至公务员经营商业而与公务员服务法第十三条第一项但书情形不合者,仍在禁止之列;在立法上是否正当,系别一问题,不属解释范围。
行政或非法律适用上之问题	1920年3月13日	院字第249号	(一)不属解释范围。……查原函:查工会法第一条产业工会、职业工会之种类,另以命令定之,此项种类,在未奉明令订定以前,凡遇工人组织工会,当以何者为分类之标准,俾为办理之规范,应请解释者矣。
	1932年3月	院字第713号	各旅参议,如现服勤务之文官,即为陆海空军刑法第六条第二款之军属。至于此项参议之任用程序,不属解释范围。
	1932年9月	院字第792号	(一)依工厂法第八条所谓实在工作时间以八小时为原则,则同法第十四条所谓继续工作至五小时,应有半小时之休息,自在八小时以外;至于施行三八制之工厂,关于此项时间如何匀配,应由工厂酌定,不属解释范围。
	1935年8月	院字第1307号	(二)已判定罪刑之反省人犯,不能感化,应送监执行时,因事实上之障碍,不能送返原送机关者,可否就近迳送所在地之监狱执行,事关行政问题,不属解释范围。
	1936年3月	院字第1466号	监犯在保脱逃,其保人如并无帮助或便利脱逃之行为,自不成立犯罪;至应如何缉获逃犯,及交保者应否惩处,事属行政问题,不在解释范围。
	1936年11月	院字第1572号	刑法上所谓军用枪炮,系指能供军事上使用者而言,来文所称双响粉枪,是否能供军用,应由军事机关鉴定,非解释问题。
	1939年3月	院字第1856号	……至在抗战期间,此项产业之工人,应否停止组织公会,不属于解释法令之范围。
	1939年7月	院字第1904号	……(二)非就法令条文请求解释,应不解答。
	1942年7月	院字第2367号	……至该军法机关应否由经费节余项下偿还,则不属于解释之范围。
	1943年6月	院字第2533号	……惟既经核准调拨,应与军政部如何接洽更正,系属行政上处理问题,不属解释范围。
	1943年9月	院字第2566号	……至法院对于此项罚金,应否做司法收入,不属解释范围。
	1944年1月	院字第2630号	……至应如何核给奖金成数,不属于法令解释之范围。
	1945年6月	院解字第2906号	……至该案可否报告,事关司法行政,不属法令解释之范围。
	1946年9月	院解字第3232号	……至该案能否报结,事关司法行政,不属法令解释范围。

(续表)

事由	时间	解释号	解释内容
主体不适格	1946年12月13日	院解字第3319号	……至此项背面书写亚拉伯字之选举票,是否无效问题,依县参议员选举条例第三十七条规定,应由选举监督解释;非选举监督或其上级机关,请求解释者,不予解答。

有意思的是院字第2661号。在这份于1944年3月4日咨监察院的解释文中,司法院指出:"……其余各点,或系具体事实,或系司法行政问题,按照司法院统一解释法令及变更判例规则第二条、第三条第二项,自未便予以解答。"从中可以看到,在该项函请法律解释之文中,不仅因为涉及具体事实的问题,还因涉及司法行政的问题,因而不符合提请法律解释之范围要求,进而司法院未予解答。

同样有意思的还有院解字第3656号。在这份于1947年11月22日复山东高等法院首席检察官的解释文中,司法院指出:"……(五)反奸人员应由何种部队或特工人员之上级长官证明,系法院判断证据之问题,不属解释范围。"而这其实也就意味着,由于函请解释之问题非法律适用上之疑义问题,而属事实性的法律认定问题,因而也不属于解释之范围。

然而即便司法院一再强调涉及具体问题不予解答,但仍然存有例外。比如,在1929年4月17日复四川高等法院首席检察官的院字第51号法律解释例中,司法院认为:

……再查本年1月4日公布之司法院统一解释法令及变更判例规则(载司法公报第1号)第3条第2项规定,请求解释以抽象之疑问为限,不得胪列具体事实等语。本案原电内胪叙事实,核与该条项规定不合;惟念川省道远,前项规则,彼时尚未奉到,姑准变通,作为抽象问题予以解释;嗣后务须依照该规则办理。又原电发遞日期,漏未填载,亦属不合,合并照知。

换言之,从这条法律解释中我们可以看出,司法院出于"川省道远,前项规则,彼时尚未奉到"之通达考量,因此"姑准变通",对其所列之具体事实予以解释。这不仅反映出司法院法律解释制度的原则性与灵活性相统一,同时也体现了民国法律人的社会责任心与法制担当。

当然除上开所举之情形外,值得关注的还有院解字第3057号。在这份于1945年12月31日咨行政院的解释文中,司法院指出:"……原呈所举困难情形,仅可供立法上之参考,不足为解释上排除现象法适用之论据。"而查原函所举之困难情形,乃是指:

……惟政府债券共达数十种,每种票类自五元至十万元不等,每类号码多至六七位,其经付本息机关,遍布全国及海外,殊与普通有价证券额小而指定一地付款者情形不同,如挂失之例一开,匪特经付机关不胜繁难,且有碍债券之推行,谨列举事实上困难各点,分陈于后。

与此同时,从函文所举之五点具体困难之情形来看①,皆属事实问题。而这意味着,司法院因由这些事实问题而未予解答,悉将其归入立法上可供参考之因素。这在司法院时期的法律解释活动中无疑是相当有典型性的。

院字第165号同样也值得予以特别的关注。因为在这份于1929年10月22日复湖南高等法院的解释文中,司法院指出:

> 按第二审法院受理上诉案件,以当事人不服第一审法院或兼有审判职权之机关所为裁判者为限,来问所称行政委员会并无兼理诉讼之明文,其对于因财产涉讼所为之判决,当然无效。当事人欲求救济,只可诉请有权审判之机关,另为第一审审判。如误向第二审法院声明不服,无论其为抗告抑属控告,均在应予驳回之列。来问后段所云废弃原判应用何种程式等问题,即不发生,自可毋庸置答。

从此之中我们可以看出,司法院之所以对此未予解释,其原因在于函请之事由并无可能发生。

第五,对于函请之法律解释,也会出现因由缺乏法规范之依据而造成司法院无法解释的时候。典型的比如院字第1105号。在这份于1934年9月3日电江苏省政府的解释文中,司法院认为:"诉愿法第二条对于国民政府各院之处分,既无提起诉愿及再诉愿之规定,同法第三条关于管辖等级比照之规定,亦难认为不服国民政府各院之处分包括在内。原电所述情形,*就现行法令尚无相当条文可资解释*。"从中可以看出,由于缺乏相应的法规范依据,因而法律解释机关无法作出解释。又比如院字第1118号。这份由司法院于1934年11月3日函国民政府文官处的解释文针对与院字第1105号解释近乎相同的诉求而同样指出:

> 不服国民政府直辖各部会之决定,诉愿法第二条各款,既无向何种

---

① 这五点是:"(一) 政府债票得自由买卖,流通于全国及海外,如甲持票人报告遗失债票,申请法院公示催告,而所失债票已为乙拾得,转卖于丙,迨丙知债票已被作废,必致对乙起诉,其结果,小之丙受损失,大之则人民对债票信心将日渐薄弱,若拾得失票人寄往他地转卖,更无论如何登报挂失,该善意购买人既不能遍读全国报纸,尤无法获知债票已被作废或知悉他地法院之公示催告而出面主张权利,益足使人民对流通之债票怀具戒心。(二) 人民向市场购买债票,自属信任政府,多不注意号码,如购入之债票每被作废而丧失权利,则交易途径势将断绝,影响债信者至巨。(三) 又如甲声请遗失债票,在请求止付前,已被乙持兑或寄往他地兑取,经付机关事前既未预知,事后在多数付讫本息票内,实属不易查觉,政府势必受重付之损失。(四) 经付机关虽遍及全国及海外,但除通都大邑外,多系一二人办理,经兑债票本息事务,在兑付本息时,中签票当然核对号码,对于息票为数较多,只验暗记、种类、金额兑付,如逐号核对息票,则人力有限,不胜繁难。(五) 债票兑付本息为期三年或六年,付讫部分陆续送部核销,如准乎挂失补发,必须将付讫之票逐号清点,工作繁复,实际上无从应付。"

机关提起再诉愿之规定,而该条各款所定再诉愿之最高机关,又以主管院为止,同法第三条关于管辖等级比照之规定,亦无从适用;来文所述情形,就现行法令,尚无相当条文足资解释。

还比如院解字第 3420 号。在这份于 1947 年 4 月 2 日指令广西高等法院的解释文中,司法院指出:"商人由甲埠购入盐筋时,既经填票报运乙县销售,虽其后越出乙县境界,究与盐专卖条例第六条各款之所谓私盐情形不同,至可否补缴丙县差税变更销售区域,*来文既称法无明文规定,应由主管官署酌核办理,不属解释问题。*"很显然,由于缺乏法律之明文规定,因而法律解释机关无从进行解释,进而将由主管官署酌情核办之行为归入不属解释问题之范畴。

第六,进一步强调法律解释要以党纲党义为主旨。 较之于最高法院时期,司法院的法律解释,一方面更加频繁地强调法律解释不得与党纲主义相抵触;另一方面又将"党纲主义"置于"国民政府法令"之前,以此强调"党纲主义"具有优先于"国民政府法令"之效力。

司法院解释例文中涉及党纲党义内容之情况统计

时间	解释号	解释内容
1930 年 2 月 6 日	院字第 227 号	从前公布之私盐治罪法暨缉私条例,与党纲主义及国民政府法令既无抵触,自应暂行援用。
1931 年 1 月 19 日	院字第 406 号	……(四) 中国民法关于亲属、继承两编未施行之前,除与中国国民党党纲或主义或国民政府法令抵触各条外,应以前此已有之法令为依据。
1933 年 1 月 30 日	院字第 849 号	……原呈第一问总商会、商会之会长或常务委员,其所处理之事务并非公务,当然不能认为公务员;至关于工商业之调处及公断,依商会法第三条第一项第四款规定,本为商会之职务,其未成立商事公断处之商会所办理之商事公断事宜,两造如均愿遵从,应认为有效;至从前施行之商事公断处章程,非商会法之附属法令,依民国十六年八月十二日国民政府之训令,除与中国国民党党纲主义或国民政府法令抵触外,应准援用,自不因商会法施行细则第四十二条规定而失效。
1933 年 10 月	院字第 987 号	(一) 从前施行之一切法令,除与党纲主义或国民政府法令抵触者外,暂准援用;前经国府颁有明令,则关于商人通例各章,在民法中所未规定者,如与民法不相抵触并不违背党义,自可援用;不因民法之施行而失效。

为什么最高法院和司法院时期的法律解释都反复强调要以党纲党义为主旨,以及又该如何理解这种法律解释活动中的"司法党化"现象呢?客观来说,最高法院与司法院时期法律解释活动中的这种司法党化的现象,从思想的源头上来说,与孙中山所倡导之"以党治国"理念是紧密相关联的。例如,在中国国民党第一次全国代表大会上,孙中山就曾指出:国民党的改组有

两件大事,一是改组国民党,二是用政党的力量去改造国家。与此同时,他把苏俄十月革命的胜利看成是将政党放在国之上的结果。孙中山认为:"俄国完全是以党治国,比英美法之政党,握权更进一步。我们现在并无国可治,只可说以党建国。待国建好,再去治它。"①又比如,对于以党治国,孙中山还曾专门谈到:"要改造国家,非有很大力量的政党是做不成功的;非有很正确共同的目标,不能够改造的好的。我从前见得中国太纷乱,民智太幼稚,国民没有正确的政治思想,所以主张'以党治国'"。②"以党治国,并不是要党员都做官,然后中国才可以治;是要本党的主义实行,全国人都遵守本党的主义,中国然后才可以治。简而言之,以党治国并不是用本党的党员治国,而是用本党的主义治国。"③

孙中山有关以党治国、党治国家的这一思想不仅在民国政治的思想实践中被进一步的扩充与丰富,而且还在民国政治的制度运作中得到实际的贯彻,进而成为南京国民政府时期占主导地位的政治理念。然而,随着政权的更迭以及政治实践的日趋稳定,特别是党治结构的强化,"以党治国"逐渐走向了"一党专政"的局面。例如,1927 年 8 月 12 日,根据国民党中央政治会议第 120 次会议决议,发布通令如下:"一切法律,在未制定颁行之前,凡从前施行之各种实体法、诉讼法及一切法令,除与中国国民党党纲、主义或与国民政府法令抵触外,一律暂准援用。"④与此同时,1931 年所制定的《中华民国训政时期约法》就将"以党治国"进一步法律化。该法第 30 条明确规定:"训政时期由中国国民党全国代表大会代表国民大会行使中央统治权。中国国民党全国代表大会闭会时,其职权由中国国民党中央执行委员会行使之。"第 85 条规定:"本约法之解释权,由中国国民党中央执行委员会行使之。"到了《确定训政时期党政府人民行使政权之分际及方略案》中,则进一步规定"中华民国人民须服从拥护中国国民党始得享受中华民国国民之权利。"很显然,一旦在这些纲领性的法律文件中突出强调国民党作为政府和人民的政治保姆作用,国民党在国家政治生活中的特殊地位与作用就会被进一步地凸显出来。

政治领域中的党治或以党治国的施政纲领或口号要转化为相对严谨的法律上的命题,最初都是在话语的叙事与争议、解释与再解释、讨论与再讨论中累积完成的。而一旦命题完成了转换,那么后来的叙事也就大致相同了。⑤

---

① 《关于改组国民政府案之说明》,载《孙中山全集》(第 9 卷),中华书局 1986 年版,第 103—104 页。

② 同上书,第 96 页。

③ 《孙中山全集》(第 8 卷),中华书局 1986 年版,第 282 页。

④ 参见黄源盛:《法律继受百年——历史观点下的"六法全书"》,载《法制史研究》2011 年第 20 辑。

⑤ 后来者近乎相似的叙事,往往被比喻成"话语的捐税"。话语的捐税是作家王小波的一个概念。他认为一个人提出一个概念,后来的人不假思索地使用或者附庸这样的观点,实际上是在为这个源初的概念纳税。参见王小波:《沉默的大多数》,中国青年出版社 1998 年版,第 11 页。

例如，朱采真曾指出："党国这一个名称是不会算到国家分类上去的，但是党国包含着以党治国的意义，那就要说到啧啧人口的党治问题了。"①在叙事的策略上，朱采真先从国民党党治和英美国家政党政治之间的重大区别出发，评价国民党的"党治"：

> 却不许国内另有第二党存在，只有一党独握治权。并且政党政治是施行本党的政策，以求博得选民的同情，这些政策只要不背宪法，却不必规定在宪法里面；至于国民党，他不仅有政策，他还有他的最高主义，将来宪法是要根据这种主义制定的。从这两点上我们不仅看出党治和政党政治的区别，我们还可以明了党治与法治的关系了。一党的党纲和党义既然要同化在宪法里面，那就施行党治非得根据宪法不可；那么，党治就须得拿了法律来做必要的工具，党治就离不开法律，党治就要和法治连锁在一起了。②
>
> ……
>
> 宪法是国家的根本法也，就是法治精神发源地所在。实行党治的时期，一切不能离开宪法，那就党治精神处处要伴着法治精神。③

很显然，朱采真采用了两种叙事策略化解了党治与法治的矛盾关系，进而将党治命题法律化：一是认为政治上的党治与法治，都遵循一个最高主义；二是认为党治离不开法治，党治与法治是相辅相成的，党治精神与法治精神也是相互融通的。与朱采真的叙事逻辑相同的还有钱香稻。在《法学通论问答》一书中，钱香稻认为，党治就是以党治国。唯一党政治与数党政治有别。一党政治有排他性，故不许国内有第二党存在。中国国民党，有最高的主义，将来宪法，当根据主义制定，故党治亦必须以法律为工具。这就是党治与法治两者的关系。在此基础上，钱香稻认为，法治的要素有三：一是必须有完备的法律；二是法律必应使民众接近和了解的可能；三是法律必不背党治原则。④

司法领域的党化问题也同样经历了这样的一个过程。1926 年 9 月 20 日，徐谦在《民国日报》发表了题为《改革司法制度说明书》的时文，指出：

> 旧时司法观念，认为天经地义者，曰"司法独立"，曰"司法官不党"，此皆今日认为违反党义及革命精神之大端也。如司法独立，则司法可与政治方针相背而驰。甚至政治提倡革命，而司法反对革命，势必互相抵触，故司法非受政治统一不可，观苏联之政治组织，立法行政，固属合一，

---

① 朱采真：《现代法学通论》，上海世界书局 1930 年版，第 32 页。
② 同上书，第 44 页。
③ 同上书，第 45—46 页。
④ 参见钱香稻：《法学通论问答》，上海三民公司 1930 年版，第 20 页。

即司法机关,亦非独立,此即打破司法独立之新制也。顾现行司法制度,非根本改造不可。……欲求实行,兹事体大,且恐涉及个人恩怨。……最好组织以司法制度改造委员会……庶几近于党化精神,亦无轻率更张独任偏见之患。①

正是基于此,同年11月广州国民政府改造司法委员会所通过的《司法改革决议》,就明确:"取消司法官加入政党的禁令,强调只有良好声誉的国民党党员,并有三年法律实践经验者,才能充当司法官。"②武汉国民政府施行的《新司法制度》的第2条亦明确规定:"非社会名誉之党员,兼有三年以上法律经验者,不得为司法官。法院用人地方法院由厅长提出于省政府委员会任免。中央法院由司法部长提出于国民政府委员会任免。"③除此之外,1931年12月颁行的《国民党中央执行委员会议决中央政制改革案》也明确规定:"在宪法未颁布之前,行政、立法、司法、考试、监察各院,各自对中央执行委员会负其责任。"而这显然造成了司法领域里相当程度上放弃司法独立和司法官超党派的初立场,进而最终导致五权结构及其中的"司法"最终都被"一党专制"。

1935年,居正《司法党化问题》④一文发表。在文中,居正开宗明义地指出:

> 在"以党治国"一个大原则统治着的国家,"司法党化"应该视作"家常便饭"。在那里,一切政治制度都应该党化,特别是在训政时期,新社会思想尚待扶植,而旧思想却反动勘虞。如果不把一切政治制度都党化了,便无异自己解除武装,任敌人袭击。何况司法是国家生存之保障,社会秩序之前卫。如果不把它党化了,换言之,如果尚容许旧社会意识偷藏潜伏于自己司法系统当中,那就无异容许敌方遣派的奸细加入自己卫队的营幕里,这是何等一个自杀政策。"

在居正看来,"司法党化"是不成问题的;问题的关键在于,如何才叫做"司法党化"? 他反对"把几个司法系统的高级长官都给党人做了","或者把一切司法官限制都取消了,凡党员都可以做司法官",或者"把一切法律都取消了,任党员的司法官拿自己的意思武断一切"的简单做法看成是"司法党化"。在他看来,"司法党化"必须包含两个方面的意义:一是主观方面,要求"司法干部人员一律党化",即:

---

① 转引自张国福:《中华民国法制简史》,北京大学出版社1986年版,第221页。
② 《司法改革决议》,载《法律评论》第185号,1927年1月16日,第17页。
③ 韩秀桃:《司法独立与近代中国》,清华大学出版社2006年版,第351页。
④ 该文原载《东方杂志》第32卷第10号。转引自李贵连主编:《近代法研究》(第1辑),北京大学出版社2007年版,第137—153页。

所谓司法干部人员一律党化，并不是说一切司法官非党人做不可；反之，把所有司法官位置全分配了给持有党证之人，如果他们对于党义——特别是拿党义应用到法律适用方面去——没有充分的了解时，也不能算是司法党化。司法党化应该是把一切司法官都从那明了而且笃行党义的人民中选任出来，不一定要他们都有国民党的党证，却要他们都有三民主义的社会意识。质言之，司法党化并不是司法"党人化"，乃是司法"党义化"。

当然，

从主观方面实行司法党化，还有一层，必须采用人民陪审制度。人民陪审骤观之似乎与党化不相干。然为贯彻民权主义起见，只有行使陪审制度，而后可以使司法与民意打成一片，使民间的正义观念直接构成国家的正义观念，否则，人民认为是，而国家反认为非，人民认为无罪，而国家反认为有罪，国家意识与人民意识竟成反对，还成什么民权主义？

一是客观方面，要求"适用法律之际必须注意于党义之运用"，即：司法官审判时，作为论证基础的思维方法与作为思维方法和论证动向的世界观，都必须要以司法党化为标准。要注意：

（一）法律所未规定之处，应当运用党义来补充他；（二）法律规定太抽象空洞而不能解决实际的具体问题时，应当拿党义去充实他们的内容，在党义所明定的界限上，装置法律之具体形态；（三）法律已经僵化之处，应该拿党义把他活用起来；（四）法律与社会实际生活明显地表现矛盾而又没有别的法律可据用时，可以依据一定之党义宣布该法律无效。

在居正看来，"中心法则之认识，是'法'的方面；司法干部人员党化，是'善'的方面；这是交相为用的"；"这两方面的措施，必定要双管齐下，才能得到圆满的结果"。与此同时，为了确保司法党化的落实，居正还指出实行司法党化的几个切要办法：

（a）令法官注意研究党义，适用党义；（b）以运用党义判案作为审查成绩之第一标准；（c）司法官考试，关于党义科目，应以运用党义判案为试题，不用呆板的抽象的党义问答；（d）法官训练所应极力扩充范围，务使下级法官一律有入所训练之机会，同时该所课程应增加"法律哲学"及"党义判例""党义拟判实习"等科目；（e）设立法曹会，并饬其注重研究党义之运用；（f）编纂"判解党义汇览"，摘录党义及基本法理，与判例解释例类比，分别附于法律条文之后，而辨别其旨趣之符契或乖离；（g）从速施行陪审制度。

与居正有关司法党化的看法相类似但不完全相同,王宠惠在1929年召开的国民党三届三中全会上代表司法院所作的《关于司法改良计划事项十八年三全大会之司法工作报告》中,亦涉及司法党化的问题。他说:

> 本国民政府组织法所规定之职权,择其最重要而切实可行者,略分先后缓急列举如下:① 宜进司法官以党化也。以党治国无所不赅,法官职司审判尤有密切之关系,何况中央及地方特种刑事法庭均已裁撤所有反革命及土豪劣绅案件,悉归普通法院受理,为法官者,对于党义苟无明澈之体验,坚固之信仰,恐不能适当之裁判,是以法官党化,是为目前应注意之点。……③ 宜求司法官独立之保障也。司法独立人尽知之,然欲求司法真正独立,力求法官之保障,关于此点其事有二:其一,职务上之保障;其二,地位上之保障。
>
> 一、网罗党员中之法政毕业人员,使之注意于司法行政与审判实务,以备任为法院重要职务,俾得领导僚属,推行党治;二、训练法政毕业人员特别注意于党义,务期娴熟,以备任用;三、全国法院一律尊重中央通令,实行研究党义,使现任法官,悉受党义陶镕,以收党化之速效。①

很显然,与徐谦强调司法党化乃是"司法官非党人做不可"的看法不同,居正和王宠惠都坚持,司法党化还应该是司法的"党义化"而不仅仅只是简单的司法官的"党人化"。但又与居正所提出的落实"党义"的七项措施不同,王宠惠认为,贯彻党化,首要的乃是"网络党员中之法政毕业人员,使之注意于司法行政与审判实务,以备任为法院重要职务,俾得领导僚属,推行党治"。也即在王宠惠看来,司法党化之落实,最佳之选乃是在司法官员"党人化"的基础上推行司法的"党义化"。究其原因,或许在于"司法界的干部人员之党化,可以使司法党化得以加速度的进展"。② 当然,提倡司法领域的"党义化",其实也就意味着他们实际上已然把"司法党化"提高到了法律主义化或者"主义"的层次。

居正对司法党化问题的阐释,可以说是这一时期非常具有代表性的一种看法。例如,在《中华民国法学会之使命》一文中,张知本亦认为,"司法党化之正确的前提工作,应该是下列两项:即(一)使党义熔化于现行法典之中,(二)适用法律之际须注意党义之活用"。而南京国民政府于1927年8月所作出的《通令法官之任用标准》亦明确规定法官任用规则必须"以与国民党党纲主义无抵触为前提"。③ 更重要的是,在居正为司法院院长时期,这种司

---

① 王宠惠:《今后司法改良之方针》,载张仁善编:《王宠惠法学文集》,法律出版社2008年版,第285页。
② 张知本:《中华民国法学会之使命》,载《中华法学杂志》新编第1号,第13页。
③ 《通令法官任用标准》,载《中华法学杂志》第1卷第3号,第143页。

法党化的知识观念,无疑会在法律解释活动中则得到更加明显的强化与体现。①

可见,伴随着训政时期国民党在政治上进一步强调"党国一体""一党专制",司法党化也得到进一步地强化。其具体的表现,便是:此前以约法或宪法为国家根本大法,一切法律均不得与之抵触。在党治时期,国民政府受党之指导监督,一切党义党纲为依据。国家所立之法,不得与党义党纲相抵触,即以前之法律,凡与党义党纲相抵触者无效。党义党纲虽无根本法的形式,实有根本法之实质。②

因而自 1927 年 8 月 12 日,国民政府便在训令中明确指出:"一应法律,在未制定颁行以前,凡从前施行之各种实体法、诉讼法及其他一切法令,除与中国国民党党纲或主义,或与国民政府法令抵触各条外,一律暂准援用。"③这样,在司法院的法律解释中同样强调以党义党纲为主旨,主张与党党纲或国民政府法令相抵触者无效,便如在"以党治国"一个原则统治着的国家,"司法党化"应该视作"家常便饭"一样。④

如果把视野放得宽一些,那么司法领域中的党化倾向与党纲主义,其实又是和这一时期法学领域中有关三民主义的整体言说相契合的。换言之,伴随着这一时期大规模立法活动的开展,"三民主义"的意识形态话语逐渐进入到了立法的指导思想层面。

新立法是基准着一切建国工作的最高原则——整个三民主义——这是最高原则引导新立法精神集中于整个民族的社会生活和社会力量而确立一种规范,同时它的本身也主义化了。这个最高原则赋予它创造的活力,赋予它时代的新生命,赋予它民族的优秀性,赋予它中国法系的特异性。⑤

伴随着这股思潮从立法活动蔓延至这一时期的所有法律活动,那么在司法领域中提倡党纲党义,就是三民主义法律化的一种自然体现;而三民主义的法律化,也会进一步强化司法领域中党化党义类做法的正当性与合法性。因此,这一时期所出版的许多《法学通论》教材,都涉及了这一点。例如,朱采真在其《法学通论》的序言中就说道,"在国民党党治时代,法律的基本精神既然不能背乎党纲党义,所以我就把三民主义里面可以法律化的学说,差不多完全采作本书的资料。"⑥而在该书再版时,朱采真又进一步强调了三民

---

① 参见江照信:《中国法律"看不见中国"——居正司法时期(1932—1948)研究》,清华大学出版社 2010 年版,第 77 页。
② 谢振民编著:《中华民国立法史》(上册),张知本校订,中国政法大学出版社 2000 年版,第 193 页。
③ 同上书,第 211 页。
④ 居正:《司法党化问题》,载《东方杂志》第 32 卷第 10 号,1935 年 5 月 16 日。
⑤ 朱采真:《现代法学通论》,上海世界书局 1930 年版,第 82 页。
⑥ 朱采真:《现代法学通论》,上海世界书局 1930 年版,"自序"。

主义精神与党纲主义的关系。他说:"这一次的修订完全注重在三民主义的立法原理和现行法方面,要晓得这一年我国立法事业是有飞跃的进步。……把三民主义的理论融化在法律的见解中以及尽量容纳现行法上的资料,也就足见本书的特性所在了。"①与此同时,毛家琪在其所编著的《法学通论讲义》序言中亦提到:

> ……况吾人悉隶党治之下,尤应阐明总理主义以为立法之原则,以期实现三民主义之法律;须知法律平等,始为立脚点的平等之基本。苟不实施三民主义之法律,而望政治地位与经济地位之平等,其可得乎? 此三民主义的法律,为随时代最中和之法律,实为新编法学通论所涵养。②

当然,如果把视野放得再宽一些,那么从民国时期有关司法党治与党化的实践来看,它不仅体现在法律解释的对象性文本之中,而且也反映在提起法律解释的主体上,还反映在作为宽泛意义上的法律解释主体,也即司法官员之上。前者比如,国民党中央和地方机构能够作为提请法律解释之主体,直接向司法院提请法律解释,而且其提请之程序也依循党机构的上下级层级体制。例如,院字第 371 号即是由江苏省党务整理委员会训练部经中央执行委员会训练部向司法院函请法律解释之例文,院字第 392 号即是由浙江省执行委员会训练部经国民政府文官处向司法院函请法律解释之例文,院字第 458 号、第 544 号则是由湖南省党务指导委员会训练部经国民政府文官处向司法院函请法律解释之例文,而院字第 409 号、第 479 号、第 480 号、第 497 号、第 500 号、第 501 号即是由中国国民党江苏省党务整理委员会经国民政府文官处向司法院函请法律解释之例文,院字第 545 号即是由中央训练部经国民政府文官处向司法院函请解释之例文,院字第 708 号即是由江苏省党务整理委员会经中央训练部转呈国民政府文官处向司法院函请法律解释之例文,院字第 831 号即是由山东历城县党务整理委员会经中央执行委员会向司法院函请法律解释之例文,院字第 1086 号即是由中国国民党山东省执行委员会经中央执行委员会秘书处向司法院函请法律解释之例文,院字第 1329 号即是由中国国民党驻豫特派绥靖主任公署宪兵营特别党部经中央执行委员会秘书处向司法院函请法律解释之情形,院字第 1428 号即是由河南省党务特派员经中央执行委员会秘书处向司法院函请法律解释之例文,院字第 1720 号即是由中央执行委员会民众训练部经中央执行委员会秘书处向司法

---

① 朱采真:"《现代法学通论》重版时的话"(1930 年 7 月 1 日),载朱采真:《现代法学通论》,上海世界书局 1930 年 8 月初版,1931 年 10 月再版,1934 年第 3 版。
② 毛家琪:《法学通论讲义序》,载毛家琪编:《法学通论讲义》(1930 年初版),中央陆军军官学校政训处(政治丛书第二十二种)1931 年版,第 1 页。

院函请法律解释之例文,院字第 1747 号①即是由中央执行委员会民众运动指导委员会经中央执行委员会社会部函请法律解释之例文,院字第 2364 号即是由浙江省执行委员会经中央执行委员会秘书处向司法院函请法律解释之例文。除此之外,下列之法律解释例文,乃是其直接向司法院函请法律解释之情状:

时间	解释例号	提请解释之主体
1929 年 7 月 6 日	院字第 108 号	中国国民党中央执行委员会秘书处
1930 年 4 月 23 日	院字第 268 号	
1933 年 4 月 22 日	院字第 888 号	
1942 年 6 月 16 日	院字第 2345 号	
1944 年 8 月 22 日	院字第 2734 号	
1945 年 9 月 22 日	院字第 2968 号	
1945 年 12 月 20 日	院字第 3043 号	
1946 年 8 月 13 日	院字第 3175 号	
1929 年 8 月 24 日	院字第 155 号	中央执行委员会政治会议秘书处
1929 年 12 月 23 日	院字第 195 号	中央监察委员会秘书处
1930 年 1 月 8 日	院字第 199 号	江西省党务指导委员会
1930 年 2 月 17 日	院字第 233 号	中央执行委员会政治会议
1930 年 6 月 3 日	院字第 290 号	中央执行委员会训练部
1930 年 12 月 9 日	院字第 371 号	
1930 年 12 月 17 日	院字第 374 号	
1931 年 9 月 22 日	院字第 591 号	
1932 年 2 月 20 日	院字第 674 号、第 675 号	
1932 年 3 月 31 日	院字第 709 号	
1931 年 1 月 19 日	院字第 406 号	中央执行委员会侨务委员会
1933 年 3 月 16 日	院字第 876 号	中央执行委员会民众运动指导委员会
1933 年 5 月 17 日	院字第 902 号②	
1933 年 5 月 31 日	院字第 911 号、第 912 号	
1933 年 10 月 28 日	院字第 994 号	
1934 年 10 月 17 日	院字第 1114 号	
1934 年 11 月 2 日	院字第 1119 号	
1934 年 12 月 7 日	院字第 1156 号	
1934 年 12 月 28 日	院字第 1171 号	
1935 年 3 月 11 日	院字第 1231 号	

---

① 该法律解释之提请,先后由安徽省党务特派员办事处和广西省执行委员会电请中央执行委员会民众运动指导委员会转呈司法院函请法律解释,司法院合并处理这两处请求。
② 该解释例文,最初乃是由天津特别市党部整理委员会所提请,经中央执行委员会民众运动指导委员会向司法院函请法律解释之情状。

(续表)

时间	解释例号	提请解释之主体
1933 年 8 月 5 日	院字第 952 号	
1933 年 12 月 22 日	院字第 1012 号	
1936 年 2 月 5 日	院字第 1405 号	
1936 年 9 月 28 日	院字第 1539 号	
1937 年 7 月 2 日	院字第 1697 号	
1938 年 9 月 10 日	院字第 1778 号	
1939 年 3 月 21 日	院字第 1869 号	中央公务员惩戒委员会
1940 年 4 月 22 日	院字第 1986 号	
1940 年 6 月 18 日	院字第 2021 号	
1940 年 8 月 30 日	院字第 2055 号	
1941 年 1 月 28 日	院字第 2291 号	
1945 年 6 月 16 日	院字第 2931 号	
1946 年 3 月 28 日	院字第 3116 号	
1947 年 10 月 28 日	院字第 3626 号	
1948 年 1 月 14 日	院字第 3805 号	
1934 年 12 月 6 日	院字第 1154 号	湖南省地方公务员惩戒委员会
1934 年 12 月 13 日	院字第 1158 号	河南省地方公务员惩戒委员会
1936 年 4 月 3 日	院字第 1469 号	
1936 年 4 月 20 日	院字第 1485 号	中央执行委员会民众训练部
1937 年 2 月 23 日	院字第 1634 号	
1938 年 7 月 27 日	院字第 1751 号	
1938 年 12 月 14 日	院字第 1825 号、第 1827 号	
1939 年 3 月 2 日	院字第 1856 号	
1939 年 7 月 17 日	院字第 1894 号	
1939 年 7 月 18 日	院字第 1901 号	
1939 年 7 月 19 日	院字第 1902 号、第 1903 号	
1939 年 8 月 3 日	院字第 1908 号	
1939 年 11 月 29 日	院字第 1939 号	
1939 年 12 月 7 日	院字第 1946 号	
1940 年 2 月 2 日	院字第 1959 号	
1940 年 5 月 2 日	院字第 1995 号	中央执行委员会社会部
1940 年 5 月 17 日	院字第 1999 号	
1940 年 5 月 25 日	院字第 2007 号	
1940 年 6 月 17 日	院字第 2019 号	
1940 年 8 月 17 日	院字第 2047 号	
1940 年 10 月 4 日	院字第 2068 号	
1940 年 11 月 11 日	院字第 2076 号	
1940 年 11 月 21 日	院字第 2089 号、第 2092 号	
1940 年 12 月 4 日	院字第 2097 号	
1940 年 12 月 12 日	院字第 2102 号	
1941 年 3 月 8 日	院字第 2150 号	
1941 年 3 月 11 日	院字第 2162 号	

(续表)

时间	解释例号	提请解释之主体
1941年6月3日	院字第2192号	中央执行委员会社会部
1941年6月18日	院字第2201号	
1941年8月2日	院字第2222号	
1943年1月28日	院字第2460号	
1943年10月30日	院字第2595号	
1939年8月4日	院字第1910号	中央执行委员会宣传部
1946年1月25日	院字第3074号	
1946年3月12日	院字第3098号	
1941年3月6日	院字第2143号	中央执行委员会组织部
1941年11月8日	院字第2254号	
1947年4月21日	院字第3451号	中国国民党浙江松阳县直属第十一区分部
1947年4月22日	院字第3452号	中国国民党江西省婺源县执行委员会
1947年5月6日	院字第3468号	广东省地方公务员惩戒委员会

而下列之解释例文,则是经由国民政府文官处向司法院函请法律解释之情状。

时间	解释例号	提请解释之主体	→	→
1931年8月19日	院字第561号	河北省党务整理委员会	国民政府文官处	司法院
1931年9月8日	院字第584号	中央执行委员会训练部		
1931年9月22日	院字第587号			
1931年11月21日	院字第618号			
1931年11月21日	院字第619号			
1931年9月22日	院字第589号	中国国民党江苏省党务整理委员会		
1931年9月22日	院字第590号			
1931年9月25日	院字第599号	中国国民党浙江省执行委员会训练部		
1931年11月7日	院字第615号			
1931年11月7日	院字第616号	中国国民党湖南省党务指导委员会训练部		
1931年12月10日	院字第636号	中国国民党湖北省党部临时整理委员会训练部		
1932年12月24日	院字第830号	中国国民党河南省党务指导委员会		
1933年1月25日	院字第841号①	中国国民党福建省党务指导委员会训练部		
1933年8月28日	院字第965号	中央民众运动指导委员会		
1934年1月31日	院字第1028号			
1934年6月29日	院字第1082号			
1935年12月18日	院字第1375号	中国国民党福建省代表大会筹备专员		

---

① 该解释例文,乃是中国国民党福建省党务指导委员会训练部和中国国民党河北省党务整理委员会同时经中央民众运动指导委员会转呈国民政府文官处函请司法院法律解释之情形。

后者例如:有些原无法官资格的人,因系国民党党员,有国民党要人援引,一跃而为高等法院院长。如只在湖南作过承审员的吴贞缵,一跃而为河南高等法院院长,1935 年前后为山东高等法院院长。……曾友豪未在法界任过职,却直升安徽高等法院院长。①

与此同时:为了选拔足够数量的能够自觉服务于国民党政治目标和主张的推检官员,南京国民政府除了从具有大学或者法律专科毕业的、从事法律实际工作的人员中选拔司法官外,还采取特别措施,通过所谓铨定考试,从中央及各省党部工作人员中选拔司法官员。② 而这无疑破坏了民初时期所建立的"司法不党"③以及司法独立的重大信条,进而恶性地反作用于民国时期的法律解释实践。

第七,除党的机构广泛参与法律解释活动外,军事机关也在司法院法律解释活动中扮演着非常重要的角色。 从法律解释的实践来看,它们往往是法律解释活动的发起者,充当提请法律解释的主体的角色。比如,院字第 261 号即是由讨逆军第二路总指挥部军法处向司法院提请法律解释的解释例文,院字第 298 号则是由陆海空军总司令行营向司法院函请法律解释的例文,院字第 330 号为福建剿匪司令部函请司法院法律解释的例文。除此之外,还有下列之情形:

序号	提请解释之主体	解释例号	时间
1	首都卫戍司令部	院字第 645 号	1931 年 12 月 25 日
2	舒城陆军第一师军法处	院字第 783 号	1932 年 8 月 13 日
3	军政部	院字第 941 号	1933 年 7 月 22 日
		院字第 1073 号	1934 年 6 月 16 日
		院字第 1090 号	1934 年 7 月 5 日
		院字第 1101 号	1934 年 9 月 3 日

---

① 张仁善:《近代中国的主权、法权与社会》,法律出版社 2013 年版,第 92 页。
② 方立新:《传统与超越——中国司法变革源流》,法律出版社 2006 年版,第 151 页。具体的事例,比如南京国民政府开设的司法官训练所在抗战期间,就曾一改以往只接收毕业于法律院校、并经国家普通考试,拟录用为司法官的培训生的做法,可以不经考试而直接进入司法官训练所。其中有一期培训生竟然全系由国民党中常委确定的中学生,训练一年即出任各地检察官,最后都成为了中统的特务。至解放前夕,各大城市中新设立的"特刑庭",全由国民党特务充任检、推事。司法党化由此可见一斑。参见陈嗣哲:"1912 年至 1949 年我国司法界概况",载全国政协文史资料选编委员会编:《文史资料存稿选编·政府·政党》,中国文史出版社 2002 年版,第 459 页。
③ 北洋政府时期,不仅袁世凯曾颁布一道命令,禁止司法官员参加任何政党;而且司法界与政党派别之间,也始终保持距离。司法界始终恪守"司法不党"的行规,司法官参加党派的极少,司法独立性较强。参见张仁善:《近代中国的主权、法权与社会》,法律出版社 2013 年版,第 88 页。可以说,"司法不党"的这一要求既是对司法独立原则在民初社会得以展开实践的一种有效保障,也对培育一支职业化的司法官队伍和形成一个高度自治的法律规则体系起到一定的作用。相关分析,可详见韩秀桃:《司法独立与近代中国》,清华大学出版社 2003 年版,第四章。

(续表)

序号	提请解释之主体	解释例号	时间
3	军政部	院字第 1150 号	1934 年 12 月 4 日
		院字第 1241 号	1935 年 3 月 19 日
		院字第 1360 号	1935 年 11 月 23 日
		院字第 1391 号	1936 年 1 月 29 日
		院字第 1645 号	1937 年 3 月 20 日
		院字第 1761 号	1938 年 7 月 30 日
		院字第 1839 号	1939 年 1 月 24 日
		院字第 2062 号	1940 年 9 月 12 日
		院字第 2099 号	1940 年 12 月 11 日
		院字第 2121 号	1941 年 1 月 28 日
		院字第 2178 号	1941 年 5 月 3 日
		院字第 2212 号	1941 年 7 月 12 日
		院字第 2228 号	1941 年 8 月 28 日
		院字第 2231 号	1941 年 9 月 4 日
		院字第 2262 号	1941 年 12 月 15 日
		院字第 2273 号	1942 年 1 月 13 日
		院字第 2274 号	1942 年 1 月 15 日
		院字第 2408 号	1942 年 10 月 13 日
		院字第 2438 号	1942 年 12 月 10 日
		院字第 2697 号	1944 年 6 月 21 日
		院字第 2773 号	1944 年 11 月 16 日
		院字第 2898 号、第 2899 号	1945 年 6 月 5 日
		院字第 3112 号、第 3115 号	1946 年 3 月 28 日
4	军事委员会委员长行营军法处	院字第 1693 号	1937 年 6 月 18 日
5	国民政府军事委员会	院字第 1770 号	1938 年 8 月 31 日
		院字第 1905 号	1939 年 7 月 29 日
		院字第 1938 号	1939 年 11 月 29 日
		院字第 1957 号	1940 年 1 月 17 日
		院字第 1965 号、第 1966 号	1940 年 3 月 5 日
		院字第 1969 号	1940 年 3 月 23 日
		院字第 1971 号	1940 年 3 月 30 日
		院字第 1972 号	1940 年 3 月 30 日
		院字第 1973 号	1940 年 4 月 6 日
		院字第 1977 号、第 1978 号	1940 年 4 月 12 日
		院字第 1991 号、第 1992 号	1940 年 4 月 27 日
		院字第 1996 号	1940 年 5 月 11 日
		院字第 1998 号	1940 年 5 月 14 日
		院字第 2010 号	1940 年 5 月 25 日
		院字第 2013 号	1940 年 6 月 5 日
		院字第 2015 号	1940 年 6 月 8 日
		院字第 2024 号	1940 年 6 月 24 日

(续表)

序号	提请解释之主体	解释例号	时间
5	国民政府军事委员会	院字第 2036 号	1940 年 7 月 24 日
		院字第 2042 号	1940 年 8 月 1 日
		院字第 2056 号	1940 年 9 月 2 日
		院字第 2058 号	1940 年 9 月 4 日
		院字第 2072 号	1940 年 10 月 12 日
		院字第 2074 号	1940 年 10 月 15 日
		院字第 2088 号	1940 年 11 月 21 日
		院字第 2100 号	1940 年 12 月 11 日
		院字第 2107 号	1940 年 12 月 31 日
		院字第 2114 号	1941 年 1 月 16 日
		院字第 2122 号、第 2123 号	1941 年 1 月 30 日
		院字第 2130 号	1941 年 2 月 8 日
		院字第 2144 号	1941 年 3 月 6 日
		院字第 2151 号、第 2160 号、第 2161 号	1941 年 3 月 11 日
		院字第 2167 号	1941 年 3 月 25 日
		院字第 2185 号	1941 年 5 月 22 日
		院字第 2194 号	1941 年 6 月 10 日
		院字第 2197 号	1941 年 6 月 17 日
		院字第 2202 号、第 2203 号	1941 年 6 月 18 日
		院字第 2218 号	1941 年 8 月 1 日
		院字第 2223 号	1941 年 8 月 2 日
		院字第 2226 号、第 2227 号	1941 年 8 月 20 日
		院字第 2230 号	1941 年 9 月 4 日
		院字第 2237 号	1941 年 9 月 27 日
		院字第 2247 号	1941 年 11 月 4 日
		院字第 2253 号	1941 年 11 月 8 日
		院字第 2255 号	1941 年 11 月 10 日
		院字第 2260 号	1941 年 12 月 3 日
		院字第 2264 号	1941 年 12 月 17 日
		院字第 2297 号、第 2298 号	1942 年 3 月 9 日
		院字第 2302 号	1942 年 3 月 18 日
		院字第 2322 号、第 2323 号	1942 年 5 月 5 日
		院字第 2326 号	1942 年 5 月 11 日
		院字第 2335 号	1942 年 5 月 22 日
		院字第 2342 号、第 2343 号、第 2344 号	1942 年 6 月 16 日
		院字第 2352 号	1942 年 6 月 24 日
		院字第 2365 号、第 2366 号、第 2367 号、第 2368 号	1942 年 7 月 23 日

第四章　民国时期法律解释的主体、内容及其程序的变换　307

（续表）

序号	提请解释之主体	解释例号	时间
5	国民政府军事委员会	院字第 2377 号	1942 年 8 月 11 日
		院字第 2390 号	1942 年 9 月 5 日
		院字第 2400 号	1942 年 9 月 18 日
		院字第 2404 号	1942 年 10 月 9 日
		院字第 2411 号、第 2412 号	1942 年 10 月 24 日
		院字第 2423 号	1942 年 11 月 4 日
		院字第 2471 号、第 2472 号	1943 年 3 月 2 日
		院字第 2483 号、第 2485 号、第 2486 号	1943 年 3 月 17 日
		院字第 2505 号	1943 年 4 月 21 日
		院字第 2513 号、第 2514 号	1943 年 5 月 3 日
		院字第 2522 号、第 2523 号	1943 年 5 月 18 日
		院字第 2539 号	1943 年 6 月 3 日
		院字第 2553 号	1943 年 8 月 12 日
		院字第 2556 号	1943 年 8 月 26 日
		院字第 2567 号	1943 年 9 月 20 日
		院字第 2580 号	1943 年 10 月 5 日
		院字第 2584 号	1943 年 10 月 28 日
		院字第 2592 号	1943 年 10 月 29 日
		院字第 2597 号	1943 年 11 月 3 日
		院字第 2605 号	1943 年 11 月 13 日
		院字第 2606 号	1943 年 11 月 15 日
		院字第 2608 号	1943 年 11 月 17 日
		院字第 2615 号	1943 年 12 月 3 日
		院字第 2641 号、第 2642 号	1944 年 1 月 31 日
		院字第 2647 号、第 2648 号	1944 年 2 月 16 日
		院字第 2655 号、第 2656 号	1944 年 2 月 24 日
		院字第 2668 号	1944 年 4 月 5 日
		院字第 2683 号	1944 年 4 月 20 日
		院字第 2684 号	1944 年 4 月 22 日
		院字第 2693 号	1944 年 6 月 17 日
		院字第 2698 号	1944 年 6 月 21 日
		院字第 2712 号、第 2713 号	1944 年 7 月 19 日
		院字第 2718 号	1944 年 7 月 26 日
		院字第 2720 号	1944 年 7 月 29 日
		院字第 2724 号	1944 年 8 月 8 日
		院字第 2733 号	1944 年 8 月 16 日
		院字第 2736 号	1944 年 8 月 24 日
		院字第 2744 号	1944 年 9 月 5 日
		院字第 2749 号	1944 年 9 月 6 日
		院字第 2751 号	1944 年 9 月 14 日
		院字第 2768 号	1944 年 11 月 2 日

(续表)

序号	提请解释之主体	解释例号	时间
5	国民政府军事委员会	院字第2770号	1944年11月6日
		院字第2780号、第2781号	1944年11月25日
		院字第2787号	1944年11月27日
		院字第2803号	1945年1月8日
		院字第2816号、第2822	1945年2月22日
		院字第2825号	1945年2月23日
		院字第2843号	1945年4月17日
		院字第2856号、第2860号、第2861号	1945年4月18日
		院字第2877号	1945年5月14日
		院字第2895号	1945年5月31日
		院字第2957号	1945年8月18日
		院字第2965号	1945年9月21日
		院字第2970号	1945年9月22日
		院字第2991号	1945年10月20日
		院字第3023号	1945年11月22日
		院字第3032号	1945年12月18日
		院字第3042号	1945年12月20日
		院字第3093号、第3094号、第3095号、第3096号、第3099号	1946年3月12日
		院字第3129号、第3130号	1946年6月24日
		院字第3141号、第3142号、第3143号、第3144号	1946年7月17日
6	国民政府军事委员会军法执行总监部	院字第1941号、第1942号	1940年12月7日
		院字第2039号	1940年7月26日
		院字第2044号	1940年8月3日
		院字第2046号	1940年8月16日
		院字第2051号	1940年8月19日
		院字第2502号、第2503号	1940年8月22日
		院字第2063号	1940年9月16日
7	军事委员会军法执行总监部	院字第1891号	1939年6月29日
		院字第1893号	1939年7月5日
		院字第1895号	1939年7月17日
		院字第1933号	1939年10月27日
		院字第1937号	1939年11月29日
		院字第2020号	1940年6月18日
		院字第2025号	1940年7月1日
		院字第2082号、第2083号、第2084号	1940年11月20日

（续表）

序号	提请解释之主体	解释例号	时间
7	军事委员会军法执行总监部	院字第 2101 号	1940 年 12 月 11 日
		院字第 2113 号	1941 年 1 月 15 日
		院字第 2140 号	1941 年 2 月 28 日
		院字第 2198 号	1941 年 6 月 17 日
		院字第 2358 号	1942 年 7 月 15 日
		院字第 2413 号	1942 年 10 月 24 日
		院字第 2581 号、第 2582 号	1943 年 10 月 5 日
		院字第 2594 号	1943 年 10 月 30 日
		院字第 2700 号	1944 年 6 月 21 日
8	国民政府军事委员会抚恤委员会	院字第 1987 号	1940 年 4 月 26 日
		院字第 2023 号	1940 年 6 月 21 日
		院字第 2073 号	1940 年 10 月 12 日
		院字第 2120 号	1941 年 1 月 28 日
		院字第 2139 号	1941 年 2 月 27 日
		院字第 2199 号	1941 年 6 月 17 日
		院字第 2219 号	1941 年 8 月 1 日
		院字第 2241 号	1941 年 10 月 23 日
		院字第 2341 号	1942 年 5 月 26 日
9	军事委员会航空委员会	院字第 2108 号	1940 年 12 月 31 日
		院字第 2293 号	1942 年 3 月 6 日
		院字第 2357 号	1942 年 7 月 11 日
		院字第 2379 号	1942 年 8 月 11 日
		院字第 2542 号	1943 年 6 月 29 日
		院字第 2565 号	1943 年 9 月 20 日
		院字第 2593 号	1943 年 10 月 30 日
		院字第 2603 号	1943 年 11 月 11 日
		院字第 2623 号	1943 年 12 月 23 日
		院字第 2657 号	1944 年 3 月 1 日
		院字第 2675 号	1944 年 4 月 12 日
		院字第 2706 号	1944 年 7 月 12 日
		院字第 2726 号	1944 年 8 月 12 日
		院字第 2735 号	1944 年 8 月 24 日
		院字第 2737 号	1944 年 8 月 29 日
		院字第 2761 号	1944 年 10 月 11 日
		院字第 2778 号	1944 年 11 月 24 日
		院字第 2798 号	1944 年 12 月 18 日
		院字第 2873 号	1945 年 4 月 21 日
		院字第 2876 号	1945 年 5 月 4 日
		院字第 2938 号	1945 年 6 月 18 日
		院字第 2952 号	1945 年 7 月 16 日
		院字第 3022 号	1945 年 11 月 22 日

(续表)

序号	提请解释之主体	解释例号	时间
9	军事委员会航空委员会	院字第 3070 号	1946 年 1 月 24 日
		院字第 3075 号	1946 年 1 月 25 日
10	国民政府军事委员会政治部	院字第 2517 号	1943 年 5 月 5 日
11	空军第五路司令	院字第 2891 号	1945 年 5 月 31 日
12	军政部四十五补充兵训练处	院字第 2902 号	1945 年 6 月 5 日
13	军事委员会调查统计局	院字第 3078 号	1946 年 1 月 25 日
		院字第 3097 号	1946 年 3 月 12 日
14	中国陆军总司令部	院字第 3092 号	1946 年 3 月 6 日
15	陆军第七十五军司令部	院字第 3137 号	1946 年 7 月 17 日
		院字第 3219 号	1946 年 9 月 16 日
16	国民政府军事委员会军令部	院字第 3145 号	1946 年 7 月 17 日
17	空军司令部	院字第 3409 号	1947 年 3 月 28 日
		院字第 3488 号	1947 年 6 月 11 日
		院字第 3525 号	1947 年 7 月 16 日
		院解字第 3647 号	1947 年 11 月 22 日
		院解字第 3675 号	1947 年 12 月 2 日
		院解字第 3739 号	1947 年 12 月 22 日
		院解字第 3835 号	1948 年 2 月 9 日
18	国防部	院字第 3177 号、第 3178 号	1946 年 8 月 13 日
		院字第 3185 号	1946 年 8 月 14 日
		院字第 3191 号	1946 年 8 月 20 日
		院字第 3202 号、第 3203 号、第 3204 号	1946 年 8 月 30 日
		院字第 3222 号、第 3223 号	1946 年 9 月 16 日
		院字第 3231 号	1946 年 9 月 17 日
		院字第 3240 号	1946 年 10 月 2 日
		院字第 3252 号	1946 年 10 月 7 日
		院字第 3257 号	1946 年 10 月 8 日
		院字第 3292 号	1946 年 11 月 4 日
		院字第 3293 号、第 3294 号、第 3295 号	1946 年 11 月 5 日
		院字第 3297 号、第 3298 号、第 3302 号	1946 年 11 月 15 日
		院字第 3310 号	1946 年 11 月 30 日
		院字第 3311 号	1946 年 12 月 3 日
		院字第 3314 号	1946 年 12 月 7 日
		院字第 3318 号	1946 年 12 月 13 日
		院字第 3345 号	1947 年 2 月 15 日
		院字第 3357 号、第 3358 号、第 3359 号、第 3360 号	1947 年 2 月 19 日
		院字第 3369 号、第 3370 号	1947 年 2 月 25 日

(续表)

序号	提请解释之主体	解释例号	时间
18	国防部	院字第 3414 号、第 3415 号	1947 年 4 月 1 日
		院字第 3421 号、第 3422 号	1947 年 4 月 2 日
		院字第 3456 号	1947 年 4 月 28 日
		院字第 3464 号	1947 年 5 月 1 日
		院字第 3493 号、第 3494 号	1947 年 6 月 11 日
		院字第 3499 号	1947 年 6 月 17 日
		院字第 3522 号	1947 年 7 月 11 日
		院字第 3538 号	1947 年 7 月 26 日
		院字第 3551 号	1947 年 7 月 31 日
		院字第 3561 号、第 3562 号、第 3563 号、第 3564 号	1947 年 8 月 25 日
		院解字第 3612 号、第 3613 号	1947 年 10 月 21 日
		院解字第 3648 号、第 3649 号、第 3650 号、第 3651 号、第 3652 号	1947 年 11 月 22 日
		院解字第 3661 号、第 3662 号	1947 年 12 月 1 日
		院解字第 3676 号	1947 年 12 月 2 日
		院解字第 3681 号、第 3682 号	1947 年 12 月 5 日
		院解字第 3697 号	1947 年 12 月 8 日
		院解字第 3707 号、第 3708 号	1947 年 12 月 12 日
		院解字第 3726 号、第 3728 号	1947 年 12 月 16 日
		院解字第 3758 号	1947 年 12 月 23 日
		院解字第 3761 号、第 3764 号	1947 年 12 月 24 日
		院解字第 3777 号	1947 年 12 月 31 日
		院解字第 3782 号	1948 年 1 月 5 日
		院解字第 3795 号	1948 年 1 月 9 日
		院解字第 3824 号	1948 年 1 月 31 日
		院解字第 3846 号	1948 年 2 月 17 日
		院解字第 3862 号、第 3863 号、第 3864 号	1948 年 2 月 21 日
		院解字第 3891 号	1948 年 3 月 21 日
		院解字第 3910 号、第 3915 号、第 3916 号	1948 年 3 月 30 日
		院解字第 3917 号、第 3918 号	1948 年 4 月 5 日
		院解字第 3941 号	1948 年 4 月 22 日
		院解字第 3955 号、第 3961 号	1948 年 5 月 4 日
		院解字第 3995 号	1948 年 6 月 14 日
		院解字第 4013 号	1948 年 6 月 15 日
		院解字第 4018 号、第 4022 号	1948 年 6 月 21 日
		院解字第 4037 号、第 4046 号、第 4052 号、第 4060 号、第 4088 号	1948 年 6 月 22 日

尽管此类解释主体函请法律解释之内容,或多或少都与军事法相关,——比如《海陆空军刑法》及《审判法》《惩治盗匪暂行条例》《修正惩治汉奸条例》《修正禁烟治罪暂行条例》《修正禁毒治罪暂行条例》《县长及地方行政长官兼理军法暂行办法》等,但是这一方面反映出特别法在司法院时期的适用问题,另一方面,尤其是1940年后国民政府军事委员会等频繁作为提起主体函请司法院法律解释,这也反映出社会生活的变化——如"惩治汉奸""禁烟禁毒"等——对法律解释制度实践的影响以及法律解释制度运作服务于政治—社会治理的功能。

为更好地表现这一时期军事机关参与法律解释活动的情况,本书对上述的基础性数据统计结果转换表现方式。一是以年度为单位,对数据进行重新划分,以看到每年度军事机关参与法律解释活动的数量及其变化。

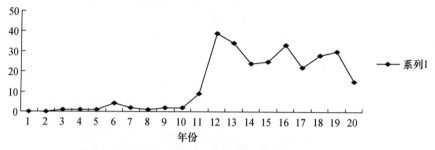

司法院时期军事机关参与法律解释活动的数量统计表

说明:年份单位,其中"1"为1929年,"2"为1930年以此类推,"20"为1948年。

从此数据统计之中我们可以看出,从1929年至1939年这10年间,军事机关近乎不参与法律解释活动;而1940年至1948年,军事机关越来越频繁地参与法律解释活动,其中1940年、1941年和1947年,是军事机关参与法律解释活动数量较多的年份。二是在年度数量统计的基础上,同时联系到相关年度司法院生产法律解释例文的总数量,借此就能看到军事机关每年度参与法律解释活动的频次及其变化。

年份	数量	频次(数量/年度量)	年份	数量	频次(数量/年度量)
1929年	0	0	1939年	9	9/119(=7.56%)
1930年	0	0	1940年	39	39/158(=24.68%)
1931年	1	1/255(=0.39%)	1941年	34	34/163(=20.85%)
1932年	1	1/191(=0.52%)	1942年	24	24/179(=13.4%)
1933年	1	1/175(=0.57%)	1943年	25	25/177(=14.12%)
1934年	4	4/172(=2.32%)	1944年	33	33/175(=18.85%)
1935年	2	2/200(=1%)	1945年	22	22/259(=8.49%)
1936年	1	1/223(=0.44%)	1946年	28	28/263(=10.64%)

(续表)

年份	数量	频次(数量/年度量)	年份	数量	频次(数量/年度量)
1937年	2	2/105(=1.9%)	1947年	30	30/454(=6.6%)
1938年	2	2/118(=1.69%)	1948年	15	15/319(=4.7%)

从中可以看出,1940年和1941年,是军事机关参与法律解释活动最为频繁的年段。

第八,强调最高法院之法律解释,只要不与司法院之相关规定抵触,即存有效力。在1929年3月11日的院字第25号解释例文中,司法院指出:

> 查赎产案件,其计算诉讼标的之价额,应依其上诉所声明之债权数额为标准,不得依所有权价额计算,故此种案件,无论第三审法院曾否误依所有权价额令其照百元以上之诉讼标的缴纳讼费或曾为实体上之审究发回更审,但其上诉所声明之债权数额,既系不满百元,仍应依照本院解字第209号解释,并援用该省暂行适用之民事诉讼条例第五百三十一条第一项予以驳斥。

从中看到,司法院在解释例文中对最高法院时期的解释例的效力予以了确证,而这其实也就意味着,最高法院时期的法律解释,在司法院时期仍然是具有法律效力的。而1929年3月16日的院字第26号解释例文则对最高法院时期的解字第226号解释例文的内容予以了说明:

> 查解字第226号解释文,系对于地方检察官就初级案件所为处分经声请再议者,认为应送高等法院首席检察官,如系对于兼理司法之县政府,就初级案件所为之处分声请再议,及其上级法院首席检察官,原为地方法院之首席检察官,自应按照现行刑事诉讼法送交地方法院首席检察官。

而这其实也就反映出,司法院对于最高法院时期的法律解释例的效力是持一种积极肯定的态度的。除此之外,比如1929年8月,司法院院字第149号法律解释认为,"查最高法院解字第202号解释,固认告诉、告发得委律师代行;但已明言与律师出庭辩护性质不同,其以律师代行告诉者,自不能与辩护人视同一律。……"再比如,1929年8月的院字第150号也认为:"(一)最高法院解字第144号解释所称,开始审理应认为刑事诉讼法第275条所指之开始审判。"还比如,1930年1月,司法院院字第225号法律解释亦认为:"来文所称情形,见院字第1号解释,(载司法公报第八号)并参照最高法院解字第六十一号解释。"很显然,司法院的这些法律解释,都是旨在通过对最高法院法律解释例的援引与说明,来确证最高法院法律解释例在司法院时期的法律效力。

有意思的是院字第 72 号。在这份于 1929 年 5 月 3 日复江西高等法院的解释例文中，司法院指出：

> 江西高等法院张院长览，该法院上年十月世代电致最高法院请解释水利涉讼如何计算诉讼价额一案，兹据最高法院拟具解答案，呈核前来，并由本院长于本年五月一日召集统一解释法令会议议决，关于水利涉讼，曾于最高法院十七年解字第 127 号解释在案，兹经会议议决变更，认为应以原告一年内因水利可望增加之收益为准，不得以二十倍计算。

从此之中可以看出，对于最高法院时期的法律解释例，其效力与内容需要变更的，司法院一般都会通过召开统一解释法令会议来议决。

同样有意思的还有院字第 149 号。在这份于 1929 年 8 月 23 日训令浙江高等法院首席检察官的解释文中，司法院指出："查最高法院解字第 202 号解释，固认告诉、告发得委律师代行，但已明言，须律师出庭辩护性质不同，其以律师代行告诉者，自不能与辩护人视同一律，司法行政部指字第七二二号指令否认告诉人延请律师出庭办法，核与前开解释尚无冲突。"从此之中可以看出，通过说明最高法院法律解释例与司法部行政部指令办法之间并无冲突之存在，司法院同时确证这两项规例的法律效力。

除上述所举之情形外，在司法院法律解释的实践中，通过说明或者援引最高法院法律解释例之内容，来确证其法律效力的，还包括以下这些情状：

时间	解释号	解释内容
1929 年 8 月 23 日	院字第 150 号	（一）最高法院解字第一四四号解释所称，开始审理应认为刑事诉讼法第二百七十五条所指之开始审判。……
1931 年 1 月 6 日	院字第 393 号	来函所称永租物权，法无明文。至称甲以铺屋等租与乙商号，订明永远开张，乙商号倒闭后，由丙改开别号各点，是商号与承租人主体变更，未经出租人承诺，即不生效力，自不属于前解字第 190 号解释范围，亦不得以从前租约对抗新业主。
1931 年 1 月 6 日	院字第 395 号	应参照解字第 61 号解释，以现给付货币比较缔约时所交货币差额为折补标准，方不致一造受损。

值得特别予以关注的是院字第 225 号。在这份于 1930 年 1 月 28 日指令江苏高等法院的解释文中，司法院指出："来文所称情形，见院字第 1 号解释（载司法公报第八号），并参照最高法院解字第 61 号解释。"从此之中我们看到，该解释例不仅确证了司法院时期法律解释例（院字第 1 号）的效力，同时也对最高法院时期的法律解释例（解字第 61 号）的效力予以了确证。而这其实意味着，最高法院时期的法律解释例只要与现行法规与法例不抵触，皆有效力。

第九,对最高法院之法律判决(例),司法院也通过各种方式对其效力予以确证。典型的比如院字第 692 号。在这份于 1932 年 2 月 27 日复河北高等法院的解释文中,司法院指出:

> 先后杀死二人以上,如出于一个概括之意思者,应依刑法第七十五条以一罪论,若杀人后又以新发生之犯意杀害另一人者,则应依同法第六十九条并合论罪,最高法院十九年上字第八九一号判决因被告先后开枪击伤二人,系出于一个概括意思,认为成立连续犯,并非变更前例。

很显然,通过此可以看出,最高法院的这一判决例不仅其内容被再次阐释,而且其效力也得以被确证。

第十,对于大理院时期法律解释例或者判决例的效力,司法院采取了一种较为灵活的方式和实用的态度。比如在 1929 年 4 月 12 日复广西高等法院的院字第 36 号解释例文中,司法院认为:"应以子说为是。"而查原函子说,其内容为:"子说,谓依前大理院复本省高审厅统字第 1080 号解释例载,代匪购买粮食及卖米与匪,与本院统字第 286 号、第 316 号解释文内所谓为盗执炊无异,尚不能认为犯罪云云。丙之行为既与解释例之情形相同,而又未加入实施掳人勒赎,自不能论罪。"从此之中可以看出,司法院实际上是认可大理院时期法律解释例的效力的,但是它却并未在解释例文的正文中表达这种肯定的态度,而是通过对提请解释函这种非正式例文的内容的肯定来表达其所持之立场。这无疑是一种极为灵活的方式。①

而与此同时,在于 1929 年 9 月 3 日训令湖南高等法院的院字第 159 号解释文中,司法院指出:"应以甲说为是。"而查:"甲说,现行刑诉法中第二审并无得用书面审理之明文,前大理院对于呈诉案件,许酌用书面审理之判例(大理院六年上字第八四一号判例)应认为与现行刑诉法抵触,不能有效。"从中可以看出,司法院在解释中通过说明大理院之判例与现行法之规定相抵触,不仅借此表明这一具体的大理院判例由此失效之情形,而且也由此阐发了大理院时期的判例在司法院时期是否继续有效的一般性标准。

第十一,对于大理院时期法律解释例文中经常出现的"失出"概念,虽然在最高法院时期的法律解释文中已然消失,但在司法院法律解释文中还是偶尔可见的。典型的比如院字第 1186 号。在这份于 1935 年 1 月 4 日训令福建高等法院首席检察官的解释文中,司法院指出:

---

① 在司法院时期提请法律解释的函文中,援引大理院和最高法院时期的解释例与判决例以资说明的情况非常频繁,(比如院字第 1716 号所复之函请中,湖南高等法院就同时援引了*最高法院十八年上字第四七八号*和前北京*大理院九年上字第七九七号判例*)但是在司法院解释例正文中却极少出现援引、说明或者确证大理院和最高法院时期解释例与判决例的情形。这一方面反映出司法院时期,地方法院在裁判过程中仍频繁使用大理院和最高法院时期的解释例与判决例,作为法依据;另一方面则反映出司法院对它们所采取的一种既不肯定也不否定的模糊而实用的态度。

刑事诉讼法第三百八十七条所载,不得上诉于第三审之案件,无论检察官或自诉人,均应受此限制。故凡第二审判决,既认被告所犯之罪其最重本刑为一年以下有期徒刑、拘役或专科罚金者,既无许为被告不利益而上诉之规定,就令检察官或自诉人认为引律失出,仍不得上诉于第三审法院。

最后,由于提请法律解释之请求与要素不甚明了,进而造成司法院无法予以答复的情况,也是偶有发生的。比如在1931年1月23日的院字第416号解释文中,司法院指出:"……(六)问意不明,无从解答。"而查其原函,其请求的是:"……(六)已嫁女子既得追溯继承遗产,是否不受出嫁时期之限制。"又比如院字第1601号。在这份于1936年12月22日指令湖北高等法院的解释文中,司法院指出:……至妨害秩序罪第一百五十八条之被诈欺人,来呈未叙明其被欺诈事实,无从解答。"很显然,从中可以看出,由于提请法律解释之函文中未对所涉法律之具体事实予以叙明,因而造成司法院无法据以解释。再比如,院字第1909号。在这份于1939年8月3日指令四川高等法院的解释文中,司法院认为:

　　……至来呈所设之例,甲以价值一千元之房屋,出租于丙,收取一千元之押金,似与普通因担保承租人之债务而授受之押金不符,究竟甲、丙间立约之真意如何,丙是否于所交押金外,尚须支付租金,其所交押金一千元,是否果为担保丙之债务,而授受之事实关系,尚欠明了,其法律适用问题,即属无从解答。

还比如,1948年6月,司法院院解字第4033号法律解释即认为,"……(二)来文所述情形,意义欠明,无从予以解答。"这从一个侧面也反映出,由于地方司法机关参与法律解释活动之能力不足,进而导致司法院法律解释制度运作之不良。

除上述所举之情形外,在司法院法律解释的实践中,因由提请法律解释之请求与要素不甚明了进而造成司法院无法予以答复的情况,还包括以下这些情状:

时间	解释号	解释内容
1941年3月18日	院字第2166号	(一)因征收裁判费而核定诉讼标的之价额,应先明其为原告要求如何判决之诉讼,原呈所谓关于大佃之征收诉讼费用问题,究指如何之诉讼而言,未据说明,无从解答。
1942年5月15日	院字第2333号	……至原呈所称之顶首当事人授受之意义如何,尚欠明了,无从解答。

(续表)

时间	解释号	解释内容
1943年7月21日	院字第2549号	……原呈所称杜顶或活顶之承顶人辗转相顶，其契约内容如何，双方与土地所有人之关系如何，所称大业小业大皮小皮大卖小卖田皮田骨，其发生原因及其相互关系之详情如何，均欠明了，无从解答。
1943年11月20日	院字第2610号	……至其余赤金交易，应依何时价格折合法币偿还，在交易关系未据说明，无从解答。
1948年4月22日	院解字第3943号	……至农业生产中之轮作物与间作物，其性质种类如何区别，未据指明为何种法律上之疑义，无从解答。
1948年6月22日	院解字第4038号	（一）来文第一点所叙情形，尚欠明了，无从解答。

但是，并非所有来文不明之情形，司法院都不作解释的。有的时候它也会细心揣摩或者假设函请解释之情由和要求，进而据此作出解释。院字第349号解释就很好地说明了这一点。在这份于1930年10月4日训令东省特别区域高等法院的解释文中，司法院指出：

> 来文不甚明了。既曰经检察官提起公诉，似案件虽合于自诉而起诉者实为检察官；检察官提起之诉，只检察官得依刑事诉讼法第二百六十四条第一项撤回，被害人如向法院为撤回之声请，除按系告诉乃论之罪，得认为撤回告诉外，法院应以裁定驳回之。若被害人于检察官公诉之外别有自诉，所谓撤回者系就自诉言，则应视自诉在公诉之前或后分别办理。如自诉在后，该自诉原应依同法第三百四十三条第一项第一款以裁定驳回。关于撤回之声请，自无庸裁判。但在告诉乃论之罪，其声请可认为撤回告诉。如自诉在前，既经自诉又复撤回，应即依同法关于撤回自诉各条以为判决。

从中看到，法律解释机关在解释条文的过程中不断进行"假设"或者"可能性"推演，其多半是在于函请法律解释之请求不甚明了所致。

除此之外，值得关注的还有院字第431号。在这份于1931年2月5日复甘肃高等法院的解释文中，司法院在电文的最后指出："再来电漏填发电日期，嗣后应注意。"这显然是司法院对提请法律解释函所提出的具体要求。而这其实也就意味着，司法院不仅要求提请法律解释函的内容要明确，而且也要求提请法律解释函的格式要完备。

院解字第3963号同样值得予以特别的关注。因为在这份于1948年5月4日训令最高法院的解释文中，司法院指出："国立大学校长于当选立法委员后，得否兼任原职，系属将来之宪法解释问题，未便解答。"很显然，由于函请解释之内容涉及宪法解释之问题，因而司法院为未便予以解答。而这也是民国法律解释的实践中所遇到的为数不多的有关宪法解释的情况说明。

第四节 "大法官会议"的法律解释

1947年1月1日,《中华民国宪法》公布。该法第78条规定:"司法院解释宪法,并有统一解释法律及命令之权。"第79条第2项规定:"司法院设大法官若干人,掌理本宪法第七十八条规定事项,由总统提名,经监察院同意任命之。"同年3月31日公布的《司法院组织法》,12月25日该法修正公布1948年6月24日施行。其第3条规定:"司法院设大法官会议,以大法官十七人组织之,行使解释宪法并统一解释法律命令之职权。大法官会议,以司法院院长为主席"。① 由此可见,大法官行使解释法令之职权,仍是以会议的方式来进行的。

当然,作为行使解释宪法并统一解释法律之权的司法院大法官会议,其设置一方面延续了以往司法院统一解释法令会议的有关规定与政治结构,另一方面在规则设计与政治定位上也有了新的突破。而这其实也就意味着,司法院大法官会议的出现,"突破了自清末改制以来,中央最高司法机关仅享有解释法律和变更判例的权力,显然,它在某种程度上是受到美国司法体制,特别是美国联邦最高法院的影响,开始行使宪法解释权"。②

就解释的范围而言,1948年9月15日大法官会议第一次会议所通过的《大法官会议规则》,较之以往有进一步明确规定。例如,其第3条规定:"中央或地方机关,于其职权上适用宪法,发生疑义,或适用法律命令,发生有无抵触宪法之疑义时,得声请解释。"第4条规定:"中央或地方机关,就其职权上适用法律或命令,所持见解,与本机关或他机关,适用同一法律或命令时,所已表示之见解有异者,得声请统一解释。但该机关,依法应受本机关或他机关见解之约束,或得变更其见解者,不在此限。"第5条规定:"声请解释机关,有上级机关者,应经由上机关层转声请。解释不合规定者,上级机关不得为之转请。上级机关应依据职权予以解决者亦同。"

事实上,根据宪法,司法院除了对民刑事、行政诉讼以及公务员法律规范进行解释外,当"省法规与国家法律有无抵触发生疑义,由司法院解释之"(第117条),当"法律与宪法有无抵触发生疑义时,由司法院解释之。"(第171条第2项)由此可见,司法院之地位,较之于以往,更为凸显;而司法院之

---

① 另外,《大法官会议规则》第11条规定:"院长因事故不能主席时,由大法官互推一人为主席。"与此同时,根据法律的规定,大法官的任期为九年,出任大法官需要具备以下任职资格之一项:(一)曾任最高法院推事十年以上,而成绩卓著者;(二)曾任立法委员九年以上,而有特殊贡献者;(三)曾任大学主要法律科目教授十年以上,而有专门著作者;(四)曾任国际法庭法官或有公法学或比较法学之权威著作者;(五)研究法学富有政治经验,声誉卓著者。并且,具有以上任何一种任职资格的大法官,其人数不得超过总名额的三分之一。

② 方立新:《传统与超越——中国司法变革源流》,法律出版社2006年版,第125页。

解释活动,亦比以往,更具有了宪政上的意义。①

进一步,司法院大法官会议解释的对象其实同样仅限于抽象的法律规范,不涉及具体的法律事实问题。与此同时,根据司法院大法官会议的解释实践,从权力的属性上来看,司法院大法官会议行使的解释宪法并统一解释法律法令的职权,属于一种"抽象的法律解释权"②,包括宪法解释权、法律解释权和判例效力的确认权。所谓宪法解释权,是指大法官会议"可以就国家的各项法令和决定、地方的各种法律规范是否违背宪法作出判定,经大法官会议违宪宣告的法律规范和决定失去法律效力";所谓法律解释权,是指对法律、法令的含义作出解释,"大法官会议所做解释与法律具有同等效力";所谓判例效力的确认权,"最高法院所作的民事、刑事判例对同类案件一般具有约束力,但是,一旦大法官会议认为最高法院的判例违背宪法或者现行法律,有权停止该判例的法律拘束力"。除此之外,从功能上来说:"在现行法律和最高法院的判例没有做出明确规范的情况下,大法官会议可以通过法律解释来弥补法律的空白;在现行法律和判例虽有确定的规定,但是这些规则与实际生活已经明显不适应时,大法官会议可以通过法律解释来改变这些规则。"③

就请求解释的程式上,《司法院大法官会议规则》第 6 条规定,"声请解释,应以书面说明声请之事由,必要时并应附送有关文件。"第 7 条规定:"声请解释事件,应按收文先后编定号次,并应于每次会议时降案由列入报告事项。"

第 8 条第 1 项规定:"大法官会议接受之声请解释事件后,应即按收文号次及分案轮次交大法官一人审查,拟具解释初稿或其他意见,提出大法官会议讨论,如经会议议决重付审查时,得由会议加推大法官数人,以一人为召集人,拟具报告提出会议讨论。"

第 2 项规定:"前项交付审查事件,如大法官会议认为应迅速办理者,得限定提出审查报告之期间。"

第 9 条规定:"宪法第一百十四条规定之事件,不适用声请解释之程序,但仍应按收文先后编定号次,列入报告。

前项事件,由大法官会议交付大法官全体或数人审查,并得限定提出报告之期间。"

第 12 条规定:"大法官会议应有大法官总额过半数之出席,出席大法官

---

① 此外,例如,《中华民国宪法》第 114 条规定:"省自治法制定后,须即送司法院,司法院如认为有违宪之处,应将违宪条文宣布无效。"第 115 条:"省自治法施行中,如因其中某条发生重大障碍,经司法院召集有关方面陈述意见后,由行政、立法、司法、考试、监察五院院长组织委员会,以司法院长为主席,提出方案解决之。"

② 张晋藩主编:《中国司法制度史》,人民法院出版社 2004 年版,第 558 页。

③ 方立新:《传统与超越——中国司法变革源流》,法律出版社 2006 年版,第 126 页。

过半数之同意,始得为决议;可否同数时,取决于主席,但解释宪法或为法律或地方自治法抵触宪法之决议,应有大法官总额过半数之同意。"

从本质上来看,解释宪法和法律是大法官会议享有的"抽象的法律解释权"。

就司法院而言,大法官会议行使的"抽象的法律解释权"只是其法律解释权的一部分。但是,对判例的变更涉及"具体的法律解释权",不属于大法官会议的职权,只有当判例变更会议作出违反宪法或法律的决定时,大法官会议才有权干预。根据《司法院组织法》的规定,司法院长可以根据最高法院院长的提请,召集"变更判例会议",和最高法院共同行使"具体的法律解释权"。最高法院院长可以就具体的判例变更事项提请于司法院长,后者根据前者的提请召集"判例变更会议"。"判例变更会议"的参加者,包括司法院长、最高法院院长、最高法院各庭庭长。对于既有判例的变更与否,以及新判例的要旨内容等,由参加会议者的多数来决定,因此作为会议主席的司法院长仅仅起到会议召集人的作用。①

1948年7月,蒋介石提名第一届大法官17人,咨请监察院同意;经监察院于同月14日第十八次院会投票,同意江庸、燕树棠、黄右昌等12人为大法官,史尚宽等5人未获得同意。② 第一届大法官自1948年10月成立大法官会议以来,然随着国民党统治在大陆的失败,这一制度只运行了很短暂的时间,随之也就停止了。3个月期间,只颁行了一个大法官解释。即于1949年1月6日公布的、释字第1号解释。该解释例文的内容为:"立法委员依宪法第七十五条之规定不得兼任官吏,如愿就任官吏,应即辞去立法委员。其未经辞职而就任官吏者,显有不继续任立法委员之意思,应于其就任官吏之时视为辞职。"

从大理院到司法院,从最高法院到大法官会议,可以看到,民国时期的法律解释,就解释之内容而言,已逐渐从对"条文"的"零售式"解释中超越了出来,走向了"批发式"的,也即制度化、系统化、宪政化的道路:一方面,法律解释的范围越来越广泛,比如,由对传统的民刑事法律条文进行解释,拓展到开始对宪法条文进行法律解释,以及通过解释活动,来完成具有"违宪审查"意义之活动。另一方面,法律解释活动的作用越来越凸显;比如,不仅法律解释的主体在国家权力结构中的地位逐渐攀升;例如,作为最高审判之机关,大理院每天的工作,却仅仅只是围绕着"事实审"而疲于奔命,偶尔具有"法律审"的性质,而司法院,其"法律审"之功能显然已远远超过"事实审"——最高法院此时分担了其中更多的事实审查,因此作为最高的审判机关,其宪政意义(制定规则)无疑要大于其司法意义(解决纠纷)。

---

① 方立新:《传统与超越——中国司法变革源流》,法律出版社2006年版,第126—127页。
② 台湾"国史馆"编印:《中华民国史法律志(初稿)》,台湾1994年自刊,第50页。

综观民国时期的法律解释,自院字第 1 号起到大法官会议释字第 1 号止,总计 6000 余条。若依解释当时之关系法令,又可分大致为九类:(1) 宪法及有关法令,(2) 行政法令,(3) 立法法令,(4) 考试法令,(5) 监察法令,(6) 司法法令,(7) 民事有关法令,(8) 刑事有关法令,(9) 地方制度及民团体法令。① "参酌现行政制,几于无所不包。"

同号解释之事项,往往非止一端。每有一号之内,解释多至数项或十余项者。虽请求解释时仅设抽象之疑问,然除不合规定未予解释者外,任何一项,无不普遍适用于具体之事实。亦有因解释而间接影响有关法令之损益及其施行者。自院字第一号起,迄今逾四十年。其间影响之深远,概可想见。②因此,面对这些法律解释例文:"无论关系法令是否有效,或先后解释有所变更,如能珍视每一问题之来龙去脉,综览全貌,深入研究,寻因革之迹,明法理之辨,则于法治推行,将有莫大之助益焉。"③而这其实也就意味着,必须认真对待民国时期的法律解释。

---

① 《司法院解释汇编》(第 1 册),"四版例言"。
② 《司法院解释汇编》(第 1 册),台湾"司法院"秘书处 1989 年编辑印行,"谢冠生·再版序"。
③ 《司法院解释汇编》(第 1 册),台湾"司法院"秘书处 1989 年编辑印行,"田炯锦·三版序"。

第五章　民国时期法律解释的原则

为避免法律解释的任意性,确保法律解释的质量,法律解释活动必须遵循一定的基本原则。法律解释的基本原则,是内在于法律解释活动和各法律解释主体行为意识之中的观念性法则。虽然在不同时期所要面对的法律规范以及所作出解释的主体相互间差异较大,不同阶段的法律解释活动所要面向的社会需求也各不相同,但作为一个有机的整体、一种内在传承性的法律活动,民国时期的法律解释在其多样性外在表现的背后,沉淀下来了较为稳定的基本原则。这些基本原则对于确保民国时期法律解释活动的质量,确保法律解释的一致性和统一性,发挥了重要的作用。

第一节　民国学者表述之概括

在有关民国时期法律解释理论的梳理中我们可以看到,矶谷幸次郎率先在其所著之《法学通论》中,把司法解释之原则概括为诸如"法律不必解释者不可强解释之""法文之用语当根据制定法律时之意义以解释之""法文中之言辞当参考法律全体之通例及他法令而后解释之""当以普通平易之意义解释之,若法律上之意义,与通俗之意义异者,当从法律意义""解释法文之言辞须使于法律有效"等14项。[①] 朱显祯在他的《法律解释理论》中简要地指出:"法律解释之使命,在于发挥法律对过去、现在和将来的三个作用。"[②]即在他看来,法律解释首先应当以既成的法律为出发点,其次法律解释要处理好与现在法的关系,再者则是法律解释应当给将来以适当的空间与保障。与此同时,夏勤指出,法律解释必须严格遵循合法性原则,必须要"以法律文本为依据"。王觐同样也认为:"刑法亦法律之一,其有待乎解释,自不让于他法,解释而不慎,则有背罪刑法定主义之本旨。"[③]除此之外,欧阳谿也详细列举出法律解释所应当遵循的、诸如"法律之文字当从其制定时代之用例而解释之""解释法律宜着眼法律相关联之全文""法律之文字应于通常之意义解

[①] 参见〔日〕矶谷幸次郎:《法学通论》,王国维译,何佳馨点校,中国政法大学出版社2006年版,第110—112页。

[②] 朱显祯:《法律解释论》,载吴经熊、华懋生编:《法学文选》,中国政法大学出版社2003年版,第70页。

[③] 王觐:《中华刑法论》,姚建龙勘校,中国方正出版社2005年版,第40页。

释之""凡变更解释当从严正着眼,不可敷衍出之""凡加惩罚或负义务与负责任之法律宜从严正解释"①等7项原则。

可以说,朱显祯有关法律解释原则之内容与表述,带有浓厚的古典法学派法律原则理论的印迹,这在社会学法学思潮占据主流地位的民国法学界,其声响无疑相当的微弱。但是他所主张的法律解释要以法律为出发点的看法,却值得我们认真对待。相较于朱显祯对于法律解释原则的宏大叙事以及夏勤、王觐的简略概括,矶谷幸次郎和欧阳谿的表述无疑细致的多。他们都指出法律解释应当以确有解释之必要为前提,"不可强解释之"而反法律之真意;而且还详尽地指出了文理解释这种法律解释方法所应当遵循的解释规则。与此同时,他们都指出法律解释过程中法律意义之获得所依赖的方法,而且还指出文理解释与论理解释之关系,强调文理解释与论理解释相抵牾时"当从何解释"应慎重。

很显然,尽管民国时期的法律人对于法律解释之原则各有侧重,但就其思想意向与理论趣旨,从根本上来说都是为了确证法律之解释与法规范之本意或者立法之原意这两者之间尽可能相吻合,也即"任何解释,不能脱离条文,亦就是说,一切必须归纳到立法者的意思"②,并符合法规范之真意。因此,这就决定了对于法律规范之解释,首先必须要严格符合解释之方法论或者推理之逻辑。而也正是因为此,"解释法定"自然也就成了法律解释的基本原则之一。有关这一点,其实民国学者在其法律解释理论中都是持肯定之态度的。其次,法律解释虽可大大扩充条文适用之范围并使之富有弹性,法律解释之活动虽全凭各人的良知并依赖简单的逻辑③,但若是在释放法律文本的原意或立法者的目的时超出其本旨或跃出其涵摄之范围时,则解释之自由就会异化为权力的恣意。而这其实也就意味着,解释是否适度成了衡量法律解释活动是否具有正当性/合理性的标准之一。再次,如果把视野再放得宽一些,尝试在民国的法制思潮之中来进一步审视其法律解释活动,法制不仅强调规则之治,而且强调法律适用过程中的"同案同判"。因此,民国法制语境之下的法律解释活动,就不仅要符合解释法定的原则(这是解释的合法性要求,决定着法律解释的效力),而且也要符合解释适度之原则(这是解释的合理性要求,影响着解释结果的说服力),更要符合解释恒定的原则。因为它是解释的逻辑性要求的体现,不仅影响着法律解释活动的客观性与解释结果的有效性④,而且也直接影响着民国时期法秩序的形成与法制社会的实现。

---

① 参见欧阳谿:《法学通论》,陈颐勘校,中国方正出版社2004年版,第118—119页。
② 王伯琦:《近代法律思潮与中国固有文化》,清华大学出版社2005年版,第176页。
③ 吴经熊:《法律哲学研究》,清华大学出版社2005年版,第213页。
④ 参见陈金钊等:《法律解释学》,中国政法大学出版社2006年版,第15页。

当然，民国时期法律解释制度的实践既是极其复杂的，各时期都会各自的侧重；但又是一个有机的整体，相互传承。与此同时，"解释法定""解释适度"与"解释恒定"这三者间的关系在法律解释的实践活动中也并不是孤立的，而是相辅相成的。换言之，它们其实是共同作用于法律解释活动，进而一齐牵引着解释者在法律解释的活动中追寻法律规范之真意。为此，当本书尝试用"解释法定""解释适度"与"解释恒定"这三个法律解释的原则来分别审视民国时期的法律解释制度及其运作时，必将饱受"解释学循环"的困扰，并因此可能割裂原本有机而完整的全景①，进而导致"管中窥豹"。但也正是这种"肢解"，从中不仅能够看到民国法律人为了追寻法制而付出的坚韧努力，也将开启一个复杂的民国法律世界。

第二节 解释法定

"解释法定"要求法律解释活动依法进行。从其内容上来看，它既要求解释权的主体合法，又要求解释方法与解释活动的过程、程序合法，还要求解释的结果符合法律的明确规定，或者与已颁布之法律有涵盖关系。也正是因为此，它既是获得法规范之真意的基本前提与重要保障，也是"解释适度"与"解释恒定"这两个原则的前提。

从大理院到最高法院以及司法院的法律解释实践中，都可以清楚地看到这种解释法定原则对于具体的法律解释活动的要求。例如，对于提请法律解释主体和提请法律解释之内容，民国时期的法律解释制度都有相关规定。因而凡提请法律解释之主体不适格与程序违法的，最高司法机关都不予以答复；凡不是以法律适用之问题，或者以具体案件和事实，或者将立法中的问题，抑或者将行政与非法律问题等请求法律解释的，都不属于法律解释之范围。又比如，对于现行法未予以规定或者无法源可资援引的问题提请解释的，法律解释机关都持审慎之态度，而并未以"释法"之名行"造法"甚至"立法"之实。

这些都是宏观意义上的表现。由于民国法制以成文法为主旨，采取的是法典中心主义，施行的是将法规则视为整个法律制度的核心，因而民国时期的法律解释实践，解释法定原则首先即要求"依法解释"。

一、依法解释

在民国时期的法律解释实践中，"依法解释"主要体现在法律之解释乃是严格依据现有之法规范所作出的。典型的比如院字第 27 号。在这份 1913 年 5 月 23 日覆四川高等审判厅的解释文中，大理院指出："和奸未经本夫告

---

① 有关"解释学循环"之论述，可参阅〔德〕伽达默尔：《真理与方法——哲学诠释学的基本特征》（上册），洪汉鼎译，上海译文出版社 2004 年版，第 230 页以下。

诉,当然不能论罪。律有明文,不容曲解。"联系提请该解释的原函①,可以看到,民国时期法律解释机关贯彻依法解释原则态度之坚决。又比如院字第2420号。在这份于1942年11月4日复广东高等法院的解释文中,司法院指出:

> 民法第九百二十三条第二项所谓典期,为民法第九百十二条所谓典权约定期限之简称,系指以契约所定回赎权停止行使之期限而言,此与民法第九百二十三条第一项对照观之自明,当事人约定五年满后始得回赎者,所定五年,自属典权之约定期限,虽依习惯或契约五年满后不拘年限随时得为回赎,依民法第九百二十三条第二项之强制规定,亦仅得于五年满后二年内回赎。至民法对于出典后随时得回赎之典权,许于三十年内回赎,而其对于约定五年满后始得回赎之典权,仅许于五年满后二年内回赎,纵或有失权衡,亦不能因此遽为反于法律明文之解释。"②

很显然,为了严格坚持依法解释之原则,或者说为了"不违反于法律明文之解释",司法院同样宁愿选择可能有失权衡之解释结果。

从民国时期的法律解释实践来看,依法解释原则在其中的体现,主要包括以下几个方面:其一,从表现形态上来看,依法解释原则在民国时期法律解释的实践中,主要表现为两种类型:一是"法有明文规定即可为",二是"法无明文规定则不可为。"有关这两方面内容的法律解释例文,如下述之情形:

时间	解释号	解释内容
1913年3月	统字第12号	湖北高等审判厅鉴,各电条复如下:一、**本院按照现行法例解释**,依现在有效法令,定有官职并由现行法例,认为有任用权者,合法任命之现任本职,从事于国家公务之人员,概为现任官吏。……二、现行选举法解释办理选举人员,当以该法定有名目者为限,如因便宜,于法定外临时增设之员,不能以办理选举人员论。

---

① 原函指出:"按刑律和奸罪,须本夫告诉乃论。近有复判案件,系奸夫因和奸杀死本夫,奸妇并不知情,除奸夫应判杀人罪外,其和奸一罪,业经口案证明,欲判以罪,已无本夫呈诉,欲放任不判,则本因因奸被杀,奸妇反得逍遥法外,所于社会风纪有妨,究应如何拟办,祈电示遵。"

② 在与该解释文内容近乎相似的院字第2734号解释中,法律解释机关再次强调了尽管法律解释之内容,"纵令在立法上有失权衡,究不能因此遽为反于法律明文之解释"。换言之,在这份于1944年8月22日致中国国民党中央执行委员会秘书处的函文中,司法院指出:民法上所谓未定期限之典权,系指出典后随时得回赎之典权而言,其约定出典后一定期限内不得回赎之典权,例如约定五年满后始得回赎者,则为定有期限之典权,此就民法第九百二十三条与第九百二十四条对照观之自明,定有期限之典权,于期限届满后二年内不回赎者,典权人即取得典物所有权,既为民法第九百二十三条第二项之所明定,则虽解释当事人之意思表示,可认其真意有在期限届满后,永远得回赎之约定者,其约定亦不能认为有效,如认为有效,则自出典后已逾三十年者亦未尝不可回赎,此与民法规定回赎权排斥期间之本旨,显相刺谬。民法第九百二十三条第二项与第九百二十四条但书之规定,纵令在立法上有失权衡,究不能因此遽为反于法律明文之解释。

(续表)

时间	解释号	解释内容
1915年2月	统字第207号	本院按法律认为无效之法律行为,自无拘束当事人之效力。甲妇与乙男既无合法之婚约,法律上甲妇当然不受其拘束,故其现在拒绝与乙为婚,自无不可。
1917年4月	统字第606号	典主对于业主依该办法应先去的所有权,转典主自转典日始,满六十年对于典主亦应去的所有权。至就同一物重复典当在后者,依法无效,自无告争回赎可言。
1920年6月5日	统字第1321号	查关于国家与人民及人民相互间之私权关系,及国家对人民之科刑权,或其他处罚权,行政衙门应有法规根据,必于其范围内始得为权之处分,越权处分,当然无效;无效之处分,如果执行,自可由受处分人,向中央主管衙门请求救济。
1920年九月	统字第1399号	查违警罚法第三四条第一项第五款所称尸体,有死出非命或来历不明之限制,即其所称移置他处,亦自指不妨害家宅之安宁者而言;丙雇丁戊将甲尸抬至乙家;经验明,甲确系中暑身死,既非死出非命或来历不明之尸体而移置处所;又系妨害家宅安宁,应查照本院统字第三七八号解释文,论丙以刑律第二二五条之罪,丁戊亦属共同正犯。
1921年10月	统字第1623号	查妇女归宗应依现行律所定之条件为断,若孀妇系自愿大归另行改嫁者,应以别论。故子于继母以归宗为名订立字据,不能认为有合法契约之效力。
1930年4月	院字第263号	曾于前审之推事应行回避,在修正民事诉讼律第四十二条第五款已有明文规定,故凡参与第一审之推事,对于该案系属上级审时,无论是否为再审均应回避。
1930年10月	院字第351号	按劳资争议处理法第五条规定,争议当事人于仲裁委员会之裁决送达后,五日内得声明异议。查同法既无再予仲裁之规定,该声明异议人自得依法向法院起诉。
1931年4月	院字第495号	民事诉讼程序之中止,民事诉讼律(或诉讼条例)既有规定,若不合于规定之条件,自不得率行中止。
1931年8月	院字第517号	(一)公诉程序应由检察官陈述或辩论之事项,于自诉程序由自诉人行之,刑事诉讼法第三百四十六条定有明文,依此规定,是自诉案件于审判中自不必通知检察官莅庭。
1931年8月	院字第563号	按会计师条例施行细则第四条既明定会计师条例第三条规定之公务机关以政府机关为限,则从事于党部之会计者,自不包括在内。
1932年6月	院字第775号	(一)甲就他人所著小说编制电影剧本,合于著作权法第十九条(以与原著作物不同之技术制成美术品)之规定,自得视为著作人享有著作权。
1933年4月	院字第884号	依交易所法第五十五条第一项合并之交易所,以合于同法第一条规定并无公司法第一百四十七条情事者为限,同法施行细则第三十七条定有明文,关于合并自应依照办理。

(续表)

时间	解释号	解释内容
1933年5月	院字第911号	商会执监委员,系就会员代表中选任。会员代表以在本区域内经营商业之中华民国人民为限,商会法第十条定有明文,民众教育馆长,系属教育行政人员,依官吏服务规程第九条规定,自不得兼任。
1933年10月	院字第991号	县、区公所所为之民事调解,既无与确定判决同等效力之明文,自不得迳请执行。
1934年3月	院字第1044号	商标法第二条第五款、第六款明示相同或近似某种之标章,第四款亦指第一条第二项所用文字、图形记号或其联合式之形体而言,均与读音无关。
1934年11月	院字第1129号	乡农会之职员,依农会法第十九条之规定,应由会员大会选举之,如该区域内具有会员之资格不足法定人数,则依法即难成立,自无从改选职员。
1934年12月	院字第1146号	党部之执监委员,依党章组织,当然为公务员。至肃反专员及干事、录事等,是否公务员,以其资格在法令上有无根据为标准;如果党部肃反专员派遣侦缉之干事、录事,并无法令上之根据,即不得为刑法第十七条所规定之公务员,即有交付贿赂情事,自不成立刑法第一百二十八条第二项之罪。
1934年12月	院字第1150号	(一)强迫人民当兵,陆海空军刑法既无明文规定,自应依刑法第三百十八条处断;如有刑法第三百十六条情形,应适用该条论科。
1935年1月	院字第1186号	刑事诉讼法第三百八十七条所载,不得上诉于第三审之案件,无论检察官或自诉人,均应受此限制;故凡第二审判决,既认被告所犯之罪其最重本刑为一年以下有期徒刑、拘役或专科罚金者,既无许为被告不利益而上诉之规定,就令检察官或自诉人认为引律失出,仍不得上诉于第三审法院。
1935年1月	院字第1202号	查妨害名誉罪之自诉案件,系属初级管辖,被告在辩论终结前对于自诉事件提起诬告之诉,依刑事诉讼法第三百五十六条,既应于受理自诉之法院提起,则该案第一审仍属初级管辖,其判决后提起上诉,应由地方法院之合议庭受理。
1935年1月	院字第1211号	不动产质权,及物权编施行前习惯相沿用之物,在物权编施行前发生者,依民法物权编施行法第一条规定,不适用民法物权编之规定。若依不动产登记条例而为登记,自仍得生对抗之效力。若其发生在物权编施行以后,既非法律规定之物权,则依民法物权编第七百五十七条,不得创设,自不能依登记而发生物权对抗之效力。
1935年2月	院字第1218号	来函所称之运送权,于现行法律,未有根据,其诉讼标的之价额,应依民事诉讼法第七十七条规定,由该管法院核定之。
1935年3月	院字第1230号	……(二)会计师条例施行细则第四条,既明定会计师条例第三条之公务机关,以政府机关为限,省、市党部及私立学校,自均不能比照办理。
1935年3月	院字第1251号	会款长码、短码之比较,其差额衡以利率超过周年百分之二十者,依民法第二零六条之规定,即属违法。

(续表)

时间	解释号	解释内容
1935年4月	院字第1267号	地亩房产之文契,系证明不动产之文件,因请求返还该文契而起诉,应依民事诉讼法第七十七条,由法院核定其价额,不得即以其所载之地亩房产价额为标准。
1935年5月3日	院字第1268号	(一)他债权人参与分配,应于第一次拍卖期日终结前以书状声明之,在补订民事执行办法第二十五条第一项既有明文限制,则于此项期日终竣以后始行声明者,自属不合。
1935年6月	院字第1289号	审判中关于停止羁押之裁定,依刑事诉讼法第四百四十四条第一项、第四百四十五条第一款及第三条之规定,公诉案件中之检察官,自得对之提起抗告;该裁定即应送达于检察官。至抗告中应否停止执行,应依据同法第四百二十条之规定办理。
1935年6月	院字第1291号	(三)民事诉讼法第四百六十一条第十款,系指可受利益裁判之证物于判决确定前业已存在而于判决确定后发见者而言;若于判决确定后所发生之事实,并非判决确定前存在之证物,不得适用该款之规定。
1935年6月	院字第1296号	船舶所有人,对于海商法第二十三条第一项第一款所负责任,既有明文规定,不问其损害之数额如何,自以该项所规定者为限,就该数额折成分配。
1935年11月	院字第1365号	依著作权法施行细则第八条准予发行之著作物,须合于著作权法第一条第一项规定,享有著作权,始得受著作权法之保护。
1936年2月	院字第1427号	(一)组织工商同业公会之公司、行号,并无准用商会法施行细则第十一条规定之明文,自不以注册者为限。
1936年4月	院字第1489号	矿业权视为物权,准用关于不动产诸法律之规定,并得为强制执行之标的,矿业法第十二条及第十四条第一项既有明文规定,则对于矿业权之强制执行,自得依民事诉讼执行规则关于不动产执行各规定办理。
1936年10月8日	院字第1557号	诉愿之绝对,有拘束原处分或原绝对官署之效力,诉愿法第十二条定有明文,除不服之原处分或原决定,有合于诉愿法第四条规定情形,得由不服者提起再诉愿或行政诉讼,其原处分或原决定即属确定,该原处分或原决定之官署,均应受拘束,不得由原决定官署自动撤销其原决定。
1936年11月	院字第1585号	法律行为违反强制或禁止之规定者无效。在民法第七十一条著有明文,贩卖烟土,既为现行法令所禁止,则当事人以此等禁止事项为标的之合伙契约,依法当然无效。
1939年8月	院字第1907号	(一)雇主或其代理人、雇佣工人,工会法第三十一条虽有不得因工人为工会会员而拒绝雇佣之规定,但未限定雇佣之工人,非工会会员不可,设在我国之外国公司,雇佣非工会会员为工人,苟非因工人为工会会员而拒绝雇佣,自不能指为违法。(二)工会不得妨害未入会工人之工作,工会法第二十条第三项定有明文,外国人雇佣未入会之工人,于其租建之码头内搬运货物,依上规定,即非工会所得干涉。
1939年12月	院字第1946号	自由职业团体之职员选举,在人民团体职员选举通则,并无准许假决议之明文,自不得为假决议。

(续表)

时间	解释号	解释内容
1940年5月	院字第2005号	申报权利之公示催告,以法律有规定者为限,民事诉讼法第五百三十五条第一项定有明文,宣告证券无效之公示催告,为申报权利之公示催告之一种,自应依此规定办理。故证券未经实体法明定具有某种情形时,得依公示催告程序宣告无效者,虽属有价证券,亦不许行公示催告程序。
1940年7月	院字第2027号	土地法第一百八十三条,既明定依第一百八十条第三款、第五款之规定终止契约时,应于一年前通知承租人,则自通知后计,至民法第四百六十条所定之终止期,自须经过一年,方为合法。
1944年6月	院字第2691号	强制执行,非有强制执行法第四条所列之执行名义,不得为之,纳税义务人所欠税款,法律上设有得请法院追缴之规定,征收机关确定所欠税额之公文书,即为同条第六款之执行名义,法院固应予以强制执行,若法院上并未设有此项规定者,既无执行名义,法院自不得为之强制执行。
1945年12月20日	院解字第3035号	漏匿自治系统税捐于执行时抵抗者,如有对于公务员依法执行职务时,施强暴胁迫行为,自系成立刑法第一百三十五条第一项之罪,应向检察官或司法警察官告发,执行抗缴之税捐,非有法律明文,不得拘押纳税义务人;至移请法院追缴所欠税捐,以法律有如所得税法第二十条之明文者为限,法院始得予以强制执行。
1947年12月6日	院解字第3695号	罢免之县参议员认其议决与县参议会组织暂行条例第七条之规定不符时,在该条例既无得向法院起诉之明文,自不得提起关于罢免违法或无效之诉讼。
1948年3月	院解字第3912号	关于监察院监察委员之选举诉讼在监察院监察委员选举罢免法施行条例第十九条第二十条设有明文,自应依照办理。

表格之中所列举的这些法律解释例文,都是依据现有之法规范并以此为解释活动的前提来进行相关内容之阐释或者意义之开放的。如果把视野再放得宽一些,那么它们其实又都是以正式的法律渊源为意义阐释之逻辑大前提来进行法律解释活动的,其目的就是为了确保法律解释之内容与成文法之规定最大限度上的契合。而这其实也就意味着,在民国法律解释的实践中,"依法解释"不仅指法律解释活动要以现有之法规范为形式推演之逻辑起点与意义阐释之前提,要符合法规范之体系结构与逻辑形式;而且也指解释之意涵要遵循法规范之内容,要符合法规范内容之实质与精神。这样,在民国法律解释的实践中,"依法解释"之"法",就不仅包含了"法之形式",也包含了"法之实质"。前者比如上述表格之中所列之法律解释文;后者比如,1915年大理院统字第207号解释例(该解释例认为,"*法律认为无效之法律行为,自无拘束当事人之效力*。甲妇与乙男既无合法之婚约,法律上当然不受其拘束;虽经合意同居并已怀孕,现在拒绝为婚,亦无不可")和1917年大理院统

字第642号解释例(该解释例认为,"刑律第十九条系以已受徒刑之执行,更犯徒刑以上之罪者,为其要件;若受无权限之徒刑,判决法律上应认为无效,在事实上虽已受徒刑之执行而在法律上究不能认为已受徒刑之执行,则其执行中所犯之罪,不能构成该条之再犯")。这两个解释文都是从法效力之反向(否定)层面,界定法正向(肯定或允许)之内容,从而扩张了依法解释的权力行使范围。

其二,依法解释不仅要求法律解释活动要依法进行,而且也要求解释之内容要有法律上的依据。而这意味着对于那些尚且缺乏法依据之要求或者法无明文规定之情形,解释机关又往往会采取一种不予支持甚至是直接否定的态度。典型的比如院字第79号。在这份于1929年5月4日复江苏高等法院的解释例文中,司法院指出:"准禁治产之实体法,现无明文规定,自不得向法院声请。"又比如1931年1月的院字第405号认为:"……又现行法女子并无宗祧继承权,则对于其父母家族之祭祀公产,自不能主张轮管或分割或分息。"还比如在1931年1月30日复四川高等法院的院字第421号解释文中,司法院指出:"……(三)法无女子承继宗祧之明文,自属无所依据。"再比如院字第1029号,在这份于1934年2月8日咨行政院的解释文中,司法院指出:"依行政执行法及其他省、市、县单行章程科处罚金、罚锾者,只得就其财产强制执行,若无明文规定,不得易科拘留。"

有关此类情形,除上开所举之情形外,主要还包括以下这两条解释文:

时间	解释号	解释内容
1934年6月	院字第1083号	保卫团基干队之组织,如无法令可据,纵其编制及训练均与陆军相同,仍不能与公安队相比拟,不得视为军人。
1941年12月	院字第2259号	因赌赢得之现金,与赌赢后由输者立给之票据,如为赌犯所持有,得依刑法第三十八条第一项第三款没收,其已费失之现金,与该票据票面所载之金额,法律上既无追征或追缴之特别规定,即不得予以如何之处分。

其三,"依法解释"不仅要求法律解释活动要符合法之形式与实质的要求,而且要求法律解释之结果也要符合法的形式与实质的要求。也即要求法律解释之内容既要符合法律的形式化规定,也要符合其实质性精神。典型的解释例文,比如院字第960号,在这份于1933年8月23日训令江西高等法院的解释文中,司法院认为:"配偶为禁治产人第一顺序之监护人,虽为法所明定,但其权利显与禁治产人利害相反时,自应以次位监护人为其法定代理人。"从中可以看到,虽然根据法律之规定,配偶应为禁治产人第一顺序之监护人,但如果其为监护人会与禁治产人利害关系相反对时,那么就应当以次位监护人为其法定代理人。这一解释例无疑充分体现出当形式合法性与实质合法性相冲突时,应当充分考量制度设计之目的而取其实质之合法性。

其四,"依法解释"还要求法律解释在法又不越法。换言之,法律解释活动的主要任务乃是"释法"而不是"造法",它"殊难于法文所未规定之事项,而以解释创造之"①。而这其实也就意味着,在民国法律解释的实践中,法律解释活动不仅形式与内容都要在法规范之形式与涵义之"射程"内,而且不能超越法律,更不能以释法代替立法。也正是因为此,凡事关立法之问题,一直都不属于民国法律解释之范畴。这其中典型的,包括最高法院于1928年5月12日所作的解字第87号和1928年6月27日所作的解字第109号、以及司法院于1934年11月所作的院字第1128号、1944年8月所作的院字第2734号②和1948年1月所作的院解字第3812号五个解释文。

其五,"依法解释"又体现为对于那些无法解释的函件,法律解释机关在处理时也始终都谨持审慎之态度,而并不是一味地越俎代庖,造法甚至立法。比如统字第854号解释例,在这份于1918年9月6日覆吉林高等审判厅的函文中,大理院指出:"查此种没收财产,均属国家财产,应归何省管理处分,**现行法令,初无规定,自无解释可言**;如果省与省发生争执,似应咨明财部核议解决。"从中可以看出,由于暂无法令之规定,因而解释机关坚持"无解释可言"之立场,从而确证了依法解释之原则的严格实践。又比如院字第1105号,在这份于1934年9月3日电江苏省政府的解释文中,司法院认为:"诉愿法第二条对于国民政府各院之处分,既无提起诉愿及再诉愿之规定,同法第3条关于管辖等级比照之规定,亦难认为不服国民政府各院之处分包括在内。**原电所述情形,就现行法令尚无相当条文可资解释**。"还比如院字第1118号。这份1934年11月由司法院函国民政府文官处的解释文同样指出:"不服国民政府直辖各部会之决定,诉愿法第二条各款,既无向何种机关提起再诉愿之规定,而该条各款所定再诉愿之最高机关,又以主管院为止,同法

---

① 1944年9月,院字第2751号:

惩治盗匪条例第三条第一项第一款系就强劫罪之物体而为规定,与同条例第二条第一项第五款就强劫之地点规定者不同,其列举之犯罪物体,既仅为水陆空公众运输之舟车航空器三种,则本罪之构成,当然以劫取者为上列之物为限;若在该物体上强劫旅客财物者,自不包括在内。只应适用同条例第五条第一项第一款处断。至其法定刑罚是否适当,当属立法问题,不属解释范围;殊难于法文所未规定之事项,而以解释创造之;本院院字第2471号之解释未便遽予变更。

② 1944年8月,院字第2734号:

民法上所谓未定期限之典权,系指出典后随时得回赎之典权而言,其约定出典后一定期限内不得回赎之典权,例如约定五年满后始得回赎者,则为定有期限之典权,此就民法第923条与第924条对照观之自明,定有期限之典权,于期限届满后二年内不回赎者,典权人即取得典物所有权,既为民法第923条第2项之所明定,则虽解释当事人之意思表示,可认其真意有在期限届满后,永远得回赎之约定者,其约定亦不能认为有效;如认为有效,则自出典后已逾三十年者亦未尝不可回赎,此与民法规定回赎权除斥期间之本旨,显相刺谬;民法第923条第2项与第924条但书之规定,纵令在立法上有失权衡,究不能因此遽为反于法律明文之解释;院字第2420号解释,未便予以变更。

第三条关于管辖等级比照之规定,亦无从适用;**来文所述情形,就现行法令,尚无相当条文足资解释**。"很显然,从这些法律解释文的内容上来看,对于暂无法令规范之情形,民国时期的法律解释机关并不贸然为之而是秉持审慎之态度,讲明实情以待立法之完善。

尽管民国时期的法律解释坚持"依法解释"之原则,但是从法律解释的实践来看,对于提起解释之内容若是尚无法律依据之情状,法律解释机关也并不仅仅只是一味地坚守克制谨慎之态度而不予答复,同时对于所请求解释之内容亦并非一味的予以否定或者拒绝。相反,在"法无明文"的情况之下,从民国时期法律解释的实践来看,相应的处理情形,可能包括以下几种方式:

第一,它可能会视情形允许这种法外空间事务的适度存在,至少不因其无法律上之依据而遽行对其予以否定。比如1914年统字171号解释例所称:……来咨第4款所述再审一节,查再审理由,本院判决例已认民诉草案所列为合于条理,予以采用;惟草案第606条规定中,有与现行法例令审判衙门于当事人举证责任外,更负收集证据义务之点,不能毫无抵触,现在此点亦尚无判决成例,至再审期间,非法有明文,自难以裁判为限制之根据。

第二,它也可能会采取"法无明文即自由"的态度。比如在1914年11月4日覆湖南高等审判厅的统字第178号解释例中,大理院就指出:"查抗告案件,详送文件卷宗,试办章程并无明文规定,自无庸必须经由原检察厅,得由原审厅附具意见书迳送上级审。"再比如统字第970号,在这份于1919年4月2日覆京师高等审判厅的解释文中,大理院指出:"查妨害内债信用惩罚令各条所定徒刑罚金,既无并科明文,自应认为选择刑,得衡情选科其一。"从中可以看出,在法律无并科明文的前提下,应认为是可自由选择的,因而大理院要求"衡情选科其一",以符条理。又比如统字第1132号解释例。在这份于1919年11月18日覆湖南高等审判厅的函文中,大理院指出:"查原告诉人呈诉不服后,虽准其自行呈请注销,然法律上控告人本为检察官,既别无明文规定,自不得复因原告诉人两传不到,遽即将案撤销,原告诉人纵经死亡,仍应审判。"从此解释文中我们可以看出,大理院坚持既然法无明文之规定,那么就不得因"原告诉人两传不到,遽即将案撤销",相反仍应准许上告进而仍应审判。这无疑体现出了在法律解释实践中所坚持的"法无明文规定即自由"的态度。还比如1929年3月7日的院字第23号。在此解释例文中,司法院指出:"查刑法第二条后半段系谓犯罪时法律之刑较轻者适用较轻之刑,而刑律第四十四条,乃对于执行实有窒碍者,得易刑之规定,与处刑无涉,刑法及刑事诉讼法,既无此项明文,自难强行援用。"

有关这一情形,除上开所举之情形外,主要还包括以下的这条解释例文:

时间	解释号	解释内容
1932年2月20日	院字第675号	商会、联合会之会员代表,依商会法第四十条应准用同法第十一条第一项及补充同条项之商会法施行细则第七条,由各该商会会员大会举派之,会员代表之人数,依商会法施行细则第三十八条、第三十九条既仅有每一会员得派会员代表之最低数、最高数之规定,而于得派代表之人数,是否各商会一律平均,抑以商会会员数量为准据,并无明定,于表决权及选举权应以会员数额计算之。又有但书限定,则各会员所得派之会员代表人数,自应任由各会员于该条所定之数量内派定之,不必一致。

这一情况中有意思的是院字第936号。在这份于1933年7月17日咨行政院的解释文中,司法院指出:

（一）各县保卫团之编制关于关于总团区团及甲牌等长之人选,应以县长、区长、乡长或镇长及闾长兼任,在县保卫团法第四条有明文规定,至副长人选,除总团之副长依同法第六条第二项须由总团长聘任外,其他副长,遇有增设之必要时,应委何人,既无明文,则总团长尽可自由选任,并不以副乡镇长为限。（二）保卫事项,依乡镇自治施行法第三十条,为乡镇长应执行事项之一,如执行不力,本可依法罢免。不必专就甲长而谋补救。至副甲长人选,依上项说明,既应由总团长自由选任,则其不能胜任时,自可由总团长撤换之。

从此之中我们既可以看到"法有明文自得依法"之解释行为,也可以看到"法无明文即自由"的解释态度。

第三,它亦可能会认为法无明文即可参酌相关之法理、条理、法例与事例等法理性因素来权宜办理。比如在1915年8月26日复总检察厅的统字第319号解释例文中,大理院指出:"查原详所称抗告期间,现行法无明文规定者,自应依普通上诉期间计算,其对于本院声明者,亦应遵照本院上诉期间**事例**,自翌日起算为十日,本无疑义,至抗告中以不停止执行为原则,既无明文规定,并未经抗告审或原审以决定停止执行,自应不停止执行。"又比如1915年10月9日,在复湖南高等审判厅的统字第340号解释例文中,大理院指出:"前清现行刑律保辜期限之规定,除条例中第一条关于抬验之程序,现行法别无明文规定,可参酌相关**法理**办理外,其余有关于审限者,应按试办章程之规定严格遵照。"再比如1919年7月9日,在复司法部的统字第1025号解释例文中,大理院认为:"查公诉权消灭之原因,在现行法令,既无明文规定,斟酌**条理**,自可以刑事诉讼律草案第二百五十九条所列各款为标准,本院于此外尚无他项先例。"还比如院字第16号,在这份于1929年3月2日训令江苏高等法院的解释例文中,司法院指出:"查破产事件管辖问题,中国现无成文法律可据,惟依破产**条理**应属于管辖债务人营业所之初级法院管辖,其无营业所者,则属于管辖其普通审判籍所在地之初级法院管辖等语。"

当然,此类情形除上述所举之外,还包括以下的这些解释例文:

时间	解释号	解释内容
1941 年 9 月 29 日	院字第 2235 号	抵押权人依民法第八百七十三条之规定,声请法院拍卖抵押物,系属非讼事件,业经院字第一五五六号解释在案。关于此项声请之裁定,是否得为抗告,现在非讼事件程序法未经颁行,尚无明文可据,惟按诸法理应许准用民事诉讼法之规定提起抗告。此项裁定,仅依非讼事件程序之法理审查强制执行之许可与否,抗告法院之裁定,亦仅从程序上审查原裁定之当否,均无确定实体上法律关系存否之性质,故此项裁定,于债权及抵押权之存否无既判力,当事人仍得起诉请求确认。
1942 年 8 月	院字第 2379 号	军用医药品,关系军人生命或健康甚巨,自系包括于战时军律上所定重要军用物品之内,至该军律关于适用刑法总则以点,虽未定有明文,但依刑法第十一条前段,仍应在适用之列。
1942 年 12 月	院字第 2439 号	刑事诉讼当事人对于县司法处所为裁判,因迟误上诉或抗告期间声请回复原状之书状,应向何处提出,在县司法处办理诉讼补充条例上,虽未设有明文,但参照同条例第二十二条第一项之规定,关于因上诉逾期声请恢复原状之书状,自应向第二审法院提起之。
1943 年 9 月	院字第 2564 号	被付惩戒之律师在逃,其住居所事物所均不明时,决议书应如何送达于该被付惩戒人,律师惩戒规则既无明文,自得准用刑事诉讼法关于公示送达之规定。

这种情况中有意思的是院字第 1285 号。在这份于 1935 年 5 月 29 日函交通部的解释例文中,司法院指出:"……(二) 受理诉愿之官署,认诉愿为无理由时,其决定主文,应驳回或驳斥,在诉愿法上虽未定明,然为法律上之用语统一起见,自应参照该法第八条,同用驳回字样。"从中可以看到,在法律未有明文规定的情况下,解释机关为统一用语之使用计,决定参照同法条之法例来予以处理。这不仅有助于确保法规范实践的统一性,而且也有助于确保其解释行为的合法性并提升其权威性。

第四,它可能会参照习惯、惯例或者风俗等社会性规则来处理法无明文规定之情形。典型的比如解字第 230 号,在这份于 1928 年 10 月 27 日复上海租界上诉法院的解释例文中,最高法院指出:"查父债子还,其遗产与承继人财产应否分离,尚无法律根据;惟中国既无限定承认及拒绝承认之习惯,则在未颁布新法以前,仍应以后说为是。"而查原函,该后说的内容为:"……有谓父生存时所负之债,应由其子偿还,已为前大理院判例所确认,且按照中国现行法例,亦未闻有仅就其父遗产数额清理父债,而可卸责之说。此为中国数千年以来所行家族制度、血统主义、继承主义之当然结果。"由此可以看出,在于法无据的情况下,同时又查并无反对之惯习,最高法院通过法律解释援引习惯来处理法无明文规定之情形。

第五，它也有可能会尊重当事人之间的约定。典型的比如院字第1124号，在这份于1934年11月6日指令河南高等法院的解释例文中，司法院指出："典产应纳之一切捐税，由何方负担，法无明文规定，如当事人约明由典权人负担者，即以后增加之数，自应仍由典权人负担。"

第六，它还可能会视具体之情状而将其交由司法机关及其人员进行处理。比如统字第1610号，这份于1921年9月12日复总检察厅的解释例文指出："查现行法令，于检察衙门所应为之命令，**既无定式，似可斟酌情形办理，唯事关检察处分，仍请贵厅裁夺令遵**。"从此之中可以看到，面对法规范对于检察机关所应为之命令的定式问题缺乏规定之情况，大理院在允许其斟酌具体情形妥恰办理的同时希总检察厅能够慎重处置，以便得以周旋。又比如统字第1778号，在这份于1922年10月6日复四川高审厅转成都律师公会的解释文中，大理院指出："……（二）时效制度，现行法令尚无明文规定，如来电所述，究竟是否抛弃，有无其他情事，应由法院斟酌审认。"从中同样可以看出，在面对法无明文规定之时效制度时，大理院主张应由法院斟酌具体情状来审认。还比如，1935年2月，司法院在院字第1218号法律解释中便称："来函所称之运送权，**于现行法律，未有根据**，其诉讼标的之价额，应依民事诉讼法第七十七条规定，**由该管法院核定之**。"很显然，从这一解释文的内容上来看，虽然对于呈请解释之问题暂无法律明文之规定，但是对于相关之事由，法律解释机关还是建议其应当由法院通过裁判之方式来处理。再比如院字第115号，在这份于1929年7月31日复江苏高等法院的解释例文中，司法院指出："查现行之刑事诉讼法，并无禁止被害人于公诉程序中为证人之规定，惟证人之言可采与否，法院应据理自由判断。"从中可以看到，在法无禁止明文规定的情况下，得其自行选择行为，但须由法院参酌具体之情状而据理来判断。

这一情形除上开所举之解释例文外，主要还包括以下的这条解释文：

时间	解释号	解释内容
1935年11月	院字第1350号	（一）训诫之方式，法无明文规定，应由检察官斟酌情形，以言词或书面行之。

第七，对于法律无明文规定的地方，法律解释机关往往也会通过解释来要求各机关相互协商，以寻求一个合适的行动方式与规则适用方案。例如1914年5月15日，在复江苏高等审判的统字第127号解释例文中，大理院指出："本院查该章程第二十四条所规定移送预审之程序，既无明文规定，自应由公判审判官咨询检察官，以决定移送预审。（如该厅设有专任预审庭者，迳移交该庭；如未设专任预审庭者，交由厅长指定预审推事。）"从中看到，有

关预审程序之规定在缺乏明文规范的前提下,大理院通过解释要求各司法机关通力合作,以便妥恰处理预审的问题。又比如统字第 916 号,在这份于 1918 年 12 月 31 日复江西高等审判厅的解释文中,大理院指出:

> 查本院征收讼费则例,现正修改尚未竣事,其在修正则例未经施行以前,遇有声请救助案件,应即嘱托贵厅及分厅代为调查,是否无力缴纳并具有切结公平裁判,惟此项驳回上告之决定,仍准在送达后二十日限内补缴印纸费或具确实保结,即予送院回复原状审理上告。

从中可以看出,在修法未备之时,法律解释机关通过解释要求审判厅及各分厅尽到所有可能之注意义务并谨慎地处理好声请救助之案件,以确保修正则例未经施行以前问题能够得以妥恰的处理。还比如统字第 1021 号解释,在这份于 1919 年 7 月 8 日复总检察厅的函文中,大理院指出:"查现行法律于检察官担任案件并无如何情形应行回避之规定,惟检察官执务应行注意事项,迭经贵厅通令遵照在案,其于该规则第九条以外情形应否回避,法律既无明文,自应仍由贵厅或呈部酌核令遵。"很显然,该解释的例文内容反映出,在缺乏法律明文之规定的情况下,如何情形应行回避之规定应由总检察厅或呈司法部核准,以期得以遵照执行。

第八,对于法无明文规定之情形,它还可能会根据具体之情状或者特定之目的来裁定由某一组织或者机构予以自由但却必须是妥恰的处理。典型的比如院字第 545 号。在这份于 1931 年 8 月 10 日致国民政府文官处的解释函中,司法院指出:"下级农会应派出席上级农会之代表,系代表下级农会为上级农会会员,如何派定,农会法及施行法未定明文,自应由农会大会推派之。"又比如院字第 576 号。在这份于 1931 年 9 月 2 日指令山东高等法院的解释文中,司法院认为:

> (一) 民事调解人依民事调解法第三条之规定,既以两造各得推举一人为限,则一造之当事人,虽有多数,亦仅得推举一人,应依民事调解法施行规则第三条规定以协议行之,协议不谐,应如何推举,法无明文,为便于调解进行起见,应由调解主任就各该当事人所主张推举之人指定一人。

还比如院解字第 3327 号,在这份于 1947 年 1 月 29 日咨行政院的解释文中,司法院指出:"……至其他纳税义务人滞纳捐税,法无得请法院追缴之明文者,仍应由征收机关以法律所许适当方法自行追缴。"

上述这八种处理情形,充分地反映出在民国法律解释的实践中,对于暂无法规范之情状,法律解释机关并不秉持某种单一的行动逻辑和态度,而是会根据具体情况以相应之法理来进行灵活而务实的处理,以回应社会之需求。

可见,"依法解释"不仅要求以现有之法规范为解释前提,而且要求解释之法意不得越出法规范之射程或者在法律意义的涵盖关系中①,对于法无明文规定予以分别处理的八种类型即属此例。与此同时,也正是在"依法解释"之要求下,民国时期的法律解释实践,还呈现出一种严格的解释法定主义倾向。也就是说,解释之前提仅只以正式的法律渊源为基础,而不包括非正式的法律渊源。例如 1946 年 9 月,司法院院解字第 3207 号法律解释指出:"铺屋之承租人,加建或改建屋之上盖或装修屋之门面,并不因而取得地上权或其他之物权;向铺屋之前承租人承顶铺位家私杂物者,亦同;**虽在地方习惯上称为铺底顶手权**,亦无从认为不动产物权予以登记。"②很显然,在社会学法学思潮占主流的民国法学界,这一法律解释所体现出的,不仅是对法效力位阶与物权法定原则的坚持,更是对解释法定原则的严格贯彻,恪守了"释法"不"造法"的法制底线。③ 而如果我们就此联系到法无明文规定情形之处理方式,那么我们便能据此获知,其实在民国时期的法律解释实践中,所谓依法解释下的严格解释,并未得到机械性的严格遵守,而是允许参酌具体之情形来为不悖法意之自由裁断。

二、法不禁止即自由

"法不禁止即自由",又称"法无限制即自由"或者"法无禁止即允许",指的是法若无文明规定禁止,即是可为,具有合法性。它虽与"法有明文规定即可为"之观念与原则相对应,但却共同构成了法定主义的两种意涵。换言之,如果说"法有明文规定即自由"是从确证合法性的角度来积极地论证行为合法性的话,那么"法不禁止即自由"则是从排除违法性的角度来消极地论证行为之合法性。

的确,根据解释法定之原则,若法律规范有明确之禁止或者限制之规定,则定不可为,否则即构成违法事由。因此,对于"法所不许""法令禁止"甚至"法未允许"之情状,民国法律解释在其实践中俱持否定或者消极之态度。例如,1914 年 9 月 25 日,在复总检察厅的统字第 165 号解释例中,大理院指出:"本院查复判章程第三条,核准及复审两种决定,该章程中无许其抗告之明文,自不能提起抗告。"又比如,1936 年 9 月,司法院院字第 1531 号法律解释认为:"外国教会在内地,对于土地仅有租用之权,其以土地为典权登记,自为法所不许,该契约即亦不生官署核准之问题。"还比如,1945 年 2 月,院字第 2820 号指出:"贩卖私盐法有处罚明文(盐专卖条例第三十二条及第三十

---

① 参见陈金钊等:《法律解释学》,中国政法大学出版社 2006 年版,第 2 页。
② 此处之习惯,因与不动产物权登记之法意相背而无法成为法律解释之依据。
③ 参见王伯琦:《近代法律思潮与中国固有文化》,清华大学出版社 2005 年版,第 396—397 页。

三条,已失效之盐专卖暂行条例第三十一条既第三十二条亦同),即属法令禁止之事业,自不能向其征收营业税。"

与此相反,"法不禁止即自由"所倡导的,乃是通过对法规范之合法性空间作进一步地开启,以求在不违背法意之前提下,尤其是在不违背法律的强制性规定的情况下,允许其自由裁量或者自行选择,并赋予这种自由裁量之行为以合法性。也即在"法无禁止之明文规定"或者"法无强制性规定"的情况下,得由允许不悖法意情状之自由裁量。这种情况在民国法律解释实践中,尤其是在民事法领域里,相关案例亦相当之丰富。相关情形如下表格所列:

时间	解释号	解释内容
1913年6月18日	统字第37号	查娼妓既许营业,则前清现行律买良为娼之特别规定,当然不能适用……
1913年7月12日	统字第44号	试办章程五八条三项早经编入编制法,为第十九、二七、三六各条,至各该条所称按照法令抗告,**现行法上尚无限制明文**,故凡依明文或法理所为之决定命令,除如指挥诉讼等,依据法理惯例,碍难准其抗告者外,均应受理。
1914年8月26日	统字第160号	查**现行法制并无禁止刑事被告人上诉不得为不利己判决之明文**,原判若系引律错误,上诉衙门对于上诉之部分,不问系由检察官上诉抑系由被告人上诉,皆应以职权纠正之,至因纠正违法判决而所科之刑,虽较重于原判之刑,亦无不可。本院累经著为先例。
1915年5月21日	统字第244号	查现行法令对于预审决定之抗告,既无禁止明文,自应认为许其抗告于抗告审判衙门……
1917年9月14日	统字第671号	……第九问题,刑诉草案未经颁行部分,其与现行法无抵触者,不能禁当事人不主张,至于援用与否,仍由审判官斟酌现行规例办理。
1918年1月29日	统字第745号	……关于省议会议员选举法之选举诉讼,既无此项法规,自无禁止其上诉之理。
1918年2月	统字第748号	法无明文规定,合议独任均可。
1919年5月23日	统字第1003号	丙丁虽属尊卑为婚,然现行律既未经列入禁止之条,自不能遽认为无效。
1919年11月8日	统字第1119号	查初级管辖之执行案件,对于县知事之命令,应向地方厅声明抗告,不服自仍可向高等厅声明再抗告。盖**现行法既无禁止再抗告之明文,自无不许其再抗告之理**。
1920年5月24日	统字第1302号	查第一问题,永佃权人,苟于所佃之地,就用法不为有害土地之变更,并原约又无限制者,应准佃权人**自由改种**,惟如果因改种,致地主所分之利益,比较独少,当然可以前后收益为比例请求增结。
1921年8月4日	统字第1767号	查第一问题,短少票纸,法律既未限其必于何时呈报,则呈报稍迟,自不能遽指为违法。

(续表)

时间	解释号	解释内容
1928年3月1日	解字第40号	此项情形,法院编制法既无限制,自可充当。①
1929年4月17日	院字第53号	……又上项条文,既无不许告找之明文,则原业主于典主过户投税后,仍得告找作绝。
1929年4月17日	院字第55号	声请指定或移转管辖,法无明文停止诉讼程序,两说中应采乙说。(乙说,谓刑诉法第二十二条、第二十三条既无明文规定停止诉讼程序,自以不停止进行为原则)。
1930年10月1日	院字第346号	(一)禁烟法既无不准缓刑之规定,则吸食鸦片人犯,自得适用刑法第九十条宣告缓刑。
1930年12月9日	院字第371号	工商同业公会执行委员(参看院字第207号解释,见司法公报第55号)复被选为商会执监委员,查该两会并无系统关系,又无利害冲突,**法条上既未定有限制明文,应认为可以兼充**。
1931年3月21日	院字第469号	查确定判决对于当事人及诉讼拘束后,为当事人之继承人者有效力。在修正民事诉讼律第四百八十四条有明文规定(该省沿用之民诉条例第四百七十四条亦同)。来呈所称情形,在现行法上既无限定继承之规定,则不问继承人已否分析,自应向继承人继续执行。
1931年3月24日	院字第480号	……公务人员及已参加工会、商会之工人、商人,有农会法第十六条所列之资格者,农会法无限制明文,自均得为农会之会员,其合于农会法施行法第二条之规定并得被选为职员。
1931年5月15日	院字第510号	(一)多数人民共同请求官署为行政处分时,应否选出三人以下之代表,既无明文规定,自可听其自由。惟被选出之代表,应提出代表委任书。
1931年8月10日	院字第542号	区长、乡长、镇长被选为商会之执监委员,工会之理事、监事,农会、教育会之干事或组织上级农会之代表时,现行法上既无禁止兼任之明文,自应许其兼任。
1931年12月12日	院字第643号	查公共处所,如公署、兵营监狱、学校、工厂等,本非人民住所,显与居户有别,自不得编入闾邻,惟所属人员于公共处所外,另有住所者,在该住所仍属普通居民,如法律上别无明文限制,不得谓无公民之权,至寺、庙、观、庵等则为僧道等通常居住之处,自可编入闾邻,其住持徒众依市组织法第六条、乡镇自治施行法第七条之规定,并未限制其公民权,即闾邻长之职,亦别无明文停止当选,当无不许推选之理。
1932年3月31日	院字第706号	各种人民团体之会员、职员,若无系统关系或利害冲突,法条上亦无限制明文,自得兼任。其兼两地团体会员者,同时并有选举权及被选举权。
1932年10月21日	院字第809号	选举区长时具有候选资格而为督目之人,法律上既无明文限制,即不能不许其当选。若当选后不能执行职务,自应依市组织法第五十二条规定办理。

---

① 四川第三高等法院分院提请法律解释的原函内容为:"高等分院监督推事兼任刑庭庭长,有时庭员不足法定人数,监督推事可否充民庭审判长,请解释示遵。"

(续表)

时间	解释号	解释内容
1934年12月	院字第1155号	工厂法对于工作契约，既无必须以书面订立之规定，自可以口头订立。
1934年12月	院字第1161号	"工商同业工会法第四条第二项第七款所谓其他之处分方法，并无明文限制，自应以该会章程所载明者为准。……"
1935年2月19日	院字第1220号	审判上之和解，如已合法成立，诉讼即因之而终结，当事人自不得有所不服，执行法院并得依声请实施强制执行；倘有无效或得撤销之原因，现行法律就此未设何限制，自得随时声请继续审判。
1935年2月19日	院字第1222号	……（二）对于财产上诉讼之第二审判决，因上诉所得受利益不逾三百元，除原法院以裁定特许上诉外，原不得上诉第三审。惟第二审法院于此项案件判决确定后，所为驳回再审之裁定，当然人有所不服，现行法律为设何限制，对此裁定，得为抗告。
1935年7月	院字第1305号	商会执行委员，同时被选为商会联合会委员，商会法并无何种限制，自可兼充。
1935年11月	院字第1335号	同业工会举行选举，法律上对于会员之出席，既无何种限制，自可由他人代为出席。惟代理人应提出授权书，或其他方法，证明其代理权之存在。
1937年2月23日	院字第1633号	渔会联合会，系为渔会相互间共同达到目的而设，渔会法关于联合会之区域及渔会单位若干，既无明文限制，则有两个以上之渔会，如认为有设立渔会联合会之必要，即可联合组织。惟不得称为全省渔会联合会。
1938年7月12日	院字第1747号	人民团体法令中，如无禁止吸食鸦片或有赌癖者为会员或职员之明文，即不能因吸食鸦片或有赌癖而拒绝其入会为会员或当选为职员。
1938年8月15日	院字第1763号	受委任之在职人员，依修正农会法第二十条之规定，不得被选为农会职员，其兼任自亦为法所不许；惟此项在职人员，具有农会会员资格者，选举他人为农会职员，在农会法并无禁止明文，自不在限制之列。
1939年8月	院字第1907号	……（三）包工制度现行法上并未定有禁止之明文，无从据以取缔。
1940年8月17日	院字第2047号	工人加入工会，现行法上并无以中华民国人民为限之明文，自不受国籍之限制。
1940年10月	院字第2068号	（一）一般工人招收学徒，现行法上并无禁止明文，自非不得招收。
1943年3月11日	院字第2476号	国营事业机关之职员，除法令有特别规定外，虽无中华民国国籍之人，亦得任用。至在国民政府特许中国运输股份有限公司任工程师，现行法令尚无国籍之限制，自不以有中华民国国籍者为限。
1944年10月3日	院字第2757号	……（十）县参议员选举条例第七条所谓数乡镇合选，或使所有乡镇均与他乡镇合选，或使特定之数乡镇合选，法文既未限定，自可由省政府斟酌人口交通等情形定之。

很显然，从这些法律解释例文的内容中可以看出，只要法律并无禁止之

明文,民国时期的法律解释一般都会肯定其自由裁量行为之合法性。

此一情形之中有意思的是院字第170号。在这份于1929年10月31日训令山东高等法院的解释文中,司法院指出:"徒刑、拘役、罚金各科其一时,法无特别规定,当然并予执行。"从中可以看到,在法无特别规定或者强行要求的情况下,解释机关采取的是一种自由裁定和选择的原则,一种"法无禁止明文即允许"的态度。同样有意思的还有院字第73号。在这份于民国18年5月3日复安徽高等法院首席检察官的解释例文中,司法院指出:"查审理烟案简易程序第八条,既仅谓禁烟机关对于一切烟案,得调查证据派员出庭陈述意见,并未定为必须调查或派员,则未经此种程序审判之案,尚不能因此即指为违法。"从中可以看到,法律解释机关一方面坚持法未强制性规定即自由的原则,另一方面也赋予这种自由选择之行为以合法性,进而强调未经此种程序审判之案件不能指为违法。除此之外,院字第761号解释也值得予以特别关注。在这份于1932年6月7日复山东高等法院的函文中,司法院指出:"一人不得同时为二人之养子女,法律已有明文禁止;而独子、独女之为他人养子女,既无禁止明文,即可任凭当事人间之协意。"从中可以看到,对于法律已有明文禁止的,法律解释机关持"不得"之态度;而对于法律无禁止明文的,法律解释机关则持"可任凭当事人间之协意"的立场。

但也有例外之情况。换言之,根据民国法律解释之实践,法虽无禁止之明文,但并不直接宣示其具有合法性;而是需要依据法理,并得酌情具体裁量。例如,1936年12月,院字第1602号法律解释就指出:"养子女从收养者之姓,既为民法第1078条所明定,则养子女自不得兼用本姓,如以本姓加入刑名之中,其本姓只能认为名字之一部,而不得视为复姓;至兼承两姓宗祧,**虽无禁止明文,但参照同法第1083条之趣旨,仍不生法律上之效力**。"很显然,从司法院的这条法律解释中可以看到,法虽无明文之禁止,但依据法理,其行为仍不具有合法性,进而不生法律上之效力。

可见,解释法定之"法",在民国法律解释之实践中,虽主要指法规范,但仍需根据具体情况作具体之分析,以求法律解释不断逼近法律之真意。这一点在民事法规范之解释活动中体现得尤其明显。换言之,对于民事法规范所进行的法律解释,应当持一种相对开放的解释法定主义,既要从正式的法律渊源出发来进行合法性法律解释,也要留意非正式法律渊源对于解释任意性所可能产生的消解作用。当然,对于刑事法规范之解释,则与此相反,而应当持一种相对严格的解释法定主义,要始终坚持"法无明文规定不为罪,法无明文规定不处罚"。

三、法无明文规定不为罪

"法无明文规定不为罪",为刑法罪刑法定原则的另一种表述。它要求:

"行为时之法律,无明文科以刑罚者,其行为,不为罪。"①它既是对罪刑擅断主义的一种反动与抛弃,也是对"国家与个人关系的重新界定,是为现代社会所需的合乎法治原则的一种处理方式"②。因此,将罪刑法定原则引入近代中国刑法,同时"禁止比附援引,可谓中国刑律上之一大革命"③。

1907年,沈家本主持编纂的《大清新刑律》草案第10条明确规定:"凡律例无正条者,不论何种行为不得为罪。"对此,立法理由解释道:"本条所以示一切犯罪须有正条乃为成立,即刑律不准比附援引之大原则也。"④尽管该草案的颁行受到了来自社会的各种诘难⑤,但《大清新刑律》正式颁行时仍在条文中明确规定:"凡法律无正条者,不问何种行为,不为罪。"1912年3月10日,奉大总统令,暂行援用前清法律。关于刑法部分,司法部将《大清新刑律》中与民国国体相抵触之条文予以删除,定为《中华民国暂行新刑律》。因而自《暂行新刑律》施行以来,罪刑法定即为民国刑法一贯之原则。⑥ 这其中,比如《暂行新刑律》第二章第10条规定:"法律无正条者,不问何种行为,不为罪。"⑦又比如《修正刑法草案》亦同样于第二章第十条规定:"法律无正条者,不问何种行为,不为罪。"再比如《刑法第二修正案》则于第一章第1条规定:"行为时之法律无明文科以刑罚者,其行为不为罪。"⑧还比如《改定刑法第二次修正案》亦同样于第一章第1条规定:"行为时之法律无明文科以

---

① 王觐:《中华刑法论》,姚建龙勘校,中国方正出版社2005年版,第36页。
② 劳东燕:《罪刑法定本土化的法治叙事》,北京大学出版社2010年版,第7页。
③ 〔日〕冈田朝太郎:《论中国之改正刑律草案》,载王健:《西法东渐——中国人与中国法的近代变革》,中国政法大学出版社2001年版,第161页。
④ "凡刑律于无正条之行为若许比附援引及类似之解释者,其弊有三:第一,司法之审判官得以己意,于律无正条之行为比附类似之条文,致人于罚,是非司法官直立法官矣。司法立法混而为一,非立宪国之所应有也。第二,法者,与民共信之物,律有明文乃知应为与不应为,若刑律之外参以官吏之意见,则民将无所适从。以律无明文之事,忽援类似之罚,是何异于以机阱杀人也? 第三,人心不同亦如其面,若许审判官得据类似之例,科人以刑,即可恣意出入人罪,刑事裁判难期统一也。因此三弊,故今惟英国视习惯法与成文法为有同等效力,此外欧美及日本各国无不以比附援引为例禁者,本案故采此主义,不复袭用旧律。"参见修订法律编馆:《大清刑律总则草案》,光绪丁末法律馆印,庚戌冬月再版;又可见《大清法规大全·法律部》卷11。
⑤ 相关争论之内容,可详见周少元:《中国近代刑法的肇端》,商务印书馆2012年版,第122—124页;彭凤莲:《中国罪刑法定原则的百年变迁研究》,中国人民公安大学出版社2007年版,第131—137页。
⑥ 蔡枢衡:《中国法理自觉的发展》,清华大学出版社2005年版,第254页。
⑦ 谢越石在《刑律通诠》一书中对本条的解释是:"本条规定,即不许比附定罪、罚及律无正条之行为。此采用法定犯罪主义,限制类推的解释,为刑律上之大原则也。"谢越石:《刑律通诠》,萍踪寄庐1923年版,第23页。
⑧ 有关《修正刑法草案》和《刑法第二修正案》的内容介绍和评述,可参见,孟红:《罪刑法定原则在近代中国》,法律出版社2011年版,第61—69页。除此之外,有学者进一步指出:"1915年《刑法第一修正案》复古倒退倾向较明显。1918年的《刑法第二修正案》回归《钦定大清刑律》的立法风格。两个修正案均未颁行。"周少元:《中国近代刑法的肇端》,商务印书馆2012年版,第5页。

刑罚者,其行为不为罪。"①而在 1928 年 3 月 10 日所颁布的《中华民国刑法》第 1 条中,则规定:"行为时之法律无明文科以刑罚者,其行为不为罪。"1935 年 1 月 1 日所颁布的《中华民国刑法》第 1 条亦明确规定:"行为之处罚,以行为时之法律有明文规定者,为限。"②

从民国时期法律解释的实践来看,可以说,民国时期罪刑法定原则的实践,从大理院跟跄初试的"律无正条不为罪",到司法院时期日渐圆熟缜密的"法无论罪/处罚明文,应为不罪"。这其中,无论是法律解释实践对此原则之贯彻,还是因此对近代中国刑事法治之影响,都应当引起我们足够的重视。相关之解释例文,具体如下:

时间	解释号	解释内容
1913 年 5 月 2 日	统字第 17 号	……盖刑律上所谓犯罪,只以刑律分则各条所明示或暗示之行为与其结果为限,而对于法文以外之结果,有时应负民法之责任而于刑法问题无涉。
1913 年 5 月 15 日	统字第 23 号	买卖人口应照前清禁革买卖人口条例处罚,如该条款亦无明文,应依新刑律第十条之规定不为罪。
1913 年 5 月 16 日	统字第 24 号	卖婢为人妻妾,新律及买卖人口条例均无治罪正条,当然不为罪。旧律关于此等行为规定,已失效力,不能援用。
1913 年 5 月 23 日	统字第 27 号	和奸未经本夫告诉,当然不能论罪。律有明文,不容曲解。
1913 年 7 月 7 日	统字第 42 号	兼祧双配所娶均在新刑律施行前时不为罪,若在新刑律施行后娶者,以重婚论。
1912 年 12 月 3 日	统字第 73 号	查买卖人口早经前清禁革,该条款自应继续有效;惟于卖妾无专条,只能以不为罪论。
1914 年 12 月 8 日	统字第 184 号	查法人非有明文规定不能有犯罪能力,故普通刑律罪行不能适用。该处如关于特种犯罪,有处罚法人之章规,自应以该种法人为该种犯罪之被告,否则法人不能为被告。
1915 年 6 月 14 日	统字第 271 号	捏名禀控并非虚伪之实施,刑律既无正条,当然不能为罪。
1915 年 9 月 29 日	统字第 336 号	查销毁化币及贩运化币出口,律无正条,不能为罪。此等行为,行政上自有防遏救济之法,毋庸以刑罚制裁。
1916 年	统字第 500 号	刑律第四十七条所谓但以应科徒刑以上之刑者为限一语,谓必须宣告徒刑以上之刑者,乃得褫夺公权;得钱私和人命,刑律既无论罪正条,当然不能没收。

---

① 转引自陈新宇:《从比附援引到罪刑法定——以规则的分析与案例的论证为中心》,北京大学出版社 2007 年版,第 101 页。

② 这些有关罪刑法定的条文规定,表明民国时期:"刑法采用'无法律则无罪刑'之罪刑法定主义也,明甚。既是采用罪刑法定主义,是必有一种明文,规定何种行为为犯罪,应科何种刑罚于该犯罪行为之前,至若以新刑法,适用于实施以前之犯罪,是为法定主义所不许。以现有之刑法,适用于现在之行为,不能及于实施前之犯罪也。谓之'刑法不溯及'之大原则。刑法既不能溯及既往,是则对于刑法废止后之犯罪,自亦不能仍用废法。名此不能适用废法于刑法废止之后之犯罪,曰'刑法不追于将来'。"王觐:《中华刑法论》,姚建龙勘校,中国方正出版社 2005 年版,第 53 页。

(续表)

时间	解释号	解释内容
1916年10月30日	统字第531号	查卖让典质抵偿动章等件,现行律既无治罪明文,自应依刑律第十条不为罪。
1917年	统字第561号	服食吗啡者,律无正条不为罪。
1917年	统字第706号	刑律第四十八条应行没收之物,以业经搜获者为限;其未经搜办之物,在律若无追没没收文明者,不得概予没收业经者为判例,代替物之没收仍以业经搜获者为限。
1918年	统字第767号	在宗祠毁公共物件,律无正条不为罪。但应负民事责任。
1918年5月3日	统字第785号	查甲之行为,刑律无正条可援,应不为罪。惟该田荒废所生之损害,可为民事上之请求。
1918年9月2日	统字第837号	查得价典妻,如其真意系属绝卖,当依刑律补充条例,处典者以和卖罪,受典者参照本院统字第二一三号解释,不能论罪。若双方并无买卖意思,典者等于得利纵奸,法无处罪正条。
1919年3月19日	统字第959号	查甲掷碗欲伤乙而误伤丙,自系打击错误,参照本院统字第六八五号、第四三一号解释。甲对于乙本为伤害未遂,但新刑律无此规定,应不为罪。
1919年5月21日	统字第987号	查贩卖罂粟,除系罂粟种子外,既无治罪明文,以罂粟壳与他种药料搀合为丸,用治疾病,又不得谓为制造贩卖鸦片烟,自不为罪。
1919年9月11日	统字第1089号	查所称情形,坟山既供公用厝葬,自无问题,其将人已置空棺掘弃,在律尚无相当条文可以援用,亦不为罪。惟民事方面,如有损失,依应不法行为之例,判令赔偿。
1919年9月16日	统字第1094号	查现行刑律,除于教唆自杀及因犯奸非罪,致被害人羞愤自杀等情形,定有明文外,寻常因事令人气愤自杀者,尚无处罚专条,所称情形,如果并无唆令自杀以遂私心之事实,自无杀人罪可言。
1919年11月18日	统字第1131号	本院查欺隐熟地粮税,与领垦荒地升科,即未报户入册之情形,迥不相同;刑律第十条明定法律无正条者,不论何种行为不为罪,自不得比附援引,以为科断。本院前经咨请贵部,早为筹备,即因将来如遇此项案件发生,依律除宣告无罪外,别无制裁之条。来咨拟比照国有荒地承垦条例第二十七条办理,实与现行刑律所定未免抵触。相应咨烦请贵部仍查照前咨酌夺办理可也。
1920年2月3日	统字第1218号	统字第三四零号,系解释为盗执炊,不得论以从犯;第一一五七号,系解释正犯,仅预备行盗;法无正条不为罪,自无从犯可言。先后尚无出入,如受雇为匪侦探,应分别情形,查照八年九月十五日、十二月二十七日公报载统字第一零八零及一一六一号解释办理。

第五章　民国时期法律解释的原则　345

(续表)

时间	解释号	解释内容
1920年2月4日	统字第1219号	复判章程第一条第一项第三至第五款,分别以法定及所科刑为准,第一二款均以法定刑为准,县判无罪之案,除因犯罪不能证明及**法律无正条不为罪**外,关于刑律第十一条至第十六条行为,仅论外形,虽与分则各本条所列之犯罪行为相同。惟因有法律上之阻却原因,不予论罪。
1924年10月4日	统字第1892号	查贩卖贩运私藏赌具者,刑律**既无论罪明文,自不为罪**;若有关于警察法令章程禁止此项营业而仍贩卖贩运,应依违警罚法第三十三条第一款处罚。至未禁止以前,既不得处罚,即无履行处罚之义务。
1928年9月26日	解字第191号	查过失毁弃,**刑罚中无处罚明文,不能认为犯罪**。
1928年10月25日	解字第224号	和诱已满二十岁之妇女,以新刑法上无处罚之规定,自应无罪。
1929年4月12日	院字第35号	有夫之妇与人通奸,奸夫、奸妇均犯刑法第二百五十六条之罪,依同法第二百五十九条第一项及刑事诉讼法第二百十五条第二项之规定,须本夫告诉乃论。其因恋奸而诱已满二十岁之妇女者,关于和诱部分法无处罚正条,**应不为罪**。
1929年5月22日	院字第95号	甲某之妻年满二十岁以上被丙和诱,如经甲告诉通奸,当然依刑法第二百五十六条办理。若并不告诉通奸,仅系单纯和诱,**法无正条应不为罪**。
1929年8月3日	院字第117号	查连保中如果确无同谋帮助或扶同隐匿情事,而又不知情,故未揭报,或仅于犯罪完成后始行知情而不揭告,则**刑法中并无科以刑罚之明文,应不为罪**。
1929年8月23日	院字第152号	(一)应采甲说。 查:"甲,谓查刑法第二百七十一条、第二百七十三条、第二百七十五条、第二百七十七条均载有鸦片、吗啡、高根、安洛因及其化合质料字样,而乳糖、咖啡初无毒质在内,刑法上既未列举,又非化合质料可比,**律无正条不为罪**,专行贩运此物,不能认为犯罪。
1930年1月20日	院字第213号	贩运咖啡素如经化验并无毒质或虽有毒质而非与鸦片、高根、安洛因同类毒性之物,**法无处罚明文,应不为罪**。(参照院字第一五二号解释,载司法公报第41号)。
1930年8月23日	院字第329号	收买制钱镕毁成铜,变价营利,**法律无处罚明文,其行为应不为罪**。
1932年2月27日	院字第699号	……(三)和诱已满二十岁之男女,**无科刑明文,依刑法第一条应不为罪**,若合于刑罚第三百三十五条之略诱,或合于第三百十六条之私禁情形,应依各该条处断。
1932年8月24日	院字第785号	(一)中止犯以犯罪已着手为前提,刑法第四十一条规定甚明,阴谋预备,其程度在着手以前,自不适用中止犯之规定。如犯有预备或阴谋罪之犯罪,于预备或阴谋中止进行,**法无处罚明文,应不为罪**。
1934年2月13日	院字第1037号	单纯运输、制造红丸所用之质料,并无鸦片或其代用品之成分者,法无处罚明文,应不为罪。(参照院字第一五二号解释)

（续表）

时间	解释号	解释内容
1934年12月31日	院字第1183号	买卖军用枪炮原指整个者而言,其零件本不包括在内;除买受者用以制造枪炮应成立制造罪,而出卖者又参知情供给,应论以从犯外;其单纯买卖军用枪炮零件,并无上述之危险性,*法无明文,应不为罪*。
1935年1月12日	院字第1194号	禁烟法第七条之器具,以专供吸食鸦片者为限,吸用鸦片代用品之丸所使用之器具,不包括在内;其制造或贩卖之者,除有帮助他人使用鸦片代用品之故意与行为,应成立该罪之从犯外,*法无处罚明文,应不为罪*。
1935年1月12日	院字第1196号	雀牌除用以赌博财物应认为赌博之器具外,其单纯由铁路运输者,*法无处罚明文,自不含有违法性*。
1935年3月4日	院字第1225号	……（二）同办法第八条所载,各该区乡内法定人民团体机关及族长绅耆,于该乡或毗连乡村族姓间发生械斗之酝酿时,应即切实调处,并呈报地方官署核办等语,系属训示规定,违背此项规定者,除具备刑法第一百六十二条之要件,应依该条处断外,*别无处罚明文,应不论罪*。
1935年11月	院字第1361号	制造专供吸食红、白丸之器具或制造专供施打吗啡之器具者,为禁烟法第七条*所未列举,自不成立该之罪*。
1938年6月10日	院字第1733号	意图供吸用而持有鸦片或毒品者,如事发在二十五年六月重行公布之禁烟、禁毒两治罪暂行条例施行前,应依同条例第二十条第二项,适用行为时之法律处断,即其行为在禁烟法有效期内,依该法第十三条论科,若在旧禁烟、禁毒两治罪暂行条例有效期内,*因无处罚明文,应不为罪*。
1941年1月15日	院字第2113号	来文所称食粮、皮革、生油、棉麻等物,如系经济部指定之禁运物品,官兵图利私运或包运往经济部所指定之禁运区域,虽非直接售于敌人,但若上项私运之物品,委托他人转售于敌人,或知向敌售卖而为之包运,合于教唆或帮助情形者,应依禁运资敌物品条例第六条之共犯科处,否则*法无论罪明文,依刑法第一条规定,自不为罪*。
1941年2月8日	院字第2130号	军官包庇商人购运大批桐油,军用证明书填到资敌区域,甫经接近战区,即被查获,尚未达到禁运资敌物品条例第六条程度,除该军官系图利,自己或第三人,以经济部呈准管理之桐油供给敌人,应依非常时期农矿工商管理条例第二十九条第二项处断外,*法无论罪明文,应不为罪*。
1941年2月17日	院字第2136号	旧有制钱,早经财政部禁止行使,自非修正妨害国币惩治暂行条例所称之铜币,其单纯收集销毁之行为,*法无论罪明文,应不为罪*。
1941年3月	院字第2149号	国民兵团自卫队,系以已受国民兵教育者志愿所组织,该队士兵私逃,与妨害兵役治罪条例第十二条第一项第一款之意图避免兵役于征集后入营前逃亡者不同,自不成立该条款之罪,其他法令对于此项行为,亦尚无论罪明文,*应不为罪*。

(续表)

时间	解释号	解释内容
1941年11月	院字第2245号	修正妨害国币惩治暂行条例第二条销毁罪之客体,系以银币、铜币或中央造币厂厂条为限,其单纯销毁镍币、铝币之行为,既无处罚明文,依刑法第一条自不成立犯罪。
1941年12月	院字第2259号	因赌赢得之现金,与赌赢后由输者立给之票据,如为赌犯所持有,得依刑法第三十八条第一项第三款没收,其已费失之现金,与该票据票面所载之金额,法律上既无追征或追缴之特别规定,即不得予以如何之处分。
1942年8月12日	院字第2383号	……(十二)战地为沦陷区之统称,战区为军事委员会依照军事作战上之需要所划定之地区,湘省虽经划为战区,自与陆海空军刑法第二条所称战地意义不同,非军人而在非战地或非戒严区域,冒用陆海空军制服徽章,除具备刑法第一百五十九条之要件,适用该条处断外,别无论罪明文,自不成立犯罪。
1942年9月10日	院字第2396号	……(三)陆海空军刑法第九十三条之逃亡罪,虽以现有职役为前提,但在医院之伤病官兵,不能认为已离去职役,如未请假离院另投部队服役,仍应论以该条之罪。其无军人身份之自卫队兵乘间逃亡,并无拐带公物者,法无论罪明文,自不构成犯罪。
1943年2月15日	院字第2465号	逃避兵役之家长拒缴或因无力缴纳优待金,在妨害兵役治罪条例并无相当规定,除别有庇护或便利该应服兵役之壮丁逃避兵役,应依同条例第四条第二项处断外,法无论罪明文,应不为罪。
1943年10月29日	院字第2589号	行商运货由子地至丑地,匿不报税,除合于修正惩治偷漏关税暂行条例所定罪名,应依该条例处断外,别无论罪明文,应不构成犯罪。
1943年10月29日	院字第2592号	某内河轮船公司负责人,不遵交通部航政办事处所限定之票价,擅自抬价出售船票,核与国家总动员法所定之各种情形无一相合,自不构成妨害国家总动员惩罚暂行条例上之罪名,此种违反主管机关依据法令所发之限价命令,亦无其他论罪明文,只应就行政上予以处分。
1944年6月21日	院字第2696号	购买违反限价之盐,法无处罚明文,应不论罪。
1945年2月22日	院字第2816号	人民身份证,并非有关军事政治经济之文书图画或物品,愚民将身份证盗卖奸区,除别具犯罪成立要件,应依其所成立之罪论处外,法无论罪明文,应不为罪。
1945年6月5日	院字第2900号	盐专卖条例所称私盐,在该条例第六条设有列举规定,单纯收储者,并无处罚明文。来文所列人民家内存储食盐,虽无单照,及贫民妇孺在地面检取力伕背盐时包内溢出之盐粒留为自食,均不在处罚之列。
1945年6月	院解字第2910号	(一)飞机零件非违禁物品,其单纯收藏或持有而不别具其他犯罪构成要件者,法无论罪明文,应不为罪。
1945年9月22日	院解字第2968号	抗战期内敌占区之我国妇女,仅系嫁与敌寇或敌寇组织中之朝鲜人为妻者,法无论罪明文,应不处罚。

(续表)

时间	解释号	解释内容
1947年4月	院解字第3415号	未遂犯之处罚,以法有明文规定者为限;禁烟禁毒治罪条例第四条、第五条、第六条之罪,在同条例第十六条既无处罚未遂之规定,自在不罚之列;不能因无处罚未遂之规定,而概以既遂罪论处。
1948年2月20日	院解字第3860号	违反国家总动员法第十五条执行之处置,在妨害国家总动员惩罚暂行条例既无处罚明文,仅得依行政执行法处理。
1948年6月22日	院解字第4052号	仅在内地私运贩卖银币铜币,妨害国币惩治条例既无治罪明文,自不能依该条例处罚。其所贩运之银币铜币,亦不能予以没收。

这一情形之中有意思的是统字第1605号。在这份于1921年9月7日复江苏第一高等审判分厅的解释文中,大理院指出:"查刑事诉讼与选举诉讼,完全两事,何得牵混;又妨害选举罪之成立,**刑律既有明文,凡合于同律所定,均属犯罪**,亦与选举法无涉。"很显然,该解释例文无疑从反向的角度确证了"法无明文规定不为罪"的原则。

同样有意思的还有解字第195号。在这份于1928年10月1日复浙江高等法院的解释例文中,最高法院指出:"查意图营利和诱二十岁以上妇女,刑法固无科罪条文,惟被诱之妇女,如果知识不足由诱拐者设法诱惑致被欺诈者,自应以略诱罪论。"从中可以看出,虽然和诱20岁以上之妇女刑法上无科罪之条文,但是如果和诱转换成了略诱,那么根据刑法规定,对此行为还是要处以刑罚。① 而这也意味着,民国时期的法律解释机关并非刻板坚守"法无明文规定不为罪"的原则,而是倡导通过上下法条与左右罪名之间的关系把握,来真正理解什么是"法无明文规定"进而决定是否真的"不为罪"和"不处罚"。

当然,在民国法律解释的实践中,有关罪刑法定原则的贯彻与实施并不都会直接体现在解释例文上,有时也会隐含在解释例文之中;也即虽然在解释例文的内容中并不会出现有关罪刑法定原则及其概念的明确表述,但解释例文却是罪刑法定的原则内容和精神意义的贯彻与体现。典型的比如统字第102号,在这份1914年2月19日复广东高等审判厅的解释文中,大理院指出:"查新刑律立法本旨,博具并非禁制品,观同律第276条之但书,可以得当然之解释,则单纯贩卖贩运私藏者,自非犯罪行为。"从内容上来看,这一解释例文试图从立法本旨出发,同时参考相应之法条规定,来明确罪刑法定原则在区分罪与非罪问题上的适用。又比如统字第177号,在这份1914年11

---

① 参照解字第223号解释例之内容,有利于更好地理解解字第195号之意涵。在1928年10月19日复福建高等法院首席检察官的解字第223号解释例文中,最高法院指出:"查和诱已满二十岁之妇女,刑法上无处罚之规定,其于诱得后意图营利,以诈术转卖于人者,应据刑法第三百十五条第二项论科。"

月 4 日复山东高等审判厅的解释文中，大理院认为：

> 查刑律第三百十三条伤害罪之成立，以毁损人身生理的机能为要件，换言之，即须使人身生理的机能受损害也，强剪头发，虽属强暴行为，然被害者生理的机能未受损害，即未达伤害程度，不能依第三百十三条处断。唯刑律关于施强暴未至伤害之行为，以对于尊亲属者为限，有第三百十七条之规定，其对于常人之单纯强暴罪，则属于违警律范围，故强剪妇女头发，除系刑律分则各罪中以强暴为要件者之手段行为，应依各本条处断外，其单纯强剪头发，只能构成违警罪。

从表面上来看，虽然是区分此罪与彼罪之间的问题，但该解释例文的内容实际上充分体现了罪刑法定原则的具体适用。还比如院解字第 3807 号，该解释例认为："单纯贩运由枪拆出之各种零件，不成立犯罪，其零件自不得以违禁物论。惟贩运者如系为避免发觉或便于搬运，故将整个枪支拆开以为运输，仍应分别情形依刑法第一百八十六条、第一百八十七条论处。"很显然，这一解释例文试图从立法原意出发来阐明刑法条文之真实含义。因而尽管其例文中并未直接表明其是对罪刑法定原则的一种遵从，但从实质上来看，不仅这一解释例文符合罪刑法定原则要求，而且这种解释的实践也是对该原则的一种严格贯彻。①

这一情形中值得予以特别关注的是统字第 21 号。在这份 1913 年 5 月 12 日覆吉林地方检察厅的解释文中，大理院指出：

> 查放卖国有土地，乃国家与人民之私法上买卖行为，与暂行新律第一百四十七条所谓征收各项入款之性质迥然不同，当然不能发生刑事问题。省议会所议定价目，自系合于省议会暂行法第十六条第七款所议决者，该款议决，并经行政长官以民政长名义公布后，不能直接对于行政官及人民发生拘束力。此项议决价目若该省民政长曾经以民政长名义公布，命人遵守，则自可作为正价放卖。官吏如若擅自增加，人民自可向该官吏或其直接上级官署提起行政诉愿。如未经民政长官公布，则不发生效力，至于放荒规则，自系一种行政法规，其规定丁佃之优先购买权，虽当然有法律上之效力，但该管官吏任意准驳，只系违背行政法规，不能构成刑法上之犯罪。该佃户自可依诉愿或行政诉讼程序，向该官署或其直

---

① 当然，如果把视野放得再宽一些，那么不仅在法律解释的实践中会有此一现象，在判决例中这一做法实际上更为突出。例如，1936 年上字第 932 号判例：上诉人因恋奸情，于 1935 年 6 月 8 日将某甲之妻某氏，和诱至某处藏匿，至同月 19 日始行觅回。此项事实，虽与 1935 年刑法 240 条第 3 项所定罪名相当，但刑法系同年 7 月 1 日施行，其行为时有效之旧刑法，对于和诱有夫之妇脱离家庭并无处罚之规定，自未便以行为后之刑法定罪。而被告又曾于 1935 年 6 月间窃占某甲之地自行耕种，固为原判决所确定之事实，唯其行为时之旧刑法，即无窃占不动产处罚之明文，依刑法第 1 条之规定，自属不应处罚。很显然，这一判例其实就是以其内容之实质来对罪刑法定原则予以肯定的。

接上级官署提起诉愿,或向管辖行政诉讼官署提起行政诉讼。

从该解释例文的内容上来看,虽然其所涉及的主要是如何区分刑事法责任与行政法责任的问题,但其所反映的,其实还包括了解释法定原则在这两种不同责任之间的区别作用,而这从另一个方面也反映出了罪刑法定原则在法律解释实践中不同的适用样态。

在理论上,罪刑法定主义可分为"相对的罪刑法定主义"和"绝对的罪刑法定主义"。例如民国刑法学者葛扬焕就坚持绝对的罪刑法定主义,认为:"就我国之现行法制论之,刑法之成立,实际上限于成文法。余唯于此种意义范围内,承认罪刑法定主义。"①而郗朝俊、郭卫和王觐则持相对的罪刑法定主义立场,反对绝对的罪刑法定主义。这其中又以王觐的论述最详。王瑾认为:"绝对罪刑法定主义,及擅专主义之反动,刑法解释从严,乃法定主义之产物,是则舍去历史上之理由,别不见有深意存在。"②但是在法律实践中,"相对的罪刑法定主义"和"绝对的罪刑法定主义"的分歧则主要体现在对于"法"之理解上。换言之,"法无明文规定不为罪"之"法",究竟是正式的法律渊源,还是包括非正式的法律渊源;如果只是指正式的法律渊源的话,那么究竟是法规范,还是法理,亦或是条例。

理论上存在着这些知识分歧,民国时期的法律解释实践中对此难免会有所体现。这其中分歧较为温和的,便是1934年12月司法院所做的院字第1143号法律解释。该解释指出:

> 报馆编辑人妨害他人之名誉信用,在法律上既无免除刑事责任之规定,除合于刑法第三百二十七条情形外,仍应负刑事责任。(参照院字第五二九号及第七四八号解释)如其所登载之事件,确系妨害他人名誉信用,并已指明地名、住址、姓氏各项,足以推知其被害者之为何人,无论所登载者系自撰文字或转载他人投稿,均应负刑事之责任。

很显然,这条法律解释所隐含的信息是,当法律无明确之规定时,是否承担刑事责任,还尚需法院酌情裁定。而较为激烈的,便是1936年1月司法院所作的院字第1400号法律解释。该解释明确指出:"刑法关于死刑、无期徒刑之坚强,虽无分数之规定,如应依大赦条例第二条减刑三分之一时,**不妨参酌旧刑法**所定分数(即第七十九条第二项及第八十条第二项)以为量刑标准。"换言之,根据这一解释,旧刑法之规范在新刑法实施期间,仍可参酌援引。问题是,这是否与"法不溯及既往"之原则相抵触呢?

---

① 葛扬焕:《罪刑法定主义》,转引自蔡枢衡:《中国法理自觉的发展》,清华大学出版社2005年版,第255页。

② 王觐:《中华刑法论》,转引自蔡枢衡:《中国法理自觉的发展》,清华大学出版社2005年版,第255页。

四、法不溯及既往

（法不溯及既往）此原则乃无法律则无犯罪亦无刑罚之原则适相呼应。盖行为时之法律，既未以为犯罪，而科以刑法，若竟因以后之法律，对该行为规定为犯罪，而适用其刑法，则吾人将日处于恐慌之中，何种行为，致受后日法律处罚，均不可知，其危害个人之权利，社会之安宁，庸有止境！故刑法特为标此原则也。①

因此，如何将法不溯及既往原则（与罪刑法定原则一起）纳入刑法之规定，一直以来都被看成是近代中国法律发展过程中的一项重要任务。早在沈家本主持编纂的《大清新刑律》草案的第1条中，即对此项原则作了最初的文字设计与思想表达。该法第1条第1款规定："凡本律自颁行以后之犯罪者适用之。"而第2款则规定："若在颁行以前未经确定审判者，俱从本律处断，但颁行以前之律不为罪者，不在此限。"对于此一法条，草案所附之立法理由是："本条定刑法效力之关于时者。第一项规定本于刑法不溯及既往之原则，与第十条规定采用律无正条不处罚之原则，相辅而行，不宜偏废也。第二项前半指犯罪在新律施行前，审判在施行后，定新旧二律之中孰当引用也。"②《大清新刑律》对草案的这一规定仅作了文字上的细微调整。其第1条规定："本律于凡犯罪在颁行以后者适用之。其颁行之前未经确定审判者，亦同；但颁行以前之法律不以为罪者，不在此限。"《暂行新刑律》第1条规定："本律于凡犯罪在本律颁行以后者适用之。其颁行以前未经确定审判

---

① 参见陈瑾昆：《刑法总则讲义》，吴允锋勘校，中国方正出版社2004年版，第28页。

② "关于本题之立法例有二：一为比较新旧二法，从其轻者处断之主义。法国刑法第四条……等皆本乎是。二即不分新旧二法，概从新法处断之主义。英国用之。我国明律亦主此义。本朝虽有第一主义之例，然律之本文仍有犯在以前，并依新律拟断之规定。议者谓被告犯罪之时，已得有受当时法律所定之刑之权利。诚如此说，应一概科以旧律之刑，不应复分新旧二律之轻重也。况臣民对于国家并无所谓有受刑权利之法理也。或又谓若使新律重于旧律，而旧律时代之犯人，科以新律之重刑，则与旧律时代受旧律轻刑之同种犯人相较，似失其平。诚如此说，则使新律施行之后，仅此旧律时代之同种犯人，可以旧律之轻现，彼新律时代之犯人，据新律而科重刑者，若互相比较则又失其平矣。或又谓用失之严不如失之宽。从新律之轻者，所以为宽大也。然刑不得以沽恩之具，非可严亦非可宽者。夫制定法律，仍斟酌国民之程度以为损益。既经裁可颁布，即垂为一代之宪章，不宜复区别轻重宽严也。欧美及日本各国多数之立法例，所以采用第一主义者，盖受法国刑法之影响。而法国刑法之规定，则其时代之反动耳，于今日因无可甄择者。我国自古法理，本有第二主义之立法例，此本案所以不与多数之例相雷同，而仍用第二主义也。第二项后半'颁行以前之律例不为罪者，不在此限。'其旨与前微异。盖一则新旧二律，俱属不应为之罪恶，不过轻重之差；一则新律虽为有罪，而旧律实认许其行为，因判决在后，遽应惩罚，有伤溪刻也。"与此同时，本法条所立之应当"注意"之处为："第一项既采用刑法不溯及既往之原则，新刑律施行以前之行为，在新刑律虽酷似有罪之行为，不得据新律之规定而罚。第二项指未经确定裁判者，虽已有宣告，仍得依上诉而变更之。凡案件具此情节，检察官即得上诉而请求引用新律。其上诉方法及其限制，一以上诉法为据。"参见修订法律馆编：《大清刑律总则草案》，光绪丁未法律馆印，庚戌冬月再版；沈家本：《修订法律大臣沈家本等奏进呈刑律草案折》，载《大清法规大全·法律部》卷11；又可参见《大清新法令》点校本第1卷，商务印书馆2010年版，第376页。

者亦同,但颁行以前之法律不以为罪者不在此限"。自此以来,法不溯及既往原则即成为民国刑法的基本原则。《修正刑法草案》第1条则对《暂行新刑律》第1条作了文字上的细微修改,规定:"本法于凡犯罪在施行以后者适用之。其施行之前未经确定裁判者,亦同;但施行以前之法律不以为罪者,不在此限。"1928年《中华民国刑法》通过规定从新兼从轻之原则来间接地确认法不溯及既往的规定。该法第2条规定:"犯罪时之法律与裁判时之法律遇有变更者,依裁判时之法律处断,但犯罪时法律之刑较轻者,适用较轻之刑。"1935年《中华民国刑法》第2条则明确规定了法不溯及既往的内容:"行为后法律有变更者,适用裁判时之法律。但裁判前之法律有利于行为人者,适用最有利于行为人之法律。(第1款)保安处分适用裁判时之法律。(第2款)处罚之裁判确定后,未执行或执行未完毕,而法律有变更不处罚其行为者,免其刑之执行。(第3款)"

法不溯及既往"此一原则于刑法亦如于其他法律,只能为解释上之标准,不能为立法上之限制"①,换言之,"法不溯及既往"属于法的效力的一项原则。因此,在民国时期的法律解释实践中,它又并不仅仅只是适用于刑事法律规范的解释,而且也适用于非刑事法律规范的解释实践。

从民国法律解释的实践来看,在解释例文的正文中②,最早涉及有关法不溯既往原则及其概念之明确表述的,可能要算1914年8月7日大理院覆山东高等审判厅的统字第158号解释。这份例文指出:

> 查效力不溯既往本为法律之大原则,而依立法政策,有不得不予以溯及效力者,则必于条文特别明示,至其效力之范围,亦即以所明示者为限;财物成交在印花税法施行以前,按照原则,自不应补抽印花税。惟该法认为财物成交,有时虽在施行前,而既涉及诉讼,则于一定范围内,应令使用该法补贴印花,故有第十三条但书之规定,细绎第十三条,上句系指印花税法公布后,未发生效力前之财物成交而言,并非统括该法未公布前之远近时期,该条但书,既系例外规定,即应以该法公布后未发生效力前之财物成交者为限,始能适用。如谓该条解释,应统括公布前远近时期,则不惟苛扰业生,即于法文所定印花四字,亦不免成为衍文,殊非立法之本意。

在民国时期法律解释的实践中,明确涉及有关法不溯及既往原则及其概念之表述的解释例文,主要包括以下的这些情形:

---

① 陈瑾昆:《刑法总则讲义》,吴允锋勘校,中国方正出版社2004年版,第28页。
② 在提请法律解释的函文中,也往往会涉及"法不溯及既往"之概念与内容。最早出现的是统字第75号(民国元年十二月二十一日大理院复湖南高等审判厅)解释例文的函请文。

时间	解释号	解释内容
1917年6月29日	统字第735号	……又查律例孀妇改嫁,应由夫家祖父母父母主婚,若未得该主婚权人同意,遂为婚姻者,则主婚权人得请求撤销,惟并非当然无效,其撤销效力,*自不能溯及既往*。
1918年5月20日	统字第788号	查契税条例及其施行细则,*未规定有溯及力*,应以乙说为是。①
1919年1月21日	统字第922号	且查来函所叙情形,似甲之负债,在其母请求宣告准禁治产之前,尤*无溯及既往*撤销其负债行为之理……
1925年5月8日	统字第1918号	……第三点称民诉条例第五百三十一条,对于财产权上诉讼之第二审判决,若因上诉所应受之利益不逾百元者,不得上诉;本条例施行细则第一条在本条例施行前提起之诉讼程序,应依本条例终结之,则民事诉讼施行前所受理不逾百元之上诉案件,可否根据上开条文,以其无权上诉而驳回之,以终结其案件,如此终结,是否于*法律不溯既往之原则*有所违反等语。
1927年12月21日	解字第3号	本院就上项令文解释,系通令自本年八月一日起实行现颁年利百分之二十,盖为禁止重利以除民害起见,若在本年八月一日以前,债务人已经依约给付利息,虽超过现定利率,*当然不溯及既往*,惟在此颁令前未清偿之利息,系在本年八月一日后,责令债务人履行此种义务,自应一律遵照现定利率,方符此次通令禁重利以除民害之本旨。
1928年9月17日	解字第182号	查函述情形,本法令既经文明规定,自公布日施行,除因特别情形有特别规定外,*自不得溯及既往*。
1928年9月17日	解字第183号	查国民政府印花税暂行条例,应依其明文自公布日施行,*不得溯及既往*。
1929年2月16日	院字第2号	按当事人订立借贷契约,如超过年利百分之二十之限制,系在该县未隶属于国民政府以前已依约给付利息;则*法律原则当然不溯及既往*。惟未付之利息,此后责令债务人履行义务时,自应遵照现定利率办理等。
1929年4月8日	院字第28号	查刑法施行前之犯罪,于刑法施行时其起诉权未因刑律所定时效期限消灭,自应适用刑法之规定;若已消灭,即不得复因刑法施行改依刑法计算。
1929年5月3日	院字第77号	……(三)在该条例施行前,已成立之文件,如依旧法应贴印花而未贴者,应仍依旧法处罚。②

---

① 在湖北高等审判厅提请大理院解释函中:"……乙说谓现行契税条例第十条所载,系指条例施行前未经投税之契延不投税,或补税时而匿报契价者,并不能包括条例施行前匿价投税者;本案投税,系在民国元年,虽有匿价情事,究与该条例第十条之规定不合,且又无适当之法律可援,应依刑律第十条宣告无罪。"

② 院字第28号和第77号这两条解释例的内容中虽然从形式上看没有出现"法不溯既往"的字样,但解释例文内容的实质就是体现了"法不溯及既往"的精神。

(续表)

时间	解释号	解释内容
1929年5月4日	院字第81号	查寺庙住持于国民政府未公布寺庙管理条例以前,将寺庙产业典当与人,依原来有效之管理寺庙条例,其法律行为仍属无效,所有典产,应由该管地方官署收回或追取原价,给还该寺庙。(民国四年公布管理寺庙条例及十年修正管理寺庙条例之规定均同)若其典尚在民国四年未有管理寺庙条例以前,依该地习惯寺庙财产得由住持典当者,**本诸法律不溯既往之原则**,自可按照清理不动产典当办法第二、第三两条办理。
1930年4月23日	院字第268号	……(二) 对于中国国民党总理遗像,如有意图侮辱公然加以损坏、除去或污辱之行为者,依照民国十八年六月二十七日国民政府令,应照刑法第一百六十七条论罪。惟在奉令以前,如有此项行为,依中央执行委员会政治会议第二二三次关于前令**不追溯既往之决议案**,应不为罪。
1930年8月24日	院字第568号	(一) 刑法施行前三人以上共犯以诈财为常业之罪,而裁判已在刑法施行以后者,关于常业犯在刑法第364条虽有特别规定,而在犯罪时之刑律既无加重论科之明文,依刑法第一条规定,**自不得援用刑法溯及既往**。
1937年2月24日	院字第1683号	(一) 本院二十四年训字第三三八号训令,及妨害国币惩治暂行调理你,既无**追溯既往**之特别规定,凡事犯在前者,依刑法第一条应不处罚。
1942年5月11日	院字第2325号	被继承人在遗产税暂行条例施行前死亡者,同条例之施行条例并无应征遗产税之规定,**依法律不溯既往之原则**,不得征收遗产税。
1943年7月10日	院字第2546号	……又发觉商人于民国十三年使用之账簿,未贴印花税票;虽在民国十六年十一月二十三日印花税暂行条例施行以前;但此项账簿,应贴印花,其未贴者,应处罚金;按诸民国三年十二月七日之修正印花税法第二条第一项、第六条第一项,均定有明文;且该罚金为行政罚,不适用刑法上之时效;而在该条例及现行修正印花税法上,对于该条例施行前之违反印花税法者,既无从新法处罚之规定,**依法律不溯及既往之原则**,仍应适用当时有效之修正印花税法第六条第一项处罚。

此一情形之中有意思的是统字第788号解释例。在这份复湖北高等审判厅的函文中,大理院通过诉诸于法条"未规定有溯及力"之内容而确证了在"无适当之法律可援,应依刑律第10条宣告无罪"的立场,进而强化了依法解释原则中的两项内容。

其实除解释文中明确含有"法不溯及既往"之具体概念外,在民国法律解释的实践中,大量的法律解释文都贯彻着"法不溯及既往"之实质内容与精神内涵而在解释文的形式或概念上却并没有直接表明。这其中,最早的法律解释例,可能是统字第42号。在这份1913年7月7日复西安地方审判厅的电文中,大理院指出:"兼祧双配,所娶均在新刑律施行前,时不为罪,若在新刑律施行后娶者,以重婚论。至妻亡有妾,现仍娶妻者,不得以重婚论。"同样情形的还有统字第 101 号,在这份 1914 年 2 月 7 日复青海办事长官的函文中,大理院指出:

> 本院细察番地情形并详核该条款,其中自不无应行修改之处,惟在未经修改以前,番地民情风俗,迥异内地,自不能一律绳以新律。暂行新刑律实施之区域当然以前清现行刑律能适用之区域为限。查前清现行刑律,向不适用于该番地。故该番条例款,在未经颁布新特别法令以前,自属继续有效。

很显然,这两项法律解释例文都是在解释例文的正文内容中未明确使用法不溯及既往原则的概念表述,而其实质却贯彻了该原则之内容的两条法律解释例文。除此两项情形之外,又比如民国十八年,山东高等法院请求最高法院解答:

> 窃甲有子乙女丙。甲于民国十五年春间死亡,遗产由乙承受。今丙未出嫁,对于乙起诉请求分析甲之遗产,因此发生法律上问题。分为二说。甲说、女子有财产继承权,系根据于第二次全国代表大会妇女运动决议案。该案经前司法行政委员会于民国十五年十月通令,隶属国民政府各省施行。而鲁省则于十七年五月隶属于始隶属于国民政府。当民国十五年春间甲死亡之日,乙已继承甲之遗产。其时女子尚未有财产继承权之法律颁行。依法律不溯及既往之法理,丙现对于乙承受甲之遗产,自不能享有继承权。乙说、依照国民政府党纲,男女在法律上平等、经济上一律平等。丙虽系女子,但尚未出嫁。当甲死亡之日法律不啻视丙为乙之弟。此际丙与乙当然有同等财产继承权。以上两说,究以何说为是?

司法院对此所复的解释文为:

> 女子有财产继承权,系根据于第二次全国代表大会妇女运动决议案而发生,该案于民国十五年十月始通令隶属国民政府各省施行。自应由该通令到达该省之日始能生效。若各省之隶属国民政府在通令以后者,应由其隶属之日始生效力。而财产继承权之开始,应始于被继承人死亡之日,倘被继承人于该决议案发生效力以前已经死亡,其遗产已由其男子继承取得,则其女子于该案生效之后,虽尚未出嫁,亦不能对其兄弟所已承受之财产,而欲享有继承权。①

从这一法律解释例文的内容中同样可以看出,司法院其实就是贯彻了

---

① 院字第 174 号。

"法不溯及既往"这一精神才所作出相应之解释的。

客观来说,解释法定不仅在形式上要求"依法解释",而且在实质上也要明确"法不禁止即自由"之精神;不仅要在刑事法解释中严格坚持"法无明文规定不为罪",而且在法的效力上也要坚持"法不溯及既往"。可见,民国时期的法律人,承继自清末法制变革以来厉行法治以图强之用心,紧随西方法律理论之脚步,通过法律解释之实践,改造中国既有之社会规则与秩序,谋求社会变革之法制出路。然而,面对现实社会里的复杂情状,民国时期的法律解释亦无法完全为西方思想所左右而失去其自身之关怀。因此,在实践中,民国之法律解释无不体现解释审慎之态度,避免"挂一漏万",以求关照现实社会之同时,推动中国现代法律之成长。

第三节 解释适度

所谓"解释适度",亦即在法律解释之时无论是选择解释之方法还是处理解释之内容,亦或是在对待解释之整体行动的态度上,都持一种严肃而审慎的态度。细究其中之原因,一方面在于法规范之繁复庞杂,以致法律解释机关在参酌其中之依据时可能会有所遗漏之法文;另一方面自然在于社会现实之复杂性往往并非法律解释机关所能预料,也非法律解释之内容所能穷尽。毕竟,社会动荡,各地各部门纷纷制定相应之规则而彼此之间缺乏沟通与照应,造成虽是最高法律解释之机关,但却并非是法规范掌握最全之主体。一方面法律解释机关"居庙堂之高"而无法"处江湖之远",另一方面语言的形式性与语法的逻辑性又往往会限制住法律解释及其表述的"能指"与"所指"。因此,在民国时期的法律解释实践中,解释机关就不得不坚持一种严谨而审慎的解释原则,以求法律解释"在法"而不"越法"(也即既在法定之范围内同时亦增强其弹性),进而使得其既符合法规范之意涵,又契合于社会的法权需求。

"历来从事解释,莫不临之以慎重。有时一字一句之微,均待阐发详明,句推字解,期臻至当。时或博引旁征,积牍盈尺。迨后决而公布,则惟简揭其义指,然于字里行间之外,要必有深厚之学养为其渊源者,自不待言。"① 当然,从民国时期的法律解释实践来看,解释适度原则又大致可分为以下的三类:一是解释态度上的适度,二是解释方法上的适度;三是解释内容上的适度。很显然,前两者从根本上来说都是为了获致一个适度的解释内容。因而,这其实也就意味着这三者之间并不是绝然隔立的,而是相辅相成的,是在实践中会被混合起来使用的。

---

① 《司法院解释汇编》(第1册),台湾"司法院"秘书处1989年编辑印行,"谢冠生·再版序"。

一、解释态度上的适度

从民国法律解释的实践来看,解释态度上的适度主要表现为法律解释机关在进行法律解释时,要么会强调法律解释与法律规范在逻辑上的关联,提请裁判机关注意相关之法条,以避免出现"挂一漏万"之情形;要么强调以实际情况为基准,并提请裁判机关具体问题具体分析,切忌"一概而论"。前者所持乃是一种"不绝对"之法律解释态度,后者则为法律解释上的一种"不擅断"之态度。唯有持具这两种法律解释之态度,才能使得法律解释既符合法律之规定,契合法意;同时也尽可能地关照社会现实,满足社会的法律需求。

(一) 法律解释上的"不绝对"

事关法律规范的适用问题,基于规范本身的复杂性,法律解释机关在解释实践中往往会表现出足够的严谨与审慎。换言之,法规范源自多端,相互之间又缺乏沟通与备案,解释机关可能也无法尽悉,在进行解释时提请注意可能出现的意外,进而表现在法律解释上采一种"不绝对"的审慎态度,这在民国法律解释的实践中是一种较为常见的现象。

典型的比如1918年8月7日,在复陕西高等审判厅的统字第825号解释中,大理院指出:"大清银行欠人之款,应由法院受理,本院早有前例,至钞票财部有无特别办法,俟行查再复。"这表明对于法规范之不确定者,大理院在解释时表现出相当之谨慎。再比如统字第1347号。在这份于1920年6月19日复山东高等审判厅的函文中,大理院指出:"查司法公报第六十二期内,登载该章程第三条固有或字,惟合上下文语气解释,似不可通,究竟该章程自发布后曾否经过修改,原本是否亦有或字,希查复后再行核答可也。"由于对法规范之情状缺乏确实之把握,因而法律解释机关要求经由查复核对后才敢行解释,而这无疑体现出大理院在解释法规范时持相当谨慎之态度,不敢遽然下断。

在民国法律解释的实践中,除上述所列之情形外,还包括以下的这些解释例,从不同的角度反映出解释机关在面对法规范的疑问时所表现出的在解释活动中持一种"不绝对"的审慎的态度。

时间	解释号	解释内容
1915年3月31日	统字第225号	夫妇离异,其亲生或抱养子女,原则应从父,但有特别约定,亦得从母,不能听子女自愿。
1915年5月24日	统字第251号	查各级审判厅试办章程第六十七条之撤销上诉,据本院历来判例,皆解为缺席裁判之一种,自以用判决行之为宜,但法律既无明文规定,即用决定裁判者,亦非全然不当,惟无论其为判决决定,皆应许其依法声明窒碍,以保护缺席当事人之利益。

(续表)

时间	解释号	解释内容
1915年6月16日	统字第275号	本院查窃盗事后行强,依刑律三百七十一条,当然以强盗论,其伤人致死,自应依刑律三百七十四条及惩治盗匪法第三条第一款处断。但斟酌情形,仍得适用刑律总则之规定。
1915年9月18日	统字第334号	……又自缓刑制度之适用而言,该制度原为偶发犯而设,对于同时同地之行为,因法益之异,致生数罪俱发之结果者,其宣告刑,既均在四等以下,且合于其它法定条件,原不妨适用缓刑,若异时异地之数罪俱发,则其人之恶性较著,且多习惯犯,虽不能谓绝对不能适用缓刑,而用之不可不慎,务期不失该制度之本意。
1916年6月22日	统字第458号	查刑律补充条例第十一条监禁处分之解释,应以乙说为正当。惟口粮既无明文规定,原则上应由官给。
1918年9月4日	统字第842号	查关于矿山窃盗之赃物罪,仍依刑律科断,应注意故意之要件,但依矿业条例第九四条窃采矿质者,法定刑处三等至五等徒刑,而刑律第三九七条主刑二等至四等徒刑,使用时应于法定范围内斟酌,得其权衡。
1919年5月31日	统字第1019号	贩卖烟土,虽持有土药局收税凭单,倘非行为当时法律所明许,仍应依律酌办。
1919年12月11日	统字第1157号	正犯无正条可科,即无事前帮助从犯之可言,所称情形,惟应注意有无触犯治安警察法第二十八条或其他犯罪。
1920年5月6日	统字第1284号	……第二问,甲将妻乙典当于丙二年,于期限内将乙卖于丁为妻,除甲丙有买卖意思,托名典当,应别论罪外,如甲确无买卖意思,真为有期之典当,则甲等于得利纵奸,(参照本院统字第八百三十七号解释文)丙虽不得以乙为法律上之妻,然于担任养育乙之义务,固合法成约,其将乙卖于丁,系犯刑律补充条例第九百条第一项之罪,甲父戊得独立告诉,惟应注意丁是否知情故犯(预谋)。
1928年2月6日	解字第21号	查第一点除视反革命治罪条例如何规定援照办理外,其有刑律第二百二十一条之情形,亦应注意。
1928年8月	解字第139号	查第一点,本夫卖妻,应分别情形适用刑律第三百四十九条或第三百五十一条各项处断,将来新刑法施行后,则依该法第二百五十七条第一项、第二项、第三百五十五条第二项办理,但仍应参照同法第二条之规定处刑。
1929年4月30日	院字第69号	(一)故意妨害公务因而致死或重伤者,固应依刑法第一百四十二条第三项从重断,即因而致普通伤害者,亦应适用同法第七十四条从重断,但均应查照同法第二十九条以犯人能预见其发生者为限,否则只能依同法第七十六条审酌情行,定科刑之轻重。
1929年10月31日	院字第172号	……(二)应采子说,但须注意刑法第一百三十三条之规定。
1930年1月16日	院字第208号	查暂行反革命治罪法第十条,仅称未遂犯之,而无如何处刑之规定,则关于未遂犯之科刑,自应适用刑法第九条、第四十条办理。但应注意刑法第七十六条。

(续表)

时间	解释号	解释内容
1930年7月18日	院字第308号	惩治盗匪暂行条例之犯罪既未规定以自身素系盗匪为前提要件,凡合于同条例第一条所列各款之一者,皆应适用同条例处断。甲村人聚众千数,执持枪械,将乙村良善人家罄行抢劫,并放火烧毁房屋数十栋及伤害二人以上,自与同条例第一条第十二款、第十三款、第十六款情形相当,但应注意有无同条例第二条第三款情形。
1930年8月7日	院字第316号	刑法第三百二十条所称无故侵入,即不法侵入之谓。甲与丙、丁、戊、己等,既无搜索住宅之权,而入乙住宅时,如未得乙妇庚明示或默示之诺许,即为不法侵入,应成第三百二十条之罪。但该罪须告诉乃论。且甲等侵入系为搜查被窃之物,应注意刑法第七十六条。
1930年8月19日	院字第321号	乘人惊惶之际,诈称土匪前来相距不远,迫人惊走之后,乘机取去财物,既未施行暴胁,应成立窃盗罪。惟科刑时,应注意刑法第七十六条之规定。
1930年9月15日	院字第337号	……至捣毁行为,如系对于人所礼拜并许礼拜之寺庙,意图侮辱而为之,固成刑法第二百六十一条第一项之罪,并应注意其方法结果已否成立第三百八十一条第一项、第三百八十二条之罪,依第七十四条处断,若寺庙无人礼拜或不许礼拜或无侮辱之意思,则应注意其是否成立第三百八十一条第一项、第三百八十二条之罪。
1931年1月22日	院字第415号	……(四)(五)从前设立之中外法人及新设立之中外法人,不依法登记,依民法总则第三十条规定法人不得成立,但关于外国法人之登记,应注意民法总则施行法第十一条之规定。
1931年2月2日	院字第424号	有继承财产权之已嫁女子,于遗产继承开始前死亡,其应继分由其子女代位继承;惟其应继承之财产,在已嫁女子追溯继承财产施行细则施行前,已经其他继承人分析者,应注意该细则第三条第二项之规定。
1931年2月10日	院字第437号	依民法第七百七十二条规定,前四条之规定于所有权以外财产权之取得准用之,地役权系财产权之一种,其取得实效,自应依该条规定,分别定取得时效之期间,至期间之计算,应注意民法物权编施行法第五条第三项之规定。
1931年3月6日	院字第453号	……惟人民对于官署,若久未缴纳地税以所有之意思和平继续占有业已多年,应注意民法物权编第七百六十九条、第七百七十条及物权编施行法第七条、第八条之规定。
1931年9月25日	院字第594号	(一)公务员滥用职权,使人行无义务之事或妨害人行使权利者,如已达于强暴胁迫之程度,自应成立刑法第三百十八条第一项之罪,不得谓无处罚明文,科刑时并应注意党员背誓罪条例第一条第一项之规定。(参照院字第232号)
1932年6月7日	院字第734号	查公务人员在现行法上并无须撤职后始得实施羁押之规定,惟应注意刑事诉讼法第六十九条第二项。

(续表)

时间	解释号	解释内容
1933年5月15日	院字第899号	律师代理诉讼事件,不能于同一期日在二处以上法院出庭,不得认为民事诉讼法第一百六十条所谓之重大理由,应适用民法第五百三十七条但书之规定,使第三人代为处理委任事务,并应注意民事诉讼法第六十六条之规定。
1933年12月6日	院字第1005号	修正水陆地图审查条例第十条,本为概括的规定,违反同条例第七条、第八条之禁止事项,仍应查明内容。如有合于刑法第一百十一条第一项第四款及二、三两项或一百十四条至一百十七条所载情形,自可适用各该条规定,分别处断,但并应注意军机防护法。
1934年3月9日	院字第1047号	当事人一造声请变更言词辩论期日,除法院认为有重大理由予以裁定变更者外,当事人仍须于原定期日到场,否则即应依民事诉讼法第三七七条办理。(应注意三七八条。)
1934年12月31日	院字第1180号	原领枪照既因期满而失效,如别无不得已之事由,故意不依例呈请换发新照而仍持有原枪,即属未受允准而持有,触犯军用枪炮取缔条例第二条第一项之规定,但处罚时应注意刑法第七六条。
1935年3月21日	院字第1248号	奸淫未满十六岁之女子,无论已否得其同意,均触犯刑法第二百四十条第二项之罪,业经院字第134号解释有案。本件乙女虽为甲妾,得视为甲家属之一员。然既非甲之亲属,又非未成年人之已结婚者,其父母亲权之享有,自不因其为妾而丧失,如乙女不自告诉,乙之父母得依刑事诉讼法第二百十四条第一项之规定,行使其独立告诉权,但须注意同法第二百十八条告诉之期限。
1935年8月30日	院字第1310号	意图为自己或第三人不法利益,窃占他人之不动产,刑法第三百二十条第二项设有明文,来呈所述乙将已卖土地占葬,如合窃占情形,自可依该条项处断,但应注意刑法第一条之规定。
1935年11月22日	院字第1347号	所询情形,应自第一审判决确定之日起算刑期,但须注意刑法第四十五条第二项。
1936年2月6日	院字第1406号	刑事被告受有罪之判决确定后,其确定判决所凭之鉴定,如不能证明为虚伪,不得为受判决之人不利益声请再审,又原审之地方分庭既已撤销,应由地方法院本院管辖再审,并须注意刑诉法第四百十八条之限制。
1936年2月17日	院字第1424号	旧民事诉讼法第四三三条第一项但书之特许上诉,不过特许因上诉所得受之利益不逾三百元者之得以上诉而已。至于该上诉人之提起上诉,自应仍受上诉法定不变期间之限制,并应注意现行民事诉讼法施行法第十二条之规定。
1936年2月22日	院字第1435号	债权人意图促债务之履行,以强暴胁迫方法,将债务人所有物抢去,妨害其行使所有权,应成立刑法第三零四条第一项之罪,但须注意同法第五十七条及第五十九条。

(续表)

时间	解释号	解释内容
1937年3月20日	院字第1645号	惩治盗匪暂行条例现已废止,现行之惩治盗匪暂行办法,已将溃兵、游勇四字删去,亦无逃兵字样。至该条例第一条第十三款之械字,凡足以供暴行所用之器械皆是。持用皮带、铜环、殴打事主,或用皮带邦勒事主,而有聚众抢劫情事者,即合于惩治盗匪暂行办法第三条第二款之罪,惟须注意同办法第十一条与刑法第二条第一项之规定。
1938年6月10日	院字第1732号	吸食鸦片人犯判处罚金易服劳役,于发监执行时,复在身旁搜获鸦片,如在服役中,又有吸食行为,自系独立犯一罪,与前犯无连续关系,否则仅止意图吸食而持有,自不能论以吸食之罪,唯此种情形,与现行之禁烟治罪暂行条例第十六条相当,若其行为在该条例施行前者,并应注意该条例第二十条第二项之规定。
1938年9月10日	院字第1777号	兑换法币办法第七条所谓意图偷漏,系指偷漏出口而言,至平价收换银币,查与同条规定高价收换之条件不合,不得科处最新,但该银币如何处分,应注意民国二十四年十一月六日国民政府第八七二号训令办理。
1938年9月12日	院字第1781号	刑事诉讼法第二百四十条规定检察官得停止侦查之案件,包括民事已未起诉者两种情形而言,刑事起诉后,在审判中亦得于民事已经起诉者依同法第二九〇条停止审判,但应注意各该款均系得停止,并非必应停止。
1938年12月	院字第1831号	出财使人顶替兵役,及得财顶替者,违反兵役法治罪条例第六条,已定有处罚明文;惟于甲、乙能否适用,应注意刑法第一条之规定。
1940年4月27日	院字第1989号	甲用石击毙践食菜园之他人猪只,如系出于故意,应成立刑法第三百五十四条之损坏罪,但应注意同法第二十四条第一项之规定。
1942年7月	院字第2372号	男女满七岁后有结婚之意思,经其法定代理人主持,举行婚礼,并具备民法第九百八十二条之方式者,自应发生婚姻效力。纵未合卺同居,但该配偶一方,如于婚姻关系存续之,复与他人结婚,仍应成立重婚罪。惟须注意刑法第十八条第一项、第二项之规定。
1943年9月	院字第2569号	食盐公卖店店东,如系承销官盐之商人,即不能认为有公务员身份,其将代领户口盐私售图利,除触犯刑法上相当罪名外,不构成惩治贪污暂行条例第三条第一项第二款之罪;惟惩治贪污条例现已公布施行,该店东代领户口盐,如系受公务机关之委托承办,则其私售该盐直接图利,自与同条例第三条第六款相当,但应注意同条例第十三条、刑法第二条各规定。
1945年4月18日	院字第2854号	……(四)同条例第十七条之犯罪主体,以应服兵役之壮丁为限;但应注意刑法第三十一条第一项之规定。
1946年7月17日	院解字第3136号	……(二)没收汉奸财产,不限于因汉奸行为所得之财物,其他原有之财产,亦在应予没收之列,但须注意惩治汉奸条例第九条之规定。

(续表)

时间	解释号	解释内容
1947年6月11日	院解字第3493号	某甲于民国二十一年间年仅十五六岁时，连续犯掳人勒赎并以恐吓方法取人财物等罪，固应依惩治盗匪条例第二条第一项第九款、刑法第三百四十六条第一项、第五十六条分别论科，惟须注意刑法第二条第十八条第二项、第八十条及大赦条例减刑办法，罪犯赦免减刑令之应否适用。
1948年6月21日	院解字第4019号	在戡乱时期危害国家紧急治罪条例施行前，犯危害国家之罪，于该条例施行后始发觉者，依该条例第八条第一项除军人由军法审判外，非军人应由特种刑事法庭审判。惟须注意适用刑法第二条第一项之规定。

从上述所列举的这些法律解释条文的内容上来看，解释机关在进行法律解释时，不仅就提请解释之法律适用疑义问题作出答复，而且还就可能出现的关联性的法律规范或者法律解释予以必要提醒，以使司法裁判机关在法律适用时尽到相关之注意义务。这无不体现出解释主体在从事法律解释时所持的审慎态度。与此同时巧合的是，这些法律解释文所及之内容，大部分都为刑事法之解释；而这其实也从另一个角度反映出，民国时期的法律实践在刑事法律的解释上表现得格外严谨与审慎。

除上开所举之情形外，有意思的是院字第1239号。在这份于1935年3月12日指令安徽高等法院的解释文中，司法院认为：

> 民法物权编施行法第二条第一项所定之登记机关现未设立，在该编施行前占有不动产，具备该编第七百六十九条或第七百七十条之条件，依该编施行法第七条、第八条之规定，于得请求登记之日起（即施行之日起），应视为所有人。其所有权之取得，乃基于法律施行之效果，自属依法取得所有权。但须注意院字第六四零号解释。

从中可以看到，与大部分解释例都强调要求注意某一法规范或规定的情况不同，该解释例提请注意的是一项解释例文的内容。与此情形相同的，还有院解字第3892号，在这份于1948年3月所制定的法律解释文中，司法院指出："禁烟禁毒治罪条例第八条第三项所称之复行施打或吸用不以成瘾为限；来文所述施戒期限届满，如合于该条项所定，经勒令禁戒断瘾后之条件，则其复行吸食鸦片，纵调验无瘾，仍应依该条项处罚，**并应注意院解字第三六五零号、第三六五一号解释**。"这一解释例提醒注意的也是两项法律解释例的内容。

（二）法律解释上的"不擅断"

法律解释机关"居庙堂之高"，无法详悉事实之认定与法律之适用，因而在回覆之解释文中不可不虑其周全，特别嘱咐法之适用应建立在"事实清楚"的基础上,此其一。其二,法律规范适用本身极具复杂性,事实的复杂性无疑更会加剧这种规范适用上的复杂性,因而这也就使得法律解释机关在进行法律解释时必须要尽可能地考虑周全事实的问题,以免遗漏任何一种可能,从而在此基础上审慎选择相应的法规范。

从民国法律解释的实践来看,解释机关基于事实之认定而在有关法律解释上所表现出的"不擅断",在以下的这些解释例文中大抵能够反映出来:

时间	解释号	解释内容
1914年3月30日	统字第117号	本院现在意见,新刑律第三百十三条伤害罪,只须犯人有伤害人之意思,对于人加暴行而生伤害之结果,即能成立其结果。虽发生于犯人所预期以外之人,亦不能谓非故意伤害罪。盖有伤害人之意思,复生伤害之结果,自有因果联络之关系。
1914年7月6日	统字第139号	本院查刑律第二百七十三条之鸦片烟具,以专供吸食者为限,其于供吸食鸦片烟以外,通常上可以供他项用途之器具,不能成为专供吸食鸦片烟器具,仅收藏此等器具,不能构成该条之罪。至何种器具系专供吸食之用,何种器具非专用吸食只用,吾国幅员辽阔,从前各省习用不一,碍难遽定期界限,仍应由各省于案件发生时,就此标准认定。
1914年7月28日	统字第153号	本院查所称某氏于归某姓未及六月生子,所生之子与某姓自无血统关系,依现行法例,不能认为亲子,但有时仍可称为继父,至对于某氏则无论何时,均系母子关系。贵厅所询是否有关继承,来函并未道及,今姑从略。此复。
1916年3月	统字第406号	本院查本案情形,贵厅解释甚为正当。但此项黄铜,若查系由制钱销毁而成者,仍应依该办法论罪。
1916年4月	统字第431号	查本案情形,以甲有无预见为断。若有预见,应从子说,若无预见,分别有无过失而断定其应否论以失伤。
1916年9月	统字第494号	……但本案情形其以前自白是否可信,在直接审理之审判官,详查情形,自由判断,非本院所得悬揣。
1916年11月	统字第539号	查本案情形,甲之抢回行为,系防卫自己权利之行为,依刑律第五十五条不为罪。至殴伤乙之行为是否合于防卫条件,未经叙明,无从悬揣,应由该管衙门调查事实,自行核办。
1917年4月	统字第611号	查包赌收规情形不一,应就具体案件研究,其应否构成犯罪,不能一概认为赌博共犯。
1917年4月	统字第615号	……该厅所称发见之一粒金丹,究竟是否为吸食鸦片之代用,乃事实问题,本院无从悬揣。
1918年5月20日	统字第792号	查和卖有未必营利者,已见本院统字第四百零一号解释,惟强卖和卖之共犯,如有营利意思,均可依刑律第三百五十一条处断,若仅收受藏匿被强卖和卖人者,补充条例第九条第二项规定,至为明晰,应分别豫谋未豫谋援律处断,不能一概论也。

(续表)

时间	解释号	解释内容
1918年12月	统字第903号	律载嫌隙,专指应继人与被继人而言;乙既系甲妾,立嗣会议,占主要地位,自应尊重其意思。惟主张是否正当,法院亦可查明情形,定其准否。
1918年	统字第907号	孀妇乙随身之珍珠银镯衣服等可否认为私财,系为事实问题,不能一概而论。
1918年12月14日	统字第909号	查婚姻应以当事人之意思为重,主婚权本为保护婚姻当事人之利益而设,故有主婚权人并无正当理由拒绝主婚时,当事人婚姻一经成立,自不能藉口未经主婚,请求撤销。至其拒绝理由,是否正当,审判衙门应衡情公断。
1919年5月21日	统字第987号	查贩卖罂粟,除系罂粟种子外,既无治罪明文,以罂粟壳与他种药料搀合为丸,用治疾病,又不得谓为制造贩卖鸦片烟,自不为罪。惟应注意是否为鸦片烟之代用,或有无诈欺取财情形。
1919年5月	统字第988号	木簰现有人居住者,应以船舰论;惟并应查明是否在途被劫。
1919年8月21日	统字第1062号	查孀妇乙自愿为丙之妾,并确由夫家尊亲属作主改嫁,无论其改嫁是否合法,在其外叔祖,即属毋庸干预,乃率人夺取,虽非便于私图不能论略诱罪,而私擅逮捕行为,自可依刑律第三百四十四条处断;惟审核案情,如有可原,仍可酌量减轻。
1919年9月	统字第1090号	官厅与商民订约,因契约内容发生争执,两造均得提起民事诉讼。惟所称情形,殊不明了,应自审酌办理。
1919年10月	统字第1103号	来电情形,并非间接正犯,如对剿匪军队为诬告,自可成立诬告罪,但应注意军队违法杀人,是否由其教唆。
1919年10月29日	统字第1110号	查清理不动产典当办法,所谓续典,乃同一当事人及其包括继承人(即继嗣)间更典约之意,自不包含转典在内所称情形。甲姓即不能再行告争,回赎转典主亦须自转典日起满六十年始能对于典主取得所有权。乙后既直接出典于丁,又自该出典日起未满二十年,自无拒绝回赎之理。至乙典约文义可否认为有作绝之意思,自应依一般解释契约原则调查实际情形(如价值及他种表示)斟酌认定,本院未便臆断。
1919年11月17日	统字第1125号	查义子不得于所养父母,果有具体事实可资考按,自可援照废继规定,由所养父母解除关系,又子归宗不许将财产揣归本宗,律有明文,义子之子孙,亦应同论。丙如果有不孝事实,自应许甲废除。惟据称业已给付财产分居各度,是否有不孝事实,即应查明情形,斟酌办理。
1919年11月	统字第1146号	查刺打与吗啡同性质之物,为吗啡之代用者,应依吗啡治罪法处断(参照统字第五九六号解释)。惟所称鸦片水,按其质量,是否可为吗啡之代用,尚应切实查明。
1919年12月	统字第1176号	……至应否论其过失致人死罪,则就其所置毒饼之大小及乙有无分食之惯行,而为甲所预知,分别其是否能注意而不注意以为断,此系事实问题,无凭悬拟。

第五章　民国时期法律解释的原则　365

(续表)

时间	解释号	解释内容
1920 年	统字第 1201 号	买卖为婚,既无婚书财礼,又与以妾为妻不同者,虽不能认为婚姻成立,其有以为妾之合意者应认为妾若其后双方补立婚书或履行以妾为妻之礼式(*并无定式得从习惯*)者,仍可认为有婚姻关系。
1920 年 3 月 16 日	统字第 1244 号	查于人犯罪时,当场助势,本为帮助实施之一种应准正犯论,除在伤害罪已有明文定为以从犯论,自当按照科处外,其他犯罪之当场助势者,仍应依刑律第二十九条第二项处断,惟来函所称声援,是否可认为助势,系属事实问题,自应详慎查明办理。
1920 年 5 月 24 日	统字第 1302 号	……第三问题,使用租借,主若未依法(习惯法在内)解约,自不得妨害租户之使用,故改建房屋,碍及使用时,应得租户同意,经同意改建后,租约是否可认为已有变更或原约未改,只应否增租及增加若干,发生争议,则应解释当事人立约及其后同意时意思为断,*碍难为抽象之解答*。惟如果增租数额,当事人间意思无可解释,自可斟酌因改建增加之利益,由审判衙门判断适当之租款。
1920 年 6 月	统字第 1323 号	……已有烟土数十两,是否栽种罂粟所得,并意图贩卖而收藏,与供吸食之用,丁索得烟土,作何用途,与适用法律有关,应讯明事实,相应函复贵部查可也。
1920 年 8 月	统字第 1380 号	查乙既出立凭单交甲,代为借款,如不能证明甲无收受借款之权限,自不能以甲携款潜逃而对抗债权人拒绝偿还之理由,至当地照票之习惯,是否与此凭票借款之情形相符,*本院无凭臆断*。
1920 年 10 月	统字第 1428 号	查刑律第十三条第二项之意义,详见本院四年上字第一一一号判例(判例要旨汇览第三卷第六页);饥民抢劫粮食,应否依该条项减轻,系事实问题,非可一概论定。
1929 年 4 月 12 日	院字第 35 号	有夫之妇与人通奸,奸夫、奸妇均犯刑法第二百五十六条之罪,依同法第二百五十九条第一项及刑事诉讼法第二百五十五条第二项之规定,须本夫告诉乃论。其因恋奸和诱已满二十岁之妇女者,关于和诱部分法无处罚正条,应不为罪。但丙既获甲送县,*究竟有无告奸之意,应视事实为断*。
1929 年 4 月	院字第 57 号	在同一处所同时有惩治盗匪暂行条例第一条所列两款以上之行为,应就各具体案件,分别论科。不能为概括之论断。
1929 年 5 月	院字第 76 号	查印花税暂行条例所列应贴印花之文件,究竟应由何人贴用印花,当依各文件之性质认定之,不得仅以交付或使用为标准,因之应受同条例处罚之人,*亦当视其文件之性质而为判断*。
1929 年 5 月	院字第 97 号	……(二)舞弊之情形不同,应否属刑事范围,依据刑法何条论科,*不能臆断*。
1930 年 9 月	院字第 341 号	(一)伤害人之方法是否足以致人于死或重伤,*应就具体事实之各种情形断之,不能执唯一标准以为断*。

(续表)

时间	解释号	解释内容
1931年7月22日	院字第511号	反动嫌疑犯多人在监密相结合,组织军事等委员会,图谋冲监暴动者,除系单纯聚众图脱尚未着手实行,应不为罪外,若就中有从事勾结之人,且以危害民国扰乱治安为目的,而被其勾结者,又确属反动之叛徒,则勾结之人自系触犯危害民国紧急治罪法第一条第三款之罪,其被勾结而附和加入各集会者,仅应成立同法第六条之罪,究竟是否意图冲监脱逃及有无危害民国之目的,**应讯明事实核办**。
1931年10月	院字第606号	女子出嫁后可否请领母族升学租谷,应解释族中规约定之,族中规约之解释,须斟酌立约本旨及其他立约时一切情事,**未便悬断**。
1932年6月	院字第730号	庄长既非现职官、吏员,又非依现行法令从事于公务之职员及议员,自不能认为公务员。即不得依照禁烟法第十六条办理。惟应注意有无帮助贩卖鸦片情形。
1932年6月	院字第757号	官产处就其权限内所得处分之官产卖给人民,其承买人即合法权利之取得人,他机关不得妨害其权利之行使,惟该省经务局保留有案之河淤地,该省官产处是否有权处分,**应就具体事实认定之,不能抽象解释**。
1933年2月	院字第858号	民事诉讼法第四三三条但书所谓其他必要者,本属抽象之规定,应由原法院斟酌定之,不能预定标准。
1934年3月	院字第1047号	……又民事诉讼法第一百六十条第一项所云重大理由,系属事实问题,应由法院斟酌情形定之,不能预定标准。
1935年12月	院字第1384号	……(三)两商标是否相似,或不相似,应就具体之两商标通体观察,未便悬断。
1936年3月	院字第1445号	……(二)强制执行,原系用国家之强制力,使确定判决得收实效,债务人既有反抗,经执行法院嘱托公安机关协助无效,自不能再由债权人自为执行。至应用何种强制力始足以达执行目的,应由执行法院斟酌情形定之。
1937年4月	院字第1469号	工商同业公会联合会,依工商同业公会法第十四条第四项,仅有准用之规定,则联合会代表之选派方法及数额,应如何准用,须就事实上斟酌情形定之。
1937年5月	院字第1495号	著作权法施行细则第十三条第一款所谓著作物注册费为该著作物每部定价之五倍云者,系指该著作物已定有每部出售之价格若干者而言,电影片等类之著作物,并无出售之定价,既非该条款所能包括,则其注册费,依何标准计算,应由主管官署酌定之。
1938年11月	院字第1810号	来函所述各节,除伪造印或公印文,构成刑法第218条第1项之罪外,其余伪造资格证件,必审查其内容足生损害于公众或他人者,始能成罪,**不能为抽象之推定**。

(续表)

时间	解释号	解释内容
1938年11月	院字第1813号	未设法院之司法处,只有审判官一员,于和解声请许可后,应由该审判官自为监督人,又破产法第十一条第二项法院命监督辅助人提供相当之担保,即系命监督辅助人向法院为之,至以若何情形而命其提供,应由法院斟酌定之。
1938年12月	院字第1950号	……至房屋之承租人对于房屋之基地,固得因使用房屋而使用之,若租赁关系,已因房屋灭失而消灭,即无独立使用之权,其在该地基搭盖棚屋居住者,究为侵权行为,抑为无因管理,应视具体事实定之,仅据原呈所称情形,尚难断定。
1943年3月	院字第2485号	冒充或顶替军事军事学校之毕业生,是否成立犯罪,及应适用何项法条处罚,不能一概论定。
1943年12月	院字第2626号	……(五)因经营商业载明出资数额派分红利等事项之账簿数本,由股东各执一份余一份存店内,其存店之一份,虽与股东所执者,内容完全相同,但既为营业上所使用,即非修正印花税法第三条第七款所称之副本,依同法税率表第十五目,仍不得免贴印花税票,但须注意该目备考栏内所载之情形。
1944年1月	院字第2638号	法院将判处徒刑或拘役之人犯,移送检察官执行,如检察官尚未送监执行,该受刑人具有刑事诉讼法第四百七十一条所列情形之一时,自得由检察官依照同法第四百七十二条将受刑人送入医院或其他适当之处所,其日数不应算入刑期,如当地无医院或其他适当处所,可否将患病之受刑人交保在外医治,应由指挥执行之检察官斟酌其患病之情状定之。
1944年10月	院字第2757号	……(六)所称中央或省县金融贸易机关人员,其机关及人员之名称,未据说明,是否公务员服务法第二十四条所称公营视野机关服务人员,尚难悬断。如系此种人员,则依同法第十四条之规定,不得兼任县参议员,又其服务机关有组织规程而不送请铨叙之人员,不得谓必非适用公务员服务法之公务员,虽可当选为县参议员,其得兼任与否,仍难悬断。
1945年7月14日	院解字第2949号	广州湾法当局没收保有运输兵险之物资,是否保险契约所称之敌对行动,属属当事人意思表示之解释问题,依民法第98条之规定,应探求当事人之真意定之,**不能一概论定。**
1945年9月	院解字第2977号	"刑法上所称之他人,涵义并不一致;如第一百八十九条第一项之他人,系专以自然人为限;而第二十三条、第一百七十四条第一项之他人,则系兼指自然人及法人而言;**此类情形,自应依各法条规定之性质,分别决之。**至同法所称之第三人,均包括自然人及法人在内。"

(续表)

时间	解释号	解释内容
1945年12月18日	院解字第3032号	签订降书以后,尚未缴械之日军,依俘虏处理规则第三条之规定,自应以俘虏论。此等俘虏,有无犯普通刑法或其他特别刑法上罪名之身份,须视各该罪之性质如何而定,**不能一概论断**。
1946年3月	院解字第3098号	曾在敌伪管辖范围内,充任同业公会理事长及理监事一类职务之人,是否汉奸,应视其有无惩治汉奸条例所列之犯罪事实决之,**不能为概括之断定**。
1946年3月	院解字第3101号	……至其执行任务是否即可认为凭藉敌伪势力而为有利敌伪或不利本国或人们之行为,应就任务性质,执行手段及其他一切情形分别决之,**不能遽为概括之断定**。
1947年4月	院解字第3457号	原代电所述情形,丁戊已除成立共同强劫罪外,并成立共同持有鸦片罪,应依刑法第五十五条处断,但关于持有鸦片部须主义罪犯赦免减刑令甲项之适用。
1942年6月	院解字第3495号	来文所述,如其股金公积金之受存为消费寄托则信用合作社向受存之人起诉请求返还款项时,法院自应依复员后办理民事诉讼补充条例第十二条办理;**至其固定之比价标准,在解释上未便悬断**。
1942年7月	院解字第3542号	临时受雇于敌军充当夫役或厨役,应否认为充任与军事有关之职役,**应依实际情形决之**。
1948年6月	院解字第4011号	(一)及(二)原呈所述第一第二两种情形具备复员后办理民事诉讼补充条例第十二条之适用要件者,应增加给付。**至某年度应增为若干倍,在解释上未便悬断**。

从这些法律解释例文的内容上来看,法律解释机关对于如何具体适用法律规范或法律解释之问题,并不在解释文中作详尽之描述,而要求裁判机关根据具体情况具体对待;尤其是对于可能出现的、但函请解释文中却未详尽描述的其他事实要素,大理院更是表现出足够的谨慎。

当然,现实远要比想象的复杂。除规范和事实的复杂性会促使法律解释机关在进行法律解释时尽可能谨慎之外,法律解释机关还需要考虑到执法者复杂而现实的忧虑与需求,以及社会大众现实而具体的需求和期待,以避免法律解释中的擅断造成法律适用上的不妥恰。典型的比如统字第131号,在这份1914年5月16日复新疆司法筹备处的解释文中,大理院指出:

> 查旧律子孙于祖父母、父母有犯杀伤致死,罪至磔刑,即系因疯,仍依律问拟。从前审理此项案件,地方官因关系风教,恐涉考成,率以疯病为词,几于千篇一律,刑部以其罪并无出入,未予驳诘,逮后删除重刑,改磔为斩,复以因疯究与寻常不同,量改绞决,虽有斩绞之殊,而问拟死刑则一,现行刑律第312条杀尊亲属处唯一之死刑,加重之意,仍本旧律,若系因疯,不能不适用第12条精神病人行为不为罪之规定,与从前办法相去悬绝,不仅罪名轻重之出入也,缠民卡比里亚用铁砍伤伊父习

列提身死一案有无虚伪,须用专门医学诊察,尤宜防家属及邻佑之捏饰,果系证据确凿,自应依第 12 条施以监禁处分,若非因疯,承审官无关考成,亦无所用其规避,不可仍绳旧贯,致枭獍之徒,倖逃法网也。

很显然,大理院在此解释文中所表现出的谨慎,一方面与案件事实的特殊性有关,因为事实认定的不同会导致定罪量刑上的差异悬绝;另一方面也是考虑到了司法官的考成与犯罪人的家属及其邻佑的可能行动这些极具现实的问题,因为以民风是否淳朴作为考核官吏政绩的固有做法,会使得本案所涉尊亲属相犯的事实变得极为敏感而又可能因此被众人合谋捏饰。①

从民国时期法律解释的实践来看,法律解释机关在法律解释态度上的"不擅断"往往表现为,面对来函案情不明之情形,法律解释机关不妄加解释,而是尽可能地提请解释之机关予以重新核查或者提醒其所需尽到的必要注意义务。例如,在 1915 年 7 月 8 日复湖北高等审判厅的统字第 196 号解释文中,大理院指出:"三五七号函悉,谋杀之戊,是否姑之本夫,即其女亲父,该女是否同谋,希将案情详复。"又比如在 1918 年 7 月 10 日复四川高等审判厅的统字第 809 号解释中,大理院认为:"……至第一问题,查上告审发还更审之案,关于该案件法律上之见解,依法院编制法,下级审判衙门,自应受其拘束,但来缄意义尚欠明了,碍难奉复。"再比如在 1920 年 5 月 6 日复安徽高等审判厅的统字第 1280 号解释中,大理院指出:"查凡有爆发性且有破坏力,可于瞬间夺人生命之药物,均得认为危险物;惟甲依法令,是否可以持有所称药物之人,所称药物可否即认为上项危险物,未据详叙,无从断定。总之,刑律第十四章所定危险物各罪,各有构成要件,自应注意及之。"还比如在 1920 年 6 月 10 日复总检察厅的统字第 1330 号解释中,大理院指出:"……惟所称略加毁损,是否确有专事毁损之故意,抑因有修缮必要以为之备,如因修缮,则仅涉及民事问题,应查明事实,分别办理。"

除上述所列举的这四项法律解释例之外,在民国法律解释的实践中,面对来函不明之情形,法律解释机关持审慎之态度,不擅断,不妄加揣测与解释的,主要还包括以下的这三条解释例文:

---

① 事实上,面对此类案件时司法官所表现出的忧虑,1912 年 7 月 15 日,司法部就曾通令曰:"查旧律疯病杀人之案,分别服制平人治罪,所以示罪名轻重之差等,而非定罪名有无之标准,用意本自不同。然装疯掩饰者,必严惩之。尚不失实事求是之意,乃向来办案逆伦案件,辄以因疯为词,其初不过为规避处分计,而于犯罪名,尚属无大出入,其后千篇一律,竟成惯例,相率为伪。浸失法律本意。况新旧刑律,刑事责任迥殊。新刑律业经施行,精神病人之行为应不为罪。嗣后司法官对于精神病人之犯罪,各宜调查确实证据,于犯罪之实施时,以及事前事后之情形,均须详细证明,以期无枉无纵,至逆伦案件,尤不可再事规避,并应禁止族邻捏报旧习,现在官规改定,此项处分,旧日已不实行,自在当然废止之列。地方官吏,更无所用其顾忌。"葛遵礼:《中华民国新刑律集解》,上海会文堂新记书局 1914 年版,第 17 页。

时间	解释号	解释内容
1920年6月	统字第1334号	……本院统字第一一一七号解释,系脚夫或船户等关于码头送货权之争执,与修筑桥路无干;来文所谓修筑桥路,何种桥路,发生何种争执,未据说明,无由答复。
1934年7月10日	院字第1093号	(一)牵连犯罪系同一事件而言,自诉案内如确含有其他应经公诉之牵连罪,即不得提起自诉。第一审就自诉人所起诉属于初级管辖之罪,判决后经第二审发见该罪之方法或结果上尚有牵连,应经公诉,且属地方管辖之罪者,应依刑事诉讼法第三百八十五条第一项、第三百七十九条及第三百十八条第一款撤销原判决,谕知不受理。惟来文所称情形,是否牵连罪,应特别注意。
1934年9月	院字第1101号	……(七)军人犯罪关于附带民诉之程序,陆海空军审判法既无规定,而刑事诉讼法亦无使用于其它法令之明文,自难依刑事诉讼法第九编各条办理。

法律解释态度上的"不擅断"亦表现在,解释机关在针对来函进行解释时会尽可能列举一切所有之情形而提醒函请解释之机关在法律适用时要尽足够之注意义务。典型的是统字第906号。在这份于1918年12月14日复江西高等审判厅的解释文中,大理院指出:"查院例子已成年,其父母为之退婚而未得其同意者,其退婚不为有效。至抢婚本属有干例禁,惟依律尚难据为撤销婚约之原因,如果抢婚行为外,依律并可认为另有强奸之行为者,应准离异(参照现行律男女婚姻门),但须查明情形办理。"从中可以看到,法律解释机关提出"抢婚依律尚难据为撤销婚约之原因"的同时,强调如果在抢婚行为之外还存在诸如强奸等应准离异之行为,那么可以在查明情形的前提下予以办理。而这无疑反映出法律解释机关在进行法律解释时并非就函请之情状予以就事论事般的处理,它还会就可能发生的例外情况进行说明,以便提醒函请解释之机关在法律适用时要尽足够之注意义务。与此同时,比如1919年2月6日,在复新疆司法筹备处的统字第927号解释中,大理院指出:"甲妇于被乙殴之际,用刀戳毙乙,应以正当防卫论,惟须查明是否杀人,抑系伤害人及有无过当情形。"又比如统字第1551号,在这份于民国民国10年6月20日复山西高等审判厅的解释文中,大理院指出:"查僧道将沿门募得之烟土,携归施舍,苟无贩卖或帮助吸食等故意,应不为罪。惟烟土之为物,非布帛菽粟可比,无论沿门募得,已属不易,即无故施舍,亦岂人情,则烟土究从何来,施舍是否实在,**均应注意**。"还比如统字第1635号,在这份于民国10年11月10日复总检察厅的解释文中,大理院指出:"(一)查刑律第二十五条情形,本应以判决宣告并执行,其于本案判决后发见者,自应送由审判衙门决定,但应注意是否与该条所定情形相合。……"再比如统字第1767号。在这份于1922年8月4日复山东高等审判厅的解释文中,大理院指出:"查第一问题,短少票纸,法律既未限其必于何时呈报,则呈报稍迟,自不能遽指为违法。惟票纸短少,所关极重,覆选监督于选举完竣三日后,始行呈报,有无舞

弊情事,是属事实问题,应详查实际情形,始能解决。"

除上述所举之法律解释例之外,在民国法律解释的实践中,还包括以下这条解释文:

时间	解释号	解释内容
1929年8月7日	院字第128号	土豪劣绅案件,如告诉人上诉在关于取消特种刑事临时法庭办法第六条施行以前,自属有效;若上诉在后,则依该办法第五条关于上诉应照通常程序办理之规定,其上诉即非合法,但应注意有无检察官因请求而提起上诉之情形。

与此同时,面对复杂之情由或者敏感之社会关系,解释机关在解释时亦会相当之慎重。比如,1916年10月3日,在复四川高等审判厅的统字第510号解释中,大理院指出:

>……至前清现行律所定婚姻条文,虽仍继续有效,而各项处罚,早因新刑律施行而失其效力;又民事拘押及收局工作,依拘押民事被告人暂行规则第十一条及试办章程第四十二条,均只限于财产执行之事件,并不能适用于上开之人事关系,是现行法上以罚金管押等为间接之强制亦有所不可。计惟有由该管执行衙门,以平和之方法,勤加劝谕,除此而外,实无强制执行之道,相应答复贵厅转饬查照可也。再本件因事关人事,并须创设新例,经再三讨究,故致答复稍迟,合并声明。

又比如1917年3月5日,在覆司法部的统字第587号解释中,大理院指出:

>查参议院议员选举法第三条所称年满三十岁一语,究应解为须扣足生辰,抑只计算岁历,法律别无明文注释,本滋疑义,惟查该法施行细则第十条称被选举人年龄,以举行选举之日计算,又于选举参议员准用之,众议员选举人名册,依众议院议员选举法第二十四条称选举人名册应载选举人姓名年龄籍贯住址住居年限各等语,该法施行细则既未声明举行选举之日须扣足计算,而选举人名册,法律亦未命将选举人诞生之月日详细列载,仅命其注明年岁,则选举法所规定之年龄,只须年历及岁,毋庸扣足,并无可疑,况采用扣足之说,自须计算月日,揆诸我国现在情形,恐多窒碍,且有背法律期望选举诉讼迅速了结之本意,故凡法令之除有明文或按照本旨应为扣足解释外,似未便仅以通常用语之字义,阻碍法律之运行,本院接贵部来咨后,因备参考起见,当即咨询内务部意见,兹据复咨系与本院见解相同,相应答复贵部转令查照可也。

再比如统字第709号。在这份于1917年12月18日复江西高等审判厅的解释例文中,大理院指出:

>查律载嫌隙不继,系就被承继人或其守志之妇与应继人间之关系

而言(尊亲属于被承继人及守志之妇亡故时,依法自行立继者亦同),姑于守志之妇立继之时,虽有不予同意之权,仍应本于正当理由,不得藉口所立之人与有嫌弃,而概予拒绝,所谓正当理由,姑媳间苟有争执,审判衙门自可秉公裁定,必令陈述具体事实,为之调查认定,如果所立之人克尽厥职,必无害于家室之和平;而其姑因有蔽惑,坚执不予同意,即可裁判允许以为之代,本院于为人后者,迫于势须分财异居之情形,而其父母仍无故不予允许,及被继承人果系同父周亲,均已协议兼祧,而同族因有希冀,坚执不肯具结等事例,均准审判衙门查明其有无正当理由,酌以裁判为代,盖不如是,即无以济其穷,而推究立法之本旨,亦惟欲此类有同意权之人,正当行使权利,使行为者不致不当侵损其利益而已。来函所述情形,甲之屏不同意,是否正当,尚有审究余地,自未便遽用虚名待继之条,以资纷扰。

从中可以看出,法律解释机关无论是在有关法规范之意涵的展开上还是对来函所请之事项的认定上,都采取了极为审慎的态度,而这种谨慎态度的背后其实也就反映出这一时期法律解释所遵循的一种所谓的适度原则。还比如解字第 39 号解释例,在此之中最高法院指出:"……至旧案未结,卷宗被兵散失无可查考者,应布告当事人搜集各该案有关系证据及收存判决书类,呈由繫属法院重为审理,若当事人一方声请假扣押、假处分、假执行,应由繫属法院*斟酌情形办理,未便为具体之解释*。"从中可以看到,正是虑及具体情状的现实性与复杂性,因而法律解释机关持一审慎之态度,对其并未予以具体之解释,而是要求承办法院根据具体之情形来斟酌办理。而这无疑生动地体现了法律解释机关在从事解释活动时所葆有的审慎而适度的态度。

除此之外,就法律解释态度之适度而言,需要提请注意的是,法律解释机关亦会在同一法律解释文中,尽到解释适度原则所及之两方面的提醒义务。比如 1920 年 6 月 26 日,在复京师警察厅的统字第 1351 号解释中,大理院指出:"……又来文所称,其于法定拍卖不动产之证书,用某团体会长某甲名义云云,究竟拍卖何项不动产,经过情形如何,*来文未及叙明,碍难解答*。……至在公款中浮支挪移,用作赠遗报馆及旅行建筑等费,皆托名因公,并于账中假定名目,有应出虚人等弊,亦应查明确系托名因公,与处理事务无涉者为侵占,若属为国家处理事务之行为,并未经国家规定或合法允许时,则仍系触犯同律第三百八十三条之规定,均应与伪造或行使伪造文书从一重科处,先后触犯第三百八十三条之罪时,*并应注意同律第二十八条之规定*。"在此解释文中,可以看到法律解释机关一方面对来文不明之情形不擅断,遽行解释;另一方面对规范适用之复杂情状不绝对下断,适时提请适用机关应当注意。又比如 1940 年 2 月,司法院院字第 1963 号法律解释指出:

(一)于侦查或审判中通缉被告,其追诉权之时效,均应停止进行;

但须注意刑法第八十三条第三项之规定;(二) 县政府受理刑事案件,应否认为已经起诉,须视其诉讼行为至如何程度而定,不能为具体之解答。

从此法律解释文可以看到,一方面法律解释机关提请裁判时"要注意"相关联之法律条文;另一方面对于具体之情况,法律解释机关并未擅断而是提醒裁判机关"须视其诉讼行为至如何程度而定"。

有意思的是统字第946号解释例。在这份复河南高等审判厅的函文中,大理院指出:

> 查甲与族人擅将公共祖坟地卖于谋买之乙,应查明其是否责应管有,分别情形,依刑律总则共犯罪章分则侵占窃盗各本条处断(关于不动产窃盗一层,系新例,应请注意),其仅知情之族人,并无教唆帮助或共同实施之行为者,自不为罪,至谋买之乙及知情中人,亦应查明情形,分别依刑律总则共犯罪章及分则侵占窃盗各本条或仅依故买赃物论罪。

这份解释例,综合地反映出解释机关在解释时对于"新规范"的及时提醒以及对事实可能情形的分别,进而整体性地体现出法律解释机关在解释时的审慎态度与适度原则。

二、解释方法上的适度

方法决定着结论。① 这样,为了获致一个合理而可接受的法律解释结果,法律解释机关在进行法律解释活动时必须要在众多的解释方法之中选择一个最为妥恰的解释方法。

从民国法律解释的实践中,解释方法选择上的审慎,主要表现在以下几个方面:

(一) 遵守法律解释方法之位阶

由于法律解释之目的乃是为了获致法规范之真意,因而越贴近法规范之文义并因此符合法规范之真意的解释方法,就越应当被优先使用。相反,解释之主观自由度或者裁量空间越大,解释内容的主观性因素就会越强,这样就会使得解释之内容偏离文义的可能性越大,这样的解释方法就越要谨慎使用。

从民国时期的法律解释实践来看,一般来说"文理解释"方法会优先于"论理解释"方法而成为法律解释实践之首选,其根本之原因就在于前者侧重于通过"文意"寻求文义而后者则侧重于通过"法意"寻求文义。同样,"体系解释"之所以优先于"目的解释",其根本原因也在于此。这些在民国时期的法律解释理论争议中已有深刻之体现。除此之外,在刑事法规范的适用

---

① 参见[美]阿瑟·丹图:《叙述与认识》,周建漳译,上海译文出版社2007年版,第135页。

上,"狭义解释"无疑要优先于"广义解释"。比如院解字第 3048 号解释文无疑就很好地说明了这一点。在这份于 1945 年 12 月 20 日复浙江保安司令的电文中,司法院指出:

> 战时交通器材防护条例第十一条处罚浮报图利,系专就电信工作员兵发觉干线失窃等情事浮报图利者而为规定,与一般军人或公务员之图利罪,广狭不同,自应优先适用狭义规定。依该条例处断。惩治盗匪条例第四条第一项第三款之罪,系以盗取或毁坏有关军事之交通器材,致令不堪用者,为构成要件,其义较战时交通器材防护条例第十二、第十三两条为狭,如相竞合时,应依惩治盗匪条例处断。

当然,从民国时期法律解释的实践来看,法律解释方法之位阶顺序又并不是绝对的,也即这种解释方法相互间的优先性其实是可以被推翻的。尽管这种位序是可以被推翻的,在法律解释实践中,欲推翻这种方法适用之序位,则必须要予以充分论证,即"只有存在更强的理由的情况下"①,才可以推翻这些优先性的位阶关系。

(二) 慎用类推解释之方法

1922 年,针对福建高等审判厅提请解释之函文:"现行律婚姻门尊卑为婚条例,甥舅不得为婚,违者离异;但甥之妻再醮于母舅之堂兄弟,或再从兄弟族兄弟,能否有效?律无明文;类推律文再从姨三字之意义,则舅之堂兄弟再从兄弟与甥之妻为婚,似在禁止之列。"大理院以统字第 1678 号解释复之,例文指出:

> 现行律尊卑为婚及娶亲属、妻妾两条,系用列举方法,不当漫为比拟。其中外甥女一项,系以堂为限,而不能及再从,则舅甥妻之不能推及于再从可知,且与堂外甥女为婚姻者,只处十等罚,而娶舅甥妻者与同宗缌麻亲之妻,并举各处徒刑一年。此等罚则,虽已失效,而就原文观察,既系后者重于前者,则甥舅妻并不包括堂及再从在内,尤属显然,自不能与再从姨之律有文明者相提并论。

很显然,这一解释例文的内容,即生动地体现出了一种慎用类推方法之精神。

实际上,当联系刑法所遵守之"法无明文规定不为罪"的原则的时候,那么对于刑事法解释之"类推"适用上的审慎②,又表现为在刑事法解释时禁止使用"比附援引",审慎处理"失出"之概念。前者比如 1919 年大理院统字第

---

① 杨仁寿:《法学方法论》,中国政法大学出版社 1999 年版,第 129 页;亦可参见王利明:《法学方法论》,中国人民大学出版社 2011 年版,第 331 页。

② 有关法律解释之中的"类推解释"问题,本书将在"民国时期法律解释的方法"一章中予以详细的说明。

1131 号解释例指出：

> 查欺隐熟地粮税与领垦荒地升科，即未报户入册之情形，迥不相同；刑律第十条明定法律无正条者不论何种行为不为罪；自不得比附援引，以为科断。本院前经咨请贵部早为筹备，即因将来如遇此项案件发生，依律除宣告无罪外，别无制裁之条来咨，拟比照国有荒地承垦条例第二十七条办理，实与现行刑律所定未免抵触。

后者比如，针对湖北高等审判厅提请解释函中所言："……但既明知为盗而仍为执吹，若竟不加惩儆，似乎不免**失出**。"大理院于 1915 年 8 月 18 日以统字第 316 号解释例复之，例文指出："……又失出一语，指律应重而失之轻者言，为盗执炊，律无罚条，更何能妄议为失出，司法衙门公牍，**于此等用语，似宜审慎出之**，相应函复贵厅转饬查照。"①

（三）解释方法之选择既要合法又要合理

在民国法律解释之实践中，尽管对于法律解释或者法规范之具体适用，法律解释机关都赋予裁判机关以自由裁量权，但是对于此权力之行使，法律解释机关亦有严格之要求：既不能违背法定主义之宗旨，也不能违背公平裁量之精神，也即既要"合法"又要"合情理"。前者比如，1948 年 3 月司法院院解字第 3893 号法律解释文就明确指出："来文所举杀人罪之例，应就死刑减为十五年有期徒刑，无期徒刑减为十年有期徒刑，十年以上有期徒刑减为五年以上七年六月以下有期徒刑；**由法院于此范围内予以裁量**。"后者比如，1946 年 7 月司法院院解字第 3165 号法律解释文即表明：

> 当事人以为准备银行券之给付为债之标的者，现在自得照伪币与法币之比率，以法币为给付；如有复员后办理，民事诉讼补充条例第十二条规定之情形时，法院应公平裁量，为增加给付或变更其他原有效果之判决，不得以物价折合或按成数给付。（参照院解字第 3135 号）

三、解释内容上的适度

法律解释之目的虽然乃是为了探寻法规范之文义，但法律解释又不得仅仅拘泥于法规范语言文字之形式性阐释或者规范性理解，而须探求法文之真意。② 然法规范真意之探求，不仅需要细究法义，也要"权衡情法，以剂其

---

① 尽管要求慎用"失出"概念，但在大理院法律解释实践中，仍然可以看到。比如统字第 420 号，在这份 1916 年 3 月 20 日复四川高等审判厅的解释例文中，大理院指出："元电情形，系初判失出，应为覆审之决定。"

② 1918 年统字第 896 号："私人契约之解释应由审判衙门调查斟酌立约当时之情形（契约及其以外之事实）期得立约人之真意，自不得仅拘泥于语言文字。"1917 年统字第 665 号："法律行为之解释，须探求其真意，不当拘泥于文字，为民事法之大原则。指地借钱，如依该地习惯，其行为之主目的，系在于地上设定使用收益之权利者，自应认为即清理不动产典当办法所称之典当。"

平",更要"核社会进步情形以为解释"①。而这其实也就意味着,在法律解释之实践中,有时虽"法无明文之规定",但亦可予以适当之自由处分,②或为扩张之解释;或者有时"虽为律所明禁"但契合于社会或具体之情状,因而亦是法解释所应当允许。③ 也即对法律的未来发展要留有合理的空间,要有适度的想象力。

当然,有关法无明文规定而允许适当之自由处分或者权衡裁量的情况,在本章有关"依法解释"之部分已经详细列举了八种参酌情理予以自由裁量之情形。除此之外,有关法律解释内容上的适度,从民国法律解释的实践来看,还主要包括以下四个方面:

第一,考虑法律规范所调整之法域,适度而审慎地进行选择。典型的比如1918年2月9日,在复山东高等审判厅的统字第748号解释中,大理院指出:"来电情形,法无明文规定,合议独任均可。惟此等较为重要之裁判,务宜用合议制。"又比如统字第1239号解释,在这份于1920年3月1日复绥远都统署审判处的解释文中,大理院指出:"查乙婚约所注,随母过姓,子母婆媳字样,既属伪造,而丙又系如约实行,离母归宗,乙即失其主婚之权,丙之嫁己,由戊主婚,是否合法,已非甲乙等所能过问,审判衙门自无过事干涉之余地。"还比如院字第93号,在这份于1929年5月20日复成都高等法院的解释例文中,司法院指出:"(一)夫妇同居之确定判决,不能强制执行,除以和平方法勤加劝谕或使其自行调解外,别无执行方法。……"很显然,所举解释例文中的三种情形,要么是因为法规范调整之领域异常之重要,要么则是因为涉及婚姻家庭关系,因而法律解释机关允许其在法无明文规定的情况下,适当地选择一种既不违法又合情理之处理方式。

第二,尽可能就来函未及之其他现实情状及其复杂性因素予以最周全之考虑,以便据此阐述并确保法规范之妥恰适用,促使法律解释活动效益的最大化。典型的比如统字第1092号,在这份于1919年9月13日复热河都统署审判处的解释文中,大理院指出:"来电情形,得合并审理,惟须分别裁判;至应行复审之件,如提解困难,尽可酌用复判章程第五条第一项一二四款办法,不得书面审理。"从中可以看到,提起解释之函文只涉及是否需要合并审理的问题,而法律解释机关却在回复其请求的同时,提请法律适用机关对于

---

① 1917年,浙江高等审判厅提请有关旧制中的"服制制度""七出三不去"和"义绝"在现行法律中的适用上所存在的争议,大理院统字第576号覆:"……以上三端,皆旧律为礼教设立防闲,遇有此类案件,仍宜权衡情法,以剂其平;现在民法尚未颁行,该律民事部分虽属有效,而适用之时,仍宜酌核社会进步情形以为解释,不得拘征文义,致蹈变本加厉之弊。"

② 1918年统字第847号:"守志之妇,虽应为夫立嗣,但承继之开始,现行法上既无明文规定,自得于适当之期间内俟有适当应继之人,再为择立,不得以索有嫌隙之人强令立法以为嗣。"

③ 例如,针对山东高等审判厅函:"有一人系甲姓,出为乙姓子,已数十年,其子孙能否出继乙姓他支为嗣?"1918年大理院统字第814号复:"以异姓子为嗣,虽为律所明禁,但历久未经告争权人主张其无效,销灭其身份,则甲之子孙,仍系乙姓之后,自可出继乙姓他支。"

应行复审的案件,如提解困难可酌复判章程相应规定办理,从而确保解释活动效益的最大化。

第三,尽可能全面地预判或者考虑到法规范解释后的施行效果,这成为解释法规范内容的一个重要标准。例如,1915 年 5 月 22 日,在复山东高等审判厅的统字第 246 号解释中,大理院指出:"查刑律第四十五条第一项第二款所定易监禁处分,固应由指挥之下之检察官以命令执行,惟易笞条例对于易监禁而再易笞刑者,为慎重起见,以第四条规定承审官于宣告本刑时,一并宣告。"又比如 1915 年 10 月 21 日,在复江苏高等审判厅的统字第 349 号解释中,大理院指出:

> 查该章程所称前审二字,系同一之推事,在下级审曾参与审理者而言,发还更审之案,当然不能包括;惟为维持公平起见,此种案件之分配,应更庭并易人(原主任推事,调归更改之庭时)办理较为妥善。此本于司法行政上之经验,与该章程所称回避原因原不相涉。

再比如 1916 年 1 月 31 日,在复陕西高等审判厅的统字第 396 号解释中,大理院指出:"查该号部饬,系司法部咨商本院后所发,向本院上告及抗告案件,自应一律办理,惟为慎重起见,部饬内所称对当事人应行声明事项,即请贵厅概用书状指示,俾便稽核。"还比如 1917 年 10 月 9 日,在复司法部的统字第 687 号解释中,大理院指出:"……盖上项案件,在现行法令并无不得为再抗告之明文,而查照现在外省厅实际情形,殊有复审之必要,故本院因维持执行裁断之公平,冀确定判决,得收真实之效益,不得不权其利害之轻重,予以受理。"

除此之外,这种情况在民国法律解释的实践中,还包括以下的解释例文:

时间	解释号	解释内容
1917 年 12 月 26 日	统字第 729 号	查执行财产,如系嗣母赡产,有据可查,嗣母自可主张异议,即非赡产,而已家产净绝,别无可供养赡者,亦应酌留产业或卖价,俾于相当期内可资度日,此与嗣子负债,已未得母同意无关,均可一律办理。现在民诉法律尚未颁行,以上条理,揆之国情,尚可予以采用,请即转饬知照可也。
1918 年 8 月 5 日	统字第 822 号	查夫妇如无法律上离婚原因,自非两相情愿,无率予判离之理,至离婚后之子女,原则应归其父,但有特别情形(年幼即其一端),即暂归其母抚养,亦无不可,判定夫妇互相扶养费用之标准,应斟酌受扶养人生活之需要及扶养人之财力。

(续表)

时间	解释号	解释内容
1919年3月22日	统字第965号	查第一问题,判决形式,虽嫌未备,然既经依法审理,并声明认定如第一审判之事实,又有合法证凭者,仍应认为已有合法之认定事实,本院判例,关于此点,系指并未依法审理认定,率依第一审认之事实者而言,故遇控告审判决有此种情形者,只应审究其是否曾经审理事实,并是否依法审理及其认定,如第一审判相同之事实,是否得谓为合法,即有无合法根据,要不能仅以其未重行叙述,遽认为违法,予以撤销,发还更审也。惟为完备起见,应由各厅处长官令饬各审判官,嗣后制作判词,务须注意,如有故违,自得依行政方法纠绳。
1929年5月10日	院字第86号	附设于高等分院之地方庭,既未特设长官,该庭对内、对外各种事务,均由分院院长兼管,则对于当事人就执行上有所声请或声明异议时,自应由兼管地方庭事务之分院院长裁断,不服该裁断提起抗告,为维持裁判公平起见,应送由高等法院合议庭受理。

第四,适度考虑社会的现实情状以及未来之可能变化,进而作出法律之解释,亦是民国法律解释实践的一大取向。例如,1916年9月2日,在复司法部的统字第482号解释中,大理院指出:

> 查判词所以表示审判机关裁断之意思,诉讼法规所以规定一定之格式者,盖认依照所定格式发表意思,乃足以昭威信而臻完备,县知事兼理审判制度,本系一时权宜之计,则关于县知事民事审判程序之规定及其解释,亦应酌宜度势,不仅拘泥空理而以实际可行利便人民为主,故除应绳以最小限度之限制外,断不能因县知事有所违误,辄认为根本无效,而徒使人民受奔走拖累之苦;判词格式,就最小限度言之,县知事但就本案或本案前之争执,有一定之裁断,即已表示决断之意思者,苟经依法谕知,纵其理由异常简略,亦可解为已有裁判,若谓理由及其他之形式,均应详备,则但可以行政方法责成知事勉力为之,断不能以之为裁判成立之要件。贵部四年五月十二日第五九六号通饬,即系体会斯意,纵宜解释,饬文中亦但称"尤不应专据形式之违误率而发还"等语,并无如该厅原详形式违误之判词,或异于堂判形式而有另行制作之件之字样,亦非变更原章程之规定,该厅所陈各节,既未免失之误会,且独为上诉审判衙门计,未为当事人设想,殊于解释诉讼章程应守之原则未能贯彻。总之县知事判案,但有一定之裁断,无论以何形式,苟经法定谕知程序,其理由纵极简略,均应认为第一审裁判业已成立。控告审判衙门即应进行控告审程序,不得谓为无效,辄予发还,其是否具备详明之理由,或其他之形式,皆不应认为裁判成立要件,只应由各该高等厅审判处长等指令,免求完备。本院历来守此见解,控告审裁判如有差异,一律纠正。至县知

事裁判按照审理诉讼暂行章程,本无必须以副本送达之限制,且于第四十条明定牌示字样,故本院历来解释,凡牌示有据,或以较郑重之手续送达副本者,均认为合法,即起算上诉期间,该厅原详乃称仅有堂谕而无副本者,应视为未经正式判决,又称若其堂谕已经作为副本送达云云者,即认为形式违误之判词,予以受理,尤有未合。

从这一解释例中可以看出,考虑到县知事制度的临时性以及便利于人民诉讼之原则,大理院不仅容忍县知事有所违误,认为为避免人民徒受奔走拖累之苦而承认其并非根本无效;而且承认县知事之裁断"纵其理由异常简略,亦可解为已有裁判"。

统字第482号解释无疑正是考虑到了县知事的特殊性而对其诉讼行为进行了适度、灵活而宽松的解释。同样也是考虑到了县知事制度以及基层司法的现实情状,统字第900号、第1055号和第1167号解释例都分别适度地对其所及之事项进行了类似的解释。其中,在1918年12月3日复广西高等审判厅的统字第900号解释中,大理院指出:

> 查县知事兼理诉讼章程关于受理邻县上诉之程序,虽无明文规定,但该章程原为县知事兼理诉讼而设,故程序力趋简易,上诉既尚系诉讼程序,解释上自无不许其准用之理。惟县知事为郑重起见,以送达为判决之宣示,亦不能认为无效。关于此点,县知事为第一审裁判时亦同。本院早经解释在案。相应函复贵厅查照可也。

在1919年8月15日复湖南高等审判厅的统字第1055号解释例中,大理院指出:

> 一人所犯数罪,均经起诉,而第一审漏未判罪时,其漏判部分,如与控告部分同一事实,或与该部分事实有方法结果之牵连关系者,控告审均得以职权迳行审判不必更由检察官请求,若检察官声明附带控告时,尤应受理审判,惟第一审若系县知事虽兼有审判检察两职权,然于自己审判之案,望其发见错误,提起控告,实为事所难能,原告诉人或其代诉人,多无法律学识经验,亦难望其适宜呈诉,故县署漏判部分,除上列情形外,控告审得迳行审判,盖通观现行法制之精神,则审级之制对于县知事,本未严其界限,应有斟酌变通之余地也;至提起附带私诉,按照私诉规则,既许被害人向受理公诉之第二审衙门为之,则第一审漏未判决之私诉,被害人如不向原审请求补充审判,迳向第二审有所请求者,当然可由受理公诉之第二审衙门并案判决。

除此之外,在1919年12月27日复安徽第一高等审判分厅的统字第1167号解释例中,大理院亦同样指出:

> 查民事案件除附带私诉外，本不能与刑事案件混合审判，惟现在县知事原兼有审判民刑事案件之职权，偶因程序错误，自非根本无效，但既经该厅决定令县更审，如果相对人经合法送达决定之后，以一事不能再理为由请求更改决定，自可准予更改，否则仍应依照决定更为审判；又若原县判决，并非依法牌示，则原判自不确定，应由该厅受理其上诉。

可见，法律解释内容之适度，其考量标准是复杂的：既要合法，亦要合理，还要合情。在法无明文规定的情况下，则要求既不违法又要合情理。不能仅只限定在解释之法定主义内，亦不能放任解释之自由进而流于恣意，而需要根据具体之情状，努力在"情—理—法"之间获致一个平衡，从而为法律解释内容之适度达成规则与社会的共识。

除此之外，需要说明的是，在民国时期的法律解释实践中，解释态度、方法和内容上的适度，这三者之间其实并不是绝然分立的，而是相辅相成的。因为法律解释内容的适度无疑需要建立在解释态度与方法适度的基础上，而解释态度的适度也就确保了解释方法与内容上的适度。统字第1154号解释例文就很好地反映出了这一点。在这份1919年12月10日复吉林高等审判厅的解释例文中，大理院指出：

> 本院查犯强盗罪故意杀人者，刑律及惩治盗匪法各有专条，虽因惩治盗匪法漏定未遂论罪条文，仍应按照刑律处断，与惩治盗匪法上强盗伤害二人之罪刑，不免轻重失平，然强盗杀人与强盗伤害人，本应根究事实，不得率意牵混，其未遂应否减等，审判官尚可自由裁判，亦非不能得公平之裁判，至有无上诉权，固系程序问题，与处刑轻重无关。

从中可以看出，不仅解释法定之原则，而且解释适度之标准，都对此一法律解释例文之生产或制作，起到关键性的影响。

当然，若把视野放得再宽一些，如果说"解释法定"原则更多是对法律解释作形式合法性之要求的话，"解释适度"原则无疑是对法律解释更多予以实质合法性之要求。换言之，解释适度之原则要求法律解释机关在法律解释活动中不仅要尽到法规范之逻辑与精神上之注意义务，同时也要尽到社会具体情状及其复杂性之注意义务。其目的乃是确保法律解释更符合法规范之真意，同时也更契合于社会现实。

第四节 解释恒定

在1918年11月11日复浙江高等审判厅的统字第878号解释中，大理院指出："查刑律关于奸非罪，应由尊亲属告诉之条件，与略和诱罪可为告诉之尊亲属，**其解释当从一致**……"此即有关解释恒定最初步的表述。而在

1939年7月19日致中央执行委员会社会部的院字第1902号解释文中,司法院指出:

> 旧工商同业公会法第四条第一项,系规定订立章程时出席代表人数之最少限度,条文内既于同业之公司、行号代表之上冠有该地二字,同法第七条复有同业之公司、行号均应为公会会员之规定,则其所谓代表三分之二,自系指全县或全市公司、行号代表总数之三分之二而言。新商业同业公会法第十条、第十二条第一项之规定,与旧法第四条、第七条趣旨相同,亦应为同一之解释。

很显然,这是有关解释恒定原则在实践中的进一步确认。

所谓解释恒定,即要求法律解释活动在面对同一事项或者相同情由时,能够确保"解释当从一致",能够"为同一之解释",以避免解释文在上下以及前后之矛盾。当然,解释恒定原则并非固化的坚持与机械地排斥就同一事项作相异之解释,恰恰相反,它支持法律解释机关考虑因社会情境、法制条件等之变化而就看似同一实非相同之事项为适度的、差异性的解释。而这其实也就意味着,解释恒定原则之实践,是在坚持解释法定与解释适度原则的基础上所进行的。

客观来说,在民国时期法律解释的实践中,有关解释恒定原则之笼统表述,在解释例文中还是较为多见的。除上面所举之两种情形外,典型的还比如院字第2869号。在这份于1945年4月20日训令广东高等法院的解释文中,司法院指出:

> (一)已时效之盐专卖暂行条例第三十二条规定,系指贩运或售卖私盐量在五百市斤以上者,应依第三十一条为没收及罚锾之处分,并依本条论处罪刑,自应并予处罚,虽前项罚锾依第五十一条规定,亦由法院以裁定行之,但其性质仍属行政罚,与第三十二条所定之刑罚不同,不能认为包括于刑罚之内不予另处罚锾,现行盐专卖条例第三十三条第五十六条,亦应为同一之解释。

又比如解字第23号解释例文,在这份于1928年2月4日复上海租界临时法庭的电文中,最高法院指出:

> (一)刑法上聚众二字,见于内乱、骚扰、脱逃各罪者,皆指多众集合有随时可以增加之状况而言,与强盗罪中之结伙三人以上区别在此。惩治盗匪暂行条例同为刑罚法规,解释上自难独异。况同条例第一条第四款及第十一款聚众字样,本皆从刑律而来,如悉解为结伙三人以上,则是以三人之数即可以掠夺据军用地拥首魁法理论,如何可通。倘于同条之中,一解为(须多众集合有随时可以增加之状况)一解为(结伙三人以上),文同而义歧,又呜呼可。若将文义予以扩张,尤背刑法严格解释之

原则。盗匪图劫,事实上固多现行结伙,然例如匪伙若干行劫村镇,地痞流氓随时附合,固亦事属可能,不得断言此种情形,绝无得而想象。至第九款所谓结合大帮,不过人数多寡之差别,若以已有第九款之规定,即不更设本款,今且假定本款聚众二字,认为结伙三人以上,则第九款所谓大帮,肆劫程度益为增高;又同系唯一死刑,尤可包括于本款之中,更何有别立专款之必要,安见解为结伙三人以上,即不为重复。惩治盗匪暂行条例中,多为刑律强盗及其他各罪加重之规定,倘该条例中无特别规定者,仍可依刑律处断。强盗结伙三人以上,自不患无条文可据。若以此等情节较重应处死刑,则应待条文修改,非解释问题也。

当然,民国法律解释实践中的解释恒定原则,其实可从两个方面来予以综合考量:一则横向,一则纵向。所谓横向之解释恒定,考查的是在同一时期内解释机关之法律解释是否均衡,或者同一时期内解释机关前后之法律解释在内容、方法或效力上是否延绵。而所谓纵向之解释恒定,考查的是就同一问题、同类问题或相似问题,解释机关在不同时期所作之法律解释是否大体一致,或者有无矛盾。① 应当说,这两者之间无疑会有交叉,但前者更加注重法律解释间的前后关系的恒定考察,后者更加注重同一性或相似性之问题的考察。

一、横向之解释恒定

在民国时期法律解释的实践中,横向之解释恒定,往往体现在法律解释间的相互参照、援引。以大理院时期为例,则又主要体现在以下的两个方面:

其一便是在法律解释中,援引同时期之既有解释,以接续法律解释之恒定效力。例如,1918 年大理院所作统字第 841 号法律解释认为:"刑律四十七条但书,系指宣告刑而言;希参照本院统字第五零零号解释。"该解释例通过援引同为大理院时期所做之统字第 500 号解释文,不仅表明这两条法律解释例之间的相互关系,而且也使得统字第 500 号解释文的效力得以绵延。又比如,1919 年大理院所作之统字第 1080 号法律解释文:"代匪购买粮食及卖米与匪,与本院统字第二八六号、第三一六号解释文内所称为盗执炊无异,尚不能认为犯罪;代匪帮侦探军情,如果事实具体并确有实据,自应分别情形论罪;希参照本院统字第三四一号解释文。"该解释例即援引同为大理院时期所做之统字第 341 号解释文。除此之外,1919 年统字 1059 号解释就引用了"统字第一零五五号解释",1920 年统字第 1290 号解释就引用了"统字第一零六零号解释",1917 年统字第 735 号解释援引了"统字第三七一号解

---

① 需要说明的时,此处之矛盾,当然并不指因社会变迁与观念转换所带来的前后法律解释之间的矛盾。一如上述,解释恒定原则的实践允许法意涵间适度差异的存在的。

释"。1919 年统字第 986 号解释"参照统字第五一零号、第五一一号解释"，等等。应当说，法律解释正是通过对既有之解释例的援引或参酌，不仅强化了原有法律解释例之效力，同时也确保了法律解释内容之恒定。

其二则是通过援引司法判决例，以确认法律解释（广义上的）内容之效力，进而确证法律解释之恒定。例如，1919 年统字第 1162 号解释就援引了"四年上字第一五六二号判例"而 1921 年统字第 1584 号解释援引了"四年上字第二三五七号判例。"除此之外，1920 年统字第 1248 号解释援引了"四年上字二三五七号判例"，并提请"参照历来判例解释"。1921 年统字第 1525 号解释援引了"三年上字第六一六号、六年上字第四六零号判例"，1919 年统字第 943 号"参照本院二年上字三号及二三九号判例"，1920 年统字第 1357 号解释"参照本院判例要旨汇览第一卷民法第一四二页七年上字第一零零九号、第一四四页五年上字第一四五七号判例"。①

二、纵向之解释恒定

由于在民国时期法律解释的实践中，纵向之解释恒定往往表现为解释机关对相同或类似之问题所作的法律解释。因而纵向之解释恒定不仅有利于通过解释形成规则，而且也有利于观察其如何通过解释来发展规则的。

大理院时期，法制未备，因而通过法律解释与司法判决例形成规则乃是常例。以 1916 年 9 月 2 日大理院复司法部的统字第 482 号解释为例，在此文中大理院指出：

> ……总之县知事判案，但有一定之裁断，无论以何形式，苟经法定谕知程序，其理由纵极简略，均应认为第一审裁判业已成立。控告审判衙门即应进行控告审程序，不得谓为无效，辄予发还，其是否具备详明之理由，或其他之形式，皆不应认为裁判成立要件，只应由各该高等厅审判处长等指令，免求完备。本院历来守此见解，控告审裁判如有差异，一律纠正。至县知事裁判按照审理诉讼暂行章程，本无必须以副本送达之限制，且于第四十条明定牌示字样，故本院历来解释，凡牌示有据，或以较郑重之手续送达副本者，均认为合法，即起算上诉期间，该厅原详乃称仅有堂谕而无副本者，应视为未经正式判决，又称若其堂谕已经作为副本送达云云者，即认为形式违误之判词，予以受理，尤有未合。

这无疑反映出大理院在法律解释的实践中，始终恪守解释之历史与惯例而遵循解释之恒定原则。

为进一步展示民国法律解释恒定原则之概貌，本书择取其中之六个话题，以尽可能展现解释机关如何通过法律解释在确立规则的同时，又彰显解

---

① 有关这方面内容的详细论述，可参见本书"民国时期法律解释的规范功能"一章的内容。

释之恒定性,维护最高司法机关之权威。

第一,对于"连续犯"之"犯意是否连续"的判断。例如 1916 年统字 494 号解释例认为:"连续犯以意思连续为要件,其意思是否连续,亦在审判官之调查认定,并不受被告人供述之拘束。"该解释例对于"连续犯"之认定有两个标准:一是以意思连续为要件;二是意思是否连续,应以事实来认定,并不受被告人供述之拘束。到了 1918 年,对于连续犯统字第 803 号解释例认为:"犯意之连续,全凭事实之认定,何能强立标准。"该解释例显然既肯定了统字第 494 号解释例对于"连续犯以犯意之连续为标准"的认定,也肯定了犯意是否连续应当以事实认定之。而到了 1920 年,对于连续犯统字第 1456 号解释例认为:"凡以连续犯意同种行为侵害同一法意者,皆为连续犯罪;前后行为所触犯之条文,纵有不同,亦应以一罪论。"很显然,该解释例进一步丰富了对于连续犯之认识,不仅认为"连续犯应当以连续之犯意为要件",而且认为"以连续之犯意实施同种行为侵害同一法意者,皆为连续犯罪"。也正是通过这三个法律解释例及其嬗递,可以清楚地看到了大理院时期有关"连续犯"之认定规则及其发展:(1)所谓连续犯,应以连续之犯意为要件;(2)以连续之犯意实施同种行为侵害同一法意者,亦为连续犯罪;(3)有关犯意连续之认定,应当以事实为依据,而不能仅仅凭借被害人之供述。

第二,"废疾之认定"问题。例如 1915 年统字第 233 号:"挖瞎一目以废疾论。"与此同时,1915 年统字第 245 号解释例也同样规定:"甲被乙挖瞎右目,其左目尚能视,应以废疾论。"很显然,这两个法律解释例对于"废疾之认定"是完全一致的,都认为"挖瞎一目"即为废疾。

第三,"供犯罪之物的认定"问题。例如 1913 年统字第 25 号解释例认为:"刑律所谓供犯罪所用之物,以动产为限;房屋当然不能没收。"而 1919 年统字第 1148 号解释例也同样认为:"刑律所称供犯罪所用之物,本以动产为限;栽种罂粟之土地不得没收,即划归行政处分,亦须根据有效之法规办理。"从这两条法律解释例来看,所谓供犯罪之物,是以动产为限,不包括不动产。因而对于供犯罪之物的没收,同样也要以动产为限,不能包括不动产。所以,不仅"房屋当然不能没收",而且"土地也应当划归行政处分"。

第四,"鸦片烟之认定"问题。1913 年统字第 58 号解释例认为,"刑律鸦片烟,自系指广义而言,凡以鸦片搅和制造之物,不问其为丸药、为他种形式,皆得依该条处断。"与此同时,1914 年统字第 136 号解释例进一步细分了"服食"和"吸食",认为:"刑律鸦片烟,自从广义解释,唯刑律二百七十一条之犯罪以吸食行为为构成要件,服食含有鸦片毒质之丸药,不能谓之吸食;统字第一三二号电系谓刑律二百七十一条吸食,不能包括服食;非谓鸦片烟,不能包括含有鸦片毒质之丸药。"除此之外,1914 年统字第 132 号解释例亦从行为之目的出发反向论证:"因戒烟服食含有鸦片毒质之丸药,刑律第二百七十一条不能包括。"因此，从这三个解释例中，就能够得出"鸦片烟"之认定标准：(1) 凡以鸦片搅和制造之物，不问其为丸药、为他种形式，皆为鸦片烟；(2) 服食含有鸦片毒质之丸药，不构成吸食鸦片之行为；(3) 因戒烟服食含有鸦片毒质之丸药，不够成吸食鸦片之行为。

第五，"尊亲属之认定"问题。1913 年统字 55 号法律解释认为："出继子对于本生父母及亲子对于出母，有犯，均应以尊亲属论。"与此同时，1915 年统字第 294 号法律解释又认为："刑律尊亲属，应包括养父母在内；收养三岁以下遗弃小儿，本为现行律所许，虽不能以之立嗣，而亲子名义则存。"除此之外，1917 年统字第 719 号法律解释又指出："童养媳对于未婚夫父母，应以尊亲属论。"1918 年统字第 819 号法律解释亦指出："刑律尊亲属应包括养父母在内，业经统字第 294 号解释在案，依此项解释，则养父母之父母，当然为刑律上之尊亲属。"1919 年统字第 1477 号法律解释认为："子对于出母，既应认其为尊亲属，则依刑律总则第八十二条第二项规定，妻于夫之出母，自亦应认其为尊亲属。"很显然，通过大理院时期的这五个法律解释例，无疑也就形成了对于尊亲属之认定的规则：(1) 本生父母对于出继子，出母对于亲子，以尊亲属论；(2) 养父母对于养子，以尊亲属论；(3) 养父母之父母对于养子，以尊亲属论；(4) 未婚夫之父母对于童养媳，以尊亲属论；(5) 妻于夫之出母，以尊亲属论。如果进一步深入到民初之刑法理论，那么我们便会发现，这五个规则其实也就主要构成了民初刑法对于"旁系尊亲属"之认定标准。①

第六，"易刑之使用"问题。1915 年统字第 243 号法律解释例认为："判处刑罚，既属五等有期徒刑，虽系俱发，执行刑期定在一年以上，自无不可；易作罚金之理，惟执行窒碍，须从严格解释。"与此同时，1915 年统字第 334 号法律解释指出："易刑以宣告刑为标准，非以执行刑为标准；同时宣告数个五等有期徒刑或拘役者，得各别易刑，惟律中实有滞碍四字，应从严格解释，不得滥用。"除此之外，山东高等审判厅来函："查刑律 44 条所谓执行实有窒碍，似应从狭义解释；兹有案犯因父病垂危，商铺将倒，影响及于生活，请求易科罚金；此种情形，应否认为实有窒碍？"1919 年大理院统字 1034 号法律解释认为：

> 查刑律第四十四条所称窒碍，应从严格解释；除因执行国家或社会必受重大损害，现无他法足资救济者外，余均不应许可。损害国家利益之例，殊不常见；至损害社会利益之例，如该受刑人之祖父母父母老疾，家无以次成丁而依其为生活，或受刑人系孀妇，家有幼小并无亲友可代为养育者，均得酌夺案情，认为窒碍，准其收赎；但藉此为护符，屡经犯罪者，害及社会之利益更大，仍不得允赎；至受刑人一身关系，现在刑诉草

---

① 参见陈瑾昆：《刑法总则讲义》，吴允锋勘校，中国方正出版社 2004 年版，第 51—52 页。

案执行编,既经暂准援用,依照该编第四百八十七条及第四百八十九条,尽有救济余地,毋庸适用第44条规定办理。

从大理院的这三个法律解释例中,不仅可以看到其对于"执行窒碍"之理解始终贯彻"从严格解释"之标准,而且确立了"易刑以宣告刑为标准,非以执行刑为标准"的规则。与此同时,统字第1034号法律解释也对"何为法律执行之窒碍"予以细致规定,认为:"因执行国家或社会必受重大损害,现无他法足资救济者外,余均不应许可"。很显然,正是通过这三个法律解释例,大理院确立起了刑事法领域中"易刑使用"之规则。

三、纵横之综合考察:以女子财产继续权之法律解释为例

客观地说,由于民国时期社会风云际会,新旧跌宕交织,观念冲突此起彼伏,因而在法律解释实践中,解释之恒定在横、纵两个方面的体现往往会是相互交融的。与此同时,为满足社会变革之法律需求,法律解释实践又不得不在坚持解释恒定的前提下,适度而稳步地推进法律规则之变迁,以求图新变革之同时维护社会秩序之稳定。

有关女子财产继承权之法律解释就生动地体现出了这一点。传统中国社会,女性继受财产之法律规则,尽管相当之复杂,但都固守以宗法父权制为核心的承继体制。① 这种基本排斥女性承继以维持男性子孙承继家产的继承制度,确保了"家产不流出族外,从而达到维护家族利益和秩序的需要"。② 但是到了清末民初,受近代西方社会"男女平等"价值理念以及妇女解放运动渐次展开之影响,"新女性"这一概念充满了这一时期的言论,新概念所裹挟着的新式观念反映在人们的认识上,便是:"从前女子的思想是服从,是卑顺;现在女子的思想是平权,是社会服务。从前女子的生活是束缚,是寄生;现在女子的生活是解放,是独立。"③而这种对女性身份与地位的颠覆性认识,反映在日常话语的表达上便是这一时期有关"恋爱自由""婚姻自由""男女平等"等成新思想为时论热点,对"礼教""家长制""男性中心""男性偏见""不尊重女权"等旧道德的批判也成为社会的热门话题④;反映在当时法

---

① 参见卢静仪:《民初立嗣问题的法律与裁判——以大理院民事判决为中心(1912—1927)》,北京大学出版社2004年版,第22—59页。
② 参见李小标:《身份与财产——谱系继替下的清代承继法律文化》,中国政法大学2005年博士学位论文,第125页。
③ 参见刘麟生:《新文学与新女子》,载《妇女杂志》1919年第5卷第10号。
④ 参见海青:《"自杀时代"的来临?——二十世纪早期中国知识群体的激烈行为和价值选择》,中国人民大学出版社2010年版,第116—151页。这一时期,甚至有人建议将恋爱和结婚彻底分开,主张夫妻二人之间没有恋爱,各自在婚外寻觅爱人,互不干涉,夫妇有同居和相互抚养的义务,禁止一切离婚。很显然,这种近乎狂想的提案,尽管反映了当时婚姻与恋爱往往被看成是"束缚"与"不自由"的代称,但也体现了这一时期人们对于传统婚姻家庭制度的反叛与颠覆。参见岂凡:《关于男女关系的提案》,载《新女性》1929年第4卷第4号。

律的制度表达上的变化便是有关限制女子权益的既往做法在一定程度上被松动,在制度的实践上体现有关男女平权的做法在一定程度上开始出现。而国民政府时期的"新生活运动"又进一步推进女性权利之变化,进而使得"男女平等"之原则进一步深入法律的制度表达与实践。因而,全面考察这一时期法律解释有关女性财产继承权之规定与变动,更能够进一步看到民国法律解释之实践如何在坚持法律解释恒定之前提下,适度而稳健地推进规则之变化,以求达致变革图新,同时维护社会秩序之稳定。

具体来看,在制度与规范的表达上,有关女性继承权之规定,《大清律例》中的所有规定在民初都继续有效,直至民国民法的颁布。例如,《大清律例》规定:"户绝财产果无同宗应继之人,所有亲女承受。无女者,听地方官详明上司,酌拨充公。"①民初《现行律民事有效部分》则规定:"户绝财产果无继嗣可立,由亲女承受。"②然而这一规定旋即便受限制,因为1918年,大理院在上字第1042号判例中指出:"遗产继承除有遗嘱外,应该以宗祧继承为先决条件。""这说明亲女只有在不存在立嗣的情况下,才能承受户绝财产。"③此后的《民国民律草案》(1925—1926年间完成编订)在第1135条规定:"妻于成婚时所有之财产及成婚后所得之财产,为其特有财产。"与此同时第1136条规定:"专供妻用之衣服、首饰及手用器具等物,推动为妻之特有财产。"但是,"妻之特有财产,由夫管理"。"就其财产,夫有使用、收益之权。"这其实依然意味着:"妻与夫之间在财产所有以及对财产的管理、使用、收益上的差别,都在彰显着'男尊女卑'和对成年女子完全民事行为能力的否定。"④

但是,男女平等思潮的暗流涌动,却影响着大理院的司法裁判与法律解释。因而可以看到,在实践中,大理院悄然暗自地采用了现代西方民法的基本原则与内容,对于《现行律民事有效部分》的相关规定进行了一定的变通或扩大解释,进而建立起了与制度表达大相径庭的实践逻辑⑤,从而"不仅使女儿间接地有了分享父亲遗产的可能和权利,而且使寡妻在不能继承丈夫遗

---

① 田涛、郑秦点校:《大清律例·户律·户役》"卑幼私擅用财"条附例,法律出版社1998年版,第187页。

② 如1914年上字第386号判决例指出:"户绝财产果无继嗣可立,由亲女承受,如并无亲女则应归国库。"据此,有学者认为,这里有关女儿获得家产的"承受"方式,与儿子获得财产的"承继"方式是不同的。"因为儿子'承继'是法律制度层面应然的常例下的权利,而女儿的'承受'则是常例之外的变例下的权利。"参见徐静莉:《民初女性权利变化研究——以大理院婚姻、继承司法判解为中心》,法律出版社2010年版,第169页。

③ 李显东:《从〈大清律例〉到〈民国民法典〉的转型:兼论中国古代固有民法的开放性体系》,中国人民公安大学出版社2003年版,第56—57页。

④ 郑全红:《民国时期女子财产继承权变迁研究——传统向现代的嬗变》,法律出版社2013年版,第37页。

⑤ 参见白凯:《中国的妇女与财产:960—1949年》,上海书店出版社2003年版,第67页。

产的情况下,围绕遗产的相关权利也有了一定扩张,使女性的财产继承权总体上体现出由义务而权利及渐趋男女平等的发展趋势"①。比如,有关女儿财产继承权的法律实践,在1914年上字第386号判决例中,大理院指出:"户绝,财产果无继嗣可立,由亲女承受,如并无亲女,则应归国库。"而在1914年上字第1176号判决例中,大理院强调:"无子立嗣者,其所遗财产应由嗣子承受,若生前虽未立嗣,而死后尚有可为立嗣之人者,乃应依现行律立嫡子违法各条例,由有择继权人立嗣承受,必同宗无应继之人,始得依现行律卑幼私擅用财条例使亲女承受。"1915年,大理院上字第843号判决例指出:"已经出嫁之女,除其母家为绝户外,在法无继承母家遗产之权。"此外,1916年大理院上字第661号判决例指出:"守志之妇,虽得于遗产中酌提一部给予亲生之女,然揆诸酌给之义,其所给予者,自不得超过嗣子所应承受之额数,且不得因而害及嗣子之生计,自不待论。"又比如在妻子财产继承权的法律实践上,大理院1913年上字第33号判例指出:"为人妻者得有私财。"而同年上字第208号判决例则强调:"嫁女妆奁归女有,其有因故离异无论何种原因离去者,自应准其取去,夫家不得阻留。"1918年上字第147号判决例则指出:"妻于婚前或婚后,所得之赠与及遗赠,皆归妻有。"同年上字第665号判例则认为:"妻以自己之名所得之财产为其特有之财产。"②

女子财产继承权的最终正式的法律确认,虽然是在《中华民国民法典》中,但其先在性成果,却是《妇女运动决议案》。1926年1月,国民党第二次全国代表大会通过了《妇女运动决议案》。该草案明确提出了"制定男女平等的法律""规定女子有财产继承权""反对司法机关对于男女不平等的判决"等主张。同年7月,国民政府司法行政委员会通令:"查关于制定妇女新法规,系属改造司法委员会职责,除函送该会从速制定外,其未制定新法规以前,凡属于妇女诉讼案件,应依照中国国民党第二次全国代表大会妇女运动决议案法律方面之原则而为裁判。如有疑难问题,应向本会请示办理。"③因而1927年12月,最高法院旋即在解字第7号法律解释文中指出:"查第二次全国代表大会妇女运动决议案,女子有财产承继权。"与此同时,1928年1月最高法院在解字第16号法律解释进一步指出:"……第二点所请解释意旨不甚明了,要之离婚案件,无论男女何方请求,应依平等原则,认有离婚理由者,方得准予离异。"除此之外,安徽高等法院来函:

> 查第二次全国代表大会妇女运动议决,根据结婚、离婚绝对自由原则,制定婚姻法一案,仅由司法行政委员会令行广东、广西、湖南各法院;

---

① 徐静莉:《民初女性权利变化研究——以大理院婚姻、继承司法判解为中心》,法律出版社2010年版,第169页。
② 上述判例引自郭卫:《大理院判决例全书》,上海会文堂新记书局1932年版。
③ 《中华民国民法制定史料汇编》(上册),台湾"司法行政部"1976年版,第320页。

关于妇女诉讼,依照该项决议案法律方面之原则以为裁判。现在遇有关系婚姻事件,主张极为纷歧;究竟男女一造请求离婚,是否应依向例;参照现行律之规定,须具备一定之条件;又现行律关于定婚及主婚权之规定,应否适用?

1928年2月,最高法院解字第33号指出:"查男女两造请求离婚,只须认定有无理由,分别准驳,无庸具备一定之条件;又定婚、主婚如与结婚自由并无妨害,自应听其适用,兹准前由。"由此,便确立起了婚姻与财产继承上的男女平等原则。

女性之财产继承权的范围究竟为何,最高法院和司法院是如何通过法律解释进行规则确认的,这其中之精神是否一致,内容有无矛盾,是否符合解释恒定之原则,以下将重点予以关注。

最高法院、司法院时期有关妇女财产继承权之法律解释

	时间	解释号	解释内容
最高法院时期	1927年12月	解字第7号	查第二次全国代表大会妇女运动决议案,女子有财产承继权。①
	1928年2月	解字第34号	查第二次全国代表大会妇女运动决议案,系前司法行政委员会令行广东、广西、湖南各省高等审检厅;在未制定颁布男女平等法律以前,关于妇女诉讼,应根据上项决议案法律方面之原则而为裁判,按上开令文,以财产论,应指未出嫁女子与男子同有继承权,方符法律男女平等之本旨,否则女已出嫁,无异男已出继,自不适用上开之原则。
	1928年3月	解字第47号	查女子继承财产,系指未出嫁之女子而言,不问有无胞兄弟,应认为有同等承继权;至出嫁之女子,对于所生父母财产,不得主张承继权,业经本院解字第三四号解释有案。
	1928年3月	解字第48号	查财产承继问题,关于嫡庶长幼男女,在现行法令并无差别,自应认为有同等承继权;惟出嫁之女子,不得主张承继所生父母财产,业经本院解字第三四号解释有案。至女子既有承继财产权,依权义等之原则,应负扶养亲属之义务,自不待言;又妾之身分,在法律上本与正妻不同,被承继人之妾,自不得谓为承继人之直系尊亲属。
	1928年5月	解字第87号	查第二次全国代表大会妇女运动决议案规定,女子有财产承继权,并经本院解字第三四号及第四七号解释各在案。至女子能否承继宗祧,事关立法问题,国民政府现尚未颁此项法令,本院无从解释。

---

① 附四川巴县地方审判厅电称原文:"顷据国民党女党员争女子全部承继权,谓中央党部曾经议决在案,悬案待决,切盼电示。"对此解释例文,学者们的反映较为强烈。郁嶷认为这一解释例文"可谓于吾国法制史上放一异彩矣"。参见郁嶷:《女子继承权问题》,载《法律评论》第55期(总第287期)。高潍睿认为这一解释例文及其内容开创了"中华民国女子在法律上和男子一样待遇的新纪元"。参见高潍睿:《女子财产继承权的限制问题》,载《法律评论》第54期(总第286期)。

(续表)

	时间	解释号	解释内容
最高法院时期	1928年5月	解字第92号	查第一点应分别情形解释于下:(甲)女子未嫁前与其同父兄弟分受之产,应认为个人私产;如出嫁挈往夫家,除妆奁必需之限度外,须得父母许可;如父母俱亡,须取得同父兄弟同意;(乙)女子未嫁前,父母俱亡,并无同父母兄弟,此项遗产,自应酌留祀产及嗣子应继之分,至此外承受之部分,如出嫁挈往夫家,除妆奁必需之限度外,须得嗣子同意;如嗣子尚未成年,须得其监护人或亲族会同意;(丙)绝户财产,无论已未出嫁之亲女,固得对于全部遗产有承继权,但依权义对等之原则,仍须酌留祀产;如本生父母负有义务。(如债务养赡义务之类)亦应由承继人负担。第二点女子被夫遗弃,留养于父母之家,其本生父母既许其分产,自无禁止其与兄弟分受遗产之理。第三点,妇人夫亡无子而守志者,不问其嫁前有无承继本生父家之财产,但既为守志之妇,自得承受夫分。①
	1928年7月	解字第133号	关于已嫁之女子对于父母财产不得有承继权;惟女子在父家招人入赘,是否准已婚论等语,此项赘婚仍与通常婚姻关系同。惟女既因赘婚留居母家,与夫家不发生家属关系,自应准其有承继财产权。第二问题(即女既分得财产后,本诸所有权性质,似应有处分权)业经本院第九二解释有案。
	1928年9月	解字第163号	关于第一问,女子虽有财产承继权,并无宗祧承继权,其承受遗产在未嫁前,已有嗣子,固应与嗣子平分;即未立嗣,亦应酌留其应继之分,不得主张全部承受。关于第二问,女子承继财产与嗣本不相妨,惟抚养异姓子以乱宗,及所拟未之女招夫生子,仍从母姓,以续后嗣,均为法所不许;至义子酌分财产,在现行律定有明文,尤不发生疑问;以上两问,均可参照本院九二号解释。关于第三问,女子承继财产,应以未出嫁之女子为限。经本院三四号解释有案。
司法院时期	1929年2月		查女子与夫离异,留居于父母之家,如遗产未经分析,或另有遗留财产,仍得享有继承财产权。②
	1929年8月	院字第129号	查孀妇无子招夫入赘,即非守志之妇,自不得更承夫分;至族中现无昭穆相当之人可以立嗣,依据现行律例户绝财产果无同宗应继之人,所有亲女承受。无女者听地方官详明上司,酌拨充公。

---

① 附浙江高等法院原电:"查第三四号、第四七号解释,女子有承继财产权,不问有无胞兄弟,但以未出嫁为前提。设有女子父母俱亡,承继遗产,一旦出嫁,即第三四号解释无异男子出继,能否将父遗全部财产挈往夫家,抑须交还入继之子,并酌留祀产;此问题一。又女虽已嫁人,其夫遗弃,仍由父母留养,事实上仍为家属之一人,父母亦许其分产,是否得与兄弟分受遗产?此问题二。又旧例夫死无子守志之妇承受夫分,现在女子既有承继父母家财产之权,是否仍在夫家有承继财产权。此问题三。"

② 附江苏高等法院原函:"查未出嫁女子与男子同有继承财产权,业经最高法院解字第34号确定在案。惟今有某女子,虽曾出嫁,然已与夫离异,现寄居于父母之家,有时亦自行别居,迄未再嫁。究竟此种离婚女子,是否享有继承财产权?"

(续表)

	时间	解释号	解释内容
司法院时期	1929年11月	院字第174号	女子之有财产继承权,系根据于第二次全国代表大会妇女运动决议案而发生;该案于民国十五年十月始通令隶属国民政府各省施行;自应由该通令到达该省之日始能生效。若各省之隶属国民政府在通令以后者,自应由其隶属之日始发生效力。而财产继承之开始,应始于被继承人死亡之日。倘被继承人于该决议案发生效力以前已经死亡,其遗产已由其男子继承取得,则其女子于该案生效之后,虽尚未出嫁,亦不能对其兄弟所已承受之财产,而欲享有继承权。
	1930年1月	院字第197号	已嫁女子追溯继承财产施行细则第一条第二款所称隶属之日,系指各省而言,自应以各该省省会隶属之日为准。
	1930年1月	院字第199号	已嫁女子追溯继承财产,施行细则第一条定明,凡财产继承开始,在左列日期后者,虽已嫁之女子亦有继承财产权;则凡财产继承开始,在于该条左列日期之后,自不论任何年嫁出之女子,均有财产继承权。至有继承财产权之女子,应以亲生者为限。财产继承何时开始,查照院字第一七四号解释(载第四七号司法公报)。①
	1930年5月	院字第275号	按财产继承以所继之人死亡时为始,除关于母之独有财产外,所继人系指父而言。如果继承开始在该省隶属于国民政府以前,而所有财产,已由其男子继承取得,依当时法令女子并无继承财产权,则无论其财产分析与否,已嫁及未嫁之女子,均不得主张再行与子均分。②
	1930年5月	院字第286号	来函所述情形,甲于民国九年间死亡,其财产已由其子乙、丙继承取得,虽乙、丙尚未成年,财产由其母管理,至今尚未分析;然乙、丙共同取得既在妇女运动决议案通令以前,则甲之女丁、戊并无继承权,自不得请求分析。
	1930年12月	院字第358号	被继承人虽在该省隶属国民政府以前死亡,而隶属国民政府时尚无继承取得遗产之人,则被继承人之亲生女及嗣子,均得享有财产继承权。
	1930年12月	院字第389号	甲以所有地产典当与乙,甲死亡后,乙以其地转卖于第三人,如甲果无应继之子,除亲女因承继遗产得以告争外,侄女无告争回赎之权。

---

① 附江西省党务指导委员会原函:"查最近司法院公布已嫁女子追溯继承财产施行细则第一条,民国十八年五月十五日中执会政治会议,关于女子承继财产权新解释发生效力时期决议案,凡财产继承开始在左列日期后者,虽已嫁之女子,亦有财产权;(一)第二次全国代表大会关于妇女运动决议案,前经司法行政委员会民国十五年通令到达之日;(二)通令之日,尚未隶属国民政府各省,其隶属之日等语,惟财产承继开始在该日期后,究竟指在该日期后出嫁之女子始有财产继承权,抑指凡属在该日期后分析者,或父母在该日期后殁者,不论任何年嫁出之女子,均有财产继承权。原文似欠明了,且继承财产对于亲生女子始有享受,抑本姓、异姓承继女子均得承受,均多未载明。"

② 附辽宁高等法院函请解释原电:"已嫁女子追溯继承财产及财产继承开始各疑义一案"。

(续表)

时间	解释号	解释内容
1931年1月	院字第394号	孀妇招夫入赘,即非守志之妇,虽因抚子招夫,仍不得于子亡后承受前夫之分或为前夫及前夫之子择继。
1931年1月	院字第397号	现在民法继承编尚未施行,守志之妇,就其故夫遗产于继承人未定以前,限于生活之必要得处分之。
1931年1月	院字第405号	财产继承权男女既应平等,已嫁女子如依法有继承财产权,而于继承开始前已亡故者,该女子所应继承之财产,自应归其直系血亲卑亲属继承;又女子不论已嫁、未嫁,既有财产继承权,则其父母所负之债务,于其遗产不足抵偿而未为限定之承继时,自应与其兄弟负连带责任;若其父母别无其他子女时,即应由其个人独任偿还之责;又现行法女子并无宗祧继承权,则对于其父母家族之祭祀公产,自不能主张轮管或分割或分息。
1931年1月	院字第406号	……(三)依中国现行法例,女子应与男子平分财产,如其父母无亲生男子,并无可继之嗣子时,得由其亲女承继,取得其全部之遗产。
1931年1月	院字第410号	来呈所列举各问题,可参观院字第一七四号及第一九七号解释。
1931年1月	院字第412号	被继承人死亡之日,在全国第二次代表大会关于妇女运动决议案发生效力以前,既无亲子又未立嗣,依当时法例如无同宗应继之人,其财产应归亲女承受。
1931年1月	院字第416号	(一)被承继人之遗产,应由子女平均继承;如其子于继承开始前死亡而已生有子女或应为立嗣者,则该子所应继承之分,应由其直系卑亲属继承;(二)被继承人之遗产,应依其子女之数均分,孙对于祖之遗产,仅能平均继承其父所应继承之部分,不能主张长孙应较优于诸孙;(三)嫡庶子女,均应平等继承遗产;(四)诸孙应平等继承伊父之财产;(五)继承人不能证明被继承人生前确有特赠之确据者,自应以未有特赠论;(六)问意不明,无从解答;(七)女子不问已嫁、未嫁,既均有财产继承权;苟该已嫁女子于继承未开前亡故者,其所应继承之部分,自由其所生子女继承;(八)遗产虽应由子女继受,但被继承人之妻,仍得就该遗产请求酌给养赡费,其标准视扶养权利人之需要及扶养义务人之财力定。
1931年1月	院字第421号	(一)被继承人死亡,在该省省会隶属国民政府之后,(参考已嫁女子追溯继承财产施行细则第一条第二项)其遗产由嗣子与亲女平均继承;在嗣子未经合法择立以前,应留其应继之分;(二)现行法例,赘婿不得宗祧继承;(三)法无女子继承宗祧之明文,自属无所依据。
1931年2月	院字第424号	有继承财产权之已嫁女子,于遗产继承开始前死亡,其应继分由其子女代位继承;惟其继承之财产,在已嫁女子追溯继承财产施行细则施行前,已经其他继承人分析者,应注意该细则第三条第二项之规定。

司法院时期

(续表)

	时间	解释号	解释内容
司法院时期	1931年2月	院字第426号	(一)庶子对于嫡母所遗之特有财产,应与嫡子按人数均分;(二)夫之财产既经赠与其妻,自应认为妻之特有财产;(三)未嫁之女于受其父赠与财产后死亡,而未以遗嘱遗赠于他人时,苟其父母俱已先亡,则该遗产自应由其同父之兄、弟、姊、妹分受。
	1931年2月	院字第428号	乙虽为甲之亲女,但甲之遗产,已由其嗣子丙继承;今并又殁无后,应为丙立嗣,由嗣子继承其遗产;乙为丙之妹,不得主张财产继承权。
	1931年3月	院字第465号	(一)十五年十月通令之日,该省尚未隶属国民政府,应以该省省会隶属国民政府之日为准(参照院字第一九七号解释);(二)(三)(四)父或母生前,以其财产给于其子,是属赠与;至继承财产,以继承人死亡时为开始(财产分割是继承开始后之另一手续);除关于母之独有财产外,被继承人应指父而言(参照院字第一七四号、第二七五号解释);(五)(十二)(十三)被继承人死亡在该省省会隶属国民政府之日以前,所有财产已由其男子继承取得,则不问其财产分割与否,已嫁及未嫁女子,均无继承权(参照院字第一七四号、第二七五号解释);(六)父母死亡在该省省会隶属国民政府之日以前,则其生前所立将遗产专属于其子之遗嘱,应认为有效;(七)女子继承财产权,是根据中国国民党第二次全国代表大会关于妇女运动决议案而发生,故父亡在该省省会隶属国民政府后,其女子当然与其子平均有继承财产权;纵其母有反对之意思表示,遇争继时,仍应依法例为断;(八)继承开始在该省省会隶属国民政府之日以前,女子既无继承财产权;对于公堂产业,自不得主张权利;(九)有继承财产权之女子,如已亡故,其子女有代位继承(参照院字第四二四号解释);(十)(十一)有继承权之女子,以亲生者为限(参照院字第一九九号解释)。"
	1931年8月	院字第528号	已嫁女子追溯继承财产施行细则第3条第2项之规定,系指请求重行分析者而言;其他继承人仅一人时,无所谓已经分析;当与其他继承人有数人而未经分析者同论,不在同条项规定之列。惟在民法继承编施行后,请求回复继承者,应分别情形,适用民法继承编施行法第3条、第4条及民法第一千一百四十六条第二项之规定。
	1931年10月	院字第601号	……(二)按亲生女子在全国代表大会妇女运动决议案施行以前,除受赠及户绝财产果无同宗应继承人外,本无财产继承权;如嗣子应继承之遗产之全部或一部被其侵害,自可请求回复,准此项请求权;已否因时效而消灭,仍应查照民法继承编第一一四六条及施行法第四条办理。

(续表)

	时间	解释号	解释内容
司法院时期	1931年12月	院字第647号	(一)夫妻财产各别所有,于死亡时各由其所属之继承人分别继承,为新民法所采之原则,故妻为被继承人,如无直系血亲卑亲属继承其遗产时,即应依法定顺序,属于妻之父母或以次之继承人;(二)法定财产制关于夫之管理权,对于赘婿并无特别规定,自应适用;(三)娶妾并非婚姻,自无所谓重婚;如妻请求离异,只得依其他理由,而不得援用民法第一零五二条第一项之规定;(四)家族中之祭祀公产,以男系子孙轮管或分割或分息者,系本于从前习惯为家族团体之公共规约;在女子向无此权,苟非另行约定,自不得与男系同论;(五)按从前解释被继承人无子而由其女继承遗产,应留嗣子之应继分者,系本于宗祧继承之结果;现宗祧继承既为新民法所不采,即无所谓嗣子之应继分,故继承开始在民法继承编施行后,第一顺序之继承人为女子时,其应继分,当然与男子无异。
	1932年6月	院字第735号	……(二)民法第一千一百三十八条第一项第三款所称兄、弟、姊、妹者,凡同父异母或同母异父之兄、弟、姊、妹均为该款同一顺序之继承人。
	1932年6月	院字第741号	(一)分割财产之遗嘱,以不违背特留分之规定为限,应尊重遗嘱人之意思,如遗嘱所定分割方法,系因当时法律尚无女子继承财产权之根据而并非有厚男薄女之意思,此后开始继承,如女子已取得继承权,自应依照法定顺序按人数平均分受;若遗嘱立于女子已有继承财产权之后,而分割方法显有厚男薄女之意思,则除违背特留分之规定外,于开始继承时,即应从其所定;(二)民法继承编施行法第三条所谓经确定判决者,即为已有继承财产权之女子,在开始继承时,因系已嫁而有驳回请求之确定判决,故不许其回复继承,以维持确定判决之效力,此为已嫁女子因继承编公布所受法律上之特别限制,苟非确定判决;对于女子直接所为,自不在限制之列。
	1932年6月	院字第747号	开始继承在民法继承编施行后者,已嫁女子即同为遗产之法定继承人,并不因出嫁年限之远近及当时已否取得财产继承权而生差异。
	1932年6月	院字第754号	已嫁女子死亡时,依法尚无继承财产权,则继承开始时之法律,虽许女子有继承权,而已死亡之女子,究无从享受此权利,其直系卑属,自不得主张代位继承。
	1932年10月	院字第806号	已嫁女子应追溯继承之财产,已经其他继承人分析者,依追溯继承财产施行细则第三条之规定,若其请求重行分析已在该细则施行六个月以后,无论其分析是否适当,均不应准许;如在民法继承编施行后,应依该编施行法第三条规定办理。
	1932年11月	院字第820号	妻对于夫之遗产,在民法施行前并无继承权;故其提留之膳产,于使用收益外,非因生活上之迫切情形,不得处分;如妻以膳产赠与数子中之一人,未得他子之同意,自不生效。

从最高法院时期有关女子财产继承权之法律解释来看,解字第 7 号规定的是"女子有财产承继权",而解字第 34 号则解释为"未出嫁女子与男子有继承权,方符法律男女平等之本旨"。解字第 47 号解释指出"出嫁之女子,对于所生父母财产,不得主张承继权";而解字第 48 号解释进一步规定"女子既有承继财产权,依权义对等之原则,应负扶养亲属之义务,自不待言"。解字第 87 号对"女子是否承继宗祧"尚有疑义,而解字第 92 号则对女子之财产继承权作了详尽之规定。最高法院将"女子"区分为"未出嫁女子"和"出嫁女子",进而只承认未出嫁女子有财产继承权而出嫁女子无财产继承权之做法,表面上看似与《妇女运动决议案》之精神与解字第 3 号法律解释内容相违背;也尽管最高法院对未出嫁女子之财产继承权和处分权作了诸多之限制,进而造成她们"名义上有财产继承权而实际上却和没有财产继承权一样"①的尴尬局面;这些体现出的其实是一种法律变革时期所应有之稳健。"揆最高法院诸公为解释之意,或以吾国女子向无继承权,今猝然予之,过于急进。爰为折中之法,以期迎合新旧之观念。"②"当时社会上一般人,对于女子继承权的取得,十分讶异,所以不能一旦骤然使已嫁或未嫁的女子一体得以享受继承遗产的权利。这就是因为我国旧礼教、旧习惯有数千年的历史,积习太深,一时难以振拨的缘故。"③最高法院正是通过法律解释,既缓和新观念之激进,又松动了旧观念之严密控制,进而稳中求变,审慎而稳健地推动着继承制度的发展,从而最终顺利地达致新旧观念间的平和过渡。

最高法院的这一做法却很难获得学者们的认可。高潍睿指出:"女子与男子在法律上应处于平等地位,在第二次全国代表大会妇女运动决议案和国民党政纲对内政策第十二款里面,已经详细说明。……院解用'未出嫁'三字来限制女子的财产继承权,违反妇女运动决议案和政纲内的对内政策,用意未免过于陈旧。"④同样,胡长清也指出最高法院的法律解释:"与决议案之真意不合,须变更解释,即女子不分已嫁未嫁,应与男子有同等财产继承权。"⑤因此,"司法院院长王亮畴氏于统一解释法令会议提议,关于女子财产权之解释,须从新论定,女子不问已嫁未嫁,均与男子有同等财产继承权。当经一致通过,著为新例"⑥。与此同时,国民党中央政治会议也于 1927 年 7 月 31 日正式接受了司法院的建议,颁布《已嫁女子追溯继承财产施行细则》

---

① 持此观点的,主要参见:高潍睿:《女子财产继承权的限制问题》,载《法律评论》第 54 期;民隐:《关于女子出嫁挈产限制之商榷》,载《法律评论》第 55 期;贾荣卿:《女子继承财产权之时期问题》,载《法律评论》第 55 期。
② 郁嶷:《女子继承权问题》,载《法律评论》第 55 期。
③ 王登智:《女子财产继承权诠释》,上海民智书店 1929 年版,第 35 页。
④ 高潍睿:《女子财产继承权的限制问题》,载《法律评论》第 54 期。
⑤ 胡长清:《评已嫁女子追溯继承财产实施细则》,载《法律评论》总第 297 期。
⑥ 胡长清:《论女子财产继承权》,载《法律评论》总第 293 期。

以纠正最高法院先前之法律解释,并进一步明确女子不论已婚未婚不仅有财产继承权,而且有与男子一样的财产继承权。然而从司法院的法律解释实践例看,实际情况无疑更加复杂:一方面,已嫁女子追溯继承财产之时间点该如何起算,显然是件极为繁杂的事情,院字第416号和第465号、第741号法律解释文虽努力穷尽所有可能,但显然又不现实。另一方面,当女子继承遭遇立嗣与宗祧制时,事情变得更加麻烦,院字第421号、第428号、第601号和第647号法律解释便生动地反应了此情形。为此,在法律解释实践中,司法院一方面因应男女平等之趋势而努力贯彻《已嫁女子追溯继承财产施行细则》,另一方面则综合考虑既有之制度、传统之习俗、观念与文化等诸多社会因素而折中平衡,以期稳步推进新旧观念之转化。因此,在实践中,前后之矛盾与反复就在所难免。院字第394号和第397号有关守志之妇的财产继承权问题的规定便反映了此一情形。直到民法继承编实施,这一情况才有所好转。

  从最高法院到司法院有关女子财产继承权的法律解释来看,实践中,"解释恒定"不仅体现在法律解释之作出以既有之法律制度或者规则为前提("解释法定"),而且也综合考量各种社会因素并折中平衡("解释适度"),以期弥合社会生活与法律规范之间的断裂,进而谨慎而稳健地推进法律与社会生活的变革。这也就反映出,不仅对解释是否"恒定"之考虑需充分考虑"法定"与"适度"的因素,而且对解释是否"适度"的考虑需要综合考虑"法定"与"恒定"这两个方面的因素;同时对解释法定之衡量也不能只是作合法律性的考量,还要综合考量"适度"与"恒定"的因素,作合法理性的考量。这其实也体现出"解释法定""解释适度"和"解释恒定"这三个原则在民国时期的法律解释实践中是互为表里、相辅相成的。

第六章　民国时期法律解释的方法

法律解释的方法是指为了确定法律规范的内容意涵、要素构成、价值旨趣、适用范围、法律效果等所采用的认识或者理解法律规范的路径。建构法律解释的方法论论题,所欲揭示的乃是人们为了寻求法规范之真意而选择的各种认识路径,展示多样视角认知下法规范意涵共识的达成。那么,民国时期的法律解释,在方法论的类型学上有着怎样的表现,不同的方法之间又有着怎样的相互关系?

第一节　解释方法上的难题

对民国时期法律解释理论进行梳理,争议最大的就是有关法律解释方法之划分。不同之学者有关法律解释方法之划分,方案无一是相同的。矶谷幸次郎有关法律解释方法之划分最为基础,王觐的划分最为简要,而陈瑾昆有关法律解释方法之划分标准最多,欧阳谿有关法律解释方法的划分最为系统化,而李宜琛有关类推适用/类推解释的说明则较为详细。朱显祯与蔡枢衡还曾就法律解释之方法,特别是关于类推解释之适用有过一场争论:关于类推解释,朱显祯持反对意见,而蔡枢衡则极力赞成;蔡枢衡认为,要想使法律不失其道,应该允许采用类推,等等。

客观地说,这些有关民国时期法律解释方法的理论言说,很难说哪一种就具有完全而足够的、绝对性的说服力,也很难说哪一种划分方法就是最具代表性的。即便是诉诸林纪东、郑玉波、管欧这三位法学家的著作,甚至参酌当下中国法学界有关法律解释方法之划分,依然可以看到不同的学者有关法律解释方法的划分其实都是各不相同的。[①] 这似乎意味着有关法律解释方

[①] 当下中国法学界有关法律解释方法的划分,在不同的专著与教材中,有着各不相同的列举与表述。具体可参阅王利明:《法学方法论》,中国人民大学出版社2011年版;陈金钊等:《法律方法论研究》,山东人民出版社2010年版;葛洪义:《法律方法讲义》,中国人民大学出版社2009年版;陈金钊等:《法律解释学》,中国政法大学出版社2006年版;陈金钊:《法律解释学》,中国人民大学出版社2011年版;张明楷:《罪刑法定与刑法解释》,北京大学出版社2009年版。可参阅教材则包括:陈金钊主编:《法律方法论》,北京大学出版社2013年版;张文显主编:《法理学》,高等教育出版社2007年版;公丕祥主编:《法理学》,复旦大学出版社2009年版;等等。

法的认识,始终都可能会是一个开放性的论题,它需要随时参酌并有效针对发展且变动中的法律解释实践来作具体而灵活的提炼。[①]

但这并非意味着民国时期有关法律解释的方法及在划分上的争议是没有意义的。恰恰相反,通过民国时期这些有关法律解释方法的划分及其类型上的争议,无疑能够让后学初步窥见民国时期的法律解释在方法上的丰富性与复杂性。在民国时期法律解释的实践中,各地所请呈之有关法律疑义的函文中都会详细列举不同之看法。但是法律解释机关究竟选择其中的那一种学说,或者单列一种自己的看法,反映出的又不仅仅只是法律解释机关对于法律疑义之处理态度,更重要的还是一种法律解释方法。

因此,当带着有关法律解释方法的争议走进民国时期法律解释的条文世界并仔细阅读这些解释例文时,不仅能够看到其中的解释智慧与阐释艺术,而且也可以体会到其中有关法律解释方法之争议所展现出的力量。虽然缺乏关于划分的共识,可能带来意义理解上的困境和方法上的模糊,也还可能忽略掉不应该被忽略的重点与精彩——这不仅是因为理解语境难以转换而理解者不在场[②],也因为对法律解释的再解释存有一定的难度,解释方法本身亦同样受困于"解释学循环"的制约,但是由于"理解的客观性(其实)并不是真理意义上的客观性,而是在理解过程中的,是共识意义上的客观性"[③],伴随着这种争议以及同时通过这种误读与误解,或许反而可以建构一个相对客观的民国时期法律解释的方法论世界。

当然,为了更加全面地揭示民国时期法律解释活动中的方法实践问题,本书将结合民国时期法律解释的具体实践,采取一种更具包容性的方法划分:在将法律解释划分为文理解释与论理解释的基础上,对民国法律解释的实践中所涉及的、具有明显特征的各种具体的方法实践予以最大化的、开放性的展示。与此同时,本书也将在一种方法论的意义上,对类推解释与类推适用的问题予以关注。除此之外还需要说明的一点是:有关法律解释方法之划分,并不仅仅只是对法律解释例文予以形式上之判断或者归类,而更主要的还是根据其内容来予以归纳。那么据此而言,民国时期的法律解释实践,在解释的方法上又究竟会是一副怎样的光景呢?

[①] 参见〔美〕保罗·法伊尔阿本德:《反对方法》,周昌忠译,上海译文出版社2007年版,第85—87页。
[②] 参见〔英〕鲍曼:《立法者与阐释者》,洪涛译,上海人民出版社2000年版,第9—11页。
[③] 〔德〕哈贝马斯:《在事实与规范之间》,童世骏译,生活·读书·新知三联书店2003年版,第238页。

第二节 文理解释

文理解释,又称文字解释、文义(意)解释①、文法解释或者语义解释,主要指按照法律条文用语的文意及其通常使用的方式来阐释法律的意义与内容的解释方法。这种解释方法的主要特点,是在解释法律条文时严格按照其词义或者语法结构来说明其含义,不考虑或者较少考虑其他相关的因素。文理解释是解释法律的基本方法。"因为法文是立法者表示意思的符号,要了解法律内容意义当然应先寻绎文意。关于法律用语的字义,必以该用语通常的意义为准,纵有其它含义,如系冷僻不常用者,即不宜采取。"②

在民国时期法律解释的方法实践中,文理解释通常集中地使用在对法条中的概念进行意义阐释或者说明上。这些解释例文主要包括:

时间	解释号	解释内容
1913年3月	统字第10号	查前清修正报律第十一条但书所谓专为公益,不涉阴私,有二要件。一须能证明其事实,二须关系公益。非专属个人私德之事实,原呈所举各例,依此标准,自可得当然之解释。
1913年5月20日	统字第26号	刑律二九一条配偶二字,专指已成婚者。
1913年5月29日	统字第30号	查新刑律该条所谓财物,不问其贵贱多寡,虽至少者,亦不能不谓之财物货币,尤为明了。故以铜子数枚或制钱数文聚赌者,亦构成该条犯罪。不能以其数量少,遂谓为系供人暂时娱乐之物。该条但书所谓以供人暂时娱乐之物为赌者,即指赌饮食等物而言。③
1913年6月18日	统字第35号	刑律二一四条第二项之业务人,依诉讼法理,不能用诉讼代理人。
1913年7月27日	统字第47号	……一、查戒严法第三条第三项所称应时机之必要区别布告等语,即指宣告戒严时应时机必要,指定地域宣告为第二项第一款或第二款之戒严地域而言,并非于指定地域,宣告戒严后,更须另为划定再行布告。盖因指定之地域,若与普遍行政区域名称一致,自毋庸有特别之解释,即或偶然于一地方内更特限定地域,则必于宣告戒严时,豫行声明故也。……二、戒严法第九条第二项,既于行政官及司法官上加地方二字为之限制,则该条所称行政管理司法官,自当以与戒严地域有地方的关系之行政官司法官为限,而依现行法令所称地方,概指省以下之区划而言,其与一定地域、有地方所关系之官吏。

---

① 1915年上字第1608号判决例较早且明确地使用了文义解释的概念。该判决例指出:"查前清大清律例户律杂犯门内载新进太监,由内务府验明,年在十六岁以下并未娶妻者云云,依**文义解释**,亦只规定新进太监必以十六岁以下并未娶妻为合格,否则不许投充,而已不能因投充太监,须未娶妻之人,即解释为已充太监,即终身不能娶妻,其理本至明显。……"
② 韩忠谟:《法学绪论》,台湾1982年自版,第86页。
③ 1914年6月16日,大理院复奉天高等检察厅的统字第34号,内容与此相同。

(续表)

时间	解释号	解释内容
1913 年 9 月 19 日	统字第 53 号	刑律一四六条所谓不应受理,系指依客观的标准,认为不应受理者而言。冬电所举之例,若自客观的方面观察,有非传唤被告不能明其性质之情形,则传唤被告自不得谓之不应受理而受理。
1914 年 3 月 5 日	统字第 106 号	本院查核该章程所称司法事务,系指司法制度法令规则及其他法院处务方法之改良等类而言;所称公同利害事项系指律师章程及律师待遇之改良等类而言,要之该章程中所称建议二字,即条陈之意,只许抽象地陈述自己意见,以备采择。
1914 年 3 月 17 日	统字第 113 号	刑律第八十条所谓未决羁押,指判决确定前一切羁押而言,至于羁押处所是否未决监,羁押时期是否在检察官开始侦查以后,皆可不问。
1914 年 7 月 24 日	统字第 148 号	本院查覆判章程第一条第一款,最重主刑,系指法定主刑而言,其第二项(该条第一项并无第三款)处刑二字,亦指法定处刑而言。所谓处刑最重,仍与重主刑同一意义,仅用语不同耳。
1914 年 9 月 22 日	统字第 163 号	本院查刑律官员二字,不能包括律师。
1914 年 9 月 25 日	统字第 166 号	知事兼理诉讼章程第七条之民事请求,系指附带私诉而言。私诉审理,应附带于刑事,但判决仍应分别宣告。
1914 年 13 月 18 日	统字第 189 号	刑诉草案三七九条之相对人,系指诉讼相对人而言;例如被告人上诉,其相对人为检察官。
1915 年 1 月 6 日	统字第 195 号	查刑律官员二字,第八十三条有一定要件故非依法令从事于公务之职员,当然不能包括于官员二字之内;至该县知事原详所列举之例,如中央或该省有指定雇员办理公务之章程或成案者,其雇员可认为刑律上之官员。
1915 年 2 月 10 日	统字第 208 号	报告系指第五条之详报,审实二字包括审理判决在内。
1915 年 3 月 2 日	统字第 218 号	查惩治盗匪法第四条第三款,掳人勒赎系指徒隶以得财意思掠夺人身者而言,若豫先并无得财意思,因他故掠夺人身,事后经人调停,得有财物者,不能以该条论,应依刑律私擅逮捕监禁等罪科断。
1915 年 5 月 27 日	统字第 257 号	查刑律第一百五十五条之侮辱方法,凡言语举动文字图画俱包含之,惟侮辱必有指摘事实,而非当场者,尤以公然为条件;若仅止谩骂,已难构成犯罪,至词近谩骂,更可不论。
1915 年 6 月 30 日	统字第 285 号	查修正各级审判厅试办章程第三十六条第三项之刑事上诉期间,系专指第一项但书及第二项被告人不出庭而宣告判决,应照民事规定起算。
1915 年 6 月 30 日	统字第 286 号	查刑律从犯,以事前帮助为要件,而所谓事前帮助通例,指加人犯罪预备或着手行为之一部而言。
1915 年 7 月 14 日	统字第 292 号	……所谓本国国家之权利者,系指国家生存发达或自卫上有重大关系之权利,及本国有明文认为国家特权者而言。

(续表)

时间	解释号	解释内容
1915年8月7日	统字第303号	……至审判厅试办章程第三十八条所谓无罪之判决,系指被告人行为全部无罪之判决而言;所谓定款,即指该条列举之五款而言。
1915年8月7日	统字第308号	查刑律第一百八十二条第二项之确定审判,系指被诬告人之审判而言,观于其下或惩戒三字,意义尤为明了,至未至确定审判,应包括被诬告事件侦查中而言,纵令被诬告事件,侦查结果未予起诉者,诬告者若经自白,仍得适用该项免除其刑。
1915年8月9日	统字第312号	该律称疾病者,谓依现在医术,其程度达于不易治疗而于生活上有碍,或为常情所厌恶之疾病;……至残废二字,指人五官四肢阴阳之机能,有一失其作用者而言,与刑律第八十八条笃疾废疾之范围,不能尽同。
1915年8月30日	统字第321号	查犯罪事实,指犯罪行为所构成之事实而言。妨害名誉罪之行为与诬告罪之行为,情形各别,则其犯罪事实自系二事,应各自构成一罪,不能因其所捏造之虚伪事实相同而认为一罪。
1915年10月26日	统字第355号	查刑律第二十章发掘坟墓罪之坟墓,自应以葬有尸体或遗骨等类者为限,其平除未经埋葬之空坟,不能依该章各条论罪,只能援照毁弃损坏罪处断。
1915年12月	统字第379号	行求二字,须指定具体贿赂,但不限于提供。
1916年3月6日	统字第407号	查县知事审理诉讼暂行章程第三十一条之又字,系并字之意,该条两种程序,均须履行;既未经牌示又不合法宣示其判决,显然违法,自属无效。
1916年11月	统字第536号	该条审判衙门,系上级审判衙门,请求二字与声请无异。
1917年2月20日	统字第583号	查第一例被诈骗者,系诈欺取财之被害人;第二例刑律贩卖二字,并非二事,当然成立第二百六十六条之罪;第三例刑律第二百六十九条之开设馆舍,并不以兼售鸦片烟为条件。
1917年3月23日	统字第597号	事实错误得行再审者,即指因新发见或得使用可受利益之书状,或有其他使裁判基础事实足以动摇之条件者而言。
1917年8月24日	统字第666号	……刑律补充条例第十条所谓三人与凶器两项,系具备条件,至三人以上,只须有一人携带凶器,即构成该条之罪;凶器二字,系沿用前清斗殴条例之名词,不专以刀枪为限,但寻常板棍,自不在此限。
1918年2月28日	统字第760号	查该条例所称发觉,系指凡有司法警察权之机关而言,非专以普通司法机关或军事检察机关为限。
1918年5月29日	统字第795号	查刑律第二百九十四条第二项所称得利和解,系指有告诉权者已经收受财贿而言,若预备收受而未遂者,不在此限。
1918年6月19日	统字第804号	查刑律第四百零四条所称关系他人权利义务之文书,系专指已经制作完成之文书而言。
1918年9月10日	统字第859号	凡一切以文字记号足供证明用之物,皆谓之书状,均可据以请求再审;至人证则显非书状,自不能据为再审之原因,以防流弊。

(续表)

时间	解释号	解释内容
1919年2月11日	统字第931号	查石槛墙脚本体，即系一种记号。
1919年3月17日	统字第955号	查刑律第二百六十六条所称贩卖，与民法上买卖之意义不同；凡意图交付鸦片获得可计算价额之利益者，其行为均得谓之贩卖；某乙典得田产，图以烟土抵典价，自与用作聘礼而不能计算其所得金钱之利益者，不可同语，仍得依据该条处断。
1919年5月31日	统字第1004号	查诈欺取财罪之被诈欺者，与财产上实受损害者，本不必同系一人，刑律第三百八十二条第一项所称所有物，系指该物为人所有，现有人持有，并非无主物遗失物等而言。甲既将物交乙管理，丙虽明知其为甲物而向乙诈取，仍应成立该条项之罪。
1919年11月20日	统字第1134号	现行律所谓不事舅姑，系不孝之义，即谓虐待及重大侮辱而言；如果查明所称事实确已达于虐待或重大侮辱之程度，始得判令离异。
1919年12月13日	统字第1164号	查俗所称长孙者，应指长房嫡出年最长者而言；所谓大宗是也。
1920年1月17日	统字第1198号	查县知事依警察所官制，本兼有警察所长之职务，自系惩治盗匪法施行法第四条所指警察队长官；又该条所称立即审判，系指危迫不及待之情形。
1920年12月15日	统字第1459号	查科刑标准条例第五条第一款所称，系刑律第三百七十三条第一款之罪，在场持有火器者，系指在场而又执持火器之人而言。
1921年3月1日	统字第1488号	查修正县知事审理诉讼暂行章程第三十一所称批谕，系指裁判书类准许上诉者而言。
1921年3月25日	统字第1501号	查回赎云者，系备价请求收还典当物之意，并不以向审判衙门告争为限。
1921年6月7日	统字第1547号	科刑标准条例所称致命部位穿透致命部位，指自致命部位穿由他之致命部位透出而言。
1921年11月10日	统字第1635号	……（四）查法院编制法第六十条所称服装不当，系指奇异服装及不备通常之服装而言，故不穿鞋袜者，应包含在内，不穿长衫者则否。
1921年12月16日	统字第1651号	刑律第三七四条所称海洋，包括沿岸海面而言，凡在海面行刼者，均属本条犯罪。
1922年8月4日	统字第1770号	查民事诉讼条例第一三三条第四款之酬金，即指公费而言，盖公费本亦报酬之一种，修正律师章程第一九条第一项所谓不得别立名目索取报酬，乃不得于公费报酬外，再索取报酬之谓。
1922年8月12日	统字第1775号	……至本条例第五百三十一条第一项所谓利益，系指诉讼标的而言，不包含诉讼费用；观于第二项所载计算前项利益，准用第五条至第十三条规定，甚属明显。

(续表)

时间	解释号	解释内容
1923年6月12日	统字第1819号	……至刑律所称公印,系指表示公署或官员资格又其职务之印信,称公印文者,即指此项印信之文字表现于其它物体者而言。
1924年8月1日	统字第1882号	查诉愿法第八条第一项所称达到,系将文件交付于应行收受人之义,惟对于不特定人所为之处分,虽仅张贴布告,亦应以达到论。
1926年6月21日	统字第1972号	查所谓公立机关,系指国家或地方自治团体所设立之机关而言,私立学校医院等不包括在内。
1927年10月22日	统字第2012号	(一)私生子,现行律卑幼私擅用财条例内称奸生子,乃别于嫡庶子(妻生者曰嫡子,妾生者曰庶子,均为亲生子,无亲生子而立他人之子为子者曰嗣子,此三者,关于亲属继承之权利义务原则无差别)而指其母无妻妾关系怀胎所生之子女而言,其与父母相互之权利义务,应解为父母均有认领(认知)之权,私生子亦有请求认领之权,其母并可不待认领,仅因分娩事实,以亲生子关系,并与此相当之权利义务,惟父则须待认领以后,始生亲子关系,并其相当之权利义务。
1927年12月15日	解字第1号	公共机关,应指公之机关或私人组织团体,曾经立案者而言。
1928年1月10日	解字第12号	(一)禁烟条例第十四条第一项所谓陈述意见,系包括口头或书面在公开时或法庭外陈述而言,但应以判决以前为限,其在公开时陈述者,可于律师座位旁另设一席。
1928年1月14日	解字第15号	(一)聚众二字,须多众集合,有随时可以增加之状况,若仅结伙三人以上不得为聚众。
1928年1月27日	解字第18号	……(二)惩治盗匪暂行条例第一条第十三款枪械二字,指枪或械而言,不问何枪何械,皆包括在内。
1928年2月4日	解字第23号	……至所谓损害,不问身体、财产或其他法益,依通常状态,有可以指出其受有损害者,皆包含之,若已达损害程度,不问已否得财皆为既遂。
1928年7月16日	解字第128号	查各省高等法院院长办事权限暂行条例第三条第一款所称本院会计事项,自系包括通常会计事项而言(即执行预算亦属在内)。
1928年10月6日	解字第200号	查惩治盗匪暂行条例第二条第一款所谓释放,系指由盗匪自动释放被掳人而言,若由警队围攻强迫交出,非该条所谓之释放。
1929年4月12日	院字第30号	刑法第一百七十九条所谓审判,不能包括检察官之侦查,证人于检察官侦查时,供述不实,不能成立该条之罪。①
1929年12月23日	院字第195号	刑法第17条规定称公务员者,谓职官、吏员及其他依法令从事于公务之议员,至于律师不能包括在内。
1930年2月20日	院字第237号	(一)刑罚第十四条第一项第一款规定之母,非专指生母兼包嫡母、继母而言。

---

① 同一天司法院所颁布的院字第32号解释例文认为:"刑法第一百七十九条所谓审判,指起诉后法院之审判而言,检察官暨司法警察官之侦查犯罪行为,不能包括在内。"

(续表)

时间	解释号	解释内容
1930年10月14日	院字第358号	刑事诉讼法第二百二十七条第二款所谓公安局长,在京指警察厅长各警察署署长,在各省指省会公安局局长、市公安局局长或县公安局局长而言。
1931年3月14日	院字第461号	工会法第二条第一款所称选任之职员,系指工会理事、监事等由会员大会选举者而言。若前各工会所派之整理委员,既非由大会选任,自不包括该款之内。
1931年10月30日	院字第610号	刑法第三百三十八条第二款所谓毁越门木扇墙垣,指毁损或越进门木扇墙垣者而言,毁而不越或越而不毁,均得依该条款处断。
1932年2月20日	院字第678号	所谓仿造商标,指制造类似之商标足以使一般人误认为真正商标者而言。
1933年2月24日	院字第860号	土地征收法第二十四条所称地方行政官署之代表者,系指代表该官署而被指派为征收审查委员会委员而言。不能谓该条"之代表"三字为衍文。
1933年2月24日	院字第863号	县保卫团法第五条第五款所称之学校,系指依教育行政法规所组织之学校而言,如民众学校合于法规之组织,则其肄业之学生,自应认为包括在内。
1933年2月27日	院字第866号	刑法第二百二十四条之伪造文书,系指伪造他人之文书而言;所谓他人,除自己外,父母妻子兄弟,均包括在内。
1933年5月31日	院字第910号	法团乃指依据法律或条例并遵照民众团体组织方案而组成之团体而言。
1933年12月7日	院字第1008号	(一)商标法第二条第五款所谓"习惯上通用",只须在事实可认有此普通使用之习惯,即与本款相当;毋庸以数目为标准。至所谓标章,应指标或章二者而言;(二)同条第六款只谓"世所共知",其已否注册自所不问;至所谓世所共知,系指呈请注册之区域一般所共知者而言。
1934年6月6日	院字第1068号	该救婴局组织章程第五条所称之公法团,应指以社会公共利益为目的依法组织之团体而言。(参照民众团体组织方案)
1934年6月9日	院字第1070号	商人通例第二十四条所称商号变更,系指继续营业时变更商号之名称一部或全部而言,改易商号之一字或加记,自得以变更论。至该条所称商号之废止,系指因歇业而废止者而言。
1934年6月16日	院字第1073号	陆海空军刑法中称军中,指在动员后之部队或战时编制之部队而未至敌前者,及当事变骚扰之际,从事于镇压者之部队而言。
1935年3月12日	院字第1237号	县保卫团法第五条第一款所谓家无次丁,系指家无其他成年以上(即二十岁以上)之壮丁而言。
1937年1月	院字第1612号	商标法第四条所谓类似,系指比较两商标虽稍有差异而大致相同易使人误认者而言;例如将两商标并置一处,细为比对,虽有差别,而异时异地分别观察,在仓促之间,又难于辨认者是;至同法第二条各款所谓近似,与本条所谓类似,一系指近似于他人之标章;一系指与自己之商标相类似。在文义上虽无甚悬殊,但对己对人,其限制既有宽严之别,则用语程度,自不无深浅之差。

(续表)

时间	解释号	解释内容
1937年5月	院字第1671号	刑事诉讼法第三百二十八条所称之该管检察官,系指原受理自诉法院所配置之检察官而言。
1937年5月	院字第1672号	警械使用条例第三条第三款所谓要犯,系指依案情可认为重要人犯者而言。
1937年5月	院字第1678号	土地法第八条所载不得为私有之名胜古迹,系指原属于国有或公有者而言,若原属于私人所有,在所有权未经依法消灭以前,仍应认为其私有。
1937年6月	院字第1685号	刑事诉讼法第三百十三条所称直系尊亲属,系包括直系血亲尊亲属及直系姻亲尊亲属而言。
1937年7月	院字第1700号	刑法第二十条所谓瘖哑人,自系指出生及自幼瘖哑者言,瘖而不哑,或哑而不瘖,均不适用本条。
1939年2月	院字第1853号	刑事诉讼法第五百零八条第二项所谓前项移送案件,免纳审判费用,系指被移送之本级审而言,并不以第一审为限。
1939年4月	院字第1877号	"惩治盗匪暂行办法第四条第一款所谓结伙,包括二人以上结伙在内。"
1940年4月	院字第1981号	陆海空军刑法上之伙党,就其分别首谋及余众观之,其最低限度之人数,必须在三人以上。
1941年3月	院字第2144号	陆海空军刑法第六十一条第二款所载之调戏妇女,凡以不正当语言或动作,希图挑引妇女性欲之发动者,均属之。
1941年12月	院字第2268号	民事诉讼费用法第二十二条关于邮费运送费之部分,不过规定当事人因行民事诉讼所支出之此项费用,于确定诉讼费用额时,应依实支数计算,并非如裁判费等为法院所应征收之费用。
1942年5月	院字第2332号	民法第一千零七十九条但书之所谓幼,系指未满七岁者而言。
1945年6月	院解字第2923号	妨害兵役治罪条例第十六条所称之意图避免兵役,系指意图避免自己之兵役而言;其犯罪主体,自以应服兵役之壮丁为限。
1945年10月	院解字第3002号	邮局雇佣之运邮汽车司机,非邮政法第二十九条所称之邮政人员。
1945年10月	院解字第3001号	县临时参议会议长、副议长、参议员,均系依法令从事于公务之人员,自属刑法第十条第二项之公务员。
1946年8月	院解字第3176号	印花税法第三条第三款所谓公款,系指公有之款而言;政府机关向公私立银行借款,经银行交款于政府机关后,其款即已属于公有;因处理此项公款所发之凭证,自应免纳印花税。
1946年10月	院解字第3270号	惩治盗匪条例第三条第一项第五款所谓走私,系指贩运漏税或限制运销之货物而言。
1946年12月	院解字第3317号	省县公职候选人考试法第九条第四款所称赃私,系指贪赃营私之渎职行为而言,(参照本院院解字第三零四零号)凡侵占公务上持有物及利用职务上之机会诈取财物者,均包括在内。

(续表)

时间	解释号	解释内容
1947年4月	院解字第3434号	惩治盗匪条例第二条第一项第三款所谓结合大帮,系指达于相当人数以强劫为目的而有团体之组织者而言,偶然集合数人或十数人,尚不能谓结合大帮。

从上述所举之部分解释例文的内容中可以看出,文理解释主要是针对法律条文中的概念所进行的词义或者语义之解释。因而,法条之存在乃是其使用这一方法之最大前提。在大理院时期,由于民事法制未备而刑事法制初具规模,因而文理解释方法在这一时期频繁出现在刑事法律的解释上,民事法领域则相对较少。到了最高法院和司法院时期,由于六法体系已经初步形成,因而针对民事法规范中的文理解释也就逐渐多了起来,进而使得文理解释在这一时期的刑、民事法中都被频繁地使用。

第三节 论理解释

论理解释,主要是根据法律的立法意旨、立法精神、立法原则或法律原则,以及包括党纲党义,法律实践的习惯,社会习惯、法律原理等因素来解释相关的法律条文,以寻求法规范之真意的方法。这种法律解释方法的特点,主要是在法律解释条文时更多援引或参照法规范之外的因素来进行法意义之说明或者阐释。因而也正是在此意义上,居正认为:"论理解释至少是一个辩证法的论理,而不是形式的演绎论理。对于现行法所采用的一般原则,而就某种场合设定例外,这无疑地是一种创造法律,而不是仅仅演绎义理。"①

借助于民国时期学者对于论理解释的分类以及民国时期法律解释的方法论实践,并适当结合近代法学者与当下法律解释理论对于解释方法之划分,以稳步推进对于民国时期法律解释的方法论实践更细致与真实的理解为理论目标,本书对民国时期法律解释实践中的论理解释,又进行了如下的细分:

一、目的解释

目的解释是"注意于立法精神"或者立法之目的、宗旨等,并以此来阐明法律条文之含义的一种解释方法。它不仅"侧重于从整体之法律(法律体系)目的出发阐明规范意旨而并不仅仅只是局限于从个别规定之法意探求"②;而且包容立法"目的"的确定性与流动性共同存在这一局面,承认立法

---

① 居正:《法律哲学导论》,商务印书馆2012年版,第91页。
② 杨仁寿:《法学方法论》,中国政法大学出版社1999年版,第128页。

"目的"乃是一个融确定性与灵活性有机相结合的综合体。

很显然,目的解释要求在解释之实践时,借助于"主目的",更多"探求其真意,不能拘泥于文字。"①而根据民国时期法律解释的方法论实践,尤其是解释目的的侧重之不同,又可对目的解释所倚重之"主目的"的不同作进一步的细分:一是立法精神或法意;二是立法主旨、意旨、本旨或者趣旨;三是立法原则;四是立法目的;五是立法原意。它们在民国法律解释的实践中都有各自生动的表现。当然需要说明的是:这五种划分并不是绝对的,因为划分之标准与内容相互间是有交叠的;而主要是为了便利于更好地理解民国时期法律解释的方法论实践中的目的解释及其运作机理。

(一) 立法精神或法意

从民国时期法律解释的方法论实践来看,依据立法精神或者法意而解释之情形,主要包括以下的这些解释例文:

时间	解释号	解释内容
1914年2月7日	统字第100号	查该施行办法中非常上告及再审,皆系专采被告利益主义,其中所谓如人命案件,被害者实未死亡等例,虽系列举,然所列举之例,系兼采利于被告者。如系兼采被告不利益主义,则其例必有一二为不利于被告者。又该办法中云,非常上告及再审,为刑事诉讼一大端,吾国将来编订此项法典,应如何参酌厘定,尚待研究,未便轻率悬拟等语,其所谓未便轻率悬拟者,即该办法中不敢轻于兼采被告不利益主义也。至于此二种主义之得失,则系立法问题,现行法既如此规定,司法机关自不能不依其精神而解释。
1914年7月11日	统字第141号	查前咨开上告案件注意事项第三条第三项之规定,原为上告人之便益而设,乃上告人反利用缓呈上告理由书,以延滞该案判决之确定,而损害对手人之利益,殊背立法之意。应请贵厅嗣后凡遇声明上告案件,仅具不服之旨,未详叙理由者,由贵厅定一相当期间,令其补呈理由书,如过期尚未补呈时,除通知对手人仍可具状陈述外,即请先检齐该卷送院核办可也。
1915年6月14日	统字第269号	刑律第二十三条第三款系俱发罪之特别规定,累犯章内既无准用明文,自难比照该条计算,立法精神盖以预防累犯,有特别加重之必要;故不示限制证以第五十六条第二项规定,自可合并执行。

---

① 在1917年8月21日复热河都统署的统字第665号解释中,大理院指出:"查法律行为之解释,须探求其真意,不能拘泥于文字,为民事法之大原则。来函所述指地借钱情形,如依该地习惯,其行为之主目的,系在于地上设定使用收益之权利者,自应认为即典当办法之所谓典当,其会否投税,在所不问。"

(续表)

时间	解释号	解释内容
1916年	统字第501号	试办章程第四十二条,收教养局工作之规定,在教养局未经开办地方,可以他种方法代为执行;惟仍以限制该当事人之自由为限,不得与刑事犯同一待遇或有其他苛待之情事;至试办章程该条之法意,系于工作中查出隐匿家产实据者,则仍令补缴欠款;若执行完毕,即毋庸追取所欠而完结其执行之程序;故债权人若以债务人产绝不能清偿余欠为理由,请求依照该条办理者,执行衙门自可酌予照办;惟债权人若仍须索取余欠,则应令其俟债务人有资财再向追索,其管收工作之请求应不准行。
1917年10月23日	统字第692号	查牌示为县知事审理诉讼章程所明定之裁判送达方法,自应本此以起算上诉期间,惟县知事有时不为牌示而转抄送判词正本于当事人,其履行送达之程序,较之牌示尤为郑重,故本院为便利计算解释与牌示有同等之效力,得自其收受判词之翌日起算上诉期间,是以业已牌示复经送达者,其期间本院解为仍自牌示之翌日起算,以符法意。
1917年	统字第712号	认为三犯之要件,系依审判次数而言;如一罪审判确定执行其刑后,有复犯罪,始可谓为再犯;则累犯罪之三犯,亦当经过再犯审判之确定,始与法意吻合。某甲在监执行徒刑脱逃,缉获时发现自打吗啡,应认为两个再犯罪,各科其刑而依俱发与累犯互合之例办理。
1918年9月	统字第839号	查覆判案中应覆审与应更正之部分互见时,除徒刑失出仍予更正外,应参照该章程第一条第二项之法意,依第四条第二项第三款为覆审之决定。
1918年10月	统字第867号	……参照覆判章程第四条第二项第三款之法意,制判形式,应为覆审之决定。
1918年10月31日	统字第873号	查刑律补充条例第十一条但书称,有第一条第一款情形者,不在此限。细绎法意,该条但除去第一条第二款情形,则子妇不在请求法院施以惩戒之列,当无疑义;况查前清现行律,子妇违犯教令门,有祖父母父母呈首子孙恳求发遣及屡次违犯触犯者,即将被呈子孙发极边足四千里安置;如将子孙之妇一并呈送者,即与其夫一并发遣等语,是子孙之妇犹不能单独送惩;上项解释,益属正当。故于子之妇即或不服管教,只有严加训斥之一途。①
1920年	统字第1366号	查本院二年非字第三七号判例所称交付精神病院或其他处所禁制其自由云云,关于监禁处所,包括甚广;凡可以禁制自由之处所,皆属之;(并参照本院统字第一三五零号解释文)所询送还警察厅禁制自由一节,如商得警察厅同意,自可照行。
1928年1月	解字第12号	……(二)依本条例第十四条第一项,应以简易程序审判之,立法精神,凡犯本条例之罪,概属初级管辖。

---

① 该解释例后半部分为"历史解释"。

(续表)

时间	解释号	解释内容
1928年7月3日	解字第115号	该诉讼案件,依法定管辖,本应属地方法院,迨原县署判决后,当事人一造向地方法院控告,他造当事人不抗辩无管辖权而为言辞辩论,又经第二审判决者,除无诉讼能力所为之合意不生效力外,即可认定在第一审已有合意变更,作为初级管辖案件,就修正民诉律第四十条法意解释,则上告审自应属于该管之高等法院。
1928年5月1	解字第88号	查监禁处分,不必定在监狱内执行;某甲亲属自愿在家禁制之行动,如足认为于社会不至发生危险,自可照准。①
1928年7月27日	解字第136号	第一,查著作权法施行细则第十条已规定本法施行前已发行之著作物,自最初发行之日起,未满二十年者,仍依本法呈请注册,其第一条第一款又规定未经注册而通行已满二十年者,不得依本法呈请注册,就此两条之法意言之,凡自发行日起未满二十年者,皆得随时依本法呈请注册,似无须别定期限。
1930年6月	院字第293号	土匪愿自行缴械听编入伍,或前已听编入伍旋即自行退伍,归为良民,或前已听编入伍,嗣被遣散现为良民,细绎国军剿匪暂行条例第十条之立法精神,应一律准其自新,免予治罪。
1930年7月24日	院字第313号	刑事上诉案件,依刑事诉讼法第三百七十八条第一项及第三百九十八条第一项,应由原审法院以该案卷宗及证据物件送交该法院之检察官,由该检察官送交上级法院检察官,虽系自诉案件,而参照同法第三百五十一条及第三百六十一条之法意,其送交卷宗及证据物件之程序,亦应经由检察官。
1931年8月	院字第514号	查商标法第三条之立法精神,在使同一商品不许二人以上以相同或近似之商标各别注册,故准各呈请人之协议,以让归一人专用为限。
1931年11月21日	院字第627号	被告受死刑、徒刑或拘役之谕知,因具保停止羁押,经传唤执行而不到者,依刑事诉讼法第四百八十七条第二项之规定,检察官固得为没入保证金之处分,但其不到之理由果属正当,即与该条项规定之精神不合。某甲如实系因病在外治疗,一时不能到案受刑之执行,自不应将其保证金遽予没入。
1934年12月19日	院字第1160号	工会组织,依工会法第一条系以增进知识技能、发达生产、维持改善劳动条件及生活为目的,并不含有划分工作区域之意义,且依同法第二十条第三项所谓"工会不得妨害未入工会工人之工作"之立法精神,甲地工会会员,在有同一职业工会之乙地,自可自由工作。
1934年12月19日	院字第1163号	……至某业公司、行号之商人,由该同业公会举派为出席商会之代表,并当选为商会委员,而该公司、行号已改营不同性质之他种商业,并加入于另一同业公会,虽仍系从事商业,然既改隶于他之同业公会,自不得仍参加于原有之公会,其被派出席商会,纵亦失其依据,依上述方案之精神,其代表及委员资格,亦均应丧失。

---

① 尽管在该解释例文的内容中并未出现"法意"或者"立法精神"之概念,但是细绎其解释例文的内容,可知其是根据法意或者立法精神所作出之解释。

(续表)

时间	解释号	解释内容
1938年6月	院字第1742号	（一）惩治盗匪暂行办法第三条第十款所谓掳人勒赎，与剿匪期内审理盗匪案件暂行办法第二条第九款所谓意图勒赎而掳人，法意相同，掳人苟系意在勒赎，虽被掳人逃回起回或未知生死，而并未接洽赎款，亦成立掳人勒赎之既遂罪，至掳人强卖，在惩治盗匪暂行办法第三条第十一款，定有处罚明文。
1943年2月	院字第2467号	战区巡回审判办法第八条内载，诉讼关系人虽未备用状纸，巡回审判推事仍应受理；民事诉讼案件，并免缴诉讼费用等语，因专指第二审程序而言；但为贯彻该条之精神起见，巡回审判推事发现当事人在第一审起诉时未购用状纸，或未缴诉讼费用，亦无须命其补正。
1943年10月	院字第2583号	……（二）检察官对于普通法院无审判权之特种刑事犯罪嫌疑，自得以代表国家公益之资格予以检举，其方式应参照陆海空军审判法第二十二条规定之法意，以通知或移送行之。
1944年8月16日	院字第2732号	……（四）县司法处办理诉讼补充条例，关于移送片之如何记载，并无规定，立法精神乃注重县长先行着手侦查，并确有移送行为者，并非注重于移送片之形式，公诉案件，县长纵未填明移送片，如按其情形足认其曾着手侦查，并确有移送行为者，即应认为已经起诉，县司法处审判官，自应进行第一审审判。

如果把"立法精神"与"法意"相合并进而简称其为"精意"的话，那么依照"立法之精意"所进行的解释，典型的比如统字第744号，在这份1918年1月28日复附件高等审判厅的函文中，大理院认为：

> 查不动产典当办法，原为确定典主之权利，藉以保护交易之安全而设，故其第九条之规定，自指不及六十年回赎期间之习惯而言，其永久准许回赎及长于六十年回赎期间之习惯，既与该办法立法之精意有违，则自该办法施行后，不能认为法则予以援用此种解释。

当然，"立法精神"这一笼统而抽象的概念也会在法律解释的实践中被具体化为某部法律的精神，进而指导民国时期法律解释的实践。其中典型比如在1921年9月15日复奉天高等审判厅的统字第1614号解释中，大理院指出："……至莅审推事，虽可指定一人，然既以高等厅推事名义，又为求合于法院编制法之精神起见，应将同章程第六条之复命，解为应在判决之前由该推事前往审理复命参与合议庭判决后，再由厅令县谕知。"

而如果将立法精神或法意进一步具体化为某项程序之法意的话，那么在民国时期法律解释的实践中，也会看到其对于法律解释活动的影响。典型的比如院字第2271号，在这份于1941年12月30日指令湖南高等法院的解释文中，司法院认为：

……收养子女,因有民法第八十八条、第八十九条、第九十二条等情形得撤销者,依民法第一百十六条之规定,其撤销只须以意思表示为之,确认此项意思表示有效与否之诉讼,为确认收养关系成立或不成立之诉,并非撤销收养之诉,民法上既别无关于撤销收养之诉之规定,则关于撤销结婚之规定,于违法之收养应类推适用。按诸民事诉讼法,就撤销收养之诉,规定特别程序之法意,尤无疑义,故有配偶者,收养子女未与其配偶共同为之者,其配偶得向法院请求撤销之。并非当然无效。

(二) 立法主旨、意旨、本旨、宗旨或者趣旨/旨趣

在民国时期法律解释的方法论实践中,依据立法主旨、意旨、本旨、宗旨或者趣旨(旨趣)而为法律解释,主要包括以下的这些解释例文:

时间	解释号	解释内容
1916年10月3日	统字第510号	查本件情形,该蒋德芳之女,自有与尹雅安实行结婚之义务,惟此种义务,系属于不可替代行为之性质,在外国法理,概认为不能强制履行,盖若交付人身,直接强制,事实上仍未必能达判决之目的,即不致酿成变故,亦徒促其逃亡,曾无实益之可言,况若法律上夫对于其妻,并无监禁或加暴力之权,而刑法就不法监禁及各种伤害之所为,且有明文处罚,则交付转足以助成犯罪,殊失国家尊重人民权利之本旨,我国国情,虽有不同,而事理则无不一致,此项办法,未可独异……
1917年	统字第591号	现行律婚姻门出妻条所称无子之义,系指为人妻者达到不能生育之年龄而其夫除另娶妻外,别无得子之望者而言;盖该律主旨在于得子以承宗祧,故凡夫已有子(如妾或前妻已生子或已承继有子之类),或虽不另娶亦可有子者,当亦无适用该条之余地,其不能生育之原因仍须在妻更无待言;至不能生育之年龄,应准用立嫡子违法条内所指五十以上之岁限。又,妻虽具备无子之条件而有三不去之理由,仍不准其离异。
1917年12月18日	统字第709号	查律载嫌隙不继,系就被承继人或其守志之妇与应继人间之关系而言(尊亲属于被承继人及守志之妇亡故时,依法自行立继者亦同),姑于守志之妇立继之时,虽有不予同意之权,仍应本于正当理由,不得藉口所立之人与有嫌弃,而概予拒绝,所谓正当理由,姑媳间苟有争执,审判衙门自可秉公裁定,必令陈述具体事实,为之调查认定,如果所立之人克尽厥职,必无害于家室之和平,而其姑因有蔽惑,坚执不予同意,即可裁判允许以为之代,本院于为人后者,迫于势须分财异居之情形,而其父母仍无故不予允许,及被继承人果系同父周亲,均已协议兼祧,而同族因有希冀,坚执不肯具结等事例,均准审判衙门查明其有无正当理由,酌以裁判为代,盖不如是,即无以济其穷,而推究立法之本旨,亦惟欲此类有同意权之人,正当行使权利,使行为者不致不当侵损其利益而已。

(续表)

时间	解释号	解释内容
1919年12月31日	统字第1174号	查印花税法第六条,虽有契约簿据不贴印花或贴用未盖章画押者处罚之规定,而第四条则载契据应贴之印花,由立契据人于接受前贴用加盖图章或画押等语,是前条显系对立契据人之罚则,不得适用于执持契据之人;又依该法第一条此项契约,亦不得根本作为无效,至契据立在该法施行前者,免贴印花,第十一条本有明文,店铺自立多种账簿,均漏贴印花,应照件数分别处罚,不适用刑律总则关于连续犯之规定;盖该法系以按照册数及及适用年数,决定税额为本旨,依此解释,自与连续犯始终以一罪处断之法意不符,即应认为合于刑律第九条但书之规定。
1927年12月21日	解字第3号	本院就上项令文解释,系通令自本年八月一日起实行现颁年利百分之二十;盖为禁止重利,以除民害起见,若在本年八月一日以前,债务人已经依约给付利息,虽超过规定利率,当然不溯及既往;惟在此颁令前未清偿之利益,系在本年八月一日后,责令债务人履行此种义务,自应一律遵照现定利率,方符此次通令禁重利除民害之本旨。
1928年2月28日	解字第34号	查第二次全国代表大会妇女运动决议案,系前司法行政委员会令行广东、广西、湖南各省高等审检厅,在未制定颁布男女平等法律以前,关于妇女诉讼应根据上项决议案法律方面之原则而为裁判,按上开令文,以财产论,应指未出嫁女子与男子同有继承权,方符法律男女平等之本旨,否则女已出嫁,无异男已出继,自不适用上开之原则。
1928年7月	解字第120号	新刑法第二条但书所规定犯罪时法律之刑较轻者,适用较轻之刑云云,其立法意旨原系专就新旧两法所定之刑比较而适用其轻者,与刑以外之事项无涉。故来电所云,应以前说为是。
1930年4月25日	院字第269号	原为准尉以上之军佐,于解职后任行政官吏,触犯普通刑法之罪,其后又往军队服务,是其犯罪虽在任官、任役前,而审判则在任官、任役中,依陆海空军审判法第十六条立法意旨,应由军法会审判之。
1930年6月3日	院字第290号	工商同业公会系以维持增进同业之公共利益及矫正营业之弊害为宗旨,工商同业公会法第二条定有明文,在同一区域内经营各种正当之工业或商业者,同法第一条定明,均得依本法设立同业公会,则在同一区域内经营爆业商号与爆业作坊,虽同为爆业而一系专营贩卖,一系专营制造,性质不同,依该法第一条、第二条之规定趣旨,更证以第十四条之规定,应得各自设立同业公会。
1930年12月30日	院字第392号	查商会法第九条列公会会员,为商会会员之一种,乃系关于商会会员组织之规定,至商会与工商同业公会组织之宗旨,依商会法第一条、工商同业公会法第二条所定,本不相同,既无隶属关系,自无指导监督之权。

(续表)

时间	解释号	解释内容
1931年4月	院字第499号	按工会之组织,其会员在原则上以现在从事业务之产业工人或职业工人为限;工会法第二条所称曾任工会之职员与曾为同一产业或职业之工人,得加入工会为会员;系属例外之规定。解释自应从严,方符立法之本旨。即曾因违反规章而被解雇之工人,自不适用同法第二条第一款、第二款之规定。
1931年9月22日	院字第590号	……(二)佃农兄弟数人共耕佃田十亩,只能推举一人为农会会员,如其后兄弟分居,佃田分耕者应行出会,佃农耕作农地,须其面积在十亩以上,始得为农会会员,耕作园地,只须其面积在三亩以上,即得为农会会员,推立法本旨,系为两者在经济上显有区别,至所谓园地,凡竹园、桑园及一切菜蔬花果等园,均包含之。
1931年10月	院字第606号	女子出嫁后可否请领母族升学租穀,应解释族中规约定之;族中规约之解释,须斟酌立约本旨及其他立约时一切情事,未便悬断。
1931年12月3日	院字第634号	(一)刑法第三百五十二条第一项之海盗罪,其主旨在维持海上之安宁,凡在海上驾驶船舶意图施强暴胁迫于他船或他船之人或物而有具体的表现之行为,即能成立,不必有抢掠财物之动机。
1932年2月	院字第688号	县保卫团法第五条第一款规定,家无次丁者得免除入团之义务,推其立法意旨,原系准留一丁以处理其家务,故一家之中,苟有两丁以上者,自应准留一丁免其入团之义务,若其家各丁之中,除有该条各款所列情形之外,仅余一丁,亦应免其入团。
1932年6月7日	院字第746号	未设特种刑事临时法庭省分之县司法公署,所判决之反革命案件,如果确定后,具备再审原因,参照取消特种刑事临时法庭办法第一条及第三条之趣旨,应依刑事诉讼法关于再审管辖之原则,由该管高等法院或其分院为管辖再审之机关。
1933年3月	院字第876号	祀田虽系公同共有性质,但农会之宗旨,系图农业之发达,祀田之公同共有人,应认为农会法第十六条第一款有农地者。
1936年2月	院字第1433号	(一)公司之盈余,依公司法第一百七十一条规定之旨,自非弥补损失后,不得提出公积金。
1936年6月	院字第1505号	……(二)破产固系对于债务人不能清偿债务者宣告之,但法院就破产之声请,以职权为必要之调查,确系毫无财产,则破产财团即不能构成,无从依破产程序清理其债务,参照破产法第一百四十八条之旨趣,自应依同法第六十三条,以裁定驳回其声请。
1936年12月25日	院字第1602号	养子女从收养者之姓,既为民法第一〇七八条所明定,则养子女自不得兼用本姓,如以本姓加入姓名之中,其本姓只能认为名字之一部,而不得视为复姓,至兼承两姓宗祧,虽无禁止明文,但参照同法第一〇八三条之趣旨,仍不生法律上之效力。

(续表)

时间	解释号	解释内容
1937年3月	院字第1647号	行政官署对于工商业为一般之处分,致工商业各店之权利或利益均受有损害时,则其损害之主体,明系工商业各店,并非同业公会之本身。依诉愿法第一条规定之趣旨,如对于该处分提起诉愿,自应由受有损害之工商业各店为之。
1937年5月	院字第1679号	作成民事诉讼法第一百三十八条所定之通知书人,依该条立法趣旨,应即属于该条所定将文书寄存之人。
1937年10月	院字第1713号	无人拍买之不动产,业经发给权利移转书据交债权人收受,其最后减定价值,虽超过债权额,债权人既愿找价,自应依民事诉讼执行规则第七十三条第一项前段,及补订民事执行办法第十六条第三项所定趣旨,归债权人收受;不得因第三人愿照最后标价承买,援用已废止之民事诉讼执行规则第七十三条第一项但书及第二项规定办理。至民法第九百一十九条,系关于典权人留买典物之规定,自亦不得援用。
1939年7月19日	院字第1902号	旧工商同业公会法第四条第一项,系规定订立章程时出席代表人数之最少限度,条文内既于同业之公司、行号代表之上冠有该地二字,同法第七条复有同业之公司、行号均应为公会会员之规定,则其所谓代表三分之二,自系指全县或全市公司、行号代表总数之三分之二而言。新商业同业公会法第十条、第十二条第一项之规定,与旧法第四条、第七条趣旨相同,亦应为同一之解释。
1941年8月	院字第2222号	教育会依国民大会代表选举法附表四之规定,固为同法所称之自由职业团体,惟其他法令所称之文化团体,如依该法令之本旨,可解为包含教育会在内者,仍不妨解为文化团体。
1944年7月	院字2704号	需用土地人,不依土地法第三百六十八条第一项规定,于公告完毕后十五日内,将应补偿地价及其他补偿费额,缴交主管地政机关发给完竣者,法律上既无强制需用土地人缴交之规定,实际上又未便使征收土地核准案久悬不决,寻绎立法本旨,征收土地核准案。自应解为从此失其效力,土地所有人,如因此而受损害者,得向需用土地人请求赔偿。
1945年11月22日	院解字第3028号	出租人对于承租人请求迁让房屋之诉,依民事诉讼法第四百零二条第二项第一款之规定,固不问其诉讼标的之价额,一律适用简易程序,惟其立法本旨,仅使第一审程序,归于简易,非以限制上诉,对于此项诉讼之第二审判决,如依上诉声明范围内诉讼标的之价额,计算上诉利益,已逾同法第四百六十三条所定额数者,仍非不得上诉。
1946年2月	院解字第3091号	……(三)依呈请归化人之本国法不因取得中华民国国籍而丧失其国籍者,须依其本国法丧失其国籍后,始得为归化之许可;此在国籍法虽无明文,而由同法第二条第一款但书及第八条但书避免国籍重复之本旨推之,实为当然之解释。

(续表)

时间	解释号	解释内容
1948年5月3日	院解字第3954号	立法院立法委员选举罢免法第五条之本旨,在使妇女必有所定名额之当选,非所以限制妇女之被选举权,故在不分区选举之台湾省,虽规定应产生之立法委员八名内应有妇女当选名额一名,然如将男女各候选人所得票数综合计算,妇女候选人二名所得票数均在八名之内,则妇女当选二名男子仅当选六名,自无背于同条之本旨。
1948年6月23日	院解字第4094号	……房屋与基地同属一人所有者,其所有人设定典权之书面,虽仅载明出典房屋若干间,并无基地字样,但适用房屋必须适用该房屋之基地;除有特别情事可解释当事人之真意仅以房屋为典权标的外,自应解为基地亦在出典之列。典权存续中因不可抗力致该房屋灭失者,依民法第九百二十条第一项之规定,就房屋部分典权与回赎权均归消灭,其后出典人在该基地重建房屋时,典权人就房屋部分已消灭之典权,并非当然回复;惟典权人对于基地部分之典权,既仍存在,则由民法第九百二十一条及第九百二十条第二项规定之本旨推之,典权人自得支付重建费用之半数,以回复其对于房屋部分之典权。(参照院解字第二一九零号解释)

在这里需要进一步说明的是院字第290号。司法院在这一解释例文中认为:"工商同业公会系以维持增进同业之公共利益及矫正营业之弊害为宗旨,工商同业公会法第二条定有明文……"很显然,这里的"宗旨"并非"立法宗旨",而是工商同业公会成立之组织宗旨。但是这一宗旨又不仅会对于工商同业公会法之宗旨的形成产生影响,而且也对理解工商同业公会法有着非常重要的帮助。因此,借助于对这一宗旨的把握,显然是有助于在解释的过程中切实发现法律规范的真实意涵。

院字第615号解释无疑能更好地说明这一问题。因为在这份于1931年11月7日致国民政府文管处的函文中,司法院指出:

> 商会与工商同业公会组织之宗旨虽同,为增进工商利益之精神,惟依商会法及工商同业公会法之规定,一则图谋工商业及对外贸易之发展,增进工商业公共之福利,一则维持增进其同业之公共利益及矫正营业之弊害,二者范围广狭,既显有不同,其组织之宗旨,亦即非一致。至商会法第九条列公会会员为商会会员之一种,乃关于商会会员之组织,其目的在团结各工商业以图谋贯彻商会法第一条所揭之宗旨,与商会联合会之以全省各商会或各省商会联合会为会员同一意旨,并无隶属关系。(参照商会法第六条、第三十六条、第三十八条,商会法施行细则第七条、第十二条、第三十三条第一项)商会法及工商同业公会法,既无关于商会对于工商同业工会有指导监督权之规定,自不得因商会法列公会会员为商会会员之故,而遂谓商会对于工商同业公会,当然有指导监督

之权。

可以看到,在此解释文中出现了很多"宗旨""意旨""目的""精神"等概念,它们不仅是相互紧密关联着的,而且共同作用于法规范意涵完整而准确的揭示。

与此情形相类似的还有院字第 876 号。在这份于 1933 年 3 月 16 日复中央执行委员会民众运动指导委员会的解释文中,司法院指出:"祀田虽系公同共有性质,但农会之**宗旨**,系图农业之发达,祀田之公同共有人,应认为农会法第十六条第一款有农地者。"很显然,这一解释例也是借助于农会组织之宗旨来推测农会法之宗旨,进而据此作出法律解释的。

除此之外,院字第 2260 号解释文,也是根据行动之主旨来确认其行为之法律性质进而确立相应之法律处分的。在这份于 1941 年 12 月 3 日致国民政府军事委员会的函文中,司法院指出:"来文所述沦陷区域知识分子甘受敌伪利用,担任实施奴化教育,该项教育,如系以反抗本国为**主旨**,即属通敌而图谋反抗本国,应成立修正惩治汉奸条例第二条第一款之罪。"当然,院字第 2287 号解释文亦强调要根据"当事人立约之本旨",来确认其行为之法律效力。①

(三)立法原则

从民国时期的法律解释实践来看,这里的"立法原则",既包括法之整体性的确立原则,也包括部门法之立法原则。前者比如,1929 年 6 月,司法院院字第 104 号法律解释文指出,"来函所引现行律例,嫁与奸夫者,妇人仍离异等语,显与第二次代表大会妇女运动决议案相抵触。**依照男女平等原则**,凡夫妻一造与人通奸,均得为请求离异之原因;至离异以后则结婚、离婚绝对自由,自无不得与相奸者结婚之限制等语。"后者比如 1919 年大理院统字第 1163 号解释例所规定的:"**诉讼法原则**,判决不能拘束当事人及其承继以外之人。"

(四)立法目的

1937 年 1 月,司法院院字第 1613 号法律解释文规定:"羁押期间之限制,**原为保护被告自由而设**,不得因承办人员之更调而更新起算。"从这一法律解释文的内容上来看,其规范意旨之阐明,更侧重于从个别规范之法意来探求,而不是完全诉诸于法律之整体性目的。而与此略有不同的是 1918 年大理院统字第 744 号解释例:

---

① 在这份于 1942 年 1 月 27 日复四川高等法院的解释文中,司法院认为:"……大佃契约,为租赁契约与典权设定契约之联立,并非混合契约,故在法律所许范围内,应依当事人立约之本旨,使租赁权与典权同期存续时期,依法律之规定,其存续时期,不能一致者,仍应分别办理。"

查不动产典当办法原为确定典主之权利、藉以保护交易之安全而设。故其第九条之规定,自指不及六十年回赎期间之习惯而言其永久允许回赎,及长于六十年回赎期间之习惯,既与该办法立法之精意有违,则自该办法施行后自不能认为法则予以援用,此种解释本院已有判例。

该解释例则侧重于从部门法之立法整体目的出发对法规范之意涵进行解释。

同样,如果把视野放得再宽一些,在民国法律解释的实践中,除依据立法之目的进行法律解释外,还有根据行为之目的来进行解释的。典型的比如院字第1977号,在这份于1940年4月12日致国民政府军事委员会的解释文中,司法院指出:"保民共同筹办平粜之米款,如其平粜之目的,确系利益于公众,自得认为社会公益团体之财物。"

（五）立法者本意或者立法原意

从民国时期法律解释的方法论实践来看,依据立法本意或者立法原意而为之法律解释,主要有以下的这些解释例文:

时间	解释号	解释内容
1913年7月	统字第46号	查来呈于刑律加重减轻之例,解释已甚明晰,立论更为精详,洵合乎立法者之本意,本院认贵厅解释为正当,故不复赘。
1914年5月15日	统字第129号	查各级审判厅试办章程第七十七条规定,原告被告之亲属,不得为证人或鉴定人,浑言之曰亲属,并未缕举,殊涉疑义,依诉讼法通例关于拒绝证言之亲属,其范围自不能与刑律总则文例之亲属范围相同。查该章程颁行在新刑律施行以前,此条立法原意,实本旧律亲属相为容隐条推阐而出,旧律此条虽因新刑律施行已失效力,然在诉讼法未经颁行以前,凡旧律斟酌习惯之规定,为现行法所未备者,仍可以资参考,兹据旧律定亲属之范围如左。凡同居若大功以上亲及外祖父母外孙、妻之父母、女婿、若孙之妇、夫之兄弟及兄弟妻,有罪相为容隐,雇工人为家长隐者,皆勿论。（亲属相为容隐条）
1915年6月16日	统字第276号	查邻县审理上诉案件,原系县知事审理诉讼暂行章程第三十六条第二款之例外,揆诸该条款立法原意,此等案件应否提起上告,除被告人外,其权仍属于检察官,各县虽未设检察官,而本于检察一体之原则,原告诉人等对于邻县第二审判决,如有不服,仍可直接请求高等检察厅提起上告。
1915年10月19日	统字第347号	查掳人估卖,系意图营利,以强暴略诱与刑律第三百五十一条相当,原咨所举甲肆威吓迫乙随行之例,乃系以胁迫略诱,刑律第三十章强暴胁迫诈术三者并举,加一等,得处死刑,其条件既与政事堂沁电结伙三人以上相合,而罪刑亦与惩治盗匪法掳人勒赎相等,并无轻纵及情法失平之可言。刑律补充条例,颁布在惩治盗匪法以后,该条立法原意,亦即所以补盗匪法掳人勒赎规定之所不及。盖盗匪法既定为勒赎,则估卖与勒赎本系两事,自不能强混为一谈,而蹈比附援引之嫌。

(续表)

时间	解释号	解释内容
1915年11月	统字第362号	查刑律分则第十七章所称货币，指铸造权专属于国家而有法定强制通用力者而言，故人民私造之货币，纵令成色分两，与真者丝毫无异，仍应构成伪造货币罪。盖立法本意，重在禁遏私铸，以保国币之信用也。

有意思的是统字第2012号解释例。在这份于1927年10月22日复司法部的函文——也是大理院所做的最后一条解释例文中，大理院指出：

> ……（三）现行律前开条例内载有奸生之子（中略）如别无子立应继之人（即同宗昭穆相当之侄）为嗣等语，故在通常，固应解为苟有亲生之嫡庶子，或虽无子而有应继之人，均不得立私生子为嗣，但律例原意及我国习惯，亦均以血统为重，故其母如嗣后取得妻妾身份，而私生子又经其父认领，自仍应解为可取得嫡子或庶子之身份，参看民国八年统字第一零二九号解释。

从中可以看出，法律解释机关在尊重原意以及习惯的基础上，同时参酌具体之情形而作出私生子可取得嫡子或庶子身份的解释结果。

当然，在有关"立法原意"影响法律解释的情形之中，院字第408号法律解释文同样需要予以特别的关注。在这份于1931年1月19日指令浙江高等法院的解释函文中，司法院认为："刑法第一百四十九条第一项所称之法，**应就条文之立法原意以为解释**。凡法律（即法规制定标准法第一条所称之法）及中央或地方政府公布有法规性质之命令，均包括在内。"从该法律解释文的内容上来看，它更多旨在探求规范制定时的客观意旨，而非探求立法者主观之价值判断或者其所欲实践之目的，并以此推知立法之意思而为解释之方法。① 这既有利于立法原意在规范意旨阐明时的客观化，也符合刑事法律规范严格解释之立场。

除上开所举之五种情形之外，就民国时期法律解释的方法论实践来看，有关目的解释的情形，还有以下几类较为特殊的情形，需要予以特别的关注。这些目的解释的具体类型包括：

第一，要求遵循"立法真意"来展开法律解释。比如统字第944号，在这份于1919年3月12日复筹备国会事务局的解释文中，大理院指出：

> 查本院审判案件适用法律，依法有最高解释之权，不受他种机关解释之拘束，曾经于国会覆选举诉讼应否许其上诉案咨复国务院转咨国会在案，此次受理江苏蔡文彬与施以成因省议会议员当选诉讼，认调查员

---

① 杨仁寿：《法学方法论》，中国政法大学出版社1999年版，第123页。

办理选举人,并停止其覆选区内之被选举权,系依法评议议决,认为必如此解释,始合立法真意,足以防止选举之弊端,故予依法改判。

实际上,在民国法律解释的实践中,如果把视野放得宽一些,除依据立法真意开展法律之解释外,还有根据契约立定之真意或者当事人之真意来展开法律解释的。典型的比如院字第1588号,在这份于1936年11月30日指令江苏高等法院的解释文中,司法院指出:"(一)依照田地绝卖留赎之习惯,互订契约,既于出卖之外,载明留赎字样,并酌留价金,仍许加找,则推究其立约真意,自应认为典权之设定。"又比如院字第1909号解释文指出:

……(三)来呈所称情形,究系抵押权,抑系典权,依民法第九十八条,应探求当事人之真意定之,支付金钱之一方,有占有他方不动产,而为使用及收益之权时,如当事人之真意,只许他方还钱赎产,不许支付金钱之一方求偿借款者,虽授受之金钱,在书面上名为借款,亦应解为典价,典物因不可抗力而灭失时,典权人自不得请求偿还典价,反之,当事人之真意,如认支付金钱之一方,而向他方求偿借款,其占有不动产而使用及收益,为别一租赁关系,即以其应付之租金,抵偿其应得之利息者,则为抵押权,抵押物因不可抗力而灭失时,债务人仍有返还借款之义务。

还比如院字第2011号。在这份于1940年5月28日复行政院的解释文中,司法院指出:

典契载明每逢辰戌年所典田地,仍归原主使用者,究系如何意义之意思表示应斟酌一切情事,探求当事人之真意定之。其真意系在每次五年届满时,应提出原典价回赎,回赎后届满一年,应更为典权设定行为者,固系设定五年期限之典权,同时又为每次回赎后届满一年,更须出典五年之预约,若其真意系在每次五年届满时,无须提出原典价回赎,当然应将典物交出典人使用,使用届满一年时,无须更有典权设定行为,当然应将典物交付典权人者,则除有特别情事,可认为全部出典,而其约明每六年内出典人无偿使用一年,仅为使用借贷之预约外,自应解为仅以该田地六分之五出典,此与共有人以其应有部分六分之五出典无异,典权人依民法物权编施行法第五条第一项、民法第九百二十四条但书取得典物所有权时,仅按其应有部分六分之五对于该田地有共有权,出典人对于该田地尚有应有部分六分之一之共有权。

再比如院字第2110号,在这份于1941年1月3日指令四川高等法院的解释文中,司法院指出:

当事人约明一方就其田业向他方收取押银,其田业仍由自己或第三人耕种,每年向他方交付租谷者,其租谷之最高额应如何限制,须依民法第九十八条探求当事人之真意，解释其为何种契约，始能决定，其真意系在借贷金钱，并就田业设定抵押权，而由一方或第三人交付租谷为利息之交付方法者，应适用民法第二百零五条之规定，如按交付时市价折算为金钱超过周年百分之二十者，他方对于超过部分之租谷无请求权。

第二，以求符合"立法之本意"与"立法精意"来进行解释。比如1919年4月15日在复广西高等审判厅的统字第973号解释中，大理院指出：

> 查县知事民事判决，因牌示发生效力，故于送达副本之外，又有牌示者，仍应以牌示为准，惟所谓牌示，并非漫无限制，必县知事或承审员明知当事人或其代诉人在衙门所在地居住，可以知悉牌示者，其牌示始为有效，若依可信之理由，足知当事人代诉人已不再该地时，自非以其得知悉之方法，为裁判之谕知，不得发生效力，故在对席裁判，并未经当事人代诉人声明或由该衙门嘱令在当地听判（关于此点须有证明）者，自可推定其不在该地候判，应即查明果否他适，若已他适，并未留有听判人时，即依据卷件所载住址送达判词，在缺席裁判，本应经合法送达传票始得为之，若当事人代诉人经收受传票，即已他适者，除查据卷件得知其所在处所，仍应送达判词外，自可以牌示谕知裁判。总之该章程立法之本意，本在便民，断不能使人民反感不便，似此解释，实与立法精意相符，兹准函称各节，县知事诉讼无论其为第一审或第二审，若照前开解释，自无流弊。

又比如1919年7月14日，在复司法部的统字第1026号解释中，大理院认为：

> 查复判章程第一条规定刑事案件，未据声明控诉者，于控诉期间经过后，呈送复判，则从文理解释，自以贵部四年第六零一九号批暨本院历次解释，认为一经控诉，即毋庸更送复判为是惟设立复判制度本意，在审核纠正初判之错误，若控诉后又经撤销等案，即不更送复判，则此种初判，有无错误，自仍不能审核纠正，与立法本意，亦未尽合，本院见解，嗣后凡已控诉，始终未经控诉审就实体上审理之案件，虽在终结并上诉确定之后，均应仍送复判。

第三，遵循"立法用意"来进行法律解释。比如在1917年8月3日，大理院复河南高等审判厅的统字第658号解释中，"本院查现行法关于此点，虽无明文禁止，然细绎编制法第二十条所谓仍得加入本庭合议之数一语，可知其**立法用意**，自系以甲说为是。"又比如1928年2月4日，最高法院在复上海租界临时法庭的解字第23号即指出：

> ……（二）惩治盗匪暂行条例第二条第一款致人受损害字样，与伤

害人致死之致字意义相同,其同为结果犯,自无容疑,故未至损害,则本款条件尚未具备,即应成立其他犯罪,更何由论以未遂,是本款犯罪与未遂性质不能相容。第二条第二款浑称前条各款未予除外,自属一时疏漏,故只能认为立法用意重在减等,故如此规定,若因其疏漏曲为解释,殊非正当。

还比如解字第 70 号解释例,在这份于 1928 年 4 月 27 日复江宁律师公会的函文中,最高法院指出:"……第二点,暂行反革命治罪法为特别刑法,关于时之效力,该法既有特别规定,揆之**立法用意**,自不能依刑律第九条将同律第一条第二项但书予以适用。"再比如院字第 337 号,在这份于 1930 年 9 月 15 日复浙江高等法院的解释文中,司法院指出:

> 查监督寺庙条例所重者在寺庙之财产法物,而刑法第二百六十一条所保护者,系宗教上之信仰,用意各有不同。故寺庙如为人所礼拜并许礼拜,虽无僧道住持,亦不失为刑法上之坛庙寺观,不许礼拜(以依法禁止者为限)或无人礼拜,虽有僧道住持,亦非刑法上之坛庙寺观。

第四,要求符合"律意"来完成法律解释。比如 1918 年 12 月 30 日,在复河南高等审判厅的统字第 914 号解释中大理院指出:

> 查判决与执行,不可混为一谈,所询情形,依律自应判归前夫,惟仍未能强制执行,故此类案件,自应体会律意,劝谕前夫,如果不强女相从,即为倍追财礼,令从后夫,否则虽经判决,既未必贯彻所期,而财礼又不可复得,在前夫反为无益,两全之道,要在权宜。

第五,要求查照"立法理由"来考究法律解释。比如 1923 年 11 月 6 日,在复京师高等审判厅的统字第 1848 号解释中,大理院指出:

> ……(三) 第三审法院驳斥上诉后,当事人以在第二审法院缴费之收据,提起再审之诉,应予准许;至民事诉讼条例第五百七十一条后段,虽规定对于第三审判决,本于第五百六十八条第八款至第十二款理由声明不服者,应专属原第二审法院管辖,惟查其立法理由,系因第三审判决,应以第二审判决确定之事实为基础,第三审法院无论驳斥上诉或自为判决,而第二审判决确定之事实,均属存在。故当事人提起再审之诉以求动摇定确判决之事实,自应仍由第二审法院审判,如来函所述情形,则系上诉第三审发生之事实,不能由第二审法院审判,应依第五百七十一条前段规定之原则,由原为判决之第三审法院管辖。

从民国法律解释的实践来看,在进行目的解释时有时并非区分得那么细致,并非都严格且单一地按立法精神、立法主旨、立法目的或立法原意而来,而会是将多种意涵同时囊括其中来进行整体性的诠释。例如 1916 年 10 月 3

日,在复四川高等审判厅的统字第510号解释中,大理院指出:

> ……至前清现行律所定婚姻条文,虽仍继续有效,而各项处罚,早因新刑律施行而失其效力;又民事拘押及收局工作,依拘押民事被告人暂行规则第十一条及试办章程第四十二条,均只限于财产执行之事件,并不能适用于上开之人事关系,是现行法上以罚金管押等为间接之强制亦有所不可。计惟有由该管执行衙门,以平和之方法,勤加劝谕,除此而外,实无强制执行之道,相应答复贵厅转饬查照可也。再本件因事关人事,并须创设新例,经再三讨究,故致答复稍迟,合并声明。

又比如院字第1956号,在这份于1940年1月16日咨行政院的解释文中,司法院指出:

> 土地法施行法第二十八条第二项所称权利之新登记,系对于该权利之前登记,而指第三人取得权利之新登记。观土地法第一百零八条、第一百零九条均以新登记与前登记对称,其义自明。施行法第二十九条所称土地权利登记名义人,即在登记簿上有土地权利名义之人,征以同条所并举之预告登记,须对于请求权负义务者之土地权利已经登记,始得为之,亦甚明显,是施行法第二十八条、第二十九条所称之异议登记,系对于既存之土地登记为之,与土地法第一百零一条第五款无涉,施行法第二十八条之本旨,系因该条第一项之诉讼为请求涂销登记之诉,此项诉讼提起后,如有第三人取得土地权利之新登记,即不得涂销前登记,以追夺第三人取得之权利,故许提起诉讼者,声请为异议登记,并认异议登记有停止此项新登记之效力,以保全其涂销登记请求权,施行法与其本法同为依立法程序制定之法律,以施行法确定其本法之意义,或制限其适用,本无不可,综合土地法与其施行法之规定,而探求其一贯之法意,土地法第三十六条所谓登记有绝对效力,系为保护第三人起见,将登记事项赋与绝对真实之公信力,真正权利人,在已有第三人取得权利之新登记后,虽得依土地法第三十九条请求损害赔偿,不得为涂销登记之请求,而在未有第三人取得权利之新登记时,对于登记名义人,仍有涂销登记请求权,自无疑义。

除此之外,有关目的解释之方法实践的院字第127号颇值得关注。因为在这份于1929年8月7日训令湖南高等法院的解释例文中,司法院指出:

> 刑事诉讼法第八条于第二款以下皆以条文为列举规定,其第七款既仅定明刑法第三百六十三条,则依该款属于初级管辖者,自以第三百六十三条之犯罪为限,乃所揭罪名于欺诈之外,又及于背信者,在立法之初,亦不过因刑法第三十一章,系以诈欺及背信罪标目,故以为言,实则

并无深意。

从中可以看出,通过诉诸立法时的现实考量来阐释法规范之意涵,是法律解释机关在进行法律解释活动时的一项重要方法。

二、体系解释

体系解释要求在寻找法规范之真意时,"注意于法条与法律全体之关系"。这种有关法律解释之方法,主要依据法条之所在的文本语境,或相关法条之法意,来阐明法律条文的解释方法。其目的乃是"维护法律体系之一贯及概念用语之一致"①,进而"确保法制之统一"②。

虽然从法律解释之方法论位阶上来看,体系解释之效力仅次于文理解释而优于目的解释,但是在民国时期法律解释的方法论实践中,相较于目的解释,体系解释的使用频率却相对较低。民国时期的法律解释实践中,有关体系解释之内容的解释例文,主要包括以下这些:

时间	解释号	解释内容
1916 年	统字第 542 号	刑律第二百二十五条解释,应分两截:上截指无故侵入者;下截指入非无故受阻止而不退出者言。
1917 年	统字第 603 号	刑律罚金依第三十七条第二项第五款规定,为一元以上则未满一元者,即不得谓之刑律上罚金,自不能依刑律条文以宣告;依此则(一)浮收额未满一元者,当然不在并科之列;(二)浮收虽在一元以上,若因减轻至一元以下时,亦应免除而不能并科;至因宥减、自首酌减各规定,已将第一百四十七条第二项所定徒刑予以减等者,其并科与浮收同额之罚金,依第五十九条第一项规定,自应并予减等;又因犯第一百四十七条第二项之俱发罪,其所受多数有期徒刑,应依第二十三条第三款定其执行刑期者,并科与浮收同额之罚金,亦应依第二十三条第五款定其执行金额;盖各罪所科者,乃系同额罚金,而执行者,系依该条所定金额;观该条第一项规定,各科其刑,依左列定其应执行者一语自明要之刑律第一百四十七条第二项所定同额二字,不过明示并科罚金之标准,不能拘泥二字而置总则各规定于不顾。
1922 年 6 月 16 日	统字第 1734 号	查民事诉讼条例第九十七条但书,他造当事人支出之费用,以伸张或防卫权利所必要者为限,得求败诉人赔偿云云;所谓必要,自系就客观而言,通观该条例,非取必用律师诉讼主义,则延用律师,既非必要因之律师费用,即无依该但书规定令败诉人负担之理。

---

① 杨仁寿:《法学方法论》,中国政法大学出版社 1999 年版,第 107 页。
② 葛洪义:《法律方法讲义》,中国人民大学出版社 2009 年版,第 189 页。

(续表)

时间	解释号	解释内容
1928年2月17日	解字第27号	修正刑事诉讼律,自指十年三月二日军政府所颁布者而言;该律第三十九条第三项"刑事原告人依各级审判厅试办章程办理"一语,无论诉讼律颁布后,该章程即当然废止,而原告职务由检察官执行,告诉人不得独立上诉。又为民国以来判决所承认,即如县知事审理诉讼章程,虽许告诉人呈诉不服,而上诉名义则仍属检察官,是该条第三项虽属有效法律,然因其所援引之试办章程,自身已不存在,故该规定实等于空文;至第二章当事人如认告诉人亦包括在内,即与检察制度不免直接冲突,则该标目所谓原告人,自不得不解为单指检察官而言,除将来新律另有规定外,斟酌现行制度,权衡检察官职权,不能不作此系统解释。
1936年12月	院字第1595号	法院组织法第四十八条第二项,荐任书记官长、书记官非曾任委任书记官长、书记官二年以上不得任用之规定,参照法文前后意旨,自以具有同条第一项委任书记官长、书记官之资格者为限;惟该法施行前,未具有同条第一项资格,而已任委任书记官长、书记官二年以上者,于该法施行时,既未有特别规定,自不受其限制。

体系解释在民国时期的法律解释实践中之所以较少出现,究其原因,或许既与法规范及其体系不备有关,也可能与民国法律人不囿于规范之逻辑,更期望通过目的解释以获得更大的解释空间进而推动法律规范及其实践的完善有关。

三、当然解释

从广义而言,当然解释指的是法律条文虽无明文之规定或者法虽有明文之规定但其规定并不清晰亦或者法文之规定并不确定,因而依据法条之立法精神、法规范之目的以及法文之条理等因素予以衡量,可当然得之的解释方法。① 换言之,待解释之"事实较之法律所规定者,更有适用之理由,而遂行适用该法律之规定"②;或者其意涵"事实上应包含在法律条文所规定的含义之中,而将该含义解释为包括在该法律条文的适用范围之内的解释"③。

从民国时期法律解释的方法论实践来看,当然解释又可根据待解释之内容,进一步细分为两类主要的情形:一类是针对法规范之意涵所为之当然解

---

① 当时也有学者将此种解释方法称为"自然解释"。例如,在评析罪刑法定原则否定比附援引时,民初刑法学者葛遵礼认为:"本例虽不许比附援引,究许自然解释。自然解释者,即所犯之罪与法律正条同类或加甚之时,则依正条解释而通用之也。同类者,例如,修筑马路正条只规定禁止牛马经过,则象与骆驼自然在禁止之例是也;加甚者,例如,正条禁止钓鱼,其文未示及禁止投网,而投网较垂钓加甚,自可援钓鱼之例以定罪是。"葛遵礼:《中华民国新刑律集解》,上海会文堂新记书局1914年版,第14页。
② 杨仁寿:《法学方法论》,中国政法大学出版社1999年版,第120页。
③ 公丕祥主编:《法理学》,复旦大学出版社2002年版,第411页。

释,另一类则是针对事实之法规范适用所为之当然解释。在民国法律解释的实践中,有关当然解释的方法论实践,主要包括以下这些解释例文:

时间	解释号	解释内容
1913年1月	统字第1号	电悉选举诉讼法,本法既无不得上诉明文,自难加以限制,且查选举法第八十二、八十四各条,均采审判确定主义,当然准有上诉权,照本法第九十条规定,初选为三级审,覆选为二级审。
1913年2月	统字第6号	藩库因存款与商号涉讼,当然适用民事诉讼程序。
1913年3月	统字第9号	未经辩论判决系违背程序法,当然可以作为控告受理。
1913年4月	统字第13号	试办章程被告人有上诉权之规定,因与其后颁布法院编制法第九十条第一款规定相抵触,依后法胜于前法之例,当然失其效力,被害人应无上诉权,但得向检察厅申诉。如检察官认为有理由,当提起上诉。
1913年5月	统字第25号	刑律所谓供犯罪所用之物,以动产为限,房屋当然不能没收。
1913年5月28日	统字第29号	查报律第十一条,专系刑律第三百六十条之特别法,非一百五十五条之特别法,该厅所谓概括具体规定等语,未免误会。刑律第一百五十五条之行为,报律既无规定,即系对于报馆无特别法,无特别法者,当然适用刑律。例如报馆教唆杀人,自应适用刑律三百十一条及第三十条,其不能谓报律十一条系概括的规定而前期赴会也明矣。以此论结则该厅所举之前例,乃对于官员职务公然侮辱,当然适用刑律第一百五十五条第一项,其后例,自系俱发,依报律第三十七条规定,不适用刑律俱发从重之规定,则刑律俱发罪一章,当然不能适用,从重问题,亦不发生。
1913年6月18日	统字第37号	查娼妓既许营业,则前清现行律买良为娼之特别规定,当然不能适用;暂行新刑律虽无专条,然其买卖原因之出于略诱和诱者,自可适用各本条处断,其合乎新刑律二百八十八条者,则使用该条,若与因贫卖子女之条例相符者,亦可适用该条例,要之买卖人口行为,不问是否为娼,在法律上当然不能生效力,至于能构成犯罪与否,则视其有无触犯刑律律文为准。
1913年7月	统字第40号	商人与银或物之市价,赌赛高低,与空买空卖既系一事,则自应以赌博罪论。
1913年7月	统字第44号	……至抗告期间,解释上当然用上诉期间。
1913年11月	统字第65号	刑律第二百九十一条重婚罪,解为有妻再娶,若有夫再嫁,是否亦犯此罪,请电示等情到院。本院查刑律第二百九十一条所谓有配偶而重为婚姻,当然包括有夫再嫁者而言。
1914年	统字第102号	查刑律立法本旨,博具并非禁止品,观同律第二百七十六条之但书,可以得当然之解释,则单纯贩卖贩运私藏者,自非犯罪行为。
1914年4月30日	统字第123号	查律师受有罪判决执行完毕,而依刑律及律师章程,当然丧失律师资格者,自无惩戒之必要,其未丧失律师资格者,若认为系触犯律师章程惩戒规定时,自可依照惩戒章程,即付惩戒,刑法与惩戒罚性质不同,当然得以并科。

(续表)

时间	解释号	解释内容
1914年7月24日	统字第150号	本院查和诱未满十六岁妇女,依刑律第三百四十九条第三项规定,其行为既以略诱论,则意图营利,和诱未满十六岁妇女,自应以意图营利略诱论,当然依刑律三百五十一条第一项处断。
1914年8月14日	统字第159号	查《官吏犯赃治罪法》,依刑律第九条之规定,当然适用刑律总则,①而依刑律总则第二十三条之规定,俱发罪应各科其刑,自不能合并数罪之赃计算,应分别各罪之赃,依法各科其刑;复依刑律第二十三条,定其应执行之刑;又查刑律总则第一条第二项前段,在确定审判前者,应依新刑律处断;是官吏犯赃治罪条例颁布后,未经确定审判案件,当然依该法处断。
1914年10月	统字第167号	本院查条例第十条第五款,未经公判之案件,当然包括检察厅侦查中之案件而言。
1914年10月	统字第168号	未经公判案件,当然包括侦查中而言。
1914年10月	统字第173号	本院查附带私诉,其性质原系民事诉讼,因审判程序之便利,故附带乎私诉,由刑庭审判,至其执行,自应与公诉分别办理,当然由审判厅依民事执行程序为之。
1914年11月	统字第176号	查修定覆判章程第一条但书,仅称但刑律窃盗罪及其赃物罪不在此限等语,并无限制,则刑律第三百六十八条、第三百七十七条第一项第二项之罪及其赃物罪,均当然包括在内。
1915年5月	统字第233号	一状诬告三人,如行为合诬告罪条件,当然为同种类想象竞合犯,应认为三罪俱发。
1915年5月	统字第241号	查该规则第十四条所称私诉,当然不包含独立私诉言,独立私诉,除有特别规定外,应准用民事诉讼法规办理。
1915年6月	统字第275号	本院查窃盗事后行强,依刑律三百七十一条,当然以强盗论,其伤人致死,自应依刑律三百七十四条及惩治盗匪法第三条第一款处断。
1915年6月	统字第279号	官吏犯赃治罪法,依刑律第九条规定,当然可以适用刑律总则各规定。
1915年6月	统字第282号	……略诱和诱罪以犯罪完成之日为时效起算点,如离婚在时效到来之后,则公诉权当然消灭,并无中断之可言。
1915年	统字第340号	刑律第十一条既定负任年龄十二岁,则未满十二岁之行为当然不为罪。
1916年2月	统字第394号	刑律本夫系指已成婚之夫而言,未婚夫当然无告诉权。

---

① 与此解释内容相关之解释还包括:1914年统字第183号:"《官吏犯赃治罪法》当然适用刑律总则。"1915年统字第279号:"《官吏犯赃治罪法》依刑律第九条规定,当然可以适用刑律总则各规定。"这三条法律解释内容之相关性,既能够再次确证民国法律解释在实践中所坚持的"解释恒定"之原则,亦能够看出民国法律人期望通过此来建立起相应之规则的良苦用心。

(续表)

时间	解释号	解释内容
1916 年	统字第 409 号	甲男与孀妇乙和奸。乙之兄弟因捉奸被甲及甲之兄弟殴毙。乙已于围殴时潜逃。又乙之兄弟因捉奸被甲之兄弟殴毙，于围殴时甲、乙均潜逃。两例关于和奸部分，均无尊亲属告诉。按补充条例第六条，只须有相奸者之尊亲属告诉，无论告诉人或原告人是否对于相奸者求刑，审判官当以职权依同条第一项后半，对于相奸者宣告罪名。故第一例奸夫甲依第七条论和奸罪时，据第六条为当然解释，孀妇乙自应论相奸罪；至第二例，奸夫甲与孀妇乙既未犯他罪，自不得仅以第三人之犯罪指为与甲乙奸行有相当因果关系，强奸未遂杀死妇女，适用刑律补充条例第四条处断。
1916 年 10 月	统字第 516 号	看守所长看守夫对于已决未决人犯脱逃，既非故纵，仅系疏脱，依刑律第十三条第二项，当然不为罪。惟应受惩戒上之处分。
1917 年 1 月	统字第 574 号	……该条规定加食宿费之理由，因系路远不能一日往返，实有食宿之必要，故所称每日二字，当然包括开始之日而言，盖开始之日，既不能返，亦应食宿也。
1917 年 2 月	统字第 578 号	查本案情形，戊系甲乙丙实施中之帮助犯，依刑律第二十九条第二项，当然以惩治盗匪法第四条第三款之准正犯论。
1917 年 6 月	统字第 633 号	查灶户以盐斤私自卖给私贩，当然包括于私盐治罪法第一条之内。
1918 年 5 月 3 日	统字第 784 号	……（三）乙枪击丁时甲已逃逸，既无共同意思，自不负强盗杀人之责，惟乙于甲伤害丙之行为，应有预见，当然为强盗杀人及强盗伤人之俱发罪。……（五）现行违警罚法，并无对于即决处分可以请求正式审判之规定，当然不能受理。
1918 年	统字第 819 号	刑律尊亲属应包括养父母在内，业经统字第二九四号解释在案，依此项解释，则养父母之父母，当然为刑律上之尊亲属。
1918 年	统字第 867 号	查复判案件，该章程所未经规定者，当准用刑诉法规，依草案第九条之当然解释，数人犯一罪，其事物管辖不同者，可由上级审判衙门合并管辖。
1919 年 5 月 27 日	统字第 998 号	查刑律第二十四条，于一罪先发，已经确定审判，复发余罪者，并无须俟后判确定后，再依第二十三条之例，更定其刑之明文；故依正当解释，审判余罪者，无论为普通审判衙门，抑系特别审判衙门，除不知被告人已受确定审判，或虽知已受审判，而该判决未经确定者外，为被告人利益计，统应迳自援照该条定其应执行之刑。
1919 年 9 月	统字第 1075 号	选举法第九十一条所谓当选人，当然包括候补当选人。
1919 年 10 月 31 日	统字第 1111 号	查非自己或自己之直系卑属有承继权，对于他人之承继，是否合法，不得告争，本院早有判例。戊继丁仍兼承三门，如无合法告争之人，本可不予置议。况兼祧之子，更无所谓兼祧，故除择立时别有分别承嗣之表示外，当然由一嗣子承祧。
1919 年 11 月	统字第 1114 号	……来文所举二例，于初判处刑尚无加重减轻，当然不许其再有不服。

(续表)

时间	解释号	解释内容
1919年12月11日	统字第1160号	查警务处专设之稽查队眼线,如有法令根据,应认为依法令从事于公务之职员,其在法令上并有逮捕烟犯之职务者,则查获烟犯时,若已实施逮捕,即应认为看守律逮捕人之官员,其因烟犯哀求,复纵逃逸,当然成立刑律第一百七十二条之罪。
1920年1月	统字第1197号	……(五)再审案件,如经再审衙门将其原裁判撤销,则原上告审判决,无所附丽,当然失其效力,不生撤销问题。
1920年1月	统字第1199号	查乙妇,随奸夫丙潜逃,被其诱惑,不能告诉,其本夫甲又经外出,依本院最近意见,丁若系甲之尊亲属(刑律第八十二条第一项),其民事法上之权利,亦被侵害,当然可以独立告诉。
1920年5月6日	统字第1281号	查刑律补充条例第十一条之监禁处分,系惩戒作用,无刑罚性质(参照本院统字第四五八号解释例);则行亲权之父或母依该条向法院请求时,尚不得视其子为刑事被告人,自无所用其辩护,当然无委任辩护之可言。
1920年5月	统字第1302号	查第一问题,永佃权人,苟于所佃之地,就用法不为有害土地之变更,并原约又无限制者,应准佃权人自由改种,惟如果因改种,致地主所分之利益,比较独少,当然可以前后收益为比例请求增结。
1920年6月5日	统字第1324号	查县知事判决,除已送达判词外,牌示非揭示全文,不生效力(但判决非无效),此为县知事审理诉讼章程第三十一条、第三十条当然之解释,故未经合法牌示,只经提传宣示者,其上诉期间,无从起算,若非有舍弃上诉权之合法表示,随时均可上诉。
1920年6月11日	统字第1329号	审厅公判中发票,得自行指挥;该厅所属司法警察执行如无此项人员得移请检厅,不得拒绝此为法院编制法第九十五条试办章程、第十六、十七条当然之解释,至高审厅受理上告案件,得酌该情形参照院例取且当事人双方理由书,用书面审理。
1921年1月22日	统字第1473号	查直隶旗产圈地售租章程,系民国四年七月三十一日奉天总统令准施行,与法律有同一之效力,非经依法修正或废止,司法衙门于圈地售租讼争案件,当然继续援引,不因省议会禁止售租之议决,而失其效力。
1921年2月	统字第1477号	……(五)统字第一三二二号解释所称有告诉权者并不告诉,不以有积极之表示为限,又明示舍弃告诉权一语,既曰舍弃,当然系未告诉时,与撤销告诉不同。
1921年6月	统字第1549号	……至已宣判尚未确定案件,所援据之法律,如经变更,依上说明,仅得提起上诉,由上级审按照新法改判,其以强暴胁迫防害人行使权利者,若系出于故意,并无误会情形,当然构成刑律第三百五十八条之罪。
1921年8月	统字第1590号	查甲国革命团体,在中国领土内与人订结契约,当然立于私人之地位,其帝制时代所制定之特别法规,因帝制国体灭亡,已无法之效力……

(续表)

时间	解释号	解释内容
1921年10月	统字第1622号	查当事人于诉讼中亡故后未经有人受继诉讼以前,当然生法律上程序中断之效力,但审判衙门因相对人之声请,得命应受继诉讼之人进行诉讼,以免迟滞。
1922年12月	统字第1790号	查民事诉讼条例所定证据,为人证鉴定书证勘验四种,该第五百六十八条第十二款,既泛言发见未经斟酌之证据,当然包括人证在内。
1923年2月	统字第1795号	查民事诉讼条例第五百三十一条,系关于第三审程序之规定,不因县知事审理诉讼暂行章程之存废而有差异,邻县所为第二审判决,当然包括在内。
1924年2月	统字第1865号	查确定判决既判认该与典契关于乙丙应有之部分无效,则丁之不能再行持引运盐,自属当然之结果,执行衙门可依执行规定第九十一条第九十二条办理,不能适用第八十九条。
1924年4月2日	统字第1866号	查民事诉讼条例第五百二十二条与刑事诉讼条例第四百零一条规定,原系节省程序,免为同一记载;凡第一审判决所载之事实,如系合法,即无须重叙,仅载明引用已足;至当事人向第二审法院所为声明(即求如何裁判之声明),当然无引用之可言。惟通常系列入事实项内,自应并行记载。
1924年6月	统字第1873号	查上诉利益,是否不逾百元,第三审法院自有审查之权,既未认为不逾百元,受理上诉,发回更审,第二审当然受其拘束,从而更审中其他造当事人提起再审之诉,即不能谓与同条例第五六八条第十一款相合。
1924年7月12日	统字第1880号	……至此项利益,本应由第三审法院以职权调查,若已经就实体上判决发回第二审法院,即应认为程序上应行调查事项,业已调查完毕,无再行变更之余地,第二审更审判决后,当事人再向第三审法院上诉,如无其他不合法之原因,第三审法院当然予以受理。
1924年10月	统字第1900号	查民诉条例第六六八条所称婚姻二字,应包括婚约在内;至原告主张婚姻为有效之诉讼,即系确认婚姻成立之诉,如果当事人合于民诉条例第六六九条之规定,当然为人事诉讼。
1926年6月	统字第1973号	查来函所述情形,自不能视为撤回上诉,应予停止进行,至停止后上诉卷宗,当然由该法院保存。
1928年2月	解字第30号	……此种重利盘剥,在惩治土豪劣绅条例第二条第四款,既规定有处刑明文,则司法官吏当然负检举之责。
1928年4月26日	解字第66号	查据县知事兼理司法事务暂行条例第一条,凡未设法院各县之司法事务,委任县知事处理之,依此解释,凡已设法院各县,该县知事对于此项诉讼,即不得受理,其判决当然无效;既由当事人向该管法院起诉,自应受理。
1928年5月3日	解字第76号	查新法制施行条例第七条内载,民刑案件经北京大理院为第三审裁判,并发还卷宗,其收受日期在各省区隶属于国民政府领域以后,北京非法裁判无效,应将该案送最高法院更新裁判。来电所称甲乙两造涉讼,乙造上诉北院判决,如发还卷宗,收受日期在该省隶属于国民政府领域以后,其判决当然无效。

(续表)

时间	解释号	解释内容
1928年5月	解字第77号	查佃权有因租种田地而生者，有因活卖或典田地而生者，除前种佃权属于用益赁贷借外，其因活卖或典地而生之佃权，则属于不动产质权，当然得适用不动产典当办法。
1928年5月	解字第81号	查甲项所称北廷伪公文书，自系专指行政诉讼之裁决而言，如裁决日期在该省隶属于国民政府领域以后者，此项非法裁决，当然无效。
1928年5月	解字第84号	查在禁烟条例颁布以前，不问革命军到达前后，如无特别法令足为免罪之依据，当然适用刑律处断。
1928年7月27日	解字第136号	……第三，查著作权法第二十二条第一款所称显违党义者，原系概括之规定，若研究其他主义理论以供历史上之参考，自与意含煽动的著作物有别，当然不得拒绝注册，参观本条前项得字自明，此项著作物，应由审查人核定。本法既无呈请中央党部之明文，似毋庸先行呈送。
1929年5月17日	院字第92号	查公司条例第一六一条两项系规定董事之义务，违反此义务，当然为违背法令，依第一六三条第一项至第二项前段所定，无论公司或第三人受有损害，自应由有过失之董事负责赔偿。
1929年5月	院字第95号	甲某之妻年满二十岁以上被丙和诱，如经甲告诉通奸，当然依刑法第二百五十六条办理。若并不告诉通奸，仅系单纯和诱，法无正条应不为罪。
1929年8月	院字第124号	高等法院受理前特种刑事临时法庭管辖之案件，当然适用刑事诉讼法，被告依该法第一百六十五条第一项之规定，自可随时选任辩护人。
1929年8月	院字第144号	以甲说为是。"而查甲说，谓同条例第一条，既有决议字样，当然依会议通例取决于多数，必可否同数无从取决时，方能依同条例第六条请部核定。
1929年10月	院字第164号	……至第二点如该处已实行登记制度，则主张抵押权之人，未为登记，依不动产登记条例第五条，当然不得对抗第三人。
1929年10月22日	院字第165号	按第二审法院受理上诉案件，以当事人不服第一审法院或兼有审判职权之机关所为裁判者为限，来问所称行政委员会并无兼理诉讼之明文，其对于因财产涉讼所为之判决，当然无效。当事人欲求救济，只可诉请有权审判之机关，另为第一审审判。如误向第二审法院声明不服，无论其为抗告抑属控告，均在应予驳回之列。
1930年2月	院字第242号	查刑事诉讼法第十二条之规定，并未分别刑法总则或分则，当然包括总分则而言。
1930年3月14日	院字第251号	各省高等法院院长办事权限暂行条例第四条系就法院之行政事项为规定，其第二款所载之司法教育事项，自以法院自办之教育事项为限，若院外设立之法校，既与法院之行政事项无关，当然不包含于该款之内。

第六章　民国时期法律解释的方法　431

(续表)

时间	解释号	解释内容
1930年9月15日	院字第338号	被告在羁押中经裁定延长羁押期间,该被告提起抗告被驳回者,其因抗告所经过之羁押日数,应算入延长期间之内,期满未经另为延长之裁定者,不得继续羁押。至被告不服延长羁押期间而提起抗告,当然无影响于诉讼之进行。
1930年12月	院字第387号	刑法第九十一条第一款所称受刑之宣告,系别乎刑之执行而言,而撤销缓刑之宣告,既以受有期徒刑以上刑之宣告为前提要件,当然须俟宣告刑之裁判确定后,始得撤销缓刑之宣告。
1931年1月	院字第398号	(第一)驳斥回复原状声请之判决,即属终局判决,当事人当然可以独立提起上诉。
1931年3月	院字第488号	判决宣告后尚未确定,复犯脱逃罪,既未受有期徒刑之执行完毕或受无期徒刑或有期徒刑一部之执行而免除,当然非累犯。又其犯脱逃罪,既在前罪已经宣告判决之后,亦当然不得合并论罪。法院只应就其脱逃一罪,依所犯之条文论科。
1931年7月	院字第512号	查惩治盗匪暂行条例第三条之规定,仅限于拟处死刑案件由省政府核办,该清乡条例第十六条既指明依惩治盗匪条例云云,应亦仅限于处死刑案件,其非处死刑案件,当然不包含在内。
1931年8月	院字第518号	依惩治盗匪暂行第十条、刑法总则第四十四条,关于从犯之规定,当然适用于该条例。如合于该条例第二条之情形,更应依该条减轻处断。
1931年8月	院字第565号	……所谓告诉人,当然指施行告诉之人而言。
1931年8月	院字第572号	……原代电所称情形,如果于刑法施行时刑律上之时效尚在中断中,或更行起算后仍未满期,当然依刑罚施行条例第十一条办理。
1931年9月2日	院字第578号	强制执行中拍卖之不动产为第三人所有者,其拍卖为无效,所有权人于执行终结后,亦得提起回复所有权之诉,请求返还。法院判令返还时,原发管业证书当然失其效力,法院自可命其缴销。
1931年11月	院字第620号	……(四)依危害民国紧急治罪法施行条例第一条,由高等法院或分院判决之案,应适用通常程序,许其上诉,刑事诉讼法第四百八十条、第四百八十一条之规定,当然适用。
1932年6月	院字第772号	查监狱之监督权,依各省高等法院院长办事权限暂行条例第四条第十五款之规定,属于高等法院院长;故监狱规则第六十六条之许可保外,其监督权当然由高等法院院长行之。
1932年6月	院字第773号	(一)养亲对于未满二十岁之被养子女,在法律上当然为其行亲权之人。
1932年6月	院字第775号	……(二)享有著作权法第十九条著作权之乐谱剧本,当然与第一条第二款之著作权同得专有公开演奏或排演之权。
1932年8月	院字第785号	……(三)就现行刑法解释,应采第二说。刑法第四十条但书所谓犯罪之方法,当然指犯罪行为之方法而言。
1932年9月	院字第791号	凡有审理事实职权之法院,均得依其职权谕知缓刑;第二审以判决驳回上诉时,当然得谕知缓刑,无待明文之规定。

(续表)

时间	解释号	解释内容
1932年9月	院字第792号	……(六)工厂法第三十一条第一款(屡次)二字,当然为二次以上。
1933年1月	院字第849号	……原呈第一问总商会、商会之会长或常务委员,其所处理之事务并非公务,当然不能认为公务员……
1933年3月	院字第877号	民事诉讼法第四百三十三条第一项,系以限制上诉为原则,惟例外以特许之权付之原法院,其特许之声请,既经原法院驳回,当然不得声明不服。
1933年5月	院字第898号	(一)民法第一千一百三十八条关于遗产继承人顺序之规定,既列兄弟姊妹于祖父母顺序之前,其所谓兄弟姊妹,自系指同父母之兄弟姊妹而言。同祖父母之兄弟姊妹,当然不包含在内。
1933年6月	院字第932号	工厂法第一条,既谓平时雇佣工人在三十人以上者适用本法,则临时工人、包工制工人、论件工人、论日工人及其他流动性质之工人,自不包含在内。
1933年7月	院字第949号	犯罪行为如一方侵害个人法益,则被侵害之个人,依刑事诉讼法第二百十三条规定,当然为告诉人。
1933年9月	院字第969号	党员背誓罪条例既已废止,又无特定机关接受审判,则其上诉案件,无论在该条例有效期间之判决如何,当然归普通法院受理。
1933年12月	院字第1007号	商会及工商同业公会之会员代表,如未经会员撤换或除名处分,则其代表资格,当然继续存在,于改选职员时,自应就原举派之会员代表中选任之。
1933年12月	院字第1012号	雇员并非公务员惩戒法上之公务员,而中央政治会议第342次会议决议,其范围又仅限于聘任人员,并未附带言及,雇员自不包含在内。
1934年5月	院字第1067号	(一)红十字会系民众团体组织方案第一节所示之公益团体,当然为民众团体,依该方案第二节第一款之规定,应受党部之指导。
1934年7月	院字第1096号	犯吸食鸦片罪,经检察官起诉后,在候审期间连续吸食,系合于刑法第七十五条之情形,起诉之效力当然及之,毋庸另行起诉。
1934年12月	院字第1146号	党部之执监委员,依党章组织,当然为公务员。
1934年12月	院字第1155号	工厂法对于工作契约,既无必须以书面订立之规定,自可以口头订立,如口头契约未定期间,即当然适用工厂法第二十七条之规定,非准用之谓。
1934年12月	院字第1159号	团体协约为契约之一种,修正劳资争议处理法第三条第二项、第七条第二项下半段,乃就当事人之一方为团体时特设明示之规定,不履行团体协约之当事人,当然亦在同法第三十八条处罚之列。
1934年12月	院字第1174号	……(二)未成年之子女,不同意于父母代订之婚约,其婚约当然无效,不生解除问题。

(续表)

时间	解释号	解释内容
1935年7月	院字第1302号	为裁定之原法院,惟于已逾抗告期间或对于不得抗告之裁定提起抗告,得依民事诉讼法第四百五十七条第二项之裁定驳回之,其对于不在上述范围内之情形,本无驳回之权,其裁定当然无效。
1935年10月	院字第1322号	直系血亲尊亲属诬告卑幼,当然包括在刑法第一百六十九条第一项之内,不能谓其行为不成立犯罪。
1935年11月	院字第1341号	夫妻离婚后订约,使其所生子女与其父或母断绝关系,此种法律行为,于法当然无效。
1935年11月29日	院字第1366号	……(二)著作权法第三条,既规定著作权得以转让,则著作人或其继承人若将未取得著作权以前之著作物转让于他人,倘无其他意思表示,当然应视为该著作物上所可得之著作权亦已一并移转。
1935年11月	院字第1368号	兼理司法之县政府,判断民诉事件,误用行政处分,当事人对于该处分声明不服,上级法院自可依法纠正,又再抗告法院就发回事件所为法律上之判断,当然有羁束原法院之效力。
1935年12月	院字第1376号	棉商、棉农将棉花故意掺水掺杂,依取缔棉花掺水掺杂暂行条例施行细则第七条规定,既应送由县法院或兼理司法之县政府审理,其所罚之款,未有特别规定,当然概为司法收入。
1935年12月	院字第1382号	民法第一千一百四十条所谓代位继承其应继分者,以被继承人之直系血亲为限,养子女之子女,对于养子女之养父母,既非直系血亲卑属,当然不得适用该条之规定。
1936年2月	院字第1428号	商会法第三十条第一款所规定之事务费,既将代表人数与资本额并列,则比例负担时,当然以两项为标准。
1936年2月	院字第1433号	……(二)提出公积金既应在弥补损失之后,则公积金之提出,当然以弥补损失后之余额为准。
1936年3月	院字第1461号	再诉愿决定有拘束原处分及该决定官署之效力者,系指已诉愿之事实业经决定者而言。若另发生新事实,当然得由该管官署另为处分。……
1936年4月	院字第1476号	股东对于公司每年应分派之股息红利,如于接受公司通知后,有积欠不来领取,或自更变住址,未照章报明公司,致公司通知无法送达,均属自己之过失,若从可行使请求权之日起,业已经过五年不为请求,依民法第一百二十六条之规定,应认其请求权已因时效而消灭;其在五年之后更为请求,即可拒绝给付;至决绝给付所得之利益,当然属于公司财产。
1936年5月	院字第1500号	商标法第二条第五款、第六款所谓之标章,系指标识或章记二者而言,当然包括商标在内。
1936年10月	院字第1567号	假释被撤销后,其在假释中所付之保护管束,当然消灭,无须检察官声请裁定。
1937年7月	院字第1703号	来问所称佃田面权,既系由佃户承垦生田而来,其承佃纳租及得将权利让与他人各情形,与民法第八四二条所定永佃权之性质相当,自可依声请为永佃权登记。至保有田底权之地主,本为土地所有人,当然以所有权登记。

(续表)

时间	解释号	解释内容
1938年7月	院字第1757号	刑事诉讼法第二百四十八条第一项规定,与同法第二百三十一条及第二百三十二条相关联,该项后段所称以不起诉为适当之情形,当然以刑法第六十一条所列各罪之案件为限。
1938年11月	院字第1808号	注册之商标,已依商标法第二十五条,于呈请时就该法施行细则内,仅指定其商标使用于某类中之一种商品,则其专用权,当然不及于全类。
1939年2月	院字第1845号	商业同业公会会员之代表,依商业同业公会法第十四条规定,既以有中华民国国籍者为限,则其所代表之会员,以当然受此限制。
1939年9月	院字第1920号	前平政院就各省区行政诉讼所为裁决,其裁决日期,在各该省区隶属国民政府之后者,当然无效。
1941年9月	院字第2234号	各县市党部书记长干事及区分部书记,既为依党章执行职务之人员,即系律师法第三十条所称之公务员,律师当然不得兼任。
1942年8月	院字第2387号	据原咨附表所叙,福建仙游县地权形态,纳大租人对于土地之权利,为附有负担之所有权,收大租人之权利,则为物上债权之一种,纳大租人之权利移转于他人时,纳大租之义务当然随之移转。
1943年6月	院字第2533号	……(二) 四十五岁以上之监犯,业经军政部核准调服军役尚未实行调拨者,在未调拨以前,当然应仍继续执行其刑。
1943年7月	院字第2544号	非军人而犯烟毒案件,军法机关如认被告应为有罪之判决时,依禁烟禁毒治罪暂行条例第二十条,当然适用刑事诉讼法第二百九十一条之规定。
1944年7月	院字第2703号	出征抗敌军人婚姻保障条例第四条第二项之婚约无效及撤销婚姻,未便依职权于刑事判决主文内谕知,此项婚约既属当然无效,自不必经判决宣告。
1944年11月	院字第2769号	数罪并罚案件,如有期徒刑、罚金各处其一时,当然并执行之,毋庸援用刑法第五十一条第十款,自不必于判决主文内标示。
1946年11月	院解字第3285号	父母为未成年子女订定之婚约,当然无效。
1948年1月	院解字第3822号	选举县参议会议长、副议长,应由出席之参议员用单记法投票,以得票最多者当选为议长;次多者当选为副议长。其得票最多者虽不过半数,亦属当选;此为县参议会组织暂行条例第十条之当然解释。据原代电所述第一项之情形,以得票最多之某甲当选为议长,次多之某乙当选为副议长,无须再选。

从民国法律解释的实践来看,解释例文中出现"当然"字样,是识别当然解释之方法的重要符号。本书较为大量地列举了有关当然解释的法律解释例文,并非借此表明,民国时期法律解释的方法论实践中大部分都是当然之解释;恰恰相反,是期望借此表达如下之看法:由于相较于其他论理解释方法来说,比如说目的解释,当然解释主要是从法文之条理中当然推理而出的,是

法文的题中之义或者法规范的自然延伸,因而不仅其形式合法性因子较高,而且也符合实质合法性的要求。在民国时期法律解释的方法论实践中,大量使用当然解释之方法,无疑也就能够确保解释法定原则得以充分落实。

四、广义/扩张解释

广义解释乃是指法规范之文义过于狭窄以致不足以表示立法之目的,而将法规范作扩张解释,以求符合立法之目的并契合法规范之真意。

对于广义/扩张解释方法之具体适用,在《司法党化问题》一文中,为说明司法不是演绎旧法而是创造新法,居正就曾有过例举和评述。他指出:

> 譬如刑法第 257 条第 3 项之规定:"移送被诱人出民国领域外者,处 7 年以上有期徒刑。"在这里所谓被诱人,是否把已满 20 岁之男女包括在内,法文并没有明白说出。依文理解释,此条文系承上第 1 条第 2 项来,似乎是指未满 20 岁之男女,已满 20 岁者不在此例。又以论理解释言,第 314 条对于意图营利以诈术使人(指已满 20 岁人并包括男子)出民国领域外者,不过处 5 年以下有期徒刑,则单纯和诱已满 20 岁之男子出民国领域外者,断无反加重处罚之理,则第 207 条第 3 项所谓被诱人,自应如其文义,以未满 20 岁男女为限。而最高法院十七年(1928 年)解字 214 号却加以扩充解释:"但移送被和诱人出民国领域外者,无论已未满 20 岁,仍应依第 257 条第 3 项论科。"①

对此居正评述:

> 恐不能说明这个解释是仅仅从刑法条文而演绎其义理罢。由移送被和诱人(一般和诱罪系以对未成年人行为为其要件)出国,转到移送已满 20 岁男子出国,这当中毋疑地含有创造法律、变更法律之意味。就此例言之,我们即用 Frank 之说,指其代替原法律条文而取得法律性质,不为过论。而新刑法第 242 条于被诱人上增加"前二条之"四字,显然系对于该解例之造法性之一个反响。②

客观来说,在民国法律解释的实践中,广义/扩张解释方法之使用,其频率并不密集。与此同时,从时空范围来看,这一方法的使用,又主要是集中在大理院时期的法律解释活动中。相关的法律解释例文主要如下:

---

① 居正:《司法党化问题》,载居正:《法律哲学导论》,商务印书馆 2012 年版,第 36—37 页。
② 同上书,第 37 页。

时间	解释号	解释内容
1913年6月16日	统字第33号	查买卖人口除因贫卖子女外，其出于略诱和诱甚鲜，前清买卖人口条例因贫而卖子女一款，其子女二字，应从广义解释，凡受其抚养监督而无父母或其他监督者之人，皆可谓子女。
1913年6月	统字第36号	……二、据刑事诉讼律第十九条第二款以广义解释，声请移转者，其声请不能谓之违法，至此等声请有无理由，是否正当，则在受声请之审判衙门据事实以认定耳。
1913年11月	统字第58号	刑律鸦片烟，自系指广义而言，凡以鸦片搀和制造之物，不问其为丸药、为他种形式，皆得依该条处断。
1913年11月	统字第61号	本院查该条所谓直接上级衙门，系就广义立言者，地方厅管辖区域内，只一初级厅，则此初级厅关于本条声请移转管辖，自应直接向高等厅为之，毋庸经由地方厅。
1915年1月	统字第202号	查刑律第二百六十六条之鸦片烟，应取广义解释，凡含有鸦片烟质之物，均可名为鸦片烟。
1915年2月	统字第210号	吗啡治罪法第一条所称制造吗啡，自系广义，当然包括制造吗啡之物而生吗啡实害者言；以吗啡制造丸药应依该条处断。
1915年5月19日	统字第242号	《官吏犯赃治罪法执行令》第一条第一项所称公职公吏，应从广义解释；各县差役无论是否法定机关，其因执行公务而犯赃者，自可适用该法处断；惟须超越公定规费范围以外者，始以赃论。

此一情形之中有意思的是 1918 年 12 月 30 日大理院复浙江高等审判厅的统字第 913 号解释。在该解释文中，大理院指出："查现行律同父周亲，曾许兼祧，本院判例亦尚无扩张解释。"这一解释例实际上乃是从反向之意思来确证扩张解释在大理院解释实践中的运用。

当然，为了更真切地看到"广义解释"在民国法律解释实践中所发挥的作用，本书择大理院时期有关"公务员"意义之变化的法律解释来更进一步地分析。根据刑法文例第 17 条内容之规定："称公务员者，谓职官，吏员，及其他依法令从事于公务之议员及职员。"有学者认为：

> 本条乃规定公务员之意义。抽象言之，即谓依法令从事于公务之人员。（一）所谓"公务"者，即谓国家或其隶属之公共团体之事务也。只须为公之性质，不问其为权力的，抑为学问的，或技术的；亦不问其能否为私人事业，并是否为公益，且受国家监督。故如同一教育事业，官公立学校则为公务，私立学校营之则非公务。又如同一铁道事业，国家机关营之则为公务，私人团体营之则非公务。（二）所谓"依法令从事于公务"者，即谓执行公务之原因系因于法令也。只须其会职系因于法令已足，并不须其执行职务之权限亦为法令所规定。故兹所谓法令，应广义解释，其任职系出于有职权者之意思即可，任职之形式，系因于任命，委托，认可，选举，雇用，均所不问。①

---

① 陈瑾昆：《刑法总则讲义》，吴允锋勘校，中国方正出版社 2004 年版，第 52 页。

基于此种理解,大理院作出了将近 12 项之多的解释例文与判决例。其内容大致梳理如下:

序号	来源	内容
1	院字 239 号	省立学校校长,如经中央或省政府任命,当然包括于刑法第十七条公务员范围之内。
2	统字 666 号	官吏,在行政法上有一定之范围,与刑律第八十三条之职员相当,非如刑律官员范围之广。
3	统字 666 号	士兵不能以吏员论,但探访队,乃系从事于公务之职员,包含于刑律第八十三条官员之内。
4	统字第 159 号	刑律官员二字,第八十三条有一定要件,故非法令从事于公务之职员,当然不能包括于官员二字之内。至税局经收税款指定雇员办理,如中央或本省有指定雇员办理公务之章程或成案者,其雇员可认为刑律上之官员。
5	统字第 110 号	司法警察人员及庭丁,皆系依现行法令从事于公务之职员,自包括刑律第八十三条所称官员之内,该条所谓官员,与官吏异义。
6	统字第 163 号	刑律官员,不能包括律师。
7	统字第 1613 号	看守所书记,如系依章程或成案指定办公务之雇员,自可认为官员。
8	统字第 250 号	依法院编制法第一百四十二条特置之通译,自应认为刑法之职员。
9	统字第 1377 号	未设警察地方之保卫团,依地方保卫条例第一条,为警察之代用,其团总应包含于刑律分则第六章巡警员之内。
10	统字第 1440 号	查刑律总则第八十三条第一项,官员以外,有非官员而受官员之雇用或嘱托,补助官员执行职务者。
11	统字第 1417 号	商会会董会议,并非官员执行职务。
12	大理院上字第 478 号判例	查刑律所称官员二字,依刑律第八十三条,须有一定之条件,非依法令从事于公务之职员,不能列官员之内。本条被告人为县署雇员,办理该县征收事务,非经中央或各省有指定雇员办理赋税征收之章程或成案,抑经该县知事详情该省长官批准,与该雇员以特定之职务,不能认为刑律上之官员,构成刑律第一四七条之罪。

从第一个解释例文的内容里有关公务员的范围界定,到最后一个判决例的内容中有关公务员的范围,可知"广义解释"在法律世界里的实践逻辑:前后例文一一比较,看似缓慢且不明显的意义扩张,假以时日便可实现巨大跨越与根本转换。

如果把视野放得再宽一些,结合解释例与判决例,也会从中看到"广义解释"在大理院时期的广泛运用。例如,在有关"公文书"的认定上,大理院统字第 747 号解释指出:"伪造变造已粘契尾盖印之地契,系伪造公文书。"大理院 1917 年上字第 113 号判例认为:"私人制作之地契,官署粘连契尾,盖用官印后,即发生公文书之效力,将此地契涂改挖补,提出作证,即系伪造公文书之行使。"相较于上下例文,这其中有关"公文书"认定的范围显然已发生了扩张。

当然,"广义解释"的适用之所以集中于大理院时期,究其原因乃在大理院时期法制未备,尤其刑事法规范之实践虽秉持"严格"之态度并贯彻"律无正条不为罪"之原则,但碍于世事之复杂,并受彼时日本刑法理论之影响①,因而刑事法之实践呈现出一种主观主义刑法知识观的倾向②,强调的是刑法的社会防卫主义,主张的乃是刑罚权的扩张性。

五、狭义/严格解释

狭义解释乃是对法规范之文义作限缩,以期符合立法之目的,并契合法规范之真意。

狭义解释又往往被称为"限制解释"或者"严格解释",它不仅"严格按照法律条文的字面含义对法律进行解释,忠于法律条文的文字含义,而且主要是忠于整个被解释法律的精神"③。典型的比如统字第965号解释例。在这份解释文中,大理院认为:

> ……刑律第六十三条第一款第二款之要件,无论何人,不能兼备,故从论理解释,应限于具有该条第一款或第二款之一要件及第三款第四款两要件,而受四等以下有期徒刑或拘役之宣告者,方可宣告缓刑;若事实审衙门,将不合此要件者宣告缓刑或者不审查其事实之合于此要件与否而遽宣告缓刑,均属违法。

从中可以看出,大理院在此问题上采用的便是"论理解释"下的"限缩解释"方法。还比如统字第1503号。在这份于1921年4月5日复江苏省长公署的电文中,大理院指出:"惩治盗匪法第三条第五款所称刑律第三百七十三条之累犯,**应从狭义解释**,以初犯及累犯均属刑律第三百七十三条之罪而既遂者为限,方合该条款特别加重之本意。"

由于实行罪刑法定之原则,因而在民国法律解释之实践中,狭义解释或者严格解释更多出现在刑事法规范的解释领域。因为"若将文义予以扩张,尤背刑法严格解释之原则"④。而这意味着,当某一法概念范畴、法规范要素

---

① 参见黄源盛:《法律继受与近代中国法》,台湾元照图书出版公司2007年版,第121—153页。
② 参见蔡枢衡:"罪刑法定之立法及解释",载《法律评论》总第571期。
③ 葛洪义:《法律方法讲义》,中国人民大学出版社2009年版,第185页。
④ 这一内容来自解字第23号解释例文。在这份于1928年2月4日复上海租界临时法庭的电文中,最高法院指出:"(一)刑法上聚众二字,见于内乱、骚扰、脱逃各罪者,皆指多众集合有随时可以增加之状况而言,与强盗罪中之结伙三人以上区别在此。惩治盗匪暂行条例同为刑罚法规,解释上自难独异。况同条例第一条第四款及第十一款聚众字样,本皆从刑律而来,如悉解为结伙三人以上,则是以三人之数即可以掠夺据军用地拥首魁法理论,如何可通。倘于同条之中,一解为(须多众集合有随时可以增加之状况)一解为(结伙三人以上),文同而义歧,又鸣呼可。**若将文义予以扩张,尤背刑法严格解释之原则**。……"

或者罪名存在广狭不同的两种意涵时,"自应优先适用狭义规定"。院解字第 3048 号解释文无疑很好地说明了这一点。在这份于 1945 年 12 月 20 日复浙江保安司令的电文中,司法院指出:

> 战时交通器材防护条例第十一条处罚浮报图利,系专就电信工作员兵发觉干线失窃等情事浮报图利者而为规定,与一般军人或公务员之图利罪,广狭不同,自应优先适用狭义规定。依该条例处断。惩治盗匪条例第四条第一项第三款之罪,系以盗取或毁坏有关军事之交通器材,致令不堪用者,为构成要件,其义较战时交通器材防护条例第十二、第十三两条为狭,如相竞合时,应依惩治盗匪条例处断。①

从民国法律解释的实践来看,有关狭义解释之方法在刑事法领域中较为典型的情状,包括比如针对山东高等审判厅函:"查刑法第 44 条所谓执行实有窒碍,似应从**狭义解释**;兹有案犯因父病垂危,商铺将倒,影响及于生活,请求易科罚金;此种情形,应否认为实有窒碍?"1919 年 7 月 16 日大理院统字 1034 号法律解释例认为:

> 查刑律第四十四条所称窒碍,应从严格解释;除因执行国家或社会必受重大损害,现无他法足资救济者外,余均不应许可。损害国家利益之例,殊不常见;至损害社会利益之例,如该受刑人之祖父母父母老疾,家无以次成丁而依其为生活,或受刑人系孀妇,家有幼小并无亲友可代为养育者,均得酌夺案情,认为窒碍,准其收赎;但藉此为护符,屡经犯罪者,害及社会之利益更大,仍不得允赎;至受刑人一身关系,现在刑诉草案执行编,既经暂准援用,依照该编第四百八十七条及第四百八十九条,尽有救济余地,毋庸适用第 44 条规定办理。

又比如,1919 年 4 月 12 日,针对湖北高等法院请求最高法院解释"刑法第 179 条疑义"一案:

> 查刑法第一百七十九条规定,于执行审判职务之公署,审判时证人、鉴定人、通译于案情有重要关系之事项,供前或供后具结而为虚伪供述者,处一年以上七年以下有期徒刑等语。兹有某证人在检察官侦查时供述不实,应否成立伪证罪。于此分甲、乙两说。甲说、不应成立伪证罪,其论据谓审判与检察虽同属司法事务,而其性质则显然有区别;例如同法第一百三十二条称有审判职务之公务员,及第一百三十三条称有诉追犯罪职务之公务员各等语;可见法律对于审判职务确与检察职务分而

---

① 除上开所举之解释例外,大理院**二年上字第六号判例**,也很好的说明确证了这一点。该刑事判例文指出:"刑律第三百七十二条第二项首示药剂催眠术之例则于他法二字,**应从狭义的解释而不从广义的解释**。"

为二。则其专对审判为规定者,自不得适用于检察官。且依刑事诉讼法第三条规定,检察官与被告俱为当事人,则证人之向检察官虚伪陈述与对于被告之虚伪陈述殊无以异。当然不在刑法第一百七十九条论罪之列。自应依同法第一条,法律无明文科以刑罚者,应不为罪之律文处断。乙说、应成立伪证罪。其论据谓审判之审字,有广狭二义。就狭义解释,所谓审者,固应指推事审理案件而言,但就广义解释则凡属讯问皆可谓之审理。即检察官侦查时之讯问,亦应谓为审理。该证人既在侦查时向检察官虚伪陈述,应即构成刑法第一百七十九条之伪证罪。且该条犯罪之成立以具结为必要,侦查时讯问证人,除有特别规定外,亦应具结。在刑事诉讼法第一百零五条定有明文。倘此时为虚伪陈述不成立伪证罪,尤不足以贯彻具结之意义。

司法院院字第30号解释文指出:"刑法第一百七十九条所谓审判,不能包括检察官之侦查;证人与检察官侦查时,供述不实,不能成立该条之罪。"该解释文所谓之"审判",显然采狭义之说,不包括"检察官之侦查活动"。与此同时,在同日回复湖南高等法院请呈最高法院对刑法第179条之"审判"进行解释时,司法院在院字第32号法律解释文中对"审判"之意义范围予以进一步限缩,认为:"刑法第一百七十九条所谓审判,指起诉后法院之审判而言;检察官暨司法警察官之侦查犯罪行为,不能包括在内。"还比如,1933年7月司法院院字第935号法律解释文亦明确指出:"……(二)所谓牵连犯,**应从严认定。**"当然,这四个法律解释文不仅反映出从大理院到司法院都秉持刑事法之从严认定态度,而且也表现在对刑事法规范之解释坚持狭义解释之方法。

除此之外,在民国法律解释的方法论实践中,有关狭义解释或者严格解释的例子,主要还包括以下的这四项解释例文:

时间	解释号	解释内容
1915年5月	统字第243号	查判处刑罚,既属五等有期徒刑,虽系俱发,执行刑期定在一年以上,自无不可易作罚金之理,惟执行窒碍,须从严格解释,不得滥用。
1915年9月	统字第334号	……又同时宣告数个四等有期徒刑以下之刑者,亦得缓刑,此就律文解释,固甚明了,但易刑律中,实有窒碍四字,应从严格解释,不得滥用。
1929年3月	院字第24号	查印花税暂行条例,于应贴印花之文件,既已分类列出,自不得任意牵混,应以乙说为是。惟同条例所定罚金,系行政罚之一种,并非特别刑法。①

---

① 此条之中的"乙说",其内容为:"乙狭义说,谓印花税定有罚则,不得谓非特别刑法,**应取严格解释。**若如甲说范围太广,商民决不甘服,明明抄数通知,将来收到款项,再挈给印花收据,显无瞒税之决心,依甲所举之例,既未表示某项货物,自非货物凭单,银钱尚未收取,亦不能视同收据,何得比附援引,扩而充之。"

(续表)

时间	解释号	解释内容
1930年7月12日	院字第306号	（一）刑事诉讼法第二百二十七条所称县长、公安局长、宪兵队长官有侦查犯罪职权者，系单指有侦查犯罪之职权与检察官同，并非谓检察官应有之其他职权上开各款均得行使，至该条所称必要情形，无论法律上之必要及事实上之必要，均包括之。前者例如证据即将湮灭、共犯将即逃亡，非带同嫌疑人实行搜索不能获得时，后者例如嫌疑人忽罹重病或交通有阻碍时，凡此之类。关于移送，均得不拘于三日期限。惟此种例外，应从严格解释，且不得因此而牵涉羁押权之行使问题。

虽然从形式上看，在民国法律解释的实践中，有关狭义解释或者严格解释的概念出现的较少，但这并不意味着这种解释方法在现实之中发挥的作用不大。更不能据此就断言，民国法律解释多采扩张解释之方法。

有关狭义解释之情形，有意思的是院字第2609号。在这份于1943年11月30日致国民政府文官处的解释文中，司法院指出：

> 优待出征抗敌军人家属条例第二十八条所谓出征抗敌军人在应征召前出典之田地或房屋，系指出征抗敌军人在应征召前自为出典人而出典之田地或房屋而言，若出征抗敌军人之家属，在该军人应征召前出典之田地或房屋，则惟该军人因其家属已死亡自为继承人而承受者，得与自行出典同论。其余皆不包括在内。同条例之名称，虽有优待出征抗敌军人家属字样，然其内容，非以直接优待家属者为限。有就出征抗敌军人之财产上法律关系为优待之规定，俾该军人所扶养之家属，受间接之优待者，第二十八条之规定，即属于此。甚有就出征抗敌军人之身份上法律关系为优待之规定，而其家属未尝因此而受优待者，如第三十条之规定是，各该条既仅就出征抗敌军人本身之法律关系定其特则，自不得拘泥条例之名称，扩张于其家属之同种法律关系。

从中可以看到，法律解释机关在解释法律规范时，始终严格按照法律规范之真意来进行，避免因拘泥于条例之名称而所为之扩张解释。

如果把狭义解释或者严格解释的标准稍微放得宽一些，那么在民国法律解释的方法论实践中，凡是解释例文的内容中出现"以……限"的，其实大多都是可以被看成为严格解释，更贴切地说是"限制解释"的一种立场体现与方法实践。比如1931年3月21日的院字第475号解释认为："适用陪审制，以反革命案件陪审暂行法第三条所规定之情形为限。"又比如1931年8月24日的院字第574号解释指出："（一）刑法第六十条所定没收之物，除他项法令有特别规定外，仍应以动产为限。"再比如1931年9月22日的院字第587号认为："查教育会法第十六条关于教育会会员之资格，以列举各款为限。

来函所称毕业人员,是否合于各款之一,应依同条第二项加以审查,如与各款不合,即难认其有会员资格。"还比如,在 1931 年 11 月 21 日复江西高等法院首席检察官的院字第 620 号解释中,司法院指出:"(一)戒严区域与剿匪区域,如未明定,应以负有戒严或剿匪职责之军事长官所管辖之区域而事实上正在戒严或正从事于剿匪者为限。"

除此之外,在民国法律解释的实践中,从实质意义上来看属于狭义解释的解释例文,主要包括以下内容:

时间	解释号	解释内容
1932 年 6 月	院字第 774 号	……(三)提起反诉,以对于自诉人为限;若对于自诉人以外之第三人提起,自不合法。
1932 年 10 月	院字第 797 号	自诉案件应以未经检察官侦查终结者为限,方得提起。
1935 年 3 月	院字第 1240 号	外国人得任中国之公司股东、董事或监察人,应以该公司章程及现行法律无限制无限。
1935 年 3 月	院字第 1246 号	刑法第二百四十条第二项之被害人,以未结婚之未满十六岁女子为限。
1935 年 6 月	院字第 1298 号	……(二)供犯罪所用之物,以属于犯私盐罪者所有为限。(参照院字第一二一五号)
1936 年 11 月	院字第 1586 号	对于船舶之强制执行,得依补订民事执行办法第二十一条准用关于不动产执行之规定者,应以船舶法第一条所称依海商法规定之船舶为限。
1941 年 2 月	院字第 2129 号	公务员惩戒法第四条所称之停止任用,不以停止其原职之任用为限,其他委任职以上公务员之任用,亦包括在内。
1943 年 3 月	院字第 2491 号	广西省禁赌办法第十六条所谓赌犯身上之金钱物品,应以足认为供赌博所用或预备及赌博所得者为限。
1944 年 11 月	院字第 2770 号	惩治盗匪条例第七条第二项所定,因前项财物变得之财产利益,系以基于盗匪所得之财物予以变得者为限。如盗匪将其所得之财物,消费殆尽,并未因此消费之结果直接得有财产利益,纵令间接生有利益(即非基于变得而来),亦属不能包含在内。
1945 年 1 月	院字第 2806 号	……(二)修正妨害兵役治罪条例第十一条第一、第四两款之犯罪主体,以应服兵役之壮丁为限。

为了更好地展示"狭义解释"之方法在民国时期法律解释实践中的整体格局与运作机理,本书联系解释例与判决例,就民国时期刑事法解释实践中有关"重伤"的认定问题,予以进一步关注。

大理院 1916 年上字 140 号判例指出:"所谓毁败语能及一肢以上之机能者,仍指伤害之结果而言。若一时不能说话坐立,不过系受伤后之状态,究应发现何处结果,非经鉴定,不能当断笃疾。"而在大理院 1919 年上字第 34 号判例中,"刑律第八十八条第一项第四款所谓毁败,系指全部丧失用者言之,若仅屈伸不能自如而尚能行动者,自未至毁败之程度。"大理院 1919 年上字 434 号判例指出：

> 被害人所受伤害,果系笃疾,抑系废疾？自以其机能是否毁败或减衰为断。据鉴定结果,被害人之左腿,虽不能如右腿之屈伸灵动,然究未达于全部丧失之程度,其行之必用拐杖,亦不过须赖他力之补助,其机能尚未完全毁败,仍属于减衰之范围。

而在大理院 1919 年上字 690 号判例中："被害人所受腿伤,是否已臻于毁败,即是否已成笃疾,亦不能以验伤时骨之断折为标准,须就医治后之实在状况以为断定。"可以与当时学者的观点相互发明：

> 暂行刑律乃以毁败机能与重大不治为笃疾,减衰官能为废疾,现行法虽废去废疾一级,而仍以毁败机能及重大不治为重伤。所谓毁败机能,依暂行刑律笺释,乃谓全部丧失其能力,以与减衰其一部或衰弱其能力者区别之。前大理院判例及解释,亦系从此。现行法所称毁败,是否仍应从旧律毁败之语义,虽不无疑义,自重伤从重科之点言之,自应严格解释,仍从旧义为宜。①

不仅仅只是在刑事法领域才会出现狭义解释,民事法规范解释领域中也存在狭义解释之方法。典型的如 1928 年 3 月解字第 47 号法律解释文("查女子继承财产,系指未出嫁之女子而言,不问有无胞兄弟,应认为有同等承继权;至出嫁之女子,对于所生父母财产,不得主张承继权,业经本院解字第 34 号解释有案"),将女子继承财产之"女子",解释为"未出嫁之女子"。大理院在民事判决 1914 年上字第 29 号中②,亦将现行律所规定的、可以提起诉讼的"应继之人"定义为"有承继权的人"——即只有对他人有承继权的人才有对他人选择嗣子起诉的权利,同样所作的乃是一种狭义解释。

除此之外,狭义或者限制解释还会出现在诉讼法领域中。1914 年 10 月 26 日,在覆司法部咨文的统字第 171 号解释例中,大理院指出：

> 查本院判决例,凡参与辩论人,若以审判长所发指挥诉讼之命令,或审判长及陪席推事之发问为违法,有所不服者,应自向该审判衙门声述异议,即由该审判衙门以绝对裁判之,不许遽行声明抗告,至对于审判

---

① 陈瑾昆：《刑法总则讲义》,吴允锋勘校,中国方正出版社 2004 年版,第 56 页。
② 该案为"刘爱芹与刘钰庆因承嗣纠纷上告案"：刘钰庆立他的已故侄子刘爱频为嗣,基于爱频无子,于是钰庆又为爱频立嗣作为自己的嗣孙,因此,钰庆身后,财产归爱频的守志之妇刘吕氏监管。他的另一个侄子爱芹,以"爱频无子而原本无应继资格,不得舍上告人不立,而立爱频并为爱频立嗣以为钰庆嗣孙"为理由提起控告。这一观点从实体角度看并没有道理,但大理院予以直截了当的回答："……立已故之侄为子,又为其侄立嗣以为自己嗣孙,是否合法截现行律上虽无明文规定,然按现行法例立嗣之合法与否非有承继权人不得主张"。大理院依据在钰庆生前,刘爱芹曾因为与其发生承嗣之争,在和解协议中明确的写明放弃承嗣权利,仅仅争执产业的事实,认定爱芹没有起诉的权利,也就据此作出了驳回判决。

衙门,因指挥诉讼所为分离并合限制,或终止辩论之决定,如有不服,亦只能径向审判衙门声请其自行依法撤销,又证据决定,审判衙门得自行撤销或变更,而当事人亦可声请其撤销,并本于新辩论声请其变更,惟均不许遽行抗告,凡此诸端,皆本院依据条理,对于诉讼法则之解释,意在限制抗告,以图诉讼进行之迅速。此外依诉讼法条理,苟有可以认为绝对不许有抗告程序之件,即限制之亦无不可。惟现在尚乏其例,至来咨第一款所述抗告程序,正合现在办法,惟抗告审衙门,直接收受抗告状办法,仍应参照本院二年咨送各省上告注意事项中第八条之说明。……

六、反向解释

所谓反向解释,乃是指依据法规范之文字,就其意涵所指之相反方向,推论出其反向之结果,藉以阐明法规范之真意。这种法律解释方法在民国法律解释的实践中虽较少运用,但对法规范意涵的限定却能够发挥相当之作用。例如,1946 年 10 月司法院院解字第 3266 号法律解释文指出:"本年二月十八日公布施行之银行存放款利率管理条例,系对于民法第二百零五条所设之特别规定;银行放款利率如未超过该条例所定之限制,虽已超过周年百分之二十,依该条例第四条之**反面解释**,亦应认债权人有请求权……"该法律解释文正是通过对法条反向意涵之揭示,以进一步确证其正向意涵的成立与不可置疑性。又比如院解字第 3818 号,在这份于 1948 年 1 月 27 日咨行政院的解释文中,司法院指出:"票据法施行法第十五条既明定依票据法第一百三十三条第一项之规定,业经付款人保付之支票,不适用票据法第十五条、第十六条之规定,**自无从为相反之解释**。"很显然,该解释文中所谓"无从为相反之解释",即是从反向之角度确证依法所作之正向解释的确定性以及法规范适用之正确性。

第四节　类推解释与类比适用

类推解释指的是在"解释法文用语之文义时,用体系解释之方法,类推其他法条用语之含义加以阐释",以期"在文义之可能范围内阐释法律之意涵"。一直以来,类推解释往往与类(比)推适用相混淆,有学者将两者统称为"类推"。比如,冈田朝太郎就曾指出:"比附援引者,如一定事件,为法令所未规定,准用相似之规定之谓也,故普通又称为类推解释,然不若称为类推应用之较为得当耳。"[①]从理论上看,类推解释与类(比)推适用这两者间的区

[①] 〔日〕冈田朝太郎口述、熊元翰编:《法学通论》,何勤华点校,上海人民出版社 2013 年版,第 54 页。

分主要在于：后者"乃是本诸'相类似之案件，应为相同之处理'之法理，依逻辑之三段论法推演而成"；前者"无须透过三段论法加以推演"①，重在强调对相似之法条或法概念进行相似之理解。例如，最高法院在 1933 年上字第 748 号民事判决例中对"类推适用"就作了如下之说明：

> 有同一或类似之法律理由时，应认同一或类似之法律效果，为法理上所当然。依旧法索立之嗣子女，固非与民法上之养子女全然同一，而其以他人之子女为子女，则与养子女无异。故民法亲属法编施行后发生之终止嗣子关系事件，应就民法关于终止收养关系之规定，适用类推。②

但是在民国法律解释的实践中，由于"事实的认定"与"规范的发现"之间往往紧密相关联，因而造成类推解释与类推（比）适用不仅交替且频繁的出现，两者往往被混淆起来使用。

兹举以下法律解释文为例：

时间	解释号	解释内容
类推解释		
1915 年 6 月	统字第 274 号	查审判厅试办章程第五十四条及第五十二条规定，均非强行法规，于母子间相互委任代诉及职官妇女老幼废疾为被告时，自可类推解释，一律适用。
1915 年 12 月 2 日	统字第 371 号	本院查民法原则，婚姻须得当事人之同意。现行律例，虽无明文规定，孀孀妇改嫁，须由自愿；则室女亦可类推，以定律言。婚姻固宜听从亲命，然苟乖乎礼教，背乎人情，审判衙门仍有裁夺之权。
1916 年 3 月	统字第 418 号	据现行律，卑幼私擅用财条例类推解释，经认知之同宗奸生子对于异姓乱宗之案，别无应继之人，亦得告争。
1917 年 3 月	统字第 588 号	定婚后女患癫痫，其程度如系重大者，可查照本院民国四年上字第二三五七号，③就律例类推解释之判例办理。
1917 年 4 月 10 日	统字第 605 号	查刑事诉讼律草案未经颁行部分，除现行法令已有规定者外，自元年以来，累经本院认为条理，参酌采用，著为先例。如二年抗字第一号决定，统字第五十九号解释，固已言明。而统字第八号类推解释，与选任辩护人办法，均系采用该草案，实不自统字第五二五号始。

---

① 杨仁寿：《法学方法论》，中国政法大学出版社 1999 年版，第 161 页。
② 1964 年台湾"最高法院"在台上字第 3518 号民事判决中又进一步强调："民法总则规定之事项，仅于其它各编或其它法律无特别规定者，始得适用之。又类推适用，以无法规可资引用为前提，若某种事项，法律已经明定，即无类推适用之余地。"转引自黄茂荣：《法学方法与现代民法》，台湾 1993 年自版，第 438 页。
③ 1915 年上字第 2357 号判例要旨："……婚约之重要内容之当事人，其身体上嗣后既有重大变动，即与订约时当事人之意思不能符合，故亦须明白通知。若为相对之人所不愿，即婚约因之失效，自不得以无故辄悔之例相绳。"

(续表)

时间	解释号	解释内容
类推解释		
1917年9月	统字第677号	查民事现在继续有效之现行律载,京城官地井水,不许挑水之人把持多家,任意争长价值,及作为世业,私相售卖等语;兹就民事言,该律例对于以官地井水营业者,明禁其有分段专售之权,以此比例类推,私地井水,虽所有者可以自由营业而把持售卖,则为贯彻律例保护一般市民之精神,亦当然应认其同归禁阻,是法有明文,即令习俗相安,仍未便显然悖反,此种惯行,即不能认为权利,而予以积极之保护。
1917年	统字第732号	甲乙父子同居共财,乙出名之财产如别无可认为甲之财产之根据,自系乙之私产,则非得乙之同意,未便听其处分,反是若果系遗产,则甲应于不害应继遗留分(据本院判例本于嫡子违法条例第一条末段之类推解释,遗留分须与得处分之遗产不失均衡)之限度内,为处分之行为,否则不能对抗其承嗣之乙。
1919年11月18日	统字第1130号	查上告审裁判在宣判之日,即属确定,又裁判之执行,依现行法令本有一定之程序,惟在有期徒刑之被告人,依刑律第七十九条规定,凡未备执行程序之监禁日数,既得算入刑期,则判处罚金之被告人,在律虽无此项明文,自应类推解释,于罚金刑之被告人,亦准将判决确定后之监禁日数折抵罚金。
1919年	统字第1140号	查依家政统于一尊之义,甲妻乙为丙主婚,未经通知取甲同意,诚属不合。惟丙既已情愿与戊成婚,为维持社会公益计,自可准照现行律男女婚姻门所载,卑幼出外,其父后为定婚,卑幼不知自娶之妻,仍旧为婚之法意,类推解释,认该件婚姻,仍为有效。
1922年6月22日	统字第1744号	查现行律例载,为成婚男女有犯奸盗者,男子有犯,听女别嫁,女子有犯,听男别娶;又载期约已至五年,无过不娶及夫逃亡三年不还者,听经官告给执照,别行改嫁各等语,是凡犯有破廉耻之罪,与奸盗相类似,或被处徒刑在三年以上而经开始执行者,依律文类推解释,均应许男女之一造,请求解约,来函所述情形,如被处徒刑在三年以上,已经开始执行,自应许其诉求解除婚约。
1922年10月	统字第1780号	现行律载有妇人夫亡子守志者,合承夫分等语,来函所述甲之遗金,依该律文类推解释,在未立继以前自应归其妻丙管有,惟丙亦不得滥行处分。
1924年8月30日	统字第1887号	查亲生子分析遗产,不问妻妾所生,止以子数均分,养子为所后之亲喜悦者,所后之亲死后,仍应酌分财产,此在现行律户役门设有规定,亲女应否酌分,现行律虽无明文,而就关于义男女婿之规定类推解释,苟为亲所喜悦,即无论其亲或存或亡,亦得酌量分给。
1945年2月	院字第2823号	夫妻之一方叛国附敌,在未反正以前,他方因此所受精神上之痛苦,实较受不堪同居之虐待为尤甚,依民法第一千零五十二条第三款之类推解释,他方自得请求离婚。

(续表)

时间	解释号	解释内容
类推(比)适用		
1913 年	统字第 92 号	田房税契章程典当逾二十年不赎者,即作为绝卖,自应以时效原理解释。凡找价在二十年内者,认为时效中断,找价在二十年外者,无中断效力,时效仍为完成,惟推察事实,当有找价在二十年内而当事人意思有确证认定其即为绝卖者,应以绝卖论。
1923 年 8 月 4 日	统字第 1838 号	查告诉人依修正县知事审理诉讼章程第二十五条呈诉不服之案,既应以检察官为上诉人,第二审自无从以裁决直接驳斥告诉人之请求,如果有此类裁决,告诉人得依刑事诉讼条例第四百三十一条第二项抗告(统字第三八三号解释,应不复适用),余可类推。
1929 年 11 月	院字第 173 号	来文所谓房客押租,既其性质与佃农上庄相同,自应查照关于佃农上庄之贴补标准办理。
1930 年 6 月	院字第 297 号	查关于商标仿造与伪造意义相同,则凡意图欺骗他人而仿造商标者,自应依刑法第二百六十八条之规定处断。①
1931 年 12 月	院字第 639 号	外国合伙商行之经理人,以其商行名义与他人为法律行为,如该商行合伙员已不在中国或有其他难使该合伙员负责情形时,自应比照民法总则施行法第十五条之特别规定,由行为人即经理人负其责任。
1932 年 2 月	院字第 690 号	乡镇自治施行法第四十一条第二项之拘禁,参照区自治施行法第三十九条第二项之规定,当然亦于遇有必要时为限,关于拘之必要,例如不拘则犯行不止或即逃亡,关于禁之必要,例如拘获后之备函或中途有阻碍时,均非漫无限制,尤不得牵涉羁押权。
1933 年 1 月	院字第 844 号	查反省条例第五条第一款所谓受反革命罪刑之执行一语,依刑法内乱条文处断之案件,如其实质与反革命罪相当者,亦包括之。
1933 年 10 月	院字第 986 号	按地上权之地租与租赁契约之租金,固属不同,然就其"因使用土地而支付金钱为对价"之点言之,则二者实相类似;故关于民法第四百四十二条之规定,于地上权地租之增加,亦应类推适用。
1935 年 1 月	院字第 1203 号	……(二)刑诉法并无征收勘验费用之规定,关于附带民诉必须履勘时,自难比照独立民诉征收费用。
1935 年 5 月	院字第 1278 号	(一)当事人约定之契约须用一定方式者,在未完成方式前,依法应推定为不成立,当事人自得变更其要约或承诺。
1936 年 2 月	院字第 1426 号	妻在婚姻关系存续中,而未与其夫同居时受胎所生之子女,如其夫未于知悉子女出生之日起一年内提起否认之诉,即应依民法第一千零六十三条第一项规定,推定为婚生子女。

---

① 1930 年 6 月,司法院院字第 299 号法律解释文:"仿造商标与刑法第 268 条所谓伪造商标意义相同。"

(续表)

时间	解释号	解释内容
类推(比)适用		
1938年11月	院字第1810号	来函所述各节,除伪造公印或公印文,构成刑法第二百十八条第一项之罪外,其余伪造资格证件,必审查其内容足生损害于公众或他人者,始能成罪,不能为抽象之推定。
1939年5月4日	院字第1885号	业经登记之公司、商号,如有他人冒用或以类似之商号为不正之竞争者,虽在公司本支店所在地之城镇乡以外,依商人通例第二十条第一项规定,公司亦得请求禁止其使用,并得请求损害赔偿,惟是否为不正之竞争,须由公司负证明责任,与同条第二项所定在同一城镇乡以内,推定其为不正之竞争者不同而已。
1940年12月	院字第2267号	民法第四百四十二条之规定,于永佃权佃租之增减,亦应类推适用。
1941年12月30日	院字第2271号	……(二)收养子女违反民法第一千零七十四条之规定者,民法虽未设有类于撤销结合之规定,仅许一定之人向法院请求撤销,但结婚与收养子女,同为发生身份关系之行为,关于撤销违法结婚之规定,在违法之收养,亦有同一之法律理由,自应类推适用。况民法施行后颁行之民事诉讼法第五百七十九条以下就撤销收养之诉,规定特别诉讼程序,实以民法上认有撤销收养之诉为前提。所谓撤销收养之诉,系指请求法院以判决撤销收养之形成诉讼而言。收养子女,因有民法第八十八条、第八十九条、第九十二条等情形得撤销者,依民法第一百十六条之规定,其撤销只须以意思表示为之,确认此项意思表示有效与否之诉讼,为确认收养关系成立或不成立之诉,并非撤销收养之诉,民法上既别无关于撤销收养之诉之规定,则关于撤销结婚之规定,于违法之收养应类推适用。按诸民事诉讼法,就撤销收养之诉,规定特别程序之法意,尤无疑义,故有配偶者,收养子女未与其配偶共同为之者,其配偶得向法院请求撤销之。并非当然无效。
1943年12月	院字第2618号	盐专卖暂行条例第三十八条,所谓一倍至五倍云者,系指以所倍之数字与当地盐价相乘之数而言,例如当地盐价十元处以一倍之罚锾仍为十元余由此类推。
1944年10月11日	院字第2761号	……(二)依减刑办法第二条第一项第一款将原处无期徒刑之犯,减处有期徒刑十五年时,该条第二项既无准其将已执行之日数算入减刑后刑期之明文,自属不得算入,亦无类推适用刑法第四十六条之余地,惟其减刑后之刑期,应自减刑办法施行之日起算。
1944年11月16日	院字第2773号	(一)出征抗敌军人之妻,在与该军人之婚姻关系存续中受胎所生之子女,虽在受胎期间内,该军人未与其妻同居,依民法第一千零六十三条第一项之规定,亦推定为该军人之婚生子女。
1946年10月	院解字第3278号	……至该伪系就有物担保之债权施行担保物权而受清偿者,依同条第三款之类推适用于该银行因而受利益之限度内亦有清偿之效力,若该银行概括承受该伪银行之财产者,可推定该银行系因而受利益。

(续表)

时间	解释号	解释内容
类推(比)适用		
1947年4月	院解字第3428号	征收土地应补偿之地价及其他辅助费,虽遇有土地法第二百二十八条上段所定之情形时,仍应依同法第二百三十三条于公告期满后十五日内发给之;惟依同法第二百三十七条第一款之类推适用,得将款额提存,待同法第二百二十八条所定之三十日期满后,再依同法第二百二十一条为之清算结束。
1948年6月	院解字第4095号	误认为敌伪产业而予以查封之私有房屋,纵因公共事业之需要,曾拨交需用房屋人使用,但经撤销查封发还所有人后,仍无从就土地法关于土地征用之规定类推适用,认该需用房屋人有优先承租权。

从这些法律解释例文、尤其是表明为"类推"的解释文中可以看出,类推解释与类推(比)适用的区分其实并不是那么泾渭分明。更多情况下反而是,在一个法律解释文中往往既有类推解释也包含类推(比)适用。

除解释例文外,判决例中也会出现类推解释和类比适用的情形。典型的比如1917年上字第922号。该判决例认为:"按现行律例,夫妇有义绝之状请求离异者,准其离异,依此**类推解释**,凡定婚当事人彼此有义绝之状者,当然可以准用该律规定,准其解除婚约。"1917年上字第1176号,该判决例指出:"依现行律,嫁娶皆由祖父母、父母主婚之规定,**类推解释**,凡养母之翁姑,对于养女当然亦有主婚权。"1916年上字第71号判决例认为:"孀妇改嫁,除夫家有祖父母、父母者外,应由母家祖父母、父母主婚,此项条例在妾于家主死后适人者,可自**比照援引**。"

尽管在法律实践中区分类推解释与类推(比)适用是件困难的事,也尽管有学者甚至认为对这两者进行区分"吃力不讨好",但即便如此,就类推解释和类推(比)适用而言,结合民国法律解释的实践,仍需要强调以下四个方面:第一,在民国法律解释实践中,它们都是受到严格的限制,都被要求在法定的范围内依法行使,要符合依法解释或法定适用的原则要求。1948年6月院解字第4095号法律解释文即鲜明地反映了此一要求。第二,尽管类推解释与类推(比)适用难以区分,但仍要注意类推解释与类比适用的差异:既要意识到类推解释是一种法律解释的方法,更侧重于追寻法规范之意涵上的类似性;而类比适用却是一种法律适用的方法,更侧重于法规范适用结果上的类似性[1];也要意识到作为一种方法的类推解释"本身并没有好坏的区别"[2],而"类比,乃法律学成熟时期中最有价值的工具,但在法律学的初生时

---

[1] 〔德〕考夫曼:《类推与"事物本质"——兼论类型理论》,吴从周译,台湾学林文化事业有限公司1999年版,第85页以下。

[2] 蔡枢衡:《刑法学》,独立出版社1943年版,第20页。

代却是最危险的陷阱"①。第三,在不同性质的法规范解释和适用中,两者的空间都是不同的;要注意刑事法律规范和民事法律规范在解释方法选取上的差异,不能一概而论。第四,当然也是更为重要的,即无论是类推解释还是类比适用,都要谨防以免"蹈比附援引之嫌"(统字第 347 号),尤其要避免其突破合法律性的规范要求。

进一步,由于类推解释与"比附援引"紧密相关联,因而基于对"比附援引"的否定,对类推解释往往也采取否定之态度。在民国法律解释的实践中,虽然对"类推解释"的方法使用留有相当谨慎之空间,然而对于"比附援引"则是完全否定的。有关这一点,在统字第 1131 号解释例中可以看出。在这份于 1919 年 11 月 18 日复财政部的解释文中,大理院指出:

> 本院查欺隐熟地粮税,与领垦荒地升科,即未报户入册之情形,迥不相同;刑律第十条明定法律无正条者,不论何种行为不为罪,自不得比附援引,以为科断。本院前经咨请贵部,早为筹备,即因将来如遇此项案件发生,依律除宣告无罪外,别无制裁之条。来咨拟比照国有荒地承垦条例第二十七条办理,实与现行刑律所定未免抵触。相应咨烦请贵部仍查照前咨酌夺办理可也。

除此之外,就民国时期法律解释方法之整体而言,尚需补充说明以下几点:

第一,就最宽泛意义上所作的区分,法律解释可以解释权力主体的不同区分为立法解释、司法解释和行政解释。从民国法律解释的实践来看,多应归为司法解释。与此同时,由于坚持"释法"而不"造法",因而实质上具有"造法"意涵的、类似于立法解释意义上的解释例文也难以看到。零星的比如院解字第 3102 号。在这份于 1946 年 3 月 12 日指令最高法院的解释文中,司法院认为:

> ……(二)惩治汉奸条例第三条,所谓曾在伪组织或其所属之机关团体服务,凭借敌伪势力,为有利于敌伪或不利于本国或人们之行为,而为前条第二款以下各款所未列举者,概依前条第一款处断云者,原系就同条例第二条所为之一种立法上解释,盖因此种行为虽不合于第二条第一项第二款以下各款列举之规定,其已直接或间接通谋敌国,而为反抗本国之企图,业已充分表现,仍应成立同条例第二条第一款之罪。其情节轻微者,自亦有同条第二项之适用。

第二,根据解释所及法域之不同,又可将民国法律解释之方法大致区分为宪法解释方法、民法解释方法、刑法解释方法、诉讼法解释方法等不同的类

---

① 〔英〕梅因:《古代法》,沈景一译,商务印书馆 1963 年版,第 11 页。

型。从民国法律解释的实践来看,大部分的解释文都是涉及非宪法性解释及其方法的论域。但也偶有涉及宪法的解释。比如院解字第 3963 号,在这份于 1948 年 5 月 4 日训令最高法院的解释文中,司法院指出:"国立大学校长于当选立法委员后,得否兼任原职,系属将来之宪法解释问题,未便解答。"很显然,由于函请解释之内容涉及宪法性的问题,因而法律解释机关未便予以回答。

第三,无论是文理解释,还是论理解释,亦或是其他各种具体的法律解释方法,其目的都是为了寻求法规范之真意;因而在法律解释实践中,两者之使用并非非此即彼的,而往往会被综合起来使用。比如,1915 年 7 月 28 日大理院统字第 298 号解释例指出:

> 查县知事兼理诉讼暂行章程第三十八条、第三十九条,关于原告诉人呈诉不服程序,经本院就该条文理解释,其无理由者,准驳之权,应操诸审判衙门,函复总检察厅;嗣经贵部本于检察职权作系统解释,咨商到院,当经本院咨复在案,兹准前因,查该厅原详所举两端,均由奉行法则者之有错误而非实在窒碍情形,征诸诉讼通例,宣告无罪案件,除已依法保释外,应于判决确定后释放被告人,所以留上诉之余地,即在禁止原告诉人直接呈诉不服之法院,亦宜遵守此法则,以备检察官之上诉,又纵令对于县知事判决采系统解释,检察官根据原告诉人之呈诉不服,认为有理由提起上诉者,亦事所恒有,均不能于判决宣告后,未经过上诉期间,即行释放。

又比如,1919 年 8 月 15 日,在复湖南高等审判厅的统字第 1055 号解释例中,大理院指出:"县知事应送复判之案,从复判章程第一条**文理解释**已经控告,自毋庸更送复判;惟不送复判,则初判如有错误仍不能审核纠正,与**立法本意**反有违背;本院业经变更从前解释,认未经控告审就实体上审理之案,仍应送请复判。"还比如,1919 年大理院统字第 1072 号解释例认为:

> 县知事审判刑事之案,应送复判者,从复判章程第一条文理解释,固以未经控告者为限,惟不送复判则初判如有错误,仍不能审核纠正,在与立法本意究嫌未洽,本院业已变更解释,认未经控告审就实体上审理之案,均应送请复判,是当事人于判决时声明不上诉旋又声明不服,经控告审驳回者,仍送复判。

从上述的这几条法律解释例的内容来看,它们首先都使用了文理解释的方法,并用论理解释之方法以对文理解释所得之明显不合理之法意予以矫正,以求其能够更加符合法律之真意。

有意思的是 1917 年 3 月 14 日的统字第 591 号。在这份复江西高等审判厅的解释文中,大理院认为:

(一)查现行律婚姻门出妻条所称无子之义,系指为人妻者达到不能生育之年龄,而其夫除另娶外别无得子之望者而言,盖该律主旨,在于得子以承宗祧,故凡夫已有子(如妾或前妻已生子或已承继有子之类),或虽不另娶妻,亦可有子者,当然无适用该条之余地,其不能生育之原因,仍须在妻,更无待言。至不能生育之年龄,诚如来函所述,应准用立嫡子违法条内所定五十以上之岁限,又妻虽具备无子之条件,而有三不去之理由者,仍不准其夫离异,此律所明定也。

从这份解释例的内容来看,大理院首先在采取文义解释之方法时,其文义的内容上亦考量到了文理;而此处之文理,又来自于该律之主旨。这意味着在法律解释的实践中,文理与论理之方法往往是相辅相成的,共同作用于妥恰法规范之解释以及适用。

第四,即便是论理解释,其中的法律方法使用,也并不只是单一性的,而往往也可能会是多方面的。比如当然解释与目的解释的方法会被同时使用。统字第102号解释例文就体现出了这一点。在这份1914年2月19日复广东高等审判厅的解释文中,大理院指出:"查新刑律立法本旨,博具并非禁制品,观同律第276条之但书,可以得当然之解释,则单纯贩卖贩运私藏者,自非犯罪行为。"同样,在统字第1306号解释例中也可以看到这一点。这份于1920年5月28日复安徽高等审判厅的函文指出:

查从刑不随主刑加重减轻,在刑律第六十二条既有明文,则主刑纵因减等减至拘役,而褫夺公权不得减免,本甚明显;虽同律第四十七条但书,复有褫夺公权,以应科徒刑以上之刑者为限之规定,然只系对于得褫夺公权各条之限制,本院解释亦因该条但书之褫夺公权,本在审判官自由裁量之列,主刑既仅处拘役,罚金即不夺权,于律尚无违背,故认该条所称,应科徒刑,可释为宣告刑;来函情形,系法律定明,必须褫夺,当然无引用该条法意之余地。

又比如,目的解释与狭义解释的方法也会被同时使用。统字第1503号便是例证。因为在这份解释例文中,大理院指出:"惩治盗匪法第三条第五款所称刑律第三百七十三条之累犯,**应从狭义解释**,以初犯及累犯均属刑律第三百七十三条之罪而既遂者为限,方合该条款特别加重之**本意**。"这其实意味着,它同时采用了目的解释与狭义解释之方法,来寻求法规范之真意。

第五,若以法律解释所及之法规范的性质和内容来划分,那么刑事法律解释在解释方法的选取上更趋于严格,不仅解释法定乃是其重要的解释原则,而且文理解释也是其首选的解释方法;不仅法律解释要始终秉持严格之态度,而且类推解释的使用亦受限制。例如,上海租界临时法院电称:

惩治盗匪暂行条例第一条第十三款,聚众二字,依来电解释(须多众聚集合有随时可以增加之状况,若仅结伙三人以上,不得为聚众),然按诸实施,盗匪欲图抢劫,必先结伙,似非随时可以增加,此种随时可以增加之状况,只刑律上内乱、骚扰、妨害公务等罪有之,抢劫之案,尚无先例;是此款实等于虚设。且即或间有此种情形,亦可包括于同条款第九款之中,适用该款处断,似更无须别立专款致相重复。此尚有疑义应请补行解释者一。又同条第二款,依来电解释(该款以致人受损害为构成要素,而损害又系犯罪之结果,自为结果犯)。是未遂者当然不能援第二条第二款处断,然细绎第二条第二款,既有前条各款字样,该款分明亦包括在内,认为结果犯。似与各款二字之用意不合;况所谓损害范围极广,身体上、财产上之损害,显而易见者固无论已;进而言之,若信用上、名誉上、精神上亦均有可以受损害之价值,究竟损害以何为标准,亦不无研究余地,此尚有疑义,应请补行解释者二。

最高法院于1928年2月4日所作的解字第23号法律解释文指出:

(一)刑法上聚众二字,见于内乱、骚扰、脱逃各罪者,皆指多众集合有随时可以增加之状况而言,与强盗罪中之结伙三人以上区别在此;惩治盗匪暂行条例,同为刑罚法规,解释上自难独异;况同条例第一条第四款及第十一款聚众字样,本皆从刑律而来,如悉解为结伙三人以上,则是以三人之数,即可以掠夺据军用地拥首魁法理论,如何可通;倘于同条之中,一解为(须多众聚合有随时可以增加之状况),一解为(结伙三人以上)。文同而义歧;又乌乎可。若将文义予以扩张,尤背刑法严格解释之原则。盗匪图劫,事实上固先行结伙,然例如匪伙若干行劫村镇,地痞流氓随时附合,固亦事属可能,不得断言此种情形绝无得而想象。至第九款所谓结合大帮,不过人数多寡之差别,若以已有第九款之规定,即不更设本款,今且假定本款聚众二字,认为结伙三人以上;则第九款所谓大帮,肆劫程度益为增高,又同系唯一死刑,尤可包括于本款之中。更何有别立专款之必要。安见解为结伙三人以上,即不为重复,惩治盗匪暂行条例中,多为刑律强盗及其他各罪加重之规定,倘该条例中无此特别规定者,仍可依刑律处断,强盗结伙三人以上,自不患无条文可据。若以此等情节较重应处死刑,则应待条文修改。非解释问题也。(二)惩治盗匪暂行条例第二条第一款致人受损害字样,与伤害人致死之致字,意义相同;其同为结果犯,自无容疑;故未至损害,则本款条件尚未具备,即应成立其他犯罪,更何由论以未遂;是本款犯罪与未遂性质不能相容。第二条第二款浑称前条各款未予除外,自属一时疏漏,故只能认为立法用意重在减等,故如此规定;若因其疏漏曲为解释,殊非正当。至所谓损害,不问身体、财产或其他法益,依通常状态,有可以指出其受有损害者,皆包含之;若已达损害程度,不问已否得财,皆为既遂。

从该解释文的内容中可以看出,刑事法律规范之目的解释,受制于严格解释之原则,其主观裁量之空间极为狭窄。而与此略有不同的是,民事法律规范之解释并不严格强调解释之法定,而是依据解释"无法条者依法理,无法理者尊重习惯",注重对民事法规范解释时正式法渊源之外的非正式法源的综合考量;其目的乃是为了民事法规范之解释符合社会之状况。因而在具体的解释方法上,不仅法理解释较为常用,而且类比推理或者类推解释也频繁地被使用。当然,也正是因为此,民事法律规范之解释空间,相对要大得多。

最后仍需说明的是,尽管试图对民国法律解释实践中的法律解释方法予以穷尽列举,但这显然不现实。与此同时,解释方法之意涵与划分上的误读和误解也在所难免。除此之外,在表格中所统计并列举的解释例文,实际上并非某种法律解释方法之全部解释例文,而是其中主要的部分或者说最为明显的条文。这其实也就意味着,本书有关民国时期法律解释方法之实践展示,既是初步的,也是开放性的。

第七章　民国时期法律解释的规范功能

民国时期的法律解释,其内容既涉及对法律规范具体内容的理解,也涉及对法律规范和法律程序该如何使用这一疑问的解答;既包括对函请解释之文件中有关法律疑义及其不同理解间所进行的分析阐释或者直接选择,也包括对案件裁判时使用法律是否妥当予以确证或者论证,等等。因此,民国时期的法律解释不仅针对法律的规范性议题生效,进而也对人们的行为、社会生活和社会关系产生影响。这就使得民国时期法律解释的功能,从整体上来看,既有规范性意义上的,也有社会性意义上的。

法律解释的规范功能,主要指法律解释在法律规范的形成与发展上所发挥的作用。它是以内在视角为观察点,侧重于法律规范形成与发展的内在逻辑与内在结构,追求的是法律规范在逻辑上的自洽性以及在结构与体系上的一致性。它是法律解释的基本功能,也是法律解释社会功能得以发挥的前提性基础。根据民国时期法律解释的具体实践,其规范性功能主要体现在以下的四个方面:说明、确证、补正和更正。

第一节　说　明

所谓"说明",乃是指通过法律解释的方式对法律规范进行阐释。

在民国时期法律解释的实践中,"说明"主要包括对法律规范之内容的说明,以及就法律规范之间的关系所作的说明。与此同时,由于民国时期的法律解释例、判决例等皆具有法规范之意涵与法源之效力,因而其有关法律规范意涵之说明,自然也就会对解释例、判决例等这些广义上的、具有规范性意义的对象来进行。因而可以看到,民国时期法律解释的实践,一方面通过对法律规范、先前法律解释(例)以及判决例等的内容予以说明,以进一步提炼并明确其所含之法律规范及其内容;另一方面则是通过对解释例与解释例、解释例与判决例以及解释例与法条之相互关系予以说明,以明确各法律规范相互间的边界。

一、说明或阐释法条之内容

结合民国时期法律解释的具体实践,本书将针对有关法条内容之说明的法律解释,区分为两种情形:一是说明法条之内容,二是说明法条与法条之间的关系及其内容。客观来说,这两者之间并非是泾渭分明的,很多时候往往是混合在一起的,有许多重叠之处。但是,通过对这两种类型所作的区分,实际上是想就此指出这两者之间的不同侧重,以便于更好地掌握民国法律解释的实践阐述与说明法条之内容的各种情形。

(一) 说明法条之内容

在1913年1月15日复江宁高等审判厅的统字第1号解释例文中,大理院指出:"选举诉讼,本法既无不得上诉明文,自难加以限制;且查选举法第八十二、八十四各条,均采审判确定主义,当然准有上诉权;照本法第九十条规定,初选为三级审,复选为二级审,应即依法办理。"很显然,这条解释例文便是一条典型的、针对法规范之内容予以说明的法律解释。

法律解释的基本功能便是解释法律,阐释法律规范之意涵。因为只有正确地理解和把握法规范之意涵,才能准确地对其予以适用。从民国时期法律解释的实践来看,这一功能的发挥,主要体现在以下这些解释例文之中:

时间	解释号	解释内容
1913年11月13日	统字第62号	查律师暂行章程第二十七条载,律师公会应议定会则,由地方检察长经高等检察长呈请司法总长之认可;第二十八条载,会则应规定之事项,多系公会成立之要件,是会则未经认可,不能有效;会则即未生效力,公会即未达成立时期,故在该会则认可前,法律上无可加入之律师公会。
1913年11月	统字第65号	查刑律第二百九十一条所谓有配偶而重为婚姻,当然包括有夫再嫁者而言。
1913年11月	统字第69号	查试办程一一四条,该条专指刑事执行言,依现行规例,民事判决仍由该案第一审审判厅依法执行。
1913年12月	统字第91号	查新刑律第三百七十一条规定,系包括窃盗已遂未遂而言,但虽在窃盗未遂时,若有该条行为,仍应以强盗既遂论。
1914年1月23日	统字第92号	查新刑律第六十四条第一款规定缓刑期内更犯罪受拘役以上之宣告者云云,是因更犯罪而撤销宣告,应在更犯罪受刑之宣告以后,自应由审理更犯罪之审判衙门于判决后,撤销其宣告。
1914年11月4日	统字第177号	查刑律第三百十三条伤害罪之成立,以毁损人身生理的机能为要件;换言之,即须使人身生理的机能受损害也,强剪头发,虽属强暴行为,然被害者生理的机能,未受损害,即未达伤害程度,不能依第三百十三条处断。
1914年12月	统字第183号	查刑律总则第九条规定,本律总则于其他法令之定有刑名者,亦适用之;是官吏犯赃治罪,亦应适用刑律总则各规定。
1914年12月	统字第192号	查刑律第四十四条之易科罚金,应由审厅于判决时或判决后,因检察官之请求,别以决定谕知,此系法院职权,非检察职权,不能迳由检厅处分。
1915年6月	统字第283号	查刑律第一百五十五条妨害公务罪,官员自系被害人,该条刑罚与法院编制法审判长维持法庭秩序之罚,其性质自不可混而为一。

(续表)

时间	解释号	解释内容
1915年6月	统字第285号	查修正各级审判厅试办章程第三十六条第三项之刑事上诉期间,系专指第一项但书,及第二项被告人不出庭而宣告判决,应照民事规定起算。
1915年10月9日	统字第339号	查纠弹法第六条规定,肃政厅只能受理人民告诉告发官吏之案件,其人民告诉告发人民之案件,不在肃政厅受理职权之列,其诬告者,自不备诬告罪之条件,不能成立犯罪,但对于曾经任职之员,告诉告发其在职之行为者,以告诉告发官吏论,其诬告者,仍构成诬告罪。
1917年6月	统字第634号	查刑律第三百七十三条之罪,如处徒刑,自不能舍刑律分则适用盗匪法。
1917年10月	统字第691号	查现行刑事诉讼律草案再理编第四百六十条规定,非常上告之管辖权,专属于本院,故无论何审级之判决,其非常上告,均应由总检察长向本院提起。
1917年11月20日	统字第697号	查京地审厅民事执行处规则第六条,关于抗告之范围,本限于因强制执行方法及执行时应遵守之程序有所声请或异议,法文明定,不生疑义;不过视发强制执行命令前,有无传讯当事人或其他利害关系人,而有许其迳行抗告,与经过裁断后始许抗告之区别而已。
1918年6月	统字第800号	众议员选举法九七条既仅称初选以高厅为终审,且并无不得审理事实之限制,自可适用抗告程序办理。
1918年12月	统字第892号	查烟酒公卖栈暂行简章第十八条之罚则,系属行政处分,与警察官署所处违警罚性质相同,司法衙门无庸受理上诉。
1919年7月	统字第1027号	查国有荒地承垦条例第三十条虽明定补缴地价之期,但并未说明逾期不缴即当然将地收回国有,故补价逾期,仍得定相当犹豫期间,令其补缴。
1919年7月	统字第1036号	查修正律师暂行章程第一条第一项所谓并依特别法之规定,在特别审判机关行其职务者,当指平政院及其他受理特别诉讼之审判衙门而言。
1919年9月	统字第1082号	查刑律补充条例第四条规定,乃指强奸罪当场故意杀人者而言,甲在强奸未遂,事后丙闻知,找向理论,始又将丙杀害,其杀人行为,自应依刑律第三百十一条处断。
1921年3月	统字第1491号	查民事诉讼执行规则第八十八条所称过怠金,不过为易达执行目的之方法,无力缴纳者,不能援用同规则第七条规定,依试办章程第四十二条办理。
1921年3月	统字第1493号	查商会法第三十一条第二项,仅系商会经费应由会员负担之规定,至于会员之除名或停止选举权,不在本法规定范围以内。
1921年4月	统字第1513号	查科刑标准条例第三条规定情形,除应依刑律第十五条处断者外,如确有侵害之虞或侵害方去而又在实施或预备侵害之场所者,皆属之……
1921年4月	统字第1515号	查刑律第七十七条后段载明以年计者,阅十二月,显不以日计算,何得与计月之法牵混。

(续表)

时间	解释号	解释内容
1921年6月	统字第1543号	查刑诉律草案第二十八条第五款所称推事曾与于前审者,应以曾参与前审之终结者为限。
1921年9月7日	统字第1604号	查刑诉草案执行编第四百八十九条之停止执行,即刑律第七十六条所称停止执行之一种;又刑律第七十六条虽称行刑权之实效,遇有依法律停止执行者停止之,但在刑诉草案执行编未经呈准援用以前,法律既不完备,自不能指参照条理停止执行者,为不合于刑律规定,不得停止行刑权之时效;至停止执行,本应预定期间,唯若未定,固属不合,而其停止执行,尚难谓为无效,行刑权之时效仍应停止。
1922年3月20日	统字第1698号	查县议员选举规则第五十一条为未设厅区域定县议员选举诉讼之管辖,故有但书之规定,该但书所称高审厅兼分厅而言,且邻县地审厅如有当事人之合意,亦可受理,自不患无起诉之虑。
1922年4月1日	统字第1704号	查民诉条例第一八三条公示送达,非依当事人之声请不得为之,如原告人所在不明,不能将言辞辩论日期之传票送达,而被告人又不声请公示送达,诉讼程序即属无从进行,在解释上本无变通办法;又驳斥假扣押声请之裁决,不在同条例第二七八条但书及第五五九条第一项但书规定之列,原自无更正之余地,惟当事人提出之新事实及证据方法,认为应行假扣押时,亦可劝谕当事人撤回抗告,更为假扣押之声请或不撤回而另行声请,以图迅捷。
1922年4月	统字第1715号	查该条(即县议会议员选举规则第五十一条)既规定以开票后十日为限,则计算期限,当包括开票日在内。
1922年5月	统字第1724号	查陆军审判条例第十六条前半载军人犯罪在任官任役前,而发觉在任官任役中者,以军法会审审判之,是如发觉亦在任官任役前者,即不合于前项之规定,自当仍由普通法院审判。
1922年6月	统字第1731号	查县议会议员选举规定第五十一条地方审判厅,管辖该县上诉审之地方审判厅,自应包括在内,观下文但无地方审判厅之区域云云,其意益明。
1922年6月16日	统字第1734号	查民事诉讼条例第九十七条但书,他造当事人支出之费用,以伸张或防卫权利所必要者为限,得求败诉人赔偿云云;所谓必要,自系就客观而言,通观该条例,非取必用律师诉讼主义,则延用律师,既非必要因之律师费用,即无依该但书规定令败诉人负担之理。
1922年6月	统字第1740号	查刑律第十九条所称更犯徒刑以上之罪者云云,系指法定刑而言,受刑人虽仅被处罚金,但其所犯之罪主刑内既有徒刑,则于执行时如发觉其为累犯,仍应按照刑律第二十一条办理。
1922年6月29日	统字第1755号	查刑律分则关于并免现职之规定,如第一百五十条第二项及第一百七十六条,皆限定某种官员或其佐理,而第一百八十五条及第二百七十五条,不限定某种官员,且剔除佐理,故官员犯刑律第二百六十六条至第二百七十二条之罪,应免现职。

(续表)

时间	解释号	解释内容
1922年7月	统字第1762号	查民事诉讼条例施行条例第一条,乃谓施行前提起之诉讼,其以后之程序,应依该条例终结,非民事诉讼条例施行前已经合法成立之行为,亦适用该条例裁判之意。
1922年8月	统字第1768号	查民事诉讼条例第五百四十八条及五百六十六条规定,应由法院就当事人或其代理律师之行为,参酌各该案情形认定裁判,自无抽象标准之可言。
1922年11月10日	统字第1783号	查民事诉讼条例第二百零三条规定迟误诉讼行为者,除本条例有特别规定外,不得为该诉讼行为;至于恢复原状,依民事诉讼条例第二百零五条,以迟误必要之言词辩论日期或不变期限者为限。
1922年12月21日	统字第1789号	民事诉讼条例第二百九十六条,系本诸诉讼开始之法院应行终结诉讼之原则以为规定,故凡起诉以后,诉讼标的之价额增减住址变更,或有其他情事,均于受诉法院之管辖无所影响。
1923年2月	统字第1795号	查民事诉讼条例第五百三十一条,系关于第三审程序之规定,不因县知事审理诉讼暂行章程之存废而有差异,邻县所为第二审判决,当然包括在内。
1923年3月	统字第1803号	查清理不动产典当办法第二条,系关于施行前典产之规定,关于施行后典产,在第八条另有明文。
1923年5月	统字第1816号	查民事诉讼条例第五百三十一条,既明定计算上诉利益,准用第五条至第十三条规定,则第三审法院,就讼争财产,自有审查核定之职权。
1923年7月11日	统字第1824号	查刑事诉讼条例第三百五十八条所列告诉乃论之罪,经兼理司法事务之县知事为第一审判决后,被害人(即为第一审之告诉人)对于县判声明不服,应认为私诉人之提起上诉。
1923年7月	统字第1825号	查刑事诉讼条例第三百五十八条第四款所举刑律第三百六十七条及第三百七十七条之窃盗及强盗罪,既为该条前段所称告诉乃论之罪,自系指刑律第三百八十一条第二项,对其他亲属犯前项所列各条(即第三百六十七条及第三百七十七条第一项)之罪而言。
1923年12月11日	统字第1857号	查修正诉讼费用规则第九条所定执行费,为应入国库之一种规费,一经开始执行之后,无论是否因执行终了,均得依法向债务人征收,除鉴定等费外,不应先由债权人垫交。
1924年4月	统字第1866号	查民事诉讼条例第五百二十二条与刑事诉讼条例第四百零一条规定,原系节省程序,免为同一之记载;凡第一审判决所载之事实,如系合法,即无须重叙,仅载明引用已足。
1924年4月2日	统字第1867号	查民事诉讼条例第二百六十六条规定判决书应记明事实,而事实项下应记明当事人在言词辩论所为之声明及其提出之攻击或防御之方法,并调查证据所得结果之要领。
1924年7月7日	统字第1876号	查刑律第二十条规定三犯以上者,加本刑二等,不以再犯已加本刑一等为限,而第二十一条规定,凡审判确定后,于执行其刑之时,发觉为累犯者,依前二条之例,更定其刑,意谓于执行完毕或免除后,发觉为累犯者,不得依前二条之例更定其刑也。

(续表)

时间	解释号	解释内容
1924年7月12日	统字第1880号	查民事诉讼条例第五百三十一条,既规定因上诉所应受之利益不逾百元者,得不上诉,则凡关于财产权涉讼事件,无论属于初级管辖或地方管辖,均应同一适用。至此项利益,本应由第三审法院以职权调查,若已经就实体上判决发回第二审法院,即应认为程序上应行调查事项,业已调查完毕,无再行变更之余地,第二审更审判决后,当事人再向第三审法院上诉,如无其他不合法之原因,第三审法院当然予以受理。
1924年10月9日	统字第1897号	查刑事诉讼条例第三百五十条第一项,既谓羁押之被告,受罚金等判决者,以撤销押票论,则受此项判决之时,即应以撤销押票论,本极明显;核阅同条例第二百五十五条上半段之规定,与前条尚无不同,而后半段于再议期限内及声请再议中,乃有得命羁押明文,是前条所指判决之时而言,尤无疑义。如果判决未经确定以前,检察官认为仍有羁押被告之必要,应准用同条例第九十二条请求法院另行羁押。
1925年5月6日	统字第1913号	查刑事诉讼条例第三百九十七条,系指被告经依法传唤无正当理由不出庭者而言,如系在押脱逃,既无从传唤而出示限令若干日投案,在法令又无根据,自应照同条例第三百三十条办理。
1925年5月6日	统字第1915号	查刑事诉讼条例第二五二条载告诉人接受不起诉处分书后,得于七日内经由原检察官向上级检察长声请再议等语,是初级管辖之案,应向地方检察厅检察长声请再议,地方管辖之案,应向高等检察厅检察长声请再议,诚如原电所云,对于县知事不起诉处分之案,亦应视其管辖之为初级或地方,分别向地方或高等检察厅检察长声请再议,但初级管辖之案,以邻县为上诉机关这,亦应向高等检察厅检察长声请再议。
1925年5月6日	统字第1917号	查邮政条例第三十一条大部分均系指窃取行为而言,虽于剥脱邮票部分,不区别管有与非管有,似不免有将侵占吸入窃盗之处,然究不得谓凡属邮政机关员役,侵占其业务上管有之汇兑储金外之管有物时,均应依该条论作窃盗罪,故除剥脱邮票外,应以甲说为是。
1925年6月13日	统字第1925号	查著作权法第四十三条所称关于本法之公诉期间,自注册之日起,以二年为限等语,系指触犯本法之人除无注册事实,仍自行为完毕之日起算公诉期间外,如有注册行为,则其公诉期间应从注册之日起算。
1925年6月13日	统字第1929号	查刑事诉讼条例第四百四十六条所称检察官关于羁押,具保之处分,系指第九十一条由检察官核定之处分而言,所称检察官关于扣押及扣押物件发还之处分,系指地一百四十五条由检察官核定之处分而言,故没入保证金之处分,实包含于羁押,具保处分之内,应以乙说为是。
1925年9月21日	统字第1948号	查不动产登记条例第三条,所定应为登记之事项,必须实有此事项而为登记,始生登记之效力,否则应许权利人诉请涂销,故第一买主,如实已取得所有权,则旧业主与第二买主之买卖契约,系无权处分,即不生所有权移转之效力,虽经登记,亦属无效,自应适用现刑律,重复典卖之规定,许其诉请涂销。

(续表)

时间	解释号	解释内容
1925年12月31日	统字第1959号	……至刑律第三百九十七条第二项所称搬运赃物,系指知情搬运他人所窃取强取等得来之物而言,若窃盗自运窃得之物于他处,系窃盗后应有之状态,无所谓搬运赃物,故甲不成立搬运赃物罪。
1926年11月4日	统字第1991号	查国籍法第十二条第一项、第三项,既只规定依自愿归化外国取得外国国籍者,应经内务部许可,则丧失国籍人之妻及未成年子随同取得外国国籍,自毋庸经过许可程序(成年之子不在此限)。
1927年12月	解字第2号	查党员背誓罪第四条侵吞库款,系专指刑律第三百九十二条侵占公务上管有物、共有物之情形而言。
1928年5月9日	解字第81号	……(乙)查伪平政院裁决执行规则第二条,行政诉讼事件经评事审理裁决后,由平政院长呈报大总统批令主管官署按照执行等语,即令裁决日期在该省隶属于国民政府领域以前,如果未经核准盖印批行之程序,仍无执行之效力。
1928年7月	解字第118号	查各省高等法院院长及地方法院院长办事权限暂行条例第二条第二款所载分配民刑案件事项,自系指各该院通常分配案件而言。
1928年7月	解字第123号	查国民政府司法部公布之律师章程第一条第一项及第二十三条,均载明在通常法院执行职务,应于执行职务所在地置事务所之规定,可知凡在各县未设立通常法院之诉讼事件,暂不适用律师制度,俟各地方法院筹设完全,再依现行章程办理。
1928年8月3日	解字第142号	查民事诉讼律第五百五十条第三款,系指控告审对于第一审认为原因正当,所为中间判决之控告,以无理由驳回者言,若第一审认原因不当,宣示其请求不成立,自毋庸为数额判决,即属终局判决,控告审如涉误解,未就其请求原因及数额并予裁判,案经上告判决发回,自应依据民诉律第五百八十二条规定办理。
1928年11月1日	解字第234号	查律师章程第四条系规定律师之消极资格,凡曾处拘役或法定五等有期徒刑以上之刑者,除国事犯业经复权者外,无论褫夺公权与否及褫夺公权之期限如何,均不得充当律师,与刑法之规定无关。
1929年2月	院字第4号	查管收民事被告规则第九条,明定管收期限至多不得逾三个月,无论被押人能否觅相当保证人或提出相当保证金。
1929年5月	院字第75号	查浙江省佃农缴租章程第三条第四款甲目,仅规定关于佃业间因缴租而起纠纷之仲裁,必须由佃业理事局办理之云云,其业主请求撤佃事件,自不包括在内。苟当事人不服该局权限以外之仲裁裁断,向法院起诉,自应受理。
1929年5月	院字第76号	(一)该条例第四条所称应于交付或使用前贴用云云,系贴用时间问题,非何人贴用及处罚何人问题。
1931年4月	院字第500号	依渔会法第五条规定,非渔业人而营水产之制造、运输、保管各业者,亦得为组织渔会之发起人,可见渔会会员原不以渔业人为限。

(续表)

时间	解释号	解释内容
1932 年 10 月	院字第 804 号	查刑事诉讼法第三百十八条第一款系指起诉之程序违背规定而言,检察官对于被告未经传案侦查,即行起诉,但既未违背起诉规定,法院自应受理。
1933 年 9 月	院字第 971 号	刑法第一百六十五条所定僭行公务员职权之罪,系指无公务员身份冒行公务员之职权者而言,至是否假借公务员之名义,与罪之成立无关。
1935 年 6 月	院字第 1291 号	……(二) 民事诉讼法第四百六十一条第十款,系指可受利益裁判之证物于判决确定前业已存在而于判决确定后发见者而言,若于判决确定后所发生之事实,并非判决确定前存在之证物,不得适用该款之规定。
1936 年 12 月	院字第 1592 号	商标法第三条之规定,系专为商标审查员发见二人以上于同一商品以相同或近似之商标各别呈请注册时,应如何分别准驳而设。
1937 年 5 月	院字第 1662 号	(一) 民事诉讼法第四三九第一项,系法律上授权第一审法院驳回第二审上诉之规定,同法第四四一条,系第二审法院自行驳回第二审上诉之规定。

在这些解释例文的例举与归纳之中,两个问题有尚需清理:第一,"说明法规范之内容"与"文理解释"之间,究竟是怎样的一种关系？由于文理解释主要也是针对法条中的概念所进行的词义理解或者语义诠释,因而在很多时候这两者往往容易混淆起来。从民国时期法律解释的实践来看,它们之间最大的区别在于,文理解释更多只是针对法规范中的概念进行意义的揭示,而"说明法规范之内容"则主要是就法条的整体意涵予以把握和说明。第二,"说明法规范之内容"与"法源之确定"这两者之间的关系如何？从民国时期的法律解释实践来看,这两者间的不同之处在于:规范之阐释更加注重的是对规范本身意涵之说明,而法源之确定则主要是基于事实的认定出发来寻找与之相匹配的规范适用;而两者之间的联系在于,说明法规范之内容,其最终之目的乃是为了确定裁判之法源。与此同时,从民国时期法律解释的实践来看,尤其是对解释例文予以统计时可以发现,早期法律解释多注重于"法源"的确定,而后期法律解释则更注重"规范之说明",以便完整而准确地阐释法规范之内容,进而便利于规范之理解与适用。究其原因,或许在于,当法制未备之情形下,在缺乏规范予以说明或阐释之时,法律解释机关则需要更多依赖于通过解释来确立法规则;而当六法体系基本形成,法规范建设初具规模之时,法律解释也就逐渐恢复了其本来之面目,更注重法规范意涵之说明。

在此一情形之中,有意思的是统字第 1581 号。因为在这份于 1921 年 8 月 10 日复司法部的解释文中,大理院指出:"查刑律第二百三十一条第一项前段,冠有意图行使字样,而第二项前段独无之,参照第二百三十二条、第二百三十三条各第二项,显系脱漏。"很显然,这份解释例文不仅对法条("第

231 条第 1、2 项")之意涵进行了说明,而且还对法条的缺陷("脱漏")予以了指正。

同样有意思的还有院字第 85 号解释。在这份于 1929 年 5 月 10 日致内政部的函文中,司法院指出:"查民国十七年七月十七日公布之处理逆产条例第一条载,凡犯暂行反革命治罪法第二条至第七条之罪,经法庭判定者,其财产视为逆产,依该条解释,苟系犯人现有之财产,无论其为祖遗抑为自置,均包括在内,如系共有物,并得就犯人应有部分没收之。"从此之中我们看到,解释机关通过法律解释不仅对法条之意涵予以具体说明,而且还从中抽象出更具一般性的规定。这无疑充分反映出法律解释活动的制度角色与功能。

(二) 说明法条与法条之间的关系与内容

伴随着民国法律制度建设的渐次展开以及由此所带来的法规范之逐渐完备,法规范与法规范之间的关系也变得日益复杂。因而在民国时期法律解释的实践中,往往也会看到解释机关通过法律解释来厘清法条与法条之间的关系,以便准确地对其予以理解和适用。有关法条与法条之间的关系说明,既包括同一法律部门内的法条与法条之间,也包括不同法律部门间的法条与法条之间的关系。具体情形主要如下:

时间	解释号	解释内容
1913 年 5 月 28 日	统字第 29 号	查报律第十一条专系刑律第三百六十条之特别法,非一百五十五条之特别法,该厅所谓概括具体规定等语,未免误会;刑律第一百五十五条之行为,报律既无规定,即系对于报馆无特别法,无特别法者,当然适用刑律。
1914 年 12 月 8 日	统字第 185 号	查报纸条例第二十四条,仍系刑律第三百六十条之特别法,非一百五十五条之特别法,而第一百五十五条之行为,报纸条例并无规定,依特别法无规定适用普通法之例,如有犯该条之罪者,自应适用刑律。
1915 年 12 月 25 日	统字第 375 号	查惩治盗匪法第二条规定系得处死刑,故刑律第三百七十三条之规定,不因惩治盗匪法之施行而停止其效力,凡犯该条之罪者,既得依惩治盗匪法处死刑,亦得依刑律处无期徒刑或二等以上有期徒刑,是在审判官斟酌案情定之,其依刑律处断者,亦不以窃盗临时行强为限,至窃盗临时行强,伙犯在外看守,并未共同实施行强者,应仍以窃盗论。
1919 年 12 月 31 日	统字第 1174 号	查印花税法第六条,虽有契约簿据不贴印花或贴用未盖章画押者处罚之规定,而第四条则载契据应贴之印花由立契据人于授受前贴用加盖图章或画押等语,是前条显系对立契据之人罚则,不得适用于执持契据之人。
1919 年 12 月 31 日	统字第 1175 号	查第三百三十七条,不仅为第三百三十三、四条加重规定,并应认为第三百三十五条所列之人犯第三百三十三、四条罪者之加重规定,虽第三百三十七条第一项规定,较三百三十五条第一项所定之刑,并不加重。

(续表)

时间	解释号	解释内容
1920年1月24日	统字第1212号	查刑律第一百四十四条第一项之犯罪客体,以被告人嫌疑人或关系人为限,而修正陆军刑事条例第六十三条则扩充之,是陆军军人对被告人嫌疑人或关系人以外之人,为凌虐之行为,固应依该条例第六十三条处断,因而致人死伤,该条例既无明文,应查照陆军审判条例第一条并依刑律第三百十三条及第二十六条从一重处断。若对被告人嫌疑人或关系人为凌虐行为,则系刑律上之犯罪,仍应依该条项处断。
1920年2月4日	统字第1219号	覆判章程第一条第一项第三至第五款,分别以法定及所科刑为准,第一二款均以法定刑为准,县判无罪之案,除因犯罪不能证明及法律无正条不为罪外,关于刑律第十一条至第十六条行为,仅论外形,虽与分则各本条所列之犯罪行为相同,惟因有法律上之阻却原因,不予论罪,故按之行为各本条,皆有法定刑可据。
1922年2月11日	统字第1669号	查补订律师停止职务办法所称所称当然停止职务,与律师暂行章程第三十七条第二款所称停职,系属两事,停职及训诫除名等处分,应依律师惩戒会暂行规定第十七条、第十八条俟确定后执行,至当然停止职务,依补订律师停止职务办法,并不以律师惩戒会议决确定为前提,故该办法所称受惩戒会议决除名或停职之通告,自系指师惩戒会依律师惩戒会暂行规定第十四条通知而言。
1922年3月25日	统字第1699号	查刑事诉讼条例第二二条第二款,数人共同犯罪,系指刑律第二九条第一项以下之各种共犯而言,即刑律第三一六条之以共同正犯论者,亦包含在内,第四款数人同时在同一处所各别犯罪,系附带犯罪之一种,即本院三年上字第二九六号判例所举附带犯罪第二种之未通谋者;至第三款数人同谋犯罪,系与本院统字第一二三八号、第一二四五号解释文所举情形相符,在现行法令之下,只可谓为一种注意的规定。
1923年4月10日	统字第1810号	查高等检察厅办事章程第二十四条第一款乙号所称被害人提起上诉,系包括旧县知事审理诉讼章程第三十八条第二项所称原告诉人或其代诉人之呈诉不服言之,其许检察官驳回上诉,固与旧县知事审理诉讼章程不无抵触之嫌,惟县知事审理诉讼章程业经修正(见本年三月三十日政府公报),观其第二十五条第二十六条所定,可见告诉人于上诉限内呈诉不服,虽无理由,检察官应仍予提起上诉,否则不问有无理由,检察官亦得驳斥,如检察官认县判为不当,应自行提起上诉或移送该管检察官上诉,此项规定,对于高等检察厅试办章程又属后法,自有优越之效力。
1923年6月28日	统字第1823号	查刑事诉讼条例第四百三十二条,为对于第四百三十一条之特别规定,而第二百七十六条(至第四百三十四条为关于抗告法院之规定)又为对于第四百三十二条之特别规定,预审推事所为起诉之裁决,既系关于诉讼程序裁决之一种,又无与第二百七十六条同样之特别规定,自应适用第四百三十二条,不得抗告。

(续表)

时间	解释号	解释内容
1923 年 7 月	统字第 1829 号	查刑律第二百五十八条之损坏盗取,为对于分则第三十二章及第三十六章之特别规定。
1924 年 2 月 4 日	统字第 1862 号	查不动产登记条例第五条,既经规定以登记为对抗第三人之条件,则凡应行登记而不登记者,一经与第三人交易,即不能有对抗之效力,法院遇有此种事件,自应依第五条之规定而为判决;至不动产登记条例第百四十五条,纯为加征登记费用而设,观其规定有因他事发见云云,其不能制限第五条之适用,实属显然。
1924 年 7 月	统字第 1868 号	查管理寺庙条例第二十一条第一项既载有违背第十一条规定抵押或处分寺庙财产时,由该管地方官署收回等语,则第十一条所称寺庙,应包括庙产在内,该两条用语,虽有详略,尚不能谓为抵触。
1924 年 7 月	统字第 1878 号	查刑事诉讼条例第五条及第十条于附带民事诉讼,得移送管辖民事法院审判之规定,并无不同……
1928 年 1 月 14 日	解字第 15 号	……(二) 本条例第一条第二款,既已致人受损害为构成要素,而损害又系犯罪之结果,自为结果犯;同条例第二条第二款,系概括规定,重在减等,非谓第一条所列各款,皆必有未遂情形。
1928 年 9 月	解字第 179 号	查新刑法第二百五十七条第一、二两项,系兼指和诱或略诱未满二十岁之男女而言,与第三百五十五条一、二两项之规定不同,参照同条第三项则第二百五十七条第三项之罪,凡系移送被和诱人于国外者即可构成,并无年龄之限制。
1928 年 9 月	解字第 188 号	查刑事诉讼法第二百四十五条检察官得不起诉之案件,必须具备该条左列各款之情形,与第二百四十四条仅有该条左列情形之一,即应不起诉者迥异。
1931 年 8 月	院字第 574 号	……(二) 刑法第十一条所称亲属,系普通规定,第十四条所称直系尊亲属,系特别规定,自有不同。

很显然,从这些有关法律条文之间的内容与关系的说明中可以看到,有关"特殊法优于普通法""后法优于前法"等原则及其内容在有关法条的意义阐释中反复被强调,进而在实践中不断被贯彻。而这其实也就意味着,在法条与法条间的关系厘定中,有关法规范适用的原则也被确立了起来。

此一情形之中有意思的是统字第 858 号。在这份于 1918 年 9 月 10 日复京师高等审判厅的解释文中,大理院指出:

> 查该规则(即《金银号首饰行收买金珠首饰规则》)①第一条及第二条及第五条,原为警察官厅之行政规则,与新刑律颁布本无关系;至第三条办法,则与前清奏定继续有效之各级审判厅试办章程第六十八条,显

---

① 《金银号首饰行收买金珠首饰规则》,因北京金银号自壬子年正月十二日(1912 年 2 月 29 日)多数遭遇兵劫后,经顺天府暨内外城巡警总厅会同步军统领衙门议定。该规则共五条,由市政维持会议决,经顺天府内外城警察厅于 1912 年 5 月 13 日布告施行。

有抵触,自不能认为有效;第四条办法,其性质既系民事法规,亦无由地方行政官厅制定之理;惟查该办法尚非全然不合条理,但是买主确不知情(即不知为劫盗所得之物)并公然价买者,自应于犯人不明或无力缴价之时,由失主自行备价收回(参照现行律给没赃物门条例第十二段),以昭平允。

从此之中可以看出,这一解释例对该规则的全部法条之内容以及该规则之法条与其他法律之规范间的关系予以了一定的说明。

二、说明或阐释以往法律解释之内容

说明或者阐释以往法律解释之内容,既可以就具体的解释例而言,也可一般性的就解释例之内容而论。

从民国时期法律解释的实践来看,一般性地就法律解释例所作的说明,典型的比如1918年12月3日,在复广西高等审判厅的统字第900号解释中,大理院指出:

> 查县知事兼理诉讼章程关于受理邻县上诉之程序,虽无明文规定,但该章程原为县知事兼理诉讼而设,故程序力趋简易,上诉既尚系诉讼程序,解释上自无不许其准用之理。惟县知事为郑重起见,以送达为判决之宣示,亦不能认为无效。关于此点,县知事为第一审裁判时亦同。本院早经解释在案。相应函复贵厅查照可也。

又比如1920年2月18日,在复山西高等审判厅的统字第1231号解释中,大理院认为:

> 查现行律,夫妻不相和谐,两愿离异者,准其离异;甲既提起离异之诉,乙在审判上,复明白表示承诺,即属两愿虽未经裁判,亦应发生效力,乙在其后改嫁,既非重婚,并无许甲翻异之理,至财礼服饰,已经归其妻者,其后离异,亦毋庸返还,此层本院早有解释,希即查照办理可也。

很显然,这两条解释例文都涉及了对早经解释在案的法律解释之内容的阐释和说明。

而针对具体性的法律解释例所作的内容阐释与意义说明,从民国时期法律解释的实践来看,则主要包括以下解释例文:

时间	解释号	解释内容
1914年8月5日	统字第154号	查本院二年统字第六十六号解释,系指单纯强盗,并无杀伤行为者而言,至强盗业有杀伤行为,自应依各该本条(三百七十三条、三百七十四条、三百七十六条)论罪。来函所举之例,况系将炸弹手枪拒捕,实犯强盗杀人罪,据刑律解释应依三百七十六条处断。

(续表)

时间	解释号	解释内容
1914年9月22日	统字第164号	查本院三年统字第二百二十四号致总检察厅函内称,刑事判决宣告后,上告期间自宣告翌日起算,为十日,通行已久等语,系指本院受理刑事上告之期间而言,所以别于本院受理民事上告期间,观该函前后文义自明。
1915年6月21日	统字第277号	查刑律第二十四条前半规定一罪已经审判确定,余罪后发,尚在审判中者,自应于后之判决所定罪刑外,合之该被告人前犯某罪,已经确定之刑,依第二十三条各款,更定其刑,本属不待赘言。惟本条后半规定数罪各别经确定审判,其更定执行之刑,尚需一种程序。本院前于统字第二百二十二号解释,为应以决定行之者,并非虑再用判决有变更前判之嫌也。盖数个判决,各已确定,其犯罪事实,无庸再开审判,只以刑律上俱发罪有取限制加重主义之规定,故于刑之执行,仍有更定之必要,惟其为执行之一种程序,故审判衙门只须据检察官之声请,对于该声请而为裁判,当然可用决定(县知事有检察审判两种职权,本院统字第一百九十九号解释可以隅反),此项决定,专系更定被告所犯各经确定判决之数罪所应执行之刑,非变更已确定之判决,与上级审撤销变更下级审判决之性质迥异,各本案之确定判决,仍完全不失其效力。
1915年8月7日	统字第310号	查该厅沁电,业经本院统字第三百零一号电复在案,至本院统字第二百七十七号解释广东高等审判厅变通控告审办法,原系指民事而言,以干涉主义为原则之刑事诉讼,不能径行援用。且此等案件,以前虽由覆判发还或发交,而覆审后,既经控告,其性质自与通常控告案件无异,自不能仍以覆判案件论。
1915年9月3日	统字第328号	查统字第二百八十四号解释,系指被告人因他案系属于他审判衙门者而言,该审判厅来函所论,亦即指此,其发交案件之被告人,并未因他案系属于所在地指审判衙门者,自与该号解释无涉。至疑同为第一审判衙门,有无改判之权一节,原解释中已明言分别已未确定,并援用刑律第二十三条第二十四条规定处断,普通审判衙门遇此情形,亦同一例细绎原解释及刑律第三十三条第三十四条法意自明,并无疑问。
1915年10月	统字第340号	……(三) 本院统字第二百八十六号解释,为盗执炊不能以从犯论,即系谓律无正条不能为罪,原详所称较从犯为轻,不知系何犯,律无明文,何能妄拟。
1916年10月9日	统字第521号	查县知事审理诉讼暂行章程关于裁判之谕知,只明定牌示办法无必须以副本送达之制限,故既有牌示而又送达副本者,其送达副本,只可认为审判衙门法外之慎重,其上诉期间,自仍依法自牌示之翌日起算。本院五年九月统字四八二号法律解释,系指未经合法牌示,仅送达副本者而言,某甲据以主张,自属误会,合并予以说明。
1916年11月18日	统字第541号	查散放票布,系属秘密结社,应受治安警察法之制裁,凡加入者,均可依该法二十八条处断,业经本院四年统字第二百四十九号解释在案。本例情形,既无劫夺行为,则事同一律,与刑律第一百零二条无涉。

(续表)

时间	解释号	解释内容
1917年6月	统字第645号	查前次解释(三年统字第一百九十二号解释)中所称审判衙门,系指应行执行裁判检察厅之同级审判衙门,其请求权系专属于检察官。
1917年7月	统字第652号	查前次解释(统字第五八六号解释),虽系对于核准决定而言,然更正判决,事同一律,自应依前项解释办理。
1917年9月	统字第671号	……第二问题,本院三八一号解释,系专指独立罪名而言,试办章程第一百三条但书所谓必须通知检察厅存案,即在判决后通知,亦无不可。……第八问题,本院统字第三七四号解释所谓请求再议,其准驳之权,仍属于上级检察厅。……
1918年4月2日	统字第772号	查统字第七百三十六号解释,所谓未宣示及牌示之判决无效,系指无确定效力而言,当事人无论何时,皆可以上诉。盖判决之须宣示及牌示者,在使当事人知悉判决之内容,故上诉期间,由斯时起算,未宣示及牌示之判决,当事人何时得知其内容,无从悬断。自不能因上诉期间之经过而确定。若当事人已受执行,是已知判决之内容,自可认为舍弃上诉权,此项判决,即有确定之效力。
1918年8月	统字第829号	居丧嫁娶,应行离异,不以身自主婚为要件,至统字第五七六号解释,所谓私人,包含本人在内。
1918年9月	统字第855号	查函述情,与本院上年十二月统字第七二二号复京师高等审判厅函开各节,事同一律,取赎交价,应比较当事人立契时所交之价,以两者相差之价额,为其折补之标准。
1919年8月7日	统字第1044号	查不动产之窃盗罪,以犯人就不动产已以自己或第三人(真正所有人以外),所有之意思,行使所有人之权利(处分及占有之,而收益使用)为既遂,不能仅以占有与否为既遂未遂之标准,若蒙混过户,仅系以诈欺方法取得官署一种公之证明,并非即为取得权利之惟一根据(有反证时,公之证明亦可不采),与以诈欺方法使官署为错误判决,而取得财物之权利者,显有不同,不能谓系诈财,然亦不得其即行使所有人之权利,本院统字第九百六十四号解释,系因来文只称甲乙丙等将丁土地假丁名义盗卖于戊,并未叙明对于土地除盗卖行为外,尚有其他如何行使权利之事实。故认此种盗卖行为,应斟酌现行土地所有权移转成例,以行使权利论。非谓不动产之窃盗,应以移转所有权为既遂。
1919年8月	统字第1059号	元电悉,后犯之罪与前判盗罪,若非构成特别法上之一罪,又与统字第一零五五号漏判情形不同,自不得并案审判。
1919年9月	统字第1093号	查盐务缉私兵,系属警察之一种,业经本院统字第一百八十八号解释有案。甲系缉私营名誉医官,且与缉私兵之性质不同,自系常人,应归通常司法官署管辖。

(续表)

时间	解释号	解释内容
1919年9月16日	统字第1095号	查乙丙丁戊己庚先后投入匪党,当匪徒公然占据村寨时,亦均在一处;如果于匪徒犯罪行为,确有同谋或帮助证据,则虽仅只随行,或所任事务与犯罪行为并无直接关系,仍不得谓非共同正犯均应依惩治盗匪法第四条第二款后半段处断;若只随从执役,或并知情而于匪徒犯罪行为并未预闻,亦无帮助确据,纵亦不能谓非匪党,不得以共犯论。此与本院统字第二百八十六号解释,意旨全然相同。
1919年11月28日	统字第1144号	……至本院统字第六百零八号解释,因印花税法罚金执行规则第二条,固有不依法贴用印花之契约簿据,如于诉讼时发见者,由审检厅及兼理司法县知事依法处罚之明文,如由司法衙门处罚,于理不能令向行政官署诉愿,故认应归上级司法衙门受理上诉,非谓所有处分,均应受理;又统字第七百八十八号公函,仅就契税条例及其施行细则有无溯及力为之解释,似难遽据为受理上诉之根据。
1920年1月	统字第1200号	……如果讯明本人甘愿不告诉,则代诉人之告诉,即归无效,惟被害人若系未成年者则否,至未婚夫之尊亲属本亦童养媳之尊亲属(统字第七百一十九号),而童养媳之本生尊亲属,亦应认为尊亲属。
1920年4月	统字第1252号	统字第九百零二号解释,乃一共有人代理多数他共有人时,始适用甲等语;若仅自己告争回赎,非不合法;戊己不愿参加,亦应听之。
1920年5月	统字第1277号	查所询情形,希参照本院八年统字第一一零八号解释斟酌情形办理,该解释所谓相当期间,应参酌当事人所在地与上诉审判衙门所在地距离之远近、交通之便否及其他一切具体情事定之。
1920年6月	统字第1334号	……本院统字第一一一七号解释,系脚夫或船户等关于码头运送权之争执,与修筑桥路无干……
1920年10月	统字第1431号	查所询情形,已见本院统字第一三九五号解释文,原文所称,由检察厅核办一语,自系兼指定起诉不起诉言,除告诉人等对于不起诉处分,得声明再议外,自不能以案经移转管辖之故,责令检察官必予起诉。
1920年10月29日	统字第1439号	……以法定刑为准者,查照本院统字第一三八八号解释文,不曰法定刑有二等徒刑,而曰法定刑有二等徒刑以上之刑,则凡法定最高刑为死刑无期徒刑或一等有期徒刑者皆属之,其法定最高刑为二等以下者,即不在内。
1921年2月	统字第1477号	……(五)统字第一三二二号解释所称有告诉权者并不告诉,不以有积极之表示为限……
1921年5月	统字第1530号	查本院统字第五三二号解释文,缓刑期内得充议员,并不以未褫夺公权者为限,则受缓刑之宣告者,不问原案曾否褫夺公权,苟未经撤销缓刑之宣告,仍应有选举权及被选举权。
1921年9月15日	统字第1615号	查现行法令对于刑事诉讼,已采直接审理主义,故凡得用书面审理之情形,在法令上均有特别规定,统字第九二五号、第一一八五号解释,即本此意,如果案件轻微,可用他法救济,不得显违法令明文。

（续表）

时间	解释号	解释内容
1921年12月12日	统字第1650号	查本院统字一五八九号解释，系因俄国新国家未经我国承认，不能认俄人为有国籍之人（与无约国人不同通常称为俄国人系为用语上之便利），但虽无国籍，而实际上与其他无国籍之人情形不同，故法律适用条例第二条第二项之规定，固应适用而为便计，又不能不认有例外。来函所述身份亲属等事件，若依法律适用条例均应适用俄人之本国法，则依本院前号解释，自得斟酌地方（即俄人本国地方）新旧法令，作为条理采用。
1923年5月	统字第1816号	……至本院统字第一七九六号解释，系指第一审之核定，已经确定，当事人曾有声明异议之机会而不为声明者而言，并非谓第三审法院。
1923年7月11日	统字第1831号	查科刑被告应负担之诉讼费用，依刑事诉讼费用负担准则第一条规定，不以证人鉴定人通译各费为限。凡诉讼费用规则第十三条至第十六条所定各费均属之，且邮费电信费运送费之类，恒于判决以前，谕知科刑判决时，均应注意；统字第一八零九号解释，系就上述各费均无者立言，固不问证人鉴定人通译等之会否请求。
1923年11月6日	统字第1853号	（一）诉讼印纸之贴用，系关于诉之程式，虽事件已繫属于第二审，而第二审法院亦应依法调查，如有不足，应即令其补缴；至本院统字第一七九六号解释例，系指第一审法院核定诉讼标的已经确定，当事人曾有声明异议之机会，而不为声明者而言。
1924年6月3日	统字第1870号	查本院统字第一七九二号解释，系在民国十二年六月二十八日司法印纸规则修正以前，其于律师阅卷声请书，解为该规则第八条第二项所称前项以外书状之一种，系仅就书状之类别而言，于应否加贴声请费并未示及，不能因下文就委任代理之民事书状有加贴审判费五角之语，遂谓对于律师阅卷声请书，含有可以不纳声请费之意义。
1927年3月23日	统字第1999号	查本院该号解释（统字第一六二五号）关于第一问题，系采用原函乙说，因清理不动产典当办法第三条原为保护典主，俾于已逾三十年后未满六十年以前，取得一种原业主只能告找，不能回赎之权利，但原业主之利益，亦不能不为顾及，故于本办法施行时已逾三十年者，许原业主以三十年之犹豫期间，若立契在前而满三十年在本办法施行以后，则不生三年犹豫问题，当然受第三条之适用。
1928年3月	解字第54号	查本院第十九号解释（见政府公报第三十二期），系以该赦令与国民政府法令抵触，在各省区归属国民政府领域以后，即不能援用，非专指土豪劣绅案件而言。

(续表)

时间	解释号	解释内容
1928年3月31日	解字第55号	查惩治盗匪暂行条例颁布后,依该条例第十条及刑律第一条第二项前半之规定,未经确定审判者,固应依照该条例办理;惟查惩治盗匪条例,系对于刑律之加重规定,依前述法条,是被告人犯罪在先,乃因提起上诉反受较重法律之适用,于一般原则殊有未合,民国四年颁布惩治盗匪法后,即另定盗匪案件适用法律划一办法,即属调和前后,藉资救济,敞院解字第二十号解释,认该办法与党纲主义及国民政府法令,尚无抵触,可以援用意亦在此,复以该办法与现在条例尚有未能尽合,是以函商司法部另订新办法以资适用,业经司法部拟定盗匪案件适用法律暂行细则三条,呈奉国民政府第一五七号批准通行在案,所有印小七子一案,自可依据该细则办理。
1928年8月9日	解字第144号	查本院本年九十五号解释,所谓已在审理中者,自系专指已开始审理者而言,若前此之县法院或县司法公署,仅经受理而未开始审理之刑事案件,由正式法院接收后,自应仍经检察官员侦查程序。
1931年3月	院字第460号	……院字第二八九号解释所称仅就一职业或文化所组织之团体,为法令所认许者,系指特定一职业或文化所组织,非关地方公共事业之团体而言。
1933年7月	院字第945号	院字第七七一号解释,系对被诬告人在普通法院限制其声请再议之权,与上海公共租界内设置中国法院之协定第五条涉不相涉,关系人既有起诉权而被诬告人与诬告事件又不能谓无关系,被诬告人自得据以起诉。
1934年6月	院字第1071号	……院字第九三二号解释,乃仅就该法第一条所谓平时雇用工人在三十人以上者而为之解释,非谓其非论月工人虽在上述工厂工作,亦概不在工厂法适用之列。
1934年6月	院字第1072号	院字第三二七号解释所谓"并备剿匪之用"系指实际上为剿匪之准备者而言,不问正在从事于剿匪之工作与否,并无时间之限制。
1934年9月3日	院字第1102号	本院第四二三号解释,系对于监督寺庙条例所谓之寺庙而为之解释,私人建立并管理之寺庙,依同条例第三款既不适用该条例之规定,则关于该号解释中"所属"二字,自不包括该寺庙在内。
1934年10月17日	院字第1112号	院字第九一八号后段所谓合伙人有争议者,系指合伙人否认合伙或合伙人间之争议等须另待裁判者而言,如合伙人之争议,系以确定判决仅令合伙团体履行债务,不得向其执行为理由时,自无庸责令债权人另行起诉,该号前段解释,业已示明。
1934年12月	院字第1164号	院字第八一七号解释所谓利害关系人,系指该寺庙之主持或建立该寺庙之私人及与该寺庙有关系之教会而言。

(续表)

时间	解释号	解释内容
1934年12月	院字第1168号	院字第六四八号解释所谓另以处分改变人民土地原状者,系指因划界而在人民土地上新开沟渠、道路或筑堤埂等类而言,但行政处分并不以改变土地原状为限。如因划分村界,将甲村之水利划归乙村,致甲村人民受其损害时,则虽未改变土地原状,自亦属于行政处分,其受损害之村民,即得对之提起诉愿。
1935年3月	院字第1253号	院字第一零五六号解释,既谓误用民事判决之事件,如经行政官署另为处分,而该判决又与此处分相抵触,该判决即无从执行云云,则此判决确定后,虽经当事人呈请执行,或并经上级法院督促进行,亦不应为之进行。若该事件未另有行政处分,则该判决应依法执行,自不待论。
1935年4月	院字第1262号	(一)院字第二一七号解释所谓处分,指起诉或不起诉之处分而言,至告诉乃论之罪,告诉人逾越告诉期限,始行告诉,检察官仍得以批示或其他方法驳回之。
1936年10月3日	院字第1553号	(一)院字第一四零四号解释,对于民法第八百七十三条第一项之声请,既谓债务人或第三人就抵押关系并未发生争执,毋庸经过判决程序,迳予拍卖,即明示此项拍卖,不须取得裁判上之执行名义,即可迳予执行,在拍卖法未颁布施行以前,自可准照关于不动产执行之程序办理。如债务人就抵押关系有争执时,仍应由债权人提起确认之诉,如第三人就执行拍卖标的有争执时,则应由该第三人依法提起异议之诉。(二)同号解释所谓工厂之机器可认为工厂之从物者,凡该工厂所设备之机器,皆可认为从物,不以已经登记或附着于土地房屋者为限。至工厂之土地及房屋,若系租赁而来,则工厂与机器既非同属于一人,机器固不能单独为抵押权标的物,工厂如未得所有人许可,亦不得以之为抵押之设定。
1936年12月	院字第1593号	行政官署依行政程序所为责令人民出资之处分确定后,如人民抗不缴纳,仍应用行政职权为强制执行,并不因该官署系兼理司法之县政府,遂可认行政处分为民事裁判,而迳以司法职权予以执行,至院字第八三三号解释例,系就民事诉讼误用行政处分者而言,非来问情形所得援引。
1927年2月	院字第1629号	本院第一四六一号解释内,关于新事实及新证据之用语,一系指诉愿或再诉愿决定确定后,另行发生与原处分原因不同之事实而言;一系指处分当时该证据已经存在。至诉愿或再诉愿决定确定后始行发现者而言,两者意义各别。
1927年4月	院字第1661号	院字第一三六九号解释,所谓第三审法院非法律上之判断,更审法院不受拘束者,乃指不受发还意旨之拘束,非谓第三审之判决根本无效。

(续表)

时间	解释号	解释内容
院字第 27 年 10 月 29 日	院字第 1801 号	院字第一六一一号解释,系以袭用他人夙著盛誉之注册商标为前提,因商标之注册,依商标法第二十五条第一项,应就各商品之类别指定其所用商标之商品,如原注册商标指定商品为中药中鹿茸,而袭用其商标使用之商品为鹿角、鹿胶或所指定商品为剪类,而袭用其商标使用之商品为小刀针钳,虽使用自商品并非同一,而与注册商标指定商品之性质实属相同或相似,易使购买者,误为他人出品,故认为有欺罔公众之虞。(近似他人注册商标使用商品分类之基准,与袭用他人注册商标使用商品分类之基准不同),并非谓同法施行细则第三十七条所列同项同类,其性质不同或不相似之商品,亦应在限制之列。
1939 年 4 月 25 日	院字第 1880 号	本院院字第七一零号解释所谓如尚未予驳回,系指受理诉愿或再诉愿官署之决定书原本尚未作成而言,设再诉愿人于决定书原本作成后,始将再诉愿书法定程式更正(新诉愿法称补正)受理再诉愿之官署,仍依法定程序作成正本,分别送达,原无不合,惟在决定书正本未送达前,该决定书尚未对外发生效力,受理再诉愿之官署,并不受其拘束,如认为有必要时,亦得注销决定书,再予受理。
1939 年 12 月	院字第 1948 号	湖荡所有人以外之人,入湖荡取藻,如合于民法第七百九十条第二款之情形,湖荡所有人自不得因政府征收湖荡赋税或登记费逐加阻止,至院字第一八九二号仅就湖荡是否为民法第七百九十条第二款所称未设围障之田地牧场,加以解释。并未谓私有湖荡所产莲藻、鱼类及一切有价之物,均任他人入内采取,原代电所称解释意旨,未免误会。
1940 年 5 月	院字第 2009 号	……至院字第五一三号解释,虽有关于原呈所列第二问题之解决,但未涉及原呈所列之第一问题;此问题应视司法行政最高官署所定应扣除之在途期间,是否定位应予扣除,以解决之。
1940 年 7 月	院字第 2037 号	嗣子与其所后父母,依民法亲属编施行法第九条之规定,既有与婚生子女与其父母同一之亲属关系,则与其所后父母之他子女,当然有与兄弟姊妹同一之亲属关系;故嗣子与其所后父母之他子女,亦不失为民法第一千一百三十八条第三款所称之兄弟姊妹。至院字第七三五号解释,不过谓同父异母或同母异父之兄弟姊妹,均为民法第一千一百三十八条第三款同一顺序之继承人;院字第八九八号解释,亦不过谓民法第一千一百三十八条所指兄弟姊妹,系指同父母之兄弟姊妹而言,同祖父母之兄弟姊妹,不包含在内,均非含有嗣子与其所后父母之他子女,非属兄弟姊妹之意义。原电所列乙说未免误会。
1944 年 8 月	院字第 2735 号	……至院字第二六七五号解释,不专指盟军军人私有财物而言。
1944 年 12 月	院字第 2800 号	依本院字第一八二三号解释,负赔偿责任之人,不履行其赔偿义务时,非有法院之确定判决,或其他之执行名义,不得对之强制执行,有权请求赔偿之人,如欲取得执行名义,自可向法院提起请求赔偿之诉。

(续表)

时间	解释号	解释内容
1946年12月	院解字第3320号	（一）院解字第三三一二号所谓应行选出之名额，系指法定名额而言，不以实际选出者为准。
1947年2月	院解字第3366号	本院院解字第三二五八号解释，所谓自惩治汉奸条例施行之日起，系指中华民国二十六年八月二十三日所公布施行者而言。
1947年7月	院解字第3523号	院解字第三二七三号解释所称政府医疗机关，自包含军事医疗机关在内。
1947年7月	院解字第3547号	院解字第二六八九号解释所谓其他之物，指金钱以外之动产或不动产而言。
1947年7月	院解字第3548号	院字第二七五七号解释所谓其他办理自治人员，包括乡镇公所专任事务员，乡镇保国民兵队队附在内。
1948年1月	院解字第3828号	院解字第三六二九号解释所谓依法令所许适当之方法追缴，系指强制执行以外之一切方法（如劝谕催告等）而言。
1948年2月	院解字第3851号	院解字第三一一三号解释所谓复员日，指抗敌战事结束之日而言。
1948年2月	院解字第3853号	本院院解字第三五四一号解释，系指无运输或贩卖之意图单纯持有烟毒者而言，并非谓凡零星夹带或短途持送烟毒者，不问其犯意如何，概论以持有烟毒之罪。

从上述所列的法律解释文的内容来看，正是借助于通过解释的方式对先前法律解释的内容予以说明这一功能的发挥，不仅进一步明确了先前法律解释之意涵与规范，而且也建立起了前后解释文间的承继关系，从而进一步明确了法律解释及其规范的适用范围。

除上述之情形外，这一情形之中有意思的是院字第1723号。因为在这份于1938年5月3日咨行政院的解释文中，司法院指出：

> 院字第1451号之解释，系就同业公会建设之会所原有出资人者而言，来文所称屠业公会所有之公产，由于各屠业人之入会金及该会年费、月费余款所购置，并无原出资之特定人，则此项公产，属之于公会，该会会员因剔除积弊，自得基于会员大会之议决，组织公产保管委员会而为保管，与第1451号所解释者不同，自不得适用该解释。

从中可以看到，该解释文不仅对院字第1451号解释的内容予以阐释，而且还就其是否适用的效力情况予以了说明。

同样有意思的还有院字第1959号。因为在这份于1940年2月2日致中央执行委员会社会部的解释文中，司法院指出：

> 中华民国人民具有农会法第13条所定资格者，不分男女，亦无论是否家长，均得为农会会员，院字第四八零号及第五九零号解释，系就旧农会法第十六条第一第二两款加以解答，亦非以农户为参加农会之

单位。

从中可以看到,在一项解释例中法律解释机关同时对两项法律解释例的内容予以了说明。这在民国法律解释的实践中是非常具有典型性的。

三、说明判决(例)之内容

针对判决(例)之内容所进行的说明,显然既可以是就一般性的判例或者判例要旨而进行的,也可以是针对具体的判例所发生的。

从民国时期法律解释的实践来看,就一般性的判例之内容所做的说明,典型的比如1915年5月26日,在复江苏高等审判厅的统字第252号解释中,大理院指出:"依本院判例,应以窃盗着手未遂论。"又比如1916年6月20日,在复江苏高等审判厅的统字第455号解释中,大理院指出:"查本院判例,自己及直系卑属,无承继权者,无论现继之人是否异姓,均不得对之告争;丁若非应继,又非应继人代理,自可驳斥。"还比如1917年7月28日,在复江苏高等审判厅的统字第654号解释中,大理院指出:"查承继开始,现行法令既无明文,而本院判例,凡承继事件,非自己或自己直系之卑属有承继权者,不得告争。是丁对于甲之立继,自无干涉之余地。"再比如1917年10月9日,在复司法部的统字第687号解释中,大理院指出:"查本院历来判例,凡因执行方法及于执行时应遵守之程序抗告到院者,若系地方管辖案件,概予受理审断,其属于初级管辖,或因执行官吏违背职务上之义务或执行迟延等件,均不予受理。"

除了这四项法律解释例文外,针对判例所为的一般性说明,在民国时期的法律解释实践中,还主要包括以下法律解释例文:

时间	解释号	解释内容
1918年1月31日	统字第758号	……第二问题,刑律第四百零五条一二两项,亦系损坏,并非损害,该罪之成立,自以丧失效用为标准,但所谓丧失效用,只须丧失其一部之效用,不以建筑物全失其效用为条件。**本院前项判例**即此意,原文系损坏建筑物之要部,足致建筑物失其效用者,罪乃成立,意义本极明晰;原呈关于此点,不无误会。
1918年12月	统字第919号	……倘甲本非业主,系由丁与之串通,侵害戊之权利时,按照**本院判例**,得本于不法行为指原则,对甲及丁请求交房及赔偿,如该地方有铺底习惯,而丁之营业亦有铺底时,则其营业移转,与租房之关系,仍应查照习惯办理。
1921年2月	统字第1479号	查县知事审理民事诉讼案件,如已践行牌示程序,而复为送达者,仍应自牌示翌日起计算上诉期间。本院历来判例,持此见解。

(续表)

时间	解释号	解释内容
1925年5月	统字第1911号	查本院**历来判例**,就现行律解释,以一届十六岁为成年,凡成年之人即有完全行为能力,得独立以法律行为负担义务,除商人通例关于商人能力别有规定外,在继续有效之现行律尚有卑幼不得私擅用本家财物一条,但词条规定,原以家财与私财有别,家财非经同居尊长同意,不得私擅处分,至于卑幼自有私财,则该卑幼有完全之自由,不受何种限制。
1926年8月9日	统字第1983号	查本院**历来判例**,认合伙债务,除由各合伙员按股分担外,合伙员中有资力不足清偿其分担部分,尚应由他合伙员代为分担者,盖以合伙为公同业务,合伙债务非单纯合伙员各人之债务可比,原应由合伙员公同负责,苟合伙员有不能清偿其应摊债务,即属合伙之损失,依公同分配损益之原则,自应责令他合伙员,代为分担,唯此项条理,并无强行性质,如有特别习惯,而合伙与债权人又无反对该习惯之意思表示者,得依习惯办理。

与此同时,通过法律解释来对某一具体判例为解释与说明,从民国时期法律解释的实践来看,主要包括以下这些例子:

时间	解释号	解释内容
1913年5月	统字第19号	查报律第八条更正之义务与第十一条犯罪之成立,两不相涉,毫无关系。本院判例,言之甚明,不得据此谓第十一条犯罪之成立,不问事实之有无也。质言之,第八条所谓错误,不专指损害他人名誉而言,范围极广,以极端言,即称颂揄扬之语,亦可请求更正,且并不问事实真系错误与否。苟其更正辩驳词意不背法律,并具备姓名住址者,报纸即有更正之义务,非谓有其事实,即无更正之义务。关于该条文义自明。至第十一条之但书,则仍以前次本院函覆总检察厅两层为要件。**至本院元年上字第十七号判决之意义**,系谓如无其事实,虽事后更正,仍不能阻却犯罪之成立,即言两条毫不相关也。观判决全文,其义自能明晰。
1913年9月3日	统字第51号	查本院现行事例,凡共同被告人中有一人经上告审认为原审判衙门对于该上告人之判决,限于适用法律错误或公诉不应受理之两条,不能不撤销时,则凡未上告之共同被告人,亦受利益之影响,对于各该被告人之判决部分,当然可以一并撤销。本院元年上字二十三号判决中,王成志褚永德二人因李鸿山一人之控告而重予审判,同年上字二十七号判决中之祝蒋氏罗福胜熊景春三人因陈履和一人之控告而重予审判,其情事相同,本院以各该控告审之审判,因与上开两条件相当,为被告人利益起见,故均予以撤销原判,惟一则第一审亦属违法并予撤销,一则第一审系属合法遂予维持,判例主义,本自一贯,毫无抵触之处,但此项判例,以上告审为限,控告审未便援用,至被害人无上诉权,当然不得在审判衙门提起抗告。

第七章　民国时期法律解释的规范功能　477

(续表)

时间	解释号	解释内容
1913年11月13日	统字第67号	本院查高等审判厅以下试办章程所称及时判决,自应认为缺席判决,其对于此种救济之法,本无明文规定,自应斟酌条理,便利诉讼之进行。本院判例,认为应准声明窒碍,庶于审级之利益,及当事人之利便,得以维持,至声明窒碍,亦为一种之不服声明,故期间即准用上诉期间,所有详情概于本院民事判决二年上字第九十九号及决定第十二号、第十三号及本院覆湖北高等审判厅呈文内叙及。
1914年7月8日	统字第140号	查现行法令,除奉天有特别章规外,凡典当(习惯每称为活卖)房地,逾期虽久,仍应听其回赎;盖时效制度,非法有明文,碍难以判例创设,惟本院为释明立法本意,调和利益起见,曾于**二年上字二百零二号判决中详示理由**及其限制,即屡次发送贵厅,各案判决中亦尝说及。
1914年10月1日	统字第169号	查本院**二年上字第九号判例**,所称被告辅佐人,与试办章程之代诉人,系属两事。试办章程之代诉人,即系代理人,现行法制,刑事被告原则上不许用代诉人,惟县知事审理诉讼暂行章程,许处拘役罚金刑之被告及法人犯罪,得委任被告代理人到案。至本院判例所许之被告辅佐人,依诉讼通例,许被告亲属等辅佐被告,以助其诉讼行为,即与刑诉草案之被告辅佐人,其性质无异。惟人民法律知识,尚在幼稚时代,故被告辅佐人之范围,较刑诉所定略广,不以法定代理人及夫为限,使人民便于受上诉之实益。与受被告人之委任而为其代理人者不同,故虽被告辅佐人,提起上诉,而口头审理时,仍须令被告本人到庭。试办章程既无禁止辅佐人明文,而辅佐人性质又与代诉人不同,则高等以下各厅,自可依诉讼通例援用。(现在直隶等省业经有援用此例者)本院判例所称有能力人,系指民法上行为能力而言,至所称不反乎被告明示之意者,系谓虽未得被告同意而其行为与被告明示之意思不相冲突。例如被告受第一审判决后,并未合法表示上诉意思,而亦未合法表示不上诉意思,其中心欲上诉与否不可得而知,于此情形,其被告辅佐人以已之名义,声请上诉,即可认为合法。
1918年8月31日	统字第846号	查律载应继之人,先有嫌隙者,自指应继之本人而言,但嫌隙本毋须有具体之事实,故被承继人如与承继人家积有嫌怨,因而憎恶应继本人者,亦许另择贤爱,本院**六年上字六一八号判决**,盖即此意。
1918年12月	统字第918号	查本院**六年上字第一四五八号判例**,只谓地方管辖案件,高等审判厅不能受理为上告审审判,并未谓高等厅亦不能撤销其原判,更为第二审判审判,其间毫无抵触。
1920年5月22日	统字第1298号	查依本院民国**五年上字第八四零号判决**,家长与妾之关系,不适用夫妻离异之规定,如该家长或该女证明有不得已事由者,应准一造片面,声明解约;丙因受甲妻乙虐待逃避,甲亦不复过问,自可认其家长与妾之关系,业已解除;除丙携与同逃之子,如甲并未允丙携养,甲可请求领回外,其嫁庚之是否合法,自非甲家所能过问。

（续表）

时间	解释号	解释内容
1921年12月23日	统字第1657号	……至本院民国七年上字二八八号判例所谓按之法理并无不合者，系指审判衙门本于其所为辩论，并参合前后供证，得为通常判决而言，其通常判决之是否合法，能否声明窒碍，尚属另一问题。
1923年3月28日	统字第1802号	查本院判例(三年上字第六百七十一号)所谓商家已陷破产之状态，系指该商家已经关闭或实际已不能营业者(例如银钱商不能支付之类)而言，至已陷于破产之状态，即应照破产程序办理，无论其行为为何种法律行为，均得由破产债权人为总债权人之利益，否认其成立。
1926年10月21日	统字第1990号	查抵押权设定，如在查封以前，应准予依法登记，在查封以后，则只得为预告登记(预告登记亦应具备要件)；至本院十五年上字第七百十一号判例，所谓判决前，自系指第二审言词辩论终结以前，因登记条例，既无时期制限，第二审言词辩论终结前提出之资料，均得据以斟酌判断故也。
1941年12月30日	院字第2269号	事实为法律关系发生之特别要件者；在消极确认之诉，应由被告就其存在负举证之责任；在其他之诉，应由原告就其存在负举证之责任；非债清偿之不当得利返还请求权，以对于不存在之债务而为清偿之事实，为其发生之特别要件，自应由主张此项请求权存在之原告就该事实之存在负举证之责任，而该事实之存在，系以所清偿之债务不存在为前提，故该原告就其所清偿之债务不存在之事实有举证责任；*最高法院二十八年上字第一七三九号民事判决*，不过本此理由而为同一之论断，与消极确认之诉之举证责任毫无关系。
1944年4月	院字第2666号	刑事案件书记官于审判期日作成之审判笔录，毋庸命令讯问人紧接其记载之末行签名画押盖章或按指印，与刑事诉讼法第四十一条所定之讯问笔录不同，*最高法院浙赣闽分庭三十二年永上字第二二九号判决末段*，系就讯问笔录而为指示，并非对于审判笔录之说明。

从所举之法律解释文的内容上来看，正是通过解释的方式对先前判决进行了内容上的说明与阐释，不仅明确了判决例所建立起的法律规范的内容，而且也明确了判决例及其规范的适用范围。

有关这一情形之中，有意思的是统字第1139号解释。因为在这份于1919年11月25日复甘肃高等审判厅的函文中，大理院指出："查重复典卖，其后典后卖无效，继续有效之前清现行律，定有明文，甲最先将住房典乙，如果属实，则其再典与丙丁，均不能有效；故无论甲是否濒于破产，只乙就该房优先受偿，有余始能比例平均分还丙丁，所引本院二年上字四六号判例，不无误会。"很显然，这份解释例文从反向的角度说明了1913年上字46号判例的内容及其效力问题。

同样有意思的还有院字第2666号解释。在这份于1944年4月5日指令浙江高等法院的解释文中，司法院认为：

刑事案件书记官于审判期日作成之审判笔录,毋庸命受讯问人紧接其记载之末行签名画押盖章或按指印,与刑事诉讼法第四十一条所定之讯问笔录不同。最高法院浙赣闽分庭三十二年度永上字第二二九号判决末段,系就讯问笔录而为指示,并非对于审判笔录之说明。

从中可以看到法律解释机关对最高法院浙赣闽分庭1943年永上字第229号这一判决内容所做的说明,这不仅有助于确证最高法院分庭判决的一般性效力,而且也展示了民国法律实践的一个特殊现象。

四、说明判(决)例和解释例之内容与关系

通过法律解释的方式对先前之法律解释例与判决例间的关系予以说明,不仅能够明确两者各自的规范性内容,而且也能够明确两者的规范适用范围。

从民国时期的法律解释实践来看,就一般性的说明判决例与解释例之内容而言,典型的比如1916年12月11日,在复总检察厅的统字第552号解释中,大理院指出:"查堂谕代判词之案,如有合法上诉,查照司法部三年呈准之案及本院最近解释判例,均认为毋庸补作判词。"而针对具体的解释例和判决例的关系与内容所为之说明,从民国时期法律解释的实践来看,主要包括以下解释例文:

时间	解释号	解释内容
1913年	统字第60号	查七月二十四日公函之解释(四十六号)系本院最近解释,三月十日判例与之两歧,当然从函之意见。
1914年11月4日	统字第179号	……又查第二审发见被告又附带犯罪,未经第一审者,依本院判例,自可并案公判;又查刑律第二百六十六条之意图二字,系构成要件,无贩卖之故意者,虽收藏鸦片烟,亦不能为罪;至意思虽属无形,如果有贩卖意思,自可以有形证据说明;又查刑律第二百八十三条至第二百八十六条之罪,告诉权属于被害人或其亲属,第二百八十九条之罪,告诉权专属于本夫,第二百九十条之罪,告诉权属于尊亲或本夫,其他刑律中之亲告罪,告诉权属于被害人,但被害人之法定代理人及其夫亦得独立告诉(参照本院元年上字第二十九号判例及二年统字第二十号复上海地方审判厅函)。又告诉权之属于被害人者,被害人亡故,其亲属以不反于被害人之意思为限亦得告诉(参照本院三年统字第一百七十四号复湖北高审厅电)。
1915年9月28日	统字第337号	查现行法制,刑事判决必须宣告,至决定则除言词辩论中当庭决定外,均以不宣告为原则;试办章程第六十条规定及本院三年声字第一号判例、统字第一零四号解释,均指判决而言,其宣告之决定,固可准用。
1916年6月	统字第460号	查本院判例解释,有歧异者,应以最近之判例或解释为标准。

（续表）

时间	解释号	解释内容
1920年7月6日	统字第1358号	统字第901号解释例及九年上字第二号之判例，均尚未变更；该两例原属并行不悖；盖判例所云乃指高审厅自己误受理初级管辖案件之控告者而言；若因别有关于管辖之确定裁判，受其拘束，受理控告则其上告审亦自应以同一理由，由本院受理审判。
1920年8月3日	统字第1366号	查本院二年非字第三七号判例所称，交付精神病院或其他处所，禁制其自由云云，关于监禁处所，包括甚广，凡可以禁制自由之处所皆属之（并参照本院统字第一三五零号解释文）。
1921年6月9日	统字第1548号	查本院七年上字第一一零二号判例，系因当事人一造未于言词辩论日期出席，即不能不许其声明窒碍；又因原审已调查证据合法，认定事实，并非本于缺席之效果而为裁判，故便宜上又不能不许其上诉，与统字第五九八号、第七三一号解释，本是一贯；盖该两号解释，不过示明缺席判决与通常判决之区别，不合法之通常判决，便宜上亦应许其上诉，并非谓只能上诉不能声明窒碍。
1922年4月	统字第1716号	查应作绝之产，如典主仍允找价，即系当事人舍弃时效之利益，应为有效。本院八年上字第六八五号判例与统字一七零二号解释并无抵触。

所举之情形中需要进一步予以说明的，是统字第460号解释例文。在这份于1916年6月22日复直隶高等审判厅的解释例文中可以看到，大理院认为判决例和解释例的效力应当以"最近"为标准，而这其实也就意味着，一方面解释例和判决例的效力是相当的；另一方面当两者发生歧异或者冲突时，惟以产生之时间上的先后为效力判断之准绳。

在此一情形之中值得予以特别关注的是院字第2383号。因为在这份于1942年8月12日指令湖南高等法院的解释文中，司法院指出：

……（四）妨害公务并故意杀人或重伤或加普通伤害于人，除有牵连关系，应从一重处断外，均应并合处罚。最高法院十八年上字九八二号判例，系以持刀行凶，致妨害公务，其妨害公务，为伤害之结果，故从伤害之一重罪处断。来文所列院字第五四一号解释，最高法院二十年上字七五零号、二十年上字九八九号、二十年上字一七七六号各判例，亦系就强盗与轻微伤害人有方法或结果之牵连关系，认为牵连犯；与院字第六十九号解释并无抵触，自无一律改采牵连说之必要。

从中可以看到，法律解释机关对多项法律解释例与判决例的内容以及相互间的关系予以了说明，这无疑有利于在有关牵连犯的问题处理上确立起准确的法源。

五、说明解释例与解释例的内容与关系

在民国时期的法律解释实践中,通过法律解释的方式对先前之法律解释例(文)与法律解释例(文)间的相互关系予以说明可以说是比较常见的一种现象。因为通过解释的方式对先前之解释例与解释例间的关系予以说明,不仅能够明确解释例之内容,而且也能够明确解释例之适用方式和适用范围。

有关这一情形的法律解释,在民国时期主要包括以下这些解释例文:

时间	解释号	解释内容
1915年1月27日	统字第205号	查统字第一三六号解释刑律二七一条之吸食不能包括服食,系声明统字一三二号电,因戒烟服食含有鸦片烟之丸药,其服食不能包括于该条吸食之内。盖刑律第十三条规定,非故意之行为不为罪,因戒烟而服食丸药,只有戒烟之故意,并无戏言之故意,此等服食不能视为该条吸食之代用,自不能成立犯罪。若故意服食含有鸦片烟质之物为吸食之代用,即系有吸烟之故意,当然包括于该条之内。如吞服烟泡烟灰或知情服食伪称之戒烟丸,纯为吸食之代用者,自应构成吸食鸦片烟罪。
1919年9月8日	统字第1080号	查代匪购买粮食及卖米与匪,与本院统字第二八六号、第三一六号解释文内所称为盗执炊无异,尚不能认为犯罪;至代匪帮侦探军情,如果事实具体,并确有实据,自应分别情形论罪。希参照本院统字第三四一号解释文。
1920年2月3日	统字第1218号	统字第三四零号,系解释为盗执炊,不得论以从犯;第一一五七号,系解释正犯,仅预备行盗;法无正条不为罪,自无从犯可言。先后尚无出入,如受雇为匪侦探,应分别情形,查照八年九月十五日、十二月二十七日公报载统字第一零八及一一六一号解释办理。
1920年6月10日	统字第1330号	查本院统字第七六七号解释,业经变更,凡烧毁或毁坏自己与他人公共所有物,应以他人所有物论(见本院统字第一一九七号解释)。况据原呈所称情形,甲所毁损者,系丙丁等公共所有物,并非甲与丙丁等公共所有物(即纯粹他人公共所有物,并非自己与他人公共所有物),尤属不成问题。
1921年10月13日	统字第1628号	查统字第九九二号、第一一三零号解释文所称未备执行程序之监禁日数,得算入刑期,均就本案言之;至直隶高等检察厅原呈称有罚金易监禁人犯,在监禁执行中,又因另案被人在别县告发,由该县提案侦讯羁押数月云云,既因另案羁押其日数应由另案判决,定其算入与否,如另案宣告无罪,即与本非在监执行之犯人,被人告发而受无罪宣告者同,除诬告者及故意加损害之县知事等(参照审判厅试办章程第一百零七条第二项县知事审理诉讼章程第八条但书)应负责任外,根本上无刑期可算,故本院刑字第一六四五号函(即统字第一五七五号解释文),取消极说,湖北高等检察厅原呈称因另案须该犯到案证明,由该县提去质讯,致在县署羁押数月,始送还原县执行一节,依法本不得羁押证人,若谓因其在监禁执行中而羁押之,则其性质系继续从前之监禁,无所谓因别案羁押。

(续表)

时间	解释号	解释内容
1922年6月	统字第1752号	查关于强和卖罪之指定代诉人,应先尽统字第一二零零号解释内所举之人指定,无无此等人,自得仍依统字第八号解释办理……
1942年8月	院字第2386号	本院院字第二零五八号公函,系就以军人或公务员之身份为犯罪成立要件者而为解释;院字第二一六一号公函,系就无上开身份之共犯人,应依刑法或其他特别刑法论科者而为解释,彼此并无抵触;其审判权之谁属,依照前开解释,亦易辨别。
1942年10月13日	院字第2408号	乡镇保长因办理兵役,收受要求期约贿赂,或管理壮丁,诈取财物,妨害兵役治罪条例第五条第一项至第三项及第八条,已有处罚规定,虽在此作战期间,同时不免触犯惩治贪污暂行条例第三条第一项第二款公务员对于主管或监督事务图利之罪名,然此乃法规竞合问题,不但依后法优于前法之原则,应适用颁行在后之妨害兵役治罪条例处断,并归普通法院审判,即参诸狭义法(妨害兵役治罪条例限于办理兵役及管理壮丁之人员)排斥广义法(惩治贪污暂行条例系就一般军人及一般公务员而为规定)之理论,亦应如此办理。本院院字第二二七四号解释,系斟酌上述关系而为分析之解答,正与院字第二二七四号解释并行不悖。
1944年4月	院字第2667号	国民兵团后备队及区乡镇保队官兵,除在正式军校出身已予武职名义之长官外,皆不能视同军人,院字第二一四二号解释与此有异之部分,应予变更;业经本院院字第二六三五号指令解释在案。
1944年6月	院字第2693号	国民兵团后备队官兵除在正式军校出身已予武职名义之长官外,皆不能视同军人,业经院字第二六三五号指令解释有案,其以前之院字第二四八零号解释与此有异之部分,自不能再予援用。
1945年5月	院解字第2882号	江西机器厂工人,并非依法令从事于公务之人员,自不能认为刑法上之公务员,本院院字第二零八四号关于在中国运输公司服务之机工身份问题之解释,已以院字第二三九零号解释予以变更。
1945年5月	院解字第2896号	本院院字第一六三一号解释,既谓农工商会非印花税法第三条第三款所称自治机关,显系不认农工商会所发凭证得依同款免纳印花税,其后段虽谓农工商会所发凭证,倘系内部所用,不生对外关系,自可适用同条第八款免纳印花税。然农工商会收到会费后,立给会员之收据,实为该会与会员收付所载会费之权利义务关系业已消灭之凭证,并非内部所用不生对外权利义务关系之单据,自亦不得依同款免纳印花税;是该号解释与本院院字第一四七二号并无出入,商业同业工会收到会费后,立给会员之收据,仍应贴用印花税票。
1947年7月	院解字第3515号	各县自卫队官兵如非正式军校出身,曾授武职者,不能视同军人,除其犯罪依法应受军事审判者外,仍应由该管普通法院审判。至院字第二一四二号解释,业经院字第二六三五号解释变更,自不得再予援用。

(续表)

时间	解释号	解释内容
1948年2月	院解字第3846号	院字第一七六一号第五项解释,已经院字第二八二二号解释予以变更,不再适用。
1948年6月	院解字第3988号	院字第三三四九号解释,已将院解字第三二五五号解释予以变更,当然以后解释为准。
1948年6月	院解字第4015号	法院依盐政条例所为处罚或不处罚之裁定,原检查机关或移送税局均不得提起抗告(参照院字第三七七九号解释);至院字第一三五一号解释,已经院解字第二九零四号解释予以变更,不得再行援用。

六、说明判(决)例与判(决)例的内容与关系

从民国时期法律解释的实践来看,就判(决)例与判(决)例的内容与关系所予以的说明,较之于其他之情形无疑频率较低。有代表的解释例文,比如统字第1232号,在这份1920年2月18日复浙江高等审判厅的解释例文中,大理院指出:

> 查地主提出自种证凭,许其撤佃户部则例,本有明文,惟该则例,本只适用于旗地(本院判例亦专就旗地而言),于一般永佃民地,并不适用;至关于一般佃地之欠租,应至如何程度,始准撤佃,本院亦有先例,检送判决文一份(二年上字一零四号)备考;惟既经业主有效,撤佃之后,若佃户补清欠租,不经业主同意即可回复佃权,殊于土地之移转,经济之流通以及权利之效用等,多有窒碍,即使有此习惯,亦应认为有背公益,不能采用。又因撤佃结果,业已别有不当利得时,亦得依法另行办理。

统字第1657号也能够反映出通过法律解释发挥说明判(决)例与判(决)例的内容与关系的功能。因为在这份于1921年12月所为之解释例文中,大理院指出:"……本院七年上字一一零二号判例与二八八号判例,盖系各就一方面立言,并非如来函所称有迥乎不同之点。"

七、说明解释例与法条之间的关系

通过法律解释对先前之法律解释例与法律规范之关系的说明,不仅能够明确解释例所确立之规范与法条间的关系,而且也能够明确解释例与法条的适用范围。在民国时期的法律解释实践中,这一情形较为多见。其中较为典型的比如在1918年9月13日复江西高等审判厅的统字第862号解释例中,大理院指出:查本院统字第三百三十号,系最近之解释,地方厅如遇县判管辖错误之案,认为自有本案第一审管辖权者,应撤销原判,径为第一审审判;至刑诉草案第三百八十四条所称有第一审判权,系兼事物土地而言。又县知事审理诉讼章程第三十六条第二款所称原审事件,因县知事兼有检察职权,故

应以所引律文为标准。该解释文显然是就统字第 330 号与相应之法律条文之间关于第一审管辖权的问题所做的关系说明。又比如 1918 年 10 月 16 日,在复河南高等审判厅的统字第 870 号解释中,大理院指出:

> 查甲如确非因贫而实图利价卖亲女,应依刑律补充条例第九条查照刑律第三百五十一条处罪,该女与乙孙系已有婚姻预约,除劝谕夫家倍追财礼女归后夫,照现行律男女婚姻门第二段办理外,自未便以裁判强令仅受赔偿,丙如确知该女已经受聘又非迫于因贫而卖,竟收买为妾,即不得谓出于慈善养育之目的,与本院统字第二一三号、第二四八号解释情形不同,自可依律论罪。

再比如,1941 年 3 月,司法院院字第 2160 号法律解释文指出"……院字第二零五八号解释与陆海空军审判法第二十八条之规定,并不抵触。"该解释文正是通过明确指出解释例与法条不存在抵触之情形,不仅对解释例与法条之规范内容予以确认,而且也对解释例与法条之规范适用予以了确定。

除上述所列的这些解释例外,在民国法律解释的实践中,对解释例与法条之间的关系与内容所做说明的解释例,还主要包括以下这些法律解释例文:

时间	解释号	解释内容
1917 年 7 月	统字第 653 号	查刑律补充条例第六条之罪,其亲告权专属于尊亲属,与一般亲告罪不同,不能指定代行告诉人,与本院前复上海地方审判厅解释(即统字第八号)之情况不同。
1919 年 11 月 7 日	统字第 1114 号	查复判章程第七条,定复更正复审覆审各判决,重于初判处刑时,被告人得声明上诉,本院统字第八百八十号解释,亦谓复审判决,原告诉人限于较初判处刑为轻时,许其呈诉不服,自系以所处之刑为标准,于罪质部分轻重,即不问罪质有无变更。
1920 年 1 月 30 日	统字第 1216 号	查呈准援用之刑事诉讼律草案第十九条第二款,列举恐审判有不公平之原因,计有三种:(一) 被告人身份;(二) 地方情形;(三) 诉讼经历。太仓县知事代电,将被告人身份地方(方误作位)情形,联合为一,并将恐审判有不公平一语,单系属于诉讼经历言之,不无误会;又本院统字第六七九号解释文,仅系答复关于民诉应否回避之问题,此次江苏高等审判厅受理刑事被告人,声请移转管辖案件,自应查明是否与前列条件相符,而后决定如被告人实系声请拒却,县知事则应查明是否合于同草案回避节,规定县知事经裁判确定,应被拒却,再审由检察官依同草案第十九条第一款声请移转管辖时,只须审查是否具备该款条件,若仅以案系警察分所长所诉,即更易县知事之管辖权,自有未合,惟本案原决定,既经确定,自应仍照办理。

(续表)

时间	解释号	解释内容
1920年2月3日	统字第1217号	查李甲既系共同强盗伤害二人,则其所犯并非刑律第三百七十三条之罪,初判援据该条处断,似属失出。复判遽予更正,亦似与复判章程第四条第一项第三款之规定不符,惟既经确定,自可执行,至执行更正判决,除本院统字第八六七号解释文第四例以外,尚无追算办法,判决中并未判及折抵即应照判定日数办理。
1920年2月18日	统字第1227号	原告诉人呈诉不服,应经由检察官提起控告,如不合法,应决定驳回,否则无庸先下决定,此类案件,如司法部四年五二九零号、九零七一号批示,得用书面审理,可否置被告代理,希参照统字一一九三号解释办理;若必须令其到场避匿不到,且无从勾摄者,仍应停止公判,刑诉律草案三八六条,不得援用。
1921年5月	统字第1529号	查因奸酿成违警行为,尚非刑律补充条例第七条所称之其他犯罪,且查照本院统字第一三二二号、第一三六三号解释文,亦无因违警行为引用该条而论奸罪之机会。
1935年4月11日	院字第1256号	依会计师条例第八条规定,会计师于开始执行职务前,须向所在地工商行政官署呈请登录而会计师之事务所,为会计师登录簿应行记载之事项,又为同条例第七条第二款所明定,是会计师事务所,为会计师呈请登录前所必须设立,而事务所所在地,又当然为其执行职务之地。院字第八三五号解释,自不得谓为无据。至同条例第十六条第一项规定,系指会计师欲执行职务,须先加入于其执行职务之所在地或其最近地之会计师公会而言,非必于执行职务地方皆须设立事务所。该号解释,与此旨亦无歧异。
1936年11月	院字第1574号	……院字第一零九三号解释所谓牵连犯罪,与刑诉法第七条所谓牵连案件,不同。
1942年9月	院字第2396号	……(二)同条例第十五条第一项之顶替兵役,须以冒名为必要,其意义已见本院院字第二二二七号解释。
1948年6月	院解字第4001号	……(六)来文所述院函系就县司法处组织暂行条例第五条第六款所定审判官之资格言之,至院解字第二九八五号解释则就法院组织法第三十三条第九款所定推事检察官之资格言之,本属各为一事,并非以解释变更院函。
1948年6月21日	院解字第4026号	……(二)乡镇长由县政府委任而非民选者,系县参议员选举条例第二条第一项第一款所称之公务员,不得当选为该县参议员。本院院解字第三一六七号解释所谓当选,并应为县参议员后不得兼任原职之乡镇长,通常固指民选者而言,惟由县政府委任之乡镇长当选为县参议员后,未经依同条例第三十五条之规定,诉经判决当选无效者,亦包含在内。

这一情形之中有意思的是解字第165号。在这份于1928年9月11日复司法部的解释例文中,最高法院指出:

> 查犯惩治土豪劣绅条例第二条所列举之罪者,据本院六十九号解释,不问何人适用之,所谓不问何人,系指其职业性别不论为何种类而

言,惟犯罪之主体必限于该条文所面对之土豪劣绅,乃得适用。若犯罪者素系农民,平日并无凭藉势力欺凌乡里,自不得概以土豪劣绅论。

从此之中我们看到,解字第 69 号原本应系针对《惩治土豪劣绅条例》第 2 条所为之法律解释,而解字第 165 号则虽系对解字第 69 号所进行的说明,但实际上它亦对解字第 69 号所及之法条的内容也进行说明的解释例。这种如套娃般嵌套式的说明,反映了民国时期通过法律解释对法条之意涵予以逐步揭示的有趣现象。

当然,上述列举的都是一般性的情况,也即在民国时期法律解释的实践中较为频繁出现的情形。实际上,除上开所举之情形与功能外,在民国时期法律解释的实践中,还会出现一些频率相对较低的、较为特殊的情形。这些情形主要包括以下几种类型:

一是针对一般性的、未便予以清晰界分为解释例、判决例或判例的成例、先例或者近例的内容予以说明的情形。比如统字第 1033 号,在这份于 1919 年 7 月 15 日复安徽高等审判厅的解释文中,大理院指出:"查本院近例,关于动产之强窃盗罪,系以盗取财物已未入手为既遂未遂标准。"除了这一解释例文外,有关这一情况的解释例文,主要包括以下这些:

时间	解释号	解释内容
1918 年 11 月	统字第 897 号	查院例非自己或自己直系卑属,有承继权对于异姓乱宗,不得告争。所询情形,既系以孙祢祖,自为无权告争。
1919 年 5 月 24 日	统字第 995 号	查最近成例,凡互殴不得主张防卫权,应以彼此均有伤人故意,而下手之先后,又无从证明者为限。如果一方初无伤人之意,防卫情形,极为明显,自应仍以正当防卫论。至彼此互殴,虽一方受伤较重,不能因其伤重免责,应于法律范围内酌量处断。
1919 年 11 月	统字第 1136 号	……至第三问题,当事人一经对于县判声明不服,依本院成例,本可认为有合法之上诉声明,应请查照办理……
1920 年 6 月 3 日	统字第 1317 号	……惟据来函约定之电灯费,不专以光数为比例,系以盏数合光数计算价格,则用户未经通知公司,得其同意,自不能擅自更改,以侵害公司利益,应查照本院成例,准公司按约请求违约费,至同光盏数之增加,用户虽以此开彼闭为辞既无电表可以检验所费电力,且所约亦非专以电费计算,当然不应许可。

二是涉及对一些特殊的法令文件的内容与效力予以说明的情况。比如 1914 年 10 月 26 日,在复司法部的统字第 171 号解释例中,大理院指出:

……至来咨第一款所述抗告程序,正合现在办法,惟抗告审衙门,直接收受抗告状办法,仍应参照本院二年咨送各省上告注意事项中第八条之说明。又本院对于上告不合法之件(如向本院请求四审或已显然逾期或未经第一审并第二审判等例),已于民国元年特字第十二号通告及二年上告注意事项中,嘱托原高等审判厅,就近代为驳回,以期速结而图利便。惟不服驳回之决定者,始准来院抗告。

又比如1917年11月20日,在复安徽高等审判厅的统字第697号解释例中,大理院指出:"……又抗告通常不停止执行,司法部早有部饬(四年三月十一日第三一二号通饬)。"还比如1918年5月20日,在复山东高等审判厅的统字第790号解释中,大理院指出:"查第一问题,按照民国四年五月二十七日第五二九零号及同年九月一日第九零七一号司法部批,控诉审得为书面审理之件,本有限制,惟原县仅属不起诉处分,是案件未经第一审判决,于控诉为不合法,自得用书面决定驳回。"再比如统字第1243号解释,在这份于1920年复山西高等审判厅的函文中,大理院指出:"查该厅收受上告,当时本应判由该厅自行受理,为第二审审判,乃误令另行控告,本有未合,现在此项判决,虽经确定,仍应由该厅适用四年三月二日司法部二六七号部饬,分别受理控告及上告。"

除上开所举之解释例文外,在民国法律解释的实践中,有关这一情况的例子,还包括以下这两项解释例文:

时间	解释号	解释内容
民国25年12月	院字第1607号	"……至于最高法院二十三年度声字第六一一号裁定,乃系就原法院所为假处分之裁定而认为正当,并非迳自为假处分之裁定,自不可因而有所误会。"
民国34年6月16日	院解字第2936号	"……(五)本院三十三年法参字第1714号令,所谓起诉不包含提起再审之诉在内,三十一年十二月三十一日以前起诉业经判决确定之事件,现始提起再审之诉者,不在同令增加第三审上诉利益额数之列。"

三是针对具体的判决例与法条之间的内容与关系进行说明的解释例。比如统字第1428号。在这份于1920年10月6日复浙江高等审判厅的解释文中,大理院指出:"查刑律第十三条第二项之意义,详见本院四年上字第一一一号判例(判例要旨汇览第三卷第六页)……"又比如院字第1010号。在这份于1935年12月16日电复广西高等法院的解释文中,司法院指出:"民法亲属编施行后请求离婚者,应以民法第一千零五十二条所列情形为限,该编施行前之判例(即最高法院十九年上字第二零九零号判例),与该条不合者,均不得援用。"还比如院字第1492号。在这份于1936年5月1日指令浙江高等法院的解释文中,司法院认为:"……(三)依票据法施行法第一条第二项之规定,票据之发行在该法施行后,非依票据法之规定不生票据之效力。最高法院十八年上字第二四五一号判例,则仅系就票据法施行前所发行与汇票、本票支票性质相同之票据而为之判决对于票据法施行法施行后依票据法所发行之票据自不适用。"

四是针对具体的判例与一般性的解释例之间的关系与内容进行说明的解释例。比如统字第 1743 号,在这份于 1922 年 6 月 22 日复江苏高等审判厅的解释文中,大理院指出:"查第一点,既据称捐助人于捐助时起,议有成规,实行数百余年,自得仍行恪守,不为改订,本院前号解释与原代电所述判例(四年上字第二零三号判例、三年上字一一五二号判例),系各就一种情形立言,并非有所变更。"

五是针对一些特殊性的法令文件与法条之间的关系予以说明的解释例。典型的比如 1918 年 10 月 5 日,在复总检察厅的统字第 867 号解释例中,大理院指出

"……查司法部四年第五六六二号批,原本于同年第一二七二号批,核准案件以系追认性质,可纵初判确定日起算刑期,与更正部分,分别执行,无庸另核准部分之决定,然现行覆判章程第四条第二项第二款开,应核准与更正之部分互见时,以应更正论等语,已将旧章第三条第一款改正,似与该条两号部批所举情形,略有不同,惟详绎该章程第四条规定,不过为制成覆判书之形式,特行修正条文,而于执行刑期,为被告人利益起见,仍可按照追认性质办理。"

又比如统字第 1627 号,在这份于 1921 年 10 月 12 日复东省特别区域高等审判厅的解释文中,大理院指出:"查刑律第二十四条,限于依刑律处刑,或其第九条所定之法令处刑而又无特别规定时,始能适用。其第六条所称经外国审判确定执行或免除之刑,自不在当然适用该条之例(仍参照东省特别区域清理俄人旧案处章程第六条及司法部九年第九三七号训令。)"

六是针对法条与一般性的成例之间的关系予以说明的解释例。比如 1919 年 5 月 23 日在复湖北第二高等审判厅的统字第 993 号解释例,大理院指出:"刑律第 355 条之亲告罪,虽得由检察官指定代行告诉人,但依本院最近成例,应以被害人事实上不能告诉,现在又无他人得行使告诉权之案件为限,其现有告诉权之人,能告诉而均不告诉者,不得援用。"很显然,该解释例即是对"刑律第 355 条"与"成例"之间在"亲告罪"上的适用问题所作出的说明。

七是针对以往法律解释例和其他先例之间关系的说明的法律解释。如 1917 年 4 月 10 日,在复司法官惩戒委员会的统字第 605 号解释中,大理院指出:

查刑事诉讼律草案未经颁行部分,除现行法令已有规定者外,自元年以来,累经本院认为条理,参酌采用,著为先例。如二年抗字第一号决定,统字第五十九号解释,固已言明。而统字第八号类推解释,与选任辩护人办法,均系采用该草案,实不自统字第 525 号始。

这份解释例不仅说明了三个解释例之间的关系,而且也说明了"二年抗字第一号决定"与这三例解释之间的关系问题。又比如1920年7月2日,在复吉林高等审判厅的统字第1356号解释中,大理院认为:

> 本院铣电及统字第一三二五号解释所称卷到后十日内控告,谓报到后始调卷,须卷到起算上诉期间,以示与专报案之于报到后起算上诉期间者有别,其本属初级管辖案件,应交地检厅提起控告者,则于卷到该管地检厅后,起算上诉期间,逾期声明控告,均非合法,余希查照本院判例解释例要旨汇览办理。

在这份解释例中,不仅对统字第1325号解释例的内容和效力进行了说明与确证,而且也一般性地指出了大理院其他判例解释例的效力。

八是针对法律解释例与司法部饬令或者与司法行政部指令之间内容与关系说明的解释例。前者比如1917年4月26日,在复总检察厅的统字第615号解释中,大理院指出:"查统字第五九六号解释,系指为吸食鸦片烟之代用而服食含有吗啡之物,自应构成吸食鸦片烟罪;至司法部令,系指非为吸食鸦片烟之代用者而言,并无歧义。"后者比如院字第149号,在这份于1929年8月23日训令浙江高等法院首席检察官的解释文中,司法院指出:"查最高法院解字第二零二号解释,固认告诉、告发得委律师代行,但已明言,须律师出庭辩护性质不同,其以律师代行告诉者,自不能与辩护人视同一律,司法行政部指字第七二二号指令否认告诉人延请律师出庭办法,核与前开解释尚无冲突。"

九是针对解释例与社会性规则(如习惯、惯例、风俗等)之间的内容与效力关系进行说明的解释例。如1918年9月4日,在复江西高等审判厅的统字第851号解释中,大理院指出:"查甲既有同居寡媳丙,自可谓丙为甲保护人,故丙得本于保护人之权能,代甲起诉受诉,则其委任代理受诉人,自应认为有效。至第二问题,异姓子孙,依该族惯例,既已取得权利,族人非得其同意,自不能率与剥夺,此与本院以前之解释并不抵触。"这显然是就"该族惯例"与"以前之解释"之间的关系所做的一种一般性说明,这既有利于维护社会性规则的一般性效力,也有利于维护法律解释的一致性与权威性。

有意思的是统字第1699号解释例。在这份于1922年3月25日复总检察厅的函文中,大理院指出:

> 查刑事诉讼条例第二二条第二款,数人共同犯罪,系指刑律第二九条第一项以下之各种共犯而言,即刑律第三一六条之以共同正犯论者,亦包含在内,第四款数人同时在同一处所各别犯罪,系附带犯罪之一种,即本院三年上字第二九六号判例所举附带犯罪第二种之未通谋者;至第三款数人同谋犯罪,系与本院统字第一二三八号、第一二四五号解释文

所举情形相符,在现行法令之下,只可谓为一种注意的规定。

从此之中我们可以看到,这一解释例不仅对法条与法条之间的关系,而且还对法条与判决例、法条与解释例之间的关系与内容进行了说明。这无疑是一条具有综合性说明功能的解释例。

第二节 确 证

一、确证法律解释例之内容与效力

通过法律解释的方式,确证或肯定以往法律解释之规范性的内容或者效力,这在民国时期法律解释的实践中,既是一种较为常见的现象,也是法律解释所发挥的较为普遍的功能。

就一般性的确证法律解释例的效力的情况,从民国时期法律解释的实践来看,比如1915年5月12日,在复云南高等审判厅的统字第240号解释中,大理院指出:"本院关于惩治盗匪条例之解释,凡于惩治盗匪法无抵触者,均可继续适用。"该解释例就在一般的意义上确证了针对《惩治盗匪法条例》所作的法律解释,指出凡是与《惩治盗匪法》不抵触者,都具有效力。又比如1913年11月13日,针对总检察厅之函请,大理院统字第60号解释例指出:"查七月二十四日公函之解释,系本院最近解释,当然从该函之意见,应请贵厅转行该厅查照可也。"该解释文不仅确证了7月24日公函(即统字第46号)解释的效力,而且明确了"解释例"的效力原则,即以"最近解释为准"。再比如统字第1426号。在这份于1920年10月5日复直隶高等审判厅的解释文中,大理院指出:"查立继并不以继单为要件,本院早有解释。丙果承继甲属实,自不容丁藉口世俗惯例及葬坟方位,妄相争执。"还比如统字第1738号,在这份于1921年6月17日复安徽省议会的解释文中,大理院指出:"查声请指定管辖,应认为有起诉之意思,本院已有解释,至起诉并不以诉状送达相对人始生效力。"

就针对具体的解释例的内容与效力的确证情况来看,在民国法律解释的实践中就比较常见。比如1914年2月7日大理院复湖南高等审判厅的统字第99号解释:"查本院关于加减例之解释,先后不同,该厅所引判例,系本院旧解释,本院最近解释,已详见1913年统字第46号复奉天高等审判厅函及统字第60号致总检察厅函,该厅所陈意见相合,均已登载政府公报,相应函复贵厅转饬该厅查照可也。"又比如,1923年,针对黑龙江高等审判厅之函请"统字第271号解释现是否适用",大理院统字第1791号解释例指出:"该号解释未经变更,惟应参照统字第1449号解释。"该解释文不仅明确了统字第271号解释例之效力,而且也明确了该解释例的适用方式和效力范围。

第七章　民国时期法律解释的规范功能　　491

除此之外,在民国时期的法律解释实践中,针对具体的法律解释例,通过解释的方式发挥"确证"之功能还主要体现在以下的这些法律解释例文中:

时间	解释号	解释内容
1914年12月	统字第190号	查知事兼理诉讼暂行章程第三十八条,原告诉人呈诉不服办法,业经本院统字第一七五号复总检察厅函内详细解释在案,希参照该号解释。
1915年5月11日	统字第237号	查政事堂三年八月沁电,业经堂电取消,司法部三年七月敬电,因惩治盗匪法及四年三月二日盗匪案件适用法律划一办法通行后,亦已废止,而该办法之第三条,本院亦已承诺,至本院统字第一八一号、一八二号解释,除惩治盗匪法第二条之情轻者,可径依刑律第三百七十三条处断,已另有解释外(见统字第二一二号),于其余各条,俱继续有效,至惩治盗匪法减处徒刑人犯,如何核转汇报,事关司法行政,既经详部,应候不饬可也。
1915年5月	统字第247号	查尊亲属伤害卑幼,除该当暂行刑律补充条例第八条情形外,概依常律科罪论减,来详情形,即希贵处查照三年三月三十日本院统字第一一七号覆函办理可也。
1915年6月25日	统字第181号	查被和诱之妇女,自己不告诉,而又无本夫及法定代理人行使告诉权者,该管检察厅检察官因利害关系人之声请,可以指定代行告诉人(参照本院二年统字第八号覆上海地方审判厅函)。原详所举之例,某甲对于其婢女,自可认为利害关系人,得声请检察官指定代行告诉人。
1915年8月	统字第316号	查为强盗执炊,不能谓为犯罪行为,前经本院统字第二八六号函复在案。
1915年9月	统字第329号	应依刑律总则共同正犯例各以逾贯论,系参照本院统字第一八三号解释。
1915年10月	统字第340号	……又有第六条第十款扣除期间之规定,而本院统字第二五五号,业经解释明晰,本与保辜期限异实同,施行自无窒碍可言。
1915年10月	统字第342号	来电情形,可为离婚原因,乙不能论罪,希参照二一三号解释。
1915年12月	统字第373号	发还更审,原审官不能为回避原因,但为公平起见,得更庭易人,参照统字第三四九号解释。
1915年12月	统字第382号	查原告诉人呈诉不服,逾法定期间者,自系不合法,得由检察厅驳斥,毋庸送审,希参照本院三年统字第175号覆贵厅函。
1916年3月	统字第413号	查原详情形,应将后罪判决后,与前罪之刑合并执行,希参照本院四年统字第三三三号覆四川高等厅解释。
1916年5月	统字第452号	……第四例丙之犯罪部分,亦应由覆判审一一覆判,希参照本院三年统字第一七二号解释。
1916年7月8日	统字第465号	查本案情形,甲之和卖,自应依刑律第三百四十九条第二项处断,事后复控奸拐,亦应以诬告论。惟丙之成立罪名与否,应参酌本院四年统字第二一三号解释之标准判断。
1916年8月18日	统字第477号	查强盗未遂,仍应依刑律第三百七十九条所举各本条处断,希参照本院统字第一六二号解释。

(续表)

时间	解释号	解释内容
1917年2月23日	统字第585号	查僧尼对于其徒,本无告诉权,但僧尼被诱,若无告诉权者之告诉,其师自可声请检察官指定代行告诉人,系参照本院二年统字第八号、四年统字第二八一号解释。
1917年3月22日	统字第596号	查服食吗啡及含有吗啡之物,以为吸食鸦片烟及施打吗啡之代用者,依本院四年统字第二零五号解释,应构成吸食鸦片烟罪。
1917年6月1日	统字第631号	甲子与乙并无亲子关系,惟可认为利害关系人,得声请检察官指定代行告诉人,系参照本院统字第八号、二八一号解释。
1917年7月21日	统字第648号	冬电情形,应褫夺公权,希参照本院统字二三四号解释。
1917年7月21日	统字第649号	函电情形,希参照本院统字二一三号解释。
1917年10月	统字第692号	……又县知事违法驳斥上诉之批谕,系属越权行为,当然不生效力,上级审判衙门自可迳行受理其上诉,至声明窒碍,县知事本有裁判权限,其驳斥如有违法,自可查照本院统字第五九八号复贵厅之解释办理。
1917年11月	统字第701号	查公判中移送预审办法,本院三年统字第一二七号复江苏高等厅函内,曾详为解释,原呈所举两说,均欠妥协。
1917年12月	统字第723号	查婚姻案件,不能强制执行,本院早有解释(参照五年本院统字第五一零号解释文件),执行衙门,除传唤劝导外,别无执行方法。
1917年6月29日	统字第735号	……又孀妇若不仅与夫祖父母父母异居,并已与其家断绝关系者,不应再适用此项主婚之规定,且依律应有主婚权人同意者,若主婚权人恃权阻难,并无正当理由,亦可依照本院四年十二月二日统字第三九一号解释办理。
1918年5月3日	统字第784号	(一)县判之未经照章牌示者,并非根本无效,不过不生确定之效力,当事人无论何时,皆可上诉,希照本院统字第七七二号解释办理。
1918年5月20日	统字第789号	查被告人在上诉中脱逃,应停止公判程序,不能径行撤销上诉,希查照本院统字第七七七号解释办理。
1918年5月20日	统字第791号	查女尼犯奸,如该尼未经出嫁或嫁后夫死者,均可包含于刑律补充条例第六条良家无夫妇女之内,其告诉权各属于其尊亲属,希参照本院统字第六七一号解释。
1918年6月19日	统字第803号	……第二,各级审判厅试办章程第三十六条第二项之判决,非缺席判决,参照本院统字第四零二号解释。
1918年8月6日	统字第824号	查甲于乙为本生父,丁自属同一关系,参照本院统字第五十五号解释,甲有告诉权。
1918年8月8日	统字第828号	……第三问题,击落齿牙二枚,应以轻微伤害科断,希查照本院统字第三二二号解释。
1918年8月17日	统字第833号	上级审误认事物管辖,发交下审审理之决定,若已确定,应受拘束,参照本院统字第五六三号解释。

(续表)

时间	解释号	解释内容
1918年9月2日	统字第837号	查得价典妻,如其真意系属绝卖,当依刑律补充条例,处典者以和卖罪,受典者参照本院统字第二一三号解释,不能论罪。若双方并无买卖意思,典者等于得利纵奸,法无处罪正条。
1918年9月6日	统字第853号	查丙祖之承继,如历久未经告争权人主张其无效,消灭其身份,则丙对于甲即不得谓为异姓,甲妻乙择爱立以为嗣,自非丁戊所能告争,本院就此早有解释(统字第八一四号)。
1918年9月18日	统字第864号	铳电情形,以营利略诱论,参照本院统字第五三七号解释。
1918年11月11日	统字第878号	查刑律关于奸非罪,应由尊亲属告诉之条件,与略和诱罪可为告诉之尊亲属,其解释当从一致;已嫁之女犯刑律第二百九十条之罪,亦应俟夫族无告诉人时,母族之尊亲属方有告诉权,如夫族尊亲属舍弃告诉,母族尊亲属即不得再行告诉。本院统字第六七一号解释,从夫族母族行亲告权中次序立言,并无疑义。
1918年12月3日	统字第901号	当事人对于管辖决定,既经甘服,任其确定,审判衙门自无庸再予置议;至统字八五二号解释,上告审事同一律,应准照办理。
1919年1月21日	统字第922号	查准禁治产宣告制度,现在既尚无明文规定,纵依习惯准其立案,亦仅足为公之证明,并无创设权利之效力(参照本院七年统字第九一二号解释)。故如有证凭足以证明并非浪费,其立案自难依据。
1919年5月27日	统字第999号	查新闻记者仅将议员在公开议场诋詈官员之言词,照登报纸,本不为罪;惟如有故意匿饰增捏,而合于出版法第十一条第八款规定之情形者,自应查照本院统字第六一四号解释,依出版法第十七条,适用刑律处断。
1919年7月10日	统字第1032号	查虚名待继,与以孙袮祖不同,判例所称依律认虚名待继为有效,尚未准令已故之人得以出继,所询情形,应请转令查照本院复河南高审厅解释办理。(见统字一零零三号解释)
1919年8月12日	统字第1054号	查甲买丙为妻,依本院统字第二一三号解释,本不为罪;且事在民国元年大赦以前,现亦不能论罪。
1919年8月	统字第1067号	个电情形,依统字第一零三三号最新解释,应以未遂论。
1919年11月7日	统字第1117号	查来函所称各节,应照当事人请求之损害赔偿额定其管辖,本院早有解释,附送统字第六七六号解释油印一份,即希查照办理可也。
1919年11月28日	统字第1146号	查刺打与吗啡同性质之物,为吗啡之代用者,应依吗啡治罪法处断(参照统字第五九六号解释)……
1919年12月2日	统字第1149号	查代行告诉,如能证明确系本人委任,自毋庸本人到庭,甲因女乙被丙丁戊诱逃,委任族侄已代行告诉,第一审未予查明,是否确系甲所委任,遽判丁丙罪刑办理手续,固嫌草率,控告审乃因甲经屡传不到,即认己之告诉,非甲本意,将丙公诉驳回,殊属不合。丁之部分,自不得提起非常上告,丙之部分,亦应因甲补诉,另案办理。(参照统字第一零五五号)尚无请求再审之必要。

(续表)

时间	解释号	解释内容
1919年12月11日	统字第1156号	本院与陆军部咨商，系嗣后军事审判案件，毋再委托普通司法衙门办理，故如受托在陆军部通令禁止前，仍应照统字第一零八七号解释办结，以免周折。
1919年12月30日	统字第1169号	查所询情形，自以乙说为是，其详细理由，已详本院统字第一一六八号复湖南省长解释，希即查照转令遵照可也。
1919年12月30日	统字第1170号	……惟如果市票早经明白注明付票概不补水，亦可准其照办，否则国法贵乎持平，不能令一方无故不当利得也。又关于银行兑换券之补水办法，本院已有成例，兹特将统字第一一六八号解释一件，送备参考。
1919年12月31日	统字第1171号	查刑律案件一经起诉在审判确定前，羁押保释人，应悉由审判衙门核办，希参照本院统字第一一七三号解释。
1919年12月31日	统字第1183号	……（二）修正律师暂行章程第一条第一项，固谓律师并得依特别法之规定，在特别审判机关行其职务，自以该机关为审判机关，且为特别法所允许者为限（参照统字第一零三六号解释）。
1919年12月31日	统字第1185号	……其第二次判决，既属违法必经上级审判决撤销，始失效力，来函拟以决定撤销，在现行法上，尚无根据，自应别求救济，留待立法之参考，又原告诉人呈诉不服法律上控告人，本为检察官，不得仅因原告诉人两传不到，遂将上诉撤销，本院早有成例（见统字第一一三二号解释文）。
1919年12月31日	统字第1187号	查所询情形，本院早有解释，附送统字第八八一号解释一分，即希查照办理可也。
1920年1月16日	统字第1191号	……又刑律第一百八十二条之罪，以向相当官署告诉告发为一要件，甲捏造匪函，意图害戊，既只故意遗失城门守卫亲兵近处，自不得即谓为告发，亦与散布流言，或以诈术损害他人信用者不同，惟应依刑律第一百七十八条论断（参照统字第九四九号解释）。
1920年1月20日	统字第1204号	查修正律师暂行章程所谓特别审判衙门，指法令有特别规定者而言，警察厅军事法审处，如无特别规定，自不包括在内（参照本院统字第一一八三号解释）。
1920年1月21日	统字第1207号	查父母之主婚权，非可滥用，如父母对于成年子女之婚嫁，并无正当理由，不为主婚，审判衙门得审核事实，以裁判代之，本院早有前例（统字第三七一号）。甲之为丙主婚，姑无论是否合法，但丙既愿嫁戊，乙若无正当理由，更不能事后主张撤销。
1920年1月23日	统字第1211号	查第一问题，甲伪造钱乙早年出卖墨契，所载经界，既仍与印册相符，如与他人权利义务，别无关系，自不得援照刑律第二百四十三条处断（参照本院统字第九六八号解释）。
1920年2月18日	统字第1221号	……所谓与军事有关系之民刑事案件，即其处置得当与否，于该地军事利害，不能不直接间接受其影响者是，若该案件即依司令官主张，亦不能说明其与该地军事究有何利害关系者，仍应属于普通法院管辖，各军所属军政执法处之审判，自非合法，不能有效（参照二年九月八日本院复北京警备司令处函即统字第五十二号解释文）。

第七章　民国时期法律解释的规范功能　　495

(续表)

时间	解释号	解释内容
1920年2月18日	统字第1222号	查乙既为甲夫,乃将甲卖于丙为妻,如果确因甲不守妇道,私行潜逃而卖,自非意在图利,甲若曾经同意乙只应成立普通和卖罪,依刑律补充条例第九条第一项、刑律第三百四十九条第二项、第三百五十五条须告诉乃论。丁戊系甲之叔父,不得独立告诉,但得为当然代诉人,仍以不违反本人之意思为限(参照本院统字第一二零零号解释文)。
1920年2月18日	统字第1224号	……至某甲于官道修盖桥梁房屋墙垣,如确有不法,显得改为已有之故意,而其地本归某甲管有者,应成立侵占罪,非所管有者,应成立窃盗罪(参照统字第一一九五号解释文)。
1920年3月25日	统字第1250号	查取八年三月二日政府公报所登本院统字第九三七号解释第五段办理。
1920年4月13日	统字第1261号	查关于县知事之回避拒却引避,应准用八年四月十八日呈准暂行援用之刑事诉讼律草案第一编第一章第四节各条,本院已有解释(统字第一二四九号)。
1920年4月17日	统字第1264号	查孀妇乙,如系良家妇而与丙相奸,乙丙应成立暂行刑律补充条例第六条第一项之罪,惟既无乙之尊亲属告诉,应不论罪。丙诱乙至其家续奸,如并非将乙移于自力支配之下,不过令乙就其家续奸,仍任乙来去自由者,尚不得认为和诱,若实系具备和诱条件,乙之子甲,以不违反乙本人之意思为限,当然得为代诉人(参照本院统字第一二零零号解释),毋庸迳行指定程序。
1920年4月17日	统字第1265号	……丁戊己既为钱店,如查照公司条例,尚未合法成为公司,不得认为法人,应由行为人负责,又法人可否处罚,参照本院统字第一八四号解释。
1920年4月28日	统字第1268号	电悉,希查照统字第一二三七号解释,适用通常上诉程序办理。
1920年5月6日	统字第1281号	查刑律补充条例第十一条之监禁处分,系惩戒作用,无刑罚性质(参照本院统字第四五八号解释例);则行亲权之父或母依该条向法院请求时,尚不得视其子为刑事被告人,自无所用其辩护,当然无委任辩护之可言。
1920年5月6日	统字第1282号	……至捏列他人之名诬告于诬告罪外,并犯伪造私文书又行使罪(参照本院统字第四七四号解释文),冒名到案应讯,系于官员执行职务时施诈术,应分别依律量情处断。
1920年5月14日	统字第1293号	乙如果受甲托,向匪说赎,由甲领受,匪索赎款,自有照付义务,且于吞款结果,当有预见,应查明从侵占及不作为杀人等罪,一重处断。若款数系出乙意,欲从中渔利,并不知匪徒索取款数目时,应依统字第六六六号解释论罪。
1920年5月26日	统字第1303号	电悉应审核事实,当时交付财物,是否已因威胁,丧失意思自由,分别依强盗或诈财法条处断,参照本院统字第六二零号解释文。

(续表)

时间	解释号	解释内容
1920年5月29日	统字第1310号	查关于华洋诉讼执行异议之管辖,本院已有解释,至外国审判衙门之裁判,在本国非当然有执行效力,自不受其拘束,此各国民诉立法例所同;所询情形,除丙已对乙提起执行异议之诉,可候其判决确定,再行办理外,只可令甲另对丙在中国审判衙门提起,确认丙无所有权之诉,相应抄送解释例一件(统字第一三零九号复江苏高审厅电)。
1920年6月5日	统字第1320号	查本院关于现在更省官私银行银号发行之钞票,曾否答复湖南省长解释文内,详细说明,所称吉省情形,在契约当时,如果可认为业已明白订定,还债时统依官帖计算,毋庸折合现币,自仍有效;兹将解释油印一件(统字第一一六八号),送请贵部令知查照可也。
1920年6月5日	统字第1323号	……己如并未在场,亦以其教唆犯,均各依第二十六条办理;丁索得烟土,虽系由己交付,应视交付者是否情愿,有无达到丧失意思自由之程度,分别成立强盗或诈财罪(参照本院统字第六二零号解释文),或不为罪;已有烟土数十两,是否栽种罂粟所得,并意图贩卖而收藏,与供吸食之用,丁索得烟土,作何用途,与适用法律有关,应讯明事实,相应函复贵部查照可也。
1920年6月16日	统字第1335号	非专报案,该管检察厅得于卷到后十日内控告,见本院统字第一三二五号解释文所称令县解送人犯,无论是否同时调卷,如果于卷到前或其后十日内经声明控告,即提出意旨书及将人犯送审较迟,仍属合法。
1920年6月17日	统字第1340号	查丙如果系受甲托,向乙说赎,并无与乙勾串帮助情形,自不能论以勒赎准正犯;惟若明知甲父已死,犹用欺骗手段,使甲交钱,并以钱改洋,要求补数,显属连续诈财,其不知甲父已死,因欲从中渔利,以钱改洋,要求补数,则按照刑律第三十四条应成立勒赎共犯(参照统字第一二九三号解释)。
1920年6月19日	统字第1346号	已复判核准案件,经发见县署判决后,确有合法呈诉不服,应查照统字第五八六号解释办理,见解释例三卷七六页。
1920年7月2日	统字第1355号	查所询情形,案卷若已散失,曾否经过判决,无从查考,自可查照本院统字第七八一号解释,重开审判。
1920年8月7日	统字第1377号	查第一问,戊意在持枪把捣庚,未及伤庚而无触枪机,致甲殒命,应成立刑律第三百二十四条第一款之罪(参照本院统字第九五九号解释文)。
1920年9月15日	统字第1399号	……至乙家经验明甲确系中暑身死,既非死出非命,或来历不明之尸体,而移置处所,又系妨害家宅安宁,应查照本院统字第三七八号解释文,论丙以刑律第二二五之罪,丁戊亦属共同正犯。
1920年9月24日	统字第1416号	查第一问题,已见统字第九四七号解释。
1920年10月6日	统字第1429号	查复判章程第四条之裁判,系用书面审理,固不必因被告脱逃,而停止覆判程序,惟依第五条第一项各款审判时,自应仍参照本院统字第八六八号解释文办理。

(续表)

时间	解释号	解释内容
1920年10月19日	统字第1434号	……(三) 赵某因与钱女有奸,制给衣饰等物,果系赠与,则后复强取而去,当然成立强盗罪;苟仅借给,只得就其夜入钱室,捆缚钱妻,分别情形科断,其与钱女通奸,在钱女之父,既有纵容情事,虽经告诉,亦属无效,尤与刑律补充条例第七条所成因奸酿成其他犯罪不符(参照统字第一三二二号解释)。
1920年11月13日	统字第1447号	查所称情形,应审查是否意在供人,为鸦片烟之代用,参照本院统字第九八七号解释文办理。
1921年1月22日	统字第1466号	查民事诉讼,系为保护私权而设,凡人民有以所有权被不法侵害诉请救济者,无论其相对人为私人或为官厅,因为解决私法上法律关系,审判衙门均应予以受理。早经本院解释有案(统字第一百四十四号解释文)。
1921年2月19日	统字第1484号	查科刑标准条例既经颁行,所有未确定审判之案,自应按照办理,已见统字第一四七八号解释,则在覆判案内未经按照办理者,只得认为应行覆审之件,酌依复判章程第五条为复审之决定。
1921年4月7日	统字第1505号	来电情形,所侵害之法益不同,当然成立两罪;惟不经告诉仍应论者,统字第一三二二号解释,已有制限,其初犯之奸罪,自须告诉。
1921年4月9日	统字第1514号	查仅为刑律第三百七十三条第二款罪犯作底勾者,系事前帮助之从犯,自难认为科刑标准条例第五条第二款所称首谋,平毁坟墓应论何罪,业经本院统字第三百七十六号解释有案,唯可否认为平毁,须查明事实裁判。
1921年4月27日	统字第1524号	查谋杀从犯,按照科刑标准条例第二条第一款及刑律第三十一条第一项,得减等处断,自非必处死刑;至原呈所称仅事前豫谋助给枪械,实施之时并未在场云云,是否仅为从犯,抑与本院统字第一二四五号解释文内所称正犯情形相符,应审查事实。
1921年5月17日	统字第1531号	查被略和诱人之胞叔母舅,固为利害关系人,即可被指定为代行告诉人,指定代行告诉人之告诉权;除被害本人系未成年者外,不得违反被害本人之意思而舍弃,既经合法明示舍弃,不得再行声请指定代行告诉人(并参照本院统字第一二零零号解释文)。
1921年5月19日	统字第1535号	电悉,希查照本年五月一日公报本院统字第一五二三号解释办理。
1921年6月3日	统字第1540号	犯刑律之罪者,科刑标准条例如有特别处刑之规定,自应按照统字第一四七八号解释,并依同条例科处。
1921年7月2日	统字第1560号	……至选举诉讼,依选举法只限制其上诉,并未限制其声明窒碍,其余已详本院统字第一五四八号解释文。
1921年7月12日	统字第1563号	电悉,第一问题,已详统字第一四五九号解释文。
1921年7月13日	统字第1564号	……(五) 一罪先发,已审判确定,虽经执行完毕,始发觉余罪,仍应依刑律第二十四条,更定其刑,但执行更定之刑,应参照本院统字第八六五号解释文。

(续表)

时间	解释号	解释内容
1921年7月29日	统字第1569号	查选举监督之县知事,如为被告,依法自得声请指定管辖,其声请如认为正当,不拘厅县,皆可指定,乞参照本院统字第七九七号解释。
1921年8月13日	统字第1585号	查来函情形,甲离哈才及一年,即为死亡宣告,亦尚不合条件,现在只能依利害关系人之声请,或以职权为甲选定财产管理人,暂为保存行为,希参照本院统字第七九四号解释。
1921年8月	统字第1590号	查甲国革命团体,在中国领土内与人订结契约,当然立于私人之地位,其帝制时代所制定之特别法规,因帝制国体灭亡,已无法之效力;至法律适用问题,参照本院统字第一五八九号解释。
1921年8月25日	统字第1591号	查所称情形,乙厅得按照犯人所在地之规定,认为有土地管辖权(参照本院统字第一三三八号解释文)。
1921年8月25日	统字第1592号	小六轮手枪,系军用枪炮,惟应参照统字第六五九号解释。
1921年9月3日	统字第1596号	查本问题,已详本院统字第十四号解释文。
1921年9月6日	统字第1598号	来电情形,已详统字第一五六七号解释文。
1921年9月15日	统字第1613号	看守所书记,如系依章程或成案指定办理公务之雇员,自可认为官吏,参照本院统字第一六零七号解释。
1921年9月29日	统字第1618号	查现行法令于声明再议,并无次数之限制,则声明再议被驳后,再有不服,可请上级检察厅核办,已详本院统字第一四五三号解释文。
1921年10月21日	统字第1632号	来电情形,希查照本院统字第九七五号解释。
1921年11月11日	统字第1641号	来电所称之情形,希照本院统字第一六二五号解释。
1921年12月31日	统字第1665号	榷运局运销科主任是否官吏犯赃治罪条例所称官吏,应参照统字第一六零七号解释,从事实上解决。
1922年2月28日	统字第1688号	查所称情形,已详统字第一六七三号解释文。
1922年3月17日	统字第1695号	查所称情形,如上级司法衙门审查其内容系属刑案,而县谕仅载明以行政职权罚银若干,且未援引律文,尚难谓已有刑诉第一审判决,应令原县依法裁判,否则无论处分是否合法,参照本院统字第一四零七号解释文,不应受理。
1922年3月20日	统字第1698号	查县议员选举规则第五十一条,为未设厅区域定县议员选举诉讼之管辖,故有但书只规定,该但书所称高审厅兼分厅而言,且邻县地审厅如有当事人之合意,亦可受理(参照统字第一六九七号解释),自不患无起诉之处。
1922年4月25日	统字第1718号	团总非县自治法上之官吏,而为刑律上之官员,参照本院统字第六六六号解释。

第七章 民国时期法律解释的规范功能 499

(续表)

时间	解释号	解释内容
1922年5月30日	统字第1728号	县知事覆审判决,既经送高检厅接收,即已对外发表检察官上诉期间,应由接收之翌日起算,余希参照统字第一六五二号解释。
1922年6月17日	统字第1739号	第一问,已见统字第一三五零号解释文。
1922年8月3日	统字第1773号	来电情形,希查照本院统字第一七二四号解释。
1922年11月23日	统字第1784号	查一二两审,因程式未备,所为驳斥其诉或上诉之判决,该当事人如有不服,应准上诉;至第三审案件,遇有此种情形,仅得于具备再审条件时,提起再审之诉,以为救济。其余已见本院统字第一七八三号解释。
1923年2月10日	统字第1797号	查法院所为判决,以主文为准,如代电所述,应视主文如何,若系驳斥原告所诉之主张或上诉,则被告一造,即系完全胜诉,无论所附理由如何,要毋庸另求救济,其余见本院统字第一七九六号解释,希为参照。
1923年5月22日	统字第1814号	查本问题,已详统字第一六七六号解释文。
1923年7月11日	统字第1826号	查判处无期徒刑之案,向不适用刑律第八十条及刑事诉讼条例第三百四十六条第三款,即依刑律第六十六条假释,亦应就实际受执行之时期计算,与判处有期徒刑而准以未决期内羁押日数折抵者(见统字第一一八六号解释文)不同。
1923年8月4日	统字第1836号	查凡依法令或成案从事于公务之人员,均系刑律所称官员(已见统字第一百九十五号解释),来函列举人员,如合于上述解释,自可认为官员。
1924年10月4日	统字第1893号	……第二问,已见统字第一八四一号解释文。
1924年10月17日	统字第1901号	查来电所述情形,如非供寺庙必要之用途而擅自拼伐,自应受修正管理寺庙条例第十一条之限制,希参照本院统字第一八六八号解释。
1924年10月18日	统字第1904号	查法院就诉讼事件,在宣告或送达以前,虽其如何裁判,已经决定,而依合议推事之评议或单独推事之意思,尚得为之变更,若业经宣告或送达,则为判决之法院,应即受其羁束(参照民事诉讼条例第二百七十一条及本院民国十二年统字第一八三四号解释)。
1925年5月6日	统字第1916号	查所称情形,应由本院管辖第三审(参照统字第一三三八号解释文关于第二问之部分)。
1925年5月8日	统字第1918号	查上诉利益,不逾百元之件,既于民诉条例施行前合法受理,依民诉条例施行条例第一条规定,仅以其后之诉讼程序,应依民诉条例终结,不得遽认为不合法而驳斥其上诉,参照本院统字第一八七一号解释。

(续表)

时间	解释号	解释内容
1925年6月13日	统字第1927号	……至何人得告诉或独立告诉,刑事诉讼条例第二百一十九条第一项以下,另有规定,所应注意者,刑律第三百四十九条之诱拐罪,被诱人固为被害人,即其夫或尊亲属亦不失为被害人(参照统字第一三三一号解释文)。
1926年8月31日	统字第1986号	……至流质部分,如系通常法律行为,固属无效,不许登记,即以登记亦不生对抗力,但如系商行为(参照商人通例第一条第九款),则按诸本院统字第一三六五号解释,本属有效,自得并予以登记。
1927年10月22日	统字第2012号	……(三) 现行律前开条例内载有奸生之子(中略),如别无子立应继之人(即同宗昭穆相当之侄)为嗣等语,故在通常,固应解为苟有亲生之嫡庶子,或虽无子而有应继之人,均不得立私生子为嗣,但律例原意及我国习惯,亦均以血统为重,故其母如嗣后取得妻妾身份,而私生子又经其父认领,自仍应解为可取得嫡子或庶子之身份,参看民国八年统字第一〇二九号解释。
1928年2月6日	解字第21号	……第二第三两点,业经解字第十六号函复在案,相应函请查照饬遵。
1928年3月22日	解字第43号	第一点上诉审以告诉人上诉不合程序驳回之案件,可由原审配置之检察官,调阅卷宗,依法办理(参照本院解字第二十八号解释)。
1928年3月23日	解字第47号	……至出嫁之子女对于所生父母财产,不得主张承继权,业经本院解字第三十四号解释有案,相应函请贵院转饬查照。
1928年4月7日	解字第57号	查离婚案件,自应审查事实原因,认定有无理由分别准驳,业经本院解字第三十五号解释有案,相应函复查照。
1928年7月25日	解字第133号	关于已嫁之女子对于父母财产不得有承继权,惟女子在父家招人入赘,是否准已嫁论等语,此项赘婚仍与通常婚姻关系同,惟女子既因赘婚留居母家,与夫家不发生家属关系,自应准其有承继财产权;第二问题,业经本院第九十二号解释有案,相应抄录转饬遵照。
1928年9月13日	解字第171号①	查此项问题,本院已有解字第一六八号解释。相应抄录一份,函请查照。
1928年9月20日	解字第186号	未出嫁之女子,于继承财产后可否出嫁,或带产出嫁各节,业经本院九十二号解释就第一点分别甲乙两说在案,参考便知。
1928年10月17日	解字第217号	查行政处分管辖,业经本院第八十五号解释有案,来函所述情形,应以乙说为是,相应函复查照饬遵。
1928年10月17日	解字第218号	查债务利息给付标准,业经本院解字第三号解释有案,来电所称确定判决在颁令以前,其债务人应给付之利息,既未于十六年八月一日依判执行完结,则在八月一日以后,尚未清偿之利息,自仍应遵照现颁利率给付。

---

① 在同一天复浙江高等法院第一分院的解字第172号解释例文中,最高法院亦同样指出:"查此问题,本院已有解字第168号解释,相应抄录一份,函请查照。"

第七章　民国时期法律解释的规范功能　501

(续表)

时间	解释号	解释内容
1928年11月5日	解字第238号	……第三点,见本院二零四号解释。
1929年4月17日	院字第53号	按清理不动产典当办法第八条载明,典当期间十年为限,业主限不赎,听凭典主过户投税,但在未过户投税以前,应催告业主回赎,如典主未为催告,则业主于满限后,得于相当期间内,备价取赎(参照司法公报第九号本年二月院字第九号解释)。
1929年4月30日	院字第68号	……(三)见院字第二十一号解释(载司法公报第十一号)。
1929年5月25日	院字第97号	(一)按公司条例关于股东会选任董事,亦即股东会决议之一种,惟同条例第一百五十条所谓违背法令及章程,仅指召集手续及决议方法而言,来函所述选举舞弊,如向该管法院呈诉,自不为该条例期限所拘束。(参照本院院字第八十八号解释)
1929年6月28日	院字第106号	来函所称情形,业见十八年院字第七十九号解释(载第二一号司法公报),自可查照办理。
1929年8月3日	院字第119号	私运、藏匿、贩卖军用枪炮、子弹,应依军用枪炮取缔条例处断,已见院字第四十九号解释文。(载第十八号司法公报)
1929年8月3日	院字第120号	取消特种刑事临时法庭后,依其办法第四条移交之案件,无庸再施侦查程序,已见院字第一百号解释文。(载第二五号司法公报)①
1929年8月15日	院字第130号	第一问题见院字第四十二号解释。(载第十七号司法公报)
1929年10月31日	院字第166号	来函转据夏口律师公会请求解释之件,已经本年七月五日院字第一零七号解释有案。(载第二十八号司法公报)。
1929年12月23日	院字第190号	关于特种刑事诬告案件,应归普通法院依通常程序受理。(参照本年十二月十三日院字第一八五号解释)。
1929年12月23日	院字第193号	移转或指定法院之管辖,不限于起诉以后,已于本年四月二十二日解释在案(参照院字第六十三号解释,载司法公报第二十号)。在起诉前应指定或移转管辖,检察官自可依法声请。
1930年1月8日	院字第199号	……至有继承财产权之女子,应以亲生者为限,财产权承何时开始,查照院字第一七四号解释(载第四十七号司法公报)。
1930年1月10日	院字第200号	(一)强盗罪并非以伤人为当然之方法,其实施强暴时有人逃避跌伤,即使逃避之原因与犯人之实施强暴确有关系,而跌伤之结果如非犯人所能预见,即对之不负责任(参照院字第六十九号解释,载司法公报第二十号)。

① 在同一天复四川高等法院的院字第121号解释文中,司法院也做了同样的解释例文:"依关于取消特种刑事临时法庭办法第四条移交之土豪劣绅案件,无庸检察官再侦查起诉。(参照院字第100号解释文,载第二五号司法公报)。但移交后一切均依通常程序应以检察官为原告。"

（续表）

时间	解释号	解释内容
1930年1月10日	院字第202号	……（二）已见院字第二十二号解释（载司法公报第十一号）。
1930年1月11日	院字第204号	白昼侵入住宅行窃,在刑律有效时期,系属加重窃盗罪,于刑法施行以前,起诉权既未因刑律上之时效归于消灭,则自刑法施行后,关于论罪及计算时效,均应依刑法办理。（参照院字第二十八号解释,载司法公报第十五号）
1930年1月20日	院字第209号	乳糖、咖啡精应予现行化验,如含有吗啡、高根、安洛因之毒性,或系吗啡、高根、安洛因之化合物,始与禁烟法第一条第二项之规定相当（参照院字第一百五十二号解释,载司法公报第四十一号）。
1930年1月20日	院字第213号	贩运咖啡素如经化验并无毒质或虽有毒质而非与鸦片、高根、安洛因同类毒性之物,法无处罚明文,应不为罪。（参照院字第一百五十二号解释,载司法公报第四十一号）。
1930年1月27日	院字第221号	犯暂行特种刑事诬告治罪法第一条之罪者,依刑事诉讼法第九条之规定,应由地方法院管辖。（参照院字第一八五号解释文,载司法公报第五十二号）。
1930年2月20日	院字第237号	……（五）刑法第三百三十七条规定之所有物,专指动产。（参照院字第二三四号解释文。）
1930年2月21日	院字第240号	民间普通常用之木棒、木棍、皮鞭、杆等件,包括于惩治盗匪暂行条例第一条第十三款所谓械字之内。（参照院字第一八九号解释文,载司法公报第五十二号）
1930年2月24日	院字第243号	吸食鸦片之人,因年已衰老或吸食成瘾于徒刑执行中烟瘾发作,恐其变成不治之重症,且在监狱内不能施适当之医治者,得依监狱规则第六十六条及禁烟法第十一条末段之规定,移送医院限期戒烟。在院期间仍算入刑期之内。（参照院字第八十七号解释,载司法公报第二十三号）
1930年2月24日	院字第245号	公诉案件之告诉人,虽非当事人,然如法院为证明事实起见,认为有讯问之必要时,自得适用刑事诉讼法关于证人之规定,予以传唤。（参照院字第一一五号解释,载司法公报第三十二号。）
1930年5月28日	院字第287号	按民国元年六厘公债施行细则第二十三条于无记名之债票,准予挂失,系特别规定,他项公债如无援用明文者,不得援用。（参照院字第二八五号解释）
1930年10月1日	院字第346号	……（二）徒刑与罚金既系并科,如认为应宣告缓刑,自应同时宣告。（参照院字第二九四号解释,载司法公报第七十七号）。
1930年11月5日	院字第364号	有夫之妇与人通奸,本夫对于奸妇既属配偶,应受刑事诉讼法第三百三十九条之限制,不许自诉,仅得向检察官告诉,依公诉程序办理。（参照院字第四十号解释）
1930年12月15日	院字第373号	银行在汉口所发行之钞票,除在民国十七年金融长期公债条例所定整理范围内者应认为行政处分,依字第一零七号解释办理外,其不在该条例整理范围内,持票人所受损失,自得向该管法院诉请赔偿。

(续表)

时间	解释号	解释内容
1931年1月17日	院字第404号	劳资争议处理法,乃于一方为雇主、一方为劳工发生争议时适用之特别法。劳工与劳工发生争议,其性质不同,应适用普通法规,不得援引该法办理。(参看院字第三七零号解释)。
1931年3月24日	院字第478号	查修正省政府组织法第八条第三项,固有未设工商厅之省,关于该厅事务由建设厅掌理之规定,但关于劳资争议事项,同法既于第十条第七款规定由民政厅掌理,自应从其特别规定。(参考院字第四七七号解释)。
1931年3月28日	院字第484号	印花税暂行条例所定罚金,系行政罚(参照院字第二十四号解释,见司法例规一二三七页),自不适用刑法总则。
1931年9月25日	院字第598号	……(二)以地方法院检察官办案偏颇为理由,向高等法院声请移转管辖,经裁定驳回之后,高等法院首席检察官,仍得将原检察官之事务,移于管辖区域内别院检察官,但侦查终结后,如原地方法院有管辖权,仍应起诉于原地方法院。(参照院字第六十三号解释)
1931年10月13日	院字第604号	银行发行之钞票,因政府命令而停止兑现,在此命令未撤销以前,银行兑现之义务,固得因而停止;惟持票人所受较票面数额减少之损失,除政府定有整理办法外,银行应负责赔偿。(参照院字第三七三号解释)。
1931年10月30日	院字第611号	诬告反革命合于危害民国紧急治罪法之罪者,应依暂行特种刑事诬告治罪法第一条至第四条分别援用危害民国紧急治罪法相当各条之刑科断。(参照院字第五五一号)
1931年11月21日	院字第619号	监事为监察机关,理事、干事为执行机关,评议员为议事机关,彼此职权各不相同,亦无统属关系。(参照院字第六一八号解释)
1931年11月21日	院字第622号	一人犯数罪,各罪均处死刑或无期徒刑,并科无期褫夺公权者,虽判决主文中未谕知执行之刑,当然执行其一。事实上亦决无执行多数死刑、多数无期徒刑、多数无期褫夺公权之情形。(参照院字第三八八号解释)
1932年3月31日	院字第705号	下级官署呈奉上级官署核准所为之处分,仍应认为下级官署之处分。(参照司法院院字第五零六号解释)。
1932年3月31日	院字第707号	农会评议员无对外关系,不得对外活动,若其员数达三人以上,自可组织评议会。评议会为议事机关,干事为执行机关,评议会之职权与干事会之职权自不相同,除江苏省党务整理委员会呈请解释一案,业于上年十一月二十一日以院字第六一八号函请贵处复外,相应函复贵处查照转知。
1932年4月5日	院字第718号	……(五)男子出继后,除于本身直系尊亲属依刑法第十四条第二项仍以直系尊亲属论外,其他亲属关系自亦随之变更,故已出继之胞兄,及母之已出继胞兄弟,均不在刑法第十五条所称旁系尊亲属之内。未出继之胞兄,对于出嫁之妹则反是。至同条第二款母之胞姊妹不以在室为限,业经院字第二零二号解释在案。

(续表)

时间	解释号	解释内容
1932年5月18日	院字第724号	有僧道住持之宗教上建筑物,不论用何名称,依监督寺庙条例第一条之规定,均为寺庙,其财产系由住持募化所积而来者,应为寺庙财产,非住持所私有,若有处分或变更,须依监督寺庙条例第八条规定办理。道教寺庙财产来源不明者,应视为寺庙财产,若师故无徒可传,应有其所属教会征集当地各僧道意见,遴选住持管理。(参照院字第四二三号解释)
1932年6月7日	院字第740号	(一)内地外国教会租用土地房屋暂行章程施行以前,外国教会在内地租用土地房屋者,应仅受该章程第六条之限制,已见院字第四四五号解释。
1932年6月7日	院字第742号	查违警罚系属行政处分,业经院字第七零一号解释在案。则法院已无处罚违警之权,自不待言。
1932年6月10日	院字第769号	民法继承编既无宗祧之规定,则开始继承在民法继承编施行以后,当事人仍以立嗣告争,应即驳斥其诉。惟被继承人死亡无嗣实在民法继承编施行以前,而当事人依据当时之法律以有权继承诉请创设,则其告争虽在该编施行以后,自仍应查照院字第五八六号解释办理。
1932年10月21日	院字第808号	……(二)诉愿官署因诉愿书不合法定程式,发还诉愿人更正,在诉愿法第八条但书既无期限之规定,自得本于职权酌定更正期间。若逾期不为更正,又未声明原因者,即应依同条前段予以驳回。(参照院字第七一零号解释)
1932年11月3日	院字第812号	依修正县知事审理诉讼暂行章程第二十五条第一项之规定,告诉人对于县判虽得向第二审之检察官呈诉不服,请依上诉程序提起上诉,但依同条第二项规定,系以检察官为上诉人,故检察官对于告诉人提起上诉之请求,不得谓无准驳之权。(参照院字第五四零号解释)
1932年11月3日	院字第814号	公安局长虽有侦查犯罪之权,但非刑法第一百三十三条第一项之公务员,其无追溯犯罪之权,与院字第七三三号解释所称之警官同。
1933年2月6日	院字第857号	陆海空军刑法第三十七条之收受贿赂罪,与大赦条例所谓渎职罪之性质相同,其仅止假借权势,向民间勒索财物,而与其职务无关者,自不在同条例第二条不予减刑之列。(参照院字第七八三号解释)
1933年3月16日	院字第873号	(一)当事人对于诉讼上之和解,声明不服,如具有撤销之原因,应向受诉法院声请继续审判,业经本院另件解释有案。(参照院字第八四三号解释)
1933年4月22日	院字第888号	商会执行委员之常务委员及主席,系由执行委员中选出,于执行委员每二年改选半数时,应一并改选。(参照本院院字第八三一号解释)
1933年9月15日	院字第976号	工商同业公会法施行细则第四条,乃示明工商同业公会法及该法施行细则所称之区域,准用商会法第五条规定之区域,换言之,即工商同业公会法第一条、第五条、第六条及该法施行细则第二条所称之区域,在各特别市、各县、各市应准用商会法第五条规定,以各该市县之区域为其区域,非以商会区域为工商同业公会区域之谓。(参照院字第七零八号解释)

第七章　民国时期法律解释的规范功能　505

(续表)

时间	解释号	解释内容
1933年9月15日	院字第977号	复判审发回原县覆审之案件,因正式县法院成立移经该县法院审判者,无论处刑是否重于初判,当事人均得上诉,不受覆判暂行条例第十一条第一项后半之限制。(参照院字第三二四号解释)
1933年10月21日	院字第992号	行政官署之处分书或决定书之送达方法,依院字第七一六号解释,虽得准用民事诉讼送达程序为公示送达,但此项方法以不能依诉愿案件送达书类办法送达时为限,若非不能送达,即无准用之余地。
1933年12月9日	院字第1009号	工商同业公会之会员代表,如仅与委员法定人数相当或不足,应行改选之委员人数者,于改选时可由会员另推派代表以备选任。(参照院字第三六九号解释)
1934年1月24日	院字第1023号	(一)将妾扶正为妻,如果具备民法第九百八十二条之结婚要件,(参照院字第九十五号解释),自应视为有夫之妇,倘与人通奸,当然构成刑法第二百五十六条之罪。
1934年2月8日	院字第1031号	律师执行职务时,因犯罪被处徒刑,在判决确定后,依律师章程第四条第一款规定,当然不得再充律师,自无再付惩戒之必要。苟于判处徒刑时宣告缓刑,缓刑期满而未宣告撤销者,依本院第六六一号解释,固得复充律师。
1934年2月13日	院字第1037号	单纯运输、制造红丸所用之质料,并无鸦片或其代用品之成分者,法无处罚明文,应不为罪。(参照院字第一五二号解释)
1934年2月13日	院字第1041号	自诉人为当事人之一造,审判日期固应出庭,但曾经传唤到庭一、二次,其后虽不到案,仍应就其陈述而为裁判,不得以撤回自诉论。(参照院字第八八一号解释)
1934年5月24日	院字第1059号	第二审法院认第一审判决通知不受理显系不当者,得不经辩论迳行判决。(参照院字第一零三八号解释)
1934年5月24日	院字第1061号	(一)发行杂志如专为研究学术,与出版业不同,公务员自可兼为发行人。(院字第九六三号解释参照。)
1934年5月24日	院字第1062号	查撤回告诉应由告诉人为之。惟加暴行于人之身体者,依法并非以告诉为处罚条件,且此类违警行为,不在区、乡、镇、坊调解委员会权限规程第四条第一项列举各款之内,亦不适用该规程调解程序之规定。(参照院字第九七四号解释)
1934年6月	院字第1080号	……(三)依内地外国教会租用土地房屋暂行章程第五条之规定,外国教会租用土地建造或租买房屋,不得以为营业之用,自无设置经理之可言,即无适用民法第五百五十五条之余地。(并参照院字第七四零号解释,见本院公报第二三号)
1934年7月5日	院字第1088号	……至该文件应由何人贴用印花,仍应依各文件之性质而定,不得仅以交付或使用为标准。业经本院解释有案。(院字第七十六号)

(续表)

时间	解释号	解释内容
1934年11月2日	院字第1119号	(一)商会法施行细则第十九条所谓不得继续行驶职权者,系指商会依法改组或改选未完成以前,未经改组或改选之职员,不得行使其职权而言,其非应改选之现任职员任期,并不因之而终止,前经本院院字第一零八二号解释有案,故属于前者,应为职员资格之消灭,属于后者,仅因法定人数之不足,在事实上不能行使其职权而已,要不得谓为职权之中断。
1934年11月23日	院字第1131号	同一城、镇、乡内就他人已注册之商号加以某字样或极相类似之字样,营同一之商业,即系以类似之商号,为不正之竞争,但仅读音相类似者,不能即认为仿用。(参照院字第一零四四号解释)
1934年11月23日	院字第1134号	关于田地、山场、园荡等不动产之租赁,未定期间者其计算诉讼价额之标准,亦应适用院字第八六三号解释。
1935年3月4日	院字第1228号	原有住持管理之寺庙,在住持亡故尚未遴选住时时,只可认为管理人暂缺,不得谓之寺庙荒废。(院字第四二三号解释参照)
1935年3月11日	院字第1236号	经三次减价拍卖无人承买之不动产,债权人若无力承受或不肯承受,法院得以职权命强制管理。在管理中,仍得随时依当事人声请,再行估价拍卖。(参阅院字第一一零四号解释)
1935年5月25日	院字第1279号	未成年之子女,于父母死亡后,如无民法第一零九四条所定监护人,得由利害关系人声请法院指定之。(参照院字第一一零七号解释)
1935年5月29日	院字第1285号	(一)已退休之公务员,关于养老金支给数额及其方法,依公务员恤金条例所规定,系为公务员之特别身份而设,实为公法上之权利,故其请求被原官署为驳回之处分后,无论是否受有损害,要不得依诉愿法第一条提起诉愿。(参照院字第三三九号解释)
1935年6月11日	院字第1292号	官吏服务规程,于受有俸给之公务员适用之,无俸给之公务员,不适用该规程第十条之规定,县政府田赋经征主任,若系招商承办,不能视为公务员。(参照院字第一一三九号解释)
1935年6月21日	院字第1297号	人民对于区公所之处分,如有不服,依诉愿法第三条管辖等级比照之规定,应向其直接上级官署之县市政府提起诉愿。(参照院字第三五四号解释)
1935年6月27日	院字第1298号	……(二)供犯罪所用之物,以属于犯私盐罪者所有为限。(参照院字第一二一五号)
1935年6月27日	院字第1300号	窃盗因脱免逮捕当场伤害二人,应依惩治盗匪暂行条例第一条第十二款处断,但得按其情形予以酌减。(参照院字第一零一三号解释。)
1935年10月26日	院字第1331号	……至第二百二十九条内称给付有确定期限之债权,乃为普通债权定有期限者之一种,二者性质迥不相同。(参照院字第一二二二号解释)

(续表)

时间	解释号	解释内容
1935年11月29日	院字第1366号	……(二) 著作权法第三条,既规定著作权得以转让,则著作人或其继承人若将未取得著作权以前之著作物转让于他人,倘无其他意思表示,当然应视为该著作物上所可得之著作权亦已一并移转,故同法第六条所定著作人亡后发行著作物之人,不以著作人之继承人为限,印行古人文稿、字画之收藏人,如其著作物之取得,系由著作人之继承人移转而来,自得依该条所定年限享有著作权,倘所印行者系无主之著作物,则应依同法施行细则第八条所定程序,经准予发行后,方得呈请注册享有著作权。(参照院字第一三六五号解释。)
1935年11月30日	院字第1369号	第三审法院对于旧民事诉讼法第四百三十三条第一项所定不得上诉之上诉,不予驳回,反将该案发回更审,既与当时法律明文抵触,既非法律上之判断,更审法院自不受其拘束。(参照院字第九三一号解释)
1935年11月30日	院字第1370号	拍定之不动产,因执行异议之诉之结果,应归属于第三人,不问第三人声明异议时会否声请停止查封拍卖,亦不问法院就其声请会否准许,当然失拍定之效力,应将不动产返还于第三人,执行法院所发给之权利移转证书,可由执行法院依该判决之结果,迳予撤销,拍定人若因之而受有损害,应由请求查封人负赔偿之责。(参照院字第五七八号解释)
1935年12月18日	院字第1375号	仅初中毕业,虽曾经服务教育界一年以上,但既非现任,即与教育会法第十六条所列各款,均不相符,不得申请加入为教育会会员。(参照院字第五八七号解释)
1935年12月18日	院字第1377号	商人向官署认包捐税,系属官署与人民之契约行为,不能视为公务员。(参照院字第一一三九号解释。)
1936年1月30日	院字第1394号	法人为被害人时,得由其代表人提起自诉。(参照院字第五三三号解释)
1936年1月30日	院字第1399号	犯罪之被害人,如向兼理司法之县长以书状声明自诉,未经县长依检察职权侦查起诉者(参照院字第二十七号解释),应认其有当事人(即自诉人)之资格。
1936年2月15日	院字第1421号	承租人所交之押租金,除原租赁契约对于受让人仍继续存在,得向受让人请求返还外,(参照院字第一二六六号解释),不得对于原债务人(即原出租人),主张优先受偿。
1936年2月18日	院字第1427号	……(二) 一人同时在本区域内开设两个以上之同业商号,得以一人为代表,但只能行使一个选举权或表决权。(参照院字第四二五号解释)
1936年5月15日	院字第1497号	前经北京政府核准注册之公司,依民国十七年施行之公司注册暂行规定第五十条规定,除已依注册条例,向全国注册局补行注册领有执照者外,应自该规则施行之日起六个月内,将原有执照呈请总注册所查验,若公司未依该规则所定期限内,将原有执照呈请查验,则原有执照,当然归于无效,于公司法施行后,如未依该法另请登记,自得依该法第二三一条规定,予以处罚。(参照院字第五五三号解释)

(续表)

时间	解释号	解释内容
1936年5月15日	院字第1499号	管收期限,至多不得逾三月,在管收民事被告人规则第九条定有明文,如无管收之新原因,纵今案未执行完结,其债务人并无相当之保证人或保证金,亦不得于期限届满后,继续管收。(院字第四号解释参照)
1936年6月6日	院字第1509号	移送之附带民诉案件,免纳审判费用,应以一审为限,其上诉仍应缴纳讼费。(参照院字第一三七三号解释)
1936年6月6日	院字第1514号	工厂中之机器生财,如与工厂同属于一人,依民法第六十八条第一项之规定,自为工厂之从物,若以工厂设定抵押权,除有特别约定外,依同法第八百六十二条第一项规定,其抵押权效力,当然及于机器生财。(参照院字第一四零四号解释)
1936年6月30日	院字第1526号	就著作权法第二十条所列著作物之文字,另以他种文字翻译成书,则其特质为翻译之文字,自得依同法第十条之规定,享有著作权,不受第二十条所示之限制。(院字第一四九四号解释参照)
1936年9月1日	院字第1529号	监查人系代表债权人监督破产程序之进行,债权人会议选任监查人,其决议之结果,未能得破产法第一二三条所定之同意,应再开会选任,同法并无准予免设监查人之规定,自不得免设,但在未选出以前,关于同法第九二条所定,应得监查人同意之行为,法院得本其监督权之作用,酌量核定,以促破产程序之进行。(参照院字第一四二三号解释)①
1936年10月2日	院字第1550号	同一诉讼标的,先后受两个相反之确定判决,其先一确定判决胜诉之当事人,于后之诉讼进行中,已依上诉而为已有确定判决之主张,依民事诉讼法第四九二条但书之规定,不得依该条第一项第十款提起再审之诉,自应以后之确定判决为准。(参照院字第五零五号解释)
1936年10月2日	院字第1551号	以一诉请求终止租约并追缴欠租交让田房者,其关于租约之终止,不过交让之诉之前提,法院征收讼费,应仅就追缴欠租及交让田房两项合并计算。至计算方法,关于追缴欠租部分,应以租约终止前所欠之金额为准。(租约终止后则为附带主张之损害赔偿,依法不应计算)。关于交让田房部分,参照院字第一二五二号解释。
1936年10月2日	院字第1552号	外国人经为其父或母之中国人所认知,或为中国人所收养者,依国籍法第二条第二款至第四款所定,取得中华民国国籍,不俟报部备案,始生效力与同条第一款为中国人妻者相同。(参照二十二年院字第一一一一号解释)

---

① 该解释例之内容与院字第1548号解释的内容相近似,发挥的功能也相同。因为在1936年10月2日指令河北高等法院的院字第1548号解释中,司法院指出:"监查人之选任,依破产法第一二零条规定,既须经债权人会议决议,而关于债权人会议就选任监查人之决议,同法未另有规定,依同法第一二三条规定,自应有出席破产债权人过半数,而其所代表之债权额又超过总债权额之半数者之同意,始得当选,若决议之结果,仅达出席破产债权人过半数之同意,而其所代表之债权额未超过总债权额之半数,或同意之债权人所代表之债权额虽超过总债权额之半数,而未达出席债权人之过半数,自均不得当选。又债权人会议决议之事项,除同法另有规定外,未得同法第一二三条所定之同意,其所决议之事项,亦非有效。"(参照院字第一四二三号解释)

(续表)

时间	解释号	解释内容
1936年10月5日	院字第1556号	抵押权人依法声请拍卖抵押物,在声请时,债务人或第三人如未发生争执,法院即迳予拍卖,毋庸经民庭裁定。(参照院字第一五五三号解释)
1936年11月21日	院字第1580号	……惟租约尚未因拍卖而终止,则出租人或其受让人,均不必遵行付还顶款,更不生优先与否问题。(参照院字第一二六六号解释)
1937年1月11日	院字第1617号	查犯罪同时侵害国家及个人法益者,其被害之个人,(如刑法第一百二十五条第一款之被逮捕人、被羁押人),可以提起自诉。(参照院字第一五六三号解释)
1937年2月27日	院字第1641号	(一)诬告罪以有使他人受刑事或惩戒处分之意图为其构成要件,于侵害国家法益中,同时具有侵害个人法益之故意,被诬告人得提起自诉,反诉适用自诉之规定,对于自诉人,亦得提起诬告之反诉。(参照院字第一五四五号解释)
1937年5月14日	院字第1669号	告诉乃论之罪,未经有告诉权之人告诉,又无利害关系人声请指定代行告诉人,应参照院字第二一七号解释办理。
1938年5月30日	院字第1729号	甲乙二人共同犯罪,乙冒甲名顶替到案,检察官侦查起诉及第一审判决,均误认乙为甲本人,乙且冒甲名提起上诉,第二审审理中,发觉乙顶冒甲名,并将真甲逮捕到案,此时第二审对于此种上诉主体错误之判决,可参照院字第五六九号解释,将原第一审判决撤销,对真甲另为判决,以资救济。
1938年7月2日	院字第1743号	未依法登记之外国教会,其代表人或管理人不得以非法人团体名义单独提起自诉,或与其他自然人共同提起自诉。(参照院字第五三三号解释)
1938年8月17日	院字第1764号	典权人将典物转典与第三人,其与出典人之典权契约,依然存续,并不因出典人之继承人,曾向转典之第三人加典情事而更新,故自出典人立约之日起算,至清理不动产典当办法施行时已逾三十年,或于施行后始满三十年。(参照院字第一四一三号解释)如未于施行或期满后三年内向典权人回赎,依该办法第三条所定,即不许再行告赎。
1938年8月19日	院字第1765号	已有执行名义之债权,不在破产法第六十五条第一项第五款所定限制之列,故虽逾申报期限,仍得就破产财团而受清偿。(参照院字第一六七三号解释)
1938年9月26日	院字第1788号	……(三)所谓当地僧侣,不限于各该关系寺庙之僧侣,凡宗教相同之当地僧侣均属之。(参照院字第七二四号解释)
1938年10月29日	院字第1802号	土地法第八条第一项各款所载不得为私有之土地,系指土地法施行时,属于国有或公有者而言,若原属于私人所有,在其所有权未经依法消灭以前,仍应认为私有。(参照院字第一六七八号解释)
1938年11月5日	院字第1807号	承租不动产所交之押租,依院字第一二六六号解释,系属租赁契约内容之一部,该不动产如因出租人之破产而被拍卖,在拍买人既得于买价内扣存押租,以俟租约终止时返还于承租人,则承租人自不发生加入破产程序而受清偿之问题。

（续表）

时间	解释号	解释内容
1938年11月23日	院字第1817号	联保主任及保甲长,依修正剿匪区内各县编查保甲户口条例,既系从事于公务之人员,虽与公务员惩戒法所称之公务员有别(参照院字第一一五八号解释)而在诉愿法上,要不能不视为公务员。
1938年12月10日	院字第1822号	诉愿事件经诉愿官署决定确定后,在诉愿法上并无当事人发见有利益之新证据,得为再审之规定,自不得向原处分官署提起再审。(参照院字第一四六一号解释)
1939年3月15日	院字第1861号	……至来问第三项,已见院字第一七六九号解释。
1939年3月17日	院字第1862号	……(二)先已与有配偶之妇相奸,嗣又意图续奸而和诱,显系先后各别触犯刑法第二百三十九条及第二百四十条第三项之罪,应依同法第五十条合并处罚。(参照院字第一七六八号解释)
1939年4月19日	院字第1874号	当事人于补正期间内声请诉讼救助,经裁定驳回,仍不遵期补正,致其诉或上诉被裁定驳回者,原可分别提起抗告,纵令驳回其诉或上诉之裁定因当事人未为抗告而确定,而关于救助之抗告,经抗告法院认为应行准许,依民事诉讼法第五百零三条、第四百九十二条第一项第九款,仍得声请再审,不能谓当事人对于驳回诉讼救助之声请,提起抗告,为无实益。(参照院字第一四一二号解释)
1939年5月24日	院字第1886号	关于罚金、罚锾、没收、没入之强制执行,得由检察官嘱托民事执行处为之,(参照院字第七七六号解释)其因执行行为所需之特别费用,可依照补订民事执行办法第三十四条办理,若第三人对于执行标的物有权利,并得以原嘱托执行之机关为被告,提起异议之诉。
1939年10月31日	院字第1936号	公务员侵占公务上所持有之物,不适用刑法第一百三十四条加重其刑。(参照院字第一九一一号解释)
1940年1月16日	院字第1954号	查刑法虽有变更,但关于强奸杀被害人之结合罪,及犯该罪须告诉乃论各规定,征诸刑法第二百二十三条、第二百三十六条与旧刑法第二百四十条第六项、第二百五十二条完全相同,则此种犯罪,既经检察官起诉,虽未据有告诉权者之告诉,仍应参照院字第十七号解释,专就杀人部分,予以论科。
1940年1月16日	院字第1956号	……土地法第三十六条所谓登记有绝对效力,系为保护第三人起见,将登记事项赋与绝对真实之公信力,真正权利人,在已有第三人取得权利之新登记后,虽得依土地法第三十九条请求损害赔偿,不得为涂销登记之请求,而在未有第三人取得权利之新登记时,对于登记名义人,仍有涂销登记请求权,自无疑义,院字第一九一九号解释,无须变更。
1940年4月9日	院字第1976号	清理不动产典当办法施行前定有期限之典产,自立约之日起算至该办法施行时未逾三十年者,得于满三十年后三年内回赎,既于院字第一四一三号解释在案,仍应遵照办理。

第七章　民国时期法律解释的规范功能　511

(续表)

时间	解释号	解释内容
1940年4月30日	院字第1994号	……(二)租赁之房屋,在租赁关系存续中,因不可归责于当事人之事由而灭失者,租赁关系即归消灭,嗣后承租人自无支付租金之义务,因担保租金支付义务所交之押租,亦得请求返还。至出租人就该房屋之基地,如有所有权或其他得建筑房屋之权利,当然得再建筑房屋,若原呈所称乙能否就该房屋基地建筑房屋,其乙字系甲字之误,则系承租人能否在该基地建筑房屋之问题,应查照院字第一九五零号解释第五段办理。
1940年5月23日	院字第2006号	……至存单、存折依惯例挂失后,持有单、折者,向银行交涉时,如其人并非真正债权人,无论单、折是否载有凭以支取字样,银行均无支付存款之义务,即其人为真正债权人,而银行前向挂失之第三人支付存款,如合于民法第三百一十一条规定之情形,亦免其责任,*院字第一八一五号解释,无须变更*。
1940年9月6日	院字第2059号	……惟此项个人,既系受雇于渔业人,而从事于捕鱼工作,即属职业工人之一种,*仍应依院字第九百号解释后段*,许其依工会法组织工会。
1940年10月	院字第2075号	承租人因担保租金债务所交付之押金,仅得向收受之出租人请求返还,*业经院字第一九零九号解释有案*,此项押金之返还请求权,于出租人宣告破产时,自属破产债权,只能依破产程序行使其权利。
1940年11月	院字第2080号	强制执行法第十二条第二项之裁定,得由执行推事为之,*业经解释在案*。(院字第二零零零号)县司法处办理执行事务之审判官,自亦得为此项裁定。
1940年12月	院字第2108号	……(二)中国银行分行或支行行长,非刑法上之公务员。(参照院字第二零二二号解释)
1941年1月3日	院字第2110号	当事人约明一方就其田业向他方收取押银,其田业仍由自己或第三人耕种,每年向他方交付租谷者,其租谷之最高额应如何限制,须依民法第九十八条探求当事人之真意,解释其为何种契约,始能决定,其真意系在借贷金钱,并就田业设定抵押权,而由一方或第三人交付租谷为利息之交付方法者,应适用民法第二百零五条之规定,如按交付时市价折算为金钱超过周年百分之二十者,他方对于超过部分之租谷无请求权。(参照院字第一九六四号解释)
1941年2月4日	院字第2127号	行政官署没收未获案犯人之不动产,予以拍卖,其没收固为行政处分,而其拍卖,则为民法上之契约。(参照院字第一九一六号解释)该官署在法律上如无没收之权限,国库并不能因此取得物权。
1941年3月1日	院字第2142号	……至常备队、预备队队长及队兵犯普通刑法之罪,应归何机关审判,已有解释。(参照本院院字第二零四零号解释)
1941年3月8日	院字第2145号	民法第一百二十五条所称之请求权,不仅指债权的请求权而言,物权的请求权亦包含在内。业以院字第一八三三号解释在案。

(续表)

时间	解释号	解释内容
1941年3月8日	院字第2147号	当事人之一方,因支付巨额押金,只须支付小额租谷,即得占有他方之耕作地而为耕作者,其所支付之押金,应认为典价,对于该地相当于押金数额部分之耕作权,应认为典权,业以院字第二一三二号解释业经饬部通令知照在案。
1941年3月	院字第2148号	原呈所举二例,其押少租多之第一例,为租赁契约,当事人所授受之押租,即系担保租金支付义务之押租;其押多租少之第二例,为租赁契约与典权设定契约之联立,**应依院字第二一三二号解释办理。**
1941年3月11日	院字第2151号	非常时期维持治安紧急办法第二条、第三条所谓于必要时,系指各该条所列之犯罪,足认为有发生之虞,或已发生,或于逮捕解散有抗拒等类情事,非依武力或其他有效方法不克制止,或排除其抗拒时而言,至所谓其他有效方法之意义,应参照本院院字第一七九八号解释。
1941年3月11日	院字第2157号	……惟为当事人之军属,系于战时服兵役者,法院得依民事诉讼法第一百八十一条之规定,命中障碍消灭以前中止诉讼程序。(参照院字第二零九八号解释)
1941年3月11日	院字第2159号	……(二)依所得税暂行条例第二十条移情法院追缴之案件,应由民事执行处依强制执行法办理。(参照院字第二零一七号解释)
1941年3月18日	院字第2166号	……(二)大佃契约之性质,业以院字第二一三二号解释在案。关于典权部分之捐税,法令规定向典权人征收者(参照土地法施行法第七十五条),应由典权人负担。
1941年5月5日	院字第2179号	刑法上之公然侮辱罪,只须侮辱行为足使不特定人或多数人得以共见共闻,即行成立。(参照院字第二零三三号解释)
1941年9月29日	院字第2235号	抵押权人依民法第八百七十三条之规定,声请法院拍卖抵押物,系属非讼事件,业经院字第一五五六号解释在案。
1941年10月23日	院字第2243号	……民法第九百二十三条第一项所称之期限及第二项所称之典期,均为回赎权停止行使之期限,须俟期限届满后始得回赎典物,在当事人约定此项期限时,纵有期限届满后不拘年限随时得为回赎之意思,亦不得排斥同条第二项之适用,业经院字第二二零五号解释在案,自应依照办理。
1941年11月	院字第2254号	……至其应否视同现役军人,系关于身份问题,仍应依陆海空军刑法第六条之规定以资解决,**本院院字第二一四三号解释无庸变更。**
1942年5月15日	院字第2333号	(一)租赁物被敌机炸毁全部者,租赁关系即归消灭。(参照院字第一九五零号解释)
1942年6月18日	院字第2350号	……又此项裁定,纵系刑法第六十一条所列各罪以外之案件,但未经当事人抗告,即属确定,不在应行覆判之列。(参照院字第二二八零号解释)
1942年6月	院字第2352号	数军人知有大帮漏税私货经过防地,拟截收中饱,既有不法所有之意图,其因共同持械追赶不上,而开枪击毙私贩一人,伤一人,结果虽无所获,仍应成立惩治盗匪暂行办法第三条第六款之既遂罪。(参照院字第五九三号之一解释)

(续表)

时间	解释号	解释内容
1942年7月	院字第2364号	民法仅于第一二二五条规定应得特留分之人,如因被继承人所为之遗赠致其应得之数不足者,得按其不足之数由遗赠财产扣减之,并未如他国立法例认其于保全特留分必要限度内,扣减被继承人所为赠与之权;解释上自无从认其有此权利,院字第七四三号解释未便予以变更。
1942年7月23日	院字第2365号	强拉友军出差,或落伍之士兵当兵,应依刑法第三百零四条处断,如有同法第三百零二条情形,应适用该条论科。(院字第一一五零号解释参照)
1942年7月	院字第2368号	……本院院字第二二二三号解释,与此并不冲突,毋庸予以变更。
1942年9月	院字第2389号	惩治贪污暂行条例第二条第四款所谓强募财物,凡藉势或藉端募集财物,强令他人应募者皆是。至藉势或藉端强占财物之意义,本院院字第二二五五号已有解释。
1942年12月31日	院字第2449号	修正非常时期管理银行暂行办法第十四条各款罚金之性质及应由何机关处分,业经本院于院字第二三八一号代电内明白解释矣。
1943年2月19日	院字第2468号	甲女与乙男均未达民法第九百八十条所定结婚年龄,由双方法定代理人主持结婚者,如甲女以此为理由,向乙男提起离婚之诉,应认为依同法第九百八十九条请求撤销结合,惟双方如均已达结婚年龄,即应受同条但书之限制。(参照院字第一七八三号解释)
1943年5月18日	院字第2523号	办理社会公益事务之人,在惩治贪污暂行条例施行以前,盗卖侵占或窃取该公益团体之财物而连续其行为至同条例施行以后者,不问其以前连续若干年,均应依同条例规定审判,若事犯在前,而于同条例施行以后始被发觉,则犯行既不在作战期内,即与同条例无关。(参照本院院字第二零九四号解释)应由普通法院就其行为之性质,分别适用刑法上相当条文处断。
1943年6月9日	院字第2532号	关于盐专卖暂行条例之案件,应处徒刑拘役或应谕知无罪者,依刑事诉讼法第二百九十一条及第二百九十三条之规定,应以判决行之。又同条例所定之没收,系行政处分,应由盐务行政机关自行处理。业经本院院字第二四四五号解释咨复行政院查照矣。
1943年7月15日	院字第2548号	(一)及(二),参照院字第二五一九号解释办理。
1943年11月	院字第2604号	……至当事人之一造,于调解期日不到场,如何进行调解,院字第二五八六号已有解释。
1943年11月	院字第2610号	关于借贷赤金如何折合法币偿还问题,已以院字第二一二八号解释在案。
1944年1月8日	院字第2629号	遗产税暂行条例施行条例第三十六条所谓声请法院扣押其财产,系指声请法院为强制执行而言。(参照院字第二四六一号解释)

（续表）

时间	解释号	解释内容
1944年1月15日	院字第2632号	……（五）刑事诉讼法第三百二十六条所规定不得提起自诉而提起者,不以同法第三百十三条至第三百十五条第一项有明文规定者为限,其非犯罪之被害人提起自诉者亦同。（参照院字第一三二零号解释）
1944年4月5日	院字第2670号	公有土地供公用者,在废止公用后,得为取得时效之标的。（参照院字第二一七七号解释）
1944年4月20日	院字第2682号	（一）非常时期民事诉讼补充条例第十一条之争议,已有诉讼系属于第二审者,第二审法院虽得依声请将事件移付调解,但其调解应由第二审法院为之,毋庸移送第一审法院。（参照本院院字第二五二七号解释）
1944年4月20日	院字第2683号	……军人窃取他人证章臂章符号佩戴逃亡,或携带自己符号证章臂章逃亡者,应依陆海空军刑法第九十五条处断,参照本院院字第二零九九号解释,意义极明。
1944年6月21日	院字第2694号	原咨所开情形,依本院字第二五八六号解释办理。
1944年6月21日	院字第2695号	兼理司法事务之县长,与法院组织法第三十三条第四款所谓荐任司法行政官办理民刑事件者相当,业经本院以院字第一五九六号解释在案。
1944年7月10日	院字第2705号	战前发生之房屋租赁关系,在战时房屋租赁条例施行时,尚存续者,自施行之日起,适用同条例之规定。（参照本院院字第二六七七号解释）
1944年7月19日	院字第2713号	使令无刑事责任能力之人,吞服鸦片治病,其目的既在治病,自不能任务有违法性,其持有鸦片部分,应成立何项罪名,参照本院院字第二六零号解释自明。
1944年7月29日	院字第2722号	刑事诉讼法第五百零八条第二项、第五百零九条第二项所谓免纳审判费用,系指免纳移送后在该审级新为诉讼行为所应缴纳之审判费用而言。（参照院字第一五零九号解释）
1944年8月12日	院字第2727号	……（四）营业税法第十八条所载一倍至五倍罚锾,司法机关为裁定时,所科罚锾之数额,不限于必与倍数之数额相等,尽可于法定一倍至五倍范围内自由裁量。（参照院字第二六四九号解释）
1944年8月14日	院字第2728号	民法第十条所称之非讼事件法公布施行前失踪人之财产,未经该失踪人置有管理人者,由其配偶管理,无配偶者,由其最近亲属管理,除失踪人自置之管理人,依其委任之本旨,或依民法第五百三十四条第五款之规定,其起诉须有特别之授权者,得经失踪人住所地法院之许可代为起诉外,（参照院字第二四七八号解释）,管理人得以失踪人之名义代为起诉,及其他一切诉讼行为。
1944年9月1日	院字第2738号	出征抗敌军人婚姻保障条例第四条第二项之婚约无效及撤销婚姻,未便依职权于刑事判决主文内谕知,业经本院院字第二七零三号著有解释。

(续表)

时间	解释号	解释内容
1944年9月5日	院字第2743号	遗产税暂行条例施行条例第三十六条所谓扣押,即强制执行法所称之查封,遗产税征收机关声请法院扣押纳税义务人之财产,法院既应依照强制执行法关于查封之规定办理,则依同法第五十七条第一项之规定,执行推事自应于查封后速定拍卖期日,予以拍卖。(参照院字第二六二九号解释)毋庸另为准予拍卖抵偿之裁定。
1944年9月14日	院字第2751号	……本院院字第二四七一号解释,未便遽予变更。
1945年10月3日	院字第2757号	……(六)……惟原呈所称社会服务处人员,如系党部所设社会服务处之人员,则非公务员服务法上之公务员。(参照院字第二零九七号解释),自非不得当选。
1945年10月4日	院字第2760号	……(二)优待出征抗敌军人家属条例第二十八条第二项之规定,于典权人为受同条例第二十九条第二项优待之出征抗敌军人或其家属时,排除其适用,业经本院以院字第二七一一号解释在案。
1945年10月11日	院字第2761号	……(三)凡遇应减刑办法减轻主刑之案件,关于褫夺公权,应如何审酌,已见院字第二七三七号解释。
1945年10月12日	院字第2762号	非常时期管理银行暂行办法第十四条第五款之罚金,系对于银行所定之行政处分。(司法院院字第二三八一号参照。)
1945年11月	院字第2770号	……至该项财产利益,同条项规定,除应抵偿被害人者外,得没收之,是抵偿与没收均须为刑事判决时,以职权并予裁判。(参照本院院字第二一八一号解释)
1945年11月	院字第2774号	……至遗产税暂行条例施行条例第三十六条适用疑义,业经本院以院字第二七四三号解释在案。
1945年11月24日	院字第2778号	被告所犯本刑为死刑无期徒刑之未经裁判案件,其减刑标准应比减刑办法第二条第一项第一款之规定办理,已见院字第二七七七号解释。
1945年11月27日	院字第2787号	……(三)凡遇应依减刑办法减处主刑之案件,其夺权部分,自得予以审酌,并须受刑法第三十七条第一二两项之限制,已见院字第二七七七号解释。
1945年12月16日	院字第2797号	单纯伪造烟类专卖凭证,应依刑法第二百十二条论处,业经本院以院字第二七一六号解释有案。
1946年3月5日	院字第2828号	(一)依减刑办法第二条第一项第一款,将原处无期徒刑之人犯减为有期徒刑十五年时,其起算刑期,应以减刑办法施行之日为准,已见院字第二七六一号解释。
1946年3月22日	院字第2833号	无期徒刑人犯之减刑与调理军役,系属两事,其减刑前已执行之日数,自应算入非常时期监犯调服军役条例第三条第四款所定已执行之刑期,不受减刑办法第二条第二项之限制,已见院字第二八二五号解释。

（续表）

时间	解释号	解释内容
1946年4月16日	院字第2839号	（一）甲乙夫妇二人，告诉丙丁夫妇强奸，及另一妨害名誉事实，经侦查结果，乙丙系和奸，关于奸罪部分，本夫甲如无特别表示，不告和奸罪，检察官自得将丙夫之相奸罪，与丁妇之妨害名誉罪，并予提起公诉。（参照本院院字第二七四五号解释）
1946年4月16日	院字第2840号	（一）原处无期徒刑之人犯，经依减刑办法第二条第一项第一款减为有期徒刑十五年者，其已执行之日数，不得算入减刑后之刑期。（参照本院院字第二七六一号解释）
1946年4月17日	院字第2846号	（一）地方法院依财务法规，以裁定科处罚锾及属于行政罚性质之罚金，虽经提起抗告，仍应由为裁定之法院经送民事执行处执行。（参照本院院字第二七五八号）
1945年4月18日	院字第2850号	镇长兼任该镇消费合作社理事长，与该社业务员勾结假借该合作社名义，套购花纱布管制局棉布渔利，如该镇消费合作社理事长并非由该镇长当然兼任，则系利用其理事之职权机会或身份图利，并非利用镇长之职权机会或身份图利，实与非公务员兼任合作社理事假借合作社名义图利者无异，只应成立刑法第三百三十九条第二项之罪，不能成立惩治贪污条例第三条第五款第六款或第七款之图利罪。（参照本院院字第二五九五号解释）
1945年4月18日	院字第2855号	惩治贪污条例第三条第一款抑留财物不发之罪，与刑法第一百二十九条第二项之罪不尽相同，应以图利自己或第三人为要件，如其目的系在图利公库，即不成立该条款之罪。（参照本院院字第一九九零号解释）
1945年6月	院解字第2897号	办理兵役人员于作战期内具有贪污行为，同时触犯妨害兵役治罪条例与惩治贪污条例所定之两种罪名者，除合于惩治贪污条例第十二条之规定者外，自应依惩治贪污条例处断；早经本院于前上两年以院字第二五八二号公函及二七六三号指令，明白解释在案，现仍认无变更之必要。
1945年6月16日	院解字第2934号	提起再诉愿，须对于诉愿决定为之，受理诉愿之官署就诉愿为决定，不依法作成决定书而以批示或命令行之者，人民提起再诉愿时，固应依本院院字第三四零号解释办理。
1945年8月18日	院解字第2956号	被告在缓刑期内未经撤销缓刑之宣告，除别有消极资格之限制外，仍得充任公务员，业经本院院字第一零三三号解释有案。
1945年9月25日	院解字第2979号	租赁物全部被火焚毁者，租赁关系即从此消灭，原承租人对于原出租人嗣后重建之房屋无租赁权。（参照院字第一九五零号第五项解释）
1945年9月25日	院解字第2980号	行政法规虽规定纳税义务人应觅取保证人负担保税款之责任，而此项保证人之担保税款，仍系依契约负担私法上之给付义务。（参照院字第二五九九号解释）

第七章　民国时期法律解释的规范功能　517

(续表)

时间	解释号	解释内容
1945年9月26日	院解字第2987号	债务人依民国三十一年之确定判决应给付借款而未给付,其后因受战事影响致生争议者,债权人仍得声请法院依非常时期民事诉讼补充条例之规定调解之,其具备同条例第二十条第二项之适用要件者,法院自得为增加给付之判决,惟在前次判决之事实审言词辩论终结前所发生之情势剧变,不得斟酌之。(参照院字第二七五九号解释)
1945年10月20日	院解字第2999号	省保安司令部探员,除原有军人身份者外,不得视同军人。(参照院字第二三一二号解释)
1945年11月5日	院解字第3004号	养父母系养子女之直系血亲尊亲属。(参照本院院字第二七四七号解释)
1945年11月5日	院解字第3005号	区自治施行法早经废止,该法第三十九条关于区长职权之规定,已不适用,实施新县制各县,依县各级组织纲要及县政府分区设置规程各规定,区长并无侦查犯罪之权。(参照院字第二四五八号解释)
1945年11月6日	院解字第3013号	受理诉愿之官署,逾诉愿法第八条第二项之期限,延不决定者,依本院院解字第二九三四号解释,只可由诉愿人向上级监督官署呈请督催,不得迳行提起再诉愿,如督催之后,仍不决定,则是诉愿官署负有责任之公务员废弛职务,此时在诉愿法上无从救济,只可由上级监督官署依法惩处。
1945年11月21日	院解字第3018号	……至银行放款,本系消费借贷,请求返还放款事件,亦可按照此项特别规定办理,院解字第二八八五号解释从而变更。
1945年11月22日	院解字第3020号	……(二)伪造学校毕业证书或证明书,应成立刑法第二百十二条之罪,已见院字第二三三四号解释。
1945年12月31日	院解字第3060号	检察官起诉书或司法警察官署移送书,引用特别刑事法令起诉之案件,经法院审理结果,认为系犯普通刑法之罪,变更起诉法条,判以刑法上之罪名,或检察官以犯普通刑法之罪起诉,审理结果,认为系特种刑事之罪犯,变更起诉法条,判以特别刑事法令上之罪名,判决后各该案件之上诉与覆判,均应依判决时所适用之法条为准,但仍应参照本院院字第二八五七号解释办理。
1946年1月21日	院解字第3067号	……(二)甲给乙金钱,以顶替保队副受训为词,将乙以志愿兵送服兵役,乙至征兵机关,始知受愚,如乙系未满二十岁,经甲诱令脱离家庭或其他监督权之人,甲应成立刑法第二百四十一条第一项之罪,否则乙至征兵机关时,甲如有刑法第三百零二条第一项或第三百零四条第一项之情形,亦应论以各该条之罪。(参照院字第二八二九号解释)
1946年1月24日	院解字第3070号	依减刑办法应减刑之案件,已经裁判确定,而其裁判依刑法第五十九条酌量减轻其刑者,既就酌减后所定之刑,予以减刑,则未经裁判而应酌量减轻其刑者,自应先予酌减而后减刑,院字第二七七七号解释,毋庸变更。
1946年2月25日	院解字第3089号	就他人应纳之所得税,向主管征收机关书承认愿负缴纳全责者,非所得税法第二十条所称之纳税义务人,关于其人不缴纳时之处置,可参照院字第二五九九号解释办理。

(续表)

时间	解释号	解释内容
1946年3月13日	院解字第3103号	县田赋粮食管理处依其组织法规,既受省政府之指挥监督,自与县政府相当,人民不服县田赋粮食管理处之处分,应依诉愿法第三条,比照第二条第一款之规定,向省政府提起诉愿。本院院解字第二九五八号解释,毋庸变更。
1946年6月24日	院解字第3120号	……(五)有配偶者收养子女不与其配偶共同为之,或收养者之年龄不长于被收养者二十岁以上,均得向法院请求撤销之,并非当然无效。(参照本院院字第二二七一号解释)
1946年6月24日	院解字第3133号	"台湾人民于台湾光复前,久已取得日本国籍,其在中日交战期内基于为敌国人民之地位,供职各地敌伪组织,应受国际法上之处置,不适用惩治汉奸条例之规定。(参照院解字第三零七八号解释)"
1946年7月17日	院解字第3137号	"犯唯一死刑之罪,因请可悯恕,经判决减轻其刑者,依减刑办法第一条但书规定,不得再予减刑,已见本院院字第二七六一号解释。"
1946年7月19日	院解字第3169号	本院院字第二七五七号解释第一、第四两段并未变更。
1946年8月20日	院解字第3193号	汉奸将其所有之不动产转让于人,如受让人无惩治汉奸条例第十二条情形,亦无其他无效原因者,不得视为逆产予以查封,已见院解字第三一四四号解释。
1946年10月17日	院解字第3272号	禁烟禁毒治罪条例上栽赃陷害诬告他人犯罪(已失效之禁烟禁毒治罪暂行条例规定亦同),该项犯罪之被害人得提起自诉,并适用特种刑事诉讼程序审判之。(参照本院院解字第三一四八号解释)
1946年12月13日	院解字第3317号	省县公职候选人考试法第九条第四款所称赃私,系指贪赃营私之渎职行为而言,(参照本院院解字第三零四零号解释)
1947年3月4日	院解字第3394号	县长兼任军法官为其各项兼职之一,系以县长身份当然兼任,究其本职仍为县长与陆海空军刑法第八条所谓现服勤务之陆海空军文官不同,其被诉案件之审判权,仍应依本院院解字第三二六二号解释办理。
1947年4月8日	院解字第3429号	惩治汉奸条例第三条,并非将旧修正惩治汉奸条例第二条第一款之变更为不处罚其行为者,自无适用刑法第二条第三项免其刑之执行之余地。(参照院解字第三一零二号解释)
1947年4月28日	院解字第3456号	交通警察总局所属各交通警察总队官兵,如系依照陆军编制负担铁路沿线警备事务并归由国防部监督指挥,自应视同军人,倘有犯罪行为,应归军法审判,院解字第三一四二号解释,与此情形不同,毋庸予以变更。
1947年5月30日	院解字第3479号	参议员当选后被判徒刑而未褫夺公权者,不得撤销其当选资格,但县市参议员因受徒刑之执行而于一会期内均未出席者,依县参议员组织暂行条例第九条,市参议会组织条例第八条之规定,视为辞职。(参照院解字第三四零一号解释)
1947年7月21日	院解字第3528号	盐政条例第二十九条第一项(盐专卖条例已废止)所称之用具,包括供贩运或售卖私盐之舟车骡马在内。(参照院解字第三五零九号解释)

(续表)

时间	解释号	解释内容
1947 年 9 月 16 日	院解字第 3587 号	自治团体设立之学校,所受教育行政机关之处分,如系以与人民同一地位而受之者,自非不得提起诉愿。(参照院解字第二九九零号解释)
1947 年 10 月 28 日	院解字第 3625 号	出征抗敌军人在抗敌军事结束后,纵令继续服役,亦不复为优待出征抗敌军人家属条例所称出征抗敌之服役期内。(参照院解字第三二八一号解释)
1947 年 12 月 1 日	院解字第 3661 号	牵连罪中有应赦免与不应赦免之分互见时,应仅就不赦免之部分依法论处。又牵连罪中有应减刑与不应减刑之部分互见,而轻罪不应减刑时,纵令所犯重罪应依赦令减刑仍不得予以减刑。(参照院解字第三四五四号解释)
1947 年 12 月 16 日	院解字第 3719 号	沦陷区之伪保甲长或坊里长虽无凭藉敌伪势力为不利于人民之行为,仍有惩治汉奸条例第十五条之适用。(参照院解字第三五六五号解释)
1948 年 1 月 3 日	院解字第 3779 号	……(二) 财务机关对于法院就其移送之违反财务法规案件所为之裁定,不得提起抗告。(参照院解字第二九零四号解释)
1948 年 1 月 9 日	院解字第 3798 号	高等法院或其分院覆判之特种刑事案件,关于刑事诉讼法第一百二十一条第二项之处分,除已经再审或苆审者,仍应依院解字第三三一五号解释办理外,应由原审法院以裁定行之,其未经谕知没收之扣押物,而又无继续扣押之必要时,在覆判进行中,如尚未送交覆判法院,亦应由原审法院发还。
1948 年 3 月	院解字第 3904 号	来电所称之甲县救济院育幼所所长,如系现任官吏,参照院解字第第三八八四号解释,不得在甲县当选为国民大会代表。
1948 年 4 月	院解字第 3939 号	院字第二五一九号关于旧土地法第一百七十七条所定耕地正产物之解释,尚未变更,亦未发见应行变更之理由,仍应依照办理。
1948 年 6 月 22 日	院解字第 4054 号	县政府军事科职员,仍应视为非军人。(参照院解字第四零二五号解释)

通过大量列举,可获得以下信息:第一,从民国时期法律解释的实践来看,通过法律解释对自身先前所为之解释的效力予以确证,应当是民国时期法律解释活动最为基本且也最为重要的功能。第二,通过法律解释确证以往法律解释例文之效力,这在法规范并不十分健全的背景下,无疑能够据此建立起相应之规则,以资裁判中对法规范适用之所需。在大理院时期,这一功能的发挥较之于司法院时期,相对要频繁一些。第三,通过法律解释对以往之解释例的效力予以确证,这不仅能够维持法规范适用的统一性,而且也能够据此维护法律解释机关有关解释活动的权威性。换言之,通过法律解释对其自身解释例文以及解释活动的这种自我强化与自我制度化,无疑不仅确保了法律解释活动的一致性,同时也强化了其法律解释活动的权威性。第四,在民国时期法律解释的实践中,通过解释例来确证解释例的效力与内容的,

绝大部分情况都往往是针对一个解释例而言的。

当然，法律解释活动会涉及多少个解释例文，其实又是与函请解释之疑义的数量紧密相关。当函请解释之内容所及之有关法律疑义的问题数量增多时，法律解释中所可能涉及或援引的解释例文的数量也会随之增加。因而从民国时期法律解释的实践来看，通过法律解释确证超过一项以上之法律解释例文之效力的，主要有以下几种情形：

第一种情形，即是在一个解释例文中同时对两个解释例的内容与效力进行确证。比如统字第1290号，在这份于1920年5月14日复浙江金华第二高等审判分厅的函文中，大理院指出：

> 第一问题，刑律第三七三条之俱发罪，系同时审判或可并案审判者，依惩治盗匪法第三条第五款，应作一罪科刑，不适用刑律第三条，希参照统字第一零六零号解释文；若系一罪先发，已经确定审判，余罪后发者，仍应依第二四条，并适用惩治盗匪法办理。第二问题，军政之法处得审判民刑事案件，依戒严法第十一第十二条所定，以在接战地域内为限，若在警备地域者，系无权限之审判，当然无效，并参照本院统字第六四二号解释文。

该解释同时涉及两个解释例（统字第1060号、642号）的效力与内容的确证。统字第1400号也是同时对二个解释例的内容与效力进行确证的解释文，在这份于1920年9月15日复总检察厅的函文中，大理院指出：

> 查县知事判决之案，经复判审决定发交，或发还覆判审判决后，除依覆判章程第七条分别情形，准当事人上诉与否外，不再送覆判，其因覆判审发交或发还覆审判决后，复经过惩治盗匪法第九条之再审或会审等程序而处徒刑者亦同（参照本院统字第七五八号、第八七七号解释文）。

再比如统字第1427号解释例也同时对两项法律解释例的内容与效力予以了确证。在这份于1920年10月5日复浙江高等审判厅的函文中，大理院指出："查所询情形，只查照本院解释例要旨汇览第一卷民法第三页、四页四年二二八及七年九一二两号解释办理。立案普通自应在县为之。"还比如统字第1470号解释，亦同时是对两项法律解释例的内容与效力予以确证的。在这份于1921年1月22日复陕西第一高等审判分厅的函文中，大理院指出：

> 查县知事于受理诉讼案件所为批谕，其内容既涉及事实，可以认为已有一定之裁断，纵判决形式有所违误，亦应有效，若于实体上之裁判，未经传讯当事人依法辩论者，无论批谕内容如何，决不能谓已经第一审判决（参照本院统字第三十二、第四八二、第六一八等号解释

除此之外，从民国时期的法律解释实践来看，这一情状主要还包括以下这些解释例文：

时间	解释号	解释内容
1919年3月19日	统字第959号	查甲掷碗欲伤乙而误伤丙，自系打击错误，参照本院统字第六八五号、第四三一号解释。甲对于乙本为伤害未遂，但新刑律无此规定，应不为罪。若系杀人，则应成立杀人未遂罪，对于丙既无预见自不能谓其亦有伤害丙之故意，惟应分别有无过失，断定其应否论过失致死。
1919年5月21日	统字第986号	查违背婚约，将女另嫁，虽志在得财，但不得谓为诈欺，自不成立诈财罪，至判决之效力，与判决之能否强制执行，本不应合为一谈，婚姻案件，虽不能强制执行（参照统字第五一零号、第五一一号），然判决之效力，固仍存在，受确定判决之人，不得对于违背判决另定之婚约，请求撤销或另求赔偿，以代原约之履行。
1919年11月25日	统字第1138号	查民律草案未经颁布施行，自无法律效力，被诱人与犯人为妾，亦不得适用刑律第三百五十五条第二项之规定（参照统字第二八二号解释）；且即与犯人正式为婚，凡有独立亲告权之人，仍可告诉（参照统字第一零五四号解释）。惟甲女既系新寡，除已归宗或夫家并无亲告权人或其亲告权人均不能行使亲告权外，甲尚不得告诉。
1919年12月	统字第1168号	……又查银行存款一项，应依存款时收入之现款或票券时，值定其应支付之款，此种办法，本院早有成例，兹特检出统字第七二二号及第八五五号解释各一件，送请备考。
1920年3月2日	统字第1242号	……（四）宣告缓刑，依刑律第六十三条，须具有左列各款条件，本甚明显，惟该条第二款，系第一款补充规定，不必兼备（参照统字第九六五号解释）。（五）刑律第三百五十五条第二项所称，非离婚后其告诉为无效，本院最近意见，认为专指被诱人而言，其有独立告诉权之人，仍得告诉（代行告诉人及指定人诉人则否参照统字第一零五四号解释）。
1920年3年16日	统字第1245号	查甲既与乙均以欠丙货债，恐丙讨要，密商谁先遇丙，即由谁杀丙，是以共同利害关系，参与谋议，并有同意计划，互相推定担任实施杀人之事实，则甲对于乙之杀丙，应负共同杀人责任（参照本院统字第一二三八号解释文）。乙杀人后又弃尸，固系二罪。惟应注意弃尸系杀人结果，抑无意思联络之别种独立行为；又其杀人，是否即为强取财物之手段，如杀人后，临时起意，将丙之骆驼及货带寄密处，应视丙有无承继人，分别成立窃盗或侵占遗失物之罪（参照本院统字第一百九十一号解释文）。
1920年6月17日	统字第1338号	查第一问题，应属地方管辖案件，经县知事误引初级管辖，律文判决后，上诉于地方厅，依统字第三三零号、第八六二号解释，应由地方厅撤销原判，自为第一审审判；缘判决时，人卷均已送地方厅，地方厅即可以犯人所在地之关系，认为有土地管辖权。……以上二例，依现在情形，尚无变更之必要。
1921年9月	统字第1595号	所称被害人登时力挣脱逃，如在被掳以后，尚难谓掳人系属未遂，余希参照本院统字第二六零号、第四七六号解释文。

(续表)

时间	解释号	解释内容
1922年2月17日	统字第1680号	……第五问,处刑命令暂行条例第三条,简易庭推事于认定事实有必要时,得传讯被告人或调查其他证据,则简易庭推事自不得以被告人未到为理由,即改依简易程序审判,致通常法庭何时始得驳回公诉,应以甲说为是(参照本院统字第一零二五号、一四五一号解释文)。
1923年6月28日	统字第1823号	查刑事诉讼条例第四百三十二条,为对于第四百三十一条之特别规定,而第二百七十六条(至第四百三十四条为关于抗告法院之规定)又为对于第四百三十二条之特别规定,预审推事所为起诉之裁决,既系关于诉讼程序裁决之一种,又无与第二百七十六条同样之特别规定,自应适用第四百三十二条,不得抗告(参照统字第一六七六号解释文);至所虑认定事实错误一节,除其情形合乎统字第一七六五号解释文所列,仍不能谓为错误外,若所认定者与预审声请书记载者,截然两事,则关于声请书原载事实之部分,自以有不起诉之裁决论。
1924年2月	统字第1863号	查本院此项解释例(即八年统字第一零零九号、五年统字第508号解释),如来函所述情形,得以适用。
1928年2月	解字第32号	查第一点,业经本院解字第十五号、第二十三号解释在案(见第三十二期国民政府公报)。
1928年3月	解字第44号	查告诉人无上诉权,业经本院解字第十四号及第二十七号解释在案(见国民政府公报第三十六期、司法公报第四期)。
1928年4月	解字第63号	查反革命案件,本为特种刑事临时法庭专属管辖,该法庭许用律师辩护,经本院解字第一号、第九号先后解释在案,并经登载司法公报第二期、第四期,希转饬查照。
1928年5月	解字第87号	查第二次全国代表大会妇女运动决议案规定,女子有财产承继权,并经本院解字第三十四号及第四十七号解释各在案。
1928年8月	解字第150号	适用刑事诉讼律省份,可由告诉人委任律师出庭代行告诉,若沿用刑事诉讼条例省份,则难适用此办法,参照本院本年解字第八十六号及第八十九号解释例自明。
1928年9月10日	解字第163号	关于第一问,女子虽有财产承继权,并无宗祧承继权,其承受遗产在未嫁前已有嗣子,固应与嗣子平分,即未立嗣,亦应酌留其应继之分,不得主张全部承受;关于第二问,女子承继财产与嗣子本不相妨,惟抚异姓子以乱宗及所拟未嫁之女招夫生子,仍从母姓,以续后嗣,均为法所不许。至义子酌分财产,在现行律定有明文,尤不发生疑问,以上两问,均可参照本院九十二号解释。关于第三问,女子承继财产,应以未出嫁之女子为限,经本院三十四号解释有案。
1930年1月	院字第212号	禁烟法第六条、第八条、第十条、第十六条、第十七条之犯罪,均应由地方法院管辖。(参照院字第一七八号及一七九号解释,载司法公报第五十号)
1930年1月	院字第214号	禁烟法第六条之犯罪,应由地方法院管辖。(参照院字第一七八号及一七九号解释,载司法公报第五十号)

（续表）

时间	解释号	解释内容
1930年2月	院字第244号	关于特种刑事诬告案件,依刑事诉讼法第九条之规定,应由地方法院管辖。(参照院字第一八五号、第二二一号解释。载司法公报第五十二号及第五十七号)。
1931年1月	院字第410号	来呈所列举各问题,可参观院字第一七四号及第一九七号解释。
1931年2月7日	院字第434号	(一)查清理不动产典当办法施行后,定有典当期间之典产,届满十年业主不赎,该办法既定明听凭典主过户投税,典主自得以典契声请为移转所有权之登记,惟在过户投税之先,应催告业主回赎,业主于过户投税后仍得告找作绝。(参照院字第九号、第五十三号解释)。
1931年12月10日	院字第637号	(一)下级法院所为科罚之裁决,无论是否依据行政法则,如系不得声明不服之事件,依院字第五七一号解释,当事人只可向原法院声请另为裁决,其向上级法院提起抗告,即应认为不合法。(二)司法机关审理诉讼,发见未贴印花之不动产典卖契据,如其提出在印花税暂行条例施行以前,自应依照旧法办理。(院字第七十七号解释参照)
1932年6月10日	院字第770号	(一)民法继承编既无宗祧继承之规定,则继承开始在民法继承编施行以后而无直系血亲卑亲属者,除被继承人曾以遗嘱就其财产之全部或一部指定继承人,其所指定之人因权利被侵害,得依民法第一零七一条、第一一四三条之规定而诉争外,其他亲族或卑属自不得援民法继承编施行前之法律所定宗祧承继而以代立继或应继为词更为告争。若继承开始在民法继承编施行以前,被继承人无直系血亲卑亲属者,依民法继承编施行法第一条、第八条之规定,应仍适用其当时之法律。(参照院字第五八六号、第七六二号解释。)
1933年9月	院字第972号	(一)刑罚第一百七十条第一项所称因人,不问民事、刑事,凡被依法逮捕拘禁者,均包含在内。(参照院字第一七二号、第九二一号解释)
1934年12月	院字第1139号	凡受有俸给之公务员,均适用官吏服务规程之规定,烟酒税所主任、硝磺局局长,均为有俸给之公务员,应依官吏服务规程第十条规定,无论直接间接,均不得兼营商业或兼充商会代表或职员,至硝磺局虽系归军政部管辖,而军政部既为行政系统下之官署,硝磺局局长又系从事于公务员之职务,应与有俸给公务员适用同一之法规,若充税所主任者为承包商人,则系私人承包性质,不能视为公务员。(参照院字第九五二号及第八一三号解释)
1934年12月	院字第1143号	报馆编辑人妨害他人之名誉信用,在法律上既无免除刑事责任之规定,除合于刑法第三百二十七条情形外,仍应负刑事责任。(参照院字第五二九号及七四八号解释。)
1934年12月	院字第1148号	(一)诉讼上之和解,有无效或撤销之原因,应依试行和解未成立之普通程序,向受诉法院声请继续审判,业经本院解释有案。(参阅院字第八四三号及第八七三号解释)

(续表)

时间	解释号	解释内容
1934年12月	院字第1166号	下级官署之实施处分,不得以上级官署之名义行之,其因呈经上级官署核准或遵其指示办法所为之处分,而误用上级官署之名义者,仍应认为下级官署之处分。(参照院字第五零六号、第七一九号解释)
1935年4月	院字第1258号	(一)审判上和解,如有无效或得撤销之原因,得声请继续审判。(参照院字第八四三号解释。)……(四)和解无效之声明,法律上并无期间之限制。(参照院字第一二二零号解释)
1935年11月	院字第1343号	为执行标的之合伙不动产,经三次减价拍卖,未能拍定,债权人亦拒绝承受时,执行法院应依补订民事执行办法第十六条第四项,命强制管理,并可依当事人之声请,再行估价拍卖,如仍不足清偿时,可对于合伙人财产予以执行。(参照院字第九一八号及第一一一二号解释)
1935年11月	院字第1345号	(一)行为不成犯罪,与刑事诉讼法第二百三十一条第八款相当。至告诉乃论之罪,未经告诉或告诉不合法,或依法不得告诉者,检察官不应有何处分。(参照院字第二一七号、第一零六零号解释。)
1936年4月	院字第1480号	法人固得提起自诉。(参照院字第五三三号、第一三九四号解释)
1936年12月	院字第1590号	抵押权人依法声请拍卖抵押物,在声请时,债务人或第三人如无争执,即可迳予拍卖,无庸经过裁定,业经院字第一五五三号及第一五五六号解释有案。此项拍卖,在拍卖法未颁布施行以前,应准照不动产执行之程序办理,既亦经第一五五三号解释内叙明,则遇无合格承买人时,自得适用民事诉讼执行规则及补订民事执行办法关于减价之规定。
1937年5月	院字第1673号	……(六)破产法第一三八条所称拍卖破产人之财产,固应依民事执行法规执行,若经三次减价拍卖尚无人承买,而破产债权人又皆不愿承受权利移转之书据,自可再行减价拍卖。(参照司法院院字第一一零四号及第一二三六号解释)
1938年11月	院字第1810号	来函所述各节,除伪造公印或公印文,构成刑法第二百十八条第一项之罪外,其余伪造资格证件,必审查其内容足生损害于公众或他人者,始能成罪,不能为抽象之推定。(参照院字第六八九及八百号解释)
1940年7月	院字第2032号	刑法第二百二十一条第二项及第二百二十七条第一项所称之女子,系专指未结婚者而言。(参照院字第一二四六号及第一二八二号解释)
1941年11月	院字第2251号	行政官署放领或标卖公有土地,系与报领人或投标人订立私法上之契约。(参照院字第一九一六号、第二一二七号解释)
1942年9月	院字第2403号	非常时期民事诉讼补充条例第二十条第二项规定,限于有同条例第十九条情形者,始适用之,业经本院解释在案。(院字第二三一九号、第二三三九号)

(续表)

时间	解释号	解释内容
1943年6月	院字第2531号	原代电所述情形,应参照院字第二一三七号、第二五零二号解释办理。
1943年8月28日	院字第2558号	……(三)民法物权编施行前,清理不动产典当办法施行后设定之典权,未定期限者,如在民法物权编施行时,已满十年,无论会否以契约订定期限,均不得回赎。(参照院字第二一三五号解释)其在民法物权编施行时,未满十年而以契约订定期限者,与上开第二段情形同,应参照办理。但在民法物权编施行前,以契约订定期限者,如自出典时至期限届满时不满八年,仍有民法物权编施行法第十五条之适用,例如民国十五年七月一日设定典权未定期限,至民国十七年七月一日以契约订定自其时起算之期限三年者,虽民法第九百二十三条第二项所定二年之期间,于民国二十二年七月一日届满,仍得于民国二十五年七月一日前回赎。(参照院字第二一四五号解释)
1944年9月	院字第2747号	民法第一千零七十七条所谓养子女与养父母之关系,及民法亲属编施行法第九条所谓嗣子女与其所后父母之关系,皆之亲属关系而言。(参照院字第二零三七号、第二零四八号解释)
1944年10月	院字第2760号	……(三)盐专卖暂行条例上所谓一倍至若干倍之罚锾,其计算方法,已见院字第二六一八号及院字第二六四九号解释。
1944年12月	院字第2790号	检察官除法令有特别规定者外,只能于其所配置之法院管辖区域内执行职务,至指定法院管辖一节,并不限于起诉以后,早经本院以院字第六十三号及第一九三号解释明白宣示矣。
1945年7月16日	院解字第2953号	继承开始(被继承人之死亡)在遗产税暂行条例修正之前者,虽评定遗产价值核计遗产税额系在修正之后,仍应依同条例第五条及修正前之第七条第一款第十二条第一项以继承开始日之价值为准,定其起税之额。至同条例施行条例第三十六条之规定,在修正前,亦得于扣押财产后予以拍卖,业经本院院字第二六二九号、第二七四三号解释有案。
1945年9月22日	院解字第2972号	第一审判决适用普通刑法处断之案件,经当事人提起上诉后,第二审审理结果,认该被告所犯罪名,确系特种刑事案件,第一审只适用法律错误,而认定事实并无不当者,第二审法院对于该案如有覆判权,应以其上诉作为声请覆判,进行特种刑事案件覆判程序,已见本院院字第二八六四号、第二八六八号解释。

(续表)

时间	解释号	解释内容
1945年11月5日	院解字第3006号	（一）原为应依特种刑事程序审理之盗匪案件，检察官误认为触犯刑法第三百三十条之罪，提起公诉，第一审法院亦误用普通程序办理，迨判决后，检察官虽发现错误，仍应依通常程序提起上诉，如第二审法院审理结果，确认第一审判决仅系适用法律错误，认定事实并无不当，而第二审法院对于该案又有覆判权者，即应以上诉作为声请覆判，进行覆判程序，否则仍应适用第二审程序，依刑事诉讼法第三百六十一条第一项前段将原判决撤销，并于理由内，指示原审法院，应依特种刑事案件诉讼程序办理。（参照院字第二八六四号、第二八六八号解释）
1946年6月24日	院解字第3125号	判决确定之事件因地方沦陷未声请执行或执行而未终结,嗣后情势变更,具备复员后办理民事诉讼补充条例第十二条之适用要件者,债权人自得另行起诉请求为增加给付之判决。（参照院字第二七五九号、院解字第二九八七号解释）
1946年7月17日	院解字第3138号	某甲购买烟土自行煎膏,供吸,虽其目的仅在吸食,但此项煎制熟膏方法行为,究不能谓非牵连犯罪,自应依刑法第五十五条,从制造鸦片罪一重处断。（参照本院院字第二三三五号及第二四一一号解释）
1946年10月1日	院解字第3237号	原呈所称债权人在抗战前或抗战中存储于国家银行商业银行或银号之定期存款,如具备复员后办理民事诉讼补充条例第十二条之适用要件者,自应为增减给付之判决。（参照本院院解字第二八八五号、第三零一八号解释）
1946年10月14日	院解字第3260号	"兼理司法之县长及依县司法处组织暂行条例第四条规定兼理检查事务之县长（该条例第九条修正前县长并兼理县司法处司法行政事务）均为法院组织法第三十六条第二款之荐任司法行政官。（参照院字第一五九六号及第二六九五号解释）……"
1946年12月7日	院解字第3314号	作战期内在台湾之日本军政人员对于本国或台湾人民以间谍或通谋我国事件捕施酷刑,不能认为战争罪犯,应分别其已否就俘归由我国军法机关或普通法院审判。（已见本院院解字第三一九一号及第三二九四号解释）
1947年4月11日	院解字第3436号	乡镇民代表会选举县参议员,系以乡镇公所为投票所而机会投票,并非乡镇组织暂行条例第十六条第一项所谓开议自无该条项之适用,县参议员选举条例第八条规定,以得出席乡镇代表总额过半数之投票者为当选,并非限定出席代表须为全体代表之过半数,乡民代表二十六人之乡有十三人出席,自非不得投票。（参照院解字第三零七一号、第三三九八号解释）
1947年7月29日	院解字第3544号	抵押权人无强制执行法第四条所列之执行名义而于同法施行前声请拍卖抵押物,已经法院开始拍卖,尚未拍定者,（参照院字第一五五三号、第一五五六号解释）依同法第一百四十一条之规定,于其施行后应视其进行程度,依同法所定之程序终结之。

(续表)

时间	解释号	解释内容
1947年12月2日	院解字第3675号	依战时军律第十四条第一项第七款判处罪刑之确定案件,于适用罪犯赦免减刑令时,应仍以原判法条为标准,参照本院院解字第三四八八号及第三四九九号解释。
1947年12月16日	院解字第3725号	来文所述情形,除应饬知原县司法处补行送达外,余参照本院院字第二八六四号及院解字第二九七二号解释办理。
1947年12月22日	院解字第3739号	来函所举各例在陆海空军刑法设有相当规定者,尚不能为已因法律变更而不处罚其行为,自无适用刑法第二条第三项免其刑之执行之余地。(参照院解字第三二零四号、第三四零九号解释)
1947年12月	院解字第3742号	……(三)司法警察或司法警察官仅有受检察官之命令或听检察官之指挥侦查犯罪之职权,除系通缉人,现行犯或准现行犯得迳行逮捕外,如因侦查案件认为有传唤或拘提被告或搜索之必要时,应逐由检察官或依法有权机关签发传票拘票搜索票,并无自行发票之权。(参照院字第二三八三号及第二八三四号解释)
1948年2月	院解字第3829号	复员后办理民事诉讼补充条例第十二条所称情事变更发生于确定判决之事实审言词辩论终结后者,为该确定判决之既判力所不及,故命债务人给付之确定判决,虽曾依情事变更之法则增加给付,然如该判决之事实审言词辩论终结后,给付义务消灭前,情事又变更者,法院仍得于另一诉讼事件,依同条之规定为增减给付或变更其他原有效果之判决。(参照院字第二七五九号、院解字第二八八七号解释)
1948年3月	院解字第3910号	来文所述情形,禁闭室卫兵与哨兵不同,仅应依刑法上过失脱逃罪论科。(参照本院院字第二三四三号及院解字第三八四一号解释)
1948年5月31日	院解字第3974号	中心国民学校校长依国民学校法第十四条第二项之规定,为委任文职,不得谓非官吏;全省性妇女团体国民大会代表之选举,既以全省为其选举区,该省中心国民学校校长任所所在地,即在选举区之内,其为此项团体国民大会代表之候选人,自应受国民大会代表选举罢免法第八条之限制。(参照院解字第三九六零号、第三九六三号解释)

应当说,这种情形之中有意思的是统字第1791号解释例。因为在这份于1923年1月17日复黑龙江高等审判厅的函文中,大理院指出:"查统字第271号解释未经变更,惟应参照统字第1449号解释。"从中明显可以看到,大理院一方面确证了统字第271号解释的效力(未经变更),另一方面也确证函请解释之情形应适用统字第1449号解释。这反映出通过法律解释例,法律解释机关不仅可以从内容上来确证既有解释例之效力,而且也可以从法源上来确证既有法律解释之效力。

同样有意思的还有院字第679号。在这份于1932年2月20日复江苏高等法院首席检察官的解释文中,司法院指出:

> 刑事案件已经送达不起诉处分后，上级机关以职权复令侦查，或原告诉人以发现新事实或新证据为理由请求继续侦查，经检察官侦查结果认为不应起诉，依院字第284号解释不必再为不起诉之处分，其因告诉人声请再议，发还继续侦查，仍须依照院字第82号解释，对于续行侦查之结果，另为不起诉处分，不服此处分者，自得声请再议。

很显然，这一解释例中两项法律解释例的内容与效力被确证的方式是相当特殊的：一方面指明了各自解释例之内容，另一方面也说明了两者之间在适用上的关系。

第二种情形，即在一个解释例文中同时对三个解释例的内容与效力予以确证。比如统字第1367号，在这份于1920年8月3日复总检察厅的函文中，大理院认为：

> 查所询情形，如甲丙有买卖意思而托名为租，甲应成立和卖或营利和卖罪（参照本院统字第401号解释文）。丙应区别是否主动诱买，抑系被动买受，成立营利和诱或收受被和卖人之罪，乙之胞兄丁，对于上列各罪中之亲告罪，得为当然代诉人（参照本院统字第1200号解释文）。如甲丙无买卖意思，甲又无刑律补充条例第五条情形，则甲等于得利纵奸（参照本院统字第837号解释文）。丙亦不成立犯罪。

又比如统字第1554号，在这份1921年6月21日复山东高等审判厅的解释文中，大理院指出："查所叙情形，应如何办理之处，已见统字第1540号、第1484号、第1478号各解释，希查照可也。"还比如统字第1681号，在这份于1922年2月17日复总检察厅的解释文中，大理院指出："查原代电所称情形，既与刑律第八十四条及第一百六十一条第三款所称之选举及选举票不同（参照本院统字第九七五号、第一三五二号及第一六三二号解释文），自应依第二百二十二条、第三百五十八条、第四百零四条从一重处断。"再比如解字第241号，在这份于1928年11月8日复浙江高等法院的解释例文中，最高法院指出："……第三点，已详本年解字第一九三号及二零四号解释。……第六点，已详本年解字第156号解释。第七点，已详本年解字第193号解释。……"从此之中可以看到，这一解释例同时对解字第156、193、204这三项解释例的效力予以确证。

除此之外，在同一解释例中同时对三项解释例的内容与效力予以确证的，从民国时期法律解释的实践来看，主要还包括以下这些例子：

时间	解释号	解释内容
1930年7月8日	院字第304号	查民法总则第十三条第三项规定,未成年人已结婚者有行为能力,是自民法总则施行后,依其规定,凡未成年人一经结婚,即有行为能力,不得视夫为妻之保佐人,其有和、略诱此种已结婚之未成年妇女者,除系和诱时应视其有无通奸或意图营利引诱奸淫等情事分别办理。(参照院字第九十五号解释,载司法例规九三五页;又院字第七十八号解释,载司法例规九七一页)外,若系略诱,即为妨害自由,应依刑法分则第二十五章论科(参照院字第八十九号解释,载司法例规九七三页)。
1930年10月	院字第347号	官吏受上级官署处分不适用诉愿法。(参照院字第三一一号、第三三二号及第三三九号解释,先后载司法公报第八十二号、第八十九号及第九十号)。
1930年12月	院字第390号	盗匪案件,在刑法施行前依刑律已经过公诉权之时效者,其起诉权即归消灭,不因刑法之施行而复活。(参照院字第二十七号、第二十八号及第二零四号解释)。
1931年3月	院字第486号	犯禁烟法第六、第八、第十等条之罪,应由地方法院管辖。(参照院字第一七八号、第一七九号、第二一四号解释)。
1931年9月25日	院字第596号	仿造商标与伪造商标意义相同,无论是否曾经注册之商标,其在刑法上之保护,固无区别,关于该商标之仿造,均应适用刑法第二百六十八条及第二百六十九条关于伪造之规定。(参照院字第二九五号、第二九七号及第二九九号解释,载增订国民政府司法例规一三五八页及一三六零页。)
1933年9月1日	院字第966号	甲、关于和解者,……(二)前项和解既在诉讼系属上诉法院所为,则当事人之一造,如主张和解尚未合法成立或有撤销之原因时,自应向该法院声请裁判。(参照院字第八四三号解释)……乙、关于休止者,(一)民事诉讼法第一八四条所谓视为撤回其诉,应包括上诉在内。(参照院字第八四零号解释)……(三)视为休止及休止逾期之效果,为民事诉讼法第一百八十四条、第一百八十五条所明定,前院字第八七三号解释甚明,法院即不应于毋庸裁判之件,更用其他方式向当事人表示。
1939年1月	院字第1835号	……(二)一再减价拍卖,仍无人承买,债权人又不肯收受,除该不动产之性质,不适于官吏,得仍依前行程序办理外,法院只得为强制管理,以资终结。(参照院字第一一零四号、第一二三六号、第一六七三号解释)
1939年9月	院字第1927号	(一)民法继承编施行前夫亡无子,如尚有其他可继之人,而其妻未为择立者,于该编施行后,依其施行法第八条规定,仍应为之立嗣,以继承其遗产。(参照院字第七六二号、第七六八号、第七七七号解释)

(续表)

时间	解释号	解释内容
1943年7月	院字第2549号	原呈所称之杜顶，系支付顶价于土地所有人，以为买受永佃权之价金，而由土地所有人为之设定永佃权，原呈所称之活顶，是否随有押租契约之租赁契约，应视租金数额是否足为该土地全部使用收益之对价定之，当事人之一方将其土地全部出租，如不收取顶价，每年至少可得租金若干，客观上自有一定之标准，当事人约定之租金数额，依订约时情形低于此标准者，其租金仅足为该土地一部分使用收益之对价，其他部分之使用收益权，系因支付顶价而取得之，其顶价应认为典价，该契约即为租赁契约与典权设定契约之联立。(参照院字第二一三二号、第二二八七号、第二二九零号解释)
1943年8月	院字第2558号	……(四)清理不动产典当办法施行前，设定之典权，未定期限，而在民法物权编施行前以契约订定期限者，得于出典满三十年后三年内回赎。(参照院字第一四一三号、第一九七六号)，其在民法物权编施行后始以契约订定期限者，除在民法物权编施行时已满三十年者不得回赎外，(参照院字第二四五二号解释)。得于所定期限届满后二年内回赎。
1947年4月8日	院解字第3430号	(一)参照本院院解字第三二零一号及第三二五八号、第三三五八号解释。

第三种情形，即是在一个解释例文中同时对四个解释例的内容与效力予以确证。比如统字第1284号。在这份于1920年5月6日复总检察厅的函文中，大理院指出：

> 查第一问题，甲妻乙与丙通奸，依刑律第二百九十四条第二项前段，本应俟甲告诉方可论罪，甲出外未归，踪迹莫明，如与现行律逃亡三年不还之例，确系相符时，乙固得改嫁；惟若实系与人通奸，甲之失踪，亦已多年者，乙本为良家妇，则应依刑律补充条例第六条第二项前段，俟乙之尊亲属告诉论罪(参照本院统字第四六七号、第八九一号解释文)。甲兄丁均无从代行告诉，丙诱拐乙甲及甲乙之尊亲属，有独立告诉权，甲兄丁得为甲或其尊亲属之当然代诉人。如甲已多年失踪，而又无尊亲属，惟乙意实欲告诉，只以事实上被屈丙势力下，不能告诉，且与丙并未成婚时，则定亦得为乙之当然代诉人(参照本院统字第一二零零号解释文)。第二问题，甲将妻乙典当于丙二年，丙于期限内将乙卖于丁为妻，除甲丙有买卖意思，托名典当，应别论罪外，如甲丙确无买卖意思，真为有期之典当，则甲等于得利纵奸(参照本院统字第837号解释文)。

很显然，这个解释例同时对多个法律解释例(统字第467号、第891号、第1200号和第837号)的效力与内容予以了确证。又比如统字第1658号，在这份于1921年12月30日复北京律师公会的解释文中，大理院指出："查来函所述各点，希查照本院统字第一五四八、一五六零、一六五七及六七一号解释,足资解决。"这也是一份同时确认四项解释例的效力与内容的解释例。还比如统字第 1723 号,在这份于 1922 年 5 月 3 日复总检察厅的解释文中,大理院指出:

> 查第一问,用药迷人取人财物,若于航行海面之商船内行之者,即为在海洋行刼之罪,余希参照本院统字第一一四八号、第一六四三号、第一六五一号解释文;第二问,除民事部分另行解答外,妨害选举系属刑事诉讼,既与选举诉讼有别(参照本院统字第七号解释文),则未设审检厅各县之妨害选举案件,应仍依县知事审理诉讼章程第三条及呈准暂行援用之刑事诉讼律草案管辖各节,由各县受理。其管辖该县上诉审之地方审检厅,自无权受理。

再比如院字第 246 号。在这份于 1930 年 2 月 24 日复江西高等法院首席检察官的解释文中,司法院指出:"犯禁烟法第六、第八、第十等条之罪,应由地方法院管辖。(参照院字第一七八号、第一七九号、第二一二号及第二一四号解释,载司法公报第五十号及五十六号。)"

除此之外,在同一解释例中同时对四项解释例的内容与效力予以确证的情形,从民国时期法律解释的实践来看,还主要包括以下的这些情形:

时间	解释号	解释内容
1932 年 10 月	院字第 810 号	有住持居住之寺庙,其寺庙若系由住持募款建设或重修者,该庙祀无论应否废止,其庙产究系公产非属官产(神祠存废标准,系关于庙祀存废问题,与庙产无涉)不得由地方官署拨归任何团体使用,即地方任何团体,亦不得擅行占用拆毁。至原有僧道住持之寺庙,而倾圮、坍塌,若可认为荒废者,应依监督寺庙条例第四条规定办理,其无僧道住持倘系暂时状态,应由其所属教会或该管官署征集当地宗教相同各僧道意见,遴选住持管理,地方团体亦不得占用拆毁。(参照院字第三五七号、第四二三号、第六七三号、第七二四号各解释)
1943 年 8 月	院字第 2558 号	……(八)未定期限之典权设定后更以契约订定,嗣后不拘年限随时得回赎者,仍为未定期限之典权,依民法第九百二十四条但书之规定,仅得于出典后三十年内回赎。(参照院字第 2050 号解释)定有期限之典权,得以契约变更为不定期限之典权,但民法第九百二十三条第二项所定二年之期间不许加长,业经解释有案。(院字第二二零五号、第二二四三号、第二四二零号)
1947 年 7 月 10 日	院解字第 3519 号	被判褫夺公权而经宣告缓刑者,在缓刑期内,仍得应省县公职候选人考试,其在缓刑期内,当选为省县公职人员者,不得撤销其资格。(参照院字第一零三三号、院解字第二九五六号、第三三一六号、第三三六二号解释)
1947 年 12 月 30 日	院解字第 3776 号	……(二)已见院解字第三四七六号及第三四七七号、第三四七八号、第三四八三号解释。

的确,当函请法律解释所及之法律疑义或者问题越多时,法律解释机关在作出相应之解释时,准用以往法律解释例文的数量也就可能会越多。比如在院字第 465 号解释文中,由于函请解释点共计十三项,因而出现解释例援用的情况就多达 7 次,共涉及 5 项解释例(即分别是院字第 174 号、第 197 号、第 199 号、第 275 号和第 424 号)。换言之,在这份于 1931 年 3 月 18 日指令江苏高等法院的解释文中,司法院指出:

> 来呈所请解释各点,解答如下:(一)十五年十月通令之日,该省尚未隶属国民政府,应以该省省会隶属国民政府之日为准。(参照院字第一九七号解释)(二)(三)(四)父或母生前,以其财产给予其子,是属赠与,至继承财产,以被继承人死亡时为开始。(财产分割是继承开始后之另一手续)除关于母之独有财产外,被继承人应指父而言。(参照院字第一七四号、第二七五号解释)(五)(十二)(十三)被继承人死亡在该省省会隶属国民政府之日以前,所有财产已由其男子继承取得,则不问其财产分割与否,已嫁及未嫁女子,均无继承权。(参照院字第一七四号、第二七五号解释)(六)父母死亡在该省省会隶属国民政府之日以前,则其生前所立将遗产专属于其子之遗嘱,应认为有效。(七)女子继承财产权,是根据中国国民党第二次全国代表大会关于妇女运动决议案而发生,故父亡在该省省会隶属国民政府后,其女当然与其子平均有继承财产权,纵其母有反对之意思表示,遇争继时,仍应依法例为断。(八)继承开始在该省省会隶属国民政府之日以前,女子既无继承财产权,对于公堂产业,自不得主张权利。(九)有继承财产权之女子,如已亡故,其子女有代位继承权。(参照院字第四二四号解释)(十)(十一)有继承权之女子,以亲生者为限。(参照院字第一九九号解释)。

再比如院字第 817 号,由于函请解释共计 20 处,因而其在解释例文中援用相关解释例的数量便非常之多,共计 11 处,涉及 6 项解释例(院字第 423 号、第 673 号、第 724 号、第 715 号、第 8 号、第 141 号)。①

除此之外,有意思的是在 1917 年 9 月 24 日复江苏高等审判厅的统字第

---

① 在这份于 1932 年 11 月 11 日复行政院的咨文中,司法院指出:"……(五)无人承继之寺庙,其住持之遴选,见院字第四二三号、第六七三号及七二四号解释。……(七)住持违反同条例第十条规定,自得依同条例第十一条办理。(参照院字第三五七号及第 724 号解释。)……(十二)同条例第四条所称荒废之寺庙,系指经久无人管理者而言,若仅因一时住持暂缺者,尚不能谓之荒废。(参照院字第四二三号解释)。……(十四)私人建立并管理之寺庙,既不适用本条例之规定,自应听凭该私人之处分;至所谓私人,固不问其是否为僧道。(参照院字第七一五号解释)。……(十九)依同条例第十一条住持被革除或逐出送寺后,其所属之佛教会,于不违反该寺庙历来传授习例之范围,得征集当地各僧道意见,遴选新住持。(参照院字第四二三号既第七二四号解释)(二十)同条例第十二条所列举之寺庙,自应依该条文所列举之区域为限,相应咨复贵院。查照饬知。再查贵院十九年四月七日(第八十七号)及六月十七日(第一四一号)先后咨,据内政部呈请解释监督寺庙条例疑义两案,业经包括以上解释之内,不另咨复,合并声明。"

674 号解释中,大理院指出:"查本案情形,以第二说为是;本院统字第六五五号解释情形,与本案相反,不能援用。"很显然,通过反向确证,指出统字第 655 号解释之内容与本案之情形相反,因而不具备效力,不能援用。而与此情况相同的还有统字第 1760 号解释文。在这份于 1922 年 7 月 5 日复直隶高等审判厅的函文中,大理院指出:"查所询情形,丙为拒绝加入查封起见,自可对甲向中国审判衙门起诉,请求确认其对乙之债务为非真实,亦可对乙向各该国领事起诉,否认其对甲之债权为真实,本院统字第一三一零号解释,与此情形不同,不能援用。"再比如院字第 2018 号,它亦是从反向角度来确证法律解释例的效力是否予以适用的情况。在这份于 1940 年 6 月 17 日复湖南高等法院的解释文中,司法院指出:"确定判决,既已确认回赎典物之典价为铜圆若干,并于理由内说明应遵照特约,不得以银元回赎,自应依确定判决办理。不得援用院字第一七七五号解释,予以变更。"还比如院字第 2679 号,在这份于 1944 年 4 月 7 日指令河南高等法院首席检察官的解释文中,司法院认为:"依法应由军政警机关没收其所查获之银币银类,而该机关未予没收,连同人犯送经法院侦查结果予以不起诉处分后,该项银币银类,并非刑法上所定不问属于犯人与否应予没收之物,院字第六十七号解释不能适用,仍应送还该原送之军政警机关处理。"

从反向角度来确证法律解释例文效力的,除上述四项外,主要还包括以下的这条解释例文:

时间	解释号	解释内容
1947 年 6 月	院解字第 3498 号	邮政人事管理规则对于邮局录用之运邮汽车司机,既修正视为邮政法上所称之邮政人员,本院院解字第三零零二号解释,自不适用。

同样有意思的是统字第 1279 号,在这份于 1920 年 5 月 6 日复湖南高等审判厅的解释文中,大理院指出:"……至惩治盗匪法第四条第一款,本系刑律关于危险物罪之特别法,该法既无褫夺公权之规定,依统字第六一零号解释,应依刑律第二零九条核断,不得援用统字第二二四号解释。"从此之中我们看到,大理院通过解释例,不仅从正向角度确证了统字第 610 号解释的法律效力,而且同时也从反向角度否定了统字第 224 号在此问题上缺乏法源效力的问题。

院字第 717 号也值得予以特别关注。因为在这份于 1932 年 4 月 5 日指令江苏高等法院第二分院的解释文中,司法院指出:

> 未得有执行名义之债权人声请参加卖得金之分配,如其声请合于院字第三七八号解释所示之趣旨,固应停止执行。但该债权人若未于声请后就其债权另行诉请确认属实得有分配卖得金之确定判决,要不得对

于原债权人已受分配之卖得金,迳向执行法院更请重分。(参照民事诉讼执行规则第四十六条至第五十一条)。

从此之中我们看到,通过解释例的实践,司法院完成了对解释例及其趣旨的确证。这无疑是一个非常有意思的解释例案例。

还有院字第 2507 号解释也同样值得予以特别的关注。因为在这份于 1943 年 4 月 28 日致司法行政部的函文中,司法院指出:

> 单独宣告没收之确定裁定,与科刑之确定判决有同等效力,如发见该裁定有违法情形,自得由最高法院检察署检察长提起非常上诉,但该裁定如与当时解释(院字第六十七号解释)无违,不得以嗣后变更之解释(院字第二一六九号)为提起非常上诉之论据。①

很显然,由于院字第 2169 号解释是对院字第 67 号解释文的更正,因而院字第 2507 号解释文在说明这两项法律解释文之间的关系的同时,也对这两项法律解释文的内容和效力予以了相关的确证。

二、确证判(决)例之效力与内容

通过法律解释的方式,确证或肯定以往判决例的内容或者效力。这在民国时期法律解释的实践中,也是法律解释活动所常常发挥的功能。因为除法律规范与解释例文外,民国时期的判决例无疑是可资援用的重要法源。

从民国时期法律解释的实践来看,有关这一情形的解释例文,主要包括以下这些法律解释例文:

时间	解释号	解释内容
1915 年 7 月 28 日	统字第 299 号	(一)审判厅试办章程所谓附带犯罪,该章程虽无列举规定,而依诉讼通例,以与诉讼事实罪质上有牵连密接之关系者为限,其情形可分为五种,本院三年上字第二百九十六号判决,已有先例可以参照。……(三) 一案而第一审有漏未判罪之人,自应发交第一审审判关提人犯等事,亦自有相当之办法,至第一审对于一人已起诉案件而有漏未判罪之部分,可由控告审并为审判,其理由详见本院二年上字第一百五十五号判决例。

---

① 查原函电文:"窃查检察官依院字第六十七号解释声请法院宣告没收之物,如法院误认为违禁物,以裁定没收,业已确定在案。正拟处分间,忽奉司法院三十年三月三十一日院字第二一六九号解释,其后段明载,如被告并不成立犯罪时,该物应否单独宣告没收,仍应视其是否属于违禁物为断,不能因刑法分则有不问属于犯人与否没收之规定概行没收,院字第六十七号解释应予变更等语。"

(续表)

时间	解释号	解释内容
1915年10月26日	统字第356号	查刑律第十七条第二项规定未遂犯之为罪,于分则各条之第三项规定未遂罪之刑,得减既遂罪之刑一等或二等,是分则中所称本章或某条之未遂犯罪之条文,即系根据总则第十七条第二项规定,该章程各条或所指某条之未遂犯,亦论罪之义并非一种独立罪名,而各本条之未遂罪,依第十七条第三项规定,仍应依各本条所定刑名刑期处断,不过得减一等或二等,则依第六十二条从刑不随主刑加重减轻之规定,其既遂从刑,若系必褫夺公权者,其未遂亦应褫夺公权。来函所引各条,若本罪既遂不在其余范围内者,其未遂亦不在其余范围之内(参照本院最近判例四年上字九百零一号)。
1915年11月23日	统字第364号	查刑律第三百五十五条之告诉权,本院最近判例,因刑律补充条例之颁行,谋与该条例第六条告诉权之范围相权衡,已明示有准神,即该条告诉权,女子除属于本人及未成年之监督人外,其已成年未嫁者,尊亲属仍有告诉权,孀居者,夫之尊亲属亦有告诉权。详见本院四年上字第三百四十三号、上字第九百零五号判决理由。
1917年1月	统字第560号	查本案情形,应依刑律第二百四十三条第一项处断,希参照本院五年上字第一百七十五号判例。
1917年1月17日	统字第565号	查第三人就强制执行之目的物,主张有足以妨止其物之让与或交付之权利者,俱为关于执行目的物之异议,与关于执行方法之异议不同,此等关于执行目的物之异议,除系主张不动产所有权者应依不动产执行规则第六条办理外,其主张典当权或其他权利者,应照通常诉讼程序,向该管审判衙门起诉,其受诉之审判衙门亦应依通常诉讼程序审理裁判之,厅长无截断之权,本院久已著为判例(本院四年上字第八三一号判决参考)。
1917年4月	统字第616号	开设标厂,本院最近判例已有变更,希参照本院六年上字第二百八十号判决。
1917年6月	统字第642号	查本问题,以甲说为正当,希参照本院六年上字第二百零一号判例。
1917年9月13日	统字第676号	查约法第六条所定营业自由,本指法律范围内之自由而言。来函所称商业限制设店区域之行规,按之现行法规,尚无明文禁止,核与公安秩序及善良风俗,亦无违背,若果系出自公同议定,自应认其有效(参照本院三年上字第一二五七号广东永全堂上告案及五年上字第三九九号美香饼店等上告案判决),至管辖仍应按照通常规定计算,因违背该行规所受损害以为定断。
1918年3月18日	统字第768号	查现行律所谓所后之亲,自指被继人即继父母而言,至不得须有不得之事实,审判衙门认为达于废继之程度者,始能许可,本院早有判例,相应函复并附送判词一分,(本院四年民事判决上字第一六零八号),希查收转饬遵照可也。

(续表)

时间	解释号	解释内容
1918年7月10日	统字第808号	查甲托乙在信托公司代理之买卖行为,如可认为买空卖空,则乙之代垫款项,不外资助犯罪(赌博)之物,自不应准其有请求偿还之权,惟此种买卖行为,是否可认为赌博,附送判例二件(六年民判上八一八号、七年民判上九二号),希即查照办理可也。
1918年7月24日	统字第815号	查众议院议员选举法所谓办理选举违背法令者,指违背有影响于选举结果正当之法令而言。本院早已著有判例(六年上字第一五三号),电述前段情形,自不能认为办理选举违背法令,至后段情形,如其结果致不足当选票数,自属当选无效。
1918年8月	统字第832号	查本项问题,应以第二说为是,希查照本院七年上字第一百零九号判例。
1918年12月31日	统字第917号	查现行律娶亲属妻妾门,曾被出及已改嫁而娶为妻妾者,统应离异;钱戊娶赵甲自非有效婚姻,如果族谱并无准其载入之惯例,族人自可拒绝其入谱(参照本院四年上字第一二七一号判例)。
1919年3月10日	统字第942号	查本院判例,向根据民事普通法规之现行律十六岁成丁之规定(现行律户役脱漏户口律),认届十六岁,即为成年,有完全行为能力(参照本院民国三年上字七九七号及五年上字八三三号判决)。至商人通例第二章,系以满二十岁为营商能力之特别规定,盖以商业行为,较为复杂,故该条例特将其年龄加高。
1919年3月11日	统字第943号	查典质权人因就典质物使用收益,为当事人双方利益,并有益于国家经济起见,故依习惯,认其有先买权,共有人(如兄弟或合伙或其他之共有)亦然。至抵押权人及其他无共有权之亲族,并非就物上有利用关系,即使有先买之习惯,亦应认为有背公序,不许其存在,本院早经著有判例(参照本院民国二年上字三号及二三九号判例);先买权之竞合,依条理应以权利成立在先者为先顺位,又共有人之私债,只应就该所有部分执行,无侵及他人共有部分之理。
1919年4月	统字第971号	查支属二字,不限于五服以内,本院早有判例,附送判词一份(七年上字一零八一号)。
1919年8月11日	统字第1051号	查祖父母父母俱在而又同居,其主婚权在父母;惟须得祖父母之同意,本院早有判例(参照本院七年上字第二九八号判决),至祖父母并无正当理由,不予同意,本得请由审判衙门斟酌情形,以裁判代之。
1919年9月2日	统字第1071号	……惟乙与丁既已同居多年,并生有子女,即非正式婚姻,似亦应取得妾之身份,今被甲诱回,尚应认丁有告诉权,有夫再嫁,如出故意,其有夫奸罪,一经告诉,亦应论之。至其应否归丁,则应视乙与丁若有婚姻关系,是否毫无离婚理由,若仅为妾,是否毫无不得已情形为断(参照民事五年上字第八百四十号判例)。

第七章　民国时期法律解释的规范功能　537

(续表)

时间	解释号	解释内容
1919年12月	统字第1162号	孀妇犯奸,如已确实有据,得令退居母家,仍参照本院四年上字第一五六二号判例,惟孀妇如确已同意时,并得令其大归。
1920年4月	统字第1254号	查债权法上不动产之买卖,只以当事人两造之合意,即生效力,不以立契为要件(参照本院四年上字一八一七号判例)。乙之卖田,如能证实,一即生效,不许乙再行翻异。
1920年5月22日	统字第1297号	查当选诉讼,被告迭传不到可准用民诉程序为缺席或新缺席判决,但有代理人出庭,而所调查之证据,均不足为断定事实存在之心证,仍应传讯本人时(参照本院五年上字第五三六号判例),如本人并无正当事故不到,可自认对造主张为真实,为通常判决;惟该省如已准行京师拘押民事被告规则,尚可援用该则第一条办理。
1920年6月	统字第1319号	查所询情形,除该族谱例,本有特别订定外,请查照本院五年上字第八三四号判例(见大理院判例要旨汇览第一卷民法第一二七页)办理可也。
1920年6月	统字第1349号	所询情形,请查照判例要旨一卷民诉六一页四年上字二零三五号判例办理。
1920年9月	统字第1412号	查抢亲不能为解除婚约之原因,本院早有判例(参照本院判例要旨一卷民法一三九页);至民教结婚,纵使有违教规,而依律要无许其离异之理。
1920年9月	统字第1419号	查关于回复不动产所有权之诉之办法,本院早有判例(本院判例要旨汇览第一卷民诉法八八页、三年上字八八三号判例)。
1920年9月	统字第1420号	查同宗为婚撤销权之所属,本院已有判例(七年上字第一五二七号判例),所询情形,既系无撤销权之人妄行告争,审判衙门,自可仅依法驳斥其请求可也。
1920年10月	统字第1432号	查所询情形,本院早有判例(本院判例要旨汇览第一卷民诉法一五五页上字第四二五号)。
1920年10月29日	统字第1438号	查乙本认识甲为警察官吏,甲被变兵扭住,诬为奸细,令乙证明,乙因挟嫌声言不认识,甲并非依法令于司法或行政公署为适法证人,而违背陈述真实之义务(参照本院三年上字第三五号判决例),无由成立伪证罪。
1921年4月	统字第1510号	……第二问题,希查照前段解答,并本院七年上字第八八九号判例。
1921年4月	统字第1519号	初选举人对于覆选当选人,无起诉权,希参照本院十年上字第四五号判例。
1921年6月	统字第1558号	查来电情形,按照本院九年声字第一七零号判例,尚不生代理问题。
1921年7月	统字第1574号	查当事人果有确证证明县判并未牌示,记录所载牌示日期系属不实者,控诉期间即无从起算,该判决自不能确定,但虽未牌示而经送达者,可自送达之翌日起算,希参照本院六年抗字第一八九号判例。

(续表)

时间	解释号	解释内容
1921年8月	统字第1584号	查男女之一造,于定婚后若罹残疾,其婚约应否解除,当各从相对人所愿,依本院四年上字第二三五七号判例论之,其不愿者,断无强令继续之理。
1921年8月15日	统字第1586号	查现行律户役门立嫡子违法条载,嫡妻年五十以上者,得立庶长子等语,妻无嫡子,既得立庶长子为嗣,则嫡子已经出继,而本房只有庶子者,其庶长子之承继权,自与嫡长子无异。至兼祧之独子,其本生父后又生子者,独子事实即已消灭,当以完全出继论,希参照本院六年上字一二九六号判例。
1921年12月	统字第1659号	查选举调查员,自系办理选举,依现行省议会选举法第八条,于其选举区内,应停止其被选举权。本院八年上字一四一号判例,现未变更。
1922年7月	统字第1764号	查代电情形,毋庸回避,希参照本院民国六年抗字第一八号判例。
1922年8月	统字第1775号	……惟查本条例第五百三十二条所定在前,此法令虽无明文,而本院已早著为判例(见本院判例要旨汇览第一卷民事诉讼法第一三八页),希即查办理。
1923年3月	统字第1804号	查省议会议员选举法第五十四条第六十八条与众议院议员选举法所定无异,本院民国七年上字第九六六号判决,已著为先例,希即参照。
1924年1月	统字第1860号	……至来函第一疑点,本院已有先例,希参照十二年上字第八九五号判决。
1924年7月	统字第1877号	查现行律钱债门所谓利不独填补利息,即有损害赔偿性质之迟延利息,亦应包含在内,均受一本一利之限制(希参照本院七年上字二七七号判例)。
1924年8月	统字第1883号	……至民事诉讼条例第一百三十条但书,所谓伸张权利显非必要,应作如何解释,希参照本院十三年抗字第九三号判例。
1925年6月5日	统字第1924号	查刑事诉讼条例于法院拘捕被告之程序,已有明文,伤害会审公廨,既非合法之司法衙门(参观本院六年抗字第二八八号判例),自无拘捕人之权限,交涉员署,据公廨呈请签票提人,法院自无协助之义务。
1932年6月10日	院字第771号	诬告罪之被害法益系国家之审判权,被诬告人向有追诉权之公务员呈告被诬之事实,只能谓之告发,不能谓之告诉。如检察官不予起诉,当然无声请再议之权。(参照最高法院民国二十年上字第五五号判决)。①

  以上皆为针对具体判例的内容及其效力所从事的通过法律解释的方式予以确证。从中也可以发现,通过法律解释例对一项具体的判决例的内容与效力进行确证,无疑是民国时期法律解释实践的一项重要任务。
  除了在一项法律解释例文中对一项具体的判决例的内容与效力进行确

---

  ① 从该判决作出的时间(1931年)来看,该判决应该是司法院时期的最高法院作出的,而不是最高法院时期(1927年12月15日至1928年11月20日)最高法院作出的。

证外,民国时期法律解释的实践中的确认,还有下述的几种特殊情形:

第一,同时针对两项判决例的内容与效力进行确证。典型的比如统字第1525号,在这份于1921年5月3日复浙江高等审判厅的解释文中,大理院指出:"查妇人于夫亡后被处和奸罪刑,除夫之直系尊亲属,以为品行不检,请求宣告丧失管理财产权外(参照本院三年上字第六一六号、六年上字第四六零号判例),如于夫家犹未脱离关系,则现行律上守志妇之权利,尚不丧失。"又比如解字第145号,在这份于1928年8月9日复湖南高等法院的解释例文中,最高法院指出:"查离婚之原因,出于女子者,应审核情形,查照本院十七年上字第二四二号及第七零八号判例办理。"再比如院字第1625号,在这份于1937年2月1日指令山东高等法院的解释文中,司法院指出:

……(二) 抵押权之登记,在法律上并无期间限制,苟取得抵押权之债权人,就其抵押标的物请求查封拍卖,于其他债权人,对于该标的物另案提起确认抵押权之诉,在未经第二审辩论终结以前,已为抵押权之登记,自仍应生登记之效力。(参照十八年上字第一零七一号、十九年上字第二一八一号判例。)

第二,也有同时针对三项判决例的内容与效力进行确证的法律解释。典型的比如统字第1471号解释文,在这份于1921年1月22日复直隶高等审判厅的函文中,大理院指出:

查(一) 祖父母父母俱在,而又系同居者,应由父母主婚,本院早有判例(本院判例要旨汇览第一卷民法一三三页、七年上字二九八号);同居者主婚权,既尚属父母,则随从父母寄居他乡之子女,尤应由父母主婚,若祖父母在家所定之婚约,父母不同意者,自得撤销。(二) 希查照本院判例要旨汇览第一卷民法一三二页、四年上字一四一七号及同年上字三七九号,毋庸再行答解。

还比如统字第1974号解释,在这份于1926年6月22日复司法部的函文之,大理院指出:"……(二) 该函所谓所有权之保留意义,尚欠明瞭,如系指买回而言,得以契约订定,本院三年上字一一九号、十年上字八一一号及十二年上字一二五号判决,均有关于买回之先例。"

此外,更有意思的是统字第1357号,因为在这份于1920年7月3日复司法部的函文中,大理院指出:

(一) 本于诈欺之定婚,许其撤销,并非当然无效;至撤销只以意思表示为之,亦非必须诉求(参照本院判例要旨汇览第一卷民法第一三七至一三八页四年上字第一零零号、五年上字第八七号及七年上字第一三六五等号判例)。(二) 妻受夫不堪同居之虐待,自可对夫请求离异,并应许其拒绝同居(参照本院判例要旨汇览第一卷民法第一四二页七年上字第一零九号判例、第一四四页五年上字第一四五七号判例)。(三) 婚姻须先有定婚契约(但系以妾改正为妻,不在此限),定婚系以交换婚书或依礼交纳聘财为要件,即为要式行为,但婚书与聘财并不拘于形式及种类;至定婚后成婚,亦须经习惯上一定之仪式,故原则上系合定婚与成婚,仪式为婚姻成立之要件(参加本院判例要旨汇览第一卷民法第一四零页三年上字第四三二号判例),若夫婚姻之呈报,与婚书之纳税,系属行政事项,与私法上之婚姻效力无涉。

很显然,这份解释例同时对六个判例的内容与效力进行了确证,而这在民国法律解释的实践中也是非常少有的现象。

实际上,在民国法律解释的实践中,也会出现一般性地针对某一类判例而言所从事的内容及其效力上的确证。比如1917年1月17日,在复广西高等审判厅的统字第564号解释中,大理院认为:"按关于承继案件确定之判决,是否有拘束一般人之效力,姑勿具论;而族人非有应继资格并在最先顺位者,对于他人之不合法承继,无告争之权,审判衙门可本此理由,与以驳斥,本院久已著为判例,希即转饬遵照可也。"还比如1918年5月15日,在复山东高等审判厅的统字第787号解释中,大理院指出:

　　查不法行为人对于被害人或其家属,应就其行为于相当之因果关系范围内,负赔偿损害之责,丙仅将乙殴伤,对于乙或其家属,固应赔偿其疗治费,并给与抚慰费。(参照院判前例,本应以具有不可恢复之情形为限。)而于其羞愤自尽,则并无直接因果关系,系该项私和之费,如果查明并非正当防卫,系应给与抚慰费用,即于其适当限度内,准其由甲受领,否则应行退还。

三、确证解释例与判(决)例之内容与效力

就一般性地确证解释例与判决例的内容与效力而言,从民国时期法律解释的实践来看,典型的比如1918年2月14日,在复总检察厅的统字第747号解释中,大理院认为:"查伪造契据投税经官署黏尾盖印者,应依刑律第二十六条,比较第二百四十一条、第二百四十三条,从一重处断。伪造变造已黏尾盖印之地契,应依第二百三十九条处断,本院判例解释,均无变更。"很显然,通过说明判例与解释的内容并无变更,这一解释例确证了其内容所及之判例与解释例的效力。

同年11月30日,在复总检察厅的统字第887号解释中,大理院亦就解释例与判例之效力予以了一般性的确证,指出:

　　查毁损厅批,如有犯刑律第四百零三条之故意及合于该条之特别要件者,得依法办理,至违警罪之处罚,从该法第十四条审核,应由警察

机关办理,法院不应单独受诉,惟因审理刑法犯案件,应改处犯违警罚法上罪名或处俱发罪时,仍可适用该法处断。本院判例及解释,屡经照办。

除此之外,比如 1920 年 7 月 6 日,在复直隶高等审判厅的统字第 1360 号解释中,大理院指出:

> 查刑律补充条例第十一条所称行亲权之父或母,指凡未经丧失亲权之父或母而言,得请求惩戒之子,不问已否成年;惟审判衙门,收受此项请求时,除应查明有无该条但书情形外,并须调查事实,核断其请求之理由是否正当,以定应否为监禁处分,其涉及民事部分,希参照民事解释例及判例要旨汇览办理。

由于判例要旨汇览乃是基于判例而言的,因此这条解释例实际上是在笼统意义上对解释例与判决例的效力予以了一般性的确证。

在所举之情形外,有关这一功能之发挥,从民国时期法律解释的实践来看,还包括以下这条解释例文:

时间	解释号	解释内容
1941 年 6 月 17 日	院字第 2199 号	……惟两厢情愿之条件已备时,即为有权立嗣者所立之嗣子非经有告争权人诉经法院撤销,仍不失其效力,民法亲属编施行前已兼祧者,依同编施行法第九条之规定,兼祧子与其所后父母之关系与婚生子同,同编施行前身故无子者,依历来解释及判例,既许于同编施行后立嗣,则此项兼祧子与其所后父母之关系,自亦应解为与婚生子同。至兼祧子对于其本身父母仍有婚生子之身份尤不待言。

针对具体的解释例和判决例的内容和效力所作的确证,从民国时期法律解释的实践来看,典型的比如 1918 年 12 月 30 日在复浙江高等审判厅的统字第 913 号解释中,大理院指出:

> ……第二问题,夭亡且未婚配,不得为之立后,故夭亡而已成婚或未婚而已成年(十六岁),均准立后,本院早已著为判例(参照本院六年上字第一一八九号判例)。第三问题,乙可诉指具体事实,审判衙门查明属实并认为正当时,准其废继另行择立,本院统字第八一四号解释,自非限制废继之意。

又比如 1919 年 3 月 22 日在复总检察厅的统字第 964 号解释中,大理院认为:

> 查甲乙丙将丁土地,假丁名义,伪造卖契,盗卖于戊,戊又明知其盗卖而故买之,则甲乙丙之盗卖,自不得谓系诈财,应斟酌我国现行土地所有权移转之制,认为构成窃盗罪(参照统字第九四六号解释及上字第一八一号判例),与行使伪造私文书之罪,从一重处断。

再比如 1920 年 6 月 3 日,在复总检察厅的统字第 1315 号解释中,大理院认为:

> 查第一问,甲以自己所有土地卖于条约上无权利之外国人,当然无效(参照本院八年上字第九一九号判决,见八年八月二十八日政府公报)。除另具备外患罪,或其他法令有罪条件外,尚不生刑事问题。第二问,甲以国有或共有土地盗卖于外国人,依本院统字第九四六、第九六四等号解释,仍应分别有无合法管理权,能论以窃盗或侵占罪;如非具备外患罪或其他特别法令之有罪条件,亦尚无加重办法。

除此之外,就针对解释例和判例的效力与内容所作的确证,从民国时期法律解释的实践来看,典型的比如 1917 年 5 月 11 日,在复云南高等审判厅的统字第 621 号解释中,大理院指出:"冬电情形,应依统字第四三五号解释受理,希参照五年抗字五二号判例,受理后应依通常控告程序审判。"又比如民国 7 年 8 月 29 日,在复广西高等审判厅的统字第 843 号解释中,大理院指出:"查不照章缴纳讼费或缴不足额,应践行何种程序,始能撤销其上诉及撤销上诉后再缴讼费,应否再予受理,本院已均有解释,至使用颁行状纸,事同一律,亦可准照办理,相应抄送解释文件二分(统字第六二三、又四年抗字第一五六号决定),希即查照可也。"

从民国时期法律解释的实践来看,针对解释例和判例的效力与内容所作的确证,除所举之情形外,还主要包括以下这些解释例文:

时间	解释号	解释内容
1921 年 9 月 2 日	统字第 1593 号	查第一问题,希参照本院统字第一五七二及第一五七六号解释。第二问题,查起诉须有一定之事实,且依上开各号解释办理,则起诉权无待保留,更不生中断法定起诉期间之问题;第三问题,当事人于法定期间内提出诉状,而误向其他审检或监督司法行政衙门投递者,亦可认为有效(参照本院六年抗字一五六号判例)。第四问题,声请指定管辖已逾法定期间者,可以不合法迳予驳斥,参照本院统字第一五七六号解释。
1921 年 11 月 17 日	统字第 1643 号	查用药迷人,取人财物,即与刑律第三百七十条第二项所称以药剂使人不能抗拒而强取者相当,如被害者仅止不能抗拒,而无第八十八条第一项第五款、第二项第五款及第三项精神上之病,自无加重问题,否则应成立强盗伤人或致死罪,如明知其药可毒死人而给人吃食,则应成立强盗杀人罪(或系未遂犯),除强盗伤人,系强暴胁迫当然之结果(参照本院六年非字第一六一号判例),不问伤何人应同一负责外,余希参照本院统字第一一七六号解释文。

(续表)

时间	解释号	解释内容
1923年7月11日	统字第1829号	查刑律第二百五十八条之损坏盗取,为对于分则第三十二章及第三十六章之特别规定,而殓有尸体之棺木,又为殓物(参照本院十年上字第一二七一号判决例)则原电所称撬毁棺木而窃取衣饰,即系第二五八条第二项之损坏殓物而又盗取殓物,应论一罪;其撬毁瓦屋窃取者,应视瓦屋是否为建筑物,是否现有人居住或看守,损坏情形是否系损坏建筑物或系损坏所有物(参照关于毁弃损坏罪之解释及判例),分别论其盗取方法上是否犯他罪,即系三人以上盗取,亦不适用三人以上窃盗之规定,与统字第一九一号及第一二四五号解释文无关。
1925年2月28日	统字第1906号	查有领事裁判裁判权之外国人,在中国为民事被告,依据条约,固不受中国法院之审判;惟在提起反诉之时,因已有本诉系属于中国法院,而反诉之标的,又多与本诉之标的相牵涉,或对于本诉之标的得作抗辩主张,使其得于同一诉讼程序审判,殊为便宜,故本院三年统字九十七号解释及四年上字二零三五号判例,均认为不应与普通被告同论。(如再审之诉,不能因其被告是否外国人及其有无领事裁判权以定应否受理审判,亦其一例),而由中国法院并予受理,此系保护两造之利益,现时仍未变更并无违背条约之可言。

有意思的是1920年5月22日的统字第1299号。在这份复山西高等审判厅的解释例文中,不仅同时对三个解释例(统字第487号、第26号、第915号)的内容与效力予以了确认,而且还对特定判例要旨之中所及之判例的内容与效力进行了确证和说明。在该解释文中,大理院指出:

> 查以他人之地为庙地,令强退出,决非行政衙门得以行政处分解决之事项,乙向县署声明争执,应即认为起诉,依本院统字第四八七及二六又九一五号成例办理(并参照判例要旨汇览第三卷法院编制法第二至第四页各例)。

而大理院于民国13年7月12日覆直隶高等审判厅的统字第1879号,则同时对三个判决例与两个解释例的内容与效力予以了确证。在这份解释例文中,大理院指出:"查刑事诉讼条例第三七四条所称之法定代理人及保佐人,即系本院成例内所称未成年人之行亲权人或保护人(一作监护人,见四年上字第三七四号及五年上字第六二二号判决例),心神丧失者之保护人(见七年上字第一零三号判决例)及因精神耗弱或为聋为哑为盲及浪费等情所置之保护人(见统字第二二八号及九一二号解释例),被告之直系尊亲属等,如与本条规定不符,自不得独立提起上诉。

同样有意思的还有统字第1248号解释例。因为在这份于1920年3月16日复河南高等审判厅的函文中,大理院指出:

> 查定婚须凭媒妁,写立婚书,或依礼收受聘财,始为有效。不得仅

有私约,本院早有判例。律载私约系指对于特别事项之约定而言,即残疾老幼庶养之类,须特别告知双方合意,一经合意,并立婚书,或受聘财之后,自系不许翻悔,若事故在前,定婚时未经特别告知,经其同意,则虽已立婚书,交聘财,并已成婚,亦准撤销;至若定婚后成婚前,一造身体上果确已发生重大之变故,自可查照本院四年上字二三五七号判例,令其再行通知;如有不愿,应准解除;若业已成婚,则应适用一般无效撤销及离婚之法则(参照历来判例解释例)。如依各该法则均所不许,自无再准主张之余地。

很显然,这份解释例,不仅一般性地确证了解释例的效力与内容,而且也一般性地确证了判例的效力与内容,更是具体性地确证了判决例的效力与内容。

需要提请注意的是,在民国时期法律解释的实践中,还存在通过解释例同时说明并确证判例和判决例的内容与效力的做法。这其中典型的比如1918年2月28日,在复浙江高等审判厅的统字第759号解释中,大理院指出:

查来函第五项所称情形,如系有意藏匿或庇纵尚有踪迹可寻,而特不肯觅交者,自可准用拘押民事被告人暂行规定第十一条押追,该条意义(并参照本院六年抗字第一五九号决定),如并无上项情迹,被诱之人已确非该诱犯力所能交者,亦可准用试办章程第四十二条办理。司法部示,当指第一种情形而言,至第八项所开现行律例各条解释,本院早经著有成例,相应抄送判例一件(本院六年民事判决上字第一一八九号)。

再比如统字第1361号解释例,在这份于1920年7月13日复湖北高等审判厅的函文中,大理院指出:

查检察官主张婚姻无效或撤销,必须依法起诉。若仅于上诉审陈述意见,既不能认为起诉,审判衙门自不能认为独立请求予以裁判;若谓在未设审检厅之处,倘亦须依法起诉,此种违法婚姻,即属无人告争,律例规定,必致成为虚设,则据本院七年上字第一五二七号及四年抗字第四一四号判例,婚姻之无效撤销,除检察官外,尚有当事人及一定范围内之亲属,可以主张,原不致等律例于具文,况在未设审检厅之处,检察官不能为此起诉,乃事实上不得已之事,岂容牵就,遽视检察官在上诉审之陈述,与起诉有同一之效力。

很显然,这份解释例即是对一项具体的判决例(七年上字第一五二七号)和判例(四年抗字第四一四号)进行内容与效力确证的解释文。

当然,在民国时期法律解释的实践中,对判例或者说更宽泛意义上的成例或者先例(即**不仅包括判决例,也包括其他判例,还包括解释例等**)之内容

与效力所作的一般性的确证的,还包括以下的解释例文:

时间	解释号	解释内容
1915年5月24日	统字第251号	查各级审判厅试办章程第六十七条之撤销上诉,据本院历来判例,皆解为缺席裁判之一种,自以用判决行之为宜。但法律既无明文规定,即用决定裁判者,亦非全然不当。惟无论其为判决决定,皆应许其依法声明窒碍,以保护缺席当事人之利益。
1915年5月	统字第252号	来电情形,依本院判例,应以窃盗罪着手未遂论。
1916年4月	统字第428号	兼祧后娶之妻,应认为妾,已久著为判例矣,希参照办理。
1916年12月	统字第553号	查丁之承继无效,既经判决确定,自应另为丙妇之夫立嗣;惟承继事件,非自己或自己直系卑属,依法有承继之权而未抛弃者,始得告争,否则既无告争之权,而他人之承继及占有遗产,是否合法,可以不问,审判衙门仍应为驳回请求之判决,本院久已著为判例,祈即查照办理可也。
1918年9月9日	统字第857号	查民事案件,一经判决确定,除合于再审条件,准其请求再审外,自无无端翻案之理,民事诉讼律草案关于再审之规定,早经本院认为条理,准予采用,其以言词起诉者,可令补具状词,当事人对于裁判声明不服者,亦得不拘于所用之名称,就其实质,分别予以受理,此均本院早有先例,至关于淤涨,本院亦早有判例,惟现行律收归国有之处分,系属行政官之职权,司法衙门自不能越俎为之。
1919年2月24日	统字第939号	查兼祧后娶之妻,得本于后妻之意思,认其为妾,本院早有判例,乙女既曾纳有聘财,过门童养,应视为订婚之妻;现乙女丙女均不请求离异,审判衙门自无判离之必要;惟丙女如以自己被欺重婚为由请求离异,亦应照准。
1919年8月4日	统字第1048号	……第二,以所有为理由,向占有人告争时,如其不能证明确系有权,则占有人之取得占有,无论是否正当,应仍听其维持现状,判将原告请求驳回,毋庸确认占有合法,此问题本院早有判例。
1919年8月	统字第1049号	查个人利用行政处分,以侵害他人之权利,受侵害人得以不法行为为理由,对于侵害人提起民事诉讼,审判衙门依法自应受理,此早经本院著有判例。
1919年10月31日	统字第1111号	查非自己或自己之直系卑属有承继权,对于他人之承继,是否合法,不得告争,本院早有判例。戊继丁仍兼承三门,如无合法告争之人,本可不予置议。况兼祧之子,更无所谓兼祧,故除择立时别有分别承嗣之表示外,当然由一嗣子承祧。
1919年11月	统字第1137号	查运送人自己及其使用人就运送品之送付保管,不能证明非怠于注意,致运送品有灭失者,应任赔偿之责,此本院早有判例。
1920年3月	统字第1246号	查县知事审理诉讼暂行章程,为大总统教令所发布,关于对县知事裁判上诉期间之起算,自以本院历来解释为当。

(续表)

时间	解释号	解释内容
1920年5月	统字第1292号	来电所称情形实质为地方管辖案件，形式为对高等分厅裁判上告案件，均惟本院有受理上告权限，乃贵厅遽行受理，并以决定撤销分厅判决，自属违背法令，此种确定之决定，论实质应视为判决，依院例得经由总检长提起非常上告，并因决定未经论罪科刑，毋庸适用再审编第四六三条规定；第在未经非常上告审判决前，高等厅判决，自非当然无效。
1920年5月29日	统字第1309号	债务人乙，为执行异议事实被告之一，既系中国人审判衙门，自未便不予受理；至外国人之债权人，主张条约上权利，不允应诉，固难相强；惟如果情愿应诉，藉防乙丙间之勾串时，则依照本院关于对条约国人反诉之成例，认其抛弃条约上权利为有效，亦可受理并判。
1920年7月31日	统字第1365号	查不许流质，为民事法保护债务人之要则，且于债权人，亦并非无损害，盖债务人如至期不偿还债务，消灭其抵押权，债权人尽可请求拍卖抵押物，优先受偿，若依习惯法，抵押权人得有先买权者，亦尚可依法行使其流质，契约绝无认为有效之必要，所引本院判例，均未免有所误会，惟在商行为，则异于单纯之民事契约，流质应属有效，早经本院成例所认。至何种行为系为尚行为，应参考商人通例第一条及关于商行为法之成例办理。
1920年10月2日	统字第1423号	查赃物之数额，于刑事审判中，自应由审判官以职权调查，若于私诉审判，则因适用民事诉讼程序之结果，原告即被害人，自不能不负相当之证明责任，至加害人就其加害行为，应连带负责，本院早有判例。
1922年4月	统字第1706号	……惟复判章程第七条第一项所称重于初判处刑，依照本院成例，无论为主刑为从刑，为处断刑或为执行刑，有一为初判所无或较初判为重，虽其他部分与初判相等或较初判为轻，或并初判罪刑而撤销之，均为重于初判处刑。
1922年8月4日	统字第1767号	……第二问题，查办理人违法，得为选举无效之原因，必其违法有影响于选举之公正者始可，本院早有先例，换给纸票，管理员未将该换票人记载于投票录，固属不合，但使别无舞弊情节，不能遽认为选举无效之原因。
1927年2月26日	统字第1998号	查抵销以当事人互负之债务为限，如对一合伙人之债权，不能以与所欠合伙债务相抵销，在本院已有先例，本件据来电所述情形，如乙丙两铺之出资系属一人，或虽为合伙，而合伙人同一者，自得主张抵销，否则应依上述先例办理。
1928年7月	解字第131号	查修正民事诉律人事诉讼章，虽无嗣续程序专条，然宗祧承继案件，依据向例，仍以检察官为公益代表人。

有意思的是统字第650号。在这份于1917年7月23日复总检察厅的解释例文中，大理院指出：

  查陆章锡案系本院认为原审事实不明发还更审之件，但字以下理由，系注重在该上告人事前有无同谋，如事前仅系代为摇船，临时并未实施,自不能谓为强盗之共同正犯;至在外把风一语,因系原判所用,故引用之,于罪名成立无关;该号判决(即六年上字第十一号判决)与本院迭次判例并无两歧。

从此之中我们看到,法律解释机关通过确证判决与判例之间的关系,既强调了判决的合法性,同时也确证了历次判例的效力。

同样有意思的还有院字第1724号。在这份于1938年5月4日咨行政院的解释文中,司法院指出:"声请登记之土地,经公告期满已予登记,并发给权状后,始发生声请蒙冒虚伪之争执,在土地裁判所成立前,应由权利关系人向该土地登记之法院,提起确认产权之诉,一俟判决确定,即由该管地政机关,依照判决旨趣办理。"从中可以看到,法律解释机关通过确证判决旨趣的效力,以使其判决具有法律效力。

除上述所列之情形外,在民国法律解释的实践中,还存在通过解释例来确证其他规范性文件的法律效力的情形。如在1922年4月29日复总检察厅的统字第1719号解释中,大理院指出:"查呈准暂行援用之刑事诉讼律草案第四八七以下各条,关于受谕知徒刑拘役者之停止执行,既应由检察官指挥或许可,则有检察权之县知事,自可准照办理(参照七年司法部训令第三五一号及第三零四号)。"又比如统字第1809号,在这份于1923年4月12日复四川第一高等审判分厅的解释文中,大理院指出:"刑诉讼费,各审应各自谕知,上诉审得补下级审之漏,均不必注明应征实数,其无讼费者,自无庸谕知,至谕知免缴,究嫌无据,余希查照上年九月九日政府公报所登司法部第六七六号令。"还比如院字第54号,在这份于1929年4月17日复安徽高等法院的解释例文中,司法院指出:"依惩治绑匪条例判处死刑之案,依据上年十二月八日司法院电字第七号电,其审判及转报复准等程序,仍适用惩治盗匪暂行条例之规定。"再比如院字第305号,在这份于1930年7月8日复安徽高等法院的解释文中,司法院指出:

(一)查反革命案件陪审暂行法第三条规定,(发回或发交更审时,得因党部之声请,付陪审评议)是党部既有声请之权,遇有该项案件,更审法院自应通知党部,并告以更审日期,党部接到前项通知后,得于更审日期前依该法第三条声请,付陪审评议,否则法院依通常程序迳行判决。(参照十八年司法院训令第七百一十一号,见司法例规一八零六页。)

值得注意的有解字第130号。在这份于1928年7月16日复甘肃高等法院的解释例文中,最高法院指出:

第一点查土豪劣绅及反革命案件,依惩治土豪劣绅条例第七条及特种刑事临时法庭组织条例第二条、第三条应归特种刑事地方及中央临时法庭审判,现在中央特种刑事临时法庭业已成立,各省高等法院及分院并兼理司法事务之县公署,均无审判此项案件之权(参照本院十七年四月解字第六十八号解释);至县司法公署能否作为普通法院,应由司法部转呈国民政府批示,业经本院函复江西高等法院首席检察官在案(参照本院本年第一三八一号公函)。

从中可以看到,它不仅确证了其他规范性文件(第1381号公函)的法律效力,而且也对以往法律解释例(解字第68号)的效力予以了确证。

当然,通过解释例来确证其他规范性文件的法律效力的情形,除上开所举之情形外,还包括以下解释例文:

时间	解释号	解释内容
1931年2月	院字第445号	……惟民法第三十条系以登记为法人成立要件,其未依法登记者,应即令其补行登记,始得列名为诉讼当事人,关于此问题,自可查照司法院指令指字第三九四号、第三九五号办理。
1935年11月	院字第1350号	……军用枪炮取缔条例,当然因新刑法之施行而失效。(参照司法院本年第四九三号训令。)
1935年11月	院字第1351号	……(四)原发觉机关得提起抗告。(参照本院本年九月二十八日第六零八号指令)
1941年9月	院字第2237号	……至本院二十五年第七二八号训令,因前开暂行办法施行之结果,已不适用。
1942年9月	院字第2390号	……惟依特种股份有限公司条例组织之公司,其服务人员执行职务而有贪污行为者,依惩治贪污暂行条例办理,业经国民政府三十一年三月七日渝文字第三零三号伤有案。
1943年10月	院字第2582号	……至审判机关在特种刑事案件之审判程序未制定法律公布以前,依国民政府渝文字第四四六号训令,仍暂依军事审判程序办理。
1944年11月	院字第2779号	国家总动员法实施后,政府于必要时,对于国家总动员物资及民生日用品之交易价格,得加管制,为国家总动员法第八条所明定,而各该当地政府对于上开物品议定之交易价格,应予核定,并在辖境内公布施行,加强管制物价方案实施办法第五条,亦有明文。(见国民政府三十一年十二月二十八日渝文字第一一零九号训令)
1945年1月	院字第2808号	监所人员,纵放禁烟禁毒治罪暂行条例之罪犯脱逃,如并涉及贪污行为,而有牵连关系者,仍应依国民政府三十三年十月二日渝文字第五九零号训令。
1948年1月	院解字第3824号	法令施行及废止生效日期,仍依法律施行日期条例之规定,如有该条例第四条之情形,并参照国民政府二十八年九月十六日渝字第五一九号训令办理。

如果把视野放得宽一些,那么从"说明"与"确证"功能的发挥上来看,其实从民国法律解释的实践中可以看到,这两者有时并非是单独的,而也可能会是综合起来被使用的。比如统字第652号,在这份于1917年7月23日覆总检察厅的解释文中,大理院指出:"查前次解释(即统字第五八六号解释例),虽系对于核准决定而言,然更正判决,事同一律,自应依前项解释办

理。"从中可以看到,统字第六五二号解释例不仅对统字第五八六号解释例文的内容予以了说明(即适用于核准之问题),而且也确证了该解释例在处理更正判决问题上的效力。统字第 1043 号解释例同样也值得关注。因为在这份于 1919 年 8 月 6 日复山东高等审判厅的函文中,大理院指出:

> 查刑事诉讼律草案执行编,虽经呈准援用,然于县知事并无亦应援用明文,但可按照条理和本院统字第一五七号解释,于量刑时一并审核,如应予缓刑,即与刑罚同时宣告,惟原县既经另予宣告缓刑,如果缓刑尚无不合,在判处罪行判决内,亦未载明不应准许,则覆判审固得以更正判决,纠正其程序之违法,即将两次判决撤销,更为判决,若其缓刑亦系违反法定条例,或覆判审认为毋庸宣告缓刑,应予撤销,是初判实有实施不明或引律错误,致罪失出之情形,自应为覆审决定。

从中可以看到,大理院不仅对 157 号解释例的内容与效力同时予以了确证和说明,而且还比照条理来强化这一解释例的内容与效力。再比如统字第 1499 号,在这份于 1921 年 3 月 22 日复黑龙江高等审判厅的解释文中,大理院指出:"查审判厅审理盗匪案件,应通知检察官执行职务,已见本院统字第一三三九号解释文(参照统字第一四九五号解释文)。"很显然,这份解释例一方面对统字第 1339 号解释文的内容进行了一定程度的说明,另一方面也对统字第 1495 号解释文的效力予以了确证。它是一份同时发挥着说明与确证功能的解释例文。还比如院字第 711 号,在这份于 1932 年 3 月 31 日指令浙江高等法院首席检察官的解释文中,司法院指出:"院字第二八四号解释,所谓上级机关复令侦查,不包括刑事诉讼法第二百五十条第一款之情形,如系该条款之情形,应依院字第八十二号及第六七九号后段解释办理。"从中可以看到,这份解释例不仅对院字第 284 号解释例的内容予以了说明,而且还对院字第 82 号和第 679 号解释例的效力予以了确证。可以说,这是一份典型的融合了"说明"与"确证"功能于一体的解释例。

除所举之情形外,在一项解释文中同时融合"说明"与"确证"功能于一体的,从民国时期的法律解释实践来看,主要还包括以下的这些解释例文:

时间	解释号	解释内容
1936 年 10 月 3 日	院字第 1554 号	查院字第一三二四号解释,刑事诉讼法第三百十一条之被害人,固指引犯罪直接受有损害者而言。与刑法分则所定章次无关。惟来文所举疑问,乃指自诉案内含有其他应经公诉之牵连罪而言,依院字第一零九三号解释,即不得提起自诉。

(续表)

时间	解释号	解释内容
1938年9月26日	院字第1788号	（一）院字第八一七号第十九项之解释，系就当地僧道设有教会，而起住持被革除或逐出之寺庙已属于教会者而言，若当地未设有教会或有教会之组织，而其住持被革除或逐出之寺庙未曾入会，即系原无所属之教会，自应由该管官署于不违反该寺庙历来传授习惯之范围，征集当地宗教相同各僧道意见为之遴选新住持，至该地之教会，对于未入会之寺庙，（即非其所属之寺庙）之遴选新住持，自属无权参与。（参照第四二三号、七二四号解释）
1942年6月	院字第2343号	本院二十三年五月二十五日院字第一〇六三号复军政部公函，系就不能离军队独立执行职务之一般战士兵而为解释，若别有法令依据而从事于一定公务之士兵，自当别论。如宪兵依法执行司法警察之职务时，当然系刑法上之公务员。至于押运兵及汽车驾驶兵等，倘系依法令派充执行公务者，亦同上开解释，与此并无抵触，毋庸予以变更。
1947年5月30日	院解字第3480号	公务员交代条例第十条所谓查封其财产抵偿无从解为合于强制执行法第四条第六款之规定，院字第一六三〇号解释亦非谓无执行名义即可声请，查封仍须得有执行名义，始得声请法院强制执行。（参照院字第二七九三号解释）至因被告逃亡无从为惩治贪污条例第七条之裁判者，应依院解字第二八九八号解释办理。
1947年7月31日	院解字第3548号	院字第二七五七号解释所谓其他办理自治人员，包括乡镇公所专任事务员，乡镇保国民兵队队附在内。惟来文所称乡镇公所书记，非依乡镇组织暂行条例设置之人员，不能谓为办理自治人员。（参照院解字第二九一六号解释）

除此之外，有意思的是院字第 957 号，在这份于 1933 年 8 月 18 日指令安徽高等法院的解释文中，司法院指出：

> 初级管辖事件之诉讼及执行程序，依现行法制，均应依高等法院或分院为终审。最高法院抗字第一二四号判例（民国二十二年），即本此旨。如当事人或利害关系人，对于地方法院就初级管辖事件之执行命令声明抗告，自应由该管高等法院或分院受理，因该命令系以院长名义行之，故不得由原法院合议庭裁定。（参照院字第八十六号、第九三一号解释）。

从中可以看到，该解释例不仅对最高法院的判例（及其要旨）的内容与效力予以了说明和确证，而且还对两项解释例的内容与效力予以了说明和确证。这份既囊括了判例与解释例、同时也融合了说明与确证功能于一体的解释例，无疑在民国法律解释的实践中是一个典型。与此情形相类似的是院字第 2763 号。在这份于 1944 年 10 月 12 日指令湖北高等法院的解释文中，司法院认为：

最高法院三十三年度上字第二七五号判决,以作战期内办理兵役人员对于违背职务之行为,收受贿赂与惩治贪污条例第二条第七款之罪名相当,应依特种刑事案件之审判程序办理。在特种刑事案件诉讼条例未施行以前,普通法院尚无审判权,因而谕知不受理论断,自属妥洽。至本院院字第二二七四号、第二二七八号及第二二七九号解释,以此类案件,应由普通法院适用妨害兵役治罪条例论处,系因已废止之惩治贪污暂行条例颁布在先,依后法优于前法之原则而为指示,迨至惩治贪污条例颁行,揆诸上述原则,即应适用该条例,仍暂依军事审判程序办理,业经本院以院字第二五八二号公函明白解释矣。

从中可以看到,该解释例不仅对最高法院的判决内容和三项解释例文的内容予以了说明,而且还对司法院院字第2582号解释文的效力予以了确证。可以说,这份同样同时既囊括了判决例与解释例,融合说明与确证功能于一体的解释文,在民国法律解释的实践中也是非常具有典型性的。

同样有意思的还有院字第1011号。在这份于1933年12月22月指令安徽高等法院的解释文中,司法院指出:

(一)被告不抗辩法院无管辖权而为本案之言词辩论,依民事诉讼法第二十四条、第二十五条之规定,对于非财产权上之请求,并无不适用之限制,院字第454号之电,系就当时法令而为解释。于民事诉讼法施行后,固非当然适用,惟依民事诉讼法施行法第二条适用办法,在法院组织法未公布施行前,仍应依该号解释办理。上诉审对此事件,自亦应依旧法废弃原判决,自为判决。

这份解释例不仅对以往解释例与法条之间的关系予以了说明,而且对该解释例的内容及其效力予以了说明和确证。

第三节 补 正

所谓补正,乃是通过法律解释的方式对法规范之内容予以补充性的说明。从民国时期法律解释的实践来看,"补正"又主要分为对法条的补正和对解释例的补正。

一、补正法规范之不足

通过法律解释,对法条之内容予以补正。这种现象在民国法律解释的实践中出现频次并不高。

通过法律解释对法规范之不足所进行的补正,既包括形式上的,也包括实质上的。前者比如,1914年12月30日,在复总检察厅的统字第204号解释例中，大理院指出：

> 本院查刑律规定，褫夺公权之标准，对于丧廉耻逆伦常之犯，虽罪情较轻者，亦均定为褫夺公权，即必须终审褫夺其公权，对于其他故意犯罪之情节较重者，则定为得褫夺公权，即褫夺与否，任诸审判官之裁量。纵褫夺亦必须有一定期限，而不能终其身(参照刑律第四十七条第四十八条)至因过失而犯之罪，本非出于犯人恶意，除国交罪重大情形之宣告二等以上有期徒刑者，褫夺公权(参照刑律第一百一十九条、第一百二十条、第一百三十一条)，其余并无必褫夺公权之规定。本章三百二十五条过失伤害尊亲属，其最重主刑为三等有期徒刑及三百十一条故意杀人罪，尚不在必褫夺公权之列，则权衡其轻重，三百二十六条自不在必褫夺公权之内。细绎前后条项，该条所引自系对于尊亲属罪之条文无疑，而查本章对于尊亲属罪，除三百十二条三百十四条外，尚有三条自属其较重之三百二十一条，教唆尊亲属自杀罪，则原文六字，显系一字之误刊，复证以前清修订法律馆印行刑律草案及案语，皆相符合，依此解释及引证，决非立法者别有用意，实系刊误。

后者比如，1920年大理院统字第1175号解释例认为：

> 查第三百三十七条不仅为第三百三十三、三百三十四条加重规定，应认为第三百三十五条所列之人犯第三百三十三条、三百三十四条罪者之加重规定；虽第三百三十七条第一项规定交第三百三十五条第一项所定之刑，并不加重；但此系法文缺点，应待修正；若不依此解释，窒碍转多。

从该解释文的内容上看，正是通过对刑事法之第三百三十三条、第三百三十四条、第三百三十五条和第三百三十七条之内容与关系予以了补充性的说明，才明确了该规范之适用。

二、对先前法律解释的再解释

与仅仅只是对法律解释例的内容进行说明而并未扩充、延展其内容不同，对先前法律解释例文的再解释，意味着要通过法律解释来补正先前法律解释例文之内容，或者对先前法律解释例文进行延展性的再阐释，并在此基础上发展先前法律解释例文的内容。典型的比如1920年大理院统字第1266号解释例，它就提醒"*注意补正四年统字第二五三号解释例*。"

除此之外，在民国法律解释的实践中，对先前法律解释例文予以补正或者"再解释"的，还主要包括以下的这些情况：

时间	解释号	解释内容
1915年1月25日	统字第202号	查刑律第二百六十六条之鸦片烟,应取广义解释,凡含有鸦片烟质之物,均可名为鸦片烟。业经本院统字第五十八号解释函覆福建高等厅在案。原详所称似土非土,意图和搀贩卖等语,意义殊不明晰,如其中含有鸦片烟质,而大部分系以他物搀和伪称烟土贩卖者,自系刑律二百六十六条及三百八十二条之俱发罪,应依第二十六条处断,如纯系他物质,丝毫未含有鸦片烟质者,则应依三百八十二条处断。
1915年	统字第347号	统字第二一八号解释所称掳人勒赎,系指匪徒预以得财意思,掠夺人身者而言,重在预有得财意思,掳人价卖,虽亦有得财意思,其犯罪方法不同,自不能相混。亦如诈欺取财与以诈术略诱价卖,同系用诈术,同有得财意思,而不能为诈术略诱价卖,可依欺诈取财条文科断。
1918年5月20日	统字第792号	查和卖有未必营利者,已见本院统字第四百零一号解释,惟强卖和卖之共犯,如有营利意思,均可依刑律第三百五十一条处断,若仅收受藏匿被强卖和卖人者,补充条例第九条第二项规定,至为明晰,应分别豫谋未豫谋援律处断,不能一概论也。
1918年12月30日	统字第912号	查本院统字第二二八号解释所称审判衙门,可酌用准禁治产条理予以立案等语,系指各该地方关于保护心神耗弱人等或浪费子弟,向有呈请司法衙门立案之惯例者,亦可由该地方审判厅为之布告立案,此项布告,不过公示证明该声请人所述被保护人有应受保护及由何人为保护之事实,审厅接受此项声请,自应讯明声请人保护人被保护人及其他利害关系人,足认所请均属实情,并查核保护人及应受保护之事项,是否合于法律或习惯法则所认,然后为之公证,以布告形式表示意思,究其效力,不过为一种公之证明,并非如确定裁判可以执行,即与各国良法准禁治产之制不能盖合,关系人如以所证为不合事实法理,自得依照常例以诉讼(确认之诉)或抗辩主张自己应有完全处分财产之能力,或不认自称保护者,有合法之资格,或取得资格之事实,审判衙门查明所称属实,则依公证书得举反证之例,仍应判归胜诉,检察官固有维持公益之责,惟在准禁治产制度有明文采用之先,对于此等证明方法,似尚毋须参与此种办法,系因法无明文,参酌旧惯,权宜处置;如果实际并无此等惯例,则但认事实上之保护人为合法,被保护人未经同意,其担负义务之行为,仍准撤销,即足贯彻保护上开人等之本旨,至于精神病人,须由其保护人代为法律行为,否则全然无效,如有惯例,亦准立案,其理与上述各节正同。
1920年1月20日	统字第1206号	统字第五七零号解释,于高厅应受理之独立私诉控告案件,亦得适用。

(续表)

时间	解释号	解释内容
1920年4月20日	统字第1266号	……惟主婚权人,如有嫌隙虐待,故意抑勒阻难,或其他不正当行使主婚权之事实者,均应认其丧失权利。所询情形,婚嫁之男女,业已成年,应查询其自己之意思,倘未成年又无保护人,或其同居胞兄即为保护人,且别无失权原因时,自应准其请求撤销婚约,胞叔即在,不得告争之列;至孀妇改嫁,律无明定者,上述条理,亦可准行(*注意补正四年统字第二五三号解释例*)。
1920年11月17日	统字第1451号	查统字第一〇二五号覆司法部文,系解释公诉权消灭之原因,斟酌条理,可以刑事诉讼律草案第二百五十九条所列各款为标准,并未承认完全援用该条之规定,故亲告罪之撤销告诉,依此解释,虽应认为公诉权消灭之一原因,而撤销之时限,尚不受该条第二款但书之拘束。惟本院最近意见,已认此项时限,亦可参酌该条款但书之条理,以未经第一审开始辩论前为限。
1921年	统字第1583号	初选起诉日期,以自初选举日起五日内为限,众议员选举法第九十条自有规定,而初选选民对于复选人物起诉权,本院统字第一五一九号解释亦已自明,第一五一一号解释系专指有选举权者,虽未入场投票,仍得分别初选复选,依其起诉日期行使诉权,不能据该号解释类推为初选选民可不拘期限于复选后提起初选诉讼及非初选人有提起复选诉讼之权,切勿误会。
1922年10月6日	统字第1779号	查本院前次解释(统字第一七六六号)所谓曾经参预编制簿册根据之账目,被攻击为有扶同舞弊情事,不得加入议决,并为他人代理云者,谓有一人以上之股东指出其人扶同舞弊之事实,经股东会议议决,剥夺其议决及代理权者而言,若仅有一二股东空言攻击,未经股东会议决者,其权利自无遽认为丧失之理,惟该项应否剥夺其议决及代理权之决议,既与其人有特别利害关系,其人于该决议,即不能加入议决,并为他人代理,自不待言。
1928年5月2日	解字第75号	查惩治盗匪条例第一条第十三款,只须一人执持枪械已足,其他共犯应负同一责任;聚众二字业经本院解字第十五号解释在案,*毋再引伸其义*,所谓聚众指不确定之人可随时集合而言,与结伙之预有纠合限于特定人者不同。
1928年5月10日	解字第85号	查市政厅拨补街地,系属行政处分,无论该处分是否违法,并有无侵害人民权利,只准受害人向该管上级行政官厅诉愿,以资救济。司法机关不得认为民事诉讼受理,业经本院解字第三十九号解释在案。惟前项解释,原指该官厅本于职权所为,并无私人之侵权行为而言。若当事人以私人资格,假行政官厅之处分,为侵害他人权利之手段者,其被害人除得向该管行政官厅请求撤销其处分或向该管上级行政官厅诉愿以资救济外,并得对于加害人向司法机关提起民事诉讼请求恢复原状或为损害赔偿。

(续表)

时间	解释号	解释内容
1928 年 10 月	解字第 227 号	……至本院解字第二零九号第三问题,若系当时会议立继之族人,本诸契约关系,共同起诉,亦不得谓为无权告争。①
1932 年 6 月 6 日	院字第 726 号	查本院院字第六一六号解释,候补人员以无法律特别许可,故认为不得列席;县教育会职员,以无法律特别限制,故认为得许兼任;要皆指法无规定而言,兹教育会法施行细则既定有明文,自应依照该细则办理。
1948 年 6 月 22 日	院解字第 4053 号	"院解字第三八三九号解释,系就院解字第三三一五号解释,予以补充,应以后解释为适用标准。"

第四节 更 正

所谓"更正",乃是指通过法律解释之方式,对法律规范之内容与适用之范围予以修正或者变更。

由于伴随着社会的变迁与法律的发展,先前所作之法律解释,其规范性的内容和适用之效力或范围都将因此而发生相应之变化。为此,在法律解释的实践中,也就需要对法律规范之内容予以及时更正,以便契合于社会。从民国法律解释的实践来看,"更正"又主要体现在对先前法律解释予以变更和对失去法律效力之法律解释予以撤销上。

一、更正先前的法律解释

从内容上来看,在民国时期法律解释的实践中,更正先前之法律解释,既有部分性的予以更正,也有发展性的更正。前者主要是指通过法律解释,在维护原有法律解释的一部分内容的基础上,对另一部分的内容予以更正。这一情形之中,典型的比如 1923 年 10 月 5 日的统字第 1841 号,在这份复总检察厅的解释文中,大理院指出:

> 查计算刑期,应从刑律时例之规定,与刑事诉讼条例计算期限之规定无涉,又买卖奖券,如系合于刑律第二百七十九、第二百八十等条之规定,自应认为犯罪行为;至对于预审裁决抗告问题,查刑事诉讼条例,于法院之裁决及预审推事之裁决,对之得抗告与否,系分别规定,第二百七十六条,既仅规定检察官对于不起诉之裁决,得于三日内抗告,而对于起诉之裁决,并无得抗告之明文,自在不许抗告之列,统字第一六七六、第一八一四、第一八二三等号解释文,以关于此种裁决不得抗告之根据一

---

① 该解释例"补正"功能之彰显,须参照解字第 209 号解释例文第三问题之内容方可以看出。1928 年 10 月 17 日最高法院复安徽高等法院的解字第 209 号第三问题之内容为:"……(三)立继后如另行出继他房,其族长或族人因修谱或与自己承继权有利害关系者,亦得出而告争。"

点为限,应变更解释,余仍希参照办理。

从中可以看到,通过解释例,法律解释机关对三个解释例中涉及裁决不得抗告之规定部分予以了更正。后者主要是指通过法律解释,在肯定原法律解释全部内容的基础上,针对社会情状之发展,将其适用之范围予以适当之扩充,以便更加符合社会之现实。这种通过法律解释扩展原有法律解释之内容与适用范围的做法,经常与扩张解释紧密关联在一起。

从形式上看,更正先前之法律解释,既有一般性地针对某类解释例或判决例等而言的,也有具体地针对某例解释例或判决例而言的。前者从民国时期法律解释的实践来看,典型的比如院字第2054号。在这份于1940年8月22日训令司法行政部的解释文中,司法院认为:

> 不动产登记条例施行区域,在物权未能依土地法登记前,该条例第五条关于依法律行为所为不动产物权之变动,非经登记不得对抗第三人之部分,固尚继续有效,而其关于不动产物权之保存及依法律行为以外之原因所生不动产物权之变动,非经登记不得对抗第三人之部分,则自民法物权编施行之日,即已失其效力,所有从前解释判例与此见解有异者,应予变更。

又比如院字第2132号,在这份于1941年2月8日训令司法行政部的解释文中,司法院指出:

> 大佃契约当事人之一方,因支付巨额押金只须支付小额租金即得占有他方之不动产,而为使用及收益者,应认为租赁契约与典权设定契约之联立,一方所支付之押金,即为民法第九百十一条所称之典价,对于该不动产相当于押金数额部分之使用收益权,即为同条所称之典权,该不动产之其他部分,因支付租金所得行使之使用收益权,仍为租赁权,但当事人明定一方所支付之金钱为借款,他方就该不动产全部设定抵押权,并将该不动产全部出租于抵押权人,约明以其应付之租金,扣作借款之利息,仅须支付其余额者,仍应从其所定。所有以前解释及判例与此见解有异者,应予变更。

再比如院字第1909号。在这份于1939年8月3日指令四川高等法院的解释文中,司法院认为:

> (一)民法第四百二十五条所谓对于受让人继续存在之租赁契约,系指民法第四百二十一条第一项所定意义之契约而言,若因担保承租人之债务而授受押金,则为别一契约,并不包含在内。此项押金,虽因其所担保之债权,业已移转,应随同移转于受让人,但押金契约,为要物契约,以金钱之交付,为其成立要件,押金权之移转,自亦须交付金钱,始生效

力,此与债权移转时,为其担保之动产质权,非移转物之占有,不生移转效力者无异,出租人未将押金交付受让人时,受让人既未受押金权之移转,对于承租人自不负返还押金之义务,惟承租人依租赁契约所为租金之预付,得以之对抗受让人,故租赁契约,如订明承租人得于押金已敷抵充租金之时期内,不再支付租金,而将押金视为预付之租金者,虽受让人未受押金之交付,亦得以之对抗受让人。此为本会议最近之见解,所有以前关于此问题之解释,应予变更。

还比如院解字第2904号,在这份于1945年6月5日指令陕西高等法院的解释文中,司法院认为:

> 依刑事诉讼法第三百九十五条对于法院之裁定,得提起抗告者,除有特别规定外,限于当事人及非当事人而受裁定之人,营业税法、盐专卖条例及其他以裁定科处罚锾之一切税法,如无特别规定准许原检查机关或移送税局,对于违反税法所受罚锾之裁定提起抗告,而各该机关既非当事人,又非其他受裁定之人,自不许提起抗告,所有以前与此见解有异之解释,均予变更。

具体地针对解释例或判决例所进行的更正,从民国法律解释的实践来看,主要包括以下的这些例子:

时间	解释号	解释内容
1916年5月	统字第441号	查统字第二百号,该号上告二字,自系上诉二字之误缮,即指抗告程序而言。
1919年7月14日	统字第1026号	查复判章程第一条规定刑事案件,未据声明控诉者,于控诉期间经过后,呈送复判,则从文理解释,自以贵部四年第六零一九号批暨本院历次解释,认为一经控诉,即毋庸更送复判为是惟设立复判制度本意,在审核纠正初判之错误,若控诉后又经撤销等案,即不更送复判,则此种初判,有无错误,自仍不能审核纠正,与立法本意,亦未尽合,本院见解,嗣后凡已控诉,始终未经控诉审就实体上审理之案件,虽在终结并上诉确定之后,均应仍送复判。
1919年8月15日	统字第1055号	……县知事应送复判之案,从复判章程第一条文理解释,如经控告,自无庸更送复判,惟不送覆判,则初判如有错误,仍不能审核纠正,与立法本意,反有违背,**本院业经变更从前解释**,认未经控告审就实体上审理之案,仍应送请复判。
1919年8月21日	统字第1061号	查发掘坟墓,盗取殓物,在刑律第二百六十二条第二项,本有特别规定,自应适用该条处断;至发掘无主坟墓所侵害之法益,乃系社会,业经本院变更从前解释,认定犯本罪者,应以行为定其罪数。

(续表)

时间	解释号	解释内容
1919年11月18日	统字第1133号	查警备队之长官士兵，如有犯罪，依法本应归军事机关审理，军事高级长官，每有委托代行审判之事，诚如来文所称，或有普通司法与军事司法权限混淆之虞，惟委托办法，各省行之已久，贵部迄未通行禁止，而现行法令又不准委托明文，与侵越权限不同，故本院从前认为被告人如无异议，无庸拒绝，并将此项解释，咨送查照各该审判衙门，亦经遵办在案。贵部既恐将来或致发生权限争议，即请通令各该长官，嗣后遇有此项案件，毋庸再行委托，普通司法机关代行审判，以省手续。相应咨烦查照可也。
1919年12月18日	统字第1166号	查关于控诉期间之起算点，本院前虽有统字第四百号之解释，嗣因民事庭会议，认为显与法文有背，故将前解释变更；惟上诉期起算日期，各级审似以统一为宜，应请贵部具案呈明修正可也。
1920年6月5日	统字第1322号	刑律补充条例第七条解释，本院已有新例（原例为统字第四七二号解释），系以奸夫奸妇双方或一方，因奸犯他罪之结果，致有告诉权之本夫或尊亲属死亡，或虽未死亡而不能行使其告诉权者为限，方可引该条论奸罪，若有告诉权者，并不告诉或明示舍弃告诉权，或被害者并非本夫或尊亲属时，则其奸罪应不论。
1924年7月	统字第1878号	查刑事诉讼条例第五条及第十条于附带民事诉讼，得移送管辖民事法院审判之规定，并无不同，统字第一七五零号解释，已因后之解释变更。
1927年4月4日	统字第2000号	查刑事诉讼条例第四百四十四条第一款所称驳斥上诉之裁决，系指原第一审，依第三百九十一条第一项，原第二审，依第四百十三条第一项或依第四百十四条驳斥上诉之裁判而言；至上诉审法院驳斥上诉，应以判决行之（在第二审，应依第三百九十八条或第三百九十九条，在第三审应依第四百二十四条或第四百二十五条），并无得以裁决驳斥上诉之根据（即统字第二百号解释文，在刑事诉讼条例颁行以前，亦早经统字第二八九号解释文内酌加变更）。
1929年5月	院字第72号	关于水利涉讼，曾于最高法院十七年解字第一二七号解释在案，兹经会议决变更，认为应以原告一年内因水利可望增加之收益为准，不得以二十倍计算。
1933年10月21日	院字第989号	典物回赎之期间，在民法物权编施行前并无明文规定，故前解释（院字第九号、第五十三号解释）关于典期届满后未经典权人催告特予出典人以回赎之相当期间，现在民法第九百二十三条第二项既已明定回赎期间，则凡典物之回赎，均应受此限制。如果典期届满在民法物权编施行以前，出典人之回赎请求权尚未行使，其计算期间，即应依民法物权编施行法第二条、第五条办理。
1938年8月	院字第1770号	陆海空军刑法第九十五条第二款关于军人在戒严地域携带兵器马匹或其他重要物品无故离去职役者，既无过三日之规定，则不问其就获系在何日，均应依该条款处断。**本院院字第二九八号解释应予变更。**

(续表)

时间	解释号	解释内容
1939年5月4日	院字第1885号	业经登记之公司、商号,如有他人冒用或以类似之商号为不正之竞争者,虽在公司本支店所在地之城镇乡以外,依商人通例第二十条第一项规定,公司亦得请求禁止其使用,并得请求损害赔偿,惟是否为不正之竞争,须由公司负证明责任,与同条第二项所定在同一城镇乡以内,推定其为不正之竞争者不同而已,故仿用者如不在同一城镇乡以内,公司能否呈请禁止,须视其能否证明为不正之竞争。院字第一一四零号解释关于此项应予变更。
1939年9月13日	院字第1916号	行政官署放领官产,虽系基于公法为国家处理公务,而其所为放领之行为则系代表国库,与承领人订立私法上之买卖契约,所卖官产,如为土地法第八条所列不得私有之土地,其因履行买卖契约,而订立之物权契约,法律上当然无效。无待于上级行政官署之撤销。至物权契约是否无效,及物权契约无效时,其债权关系如何,官署与承领人间有争执者,应向法院提起民事诉讼以求解决,再人民对于行政官署认为官有而放领之产业,主张系私有,只得提起民事诉讼,请求确认,或回复其所有权,不得提起诉愿,请求撤销领案。院字第一六五九号解释关于上述两点,应予变更。
1939年9月	院字第1918号	依县组织法设置之区公所,系属自治机关,不在诉愿法第三条所称地方官署之列;该公所之违法或不当处分,自有区务会议、区监察委员会或区民大会,足以防止或纠正之;区民不得依诉愿法对之提起诉愿,更不生诉愿管辖之问题。院字第一二九七号解释,应予变更。
1939年10月	院字第1934号	法院所办之不动产登记,不在各省市地政施行程序大纲第十五条所谓呈准举办土地登记之内,依同大纲第二十条第一项规定,自该地方地政机关开始登记之日起,应即停止办理。院字第一六六零号解释后段,应予变更。
1939年7月	院字第2033号	刑法分则中公然二字之意义,只以不特定人或多数人得以共见共闻之状况为已足。院字第一九二二号关于该部分之解释,应予变更。
1940年8月	院字第2054号	不动产登记条例施行区域,在物权未能依土地法登记前,该条例第五条关于依法律行为所为不动产物权之变动,非经登记不得对抗第三人之部分,固尚继续有效;而其关于不动产物权之保存及依法律行为以外之原因所生不动产物权之变动,非经登记不得对抗第三人之部分,则自民法物权编施行之日,即已失其效力,所有从前解释判例与此见解有异者,应予变更。
1940年8月	院字第2055号	行政督察专员之违法失职行为,虽因所兼军职而发生,但其本职原系地方行政长官,应由中央公务员惩戒委员会行使其惩戒权。院字第一四零五号解释,应予变更。

(续表)

时间	解释号	解释内容
1940年10月12日	院字第2071号	民事诉讼法第三十二条第七款所谓推事曾参与公断,系指推事曾为公断程序为公断人参与判断者而言,曾参与公断之推事,于当事人请求撤销公断人之判断或就其判断请求为执行判决之事件,应自行回避。若推事试行和解,并非就事件为判断,与为公断人参与判断者迥异,故于当事人主张和解未成立请求继续审判之事件,仍得执行职务。至推事行调解程序,与试行和解性质相同,院字第七五一号解释,应予变更。
1941年2月	院字第2132号	大佃契约当事人之一方,因支付巨额押金只须支付小额租金即得占有他方之不动产,而为使用及收益者,应认为租赁契约与典权设定契约之联立。一方所支付之押金,即为民法第九百一十一条所称之典价,对于该不动产相当于押金数额部分之使用收益权,即为同条所称之典权,该不动产之其他部分,因支付租金所得行使之使用收益权,仍为租赁权;但当事人明定一方所支付之金钱为借款,他方就该不动产全部设定抵押权,并将该不动产全部出租于抵押权人,约明以其应付之租金,扣作借款之利息,仅须支付其余额者,仍应从其所定;*所有以前解释及判例与此见解有异者,应予变更。*
1941年3月	院字第2145号	民法第一百二十五条所称之请求权,不仅指债权的请求权而言,物权的请求权亦包含在内。业以院字第一八三三号解释在案。惟当事人之一方,支付定额之金钱,取得占有他方之不动产而为使用及收益之权,约明日后他方得以同额之金钱回赎者,不问当事人所用名称如何,在法律上应认为出典。出典人之回赎权,为提出原典价向典权人表示回赎之意思,使典权归于消灭之权利,其性质为形成权。出典人提出原典价向典权人表示回赎之意思时,虽因典权消灭而有不动产之返还请求权,然此系行使回赎权所生之效果,不能据此即认回赎权为请求权;故关于出典人之回赎权,应依民法第九百二十三条、第九百二十四条办理。不适用民法第一百二十五条之规定。据原呈所述情形,甲于民国十年十二月出典,约定种过四年原价取赎。依民法物权编施行法第二条、第五条第一项,民法第九百二十三条第二项之规定,甲本不得于出典满六年后回赎,惟依民法物权编施行法第十五条,清理不动产典当办法第八条之规定,甲得于出典满四年后六年内,即民国二十年十二月前回赎,一届十年期满,当然不得再行回赎;*所有以前解释及判例与此见解有异者,应予变更。*
1941年3月	院字第2162号	……院字第五百号及第九百号关于此部分之解释,*应予变更。*
1941年3月	院字第2169号	甲被诉伪造印章,既经讯明系未经起诉之乙所为,应予宣告无罪;该项伪造之印章,并非违禁物,自不得宣告没收;至刑法上得单独宣告没收之物,依同法第四十条但书之规定,系以违禁物为限;关于分则所设不问属于犯人与否没收之规定,其没收之物,并非均系违禁物;如被告并不成立犯罪时,该物应否单独宣告没收,仍应视其是否属于违禁物为断;不能因分则有没收之规定,概行没收;*院字第六十七号解释,应予变更。*

(续表)

时间	解释号	解释内容
1942年1月	院字第2281号	报费收据,既系向依银钱收据例贴用印花,核与印花税法第十六条税率表第二目所定性质尚无不合,则中央日报所出立之保费收据,自亦未便独异;本院院字第二零五七号解释,关于保费收据部分,应予变更。
1942年2月	院字第2292号	……本院字第一三四五号关于该部分之解释应予变更。
1942年5月	院字第2334号	伪造学校修业或毕业证书,应依刑法第二百一十二条处断;本院院字第六八九号及第八百号关于该部分之解释应予变更。"
1942年9月	院字第2390号	……本院院字第二零四六号及第二零八四号关于该公司司机及机工之解释应予变更。
1943年6月	院字第2536号	以一诉请求返还租赁物,而附带请求支付租金者,其诉讼标的之价额,专以租赁物之价额为准,不得将租金支付请求权之价额并算在内。院字第一五五一号解释,应予变更。
1943年11月	院字第2608号	……本院院字第九五二号解释,应予变更。
1944年1月	院字第2635号	……院字第二一四二号解释与此有异之部分,应予变更。
1947年6月11日	院解字第3489号	(一)土地法第一百条之规定,于施行前未终止契约之不定期租赁,亦适用之。至定期租赁契约,无论其订约系在施行前抑在施行后,均无同条之适用,院解字第三二三八号解释,应予变更。
1947年12月16日	院解字第3728号	省保安司令部之组织既为陆军系统下之官署,自包括在陆海空军刑法第十一条所称部队之内,其在该司令部服行勤务之人员,依同法第五条第六条第二款,应认为具有军人身份,院解字第三三四三号解释,与此有异者,应予变更。

此一情形之中,有意思的是统字第1832号。在这份于1923年7月16日覆广西高等审判厅的解释文中,大理院指出:

> 查统字第四三六号解释所指陆军刑事条例第八条第四款,早经改为第七条第四款(登七年四月十七日政府公报),同条款关于警备队之规定,后又经命令删除(登十年八月十八日政府公报),是警备队之官长士兵,在现行条例已不认其为准陆军军人,该地方警卫队之性质,既与警备队同,则此项士兵,自不得更以准军人论。

从中可以看到,原来解释例所针对的法条及其内容已然改变,而且解释例的内容与效力也因此发生了改变。

同样有意思的是院字第1898号。在这份于1939年7月17日指令行政部的解释文中,司法院认为:

> (一)典权人得将典权让与他人,民法第九百十七条第一项定有明

文,强制执行时,将债务人之典权拍卖,自无不可。征之同法第八百十二条、第八百七十三条第一项之规定,尤无疑义,院字第一七六六号之解释,应予变更。(二)破产程序中,如破产财团之财产,经三次减价拍卖,无人承买,自可逐予再行减价拍卖。院字第一六七三号解释关于此部分之解释应予变更。

从中可以看到,通过一项法律解释例文,解释机关同时将两项法律解释例的效力进行了变更。

为了更加清楚地把握法律解释的更正功能,本书将以有关亲属范围之解释性认定,来予以具体说明。在大理院时期,有关亲属的范围是:"除夫妻外,仍分为宗亲、外亲、妻亲、三种,与民法亲属编之单分玄血亲,姻亲二种者,有所不同,将来仍不免修正。"①但是,由于紧随其后的三项法律解释例文的作出——也即最高法院1928年解字193号("妻于夫之祖父母以上之父母及夫之宗亲,应按刑法第十一条第二款及第十三条计算亲等,在四亲等,均认为亲属")、最高法院1928年解字208号("夫之亲属如合于刑法第十一条第二款之规定,均应认为妻之亲属")和司法院1929年院字22号("妻既入夫家,则夫之四亲等内宗亲,自应视为妻之亲属"),从内容上已对以前法律解释所强调或确立起来的"亲属范围"予以了更正。

二、撤销先前的法律解释

当先前之法律解释不再具有法规范之效力时,通过法律解释的方式撤销其效力,这在民国时期法律解释的实践中,亦是常见之现象。下列所举的这些解释例文,无疑说明了此一情形。

时间	解释号	解释内容
1923年8月	统字第1835号	查刑事诉讼条例第二编第一章第一节,并无检察官得以职权指定告诉人之规定,统字第八号解释,应不复适用。
1923年8月4日	统字第1838号	查告诉人依修正县知事审理诉讼章程第二十五条呈诉不服之案,既应以检察官为上诉人,第二审自无从以裁决直接驳斥告诉人之请求,如果有此类裁决,告诉人得依刑事诉讼条例第四百三十一条第二项抗告(统字第三八三号解释,应不复适用),余可类推。
1934年6月	院字第1080号	(一)院字第四四五号解释,系在民事诉讼法施行以前,关于诉讼当事人一节,与同法第四十一条第三项既有抵触,不能继续有效。
1942年7月	院字第2358号	……本院院字第一一五零号第八款解释,系就旧法而为解答,已不适用。

---

① 陈瑾昆:《刑法总则讲义》,吴允锋勘校,中国方正出版社2004年版,第51页。

(续表)

时间	解释号	解释内容
1943年9月	院字第2577号	……院字第二零九六号系据同纲领而为解释,现已不能适用。
1943年11月	院字第2602号	……本院院字第六六一号、第一零三一号及第一零七五号解释,均系就旧章程而为指示,现时已不适用。
1943年12月	院字第2617号	……院字第二二四四号解释,系就修正兵役法施行暂行条例为之,同条例关于此点之规定,既与嗣后施行之兵役法抵触,该号解释,亦即不得再行援用。
1947年3月	院解字第3404号	县参议会所置秘书等人员,既经明定官等,本院院字第二七五七号解释第十二项,自不得再行援用。
1948年1月	院解字第3788号	受刑人保外医治期间,不算入刑期之内,监狱行刑法第五十九条第三项既定有明文,则从该法公布施行之日起(民国三十六年六月十日起实施),自应一律遵办,院字第八十七号解释已因该法施行而不适用。
1948年2月	院解字第3841号	……(五)从事看守或押解勤务之士兵因过失致依法逮捕拘禁之人脱逃,虽现役士兵不得视为刑法上之公务员,然如果奉令看守或押解人犯,即系依法令从事于公务,其因疏忽致人犯脱逃,仍应成立刑法上之过失脱逃罪,院字第一七六一号解释第二点与此相异之部分,应予变更。

有意思的是院字第647号。在这份于1931年12月25日指令福建高等法院的解释文中,司法院指出:"……(五)按从前解释,被承继人无子而由其女继承遗产,应留嗣子之应继分者,系本于宗祧继承之结果。现宗祧继承既为新民法所不采,即无所谓嗣子之应继分,故继承开始在民法继承编施行后,第一顺序之继承人为女子时,其应继分,当然与男子无异。"很显然,通过此解释例,以往有关宗祧继承之相应解释,无论是其内容还是其效力,都被更正了。

同样有意思的还有院字第2736号。在这份于1944年8月24日致国民政府军事委员会的解释文中,司法院指出:

> 窃盗因脱免逮捕当场行强杀人,应依刑法第三百三十二条第四款处断。业经本院院字第二四五五号解释有案。院字第一零一三号及第一三零零号解释,已因惩治盗匪暂行条例之废止而不能援用。

从中可以看到,法律解释机关通过法律解释例,不仅确证了一项法律解释的内容与效力,而且同时也更正了两项法律解释的效力。这在民国法律解释的实践中无疑也是一个非常值得关注的法律现象。

三、更正先前的判决例、判例或者先例的适用

在民国时期法律解释的实践中,法律解释可以更正先前的判决例、判例或者先例的适用。其中较为典型的比如1917年4月26日,在复江西高等审

判厅的统字第 616 号解释中，大理院指出："查开设标厂，本院最近判例，已有变更，希参照本院六年上字第二百八十号判决。此复。"通过法律解释，将有关"开设标厂"类的案件处理，由以往参照 1917 年上字第 36 号判决和大理院上字第 707 号刑事判决，更正为适用 1917 年上字第 280 号判决。又比如 1919 年 12 月 5 日，在复广西高等审判厅的统字第 1152 号解释中，大理院指出："本院二年呈字一六号判例，因事实尚多窒碍，已改为于相当期间内补具声明者，均为有效，其相当期间，应视当事人道途距离，并各种情形而定，若迁延过人者，自可认为舍弃上诉。"

除上述这些解释例外，在民国法律解释的实践中，主要还包括以下的这条解释例文：

时间	解释号	解释内容
1926 年 3 月 27 日	统字第 1965 号	查本院十年上字第一四八五号判决，系根据原立租约认房东于出典时，请求交房，房客不得拒绝，此项判例现时业已废止。

除针对具体的判例所进行的更正外，在民国法律解释的实践中还有针对某一类判例的内容与效力所进行的一般性更正。比如院字第 2699 号，在这份于 1944 年 6 月 21 日训令湖南高等法院的解释文中，司法院指出：

> 共有系数人按其应有部分，对于一物有所有权之状态，各共有人既各按其应有部分而独立之所有权，则其中一人，对于他共有人之应有部分，自不得谓非他人之物，公同共有系数人基于公同关系而共有一物之状态，各公同共有人既无独立之所有权，其中一人对于该物，亦不得谓非他人之物，故共有人或公同共有人中之一人，对于共有物或公同共有物，皆得依民法关于取得时效之规定，取得单独所有权，惟共有人或公同共有人中之一人单独占有共有物或公同共有物，依其所由发生之事实之性质，无所有之意思者，（例如受全体之委托而保管时）非依民法第九百四十五条之规定，变为以所有之意思而占有，取得时效不能完成，以前最高法院判例与此见解有异者，应予变更。

又比如统字第 1285 号。在这份于 1920 年 5 月 6 日复浙江第一高等审判厅的解释文中，大理院指出："查因当事人过失不许提起再审之法理，本院早经酌予变通，送上油印判词一份，希查照办理可也。"

有意思的是统字第 1331 号。在这份于 1920 年 6 月 14 日复安徽高等审判厅的函文中，大理院指出：

> 查诱拐罪之所侵害者，在现行法应认为（一）被诱人之自由权，（二）父权（或家长权），（三）尊亲属之监督权；若三者俱无所侵害，或均得意思之合法一致，则除由夫或尊亲属等主持价卖，系违反刑律补充

条例第九条规定外,自不成立犯罪;丙如已满十六岁,而其与甲之关系可认为业已合法解除,则已脱离甲之家长权,其嫁庚实出于自主,是于其自由权,亦无所损,如果其母家无尊亲属或有之而亦与赞同,并无异议,是于其尊亲属之监督权,亦无所妨,已故之丁,乃听从丙意,托戊己媒合丁戊己对丙,本无刑律补充条例第九条之义务,其分用身价,如出自丙或庚情愿赠与,别无刑律第三百八十二条之诈取情形,则不成立何种犯罪,此系变更成例,应请注意,除民事已经统字第一二九八号函现行解答外,相应函复贵厅转令查照可也。

四、同时更正解释例与判决例的适用

在民国时期法律解释的实践中,通过法律解释同时更正解释例与判决例的适用的情形,典型的比如1919年8月15日,在复总检察厅的统字第1056号解释例中,大理院指出:"查统字第六百七十一号解释,并未变更;惟二年上字第一百五十五号判例,近已酌改,希参照统字第一千零五十五号解释。"

有关此一情形之中有意思的是统字第1316号解释。在这份于1920年6月3日复京师地方审判厅的函文中,大理院认为:"……至简易案件,本属于地方管辖者,依照八年九月二十日司法部呈准办法,应以高等厅为终审,则此项执行抗告,亦毋庸许其再抗告于本院,此当然之结论;本院从前解释以涉及此点为限,应准变更。"从中既可以看到法律解释机关通过法律解释一般性地确证某一类法律解释例的内容与效力,也可以看到它试图变更以往法律解释例之内容并给予其留有一定之空间。

同样有意思的是统字第1197号解释。在这份于1920年1月17日致总检察厅的函文中,大理院指出:

（一）统字第七六七号解释,据本院最近意见,已变更烧毁或毁坏自己与他人公共所有物,仍应以他人所有物论。（二）统字第六一二号解释,并未更改,开设烟馆,因供人吸食,兼售烟膏,自系一罪;若以贩卖之意思,另自出售者,则应更论贩卖之罪。（参照统字第一一五一号解释）。（三）印花税法应科罚金之案件,得由审检衙门处罚者,依印花税法罚金执行规则第二条及第五条第二项本以于诉讼时发觉或告发者为限,既由审检衙门处罚,即应分别以裁判（审厅）及处分文（检厅）表示,如有不服,自应由上级审检衙门受理（参照本院统字第一一四四号解释）。

从中既可以看到通过解释例对以往法律解释内容的补正与更正,也可以看到对以往法律解释内容的确证与说明。这无疑是一份融规范性功能于一体的综合性的法律解释例。

还有统字第 1783 号也应予以特别的关注。因为在这份于 1922 年 11 月 10 日复江苏高等审判厅的解释文中,大理院指出:

> 查民事诉讼条例第二百零三条规定迟误诉讼行为者,除本条例有特别规定外,不得为该诉讼行为,至于回复原状,依民事诉讼条例第二百零五条,以迟误必要之言词辩论日期或不变期限者为限,来函所述情形,既在民事诉讼条例另有规定,系由审判长定期补正,而此项期限,又得依声请或职权以裁决伸长,自不能再行准用回复原状之规定,以为救济;本院前此判例解释于二十日内缴纳讼费,仍准受理系斟酌当时情形,认为适当之条理采用,现在民事诉讼条例既有明文,前例即应废止;惟审判长定期补正时不宜过短,应斟酌讼费数额及各该地方之经济状况,并应将法律上之效果(即以判决驳斥其诉或上诉)明予示知,以促其注意。

从中可以看到,通过法律解释,大理院不仅更正了此前判例与解释例的效力,而且还要求司法机关根据实际之情状对此问题作重新之规定。

院字第 838 号解释则从一般性的角度对从前律例之内容予以了更正。在这份于 1932 年 12 月 30 日训令江西高等法院的解释文中,司法院指出:"男女定婚后未及成婚而有一方死亡者,依从前律例,固有不追财礼之明文,若依现行民法亲属编之规定,订定婚约,无须聘财,纵使事实上付有财礼,亦只为一种赠与,不得因赠与人或受赠人死亡而撤销赠与请求返还赠与物。"

由此可见,在民国法律解释的实践中,通过法律解释规范性功能的发挥,不仅有利于在规范结构与体系逻辑上确保法规范之一致,避免规范间的相互交叠、冲突乃至矛盾;而且也有利于在内容与效力上确保法规范适用的承继与绵延,避免法规则适用之不周延或者断裂所导致的社会规则治理的空白与无序。也正是以此为基础,民国时期法律解释的社会性功能才能够得以真正且有效的发挥。

第八章　民国时期法律解释的社会功能

法律解释的社会功能,乃是指法律解释对社会主体、社会生活、社会关系、社会结构和社会秩序等所可能产生的多方影响。与法律解释的规范性功能不同,它侧重于从外部性的视角,就法律解释的内容对社会所可能产生的影响来予以整体性的观察和系统性的评估。它强调,由于法律解释活动也属于社会活动的有机组成部分,因而法律解释既会受到来自社会观念与社会情况等因素的影响,同时也会反作用于其所置身于其中的社会进而强化人们的社会身份,引导人们的社会行为,塑造人们的社会生活,营建人们的社会秩序。

从民国时期法律解释的实践来看,由于民国初期政权更迭、社会动荡、观念交错、法制未备,因而社会亟需法律解释充分发挥其规范功能与社会作用,以整合社会之结构并稳定社会之秩序。然自国民政府成立以来,六法体系虽初步形成,社会转型尚未完成,新旧观念碰撞依然激烈,因而此一外部性环境,无疑为法律解释社会功能之发挥再度提供了时空性基础。

第一节　法制(治)功能

一、统一法令的行使

法律解释权由最高司法机关统一行使,其所发挥的最主要功能,便是通过法律解释的方式确保法令的统一行使。

民国时期尤其是民国初年,新的法律体系与统一的法规范均未能建立起来,而旧法规范与旧法体系"除了与民国国体抵触各条应失效外,余均暂行援用,以资遵守"①。因此也就造成了大理院时期法令政出多门的局面。这其中,除了北洋政府所制定颁行的各项新法规外,不仅前清已施行的《各级审判厅试办章程》和《法院编制法》仍可继续援用,而且前清未施行的《刑事诉讼律草案》和《民事诉讼律草案》也经明文宣布其部分条文亦可资援用。②

---

① 1912年4月《临时政府公报》,转引自谢振民:《中华民国立法史》,中国政法大学出版社2000年版,第54—55页。
② 关于民国政府之宣布可资援用该两项草案之详文,可参见黄源盛:《民初法律变迁与裁判》,台湾政治大学法律丛书(47),2000年自版,第21页,注45。

因此,为了明确法规范之适用范围,解决法规范间的相互冲突,大理院通过法律解释的方式,统一法令之行使,为新法制的形成奠定了基础。

从民国法律解释的实践来看,统一法令之行使,既包括旧法规范效力之确认,例如1913年统字第50号解释例指出:"前清现行律造畜蛊毒杀人,新律中无该当条文亦不背乎民国国体,当然继续有效。"也包括新时期的判解例与解释例的效力确认,例如1916年统字第460号解释例规定:"判例解释有歧义者,应以最近之判例或解释为标准。"既包括指出"行政命令与刑律规定无抵触者,凡未经法院审判宣告没收之件,均可依该项命令处分"(1917年统字第716号),也包括明确"天津县议事会之决议,并无民事法令之效力,审判衙门调查习惯法则时,得备参考而已"(1920年统字第1229号)。

当然,除上举之情形外,在民国时期法律解释的实践中,有关统一法令之行使的功能发挥,还主要包括以下这些解释例文。

时间	解释号	解释内容
1913年6月	统字第32号	部令发生效力以前,各县卷内如有足以表示其判决之批谕,不问其形式若何,均认为已经判决,不必发还。
1913年6月16日	统字第33号	查买卖人口,除因贫卖子女外,其不出于略诱和诱甚鲜,前清买卖人口条例之因贫而卖子女一款,其子女儿子,应从广义解释,凡受其抚养监督而无父母或其他监督者之人,皆可谓子女。此前清现行刑律之文例,观于该条例第一款所用子女二字,可知决非专指自己子女而言,惟贩卖不归自己抚养监督之他人子女,自系略诱或和诱,故该条第一款当然因新刑律施行而失其效力。
1913年11月13日	统字第59号	……一、刑事诉讼律草案关于管辖各节公布施行后,前清初级暨地方审判厅管辖案件暂行章程,除前清法部呈文保留之民诉事务管辖及私诉管辖外,其他部分当然失其效力。
1914年3月	统字第109号	新刑律公布后,关于鸦片烟各省自定之条例,自属无效;无论行政司法衙门,皆不得援用。
1914年3月17日	统字第112号	刑诉律草案尚未颁行,该草案第五百零一条检察官请求缓刑之规定自不能援用(现已呈准暂行援用);惟暂行新刑律既有缓刑之规定,则检察官认为有缓行之必要时,自可适用刑诉通例向法院请求。
1914年4月10日	统字第121号	查新刑律第三百零八条,在医师法及其他医事法规未公布以前,自不能援用,但该管行政官署,若以命令规定,非受允准,不得营业,则在命令之有效期间及地域内违反其命令者,仍应适用该条例。

(续表)

时间	解释号	解释内容
1914年7月25日	统字第152号	本院查该条例第一条所称,系指该条判决与此等法规直接有抵触者而言,例如法院受理平政院编制令所称行政诉讼及陆军审判试办章程所称军事审判等,是直接与约法第四十五条有所抵触,可依该条例第一条规定,由法院自图救济,反是,若约法第五条第三等六等款,第七及第十等条规定之事项,法院依据法律审判,当然不生疑问,即令法院于适用法律,不误错误时,亦只可谓之违法,不得谓其为直接违反约法,以此理由提起民事非常上告,即非合法,至该条例第一条所称与约法效力相等之法律,如大总统选举法、国会组织法及其他本应订入约法,而以同一之程序,另订单行法者皆是。不过现在事实,此项规定,殊非必要,因尚无可提起民事非常上告之机会,自可置之弗论。又优待条件,专指约法第六十五条所称中华民国元年二月十二日所宣布之大清皇帝辞位后优待条件而言,盖此本系具体名称,非抽象规定,不容误会。
1914年8月5日	统字第155号	本院查司法部定适用惩治盗匪条例划一办法,业经通行,地方厅自应依该办法第一条办理。
1914年9月22日	统字第164号	查本院三年统字第二二四号致总检察厅函内称,刑事判决宣告后,上告期间自宣告日翌日起算,为十日,通行已久等语,系指本院受理刑事上告之期间而言,所以别于本院受理民事上告期间,观该条前后文义自明。至高等厅受理刑事上告及控告抗告,自应依试办章程第三百五十八条办理。盖本院上诉期间,因刑诉律尚未颁行,无明文规定,不得不自定事例,以便人们遵率。高等以下审判厅,既有试办章程之明文,自不能援用本院事例,而违背现行有效法令。
1915年1月12日	统字第197号	查前清理藩院则例,系对于蒙古地方之特别法规,其关于民事及诉讼程序执行程序等规定,自应继续有效。至关于罪刑部分,该则例审断门规定蒙古例无专条引用刑例,是该则例关于刑律部分乃前刑律之特别法,依后法胜前法、特别法胜普通法之原则,前清刑律,业经因暂行新刑律之施行而失其效力,该则例即系暂行新刑律及其他现行刑事法规之特别法,关于罪刑,该则例有明文规定者,适用该则例;该则例规定适用刑例或别无明文者,适用暂行新刑律及其他现行特别刑法。
1915年2月	统字第211号	查暂行刑律施行细则,系规定新旧律接替时办法,特别法中援引旧律执行程序,而为现行法所废止,自可以适用该细则办理。
1915年	统字第235号	被匪差遣侦探军队驻所,无实施帮助抢劫情事,此系实施犯罪行为以前帮助正犯,与旧例所谓探听事主消息、通线引路之引线不同,应依第三十一条科以从犯之罪。
1915年5月22日	统字第248号	查刑律补充条例业已施行,前清买卖人口条例,当然失效。关于卖妻及子女均应依该条例第九条处罪,若出当子女,即辗转相当,其以慈善养育之目的代为收养,应不予论。如或托名为当而为买卖之变相或为略取之方法者,自得依法科断。

(续表)

时间	解释号	解释内容
1915年10月9日	统字第340号	前清现行刑律保辜期限之规定,除律中第一条关于抬验之程序,现行法别无明文规定,可以参酌办理外;其余关于审限试办章程,既有鉴定之规定,审限规则又有扣除期间之规定;关于刑律论罪之标准,暂行刑律第八十八条、第三百十三条于伤害致死笃疾废疾伤害之标准,已有明文规定,新律重在因果关系,非似旧律因逾一定期间即可减轻责任,此新旧不同之点。则此项规定,亦因暂行刑律之施行而当然失其效力。该县原详,徒知前清法令与国体不相抵触者,均认为有效,而不知新法施行,旧法失效之大原则。
1916年4月	统字第432号	查补订试办章程第五条,虽经修正,而旧规定仍有对于各县判决计算上诉期间之方法,则其计算,自应自宣示之日始,其未宣示者,自属无效。
1916年	统字第460号	判例解释有歧义者,应以最近之判例或解释为标准。
1917年1月27日	统字第575号	查各级审判厅试办章程内关于管辖各条,除于民事诉讼律草案管辖各节抵触之部分外,自属继续有效,惟该章程第九条规定,显与其后发布之法院编制法审级制度抵触,自不能复认为有效。
1917年5月11日	统字第624号	查前清现行律中,现在继续有效之部分,关于订婚等项,曾经明晰规定,限制甚严,而妻妾失序门内复称妻在以妾为妻者,处九等罚,并改正等语,则该律显系认许以妾为妻,不过对于妻在时为此项行为者,乃加禁止,认其无效;至以妾为妻,除成婚时,应守各律条亦应遵守外,关于定婚专有之律例,自不适用,故仅须有行为,并不拘于形式。
1917年5月	统字第628号	查清理不动产典当办法,原专为清厘土地房屋之典当而设,永佃权之抵当,法令既无明文,自不能擅行援用。
1917年12月	统字第716号	行政命令与刑律规定无抵触者,凡未经法院审判宣告没收之件,均可依该项命令处分。
1918年9月10日	统字第858号	查该规则第一条及第二条及第五条,原为警察官厅之行政规则,与新刑律颁布,本无关系,至第三条办法,则与前清奏定继续有效之各级审判厅试办章程第六十八条,显有抵触,自不能认为有效;第四条办法,其性质既系民事法规,亦无由地方行政官厅制定之理,惟查该办法尚非全然不合条理,但使买主确不知情(即不知为劫盗所得之物),并公然价买者,自应于犯人不明或无力缴价之时,由失主自行备价收回(参照现行律给没赃物门条例第十二段),以昭平允。
1918年10月2日	统字第866号	查刑事诉讼律草案执行编,虽经约准援用,其中准用条文,限于通用执行编各条之际可以一并援用,并非他编各条,亦已公布有效,该地方厅检察长所述疑义各节,应毋庸议。
1918年11月11日	统字第875号	查复判章程系适用于复判之程序法,故在民国七年四月二十六日修正复判章程公布以前之案件,依该章程第一条尚在期间内者,概须查照新章办理,若新章不在复判之列,即毋庸复判。

(续表)

时间	解释号	解释内容
1919年3月10日	统字第942号	查本院判例①向根据民事普通法规行律十六岁成丁之规定（现行律户税脱漏户口律）认届十六岁即为成年有完全行为能力,至商人通例第二章系以满二十岁为营商能力之特别规定,盖以商行为较为复杂,故该条例特将其年龄加高。
1919年9月2日	统字第1070号	查江苏省整顿牙行登录税章程第十六条规定,明谓（上略）倘仍蹈故辙不捐领者,查出后除饬一律补领凭证外,处以五十元以上五百元以下之罚金,违背者封闭;是封闭自系被处罚金后仍不补领凭证之处分,与罚金各为一事,惟该章程显系违令罚则之性质,即该章程第二十条亦载明本章程详请财政部及巡按使立案,定八月一日为施行之期,如有未尽事宜,得随时详请修正等语,而查所定罚则,竟与违令罚法及违令罚法第二条罚则令之规定不符,自非依照改正,不得认为有效援用。
1919年10月9日	统字第1101号	查地方审判厅刑事简易庭暂行规则,本系地方审检厅办事规则之一,不能变更各级法院事物管辖权限,唯该规则现由司法部呈准施行（载本年九月二十一日政府公报）,其第十一条规定简易庭之裁判,以地方合议庭为第二审,是凡依该规定办理之案,自应按照该条由地方合议庭受理上诉。
1920年2月18日	统字第1229号	天津县议事会之决议,并无民事法令之效力,审判衙门调查惯习法则时,得备参考而已。
1920年3月20日	统字第1249号	……至承审员回避之案,除县知事自行引避外,诉讼当事人若以为县知事亦应回避,自可准用八年四月十八日呈准暂行援用之刑事诉讼律草案第一编第一章第四节,第二十九条第二款,第三十二条,请由直接上级审判衙门裁判（各级审判厅试办章程第三节第十至第十三条规定,因民刑诉律草案各该部分,经呈准暂行援用,已失效力）。
1921年1月22日	统字第1473号	查直隶旗产圈地售租章程,系民国四年七月三十一日奉天总统令准施行,与法律有同一之效力,非经依法修正或废止,司法衙门于圈地售租讼争案件,当然继续援引,不因省议会禁止售租之议决,而失其效力。
1921年4月28日	统字第1523号	查民国元年之众议院议员选举法,依第八十二条第八十四条,采用审判确定主义,故本院向来见解,当然准用普通民事诉讼程序受理上诉,并屡经本院判决确定有案;惟六年四月二十五日大总统令公布国会议决元年选举法之选举诉讼,不得援用普通程序,提起上诉,既循立法程序公布,即应有法律之效力,现经令用元年选举法,此项法案,仍应一并适用。
1922年7月	统字第1759号	民事诉讼条例施行后,审厅试办章程失效,县诉章程则否覆判,已有新章。
1922年8月	统字第1769号	查民事诉讼条例,关于民事执行,既无规定,则民事诉讼执行规则关于执行援用之试办章程规定,自仍有效。

---

① 参照1914年上字797号及1916年上字833号判决。

(续表)

时间	解释号	解释内容
1923 年	统字第 1809 号	院判在判例要旨汇览刊行前,未经采入汇览者,即不成为例。
1925 年 8 月 12 日	统字第 1943 号	查江苏省省令公布之修正暂行失乡制第一百十条,虽规定本制修正后得因中央颁布之法律修改或废止之等语,但嗣后教令公布之市自治制第七十八条,既另有本制施行日期,施行区域,由内务总长经由国务总理呈准定之之规定,则市自治制,如尚未奉教令施行而暂行市乡制,亦未经省公布或变更,现时裁判市自治会选举诉讼,自仍应适用暂行市乡制。
1925 年 11 月	统字第 1953 号	查诉讼代理人关于强制执行之诉讼行为,依当事人之特别委任,得以为之,此在民事诉讼条例第八十五条,既设有明文规定,则以前颁发之司法部令,自属已经失效。
1928 年 1 月 9 日	解字第 9 号	查现行刑事诉讼程序关于辩护人之规定,与本条例(即暂行刑诉条例)既无抵触,自得准用。
1928 年 2 月 2 日	解字第 19 号	查第一点惩治土豪劣绅条例关于时之效力,既无特别规定,依刑律第九条前半,自应适用同律第一条第一项第二项之规定,应以乙说①为是。第二点,十四年一月一日北京政府赦令,与十年十月五日大总统清理庶狱各令不合,即系与国民政府法令抵触,在各省区归属国民政府领域以后,自不能援用,亦以乙说②为是。
1928 年 5 月 9 日	解字第 82 号	……第二点,此项赦令③未经国民政府明文承认,自难援用。
1928 年 5 月 10 日	解字第 86 号	查司法部第一百八十一号指令,系指刑事诉讼律而言,苏省现沿用刑事诉讼条例,该号指令自难适用。
1928 年 5 月 28 日	解字第 93 号	查修正刑事诉讼律公布后,各级审判厅试办章程当然废止。关于预审及上诉期间,均应依刑律办理。
1928 年 6 月 27 日	解字第 112 号	查各省政府所公布关于惩治盗匪及共党各条例,如其公布在国民政府颁布惩治盗匪暂行条例及暂行反革命治罪法以前,自应因国民政府新法令之颁布而省政府之旧命令当然失效;惟省政府所公布之条例,若在国民政府所公布法律之后,则应分别查明,其与国民政府公布之法令,如系相同或相抵触者,均应依国民政府法令办理。

---

① 这里的"乙说"是指:"惩治土豪劣绅条例既经定有刑名,依照刑律第九条规定,自应适用刑律第一条,凡颁行以前未经确定审判之案,颁行以前之法律不为罪者,自不得引用惩治土豪劣绅条例治罪,以符法律部溯既往之原则,若不适用刑律总则第九条,则关于公诉时效种种规定,均难适用。"

② 这里的"乙说"谓:"本党革命之唯一目的,即不承认北京非法之伪政府,关于该政府颁发之赦令,当然不能有效。即令依照临时约法规定宣告大赦,必须大总统始有此特权,并须经参议院之同意;临时执政,既非依法产出之大总统,当时亦未有参议院,此项赦令根本上即属违法,从前各级法院因受恶势力之压迫,遵照此项赦令办结各案,固难谓为无效,然自国民革命军光复后,自不能再援用此项违法赦令,以使为恶者脱逃法网。"

③ 即民国十五年国民革命军前敌总指挥部兼署湖南民政事宜曾颁布赦令,规定:"除不准免除者外,凡犯罪在民国十五年六月二日以前者,一律赦免。"

(续表)

时间	解释号	解释内容
1928年9月10日	解字第167号	前北京政府所颁行之修正吗啡治罪法,依国民政府十六年八月十二日令文,原准暂行援用;惟现在刑法关于吗啡治罪法上犯罪已有规定,该治罪法自应失效。石地年在刑法并无科刑明文,如化验其质料与刑法第二百七十一条所列举之质料相同,仍得依该条文论断。
1928年10月1日	解字第194号	查刑律虽因刑法施行而废止,但惩治盗匪暂行条例仍尚有效,其在该条例颁行以前犯罪,合于该条例规定而未经第一审判决者,依盗匪案件适用法律暂行细则第一条第一款规定,仍应适用惩治盗匪条例处断。
1929年8月22日	院字第138号	惩治绑匪除同条例及应适用之法令有特别规定外,仍得援用刑法总则。
1929年8月23日	院字第143号	查理藩院则例及番例条款原为特别法之一种,在未经颁布新特别法令以前,自应按照民国十六年八月十二日国民政府通令,就各该地方隶属国民政府前所适用者,酌予援用。
1929年8月23日	院字第148号	查刑法第二百七十五条关于吸食鸦片烟之为罪,依现经废止之禁烟法第二条规定,应于该法施行后,十八年三月一日以前停止效力。
1929年12月13日	院字第185号	依暂行特种刑事诬告治罪法第七条,凡触犯该法之案件,准用修正特种刑事临时法庭组织条例第二条、第三条之规定,定其管辖。现在该组织条例既已废止,参照普通诬告罪之管辖标准,第一审应由地方法院受理。
1930年2月17日	院字第235号	出版法已经废止,不能援用。
1930年5月12日	院字第274号	查民法物权编施行法第三条第一项所定之登记,法律未公布以前,依通条第二项规定,不适用民法物权关于登记之规定,于此期间内,凡从前已经实行不动产登记制度之区域,关于已登记及未登记之效力,应仍暂援用从前施行之法令办理。
1930年5月19日	院字第279号	民国十六年七月二日之北京赦令,根本上不能生效。在赦令前第一审判处罪刑之案确定后,应即依法执行。①
1931年9月25日	院字第598号	(一)法院编制法第一百条规定,与现行法令既无抵触,自可援用。
1933年3月15日	院字第872号	民事诉讼法系根据三级三审制之原则制定,并无事物管辖之规定,故在新法施行后,法院组织法未施行前,特就新法施行法第二条另定办法,以资救济。核与新法所定各种程序不生影响,因之地方法院依据该虽有第二审管辖权,其关于上诉及抗告程序仍应适用新法。至新法施行前依旧法所为之缺席判决,于新法施行后,仍得依旧法而为诉讼行为者,依新法施行法第七条既系限于声明窒碍,则其他诉讼行为因无明文规定,当然适用新法。

---

① 为了统一法令之行使,同一天司法院颁行的院字第280号解释文也指出:"民国十六年七月二日北京赦令及因赦令而颁行之管束条例,均不能援用。惟各该省区在未隶属国民政府以前,所有各法院裁决管束及判决免诉案件已确定者,应认为有效。"

(续表)

时间	解释号	解释内容
1936年11月30日	院字第1583号	南京市住宅租金办法,因未经法规制定标准法所定之立法程序,依该法第四条,应以与现行法律不相抵触之部分为限,始为有效。该办法第五条所载,客房如不欠租,房东不得任意辞租等语,既与现行民法第四百五十条第二项租赁未定期限者,各当事人得随时终止契约之规定,不无抵触,自难发生效力。

从所列举的这些解释例文的内容中可以看出,通过法律解释对相应之法规范的效力情况予以说明,特别就法规范是否可资援用的情形予以说明,这无疑确保了法律适用的统一性。

与此同时,为了更加具体地展现民国时期法律解释之实践所具有的这种法令统一之功能,本书对1913年8月22日的统字第50号解释例予以细化,期望从中能够进一步清楚地看到法律解释是如何通过说明法规范间的关系以及何种法规范是可资援用的,来统一法令之行使:

> 查吗啡虽系一种药品,然新刑律第三百零七条,违背法令贩卖药品云云,其所为法令,即指禁止贩卖此种药品之法令而言,若无此类禁止法令,则虽贩卖亦不能构成该条犯罪,而禁止贩卖吗啡之法令,既系前清现行律造畜蛊毒杀人条例,中凡制造施打吗啡针之犯,不论杀人与否,应依造畜蛊毒律绞罪,上减为烟瘴地方安置云云,此项条例,新刑律中无该当条文,亦不背乎民国国体,当然继续有效。又不能认此项条例为新刑律第三百零七条所吸收,盖该条例,若认为无效,则刑律三百零七条之所谓违背法令云云,其法令毫无根据。而贩卖吗啡,将成为无罪矣。况施打行为,三百零七条中并无明文,尤不能强谓之包括刑律三百零七条,乃对于一般贩卖违禁药品之普通规定,而该条例乃对于药品中之吗啡,专设禁止并处罪之特别规定,且其行为又不仅限于贩卖也。贩卖吗啡,谓之一行为触犯二法条,即学者所谓想象上之俱发罪,则可谓为专触犯刑律三百零七条,而置前清现行刑律条例于不顾,则不可。故此项犯罪,仍应适用前清现行刑律条例及暂行新刑律施行细则办理。

很显然,该解释例文对于规范新刑律、前清现行刑律条例及暂行新刑律施行细则等的适用,无疑起到了统一性的作用。①

---

① 有学者据此解释例文指出,《中华民国暂行刑律》第1条之规定反映了"立法技术的不成熟"。"从立法的角度上看,暂行刑律第一条就不是严格意义上的从新兼从轻原则。其颁行以前未经确定审判者适用新律,但颁行以前之法律不以为罪者不在此限。这里只提出了颁行前法律不认为犯罪的依颁行前法律。如果旧法律认为罪轻而新法律认为罪重,怎么办? 按条文意思,也应从新。这样,事实上就可能从重。按照罪刑法定主义的精神,此条应明确采用从新兼从轻原则。可见,此条的立法技术并不成熟。"周少元:《中国近代刑法的肇端——〈钦定大清刑律〉》,商务印书馆2012年版,第225页。

再以买卖人口的法律适用问题为例来对此加以说明。在 1912 年 10 月司法部令山东提法司提呈:"烟台地方审判厅判决何种臣贩卖人口一案,原判不依暂行刑律第三百五十一条第一项处断,而按第三百五十三条第二款论罪,实属错误。以后遇有贩卖人口之案,不论买者、卖者,应一律适用暂行律第三十章,毋庸照向章办理。令即转饬遵照。"①1913 年 5 月 26 日,司法部又令奉天高等审判厅提呈:

> 查新律略诱和诱罪即本旧律略人略卖人律例而定,观新刑律理由出而知之,惟旧律取列举主义,故较为明显,新律则取包括主义,又避去买卖二字,故解释较为困难。然新律决非认买卖人口为略诱和诱以外之行为,而欲让诸特别刑法之制裁,实认略诱和诱包括买卖言之,是以本部前复奉天司法文内有买者用强暴胁迫或诈术略取妇女或未满二十岁之男子为略诱罪,即在卖者亦然。如此解释则买卖人口,当然依第三十章处罪等语,正是此意。

从中可以看出,司法部的态度显然认为买卖人口应当用略诱和诱宽论处。然而大理院在此问题上的观点与司法部的观点却不尽一致。因为在 1913 年 5 月 15 日,大理院以统字第 23 号函复奉天高等审判厅:

> 准贵厅呈称买卖人口新刑律无明文,应适用何项法律,并引司法部令及本院复广东审判厅电,谓互相抵触,请解释到院。查买卖人口,新刑律既无专条,则前清禁革买卖人口条款,当然有效。应适用该条款处断。若该条款无明文规定者,应依新刑律第十条之规定不为罪。至谓本院复广东电与部令抵触,查司法部解释法律之命令,不问何级审判衙门,皆不受其拘束。

与此同时,又在同年的 5 月 28 日,大理院还以统字第 28 号复济南地方审判厅:

> 迳复者,准贵厅五月二十一日呈请解释买卖人口罪应适用何种法律,并引司法部令,谓与本院先后复广东上海各审判厅电函相抵触等因到院,查买卖人口新律既无专条,则前清禁革买卖人口条款当然有效,至该条款所定罪刑,固欠完备,然法律不完全及不当者,司法官除正当解释适用外,不能因其不完不当二率强附会,或舍之而曲解他法以适用也。司法独立载在约法,司法部解释法律,以部令命审判官适用,显系违背约法,不问何级审判衙门,当然皆不受其约束。

除此之外,在以后的解释中,大理院多次强调司法部的解释不具有效力。

---

① 葛遵礼编辑:《中华民国新刑律集解》,上海会文堂新记书局 1914 年版,第 96 页。

而正是通过此类多番的行动,大理院通过法律解释的管道机制,统一了法律规范的适用,避免政出多门导致的规则适用上的混乱。与此同时,也正是在司法部与大理院解释例的不同态度之间,在大理院就司法部的解释予以效力上之否定时,从中其实可以更加清楚地看到,民国时期的法律解释是如何通过解释例文来统一法规范之行使的,进而维护其统一的解释权。

当然,统一法令之行使,又不仅仅只是针对形式意义上的法规范而言,还包括对实质意义上的"法理"之统一。换言之,民国初年,大理院所面对的其实不仅仅只是一个规则多元的法律世界,而且也是一个理论或价值理念多元的法理世界。① 例如,就民事法律而言,这其中既有《大清现行刑律》民事有效部分,②也包括民事特别法和民商事习惯,还包括外国民法的规范与民法学说。更重要的是,这其中的任何一种规范或者法理,都可以作为裁判之依据。因此,为避免法律适用之杂乱无章,大理院就必须通过法律解释,完成法规范及其标准的统一。这其中典型的,比如针对1920年湖南高等审判厅之函请:"甲托乙代卖烟土,乙侵占卖价,是否与鸦片烟罪外,又犯侵占罪,从一重处断,抑仅构成一侵占烟土罪? 此项事实,与民事不法行为法理有关。"大理院统字第1286号解释例指出:"乙如于受托后,起意吞没卖价,系帮助贩烟及侵占,应论俱发;如以吞没意思,担任代卖,系帮助贩烟及诈财,应从以重处断;*均与民法不当利得法理尚无抵触*。"从大理院的这一解释例的内容来看,它不仅明确了刑事法规范之适用,而且也阐明了这一适用与民法不当得利之法理的关系,从而避免因法理之冲突所导致的法规范之抵牾。

二、确立法源

尽管"法源"之含义有广狭之分,亦有正式与非正式之别,但通常"法源"所指的乃是"裁判官所据以为判决的审判依据,亦即法规范的存在形式"③。

的确,自《大清民律草案》拟定以来直至《中华民国民法》,"民事法律无

---

① 例如,郁嶷指出:"国民政府法制局于十七年秋纂拟新亲属法草案,乃采个人本位主义,期以适合将来之趋势,而顺应于世界之潮流焉,审时立法,本属至当。不料国府最近公布之亲属法,仍采家属本位主义,殊非吾人所能赞同也。"郁嶷:《亲属法要论》,北平朝阳大学出版社1932年版,第10—11页。从这段论述中显然也能够体会到民国法律世界中"法理"的多元性以及由此所带来的混乱。

② 大理院1914年上字第304号判决:"民国民法典尚未颁布,前清之《现行律》除制裁部分及与国体有抵触者外,当然继续有效。至前清《现行律》虽名为《现行刑律》,而除刑事部分外,有关民、商事之规定,仍属不少,自不能以名称为刑事之故,即误会其为已废。"中国第二历史档案馆馆藏档案,全宗号241。

③ 黄源盛:《大理院民事审判法源探赜》,载《民初大理院与裁判》,台湾元照图书出版公司2011年版,第137页。

规定者,依习惯,无习惯者,依法理"①,不仅一直都是有关法源内容之限定性表述,也是不同形式的法源之间如何次阶适用的准则。而这其实也就意味着,民国时期法规范之适用,"应依律无明文适用习惯,无习惯适用条理之原则,以为解决"②。换言之,如果"现行法规尚无明文禁止,核与公共秩序及善良风俗无违背"③。若与公共秩序及善良风俗无关,则可诉诸法理或者条理。

不可否认,在成文法大面积阙如的前提下,如何依法作出裁判,确实是摆在司法机关面前的一道难题。因而在民国时期法律解释的实践中,有关"法源"之探寻以及当法源相互冲突时,不同法源或者规范间的效力该如何确定,自然也就成了民国法律解释机关需要通过法律解释的方式予以解决的重要任务。进一步,如果把"裁判"的范畴放得稍微宽一些,那么实际上,不仅法官针对案件所作出的裁判的法律依据问题,构成了民国时期法律解释上的一大任务;而且法院所作出的裁定或者决定的法律依据问题,也构成了民国时期法律解释活动的有机部分。也正是因为此,从最广义的角度来看,确立法源,不仅要确定法官案件裁判的依据,也包括确定司法裁定或者决定的合法性依据。

从民国时期法律解释的实践来看,有关法源确定之情形,主要涉及以下这些解释例文之内容:

时间	解释号	解释内容
1913年2月	统字第5号	府不能为具案控告审,应查照前法部定各省城商埠审判厅等办事宜,管辖门内开各节办理。
1913年3月	统字第11号	买卖人口条款当然适用,其中所称某等罚,应照前清现行律罚金刑之标准处断。
1913年4月	统字第13号	试办章程被告人有上诉权之规定,因与其后颁布法院编制法第九十条第一款规定相抵触,依后法胜于前法之例,当然失其效力,被害人应无上诉权,但得向检察厅申诉。如检察官认为有理由,当提起上诉。
1913年5月15日	统字第23号	买卖人口新律既无专条,则前清禁革买卖人口条款(刑事部分今已失效)当然有效,应适用该条款处断;若该条款无明文规定者,应依新刑律第十条之规定不为罪。
1913年5月16日	统字第24号	卖婢为人妻妾,新律及买卖人口条例均无治罪正条,当然不为罪。旧律关于此等行为规定,已失效力,不能援用。

---

① 1913年上字第64号判例规定:"判断民事案件,应先依法律所规定;法律无明文者,依习惯法;无习惯法者,依法理。"1915年上字第122号判例明确:"法律无明文者从习惯;无习惯者,从条理。"这两个判例即使民初民事审判呈现多元民事法源并存的状况。更多判例及其详尽内容,还可参见《大理院判例解释新六法大全·民法汇览》,世界书局1924年版,第1—3页。
② 1918年统字第794号。
③ 1917年统字第676号。

（续表）

时间	解释号	解释内容
1913年5月28日	统字第29号	查报律第十一条，专系刑律第三百六十条之特别法，非一百五十五条之特别法，该厅所谓概括具体规定等语，未免误会。刑律第一百五十五条之行为，报律既无规定，即系对于报馆无特别法，无特别法者，当然适用刑律。例如报馆教唆杀人，自应适用刑律三百十一条及第三十条，其不能谓报律十一条系概括之规定而前期赴会也明矣。以此论结则该厅所举之前例，乃对于官员职务公然侮辱，当然适用刑律第一百五十五条第一项，其后例，自系俱发，依报律第三十七条规定，不适用刑律俱发从重之规定，则刑律俱发罪一章，当然不能适用，从重问题，亦不发生。
1913年7月22日	统字第45号	地方自治选举犯罪，应适用新刑律第八章。
1913年11月	统字第66号	……一、强盗拒捕伤人，自系构成第三百七十三条之罪，若所伤系执行职务之官员，则构成第三百七十三条及第一百五十三条之俱发罪。
1912年11月	统字第72号①	刑诉草案现在尚未生效，依法院编制法及审判厅试办章程，自应有上诉权。②
1912年12月3日	统字第73号	查买卖人口早经前清禁革，该条款自应继续有效；惟于卖妾无专条，只能以不为罪论。至买卖契约，当然无效，如有强迫情形，仍应照刑律三百五十八条处断。
1912年12月21日	统字第75号	查私放飘布，治安警察法亦有规定，惟现在此法尚颁未行，所有此项犯罪，应查察其行为之目的与意思，若系妨害秩序，应按照第二百二十一条办理，若其行为之目的与意思为预备或阴谋内乱者，应即查第一百零三条处断。
1913年1月11日	统字第76号	查本院前次通告，系指对于本院上告者而言，至高等以下上诉事件，现在诉讼法尚未颁行，仍应试办章程办理。
1913年12月11日	统字第86号	查因偷窃而损坏铁路轨道及于轨道上行车必要之物件者，构成妨害交通与窃盗二罪，盖系以犯一罪之方法而生他罪，自应依刑律第二十六条比较妨害交通罪与窃盗罪从一重处断。
1913年12月17日	统字第89号	新刑律施行细则关于前清现行律之十等罚，未有明文；而十等罚之性质，实无异于罚金，自应仍照每等五钱之例比照新刑律罚金，并**依刑律总则之规定**（例如俱发累犯等情形）办理。
1914年1月24日	统字第93号	本院查测量所用木标石点，不能谓之建筑物，自应依四百零六条第一款处断。
1914年2月7日	统字第101号	本院细察番地情形并详核该条款，其中自不无应行修改之处，惟在未经修改以前，番地民情风俗，迥异内地，自不能一律绳以新律。暂行新刑律实施之区域当然以前清现行刑律能适用之区域为限。查前清现行刑律，向不适用于该番地。故该番条例款，在未经颁布新特别法令以前，自属继续有效。

---

① 统字第72号至统字第85号，皆为郭卫编辑《大理院解释例全文》时补录，时间从1912年至1913年。

② 这是大理院覆松江府地方检察长的解释电文。松江府地方检察长来电所乞解释的问题是："刑事第一审原告官能否遵照刑诉律第三百五十七条第一项规定声明上告。"

(续表)

时间	解释号	解释内容
1914年3月14日	统字第107号	关于吗啡罪犯,应适用前清现行律中施打吗啡条例(参照吗啡治罪法及其解释)。
1914年3月17日	统字第109号	本院查暂行新刑律公布以后,关于刑事鸦片烟罪,各省自定之条例,自属无效,无论行政司法衙门,皆不得援用。
1914年3月17日	统字第112号	本院查刑诉草案尚未颁行,自不能援用。惟暂行新刑律既有缓刑之规定,则检察官认为有缓刑之必要时,自可适用诉讼通例,向法院请求。
1914年3月24日	统字第114号	所陈一节,自可解为意外事故,适用试办章程六十五条但书办理。
1914年4月10日	统字第121号	查新刑律第三百零八条,在医师法及其他医事法规未公布以前,自不能援用,但该管行政官署,若以命令规定,非受允准,不得营业,则在命令之有效期间及地域内违反其命令者,仍应适用该条。
1914年5月15日	统字第128号	罚金易监禁,在新刑律颁行以后,自应适用新刑律第四十五条折算。
1914年9月12日	统字第162号	本院查惩治盗匪条例,系犯该条例第一条各款强盗既遂罪之特别法,此种强盗未遂罪,该条例既无明文规定,依刑律第十七条规定自应适用该律第三百七十九条、第十七条处断。
1914年10月	统字第168号	……侮辱公署,该条例既无特别明文,应依刑律处断。
1914年12月8日	统字第183号	本院查刑律总则第九条规定,本律总则于其它法令之定有刑名者,亦适用之;是官吏犯赃治罪法,亦应适用刑律总则各规定。
1915年4月7日	统字第234号	查减处徒刑之特别法盗犯,仍应适用刑律第三百八十条、第四十六条宣告褫夺公权。
1915年	统字第240号	关于惩治盗匪条例之解释,凡于惩治盗匪法无抵触者,均可继续适用。
1915年5月24日	统字第249号	查开堂私放飘布,系属秘密结社,应受治安警察法之制裁,凡加入此等结社者,自可依该法第二十八条处罚;若乡愚图保身家,情有可原,仍得依刑律第九条之规定,适用第五十四条处断。
1915年6月5日	统字第264号	刑律关于鸦片烟罪,非又新法、废止或变更,仍应适用吸食鸦片,不问曾纳印花与否,一律科罪。
1915年6月12日	统字第266号	未经政府允准发行银钱票,自应以有价证券论,惟在部定准许发行银币办法前,由省长官正式允准,或追认者,亦得依刑律第二二九条第三项办理。
1915年6月25日	统字第280号	查伪造契据,应构成刑律二百四十三条之伪造私文书罪,至以伪造契据投税,经官署黏尾盖印者,应以第二百四十三条及第二百四十一条之俱发罪,依第二十六条处断。
1916年	统字第447号	赌博财物,应依刑律二七六条处断。
1916年	统字第466号	查私贩火硝,应依刑律第二百零五条处断。
1916年	统字第556号	"前清现行律关于民事有效各条例(如奸生子女责令奸夫收养之例)自可援用。"

（续表）

时间	解释号	解释内容
1917年	统字第575号	审判厅试办章程内关于管辖各条,除与民事诉讼律草案管辖各节抵触之部分外继续有效,惟该章程第九条规定,显与其后发布之法院编制法审级制度抵触,自不能复认为有效。
1918年	统字第773号	牙行与买主间之行为,除该地方有特别习惯外,以条理言。不能直接对于卖主发生效力至代理商或普通代理人(该地方如有代理人不明示本人名义,亦能对于本人生效之习惯),则与牙行性质不同,其与买主间之行为应直接对于卖主发生效力。
1918年11月	统字第876号	刑律第三四七条系犯私擅逮捕致人死伤之特别规定,若故意伤害人,其犯罪之方法,致触私擅逮捕法条者,即不再刑律第三四起俱发之列,当依总则第二六条处断。
1919年	统字第1095号	乙丙丁戊巳庚先后投入匪帮当匪徒,公海占据村寨时,亦均在一处,如果于匪徒犯罪行为确有同谋或帮助证据,则虽仅只随行或所任事务与犯罪行为并无直接关系,仍不得谓非共同正犯,**均应依惩治盗匪法第四条第二款后半段处断**;若只随从执役或并知情而于匪徒犯罪行为并未预闻,亦无帮助确据,纵亦不能谓非匪,当然不得以共犯论;此与本院统字第286号解释意旨全然相同。
1919年	统字第1157号	正犯无正条可科,即无事前帮助从犯之可言所称情形,惟应注意有无触犯**治安警察法**第二十八条或其他犯罪。
1920年6月17日	统字第1337号	甲虽有威胁行为,而丙之投井,如果非甲预见,尚难说以教唆,或帮助自杀,惟查明甲如果束缚丙,使失自由,可按照刑律第一四八条、三四六条、二六条量情处断。
1921年	统字第1531号	商人破产除先依地方特别倒号习惯办理外,亦可适用破产条理至破产程序之裁判,在审判衙门认为有必要时,自得经言辞辩论为之。
1922年2月16日	统字第1672号	查刑事简易程序暂行条例已于本年一月二十五日奉令公布,所称情形,在新条例施行后,自应引用新条例。
1927年12月27日	解字第6号	查现在既未有诬告治罪暂行条例之特别法颁布,自应暂行援照普通刑律第十二章诬告罪办理。
1928年1月12日	解字第13号	查吸食鸦片烟应否论罪,当依禁烟条例第六条分别办理。
1928年9月12日	解字第170号	查北京临时执政赦令,与国民政府法令抵触,在各省区隶属国民政府领域以后,自不能援用;惟从前检察厅如已依当时法令处分免予执行,其处分仍应有效。
1930年1月27日	院字第222号	在跑狗场赛狗附有彩券,如未经合法许可,则购券人应依刑法第二百七十八条之赌博罪办理。
1930年6月11日	院字第296号	旧商标法不能援用,新商标法又无处罚之规定,如有伪造商标等情,仍应依刑法各本条处断。①

---

① 为了确定裁判之法源,司法院同一天颁行的院字第295号解释指出:"旧商标法不能援用,新商标法又无处罚规定,凡意图欺骗他人伪造注册之商标,使用于同一商品,应依刑法第二百六十八条处断。"

(续表)

时间	解释号	解释内容
1930年6月11日	院字第297号	查关于商标仿造与伪造意义相同,则凡意图欺骗他人而仿造商标者,自应依刑法第二百六十八条之规定处断。
1931年8月8日	院字第541号	强盗轻微伤害人其结果既犯他项罪名,应依刑法第七十四条从一重处断。
1934年12月31日	院字第1179号	管狱员将在押之被告派看守长带同回家,旋又带回收押,既无盗取囚人或便利其逃脱之故意,自不构成刑法第一百七十二条第一项之罪,但此种情形,若施之于应受刑人,应依刑法第一百三十四条第一项论科。
1935年1月11日	院字第1190号	兼理司法之县政府审判地方管辖之刑事案件,未经声明上诉者,依法既应覆判,则在覆判未终结以前,关于附带民事部分之执行,自可参照民事诉讼执行规则第五条但书办理。

从所列举的这些法律解释例文的内容来看,民国时期的法律解释机关通过法律解释的方式,最多的还是在解决当法源或者法规范之间发生效力冲突时该如何适用的问题。

实际之情形显然还不仅只是如此。如果更进一步深入地走入民国时期法律解释的实践,就会发现,尤其是在大理院时期,大量的法律解释都是依据或者参照法律之条理、法理甚至国情等多重社会性资源而作出的。这反映出在法制未备的前提下,大理院的法律解释会尽可能兼顾社会之具体情况,通过解释的方式将条理、法理、学说甚至社会惯例与常情等各方因素纳入法规范之范畴,进而融合地成为裁判之法源。

从民国时期法律解释的实践来看,有关此一情形的解释例文,除本书第二章第三节的表格中所列示出来的情形之外,还主要包括如下的这些:

时间	解释号	解释内容
1913年	统字第35号	刑律214条第二项之业务人,依诉讼法理,不能用诉讼代理人。
1914年	统字第144号	商民承办堤岸工程官署,因其偷工减料将该店机器查封,商民不服,诉请平反。此种情形,自系国家于私法上行使私人自卫权之一例,此项争讼仍应适用民事法规办理。民法草案虽未颁行,其中**与国情及法理**适合之条文,本可认为条理斟酌采用。即希查阅该草案第315条以下规定办理。
1914年12月21日	统字第206号	现行法无死亡宣告制度,然走失多年不知下落之人,**条理**上自应斟酌办理。如甲走失无踪又无子嗣,其妻因生活上必要处分财产行为,自系有效;但对手人知其下落,即系恶意,某甲归来,可主张撤销。
1915年	统字第228号	若其子年幼应分之家财由母(母亡而另有家长保护人者亦同)代行管理,而其子将未得其母特许处分或特许管理及处分之财产私擅处分者,自应依据未成年人为负担义务行为之民事法**条理**办理。

(续表)

时间	解释号	解释内容
1915年	统字第239号	私诉判决,由审厅准据民事执行例规执行。
1915年	统字第312号	现行律婚姻门称疾病者,谓依现在医术其程度达于不易治疗而于生活上有碍或为常情所厌恶之疾病。
1917年	统字730号	(一)告知参同从参加,法理应准上诉,同时参加。
1919年	统字第914号	典质权人因就典质物使用收益为当事人双方利益,并有益于国家经济起见,故依习惯认其有先买权,共有人亦然(如兄弟或合伙或其他之共有),至抵押权人及其他无共有权之亲族,并非就物上有利用关系,即使有先买之习惯,亦应认为有悖公序,不许存在。本院早经著有判例。(参照本院二年上字三号及二三九号判例)先买权之竞合,依条理应以权利成立存在者为先顺位。
1919年	统字第1046号	辛如果误信乙为戊已休之妻,故买为妻,自应适用刑律错误法理,不为罪。
1919年	统字第1050号	依民事法理,凡买卖为婚并无婚书或财礼,亦与以妾为妻不同者,均不生婚姻效力。
1919年11月18日	统字第1129号	查凡有殓葬尸体义务,不依惯行方法殓葬,及无此义务而有移弃之情形者,均应成立遗弃尸体罪。丙与甲共同杀乙后,竟复违反义务,不依习惯殓葬,将尸用篾席包裹,抬埋人迹罕至之苕坑,显系并犯遗弃尸体罪,应从杀人重罪处断。
1920年	统字第1301号	查预立卖契为期满不赎,即行作绝之准备,显反于普通民事条理不许流质之原则,自非有效。
1928年	解字第53号	查照国民政府第二十九次决议案,暂依该省旧贯办理。
1928年	解字第190号	……来函所称习惯,适与此项条理相合,自可认为有法之效力。
1934年12月	院字第1174号	(一)民法亲属编施行后所发生之废继事件,既无法律可资援引,即应依民法总则第一条以终止养子女收养关系之法条,作为法理采用;(二)未成年之子女,不同意于父母代订之婚约,其婚约当然无效,不生解除问题。
1934年12月	院字第1175号	宣告破产事件,因中国尚无破产法之制定,依照民法总则第一条,自应适用破产法理;惟关于诈欺破产拟有刑名者,属于刑罚性质,要不在民事适用法理范围之列;又对于破产者或其继承人如虑其有逃匿情事,依照管收民事被告人规则原得管收,不生适用法理问题。
1943年3月	院字第2470号	非讼事件法现未颁行,关于非讼事件之程序,尚无法条可据,应依法理办理。将诉讼事件作为非讼事件声请者,自非合法;按诸法理,应以裁定驳回之。至非讼事件程序上合法之声请,实体上是否正当,应依规定该事项之法律决之;例如指定亲属会议会员事件,应视其声请是否合于民法第1132条之规定以为准驳。

应当说,从上述所列举之情形来看,民国时期的法律解释,会充分接纳并吸收各种法律性资源和非法律性的社会因素,以期将这些质料投入"熔化炉"中进行锻造,使得锻造出的混合物能够丰富并夯实有关法律解释之内

容,强化法律解释结果的合法性以及合情理性。

三、形成法规则

当新事物不断涌现、新的社会问题不断呈现而法制却未备或者法律规定尚不明确之时,司法该如何回应社会的实际需求,这无疑是摆在民国法律人面前的一道难题。与此同时,新制定的法规范该如何具体实施,尤其是在以往普遍缺乏程序观念的法律文化之中如何转型并由此确立起现代性的诉讼程序规则,同样也是摆在民国法律实践中的一个现实问题。

破解难题既需要法律的知识智慧,也需要法律的技术操作,更需要法律的政治眼光。因而在民国时期法律解释的实践中,可以看到最高司法机关通过法律解释以形成法规则的各种努力。而这也就意味着,在立法功能不彰显而成文法又阙如的前提下,在新的法观念还未在实践中确立起来的情况下,通过法律实践形成法律规则,并通过法律解释的方式将这些规则予以确立,进而成为裁判之法源,或者成为评价法律行为是否正当与合法的标准,进而强调程序的合法性要求,亦是民国时期法律解释所发挥的一项重要功能。

有关这一情形,典型的比如统字第700号。在这份于1917年11月28日复总检察厅的解释例文中,大理院指出:

> 查此种案件,在前复判暂行简章第一条已有明文规定,应送复判,现行复判章程虽无明文,然并非否认此种办法,特因该简章制定于新旧法过渡时代,而复判章程制定于民国三年,新法施行已久,逆料已无此种案件发见,故不为之规定,斟酌条理,自应备录全案供勘,径送复判。

从中可以看到,在新旧法过渡所造成的规范缺漏的情况下,在法律解释这一便利化的方式中诉诸条理,形成了有关这一问题的处理依据。

如果再细致一些,从民国时期的法律解释实践来看,通过解释的方式所形成之法规则,既包括程序性的,也包括实体性的。所谓形成程序性规则,指的是通过法律解释所形成的规则主要涉及对程序性问题的认定以及规则的适用和建立等问题。如1914年7月22日大理院所作的统字第149号解释例文规定:"控诉审,应归高等厅管辖。"由此便确立了程序法上的管辖规则。而所谓形成实体性规则,则意味着通过法律解释所形成的规范范围主要涉及对实体性问题的认定与规则适用问题。这其中较为典型的比如院字第668号。在这份于1932年1月28日复云南高等法院的解释文中,司法院指出:"已有配偶而又与人举行相当之结婚仪式,无论后娶者实际上是否为妾之待遇,均应成立重婚罪。"很显然,在这一解释例文的内容中,有关已有配偶而与人举行相当之结婚仪式是否重婚罪之实体法上的认定规则,已悄然形成。

虽然有的解释例文可以区分得开来,但从法律解释的实践来看,有的解释例文却无法确定是形成程序性法规则还是形成实体性法规则,两者之间往

往有交叉。因而在民国法律解释的实践中,有关规则之形成的法律解释例文,除上举之情形外,还主要包括以下这些例文:

时间	解释号	解释内容
1913年2月10日	统字第6号	藩库与商号因存款涉讼,当然适用民诉程序。
1913年3月10日	统字第7号	选举诉讼准用现行民诉程序,由民庭审判。至妨害选举罪,纯系刑事,由检察厅起诉后归刑庭依刑诉审级及程序办理。
1913年4月2日	统字第13号	试办章程被告人有上诉权之规定,因与其后颁布法院编制法第九十条第一款规定相抵触,依后法胜于前法之例,当然失其效力,被害人应无上诉权,但得向检察厅申诉,如检察官认为有理由,自当提起上诉。
1913年6月4日	统字第31号	调卷与诉讼确定,本无关系,法院因案调卷,现行法规并未时期限制,无论知为确定与否,均属可行,毋庸举示理由,下级审判衙门,自不能无故拒绝。
1913年7月3日	统字第38号	刑事被告上诉后死亡,应由受理上诉衙门驳回公诉。
1913年7月20日	统字第43号	第二审发见共犯仍应由配置第一审检察官向管辖第一审衙门起诉,不得由第二审迳行宣告罪刑。
1913年9月19日	统字第54号	刑律二七一条罪,系易科罚金,应依徒刑定管辖。
1913年11月3日	统字第70号	被告以疾病为理由声请延期,如认为可用代理或毫无确证,自可决定驳回延期,驳回后传唤不到庭并无人代理,查系具备缺席判决要件,可予缺席判决,但应依法送达,准用上诉期间,准其声明窒碍。
1913年12月5日	统字第71号	试办章程八十一条之取保,审判官如确认有窒碍情形,自可照驳;至取保候审人逃走,原保人真有藏匿情形,自应依刑律处断,若原保人并不知情,则不能科以刑罚。
1913年4月11日	统字第79号	对高等厅第二审判决上告到院案件,径由原审判厅送院,对地方厅判决上诉者,仍须依试办章程第六条准用第六十条办理;惟当事人于上诉期内,向两厅中一厅声明不服者,认为期间内合法上诉,判决前应征收之诉讼费用,因诉讼法上受诉衙门为审判厅,应有审判厅征收。
1913年12月24日	统字第90号	查民事审判中,发见刑事案件时,审判衙门自系以告发者之资格,用公函送交同级检察厅起诉,若同级检察厅于该案件无一审管辖权时,则由该厅转送有第一审管辖权之检察厅起诉,若检察厅为不起诉处分,则审判衙门民庭,只能就民事争点为裁判,不得判及罪刑。
1914年3月28日	统字第115号	再审确定之案,复备再审理由时,仍准再审。
1914年6月29日	统字第137号	如程序合法,自应受理。
1914年7月11日	统字第143号	地方厅案件,应移转管辖者,得移转于高等厅管辖内之县知事。

第八章　民国时期法律解释的社会功能　585

(续表)

时间	解释号	解释内容
1914年7月18日	统字第146号	抗告自不能停止假扣押之执行。
1914年10月28日	统字第172号	复判案内,宣告无罪之被告,自应一并复判;至漏未处分之被告,既未经第一审确定判决,则不能复判,应由高检厅饬县知事为第一审审判。
1914年11月10日	统字第180号	本应依惩治盗匪条例处断案件,县知事误引刑律判决,复判时以决定发还原县,或发交其他第一审衙门复审;至提交及移送案件,应依该条例处断者,高等厅应适用该条例判决。
1915年6月12日	统字第267号	于判决确定之犯,发觉余罪,应由该管检察官起诉。
1915年7月8日	统字第290号	查被告人不谙复判程序,对于原县所谕知之复判判决,误认为县判提起控诉者,如合于上告期间及条件,自应认为对于复判判决业经声明不服,命其向原县或同级检察厅补具上告意旨书送院,其不合上告期间及条件者,原厅得以决定驳回,对于此项决定,仍应许其抗告。
1915年7月20日	统字第293号	查法院于判决宣告后,不能再就本案为审理程序,讯问证人,亦审理程序之一种,自不能于宣告判决后为之。惟检察厅之侦查行为,无论何时,均得讯问证人及被告人。本案情形为事实上之便利,自可由检察厅讯问以备参考。
1915年7月29日	统字第300号	查高等分庭,既设有检察官,则依事务之种类,从来在高等本厅,向系由检察厅收受,转送审判厅,或批驳者,仍应由检察官收受转送审判厅或批驳,若本厅向系由审判厅迳行受理者,亦应由推事直接受理相应函请。
1915年7月31日	统字第301号	修改复判章程第八条之抗告案件,应照通常抗告程序办理。
1915年8月12日	统字第313号	抗告审所为受理之决定,于合法送达后,如当事人声明不服,得以更正。
1915年8月17日	统字第314号	查县知事遵照部章得以堂谕代判词案件,如有合法上诉,自应补作判词。
1915年8月26日	统字第318号	抗告应提出于原审厅,审查更正,或加具意见书送上级审。
1915年9月18日	统字第331号	控告案件,不能适用复判程序。
1915年9月18日	统字第335号	按业主主张地系民地,佃户主张地系佃地之诉讼,其实系争执其地上有无永佃权之存在,自应依民事诉讼律草案第十一条定其管辖。
1915年	统字第344号	查各级审判厅试办章程第二十二条,业经司法部呈请修正检察官对于预审决定,如有不服,自应修正该条末项规定,依抗告程序行之,其期间为十日,但有声请回复原状之理由者,仍得声请。

(续表)

时间	解释号	解释内容
1915年10月15日	统字第345号	查宣告无罪案件,毋庸送复判,又覆判审改判,无论刑期有无出入,其刑期均应自复判确定之日起算,但复判审于复判时,应斟酌未决羁押折抵之规定,至依暂行刑律补充条例第十一条请求惩戒之案,依其性质得准原请求人请求撤销。
1915年10月21日	统字第351号	缺席判决,须接连二次不到,甲于第二次辩论日期已到场,只应宣示缺席判决,惟仍可严加谕饬。
1915年10月21日	统字第352号	未经第一审案件,向第二审衙门声明时,例不受理,所称判决驳回,理由中误指为行政诉讼等情,该判决仍只能认为驳斥不合法上诉之裁判,虽经确定,若再上诉,自可一面驳回一面指示向第一审管辖衙门另诉,仍依通常程序办理。
1916年3月6日	统字第402号	查缺席判决,声明窒碍,自可准用民诉程序,但试办章程第三十六条第二项之判决,既以当事人辩论为根据,仍系对席判决,不能以缺席判决论。至刑事声明窒碍期间,自可准用上诉期间为十日。
1916年8月10日	统字第479号	被告未经第一审判决,提起控告,系不合法,仍应由审厅驳回。
1916年11月	统字第535号	预审及公判中,检察官无论何时,均得行侦查,但不能妨碍预审及公判之进行。
1916年12月4日	统字第542号	预审中律师不能出庭,在押被告,接见他人起诉前,检厅得禁止,起诉后,审厅得禁止。
1916年12月8日	统字第547号	查对于预审决定,向预审推事所属审判衙门声明不服者,该衙门应依抗告程序,自行裁判,毋庸送上级审,若对于此项裁判不服者,始得向上级审判衙门抗告。
1916年12月	统字第549号	检察官未举示犯罪事实,固无由开始预审,但检察官补充起诉,程序完备者,仍应为预审。
1917年2月17日	统字第579号	原上告审推事就请求更审后之抗告,不得谓为前审官,无须回避。
1917年2月23日	统字第584号	预审免诉裁判已确定部分,不能迳为公判。
1917年3月9日	统字第589号	查应用判决案件,审判厅误用决定者,以在开始言词辩论后者为限,得提起控告及上告,其已经确定者,亦得依非常程序救济。
1917年5月21日	统字第627号	查因金额涉诉之案件,自应以原告起诉时请求之额,定其事物管辖……
1917年9月4日	统字第669号	查第一审程序违法之判决,第二审自可予以纠正,毋庸发还原审。
1917年11月28日	统字第705号	查当事人上诉权,不能因原判之违法而被剥夺;本案上诉,自属合法,第二审应审查其再审之受理,是否合法,如不合法,撤销其再审判决,若系合法,则为本案之审判。
1918年1月30日	统字第739号	查发还更审之件,毋庸移付分厅审理。
1918年1月30日	统字第741号	查更新审理,应于诉讼记录内记明更新程序,更新后既采为本案证人,仍应传讯。

第八章 民国时期法律解释的社会功能　587

(续表)

时间	解释号	解释内容
1918年4月27日	统字第777号	查被告人在上诉中脱逃,应停止公判程序,不能认为抛弃上诉权,撤销其上诉状。
1918年5月3日	统字第782号	查合并管辖案件,县知事应以地方厅职权审理之,若其判决形式不备,上诉至高等厅,认其仅有初级管辖案件,终局之判决决定,发交该管地厅为第二审审理,其决定亦已确定,自应受其拘束。关于初级管辖部分,依控诉审程序进行;其于审理中发见地方厅有权管辖之部分,应即分别径为第一审审理,不必先下初审管辖违误之裁判,盖合并管辖,有时仍得依通常管辖办理,该县对于初级管辖之部分,并不违误,固无庸撤销也。
1918年	统字第824号	有甲亲生子乙,出继与异姓丙为子,娶妻丁;现乙丙均死,丁乃依甲同居,被戊拐逃;查甲为乙本生父,丁自同一关系;参照本院统字第五十五号解释,甲有告诉权。
1918年	统字第825号	大清银行欠人之款,由法院受办。
1918年9月10日	统字第860号	判决确定,有拘束效力,该案件既经高等厅认为上告案件,发还原地审厅更审,当事人并不不服,自无由该厅复以决定送高厅为第二审之理,至再审应向原判决衙门提起者,固不问该原判是否合法。
1918年9月13日	统字第863号	邻县受理地方管辖刑事案件第二审,固属管辖错误,但已确定,不能更据原告诉人呈诉,由高厅受理原县控告,惟该呈诉在原县判后期间内者,仍可受理,否则只有依法非常上告救济。
1918年10月31日	统字第874号	查预审中未能将被告传唤或拘摄到庭,虽经调查证据,自可毋庸遽予终结,至审限规则第二条,既称预审期限直接收人卷之日起算,此等预审,应自被告能传唤或拘摄时起算审限。
1919年1月15日	统字第894号	初审判决无罪,未经确定,声明上诉者,第二审依法调查认为有罪时,应即改判。
1919年2月14日	统字第933号	查复判审判决后,发见有再审之原因者,应归复判衙门管辖。
1919年9月8日	统字第1078号	查被告人在审判外复述,在审判中业经审核之自白,即非审判外之自白,不得据以请求再审。
1919年10月27日	统字第1108号	查当事人在法定上诉期间声明不服之旨,其后在相当期间内复经补具上诉状者,无论其初系用何种名称,均应认为已有合法之上诉。
1919年11月8日	统字第1119号	查初级管辖之执行案件,对于县知事之命令,应向地方厅声明抗告,不服自仍可向高等厅声明再抗告。
1919年11月15日	统字第1122号	查上告审未经通知被上告人答辩,即行判决,自属不合,惟一般违法判决,一经确定,除合于再审条件,得声请再审外,别无救济之法,来文所称上告审未取答辩,遽行判决一节,似未便认其与他种违法判决独异,如以此等办法,有损人民利益,自可请由司法部训令该管厅嗣后务宜注意期限,取具答辩后,再行审判。

(续表)

时间	解释号	解释内容
1919年11月28日	统字第1144号	查契税条例施行细则第十六条载,各征收官署遇有违犯契税条例及本细则应科罚金者,须算定罚款数目,发书通告该本人知悉等语,是契税条例及施行细则各规定,除第八条系印花税法,第九条按照刑律处断者,应由司法衙门办理外,其罚金既由征收官署处分科罚,则不服该官署所为处分者,司法衙门自无庸予以受理。
1920年2月28日	统字第1237号	复判案件,既经上告,其后均应适用通常上诉程序办理。
1920年7月31日	统字第1364号	查当事人撤销上诉,原则上毋庸予以裁判;惟依法不许撤销之上诉,或因上诉人缺席,撤销其上诉或不缴讼费,视同撤销者,则均应以决定行之。
1920年8月11日	统字第1383号	查刑事被告人之羁押保释,凡在起诉后审判确定前,虽应悉由审判衙门核办,但当事人如有不服,固得声明抗告,至检察官认为应行羁押之被告人,遇有急迫情形,事既出于非常紧急,并得迳行逮捕,惟应送由审判衙门讯问。
1925年6月17日	统字第1931号	查案件如经移转管辖,则原管辖法院之检察官对于该案,已不得行使检察职权,即不得撤回起诉,至原管辖法院,业经开始审判之案,依例已不得撤回起诉,后虽移转管辖,但既曾一次开始审判,自亦不得撤回。
1926年6月22日	统字第1975号	查数宗诉讼由当事人分别提起者,虽经第一审法院合并判决,而既非共同诉讼于上诉时,仍应各别缴纳审判费,惟上诉审判费以上诉之标的为限,其非该上诉人声明上诉之部分,无论原判是否为有利益于该上诉人,均不应并计在内。
1928年1月12日	解字第13号	……被告人如未满二十五岁有精神病者,吸食鸦片烟之行为,得不为罪,若精神病间断时,仍应为罪。其精神是否间断,应视其吸食之际,对于鸦片烟有无相当认识,依事实定之。
1928年1月28日	解字第17号	党务得认为公务一种,对于正式党部,有妨害行为,可依妨害公务论罪;至农工组织,系民众团体之事,有妨害行为合于刑罚法规何罪者,可依各该条处断。
1928年2月29日	解字第37号	……刑事传票不能征收送达等费。
1928年3月22日	解字第45号	凡诉讼当事人对于财产上请求之控告审判决,若因上告所应受之利益不逾二百元者,不得上告;现行修正民事诉讼律第五百六十六条已有明文规定,自不因审级制度之变更而有差异。
1928年5月9日	解字第83号	查婚姻案件,如在第一审为原告之控告人,不于言辞辩论日期到场,自应准用修正民事诉讼律第七百八十八条之规定办理;至被控告人不于最初之言辞辩论日期到场,应另定日期传唤之,如屡展期不到,系属法院得据控告人所提出之证据,并以职权调查明确,为通常判决,不得推定为被控告人之自认,即予缺席判决。

(续表)

时间	解释号	解释内容
1928年5月24日	解字第91号	第一点,县知事兼理诉讼之案,经上级检察官发见其为不当者(不问是否因送覆判而发见),得提起上诉;第二点,上级检察官对于下级正式法院(非县知事兼司法)之判决,除依修正刑诉律第三七九条第二项得为从控告外,不得上诉。
1928年5月28日	解字第94号	在所羁押之徒刑人犯,于判决确定后,虽未经检察官指挥执行,亦以已执行论。如更犯徒刑以上之罪,依刑律第十九条自属再犯。
1928年5月29日	解字第96号	查当事人收受补正命令之送达后,逾期仍不遵行,经裁判驳回者,除得依法提起上诉外,不得据为声请回复原状之原因。
1928年6月5日	解字第100号	查再审之诉,以发见可受利益裁判之书状为声请理由,若在前诉讼进行中业已提出之书状而查据原判及笔录未经原法院审核者,嗣由当事人发见,自得据为声请再审之原因。
1929年4月17日	院字第50号	各县分庭初级案件,声请再议,应送地方法院首席检察官。
1929年4月31日	院字第67号	刑法第六十一条规定,得专科没收之物,及第二百三十七条所载不问属于犯人与否,应没收之物已送审判者,应于判决内并予宣告,若案未起诉或不起诉,则应由检察官声请法院以裁定没收之。
1929年8月22日	院字第140号	高等法院分院,其职权与本院同,自有受理反革命案件之权。
1931年1月17日	院字第402号	初判案件经一部分上诉后,上诉法院对于其余应判决部分,认为有合并审理之必要时,须先为覆审之裁定,覆审结果之判决,应依提审判决之程式。
1931年4月4日	院字第494号	一年以下有期徒刑并科罚金之案件,应以徒刑为标准,经第二审判决后,不得上诉于第三审法院。
1931年8月7日	院字第526号	下级法院检察官不服原审判决提起上诉后,上级法院检察官如认上诉理由欠缺,得于上诉审裁判前撤回上诉。
1932年7月21日	院字第782号	告诉人不服第一审法院检察官所为不起诉处分,声请再议,经上级法院首席检察官驳回声请之后,不得再向上级法院首席检察官声请再议。
1933年6月6日	院字第923号	法院为管辖之指定或移转,不以经当事人声请为限。
1934年3月14日	院字第1049号	上诉于第二审既经撤回,与未上诉同,嗣后声请再审,应属第一审法院管辖。
1934年12月31日	院字第1177号	初审判决后,被告死亡,虽经覆审亦无实益,故无庸再送覆判。
1934年12月31日	院字第1181号	受罚金刑之被告,于判决确定后死亡,经法院查明现无遗产可供执行,应停止强制执行之程序。
1934年12月31日	院字第1182号	心神丧失人无意思能力,应由其法定代理人代为诉讼行为,若其妻与人通奸,其法定代理人自得代行告诉。
1940年5月25日	院字第2010号	意图供掺土制膏而持有含有鸦片成分之烟渣,应成立修正禁烟治罪暂行条例第十六条之罪。

(续表)

时间	解释号	解释内容
1945年8月20日	院解字第2963号	特种刑事案件,经由高等法院或分院覆判改处被告死刑或无期徒刑者,无庸再送最高法院覆判。

在这些解释例文中,可以看到不仅有关实体性的规则通过法律解释逐步在确立、再强化与被夯实,而且有关程序性的规则也通过法律解释缓慢建立了起来。这其实意味着,民国时期的法规则,尤其是程序性的法规则,其建立不仅依赖于制度性的立法,更主要还依赖于有关程序性的规则话语在法律解释机制中被不断地强化与长期性的累积实践。①

传统中国法文化中,对于实体性规则的合法性要求与遵守的强调要远远强于对程序性规则的要求与强调,"重实体而轻程序"乃是其非常重要的特征。然而现代法观念、尤其是诉讼法观念则既强调实体合法,也强调程序合法,因而在民国的法律世界中便可以看到,大理院就试图通过法律解释的微观实践,来确立起审查"程序—实体"双重合法性的标准。有关这一情形,典型的比如在1915年5月12日复总检察厅的统字第238号解释例中,大理院指出:"查本院办理民事上告案件,凡提出上告声明书经催告后,仍不提出意旨书者,为便利起见,仍径以职权调查**原判有无违法(实体法及程序法)**予以判决,刑事上告提出意旨之期间,现行法令既无明文规定,应即准照上开民事上告办法办理。"

除此之外,在大理院时期的解释例中,也经常可以看到大理院通过"开民刑庭全体会议"来制定某一领域的法规则的案例。比如统字第8号的内容就反映出了这一点。该解释文指出:

迳启者,二年二月十九日,准贵厅咨关于买卖人口使用法律困难问题,列举请由本院解释,兹经本院开民刑庭全体会议,议决各款,抄送,请即查照。

本院决议关于买卖人口适用法律各问题

一、买契之真伪,系调查证据问题,法律不能强定不明之证据为伪造,致故入人罪。

二、暂行新刑律第九条规定,本律总则于其他法令之定有刑名者,亦适用之,依此则刑律第六章共犯罪之规定,当然适用于买卖人口之犯罪。其居间者若系主谋,可以适用暂行新刑律第三十条之规定,若系助恶,可以分别情形,适用该章其他条文之规定。

三、发堂择配,该条款并无明文,略诱和诱既非离婚后不能告诉,则当然解释之结果,自不能因其有买卖之行为,而强迫自由结婚者离婚。

---

① 参见刘禾:《帝国的话语政治》,杨立华等译,生活·读书·新知三联书店2009年版,第321页。

四、按诉讼法理,亲告罪若无代行告诉人时,管辖检察厅检察官得因利害关系人之声请,指定代行告诉人,若无利害关系人声请,检察官亦得以职权指定之,故此等情形,只须由检察官指定一人(例如发觉该儿童之巡警)为告诉人,即可受理。

五、此层非刑事法所能补救,须社会救贫事业发达,始足以济其穷。"

或者针对未尽允洽或者未尽完备的法文制定细则或者判决例予以详解。比如统字第20号:

径复者,准贵厅咨呈内开,新刑律于惩治略诱和诱和奸等罪,均有分别之规定,惟参观互证,似有未尽允洽,未尽完备之处,条举五项,呈请核示到院,兹特为解释分列于左。

一、有夫之妇被人和诱,若无奸通事实,诱之者仅构成和诱罪,其妇当然不成立犯罪,若有奸通事实,则诱之者构成和诱和奸二罪俱发,其妇亦构成和奸,但二者皆必须告诉乃论。

二、和诱妇女,离其所在地为奸通,乃系二行为,若其妇女系有夫之妇或系该和诱人本宗缌麻以上之亲属,则和诱人当然系犯俱发罪,不得谓之以犯一罪之方法或其结果而生他罪也明矣。

三、本函所引用本院判决,恐系未综核判决全文,致生误会,此段乃判决理由中叙明辩护人杨光湛之主张,观于上文,有该辩护人所称和诱之成立云云,可知下文自查暂行新刑律第二百八十三条云云,殊属非是,则系本院驳斥该辩护人之语,亦即本院判决之理由,细观前后文自明。

四、重婚非亲属告罪,检察官可以不待告诉即行检举,且和诱后为婚姻者,不必皆系重婚,如未婚男子或鳏夫和诱未婚女子或孀妇或妾之类是,若果系重婚,检察官自可提起重婚之诉,何必待其告诉,更何必俟其离婚,律文前后并不抵牾。

五、暂行新刑律第三百九十四条及三百五十一条略诱和诱男子以未满二十岁者为限,立法者之用意,因二十岁以上之男子,当然有完全之知识能力,自不能为人所略诱,若果系强暴胁迫至使人不能抗拒,则按其情形自可适用私擅逮捕罪或强暴胁迫罪各本条。至被诈术诱拐,尤为成年者所罕有,徒令有之,亦不过一时受其愚弄,事后亦易脱其羁绊,若事实上被拘束不能脱离时,则亦可适用私擅逮捕罪、私擅监禁罪本条。

以上五项解释,相应函覆贵厅,查照可也此复。

从此之中可以看到,法律解释机关有时会借助于解释法律之机会,通过召开民刑庭全体会议,就相应之法律问题,参照相应之法例,并归纳以往之解释例文,最终形成一整套体系化的法规则,以资司法官裁判所需。

需要说明的是,在民国时期法律解释的实践中,法规则之形成或者确立亦会同时考虑并充分尊重法律实践之习惯(法)。而这其实也就意味着,在民国时期法律解释的活动中,有关法律解释的生产与再生产活动,不仅会尊重社会习惯以确使法律之解释及其实践能够契合于社会生活,而且也会充分尊重法律实践之习惯(法),以便通过此确立起法律的实践性规则,进而能够为以后同类问题之解决所效仿或者裁判所准据。

从民国时期法律解释的实践来看,法律解释机关通过法律解释的方式对法律实践之习惯(法)予以确证或者吸纳,进而据此建立或者形成各领域之法规则的,其相应的情形,除本书第二章第三节相关表格列示的之外,还主要包括以下的这些解释例文:

时间	解释号	解释内容
1913年11月13日	统字第59号	……四、控告发还第一审,应以原判系管辖错误或驳回公诉者为限,如第一审已经受理后之判决,控告审则不能发还,刑诉草案虽未实行,审判通例,固已如斯。然控告审若为违法之发还判决,依现行法例除由检察官或被告人提起上诉外,无他法可以救济。
1915年	统字第228号	现行法令关于准禁治产虽无明文规定,如实际因精神耗弱、或为聋为哑为盲及浪费等情,本置有保护人或向由其同居近邻任保护人之责者,则虽未宣告准禁治产,苟无保护人之同意与追认,对于恶意(知情)之契约相对人,当然可由其保护人等准用民事法准禁治产之行为得撤销之例办理。即因有万不得已情形声请审判衙门为之立案者,审判衙门似可酌用准禁治产条理予以立案第应否准用此项程序准其立案仍应斟酌各该地习惯办理。且于立案后契约相对人如能证明实因正当事由而不知者,亦除有惯例外,仍难认其有对抗之效力。
1916年	统字第523号	……盖律例立继原应依照法定顺序而例外则有择贤择爱之条,此种例外本非为亲属会而设,当然无援用之余地。若律所立之子年幼不能维持家务,尽可依照习惯择立保护之人(监护人)。
1919年	统字第922号	查准禁治产宣告制度现在尚无明文规定,纵依习惯准其立案,亦仅足为公之证明,并无创设权利之效力,故如有证凭足以证明并非浪费,其立案自难依据。
1919年10月	统字第1105号	现行法虽无宣告准禁治产之制,惟依习惯得为限制能力之立案。所称情形,契约既经撤销,即无贷借关系,但应依不当利得法则,返还同额款项。
1928年7月	解字第126号	……(四)民律尚未公布,暂适用现行律民事有效部分,倘诉讼事件法律依据习惯而认定者,除当事人不声明异议外,仍应以职权调查或由当事人立证。
1930年2月	院字第228号	监督寺庙条例第三条第一款所谓由政府机关管理者,及第二款所谓由地方公共团体管理者,自系指政府机关或地方公共团体依法令或习惯为其管理者而言。

(续表)

时间	解释号	解释内容
1933年4月	院字第882号	民事诉讼法仅有土地管辖之区别,而无事物管辖之区别,故该法第二十九条所谓移送之裁定,自系专指关于土地管辖之移送裁定而言;若因沿用旧法而有关于事务管辖之移送裁定,自不适用民诉法二十九条,*而应依通常法例*,下级法院不得违背上级法院之法律上见解,上级法院不受下级法院裁判之拘束。

当然,从上述这八个法律解释文的内容上来看,法律解释机关在处理法律实践之习惯(法)时,其态度亦是相当之审慎。

四、践行法原则

处在社会急剧转型时期的法律解释机关,不仅面对新旧法观念及其冲突,而且选择何种法观念或者法原则并付诸积极之实践,亦需深思与熟虑。因为这不仅关涉民国法之未来发展,同样也更关涉民国社会之未来发展。

民国时期法律解释的实践,通过法律解释的方式,选择并积极践行某种新的法观念或者法原则,亦是其重要的社会功能之一。以新的刑事诉讼制度所采国家追诉主义来替代原本的复仇主义为例,1914年大理院统字第104号解释例就明确指出:

> 现行刑事诉讼制度,系采国家追诉主义,自法院编制法施行以后,各级审判厅试办章程中之与该法抵触者,已失其效力。关于公诉,检察官以外,无所谓原告,被害人不得列于当事人之内,所以然者,复仇主义为文明国所共禁,国家之设刑罚,乃为国家公益,为社会全体之安宁秩序,以求达一般预防特别预防之目的,绝非为被害者个人复仇也。

从这一解释例的内容上来看,刑事诉讼制度背后所隐含的观念的变化,要求检察官在提起公诉时尽可能多地考虑国家之公益与社会之秩序,而不仅仅"采被害人之意见以为上诉",更不能"采用其他毫无关系者之意见以为上诉"。而这其实也就意味着,对制度背后的法观念,通过法律解释的方式予以明确并积极推行,亦是民国法律解释实践的一项功能之一。

当然,从民国时期法律解释的实践来看,有关法原则之践行所及之内容,亦是相当之丰富。本书仅仅就此之中较具代表性的内容,予以分列展示如下。

(一)关于特别法与普通法的适用原则问题

在1914年12月8日复安徽高等审判厅的统字第185号解释例中,大理院强调"特别法无规定适用普通法之例"的问题:"查报纸条例第二十四条,仍系刑律第三百六十条之特别法,非第一百五十五条之特别法,而第一百五十五条之行为,报纸条例并无规定,**依特别法无规定适用普通法之例**,如有犯该条之罪者,自应适用刑律。"与此同时,1915 年 1 月 12 日,在复司法部的统字第 197 号解释例中,大理院亦指出:

> ……依后法胜前法、特别法胜普通法之原则,前清刑律,业经因暂行新刑律之施行而失其效力,该则例即系暂行新刑律及其他现行刑事法规之特别法,关于罪刑,该则例有明文规定者,适用该则例;该则例规定适用刑例或别无明文者,适用暂行新刑律及其他现行特别刑法。

除此之外,在 1915 年 10 月 27 日复湖北高等审判厅的统字第 357 号解释中,大理院亦再次指出:"查复判章程乃一般案件之普通程序法,惩治盗匪法中关于盗匪之程序规定乃对于盗匪案件之特别程序法,两法中规定有异者,**依特别法胜于普通法之原则**,自应依盗匪法办理。"还有院字第 900 号也对此原则之内容予以强调,在这份于 1933 年 5 月 17 日复国民政府文官处的解释文中,司法院指出:

> 依渔会法施行规则第五条,渔户或行店可依渔会法组织渔会。(参照二十年院字第 500 号解释)其所组织之同业公会,实即法律上所谓之渔会,故渔会虽与商会有不同,而渔会法实系工商同业公会法之特别法,依特别法应先于普通法而适用之原则,渔户或渔行自不得迳行依工商同业公会法组织公会,且渔会及工商同业公会,均为资方所组织,核与公会之组织系由劳方以维持改善劳动条件等为目的者迥异,故渔业之资方更不得组织公会。

有意思的是解字第 121 号。在这份于民国 17 年 7 月 13 日复江苏高等法院的解释例文中,最高法院指出:

> 查中华民国刑法为普通法规,国府禁烟条例为特别法规,特别法规原应先于普通法规而适用。惟查该条例第十四条既有依现行刑律及其他法令之规定一语,则关于违例私自种运、制卖、吸藏者,自应依现行刑律及其他法令处断,无所谓轻重悬殊。如果中华民国刑法已届施行日期(已改于九月一日施行),当然系该条例所谓之现行刑律。至于该条例所谓其他法令,则系指普通刑法以外关于禁烟之其他特别法令而言,如实际上尚无其他特别法令,自应仍适用普通法。

从中可以看到,虽然特别法规先于普通法规而适用是一项重要的原则,但是在具体适用的过程中还要结合法律的具体规定来予以操作,不能一味坚持特别法优于普通法适用之原则而置具体法律之规定于不顾。

从民国法律解释的实践来看,有关这一原则的解释实践,除上述所列之情形外,还包括以下这条解释例文:

时间	解释号	解释内容
1936年3月	院字第1447号	海关缉私条例第三十一条之规定,通观该条例第二十八条及第三十一条,明系对于诉愿法之特别法,依特别法优于普通法之原则,自不适用诉愿法。

(二) 关于后法优于前法之原则

从民国时期法律解释的实践来看,后法优于前法一原则,在有关《妨害兵役治罪条例》和《惩治贪污暂行条例》的适用中经常被强化。因为《妨害兵役治罪条例》是在《惩治贪污暂行条例》施行后颁布的,那么如果犯罪行为在这两个条例中均有处罚规定时,如何适用法规范,无疑就是个问题。因此,也就有必要通过法律解释来确立法规范的适用原则。

在1942年1月15日致军政部的院字第2274号解释文中,司法院认为:

妨害兵役治罪条例,系惩治贪污暂行条例施行后颁布,如犯罪行为在该两条例均有处罚规定时,依后法优于前法之原则,自应适用妨害兵役治罪条例。乡镇保长等在妨害兵役治罪条例施行后,办理兵役受贿或管理壮丁诈索财物,既与该条例第五条第一项至第三项或第八条定相合,自应适用该条例归普通司法机关审判。

与此同时,在1942年1月21日指令江西高等法院的院字第2278号解释文中,司法院亦指出:"(一) 管理壮丁之公务员(非军人)向壮丁诈取财物,妨害兵役治罪条例第八条第一项,定有处罚明文,虽此项行为同时触犯惩治贪污暂行条例第三条第一项第二款之罪,但依*后法优于前法之原则*,应由普通法院适用妨害兵役罪条例处断。……"①再比如院字第2763号,在这份于1944年10月12日指令湖北高等法院的解释文中,司法院认为:

最高法院三十三年度上字第二七五号判决,以作战期内办理兵役人员对于违背职务之行为,收受贿赂与惩治贪污条例第二条第七款之罪名相当,应依特种刑事案件之审判程序办理。在特种刑事案件诉讼条例未施行以前,普通法院尚无审判权,因而谕知不受理论断,自属妥洽。至本院院字第二二七四号、第二二七八号及第二二七九号解释,以此类案件,应由普通法院适用妨害兵役治罪条例论处,系因已废止之惩治贪污暂行条例颁布在先,依后法优于前法之原则而为指示,迨至惩治贪污条例颁行,揆诸上述原则,即应适用该条例,仍暂依军事审判程序办理,业

---

① 在同一天指令司法行政部的院字第2279号解释文中,司法院再次强调了"后法优于前法之原则":"乡镇村街甲长于作战期内办理兵役事务,要求期约或收受贿赂,或其他不正利益,虽亦合于惩治贪污暂行条例第三条第一项第二款之图利罪,但妨害兵役治罪条例于惩治贪污暂行条例施行后颁布,*依后法优于前法之原则*,仍应分别情形,适用妨害兵役治罪条例第五条第一项至第三项之规定论处。"

经本院以院字第二五八二号公函明白解释矣。

还比如院字第二八四九号，在这份于1945年4月18日咨行政院的解释文中，司法院指出：

> 妨害兵役治罪条例第八条所定，负有管理壮丁职务之人员，以诈欺方法取得壮丁或其亲属之财物，既与颁行在后之惩治贪污条例第三条第五款之规定相当，依后法优于前法之原则，自应适用同条例处断，纵其行为在同条例施行以前，依同条例第十三条及刑法第二条第一项但书，应适用有利于行为人之法律处断。

通过法律解释的不断强调，"后法优于前法"的原则也就被确立了下来。

（三）关于被告利益原则的解释实践

在复黑龙江高等审判厅的统字第108号解释例中，大理院明确指出："死罪以下施行办法规定，非常上告与再审均系采被告利益主义，未经改正以前，其为被告不利益提起再审者，自不能视为合法。"这不仅意味着"检察厅为被告不利益起见，请求再审者，应当视为非法"，而且也意味着非常上告与再审背后的法观念要从以往的"被告不利益主义"转为"被告利益主义"。除此之外，在1918年11月30日复河南高等审判厅的统字第888号解释中，大理院从正向强调了"被告人利益解释之原则"，指出："查刑律第八十条羁押日数折抵方法，应从被告人利益解释之原则，若遇奇零日数，仍准折抵一日。"再比如1918年12月13日，在复察哈尔都统署审判处的统字第891号解释中，大理院从反向指出避免"被告人不利益"的举措，指出："……至丁戊之是否犯罪，应依甲为准，既有确定判决，虽系引律错误，仍应分别提起非常上告，以资救济，又或成立共犯，其认定诈财事实，并未涉及诱卖，而于再审条件相合时，亦可为被告人不利益起见，请求再审，对于该确定之部分，不得另案起诉。"还比如在1920年的统字第1242号解释中，大理院指出："……检察官有代表国家维护人民权利利益之责，故于上告合法之件，无论为被告人利益或不利益，均可声明，如果所称控告审判决，未经自行依法审理，仅以第一审判决理由不足，遽判无罪，自可以确定事实，未为合法理由，声明上告。"

从民国法律解释的实践来看，有关被告利益原则的解释实践，除上述所列之情形外，还包括以下的这条解释例文：

时间	解释号	解释内容
1931年1月	院字第403号	（一）检察官对于被告受科刑之判决，依刑事诉讼法第三百五十八条第二项之规定，得为被告利益而提起上诉。

当然，除从正向进行话语强化与解释实践外，还有从反向话语实践的角

度来强化这一原则的解释例。比如统字第 689 号。在这份于 1917 年 10 月 20 日复总检察厅的解释例文中,大理院指出:"查现行刑事诉讼律再理编第四百四十六条规定,为被告人不利益起见,提起再审,以合于该条各条件为限。本案情形,若有该条所援用之第四百四十四条第二款确定判决,自可声请再审。"应当说,例文中所出现的"被告人不利益"话语,其对立面无疑是"被告人利益"这一范畴,因而这一话语的反向实践显然也有利于强化"被告人利益"原则的法律印象,进而在一定程度上推进其在法律解释中的深化实践。

(四) 关于程序合法性原则的解释例实践

在 1914 年 8 月 5 日复司法部的统字第 156 号解释例中,大理院指出:

> 本院查该厅长所拟办法,其第一第三两款,自属可行,唯第二款称对于不合程序之上诉①,竟于开庭审理,实违背现行上诉程序之大原则,虽系该省有特别情形,该厅长于不得已之中为变通办法之计,唯此端一开,诚恐人民纷纷引为先例,而法院则不能以该省系一误遂准再误,为驳回之理由。此种情形,似宜一面以不合法驳回,一面由检察官分别提起非常上告,并由检察官将办法详细告知被告人,如此,则既不显违程序法则而于实际亦无窒碍。被告人仍可收上诉之实效,法院亦不致受违法之攻击。

又比如 1918 年 11 月 12 日在复湖南第一高等审判分厅的统字第 883 号解释中,大理院指出:"所述情形,判后复戡,自非合法,惟可令当事人具呈上告审衙门声明,上告审如认原审以前所践程序本有不合,自可发还更为审判。"再比如统字第 1896 号解释例,在这份于 1924 年 10 月 9 日复山东高等审判厅的函文中,大理院指出:

> 查专就从刑上诉,如系合法,上诉审固得依刑事诉讼条例第三百七十六条第二项审理及于有关系之主刑部分,此在审理方法则然;若检察官上诉,既于理由书内限定从刑部分,而为县知事审理诉讼章程第二十九条第二项所不许上诉者,自属上诉违背法律上之程式。

还比如解字第 22 号,在这份于 1928 年 2 月 3 日复安徽高等法院的解释

---

① 其中所拟之办法三条如下:"(一) 凡不合诉讼程序之上诉案件,原判援引法律、认定事实均无错误,而检察官亦认该上诉为无理由者,拟以诉讼不合程序驳回。(二) 凡不合程序之上诉案件,其案情重大,原判于法律或事实显有错误,而检察官于上诉期间外提出意见书,该上诉为有理由,经本厅审查无异者,量予通融开庭审理。(三) 凡不合程序之上诉案件,上诉人以某种理由为例上诉,检察官于上诉期间外,提出意见书,认该上诉为无理由,而另指摘原判不适法之部分,请求变更原判者,拟以不合事实程序驳回。其系案情重大,另由检察官提出非常上告或再审之诉,不上数端,均为不得已之中为一时权宜之计。"

例文中,最高法院指出:"查当事人声明上诉,不依刑事诉讼条例第三百七十八条向原审法院具状,固系违背程式。……"

统字第928号解释例则从反向的角度来确证了程序合法性原则。在这份复察哈尔都统署审判处的解释例中,大理院指出:

> 查刑事裁判未经宣示者,仅得视为文稿之一种,不生裁判效力,若曾经宣示,则判词程式及宣示程序,纵有错误,均属程序违法,一经合法上诉,仍应依法审判,不能谓第一审为无裁判,本案县署堂谕,如果实未宣示,自可用正式判词谕知裁判,覆判审亦应就其正是判决而为审判。

与此相同的还有统字第1872号解释例文。在这份于民国13年6月3日复山西高等审判厅的函文中,大理院指出:"查来函所述情形,该送达吏既未依民诉条例第一百七十条之程序办理,不能认为合法送达,上诉期限即无从起算,自难遽予执行。"

从民国法律解释的实践来看,从各种角度对程序合法性原因予以强调和深化的,除上述所列之情形外,还包括以下这些解释例文:

时间	解释号	解释内容
1928年8月	解字第143号	查诉讼案件系属于第二审,若违背法律编制及诉讼法,则自属程序上重要疵累,此种判决应认为有废弃之原因,尚非当然无效。
1929年2月	院字第12号	查当事人不服初级管辖案件之第一审判决,迳向高等法院提起控告,显属违背诉讼程序。
1929年6月	院字第101号	起诉人之上诉,如在特种刑事临时法庭取消以前,既为当时有效法令所准许,自难认为违背程式予以驳回。
1930年1月	院字第211号	司法公署之科刑,未依定式作成判决书,其审判时亦未作成笔录者,自属违法。当事人对此种判决,提起上诉后,第二审法院应撤销之,自为判决。
1930年1月	院字第223号	上级法院首席检察官以职权检举犯罪,命令下级检察官侦查之案,经下级检察官为不起诉之处分后,除发见新事实或新证据外,上级法院首席检察官不得迳命续行侦查或起诉,下级检察官亦不得据以上诉,其有据以起诉者为程序违背规定。
1930年10月	院字第356号	第一审于应行辩论之案件,未经辩论而为判决,系程序违法。第二审应撤销之,自为实体上之审判,不得发回原第一审法院。
1931年5月8日	院字第508号	……(二)原告在第一审起诉,依修正诉讼费用规则第二条、第三条既应征收一定之审判费,若不照缴,即系不遵程式,应认为不合法。又查在第二审认为不合法者,既应以决定驳回抗告,则第一审自亦可以决定驳回其诉。

(续表)

时间	解释号	解释内容
1932年2月20日	院字第677号	刑事诉讼当事人声请移转管辖,经裁定驳回后提出相当证据,证明原法院审判确有不公平之虞,或于驳回后另以他种特别情形恐审判有不公平之虞,再行声请移转管辖,又或因前之声请不合程序,于驳回后另行补正其程序,再向法院声请移转管辖,于法均应准许。
1932年2月	院字第680号	按刑事诉讼法第三百六十四条提起上诉须以书状,其仅口头声明不服,即系违背上诉程式,自应驳回。
1936年4月	院字第1480号	……惟自诉状内未记载其代表人姓名,自属不合程式,但受诉法院得命其补正。
1936年4月	院字第1482号	刑法施行后,第三审以违背程式驳回上诉者,应依照刑法施行前第二审之确定判决执行。其羁押日数,仍以二日抵徒刑一日。

(五) 证据法领域中的"重证不重供"原则的实践

这一原则最早在大理院于1914年10月6日复司法部的统字第170号解释例中就有所体现。该解释例文规定:

> ……惟旧律时代,死罪人犯重证兼重供,故虽有共犯供词,足以证明该被告犯罪行为者,仍非取有被告输服供词,不能据以定谳,此所以有强盗无自认口供,伙盗已决无证者,监候处决之规定。现在诉讼通例,重证不重供,证据确凿,虽不对质,未经被告自白或俯首无词者,亦可定罪。

传统中国社会的诉讼文化,在证据制度上往往都被看成是以口供为中心建立起来的,它所强调的乃是以口供为证据之王。① 然而伴随着西方诉讼法文化对近代中国审判活动的改造,证据法领域中"重证据而不重口供"的观念逐渐被认同,进而在实践中被强调。因此,民国时期的法律解释活动,通过法律解释例文对此一内容予以反复强调,这不仅反映出这一原则已然在法解释之实践中被重视并付诸于行动,而且也反映出通过法律解释确立法律原则进而以此形塑民国时期的法律解释实践,或许是民国时期法律发展的另一路径。

(六) 关于"一事不再理"原则的问题

"一事不再理云者,系指法院依法受理之案件,已为实体判决(如科判无罪之判决)后,不得更就同一事实再行审理而言。若原审仅就诉讼程序而为驳回公诉之判决,自不发生一事不再理问题。"②

---

① 参见蒋铁初:《中国近代证据制度研究》,中国政法大学2003年博士学位论文,第27页。
② 解字第105号。在这份于1928年6月14日复河南高等法院的解释例文中,最高法院还指出:"查刑事案件未经诉追或于诉追后依法撤销,参照修正刑事诉讼律第三百三十八条第十款、第十一款,第三百三十九条第一项第三款及三百四十一条,法院应为驳回公诉之判决,不能继续审理。……"

有关这一原则的解释例实践,最早在 1915 年 2 月 26 日大理院复直隶高等审判厅的统字第 217 号解释例中就有初步涉及。该解释例指出:"……至其与前案诉讼原因,既各不同,即与前案判断两不相妨,无所谓一事再理,此种法理,为各国诉讼律例所通同,该行不自深究,辄以贵厅原判为不公,言出非礼,殊属非是。"在同年 4 月 1 日复山东高等审判厅的统字第 228 号解释例中,大理院亦指出:

> ……脱漏未判之部分,当然无判决既判力可言,不能以一事不再理原则,拘束其不应再诉,惟请求追加判决,依照现行法规并无期限之制限,且关于该部分既未审判,即亦不能有上诉至期间,故虽在上诉期间外,仍准其声请原衙门补充审判,毋庸令其再诉,如此办理,似于当事人较为便利,而该部分之诉讼关系,亦可从速了结也。

还有统字第 618 号解释例,大理院在这份复安徽高等审判厅的函文中指出:"……又按一事不再理,为诉讼法上之大原则,县知事审判诉讼,依照该章程第四十六条之规定,亦自应适用。来函所述情形,自应认为一事再理之判决,许其控诉,不能以普通之批谕论。"再比如 1918 年 8 月 31 日,在复察哈尔都统署审判处的统字第 850 号解释中,大理院指出:"查前判既已确定,自应本于一事不再理之原则判决维持前判之效力,如果乙造之流水簿,足为甲可受利益裁判之书状,可指令同县依法声请再审。"

除此之外,还有下述这些解释例,它们都从不同的角度或者以不同的方式,涉及并确证了有关"一事不再理"原则的说明与实践。

时间	解释号	解释内容
1919 年 11 月	统字第 1120 号	查甲长子乙以前为诉讼时,如可认其已代理甲或丁(共有人)者,则判决确定后,丁自应受其拘束其后之起诉,依一事不再理之原则,审判衙门不能复予受理。
1919 年 11 月	统字第 1163 号	诉讼法原则判决,不能拘束当事人及其承继以外之人,丙另对乙起诉,自非一事再理,如甲有承继人,且不为所反对;丙并可为之上诉,同时参加。
1919 年 12 月	统字第 1167 号	民事案件,除附带私诉外,本不能与刑事案件混合审判,惟现在县知事原兼有审判民刑事案件之职权,偶因程序错误,自非根本无效,但既经该厅决定令县更审,如果相对人经合法送达决定之后,以一事不能再理为由请求更改决定,自可准予更改,否则仍应依照决定更为审判。
1920 年 2 月	统字第 1226 号	县佐明知为刑法犯无审判权,而审判不待撤销根本无效,亦不生一事不再理问题;惟被告人被押数日,依县佐管制三条应算入未决羁押,准予折抵。
1921 年 10 月	统字第 1629 号	查民事当事人,已向有管辖权之法院提起诉讼,或经判决确定,依诉讼拘束或一事不再理之原则,不许再行起诉。

(续表)

时间	解释号	解释内容
1922年4月	统字第1714号	……若就外国法院裁判之件,愿向吾国法院从新起诉,亦与**一事再理**情形不同,应予受理。
1929年5月	院字第93号	……(二)原确定判决系就同居之诉所谓之裁判,与其后因不能同居而提起离婚之诉自属两事,并无**一事再理**之嫌。
1936年2月	院字第1429号	诉愿事件因程序不合不予受理者,固应作成决定书,此种决定书送达后,如诉愿人另提出应予受理之新事实,仍向原决定机关请求受理,其请求受理者,既系另一新事实,即无**一事再理**之嫌,自得予以受理,不必撤销前此之原决定。
1937年6月	院字第1687号	(一)明知为无罪之人而使受处罚,或明知为有罪之人而使不受处罚,刑法第一百二十五条第一项第三款既有特别规定,应不包括于同法前条所谓枉法裁判之内,亦非一行为而触犯两罪名。又刑事诉讼法第三百七十条、第三百七十一条之违法判决,或民、刑事一事再理之裁判,如非出于枉法故意,即不属于枉法裁判。

值得注意的是统字第1007号。在这份于1919年5月31日复广西高等审判厅的解释文中,大理院指出:"照兼理诉讼章程,县知事**一事不能二判**,来函情形,得由原审依当事人声请再审判决,回复初次县判。"此函文之中的"一事不能二判",实际上是"一事不再理"原则的另一种表述,而这意味着该解释例文其实也是"一事不再理"原则在法律世界的解释实践与话语强化方式之一。

(七) 关于三审终审原则

民国时期诉讼活动中的"三审终审"制度是指一审案件当事人认为二审法院对其上诉案件作出的改判系错误判决,可在一定期限内通过二审法院请求再上一级法院对该案进行第三审的一种特别的审级制度。这一审级制度的顺利实践,早期是建立在四级审判机构(大理院时期)基础上,而后期则是建立在三级审判机构(司法院时期)这一司法主体结构的基础之上的。因此在民国法律解释的实践中可以看到,一方面它会通过法律解释的话语实践来强化三审终审这一诉讼法原则,另一方面也会指出三审终审原则是深嵌在四级或三级司法主体结构的整体大框架之内的。

这其中较为典型的法律解释例文,比如统字第244号,在这份于1915年5月21日复湖南高等审判厅的函文中,大理院指出:"……惟对于抗告审判衙门,因此项抗告所为之决定,则不许再抗告。盖现行法刑事诉讼,对于同一事件,以三审为原则,此种事件,既经三次审查决定,自无许其再抗告之必要。"又比如解字第114号,在这份于1928年6月28日复湖南高等法院的解释例文中,最高法院认为:"来电所述前依二级二审制用裁决送本院裁判案件,该裁决既未经发送,即不生效力,自无宣示之必要,更无庸送本院核办;应即依据现行四级三审制办理。"还比如解字第 141 号。在这份于 1928 年 8 月 2 日复四川高等法院的解释例文中,最高法院指出:"甲商控乙机关雇用使用人冒名窃取票款,经三审终结,判令乙机关负责经受追偿交付执行云云,依此主文解释,则乙机关自不能仅以交出使用人及其补保即可解除追偿责任,但追偿与赔偿不能混合为一。"再比如院字第 872 号。在这份于 1933 年 3 月 15 日指令广西高等法院的解释文中,司法院指出:"民事诉讼法系根据三级三审制之原则制定,并无事物管辖之规定,故在新法施行后,法院组织法未施行前,特就新法施行法第二条另定办法,以资救济。"

(八)关于不能拒绝裁判原则的问题

在 1915 年 8 月 26 日复总检察厅的统字第 319 号解释中,大理院指出:"……又审判衙门对于此种声明,不能拒绝裁判,虽系不遵期间,不合程序者,亦应以决定驳回,更无疑义。"又比如在 1917 年 9 月 4 日复江西高等审判厅的统字第 668 号中,大理院认为:"查审判衙门审理刑事案件,检察官有莅庭之职务,自不能拒绝,犹之检察官提起公诉案件,审判官不能拒绝裁判也,审理程序,纵有违法,检察官应于莅庭时陈述意见,或于裁判后提起上诉,自有救济之法。"很显然,从上述两项解释例文的内容来看,这一原则的实践不仅会强化审判机关的裁判义务,而且也符合民国职权主义法文化中的司法运作模式。

(九)关于"刑事诉讼之实体真实发见主义原则"的问题

在 1916 年 9 月 13 日复安徽高等审判厅的统字第 494 号解释中,大理院指出:

> 查刑事诉讼以实体真实发见主义为原则,被告自白,虽可为一种证据,但是否虚伪,有无别情,审判官仍应详细审查。至第二审亦系事实审,并不受第一审讯问笔录之拘束,若检察厅之侦查笔录,更不能拘束审判衙门;但本案情形其以前自白是否可信,在直接审理之审判官,详查情形,自由判断,非本院所得悬揣。

很显然,通过法律解释的实践强化"刑事诉讼之实体真实发见主义原则",这既符合传统中国的诉讼法文化,也强化了民国法发展与实践过程中司法审判机关的法律义务。

(十)关于"不告不理"原则的问题

最早出现"不告不理"原则实践的解释例是 1914 年 7 月 18 日大理院复财政部的统字第 147 号。该函文指出:"……盖金钱债权,其债权关系存在一日,即应有一日之利息故也。惟债权人请求截止算利之日,在判决执行日前者,则审判衙门依不告不理之原则,自毋庸多判。"与此同时,司法院于 1930 年 1 月 22 日训令广西高等法院首席检察官的院字第 217 号解释亦指出:"查告诉乃论之罪,未经告诉者,检察官不应有何处分。"从中可以看到,有关不告不理原则的意涵实际上已经基本被明确地揭示出来了。而在1931年8月的院字第527号解释文中,司法院进一步指出:"告诉乃论之罪,经有合法告诉之后,告诉人纵或死亡或其身份关系消灭,仍于告诉之效力不生影响。"很显然,其将不告不理原则中的"告诉权"问题在实践中的规范进一步明晰化。

虽然不告不理原则的实践所及之范围较大,但是从民国时期法律解释的实践来看,有关这一原则的解释实践,最为集中的还是在家事纠纷领域。比如,1920年大理院统字第1266号解释例即指出,"……又同宗为婚无法律上利害关系之族人,不得告争;审判衙门审理诉讼,不能不告而理。故除此项事实经合法成讼得以职权调查裁判外,自难为无诉之审判。"很显然,从这一解释例的内容来看,"不告不理"之原则在家事纠纷领域施行,动摇了传统中国全能主义的诉讼文化和职权主义的诉讼模式。在民国时期的法律实践中,面对家庭事务或者家事纠纷,徘徊在新旧法观念之间的司法机关坚定地秉持了这种不主动干涉之原则。这其中最为典型的,便是民国7年大理院统字第870号解释例所指出的,"娶已经许他人之女者除劝谕前夫倍追财礼女归后夫,照现行律男女婚姻门第二段办理外,未便以裁判强令前夫仅受赔偿。"除此之外,1919年大理院统字第946号解释例亦规定,"查丁之承继无效,既经判决确定,自应另为丙妇之夫立嗣。惟承继事件,非自己或自己直系卑属,依法有承继之权,而未经抛弃者,始得告争;否则既无告争之权,而他人之承继,及占有遗产,是否合法,可以不问,审判衙门仍应为驳回请求之判决。"应当说,从这两个法律解释例的内容来看,民国时期的法律实践在处理家事纠纷或家庭事务时已逐渐松动旧有之法观念、放弃过去那种大包大揽的法律治理模式而采取一种不告不理或者不主张不处理之消极态度。很显然,这其中的转化,又主要是依靠法律解释机关以解释的方式来完成的。

如果把视野放得宽一些,那么践行法原则与形成法规则之间,无疑又是存有紧密之关联的:在法律解释的实践中,对于法原则的一贯性坚持,其实是有助于法规则之形成的;而对于法规则的形成性塑造,则同样也是可以丰富和完善法原则之意涵。因为,"有了解释例,(就能够)把一个具体的形态给那抽象的法律装上";而假如没有解释例,则"一个毫无具体形态之规定"、一个"这样空洞的规定","于人民生活并不会发生什么深切的影响"。①

对于此一现象,居正曾有过详细的列举和论述。他指出:

> 刑法第297条规定:"当场激于义愤而伤害人者处三年以下有期徒刑。"因伤害而致人死的怎办?刑法并没有明文规定。十八年(1929年)发生黄培余案,就是这样情形。第一审法院以无明文可据,乃援用刑法

---

① 居正:《司法党化问题》,载居正:《法律哲学导论》,商务印书馆2012年版,第36页。

第 296 条处断。最高法院检察长谓为违法,提起非常上诉。法院采纳其上诉意旨,而为如下之判决:

"刑法第二百九十七条所谓当场激于义愤而伤害人者,系包括同法第二百九十三至二百九十六条所列举轻伤、重伤及伤人致死各种之情形而言。此观于法文规定之顺序,就论理解释,已可了然。"(十九年非字第 153 号)

伤害罪本来系结果犯,其处罚之累重,纯以结果之轻重为标准。这是伤害罪论刑一个重要原则。依论理解释,则对于激于义愤之伤害罪论刑,是否当然放弃这个原则,很值得我们考虑。试参观新刑法第 297 条但书之规定,它却告诉我们,对此问题应该作否定之答案了。如果这个原则没有被我们忽视,则黄培余案第一审法院之论旨,并非毫无理由。不过它对于动机完全抹煞,这是大错。然而第一审法院之忽视于动机,与最高法院之略于结果,依论理言之,同是有所简略。激于义愤伤害人致死之罪刑,依严格逻辑,只可谓现行刑法并无规定。法律既无明文规定,依刑法第一条所含义理推之,对于"致死"之结果,自当不予论究,而单论其伤害之行为。所以,十九年(1930 年)非字第 153 号判决之合法性,与其谓就伤害罪规定之论理解释而得之,不如谓为"法无明文不为罪"一个原则之当然结论。如果判例照此立论,自可谓为纯系演绎。然而判例所陈法理,却舍此而有用彼。在一个"伤害罪视结果而论刑"的大原则笼罩之下,对于刑法第 297 条一个疏漏而简略的规定,勇敢地给他一个具体型态之补充,一个反乎上述原则的具体规定之添附,这样手段,如果定要说是论理解释,那末这种论理至少是一个辩证法的论理,而不是形式的演绎论理。对于现行法所采用一般原则,而就某种场合设定例外,这无疑是一种创造法律,而不是仅仅演绎义理。①

从居正的例举和论述中我们可以看出,在民国法律解释的实践中,特别是在法无明文规定之前提下,法律原则在法律解释实践中的贯彻与通过法律解释之实践来形成法律规则,这两方面往往是相辅相成的。连接这两者之间的法律解释方法,又往往是论理解释。

五、提请修法动议

所谓提请修法动议,即是通过法律解释来提请法律修改之建议或者重新立法之案由,以便具有立法或者修法职责的机关,进一步完善法律。

虽然民国时期的法律解释机关,既是最高司法机关,也是拥有统一法令解释权之机关,但是"于法文所未规定之事项",法律解释机关都尽力避免

---

① 居正:《司法党化问题》,载居正:《法律哲学导论》,商务印书馆 2012 年版,第 37—38 页。

"以解释创造之"。① 换言之,这意味着民国时期的法律解释机关始终尽力恪守解释之本分,毋代行立法之职权。因而在遇到法规范需修改甚至重新立法时,它一方面通过法律解释方法之合理运用进而将规则予以演绎和细化,以便解决规则适用的急需;另一方面则是通过法律解释的内容,指陈法规范之不足,吁求相应的机关对法规范进行修改或者重新立法。

有关此一情形,从民国时期法律解释的实践来看,主要包括以下之各种情形:

时间	解释号	解释内容
1915年1月12日	统字第197号	……唯查该则例仍袭用斩绞军流等刑名,既与现行法不一致,而其中收赎折枷等易刑处分之规定,其标准亦不能与现行刑名相比照,且该则例虽系对于蒙古之特别法,然亦颇有轻重,失其权衡之处,似宜斟酌现在蒙古情形,并现行刑法,酌加修改,以便援用。
1915年5月20日	统字第272号	本院查前清乾隆十八年定例,本有以三十年内外分别听其找赎,及不许找赎之办法,迨宣统元年修订法律馆以时隔百余年,应无从前契载不明之产,当将年限节删,逐致援用失据。惟经济状态变迁不常,土地价值低昂亦异,如因条例无文,不论年限久远,概许赎回,从此葛藤无已,讼累因之,殊非保护社会生活安宁之道,则时效制度,诚为及今审理土地案件最急之端,然制定此条例,绝对溯及既往,亦恐生偏倚之弊,揆度舆情,权衡事实,仍须斟酌典契之有无期限,经过期间之长短,价值相差之比例,及收赎之方法,逐一订定,方无窒碍,事关立法,除将原咨并本院意见,咨行司法部外,相应咨复贵尹查照。
1918年8月	统字第821号	查上开情形,既于刑诉律草案再理编第四百四十六条再审条件不合,现行法规又无救济方法,只能留供立法参考,相应函复贵厅查照。
1919年11月18日	统字第1131号	本院查欺隐熟地粮税,与领垦荒地升科,即未报户入册之情形,迥不相同;刑律第十条明定法律无正条者,不论何种行为不为罪,自不得比附援引,以为科断。**本院前经咨请贵部,早为筹备,即因将来如遇此项案件发生,依律除宣告无罪外,别无制裁之条。**来咨拟比照国有荒地承垦条例第二十七条办理,实与现行刑律所定未免抵触。相应咨烦请贵部仍查照前咨酌夺办理可也。

---

① 这一内容出现在院字第2751号解释文中。在这份于1944年9月14日致国民政府军事委员会的解释文中,司法院指出:"惩治盗匪条例第三条第一项第一款系就强劫之物体而为规定,与同条例第二条第一项第五款就强劫之地点规定者不同,其列举之犯罪物体,既仅为水陆空公众运输之舟车航空器三种,则本罪之构成,当然以劫取者为上列之物为限,若在该物体上强劫旅客财物者,自不包括在内,只应适用同条例第五条第一项第一款处断。至其法定刑罚是否适当,事属立法问题,**不属解释范围**。殊难于法文所未规定之事项,而以解释创造之。"

(续表)

时间	解释号	解释内容
1919年12月18日	统字第1166号	查关于控诉期间之起算点,本院前虽有统字第四百号之解释,嗣因民事庭会议,认为显与法文有背,故将前解释变更;惟上诉期起算日期,各级审似以统一为宜,应请贵部具案呈明修正可也。
1919年12月21日	统字第1175号	查第三百三十七条,不仅为第三百三十三、四条加重规定,并应认为第三百三十五条所列之人犯第三百三十三、四条罪者之加重规定,虽第三百三十七条第一项规定,较三百三十五条第一项所定之刑,并不加重。但此系法文缺点,应待修正,若不依此解释,窒碍转多。

上所列之解释例文或许反映出,大理院时期尽管法制未备,但是大理院却始终恪守权力之本分,在法律解释的活动中坚持释法而不造法。很显然,这种行使法律解释权之审慎的原则,无疑应当获得认可并值得尊重。

的确,民国时期、尤其是民国初年,大法未立、法规不全,创造新法律规范与体系的责任,不仅寄托在立法机关以及立法者身上,而且也寄托于司法机关和司法者身上。考虑到立法之成本以及法律解释管道运行的便利性,因而从民国时期法律解释的实践来看,司法机关以及司法者他们虽未"造法",但却也不辱使命,通过包括法律解释在内的各种方式与途径,不断归纳、提炼并确立新规则与新观念、新原则和新概念①,进而不仅妥恰地应付了现状,而且还使得法令获得统一之行使并在此基础上创造出了新的司法与新法制②,从而为其社会功能的发挥奠定了良好的法制(治)基础。

第二节 社 会 功 能

民国时期法律解释的社会功能,从法律解释的实践来看,主要有三种类型:一是移风易俗,改造社会秩序;二是尊重社会习惯,整合社会秩序;三是兼顾新与旧,力图弥合社会之急遽断裂。也即以一种稳健的方式,来推动大变革时代的社会生活发展。

---

① 比如,范德尔沃克(van der Valk)在《北京大理院解释例,1915—1916》一书中,指出大理院为适应时代需要,通过判决例和解释例在调整法律概念,实现法律现代化方面所起的重要作用。See M. H. van der Valk, Interpretations of the Supreme Court at Peking: Years 1915 and 1916 (1949; reprint, Taibei: Chengwen chubanshe, 1968), p. 43. 转引自张勤:《中国近代民事司法变革研究》,商务印书馆2012年版,第6页。

② 黄源盛:《民初法律变迁与裁判》,台湾政治大学法律丛书(47),2000年自版,第77页。

一、移风易俗,改造社会秩序

(一) 移风易俗

民国时期风云际会,新旧杂陈。在社会发生巨变之际,"尽管重新建立法制的希望很渺茫,是否会因与传统不合,而成具文的种种担心和呼声,还是不时出现,却无法阻挡国人坚定的意志,于新的法律体系,寄予移风易俗,推动中国社会进步的希望,借以重新塑造新的社会秩序"①。换言之,在近代国人看来,"法律纵不能制造社会,而改良习惯,指示方向,确有效力"②。因此,法律解释机关通过法律解释的方式,改变社会旧有之风俗习惯,改造社会之传统结构与秩序,塑造新社会与新人,自然也是题中之意。

比如,在 1917 年 9 月 13 日复京师高等审判厅的统字第 677 号解释中,大理院认为:

> 查民事现在继续有效之现行律载,京城官地井水,不许挑水之人把持多家,任意争长价值,及作为世业,私相售卖等语;兹就民事言,该律例对于以官地井水营业者,明禁其有分段专售之权,以此比例类推,私地井水,虽所有者可以自由营业而把持售卖,则为贯彻律例保护一般市民之精神,亦当然应认其同归禁阻,是法有明文,即令习俗相安,仍未便显然悖反,此种惯行,即不能认为权利,而予以积极之保护。

还比如,对于无正当理由、滥用主婚权之现象,民国时期的法律解释就明确规定可以法院之裁判代之。例如,1919 年大理院统字第 1051 号解释例就曾指出,"查祖父母父母俱在而又同居,其主婚权在父母,惟须得祖父母之同意。本院早有判例(参照本院七年上字第二九八号判决)。至祖父母并无正当理由不予同意,本得请由审判衙门斟酌情形以裁判代之。"与此同时,1920 年大理院统字第 1207 号解释例亦同样认为,"父母之主婚权非可滥用,如父母对于成年子女之婚嫁并无正当理由不为主婚,审判衙门得审核事实,以裁判代之。"从这两个法律解释文来看,民国时期的法律解释机关都明确表示司法机关可以通过司法裁判的方式来改变传统中国婚姻制度中"父母之命、媒妁之言"这一必要条件,确保"主婚权"不被滥用的同时又尊重婚姻当事人的意思表示。这也就意味着,通过法律解释的方式,大理院不仅确立起了婚姻法领域的新规则或原则,而且也推动了社会风俗之变革。

除上举之情形外,在民国时期法律解释的实践中,通过法律解释发挥"移风易俗"之功能,还主要体现在如下的法律解释文(例)中:

---

① 孔庆平:《改造与适应:中西二元景观中法律的理论之思(1911—1949)》,上海三联书店 2009 年版,第 88 页。
② 《民法亲属编先决各点意见书》,载《法律评论》1930 年第 7 卷第 38 期(总第 350 期)。

时间	解释号	解释内容
1913 年	统字第 37 号	买卖人口行为,不问其是否为娼,在法律上当然不能生效力。
1916 年	统字第 454 号	定婚须得当事人之同意。若定婚当时未得女之同意者,其女诉请解除婚约亦无强其成婚之理。
1916 年	统字第 510 号	从前夫义务系属于不可代替行为之性质,在外国法理,概认为不能强制履行;盖若交付人身直接强制,事实上仍未能达判决之目的,即不致酿成变故,亦徒促逃亡,曾无实益之可言,况法律上,夫对于妻并无监禁或加暴力之权,而刑法就不法监禁及各种伤害之所为,且有明文处罚,则可交付转足助成犯罪,殊失国家尊重人民权利之本旨;我国国情虽有不同,而事理则一,此项办法未可独异;至前清现行律所定婚姻明文,虽仍继续有效,而各项处罚早因新刑律施行而失其效力;又民事拘押及收局工作,依拘押民事被告人暂行规则第十一条及试办章程第四十二条,均只于财产执行之事件,并不能适用于上开之人事关系;是现行法上以罚金管押等为间接之强制,亦有所不可计,惟有由该管执行衙门和平劝谕此外实无强制执行之道;此种案件,若经知事实施管押,已属过当,亟应还其自由以晓谕。
1917 年	统字第 732 号	家产由子出名置买者,如别无可认为父遗之根据,自系私产,父非得子之同意未便听其处分。
1918 年 12 月	统字第 906 号	子已成年,其父母为之退婚而未得其同意者,其退婚不为有效。
1918 年 12 月 14 日	统字第 909 号	同姓不宗之婚姻,既不违律意,自属有效。(参照大理院三年上字第五九六号判决理由内载,现行律载凡娶同宗无服之亲或无服之妻者,各处十等罚;律意所载无非重伦序而防血统之紊乱;同宗无服之解释,应不拘泥于支派之远近、籍贯之异同,但使有谱系可考,其尊卑长有之名分者,于法即不能不谓同宗。)
1920 年	统字第 1232 号	既经业主有效撤佃之后,若佃户补清欠租,不经业主同意即可回复佃权,殊于土地之移转经济之流通以及权利之效用等多有窒碍,即使有此习惯,亦应认为有背公益不能采用。
1928 年 9 月 10 日	解字第 161 号	查买卖人口久已悬为历禁,果如来函所述,妇女说与人为妻,苟经双方合意,虽出银若干而具实有财礼之性质者,其婚姻自应认为有效。否则仅假托婚姻之名,而行辗转买卖之实,无论地方有无此习惯,仍为法所不许。
1931 年 8 月	院字第 536 号	按在他人土地上建筑房屋,其所生法律上之效果,当视契约之内容分别认定;如为不定期之租赁关系,在所有人可随时终止契约;若该地有利于承租人之习惯,固可继续租赁,但依民法第四百四十九条之规定,其续租期亦不得于民法施行后更逾二十年。至建筑房屋存在与否,只为解约时应否偿还有益费用之问题,与租赁期间无涉;惟在存续期间之内,若因经济状况发达,所有人得以请求增加地租,自不待言。如为地上权,则其撤销原因,以有民法第八百三十六条之情形为限,不因工作物之灭失而消灭。但地上权人亦不得藉口该地习惯,对于使用之土地而主张所有。

在《大理院与习惯法》一文中,王世杰指出:

民国初期是一个无数旧势力应消灭而未消灭,无数新势力求生而不得生的时期,既存的习惯,尽管与社会现实的需要相反,既存的习惯却什九而未灭,为社会上许多新制度和新事业发展的大障碍。在此种情况下,国家机关正宜间接、直接促进这些习惯的改变,不当更给这些习惯以优越的法律效力。①

基于此,在民初法律解释的实践中,通过解释改变旧有的社会习惯,显然不仅有利于法律规范及其实践空间的延伸与拓展,而且也能够就此有力地推动社会的变革与发展。

(二) 推行新价值观

民国时期的法律解释实践,不仅确立新规则,而且也普及新原则或者新观念。尤其是对新价值观的推行,在民国时期的法律解释实践中相当常见。

兹列举以下三个方面予以具体说明:

一是"男女平等"。"重男轻女之习惯,由来已久,反映于法律,致男女间之差别待遇,遂成牢不可破之局势。妇女解放,夙为各国共通之问题,……"②"男女平等,自为三民主义所主张,而亦为人类现代生活所趋之必然现象。我国以往法规,男女之不能平等,轻重实太悬殊。于是法律与事实,相互为因果,致中国女子陷于不拔之地位,造成社会畸形之状态。"③因此,于合理之范围以内,承认男女地位之平等,自是应当。

立法上有关男女平等之规定,最早则可溯至南京国民政府于 1930 年 12 月 26 日所颁布的新《民法》总则。这部法案较之于第一次草案(《大清民律草案总则》)和第二次草案(《民律草案·总则编》)的进步之处,其中之一便是撤废男女间不平等的规定,强调"凡行为能力之有无限制,男女之间,毫无轩轾"(第 13 条、第 15 条)。④ 然而,民国法律解释实践中有关"男女平等"原

---

① 王世杰:《大理院与习惯法》,载《法律评论》第 168 期。
② 此外,"妇女解放,夙为各国共通之问题,有经立法者、政治家及女权运动者数十年间之努力奋斗,而仍未能达到最终之目的,在彼号称先进之文明国家,而法律上男女地位之不平等,犹多在所不免,如离婚条件宽于男而严于女,对于子女行使亲权认父应优先于母,于一定限度内仍认夫权之存在等等皆是。"谢振民:《中华民国立法史》(下册),中国政法大学出版社 2000 年版,第 750 页。
③ 吴经熊:《十年来之中国法律》,载吴经熊:《法律哲学研究》,清华大学出版社 2005 年版,第 90 页。
④ 参见杨幼炯:《中国司法制度之纵的观察》,载《中华法学杂志》1937 年新编第 1 卷第 5、6 号合刊。与此同时,对于此项规定,该《总则编》的立法理由说明书指出:"此编对于特别限制女子行为能力之处,一律删除,并以我国女子,于个人财产,有无完全之处分之权,复规定已结婚之妇人,关于其个人之财产,有完全处分之能力,至其他权义之关系,亦不因男女而有轩轾。谢振民:《中华民国立法史》,张知本校订,中国政法大学出版社 2000 年版,第 756 页。除此之外,在此次亲属法中,有关男女平等的原则较之于以往,也得到了很好的体现。"第一次草案认为妻为限制行为能力的人,此编被否定了;以往法律中,离婚条件,男宽女严,此编予以否定;历次民法草案中,亲权行使,均以父为先,只有父不能行使权力时,才由母亲行使,此编以共同行使为原则;历次草案中,在一定制度内,仍承认夫权的存在,在此编中,没有夫权的明文规定。无论是否出嫁的女子,对于父母的遗产,都有继承权。此外,各种亲属以与被继承人亲等的远近划分,不以性别而有所区别。妾的问题,在民法中没有涉及,虽然事实上还存在,但法律上已不予承认。"张仁善:《近代中国的主权、法权与社会》,法律出版社 2013 年版,第 203—204 页。吴经熊评价此项立法"实为内容进步之最大标榜"。吴经熊:《十年来之中国法律》,载吴经熊:《法律哲学研究》,清华大学出版社 2005 年版,第 90 页。

则之贯彻落实,则最早可溯至统字第 1269 号。在这份于 1920 年 4 月 29 日大理院复总检察厅的解释例文中,大理院指出:"查刑律褫夺公权,褫夺其第四十六条所列资格之全部或一部,于妇女既无特别规定,似应一律适用。"从中可以看出,在有关褫夺公权问题的上,民国初期的法律规定并未从性别上予以区别对待,而是采取了男女一律平等的做法。这应该说是民国法律世界中"男女平等原则"的初期规定与初步实践,同时这也是最不彻底的。① 到了民国中后期,尤其是经由新生活运动的大规模开展以及由此所带来的男女平等原则的广泛宣传和深入实践,法律解释活动中有关这一原则的贯彻和落实自然也就有了更为明确的体现。比如 1928 年 1 月 19 日,最高法院的解字第 16 号解释例文认为:"……第二点所请解释意旨不甚明了,要之离婚案件无论男女何方请求,**应依平等原则**,认有离婚理由者,方得准予离异。"可以说,这是较早也较为明确中在解释例文中出现"平等原则"内容的法律解释。此后,在解字第 34 号解释例文中,可以看到了"男女平等原则"的完整表述。在这份于 1928 年 2 月 28 日复广西司法厅的函文中,最高法院指出:

> 查第二次全国代表大会妇女运动决议案,系前司法行政委员会令行广东、广西、湖南各省高等审检厅,在未制定颁布男女平等法律以前,关于妇女诉讼应根据上项决议案法律方面之原则而为裁判,按上开令文,以财产论,应指未出嫁女子与男子同有继承权,方符法律男女平等之本旨,否则女已出嫁,无异男已出继,自不适用上开之原则。

从中可以看到,虽然这里的男女平等仅指示"未出嫁女子"与"男子"在财产继承上的平等,而非女子与男子间的平等,但这种有关法律上男女平等之强调与实践,无疑有助于新社会中新价值观念的推行。除此之外,在 1929 年 2 月的院字第 7 号法律解释文中,司法院指出:"妾之制度,虽为习惯所有,**但与男女平等原则不符**,基于此点,若本人不愿为妾,应准离异。"从该解释文的内容来看,基于"男女平等"之原则,传统中国有关"妾"的制度规定在实践中已经开始松动:不仅"妾"之于"夫"的依附性在某种程度上被解除,而且在离婚问题上也要充分尊重妾的意思表示。而 1929 年 2 月的院字第 13 号解释例则亦指出:"查此项书田、书仪原为奖励求学而设,现在男女既均受同等教育,自无歧视之理。"该解释文反映的是教育领域中的男女平等问题,它改变了以往男尊女卑的观念,强调男女有平等的受教育权,不得歧视任何一方。

---

① 在大理院法律解释例文中,经常可见男女不平等之内容体现。例如统字第 1284 号,在这份 1920 年 5 月 6 日复总检察厅的解释例文中,大理院指出:"……第二问,甲将妻乙典当于丙二年,于期限内将乙卖于丁,乙无买卖意思,托名典当,应别论罪外,如甲确无买卖意思,真为有期之典当,则甲等于得利纵奸,(参照本院统字第八百三十七号解释文)丙虽不得以乙为法律上之妻,然于担任养育乙之义务,固已合法成约,其犯乙卖于丁,系犯刑律补充条例第九百条第一项之罪,甲父戊得独立告诉,惟应注意丁是否知情故犯(预谋)。"

就民国法律解释的实践而言,有关男女平等观念之强化,除上举之情形外,还包括以下这些解释例文:

时间	解释号	解释内容
1931年1月	院字第405号	财产继承权男女既应平等,已嫁女子如依法有继承财产权,而于继承开始前已亡故者,该女子所应继承之财产,自应归其直系血亲卑亲属继承。
1931年1月	院字第406号	……(三)依中国现行法例,女子应与男子平分财产,如父母无亲生男子,并无可继之嗣子时,得由其亲女继承,取得其全部之遗产。
1931年1月23日	院字第416号	(一)被承继人之遗产,应由子女平均继承,如其子于继承开始前死亡而已生有子女或应为立嗣者,则该子所应继承之分,应由其直系卑亲属继承。(二)被承继人之遗产,应依其子女之数均分,孙对于祖之遗产,仅能平均继承其父所应继承之部分,不能主张长孙应较优于诸孙。(三)嫡庶子女,均应平等继承遗产。(四)诸孙应平等继承伊父之财产。"
1931年1月30日	院字第421号	(一)被继承人死亡,在该省省会隶属国民政府之后(参考已嫁女子追溯继承财产施行细则第一条第二项),其遗产由嗣子与亲女平均继承,在嗣子未经合法择立以前,应留其应继之分。

毫无疑问,这些集中围绕着男女/夫妇财产权如何平等处理的解释例文,充分地体现出"夫妇财产制的确立及女子继承财产权的获得",是打破男女财产不平等的必然产物。① 而这其实也就意味着,民国社会中男女平等观念之落实,不仅涉及家庭生活诸领域,而且也逐渐扩展至社会经济各方面。

有意思的是院字第741号。在这份于1932年6月7日指令湖南高等法院的解释文中,司法院认为:

> (一)分割财产之遗嘱,以不违背特留分之规定为限,应尊重遗嘱人之意思,如遗嘱所定分割方法,系因当时法律尚无女子继承财产权之根据而并非有厚男薄女之意思,此后开始继承,如女子已取得继承权,自应依照法定顺序按人数平均分受,若遗嘱立于女子已有继承财产权之后,而分割方法显有厚男薄女之意思,则除违背特留分之规定外,于开始继承时,即应从其所定。

从中可以看到,该解释例不仅对男女均分财产之权利要求予以了确认,而且还对于以往财产分割之中所存在的厚男薄女之情形予以了说明。这一特殊的法律解释实践,无疑有利于深入推进男女平等原则在财产分割领域中的贯彻落实。

当然,解字第110号也值得予以特别的关注。因为在这份于1928年6

---

① 参见蔡枢衡:《修正新刑法通奸规定反覆修改之社会的意义》,载《法律评论》1935年第12卷第23期(总第595期)。

月27日复浙江高等法院的解释例文中,最高法院指出:"查刑律虽无强卖罪规定,实已包括于第三百五十一条之内。盖诱拐罪系对于(一)被拐人之自由权,(二)夫权或家长权,(三)尊亲属之监督权,三者侵害其一,即可成立。惟行使主婚权过当者,能否即构成略诱罪,自应就具体事实审认。"而对此解释例文之内容,有人提出:

> 最高法院解释第110号解释规定:凡是把有夫之妇诱拐离其丈夫,诱拐罪即告成立,这主要是就丈夫权利而言的,没有相应的对于妇权的同等保护。如丈夫正与人行奸,妻子是否可以行使与夫同等防卫权;有妻之夫与人通奸,妻可否行使告诉权,夫是否处以与'有夫之妻'的同等罪责;将有妇之夫诱离其妻,是否因侵害妻权而处当事人以诱拐罪。①

很显然,这种规范质疑是男女平等观念兴起之后人们试图在刑法学理上对此原则予以贯彻的尝试。②

二是"婚姻自由"。

> 我国素称文弱之邦,故中华才子,类皆多病多愁。其最大原因,即缘婚姻不能自由。父母之命,媒妁之言,是天经地义的;婚姻能否称心如意,自己毫不能做主,全赖运气而定。于是才子不能配佳人。女子方面亦然,自古红颜多薄命,巧妇常伴拙夫眠,以一素不相识之人,而强使成为夫妇,于是郁郁不乐,家庭间绝无乐趣可言。以这样的环境精神,如何会产生活泼强壮的小孩来?反观历来有许多英雄豪杰大人物,类多野合的结晶品。民族强弱与婚姻自由与否,其关系之大,于此可见。③

时人对于婚姻自由之祈盼,吴经熊此番论述之中可见一斑。而也正是因

---

① 参见崔澍萍:《夫权和妻权的问题》,载《法律评论》1930年第7卷第50期。
② 实际上,这种质疑的声音在民国刑法的发展中始终是存在的。比如,《中华民国刑法》(1928年)第256条规定:"有夫之妇与人通奸者,处二年以下有期徒刑,其相奸者亦同。"这一内容就曾引起女性的强烈不满。她们认为,在刑法创制颁布的过程中,没有一位女性参与其事,导致男性立法者因主观偏见,而忽视男女平等的纲领。她们警告说:"如不急加修正,将使误会者并当局主张男女平等之盛意而亦误会之,其有关党国前途者实大。"与此同时,她们提出:"刑法在相关方面要进行修正,如变更从来为男性而设之刑法,使其为人类而设之刑法;变更从来男性中心社会之宗法,使其为男女平等社会之亲等法;分别男女全体血系之远近,使其为善种之预备;付予女性以其夫与人通奸之告诉权,使其为废娼、废妾之明文;加重男性以其妻怀胎及产后期间之夫负担责任,使其为母性之保护。"参见蒋凤子:《修正中华民国刑法意见书(附草案)》,载《法律评论》1928年第6卷第4号(总第264期)。因此,1935年刑法修订期间,有大量的妇女到总统府门前示威。迫于压力,新《刑法》将此罪名改为:"有配偶而与人通奸者,处一年以下有期徒刑,其相奸者亦同。"(第十七章"妨碍婚姻及家庭罪"第239条)这意味着只要是配偶,不管夫妻,一方发生此等行为,即构成妨害婚姻及家庭罪。很显然,这一规定结束了延续多年的有关男女不平等的刑法规定。因此,有学者认为:"如果实现,将于吾国法制史上画一新纪元,影响所及,自非浅鲜。"郁嶷:《夫妻贞操义务与和奸罪》,载《法律评论》1934年第11卷第12期。
③ 吴经熊:《三民主义和法律》,载吴经熊:《法律哲学研究》,清华大学出版社2005年版,第98页。

为此,推进婚姻自由之原则,实乃新生活方式的首要任务之一。

然而从民国时期法律解释的实践来看,有关婚姻自由原则之采纳,亦是经历了一个缓慢推进的过程。比如 1915 年大理院统字第 317 号解释指出:"查民法原则,婚姻须得当事人之同意;现行律例,虽无明文规定,第孀妇改嫁,须由自愿,则室女亦可类推,以定律言。"又比如 1915 年 2 月 22 日的统字第 232 号认为:"现行律例,男女婚约条载,男女定婚,若有残疾,务明白通知,各从所愿;又妄冒已成婚者离异各等语,天阉系属残疾,其初若未通知,自应准其离异。"再比如统字第 906 号解释例指出:"子已成年,其父母为之退婚而未得其同意者,其退婚不为有效。"虽然这三条法律解释例文强调的主要是婚姻自主对于婚姻关系是否成立所起到的重要作用,但毫无疑问,它们都是有关婚姻自由较为温和的话语表述和法律适用,因为它们从本质上来说都确证了婚姻自由原则的重要意涵。与此同时,比如 1918 年大理院统字第 909 号法律解释例也认为:"婚姻应以当事人之意思为重,主婚权本为保护婚姻当事人之利益而设,故有主婚权人并无正当理由拒绝主婚者,当事人婚姻一经成立,自不能藉口未经主婚,请求撤销。至其拒绝理由是否正当,审判衙门应衡情判断。"还比如 1921 年 8 月 28 日复山西第二高等审判分厅的统字第 1584 号解释,在此例文之中大理院指出:"查男女之一造,于定婚后若罹残疾,其婚约应否解除,当各从相对人所愿,依本院四年上字第二三五七号判例论之,其不愿者,断无强令继续之理。"从中可以看到,大理院在有关这一问题的解释实践中,其遵循的无疑还是婚姻自主的原则。而这种有关婚姻自主性因素的重复性确证以及法律话语的不断强调,无疑也会强化和塑造婚姻自由原则中的主要构成要素与核心内容,并进一步促成婚姻自由原则在法律解释例文中的正式适用。除此之外,比如解字第 33 号,在这份于 1928 年 2 月 28 日复安徽高等法院的解释例文中,最高法院指出:"查男女两造请求离婚,只须认定有无理由,分别驳准,无庸具备一定之条件;又定婚主婚如与结婚自由并无妨害,自应听其适用,兹准前由。"很显然,此解释例文中的结婚自由,实际上即为婚姻自由之意。因而这一解释例文,自然也就可以看成是对婚姻自由观念的话语强化及其解释实践。

婚姻自由当然不仅包含结婚自由,也包含离婚自由。1917 年上字第 866 号认为:"孀妇改嫁,必须出于自愿"。这一判决例之内容,显然是婚姻自由原则的一种体现。同样,统字第 822 号解释例文的内容无疑也反映出了这一点。在这份于 1918 年 8 月 5 日复安徽高等审判厅的函文中,大理院指出:"查夫妇如无法律上离婚原因,自非两相情愿,无率予判离之理;至离婚后之子女,原则应归其父,但有特别情形(年幼即其一端),即暂规其母抚养,亦无不可,判定夫妇互相抚养费用之标准,应斟酌受扶养人生活之需要及扶养人之财力。"从中可以看出,法律解释机关在确证离婚须两厢情愿的同时,也强调了离婚自由的重要原则。

解字第 59 号解释例文同时主张了婚姻自由原则中的结婚自由与离婚自由这两方面的构成要素。在这份于 1928 年 4 月 11 日复湖南高等法院的电文中,最高法院指出:"查男女婚姻依现行律亲属上之限制,与结婚、离婚自由之原则并不抵触。来函所称甲男娶缌服内之孀弟妇乙为妻,自属无效。如无直系尊亲属出而告诉,应由代表公益之检察官请求,方可撤销。"

除上述所举解释例所涉之情形外,从民国法律解释的实践来看,有关婚姻自由原则之主张与强化,还包括以下这些情状:

时间	解释号	解释内容
1931 年 2 月	院字第 429 号	孀妇再醮为法令所不禁,依婚姻自由之原则,该孀妇张甲与李戊结婚,他人自不得出而干涉。
1931 年 8 月	院字第 554 号	孀妇改嫁与否,应由孀妇自主。主婚权之制度与婚姻自由之原则相反,虽在民法亲属编施行前,亦不适用。
1931 年 10 月	院字第 601 号	(一)来函所称婚姻情形,依据结婚自由之原则,虽未得丁、戊之同意及追认,仍属有效。

有意思的是解字第 35 号。在这份于 1928 年 2 月 28 日复浙江高等法院的解释例文中,最高法院指出:

> 查第二次全国代表大会妇女运动决议案,关于请求制定男女平等法律,经前司法行政委员会令行广东、广西、湖南各省高等审检厅,声明在此项法律未制定以前,应依该决议案法律方面之原则而为裁判,现上项法律尚未经国民政府制定颁布,对于函开一、二、三各点,只有本诸男女法律上平等之精神为裁判标准,以财产论,应指未出嫁女子与男子同有继承权,否则即属例外,自不适用上开之原则,请求离婚,只须认定有无理由,不必具备如何条件,结婚如得本人同意,主婚人与本人意思并不相反,即不妨害结婚自由,此种惯例,自应听其适用。

从中可以看到,这份解释例同时对"男女平等"与"婚姻自由"的观念予以了强调和实践,虽然这里所谓的"男女平等"与"婚姻自由"并非与今日之标准与意涵完全相同,但是相对于年代,无疑已是在前行的方向上迈出了相当坚韧的步伐。

与此同时,解字第 147 号解释例文亦对男女平等与婚姻自由的内容予以了强调。这份最高法院于 1928 年 8 月 16 日复广西高等法院的函文指出:"……(二)离婚案件除双方协议离婚,系绝对自由外,一经涉讼,依据男女平等原则,于法律范围内认有绝对自由,惟所诉有无理由,自应由法院审核办理。"

院字第 104 号解释例同样值得特别关注。因为在这份于 1929 年 6 月 28 日复浙江高等法院的函文中,司法院指出:"来函所引现行律例嫁与奸夫者,妇人仍离异等语,显与第二次代表大会妇女运动决议案相抵触。依照男女平等原则,凡夫妻一造与人通奸,均得为请求离异之原因。至离异以后则结婚、离婚绝对自由,自无不得与相奸者结婚之限制。"很显然,从中可以再次看到了有关男女平等原则与婚姻自由原则的解释实践与话语强调。而这反映出"男女平等"与"婚姻自由"两原则间内在的关联性,这一做法也有助于这两项原则在现实社会生活中的共同贯彻与落实。

三是"对特殊群体予以特殊保护或对待"。例如,在1918年11月30日复河南高等审判厅的统字第888号解释例中,大理院就曾指出:"查刑律第八十条,羁押日数折抵方法,应从被告人利益解释之原则;若遇奇零日数,仍准抵折一日。"又比如,1918年大理院统字第909号解释例认为:"母改嫁时未婚之女,如其父家近亲并未公同定义养育方法或并无近亲者,自可听其生母携带抚育;如父家近亲所议养育方法于该未婚女有不利益时,亦应由审判衙门裁判酌定。"这两条法律解释例文,前者反映的是"有利于被告人之原则"在羁押日数折抵方法计算上的实践,后者体现的是"对未婚女有不利益"时的特殊处理与保护。除此之外,院字第1039号解释也反映出了对"瞬将临蓐之孕妇"在程序上的特殊照顾。因为在这份于1934年2月13日复陕西高等法院的电文中,司法院指出:"瞬将临蓐之孕妇,事实上确不能出庭者,得停止审判程序,若停审至十五日以上者,应依刑事诉讼法第三百零六条更新审判程序。"

客观来说,近现代国人对于通过采纳西方法制以改造中国社会,对于通过强调法律的进步性和正义性来重塑新的生活,无疑是抱有厚望的。① 因而,他们一方面通过"证成立法事业的进步性",建立西方法律之于中国社会的正当性,以达到用其改造中国社会的目的;另一方面则努力调和法制"与中国旧有习惯之间关系",以期"西方法律体系与中国旧有习惯能完美的结合",进而达致"消除改造社会与适应社会的内在紧张"。② 这样,尽管源自西方法生活的新观念、新规范、新制度在民国社会的转化与推行,障碍重重,但是其在政治、社会及文化上的合理性,却又是不应否认的。对此,吴学义指出:

> 吾国今日,既采用革命的立法政策,旁顾时代环境之进步要求,复咄咄逼人,断不能阻挠一部分之长足进步,而强使驻足相待,以近合于他部分之墨守成规者;再由国家政策着眼,又不能因城市与乡村,而为各异

---

① 相关的论文,可参见陈进文:《法律的新生命》,载《法轨》1935年第2卷第1期;李祖萌:《中华民国新民法概评》,载《法律评论》1930年第336期;王世杰:《中国现行法令与个人自由》,载《北京大学社会科学季刊》1923年第1卷第2号,等等。

② 参见孔庆平:《改造与适应:中西二元景观中法律的理论之思(1911—1949)》,上海三联书店2009年版,第90—93页。

之立法与判决,则舍彼就此,亦属不得以之事。何况革命的立法,足以促进社会的改善。若必各方兼顾,迁就旧习,则女子继承财产权、自由离婚权,亦非吾国旧有之习惯,迄今犹仅都会城市之女子享有之,多数乡民,则仍鲜有主张实行之者,何竟三令五申,严厉施行?①

但与此同时,

> 用法律来规范国家社会生活,也是一个因果过程。单纯的法律仅有规范国家社会生活的可能性,并不即是规范国家社会生活的现实性。……(因为)保有规范国家社会生活实在的可能性之法律,是和特定时空的现实互相符合的法律。只有和社会组织的现实互相符合的法律,才有规范现实的可能。和社会现实不符——其或互相矛盾的条文,都不会有支配社会现实的实在可能性。终究不出纸上谈兵的境地。②

换言之,此时的国人也"几乎无一不承认,法律是社会生活的规范,须与社会心理、民众意识相适合,始能发生效力,也就是法律必须与社会相适应,因而,法律在承担改造社会的功能的同时,为防止成为具文,必须兼顾与社会相适应"③。这也就意味着,无论是改造社会还是适应社会,实际上都充分反映出民国时期法律解释实践之于社会所发挥功能的整体性特征。

二、尊重社会习惯,整合社会秩序

(一) 尊重社会习惯

在民国时期法律解释的实践中,不仅尊重法律实践之习惯,而且也尊重社会之习惯,以确保社会结构之稳定并以此维护社会秩序。通过法律解释的方式确证社会习惯的效力,有利于整合社会秩序,维护社会稳定,这在民国法律解释的实践中同样较为常见。

的确,无论是对于社会生活及其秩序而言,还是对于法效力之理论证成与现实发挥而言,习惯都处于重要的地位。一方面,"习惯既久,良者固宜备辀轩之采,即恶者关系人民生计,无良教育以濡染之,亦难骤事革除"④。另一方面:

> 习惯的沿用,虽为无意中的沿袭,知其然,而不知其所以然,但开始必为于两者或数种行为间,由意识的选择便于施行的行之,或偶然于数种行为中择一行之,以作为应事接物的准绳。然而,无论如何是经长时

---

① 吴学义:《夫妻财产之立法问题(3)》,载《法律评论》1930年第7卷第44期(总第356期)。
② 蔡枢衡:《中国法理自觉的发展》,清华大学出版社2005年版,第82—83页。
③ 孔庆平:《改造与适应:中西二元景观中法律的理论之思(1911—1949)》,上海三联书店2009年版,第87页。
④ 董康:《前清法制概要》,载《法学季刊》1923年第2卷第2期。

间相沿为用而成立的。习惯一经成立,其势力与年俱增。这种规则的发生远在国家成立之先。后国家既成,制定成文法以维持社会的安宁与秩序,但是也不能抹杀根深蒂固的习惯,由国家权力追认其效力。习惯之所以有如此的力量,在于一它包含一种原则,为众所赞许;二习惯是将来继续的理性盼望的根据。因而,立法之时,应采纳长久实行于民间具有权威的习惯,不应于外界寻求新例,而为危险的试验。就人类社会而言,如果没有充分的理由,应该尽量满足人类理性的盼望,免其挫败。法律作为人类行为的准绳保障公道以外,仍须得社会民众的遵守不越,习惯入人之深,迥非制定法所能望其项背,因而,只要习惯无碍于公众安宁善良风化,仍以采纳遵行为上策。①

换言之,从根本上来说:

> 法律系社会现象之一,本含有合理性格,当其成为法律之际,固不能赖三读形式,以完成其形体。然法之所以为法,非仅为制定法之故,乃因法律之实质,即为民众所仰望而祈祷之者。故能于完成法之形体后,克收风行草偃之效。若非然者,民且疾恶而阻遏之。或竟因革命而使成为废纸。故离去社会实际生活状况,既无法律真义可言。②

因此,欲使法之效力存在,同时又使法律之实践得以顺畅,就必须在以既成法为依据的基础上,过问社会正当生活秩序,尊重社会风俗习惯。

例如,针对1921年由浙江第二高审分庭转江山县农会函称:

> (甲)江邑习惯,佃人向田主佃种,有揽种浮种之不同;揽种者,佃人向田主出有押揽洋元,并订有合同契约;如田主欲令佃人退佃,须将押揽洋元返还方可,故其性质近于永佃权。浮种则不然,初无押揽洋元,仅以佃种交租为唯一之条件,故其性质近于赁贷借。是以原始之佃户,对于最初之业主,苟未缴有揽洋,以后虽经辗转相顶,至有代价而继续取得物权之业主,既不负偿还顶价之责任,亦不以曾经转顶,遽受永佃权之拘束。此项习惯,究竟有无法的效力。

大理院统字第1645号复:"本院查第一点所称揽种情形,其预缴之押租,若经返还,即可令佃人退佃,是尚不能认为有永佃权之存在,其佃户私相转顶,业主当然不受拘束,该地习惯,应有法之效力。"从该解释文的内容来看,大理院正是充分考虑到当地之"习惯"并对该"习惯"之法效力予以及时确认,进而明晰土地上的佃权之争,有效地处理掉了社会纠纷。

除此之外,在民国法律解释的实践中,通过法律解释之内容表达对社会

---

① 傅文楷:《法律之渊源》,载《法学季刊》1923年第3卷第1期。
② 刘志敉:《论物权法上的习惯之效力》,载《法律评论》1933年第521期。

习惯之尊重,还体现在以下的法律解释例(文)中:

时间	解释号	解释内容
1914年2月	统字第101号	本院细察番地情形并详核该条款,其中自不无应行修改之处,惟在未经修改以前,番地**民情风俗,迥异内地,自不能一律绳以新律**。
1914年7月18日	统字第147号	查国家在私法上之地位,与个人同。故凡公款存放商号生息,如遇商号因亏倒闭,自应受破产法规(前清破产律,已于前清光绪三十三年十月二十七日废止,故现遇破产事件,均依破产条例及习惯法则以为判断,所谓破产法规者,即指破产条例及习惯法则而言。)之限制,不能较其他债权人有优先权。
1917年	统字第607号	使用官山,**如无特别章程惯例**,乙葬坟距甲祖墓果有丈余,刑事自不为罪,民事亦非侵权。
1917年	统字第623号	亲属会之组织,现行法上并无规定,**自应依据习惯办理**,无选定制定之可言。
1917年	统字第677号	查民事现在继续有效之现行律载,京城官地井水,不许挑水之人把持多家,任意争长价值,及作为世业,私相售卖等语;兹就民事言,该律例对于以官地井水营业者,明禁其有分段专售之权;以此比例类推,私地井水,虽所有者可以自由营业,而保持售卖,则为贯彻律例保护一般市民之精神,亦当然应认其同归禁阻,是法有明文。即令习俗相安,仍未便显然悖反。**此种惯行**,即不能认为权利而予以积极之保护。
1918年1月28日	统字第744号	查不动产典当办法,原为确定典主之权利,藉以保护交易之安全而设,故其第九条之规定,自指不及六十年回赎期间之**习惯**而言,其永久准许回赎及长于六十年回赎期间之**习惯**,既与该办法立法之精意有违,则自该办法施行后,不能认为法则予以援用此种解释。
1918年4月2日	统字第773号	查函询情形,须先辨明乙庄客之性质,始能加以断定。盖如乙庄客为牙行性质,则除该地方有特别习惯可资依据外,以条理言;乙庄客与丙商号之行为,即不能直接对甲商号发生效力,甲商号托丁代卖之货,纵使与前货同一记号,丙商号亦不能擅自提取。如乙庄客为代理商或普通代理人性质,则乙庄客与丙商号之行为(该地方又有代理人不明示本人名义亦能对于本人生效之习惯),即应直接对于甲商号发生效力,其擅自提货之行为,是否正当,虽不无审究余地,然就其得向甲请求交货之权利观之,甲商号自不得藉口反抗,至货价及乙庄客预支之款,亦视乙庄客之性质及其代理权限之如何,始能解决,不能执一以论。
1918年	统字第827号	有甲某住于乙所开之饭店,结欠房饭费若干未偿而亡。乙店主将其遗留物件封存备抵,其他债权人丙丁等欲与均分,乙则以应有优先权为词,其所称优先扣押权利,**如查明有此习惯**,自可认为法则采以判断。

(续表)

时间	解释号	解释内容
1918年12月	统字第919号	……倘甲本非业主,系由丁与之串通,侵害戊之权利时,按照本院判例,得本于不法行为指原则,甲及丁请求交房及赔偿,如该地方有铺底习惯,而丁之营业亦有铺底时,则其营业移转,与租房之关系,仍应查照习惯办理。
1919年	统字第945号	……如果并非买卖所有权,仅将种地及承差之权利出让,应准照习惯认为有效。
1919年5月23日	统字第991号	查因违反族规涉讼者,若与权利义务有关,应予受理。族人使用祠堂,若照族规定有办法(明文或惯例),应准被拒绝使用之人或族长管理祠堂人,代表族众诉请裁判,其他族人若有直接利害关系者亦同。此等事件,与确认身份若无关涉,不得谓为认识诉讼。
1919年12月13日	统字第1164号	查俗所称长孙者,应指长房嫡出年最长者而言;所谓大宗是也。该县如无反对习惯,自应以此为准分析家财;除当事人明白表示合意或该地方有特别习惯足资解释应多给长房外,依照现行律户役卑幼擅用财条例,自应依子数一体均分。
1920年5月17日	统字第1295号	查丙有精神病,其所分财产,又向由甲管理,自可甲为丙之保护人,甲以丙保护人资格,为丙子分析家财,自属有效。至分析家财,除各该地方有长子,因特种费用(如别无祭赀应由长子负担之类),得酌量多给,以资抵补之习惯外,依律自应按子数均分,不得偏颇。
1921年6月30日	统字第1559号	房屋租赁契约,有永租之性质,或订有期限,尚未满期而业主声明解约,诉请迁让者,应依呈准暂行援用之,民诉律草案第十一条定其管辖并征收审判费用,其未订期限而于解约无争,或已订期限而业经满期,业主声明解约诉求迁让者,应依该草案第二条第二款定其管辖,依第五条由审判衙门酌量征收审判费用,其未订期限而于解约有争,业主声明解约诉求迁让者,应依预告期限内之租金定其管辖,并征收审判费用。盖该草案第十一条既规定于执业内,权利人收入之租金总额,若少于二十倍,以其总额为准;则期租赁额定之;至所谓预告期限,如各该地方有惯例,应以惯例为准。
1921年11月	统字第1639号	查庄书保管庄册所收之利益,在该地方习惯,既得为买卖之标的,自可认为财产权,法庭应予受理诉讼,其管辖及征收讼费,得依民诉草案第五条办理。
1922年11月8日	统字第1781号	查商人破产,如该地方有特别习惯法,自应先于一切条理适用;其前清已废止之破产律,仅有时得作为条理;至本院现行判例,虽不认有反对之条例存在,惟已有习惯者,仍应先适用该习惯法。
1924年7月14日	统字第1881号	查原典主以其典权移转与人,所立契约并未注明回赎字样者,自与转典不同,不得许其再行回赎,如来函所述文水县习惯,原典主(文水县原呈所称转典主应系原典主之误)得足典价,即全行脱离关系,与永无回赎权,自应认为当事人意思在移转典权,纵用转典字样,亦不能以转典论。

(续表)

时间	解释号	解释内容
1926年8月9日	统字第1983号	查本院历来判例,认合伙债务,除由各合伙员按股分担外,合伙员中有资力不足清偿其分担部分,尚应由他合伙员代为分担者,盖以合伙为公同业务,合伙债务非单纯合伙各人之债务可比,原应由合伙公同负责,苟合伙有不能清偿其应摊债务,即属合伙之损失,依公同分配损益之原则,自应责令他合伙员,代为分担,唯此项条理,并无强行性质,如有特别习惯,而合伙与债权人又无反对该习惯之意思表示者,得依习惯办理。至有无此种习惯,属于事实范围,应由法院审认。
1926年8月	统字第1986号	查所称情形该项契约既系习惯上相沿已久,其所设定者,自为习惯相沿之物权,虽原为优先取特权名义,仍得认为一种质权,予以登记。
1929年2月	院字第15号	查地上权本不因工作物之灭失而消灭,果如来函所述,不定期间之地上权,该地方确有永久存续之习惯,**自得从其习惯**。
1929年12月	院字第176号	典当利息超过百分之二十,经行政官署许以未将办法颁行前应暂从各地方**习惯**办理者,其股东自不负惩治土豪劣绅条例第二条第四款之责任。
1930年11月	院字第368号	按公司之公积金,已超过法定额之部分,经股东会议决即可处分。至劳工方面,除本于法令或公司章程规定或本于**商业习惯**或特约外,不得主张分润。
1932年6月7日	院字第736号	在民法物权编施行前,清理不动产典当办法施行后,设定之典权定有期限,依清理不动产典当办法得回赎者,依民法物权编施行法第十五条之规定,应仍适用该办法办理。该办法第八条定明设定典当期间以不过十年为限,违者一届十年限满。应准业主即时收赎,则在该办法施行后。(民国四年十月六日后)。设定逾越十年期限之典权,如该省另无单行章程或**习惯**(参照同办法第九条),出典人自得于届十年限满后,向典权人收赎。倘典权人因支付有益费用,使典物价值增加,回赎时典权人得就现存之利益请求偿还。

从上述所举解释例的内容来看,获确认之社会习惯,大多为广义上的民商事习惯①,有关社会旧有观念之生活习惯与传统价值理念的社会风俗,并不多见。这一方面充分反映出,对于法律实践来说,习惯的好坏并不是一个抽象化的问题,而是需要经由细致甄别与结合社会现实之考究后才能得其合理性的。② 另一方面也意味着,在近现代社会生活观念与价值体系的关照

---

① 关于此一问题,时任政府顾问的法国法律专家爱斯嘉拉认为:"保存中国就有之商事法制,期毋妨商民之惯习,为修订中国商法典所必不可忽也。"爱斯嘉拉:《关于修订中国商法典之报告》,载《法学季刊》第2卷第3期。

② 参见杨鹏:《现代立法政策与永佃权暨地上权》,载《法律评论》1925年第128期。

下,不仅旧有社会之陈规陋习实已无法再固守,而且传统社会之习惯本身也已发生了或微妙或显著的变化。因此,维护传统社会之价值观念与社会惯习,不仅需要有目的性的选择甄别,也更需智慧性的手段。

(二) 维护传统社会之价值观念

第一,维持旧有的社会观念。这一点在民国时期婚姻家庭领域的表现非常明显。这自然系"中国家族主义发达之结果"①,亦表明中国家庭问题的复杂性。从民国时期法律解释实践来看,法律解释机关通过法律解释,确证传统中国社会之价值或观念,以维持旧有社会之秩序,同样也较为常见。相关的解释例文,主要有如下这些:

事由	时间	解释号	解释内容
童养媳	1915 年	统字第 358 号	抑勒妻妾,与人通奸,准其离异,律有明文,于童养媳自应准用。
	1917 年	统字第 719 号	童养媳对于未婚夫父母,应以尊亲属论。
纳妾	1913 年	统字第 42 号	兼祧双配所娶均在新刑律施行,前时不为罪,若在新刑律施行后娶者,以重婚论。至妻亡有妾,现仍娶妻者,不得以重婚论。
	1915 年	统字第 282 号	……妾之身分与妻不同,刑律第三百五十五条第二项不适用之。
	1916 年	统字第 428 号	兼祧后娶之妻,应认为妾,已久著为判例矣。
	1916 年	统字第 559 号	纳妾既为法所许,不能以未婚纳妾持为解除婚约之原因。
服制	1917 年	统字第 576 号	现行律丧服制度尚未废止,该律居丧嫁娶之规定,自应继续有效。惟此等公益规定,非私人所能藉以告争,审判衙门亦不能迳行干涉。
守志	1917 年	统字第 735 号	孀妇改嫁应由夫家祖父母、父母主婚,律有明文;若未得该主婚权人同意者,则主婚权人得请求撤销;惟并非当然无效,其撤销效力自亦不能溯及既往。" 1918 年统字第九零号又规定:孀妇改嫁,如本无可以主婚之人或虽有主婚权人而不正当行使其主婚权者,其婚姻自不在准予撤销之列。

---

① 参见 1918 年统字第 794 号法律解释例。

(续表)

事由	时间	解释号	解释内容
名节	1915年	统字第371号	本院查民法原则,婚姻须得当事人之同意。现行律例,虽无明文规定,第孀妇改嫁,须由自愿;则室女亦可类推,以定律言。婚姻固宜听从亲命,然苟乖乎礼教,背乎人情,审判衙门仍有裁夺之权。此案甲之次女就乙,系因伊姊临终嘱托抚养二子,与苟合不同。甲坚执欲夺其志,另许于丙,殊无理由。女子以名节为重,应仍令归乙,以符从一之义。
尊卑	1917年	统字第569号	叔嫂缔婚,依律自属大不合法,夫妇关系当然不成立。
家长制	1915年	统字第225号	夫妇离异,其亲生或抱养子女,原则应从父,但有特别约定时,亦得从母,不能听子女自愿。
家长制	1915年	统字第353号	同一家长之妾,苟系同为家属,自应依据刑律补充条例,认为其有亲属关系。
家长制	1916年	统字第445号	……父或母一语,父在自应依其父之意思为断。
家长制	1916年	统字第484号	父在子不得为家财之主体,故子所欠之私债,除就其私财(即子之特有财产)执行外,无就祖产执行之理。
家长制	1917年	统字第732号	为人妾者,由其家长承受之赠与及遗赠,依照律例,自须为其已故家长守志,始能继续享有。
家族制	1920年	统字第1408号	……(二)甲故无子又无依法为其择继之人,即应由亲族会议(利害关系人均可请求族长召集),依照法定次序,为其立继。
家族制	1926年	统字第1992号	查以亲族之资格声请宣告准禁治产,应以最近亲族为限,如实无最近亲族,而族长房长系经过亲属会议,本诸族房之公意,以为声请,法院亦得斟酌情形,予以准许。
亲亲相隐	1914年5月15日	统字第129号	查各级审判厅试办章程第七十七条规定,原告被告之亲属,不得为证人或鉴定人,浑言之曰亲属,并未缕举,殊涉疑义,依诉讼法通例关于拒绝证言之亲属,其范围自不能与刑律总则文例之亲属范围相同。查该章程颁行在新刑律施行以前,此条立法原意,实本旧律亲属相为容隐条推阐而出,旧律此条虽因新刑律施行已实效力,然在诉讼法未经颁行以前,凡旧律斟酌习惯之规定,为现行法所未备者,仍可以资参考,兹据旧律定亲属之范围如左。凡同居若大功以上亲及外祖父母外孙、妻之父母、女婿、若孙之妇、夫之兄弟及兄弟妻,有罪相为容隐,雇工人为家长隐者,皆勿论。(亲属相为容隐条)

从上面所列举的有关"童养媳""纳妾""服制""守志""名节""尊卑""家长制"和"家族制""亲亲相隐"等这些方面的法律解释来看,至少大理院时期的法律解释,仍积极维护这些旧有的社会观念与做法。

值得关注的有统字第225号。在这份1915年3月31日复云南高等审判厅的解释例文中,大理院指出:"夫妇离异,其亲生或抱养子女,原则应从父,但有特别约定时,亦得从母,不能听子女自愿。"这一解释例在有关子女的监护问题上,不仅仍然首先确认了男性优先于女性的固有做法,而且否定了子女的选择权。与此相类似的,还有1920年上字第776号判例。该判例规定:"按之习惯,父母具存,母不得反于父之意思,为子女主婚。"这其实意味着,虽然男女平等的观念日渐深入,但民初法律解释的实践仍然在努力地维持着旧有的社会观念与社会习惯。除此之外,1914年上字第596号判例同样值得予以特别的关注,因为该判决例指出:"现行律载凡娶同宗无服之亲或无服亲之妻者,各处罚等语,律意所在,盖无非重伦序而防血亲之紊乱,故同宗无服之解释,不拘于支派之远近,籍贯之异同,但使有谱系可考,其尊卑长幼之名分者,于法即不能不谓为同宗而禁其相互间婚姻之成立。"①这意味着伦常秩序的维护,同样也是民国时期司法机关在进行法律解释时所必须要考虑的因素。

　　再以有关"妾"的法律规定与实践来对此情况做进一步的说明。② 民国初年由于在民事法领域沿用的是《大清现行刑律》中的民事有效部分,因而对男子纳妾的现象,法律持宽容的态度。③ 1915年,北洋政府发布了《民律草案·亲属编》。该法律不仅基本沿用了1911年未及正式颁行的《大清民律草案》,而且将妾视为"家属之一员",规定妾之于对方人称"家长",并且妾与家长的关系虽然不属于正式婚姻关系,但却被认为是有效的契约关系。而也正是因为此,纳妾在这一时期并非属于重婚。④ 伴随着社会的发展,为了应对越发普遍的纳妾现象,民国的立法机构随后还颁布了一些辅助性的法律条文,规定了妾次于正妻的位置以及其人身权利和行为能力等。⑤ 1931年,国民政府正式颁行了《民法·亲属编》。然而在这部法规中,尽管其表明"妾之制度,亟应废止,虽事实上尚有存在者,而法律上不容承认其存在,其地位如何,无庸以法典及单行法特为规定"⑥,但是由于对妾的规定依然是含糊其辞,当时的人们普遍认为"新民法对纳妾问题,既无明文规定,亦无明文禁

---

　　① 与此相类似的,还有1915年上字第1174号和1915年上字第2401号。1174号判例指出:"现行律载凡娶同宗无服之亲及无服亲之妻者,各处罚是;但使其人已为同宗亲之妻,即无论其亲或为小功,或属缌麻,又或推而至于无服,依法均不许娶。"2401号判例认为:"现行律内凡娶同宗无服之亲及无服亲之妻者,各处罚;若娶缌麻亲之妻及舅甥妻,各徒一年;小功以上,各以奸论,其曾被出及已改嫁而娶为妻妾者,各处罚等语,是同宗亲之妻,依法均不许娶;至曾被出及有无改嫁情事,原非所问,明文规定,意极显然。"这两个判例,显然也是为了维护家庭的伦常秩序。
　　② 更多分析还可参阅本章第二节第三部分第五点"有关妾的社会身份与法律地位的认定"的内容分析。
　　③ 参见海青:《"自杀时代"的来临?——二十世纪早期中国知识群体的激烈行为和价值选择》,中国人民大学出版社2010年版,第145页。
　　④ 参见程郁:《民国时期妾的法律地位及其变迁》,载《史林》2002年第2期。
　　⑤ 参见农英:《广西农村中的劳动妇女》,载《东方杂志》第32卷第6号;碧云:《现阶段之中国婚姻的剖析》,载《东方杂志》第33卷第13号。
　　⑥ 谢振民编著:《中华民国立法史》(下册),中国政法大学出版社2000年版,第786页。

止"①。

这意味着在民国时期,对于纳妾这一现象,法律不仅未予以明确否定,通过精细化的规制进而强化了这一现象所隐含的传统伦理与道德规范。在民国法律解释的实践中,除上述列举有关纳妾之解释例文外,值得关注的还有解字第 48 号。在这份于 1928 年 3 月 22 日复福建高等法院的解释例文中,最高法院指出:"……至女子既有承继财产权,依权义对等之原则,应负扶养亲属之义务,自不待言。又妾之身份,在法律上本与正妻不同,被承继人之妾,自不得谓为承继人之直系尊亲属。"从中可以看到,旧有妻妾在社会与身份上的差别被解释例在法律上予以确证,进而使得妻与妾原本在事实上所存在的差别被转化为观念和规范上的差别,从而使得被承继人之妾不得为承继人直系尊亲属。与此同时,解字第 213 号亦同样值得予以重点关注。因为在这份于 1928 年 10 月 17 日复广西高等法院的解释例文中,最高法院指出:"查刑法第十四条及第十五条所称尊亲属,父妾不包括在内。"可见,与解字第 48 号解释例文的内容相类似,解字第 213 号强调了父妾不在尊亲属之内的规定。

在维持旧有的社会观念上,民国法律解释例中值得关注的还有解字第 230 号。在这份于 1928 年 10 月 27 日复上海租界上诉法院的解释例文中,最高法院指出:"查父债子还,其遗产与承继人财产应否分离,尚无法律根据;惟中国既无限定承认及拒绝承认之习惯,则在未颁布新法以前,仍应以后说为是。"而查原函,该后说的内容为:"……有谓父生存时所负之债,应由其子偿还,已为前大理院判例所确认,且按照中国现行法例,亦未闻有仅就其父遗产数额清理父债,而可卸责之说。此为中国数千年以来所行家族制度、血统主义、继承主义之当然结果。"从中可以看出,在解释例文中对传统社会之观念与习惯之效力给予确证和援引,法律解释机关实际上发挥了维护旧有社会观念之作用。

第二,尊重社会观念与认识水平。不仅法律解释要因应社会之需求,而且法律解释的实践效果也受制于社会观念。因此,在法律解释的实践中,唯有充分尊重社会观念,才能使法律机关所作的法律解释能够切实满足社会之实际需求。例如,1914 年 10 月 1 日,在复湖南高等审判厅的统字第 169 号解释中,大理院指出:"……本院判例所许之被告辅佐人,系依诉讼通例,许被告亲属等辅佐被告,以助其诉讼行为,即与刑诉草案之被告辅佐人,其性质无异。惟人民法律知识,尚在幼稚时代,故被告辅佐人之范围,较刑诉所定略广,不以法定代理人及夫为限,使人民便于受上诉之实益。"又比如 1914 年的统字第 171 号解释例中所描述的:

---

① 参见陈一清编:《关于订婚、结婚、离婚之法律问题》,上海精诚书店 1937 年版,第 267—282 页。

……来咨第二款事关立法问题,据本院意见,控告上告期间,在现行法上并不嫌过程,盖征之实例,请求回复上诉权者颇多,即可知吾国人民不甚注意期间之弊,况因逾越期间致怀冤屈而不能伸,并不能合乎回复原状或再审等条件者,以现在社会心理观察之,已失事理之平,并不足维持法律及司法之威信,是对于判决上诉期间或须略于延长,更无缩短之理。至抗告期间,宜分别种类,略予缩短,则甚赞同,然非细心厘订,修正法文不可也。

再以民国 28 年 7 月司法院院字第 1892 号法律解释为例。该法律解释文明确指出:"民法第 790 条第 2 款所谓围障,系指墙垣篱笆,或其他因禁人侵入所设围绕土地之物而言;私有之湖荡,非必尽有围障;其未设围障之湖荡,除依社会观念,非可视同天地、牧场者外,自得适用同条款关于未设围障之规定。"

有意思的是统字第 1289 号解释。在这份于 1920 年 5 月 13 日复江西高等审判厅的解释文中,大理院指出:

刑律所定于民事不适用服制图,亦非适用于民事全体。现在民律既未颁行,亲属范围,自应就案件性质,各异其趋;维护远祖坟尸,依国情斟酌条理,当为子孙应有义务,关于此点,子孙对于远祖,应认为尚有宗亲关系,此外因宗祠谱牒,发生身份上争执者亦然,故告争祖坟应以亲属事件论。盖谓其诉或反诉目的,在确认坟尸为何代祖先,有维护义务也;至对死者认亲属与权义关系,虽与外国立法例不合,惟此为我国特异之法律观念,如婚姻当事人死亡,其亲属及权义关系,并不消灭,亦有一例。

从中可以看到,大理院考量国情并斟酌条理,即便其中与外国立法例不合,但因为中国特殊之法律观念,因而据此认定亲属及其权义关系。

第三,维持社会的主流价值观。与"社会观念"一样,法律解释如果不维护社会的主流价值观,或者不宣称社会的主流价值观,那么法律解释制度运行的基础就会松动甚至被解构掉,进而导致法律解释被悬置状况的发生。因此,1917 年大理院统字第 696 号解释例就明确指出:"某甲虽被判处无期徒刑果在监守法将来尚可假释,其妻乙不能因贫遽行改嫁,如甲对于其妻无遗弃之意思,丙虽为甲母,未得甲之同意,不能单独为乙主婚,无论执行如何困难,乙改嫁某丁,婚姻非判撤销不足以维风化。"

第四,尊重"族规民约"。比如在 1928 年 10 月 11 日复安徽高等法院的解字第 209 号解释例文中,最高法院指出的:"(一) 各族房之长或公举之经理人首事等,如果依该族规或惯例向有代理权者,得由其代理起诉或被诉,仍以该族房团体为诉讼主体。"又比如在 1931 年 10 月 14 日复行政院的院字第 606 号解释文中,司法院指出:"女子出嫁后可否请领母族升学租谷,应解释族中规约定之,族中规约之解释,须斟酌立约本旨及其他立约时一切情事,未便悬断。"从中可以看到,司法院一方面认可族规民约的作用,另一方面也要求对族规民约进行审慎的理解。再比如1933年4月,司法院院字第883号法律解释文指出:"养子女与婚生子女同以亲属法上或继承法上有明文规定者为限,至若选充族职,并非养子女与养父母间之关系,自得依该族规约办理。"还比如1940年11月的司法院院字第2078号法律解释文亦认为:"……(二)关于族中事务之决议,应依族众公认之规约或惯例办理,必依此项规约或惯例所为之决议,始有拘束族人之效力。"

第五,尊重公序良俗。比如1917年9月,大理院统字第676号解释文指出:"查约法第六条所定营业自由,本指法律范围内之自由而言。来函所称商业限制设店区域之行规,按之现行法规,尚无明文禁止,核与公安秩序及善良风俗,亦无违背,若果系出自公同议定,自应认其有效。……"又比如1930年3月7日的院字第247号解释文指出:

> 按当事人均为中国国民,在中国境内缔结契约,关于书面宜用中国文字;若以外国文字订立契约,如提出法院作证时,应附以中文善本。至约内载明关于该契约发生任何问题,皆依某外国法解决,其契约是否因此无效,应分别论定。如事项有关于中国强制或禁止之法规,或有关于中国之公共秩序、善良风俗者,自不得认为有效。

再比如,在1935年5月16日致外交部的院字第1270号解释文中,司法院认为:

> 华侨在外国结婚,关于婚姻成立之要件,婚姻之效力及夫妇财产制等,均应适用中国法;若婚姻当事人之一方为外国人,则婚姻成立之要件,依当事人各该本国法,婚姻之效力,依夫之本国法,夫妇财产制,依婚姻成立时夫之本国法;适用其本国法时,如其规定有背于中国公共秩序或善良风俗者,仍不适用之;又应适用其本国法时,如依其本国法应适用中国法者,依中国法。

还比如院解字第3100号,在这份于1946年3月12日咨行政院的解释文中,司法院指出:

> ……至新条例施行前,旧惩治汉奸条例,对于故买汉奸财产,虽无处罚明文,但依旧条例第九条,应行没收或查封之财产,与新条例第八条所规定者相同,汉奸于收复区沦陷期内,鉴于战局转变,将原有财产预行出卖,如买主系串同买受,避免法律之执行,即与公共秩序显有妨害,该项买卖契约,依民法第七十二条规定,仍属无效。"

除了上述五个方面之外,有意思的是如何处理"风水"的问题。从法律解释的实践来看,解释机关采取了一种较为慎重的态度。比如1919年12月31日,在复浙江高等审判厅的统字第1183号解释中,大理院指出:"……(三)刑律犯罪以有犯罪故意为要件,发掘尊亲属坟墓,并有毁坏遗弃尸体之故意者,自应按律处断,若系惑于风水,意图迁葬,因不注意碎棺毁尸,尚难论罪。除民事部分另行函复外,即希贵厅转令查照可也。"

同样有意思的还有关于财礼所有权归属的认定问题。在1921年3月21日复总检察厅的统字第1498号解释中,大理院指出:"查现行律财礼二字,征诸吾国风尚,比之献贽馈赆之例,应为主婚人所受,所有权即属于主婚人,纵未以之置备嫁奁或充当婚费,亦不能指为侵没,自不成犯罪。"此即意味着,大理院在认定财礼的所有权归主婚人的问题上,主要是参考了当时社会之风俗以及人情世故的通例。

三、兼顾新与旧,弥合社会之急遽断裂

民国时期的法律解释,通过对某些领域中的新旧事物有条件的认可,来缓和社会转型背景下的法观念转变之不及。这不仅兼顾了旧有的社会价值观与生活方式,维护了社会秩序;同时也肯定了新的社会生活方式与价值观念,审慎地推动着社会秩序的现代转型。①

1915年,河南高等审判厅在提请大理院法律解释的函文中写道:

> 今有某甲有二女,长女嫁某乙为妻,次女现年二十一岁,尚未许人,长女适乙后,生有二子,乙因时常外出,即与其妻寄住甲家,乙妻病笃,甲次女亲侍汤药,妻临终虑二子年幼,托甲次女照顾,乙于妻故后即自回籍,其二子仍留甲家,由甲次女为之抚养,乙感其抚养之义,央媒乞续弦于甲,甲次女亦颇情愿,私自违意于其父,甲固拒之,亟将次女另许于丙,甲次女虑其志之终不能遂也,乃携乙二子逃于乙家,因此涉讼,经人调处,某丙始愿退婚,旋即翻悔,而甲坚执不可,当庭愿将次女领回,听其一死;再三开导,牢不可破。而甲次女谓先已私就某乙,必欲从一而终;欲重父命,则恐因丧节以轻生,若竟遂女志,又虑与社会心理不合。现当新旧法律过渡之时,应如何依据以求适当。

大理院则在该年12月2日所复的统字第371号解释例文中指出:

> 本院查民法原则,婚姻须得当事人之同意。现行律例,虽无明文规

---

① 例如,法国学者爱斯嘉拉(Jean Escarra)在《中国法》一书中进一步肯定了大理院在法律变革过程中所扮演的重要角色。他指出,通过法律解释例与判决例:"他们(大理院的法官)以一种巧妙的方式,成功地在古代范畴和现代要求之间找到平衡,同时在有点僵硬的古代法概念里植入了原本所缺乏的灵活性和平等性。"see Jean Escarra, *Chinese Law: Conception and Evolution, Legislative and Judicial Institutions, Science and Teaching*, trans. Gertrude R. Browne (Seattle: University of Washington, 1961),p.371. 转引自张勤:《中国近代民事司法变革研究》,商务印书馆2012年版,第6页。

定,第孀妇改嫁,须由自愿;则室女亦可类推,以定律言。婚姻固宜听从亲命,然苟乖乎礼教,背乎人情,审判衙门仍有裁夺之权。此案甲之次女就乙,系因伊姊临终嘱托抚养二子,与苟合不同。甲坚执欲夺其志,另许于丙,殊无理由。女子以名节为重,应仍令归乙,以符从一之义。

很显然,从这一解释事例的文件往复中可以看到,地方审判厅忧于新旧法律过渡之时如何寻求适当的处理依据以便能够得到一个情理法相适应的处理结果,而大理院则期望通过赋予审判衙门以自由裁夺之权来调和"亲命、礼教"等传统力量与"婚姻自由"等现代力量之间的关系平衡,尝试着以"名节"这个既具传统性(名节的社会性)又具现代性(名节的个体性)的因素为节点来推动法律裁判结果的形成,最终妥恰处理好纠纷。

从民国法律解释的实践来看,如上述所举之情形确实比较典型,新旧观念之撕扯、传统与现代力量之碰撞与涤荡确实多发生于家庭法领域,但其中之具体表现无疑是繁复多样的。一方面,学界及政治家多将近代中国社会组织与经济组织的崩溃归咎于中国落后的家族或者家庭组织之上。他们:"在这种不良的家族组织下,家庭地位超越个人地位,摧残个人才能。欲改造中国,必先从改革家族入手,制定绝对自由的法律,明确家庭成员之间的法律关系……"①换言之,在家庭制度以及家长权的双重压迫之下:"不独儿童不能得精神上的发育,便是成年的家属和子弟也不能得物质上的开展。(因为)父家长对于家庭成员,既是身份权,又是财产权。"②因此,"到今日这种陈旧的徒存躯壳的宗法,便应该摧毁了"。也就是说,"过去一切大家族的专制、依赖、男女不平等种种弊端,都可以一扫而清"。③ "颠覆传统家族主义,废除父(夫)家长专制,争取男女平等,改革旧有社会制度,实践三民主义之一的'民权'主义,完成民主革命任务,成了国民政府创制民法典的重要方针。"④另一方面:

中国家族制度虽然弊端颇多,但在中国延续数千年,是中华民族存在发展的基础,废除该制度前,须先考虑新制度能否适用将来的中国,新制度是否的确优于旧制度;旧制度已深入人心,成为生活习惯,而旧家庭制度的改造,对国民的法律、经济地位影响较大,舍旧谋新,必然引起民众的反抗。⑤

---

① 张仁善:《近代中国的主权、法权与社会》,法律出版社2013年版,第200页。
② 陶希圣:《中国古代之氏族与家族》,载《国立中央大学法学院季刊》1931年第1卷第3期。
③ 胡汉民:《民法亲属继承两篇中家族制度规定之意义》,载《中华法学杂志》1931年第2卷第2号。
④ 张仁善:《近代中国的主权、法权与社会》,法律出版社2013年版,第200页。
⑤ 同上书,第201页。

这意味着对家庭关系的法律处理若是不当，那么"则叛逆之气焰，将弥漫全国，其结果不独妨碍此法令之实行，且与中央政府以种种不利，而其他重要工作之实施，亦必因此而感受困难"①。换言之，由于法律能规范社会，不能产生社会。西洋各国至今日已完全脱离家族制而行个人制，日本尚在脱离家族制而入个人制之进程中，是皆由于国情不同，不能强之使同也。我国此次制定亲属法，立法原则，业经决定，已设专章，规定家制，一则因我国家族制为数千年社会组织之基础，一旦根本推翻，影响甚大，在事实上既已保留此种组织为宜，在法律上即应承认家族制之存在；而他之一因，则在我国之家长权，本与各国不同。……家长之权利义务，逐一皆由规定，究其内容，亦与各国不同，况立法原则，已注重家长之义务，当不难补偏而救敝。故在今日之中国，家族制尚应存在，至将来应否继续，则一任社会之推迁，顺其自然之趋势可也。否则徒以某国有此制度，遂漫然移植中国，或以某国无此条文，既不惜一笔删去，削足适履，置我国数千年之国情不顾。②

因此，在民国时期的立法活动中，就不得不在民法亲属、继承两编中适当保留部分家庭之传统。与此同时，民国法律解释在处理家庭关系时，同样亦必须要十分的谨慎，要努力在稳步推进旧家庭制度改造的同时避免因这种制度的过快改造导致社会不适应甚至激烈反抗。

从民国法律解释的实践来看，有关家庭关系的法律解释处理与实践，除上述所列之情形外，还包括以下这些内容：

第一，婚姻关系成立之要件。比如大理院统字第 15 号解释例指出："查夫妇关系之成立，专就刑法上解释，须具备形式上之要件，即以举行相当礼式之日（例如旧礼式之迎娶入赘，新礼式之举行结婚）作为夫妇关系成立。"统字 16 号也以同样的内容，肯定了"旧礼式之迎娶入赘"和"新礼式之举行结婚"作为夫妇关系成立的要件。③ 1913 年上字第 215 号判例认为："现行律载定婚之形式要件有二：（一）有婚书，即谓有媒妁通报写立者，无论报官有案或仅私约即可；（二）聘财；此二要件苟具备其一，即发生定婚之效力。"而

---

① 宝道：《中国亲属法之改造》，张毓昆译，载《法学季刊》1936 年第 1 卷第 1 号。
② 民隐：《家族制沿革之概略》，载《法学季刊》1936 年第 1 卷第 1 号。
③ 1913 年 5 月 2 日，在复总检察厅的统字第 16 号解释文中，大理院指出："查婚姻成立，专就刑法上解释，须具备形式上之要件，即以举行相当礼式之日（例如旧礼式之迎娶入赘、新礼式之举行结婚），作为婚姻成立。"而考究京师第一初级检察厅请法律解释之原呈，则更能了解此时社会之认识与动态。原函云："窃维民法未颁，户籍登记亦未实行，每有重婚案件发生，常患无所依据，征之社会习惯，又复方式复杂。即就北京一隅而论，有经媒妁之说合，双方承诺，婚姻始成立者；有经媒妁说合后，须放小定，婚姻始成立者；有经媒妁说合，须放大定始成立者；有经奠雁后，送达婚贴，婚姻始成立者。种种不同，其在法律上究以何种方式可认为婚姻成立之标准，际此过渡时代，民法颁布尚需时日，而暂行新刑律重婚罪之规定，又不能停止效力。惟按重婚罪之成立，必以婚姻成立与否为前提。若婚姻方式无一定标准，此种问题，实难解决。"

1914年上字第336号判例又进一步指出:"男女定婚,虽非以婚书为唯一要件,而依婚姻律沿革及一般习惯,大都重视婚书,苟当事人关于缔婚之书件有争,自应根据各该地方习惯以定婚约是否成立之标准。"这意味着聘财、婚书以及各地之习惯成为判断婚姻关系是否成立的重要依据。因此,有关婚姻成立的形式要件,不仅固有之做法依然被有力地坚持着,而且也因适时融合进了新旧因子而变得丰富。除此之外,统字第1248号解释还确证了"媒妁"和"财礼"作为婚姻有效的要件之一。在这份于1920年3月16日复河南高等审判厅的函文中,大理院指出:"查定婚须凭媒妁,写立婚书,或依礼收受聘财,始为有效。不得仅有私约,本院早有判例。……"很显然,这些判解例的内容所体现出的无疑是对婚姻关系成立上的传统做法与固有因素的坚守和肯定。而也正是在此意义上,统字第1357号无疑可以看成是对此一时期有关"婚姻成立之要件"的一次归纳。因为在这份1920年7月3日咨司法部的解释例文中,大理院指出:

……(三)婚姻须先有定婚契约,(但系以妾改正为妻者,不在此限)定婚系以交换婚书或依礼交纳聘财为要件,即为要式行为。但婚书与聘财并不拘于形式及种类。至定婚后成婚,亦须经习惯上一定之仪式,故原则上系合定婚与成婚,仪式为婚姻成立之要件。(参照本院判例要旨汇览第一卷民法第一四零页三年上字第四三二号判例)若夫婚姻之呈报,与婚书之纳税,系属行政事项,与私法上之婚姻效力无涉。

这其实反映出,伴随着法律解释实践之深入,有关婚姻成立的要求,从具象化的"婚书""聘财"已然转换为不拘于具体形式的"仪式"。这既反映出婚姻成立要件之变化,也反映出法律解释运行机理的变化。

到了1933年2月18日,在司法院训令广西高等法院首席检察官的院字第859号解释文中,有关结婚之仪式及其公开性的要求,较之于之前正悄然发生着变化。该文指出:

民法第九百八十二条所谓结婚公开之仪式,及二人以上之证人云者,在结婚仪式未规定以前,无论其依旧俗或依新式,但使其举行结婚仪式系属公然,一般不特定之人均可共见,即为公开之仪式。至于证人,虽不必载明于婚书,但必须当时在场亲见,并愿负证明责任之人。

从中可以看到,有关结婚之仪式的公开性,已然从之前的"一般不特定之人均可共见即为公开之仪式"转换为需"二人以上之证人"且"必须当时在场亲见并愿负证明责任"。而这其实也就意味着,有关结婚及其仪式传统而自然性的社会标准正逐渐被现代性的法律规则所取代。①

第二,主婚权。民国法律解释关于此的实践亦采取"兼顾新但侧重于旧"的做法。比如在 1915 年 5 月 26 日大理院复江西高等审判厅的统字第 253 号解释例文中指出:

> 查律例所谓夫家余亲者,系以该律妻为夫族服图内之尊亲为限,服外族曾祖,当然不包含在内。孀妇夫家既无余亲,推亲亲之义,母家胞姊,服属大功,由其主婚,自属允当,童养媳未及成亲而夫死,虽与孀妇改嫁有别,然关于主婚权,自以准用该条例为宜,但已解除关系回归母家者,不在此限。至养女抱养当事人间,并无特别意思表示者,应由养父母主婚,苟无特别情事,自无本生母家容喙之余地。

而到了 1931 年 8 月 17 日司法院训令安徽高等法院的院字第 554 号解释文时,则"主婚权之制度因与婚姻自由之原则相反而不再适用"。② 可见,经过了大约 16 年的实践,民国法律解释机关通过法律解释的实践,将尊亲的主婚权给逐渐否定乃至废除了。

如果细究这一过程,特别是通过爬梳、对比这一时期相关的解释例与判决例便会看到,这其中的变化是渐进性的,并非一蹴而就。它所反映出的是司法机关在处理这一问题时所持有的一种既谨慎又开放的立场。根据民初现行律民事有效部分的规定:"婚嫁皆由祖父母、父母主婚,父母俱无者,从余主婚。"这意味着主婚权的主体一般而言是祖父母、父母,婚姻中的子女或"男女双方并非婚姻的主体,他们只是被结合者"③。然而伴随着男女平等以及其所裹挟着的婚姻自由观念日渐深入中国社会,司法实践对既有之规定也进行了一定的修正和变通。

序号	判解号	判解内容
1	1913 年私诉上字第 2 号	现行律载嫁娶应由祖父母父母主婚,祖父母父母俱无者从余亲主婚,是婚姻不备此条件者,当然在可以撤销之列。
2	1914 年上字第 432 号	现行律载夫亡携女适人者,从母主婚等语,是父亡随母改嫁,抚育之女,依律自应由其生母为之主婚。

---

① 有关这一判断,在院字第 955 号解释文中可以得到进一步的确认。在这份于 1933 年 8 月 8 日训令福建高等法院首席检察官的函文中,司法院指出:"(一) 依民法第九百八十二条,结婚固应有公开之仪式及二人以上之证人,但仪式及证人之身份如何,法律本无限定。若于除夕日举行拜祖或其他公开之仪式,并有家族或其他二人以上在场可为证人,即不能不认为与该条所定之要件相符。"从中可以看到,当结婚仪式所处之场合为家庭拜祖等此类自然性的社会生活关系和场景之时,只要有二人以上在场且可为证人,即符合结婚仪式的法律要求。

② 院字第 554 号解释文的内容为:"孀妇改嫁与否,应由孀妇自主。主婚权之制度与婚姻自由之原则相反,虽在民法亲属编施行前,亦不适用。"

③ 戴炎辉:《中国法制史》,台湾三民书局 1966 年版,第 220 页。

(续表)

序号	判解号	判解内容
3	1915年统字第371号	查民法原则,婚姻须得当事人之同意,现行律例,虽无明文规定,第孀妇改嫁,须由自愿,则室女亦可类推,以定律言。婚姻固宜听从亲命,然苟乖乎礼教,背乎人情,审判衙门仍有裁夺之权。
4	1915年上字第396号	后夫对于妻前夫之女,依法当然不能有主婚之权。
5	1915年上字第536号	现行律虽有孀妇改嫁先尽夫家祖父母父母主婚之规定,但有特别情形(例如孀妇平日与其夫家祖父母父母已有嫌怨),其夫家祖父母父母难望其适当行使主婚权者,则审判衙门判令由其母家祖父母父母主婚或另其自行醮嫁亦不得谓为违法。
6	1915年上字第844号	婚约成立后,除经双方合意解除或具备法律准许解除之原因外,不能由一造任意悔约。
7	1916年统字第454号	至主婚权一层,查例载夫亡携女适人者,其女从母主婚,丙女如未经归宗,而其母又在,则戊之主婚自属无效,又定婚亦须得当事人同意,若定婚当时未经得丙女同意,今丙女既诉请解除婚约,亦无强其成婚之理由。
8	1916年私诉上字第28号	现行律载嫁娶皆由祖父母、父母主婚,俱无从余亲主婚等语,是无祖父母与父之女,当然由母为之主婚。孀妇之夫家无祖父母、父母而母家有祖父母、父母者,其改嫁即须由母家之祖父母、父母主婚,而非夫家之余亲所可容喙,律文前段之但有余亲一语,正系定明夫家虽有余亲,亦应由母家之祖父母、父母主婚,且为后段仍由夫家余亲主婚一语之引笔,并非认由母家之祖父母、父母主婚时,夫家之余亲别有监督之权。
9	1916年抗字第69号	父母虽有主婚之权,至于已成立婚约,经当事人双方合意解除或一方于法律上有可以解除之事由者,断无反乎婚姻当事人之意思,可以强其不准解除。
10	1916年上字第692号	现行律孀妇改嫁,主婚权人之次序,自系就普通情形而言,若有特别情形,例如夫家之祖父母、父母对于该孀妇有虐待情事,其主婚权自应丧失,依法定顺序,即应归母家之祖父母、父母主婚。
11	1917年上字第969号	现行律内载孀妇自愿改嫁,由夫家祖父母、父母主婚,如夫家无祖父母、父母,但有余亲,即由母家祖父母、父母主婚,如母家亦无祖父母、父母,仍由夫家余亲主婚等语,是孀妇当自愿改嫁时,其主婚权人之顺位应以夫家祖父母、父母为先业有明白之规定。
12	1918年上字第95号	童养媳之改嫁比照孀妇之规定,其主婚权虽应先属于养家祖父母、父母,然苟已具备婚姻要件而养家父母、祖父母有所希冀,故意不为主婚者,自可请求审判衙门以裁判代之。
13	1918年统字第909号	查婚姻应以当事人之意思为重,主婚权本为保护婚姻当事人之利益而设,故有主婚权人并无正当理由拒绝主婚时,当事人婚姻一经成立,自不能藉口未经主婚,请求撤销。
14	1918年上字第972号	婚姻之当事人本为男女两造,若有主婚权人之许婚已在男女本人成年之后得其同意者,此后该婚约自不得反于本人之意思,由主婚权人任意解除。
15	1918年上字第1365号	订立婚书、受授聘财,必须出自订婚人两方之合意,该婚约始能成立。

(续表)

序号	判解号	判解内容
16	1919 年上字第 284 号	订定婚约于写立婚书、交付聘财之形式要件,虽仅须具备其一,而依一般契约之通例,要须定婚两造有一致之意思表示,否则虽具备形式要件,亦难认其婚约为已成立。
17	1920 年统字第 1207 号	查父母之主婚权,非可滥用,如父母对于成年子女之婚嫁,并无正当理由,不为主婚,审判衙门得审核事实,以裁判代之。
18	1921 年上字第 1050 号	婚姻之实质要件在成年之男女应取得其同意,苟非婚姻当事人所愿意而一造仅凭主婚者之意思缔结婚约,殊不能强该婚姻当事人以履行。
19	1922 年上字第 1009 号	父母为未成年子女所订婚约,子女成年后如不同意,则为贯彻婚姻尊重当事人意思之主旨,对于不同意之子女,不能强其履行。
20	1926 年上字第 962 号	子女定婚,通常固应经有主婚权人同意,但子女苟与主婚权人索有嫌怨或其他情事,事实上难得其同意者,则该子女如已成年,亦应许其自行定婚。该有主婚权人不得以未经同意为理由而就其已成之婚姻主张撤销。

从法律解释的实践来看,大理院一开始显然完全遵循现行民事有效部分关于婚约订立的规定,表现在司法判解中,一方面是确认家长、尊长主婚权的效力,另一方面则是对婚姻当事人自主选择权的压制。然而从 1915 年开始,大理院在此方面的态度逐渐发生了变化。从司法判解的内容上可以看到,有关主婚权在婚姻关系成立中的作用,尽管依然重要但其影响力明显逐渐削弱;男女双方是否自愿,逐渐成为婚姻关系是否成立的重要考量因素;有关婚约的形式与内容,逐渐契约化①;女性在婚姻关系中的权利地位,也在逐渐提高。而所有的这些都充分地反映出大理院在司法实践中,"已经从婚约重主婚权人之意愿转向重婚约当事人双方的意愿,明确如果婚约未经当事人同意不为有效",并且在一定程度上降低、削弱了家长或者尊长控制与干涉子女婚嫁的权力。② 当然,这一巨大转变的过程,却是在司法机关审慎而稳健地推进中实现的。

第三,在离婚案件的处理上,谨慎处理"父母之命、媒妁之言"与"婚姻自由"两者之间的紧张关系。比如,在上举之统字第 1051 号和第 1207 号解释例文中,大理院都曾指出,对于成年子女之婚嫁,父母若并无正当理由不为主

---

① 陈瑾昆认为,现时中国婚姻的实质要件,首先须有定婚双方的合意;二是要在男女出生后;三是没有妄冒;四是主婚权人主婚。陈瑾昆指出,这些实质要件中,如果欠缺前三条,那么婚姻当然无效;如果欠缺后面的四种,那么婚姻只能主张撤销。由此可见,在陈瑾昆看来,双方当事人的"自愿"是婚姻成立的首要条件。而一旦承认这一点,那么这显然意味着有关婚姻关系成立与否的标准,已然背离了现行律民事有效部分之规定。参见陈瑾昆:《中国现时的婚姻》,载《法律评论》1933 年,第 41 期。当然,从民国时期离婚法的实践来看,这种"契约化"的倾向,不仅表现在结婚上,也反映在离婚中。比如 1916 年上字第 147 号判例即指出:"协议离婚,为现行律所准许。"

② 参见徐静莉:《民初女性权利变化研究——以大理院婚姻、继承司法判解为中心》,法律出版社 2010 年版,第 47 页。

婚,审判衙门可斟酌情形以裁判代之。这反映出,对于司法机关通过裁判的方式来替代传统中国婚姻制度中"父母之命、媒妁之言"这一必要条件,法律解释机关是认可的。

的确,对于离婚案件:"旧律旧俗讲求父母之命,当时舆论界则提出自由婚恋。在离婚案件日渐增多的情形下,大理院一味遵从旧律旧俗,势必与时势相悖;完全按照新式思维审断,未必与社会实际完全相符。"①因此,大理院推事采取了一种较为审慎的做法,主张"父母代订之婚姻不能离异,但非经由本人同意者,可不履行婚约"的方法来处理离婚案件。②很显然,这一做法新旧兼顾,有效地缓和了因社会观念的更替变迁所造成的社会断裂。

第四,在离婚案件的处理中,谨慎而变通地使用"男女平等"原则。应当说,在1931年《民法典》第四编(亲属编)实施之前,尽管理论上有关男女平等的言说已经渐次展开,也尽管此时社会对于男女平等观念的理解与认同也在逐步被夯实,但是离婚法实践中的男女不平等现象仍然普遍存在。③与此同时,尽管诸如"七出""三不去"这样一些传统的离婚原则,仍然被民国初期的司法机关所继续采纳并付诸实践;但是大理院和最高法院同时也在解释例中逐步从西方法理中引进了一系列新概念,如离婚理由中的"不堪同居虐待""重大侮辱""恶意遗弃"和离婚赡养费、子女监护权概念的提出和运用④,进而使得裁判中有关"离婚的理由得以变通并被扩大解释,使女性主动离婚的理由在文本层面保持不变的情况下,却在司法实践层面得到了明显扩展"⑤,从而稳健地推使离婚法逐步由传统的帝国法向现代法转型。

的确,在民国时期离婚法的实践中,传统的离婚理由仍然受到司法机关的认可并被采纳和使用。典型的比如,在1915年上字第1793号判例中,大理院认为:

> 现行律载凡妻于七出无应出之条,及于夫无义绝之状而擅出之者处罚,虽犯七出(即无子、淫佚、不事舅姑、多言、盗窃、妒忌、恶疾)有三不去(与更三年丧、前贫贱后富贵、有所娶无所归)而出之者减二等追还完娶等语,是出妻于律有一定之条,与条件不相合者既不容擅出(现行律婚姻门出妻条)。⑥

---

① 张仁善:《近代中国的主权、法权与社会》,法律出版社2013年版,第216页。
② 参见余棨昌:《民国以来新司法制度——施行之状况及其利弊》,载《法律评论》1928年,总第244期。
③ 参见王新宇:《民国时期婚姻法近代化研究》,中国法制出版社2006年版,第207—208页。
④ 参见张勤:《中国近代民事司法变革研究》,商务印书馆2012年版,第34页。
⑤ 徐静莉:《民初女性权利变化研究——以大理院婚姻、继承司法判解为中心》,法律出版社2010年版,第95页。
⑥ 郭卫编辑:《中华民国元年至十六年大理院判决例全书》,上海会文堂新记书局1932年版,第232页。

又比如1916年上字第872号指出:"有夫之妇因犯奸义绝于夫……由其夫请求离异。"①1917年上字第85号:"现行律所谓不事舅姑系指不孝舅姑而言,与出外不告舅姑自是有别。"同年上字第947号:"按现行律七出之条,虽列有不事舅姑一项,然细绎律意,所谓不事舅姑系指对于舅姑确有不孝之事实,并经训诫怙恶不悛者而言,若因家庭细故负气归家,其夫家遂拒而不纳,致不得事舅姑者,尚不在应出之列。"还比如1919年上字第166号认为:"妻背夫在逃辄自改嫁者,既于其夫有义绝情状,其夫自得据以请求离异。"同年上字第1072号认为,"妻妾居夫丧而身自嫁娶者处罚并离异。"②1920年1月20日大理院覆直隶高等审判厅的统字第1203号解释例文指出:"查妻自己或助人诬告其夫,确实有据者,自可认为义绝,准其离异。"从这些有关离婚理由的判决例与解释例中可以看出,固有法中的"七出""三不去"的有效性在司法裁判的实践中是得到肯定的,《大清现行刑律》中有关离婚及其理由的规定也是为各级司法机构所遵循的。

但是,面对社会的转型以及由此所带来的观念更新,司法机关则不得不对离婚法中的固有概念进行新的诠释,以丰富并扩张其意涵,进而期望通过这种概念改造的方法来使离婚法的实践适应社会发展的需要,从而使其能够得以适应时代的急剧变化。比如,对于男方重婚,传统法律仅允许后娶之妻可提出离异,先娶之妻可否请求离婚的则并未规定。③然而1920年上字第1124号判例则认为:"现行律载有妻更娶,后娶之妻离异归宗,至于先娶之妻能否以其夫有重婚事实主张离异,在现行法上并无明文规定,惟依一般条理,夫妇之一造苟有重婚情事,为保护他一造之利益,应许其提起离异之诉,以资救济。""这里大理院扩大了固有法中重婚情形下申请离异的主体范围,即不仅后娶之妻可主张离婚,先娶之妻也被允提起离婚之诉讼。这样,夫的重婚行为,不仅成为后娶之妻主张离婚的理由,而且为先娶之妻提出离婚之诉提供了法律依据。"④

又比如,在女方因男方"逃亡三年以上不还"而另行改嫁的程序上,传统法律规定女方在"夫逃亡三年以上不还"的情况下,可以"经官告给执照别行改嫁"。⑤民初大理院在维护既有法律规定的基础上,通过判解逐渐确立了

---

① 郭卫编辑:《中华民国元年至十六年大理院判决例全书》,上海会文堂新记书局1932年版,第233页。

② 同上书,第237页。

③ 例如,《大清律例·户律·婚姻》中"妻妾失序条"规定:"若有妻更娶妻者,杖九十,离异。"《大清民律草案》第1362条规定:"夫妇之一造,有重婚者,得提起离婚之诉。"从法条的规定来看,并未明确规定先娶之妻有提起离异诉讼之权;实践中遵循的基本上是"已有妻室之人,如果欺饰另娶,其后娶之妻,自在应行离异之列"的做法。

④ 张勤:《中国近代民事司法变革研究》,商务印书馆2012年版,第318页。

⑤ 例如,《大清律例·户律·婚姻》"出妻"条规定:"夫逃亡三年不还者,并听经官告给执照,别行改嫁"。《现行律民事有效部分》则规定:"夫逃亡三年以上不还,经官告给执照别行改嫁。"

"若夫逃亡确达三年以上,且没有音讯者,即使妻没有事先经官告程序而另行改嫁,但事后查证情况确系属实,则也属有效"的处理原则。这样一来,"经官告给执照"就不再是此种情形下离婚所必须履行的前置程序了。这些判解例,包括1914年上字第1167号。该判例认为:

> 现行律载,若再许他人已成婚者,女归前夫,前夫不愿者,倍追财礼给还,其女仍从后夫;又例载,夫逃亡三年不还者,并经听官告给执照,别行改嫁等语,寻绎立法本旨,女子本以不许重复婚嫁为原则,但夫若逃亡多年不知下落,使女久等亦非人情,故以许其改嫁为例外,其必经官告给执照者,无非令官署得以调查其逃亡不还之事实是否真实及其年限是否合法,以凭准驳而防后日之争议,故女子如实因夫逃亡三年以上不还而始改嫁,虽当时未经告官领有执照而事后因此争执,经审判衙门认其逃亡属实而年限又属合法者,其改嫁仍属有效,不容利害关系人更有异议。①

也包括1915年统字第350号。在这份1915年10月21日复福建高等审判厅的解释文中,大理院认为:"一、甲走失后,乙善意娶甲妻为妇,毋庸强之归甲;二、合定婚条件之童养媳,准用律例出妻条,夫逃亡三年不还,听其改嫁之例,事前虽未告官,如逃亡别有证明,即仍有效。"除此之外,还包括以下这些判解例文:

序号	判解号	判解内容
1	1916年统字第534号	夫逃亡三年,妇请别娶,自系特别程序,经调查明确后,以决定裁判准否,并即登报或揭示公告,惟嗣后夫若出诉,即应另案判决。②
2	1918年上字第1381号	现行律载夫逃亡三年不还者并听经官告给执照别行改嫁等语,其经官告给执照,无非使官署得有机会以便调查,并非改嫁之条件,苟其夫逃亡属实并已经过三年者,则其改嫁仍属有效,惟所谓逃亡,须确有失踪不返之情形,若其所在可以探知音信常通者,虽离家较久,亦自不得以逃亡论。
3	1920年7月统字第1362号	现行律婚姻门出妻条,夫逃亡三年不还者,并听经官告给执照,别行改嫁;至经官告给执照,本为防止后日争执起见,故如当事虽未告官,而事后争执,审判衙门认其确系逃亡有据,即出走后始终毫无踪迹音信,其年限又属合法者,改嫁即属有效。甲如果合于上开条件,丙因无人养赡,自愿改嫁,殊非无效。

---

① 郭卫编辑:《中华民国元年至十六年大理院判决例全书》,上海会文堂新记书局1932年版,第231页。
② 云南高等审判厅于1916年11月6日在提请该法律解释之函文中指出:"例载夫逃亡三年不还,听经官告给执照别行改嫁,例云官似指司法官而言,其执照可否由决定代,请核示。"从此之中也可以看出,"经官告给执照别行改嫁"之规定已悄然松动。

(续表)

序号	判解号	判解内容
4	1920年9月统字第1415号	查妇女因夫逃亡三年以上不还而改嫁者,原为律所允许。丙既出外八载,生死不明,如其生死不明确已三年以上,则甲之改嫁,自无不合。乙除明知字据所载生死不明,确尚未满三年应论罪外,亦不得谓有犯意。
5	1921年上字第843号	现行律例所谓夫逃亡三年不还并听经官告给执照别行改嫁云云,系指夫于逃亡三年以后仍继续在外生存莫定,并无归还之音信者而言,若其夫于成讼前早已由外归来,自不能追溯往昔情形而引用现行律以为请求改嫁之论据。

如果细究这些判解例条文并联系到1919年上字第434号判例"现行律载所谓夫逃亡三年不还者,须夫之踪迹不明而有置妻不顾之事实,若夫仅因故留滞在外,尚存有资财足供其妻之生计或另有赡养其妻之人,自非遗弃不顾,不得以逃亡论",那么可以得出,尽管此一离异情形放松了对于"告官"程序的要求,但对主观上是否有"恶意"(是否明知)①以及客观上是否构成"遗弃"的事实(是否无人养赡)②,要求则严格。

事实上,除了对传统的法概念进行扩张性地诠释外,伴随着社会的进一步变迁以及男女平等观念的进一步深入,民国司法机关也开始尝试着引进近代西方法理原则,或突破固有法的框架,或补充固有法的不足,比对传统的离婚法实践进行了更大空间的发展,以期有效应对这一时期社会里的纠纷。比如,传统法律只规定在"夫殴妻"的情况下,"夫妇如愿离异者,断罪离异"③;而对于"不堪同居之虐待",则既未见于相应之规定,也未有相关的实践。民初司法机关一方面援引"过错责任"之原则内容,指出:"婚姻关系依法须离异者,其原因系由一造之故意或过失,则此一造对于他一造应负慰抚之义务。"(1914年上字第1085号)另一方面又采纳男女平等之观念,规定:"夫妇之一造,经彼造常加虐待,至不堪同居之程度者,许其离异。"(1916年上字第1457号)④此后,民国时期的司法机关又通过一系列的法律判解例来不断细化"不堪同居"之内容,同时对"不堪同居之虐待"的认定标准予以界定并规

---

① 例如1915年上字第1433号判例指出:"现行律夫妻除不相和谐,两愿离异者外,非有合法条件,不能离异。遗妻不养,虽合法定离异之条件,惟其夫系因赴京应试而离家,并非无故弃者,亦自不足为请求离婚之根据。"

② 如1914年上字第329号即认为:"若其夫因贫赴外谋生,常有银信寄家者,与现行律所载夫逃亡三年,准妻告官别嫁之条不合。"1919年上字第359号指出:"夫对于其妻纵令无力养赡,而既非确有遗弃之意思,即不足为离婚之原因。"这两个判决例意味着若是没有遗弃的因素,不能构成离异之理由。

③ 田涛、郑秦点校:《大清律例·刑律斗殴》"妻妾殴夫"条,法律出版社1998年版,第460页。1914年上字第866号判例也指出:"……夫殴妻至折伤以上,先行审问,夫妇如愿离异者,断罪离异。"

④ 郭卫编辑:《中华民国元年至十六年大理院判决例全书》,上海会文堂新记书局1932年版,第234页。

范化,进而强化"不堪同居"作为离婚事由之法律地位,从而以此来扩展民初离婚法的规则框架与意义实践。除上述所举之情形外,有关"不堪同居"的判解例还包括:

序号	判解号	判解内容
1	1916年上字第1073号	本院判例所谓夫虐待其妻致令受稍重之伤害者,以伤害之程度较重,足为虐待情形最确切之证明之故,如其殴打行为实系出于惯行,则所受伤害不必已达到较重之程度,既足证明实有不堪同居之虐待情形,即无不能判离之理。
2	统字第813号	甲对于乙虐待果属有据,且系非理殴打,致陷乙于废笃疾时,自应准乙与丙离异。
3	统字第828号	……第二问题,查妻受夫不堪同居之虐待,应认义绝,准予离异,本院早有判例,函述情形,如有程度可认为不堪同居之虐待,自可准其离异。
4	1918年上字第264号	夫妇之一造如果受他造不堪同居之虐待,虽应准许离异,惟因一时气愤,偶将他造致伤而事属轻微者,自不能遽指为不堪同居之虐待。
5	1920年上字第809号	夫妻一造受他造不堪同居之虐待者,为保护受虐待一造之利益,固应准其请求离婚,然于虐待之一造,要不得准其自行请离。
6	统字第1357号	……(二)妻受夫不堪同居之虐待,自可对夫请求离异,并应许其拒绝同居。
7	统字第1408号	(一)夫因妻诉请离异,甲乙胜诉后,自制木狗私刑,将乙钉锁,自可认为不堪同居之虐待,许乙再行诉请离异。

在这些判解例中可以看到,不堪同居虐待"这一概念的认定标准逐渐放宽,而且使其内容也有了扩展,使'虐待'的行为从普通的暴力殴打延伸到夫妻婚姻生活的实质"。换言之,伴随着判解例内容的变化,"不堪同居之虐待"的内容已经"从单纯对女性身体的侵害扩展到对女性人身自由的限制及对女性性满足权利的拒绝"。"虽然大理院判解言说的变化是渐进的,但它对于维护女性在婚姻家庭中的人身权利的意义却是空前的。"①

又比如,通过引入"人格"之概念,将"重大侮辱"逐渐确立为离婚的理由,同样也是民初离婚法实践的一项既兼顾新与旧又具有智慧性的举措。《大清民律草案》第1362条规定:"夫妇之一造,一下列情事为限,得提起离婚之诉:……五,夫妇之一造受彼造不堪同居之虐待或重大侮辱者……"②但是民初现行律有效部分却并没有这一规定。民初大理院在1916年上字第717号判例中第一次使用了"人格"之概念,并对"重大侮辱"进行了初步的概

---

① 徐静莉:《民初女性权利变化研究——以大理院婚姻、继承司法判解为中心》,法律出版社2010年版,第112—118页。
② 该草案的按语部分,对于"重大侮辱"的定义并未予以解释,只是列举了"妻当众暴扬夫之罪恶,或夫柳勒妻犯奸等类,均属重大侮辱"。参见台湾"司法行政部"编:《中华民国民法制定史料汇编》(下),1976年印行,第866—867页。

念界定：

> 凡妻受夫重大侮辱实际有不堪继续为夫妇之关系者,亦准其离婚,以维持家庭之平和,而尊重个人之人格,至所谓重大侮辱当然不包括轻微口角及无关重要之天詈责而言,惟如果其言语性的足以使其妻丧失社会上之人格,其所受侮辱之程度,至不能忍受者,自当以重大侮辱论,如对人诬称其妻与人私通而其妻本为良家妇女者,即其适例。

这种有关"重大侮辱"的意义诠释以及正当性论证,显然能够强化其作为离婚理由的法理依据。而1916年上字第1073号则较早地将"重大侮辱"确认为离婚之法定理由。该判例指出："夫妇之一造因受他造重大侮辱而提起离婚之诉者,一经查明实有重大侮辱之情形,自应准其离异。"此后,民初司法机关又通过一系列的法律判解例来逐步推动"重大侮辱"进入民国离婚法的实践,典型的判解例有以下的这些：

序号	判解号	判解内容
1	1916年上字第742号	因虐待舅姑或为重大侮辱而应离者,若经舅姑明白表示宥恕者,不得再以之为请求离异之原因。
2	1917年上字第1012号	夫对于妻有诬奸告官的事实,则行同义绝,并非轻微口角及无关重要之詈责可比,应认为有重大侮辱,准其妻请求离异。
3	1917年上字第1138号	夫妇不睦以致涉讼,在涉讼中互相诋毁,虽故甚其词,究不能据此指为重大侮辱。
4	1918年上字第150号	夫对其妻之父母虐待或加以重大侮辱者,应认为义绝,亦应准其离异。
5	1919年11月统字第1134号	现行律所谓不事舅姑,系不孝之义,即指虐待及重大侮辱而言,如果查明所称事实,确已达于虐待或重大侮辱之程度,始得判令离异。
6	1925年上字第44号	查夫妻一造受他一造重大之侮辱者,得以请求离异,如夫之于妻有诬奸告官之事实,即属行同义绝,应认为有重大之侮辱。此在本院迭经著为先例。

正是通过这些努力,不仅"重大侮辱"的内容被进一步细化①,而且这种有关"重大侮辱"的体系化表述也深入推动着民初离婚法的实践。也正是在此过程之中,离婚法的固有观念被改造、被更新,其固有规范框架和适用范围也被突破。

除上列情形外,在民国离婚法的实践中,值得特别注意的还有1915年上

---

① 例如,民国学者蔚乾认为："侮辱云者,是指以语言文字或动作为毁损名誉体面之行为。而且侮辱须达到重大之程度始得构成离婚之原因。"蔚乾:《离婚法》,天津益世报馆1932年版,第85页。而胡长清则认为,所谓"重大侮辱",则主要指以下情形：(1)夫之言语行动足以使其妻丧失社会上之人格者(1916年上字第717号判例)；(2)夫诬告妻通奸告官者(1917年上字第1012号判例)；(3)妻助人诬告其夫者(1917年上字第1138号判例)。参见胡长清:《中国民法亲属论》,商务印书馆1936年版,第197页。

字第331号判决例。该判例指出：

> 现行律载，妻犯七出之状有三不去之理，不得辄绝，但犯奸者不在此限。是妻对于其夫有不贞洁之行为者，当然可为离异之原因，惟对于此类行为，其夫实已故纵在前（并非仅因保全名誉为事后之掩饰）者，则妻之责任即已解除，夫不得以业已故纵之行为，请求与其妻离异。

很显然，在这份试图衡平传统因素与现代观念的判决例中，不仅"七出三不去"这一传统性的离婚法因素获得了一定程度的确证，而且"过错责任"这一现代性的民法责任分配原则也得到了诠释。

第五，在亲属间关系亲疏远近的界定标准上，依然坚持以五服制度作为亲属间关系尊疏的认定标准。这其中，不仅统字第252号解释中反映了这一内容，而且统字第129号解释例也对五服制度持以了肯定的态度。它认为："凡同居若大功以上亲及外祖父母外孙、妻之父母、女婿、若孙之妇、夫之兄弟及兄弟妻，有罪相为容隐，雇工人为家长隐者，皆勿论。（亲属相为容隐条）……二、大功以上亲。注云，谓另居大功以上亲属系服重，按此项，亦指同宗服重，以其重于小功缌麻也。"

解字第59号就是一个以服制的亲疏远近来衡量婚姻关系是否有效的例子。在这一解释例文中，最高法院指出："查男女婚姻依现行律亲属上之限制，与结婚、离婚自由之原则并不抵触。来函所称甲男娶缌服内之嫡弟妇乙为妻，自属无效。如无直系尊亲属出而告诉，应由代表公益之检察官请求，方可撤销。"从中可以看到，甲乙之间的关系尚在"缌麻"这一服制之内，因而他们的婚姻自属无效。

统字第778号解释例也间接地反映出了服制作为判准在衡量社会关系与法律行为上的重要作用。因为在这一例文中，大理院指出："查现行律载称子者，男女同；女于同居继父，应一律持服。惟服图既无女出嫁降服明文，自应无服，依刑律虽未在第八十二条第三项亲属之列，既曾与同居受其抚养，于民法上仍应以亲属论。"这条解释例同时也反映出，主体与主体之间法律关系的认定，又不仅只是依据传统的服制图谱，而且也考虑基于现代的社会行为（同居且受其抚养）所产生的社会关系（亲属）。而这也就意味着，在法律解释的实践中，解释机关在作出解释时试图兼顾并融合传统与现代，以缓步而稳健地推进法律世界里的社会变革。

第六，在立继问题的处理上，大理院同时采取两种方式来确证其效力，而这两种方式，一种是传统的（父母之同意）一种则是现代的（法领域的司法确认），一种主要是考虑家族利益的，一种则主要是考虑当事人利益的。比如1920年5月1日，在复浙江高等审判厅的统字第1274号解释文中，大理院指出："查立继行为，须经择继人及承继人与其父母之同意，惟其父母不同意，确无正当理由时，审判衙门以裁判代替亦属有效。本院对于人事法上，为当事人利益存在之同意权,向均采用此项见解。"

第七,在有关"妾"的社会身份与法律地位的认定上,也可以看到法律解释机关一方面试图维护旧有的社会观念,另一方面又试图推进这一制度的废止以及缓慢地赋予妾与妻平等地位的谨慎努力。一如上述,由于民国时期对于"妾"的法律规制留有较大的制度空间,因而这也为法律解释机关通过解释例来平衡新旧社会力量之冲突、缓和新旧社会过渡之剧烈而可能导致的社会断裂,提供了可能性。典型的比如统字第 282 号,在这份 1915 年 6 月 26 日复四川高等审判分厅的解释例文中,大理院指出:"……第三问题,妾之身份与妻不同,刑律第三百五十五条第二项不适用之。"很显然,该解释例文强调了妾与妻在身份上所存在的差异性。又比如解字第 109 号解释例文。在这份于 1928 年 6 月 27 日复浙江高等法院的函文中,最高法院指出:"……第二问题,妾之制度,在现行律民事部分并无明文废止,则依契约已成立之妾,虽不能与妻享受法律上同等之权利,但在限定范围以内,仍应认其得以享受。"从中可以看到,法律解释机关一方面承认妾不能与妻享受法律上同等之权利,另一方面又认为在限定的范围内其又享有与妻法律上同等之权利。这种兼顾新旧观念之态度,无疑有利于谨慎的推进"妾"之制度的稳步变革。

与此同时,解字第 176 号解释例文亦需要同样予以重点关注。在这份于 1928 年 9 月 15 日复广东高等法院的函文中,最高法院指出:"查妾与家长之关系,系发生于一种契约,法律上既认为家属之一员,如妾请离异,自不适用离婚规定;惟所诉应否将解除契约,须由法院受理裁判。"从中可以看到,尽管原本的身份关系被转化成了契约关系,但是妾请离异却依然无法适用离婚规定;家长对于妾已丧失处分之权力,其有关契约之解除须由法院受理裁判。如果联系梅因所言"迄今为止任何社会的进步律动,都是一个从身份到契约的过程"①,那么这也就意味着,对于"妾"这一事物,通过法律解释的实践,现代性的契约—规则型处理方式已经逐渐渗入其中,进而缓慢替代原先的以传统的身份模式为主导的处理方式。

到了 1929 年 2 月 16 日,在训令山东高等法院的院字第 7 号解释例文中,司法院指出:"妾之制度,虽为习惯所有,但与男女平等原则不符,基于此点,若本人不愿为妾,应准离异。"从中可以看出,较之于以往,中国有关"妾"的制度进一步被松动:基于男女平等之原则,妾在婚姻关系中的依附性逐渐降低,其在离婚问题上的意思表示也必须要被充分尊重。而这也就意味着,在民国法律解释例的实践中,有关"妾"的习惯结构与角色地位遭到了审慎而坚韧的置疑,有关妾的制度朝着现代性的方向被缓慢而坚定的改变。

的确,当有关妾的制度逐渐被松动甚至缓慢在瓦解时,妾的社会地位与

---

① 〔英〕梅因:《古代法》,沈景一译,商务印书馆 1996 年版,第 97 页。

权利也就逐渐被法律所认可并在解释例中逐渐被强调。比如院字第 585 号，在这份于 1931 年 9 月 8 日训令江苏高等法院的解释文中，司法院指出："妾在现行法中，虽无规定，但对于己身所出之子，系直系血亲；若其所生之子亡故，自可为其第二顺序之遗产继承人。"从中可以看到，不仅妾与其所生之子的关系已然转换为直系血亲，而且对于其子之遗产也具有继承权。这较之于以往，显然已经发生了很大的改变。而司法院于 1932 年 6 月 7 日训令江西高等法院的院字第 735 号解释文则进一步指出："（一）妾虽为现民法所不规定，惟妾与家长既以永久共同生活为目的的同居一家，依民法第一千一百二十三条第三项之规定，应视为家属，则其遗腹子、女即受胎在妾与家长之关系存续中者，应认与经生父抚育者同。"在这一解释例看来，不仅妾应当视为家属，而且其遗腹子女等都应当与经生父抚育者相同。这无疑是向对妾无差别对待的方向上迈出较为坚实的一步。

但这种改变显然还不够，还不是彻底性的，因为它们并未触及到"妾"这一制度的根本。在民国法律解释例的实践中可以看到有关这一制度的态度反复。比如在 1931 年 12 月 25 日的院字第 647 号解释文中，司法院认为："……娶妾并非婚姻，自无所谓重婚。"又比如在 1932 年 10 月 8 日的院字第 799 号解释文中，司法院指出："妾之于家长无亲属关系，如家长听其妻教唆，将妾殴伤，妾得提起自诉，不受刑事诉讼法第三百三十九条之限制。"这些解释例文都意味着要从根本上废除妾的制度，不仅是法律解释的实践，而且包括社会实践，都需为此付出更坚韧的努力。①

第八，在有关"革族"问题的处理上，大理院一方面肯定族规的有效性以及革族行为的正当性，另一方面也指出这种革族不得牵连，要允许"复族"；更重要的是，它还以一种积极的态度，随时准备介入到革族纠纷的处理中。比如，在 1919 年的统字第 1040 号解释中，大理院指出：

> 查革族既系根据族规，不许享有本族公共权利，自应认为有效；惟此种族规，当无牵连及于子孙之理，犯规被革之人，若其子孙果系良善，并无该当族规所定各情形，亦可向其族众（得以族长为代表），请求准令复族；若两造争执不能自决，并得提起民事诉讼。

有意思的是统字第 371 号。在这份 1915 年 12 月 2 日复河南高等审判厅的函中，大理院指出：

> 查民法原则，婚姻须得当事人之同意；现行律例，虽无明文规定，第

---

① 比如，当时的学者章锡琛在《废妾论的浅薄》一文中认为，虽然蓄妾制度的存在破坏家庭幸福、蔑视女子人格，然而在现实中想要打破蓄妾制，却是一种难以实现的"高调"。参见章锡琛：《废妾论的浅薄》，原载《晨报》1924 年 12 月 31 日周六增刊，后收入章锡琛编：《新性道德讨论集》，上海梁溪图书馆 1929 年版，第 178—179 页。

孀妇改嫁,须由自愿,则室女亦可类推,以定律言。婚姻固宜听从亲命,然苟乖乎礼教,背乎人情,审判衙门仍有裁夺之权。此案甲之次女就乙,系因伊姊临终嘱托,抚养二子,与苟合不同,甲坚执欲夺其志,另许于丙,殊无理由。女子以名节为重,应仍令归乙,以符从一之义。

同样有意思的是统字第 576 号解释。在这份复江苏高等审判厅的函中,大理院指出:

> 第一问题,查现行刑律丧服制度,既未废止,则该律居丧嫁娶之规定,自应继续有效。惟此等公益规定,自非私人所能藉以告争,审判衙门亦不能迳行干涉。第二问题,妻犯七出而无三不去之理,自应认夫有出妻之权,其有三不去系犯奸者亦同,并依本律犯奸条愿否离异,仍应由本夫主持,至义绝应离,固在强制离异之列,然本为夫妇在未经官判离以前,其夫妻关系自仍存在。第三问题,现行刑律义绝律文,采用唐律,则义绝之事例,自可援据疏议,并非限定律文内离异各条;又该律第一条系指妻对于夫言,次节兼指双方犯义绝,应离不离一语,谓事实发生经官处断而故违者,方予科罪,寻绎前后用意,疑义自明。总之以上三端,皆旧律为礼教设立防闲,遇有此类案件,仍宜权衡情法,以剂其平;现在民法尚未颁行,该律民事部分,虽属有效,而适用之时,仍宜酌核社会进步情形以为解释,不得拘迁文义,致蹈变本加厉之弊。

从这条解释例中可以看到大理院一方面肯定传统的制度对于解决当下社会的纠纷所能起到的作用,另一方面也提醒要注意这些制度的限度以及社会进步之情形。

第九,在有关族谱的合法性问题上,民国法律解释在实践中同样采取了一种既谨慎又变通的处理方法,以期弥合法律规范与社会需求之间的断裂。因为,虽然"亲属、继承法律对于传统家族制度的变革较为彻底,但对传统家族中维系家族存在的诸多纽带,如族谱的问题,亲属法并未作出明确的规定,考虑到家族在民间仍普遍存在,族谱联系、团结族人的社会功能一时间非其他载体所能替代"[①],于是,法律解释机关先后以法律解释为变通,来弥补民法条文在相关内容上的阙如。

早在 1917 年 3 月 14 日,在复江西高等审判厅的统字第 591 号解释例文中,大理院指出:

> ……(二) 无承继权之族人,不能以乱宗为理由告争承继,惟得于修谱发生争议时,提出拒绝登谱或请求削谱之诉,如不因修谱涉讼,自应认为无确认身份关系之实在利益,予以驳斥;至此种无承继权之族人,所以

---

① 张仁善:《近代中国的主权、法权与社会》,法律出版社 2013 年版,第 220—221 页。

准其为此种诉讼者,盖正当之谱规(或有明文,或依习惯)亦不可不予维护,此种诉讼,即所以解决谱规上之争执也。

应当说,大理院的这一解释例文中对族谱之肯定,自是显然。又比如统字第917号,在这份1918年12月31日复浙江高等审判厅的解释例文中,大理院指出:"查现行律娶亲属妻妾门,曾被出及已嫁而娶为妻妾者,统应离异,钱戊娶赵甲自非有效婚姻,如果族谱并无准其载入之惯例,族人自可拒绝其入谱(参照本院四年上字第一二七一号判例)。惟已庚要不得谓非钱戊之子,不应拒绝入谱。"再比如统字第1319号,在这份1920年6月5日复安徽高等审判厅的解释例文中,大理院指出:"所询情形,除该族谱例本有特别订定外,请查照本院五年上字第八三四号判例。"从此两处解释例文中可以看出,大理院法律解释对族谱及其惯性效力是认可的。

如果把视野放得宽一些,那么在相关的判决例中,也有相同的内容体现。比如,1928年上字第29号指出:"姓族谱系关于全族人丁及事迹之纪实,其所定条款除显与现行法令及党义政纲相抵触者外,当不失为一姓之自治规约,对于族众自有拘束之效力。"1929年上字第2265号认为:"谱例乃阖族关于谱牒之规则,实即宗族团体之一种规约,在不背强行法规不害公秩良俗之范围内,自有拘束族众之效力。"1930年上字第824号指出:"一族谱牒系关于全族丁口及其身份事迹之记载,苟非该族谱例所禁止,不问族人身分之取得及记载之事迹是否合法,均应据实登载昭示来兹,不得有所异议。"同年上字第1848号指出:"谱牒仅以供同族稽考世系之用,其记载虽有错误,但非确有利害关系即其权利将因此受损害时,纵属同房族之人,亦不许率意告争,以免无益之诉讼。"同年上字第2016号认为:"谱例系一族修谱之规约,其新创或修改应得合族各派之同意,非一派所得专擅。"很显然,通过判决例这种广义上的法律解释实践,不仅明确了族谱"除显与现行法令及党义政纲相抵触者外"及"在不背强行法规不害公秩良俗之范围内"具有存在价值,而且也确保了这部分社会需求得以获致司法的支持和满足。

"家族成员的入谱申请,现行民法典已不作硬性规定,司法主体处理相关问题时,则显得谨慎、周全,在承认传统宗族制度的前提下,作出适当判决,既不违背现代法律精神,又与本土法律传统切合。"① 换言之:就当时的亲属、继承诸法而言,传统家族制度已被革新,谱牒一类的维系家族制度的纽带,已不受法律明文保护,相关案件,法院也可不予受理。但是,司法主体却并未因传统家族制度已被排除于民法之外而拒绝受理审理,相反,在司法主体操作下,借助司法解释,使传统家族纽带与现行民法典的刚性规制互为补充,较好

---

① 张仁善:《近代中国的主权、法权与社会》,法律出版社2013年版,第221页。

地把传统习惯与现代法规衔接在一起。①

除此之外,其实在诸如谱载无效、登谱不合情理、入谱违规、家族轮收轮分等问题上②,民国时期的司法机关"基本把握了传统与现代、情与理法在家族制度变革之中的缓冲梯度,以司法上的灵活性,冲淡了法律条文的刻板性,尽量保持家族制度废旧立新的平稳过渡"③。

总之,民国法律解释的实践通过解释的方式,尤其是通过法律解释的内容,发挥着重要的社会性功能。而也正是这种社会性功能的发挥,在整合社会秩序、维护社会稳定的同时又改变了社会结构,改造了社会秩序并由此推动社会的转型。如果把视野放得再宽一些,尝试着在"法律—社会"的双重视角与结构中来进一步审视民国时期法律解释的实践及其功能,客观来说,民国时期,尤其是南京国民政府:

> 在1928年至1935年短短的7年时间,就基本确立了法律形式意义上的司法制度现代化,但其实现司法制度现代化的方式主要是以理性建构为主,即通过立法来推进司法制度现代化,并且当时立法的内容主要来源于法学家的理性,……对西方国家先进司法制度的借鉴,保证了司法制度理论上的先进性,却不等于司法制度的有效性。许多与中国实际情况不相适合的制度,又通过司法实践反映出来。在司法中发现现行法律存在缺漏的时候,一般通过司法解释的方式加以弥补。直属于国民政府司法院的大法官会议拥有抽象的司法解释权……司法院院长可以根据最高法院的提请召集变更判例会议,通过创制新的判例、变更既有判例的方式来变通现行的法律。立法上的理性建构与司法上的解释相互配合,共同推进法律的发展,这是南京国民政府司法制度现代化过程中值得借鉴的历史经验。④

除上述结论之外,就民国时期法律解释的功能,还尚需补充说明几点:

第一,民国时期法律解释的规范性功能与社会性功能两者之间是相辅相成、甚至相互交叠的;不能仅关注其规范性的功能而忽视其社会性的功能,或者相反,只关注其社会性的功能而忽视其规范性的功能。既需要意识到法律解释的规范性功能是其社会性功能的手段,而社会性功能则是规范性功能的目的;也需要意识到规范性的功能具有形式性和表象性,而社会性功能则具有内容性和本质性。既需要意识到民国时期法律解释的社会性功能是建立

---

① 张仁善:《近代中国的主权、法权与社会》,法律出版社2013年版,第222页。
② 有关这些问题的判决,可参见中国第二历史档案馆馆藏最高法院档案,全宗号16,案卷号1135,谱载无效;全宗号16,案卷号1136,登谱上诉;全宗号16,案卷号1137,更正宗谱;全宗号16,案卷号1138;全宗号16,案卷号2712,登谱;全宗号16(5),案卷号918,轮分。
③ 张仁善:《近代中国的主权、法权与社会》,法律出版社2013年版,第222—223页。
④ 张晋藩主编:《中国司法制度史》,人民法院出版社2004年版,第558—559页。

在规范性功能之基础上的,是经由规范性的功能而衍生出来的;也需要意识到民国时期法律解释的社会性功能的发挥又有助于规范性功能的完善。

第二,民国时期的法律解释,一方面发挥移风易俗、改造社会秩序之功能,另一方面又固守社会之习惯与传统的价值观念,维护旧有的社会观念以整合社会秩序。这就使得民国时期的法律解释在实践中必然暗含矛盾。这其中的张力,如果缺乏足够强大的制度能力来进行整合,会加剧民国社会秩序的瓦解;而其所释放出的冲击力也会成为推动近代中国社会的现代转型的动力之一。

第三,本书有关民国时期法律解释社会性功能的诸多描述,更多还都只是规范层面上的。实际效果如何,无疑有待进一步结合民国社会的各类情况与各项指标并深入考察之后,才能作出判断。

第九章　民国时期法律解释的风格与思维

如果把法院的法律解释活动看成是"一种在'有组织的知识体系'中的认识行为,能客观地予以检查复验,故为一种科学性的活动"①的话,那么从大理院到最高法院再到司法院以及大法官会议,民国时期生产出的法律解释例文共计6355条,在这些格式较为统一但形式与内容却各异的法律解释例文之中,在这些法律解释例文不同的体制格调以及措辞用语的背后,究竟呈现出一幅怎样的全景图式或者整体风格,其背后又是否存在一种相对稳定的思维模式或者一条较为显性的知识脉象?这无疑值得予以深入观察。法律解释风格的不同,可以充分显示不同时代各个法律文化圈之间的差异,而这又有助于把握民国时期法律解释的知识基础与运行机理,而且也能够丰富有关民国时期法律解释制度实践逻辑的认识。

第一节　法律解释的整体风格

民国时期法律解释整体风格的呈现,就其形式而言,大抵为法律解释的文字结构以及话语措辞等;就其内容而言,则为法律解释理由的作成,尤其是关于各方见解的参酌、法律外因素的考量以及推理论证的过程等。尽管严格来说,法律解释例文属于公文之一种,有着基本固定的格式和话语的表述逻辑,但从形式上看,民国时期的法律解释例文,其整体风格呈现简约与繁复相并存的格局。而从内容上来说,则尽管其所涉之法部门众多,并且前后解释例文在内容上也存在着一定的修正、补充、调整、甚至更替,但是在这些多样化的解释例文的背后,同样也有隐藏在其中较为一贯性的逻辑。

一、形式上简约与繁复并存

民国时期所生产的6355条法律解释例文,有的法律解释例文的篇幅较短,寥寥数十字甚至更短;有的则较长,洋洋洒洒上百字甚至更多。

篇幅相对较短的解释例文,比如大理院时期的统字第39号:"宝银不能作为货币。"第55号:"二例均应以尊亲属论。"第115号:"再审确定之案,复备再审理由时,仍准再审。"第4号:"解释暂行刑律,应依第一说,并参照二九

---

① 黄源盛:《民初大理院司法档案的典藏整理与研究》,载《政大法律评论》第59期。

四条第三项。"第 9 号:"未经辩论判决,系违背程序法,当然可以作为控告受理。"第 23 号:"查司法部解释法律之命令,不问何级审判衙门,皆不受其拘束。"第 26 号:"刑律二九一条配偶二字,专指已成婚者。"第 27 号:"和奸未经本夫告诉,当然不能论罪,律有明文,不容曲解。"第 35 号:"刑律第二一四条第二项之业务人,依诉讼法理,不能用诉讼代理人。"第 38 号:"刑事被告上诉后死亡,应由受理上诉衙门驳回公诉。"第 45 号:"地方自治选举犯罪,应适用新刑律第八章。"第 54 号:"刑律二七一条罪,系易科罚金,应依徒刑定管辖。"第 56 号:"所举例碍难认为人烟稠密处所,只与刑律第一百八十七条相当。"第 60 号:"本院查七月二十四日公函之解释,系本院最近解释,当然从该函之意见。"第 95 号:"控告审不能援照上告审判例,撤销未经提起控告之判决部分。"第 97 号:"查华买办如系提起反诉,查明合于反诉法理,专就我国法律言之,自应一并由该厅受理,希速转知。"第 107 号:"关于吗啡犯罪,应适用前清现行律中施打吗啡条例。"第 114 号:"所陈一节,自可解为意外事故,适用试办章程六十五条但书办理。"

又比如最高法院时期的解字第 95 号:"来说甚是,即查照办理可也。"第 25 号:"非常上告案,可送本院首席检察官核办。"第 40 号:"此项情形,法院编制法既无限制,自可充当。"第 90 号:"查来呈所述情形,应以丑说为是。"第 2 号:"查党员背誓罪第四条侵吞库款,系专指刑律第三百九十二条侵占公务上管有物、共有物之情形而言。"第 4 号:"代电情形,系属反革命涉诉案件,应归特种刑事临时法庭审判。"第 7 号:"查第二次全国代表大会妇女运动决议案,女子有财产继承权。"第 9 号:"查现行刑事诉讼程序,关于辩护人之规定,与本条例既无抵触,自得准用。"第 11 号:"查本条例既无刑等之分,应加重者,又自有特别规定,刑律之加减例,自无从适用。"第 28 号:"第一点应由检察官审查依法办理,第二点上诉既系在前,可继续审判。"还比如司法院时期的院字第 731 号:"县法院判决之刑事案件,应送覆判者,其认定管辖之标准,应以判决时所引法条为断。"第 733 号:"警官无追诉犯罪权,如刑讯伤人,应依刑法第一百四十条及伤害罪各本条处断。"第 751 号:"调解主任推事之性质,应认为与民诉条例第四十二条第七款所谓之公断人相同。"第 752 号:"总会为会中最高意思机关,常任评议员会得议决之事项如经总会议决,自属有效。"第 764 号:"窃盗因脱免逮捕当场施强暴胁迫,依刑法第三百四十七条处断。"

篇幅相对较长的,比如大理院时期的统字第 20 号、第 36 号、第 47 号、第 52 号、第 124 号、第 131 号、第 136 号、第 141 号、第 145 号、第 147 号、第 154 号、第 158 号、第 161 号、第 169 号、第 171 号、第 178 号、第 179 号、第 198 号、第 228 号、第 283 号等;又比如最高法院时期的解字第 3 号、第 23 号、第 60 号、第 116 号等;还比如司法院时期的院字第 736 号、第 770 号、第 774 号、第

780 号、第 1082 号、第 1101 号、第 1150 号等。

当然,综观民国时期的法律解释例文,从其内容篇幅上来看,可以说仍是以简约为主,以繁复为辅。与此同时,尽管解释机关所回复之法律解释例文篇幅的长短,与提请解答的法律问题繁复与否或者数量多寡紧密相关,但同时也与法律解释机关的态度有关。换言之,在类似问题面前,一份耐心解答的法律解释例文,往往在篇幅上容量会比较大。

二、内容上多样性与一贯性并存

客观地来说,民国时期的法律解释例文,从内容上来看,所涉法部门众多,既有实体法的,也有程序法的。就实体法而言,则既有刑事法的,也有民事法的,还有行政法的;就程序法而言,不仅有刑事诉讼法规则,而且也有民事诉讼法规则,还有法院组织法以及不少行政诉讼法规则①,等等。例如,仅以大理院时期法律解释例文所涉之内容为例,参照本书第四章中的"大理院解释例情况分布概图"中的表格初步统计,便可看到,涉及刑事实体法内容的解释例文共计 913 项,民事实体法内容的则有 378 项;涉及刑事诉讼法内容的解释例文共计 449 项,民事诉讼律的则有 469 项。那么,在这些形式多样且内容丰富的解释例文背后,是否存在着一种特定的风格?

答案应该是肯定的。因为从根本上来说,民国时期法律解释之宗旨,在于寻求法真意之同时,追求法规范之妥恰适用,以期"维护社会之稳定,推动社会之进步"②。不同的地方在于,民初大理院时期,法律解释在充分关注社会思潮流变的基础上,更加注重和强调的是对于民间习惯之采纳与吸收,以期通过对民间习惯的法理认可与司法适用,来弥补大法未备所带来的规则空隙以及减少社会规则之变动,缓和社会规则变动的速度,以期达致社会之稳定与发展。而在南京国民政府时期,最高法院/司法院所作之法律解释,更加注重的则是在强调对新思想、新观念的吸收的基础上,同时也对这种新思想、新观念的适用范围作出一定的限制,以期维护社会之稳定,推动社会之进步。

清末民初,社会普遍流行的思潮乃是一种社会达尔文主义,相信"物竞天择、优胜劣汰、适者生存"等"规律"的存在。③ 这股思潮对于传统中国社会

---

① 例如,对于民初行政诉讼法规则的建立与实施以及平政院的运行情况,黄源盛教授指出:"平政院于民国开基伊始,行政争讼制度才萌芽之际,于法治与法制均未健全的年代里,专理行政诉讼十又四年,其间并无重大流弊,评事中虽较欠缺法律专业人才,但皆属富于行政经验之有学养人士,事简而专责,遇事亦无迟滞,能有此绩效,已属难能;更重要的是,它为下一阶段的国民政府时期的行政诉讼制度奠定了根基。"黄源盛:《中国法史导论》,广西师范大学出版社 2014 年版,第 423 页。

② 朱显祯:《法律解释论》,载吴经熊、华懋生编:《法学文选》,中国政法大学出版社 2003 年版,第 62 页。

③ 参见林毓生:《学术自由的理论基础及其实际含意》,载《开放时代》2011 年第 7 期。比如,杜亚泉就曾指出:"生存竞争之学说,输入吾国以后,其流行速于置邮传命,十余年来,社会事物之变迁,几无一不受此学说之影响。"杜亚泉:《静的文明与动的文明》,载许纪霖、田建业编:《杜亚泉文存》,上海教育出版社 2003 年版,第 343 页。

秩序而言无疑是"一次颠覆性革命,从此礼的秩序失去了正当性基础,逐渐为一种更富竞争力的力的秩序所取代"①。与此同时,伴随着这股思潮的深入传播,它所裹挟着的社会进化论、尤其是竞争性的进化论也获致这一时期人们的普遍认可,形成了普遍性的看法:"政治法制之变迁,进化也;宗教道德之发达,进化也;风俗习惯之移易,进化也;数千年之历史,进化之历史;数万里之世界,进化之世界也。"②随着这股思潮在社会中的传播以及实践,其所产生的社会问题越发的凸显和严重。③ 到了民国初期,这一思潮所包含着的有关"社会"的丰富话语以及随后所日渐凸显出来的有关"社会本位"的基本立场,逐渐开始修复和矫正这一思潮及其知识理论所带来的诸多弊端,进而对民初法律制度的建构与实践产生重要的影响。"17、18 世纪的时候,人们所信赖的是性理;在 19 世纪,人们所信赖的是进化。"④而正是伴随着人们对于"进化"的信赖,个人主义开始盛行起来,"法律也随之个人主义化了"。⑤但是:19 世纪末叶,社会哲学派渐兴,如新康德派、新黑格尔派,皆力倡法律之合理性;与此同时,自由法学派继起,复注重每个裁判之公平妥惬,要之皆谓运用法律,须与时迁移,应物变化,然后权衡措施,始告无所不宜,不能拘守法条,致乖实情其揆则一。⑥

"一到 20 世纪,法学界就发生一种新气象,对于从前的个人主义就起了一个极有力量的反动。"⑦反动的结果,便是法律的基本立场逐渐从个人主义

---

① 许纪霖:《现代性的歧路:清末民初的社会达尔文主义思潮》,载《史学月刊》2010 年第 2 期,第 49 页。

② 《梁启超选集》,上海人民出版社 1984 年版,第 273 页。

③ 对此,杜亚泉在"精神救国论"的系列文章中有较多的论述。比如,在《精神救国论》中,他指出:"今日之社会,几纯然为物质的势力,精神界中,殆无势力之可言。……盖物质主义深入人心以来,宇宙无神,人间无灵,唯物质力之万能是认,复以惨酷无情之竞争淘汰说,鼓吹其间。……一切人生之目的如何,宇宙之美观如何,均无暇问及,唯如何而得保其生存,如果而得免于淘汰,为处世之紧急问题。质言之,即如何而使我为优者胜也,使认为劣者败者而已。如此世界,有优劣而无善恶,有胜败而无是非。道德云者,竞争之假面具也,教育云者,竞争之练习场也;其为和平之竞争,则为拜金主义焉,其为激烈之竞争,则为杀人主义焉。"杜亚泉:《精神救国论》,载许纪霖、田建业编:《杜亚泉文存》,上海教育出版社 2003 年版,第 33—37 页。又比如,他在《精神救国论(续二)》中曾指出:"今日吾国之社会中,亟亟焉为生存域所迫,皇皇焉为竞争心所趋,几有不可终日之势。物欲昌炽,理性梏亡,中华民国之国家,行将变成动物之薮泽矣。"杜亚泉:《精神救国论(续二)》,载许纪霖、田建业编:《杜亚泉文存》,上海教育出版社 2003 年版,第 654 页。

④ 吴经熊:《关于现今法学的几个观察》,载吴经熊、华懋生编:《法学文选》,中国政法大学出版社 2003 年版,第 88 页。

⑤ "原来在 19 世纪的时候,欧美各国盛行个人主义,因此法律也随之个人主义化了。"吴经熊:《新民法与民族主义》,载吴经熊:《法律哲学研究》,清华大学出版社 2005 年版,第 173 页。当然,关于近代中国个人主义的发展,详细的分析,还可参见许纪霖:《个人主义的起源》,载《天津社会科学》2008 年第 6 期。

⑥ 丘汉平:《现代法律哲学之三大派别》,载吴经熊、华懋生编:《法学文选》,中国政法大学出版社 2003 年版,第 30—40 页。

⑦ 吴经熊:《新民法与民族主义》,载吴经熊:《法律哲学研究》,清华大学出版社 2005 年版,第 173 页。

转向了社会本位,法律开始强调要适应现代社会之生存关系,开始着眼于整个社会的安定来进行利益之调和。① 换言之,由于"法律社会化乃先废除个人本位、阶级本位或权利本位之法律,代以社会本位之法律,必为其重大之目的"②。因而这一时期,不仅"法的基础,置于全民族之上",③而且"法之事业,乃是为了全社会之安全"④。为此,要努力"以社会为本位的法律来改造中国社会"⑤,就必须:一反昔日个人本位与自由主义之面目,以社会生活之利益之保护与促进为前提,……彻底的使社会与个人调和均衡,共同协作,关于权利之内容与分配,大加变更,既不失现行组织基础之自由制度之所长,并匡正资本主义之不平等与个人分离之弊害,诚为合理之改造原理也。⑥

社会思潮所带来的法学立场这一整体变迁,在清末民律草案到民国民法典制定的过程中更是有着极为充分的反映。"大清民律草案由于订立时处于20世纪初,民法条文多取自德国民法,法律以19世纪确立的个人本位为主。"而至民国初期,社会风气陡转,为因应其中之变化,"民律草案起草的主要领导人之一,当时任主修订法律馆协修的江庸认为,现在社会情状变迁,非更进一步以社会为本位,不足以应时势之要求"⑦。因而在这一时期民事法规范之制定与实践中,逐步"将社会为单位的观念代替个人为单位之思想"⑧,逐渐确立起了社会本位之法原则并作为法实践之指导思想。

当然,法学思潮以及法律知识立场上的这一变化,反映在民初法律解释的实践活动之中,首先便是从形式功能的整体风格上而言:大理院乃试图创造一新法律的基础,始终抱有一种"民法法典化"的理想,力求将判例、解释例营造成法典的形式。(换言之,)观乎大理院民庭所为的判例、解释,虽然是针对个案进行裁判与阐明,惟在审判者与解释者的心目中,似乎有意形成一些"普遍的规则",并利用这些规则,把《大清现行刑律》民事有效部分、民

---

① 例如,胡汉民曾指出:"欧美个人思想的法律制度,追至十九世纪之末二十世纪之初,其立法趋向,始由个人的单位,移至社会的单位。"胡汉民:《社会生活之进步与三民主义的立法》,载《胡汉民先生文集》(第4册),中国国民党中央委员会党史委员会1978年自版,第798页。
② 郑保华:《法律社会化论》,载《法学季刊》1930年第4卷第7期。
③ 王伯琦:《近代法律思潮与中国固有文化》,清华大学出版社2005年版,第96页。
④ 陈进文:《法律的新生命》,载《法轨》1935年第2卷第1期。
⑤ 孔庆平:《改造与适应:中西二元景观中法律的理论之思(1911—1949)》,上海三联书店2009年版,第69页。
⑥ 郑保华:《法律社会化论》,载《法学季刊》1930年第4卷第7期。
⑦ 王杨:《南京国民政府对西方社会本位民事立法思想的继承与改造》,载《中外法学》1999年第2期。江庸之论述,可参见江庸:《五十年来中国之法制》,载《最近之五十年——申报五十周年纪念(1872—1922)》,申报馆1922年版。
⑧ 胡汉民:《社会生活之进步与三民主义的立法》,载《胡汉民先生文集》第4册,第798—799页。到了南京国民政府时期,社会本位之原则在民法的制定与实施中更是得到了进一步的明确与更加深入的贯彻。有关之论述,可参见胡汉民:《民法亲属继承两编中家族制度规定之意义》,载《胡汉民先生文集》第4册,中国国民党中央委员会党史委员会1978年自版,第880—882页;孔庆平:《改造与适应:中西二元景观中法律的理论之思(1911—1949)》,上海三联书店2009年版,第55—77页。

事习惯、条理都纳入到一个体系中,使之折衷调合,达到内在逻辑的稳定。①

也就是说,受这一时期社会思潮与法学知识理论的影响,大理院时期的法律解释实践,其重要的功能导向之一,便是期望通过采纳、吸收各类法资源,整合成法规则,建立起法程序,形成起法秩序,以维护社会之稳定。

其次,便是就知识立场的整体风格而言,民初法律解释的实践,逐步从原初的对"个人利益"的维护向充分兼顾"个人利益"与"社会利益"的取向再到主张以"社会利益"为本位的立场过渡。在"法理"与"习惯"之间,此一时期的法律解释也更偏重于固有之惯习,略疏于法理之诠释与采设。更重要的是,它们已然开始注意到法的本土性需求,并在努力满足这种需求的同时蕴育法的自主性文化与自我型模式。② 这一点,在民初民事法之解释所赖以为基石的民事法规范及其所历经的多次修订与调整中便有着较为充分的反映。在这种民事法规范的修订与调整的背后,所隐含便是知识脉络和立场的转变。比如民国初年,恰逢法律馆拟着手对《大清民律草案》进行修订之时,时任大理院推事的江庸便指出:

(1) 民律草案系仿德日,偏重个人利益;现在社会情状变迁,非更进一步以社会为本位,不足以应时势之需求。(2)《大清民律草案》多继承外国法,于本国固有法源,未甚措意;如民法债权编于通行之"会",物权编于"老佃""典""先买",商法于"铺底"等全无规定,而此等法典之得失,于社会经济消长盈虚,影响甚巨,未可置之不理。③

很显然,从江庸的这些意见中我们可以看出:民事法规范的制定,一方面要因应社会情势之变化,而采社会之本位;另一方面则要关注本国固有之法源,以便法之实施能够有效地处理现实生活中的法律问题。同样对《大清民律草案》之修订持批评意见的还有薛长炘。在《对于民法物权编修正之我见》的文章中,薛长炘指出:"吾国民草,前三编为日人所起草,其总则、债权两编固不乏可议之处,而尤以物权编为不合吾国民情习惯,亟宜修正。"④究其原因,在于:土地债务制度系仿德民立法例,于我国风俗习惯甚不相宜。考其性质,与抵押权无甚出入。前者为就他人不动产上不移转占有而受一定金额之支付,后者亦然,所异者不过土地债务为独立之权利,其债权关系仅为其

---

① 黄源盛:《民初大理院(1912—1928)》,载《政大法律评论》1998 年第 60 期。
② 黄源盛教授在概括北洋政府时期的立法与修法的特点时,指出其中之一便是"自主性"。"清末的立法草案,原始创意基本上出自日本法律专家顾问的手笔,立法过程中,虽也体察'中国民情',但总体上仍被批评'参酌各国法理'者多,'考虑本国风土人情'者少;而北洋时期的修法,原则上是由国人自行起草,过程中也逐渐意识到'体察中国民情'的必要性,对于民事'习惯'良窳的取舍也颇为注重。"黄源盛:《中国法史导论》,广西师范大学出版社 2014 年版,第 411 页。
③ 江庸:《五十年来中国之法制》,载《最近之五十年——申报五十周年纪念(1872—1922)》,申报馆 1922 年版,第 33 页。
④ 薛长炘:《对于民草物权编修正之我见》,载《法律周刊》1924 年第 27 期。

成立之缘由,与抵押权之以债权为前提者有别。就此一观点之,愈见民草规定之不当。民草第六章系关于担保物权之规定,既曰担保物权,必以债权为前提,盖担保物权云者,为确保履行债权以物之交换价格归属于权利人之物权也(民草第六章按语)。土地债务为独立之物上担保,与担保物权之性质有别,不宜规定于担保物权章内。如谓土地债务与抵押权等性质相近,亦不宜设担保物权之名目,以免名实不符之议;德民规定(第三编第八章)何曾有担保物权之名称耶?且物权关系须应社会之所需,苟不适用于其国之风俗习惯,即无规定之必要,我国从来无土地债务之习惯,人民既无此观念,故此种法律关系发生之机会绝少,即其效用亦未必超过于抵押权等,草案既有抵押权之设,则土地债务规定,实际上等于具文。德国所以有此制度,于其国经济上,另具有特别之理由;按诸东亚情形,实无采用价值,日本民法即不闻有土地债务之规定。良以物权关系与其国民情习尚息息相关,不可盲从他国先例。……典当制度为吾国特殊之习惯,欧美各国所无;其性质与地上权、永佃权既不相同,与不动产质权亦有别。现行律有典买田宅门之规定,是认典与买为同种之法律关系,而地上权、永佃权则仅为物权关系,其不同者一;《清理不动产典当办法》第 8 条规定曰:典当期间以 10 年为限,而地上权、永佃权之存续期间,或由当事人任意设定,法律不加干涉,或为 20 年以上 50 年以下(民草第 1076 条、第 1089 条),此其不同者二;又典关系消灭之方法有赎回、找绝、别卖之不同(《清理不动产典当办法》第四条),而地上权、永佃权之存续期间满,即归消灭,此其不同者三;至于不动产质权乃属担保物权,与典关系自有区别,更无论已。综观以上所述,则典关系实为一种特殊之物权,此种物权沿用已久,人民之信仰已深,根深源远,弥漫全国,无废除之理由,有采取之价值,苟不及早认定,使此种法律关系常处于不确定之地位,于国家富庶上、社会经济上,均有重大之影响。况民草及大理院判例皆采法定主义,既采法定主义,又无相当规定,则民草施行后,此种特殊习惯即不能存在,现幸未颁行。《现行律户部则例》及《清理不动产典当办法》仍继续有效,可资补救。现在修订民律不可一误再误,宜有明白规定,俾资遵守。①

应当说,与江庸一样,薛长炘关注更多的也是法律规范与社会习惯之间的关系问题。在他看来,民法规范之制定,应与"吾国民情习尚息息相关,切不可盲从他国先例"。也正是基于此,可以看到,1913 年上字第 64 号判例即明确指出:"判断民事案件,应先依法律所规定,法律无明文者,依习惯法;无习惯法者,依条理。"②大理院时期的法律解释在实践中往往也将习惯作为重

---

① 薛长炘:《对于民草物权编修正之我见》,载《法律周刊》1924 年第 27 期。
② 有关此一判决例的详细内容,可参阅黄源盛纂辑:《大理院民事判例辑存·总则编》,台湾元照图书出版公司 2012 年版,第 7—12 页。当然,此后的民国民法第一条也作出了同样的规定:"民事法律所未规定者,依习惯;无习惯者,依法理。"

要的法律—社会性资源,以便在法律解释例文的制作中予以充分的吸纳。这些行动背后的逻辑,显然都是因为其所关注的乃是社会的稳定问题。

南京国民政府成立以后,立法领域的工作因需要面对不同的社会思潮和法学理论—知识观的冲击,因而往往被看成"是一项甚异于往昔引进欧美法律观念的改造性革命立法(工作)"。① 与此同时,在国民党强力推行以党治国、极力倡导以三民主义为指导思想的大背景下,司法领域中的司法党化现象日益严重。尽管这一时期法律的体系建构、价值追求与实践机理,乃是对北洋政府时期所倡导的三权分立、司法独立等观念在某种程度上的反动甚至是否定,但也可以被看成是一种提炼、塑造新的法律价值理念的不断尝试与不懈努力。更重要的是,这一时期无论是法律的创制还是实施,其对于社会进化观念之追求,并未有丝毫之减轻;其有关"社会本位"之立场的实践表达,也并未有丝毫之减弱,反而得到了进一步的强化。以南京国民政府时期所颁之新《民法》为例:

内容,已追踪于法律之社会化。(毕竟)二十世纪之立法,与十九世纪之个人主义、功利主义,要已久相离越,其主旨所趋,不求最大多数之个人利益,而以社会整个之利益为前提。所谓法律须社会化,亦即所谓三民主义下之法律,其最显著者,则有:1. 男女平等原则之确认 ……2. 适用习惯以补法律之不足 ……3. 强制事项之规定 由社会法益之观点而论,人民之自由超过于某种程度而足使社会法益有损害时,当限制之。新民法关于法人之适用干涉主义,契约之限制自由,俱有相当之规定,此亦为法律趋社会化之一大进步。②

的确,尽管南京国民政府时期的立法将三民主义奉为最高之指导原则,"离开三民主义不能立法"③,但社会本位之立场与三民主义之精神是相互吻合的:三民主义的立法观念,根本上从认定社会生活、民族生存和国家存在之关系而生的。无社会无国家无民族,则一切法律可以不需要。有此最大团体之存在,便有最大团体之生存目的,然后法律上所以规定的义务权利才发生。我们要把这种团体的公共目的视为三民主义立法的出发点。④

因而可以看到,南京国民政府时期的法律活动,在极力推崇三民主义法制主旨的同时,也公开倡导社会本位之法原则与法知识之立场。例如,1933年12月完成的《刑法修正案初稿》,其立法之精神:已由客观事实主义倾向于主观人格主义,既重社会化的一般预防,尤其重在个别化的特殊预防,强调刑

---

① 胡汉民:《社会生活之进化与三民主义的立法》,载《胡汉民先生文集》(第4册),中国国民党中央委员会党史委员会1978年自版,第798页。
② 吴经熊:《十年来之中国法律》,载吴经熊:《法律哲学研究》,清华大学出版社2005年版,第90—91页。
③ 胡汉民:《社会生活之进步与三民主义的立法》,载《胡汉民先生文集》(第4册),中国国民党中央委员会党史委员会1978年自版,第799页。
④ 胡汉民:《三民主义之立法精义与立法方针》,载同上书,第785页。

法之社会的促全机能与教育机能,以谋取个人利益与社会利益之协调,而将小我——个人利益置于大我——社会利益之下,与三民主义的精神相契合。①

与此同时,"加重外患罪,改订妨害风化、婚姻、家庭等罪,以扶植民族之发展"②。除此之外,《中华民国刑法》(1935 年)还曾"增列保安处分专章,注意于社会安全的防范"③。因为:"最近刑事政策,注重社会之防卫,各国新订刑法,关于保安处分一章,规定颇详。旧刑法对于少年犯及精神病人,虽有感化教育,监督品行,及监禁处分之规定,然嫌范围太狭,新刑法特增设保安处分一章。"④

又比如,中华民国民法的制定也采设了以社会为本位的立法指导思想。首先,在《民法》债编中,这体现为既保护债权人利益,也保护债务人利益,限制重利盘剥。

此编除遵照中央政治会议民法债权编原则外,其贯通全编之精神,尚有二点:(1)社会公益之注重;(2)斟酌情形分别为保护债务人之规定。良以个人本位之法,害多利少,已极显然,故特注重社会公益,以资救济。至若债务人固非皆为弱者,然与债权人相较,其经济地位,恒非优越,故于可能范围内,对于债务人之利益,特加保护。⑤

其次,在民法《物权编》中,对于动产所有权及不动产所有权之状态的规定:"为注重社会公益起见,动产所有权及不动产所有权之状态,不宜久不确定,故规定其取得时效。至时效期限,亦不宜过长,故分别规定动产取得时效为 5 年,不动产取得时效为 20 年或 10 年。"⑥与此同时,《民法》物权编第 756 条规定了所有权行使必须"于法令限制之范围内"。第 773 条则规定:"土地所有权,除法令有限制外,于其行使有利益之范围内及于土地之上下。如他人之干涉无碍其所有权之行使者,不得排除之。"第 774 条规定:"土地私有人经营工业及行使其他之权利,应注意防免邻地之损害。"对于此一立法设计,起草说明书给出的理由是:"为注重社会公益起见,此编遵照立法原则,于第 765 条规定所有人惟于法令限制之范围内,得任意使用、收益、处分其所有物。其与此相关联者,则为土地所有权行使之限制,亦设第 773 条以明示之。"⑦第三,《民法》亲属编还特别规定了"亲属会"一节,并对亲属会的权

---

① 公丕祥:《中国的法制现代化》,中国政法大学出版社 2004 年版,第 389 页。
② 谢振民:《中华民国立法史》(下册),张知本校订,中国政法大学出版社 2000 年版,第 920 页。
③ 黄源盛:《中国法史导论》,广西师范大学出版社 2014 年版,第 430 页。
④ 谢振民:《中华民国立法史》(下册),张知本校订,中国政法大学出版社 2000 年版,第 934 页。
⑤ 同上书,第 764 页。
⑥ 谢振民:《中华民国立法史》(下册),张知本校订,中国政法大学出版社 2000 年版,第 771 页。
⑦ 同上书,第 775 页。

利,规定了亲属间一切纠纷,可以由其进行排解,"且其职权范围较各国民法所规定者为广"①。与此同时,对于这一时期民事法规范的制订,特别是所采之社会本位之立场以及所设之保护社会公益之规范,胡汉民也曾有如下之评述:

> 我们的民法极注重社会团体的公益,与从前个人主义的民法立足点不同。固然,民法是私法,其目的在确认人的生活规范,其间自然脱不了个人的关系,在我们的民法中,个人主义的原则也是不能绝对的消灭和铲除的。但是团体生活尤其重要,个人主义的存在,绝不能妨碍及社会主义的推进。……因为社会的存在,绝不是专为许多个人,社会的公益必须尽力提高。我们今后立法,应该注意到社会全体。②

很显然,如果把南京国民政府时期的立法活动与司法活动相关联起来,法律生活中的这种社会化逻辑,对于此一时期的法律解释实践而言,不仅意味着法律解释例文的生产与再生产,在内容上会深受这种社会本位法原则之影响,而且也意味着法律解释活动的整体制度建构与实践机理,都会深受这种社会本位法之知识立场的制约。这在本章后部所列的相关解释例文中,有着全面的体现。当然,如果把南京国民政府时期的法律解释实践放置在近代中国法律发展这一更大视域中来予以观察的话:近代中国法律基本上是外来的产物,继受过程尽管可以简短,但在地化过程则相对漫长,立法与司法容易产生脱节,两者的时效存在严重的"时间差"。法律传统无法一刀两断,法律制度又要与时俱变,消弭此间间距,一方面须透过社会变迁,筛汰不合国风、民情或时宜的法条,另一方面要透过司法主体的高度智慧及巧妙运作,将传统司法与近代司法原则兼容合,调整法律对社会生活的适应性,也使社会生活尽量与现代法律导向趋同。如此,方能衡平先进法律与实际生活之间的脚步,弥合其间的脱节,推进社会平稳变迁。③

而这其实也就意味着,南京国民政府时期的法律解释实践,其在功能取向上也将着力于解决法律规范与社会生活之间的脱节,弥合其间的断裂,进而推进社会的平稳变迁。

可见,无论是就其形式上的运行机理而言,还是就内容的取舍与侧重来看,民国时期的法律解释,其整体风格都深受"社会"话语逻辑以及"社会法"知识立场的影响,进而表现出极为强烈的以"维护社会之稳定,推动社会之进步"为其功能之导向。而民国时期法律解释的实践之所以会呈现这样的

---

① 谢振民:《中华民国立法史》(下册),张知本校订,中国政法大学出版社 2000 年版,第 795 页。

② 胡汉民:《新民法的新精神》(1929 年 4 月 15 日),载吴经熊、华懋生编:《法学文选》,中国政法大学出版社 2003 年版,第 434—435 页。

③ 黄源盛:《中国法史导论》,广西师范大学出版社 2014 年版,第 440—441 页。

整体图景,无疑又和这一时期法律知识的思维模式与理论格局紧密关联。

第二节 法律解释的知识思维

如果在最一般意义上来理解法律解释活动,那么法律解释实际上就是解释者对于法律的一种认识。而作为一种主体认识客观事物的抽象活动,这其中必然包含有法律思维的因子以及法律知识的要素。因为所谓法律思维,"大体上是指法律人根据现行有效法规范进行思考、判断和解决法律问题的一种思维定式,一种受法律意识、法律思想和法律文化所影响的认知与实践法律的理性认识过程"①。而所谓法律知识,则同样指的是主体对于法律的一种认识②,并且这种认识同样也会受到法律意识、法律思想和法律文化的影响。尽管民国时期的法律解释从形式上来看是由法律解释机关(也即最高司法机关)所作出的,但毫无疑问,与其说这一法律知识生产与再生产的过程是封闭的,毋宁说它是开放性的,它不仅会受到这一时期社会思潮以及法学知识理论与法律观念、法律思想和法律文化等多方面因素的影响,而且也会受制于参与法律解释例文制作的法官的知识背景、教育经历甚至社会生活体验等因素的影响。为此,研究民国时期法律解释的知识思维,主要就是通过揭示法律解释活动背后的知识来源、知识属性与知识品格,以更好地展示民国时期法律解释的整体风格、运行机理与实践逻辑。

一、效仿日德比较明显

从知识的来源上看,民国时期的法律解释受外国法学知识理论的影响较大。这既体现在作为法律解释前提与基础的法规范上,也体现在作为解释者的法官及其知识背景上,还体现在这一时期的法律解释理论之中。而若是从知识的影响力上来看,那么尽管此一时期外来知识理论与法学思潮呈多样化格局和复杂性态势,但日、德无疑是其中最为重要的构成。

(一) 外来法思潮影响的多样性

根据王健在《西法东渐——外国人与中国法的近代变革》一书中的考证,自1860年到1949年间,来访中国并先后受聘于当时政府或从事法律活动的东西方法律家,主要有46位,其中的16位值得予以特别关注。

---

① 刘治斌:《法律方法论》,山东人民出版社2007年版,第52页。
② 参见方乐:《转型中国司法知识的理论与诠释》,人民出版社2013年版,第3—5页。又比如,托马斯曾指出:"人们意识的任何状态其实都是知识,因为知识使我们意识到某些东西;感受也是知识,因为感受总是不可思议地涉及我们自己;意志也一样,因为意志独立于我们自己的某些活动。"〔美〕亚历山大·托马斯:《杜威的艺术、经验与自然理论》,谷红岩译,北京大学出版社2010年版,第29页。

近代来华外国法律名人情况简表①

序号	姓名	国籍	主要职务和法律活动
1	爱师嘉拉	法国	北洋政府、南京国民政府司法部顾问。
2	宝道	法国	1919年任司法部顾问,1928年后任国民政府立法院、司法院和交通部法律顾问。
3	毕利干	法国	翻译《法国律例》,首次将法国基本法典完整地传播于中国。
4	庞德	美国	1946—1948年任国民政府司法行政部和教育部顾问。
5	德尼斯	美国	1917—1919年,受聘北京政府任法律顾问。
6	古德诺	美国	1913年,受聘北洋政府任宪法顾问。
7	芮恩施	美国	1919年,受聘北京政府任法律顾问。
8	威罗璧	美国	1916—1917年,受聘北京政府任宪法顾问。
9	冈田朝太郎	日本	受聘清政府修订法律馆,起草新刑律、刑事诉讼法、法院编制法等法律草案。
10	松岗正义	日本	受聘清政府修订法律馆,起草民律。
11	小河滋次郎	日本	受聘修律馆顾问,完成改善狱政任务。
12	岩谷孙藏	日本	北洋政府法律顾问。
13	有贺长雄	日本	1912年,受聘袁世凯任总统府法律顾问。
14	志田钾太郎	日本	1908年任修订法律馆顾问,起草商法。
15	甘博士	英国	民初任北京政府交通部、财政部法律顾问。
16	卜郎特	俄国	1919—1926年任北京政府外交部法律顾问。

尽管不能够简单地根据这些法律人物的国籍来直接推断出他们所持法学观点或者法律知识理论的国别立场,但是从中却也能够略微获知近代中国法学知识理论整体格局的大致组成结构与来源分布情况:尽管受到多方外来因素的影响,但日本与欧美法学知识理论的影响力,显然是此一时期外来法学力量的重要组成部分。

如果把视野放得宽一些,那么要更好地展现近代西方法学知识理论对民国时期法律解释的影响,考察外来法律知识理论的国别属性,就必需要进一步结合具体的法规范与制度来予以细致的考察。因为法律规范与法律制度是法律解释的前提与基础。

首先,就宪法规范而言,自清末变法修律以来:"朝廷欲图存,必先定国是。定国是在立宪法。立宪法之希望,即今日欧美通行之政治学说,所谓最大多数之最大幸福之义也。"②这其中便可见欧美宪法理论对清末立宪运动的影响。而至民国初年,这一影响日盛,尤其体现在"天坛宪草"之中:"全文十一章,都百一十三条,制度大半模仿法兰西,而间杂于美利坚。"③

---

① 参见王健编:《西法东渐——外国人与中国法的近代变革》,中国政法大学出版社2001年版,第540—548页。
② 《论朝廷欲图存必先定国是》,载《东方杂志》第1卷第1期。
③ 陈茹玄:《中国宪法史》,上海世界书局1933年版,第48页。

"天坛宪草"重要条款所受外国宪法影响情况表①

条款	主要内容	决议时受外国宪法的影响
第2条	民国领土规定	普鲁士宪法第1章,荷兰宪法第1、2条,土耳其宪法第1条,俄罗斯宪法第1条,葡萄牙宪法第2条
第21条	两院制度	美国宪法第1条第1款
第43条	国会不信任投票权	英国宪政制度惯例、法兰西第三共和国宪法(《关于政权组织的法律》)第6条
第56条	内阁制度	法国宪政制度惯例
第59条	总统选举	法国宪法(《关于政权组织的法律》)第2条
第62条	副总统设置	美国宪法第2条第1款
第62条	总统继承问题	折衷美国宪法第2条第1款,法国宪法(《关于政权组织的法律》)第7条有关规定
第67条	总统发布紧急命令权	普鲁士宪法第63条,日本宪法第8条,英国、法国的宪政惯例
第70、71条	总统外交权	巴西宪法第48条,法国宪法(《关于政权组织的法律》)第8条、第9条
第76条	总统解散议会权	法国宪法(《关于政权组织的法律》)第5条
第77条	弹劾总统罪名	法国宪法(《关于政权组织的法律》)第12条
第81条	国务总理同意权	美国宪法第2条第2款
第93条	总统复议权	美国宪法第1条第7款
第97条、104条	议会财政权	日本宪法第6章,法国宪法(《关于政权组织的法律》)第8条
第108条、109条	审计院	荷兰宪法第179条、比利时宪法第116条

其次,就民事法规范而言,民律第一次草案"全案大体仿德日民法,未及颁行而清亡"②。"民律第二次草案大抵由第一次草案修订而成,惟总则编、物权编变更较少。债权编改为债编,间采瑞士债务法。"③然而由于1926年时局之变化,国会遭到解散,此草案并未能够完成立法程序进而成为正式法典,但是中华民国政府司法部却通令各级法院将其作为"条理"来予以采用。④

---

① 参见严泉:《失败的遗产:中华首届国会制宪:1913—1923》,广西师范大学出版社2007年版,第159—160页。
② 谢振民:《中华民国立法史》(下册),张知本校订,中国政法大学出版社2000年版,第746—747页。当然,民律第一次草案中有关"男女平等主义"之规定:"仿法日民法,规定出嫁女子为限制行为能力人之一种。"与此同时,对于禁治产之问题:"第一次草案仿法日民法,设禁治产与准禁治产之区别,对于禁治产人置监护人,对于准禁治产人置保佐人。"同上书,第757页。除此之外,"第一次草案仿德国民法,规定土地债务、不动产质权及动产质权,并加入抵押权,并为一章,称为担保物权"。同上书,第778页。
③ 同上书,第749页。当然,对于禁治产之问题,"第二次草案从德民法,规定禁治产之适用范围较宽,并分禁治财人为无行为能力与限制有行为能力,于亲属编中分别置保护人或照管人。"同上书,第757页。与此同时,对于取得时效,"第二次草案仿瑞士民法,于不动产所有权节规定不动产之取得时效,于动产所有权节规定动产之取得时效。"同上书,第777页。除此之外,"第二次草案删除土地债务,废去担保物权之名称,将抵押权另立一章,并仿行日本民法,增人权利质权,将不动产质权、动产质权及权利质权并为质权一章,又设通则一节,以为共通适用之准据"。同上书,第778页。
④ 杨幼炯:《近代中国立法史》,商务印书馆1936年版,第328页。

1927 年 6 月,政府重启民事法之修订,至 1928 年 10 月,相继完成亲属法草案和继承法草案。其中,亲属法草案"其编制兼采*大陆*、*英美两派之长*,*仿最近苏俄*、*瑞士等国民法之先例*……"(谢振民书:第 750 页)①而继承法也依据各国之立法例,"不拘于成例、囿于旧习,一本革命原理之所指示,期成一革命化之法规"。(谢振民书:第 751 页)然而,"法制局草竣亲属法、继承法,立法院尚未成立,遂以搁置。此两草案虽未及发生效力,而卓著革新之精神,实为我国立法上之一大进步"。(谢振民书:第 753 页)

1929 年 5 月 23 日,《民法》总则公布。"各国法典,对于总则编之编例,互有殊异。此编参酌*暹罗*、*苏俄*等国民法,以及最新之*法意*共同民法草案,摭全编通用之法则,订为法例一章,并诸编首。"(谢振民书:第 756 页)"民法总则采用*瑞俄*先例,不立物之界说,仅规定动产、不动产、主物、从物等。"(谢振民书:第 757 页)

同年 11 月 22 日,《民法》债编公布。"此编遵照中央政治会议民商法合一之原则,参酌*瑞士*、*暹罗及苏俄*诸国民法,特将商法总则中之经理人及代办商、商行为中之交互计算、行纪、仓库、运送营业及承揽运送一并订入。并仿*瑞士*债务法,以出版契约定为专节。……并仿瑞士债务法,将悬赏广告定于契约条文之后,另立一节,以免杂糅。"(谢振民书:第 763 页)"欲奖励著作物之发达,对于著作人之利益,不可不特为保护。此编仿瑞士债务法,以出版契约定为专节,而于著作人之利益,尤为注意。"(谢振民书:第 767 页)

同年 11 月 30 日,《民法》物权编公布。"此编仿*德国*民法,以取得时效规定于所有权章之通则中。……(二)此编关于遗失物之拾得,仿*日本*民法,于动产所有权中设相当之规定,无须另订特别法。……(六)此编仿德国民法,认留置权有物权之效力……"(谢振民书:第 777—778 页)

1930 年 12 月 6 日,《民法》亲属编公布。其中,关于家制之规定,"此编不采形式主义,仿*瑞士*民法,规定以永久共同生活为目的而同居之亲属团体谓之家"。(谢振民书:第 796 页)而关于酌给财产之范围,"此编仿*苏俄*立法例,明定被继承人生前继续扶养之人,应由亲属会议,依其所受扶养之程度,及其他关系,酌给财产"。(谢振民书:第 796 页)与此同时,"此编以我国旧律及习惯均重视婚约,并仿*德瑞*民法,特设专节规定之"。(谢振民书:第 798 页)除此之外,"此编大体仿*日*本法,规定扶养义务之范围。"(谢振民书:第 799 页)

再次,就刑事法规范而言,《大清新刑律》大体继受*日*本刑法,这也为民初《暂行新刑律》所继承。然在章次上,"暂行律取法荷兰,谓文例之规定,不仅关于总则之用语,而关于分则之用语为多",因此将其列于总则之末。(谢振民书:第 894 页)与此同时,"暂行律刑名章依*墨西哥*刑法,列于未遂罪、累

---

① 需要说明的是,为避免引用之繁复,凡此段下文中出现引自谢振民所编著《中华民国立法史》下册之内容,均简略为此种格式。

犯罪、俱发罪、共犯罪各章之后,谓有罪而后有刑,不当先刑后罪"。(谢振民书:第894—895页)除此之外,"暂行律总则第五章俱发罪,系沿用旧律之名称,但该章所规定者,非限于数罪俱发,即数罪各别发觉,亦得适用,是以**日本**旧刑法明为数罪俱发,新刑法改为并合罪"。(谢振民书:第895页)

1918年7月,《刑法》第二次修正案制成。其中,关于酌减章,"本案将修正案酌加之条文删去,并仿最近**瑞士**及**德国**刑法准备草案之例,特设专条,胪举科刑时应注意之事项,以为法定刑内科刑轻重之标准,改章名为刑之酌科"。(谢振民书:第895页)而关于漏泄机务罪所定各条,"查外国立法例,如**德国**、**奥国**、**意大利**、**荷兰**、**挪威**等国,凡泄露秘密皆于外患罪章规定之,而以有损害于国家之安全致贻外患者为限,本案略仿其意,并入于外患罪章"。(谢振民书:第898页)对于放火、决水及妨害水利罪、危险物罪、妨害交通罪、妨害饮料水罪、妨害卫生罪,"本案仿**荷兰**、**挪威**、**意大利**等国刑法,及**奥国**、**瑞士**、**德国**等国刑法准备草案,并为一章,改称公共危险罪"。(谢振民书:第898页)对于同谋犯罪而为实施者,"**日本**判例认为共同正犯,而学者多非难之,谓为误解共同实行之观念,此外学者或以之为教唆,或以之为从犯,聚讼无定,故本案仿**俄**及**瑞典**等国之例,另设同谋犯,于分则杀人、强盗、恐吓等罪定之"。(谢振民书:第900页)对于伪造文书罪,"略分两派,以证明权利义务之文书为限者,**德国**是也。以足生损害于公众或他人之文书为限者,**法国**是也。暂行律从**德国**派,……本案从**法国**派"。(谢振民书:第902页)除此之外:暂行律废谋杀、故杀之别,故科罚自10年以上有期徒刑至死刑。案各国刑法科刑范围之广大如暂行律者,惟日本一国。英、美系分谋杀、故杀,德、法系亦然。意大利及南美诸国,皆分别寻常情节及重大情节,而谋杀则重大情节之一也。我国旧律亦大同小异。故本案参酌中外法律,仍分谋杀、故杀及情节之轻重科罚。(谢振民书:第902页)

可见,从知识的产地上来看,就民国时期的民事法规范与法制度而言,其所受外来之影响,包括但并不限于德、日、瑞、苏俄、暹罗、法、意等国之法学思潮与观念。而就刑事法规范与制度而言,其所受外来之影响,则同样包括但并不限于德、日、俄、瑞士、瑞典、法、荷兰、意大利、挪威、奥国、墨西哥等国之法知识—理论。这其实也就意味着,民国时期的修法制法,主要是在"借鉴德国、日本法的基础上,还参考了法、英、美等国家的立法例"①。就法律知识与理论话语的风格而言,此一时期无论是民事法还是刑事法,都同时杂糅了大陆法系与英美法系的法学因子和知识资源。法律体系的建构走的是以大陆法系为主、英美法系为辅的道路,宪政体系采取的却是欧美体系与中国本土相结合的模式。除此之外,就法律知识的理论脉象来看,此一时期中国法学的知识格局,从总体上而言实为一幅次殖民地风景图。对此,蔡枢衡曾有经典之评价:"在法哲学方面,留美学成回国者,例有一套Pound学说之转播;

---

① 黄源盛:《中国法史导论》,广西师范大学出版社2014年版,第411页。

出身法国者,必有 Duguit 之学说服膺拳拳;德国回来者,则于新康德派之 Stammler 法哲学五体投地;以中国闭关时代的农业社会为背景之理论家,又有其王道、礼治、德治之古说。五颜六色,尽漫然杂居之壮观。然考其本质,无一为自我现实之反映;无一为自我明日之语言;无一为国家民族利益之代表者;无一能负建国过程中法学理论应负之责任。"①

当然,也正是由于作为法律解释之前提与基础的法规范、法制度所受法思潮与法理论影响之多样性,因而法律解释同样也就会在呈现多样性图式的同时,不仅需要在实践中努力调和不同知识间的矛盾与冲突,进而形成法规则与法制度;而且也需要大力整合这些来自不同区域的法学知识以及由此所生发的法律规范,从而推动法律解释实践的顺利开展。

(二) 日德法思潮影响的主导性

尽管从国别或者知识的产地上来看,民国时期的法规范与法制度所受外来法思潮之影响确实呈现多元化的格局,导致法律解释之实践同样呈现多元化的机理,而且也造成法律解释制度实践之功能更具开放性与包容性。但若是从知识的影响力、理论的塑造力和规则的建构力上而言,则显然还是以日、德为主,以其他区域为辅。

立法领域除上述所列之情形外,比如民初所沿用的、宣统二年十二月二十七日(1911 年 1 月 27)所定之《民事诉讼法律草案》,"几全抄袭德国《民事诉讼法》"②。而 1922 年 7 月所颁布之《民事诉讼条例》:

> 亦同属德国法系,惟多参采晚出之奥地利、匈牙利两民事诉讼法,并兼采取英、美法,于德法之缺点矫正不少。德国于 1924 年,曾将其民事诉讼法大加修改,日本亦于 1926 年,修正其民事诉讼法,此二法所修改之处,《民事诉讼条例》多已采行,故《民事诉讼条例》较之德、日旧法及《民事诉讼律》实已大有进步,惟条文仍不免失之繁琐。③

除此之外,1931 年 2 月 13 日所公布之《民事诉讼法》:

> (四) 关于不动产物权之诉讼,不认不动产所在地之法院有专属管辖权,仿日本改正民事诉讼法例,而以之为选择审判籍。(五) 法院就诉讼无管辖权时,不待原告声请,应依职权将事件移送于有管辖权之法院,此亦仿日改正民事诉讼法之立法例。……(八) 扩张准备程序之适用,使及于一切诉讼,此亦仿日本改正法。此外对于行准备程序之受命推事,并赋予以调查证据之权限,无异于德国民事诉讼法改正令所认独任推事前之程序,实不失为善制。……(十五)《民事诉讼条例》仿德民事

---

① 蔡枢衡:《法治与法学》,载蔡枢衡:《中国法理自觉的发展》,清华大学出版社 2005 年版,第 98—99 页。
② 谢振民:《中华民国立法史》(下册),张知本校订,中国政法大学出版社 2000 年版,第 991 页。
③ 同上书,第 994 页。

诉讼法,有证书诉讼程序之规定。日旧民事诉讼法亦定有此种程序,其改正法则认为无甚实益,反促使诉讼关系限于繁杂,遂废止之。此法亦踵其后,删除证书诉讼程序,而扩张督促程序适用之范围。(十六)德、日民事诉讼法所采主义,不问请求之金额价额或其性质如何,皆许声请支付命令。奥、匈主义,则惟就请求之金额价额较寡,或性质上特有速行清偿之必要者,始许声请支付命令。我国《民事诉讼律》从德、日主义,《民事诉讼条例》从奥、匈主义,此法复舍后主义而采前主义。①

又比如1914年颁行的《商人通例》和《公司条例》:"此项《商人通例》及《公司条例》,体裁上虽仿日商法,而内容则有采自德国之新商法也。"②而1929年所公布的《公司法》,规定:"法定董事至少五人,而日商法明定董事人数须三人以上,与《公司条例》不同;后者仿德商法,不设最少数之限制。"③再比如清末修订法律馆聘日人志田钾太郎起草商法,编有《票据法草案》:"全案根据《海牙统一假案》并参酌德日两国之票据法而成,编制悉仿假案,编首冠以总则,采日本之例。"④而1929年10月30日所公布之《票据法》,其关于票据承兑之方式:

> 英、美法律所规定票据承兑分为两种:(1) 普通承兑,(2) 附条件承兑。日本商法第四百六十九条则规定付款人对于票据之金额,得为一部之承兑外,如付款人不为单纯承兑时,即与拒绝承兑同,是除付款人为一部之承兑外,其余一切附有条件之承兑,皆以拒绝承兑视之。此法以承兑附有条件有妨票据之流通,特仿日本成规,于第四十四条规定付款人承兑时,经执票人之同意,得就汇票金额之一部分为之,除一部分承兑外,其他附有条件之承兑,视为承兑之拒绝,但承兑人仍依所附条件负其责任。⑤

与此同时,该法关于"付款之提示,在英、美及法国法系诸国,限于满期日,如于是日不为提示,即丧失票据上之权利。此法以此项规定,于执票人未免过苛,故从德日立法先例,定为到期日之后二日仍属有效,于第六十六条明示之"⑥。

还比如在"天坛宪草"的起草委员会中,"先后共有71名委员。其中,有出国学习经历的共58人,有留日背景的,多达52人"⑦。反映在他们所拟的

---

① 谢振民:《中华民国立法史》(下册),张知本校订,中国政法大学出版社2000年版,第1000—102页。
② 杨幼炯:《近代中国立法史》,商务印书馆1936年版,第329页。
③ 转引自谢振民:《中华民国立法史》(下册),张知本校订,中国政法大学出版社2000年版,第813页。
④ 同上书,第814页。
⑤ 谢振民:《中华民国立法史》下册,张知本校订,中国政法大学出版社2000年版,第825页。
⑥ 同上。
⑦ 李秀清:《所谓宪政:清末民初立宪理论论集》,上海人民出版社2012年版,第191页。

宪草条文中,便是倾向于确立普通诉讼与行政诉讼相区别的二元体制,而这显然是与他们曾经留学日本有着直接关系的。

进一步,以刑事法为例,可以更加清楚地看到来自日德的、有关新旧刑法学派的理论争论,对民国刑事法的制定与解释所产生的明显影响。民国时期的刑事法规范,"究其渊源而论,无不以《钦定大清刑律》为宗"①。这其中,比如《中华民国暂行刑律》只是把《钦定大清刑律》与民国国体抵牾之处稍作修改后颁行。1928年颁行的《中华民国刑法》是以1918年《刑法第二次修正案》为基础,同时吸收这一时期各国新立法例而来的,而1918年《刑法第二次修正案》又是遵循《钦定大清刑律》的立法风格的。因此可以说,1928年的《中华民国刑法》延续的仍然是《钦定大清刑律》的立法风格。此外,1935年的《中华民国刑法》,虽然较多接受了当时西方刑法学派新派理论的影响,刑法的基本立场也从倾向客观主义转向倾向主观主义,但其仍是在《钦定大清刑律》之上发展而来的。② 而《钦定大清刑律》是在日本刑法学界新派代表人物之一的冈田朝太郎的主持之下制定的,模仿了日本1907年所制定的刑法典——而该部《刑法典》就是在新派理论的指导下制定的。③

---

① 周少元:《中国近代刑法的肇端》,商务印书馆2012年版,第5页。
② 同上。
③ 的确,"晚清刑律改革在基本原则的采用上倾向于古典的旧派理论,特别是罪刑法定主义的明确规定,删除比附,禁止类推较集中地体现了旧派的理论。……同时,立法者们也主意到了新派理论关于刑法基本原则含义的诠释,比如,《钦定大清刑律》在吸纳了罪刑相适应原则时,除了旧派的报应论的思想基础外,也接受了新派功利论的思想,注意教育刑的价值,对未成年人犯罪的感化教育便是例证。"周少元:《中国近代刑法的肇端》,商务印书馆2012年版,第142页。与此同时,就条文而言,这种影响也是较为明显的。比如《钦定大清刑律》第17条规定:"犯罪已着手,而因意外之障碍不遂者,为未遂犯。……未遂罪之刑,得减既遂罪之刑一等或二等。""此条规定以肯定未遂犯受罚为前提,明显地采纳了新派理论。"周少元:《中国近代刑法的肇端》,商务印书馆2012年版,第143页。而关于这一点,沈家本在立法案语中也有详细的说明:"未遂罪致罚之主义有二:一、未生既遂之结果,损害尚属轻微,于法律必减轻一等或二等。二、犯人因遭意外障碍乃至不得遂而止,其危及社会与既遂无异故刑不必减。惟各按其情节或可以减轻。此二主义,前者谓之客观主义,后者谓之主观主义。客观主义已属陈腐,为世所非,近时学说及立法例,大都偏于主观主义。本案亦即采此主义。"《大清法规大全·法律部》卷十一,法典草案一。又比如,对于不能犯,《钦定大清刑律》同样纳了新派学说,把不能犯视为未遂犯的一种,并同样规定在第17条之中。对此,沈家本也解释到:"第一项后半,在于不能生结果之情形者。如用少量之毒物,不致于死,及探囊而未得财物之类。在学术上谓之不能犯,其为罪与否颇属疑问,学者之所争论而未决之问题也。然此实应与一般未遂罪同论,故特设此规定。"《大清法规大全·法律部》卷十一,法典草案一。还比如,对于共同犯罪,《钦定大清刑律》既纳了旧派的理论,也吸收了新派的一些见解。其中第29条规定:"二人以上共同实施犯罪之行为,皆为正犯。各科其刑。"这是旧派理论的反映。当然,从渊源上来说,第29条是源自日本刑法的相关规定:"二人以上共同实行犯罪的,都是正犯。""犯罪共同说的观点与这一规定相符合。因为'共同实行'意味着有共同的实行行为,而不同的犯罪有不同的实行行为,故只能就相同的实行行为即相同的犯罪成立共同正犯。"〔日〕西原春夫:《刑法总论》(下卷),日本成文堂1993年版,第374页。再比如,第34条规定:"知本犯之情而共同者,虽本犯不知共同之情,仍以共犯论。"第35条规定:"于过失罪有共同过失者,以共犯论。"第36条规定:"值人故意犯罪之际,因过失而助成其结果者,准以失共同正犯论,但以其罪论过失者为限。"很显然,这些规定都是吸收了新派的行为共同说,承认过失共犯。

从民国法律解释的实践来看,日德的影响相当明显。比如,1919 年 8 月 7 日的统字第 1044 号解释例文,浙江高等审判厅在提请法律解释的函文中指出:"查刑律窃取他人所有物罪,一般学者对于物之解释,均以可动物为限,惟**牧野英一**则谓动产均得为窃盗之目的物,贵院新近判例及解释,与牧野之说相同,本厅自应遵从贵院之解释,以为办案之标准。"由此可见,日本刑法学者之理论,对民初法律解释之影响。又比如,在有关民法代位继承的性质问题上:"司法院的解释,本先采第二说,后来采第一说,最高法院判亦同。两说比较,以第一说妥当,因为我国民法第 1140 条明白规定'代位',所谓'代位',当然是代替他人的地位而非其本身的地位。"如果将司法院的此一做法与当时日德之主流观点相联系,那么便可看到其中之紧密联系。① 如果把视野放得宽一些,从法律解释例文制作或者生产的知识背景来看,那么从构成法律解释者的司法官的教育背景中,也能够感受到日德因素对民国法律解释之影响。以大理院时期的法律解释活动为例,比如 1912 年 9 月,经改组和调整,大理院第一批司法官确定。本书对这批大理院司法官的教育背景进行了统计,其情况如下:

大理院司法官姓名、职务及其法政教育背景②

职务	姓名	法政教育背景
院长	章宗祥	日本东京帝国大学法科毕业
庭长	姚 震	日本早稻田大学毕业,法学学士
庭长	汪義之	日本早稻田大学毕业
推事	廉 隅	日本中央大学暨西京帝国大学法科
推事	胡诒毂	美国芝加哥大学毕业,法学学士
推事	沈家彝	日本帝国大学法科选科(英吉利兼修)
推事	朱献文	日本帝国大学法科
推事	林行规	英国伦敦大学法学学士
推事	高 种	日本中央大学法科
推事	潘昌煦	日本中央大学法科
推事	张孝栘	日本早稻田大学法科
推事	徐维震	上海南洋大学毕业,获印第安纳大学法学学士
推事	黄德章	日本帝国大学法科

---

① 当时民法学界,有关代位继承的性质有两种学说:"一曰代替说,谓代替他人的地位而基础,并非他本身固有的继承。德国额德曼、瑞士海尔夫洛、额格等氏解释他们的民法用这一说;二曰固有地位说,谓本于固有地位而继承,并非代替他人的地位而为继承。我国罗鼎,日本中川善之助解释我国和日本民法用这一说。"参见李祖荫:《法律学方法论》,载程波点校:《法意发凡——清末民国法理学著述九种》,清华大学出版社 2013 年版,第 221 页。

② 基础数据来自毕连芳:《北京民国政府司法官制度研究》,中国社会科学出版社 2009 年版,第 124 页。

从上表看,第一批大理院司法官共 13 人,其中 10 人具有日本法学教育背景。又以 1921 年的大理院为例,这一时期大理院有院长、庭长、推事共 32 人,其中毕业于本国官立专门法律学校者有 11 人,毕业于日本法政类院校者 18 日,又 1 人毕业于德国柏林大学,2 人毕业于美国的法学院。① 还比如,根据黄源盛教授考证,民初大理院历任院长及推事的履历情况,②除少数未查出的推事履历外,本书对已查证的 76 位大理院司法官的教育背景进行数据统计与表格化处理,从此之中也能够看到整个大理院时期司法官的教育背景与知识结构。

大理院历任院长及推事教育背景一览表

姓名	教育背景	姓名	教育背景	姓名	教育背景
王士洲	东吴大学	王宠惠	美国、法国、德国、英国	王义检	京师法律学堂
王凤瀛	东吴大学	石志泉	日本东京帝国大学法学部	左德敏	日本大学法律科
江 庸	日本,早稻田大学	朱学曾	日本,中央法政大学	朱得森	京师法律学堂
朱献文	日本,东京帝国大学	吕世芳	日本	李 栋	日本,明治大学法科
李祖虞	日本,早稻田大学	李怀亮	日本,中央大学法科	李景圻	日本,早稻田大学
汪有龄	日本,法政大学	汪燨芝	日本,早稻田大学	何鸿基	日本、德国
沈家彝	日本,东京帝国大学	余荣昌	日本,东京帝国大学法科	祁耀川	日本,中央大学法科
林 荣	日本,早稻田大学	林行规	英国,伦敦大学法科	林志钧	日本,中央大学
林鼎章	京师法律学堂	胡诒毂	美国,芝加哥大学法科	胡锡安	日本,法政大学
郁 华	日本,法政、早稻田	姚 震	日本,早稻田大学法科	洪文澜	浙江法政学校
夏 勤	日本,法科	徐彭龄	日本,法科	徐维震	美国
徐 焕	京师大学堂	徐 观	日本,明治大学	高 种	日本,中央大学法科
庄景珂	日本,早稻田大学	孙巩圻	日本,明治大学	孙观圻	日本,中央大学法科
曹祖蕃	日本,政法大学	章宗祥	日本,东京帝国大学法科	郭云观	美国
殷汝熊	日本,早稻田大学	陆鸿仪	日本,中央大学法科	张康培	日本,早稻田大学
张式彝	直隶法律专门学校	张孝琳	不详	张孝栘	日本,早稻田大学法科
张志让	美国、德国	陈渐贤	日本,明治大学法科	陈彰寿	不详
陈瑾昆	日本,东京帝国大学	陈鸿仪	不详	陈尔锡	日,京都帝国大学法科
陈懋威	京师法律学堂	许卓然	日本,中央、早稻田法科	许泽新	京师法律学堂
梁敬錞	英国,伦敦大学	单毓华	日本,法政大学	冯毓德	日本,法政大学
许世英	日本,法科	黄德章	日本,帝国大学法科	廉 隅	日本,中央、东京法科
董 康	日本,法科	叶在均	京师法政学堂	潘恩培	京师法律学堂
潘昌煦	日本,中央大学法科	钱承锳	日本,东京帝国大学法科	钱鸿业	监生
刘志敭	日本,帝国大学法科	刘含章	京师法律学堂	刘钟英	北京法政学堂
郑天赐	英国,伦敦大学法科	魏大同	朝阳大学法科	罗文干	英国,牛津大学
丰 更	日本,早稻田法科				

---

① 参见大理院编:《民国大理院推事经历一览表》,1922 年编制。
② 基础数据来自黄源盛:《民初大理院与裁判》,台湾元照出版公司 2011 年版,第 64—82 页。

很显然,从这 76 位大理院推事的教育背景来看,其中有日本教育背景的共有 48 人,占总人数的 63.2%。如果承认这种教育背景或多或少会对推事们的知识结构与思维方式产生影响的话,那么大理院时期法律解释活动中的"日本因素",就既能够理解,也不得不引起足够的重视了。

客观地来说,此一时期,不仅法律的创制与法律的实践深受日德因素的影响,而且更广泛意义上的法律理论知识的生产与再生产活动也充满着日德元素。比如,在论述大理院解释例中有关"公务人员"采广义解释之做法的合理性时,陈瑾昆就引用了日本 1909 年法曹会议议决和大审院的四个判例。前者的内容是:"雇员限于依法令所定从事于公务者,为刑律第七条所谓公务员,盖雇员对于国家,不过有民法上之顾备关系,而无公务上权力服从之关系,故非官吏或公吏,应以依法令特许从事于公务者为限,认为公务员。"①后者的内容包括:

(1) 大审院大正四年(1915 年)判例:刑法第七条所谓公务员,其职务范围,不必以直接规定于法令为限,纵令以规定某种职员职务之事委任于一定之机关,而仅依该机关对于监督官厅报告其所规定之结果,苟该职员任命之根据,系依上开意义之法令,则不问该职员之名称为何,不得不认为同条所谓公务员。②

(2) 大审院大正三年(1914 年)判例:其于法律或命令而设立者,无论矣,即仅作为公务分担之机关,而为公务员执行职务之处所,统应解为刑法上所谓公务所(即公署)。

(3) 大审院大正二年(1913 年)判例:执达吏依执达吏规则设置之办公室,即刑法所谓公务所。

(4) 大审院明治四十五年(1912 年)判例:刑法第七条所谓法令,不公布之军令亦包含之,辎重兵大队,虽为组成师团之一部,一面自为处理该队事务之独立官厅,即属刑法上所谓公务所。

与此同时,民国初期的法学教育也带有非常浓厚的日德色彩。这一点,从 1919 年至 1929 年在北京大学法律系开课之讲师的教育背景之中,也能够感知一二。

留学生与北大法律系课程③

主讲教师	留学国	主讲课程名称	主讲教师	留学国	主讲课程名称
黄右昌	日	罗马法、民法物权、民法亲属、民法继承	余棨昌	日	民法总则、民法继承、票据法

---

① 陈瑾昆:《刑法总则讲义》,吴允锋勘校,中国方正出版社 2004 年版,第 53 页。
② 同上书,第 53—54 页。
③ 基础数据来自裴艳:《留学生与中国法学》,南开大学出版社 2009 年版,第 181—182 页。

(续表)

主讲教师	留学国	主讲课程名称	主讲教师	留学国	主讲课程名称
钟庚言	日	宪法、行政法	陈继善	法	法民法、战时国际公法
何基鸿	日	德国民法、民法总则、民法债权总论、德国法、法院编制法	左德敏	日	民事诉讼法、德国民事诉讼法、德国商法、德民商法大意、破产法、外国法
张孝栘	日	刑法、刑法各论、刑法总则、刑法分则	周龙光	日	商法、商人通例、公司律、商事通例、票据、船舶法
李 芳	美	经济学、经济学原理	张祖训	美	政治学
陈 介	德	民法债权总则,民法债权各论	龚 湘	法	法国民事诉讼法、法国刑法、法民商法大意、战时国际公法
王荫泰	德、日	德国刑法	王景歧	法、英	平时国际公法
王建祖	美	财政学	朱鹤翔	比	法商法
林行规	英	破产法	康宝忠	日	本国法制史
徐维震	美	国际私法	刘 藩	日	诉讼实习、监狱学
燕树棠	美	法律哲学、平时国际公法、国际公法	陈瑾昆	日	民事诉讼法、民法债权各论、刑事诉讼法
冯承钧	法	本国法制史	林志钧	日	民法债权总论
王我臧	日	民法要论	陈启修	日	宪法
邹宗孟	日	行政法总论、行政法各论	白鹏飞	日	行政法总论、行政法各论
程树德	日	国际私法、中国法制史	夏 勤	日	刑事诉讼法、刑事政策
梁 宓	日	刑事诉讼	周泽春	德	刑事诉讼
王世杰	英、法	宪法、行政法	张志让	美、德	外国法
梁仁杰	法	外国法	李 浦	不详	商人条例、公司条例
石志泉	日	民事诉讼法	潘冠英	法	宪法
杜国庠	日	商法、商事通例、票据船舶	赵 任	英	英国法、法理学、劳动法
杨保	法	法国法	周作仁	美	经济学原理
李怀亮	日	民事诉讼法	王家驹	日	公司条例、破产法
陈祖蕃	不详	强制执行法	王化成	美	国际公法
刘志敭	日	民法债权各论	耿光	日	商行为
徐诵明	日	法医学			

从上述的初步列举与统计中可以看出:法学课程的讲课教师49人中,拥有德日法学教育背景的,有29人,占教师比例的59.2%。法学体系的核心课程,尤其是民法、刑法、民事诉讼和刑事诉讼等,均由这些具有德日法学教育背景的教师所教授。除此之外:当时,日本的许多法学家如岩谷孙藏、冈田朝太郎、织田万、松冈正义、小河滋次朗等都被邀请到国内各个法律学校讲习,法学传播的主力也是从日本归国的大批留学生,在京师法律学堂、京师法政学堂、奉天法政学堂等各大法律学堂中讲授的都是日本法学,这种情况下,都加快了日本法学语词充斥中国法学界的速度。①

---

① 程波:《中国近代法理学(1895—1949)》,商务印书馆2012年版,第105页。

更重要的是："这支主要来自日本东京帝国大学的教师队伍,也是德国、法国'大陆法系'法学在日本的代表人物。而中国众多习法政者,直接从他们那里获取了思想资源。由此亦可以断定,中国法学发生之初,深受德、法'大陆法系'的影响。"①

如果把视野放得再宽一些,那么自清末变法修律以来,近代中国法制现代化进程中的日德因素便非常明显。"清末立法的外籍修律顾问主要仰仗日本学者专家,立法草案的参考蓝本间接来自欧陆法,直接则借助于日本法。"②1908年,"修律大臣沈家本奏,聘用日本法学博士志田钾太郎、冈田朝太郎、小河滋次郎、法学士松冈义正,分别纂刑法、民法、刑民诉讼法草案"③。这一方案获致清廷之同意。"在民律起草的过程中,松冈义正负责起草了民律的总则、债权和物权三编,还协助章宗元和朱献文(日本京都帝国大学法学士)起草了亲属编,协助了高种(日本中央大学法学士)和陈箓(法国巴黎大学法学士)起草了继承编。"④这部在日本民法学者和留日法科学生共同主持下完成的民律草案,是对日本民事立法直接继受的成果,其"前三编全以德、日、瑞三国民法为模范,偏于新学理"⑤。本书在此仅以该草案所规定的九种离婚理由为例,同时对比1898年《日本民法典》第813条的相关规定,便可更加清楚地看到其中的日本因素。

《大清民律草案》第1362条与《日本民法典》第813条之对比⑥

《大清民律草案》第1362条	《日本民法典》第813条
1. 重婚者	1. 配偶重婚时
2. 妻与人通奸者	2. 妻子与人通奸时
3. 夫因奸非罪被处刑者	3. 夫因犯奸淫罪被处刑时
4. 彼造故谋杀害自己者	
5. 夫妇之一造受彼造不堪同居之虐待或重大侮辱者	5. 受配偶不堪同居的虐待或重大侮辱
6. 妻虐待夫之直系尊亲属或重大侮辱者	8. 配偶虐待自己的直系尊亲属或重大侮辱时
7. 受夫直系尊亲属之虐待或重大侮辱者	7. 受配偶的直系尊亲属的虐待或重大侮辱时
8. 夫妇之一造以恶意遗弃彼造者	6. 被配偶恶意遗弃时
9. 夫妇之一造逾三年以上之生死不明者	7. 配偶生死不明达三年以上时

---

① 程波:《中国近代法理学(1895—1949)》,商务印书馆2012年版,第92页。
② 黄源盛:《中国法史导论》,广西师范大学出版社2014年版,第411页。
③ 故宫博物院民清档案部编:《清末筹备立宪档史料·叙例》,中华书局1979年版,第841页。
④ 范雪飞:《一种思维范式的最初继受:清末民初民事法律关系理论继受研究》,法律出版社2012年版,第143页。
⑤ 杨幼炯:《近代中国立法史》,商务印书馆1936年版,第73—74页。
⑥ 参见《日本民法典》,曹为、王书将译,法律出版社1986年版,第373页;修订法律馆编:《法律草案汇编》(第1册),台湾成文出版社1973年版,第28页。

而日本民法则又是主要继受自德国民法,而《大清民律草案》后又成为民初民法之根基,因此这也就意味着,清末民初之民法,实际上是"从日本民法中吸取德国民法"的①,日本扮演了中转站的角色。②

对于法律领域中这股延袭于清末发展于民国的日德因素,民国民法的重要起草者之一傅秉常认为:

> 修订法律馆所需的一切,主要是从日本借来的,这样做的原因也很明显。……成千上万追求现代知识的中国人进了日本大学,主要是法政学校。两国语言极其相似,也便于他们学习。当时日本已经以德国法律为主要样本,写成了自己的民法和商法,创造了日本的法律术语、词汇,翻译了大量欧洲一流的法律学教材,出版了大量的日文的法律文献,中国人可以在日本找到适合远东思想、又代表当时西方科学的法律科学最先进的东西,而在语言上又是密切相连的。③

从傅秉常的这段评述中可以看出,一方面,因由话语的地缘关系,④自清末以来并一直延续至民初,近代中国大量的法学术语都是直接转译甚至照搬自日本。对此形势,沈家本曾有言:"今日法律之名词,其学说之最新者,大抵出于西方而译自东国。"⑤换言之,此一时期的法学格局:"盖法文皆有所受之,自日本译西国名词为汉文,吾国取资尤便,往往以日本人所定汉文为底本。"⑥而这也就意味着,在近代中国法律发展的进程中,话语的地缘优势以及由此所造成的语境社会系统的相似性这一看似偶然的因素却在其中扮演着至关重要的角色。⑦ 而另一方面,新近从日本翻译、编纂而来的大量法学

---

① 王立民:《清末中国从日本民法中吸取德国民法》,载《法学》1997年第1期。
② 参见范雪飞:《一种思维范式的最初继受:清末民初民事法律关系理论继受研究》,法律出版社2012年版,第122—139页。
③ 立法院民法编纂委员会编:《中华民国民法》英文版(1930年,上海),傅秉常"导言",第11—12页,转引自〔美〕任达:《新政革命与日本:中国,1898—1912》,李仲贤译,江苏人民出版社2006年版,第181页。
④ 有关话语的跨语际实践的分析可参见刘禾:《跨语际实践》,生活·读书·新知三联书店2008年版。
⑤ 《沈寄簃先生遗书·寄簃文存》卷四。李贵连教授分析,我国之所以在很短的时间内大量采用日本创造的法学新词,是因为这些新词"只要改换读音就可作中国语使用,这对甲午战后不懂洋文,而又把西学视为挽救民族危亡的唯一出路的中国知识群体而言,实在是再理想不过了"。李贵连:《二十世纪初期的中国法学(续)》,载《中外法学》1997年第5期。
⑥ 孟森:《新编法学通论》,载程波点校:《法意发凡——清末民国法理学著述九种》,清华大学出版社2013年版,第316页。
⑦ 客观来说,近代中国的法制发展,在参照德日法律之前,《法国民法典》是最率先被翻译过来的。1880年,京师同文馆化学兼天文教习法国人毕利干(Billequin, A. A.)口译、宛平时化雨笔述法国法律而成的《法国律例》,其中《法国律例·民律》部分几乎全书的一半。这是《法国民法典》的第一个中文译本。尽管它在翻译出版后被一再加以翻印并被作为法学教育的教学用书,同时也引起了康有为等一些学者的注意,但由于法学名词的翻译问题没有得到很好的解决,大大限制了《法国律例·民律》在中国的影响。与此同时,《法国民法典》中所包含的自由主义、人文主义的精神内容,

以及社会科学类现代教科书;不仅在版式上比先前更新颖,而且在包含的法学知识内容上,远远超越当时欧美人士提供给中国的法学知识,同时也更为系统;不仅比先前的西方法学译著流传更广,比西人和中国人合作翻译的书籍更容易阅读和理解,而且比原来的文言文译著更日益被读者接受。① 因此它们对于近代中国法学发展的意义就会更大。②

当然,无论是法学话语的传播、转换与实践,还是法学教科书的编写与制作,它们都依赖一个非常重要的群体,那就是留日法科毕业生。换言之,民国时期法学知识版图中日德因素之所以如此明显,更是与留学日本的法科学生群体数量庞大紧密相关联的。③ 在某种意义上,"近代中国的法学体系,几乎全都是由法科留学生所奠定的,在中国近代法学的发展中,哪一个学科的留学生来自哪一个国家,这门学科也就主要仿自哪一个国家"④。

据不完全统计,自1896年至1911年,游学日本的中国留学生人数,从最初的13人到1899年的202人、再到1903年人数超过千人以及1906年人数达至万人以上;10多年间,近代中国留学日本的学生总人数至少有2.5万人。应当说,这在世纪之初,其意义是非凡的。⑤ 与此同时,尽管史料所载有关留日法政学生的人数并不统一,但留日法政科学生(包括法政速成科毕业生们)群体数量庞大则是共识。从所学专业上来看,留日学生"所学者,政治也,法律也,经济也,武备也,此其最著者也"⑥。而在此四类专业中,又要属修习法科之学生人数最为显著。根据1902年《清国留学生会馆第一次报告》

也很大程度上降低了这部《民律》在当时中国社会的接受度。因此,它很快就被束之高阁。参见李贵连:《〈法国民法典〉的三个中文译本》,载《比较法研究》1993年第1期;俞江:《清末民法学的输入与传播》,载《法学研究》2000年第6期。当然,对于话语地缘优势的重要性,有学者指出,"在此之前,中国要把西方概念和词汇译为中国惯用语的一切努力,从林则徐到魏源在19世纪三四十年代粗陋的翻译,到西方传教士们翻译中各种各样不协调的新造词语,以至严复在世纪之交的、颇为优雅但同样无效的创造,全都失败了。明治时期日本的汉字现代词汇于19世纪90年代已完全标准化,机能上也连贯一致。如果没有这些词汇,中国任何改革努力,都要在词汇战争和争吵中失败。"〔美〕任达:《新政革命与日本:中国,1898—1912》,李仲贤译,江苏人民出版社2006年版,第195页。

① 程波:《中国近代法理学(1895—1949)》,商务印书馆2012年版,第39—40页。
② 〔美〕任达:《新政革命与日本:中国,1898—1912》,江苏人民出版社2006年版,第6页。
③ 中国人早期的留学地主要欧美,其后才转至留学日本。例如1847年容闳留学美国,成为中国第一个出国留学的学生,回国后担任香港高等审判厅的译员和见习律师,并将派森的《契约论》和一部英国法律书籍翻译为中文。参见王健:《中国近代的法律教育》,中国政法大学出版社2001年版,第54页。1874年,伍廷芳赴英国留学,入英国四大律师学院之一的林肯律师学院学习,两年后经考试获得出庭律师资格,成为第一个系统接受外国法律训练的中国人。
④ 何勤华:《法科留学生与中国近代法学》,载《法学论坛》2004年第6期。
⑤ 当然,也正是因为此,历史学家马里乌斯·詹森提出了他的判断:"(中国的留学日本运动)是世界历史上第一次以现代化为定向的真正大规模的知识分子移民潮……到那时为止的世界历史上,可能是最大规模的海外学生群众运动。"转引自李鸿谷:《国家的中国开始:一场革命》,生活·读书·新知三联书店2012年版,第108页。原本"敌国"之日本反成中国追随之国,以及留学日本之潮又是如何开启的,这其中之原因,都可说是历史的因缘际会。相关分析可参见李鸿谷:《国家的中国开始:一场革命》,生活·读书·新知三联书店2012年版,第106—108页。
⑥ 梁启超:《敬告留学生诸君》,载《饮冰室合集》卷十七,中华书局1989年版。

的数据统计,当时留学日本专攻政治、法律的学生占全部留学生一半以上,1904年日本法政大学还专门为中国留学生开设了法政速成科,其后6年中共有2862人入学,毕业1384人。① 又比如,有数据统计,仅1906年6月19日至9月17日赴日留学的学生中,其总数多达6880余人,习法政科者超过2000人。②

留日法科学生不仅人数众多,而且他们在译介、传播日本法律方面以及促成清末民初法政思潮的形成、法律规范之建设以及法律制度之实践方面,都发挥着举足轻重的影响。③ 以修订法律馆的译事为例,在1907年《修订法律大臣前法部右侍郎沈奏修订法律请会同大理院办理摺》中,沈家本对修订法律馆已经译出的23种以及10种已着手翻译但尚未完成的法律和著作进行了统计,其中"以日本的为多,且以刑法为重"④。而之所以热衷翻译日本法典和法学论著,沈家本在为《新译日本法规大全》所作的序中这样解释到:"将欲明西法之宗旨,必研究西人之学,尤必编译西人之书。说者谓西文法字于中文有理、礼、法、制之异译,不专指刑法一端。则欲取欧美之法典,而尽译之,无论译者之难其人,且其书汗牛充栋,亦译不胜译。日本则我同洲、同种、同文之国也。译和文又非若西文之难也。"⑤

很显然,在沈家本看来,大量翻译日本法律与法学论著,其目的并不仅仅只是为了了解日本法,也不只是为了借鉴或者移植日本法律,而是要通过日本法这一中介进而更好地了解西方的法律世界。

1902年2月23日,在光绪下诏修律的1个多月后,受命推荐修律负责人的袁世凯、刘坤一和张之洞三人在连衔保举沈家本、伍廷芳为修律大臣的上疏中,对日本法学是大为赞赏。其疏云:"近来日本法律学分门别类,考究亦精,而民法一门,最为西人所叹服。该国系同文之邦,其法律博士,多有能读我之会典律例者,且风土人情,与我相近,取资较易。亦可由出使日本大臣,访求该国法律博士,取其专精民法、刑法各一人,一并延订来华,协同翻译。"⑥

应当说,这种对日本法之欣赏、叹服以及欲学而实习之的心情,在"落后挨打"观念所宰制的时代里,无疑是社会的一种普遍心理。

然而,这股借鉴甚至照搬日本法学的风潮,落地近代中国才10余年,便开始遭至人们的质疑、反思乃至批判。比如,对于法学领域中"群借径于扶

---

① 参见李喜新:《近代中国留日学生》,人民出版社1987年版;转引自张晋藩:《中国法律的传统与近代转型》,法律出版社2005年版,第317页。
② 参见陈燎原:《清末法政人的世界》,法律出版社2003年版,第41页。
③ 参见翟海涛:《日本法政大学速成科与清末的法政教育》,载《社会科学》2010年第7期。
④ 李秀清:《所谓宪政:清末民初立宪理论论集》,上海人民出版社2012年版,第27页。
⑤ 《新译日本法规大全》(第1卷),何佳馨点校,商务印书馆2007年版,第8—9页。
⑥ 《袁世凯奏议》卷十四,天津古籍出版社1987年版,第120—122页。

桑,竞于简易,以相稗贩,互为承用以为常"的状况,李大钊在 1913 年所撰之《自然律与衡平律识》一文中就曾指出:"吾国治法学者,类皆传译东籍。抑知东人之说,亦由西方稗贩而来者,辗转之间,讹谬数见,求能读西文而通者,凤毛麟角矣。继兹而犹不克自辟学域,尚断断以和化为荣,或虽守西籍而不克致用,汉土因有之学,非将终无自显,不亦羞神州之士而为学术痛耶。"①

同样,蔡枢衡在 1938 年所撰之《抗战建国与法的现实》一文中更是批评道:"中国近代法学已有数十年历史,就其内容与实质言,纵谓中国尚无法学文化,似亦非过当之论。盖中国法学文化大半为翻译文化、移植文化。……中国法学之现实在另一面为讲义文化、教科书文化及解释法学文化。……中国法学著作中虽非绝无出类拔萃者,然大半不免上述之缺憾。近来坊间之法学书籍,尤多粗制滥造之作。学力水准之向上及治学方法之反省,实为目前最感迫切之需要。"②

近代"中国法学的研究,肇始于满清末年的日本留学生,与日人冈田朝太郎、松冈义正所主讲的北京法律学堂"不无关联③,中国法"初期仿自日本,后来效法欧洲"④,这种更多以域外法为参照系进行借鉴学习和移植模仿的法系,日渐暴露出其弊端:一方面,"三十年来中国法和中国法的历史脱了节,和中国社会现实也不适合"⑤。例如:民律草案前三编全以德、日、瑞三国民法为模范,偏于新学理,该草案于我国旧有习惯,未加参酌。后一编虽采用旧律,但未经多数学者之讨论,仍不免有缺漏错误。故民律草案就条文形式上观之,未始不整齐周密,然草案继承外国法,对于本国固有法源,不甚措意。⑥ 而另一方面:"现代中国没有法律科学——当然更没有法学,有的只是冒牌货或伪造品。从而当作法治标准的法,根本不存在。……骤然看来,目前中国法学,只是一个量——发达不发达的问题,实际上,却是一个质——有无的问题。"⑦换言之:"今日中国法学中,未曾孕育中国民族之灵魂;今日中国之法学界,殊少造福民族国家之企图;今日中国法学教育,亦不能满足建国事业关于法学人才之需要。……新法学之建设,法学界之自己反省,及法

---

① 李大钊:《自然律与衡平律识》(1913 年 11 月 1 日),载《李大钊文集》(上),人民出版社 1984 年版,第 88 页。

② 蔡枢衡:《抗战建国与法的现实》(1938 年 12 月 11 日),载蔡枢衡:《中国法理自觉的发展》,清华大学出版社 2005 年版,第 25 页。

③ 李达:《法理学大纲》,转引自陈根发:《论日本法的精神》,北京大学出版社 2005 年版,第 7 页。

④ 蔡枢衡:《法治与法学》,载蔡枢衡:《中国法理自觉的发展》,清华大学出版社 2005 年版,第 99 页。

⑤ 蔡枢衡:《法哲学及法史学上二大问题》,载同上书,第 29 页。

⑥ 杨幼炯:《近代中国立法史》,商务印书馆 1936 年版,第 73—74 页。

⑦ 蔡枢衡:《中国法治的根本问题》,载《中国法理自觉的发展》,清华大学出版社 2005 年版,第 141 页。

学教育之更张,宜为当前之急务。"①

欲寻自我现实之反映、自我语言之表达的法律制度,欲建为国家民族利益之代表、能负建国之责任的法学理论②,在包括法律解释在内的一切民国法实践中,就必须要在充分尊重本土社会历史传统与社会现实因素的基础上逐渐生发并培育出一种自主性的法律需求,同时配置一种立足于社会生活并关注社会生活的法律力量,进而由此建构出一种以社会为本位的法学立场、法理知识体系和法律制度。那么,这种转换性的法学尝试是否能够成功呢?

二、"社会"立场比较突出

在对民国时期法律解释整体风格的上述分析中,可以看到"社会本位"法原则与法理论对这一时期法律解释的实践所产生的重要影响。实际上,除上述所列之情形外,有关"社会"的话语逻辑以及其所裹挟的"社会本位"的基本立场对于民国时期法律解释的影响,其内容可以说是相当丰富的。因为,"采用社会本位法律,在民国时期不仅为学人所赞同和鼓吹,而且还是国民党政府坚定的立法政策"。换言之,一方面,"在民国的法律文献中,几乎将采取社会本位法律看作一种必然的趋势"③,而另一方面,在民国的立法活动中,社会本位乃是立法的中心思想与指导原则。④

的确,法律本位,"乃法律之中心观或立脚点也"⑤。以"社会"为中心观或立脚点并结合三民主义所进行的立法,对于正处在由传统向现代转型的民国社会来说,"是富于创造性的;创造并不是离开事实而只顾理论,也不是离开理论而迁就事实所能作成的;它必须依三民主义为图案,以国家的实际情形为材料,从而立出新的法律,然后这个法律才有真实的新生命"⑥。而这其实也就意味着,此一时期的法律活动之所以采设社会本位之法原则与法理论,"固然与20世纪初叶广泛流行的社会法学思潮之影响有关,但亦与中国传统儒家以家庭和社会为本位的法律价值观之深重遗迹密切相联,乃是现代西方社会法学观念与中国本土法律观念的奇妙结合"⑦。

对这一时期法律领域的这股社会化思潮,杨鸿烈曾有如下之评述:

> 自世界大战告终前后,中国的学术界有所谓"新文化运动"的兴起,

---

① 蔡枢衡:《法治与法学》,载《中国法理自觉的发展》,清华大学出版社2005年版,第101页。
② 同上书,第98—99页。
③ 孔庆平:《改造与适应:中西二元景观中法律的理论之思(1911—1949)》,上海三联书店2009年版,第65页。
④ 参见夏锦文主编:《冲突与转型:近现代中国的法律变革》,中国人民大学出版社2012年版,第742页。
⑤ 郑保华:《法律社会化论》,载《法学季刊》1930年第4卷第7期。
⑥ 胡汉民:《三民主义之立法精义与立法方针》,载《胡汉民先生文集》第4册,第779页。
⑦ 公丕祥:《20世纪初叶中国法律文化思潮概览》,载《中外法学》2000年第3期。

文学革命、思想革命、社会革命……真是甚嚣尘上！就在全世界的变迁也很剧烈！社会上平民生活的困难，阶级斗争的恐怖，都使以前以个人主义为根据的法律，不得不改变，而以社会为本位，所以颁布的法令都有使"权利趋于社会化"，"契约趋于集合化"的形势，流风所播，我国自然大受影响，而法律思想乃又发生一大变化。尤其是从十四年国民政府成立之后，秉承孙中山先生的遗教，制定许多名贵的法典，另开辟中国法系的新纪元！①

与此同时，对于此一时期民法所采设的、以社会为本位的立法指导思想，国民政府立法院民法起草委员会在民法总则的起草说明书中有较为详细的说明：

> 自个人主义之说兴，自由解放之潮流，奔腾澎湃，一日千里，立法政策，自不能不受其影响。驯至放任过甚，人自为谋，置社会公益于不顾，其为弊害，日益显著。且我国人民，本以自由过度，散漫不堪，尤须及早防范，籍障狂澜。本党既以谋全民幸福为目的，对于社会公益，自应特加注重，力图社会之安全。此编之所规定，辄孜孜致意于此点，如对于法人取干涉主义，对于禁治产之宣告，限制其范围，对于消灭时效，缩短其期间等皆是。②

当然，社会本位之法原则与法理论对于民国时期法律解释的影响，从法律解释的实践来看，主要体现在以下几个方面：

第一，基于"社会"立场之出发，要求法律解释活动要尽可能多地考虑社会之现情或者国情现状。典型的，比如1917年12月26日，大理院复浙江高等审判厅的统字第729号解释例指出：

> 查执行财产，如系嗣母赡产，有据可查，嗣母自可主张异议，即非赡产，而已家产净绝，别无可供养赡者，亦应酌留产业或卖价，俾于相当期内可资度日，此与嗣子负债，已未得母同意无关，均可一律办理，现在民诉法律尚未颁行，以上条理，揆之国情，尚可予以采用。

又比如1918年2月18日，在复安徽高等审判厅的统字第755号解释中，大理院指出：

> 查声请回复原状，应否限于未经该审判决以前（即与声明上诉同时为之），本为立法政策之疑义，惟查照我国现情，该项限制，既尚无明文宣布周知，当此新制试行之际，诉讼当事人实不免常有疏忽，使果有确切证凭，虽在判决之后，亦只有准其声明，该项声明，查明系有理由，即应另

---

① 杨鸿烈：《中国法律思想史（下）》，商务印书馆1998年版，第347页。
② 谢振民：《中华民国立法史》下册，张知本校订，中国政法大学出版社2000年版，第756页。

行受理上诉,从前驳回上诉之裁判,自属当然失效,历年成例,均属如此。

比如,统字第926号,在这份1919年1月28日复安徽高等审判厅的解释例文中,大理院指出:"开墓查验,于绝无他种证明方法时,依法非不可行,**惟因地方情形**,宜先劝谕当事人,得其同意。"还比如,统字第1657号解释例,在这份于1921年12月23日复江苏高等审判厅转上海律师公会的函文中,大理院指出:

> 通常判决,应本于两造辩论之结果,若当事人一造于辩论终结之日(终结后再开辩论,即应以最后辩论日期为辩论终结之日)未经到场辩论,而审判衙门本他一造之声请,予以不利益之判决,即为缺席判决,惟本院历来判例,因我国审判厅情形,认通常判决之范围,不能不为扩大,故凡依据法理或凭证或当事人曾经到场时之辩论以为裁判者,虽不必即认为合法,而应以通常判决论,此种不合法之通常判决,为当事人省讼累计,应许其声明上诉;若该当事人为保持其审级之利益,向原审衙门声明窒碍,亦不能不为准许。盖以该当事人未经到场,或到场而未辩论,或辩论而有未尽,(是否无可辩论为事实问题),即不能谓一审级已完全经过,此就现时审判厅情形观察,尚无变更之必要。

还有统字第1847号,在这份于1923年11月6日复陕西高等审判厅的解释文中,大理院指出:"查利息应否与原本同一种类,依从来学者之主张,本有积极消极二说,惟**就中国情形观察**,以甲说为当①,至利谷之计算,应以订约时之市价为标准。"再比如院字第2497号,在这份于1943年4月9日指令湖南高等法院的解释文中,司法院认为:

> 非常时期民事诉讼补充条例第二十条第二项之裁判,应斟酌社会经济情形、当事人生活状况及其因战事所受损失之程度为之,不得以物价增涨之指数为唯一标准,且依该条项为增加给付之裁判,仅得增加原定给付物之数额,不得变更给付物之种类。原呈所举之例,当事人间借贷国币三十元,法院仅以借贷时谷价每石三元,遂为命借用人给付谷十石或关金三十元之裁判,显与该条项之规定不合。

除此之外,统字第1783号也值予以特别的关注。因为在这份于1922年11月10日复江苏高等审判厅的解释文中,大理院指出:

---

① 这里的甲说,即是指:"(甲说)谓此种利谷,当事人间已均认为使用原本金钱之对价,习惯上并久与普通利息同视,纵其为物非与原本同其种类,亦应受现行律每月取利不过三分及年月虽多不过一本一利之拘束,否则债权人必故意与债务人约定以与原本异种之物作息,巧为盘剥,现行律禁止重利之规定,将成具文矣;至计算此种利谷之利率,及与原本金钱数额相当之谷额,则原可先将利谷,依市价折合金钱,再与原本金钱数额比较而得,并无难于核定之可言。"

查民事诉讼条例第二百零三条规定迟误诉讼行为者,除本条例有特别规定外,不得为该诉讼行为,至于回复原状,依民事诉讼条例第二百零五条,以迟误必要之言词辩论日期或不变期限者为限,来函所述情形,既在民事诉讼条例另有规定,系由审判长定期补正,而此项期限,又得依声请或职权以裁决伸长,自不能再行准用回复原状之规定,以为救济;本院前此判例解释于二十日内缴纳讼费,仍准受理系斟酌当时情形,认为适当之条理采用,现在民事诉讼条例既有明文,前例即应废止;惟审判长定期补正时不宜过短,应斟酌讼费数额及各该地方之经济状况,并应将法律上之效果(即以判决驳斥其诉或上诉)明予示知,以促其注意。

第二,强调社会之立场,要求法律解释活动更加关注社会情势之变更。 典型的,比如1928年1月6日的解字第10号,最高法院指出:"该省纸币价额既渐形低落,则票面金额与现银之价额,自有差异,此时债务人以之偿还其所负现银之债务,除得债权人许可及有特约者外,关于债务案件,自应依市价折合现银,纵有前命令严禁加水,对于现有债权人,自无拘束之效力。"又比如1942年4月10日,在指令司法行政部的院字第2219号解释文中,司法院指出:"……至典物依法已不得回赎者,除有因战事致不能于法定期间内回赎之特别情形外,**既非因战事致情事剧变而依原有关系发生效力,亦非显失公平**,亦不得援用同条项之规定,以裁判命典权人找贴。"再比如院解字第2987号,在这份于1945年9月26日指令湖南高等法院的解释文中,司法院认为:"债务人依民国三十一年之确定判决应给付借款而未给付,其后因受战事影响致生争议者,债权人仍得声请法院依非常时期民事诉讼补充条例之规定调解之,其具备同条例第二十条第二项之适用要件者,法院自得为增加给付之判决,惟在前次判决之事实审言词辩论终结前**所发生之情势剧变,不得斟酌之**。(参照院字第2759号解释)"还比如院解字第3125号。在这份于1946年6月24日电复首都地方法院的解释文中,司法院指出:

> 判决确定之事件因地方沦陷未声请执行或执行而未终结,嗣后情事变更,具备复员后办理民事诉讼补充条例第十二条之适用要件者,债权人自得另行起诉请求为增加给付之判决。(参照院字第二七五九号、院解字第二九八七号解释)执行法院拍定之房屋,虽因地方沦陷买受人未缴价金致该房屋尚未移转管业,而买卖行为应认为业已成立,嗣后情事变更,如具备同条之适用要件,债务人自可对买受人起诉请求为增加给付之判决。

当然,除上开所举之情形外,下述之解释例文,同样也值得我们予以关注。

时间	解释例号	解释内容
1946年11月	院解字第3289号	……若被告不提起上诉,致该判决确定者,不得另行提起请求增加典价额数之诉,但基于第一审言词辩论终结后之情事变更,另行起诉者,不在此限。
1948年2月	院解字第3829号	复员后办理民事诉讼补充条例第十二条所称情事变更发生于确定判决之事实审言词辩论终结后者,为该确定判决之既判力所不及,故命债务人给付之确定判决,虽曾依情事变更之法则增加给付,然如该判决之事实审言词辩论终结后,给付义务消灭前,情事又变更者,法院仍得于另一诉讼事件,依同条之规定为增减给付或变更其他原有效果之判决。(参照院字第二七五九号、院解字第二九八七号解释)

第三,基于"社会"之立场,也要求法律解释之内容要尽可能照顾到"社会法益"。换言之,基于社会本位之法立场,即要求法律解释之活动要尽可能从社会公益之维护出发,以实现法律解释中的社会关注;要求法律解释例文之生产与制作,要以维护社会公益为出发点和落脚点。典型的,比如1919年3月22日在复总检察厅的统字第965号解释中,大理院指出:

> ……第三问题,开设馆舍供人吸食鸦片烟,本为吸食鸦片烟之帮助行为,惟刑律第二百六十九条,既定作独立罪名,且其刑较第二百七十一条为重,可知该条纯为保护社会法益而设,故同时在甲乙两地开设馆舍供人吸烟,与同时在甲乙两地栽种罂粟,情形相同,应认为一罪,酌量科刑。

还比如,1919年11月25日,在复山东高等审判厅的统字第1140号解释例文中,大理院指出:"查依家政统于一尊之义,甲妻乙为丙主婚,未经通知取甲同意,诚属不合。惟丙既已情愿与戊成婚,为维持社会公益计,自可准照现行律男女婚姻门所载,卑幼出外,其父后为定婚,卑幼不知自娶之妻,仍旧为婚之法意,类推解释,认该件婚姻,仍为有效。"再比如,1920年2月18日,在复浙江高等审判厅的统字第1232号解释中,大理院指出:

> 查地主提出自种证凭,许其撤佃户部则例,本有明文,惟该则例,本只适用于旗地(本院判例亦专就旗地而言),于一般永佃民地,并不适用;至关于一般佃地之欠租,应至如何程度,始准撤佃,本院亦有先例,检送判决文一份(二年上字一零四号)备考;惟既经业主有效,撤佃之后,若佃户补清欠租,不经业主同意即可回复佃权,殊于土地之移转,经济之流通以及权利之效用等,多有窒碍,即使有此习惯,亦应认为有背公益,不能采用。又因撤佃结果,业已别有不当利得时,亦得依法另行办理。

第四,基于"社会"之立场,还要求法律解释之活动要尽可能多地考虑到法规范执行之后果,据此选择法律解释之方法或者内容,即现代所谓的"以结果为导向的"或者"结果主义"法律解释的思维模式。① 典型的,比如1918年12月30日,在复河南高等审判厅的统字第914号解释中,大理院指出:

> 查判决与执行,不可混为一谈,所询情形,依律自应判归前夫,惟仍未能强制执行,故此类案件,自应体会律意,劝谕前夫,如果不强女相从,即为倍追财礼,令从后夫,否则虽经判决,既未必贯彻所期,而财礼又不可复得,在前夫反为无益,两全之道,要在权宜。

第五,基于"社会"之立场,法律解释的实践在程序规则建构功能的取向上,更加突出"职权主义"的特色。 换言之,由于"法律社会化乃先废除个人本位、阶级本位或权利本位之法律,代以社会本位之法律,必为其重大之目的"②,因而这一法原则和法理论凸显出了以社会利益优先为导向的法律知识立场,结合此一时期以国家权力为主导的法律模式和制度机制,那么在法律解释实践的程序规则建构功能上,必然会采设职权主义的模式。③ 当然,从民国时期法律解释的实践来看,有关此一问题典型的例子,比如1915年1月15日,在复福建高等审判厅的统字第198号解释例中,大理院指出:

> 本院查现行刑事诉讼制度,系采用职权主义,亲告罪以外之案件,虽无人告诉,有检察职权官吏,亦得侦查起诉,县知事兼有检察职权,办法自无两歧,安能因告诉人不到案,即可以批示注销,此等批示,自未便认为不起诉处分,贵厅解释县知事审理诉讼暂行章程等现行法制之意见及办法,自系正当。

又比如1917年5月21日,在复安徽高等审判厅的统字第627号解释中,大理院指出:

> 查因金额涉诉之案件,自应以原告起诉时请求之额,定其事物管辖,至事物管辖之合意管辖规定,既已废止,而现行事例,又取一般职权主义(审查管辖有无错误,自应逕以职权行之),故在上告审攻击管辖错误,如认为有理由,则高等厅自应撤销地方厅之第二审判决,更为第二审之审判。

还比如,1919年12月13日,在复山西高等审判厅的统字第1165号解释中,大理院指出:"……又查现行法令审判衙门有依据职权调查取证之义务,

---

① 有关后果主义的法律解释理论,可参见〔英〕麦考密克:《法律推理与法律理论》,姜峰译,法律出版社2005年版;而有关结果导向或者后果主义的司法哲学,则可参见〔美〕波斯纳:《法官如何思考》,苏力译,北京大学出版社2009年版。
② 郑保华:《法律社会化论》,载《法学季刊》1930年第4卷第7期。
③ 有关职权主义话语进入近代中国的过程分析,可参阅,左为民:《职权主义:一种谱系性的"知识考古"》,载《比较法研究》2009年第2期;有关职权主义与社会本位法理论之内在关联,可参阅施鹏鹏:《为职权主义辩护》,载《中国法学》2014年第2期。

不得仅令当事人提证,案经详予调查,尚无凭证,自可据以判决,不得希图省事,勒令当事人撤销上诉。"

"社会本位"之法原则与法理论之所以为包括法律解释在内的民国时期法律活动所普遍采设,究其原因,主要可能在于以下几个方面的因素考虑:

第一,经由社会进化之话语转换而来的社会进步观念与论题,无疑有力地支撑了社会对于这一观念的认可与接受。"1896年严复所译赫胥黎《天演论》刊行……它便震动了整个思想界,进而替当时求进步的中国人提供了一种同传统儒家思想截然不同的新观念:进化论。"①因而,进化论之思想以及其所裹挟着的进步观念,便很快成为了19世纪最为流行的社会思想之一。特别是对于刚刚经受了"落后挨打"这一事实经历以及由此所伴随而来的话语逻辑的强加与规训的近代中国社会来说,对于"进步"更是充满了极度的渴望,进而根本无法拒绝社会进化/进步的诱惑。② 因而,尽管此一时期,人们对于社会之进化有着不同的认识,但"我国近日,不能谓无进步,惟进步之行缓,而外患之行速,恐进步未达到目的,而天地末日已至"③这一看法,则是共识。

法律领域中有关"进步""进化"等字眼,同样也是随处可见的。例如,在论及法律发展议题时,邱汉平曾指出:"法律自身之进化,由不文法至成文法。"④又比如,在论及权利之观念时,燕树棠也曾指出:

> 大抵法律进化,其规则由义务之规则而变为权利之规则,其始,法律使人民担负义务而不赐与权利,渐进,始觉因人人担负义务所得之好处,较诸义务本身,实为重要;于是权利观念遂从好处之中而发生,权利遂为法律所重视矣。⑤

司法机关之所以要独立,理由就在于:"凡社会事物,概由单简而趋于复杂,所谓进化是也。既经进化之社会,凡事必以分业为要。一国之法政亦然,故审判事宜必须分业,此审判厅与行政官厅必须独立之理由。"⑥还比如,在传入中国的第一本《法学通论》书中,矶谷幸次郎认为:"法学基础,在就此等

---

① 李鸿谷:《国家的中国开始:一场革命》,生活·读书·新知三联书店2012年版,第99—100页。正是因为此,历史学家金冲及在评论此事时,曾指出:"严译《天演论》所宣扬的进化论,在当时思想界产生了极为巨大的影响,令人耳目一新,没有任何其他书籍能同它相比。"金冲及:《二十世纪中国史纲》,社会科学文献出版社2009年版,第48页。
② 参见相蓝欣:《传统与对外关系》,生活·读书·新知三联书店2007年版,第73—76页。
③ 夏曾佑:《论中国必革政始能维新》,载《东方杂志》1904年第1卷第1期。
④ 邱汉平:《法学通论》,载程波点校:《法意发凡——清末民国法理学著述九种》,清华大学出版社2013年版,第500页。
⑤ 燕树棠:《法律之观念》,载《北大社会科学季刊》1922年11月第1卷第1期。
⑥ 〔日〕冈田朝太郎口述、熊元襄编:《法院编制法》,张进德点校,上海人民出版社2013年版,第12页。

法令而考究之,此等法律,随社会之文化进步,而与之俱进,绝非停滞者也。"①与此同时,在论及法律与国家的关系时,矶谷幸次郎认为,法律与国家,有不可分离之关系,无国家则无法律,法律是国家一日不可废之要具也。而国家,依物竞之原理,由国民相集,以进化为宗旨。而法律亦负此责任,并为国家之生存而设。② 除此之外,对于矶谷幸次郎所著之《法学通论》,顾燮光在《译书经眼录卷之二》中也有如下之评价:"日本矶谷幸次郎著,王国维译。本书分绪论、本论2卷,各为章目,盖矶谷幸次郎教授生徒时所讲演也。按法律为人群进化之原,国家、文物之要,故凡刑法之分、公法、私法之别,莫不具有纲领,使国家有独立之精神、人有完全之权利。"③很显然,这些有关法现象的话语表述,无疑乃是深受社会进化论影响的。

第二,社会进化论不仅催生出"进步"的观念,而且也关联起"变法图强"之欲求,进而为社会本位之法原则在近代法律发展中的接纳与吸收提供了更加强有力的正当性支持。换言之,自清末以来延至民初,无论是仿行宪政,还是撰修法典,"整顿中法、仿行西法"行动的价值诉求和基本目标,都是围绕着"变法图强"或者"变法自强"这一话题而展开的。

从最先关注西方宪政的魏源、徐继畬、梁廷枏,到积极介绍西方宪政思想和制度的王韬、郑观应等近代早期知识分子,还有其后立宪论争中的双方,诸如改良派的康有为、梁启超,与革命派的邹容、陈天华、章太炎、孙中山等,他们在阐述西方宪政时有各自的出发点和侧重面,但却如出一辙地将宪政与国家富强相联系。④

而这股将法制建设与国家富强相关联起来的思潮,显然是与始自19世纪下半叶的中国数代仁人志士们"相信强权就是公理,相信国家实力就是一切,致力于模仿19世纪西方文明国家中的国家主义与物质主义的"的思想和理论有关。⑤ 而相信强权即公理,认为自由与权利皆来自于强力、肉弱强食、适者生存等法则,显然与天演论或者社会进化论紧密相关。"自有天演以来,即有竞争,有竞争则有优劣,有优劣则有胜败,于是强权之义,虽非公理而不得不成为公理。……两平等者相遇,无所谓权力,道理即权力也;两部平等者相遇,无所谓道理,权力即道理也。"⑥

第三,社会本位之法原则与法理论之所以获致普遍之认可,虽然是深受

---

① 〔日〕矶谷幸次郎:《法学通论》,王国维译,何佳馨点校,中国政法大学出版社2006年版,第48页。
② 参见同上书,第129页。
③ 顾燮光:《译书经眼录卷之二》(1934年),载熊月之编:《晚清新学书目提要》,上海书店出版社2007年版,第268页。
④ 李秀清:《所谓宪政:清末民初立宪理论论集》,上海人民出版社2012年版,第70页。
⑤ 许纪霖:《从寻求富强到文明自觉——清末民初强国梦的历史嬗变》,载《复旦大学学报(社会科学版)》2010年第4期。
⑥ 许纪霖:《五四的记忆:什么样的爱国主义》,载《读书》2009年第5期。

此一时期西方正在兴起的社会法思潮的影响,但显然更与近代中国自身的法观念需求有关。一方面,伴随着社会的现代化转型以及由此所带来的对传统中国社会结构与生活方式的改造,新的社会生活方式日渐出现,新的法社会需求也逐渐形成。以侵权法之制定为例:"近世工业勃兴,交通发达,危险事业,与日俱增,若是侵权行为之损害赔偿责任,仅限于过失主义,那么,被害的人,往往无辜受损,甚失平衡之道,所以无过失主义有成立的必要,它的法律哲学的立场,就是根据社会利益主义而来的,我国民法仿多数立法例,以过失主义做原则(第184条),以无过失主义为例外(第187条第3、4项、第188条第2项)。"①

另一方面,在由传统向现代转型的过程中,旧有社会结构与社会关系的改造并未完全结束,尤其是家族制度在社会中的顽强存在以及法律上的保留,也为社会本位法原则与法理论之采纳提供了充足的空间。因为,尽管"社会本位的法律观念与传统中国的家族主义法律理念大相径庭,但是实际上却与传统的家族主义法律精神有着千丝万缕的联系"②。而这其实也就意味着,有关社会本位法原则与法理论之采设,"立法本可不必问渊源之所自,只要问是否适合我们民族性。俗言说的好,无巧不成事,更好泰西最新法律思想和立法趋势,和中国原有的民族心理适相吻合,简直天衣无缝"③。

第四,如果在中西文化的交流与冲突以及晚近中国社会有关中西文化的"体用之争"的背景中来看待这种法律知识立场的选择,那么很显然,采用社会本位法之观念,这既是对中西法文化冲突的一次调试,也是近代中国法律发展进程中的一次自我特色与自主品性的尝试性建构。换言之,伴随着中西文化交流的日渐深入以及关于"体用之争"的日益蔓延,有关文化本位的问题便第一次严肃地摆在了近代中国社会面前。究竟是"中学为体,西学为用",还是全盘西化,这种立场的选择不仅是紧迫而审慎的,也是关键且致命的。因为:现在横在中国文化运动当前的问题,不是我们应不应该准备文化运动的问题,乃是我们应当向什么方向,或者怎么去做文化运动的问题。我们先已经明白,我们的民族所以能够持续到四千年以上的缘故,全赖有一种固有旧文化基础,假使这种旧文化不发生裂绽,不有改革的必要,则我们当前的文化运动只是保存维持旧文化的运动,便不必彻底去重新创造。他的工作没有现在这样难,他的问题也没有现在这样复杂。但新文化的不能完全持续于今日,除了极少数的人以外,大约没有不承认这个事实的。我们须知这已是事实,事实不是能以口舌争的。我们现在可以口舌争的,是在这个旧文化

---

① 李祖荫:《法律学方法论》,载程波点校:《法意发凡——清末民国法理学著述九种》,清华大学出版社2013年版,第218—219页。
② 公丕祥:《20世纪初叶中国法律文化思潮概览》,载《中外法学》2000年第3期。
③ 吴经熊:《法律哲学研究》,清华大学出版社2005年版,第28—29页。

业已破裂以后,我们对于未来,新中国的新文化,应当采取何种态度?我们还是用全力来恢复中国的固有旧文化?还是以旧文化为主,部分地吸收西洋新文化呢?我们还是分中西文化,择善而取之呢?我们还是彻底抛弃中国旧文化,去迎受西洋的新文化呢?我们迎受西洋文化是迎受希腊罗马的文化,还是迎受基督教的文化,还是迎受文艺复兴以后的新文化,还是迎受欧战以后的世界最新文化,还是迎受尚在虚无缥缈之际的未来派文化呢?倘若也不要全盘承受西洋文化,则我们是不是想要抛弃了本国和西洋两层文化的固有形态而彻底去自由创造新文化呢?除了这些方式以外,我们没有其他更好的方式了吗?这些都是研究中国新文化问题的当前必须先解决的问题。①

这种焦虑反映在近代中国法律发展的论域中,便是有关法律正当性的选择问题,即什么样的法律对于近代中国而言是正当的,具有权威性的,是能够真正成为人民生活的社会规范的,能够在近代中国获致新生命的?②

的确,伴随着六法体系的初步形成以及法实践的日益深入,人们逐渐意识到:立法固应参酌世界新思想、新潮流,重视合理的造法活动,但仍须兼顾到本国国情;因为,法规范是具有多面性的,非仅于斗室中、议堂上斤斤辩论,即为毕事;仍应参以历史性、民族性,乃至本土固有的伦理观念,衡以实际的社会经济状况而产生;否则,法律虽定,不易施行,勉强为之,于国情冲突,引起抗拒,甚至屈从,人民失掉尊敬法律的心,又岂是立法的本愿?③

与此同时,法律与社会的关系问题,在此一时期往往又会和东方与西方、新与旧这两对复杂的关系相互纠缠在一起。比如在民国时期,法律与社会之间的冲突,还表现为"旧道德"与"新法律"之间的紧张关系,这种紧张关系从根源上来说,是由来自中国的旧道德与来自西方的新法律之间的冲突所造成的,因而,要解决法律与社会相脱节的现象,就意味着要在旧道德与新法律之间加以权衡,要在东方文化与西方文化之中进行基本立场的选择。④

社会本位之法原则与法理论,不仅为这种立场的选择提供了一种可能,也为理论的进一步发展留有了一定的空间。因为一方面,社会本位之法原则与法理论它强调对于"社会"的关注,这既能够照顾到法之社会现实与国情因素,同时也能够提醒注意这个已然发生了变化的社会。换言之,近代中国社会显然已不再是一个传统性社会,而是一个东西文化相交杂、新与旧因素相互充斥的社会,一个既具传统性力量又具现代性因素的社会。因此,以社会为法之本位,无疑既要求注意法之东方传统,也要求兼顾法之西方要求;也

---

① 参见常乃惪:《中国民族与中国新文化之创造》,载《东方杂志》1927年第24卷第24号。
② 参见孔庆平:《改造与适应:中西二元景观中法律的理论之思(1911—1949)》,上海三联书店2009年版,第7页。
③ 参见黄源盛:《中国法史导论》,广西师范大学出版社2014年版,第436页。
④ 参见孔庆平:《改造与适应:中西二元景观中法律的理论之思(1911—1949)》,上海三联书店2009年版,第21页。

即是一个汇通中西的问题。另一方面,它也为三民主义原则进入法领域并改造法命题提供了一定的空间,进而为塑造一种具有自主品性的法文化和自我特色的法理论提供了一种可能。"三民主义者,即以中国为本位之文化建设纲领也,故以如此之信仰建设国家,则国有得其生存,贡献世界,则世界得其进化,中国本位文化建设之真义,其在斯乎。"①1928 年至 1938 年,"中国近代法典编纂运动渐至高潮;大规模立法活动的开展,不仅使'三民主义'的意识形态话语进入立法指导思想层面,而且也为法学家提供了贡献其法学理论以支撑立法、司法和法律职业教育的活动舞台"。② 除此之外,更重要的是:三民主义的立法,所以与欧美不同者,盖因欧美近代之立法基础,俱以个人为本位,根本上认为个人为法律的对象。……此种法律制度,较诸我国家族主义的法律制度,大觉落后,盖我国以家族团体为单位的立法,夙以团体之利益为立法之出发点,不过其团体之构成,较现代社会为稍狭耳,三民主义的立法,对此尤觉不满,况此种个人单位的法律制度欤? 至于改造性的思想占优势之国家,虽已将社会为单位的观念,代替个人为单位之思想,惟误认社会生存关系为阶级对立关系,而不知社会生存关系为协动关系,为连带关系,须以整个社会为单位,决不能分化社会以任何阶级为单位也。即此以观,以上两者之法律观念,均不能适应于现代社会之生存关系,尤与三民主义的精神不相吻合,此三民主义的立法,所以与欧美的制度异趣也。③

当然,也正是因为此,可以看到,在处理"个人"的问题上,民国时期的法理论与法制度,采取了完全不同于西方社会的立场与方式。④

那么问题是,这种选择与改造能否成功呢?

三、从效法泰西到重视本土

从最初对日德法制的简单仿行,到提出要有"自我现实之反映、自我明日语言之表达的法律制度,欲建为国家民族利益之代表、能负建国之责任的法学理论"之主张,再到逐渐关注民国社会的现实,结合三民主义之原则推行社会本位之法理论与法实践,这充分反映出民国法律世界的心态变化。这种变化从根本上来说乃是法律从效法泰西到重视本土,也即从最初的参酌各国法规范、参用各国之成例、借鉴援引各国法观念和法理论、全面模仿西制,到逐步面向民国社会的具体问题,逐步迈向民国法的自我实践,逐步塑造民国法的话语理论与知识体系,进而逐渐形成民国法律的特有关注。

---

① 陈立夫:《文化与中国文化之建设》,载《文化与社会》1935 年第 1 卷第 8 期。
② 程波:《中国近代法理学(1895—1949)》,商务印书馆 2012 年版,第 13 页。
③ 参见胡汉民:《社会生活的进化与三民主义的立法》,载《胡汉民先生文集》第 4 册,中国国民党中央委员会党史委员会 1978 年自版,第 798—799 页。
④ 而这也遭至当时社会中一些人的一些批判。有关这一问题的分析,可参见孔庆平:《改造与适应:中西二元景观中法律的理论之思(1911—1949)》,上海三联书店 2009 年版,第 72—83 页。

兴盛于民国社会的新文化运动,"核心议题之一便是比较东西方文明,东西之间,断然两分,或取东方或取西方文明,是当年论战的焦点"。可否有第三条道路,即非对立的中间之道?"①无论是持中国本位论的保守派,还是主张全盘西化的激进派,亦或是持"中学为体、西学为用"的务实派,实际上都看到了东西文化、新旧文化之间的冲突。对于建设一种新的中国文化,他们亦无争议。不同的地方只是在于,这种新的文化究竟是什么,以及该如何来建设中国的新文化——尤其是该如何对待旧的文化。

有人以为中国该复古,但古代的中国已成历史。历史不能重演,也不需要重演;有人以为中国应完全模仿英美,英美固有英美的长处,但并非英美的中国应有其独特的意识形态,并且中国现在是在农业的封建的社会和工业的社会交嬗的时期,和已完全进到工业时代的英美,自有其不同的情形;所以我们决不能造成完全模仿英美。除却主张模仿英美的以外,还有两派:一派主张模仿苏俄;一派主张模仿意、德。但其错误和主张模仿英美的人完全相同,都是轻视了中国空间时间的特殊性。②

从王新命等的此番论述中可以看到,对于不同文化之间的冲突,人们实际上已有较为清楚之认识;关键还是在于如何解决"新文化为何以及该如何建设"这一现实而复杂的问题。不同的解决方案,不仅决定着中国文化与中国社会的发展方向,而且也决定着将拥有怎样的未来心态与生活观念,以及采取怎样的发展的道路模式或者改革的方案措施。③

同样,在法学论域中,有关新旧法文化之区别与冲突,孟森亦有专门之论述:

> 以吾国旧法文论,所有名词均与他学问用法不同。如可矜,如情实,皆有一定分限,非寻常可怜及实在等字之意义。故向来刑名亦有专家,不以门外汉妄相干预。近日法系稍有变更,事情既非旧法所尽有,文字即不能尽沿旧法。近来新刑律之抵牾,大半由文字未惯而生。往往曾学法学者视为寻常,而未学者诧为奇事,一诧为奇,不自知其未尝学问,转诟病他人之好用新名词。一若非圣无法之罪,即坐此而成。殊不知旧法文在各种学问之外,早自成一种新名词,不相通假,何得于新刑法而歧

---

① "有趣的是,曾任美国驻华大使,此刻被聘为北洋政府法律顾问的芮恩施认为:俄罗斯文明足以在东西文明之间担当起媒介之任。"李鸿谷:《国家的中国开始:一场革命》,生活·读书·新知三联书店 2012 年版,第 185—186 页。

② 王新命等:《中国本位的文化建设宣言》,载《文化建设》1935 年第 1 卷第 4 期。

③ 胡适指出:"这个问题可以有三种解决的办法。中国可以拒绝承认这个新文明并且抵制它的侵入;可以一心一意接受这个新文明;也可以摘取某些可取的成分而摒弃她认为非本质的或要不得的东西。第一种态度是抗拒;第二种态度是全盘接受;第三种态度是有选择性的采纳。"胡适:《文化的冲突》(1929 年),引自罗荣渠主编:《从"西化"到现代化——五四以来有关中国的文化趋向和发展道路论争文选》,北京大学出版社 1990 年版,第 361 页。

视之？或者谓：刑法字句与他书有别可也，新刑法则何不袭用旧刑法之名词，以取记观之便乎？则又未知旧法简单，不适于用。故定新律，试举一名词言之，"犹豫执行"此新刑律所定，而论者纷然訾议者也。比附旧法文，稍合"缓决"二字之意，但"缓决"二字在吾律文专指死罪，而"犹豫执行"则各罪皆可有之，故不能通用，势必于"缓决"二字之外，另造一名词，以为区别。则称"犹豫执行"，并无不妥。且以文义而论，吾律文之所谓缓决、立决，其实不合。何则？"决"字内并无必死之意，何故仅属之斩、绞二罪，此真由习惯而来，毋庸深求其理矣。今之"犹豫执行"乃通括一切罪而言之，实为谛当。乃反以为可诧，岂非未尝惯用之故？夫不知惯用之文字，而偏与人争法律之解释，不论文义之当否，而偏悖悖于名词之新旧，此今日解释法律之第一大病也。①

应当说，从孟森的这一论述中可以看出，这种法文化间的新旧冲突，同样既是发生在传统与现代之间的，也是纠缠于中国和西方之间的。因而对旧法之改造和对新法之采纳，就必须要极其的慎重。但是，以往改造旧法之时，往往多模仿西制、少虑及民情，进而造成诸多之弊端。对此，在《今后我国法学之新动向》一文中，杨幼炯有详细之分析：

> 本来立法为一民族社会文化之活动，立法事业至繁，欲以一朝夕之时间，网罗社会万种之情状，详瞻靡贻，绝不可望。故当立法之际，须参考外国立法之经验，采集其法律，以补自国法律之不备，或创设其所未有，实为事之不容已者，但决不能全采外国法律。盖法律之制定，应以本国固有之人情，风俗，地势，气候，习惯为根据，外国法律之纵如何完备，终不适于本国之国情。我国过去立法之失败，权由于此。立法者往往视法制为一种文明的装饰品，不以法制与国民生活之关系为前提，但知模仿，盲从，结果在公法方面，三十余年以来，虽制定不少之宪法草案，但缺乏一贯的立法主张，无一合于国民之需要，不崇朝而等于"一撮之废纸"。在私法方面，大部分亦系直接采用外国法律不合于本国民情，陈陈相因，此弊历久不改，可胜浩叹。②

而对于该如何改造旧法文化、建设新的中国法文化，在《中国法治前途的几个问题》一文中，阮毅成指出：

> 中国法治的基础未能确立，一般人都只归责于外国领事裁判权的未能撤废，军人不遵守法律，法院办案的迟缓与畏缩，人民法律的知识不

---

① 孟森：《新编法学通论》，载程波点校：《法意发凡——清末民国法理学著述九种》，清华大学出版社2013年版，第315—316页。
② 杨幼炯：《今后我国法学之新动向》，载《中华法学杂志》1936年，转引自何勤华、李秀清编：《民国法学论文精粹》（第1卷），法律出版社2003年版，第383页。

普及。其实,原因还不只是如此简单。即以这些原因而论,一般人所论述的也都是表面之词,非精到之论。我以为中国法治的前途,有无确立的希望,是凭着下面几个问题,有无解决的办法:一、法律与国民感情的调节;二、司法与行政的调整;三、政府及舆论对于法院的尊重与信任;四、法治人才的训练。……考虑我国现行法律,多半继受他国,其得之于本国固有民情风俗者,数量甚少。然法律不外乎人情,法律与人情不符自难得人民的信仰。而一国的法治精神,便在人民能信仰,并能遵守法律。我国法律与国民感情不相调节的地方,……通常法律中与诉讼中,实实在在可见。①

显然,在阮毅成看来,法律只有符合国民之情感,获国民之遵行,得国民之信仰,方能塑造国民之新生活,给予国民以新希望。如果把这种看法与此一时期所普遍流行的社会本位之法观念相联系起来,那么其无疑能够获得社会的更多认同。

在法律的创制与实施的过程中重视本土,关注社会之现实需求,关切社会之主体意识和心理情感,意味着一切法制建设:"都必须以中国这个国家有机体的利益为前提,有利于中国的文化,无论是国粹或欧化都应该保存接受,有害于中国本身的生存和发展的,无论是国粹和欧化都应该打倒拒绝。"②这一看法体现在宪法制定的过程中,便是主张宪法的制定切不可照搬欧美国家,即使是当时一致看好的美国和法国宪法,亦"皆有可采者,有不可采者",而法美之外其他国家的宪法,"有可采者采之亦无不可",其原则要在"惟斟酌乎吾民国现在之国情",且"顺乎世界政治之趋势"。③ 与此同时,重视本土、关注社会也意味着要注意法律之创制与实施和社会风俗、习惯以及社会心理等因素之间的密切关联,要意识到法律的创制与实施会受到各种社会因素的制约,因而若是在法律的创制与实施中没有关注到社会风俗习惯与国民情感,那么即便这种法律强制性地推行起来,其效果也会大打折扣。对此,王宠惠认为:"各国法律,其关乎生计之利害者渐趋于大同,其关乎吾人之感情者,则彼此互异,此所以各国债权法之参差,远不如亲属法也。"④而从立法的过程来看:清末的立法草案,原始创意基本上出自日本法律专家顾问的手笔,立法过程中,虽也体察"中国民情",但总体上被批评"参酌各国法理"者多,"考虑本国风土民情"者少;而北洋时期的修法,原则上是由国人自行起草,过程中也逐渐意识到"体察中国民情"的必要性,对于民事"习惯"良窳

---

① 阮毅成:《中国法治前途的几个问题》,载《东方杂志》1933 年第 30 卷第 13 号。
② 常燕生:《我对于中国本位文化建设问题的简单意见》,载《文化与教育》1935 年第 55 期。
③ 空海:《中华民国制定新宪法之先决问题》,载《民立报》1912 年 1 月 25 日。
④ 王宠惠:《比较民法概论》(总则上卷),1916 年出版,1931 年"司法行部"法官训练所再版,第 20 页。

的取舍也颇为注重。①

比如，在有关平政院设置是否有必要的问题上，"天坛宪草"起草委员会的伍朝枢委员就认为："虽然法、德两国设有平政院，但不能因为它们有此制度，我们也得效仿设置。因为宪法为万世不易之法律，应斟酌国情而论，而不是必须要取仿哪个国家。"②而王绍鏊委员则认为："设立一个机关，必须要细为考察其是否与本国情形相宜，与国家有何种关系，有何种利益，而后再为设置。就平政院言，这是中国向未曾有之机关。而就事实上考察，无此机关，行政上司法上也并未有何掣肘之处。"③

从民国法律解释的实践来看，法律解释机关也已然注意到了中外之间的这种差别并提请注意要重视本土之情势。例如，在1920年5月13日复江西高等审判厅的统字第1289号解释例文中，大理院指出：

> 刑律所定于民事不适用服制图，亦非适用于民事全体。现在民律既未颁行，亲属范围，自应就案件性质，各异其趣，维护远祖坟尸，依国情斟酌条理，当为子孙应有义务，关于此点，子孙对于远祖，应认为尚有宗亲关系，此外因宗祠谱牒，发生身份上争执者亦然。故告争祖坟应以亲属事件论。盖谓其诉或反诉目的，在确认坟尸为何代祖先，有维护义务也。至对死者认亲属与权义关系，虽与外国立法例不合，惟此为我国特异之法律观念，如婚姻当事人死亡，其亲属及权义关系，并不消灭，亦其一例。

从中可以看出，大理院既要求"依国情斟酌条理"，也提请尊重"我国特异之法律观念"。这无疑反映出在中西法文化的实践性冲突中对本土法观念和法需求的主体性重视。

当然，重视本土并不意味着要完全排斥外来因素，而是要以更加开放和务实的心态，来处理本土与外来的关系；要在充分满足本土法需求的基础上，兼顾外来法的普遍性要求。"中国是既要有自我的认识，也要有世界的眼光，既要有不闭关自守的度量，也要有不盲目模仿的决心。"④这一点，从民国修订法律馆法顾问爱斯加拉在《商法法典》和《票据条例》起草的过程中所出具的两份看似态度"截然不同"的理由说明书中就可以清楚地看出来。比如，在有关《商法法典》的起草说明书中，爱斯加拉指出，该商法草案之立法旨趣，乃是：

> 修订中国商法法典，能保存中国旧有之商事习惯，复参合以新商法

---

① 参见黄源盛：《中国法史导论》，广西师范大学出版社2014年版，第411页。
② 李秀清：《所谓宪政：清末民初立宪理论论集》，上海人民出版社2012年版，第185页。
③ 同上书，第185—186页。
④ 王新命等：《中国本位的文化建设宣言》，载《文化建设》1935年第1卷第4期。

> 适用之条规,庶法典一颁,自无窒碍难行之虑矣。
>
> 各国立法例趋向,大要可分为三,一为拉丁法系,一为日耳曼法系,一为盎格鲁撒克逊法系。中国将来立法,首在参酌国情,对此三种法系,轩此而轾彼,或轩彼而轾此,均不得当。法兰西虽为编制法典之先进国,其模范非人所可驾而上之者,然鄙人犹不敢偏袒法国立法制,盖深知其制度之实在内容,与最初所编纂法典,微有不同。至提议将德国法典译本或采用英国法制,作为中国法典,鄙人更不敢赞同也。
>
> 质言之,鄙人于起草法典之际,以个人考虑为先,更就各国法家对于立法例所下评论,得其旨趣,然后从事起草,故草案之条文,不啻将中国旧有之习惯,及各国立法上之经验,合为一物也。①

而在《票据条例》起草之理由说明中,爱氏认为:

> 鄙人起草中国票据法,本拟就中国票据习惯,先定大纲,创一总论,求与国际票据之习惯适合。或告鄙人以中国票据习惯上太不划一,欲就各地不同一之习惯,规定大纲,颇非易事,故本编所草拟,不置重中国各地之习惯,专注意国际统一之规定。
>
> 夫票据立法制,各国本不甚相同,欲谋票据之统一,因有 1910 年及 1912 年海牙万国票据法之会议,《万国统一票据章程》,倘实行于中国或各国,习惯上难保无抵触之虞。然中国既参与该会,且国中从未有正式宣布之票据法,自应以采取该会所规定为宜也。
>
> 海牙万国票据法会议之议定,于各国立法制上殊有影响,意大利商法之最佳修正案,又法国 1922 年 2 月 8 日法律关于票据之制度,多采取《统一票据章程》所规定也。
>
> 中国欲扩张国外之贸易,须采用统一票据章程,定一票据法,求与各国划一,关系重要,自不待言。关于汇票及本票,鄙人多采用《统一票据章程》所规定,草案内条文有悉依其原文者,因《统一票据章程》编定甚之详慎也。但间有舍弃《统一票据章程》所规定者,则或因中国之特殊情形,或鄙人觉采取他种学说较胜于《统一票据章程》也。②

很显然,在爱斯加拉看来,《商法法典》只在保存中国旧有之商事习惯的基础上,适当的参酌外来商事法例,便可获致顺利推行,因为不仅各国的商事法例互不相同,而且也并不存在一个统一的国际商事法规则。但《票据条例》的情形却与此大为不同。因为不仅存在着一个统一性的国际票据法规则,而且其他国家的票据法规则也会根据这个国际性的规则进行修改。因而此时中国欲制定票据条例,自然毋须再以其他外国法例为模本进行借鉴援

---

① 谢振民:《中华民国立法史》(下册),张知本校订,中国政法大学出版社 2000 年版,第 815 页。
② 同上书,第 815—816 页。

引,而只需以《万国统一票据章程》为参照制定,即为适宜。

民国时期的法律解释实践也生动地体现出了这种立场的转换及其会通中西、兼容并包的基本要求。以构成法律解释者的主体、司法官的知识构成情况来看,尤其是在司法讲习所的课程安排中,能够很明显地感受到这一要求。例如,1914 年,司法讲习所成立:最初规定修习年限为一年半,修习的课程有司法制度比较研究、民商法比较研究、刑法比较研究、特别刑法研究、民事诉讼法比较研究、人事及非讼事件程序法研究、民事审判实务讲述、强制执行法规及实务讲述、破产法规及实务讲述、刑事诉讼法比较研究、刑事审判实务讲述、刑事政策、指纹法、监狱法规及实务讲述、司法警察学及实务讲述、法医学、证据法规比较研究、中外判决例评读、法院内部行政、心理学、司法及监狱统计学。①

很显然,所开课程共计 21 门,其中"比较研究"类课程 6 门,"中外判例评读"课程 1 门,涉外知识培训占到了总知识结构的 1/3。而到了 1918 年 5 月,第二次司法官考试及格人员入司法讲习所学习。此次培训之中,关于授课方案的改革之处颇多。其中之一,便是修改课程设置。"原规程所列各科课程注重实务和比较研究,现拟专重实务讲述,及开设养成司法官必须知识技能之各科。其法学专门讲义概以本国条文及判例为主,旁及外国学理判例,至于比较法学,只授比较民商法及刑法概要二科,其余比较学科悉予废止。"其二,就师资构成来说,"至法学专门各科,既以本国条文及判例为主,一律延聘本国硕学专家"②。这其中:长期担任司法讲习所所长的余启昌,先后出任过大理院推事、民事二庭庭长、修订法律馆顾问、大理院院长等职;主讲商事法规及判例(商人通例)的陆鸿仪,先后出任过大理院推事、民事三庭庭长;民事法规及判例(物权编)的主讲人朱学曾,是大理院民事一庭的资深推事;主讲刑事诉讼法规及判例的潘昌煦,是刑事二庭的庭长,并一度代理大理院院长职务等。③

很显然,从两届司法讲习所的课程设置与授课人员的情况来看,其中的变化无疑充分地反映出大理院意欲转换司法官的知识结构,尝试着将其从更多关注泰西向更加注重本土的方向进行调整。当然,为开放司法官的知识视野,更好地服务于本土司法需求,司法讲习所还是聘请了一些外国专家进行授课。比如,在 1921 年 11 月 14 日呈送财政部的公函中,司法讲习所所长余启昌提请聘用日本教员岩田一郎、板仓松太郎。再比如,大理院院长王宠惠

---

① 吴永明:《理念、制度与实践:中国司法现代化变革研究(1912—1928)》,法律出版社 2005 年版,第 177—178 页。

② 《核示司法讲习所改革及进行各节令》,载《司法公报》1918 年第 92 期。

③ 参见吴永明:《理念、制度与实践:中国司法现代化变革研究(1912—1928)》,法律出版社 2005 年版,第 182—183 页。

也曾聘请约翰·爱斯嘉拉。① 如果对这些外国专家的经历稍有一些了解的话,便可知道,这些外国专家其实都是非常了解中国法律国情的,甚至都是长期服务于中国法律事业的"中国通",而不仅仅只是外国法学知识的传播者或者法学理论的布道者。

司法讲习所安排课程内容之变化以及授课人员的知识背景,都充分地反映出这一时期来自包括法律解释活动在内的、法律实践上的知识挑战。因为,对于深处社会急剧转型之近代中国,传统观念与近代西法现代思潮激烈碰撞,东方与西方、新与旧等问题相互交织、纠缠,这样,在法律解释的实践中,"如何使民族本位文化遗留与时进化""如何使中国国情与外国法制兼容并蓄""如何使怀古之渝调与求变求新之学说各得其所",显然都是司法官所要面对和解决的问题。② 因此,有效地提供一种能够因应这些复杂问题所需的复合型知识信息与知识产品,显然是民国时期法学知识生产与再生产活动的重要任务之一。

当然,我们把视野放得宽一些,这种从效法泰西到重视本土的立场转换,实际上是自清末变法修律就已然开始的。清末民初法制变革伊始,人们不仅关注"仿行宪政""参用各国成法"之举措,而且也"试图从中国传统中寻找近代西方式的宪政制度,或者说,他们尽力将西方宪政与中国传统进行对接",而无论这种"将西方宪政与中国传统进行对接是否完全的突兀、牵强,抑或确有部分的合情、合理,"但这都意味着,那种"揆以中国情势""折衷本国之成宪"的努力是无法被忽视的。③ 换言之,从光绪所颁谕旨提到的"参酌各国法律,妥为拟议,务期中外通行,有裨治理",再到有关中西之间的体用之争,这其中都深刻地反映出:一方面,西方制度的本土化,不仅尚且需要时日,而且也需要作可行性的评估。而另一方面,传统的因素经过剧烈的变动与竞争之后,成为了隐形的社会资源与隐性的结构性力量。

如果把视野放得再宽一些,那么从效法泰西到重视本土,这一立场的转换,从表面上来看,显然是受到此一时期所开展的有关民商事习惯调查活动的影响。因为自 1917 年到 1927 年间,一场全国性的民商事习惯调查、整理、编纂活动在民初社会深入开展。"这项运动的兴起,折射出当时中国法学研究及创制法律的价值取向:注重本土社会结构、社会生活、社会心理,考察法律的现实社会基础。"反映在民初法律解释活动中,便是大理院的民事解释例,"尽量融合中国法律传统、风俗习惯及现代民法精神于一体,兼顾了情理

---

① 参见吴永明:《理念、制度与实践:中国司法现代化变革研究(1912—1928)》,法律出版社 2005 年版,第 183 页。
② 参见黄源盛:《民初法律变迁与裁判》,台湾政治大学法律丛书(47),2000 年自版,第 68 页。
③ 参见李秀清:《所谓宪政:清末民初立宪理论论集》,上海人民出版社 2012 年版,第 72—73 页。

法的统一"①。当然,若是从实质上来说,那么这种立场的转换,则显然与民国时期尤其是 1919 年以后"民族主义"的逐渐形成并持续升温紧密相关。② 而民族主义思潮在司法领域中的体现,是要求改良国内司法,推进司法近代化,以便撤废领事裁判权、收回治外法权,也是要求司法关心国内情势,注重本土需求,满足本国需要。

客观来说,在包括法律解释活动在内的民国法学场域中,要顺利实现这种制度与实践上的法学立场转换,要真正做到制度的创制与实施都关注自我的法觉醒、重视本土的法意识、满足社会的法需求,这显然是对制度的能力提出了非常高的要求。也就是说,面对多方因素所导致的紧张关系以及因由这种紧张关系的愈演愈烈可能导致的更为严重的制度危机甚至是政治危机,要在法律解释的制度框架与运行机理中对此予以妥善解决,民国时期的法律解释制度就必须拥有丰富的资源(包括制度资源、人力资源、财力资源和社会资源等),就必须具备极强的制度能力。③ 否则若缺乏相应的资源支撑和足够的制度能力,在实践中则不仅这些来自本土性的意识与需求最终都会落空,而且法律解释制度的实践也会出现运作不良之情形;甚至很可能会导致法律解释制度的崩溃,由此波及整个法律制度和政治制度的运行效果。问题是,民国时期的法律解释制度,其制度能力是否足以担负起这种重任呢?

---

① 程波:《中国近代法理学(1895—1949)》,商务印书馆 2012 年版,第 164 页。
② 胡适曾将民族主义视为 1923 年以后中国主流思想的基调之一,余英时也认为在整个 20 世纪中,虽然民族独立和民主都是中国人追求的基本价值,但两者相较,民族独立的要求却比民主的向往不知道要强烈多少倍。参见张仁善:《近代中国的主权、法权与社会》,法律出版社 2013 年版,第 24 页。
③ 有关制度能力的初步论述,可参见苏力:《制度角色和制度能力——以元杂剧为材料》,载《法商研究》2005 年第 2 期。

第十章　民国时期法律解释制度的不良运作

民国时期的法律解释制度及其实践同样存在着一定的问题,这些问题并不是经由今天的价值体系、规范标准和制度理念衡量裁剪之后才凸显出来的,而是在当时的制度环境、社会因素与时代背景之中,结合更大范围上的法律规范与制度的整体实施便可集中反映出来的。这些问题既表现在法律解释制度的设计上,也体现在法律解释制度的运行之中。本章将重点对民国时期法律解释制度在运作中所表现出的主要问题——比如"法律解释制度的悬置""法律解释上的偏差""法律解释上的矛盾"和"法律解释上的错误"等予以揭示,并对导致这些问题产生的原因加以初步分析,以期能够更加全面地展现民国时期法律解释的制度逻辑与实践机理。

第一节　法律解释制度不良运作的主要表现

客观来说,民国时期的法律解释制度,无论是在制度的基础理念和目标追求上,还是在制度的结构体系与规范设计上,都力求效仿西方(当时主要是日本)的法律解释制度而极尽完善与齐备。从大理院到最高法院再到司法院,民国时期的法律解释制度,无论是在基本的结构框架还是在程序规范的内容上,在大的方面都几乎没有什么太大的变化。很显然,制度的设计者要么是对制度的设计充满信心,要么就是期望通过这种稳定的制度设计来维系法律解释的良性运作,进而确保法律解释制度的实践能够足以弥合起法律规范与社会事实之间的断裂,缓和因由社会之转型所带来的社会冲突与矛盾。然而,设计归设计,真正落实到法律解释的具体活动之中情况又究竟如何,则有待细细考量。

一、法律解释制度的悬置

从民国法律解释的实践来看,制度的悬置主要表现在以下三个方面:一是"全院会议"制度的施行效果不甚理想,特别是在大理院时期这一制度基本上流于虚设;二是法律解释提请与回覆的程序规则频繁被打破;三是法律解释的公示制度未能有效实施,特别是在大理院时期,重复询问的现象较为普遍。

首先,在民国时期法律解释的制度设计中,"全院会议"这一组织的存在,其目的显然是为了确保在法律解释的过程中尽到足够的谨慎义务,做到全院法律认识意见上的统一,保持法律行动上的一致。但事实上,"全院会议"制度的施行效果并不理想。尤其是在北洋政府后期,伴随着大理院院务事项的日益增加以及《大理院办事章程》施行的日渐松懈,相当长的时间里这一制度都并未真正施行过,基本流于虚设,法律解释上的其他制度规范也由此而被逐渐压缩变形。法律解释制度所置身于其中的大政治环境持续动荡——例如民国初期国会一直处于政治角力与派系斗争之中而无法正常运作。[1] 因此在北洋政府时期,尽管大理院不断地与国家行政权力相抗争[2],但在政权频繁更迭以及政治斗争所造成的权力强压之下,包括法律解释在内的诸多制度在实施的过程中都难免会受到政治权力的强力挤压而变形,甚至是异化。其结果导致由于缺乏程序上的严格保证,很多时候原本需要依赖共同行动与集体智慧的法律解释,往往到了最后却变成了仅仅以个别推事的理想情感和个体认识为依据而作出的。这样的法律解释,往往会表现为对相应之法理、条理、事例、习惯(法)等并未予以谨慎而仔细地斟酌。[3] 而也正是这种缺乏审慎态度的、个人化的法律解释行为,其不仅使得法律解释权之行使变得异常松散,而且也使得法律解释之内容,亦表现得非常之随意。法律解释制度近乎儿戏。[4]

不仅全院会议制度在民国法律解释的实践中经常被虚置,而且法律解释的提请与回复程序也往往会遭到破坏。例如,本书第四章曾指出,尽管根据大理院办事章程之规定,提请法律解释,除有紧急待决者外,一律需经由各高等厅及总检察厅或司法部最后转送大理院核办,但实际的情况却是,在大理院时期,一直存在着由地方司法机关、行政机构、社会团体和组织直接向大理院函请法律解释的情形。与此同时,对于这样的请求,大理院不仅进行了法律解释例文的制作,而且还将所作之解释例文直接回覆至该提请主体处。这种频繁地在非紧急情况或特殊情由之下的规则突破,意味着以审级制度为基础框架的法律解释提请与回复程序,在实际运行中往往也存在着被虚置的风险。

类似情况在司法院法律解释的活动中也同样存在。一般情况下,提请法律解释的主体为各高等法院或高等法院分院,司法院所作之法律解释例文也往往回复至该高等法院或高等法院分院。但是,当陕西城固地方法院于

---

[1] 李孔守:《民初之国会》,台湾学术著作奖助委员会1964年版,第76—77页。
[2] 黄源盛:《民初大理院(1912—1928)》,载《政大法律评论》1998年第60期。
[3] 郁华:《判例与批评》,载《法律评论》1927年第190期。
[4] 更多分析与批判,可参见吴经熊:《关于现今法学的几个观察》,载吴经熊、华懋生编:《法学文选》,中国政法大学出版社2003年版,第95页。

1943年函请司法院法律解释时,司法院不仅受理此一请求,并于10月28日将所作之法律解释例文院字第2585号复至该地方法院。与此情况相同的,还有下列之各例。

年份/数量	时间	解释例号	提请主体
1944年(2例)	1944年9月5日	院字第2742号、第2743号	四川璧山实验地方法院
	1944年10月3日	院字第2756号	
1945年(2例)	1945年5月31日	院字第2890号	甘肃省岷县县临时参议会
	1945年10月20日	院字第2992号	
1946年(8例)	1946年6月24日	院字第3125号	首都地方法院
	1946年7月18日	院字第3150号	
	1946年10月1日	院字第3238号	
	1946年6月24日	院字第3131号	习水县参议会
	1946年7月17日	院字第3139号	广西博白县政府军法室
	1946年7月19日	院字第3168号	四川省乐山县参议会
	1946年9月6日	院字第3212号	乐清县参议会
	1946年10月24日	院字第3277号	四川隆昌县政府
1947年(7例)	1947年4月29日	院字第3459号	安徽省宿县临时参议会
	1947年7月21日	院字第3529号	四川省合江县参议会
	1947年7月26日	院字第3540号	四川省乐至县政府
	1947年9月6日	院解字第3577号	江苏省无锡县参议会
	1947年9月16日	院解字第3586号	瑞昌县参议会
	1947年10月28日	院解字第3622号	江西省遂川县参议会
	1947年12月6日	院解字第3692号	
1948年(35例)	1948年1月8日	院解字第3794号	安徽省宣城地方法院
	1948年6月14日	院解字第3998号	
	1948年1月10日	院解字第3802号	广东省广州地方法院
	1948年3月10日	院解字第3881号	
	1948年4月30日	院解字第3945号	
	1948年6月14日	院解字第3993号	
	1948年6月23日	院解字第4075号	
	1948年1月17日	院解字第3810号	江西袁宜地方法院
	1948年1月28日	院解字第3819号	浙江青田地方法院
	1948年1月28日	院解字第3820号	江西赣县地方法院
	1948年1月28日	院解字第3822号	四川省郫县参议会
	1948年2月2日	院解字第3832号	湖北武昌地方法院
	1948年2月2日	院解字第3833号	广西天河县司法处
	1948年2月9日	院解字第3837号	河南叶县司法处
	1948年2月9日	院解字第3838号	四川江津县政府
	1948年2月9日	院解字第3839号	湖南邵阳地方法院
	1948年2月19日	院解字第3856号	浙江长兴县地方法院
	1948年2月19日	院解字第3857号	台湾高雄参议会
	1948年3月10日	院解字第3880号	岳池县政府
	1948年3月10日	院解字第3883号	湖北汉口地方法院

(续表)

年份/数量	时间	解释例号	提请主体
1948 年 (35 例)	1948 年 3 月 16 日	院解字第 3889 号	河南沈邱县司法处
	1948 年 4 月 22 日	院解字第 3943 号	福建省古田县参议会
	1948 年 6 月 14 日	院解字第 3994 号	广州市地方政府
	1948 年 6 月 14 日	院解字第 4001 号	贵州威宁县司法处
	1948 年 6 月 14 日	院解字第 4003 号	江西金溪地方法院
	1948 年 6 月 15 日	院解字第 4016 号	涪陵县参议会
	1948 年 6 月 21 日	院解字第 4015 号	广东英德地方法院
	1948 年 6 月 22 日	院解字第 4030 号	贵州毕节地方法院
	1948 年 6 月 22 日	院解字第 4035 号	浙江宁海县参议会
	1948 年 6 月 22 日	院解字第 4048 号	广西荔浦县司法处
	1948 年 6 月 22 日	院解字第 4062 号	永安县参议会
	1948 年 6 月 23 日	院解字第 4069 号	江西宁都地方法院
	1948 年 6 月 23 日	院解字第 4083 号	广西柳州地方法院
	1948 年 6 月 23 日	院解字第 4089 号	安徽无为县司法处
	1948 年 6 月 23 日	院解字第 4093 号	镇江县参议会

上述数据统计反映出,自 1943 年始到 1948 年,突破审级制度所进行的法律解释活动频繁的出现。这其中尤其是 1948 年,总数量已然达致 35 起。如果就此联系到这一年司法院所作解释例文总数量为 319 例的话,那么突破程序所制作出的法律解释例文占总数量的 11% 左右。而如果细致观察这些提请法律解释的主体及其所在的地理位置——近乎分布于全国各个地方,同时联系到 1948 年的政治生态与社会情境,那么能够明显地感受到,司法院的法律解释活动,至少在这一时期,不仅只是法律的活动,而更是政治的活动;它所发挥的功能,也不再仅仅只是规则的确立,而更是社会的治理。也即司法院期望通过法律解释活动,来强化对即将分崩离析的基层社会的控制。

除此之外,法律解释的公示制度在实践中的施行效果也不甚理想。换言之,按照民国时期法律解释制度之规定,请求法律解释之文件以及解答结果都需一并在政府公报上予以公示和告知。然而这一规定在大理院时期却并没有得到完全的实施。大理院之法律解释例文:"惟其全文仅散见于历年之政府公报。坊间刊本不过截取其中之片语尔;阅者断章取义误会原意之出难免也。"①也正是由于大理院对其解释法令之文件或者解答缺乏定期整理与系统发布,不仅导致民众对其无法知悉,而且也导致审检机关尤其是基层的司法机关无法知悉或者无法及时获知大理院已对同类案件作出了解释,对于已作解释的问题屡次向大理院请求解释、重复询问,最终不仅增加了大理院的解释负担,降低了大理院法律解释的工作效率,而且还白白地浪费了司法资源。

---

① 郭卫编辑:《大理院解释例全文》,上海会文堂书局新记书局 1932 年版,"编辑缘起"。

以涉及"买卖人口"的解释例为例。有关此一问题,仅 1913 年这一年,就先后有 7 次向大理院寻求解释的情形。这其中,统字第 8 号解释例是大理院第一次对买卖人口问题予以回答,请求者为上海地方审判厅,大理院"开民刑庭全体会议议决",从五个方面对此问题一一作了详尽的解释。然而,制度悬置所带来的信息不顺畅——或许还因社会动荡而加剧,结果致使大理院随后又作出了统字第 23 号(复奉天高等审判厅)、第 24 号(复长沙地方检察厅)、第 28 号(复济南地方审判厅)、第 33 号(复吉林地方审判厅)、第 73 号(复四川高等审判厅)、第 94 号(复总检察厅),就统字第 8 号解释例文之内容予以重复。然而,事情还并未就此结束。有关此一问题的法律解释函请依然不断涌向大理院。大理院最终在对江西高等检察厅的复函中说道:关于买卖人口罪解释,前清现行刑律买卖人口条例为有效。累次答复各级审检厅函电,载在公报,又审理上告案件,已屡有判决例。该厅明知故昧,分电本院及司法部寻求解释,实属意存尝试。应请贵厅令行并通行京外高等以下各级检察厅,嗣后关于解释法律,本院已有判例或已有答复他处函电登载公报者,毋庸再行渎陈,否则盖不答复。

客观来说,法律解释制度悬置所导致的不仅会是法律解释结果在质量上的下降,而且也会造成法律解释活动中法律解释机关大量的重复性劳动,进而不仅增加法律解释机关的工作压力,白白浪费大量的司法资源,同时也会在一定程度上削弱法律解释的权威性,从而再次加重法律解释制度悬置的程度。换言之,法律解释权威性的削弱,不仅会使法律解释机关通过法律解释所制定或形成的有关法律解释的程序和规则在贯彻落实的过程中效果不甚理想,而且也会导致这些程序与规则在实践中再次被悬置。比如,在 1923 年 5 月 30 日复浙江高等审判厅的统字第 1815 号解释中,大理院指出:"……再本院解释文件,定有制限,业经通告在案,嗣后务希查照办理。"然而仅仅就是这一有关法律解释之"制限",却在法律解释的实践中不断的予以重复:在 1923 年 6 月 14 日复热河都统署审判处的统字第 1821 号:"……再本院解释文件,定有制限办法,曾经通告在案,嗣后务希查照办理。"同年 7 月 11 日,在复江苏高等审判厅的统字第 1824 号、复安徽高等审判厅的统字第 1825 号、复奉天高等审判厅的统字第 1827 号、复山东高等审判厅的统字第 1828 号①、复浙江高等审判厅的统字第 1829 号,和同年 8 月 4 日复奉天高等审检厅的统字第 1835 号、复山西高等审判厅的统字第 1836 号、复安徽高等审判厅的

---

① 此后在 1923 年 12 月 11 日的统字第 1857 号解释文中,大理院又复山东高等审判厅,指出:"……再本院关于解释文件,曾有限制办法,通告在案,嗣后尚希查照办理。"

统字第 1837 号①,以及同年 11 月 6 日复江苏高等审判厅的统字第 1851 号②中,大理院指出:"……再解释事项,前经定有限制,业于九年十月四日及十一年六月二十八日迭经通告在案,嗣后务希注意。"这项原本旨在规范函请解释之规则,没想到结果却给法律解释机关带来了更多的麻烦。这在某种程度上不仅反映出法律解释机关所制定出的法律解释规则没有能够很好地获得下级司法机关的遵守,而且也反映出法律解释机关解释活动权威性的不足。

当然,也正是由于这种权威性的削弱,进而使得法律解释机关历年的法律解释例无法获致相应的遵守,以致还需要通过新的法律解释来不断重复相关之历年判例或者解释例的内容,从而强化其效力。典型的比如统字第 416 号,在这份于 1916 年 3 月 15 日复司法部的解释例文中,大理院指出:

> 本院按再审条件,现在虽无明文规定,但民事诉讼律草案中,关于再审各条,应认为条理援用,屡经本院判例说明并解释在案,上告案件,未经将上告状送达被上告人取其答辩,以办事程序论,诚属疏漏,然以此即作为再审原因,则恐诉讼当事人转藉为拖延诉讼之计,于审理中延不答辩,判决后又复藉口请求再审,实于诉讼进行大有阻碍,似不应认此为再审原因为宜。

与此情形相同的,还有统字第 480 号。在这份于 1916 年 8 月 26 日复河南高等审判厅的解释例文中,大理院指出:

> 查凡国家以行政处分对于人民为一种处置者,无论该处分正当与否,其撤销或废止之权,自在上级官署或行政诉讼衙门,司法衙门要无干涉之余地,惟其间如有以私人资格,假行政官厅之处分,为侵权行为指手段者,则其被害人除得向该管行政或行政审判衙门请求撤销或废止其处分外,并得对于加害人向司法衙门提起民事诉讼,请求其设法回复原状,或赔偿损害,此本院判例屡经说明者也。……

而这也就意味着,法律解释制度的悬置所导致的不仅是维系法律解释制度正常运转的成本不断加大,而且也会加剧法律解释制度在实践中进一步被悬置。因此,法律解释制度就会陷入恶性循环之中,最终造成制度的非良性运转。

---

① 在 1923 年 9 月 18 日的统字第 1840 号解释文中,大理院又复安徽高等审判厅,指出:"……再本院解释文件,定有制限办法,曾经通告在案,嗣后务希查照。"此后,在 1924 年 1 月 29 日的统字第 1859 号解释中,大理院再复安徽高等审判厅,指出:"……再本件依本院限制解释办法,本可毋庸答复,惟既据催请前来,仍合予以解答,嗣后务希查照办理。"

② 在 1923 年 11 月 16 日的统字第 1854 号解释文中,大理院又复江苏高等审判厅,指出:"……至解释事项,前经定有制限办法,通告在案,嗣后务请注意。"

二、法律解释上的偏差

所谓法律解释上的偏差，主要是指在法律解释的实践中违背了解释适度之原则所造成的解释后果。但民国时期的法律解释是否适度，在实践中又该如何对这一问题予以考察？这对于超语境和跨时空的观察者来说，并非是一个简单的事情。更重要的是，衡量法律解释是否适度是一件非常复杂的事情，因为构成法律解释适度原则的因子非常之多。要有效地对民国时期法律解释偏差现象进行考量，则需要将此问题拆分为以下的几个追问来逐一衡量：相应之法律解释，是否符合法律之文意？是否符合法律之本身逻辑？是否符合法律之体系？是否符合法律解释发生时的社会语境？这些因素以及这些因素与时空语境的综合，都是对法律解释是否适度予以考察的重要因子。

具体从民国时期的法律解释实践，尤其当时的刑法解释来看，那么比如北洋政府时期，作为法律解释的前提和依据，虽然有《暂行新刑律》这一成文法的制度性存在，但是仍然存在着诸多的不足。这样，在大理院的法律解释中，特别是有关于刑事法律之解释，到底有多少是补充刑法欠缺而不违背罪刑法定精神的？本书将深入考察。而在此中又有多少是补充了刑法之欠缺而与罪刑法定精神相反的法律解释？后者，显然更是值得予以重点关注并给予谨慎且反思性地批判，因为尽管这种法律解释在本质上是违法的，就其作出正是因为超出了解释适度之原则。这些解释例文，就属于法律解释上的偏差情形。

首先，在有关正当防卫的认定上，民国时期法律解释的实践就曾出现认定有差。1913年8月7日，陕西高等审判厅请示："奸所获奸，登时杀死者，能否适用新刑律第15条但书之规定。"大理院统字第48号解释复：

> 奸夫将行奸或已行奸未毕时，若有非杀死奸夫不能排除现时侵害情形，而本夫杀死奸夫者，应依刑律第15条以紧急防卫论。其毋须杀死奸夫，以他法即可以排除现时侵害，而本夫杀死奸夫者，应依该条但书之规定论。若行奸已毕，虽在奸所杀死者，不得援用该条。至杀死奸妇，不问是否在奸所登时，皆不能适用该条，但得依54条酌减。

时隔不久，甘肃请示："凡本夫于奸所见奸夫奸妇行奸，登时将奸夫奸妇杀死者，应否查照暂行新刑律第311条及第13条第2项减等处断。"1913年8月14日，大理院以统字第49号复甘肃司法筹备处函，其内容和精神都与统字第48号解释例相同。然而，大理院就此类案件的解释无疑值得商榷。因为从解释例的内容上来看，此类案件属于和奸。根据新刑律第289条的规定："和奸有夫之妇者，处四等以下有期徒刑或拘役。其相奸者，亦同。"在和奸处所当场杀死奸夫，显然属于超过必要之限度的，不应当以正当防卫论。

可见当时虽然在刑法上引入了正当防卫(当时称紧急防卫)的制度,但对于正当防卫的构成要件,显然还尚缺乏准确的理解和把握。① 而这也就构成了我们所说的法律解释上的偏差。

其次,关于刑罚的加减,大理院的法律解释也出现了前后不一致的状况。奉天高等检察厅函称:

> 王德杀伤赵书年一案。经审判厅于五月初十日判决,王德照杀人未遂罪折衷处有期徒刑十五年。本厅(辽阳地方检察厅)核之加减之原则,似未相符。查加减必于本罪之刑最重限度上,或最轻限度下,按等加减,方能允协。该厅于三百十一条之三种主刑中,减去死刑之一种,加上二等之一期,则为无期徒刑至二等有期徒刑之裁量范围。对于被告处一等有期徒刑十五年,是仍在本条选择刑之范围以内。本检察官认为不妥,提出意见书,请求上诉等情。相应将原卷函送查收复审等因。查暂行新刑律第五十七条第一项注意书内载,处二等以上有期徒刑即一等或二等有期徒刑,减一等,即为二等或三等有期徒刑等语,是尚留有二等有期徒刑余地,并未从最轻主刑上减为唯一之三等有期徒刑,又内载二等或三等有期徒刑,加一等为二等以上即一等或二等有期徒刑等语。是仍留有二等有期徒刑余地,并未从最重刑上加为唯一之一等有期徒刑。盖缘立法本意,在审判官按犯人情节,行其自由裁量之权,但于二等以上有期徒刑上减一等为二等或三等有期徒刑。无论如何,从最重之主刑上减,仍然免判一等之有期徒刑,不得谓犯人不收减轻之利益。于二等或三等有期徒刑上加一等为二等以上有期徒刑,无论如何,从最轻主刑上加仍不能判三等之有期徒刑。不得谓法律不收加重之效果。既于立法精神,实能贯彻,并于法官裁量,亦无背驰。是以法院向来适用加减之法,大率如是。又同条第二项注意书内载。处死刑无期徒刑或一等有期徒刑加一等即为死刑或无期徒刑等语,是不过去其一等有期徒刑。此外尚留死刑及无期徒刑二种,以为审判官自由裁量地步。如加二等,始去其无期徒刑,只处唯一之死刑。又内载无期徒刑或二等以上有期徒刑,加一等即为无期徒刑或一等有期徒刑。加二等即为唯一之无期徒刑等语。其例复与前同。又同条第三项注意书载。四等以下有期徒刑或拘役,减一等为五等有期徒刑或拘役。减二等为拘役等语,是不过去其四等之有期徒刑。此外尚留五等有期徒刑或拘役二种,以为审判官自由裁量地步。如减二等,始去其五等有期徒刑,只处唯一之拘役。我国立法,意即如此。即征诸学说暨各级审判厅历办成事,孰不如此。若照该检察官所称加减之法是原定主刑系二等到四等,应加一等时,即须处一等有

---

① 参见周少元:《中国近代刑法的肇端》,商务印书馆2012年版,第230—231页。

期徒刑。应减一等时,即须处五等有期徒刑。审判官仅能在应加之最高主刑刑期上或应减之最低主刑刑期上为唯一之加减。如此解释,不惟舍犯人情节于不问,审判官失自由裁量之权,且其办理加等之语,亦多窒疑。盖减刑条文,均系得减,并非一定必减。果系情节较重,尚可不减,自无情重罪轻之虞。而加刑律意,纯系必加,并无得加之语,假如有犯条文所规定为一等至三等有期徒刑者,论其情节,不过处以三等之最轻徒刑,已为适当,然因应加一等刑者,即必须处以无期徒刑。如此办理,究有失入之讥。盖以第五十七条第二项论之,如前举之例,应加重一等时,仅去其一等有期徒刑。尚有一死刑,一无期徒刑为审判官之裁量范围。此则以本应处以三等极轻之刑,因加重一等,遽处以无期徒刑,揆之法理,殊有未合,但该检察官所主张既与厅之意旨不合,究应如何适用之法,理应呈钧院。对于加减条文,希望明晰解释赐复。以便遵行是为公便。

1913年7月26日,大理院统字第46号解释例对此予以了回复:"来呈于刑律加重减轻之例,解释已甚明晰,立论更为精详。询合乎立法者之本意,本院认贵厅解释为正当,故不复赘。"然而,1914年二月七日,大理院统字第99号复湖南高等审判厅函称:

据永州地方审判厅呈请解释判例与刑律加减例冲突等因到院,查本院关于加减例之解释,先后不同,该厅所引判例,系本源旧解释,本院最近解释,已详见民国二年统字第四十六号覆奉天高等审判厅函及统字第六十号①致总检察厅函,该厅所陈意见相合,均已登载政府公报,相应函覆贵厅转饬该厅查照可也。

很显然,这反映出大理院关于加减例的解释前后上出现了不一致:先前认为加减应在主刑最重限度以上或最轻限度以下,后来采纳奉天高等审判厅观点以统字第46号解释例认为,加减刑可在法定刑种及法定徒刑幅度内进行。②

第三,对于鸦片烟罪的认定,大理院的解释也有值得商榷的地方。统字第58号复福建高等审判厅函指出:"贵厅七月十五日函请解释戒烟丸中含有

---

① 统字第60号(1913年11月13日大理院致总检察厅函):"关于加减例之适用,本院三月十日判与七月二十四日(应为七月二十六日,此处原文有误——作者注)函复奉天高等审判厅之解释两歧,请示遵等情到院,本院查七月二十四日公函之解释,系本院最近解释,当然从该函之意见,应请贵厅转行该厅查照可也。"

② 学者指出这一现象背后的原因可能有二点:"其一,《钦定大清刑律》规定的量刑幅度过大,如果在法定刑上、下加减,会导致加减的结果与在原法定刑范围内量刑之间存在太大的悬殊。情罚难以平衡。其二,刑律未引入从重、从轻的概念,使得刑法的条款过僵硬,加重或减轻难以包含从重或从轻立法技术。……在当时没有从重、从轻的制度下,把加减例扩大解释到可以在法定刑以内进行,也不失为一种解决实际问题的办法。"周少元:《中国近代刑法的肇端》,商务印书馆2012年版,第237页。

鸦片各毒质者,能否依刑律第二百六十六条处断等因到院。本院查刑律鸦片烟自系指广义而言。凡以鸦片搀和制造之物,不问其为丸药为他种形式,皆得依该条处断。"广东高等审判厅呈请大理院,提出:"因戒烟服食丸药内含有鸦片毒质者,是否依刑律第二百七十一条论。"大理院统字第132号则复:"刑律二百七十一条不能包括。"除此之外,在复江苏高等审判厅的统字第136号解释例中,大理院对统字第58号和132号予以了进一步的说明:

> 据上海地方审判厅详称,窃阅政府公报内载,钩院统字第五十八号复福建高等审判厅函,内有查刑律鸦片烟自系指广义而言。凡以鸦片烟搀和制造之物,不问其为丸药为他种形式,皆得依该条处断等因,而统字第一三二号复广东高等审判厅电,则以因戒烟服食丸药,内含有鸦片毒质者,刑律二百七十一条不能包括,函电情形,似有抵牾。本厅因之发生疑问:(甲)钩院复福建高等审判厅函,是否系刑律第二百六十六条之特定解释,不能概括刑律第二百七十一条之犯罪情形而言。故制造贩卖戒烟丸中,含有鸦片毒质者,当依刑律第二百六十六条处断。而服食戒烟丸内含有鸦片毒质不得依刑律第二百七十一条科刑。然钩院函中,有查刑律鸦片烟自系指广义而言之语,则又似刑律第二十一章鸦片烟罪之全部,均当从广义解释,不限于第二百六十六条之情形也。(乙)统字第五十八号函系有意制造贩卖代鸦片烟之戒烟丸,而统字第一三二号电,则系因戒烟而服食之戒烟丸,是否系犯罪动机有所不同,故适用刑法亦因之而异。(丙)统字第五十八号函所谓鸦片烟搀和制造之物,是否以有纯粹鸦片烟质之搀入,故适用刑律鸦片烟罪,而统字第一三二号是否以仅有化学上鸦片烟一部分之毒质,故不能适用刑律鸦片烟罪。……查本院统字第五十八号函与统字第一三二号电解释并无抵牾,刑律鸦片烟自应从广义解释,唯刑律271条之犯罪,以吸食行为为构成要件,服食含有鸦片毒质之丸药,不能谓吸食。统字第一三二号电系谓刑律二百七十一条吸食不能包括服食,而所谓鸦片烟不能包括含有鸦片毒质之丸药。该厅所称甲、乙、丙三项疑问,自无从发生。

很显然,大理院对"鸦片烟"从广义解释而对"吸食"却从狭义解释,颇值得商榷。①

第四,又比如统字第124号,在这份于民国3年5月6日复总检察厅的解释例文中,大理院指出:

> 查该县知事所陈于现行法检察官之职权及本院解释通告,均有误会之处。法院编制法第九十八条,检察官均应从长官之命令,系指关系

---

① 周少元:《中国近代刑法的肇端》,商务印书馆2012年版,第239页。

检察官职权之一切命令而言,至各级审判厅试办章程第九十八条,因法院编制法之公布而失其效力,尤不足引以为据;本院统字第七十二号复松江府地方检察长电中,上诉二字,原包括上告控诉抗告三种,第一审检察官依法自可提出控诉抗告,原电谓检察官自应有上诉权,非谓第一审检察官有独立上告权;又本院二年特字第十七号通告,系专指民事而言,刑事判决宣告后,上告期间,自宣告翌日起算为十日,通行已久,观于原通告中,所谓送达判决后二十日内声明不服云云,即可知其为民事;又查现行法抗告,只能对于审判衙门之决定或命令为之,人民对于检察厅官员之处分,虽可向上级检察厅声明抗议,而下级检察官员对于上级检察官员之命令,查照上开编制法,自系有服从而无抗议,该知事对于浙江高等检察厅之命令来院抗告,不能认为合法;惟关系法律及本院复电通告之解释,相应函请贵厅转行浙江高等检察厅转饬查照可也。

如果就此联系到统字第72号(1912年11月15日)("电悉,刑诉草案现在尚未生效,依法院编制法及审判厅试办章程,检察官自应有上诉权"),那么便会看到其中有关法律解释之偏差的存在。

第五,院字第2748号,在这份于1944年9月5日训令最高法院的解释文中,司法院指出:"优待出征抗敌军人家属条例第二十九条之规定,于出租人与承租人或出典人与典权人,双方均为出征抗敌军人或其家属时亦适用之,未便斟酌双方家庭经济状况定其适用与否。"而也正是这一内容,其实就反映出民国时期的法律解释实践,与现实之情状有未契合之处,因而也就呈现出与现实情状相脱节进而偏差之情形。

事实上,对于民国时期法律解释制度在实践中所出现的这种解释之偏差,当时的学者们亦有所关注。例如,针对司法院院字第898号(1933年5月15日,司法院指令江苏高等法院)和院字第735号(1932年6月7日,司法院训令江西高等法院)解释例文,李祖荫如此评价到:

> 我现行民法第1138条规定遗产继承人除配偶外,依下列顺序定之:(1)直系血亲卑亲属。例如子女,子女死亡时,由孙男女外孙男女继承是;(2)父母;(3)兄弟姐妹。这里的兄弟姐妹,指同父母的兄弟姐妹而言,同祖父母的兄弟姐妹,不包括在内,司法院二十二年已有院字第898号解释;①(四)祖父母。这条规定的范围,较之旧律,宽了很多。与社

---

① 院字第898号解释例文的内容是:"(一)民法第一千一百三十八条关于遗产继承人顺序之规定,既列兄弟姊妹于祖父母顺序之前,其所谓兄弟姊妹,自系指同父母之兄弟姊妹而言,同祖父母之兄弟姊妹,当然不包含在内。(二)民法亲属编关于血亲之规定,仅有直系旁系之分,并无内外之别,该编施行前所称之外祖父母,即母之父母,亦即为民法第一千一百三十八条所规定遗产继承第四顺序之祖父母;(三)无法定继承人亦无指定继承人之遗产,应适用无人承认继承之规定,于清偿债权、交付遗赠物后,将其剩余归属国库。"

会实状,不尽相同,如兄弟姐妹许可继承遗产,除了商朝继统法,以弟及为主,以子继辅之,无弟然后传子而外,没有这种规定的,而且司法院的解释同父母的兄弟,不以父母俱同为限,凡同父异母或同母异父的兄弟姐妹,均为同一顺序的继承人(二十一年院字第735号解释①)。这个解释,不特范围过广,有违立法精神,且与情理不合,难符社会实状。若是放大眼光看,与蒙古新疆诸族遗产继承的实况也不合。②

又比如,就刑事法解释背后的知识理论问题,张知本认为:"现代刑法对于共犯之规定,多少尚有客观主义之倾向,然在解释上,均应给予主观主义之精神,方为合理。兹以吾国新刑法为例。如共同正犯之构成,以及教唆犯之处罚,均不免偏于客观主义。"③很显然,这都反映出学者们对于法律解释机关所为之法律解释,不仅从理论上予以反思,而且在态度上也颇有微词。

三、法律解释上的矛盾

客观地来说,较之于法律解释之偏差,法律解释上的矛盾现象更难以认定。因为就同一情状而言,法律解释例文在内容上所表现出的前后矛盾,一方面很可能是因由社会变迁所导致的法律规范和法律制度在内容上的正常变化,毕竟,伴随着社会变迁以及由此所带来的法律发展,法律规范和法律制度自身也会不断的修改、调整、制定和完善。另一方面也可能是法律解释机关在不同时空背景、社会情境和法制条件下的不同认识所合理造成的,毕竟,伴随着对复杂性事物认识的不断深入,特别是一些新情况的出现,认识结论上出现反复甚至前后不一致也是可以理解的。为此,要判定法律解释确属自相矛盾现象,其主要标准无疑是在相同或相近的时空环境与社会系统里,法律解释主体就同一问题/事物所作出的法律解释例文在内容上存在前后间的相互矛盾。

从理论上来看,法律解释的主要功能就是要调和法律规范与社会事实之间不相匹配性产生的矛盾。这也就意味着,法律解释的实践是内含矛盾性的结构并充满张力的。当然,这种解释的张力,主要是在解释法律规范的过程中所产生的,但更本质的还是由解释的过程中不同价值间的冲突而释放出来的。换言之,它伴随着人们解释法律过程的始终。然而即便如此,并不能就此认为法律解释的张力可以恣意发挥的;它必须要受到合理的限制。而这也

---

① 院字第735号解释例文的内容是:"(一)妾虽为现民法所不规定,惟妾与家长既以永久共同生活为目的同居一家,依民法第一千一百二十三条第三项之规定,应视为家属,则其遗腹子、女即受胎在妾与家长之关系存续中者,应认与经生父抚育者同。(二)民法第一千一百三十八条第一项第三款所称兄、弟、姊、妹者,凡同父异母或同母异父之兄、弟、姊、妹均为该顺同一顺序之继承人。"

② 李祖荫:《法律学方法论》,载程波点校:《法意发凡——清末民国法理学著述九种》,清华大学出版社2013年版,第215—216页。

③ 张知本:《社会法律学》,载同上书,第180页。

就意味着,任何法律之解释显然都应当允许一定矛盾性因素的存在以及经由这种矛盾性因素而形成的内在紧张。

民国时期,正值新旧观念转换、东西法文化相冲突碰撞,伴随着传统型法规范和现代型法规范的更替、冲突与融合,以及新旧法律秩序的衔接与适用,法律解释可以起到润滑剂或者催化剂的作用,内在的张力也会十分突出。

从民国时期的法律解释实践来看,有关法律解释相矛盾之情形,典型的有统字第316号。湖北高等审判厅提请解释函言道:"……但既明知为盗而仍为执炊,若竟不加惩儆,似乎不免失出。"1915年8月18日,大理院以此解释例复:"……又失出一语,指律应重而失之轻者言,为盗执炊,律无罚条,更何能妄议为失出,司法衙门公牍,于此等用语,似宜审慎出之,相应函复贵厅转饬查照。"从中可以看出,因由"出入人罪"乃是传统中国法文化中饱受诟病的一种现象,大理院批评提请解释机关用词不严肃,同时意在表明其治下的法律实践乃是一种有别于传统的新的法律实践。但是在1916年3月20日复四川高等审判厅的统字第420号解释中,大理院自己却使用了"失出"的概念:"元电情形,系初判失出,应为复审之决定。"

四、法律解释上的错误

民国时期法律解释上的错误,主要是指根据当时之法文与法例,法律解释机关所为之解释乃是错误的。典型的比如1919年12月18日,在复司法部的统字第1166号解释例文中,大理院指出:"查关于控诉期间之起算点,本院前虽有统字第400号之解释,嗣因民事庭会议,认为显与法文有背,故将前解释变更;惟上诉期起算日期,各级审似以统一为宜,应请贵部具案呈明修正可也。"而这其实也就意味着,1916年3月4日大理院复陕西高等审判厅的统字第400号解释例文在内容上是错误的。①

从民国时期法律解释的实践来看,有关法律解释上的错误,除上述之情形外,主要有以下的几个方面:

第一,有关"罚金"的法律解释出现了认定上的错误。在1913年5月5日复天津高等审判分厅的统字第18号解释例文中,大理院指出:

> 凡强制罚之不属普通刑法范围者,如挂号民信局违犯邮章之罚则之类。向由各该管局署自行照章处分。其有不受处分而赴司法衙门起诉者,司法衙门是否有适用各项单行章程制裁之权。其所制罚金,是否与刑法上之罚金同为司法上之收入等因。查法令有明文规定之刑罚,其性质自与刑法法典内之刑罚无异,当然得向司法衙门请求正式裁判。至

---

① 统字第400号解释例文的内容是:"查关于民事上诉期间之起算,司法部已有通饬,希即查照办理可也。"

经裁判后所科罚金,自应归入国库。

从这一解释例的内容上来看,很显然它把违犯邮章之罚金视同刑罚之一种的罚金,是将刑罚的罚金与行政处罚中的罚款的性质未加以区分而等同起来,这显然在认识上发生了一定的错误。"可见在西方法学的'罚金'一词传入不久的民国初年,对这一概念的理解尚欠准确。"①

第二,在重婚问题的认定上,法律解释的结果也存有争议。比如,统字第617号,在这份1917年4月28日覆江苏高等审判厅的解释例文中,大理院指出:

> 查甲妻外出仅年余而归,既别无消灭身份(由婚姻关系所得妻之身份)之原因,则仍然为甲之妻子,了无疑义;至甲后娶丙,在刑事重婚罪,纵或不能成立,而民事则就其已成之事实言之,仍然为二个之婚姻,现行法既不许一人二妻,丙与甲之婚姻,自应准其请求,予以撤销。(以重婚为理由)惟在判准撤销或自行离异以前,其与甲之婚姻关系,亦尚存在。此种现象,普通犯重婚时,往往有之,若其自愿改妻为妾,于法尤无不可。

应当说,大理院在制作这一解释例文时遇到了难题,因为以往都是男的一方外出不归,而此次则恰恰相反;当然,它也遇到了"机遇",那就是妾在法律上仍属合法之存在。因此,即便面临重婚事实之存在,大理院仍未从刑事法上将其定为重婚罪,而是设想通过改妻为妾的方式,帮其解除双重婚姻存在之法律事实,缓其撤销婚姻。这不得不说是一个值得质疑的法律解释例文。②

第三,有关遗弃尸体的认定,在解释上也出现了错误。比如统字第1129号,在这份于1919年11月18日复总检察厅的解释文中,大理院指出:

> 查凡有殓葬尸体义务,不依惯行方法殓葬,及无此义务而有移弃之情形者,均应成立遗弃尸体罪。丙与甲共同杀乙后,竟复违反义务,不依习惯殓葬,将尸用篾席包裹,抬埋人迹罕至之菁坑,显系并犯遗弃尸体罪,应从杀人重罪处断。若来函第二问丁戊己将丙勒死,移尸吊于屋后树上,装作自缢,乃系藉以匿罪,未及殓葬,自不得遂认为遗弃尸体。

---

① 周少元:《中国近代刑法的肇端》,商务印书馆2012年版,第228—229页。然而,从1917年4月4日大理院复京师高等审判厅的统字第603号解释例文的内容来看,或许这种是否为罚金的认定其实又与罚金的数额多少有关。因为该号解释例文指出:"查刑律罚金依第三十七条第二项第五款规定为一元以上,则未满一元者,即不得谓之刑律上罚金,自不能依刑律条文以宣告。"而其实意味着,处罚一元以上才属于刑律之罚金,而一元以下的处罚则不属于。

② 客观来说,对此解释例文内容的质疑,还可根据统字第1178号解释例文来予以判断。在这份1919年12月31日复直隶高等审判厅的解释例文中,大理院指出:"查重婚罪,以有结婚事实,为成立时期。结婚以后,其婚姻状态,虽云继续应不认为延展犯罪期间,故如结婚事实,在民国元年赦令以前,即应赦免;若在赦令以后,无论定婚,在其前后,亦均应依刑律第六十九条第二项前半规定,自结婚行为完毕之日,起算时效期限。"

第四,关于习惯法之义务能否构成刑事法责任认定的依据,在民国时期的法律解释实践中也出现了错误。1920年6月29日,复总检察厅的统字第1354号:"……惟子婿对岳父有无赡养保护之义务,现行法尚无明文,如果查明该地方习惯法则,认有此项义务,则丙不将丁意告甲,自系不作为犯,应即分别处断;否则按照刑律第十三条第一项前段及第十条,尚不为罪。"很显然,在大理院看来,将习惯法之义务,认定为刑事不作为犯之"作为义务",进而处罪,显然不是很恰当。习惯法之义务,只是作为民事法律责任认定的依据,而无法成为刑事法责任认定上的依据。

第五,1914年8月26日,在复江苏高等审判厅的统字第160号解释例中,大理院指出:

> 查现行法制并无禁止刑事被告人上诉不得为不利己判决之明文,原判若系引律错误,上诉衙门对于上诉之部分,不问系由检察官上诉抑系由被告人上诉,皆应以职权纠正之,至因纠正违法判决而所科之刑,虽较重于原判之刑,亦无不可。本院累经著为先例。"

第六,在处理公共生活与私人领域的关系上,民国时期的法律解释亦出现了一定的错误。客观上来说,族规纠纷应属于私人领域间的纠纷,但是大理院却试图以一种积极的态度介入其中,表明"若两造争执不能自决,并得提起民事诉讼"。从民国法律解释的实践来看,在1919年的统字第1040号解释中,大理院指出:

> 查革族既系根据族规,不许享有本族公共权利,自应认为有效;惟此种族规,当无牵连及于子孙之理,犯规被革之人,若其子孙果系良善,并无该当族规所定各情形,亦可向其族众(得以族长为代表),请求准令复族;若两造争执不能自决,并得提起民事诉讼。

第七,不仅仅是法律解释例文中会有解释错误的现象,而且在广义的法律解释也即判例中,也会出现解释之错误的情形。这其中典型的如1915年上字第921号判例所言:"查县知事致参事会函件,虽未具有公文形式,然其内容既系函令派兵捕击匪徒,则其实质已与公文书无异,原审认为行使伪造私文书,解释上实属错误。"①那么从中可以看出,从广义上来说,原判有关伪造私文书之认识即属于法律解释上的错误。

客观来说,要指出民国时期法律解释上的错误,同样并非易事。因为一方面,绝大部分的法律解释都是依据法律规范所为之阐释,即便其观点可能与当时主流之看法有异,但也很难将其强行归于解释错误的类型。另一方面,用今天的法理论来衡量当时的一些法律解释结论,虽然很容易发现其中的不当之处,但也很难将其归为法律解释上的错误,因为用今日之理论来对

---

① 大理院1915年上字第九二一号判例。

当时的法律解释予以对错与否的评价,显然并非客观。这样,上述所举有关之法律解释是否真正可归入"错误"的类型,仍有进一步商讨之空间。而这其实意味着,有关民国时期法律解释的研究仍需进一步深入,需要更紧密地结合民国时期的法学思潮、法律意识、法律制度和法律裁判等因素来进行综合考量。有关民国时期法律解释制度的不良运作,其中的任何一处判断,实际上都可能会是一种"误判",因而有关民国时期法律解释不良运作的结论,实际上都是开放性的。当然,这种开放性的认识,更是贯彻于本书有关民国时期法律解释制度运行不良的原因分析上,因为任何一种结果从本质上来说都可能会是在多重原因共同作用下所导致的。

第二节 法律解释制度不良运作的原因分析

处于新旧观念转型与更替、东西方文化冲突与交融、"传统与现代混杂并消长反复"①的民国社会,法律解释制度的不良运作,其原因自是极为复杂的。这其中既有内在性的因素,比如法律解释制度本身设计不合理,又比如包括法律解释制度在内的法律制度可能还远未能获致社会的普遍认可。也有外在性的因子,比如社会动荡所造成的制度运行整体外部环境的恶化,又比如中央对地方控制力的不足导致来自中央的统一性制度在运行中的普遍虚置。还有内外兼具的原因,比如缺乏制度运行所必需的人力资源和财政支持。但无论如何,政权更迭所导致的政治—社会环境动荡、法律解释权的权力属性不明晰、单行法/特别法的法外横行、司法整体环境不容乐观以及传统与现代的冲突激烈且无法兼顾,这五个方面应该可以说是造成法律解释制度运作不良的最主要原因。

一、政权更迭所导致的政治—社会环境动荡

政权频繁更迭导致的政治生态与社会环境的混乱,对于民国尤其是大理院时期法律解释制度实践的影响无疑是巨大的。尽管在政治动荡中,司法仍能保持一定程度上的一统②,但这种司法统一局面的维护成本显然是非常高

---

① 这段时期是中国从传统社会向现代社会转型的时期,是"传统政治与现代政治矛盾冲突的畸形政治形态,是新与旧、保守与进步、传统与现代混杂并消长反复的时期"。张宪文等:《中华民国史》(第1卷),南京大学出版社2005年版,第9页。
② 尽管民初政局动荡,但司法统一仍在一定程度上得以保持。例如,有学者指出:"北洋政府时期,司法体制上的四级三审制基本得以遵行,而大理院作为全国最高审判机关,基本起到终审法院的作用。"朱勇主编:《中国法制通史》第9卷(清末·民国),法律出版社1999年版,第532—536页。也有学者指出:"北洋乱世中,并非各领域、各省区都成为一盘散沙。在司法领域,北京政府与多数省份尚能大体保持统一。除了云南、贵州、广东、广西、四川、湖南和新疆之外的20个省区(包括东省特别区域),一直与北京政府保持较为稳定的司法关系。"唐仕春:《北洋时期的基层司法》,社会科学文献出版社2013年版,第229页。当然,除此之外,本书对大理院时期法律解释例文的数据统计和分析,也大体支持了这样的一种看法。

昂的。即便民国政府有足够强大的人力、物力支持,在这种司法一统的局面之下,也必定会隐藏着诸多的不稳定因素。① 尤其是对于大法未备、人员不整、观念不齐的民初社会来说,这也就意味着包括法律解释制度在内的司法制度不仅容易受到来自政治力量与行政权力的倾轧和挤压,而且制度在运行的过程中也会容易变形走样。因此,法律解释制度在运行之中被悬置以及在法律解释实践中出现解释的偏差与矛盾等现象,也就容易发生了。

民初政权的频繁更迭,使得:在中华民国建立 13 年以来,至少有四种不同的宪法,在它们颁布后不久就立即成为一张废纸。其他的法律和规章也很少显示政府的性质和职能。政治体制常有变动,在这段短暂的时期中,政府经历了君主制、共和制、摄政制等等变化。除了政治制度改变之外,仅在北方,在 1916—1928 年不到 12 年的时间里,政府首脑改换了 9 次,平均存在时间不到 16 个月。在南方,"抢座位"游戏的现象同样在国民党政府中发生。内阁也是同样地混乱和不稳定。1916—1928 年间,有 24 次内阁改组,26 个人担任过总理。任期最长的是 17 个月,最短的是 2 天;平均存留时间是 3—5 个月。内阁在位时间不长,不能制定长期的政策,而且,根据共和国的根本法,内阁并不是一个独立的制定决议的机构;它是军阀将其意志强加在中国人民头上的最驯服的行政工具。谈及国会可谓更有甚者,在公众眼里它比总统、内阁更不足为信。国会用不正当的办法产生,数次被中止职权,它成为一个完全腐败的、无能的、寄生的机构,充满了无聊的政客。20 年代,在国会内部,又分裂为亲北京和亲国民党两派,后来干脆在公众的蔑视中衰败。1923 年国会的许多成员接受贿赂使曹锟当选总统,这使得他们得到了"猪仔议员"的绰号。②

由此可见,政权动荡中政治权力的相互制衡与反制衡,政治制度上的结构性冲突与矛盾性对峙,政治观念上的派系性对抗与情绪性对立,在民初社会都已达致顶峰和极端,造成这一时期政治环境的极度糜烂和政治生活的极

---

① 有学者根据 1916—1927 年大理院审判各省区上诉案件的情形,来证明民初社会司法领域尽管是一统但却是极不稳定的。他的分析指出:"大理院对来自直隶等北方 16 省,热河等 3 个特别区,南方的四川、广西,以及东省特别区域的上诉案件进行了审理。这些地方与大理院的审级管辖关系基本得以维持。……1916—1927 年的 12 年间,有 5 年大理院审判了来自新疆的上诉案件,其总数也屈指可数。这大约与新疆本身上诉案件较少有关。真正与大理院中断审级管辖关系的有广东、云南、贵州、湖南 4 省。大理院从 1919 年便开始中断审判来自云南、广东(1925 年和 1926 年除外)的上诉案件。不过,1920 年、1921 年,大理院又重新开始审理来自云南的上诉案件。1922 年也是一个具有转折性的年份,广东、云南、贵州与湖南 4 省同时中断与大理院的审级管辖关系,而且这种局面持续到 1924 年。1925—1926 年,大理院恢复审理来自湖南与广州的上诉案件,只有云南、贵州两省仍未恢复。1927 年大理院只未审理来自广东与云南两省的上诉案件。"唐仕春:《北洋时期的基层司法》,社会科学文献出版社 2013 年版,第 225 页。

② 〔美〕齐锡生:《中国的军阀政治?(1916—1928)》,杨云若、萧延中译,中国人民大学出版社 2010 年版,第 3 页。

度腐败。①

政权的动荡不仅造成这一时期政治生活的腐化、政治环境的蜕化和政治生态的恶化,而且也导致这一时期一直缺乏"一个立于政权机构之顶峰的独立的中央政府"。"现有的政府,其中的各派军阀都轻视它。因而其政治角色的行为,就很少感到有必要遵守任何制度上的规定。最重要的决议不是北京而是由地方政府独立决定的。"②特别是经由省宪运动和联省自治之后,地方政府与中央政府之间的对抗变得越发激烈,进而造成中央制定的全国性政策与统一性制度在地方的施行不仅阻力重重,而且效果堪忧。③ 换言之,民初政治环境的恶化所导致的政局混乱与社会失控,一方面使得"在这个时期中北京政府一直是受到一个或数个相对抗的'政府'的正式挑战"。"管辖地区的混乱和争论组成了政治活动的主要部分。哪里也没有持久稳定的'全国性'组织机构。"另一方面,"政治角色之间的关系并没有被制度准则或稳定的预期所明确规定,因而经常变化,决策过程是分散和非正式的"。"大多数军阀依靠外交手段、协商、联盟,甚至最终通过战争来建立自己的地位。"④由此导致政治决策缺乏制度化的因素。

这种外部情况反映在民国时期的法律解释制度中,便是北洋政府尽管试图在近代法律解释制度的创制方面做些努力,但政局的不稳,不仅大大削弱了法律解释制度领域发展的效果,而且也大大增加了解释制度实施的难度。毕竟,"政治格局因军阀与派系间的争夺而处于极不稳定状态,以至于政权更替频繁",法律解释权难以建立在一个持续动荡不稳的政治—社会和经济基础之上。如此情形之下,法律解释权不仅式微,更是支离破碎、纷扰杂乱。⑤ 尤其是在大理院时期,法律解释制度不仅在实施的过程中经常被悬置,而且偏差、矛盾甚至错误等现象也时有发生。

南京国民政府时期,政权剧烈动荡的局面虽然有所好转,但国民党内部派系斗争的日趋严重、日本对中国的入侵所带来的政局变动以及抗战胜利之后内战的爆发,种种内忧外患使得包括法律解释制度在内的一切法律制度在实践中都面临诸多的危机。"南京国民政府的建立,虽然在形式上国家有了一个统一的政府。但是,各派政治力量并没有得到统一,军阀割据以另一种

---

① 参见李鸿谷:《国家的中国开始:一场革命》,生活·读书·新知三联书店 2012 年版,第 200 页。

② 〔美〕齐锡生:《中国的军阀政治?(1916—1928)》,杨云若、萧延中译,中国人民大学出版社 2010 年版,第 3—4 页。

③ 参见胡春惠:《民初的地方主义与联省自治》,中国社会科学出版社 2001 年版,第 37—39 页。

④ 〔美〕齐锡生:《中国的军阀政治?(1916—1928)》,杨云若、萧延中译,中国人民大学出版社 2010 年版,第 7 页。

⑤ 参见韩秀桃:《司法独立与近代中国》,清华大学出版社 2003 年版,第 423 页。

形式持续着,同时国内的各种民主运动也是一浪接着一浪。"①而这对于司法活动意味着:南京国民政府时期,政治上基本统一,照理说司法独立和司法改革的黄金季节已经来临,(然而)实情并非如此:"军政""训政""宪政"三段革命论,为党权、政权及军权干涉司法权提供了冠冕堂皇的理论依据和实际屏障:一是司法权体系被严重分割……司法院的权能一开始就受到其他权力的瓜分,尤以司法行政权为甚;……三是行政权干预司法权的现象普遍。司法权在人、财、物等方面处处受到掣肘。②

司法权面临局面如此,法律解释权则同样也是如此。与此同时,一方面伴随着以党治国方针的确立和司法党化的不断强调,包括法律解释权在内的一切"法律的制定、修正和解释权,一切立法原则的决定权,均由党的机构执掌,党的决议具有法律效力"③。比如《中华民国训政时期约法》(1931年5月12日通过)第85条规定:"本约法之解释权由中国国民党中央执行委员会行使之。"另一方面则是伴随着东西文化之争的不断深入,以及有关"中国出路"问题的讨论④,包括法律解释制度在内的一切法律制度在应对域外法观念、法理论和法制度的挑战时,其能力越来越缺乏。除此之外,更重要的是,伴随着大量特别法/单行法的颁布以及特别司法机关的设立,包括法律解释制度在内的一切法律制度的实施都面临双重的标准。这些因素综合反映在这一时期法律解释制度的实践中,便是法律解释制度在实践中的政治功能不断强化以及法律功能日渐弱化,最终导致正常的法律解释制度在运行中频繁被突破,解释偏差甚至是错误现象的不断出现。

二、法律解释权的权力属性不明晰

对于民国时期法律解释制度的实施而言,政权动荡所造成的政治生态的腐化和政治—社会环境的恶化,其实只是造成法律解释制度运行不良的主要外部原因。更为重要的内部性因素,则在于法律解释权本身的权力属性仍不十分明晰;特别是法律解释权在运行的过程之中,因受政治力量或行政权力的挤压而造成异位,边界便会更加模糊,进而产生异化。

对于民国时期法律解释制度的设置,孟森就曾提出过批评性的意见:

---

① 夏锦文主编:《冲突与转型:近现代中国的法律变革》,中国人民大学出版社2012年版,第751—752页。
② 张仁善:《法律社会史的视野》,法律出版社2007年版,第76页。
③ 曹全来:《中国近代法制史教程(1901—1949)》,商务印书馆2012年版,第149页。
④ 围绕着文化抉择的讨论,这一时期出现了立场大相径庭的两派:一为"西化派",一为"本位派"。前者代表如陈序经、胡适,后者代表如何键、陈济棠、戴传贤。而围绕着"中国出路"问题的讨论,同样形成了两种不同的观点:一为"专制派",一为"民治派"。前者以蒋廷黻、丁文江、钱端升等为代表,后者以胡适等为代表。详细分析,可参见张宪文等:《中华民国史》(第2卷),南京大学出版社2005年版,第440—448页。

> 吾国今日,不屑保存专制,亦未至完全立宪。于是有宪政编查馆,以政府委员之地位,权代立法者,并自立法而自解释之。外国所谓深求立法者之意,正是法学专门之人,俾合国民之心理以为解释。若以少数之政府委员,本系起草之任,遂握解释之权,则是上移专制时代君主定法之权,下夺立宪时代国民立法之权。而于是国家法律,当其颁行时,尚需君主之裁可;迫其解释时,则直以政府委员为法之所从出,此必非预备立宪之本意也。①

很显然,孟森担忧的是这种因由人员身份的混同性所可能导致的立法权与法律解释权之间的混乱。而解决这一问题的基本思路,便是要坚持权力分立的宪政立场。换言之,如果立法者同时也是法律规范的解释者,那么立法权与法律解释权、以及与司法权之间的边界就会被模糊,进而违背宪政之本意而走向法律之专制。②

在《大理院咨司法部关于解释法令及上告程序设为问答分晰驳复文》(1913年7月4日)所答复的第二和第三个问题中,可以看到其涉及有关司法权与司法行政权、司法权与法律解释权、法律适用权(审判权)与法律解释权之间的关系③,而解决的方案同样也是要坚持权力分立或者司法独立的立场。换言之,尽管从表面上看,司法部和大理院都具有法律规范的适用权,但要解决司法部不具有法律解释之权限的问题,厘清法律规范的解释权与法律规范的适用权之间的关系,就必须要坚持司法独立与权力分立的立场,区分法律解释权与审判权、司法权与行政权之间的关系,将司法部的权限严格设定在司法行政事务的范围之内,有关司法审判事务则交由大理院处理。

更容易混淆的是法律解释权与判例的制作权。从形式上来看,它们不仅同属最高司法机关,而且虽属两个不同的机构但又很可能是同一批人员所组成的。而从实质上来说,法律解释权的行使,发挥的是"释法"功能,形成的是解释例;而经由审判权作用形成的是判决例,既可能是"造法"或者"立法",也可能仅是"释法"。这两种权力看似能够被界分清楚,但在实际运行之中却难免混淆。因而在民国法实践中可以看到,有判决例发挥的却是法律解释的作用,而解释活动又往往容易被人们误解为是一种"造法"行为。因此,要将同一机构之中的这两种权力截然分开,则需要权力的行使者有充分清醒的身份意识和职业操守。

然而民国初年尽管在有关权力分立或者法官独立等方面已然初步达成

---

① 孟森:《新编法学通论》,载程波点校:《法意发凡——清末民国法理学著述九种》,清华大学出版社2013年版,第314—315页。
② 也正是基于此,也就能够理解为什么民国时期法律解释始终强调"立法问题,不属解释范围"。具体内容,可参见本书第四章的相关内容。
③ 关于该答复文的内容,可参见本书第二章。

了共识,"但与司法现实之间仍存在相当的脱节"。"毕竟,政治无良,司法亦无独秀之理。仅就司法独立言,此方面的问题不少,司法不能独立就是民初司法常遭人诟病的一项主要缺点。"①换言之,伴随着民初司法权的日渐式微:"攘于外人者百分之几十,委之行政官者百分之几十,剥夺于军人、豪右、盗贼者又百分之几十,所谓真正之司法机关者,其所管辖曾有几何? 有力之人处心积虑,更随时利用或摧残之。司法得以保其独立者实在无多。"②例如,在"天坛宪草"起草委员会第16次会议上,伍朝枢就曾指出:"我国号称司法独立,实则空谈而已。"③又比如,民初围绕着"姚荣泽残杀周实、阮式二烈士案"所发生的激烈争论以及最终被称为"司法独立之殇"的解决结果,都反映出在此一时期司法独立之实行艰难。④ 司法不独立,加之政治生态环境恶化,政治力量或者行政权力挤压司法权的现象就会经常发生,法律规范的解释权与适用权或者审判权之间的边界也会模糊,其结果便是包括法律解释权在内的司法权在运行中发生异位,进而造成法律解释权运行逻辑混乱乃至被悬置,出现解释偏差和解释矛盾等问题。

国民政府时期,"五权宪法体制下的司法权并不是严格意义上的独立的司法权,而只是'治权'的一种"⑤。因而司法权就与其他四个权力一样,并非相互分立、相互制约,而仅仅只是政府在实现某种职能上的分工而已。为此,包括法律解释权在内的司法权,就不仅与司法行政权之间的关系难以被界分,而且往往被看成是服务于国家治理的不同门径。因此,法律解释制度在实践中,更多发挥的就是一种政治意义上的治理功能或者体现为一种政治意义上的治理手段与工具,而并非法律意义上的规则设立与程序建构。也正是基于此,也就能够理解,为什么民国时期的法律解释机关,在面对并非紧急之情由时,也会打破法律解释制度之程序规定,制作法律解释例文并予以回复。

三、单行法/特别法的法外横行

民国法制尤其是刑事法制发展的一个重要特点,便是"在刑事法典之外还制定了数量不菲、种类各异的刑事特别法"⑥。这些特别法在司法适用上,"按特别法优于普通法适用的原则,普通法与特别法同有规定时,固应适用

---

① 李秀清:《所谓宪政:清末民初立宪理论论集》,上海人民出版社2012年版,第192页。
② 林长民:《发刊词》,载《法律评论》合刊,1924年第1—8期。
③ 李秀清:《所谓宪政:清末民初立宪理论论集》,上海人民出版社2012年版,第192页。
④ 参见刘继兴:《民国司法独立第一案之争》,载《政府法制》2011年第3期;尹钛:《民国司法独立之殇》,载《看历史》2011年第5期。
⑤ 韩秀桃:《司法独立与近代中国》,清华大学出版社2003年版,第366—367页。
⑥ 张道强:《民国刑事特别法研究》,法律出版社2013年版,第2页。

特别法的规定,其未规定者,仍适用普通法或其他特别法之规定"①。"各种特别刑事法令之制定,系为适应一时情势所需要"②,因而为强化这些特别法/单行法的特殊适用以及功能的特别发挥,民国时期不仅设立了各种特殊的司法机关,而且这些司法机关在适用特别法时还采取与普通司法程序不同的特殊司法程序。因此,特别法/单行法的"法外横行",特别司法机关以及特殊司法程序的普遍存在,对民国时期法制的统一性产生了强烈的瓦解作用,而且也会对法律解释活动的普遍机理造成极大的破坏。

具体来看,就单行法/特别法的制定而言,比如,在《暂行新刑律》公布之后,直到 1927 年南京国民政府成立之前,北洋政府颁布的单行刑法就有 22 部之多,主要包括:1914 年的《违令罚法》《吗啡治罪法》《官吏犯赃治罪条例》《惩治盗匪法》《惩治盗匪法施行法》《徒刑改遣条例》《易笞条例》《缉私条例》和《私盐治罪法》,1915 年的《陆军刑事条例》和《海军刑事条例》,1920 年的《办赈犯罪治罪暂行条例》《科刑标准条例》等。又比如,在 1927 年 4 月南京国民政府成立后至抗日战争前,共颁布单行刑法约 21 部:1927 年的《惩治土豪劣绅条例》《惩治盗匪暂行条例》《暂行反革命治罪法》《暂行特种刑事诬告治罪法》,1928 年的《处理逆产条例》《共产党人自首法》和《惩治绑匪条例》,1928 年和 1929 年两部《禁烟法》,1929 年的《陆海空军刑法》,1930 年的《政治犯大赦条例》,1931 年的《危害民国紧急治罪法》《危害民国紧急治罪法施行条例》和《要塞堡垒地带法》,1932 年的《军机防护法》和《大赦条例》,1934 年的《徒刑人犯移垦暂行条例》,1935 年的《妨害国币惩治暂行条例》《禁烟治罪暂行条例》《禁毒治罪暂行条例》及 1936 年的《惩治偷漏关税暂行条例》。还比如,在抗日战争期间,民国政府又再次颁布单行刑法约 11 部,主要包括:1937 年《违反兵役治罪条例》与 1940 年取代《违反兵役治罪条例》的《妨害兵役治罪条例》,1938 年的《惩治贪污暂行条例》(1943 年修正更名为《惩治贪污条例》),1940 年的《戡乱时期检肃匪谍条例》《战时军律》,1941 年的《禁烟禁毒治罪暂行条例》,1942 年的《妨害国家总动员惩罚暂行条例》,1943 年的《妨害国币惩治条例》,1944 年的《惩治盗匪条例》和《战时交通器材防护条例》等。③ 就特别司法机关而言,北洋政府时期设立有军事审判机关、捕获审检厅等,广州、武汉国民政府时期设立有特别刑事审判所、司法委员会、国民党中央执行委员会临时法庭等,南京国民政府时期则设立了特种刑事临时法庭、地方捕获法院和高等捕获法院,等等。④

---

① 参见陈朴生:《中国特别刑事法通论》,中华书局 1937 年版,第 2 页。当然,1919 年上字第 35 号判例就曾指出,"特别法应先于普通法,必特别法无规定者,始适用普通法"。由此便知,特别法适用的原则显然早已在民国确立起来。
② 展恒举:《中国近代法制史》,台湾商务印书馆 1973 年版,第 307 页。
③ 参见公丕祥:《中国的法制现代化》,中国政法大学出版社 2004 年版,第 363—369 页。
④ 参见张道强:《民国刑事特别法研究》,法律出版社 2013 年版,第 91—96 页。

应当说,单行法/特别法、特别司法机关和特别程序法的法外存在:"导致了政府'常法'威信的丧失和'法外法'的横行,体现'公平、正义、秩序'价值的普通法系的功能,在诸多'法外法'面前,显得微不足道。"①与此同时,普通法之外单行法/特别法的大肆横行,普通司法机关与特别司法机关的同时并存以及由此导致的普通司法程序与特别司法程序的相互杂糅,也造成了民国时期司法制度及其运行的两重性。这种两重性在民国时期的法律实践中主要表现为:一方面,在常态化的司法领域内大肆推行党治司法,使司法党化在实践中成为国民政府主要领导人直接干预和控制司法、破坏司法独立与公正司法的有效手段。另一方面,则根据国内政治斗争的需要,在常态的司法体制之外,建立起各种特殊的司法机关以加大对敌对势力的打击力度,实现暴力镇压的目的。这种做法不仅在很大程度上恢复和强化了传统司法的功能与效用,而且助长了以刑为主、镇压为先的传统司法观念的复萌与蔓延。无论是司法党化还是司法刑事镇压职能的极度强化,都给转型中的司法带来极大的危害,阻碍了司法官员的专业化、职业化进程,破坏了司法活动的中立化、非政治化价值取向,为常态下的文明理性司法的建设设置了巨大的障碍,施行的结果自然与近代司法改革所追求的一大诉求——司法独立,南辕北辙。②

例如,针对《中华民国刑法国民党》施行后,各种特别刑事法令仍多继续并行有效的局面,1932年3月,在国民党第四届二中全会上,刘守中委员等15人提议划一刑法案,并指出:

> 国民政府于十七年三月颁布《中华民国刑法》,同年九月一日施行,是为刑名之总汇,全国所应奉以为准绳者也。乃于刑法之外,又有各种特别刑事法令,或颁行在前,而沿用未废;或制定在后,而变本加厉,如《禁烟法》,则刑法鸦片罪之特别法也;如《危害民国紧急治罪法》,则刑法内乱罪、外患罪之特别法也;如《惩治盗匪暂行条例》,则刑法强盗罪之特别法也;如《惩治绑匪条例》,又专就盗匪中之绑匪而为规定,则特别法之特别法也;如《惩治土豪劣绅条例》,则刑法诈欺、侵占、恐吓及妨害自由等罪杂糅而成之特别法也。此尤就中央颁布之法令而言,更有各省自之单行条例,如东北及广东之《惩办盗匪暂行条例》,则又于中央之《惩治盗匪暂行条例》以外,别自施行者也;如山西、河北、河南、浙江等省之《惩治制贩毒品暂行条例》,则又于中央之《禁烟法》以外,别自施行者也;凡此种种,大抵欲矫社会上一时之弊病,而特设严刑峻法以威之。

---

① 张仁善:《法律社会史的视野》,法律出版社2007年版,第407页。
② 方立新:《传统与超越——中国司法变革源流》,法律出版社2006年版,第154页。

然而夷考其实，收效几何，犯罪人数，有增无减。其尤甚者，省自为政，徒使国家大法，呈支离分裂之象，不独法官适用条文，时感困难，抑且予外人之觇国者以讥评之口实，于理无据，于势不便，诚非法治之国所宜出此。拟请凡刑法中已定有刑名者，其各种特别刑事法令，均予分别废止，如却非得已而必须暂留者，应明定施行期间，并不得延展。所订之刑事单行条例，均与中央法令抵触，尤应一律废止，以示划一，而新耳目，实于顺应舆情，收回法权，均有裨益。①

在此议题所及之内容中，可以清楚地看到，单行法/特别法的存在对普通法之实施以及正常法秩序之形成与维持所造成的破坏。

单行法/特别法、特别司法机关和特别程序法的法外存在，对于民国时期法律解释制度的实践而言，不仅意味着法律解释的一般性规定、普遍性制度与正常性程序容易遭到破坏，而且也使得法律解释活动在实践中呈现出双重背反性的运行逻辑。与此同时，较之于普通法而言，由于特殊法/单行法具有优先适用性，这会导致法律解释在内容上易受特殊法/单行法之影响，进而导致法律解释上的偏差甚至错误现象的出现。除此之外更重要的是，由于特殊法/单行法更强调对于特定社会生活的回应性，"政府本指望依靠这些特别法没加强对社会的控制，惩治危害社会秩序的行为"②，因而这就会使得法律解释的制度实践，更多体现为一种政治意义上的治理方式与治理手段，而并非如普通法的解释那般侧重于规则的设立与程序的建构。

四、司法整体环境不容乐观

法律解释制度的良好运作，依赖于一个外部良好的司法环境。然而民国时期，尽管司法改良之愿望迫切，但改良的动力不足，特别是受政治—社会环境的影响，司法整体环境并不乐观。

对于民国时期司法的运行状况，以下四份不同时期的材料或许能够帮助认识其整体状况。第一份材料是北洋政府司法部于民国4年所发布的《考核商事公断情形报告书》。在该《报告书》中，就此一时期的司法运行状况，有如下之描述：

……京外法庭审判迟延，而于民事诉讼积压尤甚，民事以债务为多，往往累月经年延不判决，商民受累殊堪，悯念诘其积案之由，无非借口于手续未完，证据未备，以为推诿地步，不知法官果真有爱民之心，视

---

① 谢振民：《中华民国立法史》（下册），中国政法大学出版社2000年版，第916页。
② 张仁善：《法律社会史的视野》，法律出版社2007年版，第408页。

民事如己事,所谓手续证据者何难,随时督促设法勾稽。①

第二份材料是司法院院长王宠惠于 1929 年所撰之《改良中国司法方针》一文。从王院长在此文中所提出的司法改良方针里,也能够间接地了解到此一时期司法运行的整体状况。针对这一时期司法领域中所出现的问题,王宠惠院长提出了十三条司法改良的方案:

>   (1) 宜进司法官以党化;(2) 宜筹备普设法院也。(3) 宜求司法官独立之保障。关于此点其事有二:一是职务上之保障,二是地位上之保障。(4) 宜采用巡回审判制度。(5) 宜限制无理由之上诉。(6) 宜详细审查从前判例。(7) 宜略采用陪审制度。(8) 宜筹设幼年法院。(9) 宜求司法经费之确定。(10) 宜注重司法统计。(11) 看守所及旧监狱宜迅求改良。(12) 检验吏及法医宜注重。(13) 宜筹出狱人之工作介绍。②

应当说,这十三项司法改良措施,针对的显然是此一时期司法的不良之处;而从此之中我们也能够大致了解此一时期的司法运行状况。

第三,1935 年,司法院参事吴昆吾在《中国今日司法不良之最大原因》一文中,也曾对民国时期的司法状况进行了评述。他指出:

>   近十年来的司法状况与以前相比,反有退步,表现有:一是审判权不统一,二是法令之适用不一致,三是诉讼延迟,四是判决不能执行,五是初审草率,六是下级法官受人指摘,七是新式法院过少,县长多兼理司法,八是新式监狱过少,看守所拥挤污秽,且黑幕重重。③

最后一份材料,是进入"宪政"时期之后,徐道邻所撰之文章。在此文中,徐痛指司法之问题,认为"抗战以来,最使人痛心者,莫过于司法界声誉之跌落。此乃国家前途命运之最大隐忧,可惜尚不被人重视。司法之受人指摘不外两端,案件积压,往往经年不决,使人不敢问津,一也。任情裁判,不负责任,反正每案必经上诉,使人信仰尽失,二也。"与此同时,司法腐败,堪为破坏司法的罪魁,要争取司法局面上的好转,必须在行政上进行彻底革新,以便在司法制度上能够厉行改进。④

---

① 北洋政府司法部:《考核商事公断情形报告书》,载《司法公报》1926 年第 224 期。
② 参见王宠惠:《今后司法改良之方针(一)》,载《法律评论》第 6 卷 21 期;《今后司法改良之方针(二)》,载《法律评论》第 6 卷 22 期。也正是基于此,以致于当时就有学者指出:"是岂非反证中国司法的愈办愈糟,现在的缺点,比外国人在八年前看到的还多么?"孙晓楼:《改进我国司法的根本问题》,载《法学杂志》1935 年第 8 卷第 4 期。
③ 吴昆吾:《中国今日司法不良之最大原因》,载《东方杂志》1935 年第 32 卷第 10 号。
④ 参见《申报》第 1 版、第 2 版,1949 年 2 月 6 日。

客观地说,尽管上述四份材料直陈的主要都是民国司法在不同时期所存在的问题,但是这些问题不仅具有普遍性,因而在某种程度上甚至可以说它们是民国司法发展中所存在的共性问题;而且也是对民国时期法律解释制度的实践产生不良影响的重要因素。这就需要对这些问题予以进一步具体而细致的考量。

(一)民初司法发展一波三折

民初司法发展遭遇波折,裁撤新法院之声与日俱盛。"1914年4月初,北京政府宣布在各县推行县知事兼理司法,裁撤审检所;4月底,北京政府又宣布裁撤清末以来陆续设置的大部分地方审判厅和全部初级审判厅。"①这一几欲推翻司法之根本的举措,②不仅是民初司法发展"的一大逆流,而且也成为此后整个民国时期司法与行政不分的背景,以及初级审判组织迟迟无法建立的源头"③,进而对民初法律解释制度的实践产生重要的影响。

的确,从1914年初至1916年,高等审判厅由120所减少为37所,初级审判厅由179所减少至44所,县所设之审检所原有900余处皆被取消。④ 具体情形如下:

民初司法机关数量变化表

时间	最高司法机关数量	高等审判厅的数量	初级审判厅的数量	审检所的数量
1914年初	大理院1所	高等地方厅120	初级厅179	设立审检所之县900余处
1916年	大理院1所	高等审判厅22 高等审判分厅4 高等审判分庭11	地方审判厅38 地方审判分庭6所	/

这对于民初法律解释制度的实践而言,意味着参与主体不仅数量锐减,而且不稳定。从大理院年度法律解释例文的制作与提请法律解释主体的情况统计表格中,也能够充分地感受到这一点。例如,从大理院年度法律解释例文的生产情况来看,1914年大理院共制作法律解释例文103条,1915年为189条,1916年为176条,三年所作解释例文总数占大理院时期法律解释例

---

① 唐仕春:《北洋时期的基层司法》,社会科学文献出版社2013年版,第91页。
② 参见《司法总长开会辞附议长答辞》,载《司法会议议决案附司法会议纪实》(1916年),第101—103页。
③ 唐仕春:《北洋时期的基层司法》,社会科学文献出版社2013年版,第91页。
④ 1914年的数据统计,来自王宠惠:《二十五年来中国之司法》,载《中华法学》第1卷第1号;1916年的数据来自《支那年鉴:第三回》,日本1918年出版,第464页。但有关司法机关裁并的具体数量,仍是存有争议的。因为根据司法部的呈文,此次裁撤变动,"计裁并各省地方审检厅90所,裁撤京外初级审判厅135所"。参见《司法公报》第34期。当然,有关北洋政府时期基层司法机关的规模与分布更为详细的分析,还可参阅唐仕春:《北洋时期的基层司法》,社会科学文献出版社2013年版,第153—184页,第七章"基层司法机关的规模与分布"。

文总量的 23.26%。又比如,当结合表格之内容对统字第 92 号(1914 年 1 月 23 日)至统字第 559 号(1916 年 12 月 29 日)法律解释例文的提请解释主体情况予以单独统计分列时,可以发现,这一时期,提请法律解释的机关,主要都是高等审判厅(以及分厅)或者高等检察厅(以及分厅),地方审判厅或地方检察厅参与的情况非常之少。

1914—1916 年提请大理院法律解释的主体情况统计

地域	提请法律解释的主体	解释号
江苏	江苏高等审判厅	106、127、160、252、290、325、343、349、358、455、467、472、484、490、501、512、521、524、547
	江苏高等检察厅	112
	淮安高等检察分厅	129
	上海地方审判厅	136、183、264、418
浙江	浙江高等审判厅	114、179、192、208、232、274、344、372、401、536
	浙江高等检察厅	109、102、161
	浙江衢州地方检察厅	116
	浙江汤溪县知事	124
山东	山东高等审判厅	150、158、159、176、182、213、228、246、293、303、308、315、339、376、378、385、387、395、399、417、421、422、438、474、485、486
	山东高等检察厅	165、199
	济南地方审判厅	97、177
	广东高等审判厅	102、103、126、130、132、139、141、144、304、309、318、327、355、513
	广东高等检察厅	113、175、188
河南	河南高等审判厅	134、153、154、196、207、219、249、295、360、371、375、389、411、433、436、449、480、541、546
湖北	湖北高等审判厅	174、181、186、215、227、259、261、286、294、296、316、357、369、374、402、409、444、452、456、461、470、473、476、487、502、518、530
	襄阳高等审判分厅	544
	京师高等审判厅	255、334、345、453
	京师地方审判厅	162、229、335
	京师第四初级审判厅	122
	司法部	具体情况见表 10-3
	陆军部	133
	农商部	145
	财政部	147
	京兆尹	272
	海军部	531
	总检察厅	具体情况见表 10-4

（续表）

地域	提请法律解释的主体	解释号
黑龙江	黑龙江高等审判厅	108、128、187、193、210、284、515、535
	黑龙江高等审检厅	168
吉林	吉林高等审判厅	115、184、254、258、260、332、348、406、424、427、431、439、462、508、514
	吉林高等审判厅长特派员	423
奉天	奉天高等审判厅	93、120、155、195、201、257、285、302、306、336、351、446
湖南	湖南高等审判厅	99、149、157、164、166、169、173、178、190、233、244、276、314、321、340、379、380、391、392、492、543
	湖南高等检察厅	92、96、121
	湖南高等审检厅	172
	湖南巡按使	370
四川	四川高等审判厅	119、167、224、230、231、236、267、282、291、323、324、333、338、341、381、420、496、505、510
	四川高等审检厅	163
	四川高等审判分厅	394、428、537、559
	重庆地方检察厅	239
	重庆高等审判分厅	373、426
	成都地方检察厅	98
安徽	安徽高等审判厅	185、203、226、331、361、386、415、429、457、458、463、475、483、488、491、494、495、497、511、522、528、551
陕西	陕西高等审判厅	143、180、206、223、262、273、301、307、352、366、396、400、443、558
福建	福建高等审判厅	198、214、250、350、397、412、430、509、538
甘肃	甘肃高等审判厅	137、305、342、367、479、506、549、553
直隶	直隶高等审判厅	100、123、135、140、148、209、212、217、234、256、299、384、440、460、466、523
	直隶高等检察厅	105
	直隶雄县审检所	125
江西	江西高等审判厅	107、194、221、245、251、253、266、268、281、320、337、363、425、435、437、448、468、489、557
	江西高等检察厅	94、95
	赣州地方审检厅	118
广西	广西高等审判厅	104、146、189、279、313、330、353、383、498、548、550、554
	广西高等审检厅	503
云南	云南高等审判厅	138、191、225、237、240、265、288、326、365、534、555、556
	云南高等审检厅	542
青海	青海办事长官	101
贵州	贵州高等审判厅	111、329
新疆	新疆司法筹备处	117、131、247、311、317、447
山西	山西高等审判厅	142、278、287、368、405、413、454、464、465、507、520、533、540
	山西高等审检厅	532

(续表)

地域	提请法律解释的主体	解释号
察哈尔	察哈尔都统署审判处	235、243、270、271、377、390、403、404、408、434、469、477、478、504
察哈尔	察哈尔审判处	459、519、526、527
察哈尔	察哈尔都统署	297
绥远	绥远审判处	414、516
绥远	绥远都统署审判处	442、493、499
热河	热河审判处	419、471

从上表格可以看到,此一时期,只有上海地方审判厅、浙江衢州地方检察厅、浙江汤溪县知事、济南地方审判厅、京师地方审判厅、京师第四初级审判厅、重庆地方检察厅、成都地方检察厅、直隶雄县审检所、赣州地方审检厅等地方或初级司法机关共计15次向大理院提请法律解释(所占比例为3.2%),其余提请法律解释的主体皆为高等审判厅(分厅)或者高等检察厅(分厅)。

1914—1916年经由总检察厅向大理院提请法律解释的主体情况

解释例号	→	→	→	
152、204、289、292、354、356、388、393、407、441、445		总检察厅	总检察厅	大理院
241、539		广东高等检察厅		
242、319、525		山东高等检察厅		
248		广西高等检察厅		
269、277		山西高等检察厅		
280、283		京师高等检察厅		
222、300		甘肃高等检察厅		
322、382、398、432、529		浙江高等检察厅		
116		浙江衢州地方检察厅		
328		黑龙江高等检察厅		
359、450		直隶高等检察厅		
125		直隶雄县知事		
410		四川高等检察厅		
517		陕西高等检察厅		
500	陕西高等分厅			
545、552		江苏高等检察厅		
205		上海地方检察厅		
216		湖北高等检察厅		
238		福建高等检察厅		

从上表可以看到,同样只有浙江衢州地方检察厅和上海地方检察厅共计2次经由总检察厅向大理院提请法律解释(占此一情形的4.87%),其他法律解释例文,都是由高等检察厅经总检察厅向大理院提请或者总检察厅直接向

大理院提请的。

1914—1916 年经由司法部函请大理院法律解释之情况统计

解释例号	→	→	→
171、298、346、416		司法部	
156		广东高等审判厅	
197、211		察哈尔都统署审判处	
220		内务部	
202	江宁地方检察厅	江苏高等检察厅	司法部
218、347		江西巡按使	
263		福建高等检察厅	
275		四川高等审判厅	
310		陕西高等审判厅	
364		贵州高等检察厅	
481		广东司法厅	
170	沈阳地方审判厅	奉天高等审判厅	大理院
362		山西高等审判厅	
482		直隶高等审判厅	
451		吉林高等审判厅	

从上表可以看到，此一时期，只有江宁地方检察厅和沈阳地方审判厅共计 2 次经由司法部向大理院提请法律解释（占此类情形的 10%），其他法律解释例文都是由高等检察厅或者高等审判厅经司法部向大理院提请或者司法部直接向大理院提请的。

如果把视野放得再宽一些，尝试着将三组统计数据综合起来观察，那么从 1914 年至 1916 年，地方司法机关参与提请法律解释活动的情况，共计有 19 次，占此一时期提请总数的 4.06%，可知此类情形确实较少。而这或许在某种程度上意味着，此一时期，不仅地方或初级司法机关遭致裁撤的情况确实较为严重，而且这种司法机关的裁撤、合并对法律解释制度实践的影响也不容小视。

尽管民国中后期司法机关的设置获致较大的发展，但"现有法院之数目，与中国幅员及人数比例，实属不敷，显而易见"①。例如，从 1922 年的一组数据统计来看，当时"地方审判厅按照司法改革计划书，应当设立 2072 所，但实际建成的只有 70 所，实际建成数只占应当设立数的 3.5%"②。司法机构设置的数量不足，不仅会直接影响到参与法律解释的主体及其范围，而且也会大大制约法律解释制度的实施效果以及功能发挥。

细究民初司法机关遭遇裁撤之原因，几个方面值得予以认真对待。首

---

① 《法权会议报告书》，"司法制度及其施行情况"，大公报社 1927 年版。
② 〔日〕三宅正太郎：《中国民刑诉讼之实际》，载王健编：《西法东渐——外国人与中国法的近代变革》，中国政法大学出版社 2001 年版，第 352 页。

先,袁世凯对现代司法机构的设置主要持消极态度。"袁氏颇欲尽废新立法院,恢复旧制。"①例如,1913年11月29日,河南都督张镇芳以财政困难为由,电请大总统和国务院将自治、司法等机关酌量裁改,袁世凯电谕称,各省初级审判厅"……至徒具形式之各种机关或并或裁,应即悉心规定,切实施行,是为至要"②。同年12月,袁世凯颁布大总统令,主持裁并事宜,整顿司法:"建国以来,百政草创,日不暇给,新旧法律,修订未完。或法规与礼俗相戾,反奖奸邪,或程序与事实不调,徒增苛扰。大本未立,民惑已滋。……应饬令各省民政长官,会同高等审检厅,揆度情形,分别划改。"③其次,由于建国以来各省新立法院颇多,"又系初办,弊病自不能免,遂贻旧派人口实,攻击甚烈"。④ 例如,1914年3月,热河督统姜桂题会同各省都督民政长官电呈大总统,内称:

> 窃维司法独立,固属宪政精神,而建设法庭,亦为文明国所不可少。固必审国家财力奚若,人民程度何如,而后因地因时,循序渐进,乃能推行尽利,不至于病国害民。溯我国近数年来,效法泰西,各省既设高等审检两厅,更于各属分建地方初级各厅并审检所。侈谈美备,不惜资财,藉口法权,专工舞弊,甚且审判案件,任意蔑法,数见不鲜。靡国家无数金钱,反增吾民无限痛苦,长此以往,宁不痛心。……桂题等往复电商,佥以为地方初级审检两厅,及各县审检所帮审员,均宜暂行停办,应有司法事件,胥归各县知事管理,以节经费。至于交通省份,仍设高等审检两厅,延揽人才,完全组织,以为收回领事裁判权之预备。其余偏僻各省及边远地方,暂行停办,以节财力,即以最高级之公署,为人民上诉机关,暂设一二司法人员,专司其事。徐俟财力充裕,国民均具有法律知识,再议扩充,更于此时预储司法人才,留备他时使用。⑤

新设法院中许多"新任推事、检察官往往既不合法又不合格"⑥。因此,"宁可废止机关,毋令滥竽充数"⑦。再次,司法经费的困难以及司法人才的

---

① "任公力争之。……其间几费周折,司法新制始保存以有今日。"丁文江、赵丰田编:《梁启超年谱长编》第7册,上海人民出版社2009年版,第687页。
② 《政府公报》1914年2月10日第633号。
③ 转引自许国英:《民国十周纪事本末》影印本,台湾文海出版社1922年版,"裁剪法官"。
④ 丁文江、赵丰田编:《梁启超年谱长编》,第7册,上海人民出版社2009年版,第687页。
⑤ 转引自许国英:《民国十周纪事本末》影印本,台湾文海出版社1922年版,"分别裁留各省司法机关"。
⑥ 唐仕春:《北洋时期的基层司法》,社会科学文献出版社2013年版,第94页。
⑦ 《令各省司法筹备处长及高等两厅长迅速将已设未完备之法院妥商改组文》,载《司法公报》第1912年第7期。

缺乏。① 民初施行的是四级三审制。在讨论此一审级制度时,就有学者曾忧虑司法经费的困难与司法人才的缺乏对制度施行所可能产生的制约作用。比如方善征曾撰文指出,要实行四级三审制:"综计法官人才,当在一万五千人以上,司法经费,年需五千万元之多,征诸国情,云胡能致?"② 又比如,司法总长梁启超在1914年去职时也曾指出,要实行四级三审制,需:"略计法官人才须在万五千人以上,司法经费须在四五千万元以上。"③"夫以现时国家财政困难,人才缺乏,欲行普设,谈何容易。"④ 换言之,民初时节,"在国家财政困难达于极点,大借款一时不能成立,币制借款因损失主权过重不能成立"。"军事用款尚且设法限制,行政费必应节省,可知司法为行政之大端,岂得不亟图变计。"⑤ 毕竟,"以国库空虚,人才缺乏,两者交病,著手遂难"⑥。

如果把视野放得宽一些,那么造成民初司法机关遭遇裁撤的这些原因,也都可能是导致法律解释制度运行不良的重要因素。一方面,若是缺乏行政权力的强力支持以及由此所带来的政策关照和制度配给,民国时期法律解释制度的实践则会缺乏必要的外部环境,进而无法良性运作。而另一方面,司法经费的困难与司法人才的缺乏,也会直接导致法律解释制度的运作不良。

(二) 司法官的整体状况不容乐观

尽管民国时期的法政教育确实为司法官的选任储备了大批人才资源,但由于当时的司法官甄拔考试采设的是极端严格主义,"于千百人中录取百七十一人",通过选拔的司法官人数较少,司法人才供需上存在矛盾与紧张。对此,1922年罗文干曾撰文指出:"近年司法官考试,平均每千人只考取一二百人。司法讲习所,自民国三年开办,为养成司法官而设,然七年于兹,由毕业选充法官者,不过四五百人。以是推之,则司法人才,何时而后方能敷用?"⑦ 这一情况在南京国民政府时期表现得尤为突出。⑧ 例如,司法行政部

---

① 当然,也有学者反对此一理由。比如在1914年4月24日召开的政治会议第十三次会议上,许鼎霖就曾指出:"财政困难自系实情,但不能因财政困难而废除司法。如吾人饥则食,寒则衣,断不能以财政困难遂废衣食。"《政治会议速记录》,"政治会议第十三次会议速记录",第20—23页。也有学者指出,裁撤审判厅后能节省的经费,可能非常有限。比如恩华指出:"从财政方面而论,以为停办地方、初级审检各厅可节费,则亦未必尽然。……将来地方、初级审检厅停办后,各县亦必仍设帮审员,财政未见即能节省。"参见《政治会议速记录》,1914年版,"政治会议第十二次会议速记录",第7—8页。
② 方善征:"巡回裁判制议",载《法律评论》第157期;载何勤华、李秀清主编:《民国法学论文精粹》(第5卷),法律出版社2004年版,第167页。
③ 《梁前司法总长呈大总统司法计划书十端留备择文》,载《司法公报》1914年5月第8期。
④ 罗文干:《法院编制改良刍议》,载《法学丛刊》1930年第1卷第3号。
⑤ 《政治会议速记录》,1914年版,"政治会议第十二次会议速记录",第1—4页。
⑥ 司法总长章宗祥:《呈大总统各省已设高等以下各厅一律裁撤办法文》。
⑦ 罗文干:《法院编制改良刍议》,载《法学丛刊》1930年第1卷第3号。
⑧ 相关的论文,可参见阮毅成:《所期望全国司法会议者》,载《东方杂志》1935年第32卷第10号,夏勤:《宪法中司法制度之研究》,载《中华法学杂志》1947年第5卷第9、10期合刊。

1937年初统计:"全国法官计有2765人左右,其中经考试出身的法官1955人,占全部法官的70%以上。"但是,若要按照此时中国4亿人口来计算:"平均14.5万人中有1个法官。而1926年以前,考试出身的只有764人,占全部法官人数(1211人,平均33万人中才有1个法官)的63%。"①很显然,司法官人数缺口过大,不仅造成案多人少矛盾的突出②,而且也导致积案问题日益严重,司法与社会产生隔膜,积累怨气。

从司法官的人员素质和品行操守的情况来看,民国时期司法官的整体情况同样也不容乐观。虽然经由考选机制而进入司法官队伍的人员素质和品行操守是有保证的,但无奈其数量太少。更多实际从事司法工作的人员,为旧有人员。这部分人的问题较为突出,进而造成司法人员整体情况不容乐观的局面。比如,在《条陈司法计划十端》中,时任司法总长梁启超就曾指出:"自去岁法院改组以来,专以学校文凭为资格标准,然其成效,亦既可睹矣。徒使久谙折狱之老吏,或以学历不备而见摈,而绝无经验之青年,反以学历及格而滥竽,法曹誉望之堕,半皆由是。"③又比如,在1915年初大总统颁布的整顿司法命令中,也曾指出当时司法官整体状况所存在的问题。这些问题包括:"当时折狱老吏,引避不遑,推检各官,多用粗习法政之少年,类皆文义未通,民情未悉,才苦不足,贪则有余,枉法受赃,拚虎无忌。……藉口于手续未全,证据未备,名为慎重,实则因循,疲精力于嬉游,任案牍之填委。"④再比如张耀曾出任司法总长后,根据他悉心考察,也发现了民初司法官整体学识虽不广,但却有很强的社会交往能力,而这都给民初的司法审判带来一些麻烦。他指出:"司法官审判民刑诉讼,为人民生命财产之所托,宜如何精心听断,以求两造之平。乃司民命者不此之务,往往酒食征逐,宾主献酬,甚或荡检踰闲,不顾风纪。社交之途既广,审判之弊随之。"⑤还比如1935年司法行政部部长王用宾视察华北司法后,指出:"全国人民当有六分之五弱,遇有民刑诉讼案件,均不能得法院正式之审判。虽不服县政府裁判仍可上诉或抗告,但就审判经验论,第一审之始基已谬,不久便非易事,结果仍多难获公平之裁判。"⑥

司法官整体状况不乐观,无疑会对民国时期法律解释制度的实践产生重要影响。例如,尽管造成法律解释制度被悬置的原因是复杂的,但司法官整

---

① 数据来自居正:《十年来之司法建设》,载《中华法学杂志新编》(司法制度专号)1937年第1卷第5、6号合刊,转引自张仁善:《法律社会史的视野》,法律出版社2007年版,第77页。
② 有关民国时期"案多人少"状况的分析,可参见尤陈俊:《'案多人少'的应对之道:清代、民国与当代的比较研究》,载《法商研究》2013年第3期。
③ 《梁前司法总长呈大总统司法计划十端留备采择文》(1914年4月27日),载《司法公报》1914年第8号5月31日。
④ 《大总统申令》(1915年4月29日),载《政府公报》1915年第1069号。
⑤ 《司法部训令》(1916年10月9日),载《政府公报》1916年第278号。
⑥ 王用宾:《视察华北七省司法报告书》,载1935年《司法院工作报告》,第68页。

体素质不乐观所造成的、提请法律解释函制作上的粗糙无疑是其中重要的原因之一。有关此一情形,从民国时期法律解释的实践来看,典型的比如1914年5月15日,在复广东高等审判厅的统字第130号解释例中,大理院指出:

> 本院查该省贩卖粘贴印花烟土是否根据法令,有无一定区域,原呈所称审判买卖烟土案,以有无粘贴印花为断,系指未属禁绝期限区域而言云云,系依据何项法令,抑系该所意见,综观原呈,词意未尽明晰,碍难解答,应由贵厅详细查复,并将关系贩卖烟土各项法令,检送来院,以备查核。

再比如,同年7月18日,在复农商部的统字第145号解释例中,大理院指出:

> 查民国二年六月,据吉林高等审检厅元电称,新刑律赌博罪是否包有商人赌赛银物市价空买空卖在内,请示遵到院,本院当以来电语意不明,经电询详情,旋据该厅马电覆称前电请解释商人以银或物之市价,赌赛高低,与空买空卖系属一事等因到院,当经本院以商人以银或物之市价,赌赛高低,与空买空卖既系一事,自应以赌博罪论。电覆该厅,旋据前工商部来函,转据吉林商务总会呈请解释适当,一面后累,复经本院以买空卖空系指奸民设局,诱人赌赛市价涨落者而言,前清现行律规定甚为明晰,本院解释该项行为应以赌博罪论,亦即以此为范围。其商人买卖,先交押款,临限仍收现货者,自不在内等因,函覆前工商部各在案,此次全国商会联合会所称以物易银,定期交现,纯系买卖行为,既与买空卖空性质不同,自不在本院前电范围内,不能认为赌博罪。

还比如,同年11月4日,在致浙江高等审判厅的统字第179号解释例中,大理院指出:"……又本月十九日,复据该厅电请解释,电码多讹,系何项问题,无从悬揣。……"比如,1915年7月8日,在复湖北高等审判厅的解释例文中,大理院指出:"谋杀之戊,是否姑之本夫,即其女亲父,该女是否同谋,希将案情详复。"而其实也就意味着,司法官在制作提请法律解释之内容时所呈的案情信息不详尽,导致大理院无法答复。比如1915年9月18日,在复四川高等审判厅的统字第333号解释中,大理院指出:"本院查贵厅删电,当经本院马电以电文简略,讹字较多,请详复,嗣准贵厅俭电,复经本院冬电解释各在案。……"比如1919年11月29日,在复河南高等审判厅的统字第1147号解释中,大理院指出:"查惩治盗匪法之罪,除第二条无庸处死刑者,本应按照刑律本条处断,外其余各罪,纵情节较轻,均不得适用刑律各本条例科刑;又该法第四条第二款之罪,与刑律第一百零一条之罪,毫不相涉;来文关于此点,语意不明,无从解答。"

各级审检厅对大理院法律解释的不知晓甚至是有意漠视,无疑也是导致制度悬置的原因之一。由于解释例公布于政府公报而非大理院的专门文件，因而下级审检厅对大理院答复的解释法令并不知晓。比如，1914 年 7 月 8 日，在致直隶高等审判厅的统字第 140 号中，大理院指出：

> 查现行法令，除奉天有特别章规外，凡典当（习惯每称为活卖）房地，逾期虽久，仍应听其回赎；盖时效制度，非法有明文，碍难以判例创设，惟本院为释明立法本意，调和利益起见，曾于二年上字二百零二号判决中详示理由及其限制，即屡次发送贵厅，各案判决中亦尝说及，以为贵厅应已知之，兹又准电催，除附送本院二年上字二百零二号判决外，相应函请贵厅查照饬遵可也。

当然，也正是大理院的解释例一直未能以一合适的方式使得下级各审检机构知悉，导致其并未真正发挥对下层审检机构整体性指导的作用。

司法官员的法律素养不够，经常对于法律解释例的内容产生误解，亦是导致法律解释制度运作不良的一个重要方面。例如，在 1915 年 8 月 7 日，大理院复山东高等审判厅的统字第 303 号解释例中，认为："……所以省略判决之形式，已与现行判决定式不符，与本问题毫无关涉，原详此点不免误解。"又比如同年 10 月 9 日，在复湖南高等审判厅的统字第 340 号解释中，大理院指出：

> ……（三）本院统字第 286 号解释，为盗执炊不能以从犯论，即系谓律无正条不能为罪，原详所称较从犯为轻，不知系何犯，律无明文，何能妄拟。至受盗嘱托搬运赃物，刑律第三百九十七条第二项有明文规定，何得明知故昧，而认为帮助犯。（四）刑律第十一条既定责任年龄为十二岁，则未满十二岁人之行为，当然不为罪，而第五十条所谓未满十六岁人，即系指十二岁以上未满十六岁者而言，断未有无行为责任之未满十二岁人仍科以减等刑之理，律文并无抵触，原详似乏常识。

如果说民初司法官还主要是在专业素养上存在欠缺的话，那么民国中后期，司法腐败则日益严重。民国时期司法人员的专业素质相较于传统的中国法官而言更高更专业，但司法官的报酬普遍低于政府官员，同时薪金级差很大，两极分化现象严重，导致司法官责权轻重与酬劳多寡不成比例。政府的司法经费缺乏制度性保障，进而使得司法官本来就非常有限的薪金也无法全额发放。由此，司法官度日维艰，这从而不仅客观上贬低了他们的社会地位，同时也挫伤了他们的工作积极性，自然也会影响到办案的效率。更为严重的是，司法官生活待遇过低，加之缺乏足够的监督，不仅影响到他们整体素质的提高，而且也导致司法官员人心涣散。所有的这些，都在一定程度上加剧了民国时期的司法腐败，从而妨碍了司法机器的正常运转，最终导致司法制度在设计与运作上的背离。① 而这其实也就意味着,司法的腐败无疑加剧了民国时期法律解释制度的被悬置状况。

(三) 司法官职业保障不健全

"司法欲有独立之精神,必先使司法有独立之经费。"②然而 1912 年至 1927 年北京政府的财政状况大致为"全恃外债,助长内乱,财政无整理之可能,政治遂日趋于窳败"③,司法财政之状况亦大抵如此。尽管在立法上司法官的待遇并不差④,但北洋政府财政拮据、府库空虚,致使许多年份的司法经费预算"不敷之数至超过岁入百分之七十,诚足骇人听闻"⑤。比如,1913 年的司法经费占全国岁出比重为 2.34%(共计 15042137 元),1914 年所占比重为 2.03%(共计 7258459 元),1916 年则只有 1.67%(共计 7711344 元)。⑥ 到了 19 世纪 20 年代之后,特别是伴随着军阀混战的加剧以及由此所带来的军费的猛增和自然灾害的频发,中央财政进一步枯竭,中央司法经费几乎全部落空。而当中央财政无力负担各地司法经费以致司法建设计划往往落空之时,有关司法经费的筹措则改"由地方行政机关负责筹措款项,同时以司法收入补助司法经费"⑦。"民国政府甫经成立之时,曾制定初级审判检察厅的年度开办经费仅 7000 元,而当时整个司法部年度经费不足 50 万元,泱泱大国凡 1700 余县,如此经费犹如杯水车薪,所以会出现老百姓集资来建法庭的独特景象。"⑧这种筹措司法经费的方法:"勉强维持了司法活动,使司法一息尚存。然而这又可能使司法独立掉进新的陷阱。中央财政无能力负责筹集司法经费,只好交由地方筹措,正如顺义县司法经费的领取那样,很可能使地方司法机关受制于地方行政机关;仰仗司法收入以补充司法经费之不足,司法中征收各项费用的初衷发生改变,筹集司法经费成了主要目标,很可能走到司法改良的反面,使司法成为筹钱工具,从根本上影响司法独立。"⑨

与此同时,民国初期,不仅司法经费数额日渐削减,而且有限的司法经费

---

① 参见张仁善:《论司法官的生活待遇与品行操守——以南京国民政府时期为例》,载《法律社会史的视野》,法律出版社 2007 年版,第 160—182 页。

② 此为黎元洪总统在 1916 年第二次全国司法会议召开之际宴请出席会议之各省审检厅长时所做之发言大意。王树荣:《改良司法意见书》,载《法律评论》第 90 期。

③ 中华民国财政部财政年鉴编纂处:《财政年鉴》上编第 1 篇第 16 页,转引自张宪文等:《中华民国史》(第 1 卷),南京大学出版社 2005 年版,第 442 页。

④ 有关民初司法官待遇的立法性规定及其梳理,可参见毕连芳:《北京民国政府司法官制度研究》,中国社会科学出版社 2009 年版,第 208—218 页;吴永明:《理念、制度与实践:中国司法现代化变革研究(1912—1928)》,法律出版社 2005 年版,第 193—197 页。

⑤ "究其原因则军费占岁入总额过半故也。"转引自吴永明:《理念、制度与实践:中国司法现代化变革研究(1912—1928)》,法律出版社 2005 年版,第 257 页。

⑥ 参见同上。

⑦ 唐仕春:《北洋时期的基层司法》,社会科学文献出版社 2013 年版,第 259 页。

⑧ 韩秀桃:《司法独立与近代中国》,清华大学出版社 2003 年版,第 425 页。

⑨ 唐仕春:《北洋时期的基层司法》,社会科学文献出版社 2013 年版,第 426 页。

还经常遭受拖欠、挪用,以至于"各省财政机关,不拖欠司法经费者,几成凤毛麟角。政治当局甚不重视司法,无钱是不必说了,即财政宽裕之时,政治当局也自有其用途,决不挹注司法机关"①。其结果是司法官生活极为清苦:"不能赡养家庭,维持生活,抑且时有断炊枵腹之虞,不禁深为叹息。"②例如,"洛阳地方审检厅经费积欠已届十月,各职员已久不发薪,典质罄尽"③。又比如,湖南高等审检厅、长沙地方审检厅以及初级审检厅于1925年底"各自请假措资,暂支薪食"④。与此同时,经年累月的欠薪,也易致司法官罢工现象频发⑤,司法机关正常运行难以维持,甚至长时期停摆。更重要的是,受薪俸问题的影响,一些法官选择自行辞职⑥,而一些法院则开始裁员⑦,其结果导致司法界人心涣散。

这对民国初期法律解释制度的运作所产生的影响无疑是巨大的。包括法律解释制度在内的司法制度的运作确实是需要大量的成本的,这里的成本,包括人力和物力。然而民国初年,大理院的经费相当之紧张,人力资源亦非常之有限。⑧ 因此在法律解释的活动中,往往出现"外省审检厅有疑义,电院请示解释者,向由毕业生出身之推事,或小京官拟答复稿"⑨的情况。与此同时,反映在法律解释例的周期上,若以请求解释文件送达时间与大理院解答回复之时间差来计算,一般在一个月或几个月不等。因此,大理院不得不将所需法律解释"争点"下发给各地方法院,由各地方法院查证属实后,上报告大理院,以供大理院作出司法解释时参照。

例如,1918年8月7日,山东高等审判厅电请大理院函:"大理院钧鉴:设有某甲住于乙所开之饭店,结欠房饭费若干,未偿而亡;乙店主将其遗留物件封存备抵,其他债权人丙、丁等,欲与均分,乙则以应有优先权为词。究竟

---

① 张耀曾:《济南法界欢迎会演词》(1922年12月29日),载《考查司法记》,"演说录要"。司法部曾于1925年下半年至1926年初展开了一次有关司法经费收支的调查,其中司法经费拖欠成为众矢之的。相关调查情况的详细说明可参见吴永明:《理念、制度与实践:中国司法现代化变革研究(1912—1928)》,法律出版社2005年版,第198—199页。
② 阮毅成:《行政与司法的关系》,载《中华法学杂志》1937年新编第1卷第4号。
③ 《洛阳地方审检厅职员吁恳维持生活》,载《法律评论》1925年第99期。
④ 《声泪俱下之湘省法界请假宣言书》,载《法律评论》1925年第128期。
⑤ 《京师法界将罢工》,载《法律评论》1925年第129期。
⑥ 对于司法官辞职的问题,江庸曾指出:"近年大理院以下各法院法官辞职而充律师或就商业者颇不乏人,且多系优秀分子,如不早为预防,不惟司法无改良之望,恐贤者相率而去,惟不肖者滥竽充数,司法前途不堪设想。"参见江庸:《撤废领事裁判权问题》,出版年月不详,第24页。又比如,1927年5月所发生的、司法部与大理院总检察厅争薪风潮,其结果造成大理院总检察厅全体人员呈请辞职事件。百友:《对于大理院蒋推事交付惩戒有感》,载《法律评论》1927年第194期。
⑦ 参见《京师高审厅开始裁员》,载《法律评论》1927年第253期。
⑧ 黄源盛:《民初大理院(1912—1928)》,载《政大法律评论》2000年第60期。
⑨ 陈瀚一:《睇向斋秘录》,载章伯峰、顾亚主编:《近代稗海》第13辑,四川人民出版社1981年版,第556页。

乙对甲某遗产,是否有优先扣抵之权利?恳迅解释电示。"①大理院的答复是:"饭店对于结欠房钱费,死者遗留物之优先扣押权利,如查明有此习惯,自可认为法则,采以判断。"②从这一法律解释中,我们可以看到,习惯的存在与否,当属法院职权所应当调查的范围之内。大理院的这一司法解释,回应的是其早期的判例。如1915年的第2354号判例中,大理院就已经表示:"……惟当事人若主张有习惯法则,并经审判衙门调查习惯属实,而可认为有合法之效力者,自应援用之,以为判断之准据,不能仍凭条理处断。"③

南京国民政府时期,尽管司法经费不足、法官薪俸不稳的问题有所改观,司法官的收入较之于大理院时期在立法规定上有了小幅提升④,但是:"1941年以前,各法院薪金经费由省库负担,各省政府多不能照常发放,普通省份只能拿到八成,有的省份只能拿五六成。1935年前后,有的边境某省高等法院院长每月仅有130元的薪水,地方法院推事以下则可想而知。官卑俸少事多,再苛求他们枵腹从公,非常困难。所以下级法官的能力操守不能令人满意,已成为不争事实。"⑤

与此同时,由于南京国民政府时期司法经费由省库拨付,因而不仅造成筹划不能统一,而且也导致司法深受地方行政牵制。"司法经费的不足,(就会)迫使一些地方法院在开辟财路上大动'歪点子',要么以罚代法,如绥远各县司法公署,经费分文无着落,专恃罚款开支,每一案件,非罚锾不可;要么捏造名目,乱征法收。各级司法人员,薪少事多。"⑥生计艰难,因而上下其手、弄法害民者多,借势舞弊、贪赃枉法者众。正如董必武所言:"旧司法人员中贪赃枉法的很多,据初步统计,旧司法人员中贪污的一般占百分之五十以上,有些地方比重还要大些,而且性质恶劣。"⑦

---

① 郭卫编辑:《大理院解释例全文》,台湾成文出版社1972年版,第456页。
② 大理院1918年统字第827号解释。
③ 该案是关于合伙已退股之股东对合伙债务应否负担的诉讼。上告人魏肯堂将其所有之元兴豆麦店之股分二股退让与萧国相,但萧国相受股字据载明退让之后,切勿向各股东声明,免致有碍大局等语。本案被上告人主张:该地方特别习惯,凡合资营业之股分退让与他人,应由在股之股东签字作证。本案对上告人对于前述情势加以隐讳,其退让是否有效成立而得对抗合伙债权人,两造发生争执。大理院就该案所涉及的习惯认为:"(1)按之法学通例,无明文者依习惯法,无习惯法者依条理;是既有习惯法则可资依据,即不能仅凭条理处断。(2)当事人若主张有习惯法则,并经审判衙门调查属实,而可认为有合法之效力者,自应援用之以为判断之依据。(3)此种事实殊与公安良俗毫无妨碍,且系一般均有遵从之心,则可谓为具备习惯法则之条件;(4)本案上告人之退伙,仅系与萧国相私授受,各合伙人并不知之,此项退伙行为虽属实在,而尚未备各股东签字作证之要件,对于合伙债权人即无对抗之余地。上告意指均非有理,难予采用。"转引自黄源盛:《民初大理院关于民事习惯判例之研究》,载《政大法律评论》2000年第63期。
④ 有关南京国民政府时期司法官收入的立法规定,可参见张仁善:《法律社会史的视野》,法律出版社2007年版,第162—168页。
⑤ 同上书,第174页。
⑥ 同上书,第374—375页。
⑦ 董必武:《关于整顿和改造司法部门的一些意见》,载《董必武法学文集》,法律出版社2001年版,第120—121页。

可见,司法职业保障不健全所导致的司法人才流失以及司法腐败横行,都足以造成包括法律解释制度在内的一切民国司法制度在实践中出现制度异化,进而无力保证法律解释制度运行的质量。

五、传统与现代的冲突激烈且无法兼顾

民国时期,正是一个新旧观念转型与更替、东西方文化激烈冲突与相互交融、传统与现代相混杂且各自力量此消彼长的时代。

如何建设中国的文化,却是一个急待讨论的问题。有人以为中国该复古,但古代的中国已成历史。历史不能重演,也不需要重演;有人以为中国应完全模仿英美,英美固有英美的长处,但并非英美的中国应有其独特的意识形态,并且中国现在是在农业的封建的社会和工业的社会交嬗的时期,和已完全进到工业时代的英美,自有其不同的情形;所以我们决不能造成完全模仿英美。除却主张模仿英美的以外,还有两派:一派主张模仿苏俄;一派主张模仿意、德。但其错误和主张模仿英美的人完全相同,都是轻视了中国空间时间的特殊性。①

然而,在中国传统法律文化深陷危机而西方现代法律文化又强势来袭的大背景之下②,要正视中国社会的时空维度以及中国文化的特殊性,重视中国人的行为模式与社会生活需求,就必须要在坚守文化的自主性、培养文化的自觉性、重塑文化自信力的基础上,努力以开放的心态来灵活地因应西方文化的冲击与挑战,以汇通中西之视域来务实地处理东西方文化上的差异性和共通性,进而建构起自身的法律文化与法律制度。然而遗憾的是,在如此巨变的大环境之下,"近代中国的司法觉悟却还只是基本停留于司法制度的模式或文本层面,是观念的觉悟,而非理论与实际结合的觉悟;是外在的觉悟,而非内在的觉悟;是表层的觉悟,而非深层的觉悟"③。这就使得这一时期的司法制度在实践之中难免会暴露出诸多之弊端。④ 同样,面对来自新与旧、传统与现代、东方与西方的文化冲突以及因由这种冲突所带来的巨大张

---

① 参见王新命等:《中国本位的文化建设宣言》,载《文化建设》1935年1月10日第1卷第4期。
② 有关这一问题的分析,可参见公丕祥:《20世纪初叶中国法律文化思潮概览》,载《中外法学》2000年第3期。
③ 张仁善:《近代中国的主权、法权与社会》,法律出版社2013年版,第26页。
④ 关于司法制度在面临这一时期的问题时所表现出的不足,"中国法权调查委员会"在1926年向国联提交的《调查法权委员会报告书》第三编第一章中即有概括性的说明:"一是政权操于军人之手,而军人因处于有力之地位,得任意总揽行政、立法与司法事务,几致行政、立法、司法三权有失其界限之倾向;二为中国国库空虚,以致政府有时对于司法与警察官吏之薪俸不能发给;三为法律与司法制度之系统渐受破坏,缘各地之不承认中央政府者,自立法律及自设法院也;四为新法律与司法制度之扩充及发达因之滞碍。"与此同时,在该报告书的第二章还专列"军人之干涉",列举了军人干预司法的一系列案件;第四章"法律适用不统一",第五章"司法制度及其施行情形",提及新式法院过少。参见《法律评论》第182期,增刊。

力和随之而来的复杂性问题,民国时期的法律解释制度若是缺乏足够的制度能力来予以因应,若是无法形成妥恰之制度角色来予以处理,那么就会造成其在运行中出现诸多不良之情形。

以民国时期的刑事法律解释为例,由于其所赖以为基的刑事实体法不仅深受近代西方刑法文化和理论的影响,而且也普遍吸收和采设了近代西方刑法的基本原则与主要制度①,甚少顾及中国文化之精神与传统中国刑法之内容,甚至较之《钦定大清刑律》主要删除和改造的只是"以礼入刑"的条文与内容,因而这就易于造成刑事实体法以及基于此而作出的刑事法解释例在施行上所可能会面临着诸多之困难。

> "民国初年删除《钦定大清刑律》而成的《暂行刑律》实施不久,即遇到重重困难,阻力的重心在于:中国社会是礼教社会,对礼教社会的维护,既需要道德准则通过舆论和良心来起作用,也需要通过法律这一国家强制手段。没有法律的维系,难以确立礼教社会的伦常秩序;同样,排除伦理内容的法律,也难以为当时社会所接受。基于这一状况,《暂行刑律》受到非议,已不可避免。②

而这其实也就意味着:民国成立以还所颁行之刑法典,虽三易其内容,但所采者无非西洋之立法原则,殊少顾及中国文化之精神。……中国现行刑法之施行所以尚称顺利,实因吾国不时处于动乱年代,刑法之主要条文,悉为特别刑法越俎代庖,设一旦特别刑法废止,而西洋之道德观念未遍及于国人之间,则现行刑法不合中国社会之需要,显而易见。③

实际上,民初刑事法不仅没有兼顾到传统中国社会的礼法结构与伦常秩序,而且即便在采涉外来的刑法文化、知识理论与制度规范时,也呈现左右摇摆不定之状态,表现出囫囵吞枣之式。由于外来刑法文化和知识理论并非同质性的、单一性的,其内在的知识结构与理论派系也是多元化的,是包含有多种不同的刑法知识理论以及理论间也存在着矛盾与纠缠之关系的;这样,若是缺乏足够的辨识能力和完善的应对机制,就会学其形而无法得其意。比如:(《暂行新刑律》)深受当时日本明治维新后刑法典的影响,尤其原起草人冈田朝太郎个人的独特见解所左右,立法背后的刑法理论摇摆于主观主义与客观主义之间。例如:采取罪刑法定主义,摒弃传统律例中的比附援引制;废除旧律因官制服制、伦理身份而在罪刑法上有所等差的规定,除直系尊亲属外,罪刑趋于平等;法律与伦理道德间的分际也试图厘清,部分"礼教性条

---

① 有关这一内容较为详细的描述,可参见周少元:《中国近代刑法的肇端——〈钦定大清刑律〉》,商务印书馆2012年版,第83—148页。
② 参见同上书,第271页。
③ 参见蔡墩铭:《唐律与近世刑事立法之比较研究》,台湾五洲出版社1968年版,第346页。

款"不予入罪;此外,采取行为人的主观性格衡量刑事责任,以矫正原来过度倾斜客观具体的现象;在刑事政策上则撷取刑罚人道主义理念,废除一切重法酷刑,改采目的刑中的特别预防理论,注重犯人的教化更生等等。① 很显然,刑事法上的这种理论摇摆与知识不定,必然会制约刑事法解释之质量,进而影响法律解释制度运行的效果。

同样,如果尝试着在传统与现代的激烈冲突与交替转型中,在中西文化交流对话的视域中来观察大理院及其法律解释制度的运作,就整个民初时段而言,尽管大理院始终站在法制改革的前沿,"但它所采用的源自西方的司法原则,并不代表当时的司法实践,地方法庭基本上继续按着清代的旧有原则在运行"。"这两套逻辑以及他们大相异趣的结果,在上诉到大理院的案例中,必然发生直接的冲突。"② 在此情形之下,大理院只有期望通过法律解释来缓和这种不同司法逻辑之间的矛盾与冲突。然而,这种做法客观的来说仅仅只能平复个案,对于此一时期司法场域中大规模的观念对峙,大理院凭借其有限的司法资源,显然是无法有效应对的。这样,原本寄希望于通过法律解释例文的制作和颁行来强化大理院权威的想法,在此一时期显然是落空了。如果把视野放得再宽一些,尽管大理院的基本司法活动包括对案件的审判、复判以及判决例的制作和统一法律解释活动的推进,但是由于大理院往往把工作的重心或者精力主要集中在案件的处理以及判决例的制作上:

作为近代意义上的最高法院应该着重强调的统一司法解释、保证全国法律统一适用的功能,似乎并未得到充分发挥。如何转换角色,摆脱具体繁琐的审判事务,以更加超然的姿态和宏观的视角关注全国的司法实践,这是大理院作为在传统司法体制基础上新设的近代最高司法机关必须经历的角色转变。③ 这也是民初司法改革所必须解决的重要问题。可惜的是,由于体制、机制等诸多因素的制约,大理院的这种角色转变显然在民国初期并未很好地完成。而也正是这种角色转换效果的不理想,很大程度上又造成了民初法律解释制度的不良运行。

"习惯"往往被看成是社会本土性的规则,而"法律"则往往被看成是来自西方社会的规则体系,因而民国时期的法律解释,若是欲意调和好东西文化之冲突,关联起传统与现代之转型,就必须要认真对待"习惯"的问题。民初的法律制度对"习惯"不敢掉以轻心,也不时强调参酌各地传统习惯以制定新的法律;比如北洋政府司法部就曾于1915年9月15日发布"通饬"称:"各司法衙门,审理民事案件,遇有法规无可依据,而案情纠葛不易解决者,务

---

① 参见黄源盛:《中国法史导论》,广西师范大学出版社2014年版,第408页。
② 白凯:《中国的妇女与财产:960—1949》,上海书店出版社2007年版,第59页。
③ 参见韩涛:《晚清大理院:中国最早的最高法院》,法律出版社2012年版,第288页。

宜注意于习惯。"①但无可否认,此时之法律变革,其主要目标既为求得领事裁判权之撤废,那么西方最新的法学理论势必就会大量地吸收进新制定的法律中。"法律创制领域中的法律继受,有的时候甚至是模仿多于创新,于是乎,新的法律规范与传统观念之间便有了一道深深的鸿沟。"②当时主导法制变革、草拟新律的担当者多为外籍顾问,因而外国法的新观念、新思想对于他们而言,自然是相当熟悉的。但是就一般的中国民众甚至是大理院的推事而言,由于这种大量采设西方法律资源的变革的力量并非来自本土文化,而只是想在短期内将性质相异的西方近代法制移植到中国,甚至几乎是以跳跃的方式,企图将中国快速的推至与泰西同一的法文化水准,因此,这种有关法制发展的迅猛速度对于此时之中国社会而言,即便是那些出国留学归来后的法官,都是很难接受。因此,尽管法律解释制度的运作极力弥补法律在"规范"与"实践"之间的距离,力求架起中西法律互通的桥梁,然总有心有余而力不足的时候:不仅有时对同一问题的解释会出现反复,或者语焉不详、不置可否,而且有时还会出现制度"不能"的情形。

这里所谓的"语焉不详",在民国初年法律解释的实践中,表现为基于"法律无明文规定者从习惯法,无习惯法者,依法理"。然而"判例"属什么性质? 是"法律",还是"条理"? 则有待争议。本书的第一章对判例的性质问题进行了梳理,实际上,在民国时期的法律解释实践中,这一问题表现的远要比所梳理的复杂得多。比如,1926年间,上海各商业团体因当时法庭对于合伙债务案件,往往依据大理院判例"如合伙员中有资力不足债偿还债务时,判令他合伙员代为分担"③,认为与上海严格的"限于按股分担的固有习惯"相悖;于是函请"上海总商会"说明理由,呈请司法部转咨大理院解释"该项判例与习惯应孰先适用"。对此,上海总商会认为:"大理院判例原为历年所著成一例,其性质与依法制定之民法迥然有别,现时我国民法虽未颁布,似亦不能遽认该判例为民法。"又说:"大理院所谓判例,本为条理而非法律,兹案所争执者,即为条理与习惯孰先适用之一点。"大理院对该项主张,作如下的陈述:

> 查本院历来判例,认合伙债务除由各合伙员按股分担外,合伙员中有资力不足清偿其分担部分,尚应由他合伙员代为分担者。盖以合伙为公同业务,合伙债务非单纯合伙员各人之债务可比,原应有合伙员公同负责。苟合伙员有不能清偿其应摊债务,即属合伙之损失,依公同分配损益之原则,自应令他合伙员代为分担。唯此项条理并无强行性质,如

---

① 参见《审理民事案件应注重习惯通饬》,1915年9月15日,第1302号·42号法。载司法部编印:《司法例规》,司法部1917年刊印,第630页。
② 黄源盛:《民初大理院关于民事习惯判例之研究》,载《政大法律评论》第63期。
③ 参见大理院1916年上字第482号判例;大理院1918年上字第619号判例。

有特别习惯,而合伙与债务人又无反对该习惯之意思表示,得依习惯为理。[1]

由于在法律适用的过程中,还存在着是适用"习惯法"还是适用"条理"的问题,确认"习惯法"是否存在以及是否属实,自然也就成为司法适用中的一个关键因素。然而,囿于成本因素的限制,大理院不得不将"争点"的整理与核实下放给各地方法院,并将这一做法通过法律解释的方式制度化,成为"惯例",那么也就必然会导致各地法院在此类案件上对大理院的"控制"。长此以往,法律解释权就会从大理院中流失出来,并在法院系统弥散开来,统一的法律解释制度就会解体,而且也会出现各地法院为了自身的利益而不断"隐瞒案件事实"的情形,最终导致司法腐败与司法恣意。

传统与现代之间的激烈冲突不仅影响着民初法律解释制度的运作,即便到了南京国民政府时期,如何有效因应东西方法文化之冲突,弥合起新旧法秩序之嬗递,同样也是摆在法律解释制度及其实践面前的一道难题。这其中比如国民政府时期之立法:"凡涉及社会组织,均以废弃封建制度,而代之以民治平等之规则为鹄的。如于民法继承编废除宗祧继承,并承认男女平等享有财产继承权,皆其显著之例;惟于亲属编中,又欲保持我国固有之习,如家制之类,则立法本身即陷于矛盾地位,纵欲力求其折中,颇难得以适当之办法。无怪乎激进之士嫌其维新而不足,保守辈责其为忘本之立法。"[2]

换言之,尽管立法者的本意在于贯彻国民党之政纲、党意及三民主义原则,但又由于事涉家庭制度、事关传统亲情伦理,因而不能即刻与传统决裂,这样就使得法律解释难免陷入两难境地,进而造成法律解释制度运作的不良。

的确,传统与现代的冲突在南京国民政府时期的主要表现之一,便是现代法律如何处理传统中国的家族制度。一直以来,"中国有很坚固的家族和宗族团结,中国人对于家族和宗教的观念是很深的"[3]。因此,"家族制度的发达便成为传统中国社会结构的一个明显特点"[4]。

"乃至到今日在我们民法中必欲保存其精神而不能全部改造。……(换言之,)我们在编订民法,起草亲属继承两编的时候,对于家族制度,便斟损益于此。(因为)据我们调查社会情况的结果,中国若干都市,已进化到二十世纪欧美式的工业社会而无逊;而大部分农村,却还滞留在中世纪的农业组合

---

[1] 统案第1983号大理院复司法部咨。很显然,大理院的法律解释并未对此问题作正面回答;其态度耐人寻味;其背后的力量纠葛与因素考量更是让人心酸。而这或许可以看成是整个民国时期法律解释制度在实践中的体现的一个微缩影。
[2] 赵凤喈:《民法亲属法编》,正中书局1945年版,第2—3页,《再版序言:中国妇女在法律上之地位》。
[3] 孙中山:《三民主义》,九州出版社2011年版,第113页。
[4] 公丕祥:《20世纪初叶中国法律文化思潮概览》,载《中外法学》2000年第3期。

中,这种社会进步不齐一的现象,便使立法者不能不从"令公可行"方面去着想,于是承认保存家族制度的精神而酌为变革,在民法上便全行确定了。"①

而这其实也就意味着：个人主义与家属主义之在今日,孰得孰失,固尚有研究之余地,而我国家庭制度,为数千年来社会组织之基础,一旦欲根本推翻之,恐窒碍难行,或影响社会太甚,在事实上似以保留此种组织为宜,在法律上自应承认家制之存在,并应设专章详定之。②

换言之：承认家制存在之目的,原为维持全家共同生活起见,故应以家人之共同生活为本位,而不应以家长权为本位。瑞士与巴尔干诸国规定之家制,足供参考。我国习惯,注重家长之权利,而漠视其义务,又惟男子有为家长之资格,而女子则无之,殊与现在情形不合,故于维持家制之中,置重于家长之义务,并明定家长不论性别,庶几社会心理及世界趋势两能兼顾。③

因而可以看到,《中华民国民法》在编纂之时,一方面"对传统的家族制度加以改造,规定了'男女平等'之类的条款,使之与现代亲属法制精神相契合",另一方面"却又以新的形式,规定以血统及婚姻为主把亲属分为配偶血亲和姻亲,确认家长在家庭中的至尊地位；在遗产继承上,嫡系子女有优先权,但不以宗祧继承为前提；亲属会议协调处理家族内部中的纠纷,等等,从而弘扬了传统的家族制度"④。与此同时,即便"确立男女平等,为民法一贯之精神",但在法律的制度上,"为求男女平等之实现,规定妻以其本姓冠以夫姓,以夫之住所为住所,子女从父姓,未成年者,以父之住所为住所。"⑤当然,这些因素反映在法律解释制度的实践中,便是它一方面强调婚姻自由、男女平等,另一方面又极力维护家族伦理与家庭关系。这样,法律解释制度的实践若不极为谨慎,便会容易滑入传统与现代相互纠缠的泥淖之中,进而使得法律解释的实践逻辑陷入选择"新"还是选择"旧"的非此即彼的两难境地,从而导致法律解释制度运作机理的紊乱。

如果把视野放得宽一些,导致法律解释制度危机的原因,归纳起来主要有两个方面：一是法律解释领域内存在某种较为严重的冲突,具体表现为来自传统与现代、东方与西方、新与旧等文化——制度因素和观念力量的混合交接与多方纠缠。二是法律解释在制度框架内没有能力去缓和、平息或解决这种严重的冲突,具体表现为政治的动荡所带来的制度环境的恶化,权力界分的模糊所带来的制度空间的狭窄,单行法/特别法的法外横行所导致的制度合力的无法形成,司法环境的不乐观所造成的制度资源和人力资源的匮乏。

---

① 胡汉民：《民法亲属继承两编中家族制度规定之意义》,载《胡汉民先生文集》第 4 册,中国国民党中央委员会党史委员会 1978 年自版,第 88—882 页。
② 参见谢振民编著：《中华民国立法史》下册,中国政法大学出版社 2000 年版,第 787 页。
③ 参见同上。
④ 公丕祥：《20 世纪初叶中国法律文化思潮概览》,载《中外法学》2000 年第 3 期。
⑤ 谢振民编著：《中华民国立法史》下册,中国政法大学出版社 2000 年版,第 794、799 页。

而这其实也就意味着,尽管从表面上来看,民国时期法律/司法场域中的因素对法律解释制度能力的高低可能具有重要的决定性影响,但实际上来自民国时期政治经济条件和社会文化环境的因素也会对法律解释制度能力的高低产生关键性的作用。当然,也正是因为这些因素的集体存在,它们不仅会进一步削弱法律解释制度的能力,而且也会致使法律解释无法在现有的制度框架和运行机制之中来解决所存在的严重冲突,进而导致制度运行的不良,从而由此波及至整个法律制度和政治制度,导致这些制度崩溃。换言之,社会的急剧转型所带来的传统与现代、新与旧、东方与西方间的激烈碰撞,使得民国时期法律场域中的法文化观念冲突与法规则制度对抗时常被引发;而如果法律解释活动在当时的制度框架内不能塑造起有力的制度角色或者形成有效的制度能力,那么民国时期的法律解释制度或者法律解释活动就无力缓解或者解决这种法律场域中所存在着的对抗与冲突,这样法律场域中的危机就会持续恶化,最终导致法律解释制度以及更大范围里的法律制度甚至再更大领域中的社会政治制度的崩溃。

可见,在传统与现代激烈冲突的漩涡之中,民国时期的法律解释制度在实践中由于缺乏相应的社会资源、足够的制度空间和应有的制度能力来予以有效的回应,进而造成法律解释制度在运行中出现诸多不良情形。而造成民国时期法律解释制度缺乏制度空间与制度能力的根本原因,则不仅在于制度运行所需的社会资源极度匮乏,也在于制度发展的未来方向并不明晰进而导致制度角色定位的模糊。可以看到,尽管民国时期的法律解释制度在实践中试图弥合因由社会转型所带来的功能性冲突与结构性断裂,但结果并不理想,甚至还走向了它的反面,进一步加剧法律与社会的冲突以及传统与现代的社会断裂,从而推动着制度以及社会走向最终的崩溃。而这其实也就意味着,要弥合传统与现代的断裂,兼顾新与旧,汇通东与西,法律解释制度就不仅必须要建立在坚实而丰厚的人力资源、财力资本与社会资产的基础之上,而且还必需要有充分的制度配给与社会支持;因为只有社会主体意识的觉醒,才能在坚持自主性的制度需求的同时兼顾制度的普遍性要求,才具备能力来选择并确立制度发展的自我道路与自主模式,才能够真正形塑起制度运行的自主机制与自我体制①,进而在提升制度的服务能力与服务水平的基础上,累积并夯实制度的自信力与对话力,从而得以开放性的心态来处理社会转型所带来的复杂性问题。

---

① 参见邓正来:《中国法学向何处去》,商务印书馆2006年版,第2—23页。

结　语

在1925年7月出版的《中国古代法理学》一书中,王振先谈到:"今者,我国法系适值革新时期,骤观之,不特旧时法典无可保存,即旧时学说,有事於改正者,不知凡几。虽然一切法律政治属于创造者恒少,属于顺序发达者恒多,一国民族,有其历史焉,有其特殊之心理焉,不能强他国所谓善者,尽数而移植於吾国。自亦不能举吾国所已有者尽弁髦而土苴之。况继今以往,我国不从事立法事业则已,不采法治主义则已,苟犹有事於立法,有意於法治国之人民(今后国家或民族,无论如何变迁,即提倡最新之社会主义,不能离法治而可卽安也,明甚)则吾先民所已发明之法理,必有研究之价值,其单词片义,至今犹可宝贵焉,无疑也。"①

很显然,在王振先看来,面对法治主义这一"新文明",只有处理好它与中国本土社会之关系,只有努力做到"中西合璧"而不是一味的"全盘西化",才能有出路。

如果把王振先对于中国社会未来出路之个人思考进一步放置在20世纪初期中国社会思潮风云激荡的大背景下来考虑,那么就完全有理由相信,任何一个有担当的民国法律人,在进行包括法律解释活动在内的所有法律活动时,一定都在思考一个非常重要的问题:当下社会之未来发展究竟为何?法制/司法改革又将在何种程度上改变现存之体制并促进社会之发展?

然而遗憾的是,尽管自清末开始一直延续至民国,中国的法律的确发生了重大的变革,也尽管现代意义上的司法部门在民国已初步建立,但由于缺乏支撑这一制度得以运作的现代官僚体系、技术和资本,因而在实践中,不仅司法制度运行不畅,而且司法拖拉、司法教条、司法腐败成风。据不完全统计,仅河北一省,1946—1947年间因腐败等原因被纠举、弹劾的司法人员,就达27人之多,涉及近10所不同的司法机构。② 原本期望通过建立在"司法独立"理念基础之上的现代司法能够发挥消弭传统中国社会的合法性危机,然而现实中其却早已异化为法官们枉法裁判、徇私舞弊的护符,加剧了民众对此时社会与制度合法性的质疑。对此,许国英痛批道:"司法独立之本意,在使法官当审判之际,准据法律,返循良心,以行判决,而干涉与请托,无所得

---

① 王振先:《中国古代法理学》,商务印书馆1925年版,第6—7页。
② 参见张庆军等:《民国司法黑幕》,江苏古籍出版社1997年版,第63页。

施……然必法官之学识、品格、经验,确堪胜任。人才既足以分配,财力犹足于因应,然后措施裕如,基础巩固。建国以来,百政草创,日不暇给,新旧法律,修订未完,或法规与礼俗相戾,反奖奸邪。或程序与事实不调,徒增苛扰。大本未立,民惑已滋。况法官之养成者既乏,其择用之也又不精,政费支绌,养廉不周,下驷滥竽,贪墨踵起。甚则律师交相狼狈,舞文甚于吏胥,乡邻多所瞻徇,执讯太乖平恕,宿案累积,怨仇繁兴,道拐传闻,心目交怵。……

今京外法官,其富有学养、忠勤举职者,固不乏人。而昏庸尸位,操守难信者,亦所在多有,往往显拂舆情,玩视民瘼,然犹滥享保障之权,俨以神圣自命,遂使保民之机关,翻作残民之凭藉。岂国家厉行司法独立之本意哉?"①

而也正是因为此,民国法律人对于司法之指责近乎无处不在。例如,覃振就指出:"吾国今日之司法,以误于建立时之求速,草率从事,未有深切之研究。在当时人才不备,以留日学派主张为多。日采大陆制,吾则间接采用日制也。再则误于促进国际化之主张,侧重形式,而忽略其社会之精神与实际。如法官开庭所御之服帽,人民莫不惊为奇形怪状;监狱建筑之富丽,动费巨万;实则一般社会,不能适应,甚矣。我今日所需要之民族复兴运动,迫切万分,而我之司法之无生气、无作为,不能于国家树威信,于社会增利益,暗淡前途,不大可为痛苦耶!"②

与此同时,王钝根亦指出:"自民国成立以来,此等司法机关不过是敷衍粉饰,仍以压抑民气为根本,还增加了不少诉讼上的无形危险。这是因为一则法有未密,二则人员太杂,无法治之精神,所以之见其弊,未见其利。"③

"解释的作用是发现和社会现实相适合的法律。一般来说,解释的精神常常是迁落后的法律就前进的社会;不是把凝固而僵化了的概念规范已经发展的社会。解释的目的在使法律和社会间的矛盾或不一致缩减至于无可再缩,无可再减的程度。"④这其实意味着,面对新旧秩序之衔接与新旧观念之冲突,法律解释之实践原本完全可以起到润滑剂与催化剂的作用。然而,恶劣的民国司法环境与动荡的近代中国社会,却使得法律解释制度在实践中被悬置,制度的功能也大打折扣。民国法律解释实践中所频发、有关解释上的偏差、矛盾甚至是错误,无疑都大大削减了民国时期法律解释实践的功能发挥。

原本可以弥合社会与规范之断裂、润滑社会之新旧矛盾的一项制度,在实践中因其异化反而不仅加剧了社会与规范间的冲突,而且也恶化了社会之新旧矛盾,进而加速社会与规范/制度的毁灭,这无疑也是时代的因缘际会。

---

① 许国英:《民国十周年纪事本末》,"民三",台湾文海出版社1922年版,第22—23页。
② 覃振:《司法改革意见书》,载《大公报》1934年11月23、24日。
③ 王钝根:《百病放言》,大众文艺出版社2003年版,第93页。
④ 蔡枢衡:《刑法学》,独立出版社1943年版,第18页。

主要参考文献

1. 郭卫编辑:《大理院解释例全文》,上海会文堂新记书局 1932 年版,台湾成文出版社 1972 年版。
2. 郭卫编辑:《大理院判决例全书》,上海会文堂新记书局 1931 年版。
3. 大理院编辑处:《大理院判例要旨汇览》(第 1—4 卷),1919 年自版。
4. 朱鸿达:《大理院解释例大全》(全 1 册),世界书局 1924 年版。
5. 郭卫编辑:《最高法院解释例全文》,上海会文堂新记书局 1946 年版。
6. 周东白:《最新大理院判决例大全》,上海大通书局 1926 年发行,北平民国学院图书馆藏影印本。
7. 台湾"司法院"秘书处印行:《"司法院"解释汇编》(1—5),台湾 1989 年自版。
8. 葛遵礼编辑:《中华民国新刑律集解》,上海会文堂新记书局 1914 年版。
9. 余绍棠编:《司法例规》,1917 年,司法部自版刊印。
10. 台湾"最高法院"判例编辑委员会编辑:《"最高法院"判例要旨(民国 16 年—民国 83 年)》,台湾最高法院 1997 年自版。
11. 《中华民国法规大全》(第 1 册),商务印书馆 1936 年版。
12. 《中华民国民法制定史料汇编》(上册),台湾"司法行政部"1976 年自版。
13. 谢振民编:《中华民国立法史》(上、下册),中国政法大学出版社 2000 年版。
14. 中国第二历史档案馆编:《中华民国史档案资料汇编》第 2 辑,江苏古籍出版社 1991 年版。
15. 中国第二历史档案馆编:《中华民国史档案资料汇编》第 5 辑,江苏古籍出版社 1991 年版。
16. 季啸风、沈友益:《中华民国史史料外编》第 1—86 册,广西师范大学出版社 1997 年版。
17. 中国第二历史档案馆整理编辑:《政府公报》第 1 册(1912—1928),上海书店 1988 年重印。
18. 中国第二历史档案馆编:《中国国民党中央执行委员会常务委员会会议记录》第 1—4 册,广西师范大学出版社 2000 年版。
19. 中国第二历史档案馆编:《国民党政府政治制度档案史料选编》,安徽教育出版社 1994 年版。
20. 何勤华、李秀清主编:《民国法学论文精粹·诉讼法律篇》,法律出版社 2004 年版。
21. 何勤华、李秀清主编:《民国法学论文精粹·宪政法律篇》,法律出版社 2002 年版。
22. 吴经熊:《法律哲学研究》,清华大学出版社 2005 年版。
23. 吴经熊、华懋生编:《法学文选》,中国政法大学出版社 2003 年版。

24. 吴经熊、黄公觉:《中国制宪史》(上册),商务印书馆 1937 年版。
25. 蔡枢衡:《中国法理自觉的发展》,清华大学出版社 2005 年版。
26. 蔡枢衡:《刑法学》,独立出版社 1943 年版。
27. 蔡枢衡:《中国刑法史》,广西人民出版社 1983 年版。
28. 王伯琦:《近代法律思潮与中国固有文化》,清华大学出版社 2005 年版。
29. 王伯琦:《民法总则》,台湾正中书局 1980 年版。
30. 居正:《法律哲学导论》,商务印书馆 2012 年版。
31. 何勤华、魏琼编:《董康法学文集》,中国政法大学出版社 2005 年版。
32. 范忠信选编:《梁启超法学文集》,中国政法大学出版社 2000 年版。
33. 罗福惠、萧怡编:《居正文集》下册,华中师范大学出版社 1989 年版。
34. 艾永明、陆锦璧编:《杨兆龙法学文集》,法律出版社 2005 年版。
35. 张仁善编:《王宠惠法学文集》,法律出版社 2008 年。
36. 《瞿同祖法学论著集》,中国政法大学出版社 1998 年版。
37. 杨鸿烈:《中国法律思想史》(上、下册),上海书店 1984 年,影印本。
38. 程波点校:《法意发凡——清末民国法理学著述九种》,清华大学出版社 2013 年版。
39. 欧阳谿:《法学通论》,陈颐勘校,中国方正出版社 2004 年版。
40. 张知本:《宪法论》,李莉、殷啸虎勘校,中国方正出版社 2004 年版。
41. 陈瑾昆:《刑法总则讲义》,吴允锋勘校,中国方正出版社 2004 年版。
42. 朝阳大学编辑:《刑事诉讼法》,吴宏耀、种松志点校,中国政法大学出版社 2012 年版。
43. 李宜琛:《民法总则》,胡骏勘校,中国方正出版社 2004 年版。
44. 干觐:《中华刑法论》,姚建龙勘校,中国方正出版社 2005 年版。
45. 夏勤:《刑事诉讼法要论》,郭恒点校,中国政法大学出版社 2012 年版。
46. 楼桐孙:《法学通论》,台湾 1940 年自版。
47. 韩忠谟:《法学绪论》,台湾 1982 年自版。
48. 韩忠谟:《刑法原理》,中国政法大学出版社 2002 年版。
49. 胡长清:《民法总论》,中国政法大学出版社 1998 年版。
50. 郭卫:《民事诉讼法释义》,中国政法大学出版社 2005 年版。
51. 石志泉:《民事诉讼条例释文》,解锟等点校,中国方正出版社 2006 年版。
52. 邵勋、邵锋:《中国民事诉讼法论》(上),高珣等刊校,中国方正出版社 2005 年版。
53. 何任清:《法学通论》,1945 年自版。
54. 王登智:《女子财产继承权诠释》,上海民意书店 1929 年版。
55. 王振先:《中国古代法理学》,商务印书馆 1925 年版。
56. 范扬:《行政法总论》,商务印书馆 1935 年版。
57. 白鹏飞:《行政法总论》,商务印书馆 1932 年版。
58. 〔日〕美浓部达吉:《法之本质》,林纪东译,中国政法大学出版社 2006 年版。
59. 〔日〕美浓部达吉:《行政裁判法》,邓定人译,商务印书馆 1933 年版。
60. 〔日〕矶谷幸次郎:《法学通论》,王国维译,中国政法大学出版社 2006 年版。
61. 〔日〕冈田朝太郎口述、熊元翰编:《法学通论》,何勤华点校,上海人民出版社

2013年版。

62.〔日〕冈田朝太郎口述、熊元襄编:《法院编制法》,张进德点校,上海人民出版社2013年版。

63.〔日〕清水澄:《行政法泛论》,金泯谰译,商务印书馆1912年版。

64.〔日〕我妻荣:《中国民法债编总则论》,洪锡恒译,曲阳勘校,中国政法大学出版社2003年版。

65.〔日〕清水澄:《宪法》,卢弼、黄炳言译,政治经济社1906年版。

66.〔法〕裴德捋弥:《法国行政法》,项力、张其、姜汉澄译,商务印书馆1912年版。

67.〔美〕葛德奈:《比较行政法》,〔日〕浮田和民日译,白作霖中译,民友社1933年版。

68. 管欧:《法学绪论》,1955年自版。

69. 林纪东:《法学通论》,台湾远东图书公司1953年版。

70. 郑玉波:《法学绪论》,台湾三民书局1956年版。

71. 余棨昌:《民法要论总则》,北平朝阳学院1933年版。

72. 汪楫宝:《民国司法志》,台湾正中书局1959年版。

73. 杨幼炯:《近代中国立法史》(增订本),台湾商务印书馆1935年版。

74. 司法院编印:《司法院史实纪要》(第1册),台湾司法周刊杂志社1982年版。

75. "国史馆"编印:《中华民国史法律志(初稿)》,台湾"国史馆"1994年版。

76. 何勤华:《中国法学史》(第3卷),法律出版社2006年版。

77. 何勤华:《法律文化史谭》,商务印书馆2004年版。

78. 黄源盛纂辑:《晚清民国刑法史料辑注》(下),台湾元照图书出版公司2010年版。

79. 黄源盛:《民初大理院与裁判》,台湾元照图书出版公司2011年版。

80. 黄源盛:《法律继受与近代中国法》,台湾元照图书出版公司2007年版。

81. 黄宗智:《民事审判与民间调解:清代的表达与实践》,中国社会科学出版社1998年版。

82. 黄宗智:《清代的法律、社会与文化:民法的表达与实践》,上海书店出版社2007年版。

83. 黄宗智:《法典、习俗与司法实践:清代与民国的比较》,上海书店出版社2003年版。

84. 李学智:《民国初年的法治思潮与法制建设》,中国社会科学出版社2004年版。

85. 毕连芳:《北京民国政府司法官制度研究》,中国社会科学出版社2009年版。

86. 韩涛:《晚清大理院——中国最早的最高法院》,法律出版社2012年版。

87. 张道强:《民国刑事特别法研究》,法律出版社2013年版。

88. 方立新:《传统与超越——中国司法变革源流》,法律出版社2006年版。

89. 张仁善:《近代中国的主权、法权与社会》,法律出版社2013年版。

90. 唐仕春:《北洋时期的基层司法》,社会科学文献出版社2013年版。

91. 程波:《中国近代法理学(1895—1949)》,商务印书馆2012年版。

92. 张勤:《中国近代民事司法变革研究》,商务印书馆2012年版。

93. 周少元:《中国近代刑法的肇端》,商务印书馆2012年版。

94. 曹全来:《中国近代法制史教程(1901—1949)》,商务印书馆2012年版。

95. 徐静莉:《民初女性权利变化研究——以大理院婚姻、继承司法判解为中心》,法律出版社 2010 年版。

96. 郑全红:《民国时期女子财产继承权变迁研究——传统向现代的嬗变》,法律出版社 2013 年版。

97. 严泉:《失败的遗产:中华首届国会制宪:1913—1923》,广西师范大学出版社 2007 年版。

98. 吴宗慈:《中华民国宪法史》,于明等点校,法律出版社 2013 年版。

99. 刘毅:《他山的石头:中国近现代法学译著研究》,中国法制出版社 2012 年版。

100. 吴永明:《理念、制度与实践:中国司法现代化变革研究(1912—1928)》,法律出版社 2005 年版。

101. 黄圣棻:《大理院民事判决法源之研究(1912—1928)》,台湾政治大学法律学系 2003 年硕士学位论文。

102. 张生:《民国初期民法的近代化:以固有法与继有法的整合为中心》,中国政法大学出版社 2002 年版。

103. 张生主编:《中国法律近代化论集》(第 1 卷),中国政法大学出版社 2002 年版。

104. 张生主编:《中国法律近代化论集》(第 2 卷),中国政法大学出版社 2009 年版。

105. 周子良:《近代中国所有权制度的形成——以民初大理院的民事判例为中心(1912—1927 年)》,法律出版社 2012 年版。

106. 白凯:《中国的妇女与财产:960—1949》,上海书店出版社 2007 年版。

107. 刘星:《一种历史实践——近现代中西法概念理论比较研究》,法律出版社 2007 年版。

108. 徐忠明、杜金:《传播与阅读:明清法律知识史》,北京大学出版社 2012 年版。

109. 孔庆平:《改造与适应:中西二元景观中法律的理论之思(1911—1949)》,上海三联书店 2009 年版。

110. 张德美:《从公堂走向法庭:清末民初诉讼制度改革研究》,中国政法大学出版社 2009 年版。

111. 卢静仪:《民初立嗣问题的法律与裁判——以大理院民事判决为中心(1912—1927)》,北京大学出版社 2004 年版。

112. 蒋铁初:《中国近代证据制度研究》,中国政法大学 2003 年博士学位论文。

113. 韩秀桃:《司法独立与近代中国》,清华大学出版社 2003 年版。

114. 李鼎楚:《事实与逻辑:清末司法独立解读》,法律出版社 2010 年版。

115. 吴宗慈编:《中华民国宪法史前编》,台湾文海出版社 1988 年版。

116. 王人博等:《中国近代宪政史上的关键词》,法律出版社 2009 年版。

117. 胡春惠编:《民国宪政运动》,台湾正中书局 1978 年版。

118. 缪全吉编:《中国制宪史资料汇编》,台湾"国史馆"1989 年版。

119. 余明侠:《中华民国法制史》,中国矿业大学出版社 1994 年版。

120. 徐家力:《中华民国律师制度史》,中国政法大学出版社 1998 年版。

121. 殷啸虎:《近代中国宪政史》,上海人民出版社 1997 年版。

122. 季立刚:《民国商事立法研究》,复旦大学出版社 2006 年版。

123. 张国福:《中华民国法制简史》,北京大学出版社 1986 年版。

124. 朱汉国主编:《南京国民政府纪实》,安徽人民出版社 1993 年版。

125. 张宪文等:《中华民国史》(第1—4卷),南京大学出版社2006年版。
126. 展恒举:《中国近代法制史》,台湾商务印书馆1973年版。
127. 孔庆明、胡留元、孙季平编:《中国民法史》,吉林人民出版社1996年版。
128. 宁汉林:《中国刑法通史》第二分册,辽宁大学出版社1986年版。
129. 李光灿:《评〈寄簃文存〉》,群众出版社1985年版。
130. 李光灿、张国华:《中国法律思想通史》(四),山西人民出版社1996年版。
131. 邱远遒、张希坡:《中华民国开国法制史——辛亥革命法律制度研究》,首都师范大学出版社1997年版。
132. 曾宪义主编:《检察制度史略》,中国检察出版社1992年版。
133. 李贵连:《近代中国法制与法学》,北京大学出版社2002年版。
134. 徐世虹主编:《中国法制通史》(第2卷),法律出版社1999年版。
135. 韩玉林主编:《中国法制通史》(第6卷),法律出版社1999年版。
136. 张晋藩、怀效锋主编:《中国法制通史》(第7卷),法律出版社1999年版。
137. 张晋藩主编:《中国法制通史》(第8卷),法律出版社1999年版。
138. 张晋藩主编:《中国司法制度史》,人民法院出版社2004年版。
139. 张晋藩主编:《中国法制史》,中国政法大学出版社1997年版。
140. 张晋藩:《中国近代社会与法制文明》,中国政法大学出版社2003年版。
141. 张晋藩:《中华法制文明的演进》,法律出版社2010年版。
142. 何勤华等:《日本法律发达史》,上海人民出版社1999年版。
143. 何勤华主编:《法的移植与法的本土化》,法律出版社2001年版。
144. 王立民:《中国法律与社会》,北京大学出版社2006年版。
145. 王健编:《西法东渐——外国人与中国法的近代变革》,中国政法大学2001年版。
146. 公丕祥:《中国的法制现代化》,中国政法大学出版社2004年版。
147. 朱勇:《中国法制通史》,法律出版社1999年版。
148. 胡留元、冯卓慧:《夏商西周法制史》,商务印书馆2006年版。
149. 那思陆:《中国审判制度史》,上海三联书店2009年版。
150. 程维荣:《中国审判制度史》,上海教育出版社2001年版。
151. 王桂五主编:《中华人民共和国检察制度研究》,法律出版社1991年版。
152. 罗志渊:《近代中国法制演变研究》,台湾中正书局1976年版。
153. 潘维和:《中国民事法史》,台湾汉林出版社1992年版。
154. 汪汉卿等主编:《继承与创新——中国法律史学的世纪回顾与展望》,法律出版社2001年版。
155. 林纪东、郑玉波等编:《新编六法全书》(参照法令判解)改订版,台湾五南图书出版公司1986年。
156. 陈刚主编:《中国民事诉讼法制百年进程》(清末时期第1卷),中国法制出版社2004年版。
157. 郭成伟等:《清末民初刑诉法典化研究》,中国政法大学出版社2006年版。
158. 程维荣:《中国审判制度史》,上海教育出版社2001年版。
159. 周叶中、江国华主编:《自下而上的立宪尝试——省宪评论》,武汉大学出版社2010年版。

160. 罗志渊:《近代中国法制演变研究》,台湾正中书局 1966 年版。
161. 乔丛启:《孙中山法律思想体系研究》,法律出版社 1992 年版。
162. 李春雷:《中国近代刑事诉讼制度变革研究(1895—1928)》,北京大学出版社 2004 年版。
163. 张从容:《部院之争:晚清司法改革的交叉路口》,北京大学出版社 2007 年版。
164. 卞修全:《近代中国宪法文本的历史解读》,知识产权出版社 2006 年版。
165. 侯强:《社会转型与近代中国法制现代化:1840—1928》,中国社会科学出版社 2005 年版。
166. 曹全来:《国际化与本土化——中国近代法律体系的形成》,北京大学出版社 2005 年版。
167. 张庆军等:《民国司法黑幕》,江苏古籍出版社 1997 年版。
168. 梁治平:《清代习惯法:社会与国家》,中国政法大学出版社 1996 年版。
169. 李秀清:《所谓宪政:清末民初立宪理论论集》,上海人民出版社 2012 年版。
170. 范雪飞:《一种思维范式的最初继受:清末民初民事法律关系理论继受研究》,法律出版社 2012 年版。
171. 彭凤莲:《中国罪刑法定原则的百年变迁研究》,中国人民公安大学出版社 2007 年版。
172. 孟红:《罪刑法定原则在近代中国》,法律出版社 2011 年版。
173. 陈新宇:《从比附援引到罪刑法定——以规则的分析与案例的论证为中心》,北京大学出版社 2007 年版。
174. 李贵连主编:《近代法研究》(第一辑),北京大学出版社 2007 年版。
175. 眭鸿明:《清末民初民商事习惯之调查》,法律出版社 2005 年版。
176. 陈燎原:《清末法政人的世界》,法律出版社 2003 年版。
177. 李贵连:《近代中国法制与法学》,北京大学出版社 2002 年版。
178. 夏锦文主编:《冲突与转型:近现代中国的法律变革》,中国人民大学出版社 2012 年版。
179. 江照信:《中国法律"看不见中国"——居正司法时期(1932—1948)研究》,清华大学出版社 2010 年版。
180. 张仁善:《法律社会史的视野》,法律出版社 2007 年版。
181. 俞江:《近代中国的法律与学术》,北京大学出版社 2008 年版。
182. 俞江:《近代中国民法学中的私权理论》,北京大学出版社 2003 年版。
183. 〔美〕芮恩施:《一个美国外交官使华记》,李抱宏、盛震溯译,文化艺术出版社 2010 年版。
184. 武树臣:《中国传统法律文化》,北京大学出版社 1994 年版。
185. 裴艳:《留学生与中国法学》,南开大学出版社 2009 年版。
186. 谢晖:《中国古典法律解释的哲学向度》,中国政法大学出版社 2005 年版。
187. 管伟:《中国古代法律解释的学理诠释》,山东大学出版社 2009 年版。
188. 杨仁寿:《法学方法论》,中国政法大学出版社 1999 年版。
189. 王利明:《法学方法论》,中国人民大学出版社 2011 年版。
190. 梁慧星:《裁判的方法》,法律出版社 2003 年版。
191. 张明楷:《罪刑法定与刑法解释》,北京大学出版社 2009 年版。

192. 葛洪义:《法律方法讲义》,中国人民大学出版社 2009 年版。
193. 陈金钊等:《法律解释学》,中国政法大学出版社 2006 年版。
194. 陈金钊等:《法律方法论研究》,山东人民出版社 2010 年版。
195. 陈金钊:《法律解释学》,中国人民大学出版社 2011 年版。
196. 陈金钊主编:《法律方法论》,北京大学出版社 2013 年版。
197. 魏胜强:《法律解释权研究》,法律出版社 2009 年版。
198. 黄茂荣:《法学方法与现代民法》,台湾 1993 年版。
199. 〔德〕拉伦茨:《法学方法论》,陈爱娥译,商务印书馆 2003 年版。
200. 〔德〕萨维尼:《论立法与法学的当代使命》,许章润译,中国法制出版社 2001 年版。
201. 〔德〕恩吉施:《法律思维导论》,郑永流译,法律出版社 2004 年版。
202. 韦政通编:《中国思想史方法论文集》,上海人民出版社 2009 年版。
203. 苏力:《也许正在发生:转型中国的法学》,法律出版社 2004 年版。
204. 〔美〕希尔斯:《论传统》,傅铿、吕乐译,上海人民出版社 1991 年版。
205. 劳东燕:《罪刑法定本土化的法治叙事》,北京大学出版社 2010 年版。
206. 李鸿谷:《国家的中国开始:一场革命》,生活·读书·新知三联书店 2012 年版。
207. 海青:《"自杀时代"的来临?——二十世纪早期中国知识群体的激烈行为和价值选择》,中国人民大学出版社 2010 年版。
208. 〔美〕齐锡生:《中国的军阀政治?(1916—1928)》,杨云若、萧延中译,中国人民大学出版社 2010 年版。
209. 刘亚丛:《事实与解释:在历史与法律之间》,法律出版社 2010 年版。
210. 金观涛、刘青峰:《观念史研究:中国现代重要政治术语的形成》,法律出版社 2009 年版。
211. 〔美〕步德茂:《过失杀人、市场与道德经济——18 世纪中国财产权的暴力纠纷》,张世明等译,社会科学文献出版社 2008 年版。
212. 〔比〕R.C. 范·卡内冈:《法官、立法者与法学教授——欧洲法律史篇》,薛张敏敏译,北京大学出版社 2006 年版。
213. 〔德〕伽达默尔:《真理与方法——哲学诠释学的基本特征》,洪汉鼎译,上海译文出版社 2004 年版。
214. 〔美〕保罗·法伊尔阿本德:《反对方法》,周昌忠译,上海译文出版社 2007 年版。
215. 〔英〕鲍曼:《立法者与阐释者》,洪涛译,上海人民出版社 2000 年版。
216. 〔德〕哈贝马斯:《在事实与规范之间》,童世骏译,生活·读书·新知三联书店 2003 年版。
217. 〔英〕伊恩·沃德:《法律评判理论导引》,李诚予、岳林译,上海三联书店 2011 年版。
218. 〔德〕考夫曼:《类推与"事物本质"——兼论类型理论》,吴从周译,台湾学林文化事业有限公司 1999 年版。
219. 〔英〕梅因:《古代法》,沈景一译,商务印书馆 1963 年版。

后　记

　　有关民国时期法律解释制度的课题研究,最早可追溯至2006年。当时导师公丕祥教授主持近代中国司法发展的课题研究,我承担其中的一个部分,便是有关民国时期法律解释制度的研究。然而课题开始之时,却因一手资料的缺乏而非常犯难,研究工作几乎无法开展。其间我一直留意相关资料的收集,可工作进展不是很理想。2008年在台湾东吴大学法学院交流学习期间,在东吴大学图书馆的角落里发现了大理院法律解释例全书、最高法院法律解释例以及大理院判决例、大理院部分裁判文书的全文,随后又在重庆路三民书局四楼的一个角落里偶然找到了司法院时期法律解释文的汇编,于此总算将有关民国时期法律解释的文本寻找齐全。自2009年1月从台湾回校以来,便全心投入阅读文本的工作之中。2010年9月形成了本书的初稿,此后又对资料进行反复地阅读并对文稿几次进行重新修改。2013年9月,我以书稿的形式申报了国家社科基金后期资助项目,幸获立项。课题立项之后,根据立项评审专家的意见以及最新整理、收集的相关资料,我又用了一年多的时间对书稿进行了较大幅度的修改。2015年2月课题结项后,我根据最新整理出版的《清末民国法律史料丛刊》中的相关内容以及其他最新的文献资料,用了将近半年多的时间对书稿再次进行补充完善,最终形成了现在的文本,交由读者批判。

　　课题的研究以及书稿的形成,首要感谢的还是我的导师公丕祥教授。一直以来,公老师都关心我的成长,对书稿的写作与完善提出了非常细致的意见。我曾想,如果当时没有参与公老师的课题研究,很可能就不会有今天这样一个研究成果;如果没有恩师一直以来对我的诸多关爱与包容帮助,也就不会有我今天的成长。谢谢公老师! 其次是要感谢黄源盛教授。在台湾交流学习期间以及回南京之后,黄老师也一直都很关心我在这一领域的研究,对研究的框架、思路、内容和方法都进行了有益的指导;书稿出来之后,黄老师也提出了很多的修改意见。

　　南京师范大学法学院的各位老师同样给予我了很多的帮助。李力教授、庞正教授和孙文恺教授为我的申报工作出具了推荐信。理论法学教研室的龚廷泰教授、夏锦文教授、李玉生教授、董长春副教授、张镭副教授、汤善鹏副教授等对我的研究工作也给予了诸多的鼓励与日常性的支持。我很幸运能向这些优秀的人学习。南京师范大学社会科学处的老师们以及法学院的胡惟佳老师亦为本课题的研究提供了很多的帮助。在此一并表示由衷的感谢。

感谢国家哲学社会科学规划办公室对课题研究所给予的大力支持,更要感谢匿名评审专家对我的书稿所提出的修改和完善意见。因为正是这些学界前辈们的意见,大大拓展了我的研究视野,也促使我更细致地观察民国时期的法律解释活动。作为这些意见反馈的直接成果,本书的第二章和第九章,便是由这些意见所催生。感谢北京大学出版社的李铎老师,没有他的宽容以及负责任的编辑,这些文字也就无法以如此形式完整的呈现。

法史文本的阅读非常耗费时间,尤其是对6000多条法律解释例文进行整理与归纳,其中的艰辛只有我自己以及我的家人知道。可以说,这份书稿的完成,我的家人也付出了很多。2010年暑期的写作,正逢南京的酷热与空调的罢工,在随园小西山的陋室里,汗水和键盘同时记录下了那段酷热里的艰辛工作。2013年暑期,我对书稿进行补充与修改之时,又恰好是妻子怀孕即将临盆之际。两个月的暑期,我几乎每天都扑在这些档案材料上,每天晚上都要工作到两三点钟才休息。今天回想那段日子的艰辛与疲惫,唯觉得对不起的是自己的家人。希望通过对史料更加全面的收集整理、对观点更加扎实的论证,来报答家人的长期付出与体谅。最后,一如既往要感谢毛乐,因为这本书是和她一起孕育和成长的。

近代中国的法律发展,表面平静的立法活动之下隐藏着的是实践的汹涌暗流,嘈杂的话语争论背后凸显的却是不变的知识追求。要表达这一极为复杂的过程,需要丰富的史料和优秀的历史把握能力。然而,由于旁证性的资料还有待进一步收集与整理,同时也囿于学术水平和理论功底之限,面对民国法律解释这一学术富矿,本书也仅仅只是对其作了基础性资料的整理和初步的规范性分析,专题性、实质化的深入研究还较为缺乏。因此在本书完稿之时,我心里一直是忐忑不安的。我知道,书中一定存有诸多疏失、不当甚至错谬之处,因此恳请方家不吝批评指正,以督促我在民国法律解释领域的研究道路上不断探索前行。

方　乐

2014年10月10日,初稿

2015年9月5日,定稿